신경수 공인노무사 경제학

미시경제학
거시경제학
국제경제학

공인노무사 자격증시험의 특성을 최대한 반영하여 체계적으로 구성
경제학의 핵심이론을 이해하기 쉽도록 일목요연하게 정리

머리말

본 교재는 공인노무사 경제학으로서 공인노무사 자격증을 준비하는 수험생을 위해 집필되었다. 공인노무사 경제학 기출문제의 최근 동향을 바탕으로 경제이론이 어떠한 응용과정을 거쳐 기출문제화되는지를 독자 스스로 판단할 수 있도록 풍부하면서도 참신한 내용을 담고자 노력하였다. 공인노무사 경제학은 자격증의 특성상 미시경제학이 55%, 거시경제학이 35%, 국제경제학이 10% 정도 출제되고 있고, 대부분의 문제도 동일한 부분에서 집중적으로 출제되고 있다. 이러한 공인노무사 자격증시험의 특성을 최대한 반영하여 교재를 집필하였다.

독자들이 없는 한 이 책은 아무런 의미가 없다는 사실을 염두에 두며 저자 스스로 독자가 된다는 마음으로 독자의 편에 서서 책을 집필하고자 최대한 심혈을 기울였다. 수많은 수험생들과 학생들의 열정, 본 저자에 대한 신뢰와 애정 어린 눈빛은 나에게 큰 자극제가 되었고 이 책이 세상의 빛을 볼 수 있게 된 계기가 되었음은 두말할 나위가 없을 것이다. 이 책은 어디까지나 독자들의 것임을 밝혀둔다.

처음 책을 집필하고자 했을 때의 커다란 희망과 자신감은 책이 완성되어 가면서도 결코 시들지 않았는데 막상 책을 내고 보니 부끄럽기 짝이 없다. 사소한 오류도 용서하지 못하는 꼼꼼한 저자의 성격에도 불구하고 많은 오류가 발견될 것이라 사료된다. 이는 본인보다 더 세심한 독자들의 도움을 받아 지속적으로 수정해 나갈 것을 약속한다.

이 책은 여러 가지 부족함에도 불구하고 나름대로의 많은 장점을 지니고 있다.

1. 대부분의 경제학 전공서적들은 문장이 어렵고 현학적이면서 만연체로 기술되어 있어서 이론적 내용을 습득하는 데 많은 어려움이 있다. 저자는 이러한 점을 고려하여 초학자라 할지라도 내용을 쉽게 이해할 수 있도록 하기 위해 문장이 최대한 명시적이면서도 간결하게 되도록 노력을 기울였다.

2. 시험에 자주 출제된 부분이나 이론적으로 중요하다고 사료되는 부분은 글씨를 굵게 하면서 색 처리를 하여 수험공부에 집중력을 키우고자 하였다.

3. 경제이론에 필요한 수식이나 핵심내용은 박스 처리하여 알아보기 쉽게 하였다.

4. 경제학은 사회에서 일어나는 수많은 경제현상들을 과학적인 접근방법으로 연구하는 학문이므로 전체의 줄거리가 논리적으로 연결되어 있다. 따라서 독자들은 경제학공부를 할 때 개별이론들을 따로따로 이해해서는 안 되고 전체적인 맥을 찾는 것이 중요하다. 이를 위해 각각의 개별이론들이 다른 이론들과 어떻게 연결되어 있는지를 본문의 내용에 언급함으로써 독자들이 경제이론들 간 어떠한 관련이 있는지 파악할 수 있도록 하였다.

5. 경제학 이론을 공부한 후 독자 스스로 자기 실력을 테스트할 수 있는 기회를 제공하고자 책의 중간에 기존의 기출문제 및 예상문제를 수록하였다. 더 많은 기출문제들을 본서의 본문에 포함하면 책이 너무 두꺼워지고, 매년 새로운 기출문제들이 쏟아져 나오고 있는 만큼 그때그때마다 개정을 하는 것이 어렵기 때문에 꼭 필요한 문제들만 수록하였다. 더 많은 기출문제를 경험하고자 하는 독자들은 본 저자가 집필한 '공인노무사 객관식 경제학'을 참조하면 될 것이다.

6. 경제이론의 설명 중 본문에서는 불필요하지만 추가로 부가할 내용은 '참고'에 포함하였다.

7. 경제학의 초학자들에게는 어려운 내용이지만 경제학을 전공하는 학생들이나 대학원 진학을 고려 중인 학생들이 반드시 알아야 할 내용들은 '심화분석'에서 별도로 처리하였으므로 이 책을 처음 접하는 학생들은 생략하고 넘어가도 무리가 없을 것이다.

8. 각 장의 전체적인 줄거리 및 이론들 간의 비교분석이 꼭 필요한 경우에는 이를 한눈에 이해할 수 있도록 표로 정리하여 그 장의 마지막에 부록으로 수록하였다. 이는 적은 시간투입으로도 전체의 이론적 체계를 잡는 데 큰 도움이 될 것이라고 자신한다.

집필과정에서 아낌없는 지원과 격려를 보내주신 배움출판사의 이용중 사장님과 김미좌 팀장님, 부족한 나를 경제학의 세계로 이끌어주신 은사님들께 고마운 마음을 전한다. 무엇보다도 언제나 따뜻한 시선으로 나를 끝까지 믿고 응원해준 부모님과 가족에게 머리 숙여 감사의 마음을 전한다.

초심(初心)이 종심(終心)이 되어야 한다. 너무나 힘든 일이지만 처음의 결심이 마지막까지 이어진다면 반드시 자신이 꿈꿔왔던 현실을 접할 수 있다. 경제학을 어렵게 느끼는 수많은 학생들과 수험생들에게 이 책이 자신의 꿈을 실현할 수 있는 소중한 발판이 될 수 있기를 진심으로 바란다.

2021년 9월

저자 신경수

차례

공인노무사 미시경제학

PART 01 경제학의 기초
01 경제학의 개요 —————————————————— 12
02 경제학의 본질 —————————————————— 19

PART 02 수요와 공급의 이론
03 수요와 공급 —————————————————— 24
04 수요와 공급의 탄력성 ——————————————— 40
05 수요·공급이론의 응용 ——————————————— 61

PART 03 소비자이론
06 소비자이론의 개요 ———————————————— 82
07 한계효용이론 —————————————————— 84
08 무차별곡선이론 ————————————————— 90
09 소비자이론의 응용 ———————————————— 121
10 불확실성 하에서 소비자선택이론 ——————————— 130

PART 04 생산자이론
11 생산함수이론 —————————————————— 140
12 비용함수이론 —————————————————— 169
13 기업의 이윤극대화 ———————————————— 188

PART 05 생산물시장이론

- **14** 완전경쟁시장 ——— 196
- **15** 독점시장 ——— 217
- **16** 독점적 경쟁시장 ——— 249
- **17** 과점시장 ——— 253
- **18** 게임이론 ——— 262

PART 06 생산요소시장과 소득분배

- **19** 생산요소시장의 이윤극대화 ——— 268
- **20** 생산요소시장이론 ——— 279
- **21** 소득분배이론 ——— 303

PART 07 후생경제학과 공공경제이론

- **22** 후생경제학 ——— 318
- **23** 시장실패 ——— 329
- **24** 정보경제학 ——— 344

차례

공인노무사 거시경제학

PART 01　거시경제학의 기초

01 거시경제학의 세계 ——— 356
02 거시경제변수 ——— 359

PART 02　국민소득결정이론

03 고전학파의 국민소득결정이론 ——— 368
04 케인즈의 국민소득결정이론 ——— 376
05 케인즈의 승수이론 ——— 396

PART 03　소비함수와 투자함수

06 소비함수이론 ——— 406
07 투자함수이론 ——— 415

PART 04　화폐금융론

08 화폐와 금융 ——— 422
09 화폐공급이론 ——— 426
10 화폐수요이론 ——— 445

PART 05　총수요 - 총공급이론

11 $IS-LM$모형 ——— 462
12 재정정책과 금융정책 ——— 475
13 총수요 - 총공급모형 ——— 488

PART 06　실업과 인플레이션

14　실 업 —————————————————— 506
15　인플레이션 ————————————————— 517
16　필립스곡선이론 ——————————————— 530

PART 07　거시경제학의 학파별 이론

17　고전학파와 케인즈 ————————————— 540
18　케인즈학파와 통화주의학파 ————————— 542
19　새고전학파와 새케인즈학파 ————————— 548

PART 08　동태경제이론

20　경기변동론 ————————————————— 560
21　경제성장론 ————————————————— 568

공인노무사 국제경제학

PART 01　국제무역론

01　국제무역이론 ———————————————— 592
02　무역정책론 ————————————————— 609

PART 02　국제금융론

03　외환시장론 ————————————————— 618
04　국제수지론 ————————————————— 631

INDEX 색인 —————————————————— 644

공인노무사
미시경제학

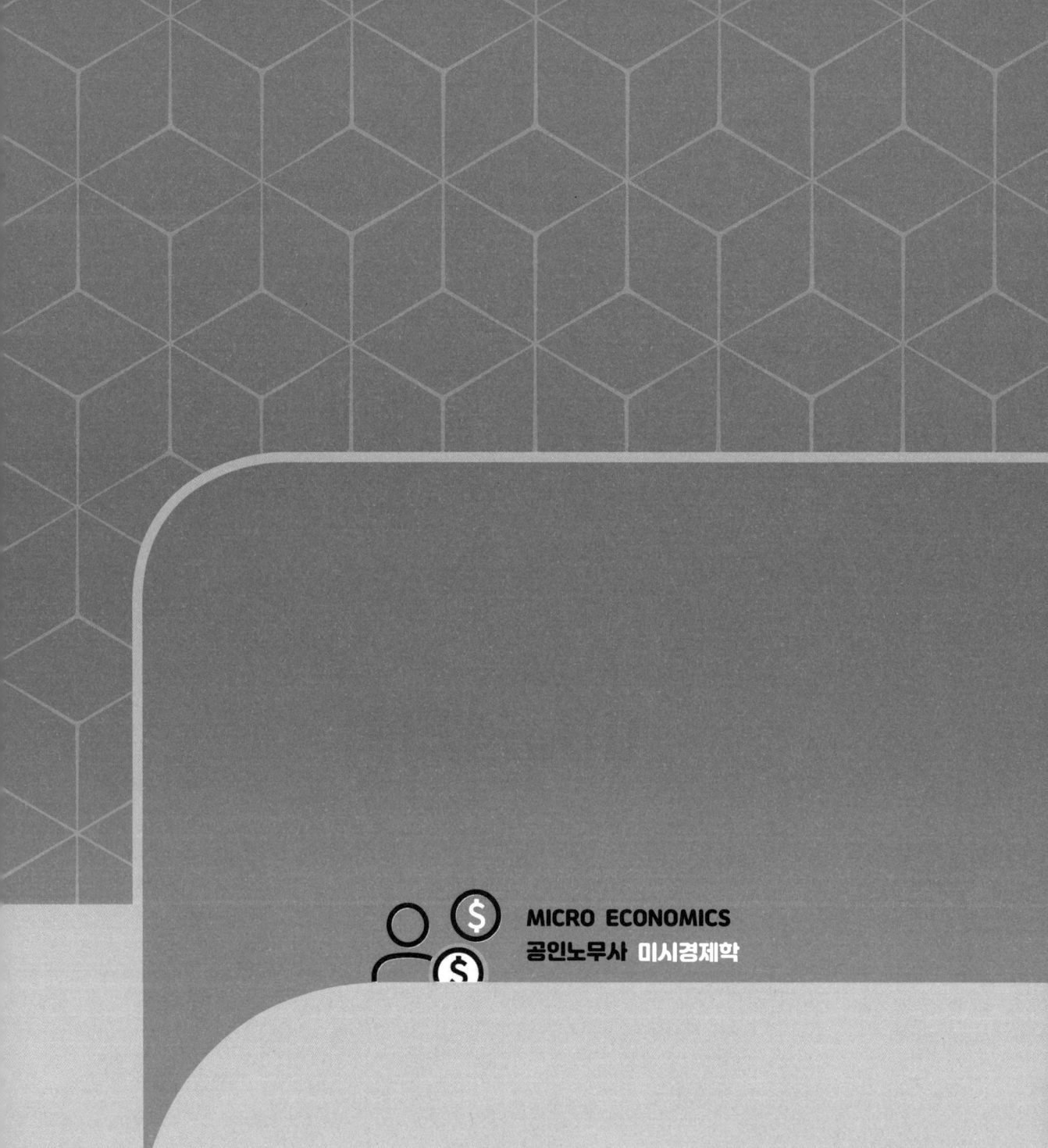

PART 01

경제학의 기초

01 경제학의 개요
02 경제학의 본질

CHAPTER 01 경제학의 개요

PART 01 | 경제학의 기초

제1절 경제주체와 경제행위

Ⅰ 경제주체

1. 가계
① 생산물시장에서 재화와 서비스를 소비하고, 생산요소시장에서는 생산요소를 공급한다.
② 가계는 효용극대화를 추구한다.

2. 기업
① 생산물시장에서 재화와 서비스를 공급하고, 생산요소시장에서는 생산요소를 수요한다.
② 기업은 이윤극대화를 추구한다.

3. 정부
① 가계와 기업으로 구성된 민간부문에 의해 시장의 실패가 발생하면 시장에 개입하여 시장의 실패를 조정한다.
② 정부는 사회후생극대화를 추구한다.

4. 외국(국외)
① 폐쇄경제 하에서 재화와 서비스의 공급이 불가능하거나 비효율적일 경우 국제무역의 대상이 되는 경제주체이다.
② 국제수지는 균형이 바람직하다.

| 경제주체 |

주체	역할		구분		
가계	소비의 주체 / 효용극대화	민간경제			
기업	생산의 주체 / 이윤극대화		국민경제 (폐쇄경제)		
정부	소비·생산의 주체 / 사회후생극대화	공공경제		국제경제 (개방경제)	
외국	외국경제				

Ⅱ 경제순환

1. 경제행위

① 경제행위란 재화와 서비스를 생산·교환·분배·소비하는 행위를 말한다.
② 경제행위의 대상이 되는 것을 경제객체라고 하고, 경제객체는 생산물과 자원으로 구분된다. 생산물은 다시 재화와 서비스(용역)로 구분되고, 자원은 인적자원과 비인적자원으로 구분된다.
③ 재화는 경제주체에게 쓸모가 있는 유익한 물건으로서 대가지급의 여부에 따라 자유재(free goods)와 경제재(economic goods)로 구분할 수 있고, 재화의 용도에 따라 소비재(consumer's goods)와 생산재(producer's goods)로 구분할 수 있다.
④ 서비스(용역)란 재화의 생산·교환·분배·소비와 관련된 사람의 유용한 행위를 말한다.
⑤ 재화와 서비스는 자원을 사용하여 생산되는 것이기 때문에 생산물(products) 또는 산출물(outputs)이라고 부른다. 또한 시장에서 사고파는 재화와 서비스를 상품(commodities)이라고 부른다.

2. 경제순환

① 가계와 기업만으로 구성된 민간경제에서의 경제순환과정을 간결하게 정리하면 다음의 그림과 같다.
② 가계는 생산요소시장에서 노동, 자본 등의 생산요소를 공급하고 그 대가로 얻은 소득(요소소득)을 이용하여 상품시장에서 재화와 서비스를 수요한다.
③ 기업은 상품시장에서 재화와 서비스를 공급하고 그 대가로 얻은 소득(판매수입)을 이용하여 생산요소시장에서 생산요소를 수요한다.
④ 상품시장의 수요와 공급에 의해 각 상품의 가격이 결정되면 기업은 어떤 상품을 생산할지를 결정하고, 그에 따라 생산요소에 대한 수요가 결정된다.
  ▸ 생산요소에 대한 수요는 생산물에 대한 수요에서 파생되어 나오는 셈이기 때문에 파생수요(派生需要, derived demand)의 성격을 가진다.
⑤ 생산요소시장의 수요와 공급에 의해 생산요소의 가격이 결정되고, 희소한 경제적 자원이 어떤 상품의 생산에 투입되는지가 결정된다.

| 경제의 순환모형 |

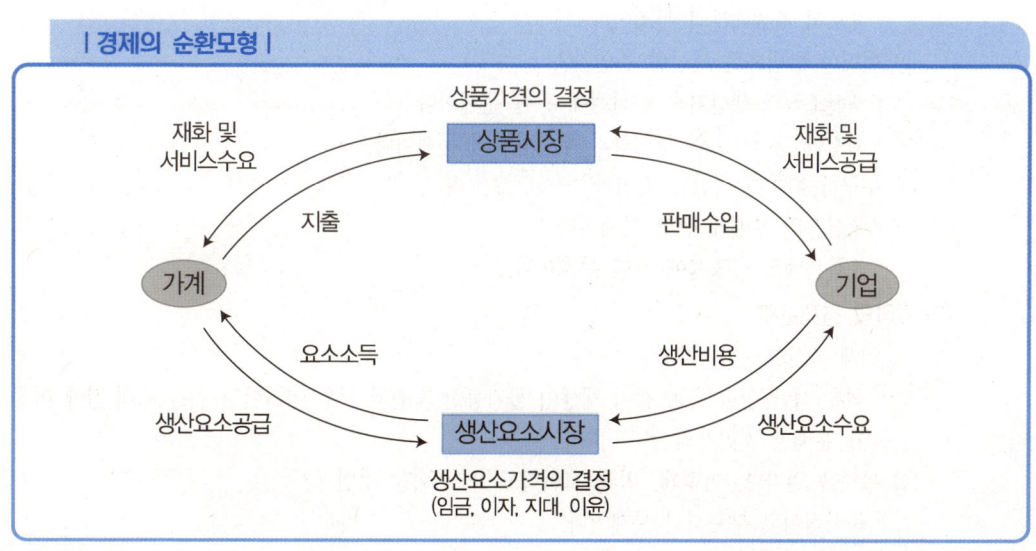

제2절　희소성의 법칙과 경제문제

I　희소성의 법칙

① 희소성의 법칙(law of scarcity)이란 사회구성원들의 욕망은 무한한 데 비하여 그 욕망을 충족시켜 줄 수단인 경제적 자원이 상대적으로 부족한 현상을 말한다.
  ▸ 여기에서 주의할 점은 희소성의 법칙은 경제적 자원이 절대적으로 부족한 현상을 의미하지는 않는다는 사실이다. 어떤 자원이 절대적으로 부족하더라도 그 자원을 필요로 하는 경제주체가 많지 않아 아무런 대가 없이 얻을 수 있게 되면 희소성의 법칙은 성립하지 않는다.
② 생산물이나 경제적 자원이 풍부하다면 경제문제는 발생하지 않기 때문에 부존량이 무한하여 대가 없이 획득 가능한 재화인 자유재(free goods)는 경제학의 분석대상이 될 수 없고, 존재량이 유한하여 대가를 지급해야 획득 가능한 재화인 경제재(economic goods)만 경제학의 분석대상이 된다.
  ▸ 공기, 햇빛 등이 자유재에 해당한다.

II　경제문제

1. 개요
① 경제문제란 경제주체들이 경제행위를 하는 과정에서 발생하는 다양한 문제로서 자원의 희소성 때문에 발생하는 자원배분의 문제를 의미한다.
② 경제문제의 근본적인 발생 원인은 자원의 희소성이다.

2. 경제문제의 내용 : P. A. Samuelson
(1) 기본적인 문제
  ① 무엇을 얼마나 생산할 것인가?
    ▸ 한 경제가 생산해야 할 생산물의 종류와 수량 선택에 관한 문제이다.
    ▸ 희소한 생산요소를 투입하여 어떤 생산물을 생산하고, 그 수량은 얼마를 할 것인가의 문제로서 자원배분의 문제이다.
  ② 어떠한 방법으로 생산할 것인가?
    ▸ 생산조직과 생산기술의 선택에 관한 문제이다.
    ▸ 희소한 생산요소의 투입량과 투입방법의 문제이다.
  ③ 누구를 위하여 생산할 것인가?
    ▸ 생산물의 분배에 관한 문제이다.
    ▸ 소득분배의 공평성에 관한 문제이다.

(2) 기타의 경제문제
  ① 언제 생산할 것인가?
    ▸ 석유·석탄·광물 등과 같이 재생이 불가능한 자원의 경우 이러한 자원을 세대 간에 어떻게 분배할 것인가의 문제이다.
  ② 무엇을 얼마나, 어떻게, 언제 교환하고 또 소비할 것인가?
    ▸ 묵시적이고 부수적인 문제이다.

제3절 기회비용과 합리적 선택

I 경제적 효율성과 합리적 선택

① 경제적 효율성이란 「최대효과의 원칙」 또는 「최소비용의 원칙」이 달성됨을 의미한다.
② 경제문제의 핵심은 합리적 선택이고, 경제적 효율성을 달성할 수 있도록 선택하는 것을 합리적 선택이라고 한다.

II 기회비용과 매몰비용

1. 기회비용

① 기회비용(opportunity cost)이란 어떤 활동을 선택함으로써 포기해야 하는 다른 활동의 가치 중 최고의 가치를 의미한다.
② 합리적 선택을 위해서는 기회비용의 개념이 선행되어야 하고, 어떠한 의사결정도 언제나 기회비용의 관점에서 이루어져야 한다.
③ 경제학에서의 비용의 개념은 모두 기회비용의 개념이다. 기회비용은 눈에 보이는 회계적 비용(명시적 비용)과 눈에 보이지 않는 암묵적 비용(묵시적 비용, 잠재적 비용, 비금전적 비용)으로 구성된다.
  ▶ 경제적 비용 = 기회비용 = 회계적 비용 + 암묵적 비용
  ▶ 대학진학을 선택한 기회비용은 등록금·책값과 같이 실제로 지출되는 비용(회계적 비용)뿐만 아니라 대학 재학기간 동안 직장을 다녔을 때 얻을 수 있는 소득(암묵적 비용)까지 포함한다.

2. 매몰비용

(1) 의의
  ① 매몰비용(sunk cost)이란 일단 지출되면 다시 회수할 수 없는 비용을 의미한다.
  ② 매몰비용은 회수가 불가능한 비용이므로 기회비용이 0이 된다.
  ③ 매몰비용은 회계적 비용임에도 불구하고 기회비용이 0이므로 합리적 선택을 위해서는 의사결정 시 고려대상에서 제외해야 하는 비용이다.

(2) 예
  ① 음악회를 관람하기 위해 표를 구입하였는데 그 음악회 표가 재판매가 불가능한 표라면 음악회에 대해 지출한 비용은 회수가 불가능한 매몰비용이 된다.
    ▶ 그런데 음악회에 대해 큰 만족감을 느끼지 못하는 사람이 '본전을 뽑아야 한다.'라는 생각으로 음악회를 관람한다면 비합리적인 판단을 한 셈이 된다.
    ▶ 만약 음악회에 대해 표의 구입비용 이상의 높은 가치를 부여하고 있는 사람이 음악회의 표를 잃어버렸다면 다시 음악회의 표를 구입하는 것이 합리적인 선택이다.
  ② 외국여행 중 그 나라의 토속음식을 판매하는 식당에서 혐오음식이 나왔을 때 음식을 먹지 않더라도 음식 값은 지급해야 하므로 그 음식 값은 회수가 불가능한 매몰비용이 된다. 따라서 음식을 먹지 않고 음식 값만 지출하는 것이 바람직한 의사결정이다.

제4절 생산가능곡선

I 개념

① 생산가능곡선(Production Possibility Curve : PPC)이란 주어진 자원과 기술수준 하에서 그 경제가 모든 자원을 효율적으로 사용하여 최대한 생산 가능한 두 생산물의 조합을 나타내는 곡선을 의미한다.
② 생산가능곡선은 '자원의 희소성'과 '경제적 효율성'을 동시에 내포하는 그림이다.
③ 주어진 자원으로 최대의 생산량을 얻고자 하는 것을 최대효과의 원칙이라고 하고, 주어진 생산량을 최소의 비용으로 얻고자 하는 것을 최소비용의 원칙이라고 한다. 이를 경제적 효율성이라고 하고, 경제적 효율성은 경제원칙 또는 경제적 합리주의라고도 한다.

II 형태

① 일반적인 생산가능곡선은 우하향하고, 원점에 대해 오목한 형태를 보인다.
② 생산가능곡선상의 점들은 효율적인 점들이고, 생산가능곡선의 내부의 점들은 비효율적인 점들이며, 생산가능곡선의 외부의 점들은 주어진 자원과 기술수준으로 달성이 불가능한 점들이다.

III 성질

1. 우하향

① 생산가능곡선이 우하향하는 형태를 띠는 것은 '자원의 희소성' 때문이다.
② 주어진 자원으로 X재를 더 생산하기 위해 필연적으로 Y재의 생산을 감소시켜야만 가능하다는 것을 의미하는데 이는 한 나라에 주어진 자원이 한정되어 있다는 사실에 기인한다.

| 생산가능곡선 |

- 생산가능곡선상의 점들(예 : X_0, Y_0, A, B)은 주어진 자원과 기술수준 하에서 가장 효율적으로 생산 가능한 점들이다.
- 생산가능곡선의 내부의 점들(예 : C)은 자원의 일부가 낭비되었거나 최상의 기술이 이용되지 못한 비효율적인 점들이다.
- 생산가능곡선의 외부의 점들(예 : D)은 주어진 자원과 기술수준으로 달성이 불가능한 점들이다.

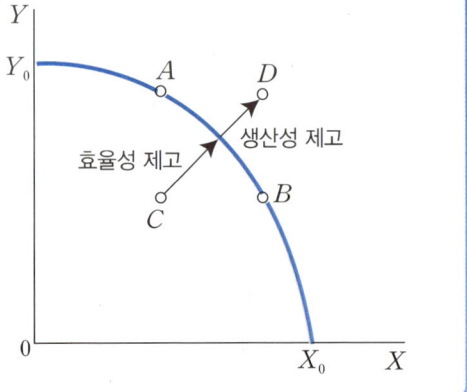

2. 원점에 대해 오목

① 생산가능곡선이 원점에 대해 오목하게 그려지는 것은 '기회비용체증의 법칙(law of increasing opportunity costs)' 때문이다.
② 기회비용체증의 법칙이란 한 재화의 생산을 증가시켜감에 따라 그 재화생산에 대한 기회비용이 점차 증가하는 현상을 의미한다.
  ▶ 기회비용체증의 법칙은 한계생산체감의 법칙 및 한계비용체증의 법칙과 밀접하게 관련되어 있다. 이는 본서의 '제4편 생산자이론'에서 자세하게 논의된다.
③ 기회비용체증의 법칙에 의해 X재의 생산을 한 단위씩 추가로 증가시켜 감에 따라 포기해야 하는 Y재의 양이 점점 증가하게 된다.
  ▶ X재 한 단위를 추가로 생산했을 때 포기해야 하는 Y재의 양을 한계전환율(한계변환율, Marginal Rate of Transformation : MRT)이라고 하는데 이 한계전환율이 바로 X재 한 단위 생산에 대한 기회비용이라고 할 수 있다. 따라서 한계전환율은 Y재의 양으로 표시한 X재 한 단위의 추가적 생산에 대한 기회비용이다.
  ▶ 한계전환율은 생산가능곡선의 기울기의 절댓값으로 측정한다.

Ⅳ 생산가능곡선의 이동

1. 생산가능곡선 내부에서 곡선상으로의 이동

① 생산가능곡선 내부에서 생산가능곡선상으로 점이 이동하는 것은 생산의 효율성이 제고됨을 의미한다.
② 생산가능곡선 내부에서 생산가능곡선상으로의 이동 요인은 다음과 같다.
  ▶ 낭비된 자원의 효율적 사용
  ▶ 불완전고용에서 완전고용으로의 전환(실업자의 취업)
  ▶ 잉여생산시설과 유휴생산시설의 완전 가동
  ▶ 낙후된 기술을 버리고, 최상의 기술을 사용

| 기회비용체증의 법칙 |

- X재의 추가적 생산에 대한 기회비용은 그로 말미암아 포기해야 하는 Y재의 양으로 측정된다.
- 생산가능곡선에서 $A \to B \to C$점으로 이동할수록 동일한 양의 X재를 생산하기 위해 포기해야 하는 Y재의 양이 점점 증가하고 있다. 즉, Y재의 양으로 표시한 X재 생산의 기회비용이 점점 증가하고 있다.
- 예
  A점 → B점 : $\overline{X_1 X_2}$의 기회비용 = $\overline{Y_1 Y_2}$
  B점 → C점 : $\overline{X_2 X_3}$의 기회비용 = $\overline{Y_2 Y_3}$

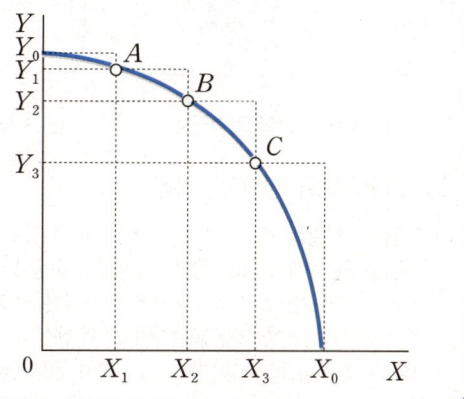

2. 생산가능곡선 자체의 이동

(1) 개요
① 주어졌다고 가정한 자원이 증가한다거나 기술이 진보되는 경우 생산가능곡선 자체가 이동한다.
② 모형의 외부에서 주어진 외생변수(exogenous variable)가 변하면 곡선 자체가 이동한다.

(2) 자원의 증가
① 자원량이 증가하면 주어진 기술수준 하에서 생산 가능한 X재와 Y재의 양이 증가하므로 생산가능곡선은 바깥쪽으로 이동하게 된다.
  ▸ 자원이란 생산물을 생산하기 위해 투입되는 생산요소(factors of production)로서 크게 인적자원(human resources)과 비인적자원(non-human resources)으로 구분된다. 인적자원은 노동서비스와 기업가의 경영능력으로 구분되고, 비인적자원은 사람들이 만든 생산수단인 자본재(생산재)와 토지와 같은 자연자원으로 구분된다.
② 자원의 증가 요인들은 다음과 같다.
  ▸ 노동력의 증가 : 경제활동인구의 증가, 인구의 증가 등
  ▸ 새로운 공장시설의 확충 : 기업의 건설투자가 증가하는 경우
  ▸ 새로운 생산설비의 구축 : 기업의 설비투자가 증가하는 경우
  ▸ 새로운 자연자원의 개발

(3) 기술진보
① 기술진보가 발생하면 주어진 자원 하에서 생산 가능한 X재와 Y재의 양이 증가하므로 생산가능곡선은 바깥쪽으로 이동하게 된다.
② 기술진보의 요인들은 다음과 같다.
  ▸ 총요소생산성의 증가   ▸ 인적자본에 대한 투자의 증가
  ▸ 교육수준의 향상   ▸ 연구개발투자의 증가
③ X재 생산에 대한 기술진보가 발생하면 생산가능곡선이 X축 방향으로 확대되고, Y재 생산에 대한 기술진보가 발생하면 생산가능곡선이 Y축 방향으로 확대된다.

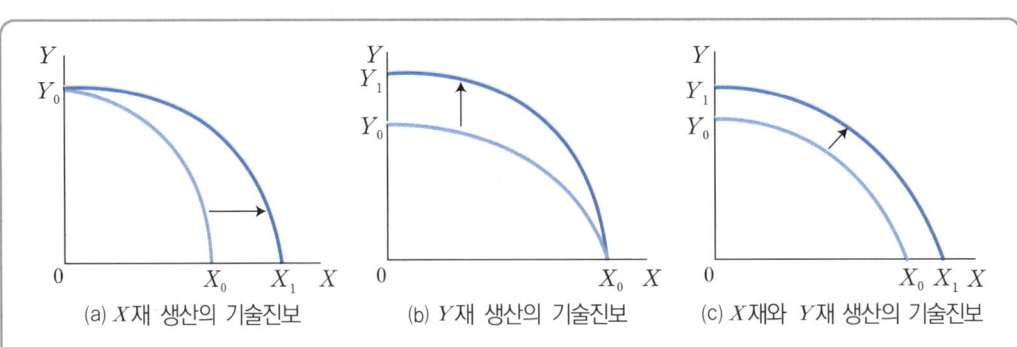

(a) X재 생산의 기술진보   (b) Y재 생산의 기술진보   (c) X재와 Y재 생산의 기술진보

> 🔎 **기술진보와 생산가능곡선**
> - 기술진보가 발생하면 생산가능곡선이 바깥쪽으로 이동하게 된다.
> - 기술진보의 형태에 따라 생산가능곡선의 이동 방향은 다르게 나타난다.
> - X재 생산의 기술진보가 발생하면 X재 생산의 기회비용이 감소하므로 생산가능곡선의 기울기가 완만해지고, Y재 생산의 기술진보가 발생하면 Y재 생산의 기회비용이 감소하므로 생산가능곡선의 기울기가 급격해진다.
> - X재와 Y재의 모든 생산에 기술진보가 발생하면 생산가능곡선이 모든 방향으로 확대된다.

CHAPTER 02 경제학의 본질

PART 01 | 경제학의 기초

제1절 경제학의 구분

I. 경제학의 정의

① 경제학(economics)이란 인간의 물질적 욕구를 충족시키기 위해 희소한 자원을 어떻게 선택적으로 활용할 것인가를 연구하는 학문이다.
② 경제학에서는 개인이나 국민경제가 다양한 용도를 갖는 희소한 자원을 선택적으로 사용하여 재화와 서비스를 생산·교환·분배·소비하는 과정에서 일어나는 경제현상을 연구대상으로 한다.
③ 주류경제학에서는 경제현상과 경제문제를 과학적인 접근방법으로 연구하므로 경제학은 사회과학의 한 분야이다.
④ 경제학은 개인적, 사회적 차원에서 이루어지는 모든 경제적 선택행위를 연구의 대상으로 삼기 때문에 최근의 추세를 보면 전통적인 범위를 넘어서는 현상까지도 관심의 대상이 되고 있다. 예를 들면 가정의 경제학, 범죄의 경제학, 예술의 경제학, 스포츠의 경제학, 의료의 경제학 등이다.

II. 미시경제학과 거시경제학

1. 미시경제학

① 미시경제학(micro economics)이란 개별경제주체들의 경제행위와 그 상호작용을 연구하는 경제이론이다.
② 미시경제학에서는 개별경제주체들의 최적화행위를 분석하고, 개별시장에서의 가격과 거래량의 결정 등 가격중심에 의한 자원배분 등을 분석한다.
③ 미시경제학은 '숲의 나무'를 보는 경제이론이다.

2. 거시경제학

① 거시경제학(macroeconomics)이란 개별경제주체들로 구성된 국민경제의 전체적인 현상을 연구하는 경제이론이다.
② 거시경제학에서는 거시경제변수 사이의 상관관계, 경제 전체의 구조와 성과, 각종 거시적인 정부정책 등을 분석한다.
③ 거시경제학은 '숲의 전체'를 보는 경제이론이다.

3. 국제경제학

① 국제경제학(international economics)이란 국가들 간에 이루어지는 재화와 서비스의 거래, 자본의 이동을 연구하는 경제이론이다.
② 국제무역론은 실물부문을 연구대상으로 하는 이론분야로서 미시적 분석도구를 사용하고, 국제금융론은 화폐부문을 연구대상으로 하는 이론분야로서 거시적 분석도구를 사용한다.

CHAPTER 02 경제학의 본질

제2절 경제이론의 연구방법론

I 경제이론의 목적

① 경제이론(economic theory)이란 복잡하고 난해한 경제현상으로부터 보편적이고 본질적인 법칙성을 밝혀낸 후 경제변수 간의 상관관계를 체계화한 것을 말한다.
② 경제이론을 이용하여 다른 경제현상을 설명하게 되고, 경제현상의 미래를 예측하게 된다.

II 경제변수의 구분

1. 내생변수와 외생변수

(1) 개념
① 내생변수(endogenous variable)란 경제모형의 내부에서 상호관계를 통해 결정되는 변수이다.
  ▶ 연립방정식으로 표시되는 모델에 있어서 미지수인 변수를 내생변수라고 한다.
② 외생변수(exogenous variable)란 경제모형의 외부에서 사전적으로 주어지는 변수이다.
  ▶ 연립방정식으로 표시되는 모델에 있어서 그 체계 내부에서 결정되지 않는 변수를 외생변수라고 한다.

(2) 곡선의 이동
① 내생변수이면서 그림의 좌표상에 있는 독립변수의 변화는 곡선상의 변화를 유발한다.
② 내생변수이면서 그림의 좌표상에 없는 독립변수의 변화나 외생변수가 변하면 곡선 자체의 변화를 유발한다.

2. 독립변수와 종속변수

(1) 독립변수
① 독립변수(independent variable)란 내생변수 중에서 영향을 주는 변수로서 원인변수이다. 독립변수를 설명변수라고도 지칭한다.
② 예 : 수요함수에서 가격

(2) 종속변수
① 종속변수(dependent variable)란 내생변수 중에서 영향을 받는 변수로서 결과변수이다.
② 예 : 수요함수에서 수요량

3. 유량변수와 저량변수

(1) 유량변수
① 유량변수(flow)는 일정한 기간에 측정되는 변수이다.
② 예 : 소득, 국내총생산, 적자, 재정적자, 투자, 재화에 대한 수요, 서비스의 가격, 직업을 잃은 사람의 수, 국제수지 등

(2) 저량변수
① 저량변수(stock)는 일정한 시점에 측정되는 변수이다.
② 예 : 재산(부), 국부, 부채, 정부부채, 외채, 자본, 자산에 대한 수요(화폐수요), 그 자체의 가격, 실업자의 수, 외환보유고, 물가, 환율, 주가, 통화량 등

Ⅲ 인과의 오류와 구성의 오류

1. 인과의 오류

① 인과의 오류(post hoc fallacy)란 A라는 사건이 발생한 다음 B라는 사건이 발생했다는 이유로 A를 B의 원인으로 단정하는 데서 발생하는 오류이다.
  ▸ 원인과 결과를 혼동하거나 단순한 상관관계를 인과관계로 잘못 판단하였을 때 인과의 오류를 범할 수 있다.
② 경제모형을 세울 때 많은 요인들을 모두 사용할 수 없으므로 중요하다고 생각되는 요인들만 뽑고 나머지는 일정하다는 가정으로 처리한다. 그런데 중요하다고 생각되는 요인들이 실제로는 중요하지 않을 수가 있으므로 인과의 오류가 발생할 수 있다.
③ 예
  ▸ 까마귀 날자 배 떨어진다.
  ▸ 아이스크림 판매량이 증가하면 기온이 상승한다.

2. 구성의 오류

① 구성의 오류(fallacy of composition)란 부분적으로 참이라고 해서 전체적으로도 참이라고 단정하는 데서 발생하는 오류이다.
  ▸ 부분적으로 참이지만, 전체적으로는 참이 아닌 경우가 구성의 오류에 해당한다.
② 구성의 오류에 의하면 모든 개별경제주체들의 합리적인 행동의 결과가 전체적인 측면에서는 바람직하지 않은 결과를 가져올 수 있는 것이다.
③ 예
  ▸ 절약의 역설(저축의 역설) : 경기침체 시 개별경제주체의 입장에서는 저축을 증가시키는 것이 바람직한 행위이지만, 경제 전체적으로는 저축의 증가가 총수요의 감소를 통해 경기침체를 더욱 가속화시켜 바람직하지 않다. 저축의 역설은 케인즈(J. M. Keynes)가 주장한 내용으로서 거시경제학 '제4장 케인즈의 국민소득결정이론'의 '제5절 저축의 역설(절약의 역설)'에서 자세하게 논의된다.
  ▸ 가수요 : 물가가 계속 상승하거나 재화가 부족해 질 것으로 예측되는 경우 지금 당장 필요가 없으면서도 일어나는 예상수요를 가수요라고 한다. 어떤 재화의 물가상승이 예상되거나 그 재화의 부족이 예상될 경우 개인적으로 바람직한 행위는 재화를 미리 사재기하는 것이지만, 국민경제 전체적으로는 가수요가 물가상승과 재화의 부족을 더욱 부추기므로 바람직하지 않다.
  ▸ 농부의 역설 : 농부 개인의 측면에서는 풍년이 바람직하지만, 전체적으로 풍년이 되면 농산물 가격의 폭락으로 생산농가의 총수입이 감소하므로 바람직하지 않다. 농부의 역설은 미시경제학 '제5장 수요·공급이론의 응용'의 '제2절 농산물의 가격파동'에서 자세하게 논의된다.

PART
02

수요와 공급의 이론

03 수요와 공급
04 수요와 공급의 탄력성
05 수요·공급이론의 응용

CHAPTER 03 수요와 공급

PART 02 | 수요와 공급의 이론

제1절 수요

I 개념

1. 수요와 수요량
① 수요(demand)란 소비자가 모든 가격체계에서 재화와 서비스를 구매하고자 하는 욕구를 말한다.
② 수요량(quantity demanded)이란 소비자가 특정 가격 하에서 구입하고자 하는 재화와 서비스의 구체적인 수량을 말한다.

2. 사전적 의미(계획)
① 수요량은 사후적으로 실현된 개념이 아닌 사전적으로 계획된 개념으로서 실제로 구입한 양이 아니고, 구입하고자 의도된 양이다.
② 여기에서 의도된 양이라는 것은 막연히 의도된 것이 아니라 구매력(purchasing power)이 뒷받침된 상황에서 의도된 양을 의미한다.
  ▶ 케인즈(J. M. Keynes)는 구매력이 뒷받침된 수요를 유효수요(effective demand)라고 하였다.

3. 유량의 개념
① 수요량은 일정한 기간에 측정되는 유량(flow)의 개념이다.
② 예를 들어 기간을 명시하지 않은 채 컵라면에 대한 수요량이 10개라고 하는 것은 아무런 의미가 없으므로 수요량은 일정한 기간을 명시해야 그 의미가 명확해지는 유량변수이다.

II 수요함수

① 수요함수(demand function)란 일정 기간 어떤 상품의 수요와 그 수요에 영향을 미치는 독립변수 간의 관계를 함수식으로 나타낸 것이다.
② 수요함수를 구성하고 있는 다양한 독립변수 중 해당 상품의 가격변수를 제외한 나머지 변수들을 일정 불변인 외생변수라고 가정하면 수요함수를 다음과 같이 나타낼 수 있다.

> **수요함수**
> $$Q_X^D = f(P_X;\ \overline{M},\ \overline{P_Y},\ \overline{T},\ \overline{E},\ \overline{W},\ \overline{A},\ \overline{N},\ ...)$$

③ P_X는 X재에 대한 수요량의 변화 요인이고, P_X를 제외한 나머지 변수들은 X재에 대한 수요의 변화 요인이다.
  ▶ 수요량의 변화는 수요곡선상의 이동으로 나타나고, 수요의 변화는 수요곡선 자체의 변화로 나타난다. 이는 추후 자세하게 논의된다.

④ 수요함수에 있는 각 변수의 정의는 다음과 같다.

구 분	변수의 정의	
종속변수	• Q_X^D = X재의 수요량	
독립변수	• P_X = X재의 가격	• X재에 대한 수요량의 변화 요인
	• M = 소비자의 소득 • P_Y = 관련재의 가격 • T = 소비자의 기호(선호) • E = 소비자의 미래에 대한 예상 • W = 소비자의 재산 • A = 광고 • N = 소비자의 수	• X재에 대한 수요의 변화 요인

Ⅲ 수요의 법칙

1. 개념

① 수요의 법칙(law of demand)이란 가격을 제외한 다른 모든 조건이 일정 불변일 때 해당 상품의 가격이 상승하면 수요량이 감소하고, 가격이 하락하면 수요량이 증가하는 법칙을 말한다.
② 가격과 수요량이 역(−)의 관계에 있는 것을 수요의 법칙이라고 한다.

2. 예외

(1) 베블렌효과

① 베블렌효과(Veblen effect)는 미국의 경제학자이자 사회평론가인 베블렌(T. Veblen, 1857~1929)이 1899년 출간한 저서 '유한계급론(有閑階級論)'에서 유한계급(졸부계층)들의 과소비행태를 비판하면서 유래되었다.
② 자신의 부를 과시하기 위한 과시적 소비(conspicuous consumption)가 존재하면 가격이 상승할수록 오히려 수요량이 증가하게 된다.
③ 과시적 소비에 의해 가격이 비싼 재화일수록 잘 팔리는 재화를 베블렌재(Veblen goods)라고 한다.

(2) 기펜재

① 기펜재(Giffen goods)란 가격이 상승하면 수요량이 증가하고, 가격이 하락하면 수요량이 감소하여 수요의 법칙에 위배되는 재화를 말한다.
② 기펜재는 영국의 경제학자 로버트 기펜(R. Giffen, 1837~1910)이 발견하였다고 하여 그의 이름을 따서 기펜재라고 지칭한다.

▶ 19세기 아일랜드에서 감자 기근으로 인해 감자가격이 상승하여 소비자 실질소득의 감소를 초래하였는데 이것이 매우 큰 소득효과를 발생시켰고, 사람들은 그들의 생활수준을 낮추기 위해 소고기 같은 비싼 재화를 줄이고 감자 같은 생필품의 소비를 증가시키게 되었다.
▶ 당시 감자는 아일랜드의 주식으로서 식량의 중요부분을 차지하고 있었고, 열등재(inferior goods)의 성격을 지니고 있었다. 여기에서 열등재란 소득이 증가(감소)하면 그 수요가 감소(증가)하는 재화를 말한다.

Ⅳ 수요곡선

1. 수요가격
① 수요가격(demand price)은 수요곡선의 높이로서 소비자가 상품을 구입하기 위해 지급할 용의가 있는 최대한의 가격을 의미한다.
② 수요가격은 그 상품의 소비에서 나오는 한계편익(marginal benefit)으로서 마지막 단위의 상품을 소비함으로써 얻는 만족감의 크기를 뜻한다고 해석할 수 있다.
▶ 효용(utility)이란 소비자가 상품을 소비함으로써 느끼는 만족감을 의미하고, 한계효용(marginal utility)이란 소비자가 상품을 한 단위 추가로 소비했을 때 효용의 증가분을 의미한다.
▶ 한계편익은 한계효용을 시장가치로 환산한 개념이다.

2. 변수
(1) 마샬
① 수요곡선에서 수요량(Q^D)이 독립변수이고, 가격(P)은 종속변수이다.
② 수요량이 증가함에 따라 소비자가 최대한 지급할 용의가 있는 가격이 하락한다.
▶ 수요곡선이 우하향하는 것은 '한계효용체감의 법칙'과 관련된다.
▶ 한계효용체감의 법칙은 상품의 소비가 증가함에 따라 한계효용이 감소하는 현상이다.

(2) 왈라스
① 수요곡선에서 가격(P)이 독립변수이고, 수요량(Q^D)은 종속변수이다.
② 가격이 상승하면 수요량이 감소하고, 가격이 하락하면 수요량이 증가한다.

3. 수요곡선을 읽는 방법
① 수요곡선의 형태는 마샬(A. Marshall)의 수요곡선을 따르지만, 현대경제학은 이론적으로 왈라스(L. Walras) 경제학을 추종하므로 가격(P)이 독립변수이고 수요량(Q^D)은 종속변수이다.
② 따라서 수요곡선을 읽는 올바른 방법은 가격(P)을 먼저 읽고, 그 가격에 대응하는 수요량(Q^D)을 읽어야 한다.

Ⅴ 수요량의 변화와 수요의 변화

1. 수요량과 수요
(1) 수요량
① 수요량이란 일정 기간에 특정 가격 하에서 소비자가 구매력을 갖추고 구입하고자 하는 최대 수량을 의미한다.
② 수요량은 어느 특정 가격에 구입하고자 하는 계획이므로 수요곡선상의 한 점을 의미한다.

(2) 수요
① 수요란 여러 가지 가격수준에 대응하는 수요량의 체계, 즉 가격과 수요량 사이에 존재하는 일련의 대응관계를 의미한다.
② 수요란 모든 가격에 대하여 구입하고자 하는 전체 계획이므로 수요곡선 전체를 의미한다.

2. 수요량의 변화

① 수요량의 변화란 해당 상품의 가격 변화에 의해서 수요량이 변화하는 것을 의미한다.
② 수요량의 변화는 수요곡선상의 이동으로 표시된다.
③ 수요곡선상에서 점이 우하방으로 이동하면 가격의 하락으로 인한 수요량의 증가를 의미하고, 좌상방으로 이동하면 가격의 상승으로 인한 수요량의 감소를 의미한다.

3. 수요의 변화

① 수요의 변화란 가격 이외의 요인이 변화하여 수요가 변화하는 것을 의미한다.
② 수요의 변화는 수요곡선 자체의 이동으로 표시된다.
③ 수요곡선이 우측(상방)으로 이동하면 수요의 증가, 좌측(하방)으로 이동하면 수요의 감소를 나타낸다.

> **참고 수요곡선의 이동**
>
> ① 수요곡선이 우측으로 이동한 것은 수요곡선이 상방으로 이동했다는 의미와 동일하다. 수요곡선이 상방으로 이동한 것은 수요가격이 상승한 것이므로 동일한 수요량 하에서 소비자가 최대한 지불할 용의가 있는 가격이 상승한 것이다. 이는 소비자가 더 높은 가격을 지불하고서라도 상품을 구매하겠다는 의미이므로 수요가 증가한 것과 동일한 의미를 지닌다고 할 수 있다.
> ② 수요곡선이 좌측으로 이동한 것은 수요곡선이 하방으로 이동했다는 의미와 동일하다. 수요곡선이 하방으로 이동한 것은 수요가격이 하락한 것이므로 동일한 수요량 하에서 소비자가 최대한 지불할 용의가 있는 가격이 하락한 것이다. 이는 소비자가 더 낮은 가격을 지불해야만 상품을 구매하겠다는 의미이므로 수요가 감소한 것과 동일한 의미를 지닌다고 할 수 있다.

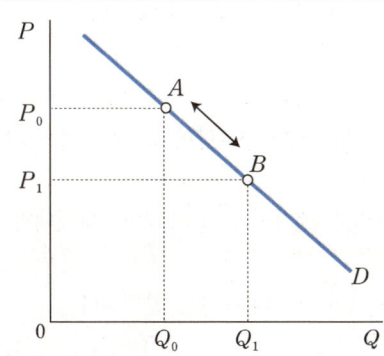

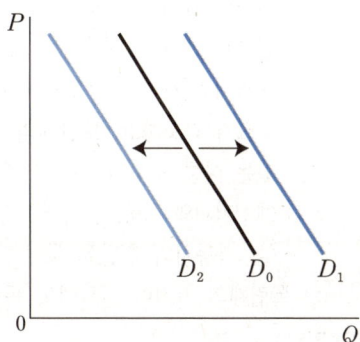

🕐 **수요량의 변화**

- 가격이 P_0에서 P_1으로 하락하면 수요량이 Q_0에서 Q_1으로 증가한다.
- 가격이 P_1에서 P_0로 상승하면 수요량이 Q_1에서 Q_0로 감소한다.
- 수요량의 변화는 가격의 변화로 인하여 A점에서 B점으로 또는 B점에서 A점으로 변화하는 수요곡선상의 변화를 의미한다.

🕐 **수요의 변화**

- 수요곡선 도출 시 일정하다고 가정했던 가격 이외의 여러 가지 요인들이 변화하면 수요곡선 자체가 이동한다.
- 수요곡선이 D_0에서 D_1으로 우측 이동하면 수요의 증가, D_0에서 D_2로 좌측 이동하면 수요의 감소를 의미한다.

4. 수요의 변화 요인

(1) 소비자의 소득(M)

① 정상재(normal goods)란 소득이 증가(감소)하면 그 수요가 증가(감소)하는 재화이다.
  ▶ 정상재를 상급재(superior goods)라고도 한다.
② 열등재(inferior goods)란 소득이 증가(감소)하면 그 수요가 감소(증가)하는 재화이다.
  ▶ 열등재를 하급재라고도 한다.
  ▶ 소득수준이 어느 수준 이상으로 증가하면 수요가 감소하기 때문에 영원한 열등재는 존재할 수 없고, 열등재는 특정 구간에서만 발생할 수 있다.
③ 중립재란 소득이 변해도 그 수요가 불변인 재화이다.
④ 예
  ▶ 소고기 : 정상재, 돼지고기 : 열등재   ▶ 택시 : 정상재, 버스 : 열등재
  ▶ 에어컨 : 정상재, 선풍기 : 열등재   ▶ 도시가스 : 정상재, 연탄 : 열등재

(2) 관련재의 가격(P_Y)

① 대체재의 가격변화
  ▶ 대체재(substitute goods)란 용도가 비슷하여 그 재화 대신 다른 재화를 소비해도 만족에 별 차이가 없는 재화를 말한다.
  ▶ 대체재의 가격이 상승하면 대체재의 수요량이 감소하므로 대체관계에 있는 다른 재화의 수요가 증가하고, 대체재의 가격이 하락하면 대체재의 수요량이 증가하므로 대체관계에 있는 다른 재화의 수요가 감소한다.
  ▶ 예 : 콜라와 사이다, 버터와 마가린, 전기와 도시가스, 돼지고기와 소고기 등
② 보완재의 가격변화
  ▶ 보완재(complementary goods)란 한 재화씩 따로따로 소비할 때보다 함께 소비할 때 더 큰 만족을 얻을 수 있는 재화이다.
  ▶ 보완재의 가격이 상승하면 보완재의 수요량이 감소하므로 보완관계에 있는 다른 재화의 수요가 감소하고, 보완재의 가격이 하락하면 보완재의 수요량이 증가하므로 보완관계에 있는 다른 재화의 수요가 증가한다.
  ▶ 예 : 커피와 설탕, 안경테와 안경알, 책상과 의자, 컴퓨터와 소프트웨어, 낚싯대와 낚싯바늘, 자동차와 휘발유 등
③ 독립재의 가격이 변하여도 독립관계에 있는 다른 재화의 수요는 불변이다.

(3) 기타

① 소비자의 기호(T) 및 선호도가 증가(감소)하면 해당 상품의 수요가 증가(감소)한다.
② 소비자의 미래에 대한 예상(E)
  ▶ 미래에 가격이 상승(하락)할 것이라고 예상하면 현재의 수요가 증가(감소)한다.
  ▶ 미래에 소득이 증가(감소)할 것이라고 예상하면 정상재의 수요가 증가(감소)한다.
③ 소비자의 재산(W)이 증가(감소)하면 수요가 증가(감소)한다.
④ 상품에 대한 광고비(A)가 증가(감소)하면 해당 상품에 대한 수요가 증가(감소)한다.
⑤ 소비자의 수(N)가 증가(감소)하면 수요가 증가(감소)하는데 개별수요가 아닌 시장수요가 변화한다.

Ⅵ 개별수요와 시장수요

1. 기본개념
① 개별수요(individual demand)란 소비자 한 사람 한 사람의 수요를 의미한다.
② 시장수요(market demand)란 시장 전체의 수요를 의미한다.

2. 시장수요곡선의 도출
① 소비자들의 수요가 상호 독립적이라면 시장수요곡선은 개별수요곡선의 수평적 합계로 구해진다.
  ▸ 수평적 합계란 동일한 가격수준에서 모든 소비자들의 개별수요량을 합하는 것을 의미한다.
  ▸ 사적재의 경우 모든 소비자들이 동일한 가격에 직면해 있고, 각 소비자의 수요량이 다르므로 시장수요곡선은 개별수요곡선의 수평적 합계이다.
  ▸ 미시경제학 '제22장 시장실패'에서 재논의 되겠지만, 공공재는 비경합성으로 인해 모든 소비자가 동일한 양의 공공재를 소비하므로 모든 사람이 동일한 수요량에 직면해 있고, 각 수요자의 지불가격이 다르다. 따라서 공공재의 시장수요곡선은 개별수요곡선의 수직적 합으로 구해진다. 공공재의 시장수요곡선을 개별수요곡선의 수직적 합으로 구하는 이유는 공공재의 비경합성 때문이다.
② 논의의 간편화를 위해 두 사람의 소비자만 존재하는 시장을 가정하자. 가격이 200일 때 개인 A의 수요량 3과 개인 B의 수요량 4를 합하면 시장수요량은 7이 되고, 가격이 100일 때 개인 A의 수요량 6과 개인 B의 수요량 9를 합하면 시장수요량은 15가 된다. 이와 같이 각각의 가격수준에서 개인 A의 수요량과 개인 B의 수요량을 합계하면 각각의 가격수준에서 대응하는 시장수요량을 구할 수 있다.
③ 개별수요곡선의 형태가 모두 수직선이 아닌 한 시장수요곡선은 개별수요곡선보다 완만하게 그려진다.
④ 만약 소비자들의 수요가 상호 의존적이라면 개별수요의 수평적 합과 시장수요는 일치하지 않을 수 있다.

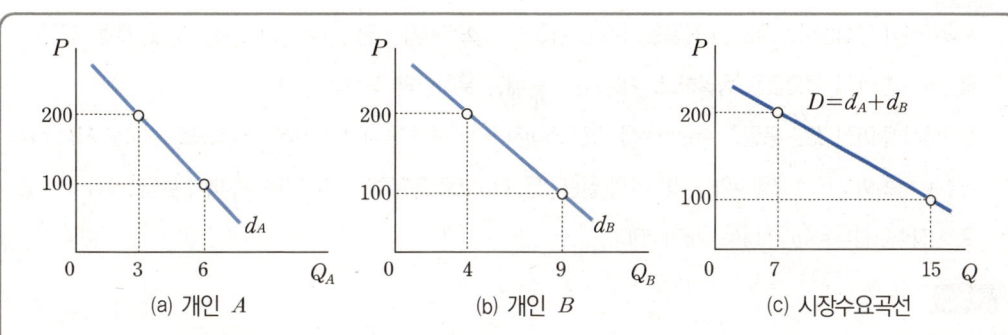

(a) 개인 A (b) 개인 B (c) 시장수요곡선

시장수요곡선의 도출
- 시장수요곡선은 개별수요곡선의 수평적 합으로 도출된다.
- 일반적으로 시장수요곡선은 개별수요곡선보다 더 완만하다.

CHAPTER 03 수요와 공급

예제 시장수요곡선의 수리적 도출

문제 1

소비자 A의 수요함수가 $P = 100 - 10Q_A$이고, 소비자 B의 수요함수가 $P = 100 - 5Q_B$일 때 시장수요함수를 도출하시오.

해설

- 시장수요곡선은 개별수요곡선의 수평적 합으로 도출되는데, 개별수요곡선을 수평으로 합한다는 것은 각각의 가격수준에서 개별소비자들이 구입하고자 하는 재화의 수량을 합한다는 의미이다. 따라서 개별수요함수를 합하여 시장수요함수를 도출할 때는 개별수요함수를 수요량변수(Q^D)에 대해 정리한 후 합해야 한다. 문제에서 주어진 역수요함수를 수요함수로 전환한 다음 이를 더하면 다음과 같이 시장수요함수를 도출할 수 있다.
- A의 수요함수 : $P = 100 - 10Q_A$ ⇒ $Q_A = 10 - 0.1P$
  B의 수요함수 : $P = 100 - 5Q_B$ ⇒ $Q_B = 20 - 0.2P$
- 시장수요함수 : $Q_A + Q_B = 30 - 0.3P$ ⇒ $Q = 30 - 0.3P$, $P = 100 - \frac{10}{3}Q$

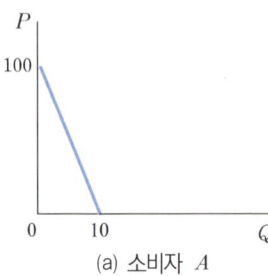
(a) 소비자 A

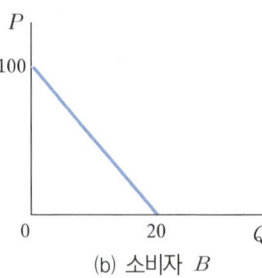
(b) 소비자 B

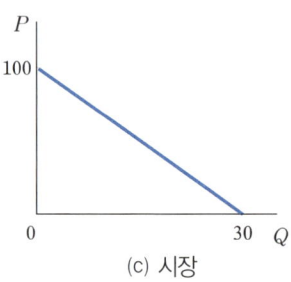
(c) 시장

문제 2

어떤 재화에 대한 시장수요함수를 추정해 본 결과 $p = 140 - 8q$ (p는 가격, q는 수량)로 나타났다. 만약 이 경제의 소비자와 똑같은 수요함수를 가진 새로운 소비자가 복제되어 소비자 수가 두 배로 증가하였다면 시장수요곡선은 어떻게 나타나는가?

(2007 감정평가사)

해설 1

- 수요곡선이 우하향하는 직선인 동일한 수요함수를 가진 소비자가 n명 있다면 시장수요곡선은 개별수요곡선과 가격축(P)의 절편값은 동일하고, 기울기는 $\frac{1}{n}$배인 우하향의 직선이 된다.
- 문제에서 주어진 것은 동일한 수요함수를 가진 소비자가 두 배로 증가한 경우에 해당하므로 새로운 시장수요함수는 최초의 시장수요함수와 가격(P)의 절편값은 140으로 동일하고, 기울기는 $\frac{1}{2}$배가 된다. 따라서 새로운 시장수요함수는 $p = 140 - 4q$가 된다.

해설 2

- 문제에서 주어진 역수요함수를 수요함수로 변형하면 $q = -\frac{1}{8}p + \frac{35}{2}$가 된다.
- 수요자가 2배로 증가하였으므로 새로운 시장수요함수는 $q = 2 \times \left(-\frac{1}{8}p + \frac{35}{2}\right)$, $q = -\frac{1}{4}p + \frac{70}{2}$이 된다.
- 새로운 시장수요함수를 역함수로 나타내면 $p = 140 - 4q$가 된다.

문제 3

다음 그림에 따를 때 휘발유가격이 리터당 3,000원인 경우 휘발유의 시장수요량으로 옳은 것은? (단, 이 경제에는 갑과 을이라는 두 명의 소비자만 존재한다.) (단위 : 리터)

(2019 8급 국회직)

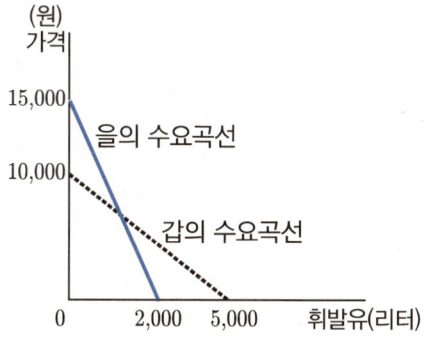

해설

- 갑의 수요함수 : $P = 10,000 - 2Q_A$, $Q_A = 5,000 - \frac{1}{2}P$
- 을의 수요함수 : $P = 15,000 - 7.5Q_B$, $Q_B = 2,000 - \frac{2}{15}P$
- 가격이 10,000 이하일 때 시장수요함수는 $Q_A + Q_B = Q = 7,000 - \frac{19}{30}P$이다. 따라서 $P = 3,000$일 때 시장수요량은 $Q = 7,000 - \left(\frac{19}{30} \times 3,000\right) = 7,000 - 1,900 = 5,100$이 된다.

문제 4

사적 재화인 X재 시장의 수요자는 A와 B만으로 구성되어 있다. 재화 X에 대한 A의 수요함수는 $q_A = 10 - 2P$, B의 수요함수는 $q_B = 15 - 3P$일 때, X재의 시장수요함수는? (단, q_A는 A의 수요량, q_B는 B의 수요량, Q는 시장수요량, P는 가격이다.)

(2019 공인노무사)

해설

- 시장수요곡선은 개별수요곡선의 수평적 합이므로 시장수요함수를 구하기 위해서는 개별소비자의 수요함수를 q로 정리한 후 이를 합하여야 한다.
- 시장수요함수 : $Q = q_A + q_B = (10 - 2P) + (15 - 3P) = 25 - 5P$

CHAPTER 03 수요와 공급

제2절 공급

I 개념

1. 공급과 공급량

① 공급(supply)이란 생산자가 모든 가격체계에서 재화와 서비스를 판매하고자 하는 욕구를 말한다.
  ▸ 공급이란 생산자가 모든 가격수준에 대하여 공급하고자 하는 전체적인 계획이므로 공급곡선 전체를 의미한다.
② 공급량(quantity supplied)이란 생산자가 특정 가격 하에서 판매하고자 하는 재화와 서비스의 구체적인 수량을 말한다.
  ▸ 공급량은 생산자가 어느 특정 가격수준에서 공급하고자 하는 계획이므로 공급곡선상의 한 점을 의미한다.

2. 사전적 의미(계획)

① 공급량은 사후적으로 실현된 개념이 아닌 사전적으로 계획된 개념으로서 실제로 공급한 양이 아니고 공급하고자 의도된 양이다.
② 여기에서 의도된 양이라는 것은 막연히 의도된 것이 아니라 생산자가 실제로 판매능력을 갖춘 상태에서 의도된 양을 의미한다.

3. 유량의 개념

① 공급량은 일정한 기간에 측정되는 유량(flow)의 개념이다.
② 공급량도 수요량과 마찬가지로 '한 달 동안의 공급량', '1년 동안의 공급량'과 같이 일정한 기간이 명시되어야 그 의미가 명확해지는 유량변수이다.

II 공급함수

① 공급함수(supply function)란 일정 기간 어떤 상품의 공급과 그 공급에 영향을 미치는 독립변수 간의 관계를 함수식으로 나타낸 것이다.
② 공급함수를 구성하고 있는 다양한 독립변수 중 해당 상품의 가격변수를 제외한 나머지 변수들을 일정 불변인 외생변수라고 가정하면 공급함수를 다음과 같이 나타낼 수 있다.

> **공급함수**
> $$Q_X^S = f(P_X;\ \overline{T_E},\ \overline{P_F},\ \overline{T_A},\ \overline{P_Y},\ \overline{E},\ \overline{N},\ ...)$$

③ P_X는 X재에 대한 공급량의 변화 요인이고, P_X를 제외한 나머지 변수들은 X재에 대한 공급의 변화 요인이다.
  ▸ 공급량의 변화는 공급곡선상의 이동으로 나타나고, 공급의 변화는 공급곡선 자체의 변화로 나타난다. 이는 추후에 자세하게 논의된다.

④ 공급함수에 있는 각 변수의 정의는 다음과 같다.

구 분	변수의 정의	
종속변수	• Q_X^S = X재의 공급량	
독립변수	• P_X = X재의 가격	• X재에 대한 공급량의 변화 요인
	• T_E = 생산기술 • P_F = 생산요소가격 • T_A = 조세와 정부보조금 • P_Y = 관련재의 가격 • E = 생산자의 미래에 대한 예상 • N = 생산자의 수	• X재에 대한 공급의 변화 요인

III 공급의 법칙

1. 개념

① 공급의 법칙(law of supply)이란 가격을 제외한 다른 모든 조건이 일정 불변일 때 해당 상품의 가격이 상승하면 공급량이 증가하고, 가격이 하락하면 공급량이 감소하는 법칙을 말한다.
② 가격과 공급량이 정(+)의 관계에 있는 것을 공급의 법칙이라고 한다.

2. 예외 : 후방굴절노동공급곡선

① 임금상승의 대체효과란 임금상승으로 여가의 기회비용이 상승하여 노동공급량을 늘리고 여가를 줄이는 효과를 말하고, 임금상승의 소득효과란 임금상승으로 예전보다 더 적은 노동시간으로도 동일한 임금소득을 누릴 수 있게 되어 노동공급량을 줄이고 여가를 늘리는 효과를 말한다.
② 임금수준이 낮은 구간에서는 대체효과가 소득효과를 압도하고, 임금수준이 높은 구간에서는 소득효과가 대체효과를 압도하여 노동공급곡선이 우상향하다가 좌상향함으로써 후방굴절의 형태를 띤다.

| 후방굴절노동공급곡선 |

- 임금이 w_0 수준에 도달할 때까지는 임금이 상승하면 노동공급량이 증가하지만, w_0 이상으로 임금이 상승하면 노동공급량이 감소하고 여가시간을 늘리게 된다.
- 임금이 지속적으로 인상되면 평일 잔업기피, 휴일 근무기피 등의 현상이 나타나는 경우가 이에 해당한다.

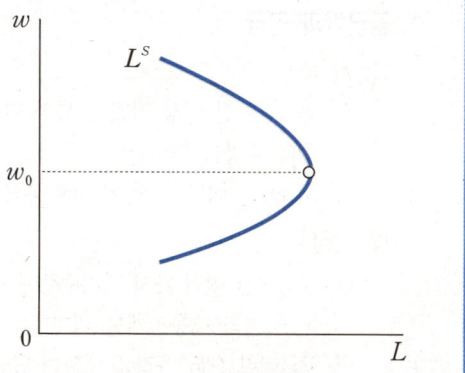

Ⅳ 공급곡선

1. 공급가격
① 공급가격(supply price)은 공급곡선의 높이로서 생산자가 상품을 공급하기 위해 받아야겠다고 생각하는 최소한의 가격을 의미한다.
② 공급가격은 그 상품의 생산에서 나오는 한계비용(marginal cost)을 뜻한다고 해석할 수 있다.
▸ 한계비용이란 생산자가 상품을 한 단위 추가로 생산했을 때 총비용의 증가분을 의미한다.

2. 변수

(1) 마샬
① 공급곡선에서 공급량(Q^S)이 독립변수이고, 가격(P)은 종속변수이다.
② 마샬(A. Marshall)에 의하면 공급량이 증가함에 따라 생산자가 최소한 받아야겠다고 생각하는 가격이 상승한다.
▸ 공급곡선이 우상향하는 것은 '한계비용체증의 법칙(한계생산체감의 법칙)'과 관련된다.
▸ 한계비용체증의 법칙은 상품의 생산이 증가함에 따라 한계비용이 증가하는 현상이다.
▸ 한계생산이란 생산자가 생산요소 한 단위를 추가로 투입했을 때 총생산량의 증가분을 의미하고, 한계생산체감의 법칙은 생산요소의 투입이 증가함에 따라 한계생산이 감소하는 현상이다.

(2) 왈라스
① 공급곡선에서 가격(P)이 독립변수이고, 공급량(Q^S)은 종속변수이다.
② 가격이 상승하면 공급량이 증가하고, 가격이 하락하면 공급량이 감소한다.

3. 공급곡선을 읽는 방법
① 공급곡선의 형태는 마샬(A. Marshall)의 공급곡선을 따르지만, 현대경제학은 이론적으로 왈라스(L. Walras) 경제학을 추종하므로 가격(P)이 독립변수이고 공급량(Q^S)은 종속변수이다.
② 공급곡선을 읽는 올바른 방법은 가격을 먼저 읽고, 그 가격에 대응하는 공급량을 읽어야 한다.

Ⅴ 공급량의 변화와 공급의 변화

1. 공급량과 공급

(1) 공급량
① 공급량이란 일정 기간에 특정 가격 하에서 생산자가 판매능력을 갖추고 공급하고자 하는 최대 수량을 의미한다.
② 공급량은 어느 특정 가격에 공급하고자 하는 계획이므로 공급곡선상의 한 점을 의미한다.

(2) 공급
① 공급이란 여러 가지 가격수준에 대응하는 공급량의 체계, 즉 가격과 공급량 사이에 존재하는 일련의 대응관계를 의미한다.
② 공급이란 모든 가격에 대하여 공급하고자 하는 전체 계획이므로 공급곡선 전체를 의미한다.

2. 공급량의 변화

① 공급량의 변화란 해당 상품의 가격변화에 의해서 공급량이 변화하는 것을 의미한다.
② 공급량의 변화는 공급곡선상의 이동으로 표시된다.
③ 공급곡선상에서 점이 우상방으로 이동하면 가격의 상승으로 인한 공급량의 증가를 의미하고, 좌하방으로 이동하면 가격의 하락으로 인한 공급량의 감소를 의미한다.

3. 공급의 변화

① 공급의 변화란 가격 이외의 요인이 변화하여 공급이 변화하는 것을 의미한다.
② 공급의 변화는 공급곡선 자체의 이동으로 표시되는데 공급곡선이 우측으로 이동하면 공급의 증가, 좌측으로 이동하면 공급의 감소를 나타낸다.

참고 공급곡선의 이동

① 공급곡선이 우측으로 이동한 것은 공급곡선이 하방으로 이동했다는 의미와 동일하다. 공급곡선이 하방으로 이동한 것은 공급가격이 하락한 것이므로 동일한 공급량 하에서 생산자가 최소한 받고자 하는 가격이 하락한 것이다. 이는 생산자가 더 낮은 가격을 받고서라도 상품을 판매하겠다는 의미이므로 공급이 증가한 것과 동일한 의미를 지닌다고 할 수 있다.

② 공급곡선이 좌측으로 이동한 것은 공급곡선이 상방으로 이동했다는 의미와 동일하다. 공급곡선이 상방으로 이동한 것은 공급가격이 상승한 것이므로 동일한 공급량 하에서 생산자가 최소한 받고자 하는 가격이 상승한 것이다. 이는 생산자가 더 높은 가격을 받아야만 상품을 판매하겠다는 의미이므로 공급이 감소한 것과 동일한 의미를 지닌다고 할 수 있다.

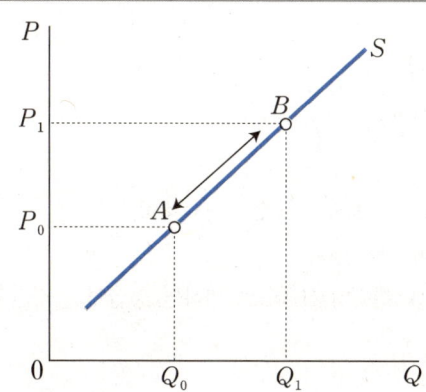

공급량의 변화

- 가격이 P_0에서 P_1으로 상승하면 공급량이 Q_0에서 Q_1으로 증가한다.
- 가격이 P_1에서 P_0로 하락하면 공급량이 Q_1에서 Q_0로 감소한다.
- 공급량의 변화는 가격의 변화로 인하여 A점에서 B점으로 또는 B점에서 A점으로 변화하는 공급곡선상의 변화를 의미한다.

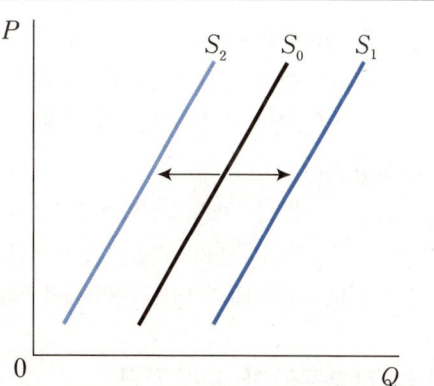

공급의 변화

- 공급곡선 도출 시 일정하다고 가정했던 가격 이외의 여러 가지 요인들이 변화하면 공급곡선 자체가 이동한다.
- 공급곡선이 S_0에서 S_1으로 우측 이동하면 공급의 증가, S_0에서 S_2로 좌측 이동하면 공급의 감소를 의미한다.

4. 공급의 변화 요인

(1) 생산기술(T_E)
  ① 생산기술이 진보하면 공급이 증가한다.
    ▸ 생산기술의 진보는 생산비용의 감소를 의미하므로 생산자가 최소한 받고자 하는 공급가격이 하락하여 공급이 증가한다.
  ② 노동생산성의 향상은 기술진보와 동일한 의미를 지닌다.

(2) 생산요소가격(P_F)
  ① 생산요소의 가격(임금, 이자, 임대료)이 상승하면 생산비가 증가하기 때문에 동일한 생산비로 더 적은 상품이 생산된다. 따라서 공급이 감소한다.
    ex) 철강가격이 상승하면 자동차공급이 감소한다.
  ② 생산요소의 가격(임금, 이자, 임대료)이 하락하면 생산비가 감소하기 때문에 동일한 생산비로 더 많은 상품의 생산이 가능하게 된다. 따라서 공급이 증가한다.

(3) 조세와 정부보조금(T_A)
  ① 정부의 기업에 대한 조세가 부과되면 생산비가 증가하여 공급이 감소한다.
  ② 정부의 기업에 대한 생산보조금이 지급되면 생산비가 감소하여 공급이 증가한다.

(4) 생산자의 미래에 대한 예상(E)
  ① 미래에 가격이 상승(하락)할 것이라고 예상하면 현재의 공급이 감소(증가)한다.
  ② 기업이 미래 경제상황을 낙관적으로 예상하게 되면 미리 생산을 증가시키기 때문에 현재의 공급이 증가하고, 기업이 미래 경제상황을 비관적으로 예상하게 되면 미리 생산을 감소시키기 때문에 현재의 공급이 감소한다.

(5) 생산자의 수(N)
  ① 생산자의 수가 증가(감소)하면 공급이 증가(감소)한다.
  ② 생산자의 수가 변하면 개별공급이 아닌 시장공급이 변화한다.

(6) 기타
  ① 새로운 자원의 발견 : 새로운 유전이 발견되면 석유의 공급이 증가한다.
  ② 기후의 변화 : 가뭄이 발생하면 곡물공급이 감소한다.
  ③ 기업목표가 이윤극대화에서 매출액극대화(판매수입극대화)로 변하면 공급이 증가한다.

Ⅵ 개별공급과 시장공급

1. 기본개념
① 개별공급(individual supply)이란 생산자 한 사람 한 사람의 공급을 의미한다.
② 시장공급(market supply)이란 시장 전체의 공급을 의미한다.

2. 시장공급곡선의 도출
① 생산자들의 공급이 상호 독립적이라면 시장공급곡선은 개별공급곡선의 수평적 합계이다.
② 개별공급곡선의 형태가 모두 수직선이 아닌 한 시장공급곡선은 개별공급곡선보다 완만하게 그려진다.

제3절 시장의 균형

I 시장의 불균형

1. 초과수요량

① 초과수요량(excess quantity demanded)이란 어떤 가격수준에서 소비자들의 수요량이 생산자들의 공급량보다 많아서 상품의 부족현상이 발생할 때 그 부족분을 의미한다.
② 초과수요량이 발생하면 가격이 상승한다.

2. 초과공급량

① 초과공급량(excess quantity supplied)이란 어떤 가격수준에서 생산자들의 공급량이 소비자들의 수요량보다 많아서 상품이 남아돌 때 그 잉여분을 의미한다.
② 초과공급량이 발생하면 가격이 하락한다.

II 시장의 균형

① 균형(equilibrium)이란 경제가 일단 어떤 상태에 도달하면 경제적 외부여건이 변화하지 않는 한 다른 상태로 변화할 유인이 없어서 계속 그 상태를 유지하려고 하는 상태를 말한다.
② 시장수요곡선(D)과 시장공급곡선(S)이 만나는 E점에서 시장의 균형이 달성된다.
③ 시장의 균형을 가져다주는 가격수준을 균형가격(P_E)이라고 하고, 균형가격수준에서 거래되는 거래량을 균형거래량(Q_E)이라고 한다.
④ 수요와 공급의 이론에서는 시장에서 관측되는 가격과 거래량을 균형가격과 균형거래량으로 파악하므로 특별한 언급이 없는 한 시장가격과 균형가격은 동일한 의미를 갖는다.

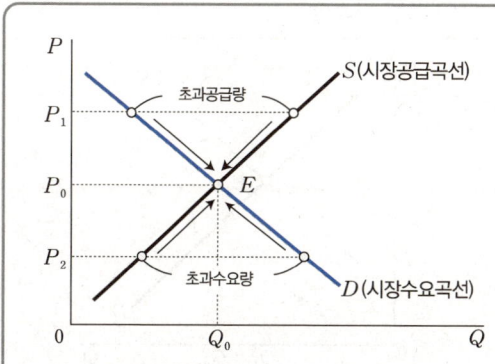

시장불균형의 조정

- 시장가격이 P_1일 때 초과공급량이 존재하여 시장가격은 하락한다.
- 시장가격이 P_2일 때 초과수요량이 존재하여 시장가격은 상승한다.

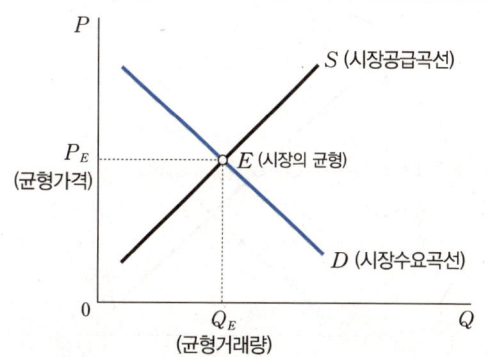

시장의 균형

- 시장수요곡선(D)과 시장공급곡선(S)이 만나는 E점에서 시장의 균형이 달성된다.
- 시장의 균형을 가져다주는 가격수준을 균형가격(P_E)이라고 하고, 균형가격수준에서 거래되는 거래량을 균형거래량(Q_E)이라고 한다.

Ⅲ 시장균형의 변화

1. 시장수요의 변화

① 수요가 증가하면 균형가격은 상승하고, 균형거래량은 증가한다.
② 수요가 감소하면 균형가격은 하락하고, 균형거래량은 감소한다.

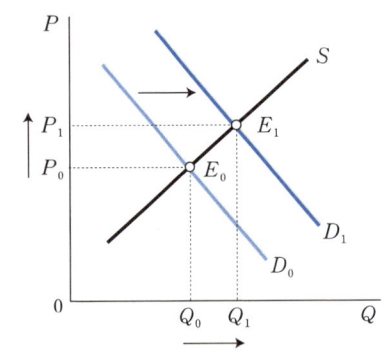

시장수요의 증가
- 시장수요가 증가하면 시장수요곡선이 우측으로 이동한다.
- 균형가격은 P_0에서 P_1으로 상승하고, 균형거래량은 Q_0에서 Q_1으로 증가한다.

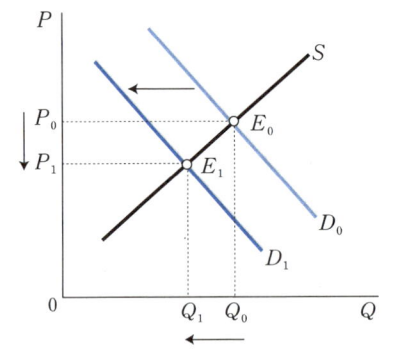

시장수요의 감소
- 시장수요가 감소하면 시장수요곡선이 좌측으로 이동한다.
- 균형가격은 P_0에서 P_1으로 하락하고, 균형거래량은 Q_0에서 Q_1으로 감소한다.

2. 시장공급의 변화

① 공급이 증가하면 균형가격은 하락하고, 균형거래량은 증가한다.
② 공급이 감소하면 균형가격은 상승하고, 균형거래량은 감소한다.

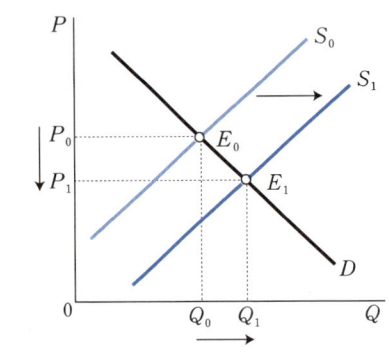

시장공급의 증가
- 시장공급이 증가하면 시장공급곡선이 우측으로 이동한다.
- 균형가격은 P_0에서 P_1으로 하락하고, 균형거래량은 Q_0에서 Q_1으로 증가한다.

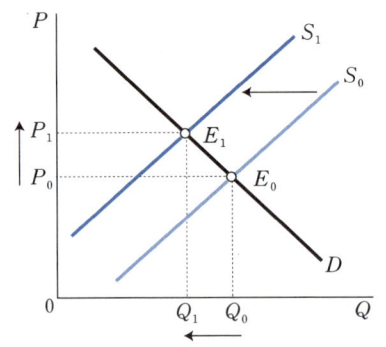

시장공급의 감소
- 시장공급이 감소하면 시장공급곡선이 좌측으로 이동한다.
- 균형가격은 P_0에서 P_1으로 상승하고, 균형거래량은 Q_0에서 Q_1으로 감소한다.

3. 시장수요와 시장공급의 동시변화

(1) 시장수요와 시장공급이 동일한 방향으로 변화하는 경우
① 수요가 증가하고 공급이 증가하면 수요곡선과 공급곡선이 모두 우측 이동한다. 이때 두 곡선의 이동폭과 기울기에 따라 균형가격의 변화는 불분명하지만 균형거래량은 반드시 증가한다.
② 수요가 감소하고 공급이 감소하면 수요곡선과 공급곡선이 모두 좌측 이동한다. 이때 두 곡선의 이동폭과 기울기에 따라 균형가격의 변화는 불분명하지만 균형거래량은 반드시 감소한다.

(2) 시장수요와 시장공급이 다른 방향으로 변화하는 경우
① 수요가 증가하고 공급이 감소하면 수요곡선이 우측 이동하고 공급곡선이 좌측 이동한다. 이때 두 곡선의 이동폭과 기울기에 따라 균형거래량의 변화는 불분명하지만 균형가격은 반드시 상승한다.
② 수요가 감소하고 공급이 증가하면 수요곡선이 좌측 이동하고 공급곡선이 우측 이동한다. 이때 두 곡선의 이동폭과 기울기에 따라 균형거래량의 변화는 불분명하지만 균형가격은 반드시 하락한다.

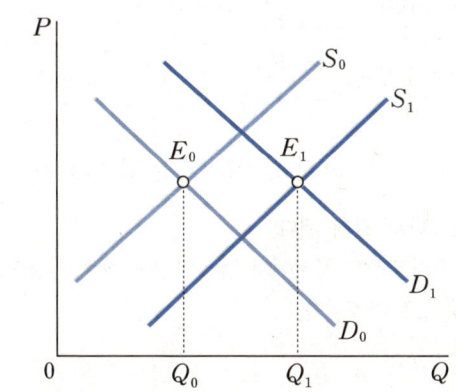

🕐 **시장수요와 시장공급의 동시변화 1**

- 수요증가($D_0 \to D_1$), 공급증가($S_0 \to S_1$)
  ▸ 균형의 변화 : $E_0 \to E_1$
  ▸ 균형가격의 변화 : 불분명
  ▸ 균형거래량의 변화 : 증가($Q_0 \to Q_1$)
- 수요감소($D_1 \to D_0$), 공급감소($S_1 \to S_0$)
  ▸ 균형의 변화 : $E_1 \to E_0$
  ▸ 균형가격의 변화 : 불분명
  ▸ 균형거래량의 변화 : 감소($Q_1 \to Q_0$)

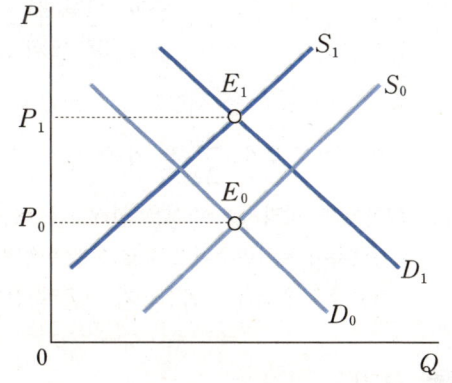

🕐 **시장수요와 시장공급의 동시변화 2**

- 수요증가($D_0 \to D_1$), 공급감소($S_0 \to S_1$)
  ▸ 균형의 변화 : $E_0 \to E_1$
  ▸ 균형가격의 변화 : 상승($P_0 \to P_1$)
  ▸ 균형거래량의 변화 : 불분명
- 수요감소($D_1 \to D_0$), 공급증가($S_1 \to S_0$)
  ▸ 균형의 변화 : $E_1 \to E_0$
  ▸ 균형가격의 변화 : 하락($P_1 \to P_0$)
  ▸ 균형거래량의 변화 : 불분명

CHAPTER 04 수요와 공급의 탄력성

PART 02 | 수요와 공급의 이론

제1절 탄력성의 개요

I 개념

① 탄력성(elasticity)이란 함수식 $y = f(x)$에서 독립변수(x)가 1% 변했을 때 종속변수(y)가 몇 % 변하는가를 나타내는 지표이다.
  ▸ 경제학에서는 탄력성을 그리스 소문자 ϵ(epsilon)을 사용하여 표시하는 것이 일반적이다.
② 「y의 x탄력성」은 독립변수 x의 변화에 대해 종속변수 y가 얼마나 민감하게 반응하는가를 측정하는 척도이다.
③ 변화량이 아닌 변화율로 계산한 것은 측정량의 단위와 무관하게 일정한 탄력성을 계산하고, 다른 상품과 탄력성에 대한 직접적인 비교가 가능하게 하기 위함이다.
  ▸ 탄력성은 독립변수 x의 변화에 대한 종속변수 y의 절대적 민감도가 아닌 상대적 민감도이다.

> **y의 x탄력성**
>
> $$\epsilon = \frac{y\text{의 변화율(\%)}}{x\text{의 변화율(\%)}} = \frac{\frac{\Delta y}{y} \times 100}{\frac{\Delta x}{x} \times 100} = \frac{\Delta y}{\Delta x} \cdot \frac{x}{y} = \frac{\frac{\Delta y}{\Delta x}}{\frac{y}{x}}$$

④ 위의 식에서 분자 $\frac{\Delta y}{\Delta x}$는 경제학에서 한계(marginal)를 의미하고, 분모 $\frac{y}{x}$는 평균(average)을 의미한다. 따라서 탄력성은 한계값을 평균값으로 나눈 값이 된다.
  ▸ 가로축이 독립변수이고 세로축이 종속변수일 때 한계값은 곡선에서 접선의 기울기로 측정되고, 평균값은 원점에서 곡선까지 그은 직선의 기울기로 측정된다.

II 크기

① 탄력성은 0과 무한대(∞) 사이의 값을 가진다.
② 탄력성은 독립변수가 1% 변했을 때 종속변수가 몇 % 변하는가를 나타내는 지표이므로 종속변수가 독립변수의 변화에 대해 탄력적인가, 비탄력적인가의 기준은 탄력성이 1보다 큰가, 작은가의 여부이다.
③ 탄력성이 1보다 크면 탄력적(elastic), 1이면 단위탄력적(unitary elastic), 1보다 작으면 비탄력적(inelastic)이라고 한다.
④ 탄력성이 0이면 완전비탄력적(perfectly inelastic), 무한대(∞)이면 완전탄력적(perfectly elastic)이라고 한다.

제2절　수요의 탄력성

Ⅰ　수요의 가격탄력성

1. 개념

① 수요의 가격탄력성(price elasticity of demand)이란 상품 한 단위의 가격(P)이 1% 변했을 때 수요량(Q^D)이 몇 % 변하는가를 측정하는 척도이다.
② 수요의 법칙에 의해 상품의 가격과 수요량이 역(−)관계에 있기 때문에 수요의 가격탄력성은 항상 음(−)의 값을 가진다. 수요량의 가격에 대한 절대적인 민감도가 중요하므로 절댓값을 취하든가 아니면 음(−)의 부호를 붙여 양(+)의 부호로 변환시킨다.

> **수요의 가격탄력성**
>
> $$\epsilon_P = \left|\frac{\text{수요량의 변화율(\%)}}{\text{가격의 변화율(\%)}}\right| = \left|\frac{\frac{\Delta Q^D}{Q^D} \times 100}{\frac{\Delta P}{P} \times 100}\right| = -\frac{\Delta Q^D}{\Delta P} \frac{P}{Q^D}$$

③ $\dfrac{\Delta Q^D}{\Delta P}$는 수요곡선 기울기의 역수를 의미하므로 다른 조건이 동일할 때 수요곡선이 완만할수록 수요의 가격탄력성은 커진다.
④ $\dfrac{P}{Q^D}$는 원점에서 수요곡선의 각 점을 연결한 직선의 기울기로 측정된다.

2. 수요의 가격탄력성과 수요곡선의 형태

① 수요의 가격탄력성은 0과 무한대(∞) 사이의 값을 가진다.
② 수요의 가격탄력성이 1보다 크면 탄력적, 1보다 작으면 비탄력적, 1이면 단위탄력적이라고 한다.

가격탄력성의 크기	용어	상황	수요곡선의 형태	예
$\epsilon_P = 0$	• 완전비탄력적	• $\left\|\dfrac{\Delta Q^D}{Q^D}\right\| = 0$	• 수직선	• 마약
$0 < \epsilon_P < 1$	• 비탄력적	• $\left\|\dfrac{\Delta P}{P}\right\| > \left\|\dfrac{\Delta Q^D}{Q^D}\right\|$	• 급경사 우하향	• 대부분 필수품
$\epsilon_P = 1$	• 단위탄력적	• $\left\|\dfrac{\Delta P}{P}\right\| = \left\|\dfrac{\Delta Q^D}{Q^D}\right\|$	• 직각쌍곡선	• 지출액이 일정
$1 < \epsilon_P < \infty$	• 탄력적	• $\left\|\dfrac{\Delta P}{P}\right\| < \left\|\dfrac{\Delta Q^D}{Q^D}\right\|$	• 완만한 우하향	• 대부분 사치품
$\epsilon_P = \infty$	• 완전탄력적	• $\left\|\dfrac{\Delta P}{P}\right\| = 0$	• 수평선	• 완전경쟁시장에서 개별기업이 직면하는 수요곡선

3. 수요의 호탄력성(구간탄력성)

(1) 개념

① 수요의 호탄력성(arc elasticity)이란 수요곡선상의 두 점 사이에서 측정한 탄력성으로서 수요의 구간탄력성 또는 수요의 수정탄력성이라고도 한다.
② 수요의 가격탄력성 공식을 이용할 때 기준가격과 기준수요량을 어디에 두느냐에 따라 수요의 가격탄력성의 값이 달라지는 문제점이 있기 때문에 이를 보완한 것이 수요의 호탄력성이다.
③ 이와 같은 문제점을 해결하기 위해 수요의 호탄력성을 계산할 때에는 기준가격과 기준수요량 대신에 평균가격과 평균수요량의 개념을 사용한다. 평균개념을 사용하면 수요곡선상의 두 점 사이에서 가격탄력성은 하나의 값으로 계산된다.
④ 수요의 가격탄력성을 측정할 때 가격과 수요량의 변화폭이 클 때에는 수요의 호탄력성(구간탄력성)을 이용해야 한다.

(2) 수요의 호탄력성의 공식

| 수요의 호탄력성 |

$$\epsilon_P = \left| \frac{\frac{\Delta Q^D}{(Q_1^D + Q_2^D)/2} \times 100}{\frac{\Delta P}{(P_1 + P_2)/2} \times 100} \right|$$

$$= \left| \frac{\frac{\Delta Q^D}{Q_1^D + Q_2^D} \times 100}{\frac{\Delta P}{P_1 + P_2} \times 100} \right| = -\frac{\Delta Q^D}{\Delta P} \frac{P_1 + P_2}{Q_1^D + Q_2^D}$$

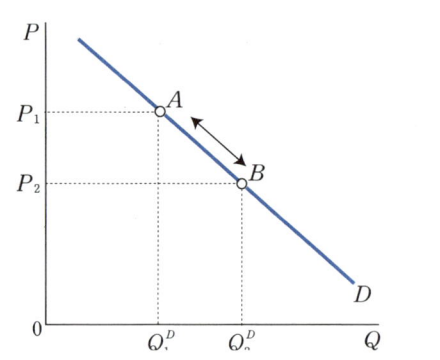

(3) 수요의 호탄력성의 예

| 수요의 호탄력성의 예 |

- A점을 기준으로 측정한 수요의 가격탄력성 :
$$\epsilon_P = -\frac{\Delta Q^D}{\Delta P} \frac{P}{Q^D} = -\frac{100}{-10} \frac{30}{100} = 3$$
- B점을 기준으로 측정한 수요의 가격탄력성 :
$$\epsilon_P = -\frac{\Delta Q^D}{\Delta P} \frac{P}{Q^D} = -\frac{-100}{10} \frac{20}{200} = 1$$
- 수요의 호탄력성 :
$$\epsilon_P = -\frac{\Delta Q^D}{\Delta P} \frac{P_1 + P_2}{Q_1^D + Q_2^D} = -\frac{-100}{10} \frac{50}{300} = \frac{5}{3}$$

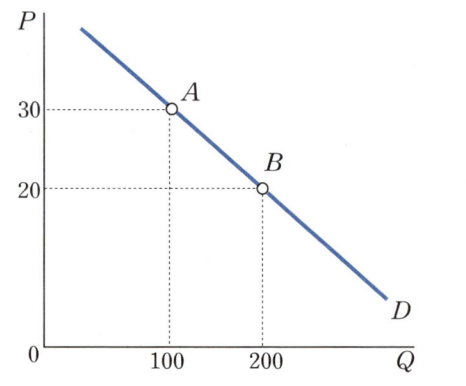

4. 수요의 점탄력성

(1) 개념

① 수요의 점탄력성(point elasticity)이란 수요곡선상의 한 점에서 측정한 가격탄력성을 말한다.

② 수요의 점탄력성은 가격의 변화분(ΔP)이 0에 가까울 정도로 아주 미세할 때 수요의 가격탄력성을 측정한 것이다.

▸ 수요의 호탄력성을 계산하는 수요곡선상의 두 점을 한없이 가깝게 하여 계산한 것이 수요의 점탄력성이다.

③ 가격의 변화율이 작을 때는 수요의 점탄력성을 이용하고, 가격이 크게 변화할 때에는 수요의 호탄력성을 이용하는 것이 바람직하다.

> **수요의 점탄력성**
>
> $$\epsilon_P = \lim_{\Delta P \to 0} \left| \frac{\frac{\Delta Q^D}{Q^D} \times 100}{\frac{\Delta P}{P} \times 100} \right| = -\frac{dQ^D}{dP} \frac{P}{Q^D}$$

(2) 선형수요곡선의 점탄력성 측정 방법

① 우하향하는 선형수요곡선상의 각 점에서 기울기가 동일함에도 불구하고 수요의 점탄력성의 크기는 달라진다.

② 수요곡선이 우하향하는 직선이므로 수요곡선의 기울기의 역수 $\left(\dfrac{dQ^D}{dP}\right)$ 도 일정하여 가격탄력성의 공식 $\epsilon_P = -\dfrac{dQ^D}{dP} \dfrac{P}{Q^D}$ 에서 가격탄력성의 크기는 오직 원점에서 그은 직선의 기울기 $\left(\dfrac{P}{Q^D}\right)$ 의 크기에 의해 결정된다.

③ 선형수요곡선상에서 우하향점으로 이동할수록 원점에서 그은 직선의 기울기의 크기가 작아져 수요의 점탄력성의 크기도 작아진다.

| E점에서의 수요의 점탄력성 |

$\epsilon_P = -\dfrac{dQ^D}{dP} \times \dfrac{P}{Q^D}$

$= \dfrac{CD}{CE} \times \dfrac{CE}{OC}$

$= \dfrac{CD}{OC} = \dfrac{ED}{AE} = \dfrac{BO}{AB}$

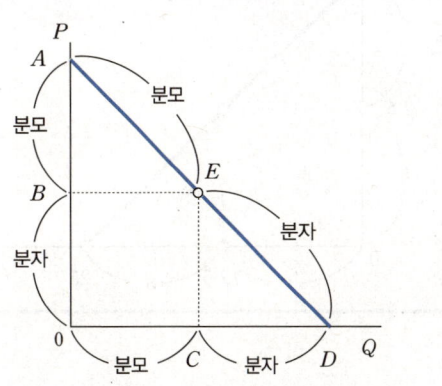

CHAPTER 04 수요와 공급의 탄력성

> **예제** 수요의 점탄력성

문제 1

어떤 상품의 수요함수와 공급함수가 다음과 같다. 시장의 균형에서 수요의 가격탄력성(점탄력성)은 얼마인가?

- 수요함수 : $Q^D = -4P + 20$
- 공급함수 : $Q^S = 5P - 7$

해설

- 시장의 균형 : $Q^D = Q^S$, $-4P + 20 = 5P - 7$, $9P = 27$에서 시장의 균형가격은 $P_E = 3$이 된다. $P_E = 3$일 때 시장의 균형거래량은 $Q_E = 8$이 된다.
- 균형에서의 가격탄력성 : 수요함수에서 $\dfrac{dQ^D}{dP} = -4$, $P = 3$, $Q^D = 8$이므로 수요의 가격탄력성은 $\epsilon_P = -\dfrac{dQ^D}{dP}\dfrac{P}{Q^D} = 4 \times \dfrac{3}{8} = 1.5$가 된다.

문제 2

X재 시장에 소비자는 甲과 乙만이 존재하고, X재에 대한 甲과 乙의 개별수요함수가 각각 $Q_D = 10 - 2P$, $Q_D = 15 - 3P$이다. X재의 가격이 2.5일 때, 시장수요의 가격탄력성은? (단, Q_D는 수요량, P는 가격이고, 수요의 가격탄력성은 절댓값으로 표시한다.) (2016 감정평가사)

해설

- 시장수요함수 : 시장수요곡선은 개별수요곡선의 수평적 합이므로 $(10 - 2P) + (15 - 3P) = 25 - 5P$에서 시장수요함수는 $Q_D = 25 - 5P$가 된다.
- 수요의 가격탄력성 : $P = 2.5$일 때 $Q_D = 12.5$가 되므로 수요의 가격탄력성은 $\epsilon_P = -\dfrac{dQ_D}{dP}\dfrac{P}{Q_D} = 5 \times \dfrac{2.5}{12.5} = 1$이 된다.
- 그림을 이용한 방법

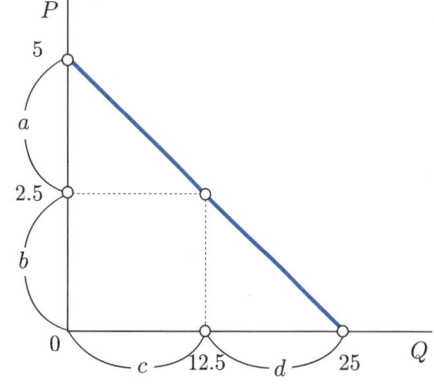

$$\epsilon_P = \dfrac{b}{a}\left(=\dfrac{2.5}{2.5}\right) = \dfrac{d}{c}\left(=\dfrac{12.5}{12.5}\right) = 1$$

(3) 서로 다른 선형수요곡선상의 점탄력성

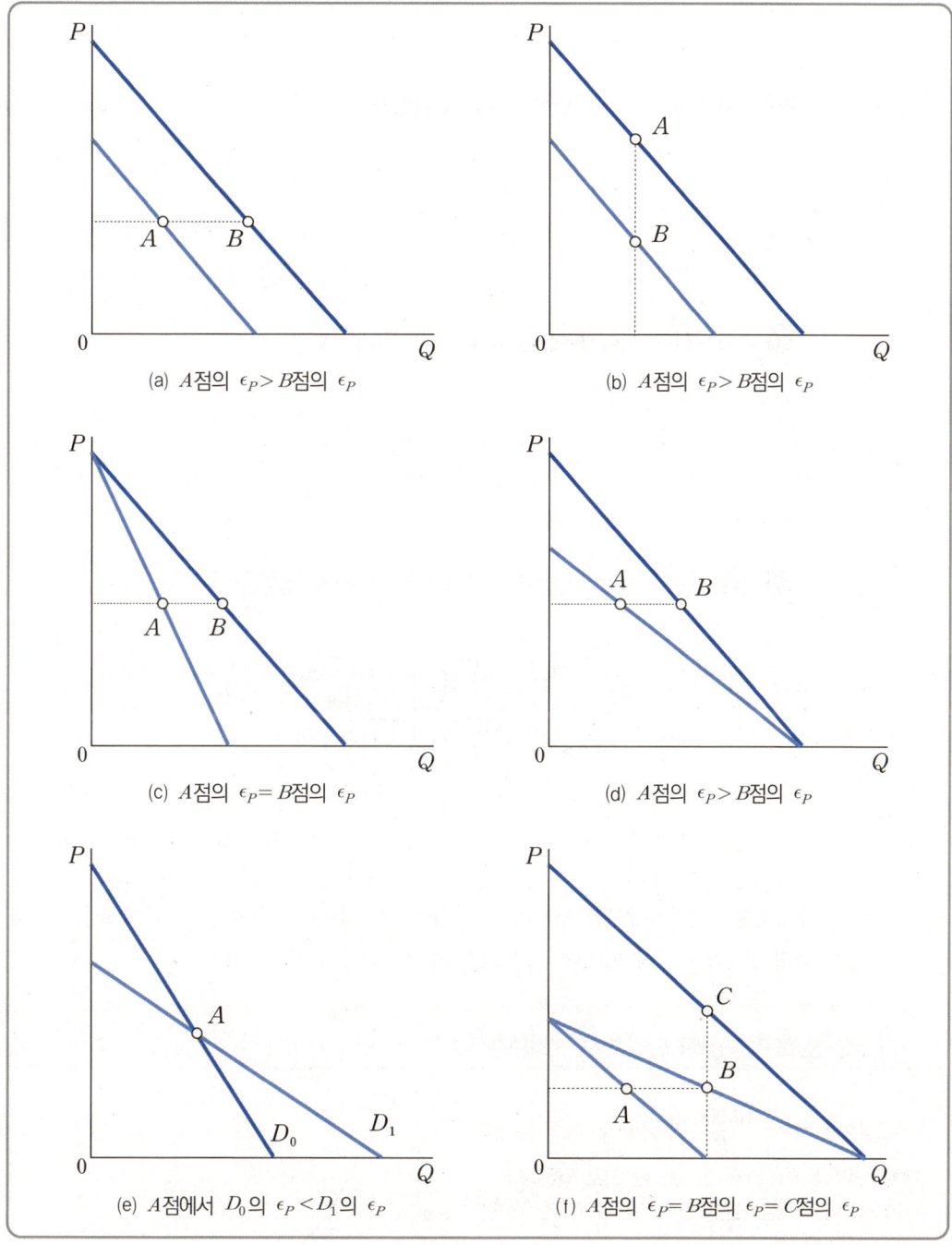

(4) 수요곡선이 직각쌍곡선인 경우의 가격탄력성
① 수요곡선이 직각쌍곡선(rectangular hyperbola)인 경우 수요함수는 다음과 같이 유리함수(분수함수)의 형태가 된다.

> **수요곡선이 직각쌍곡선인 경우 수요함수**
> $$Q^D = \frac{k}{P},\ k\text{는 상수}$$

② 수요함수가 유리함수인 경우 수요의 가격탄력성을 구하면 다음과 같이 항상 1이 된다.
▸ 수요곡선상의 한 점에서 접선을 그은 후 점탄력성의 공식을 이용하면 1이 된다.

> **수요곡선이 직각쌍곡선인 경우 가격탄력성**
> $$\epsilon_P = -\frac{dQ^D}{dP}\frac{P}{Q^D} = -\left(-\frac{k}{P^2}\right)\frac{P}{k/P} = \frac{k}{P^2}\frac{P^2}{k} = 1$$

③ 아래 그림에서 A점과 B점 사이의 호탄력성(구간탄력성)을 계산하여도 수요곡선이 직각쌍곡선인 경우에는 수요의 가격탄력성이 1이 됨을 확인할 수 있다.

> **수요곡선이 직각쌍곡선인 경우 호탄력성(구간탄력성)**
> $$\epsilon_P = \left|\frac{\frac{\Delta Q^D}{Q_1^D + Q_2^D}}{\frac{\Delta P}{P_1 + P_2}}\right| = \left|\frac{\frac{10}{10+20}}{\frac{500}{1,000+500}}\right| = 1$$

④ 수요함수에 의하면 $P \times Q^D = k$(상수)식이 성립하는데 이는 수요곡선의 각 점에 의해 형성되는 사각형의 면적으로서 기업의 총수입(TR)이자 가계의 총지출액이 된다. 따라서 수요곡선이 직각쌍곡선인 경우 기업의 총수입(=가계의 총지출액)은 항상 일정하다.
⑤ 수요곡선이 직각쌍곡선인 경우 가격탄력성이 1이 되므로 가격의 변화율과 수요량의 변화율의 절댓값이 항상 일치하여 $P \times Q^D$가 일정하게 유지되는 것이다.

| 수요곡선이 직각쌍곡선인 경우의 가격탄력성 |

- 수요함수가 $Q^D = \dfrac{10,000}{P}$인 경우 소비자의 총지출액은 언제나 $P \times Q^D = 10,000$(원)으로 일정하다.
- 수요곡선이 직각쌍곡선인 경우 수요의 가격탄력성은 항상 1이 된다.

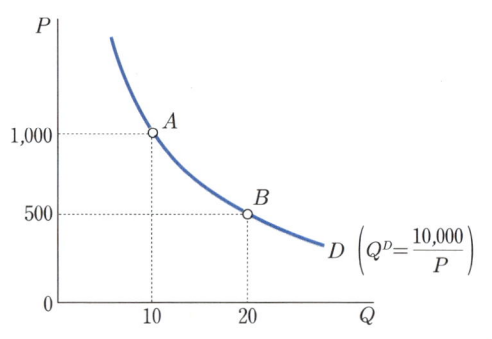

5. 특수한 수요곡선 : 모든 점에서 가격탄력성이 동일한 경우

① 수요곡선이 수직선인 경우 가격의 변화에 대응하는 수요량의 변화율은 0이므로 수요곡선상의 모든 점에서 점탄력성은 0이 된다.
② 수요곡선이 수평선인 경우 수요량의 변화율은 임의의 양(+)의 값을 갖지만, 그에 대응하는 가격의 변화율은 0이므로 수요곡선상의 모든 점에서 점탄력성은 무한대가 된다.
③ 수요곡선이 직각쌍곡선인 경우 수요곡선상의 모든 점에서 점탄력성은 1이 된다.

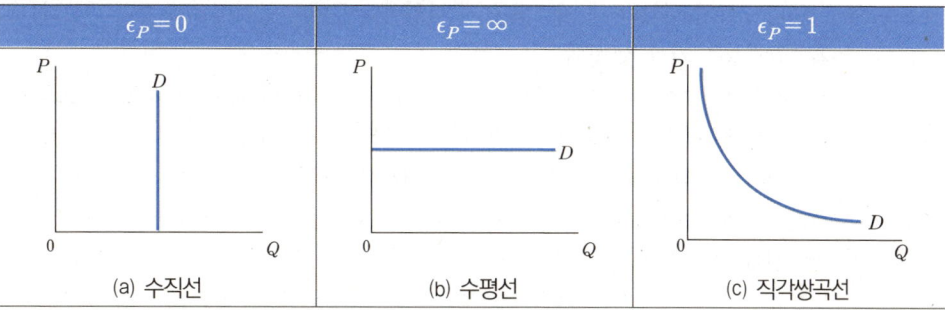

6. 수요의 가격탄력성 결정 요인

요 인	요인의 변화	수요의 가격탄력성
대체재의 수	• 많을수록	• 커진다.
	• 적을수록	• 작아진다.
상품의 성격	• 사치품	• 크다.
	• 필수품	• 작다.
소비자의 전체 지출에서 차지하는 비중	• 클수록	• 커진다.
	• 작을수록	• 작아진다.
상품정의의 범위	• 좁게 잡을수록	• 커진다.
	• 넓게 잡을수록	• 작아진다.
가격수준 (선형수요곡선)	• 높을수록	• 커진다.
	• 낮을수록	• 작아진다.
상품의 용도	• 다양한 용도로 쓰이는 경우	• 커진다.
	• 한정된 용도로 쓰이는 경우	• 작아진다.
고려되는 기간의 길이	• 길수록	• 커진다.
	• 짧을수록	• 작아진다.

① 어떤 재화에 대한 수요의 가격탄력성은 그 재화를 대체할 수 있는 대체재의 수와 밀접하게 관련되어 있다. 해당 재화에 대한 대체재의 수가 많으면 재화의 가격이 상승했을 때 다른 대체재로 소비를 변화시킬 수 있는 가능성이 더 커져 수요량이 대폭 감소하므로 수요의 가격탄력성이 커지게 된다.
② 식료품과 난방연료 등과 같은 생활필수품, 담배나 술과 같은 기호품, 환자의 병원 이용 등은 가격변화에 대해 수요량의 변화가 작게 나타나므로 가격탄력성이 낮게 나타난다. 반면, 귀금속·고급자동차·고급식당 등 사치품은 가격변화에 대해 수요량의 변화가 크게 나타나므로 수요의 가격탄력성은 높게 나타난다.

CHAPTER 04 수요와 공급의 탄력성

③ 어떤 상품에 대한 지출이 전체 지출에서 아주 큰 비중을 차지한다면 소비자는 그 재화의 가격 변동에 대해 민감하게 반응할 것이므로 가격탄력성이 상당히 큰 값을 가질 것이다.

④ 상품정의의 범위가 좁을수록 대체재의 수가 많아지므로 가격탄력성은 커진다.
  ▸ 콩의 가격탄력성이 곡물의 가격탄력성보다 크게 나타나고, 사과의 가격탄력성이 과일의 가격탄력성보다 크게 나타난다.

⑤ 선형수요곡선의 수요의 점탄력성은 가격수준이 높을수록 커지고, 가격수준이 낮을수록 작아진다.

⑥ 상품의 용도가 다양할 때 가격변동 시 다양한 부문에서 동시에 수요량이 변동하므로 수요의 가격탄력성은 커질 것이다.
  ▸ 수요곡선이 수직선인 경우 가격수준과 관계없이 가격탄력성은 0이 되고, 수요곡선이 직각쌍곡선인 경우 가격수준과 관계없이 가격탄력성은 1이 된다.

⑦ 가격이 상승하였을 때 시간이 길어질수록 대체재의 발견확률이 높아지고, 소비자의 취향의 변화가 발생하기 때문에 다른 대체재로 수요량이 이동하게 된다. 따라서 장기에서 수요의 가격탄력성이 커지게 된다.

7. 가격탄력성과 기업의 총수입

(1) 기업의 총수입(=가계의 총지출액)

① 총수입(Total Revenue : TR)이란 기업이 상품을 생산 및 판매하여 벌어들이는 수입의 총량을 말한다.
  ▸ 총수입(TR) = 가격(P) × 판매량(Q)

② 총수입의 변화율$\left(\dfrac{\Delta TR}{TR}\right)$은 가격의 변화율$\left(\dfrac{\Delta P}{P}\right)$과 판매량의 변화율$\left(\dfrac{\Delta Q}{Q}\right)$의 합으로 측정된다.

> **총수입의 변화율**
>
> $$\frac{\Delta TR}{TR} = \frac{\Delta P}{P} + \frac{\Delta Q}{Q}$$

③ 기업의 총수입(판매수입, 매출액)이 가계 입장에서는 총지출액이 된다. 앞으로 기업의 총수입으로 논의를 전개하기로 한다.

(2) 수요의 가격탄력성과 기업의 총수입 간의 관계

가격탄력성	변화율의 크기	가격 상승	가격 하락
$\epsilon_P > 1$	• |가격의 변화율| < |수요량의 변화율| • $\left\|\dfrac{\Delta P}{P}\right\| < \left\|\dfrac{\Delta Q^D}{Q^D}\right\|$	• 총수입 감소	• 총수입 증가
$\epsilon_P = 1$	• |가격의 변화율| = |수요량의 변화율| • $\left\|\dfrac{\Delta P}{P}\right\| = \left\|\dfrac{\Delta Q^D}{Q^D}\right\|$	• 총수입 불변	• 총수입 불변
$0 < \epsilon_P < 1$	• |가격의 변화율| > |수요량의 변화율| • $\left\|\dfrac{\Delta P}{P}\right\| > \left\|\dfrac{\Delta Q^D}{Q^D}\right\|$	• 총수입 증가	• 총수입 감소

(3) 실례

① 가격탄력성이 높은 시장에서는 가격을 낮게 책정하고, 가격탄력성이 낮은 시장에서는 가격을 높게 책정하는 가격차별을 하게 되면 기업의 총수입이 증가한다.
   ▸ 가격탄력성에 따라 소비자를 분리한 후 각 그룹에 다른 가격을 책정하는 것을 3급 가격차별이라고 한다.
   ▸ 3급 가격차별과 관련된 자세한 이론적 내용은 '제14장 독점시장'에서 자세하게 논의된다.
② 가격탄력성이 낮은 휘발유, 담배, 커피 등에 대한 소비세율을 인상하면 정부의 조세수입이 증가하고, 가격탄력성이 높은 사치품에 대한 소비세율(개별소비세)을 인상하면 정부의 조세수입은 감소한다.
   ▸ 가격탄력성이 낮은 재화는 소비세율의 인상으로 인한 가격상승률이 수요량감소율보다 클 것이므로 세율 인상 시 정부의 조세수입이 증가한다.
   ▸ 가격탄력성이 높은 재화는 소비세율의 인상으로 인한 가격상승률보다 수요량감소율이 클 것이므로 세율 인상 시 정부의 조세수입이 감소한다.
③ 정부가 소비진작을 통한 경기활성화를 위해 세율인하를 검토 중이라면 가격탄력성이 높은 사치품에 대한 세율인하가 소비진작에 도움이 되므로 상대적으로 더 큰 경기부양효과를 가져 올 수 있다.
   ▸ 사치품에 대한 세율인하는 세율인하로 인한 가격하락률에 비해 수요량증가율이 더 높게 나타나므로 소비증가효과가 클 것이다.

| 수요의 가격탄력성과 기업의 총수입 |

- 수요곡선상의 AE구간은 탄력적인 구간이므로 가격이 하락할 때 가격의 하락률보다 수요량의 증가율이 더 높아서 기업의 총수입(TR)은 증가한다.
- 수요곡선상의 EB구간은 비탄력적인 구간이므로 가격이 하락할 때 가격의 하락률보다 수요량의 증가율이 더 낮아서 기업의 총수입(TR)은 감소한다.
- $\epsilon_P = 1$인 점에서 기업의 총수입(TR)은 극대가 된다.
- $\epsilon_P = \infty$인 점은 $Q=0$이므로 총수입(TR)이 0이 되고, $\epsilon_P = 0$인 점은 $P=0$이므로 총수입(TR)이 0이 된다.

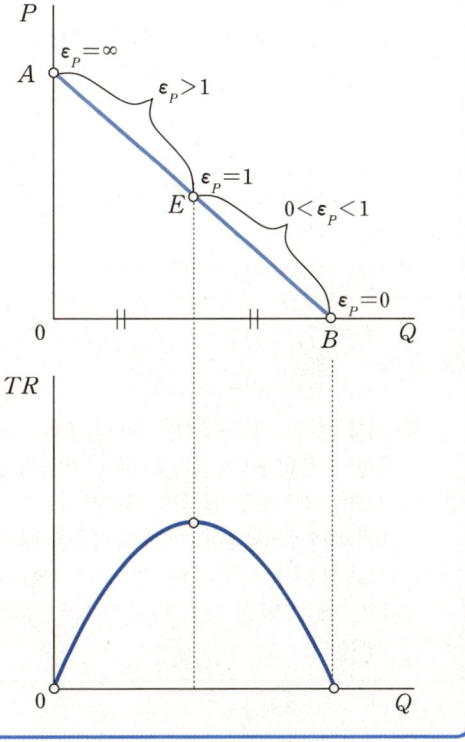

CHAPTER 04 수요와 공급의 탄력성

심화분석 | 가격탄력성이 일정한 수요함수 |

| 수요함수 |

$$Q^D = AP^{-\alpha}$$

① $\epsilon_P = -\dfrac{dQ^D}{dP}\dfrac{P}{Q^D} = -(-\alpha AP^{-\alpha-1}) \times \dfrac{P}{AP^{-\alpha}} = \alpha$

② 수요함수에서 가격변수(P)의 지수의 절댓값이 가격탄력성이 되는데 위에 주어진 수요함수에서는 수요곡선 상의 모든 점에서 가격탄력성이 α로 일정하다.
   ▸ 독립변수의 지수 그 자체가 탄력성이 되지만, 수요의 가격탄력성이므로 예외적으로 지수의 절댓값을 구하여 탄력성을 계산한다.

③ 수요곡선이 직각쌍곡선인 수요함수는 $\alpha=1$이므로 수요의 가격탄력성이 1로 일정한 특수한 경우에 해당한다.
   ▸ $Q^D = \dfrac{k}{P} = kP^{-1}$

심화분석 | 두 그룹 간 가격탄력성이 서로 다른 경우 시장수요의 가격탄력성 |

1. 가정
① 시장은 가격탄력성이 서로 다른 두 그룹 A와 B로 구성되어 있다.
② A그룹과 B그룹의 수요량은 각각 Q_A와 Q_B이고, 가격탄력성은 ϵ_P^A와 ϵ_P^B이다.

2. 시장 전체의 수요의 가격탄력성
① Q_A와 Q_B가 시장에서 차지하는 비중

   ▸ $\alpha = \dfrac{Q_A}{Q_A + Q_B} = \dfrac{PQ_A}{P(Q_A + Q_B)} = \dfrac{TR_A}{TR}$

   ▸ $\beta = \dfrac{Q_B}{Q_A + Q_B} = \dfrac{PQ_B}{P(Q_A + Q_B)} = \dfrac{TR_B}{TR}$

   ▸ $\alpha + \beta = 1$

② 시장 전체의 수요의 가격탄력성

   ▸ $\epsilon_P = \dfrac{Q_A}{Q_A + Q_B}\epsilon_P^A + \dfrac{Q_B}{Q_A + Q_B}\epsilon_P^B = \dfrac{TR_A}{TR}\epsilon_P^A + \dfrac{TR_B}{TR}\epsilon_P^B$

   ▸ $\epsilon_P = (\alpha \times \epsilon_P^A) + (\beta \times \epsilon_P^B)$

③ 시장 전체의 가격탄력성은 총판매량에서 해당 그룹의 판매량이 차지하는 비중으로 가중치를 부여하여 구한다. 만약 판매수입이 차지하는 비중이 부여된 경우에는 총판매수입에서 해당 그룹의 판매수입이 차지하는 비중으로 가중치를 부여한다.

④ 여기에서 주의할 점은 가중치를 부여할 때 총소비자의 수에서 해당 그룹의 소비자의 수가 차지하는 비중으로 가중치를 부여해서는 안 된다는 사실이다. 어떤 그룹의 소비자의 수가 차지하는 비중이 아무리 높더라도 해당 그룹의 수요량이 극히 적은 경우에는 시장 전체의 탄력성에 미치는 영향이 매우 작을 것이기 때문이다.

예제 | 가격탄력성과 기업의 총수입

문제 1

수요함수가 $Q = \dfrac{10}{\sqrt{P}}$ 일 때 가격이 상승하면 생산자의 총수입은 어떻게 변화하는가?

해설

- 수요함수 : $Q = \dfrac{10}{\sqrt{P}}$, $Q = 10P^{-0.5}$
- 수요의 가격탄력성 : $\epsilon_P = -\dfrac{dQ^D}{dP} \times \dfrac{P}{Q^D} = 0.5 \times 10 \times P^{-1.5} \times \dfrac{P}{10P^{-0.5}} = 0.5$
- 수요함수에서 수요의 가격탄력성은 0.5로 일정하고, 가격변수의 지수의 절댓값과 일치함을 알 수 있다.
- 수요곡선의 모든 점에서 수요량은 가격 비탄력적이므로 가격이 상승하면 가격상승률에 비해 수요량감소율이 작으므로 생산자의 총수입이 증가한다.

문제 2

A재의 가격이 5% 상승할 때 A재의 매출액은 전혀 변화하지 않은 반면, B재의 가격이 10% 상승할 때 B재의 매출액은 10% 증가하였다. 각 재화의 수요의 가격탄력성으로 옳은 것은? (2017 보험계리사)

해설

- 매출액의 변화율 : $\dfrac{\Delta TR}{TR} = \dfrac{\Delta P}{P} + \dfrac{\Delta Q}{Q}$
- A재의 가격이 5% 상승할 때 A재의 매출액은 전혀 변화하지 않는다면 A재의 수요량이 5% 감소했다는 것을 의미한다. 따라서 A재의 가격탄력성은 1이 되므로 A재는 단위탄력적이다.
- B재의 가격이 10% 상승할 때 B재의 매출액은 10% 증가하였다면 수요량의 변화율은 0%라는 의미이다. 따라서 B재의 가격탄력성은 0이 되므로 B재는 완전비탄력적이다.

문제 3

주유소에서 휘발유를 구입하는 모든 소비자들은 항상 "5만 원어치 넣어주세요"라고 하는 반면, 경유를 구입하는 모든 소비자들은 항상 "40리터 넣어주세요"라고 한다. 현재의 균형상태에서 휘발유의 공급은 감소하고, 경유의 공급이 증가한다면, 휘발유시장과 경유시장에 나타나는 균형가격의 변화는? (단, 휘발유시장과 경유시장은 완전경쟁시장이며, 각 시장의 공급곡선은 우상향하고, 다른 조건은 일정하다.)

(2018 감정평가사)

해설

- 일정 금액을 지출하는 휘발유 소비자의 가격탄력성은 1이 되므로 휘발유의 수요곡선은 직각쌍곡선이 된다. 가격수준과 무관하게 일정량을 소비하는 경유 소비자의 가격탄력성은 0이므로 경유의 수요곡선은 수직선이 된다.
- 휘발유의 수요곡선은 직각쌍곡선으로서 우하향하므로 휘발유의 공급이 감소하면 휘발유의 가격은 상승한다.
- 경유의 수요곡선은 수직선으로서 경유의 공급이 증가하면 경유의 가격은 하락한다.

CHAPTER 04 수요와 공급의 탄력성

II 수요의 소득탄력성

1. 개념

① 수요의 소득탄력성(income elasticity of demand)이란 소비자의 소득(M)이 1% 변했을 때 수요(Q^D)가 몇 % 변하는가를 측정하는 척도이다.

② 수요의 소득탄력성에서는 부호가 경제적 의미를 지니므로 절댓값을 취해서는 안 된다.

> **수요의 소득탄력성 1**
>
> $$\epsilon_M = \frac{\text{수요(량)의 변화율(\%)}}{\text{소득의 변화율(\%)}} = \frac{\frac{\Delta Q^D}{Q^D}}{\frac{\Delta M}{M}} = \frac{\Delta Q^D}{\Delta M} \frac{M}{Q^D}$$

③ 소득의 변화(ΔM)가 0에 가까운 경우 수요의 소득탄력성은 다음과 같이 쓸 수 있다.

> **수요의 소득탄력성 2**
>
> $$\epsilon_M = \lim_{\Delta M \to 0} \frac{\frac{\Delta Q^D}{Q^D}}{\frac{\Delta M}{M}} = \frac{dQ^D}{dM} \frac{M}{Q^D}$$

2. 수요의 소득탄력성과 상품의 종류

수요의 소득탄력성		상품의 종류	상황	예
$\epsilon_M > 0$	$\epsilon_M > 1$	• 사치재	• 정상재	• 소득 10% 증가 → 수요 20% 증가 • 소득 10% 감소 → 수요 20% 감소
	$0 < \epsilon_M < 1$	• 필수재	• $\frac{\Delta M}{M} > 0 \to \frac{\Delta Q^D}{Q^D} > 0$ • $\frac{\Delta M}{M} < 0 \to \frac{\Delta Q^D}{Q^D} < 0$	• 소득 10% 증가 → 수요 5% 증가 • 소득 10% 감소 → 수요 5% 감소
	$\epsilon_M = 1$	• 동조재		• 소득 10% 증가 → 수요 10% 증가 • 소득 10% 감소 → 수요 10% 감소
$\epsilon_M = 0$		• 중립재	• $\frac{\Delta M}{M} > 0 \to \frac{\Delta Q^D}{Q^D} = 0$ • $\frac{\Delta M}{M} < 0 \to \frac{\Delta Q^D}{Q^D} = 0$	• 소득 증가 → 수요 불변 • 소득 감소 → 수요 불변
$\epsilon_M < 0$		• 열등재	• $\frac{\Delta M}{M} > 0 \to \frac{\Delta Q^D}{Q^D} < 0$ • $\frac{\Delta M}{M} < 0 \to \frac{\Delta Q^D}{Q^D} > 0$	• 소득 증가 → 수요 감소 • 소득 감소 → 수요 증가

(1) 소득탄력성이 1인 동조재
① 소득 전액을 가지고 특정한 상품만 구입하는 경우이다.
  ▸ 소비자의 총지출액이 소득과 일치하므로 $P \times Q^D = M$의 식이 성립한다. 따라서 이 식을 이용하여 소비자의 수요함수를 도출하면 $Q^D = P^{-1}M$이 된다.
  ▸ 수요의 가격탄력성은 가격변수(P)의 지수의 절댓값인 $\epsilon_P = 1$이 된다.
    • 가격이 변하더라도 지출액(=소득)은 불변이 되므로 가격탄력성은 $\epsilon_P = 1$이 되어 수요곡선은 직각쌍곡선이 된다.
    • 수요의 가격탄력성을 논의할 때에는 소득변수는 고정되어 있어야 하므로 지출액이 불변이다.
  ▸ 수요의 소득탄력성은 소득변수(M)의 지수인 $\epsilon_M = 1$이 되어 이 재화는 동조재가 된다.
    • 상품의 가격이 2만 원이고 소득이 100만 원이라면 수요량은 50단위가 되는데, 소득이 200만 원으로 100% 증가하면 수요량도 100단위로 100% 증가한다.
    • 수요의 소득탄력성을 논의할 때에는 가격변수는 고정되어 있어야 한다.
② 소득의 일정 비율을 특정한 상품만 구입하는 경우이다.
  ▸ 소비자의 지출액이 소득의 k비율이면 $P \times Q^D = kM$의 식이 성립하므로 수요함수는 $Q^D = kP^{-1}M$이 된다.
  ▸ 수요의 가격탄력성은 가격변수(P)의 지수의 절댓값인 $\epsilon_P = 1$이 된다.
  ▸ 수요의 소득탄력성은 소득변수(M)의 지수인 $\epsilon_M = 1$이 된다. $k = 0.5$일 때 상품의 가격이 2만 원이고 소득이 100만 원이라면 수요량은 25단위가 되는데, 소득이 200만 원으로 100% 증가하면 수요량도 50단위로 100% 증가한다.

(2) 엥겔의 법칙
① 엥겔계수(Engel's coefficient)란 가계의 지출액에서 식료품비가 점유하는 비율을 의미한다.
  ▸ 경기가 침체에 빠질수록 엥겔계수가 높게 측정되는데 이는 소비자들이 대부분의 소득을 먹고 사는 데에만 지출하였음을 나타내므로 후생수준이 낮아졌음을 의미한다.
② 엥겔의 법칙(Engel's law)이란 소득이 증가함에 따라 식료품에 대한 절대지출액은 증가하지만, 총지출액에서 식료품 지출액이 차지하는 비중은 감소하는 현상을 의미한다.
  ▸ 엥겔의 법칙은 소득이 증가함에 따라 엥겔계수가 감소하는 현상이다.

Ⅲ 수요의 교차탄력성

1. 개념

① 수요의 교차탄력성(cross elasticity of demand)이란 관련재의 가격(P_Y)이 1% 변했을 때 해당 상품의 수요(Q_X^D)가 몇 % 변하는가를 측정하는 척도이다.
② 수요의 교차탄력성에서는 부호가 경제적 의미를 지니므로 절댓값을 취해서는 안 된다.

> **수요의 교차탄력성 1**
>
> $$\epsilon_{XY} = \frac{X재\ 수요(량)의\ 변화율(\%)}{Y재\ 가격의\ 변화율(\%)} = \frac{\dfrac{\Delta Q_X^D}{Q_X^D}}{\dfrac{\Delta P_Y}{P_Y}} = \frac{\Delta Q_X^D}{\Delta P_Y} \frac{P_Y}{Q_X^D}$$

CHAPTER 04 수요와 공급의 탄력성

③ 관련재가격의 변화(ΔP_Y)가 0에 가까운 경우 수요의 교차탄력성은 다음과 같이 쓸 수 있다.

> **📖 수요의 교차탄력성 2**
>
> $$\epsilon_{XY} = \lim_{\Delta P_Y \to 0} \frac{\frac{\Delta Q_X^D}{Q_X^D}}{\frac{\Delta P_Y}{P_Y}} = \frac{dQ_X^D}{dP_Y} \frac{P_Y}{Q_X^D}$$

2. 수요의 교차탄력성과 상품의 관계

수요의 교차탄력성	상품의 관계	상황	예
$\epsilon_{XY} > 0$	• 대체관계	• $\frac{\Delta P_Y}{P_Y} > 0 \to \frac{\Delta Q_X^D}{Q_X^D} > 0$ • $\frac{\Delta P_Y}{P_Y} < 0 \to \frac{\Delta Q_X^D}{Q_X^D} < 0$	• Y재 가격 상승 → X재 수요 증가 • Y재 가격 하락 → X재 수요 감소
$\epsilon_{XY} = 0$	• 독립관계	• $\frac{\Delta P_Y}{P_Y} > 0 \to \frac{\Delta Q_X^D}{Q_X^D} = 0$ • $\frac{\Delta P_Y}{P_Y} < 0 \to \frac{\Delta Q_X^D}{Q_X^D} = 0$	• Y재 가격 상승 → X재 수요 불변 • Y재 가격 하락 → X재 수요 불변
$\epsilon_{XY} < 0$	• 보완관계	• $\frac{\Delta P_Y}{P_Y} > 0 \to \frac{\Delta Q_X^D}{Q_X^D} < 0$ • $\frac{\Delta P_Y}{P_Y} < 0 \to \frac{\Delta Q_X^D}{Q_X^D} > 0$	• Y재 가격 상승 → X재 수요 감소 • Y재 가격 하락 → X재 수요 증가

> **예제 수요의 탄력성**
>
> **문제**
> 주요 공공교통수단인 시내버스와 지하철의 요금은 지방정부의 통제를 받는다. 지하철회사가 지하철수요의 탄력성을 조사해 본 결과, 지하철수요의 가격탄력성은 1.2, 지하철수요의 소득탄력성은 0.2, 지하철수요의 시내버스요금에 대한 교차탄력성은 0.4인 것으로 나타났다. 앞으로 지하철이용자의 소득이 10% 상승할 것으로 예상하여, 지하철회사는 지방정부에 지하철요금을 5% 인상해 줄 것을 건의하였다. 그런데, 이 건의에는 시내버스의 요금인상도 포함되어 있었다. 즉, 지하철수요가 요금 인상 전과 동일한 수준으로 유지되도록 시내버스요금의 인상을 함께 건의한 것이다. 이때 지하철 요금 인상과 함께 건의한 시내버스요금의 인상폭은 얼마인가?
> (2013 8급 국회직)
>
> **해설**
> ■ 지하철수요의 소득탄력성이 0.2이므로 지하철이용자의 소득이 10% 상승하면 지하철수요는 $0.2 \times 10(\%) = 2\%$ 증가한다. 지하철수요의 가격탄력성이 1.2이므로 지하철요금이 5% 인상되면 지하철수요량은 $1.2 \times 5(\%) = 6\%$ 감소한다. 따라서 소득과 가격에 의해 지하철수요는 4% 감소하게 된다.
> ■ 이때 지하철수요가 종전과 동일하게 유지되려면 지하철수요가 4% 증가하여야 한다. 지하철수요의 시내버스요금에 대한 교차탄력성이 0.4이므로 시내버스요금이 10% 증가하여야 지하철수요가 4% 증가한다.

제3절 공급의 가격탄력성

I 개념

① 공급의 가격탄력성(price elasticity of supply)이란 상품 한 단위의 가격(P)이 1% 변했을 때 공급량(Q^S)이 몇 % 변하는가를 측정하는 척도이다.
② 공급의 법칙에 의해 상품의 가격과 공급량은 정(+)의 관계에 있기 때문에 공급의 가격탄력성은 항상 양(+)의 값을 가진다.
③ 수요의 가격탄력성을 측정할 때와 동일한 논리로 가격의 변화율이 작을 때는 점탄력성을 이용하고, 가격의 변화율이 클 때는 호탄력성을 이용하는 것이 바람직하다.

> **공급의 가격탄력성**
>
> $$\epsilon_S = \frac{\text{공급량의 변화율(\%)}}{\text{가격의 변화율(\%)}} = \frac{\frac{\Delta Q^S}{Q^S} \times 100}{\frac{\Delta P}{P} \times 100} = \frac{\Delta Q^S}{\Delta P} \frac{P}{Q^S}$$

④ $\frac{\Delta Q^S}{\Delta P}$는 공급곡선 기울기의 역수를 의미하므로 다른 조건이 동일할 때 공급곡선이 완만할수록 공급의 가격탄력성은 커진다.
⑤ $\frac{P}{Q^S}$는 원점에서 공급곡선의 각 점을 연결한 직선의 기울기로 측정된다.

II 공급의 가격탄력성과 공급곡선의 형태

① 공급의 가격탄력성은 0과 무한대(∞) 사이의 값을 가진다.
② 공급의 가격탄력성이 1보다 크면 탄력적, 1보다 작으면 비탄력적, 1이면 단위탄력적이라고 한다.

가격탄력성의 크기	용어	상황	공급곡선의 형태	예
$\epsilon_S = 0$	완전비탄력적	$\frac{\Delta Q^S}{Q^S} = 0$	수직선	단기에 있어서 토지
$0 < \epsilon_S < 1$	비탄력적	$\frac{\Delta P}{P} > \frac{\Delta Q^S}{Q^S}$	급경사 우상향	농산품
$\epsilon_S = 1$	단위탄력적	$\frac{\Delta P}{P} = \frac{\Delta Q^S}{Q^S}$	원점을 지나면서 우상향하는 직선	–
$1 < \epsilon_S < \infty$	탄력적	$\frac{\Delta P}{P} < \frac{\Delta Q^S}{Q^S}$	완만한 우상향	경쟁시장에서 공산품
$\epsilon_S = \infty$	완전탄력적	$\frac{\Delta P}{P} = 0$	수평선	배급상품

Ⅲ 공급의 점탄력성

1. 개념
① 공급의 점탄력성(point elasticity)이란 공급곡선상의 한 점에서 측정한 가격탄력성을 말한다.
② 공급의 점탄력성은 가격의 변화분(ΔP)이 0에 가까울 정도로 아주 미세할 때 공급의 가격탄력성을 측정한 것이다.
③ 수요의 가격탄력성을 측정할 때의 경우와 동일한 논리로 가격의 변화율이 작을 때는 공급의 점탄력성을 이용하고, 가격이 크게 변화할 때에는 공급의 호탄력성을 이용하는 것이 바람직하다.
④ 공급의 점탄력성은 정의에 의해 가격의 변화율이 거의 0에 가까울 때 사용하는 개념이지만, 가격의 변화율이 그리 크지 않을 때에도 공급의 점탄력성을 자주 사용하게 된다. 공급의 점탄력성은 도함수의 공식을 활용하여 쉽게 계산할 수 있을 뿐만 아니라 점탄력성과 호탄력성의 차이가 그리 크지 않기 때문이다. 하지만, 가격의 변화율이 클 때에는 두 탄력성 간의 차이가 크게 나타나므로 오차 또한 크게 나타난다.

> **공급의 점탄력성**
>
> $$\epsilon_S = \lim_{\Delta P \to 0} \frac{\frac{\Delta Q^S}{Q^S} \times 100}{\frac{\Delta P}{P} \times 100} = \frac{dQ^S}{dP} \frac{P}{Q^S}$$

2. 선형공급곡선상의 점탄력성

(1) 원점에서 출발하는 선형공급곡선
① 원점에서 출발하는 선형공급곡선은 공급곡선 위의 모든 점에서 공급의 가격탄력성이 $\epsilon_S = 1$이 된다.
② 공급곡선이 원점을 지나는 우상향의 직선이라면 가격과 공급량이 비례적이므로 공급곡선의 기울기에 관계없이 공급의 가격탄력성은 모두 $\epsilon_S = 1$이 된다.

(2) 가격축의 절편이 양(+)의 값을 갖는 선형공급곡선
① 가격축의 절편이 양(+)의 값을 갖는 선형공급곡선은 공급곡선 위의 모든 점에서 공급의 가격탄력성이 1보다 크다.
② 선형공급곡선이므로 $\frac{dQ^S}{dP}$는 일정하지만, 원점에서 멀리 떨어진 공급곡선상의 점일수록 $\frac{P}{Q^S}$가 작아지므로 공급의 가격탄력성은 작아진다.

(3) 수량축의 절편이 양(+)의 값을 갖는 선형공급곡선
① 수량축의 절편이 양(+)의 값을 갖는 선형공급곡선은 공급곡선 위의 모든 점에서 공급의 가격탄력성이 1보다 작다.
② 선형공급곡선이므로 $\frac{dQ^S}{dP}$는 일정하지만, 원점에서 멀리 떨어진 공급곡선상의 점일수록 $\frac{P}{Q^S}$가 커지므로 공급의 가격탄력성은 커진다.

| 원점에서 출발하는 선형공급곡선의 점탄력성 |

- 점 E에서 $\epsilon_S = \dfrac{dQ^S}{dP}\dfrac{P}{Q^S} = \dfrac{OB}{BE}\dfrac{BE}{OB} = 1$
- 공급곡선 위의 모든 점에서 공급의 가격탄력성은 $\epsilon_S = 1$이다.

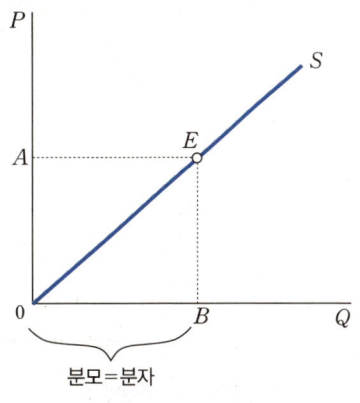

| 가격축의 절편이 양(+)의 값을 갖는 선형공급곡선의 점탄력성 |

- 점 E에서
  $\epsilon_S = \dfrac{dQ^S}{dP}\dfrac{P}{Q^S} = \dfrac{CB}{BE}\dfrac{BE}{OB} = \dfrac{CB}{OB} > 1$
- 공급곡선 위의 모든 점에서 $\epsilon_S > 1$이다.
- 원점에서 멀리 떨어진 공급곡선상의 점일수록 $\dfrac{dQ^S}{dP}$는 일정하지만 $\dfrac{P}{Q^S}$가 작아지므로 공급의 가격탄력성은 작아진다.
- D점에서는 분모가 0이 되어 공급의 가격탄력성은 $\epsilon_S = \infty$가 된다.

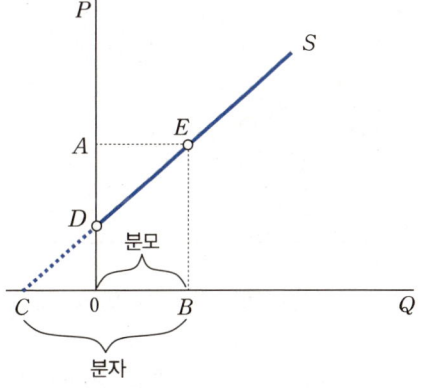

| 수량축의 절편이 양(+)의 값을 갖는 선형공급곡선의 점탄력성 |

- 점 E에서
  $\epsilon_S = \dfrac{dQ^S}{dP}\dfrac{P}{Q^S} = \dfrac{CB}{BE}\dfrac{BE}{OB} = \dfrac{CB}{OB} < 1$
- 공급곡선 위의 모든 점에서 $\epsilon_S < 1$이다.
- 원점에서 멀리 떨어진 공급곡선상의 점일수록 $\dfrac{dQ^S}{dP}$는 일정하지만 $\dfrac{P}{Q^S}$가 커지므로 공급의 가격탄력성은 커진다.
- C점에서는 분자가 0이 되어 공급의 가격탄력성은 $\epsilon_S = 0$이 된다.

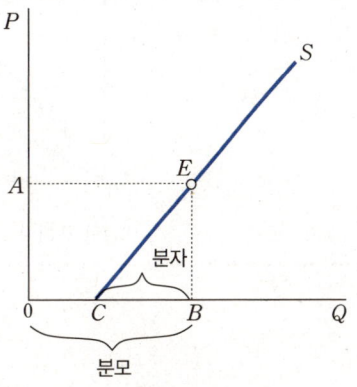

3. 서로 다른 선형공급곡선상의 점탄력성

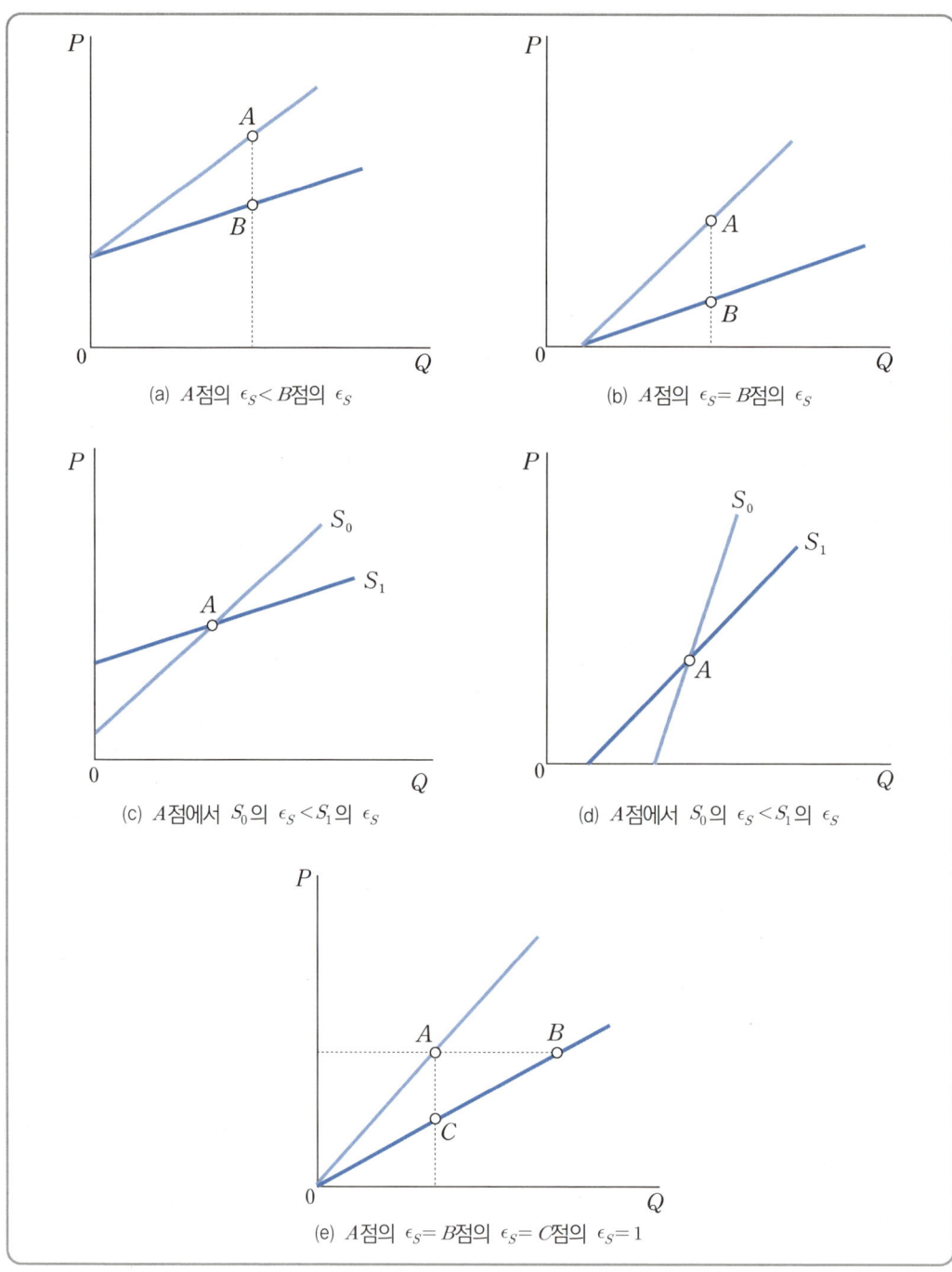

(a) A점의 $\epsilon_S <$ B점의 ϵ_S

(b) A점의 $\epsilon_S =$ B점의 ϵ_S

(c) A점에서 S_0의 $\epsilon_S < S_1$의 ϵ_S

(d) A점에서 S_0의 $\epsilon_S < S_1$의 ϵ_S

(e) A점의 $\epsilon_S =$ B점의 $\epsilon_S =$ C점의 $\epsilon_S = 1$

Ⅳ 특수한 공급곡선 : 모든 점에서 가격탄력성이 동일한 경우

① 공급곡선이 수직선인 경우 가격의 변화에 대응하는 공급량의 변화율은 0이므로 공급곡선상의 모든 점에서 점탄력성은 0이 된다.
② 공급곡선이 수평선인 경우 공급량의 변화율은 임의의 양(+)의 값을 갖지만, 그에 대응하는 가격의 변화율은 0이므로 공급곡선상의 모든 점에서 점탄력성은 무한대가 된다.
③ 공급곡선이 원점을 지나는 직선인 경우 공급곡선상의 모든 점에서 점탄력성은 1이 된다.

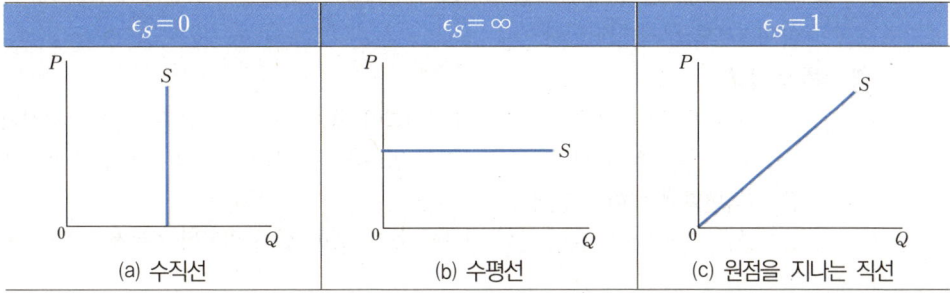

Ⅴ 공급의 가격탄력성 결정 요인

요 인	요인의 변화	공급의 가격탄력성
생산비의 증가	• 생산량 증가 시 생산비용이 완만하게 상승하는 경우	• 커진다.
	• 생산량 증가 시 생산비용이 급격히 상승하는 경우	• 작아진다.
상품의 저장 가능성과 저장에 드는 비용	• 저장이 쉽고, 비용이 적게 드는 경우	• 커진다.
	• 저장이 힘들고, 비용이 많이 드는 경우	• 작아진다.
상품의 성격	• 공산품	• 크다.
	• 농산품	• 작다.
기술수준	• 기술수준의 향상이 빠른 상품인 경우	• 커진다.
	• 기술수준의 향상이 느린 상품인 경우	• 작아진다.
유휴시설의 존재 여부	• 시설용량의 확장이나 추가적인 투입요소의 구입 등이 용이한 경우 • 유휴생산시설 및 잉여생산시설이 충분한 경우	• 커진다.
	• 시설용량의 확장이나 추가적인 투입요소의 구입 등이 어려운 경우 • 유휴생산시설 및 잉여생산시설이 충분하지 않은 경우	• 작아진다.
생산량조절의 신축성	• 클수록	• 커진다.
	• 작을수록	• 작아진다.
타상품생산으로 전환 가능성	• 높을수록	• 커진다.
	• 낮을수록	• 작아진다.
고려되는 기간의 길이	• 길수록	• 커진다.
	• 짧을수록	• 작아진다.

(1) 생산비의 증가
   ① 생산량 증가 시 공급가격이 높아지는 이유는 한계비용체증의 법칙 때문이다.
   ② 생산량 증가 시 생산비용이 완만하게 증가하면 생산자가 최소한 받아야겠다고 생각하는 가격인 공급가격도 완만하게 상승하므로 공급의 가격탄력성이 커진다.

(2) 상품의 저장 가능성과 저장에 드는 비용
   ① 저장이 쉬운 상품이거나 저장에 드는 비용이 적은 상품일수록 공급의 가격탄력성이 커진다.
   ② 공산품은 농산품에 비해 저장이 쉽고 저장비용이 적게 들기 때문에 공급의 가격탄력성이 상대적으로 크게 나타난다.

(3) 상품의 성격
   ① 농산물의 경우 농산물을 생산하는 토지면적이 제한되어 있고, 파종시기와 수확시기가 있어서 재배기간이 존재한다. 따라서 가격의 변화에 대해 생산량 조절이 어렵기 때문에 공급량은 가격변화에 대해 비탄력적이다.
   ② 농산물은 저장비용이 많이 들어 저장이 쉽지 않고, 쉽게 변질될 가능성이 높아 생산량 조절이 쉽지 않다.

(4) 기술수준
   ① 기술수준의 향상이 빠른 상품일수록 공급량이 가격변화에 탄력적으로 대응할 수 있으므로 공급의 가격탄력성이 커진다.
   ② 기술수준의 향상이 빠르면 추가생산에 따르는 생산비용이 완만하게 증가하여 공급의 가격탄력성이 커진다.

(5) 유휴시설의 존재 여부
   ① 시설용량의 확장이 용이하거나 추가적인 투입요소의 구입 등이 용이한 경우 공급의 가격탄력성이 커진다.
   ② 경기침체 시 유휴생산시설 및 잉여생산시설이 충분하고 실업자가 많아 생산능력이 충분하다. 또한 남아 있는 재고가 충분하여 추가생산 없이도 공급이 가능하다.

(6) 생산량조절의 신축성
   ① 생산량조절의 신축성이 클수록 공급의 가격탄력성이 커진다.
   ② 장기로 갈수록 생산과정에서 적응능력이 향상되어 생산량조절의 신축성이 강화되므로 공급의 가격탄력성이 커지게 되는 것이다.

(7) 타상품생산으로 전환 가능성
   ① 동일한 자본시설 하에서 타상품생산으로 전환 가능성이 클수록 가격변화에 신축적으로 대응할 수 있으므로 공급의 가격탄력성이 커진다.
   ② 동일한 자동차 생산시설로 승용차와 트럭을 생산하는 데 동시에 사용할 수 있다면 상대가격변화에 따른 생산량조절이 신축적이 된다.

(8) 고려되는 기간의 길이
   ③ 분석기간이 길면 신규기업의 진입과 기존기업의 시설확장이 보다 용이하게 되므로 가격탄력성이 커진다.
   ② 기간이 길어질수록 생산과정에서의 적응능력이 향상되어 가격변화에 대처할 수 있는 신축성이 커진다.

CHAPTER 05 수요·공급이론의 응용

PART 02 | 수요와 공급의 이론

제1절 사회적 잉여

I 개요

① 소비자와 생산자가 시장에서 만나 거래를 하게 되는데 이때 시장에 참여하는 경제주체들은 교환을 통해 이득을 얻게 된다.
② 시장의 교환을 통해 소비자가 얻게 되는 이득을 소비자잉여라고 하고, 생산자가 얻게 되는 이득을 생산자잉여라고 한다.

II 소비자잉여

① 소비자잉여(Consumer Surplus : CS)란 소비자가 최대한 지급할 용의가 있는 금액과 실제로 지급한 금액과의 차액을 의미한다.
  ▸ 소비자가 최대한 지급할 용의가 있는 가격(수요가격)을 소비자의 유보가격(reservation price)이라고 한다.
② 소비자가 지급할 용의가 있는 수요가격(수요곡선의 높이)과 실제로 지급한 시장가격과의 차액이 소비자잉여가 된다.
③ 일반적으로 소비자가 최대한 지급할 용의가 있는 금액은 실제로 지급한 금액보다 더 많아서 소비자는 시장에서 교환을 통해 잉여를 누리게 된다.
④ 수요곡선이 가팔라서 수요의 가격탄력성이 작게 나타날수록 소비자잉여의 크기는 증가하고, 수요곡선이 완만하여 수요의 가격탄력성이 크게 나타날수록 소비자잉여의 크기는 감소한다.

III 생산자잉여

① 생산자잉여(Producer Surplus : PS)란 생산자가 최소한 받아야겠다고 생각하는 금액과 실제로 받은 금액과의 차액을 의미한다.
  ▸ 생산자가 최소한 받아야겠다고 생각하는 가격(공급가격)을 생산자의 유보가격(reservation price)이라고 한다.
② 생산자가 받아야겠다고 생각하는 공급가격(공급곡선의 높이)과 실제로 받은 시장가격과의 차액이 생산자잉여가 된다.
③ 일반적으로 생산자가 최소한 받아야겠다고 생각하는 금액은 실제로 받은 금액보다 더 적어서 생산자는 시장에서 교환을 통해 잉여를 누리게 된다.
④ 공급곡선이 가팔라서 공급의 가격탄력성이 작게 나타날수록 생산자잉여의 크기는 증가하고, 공급곡선이 완만하여 공급의 가격탄력성이 크게 나타날수록 생산자잉여의 크기는 감소한다.

CHAPTER 05 수요·공급이론의 응용

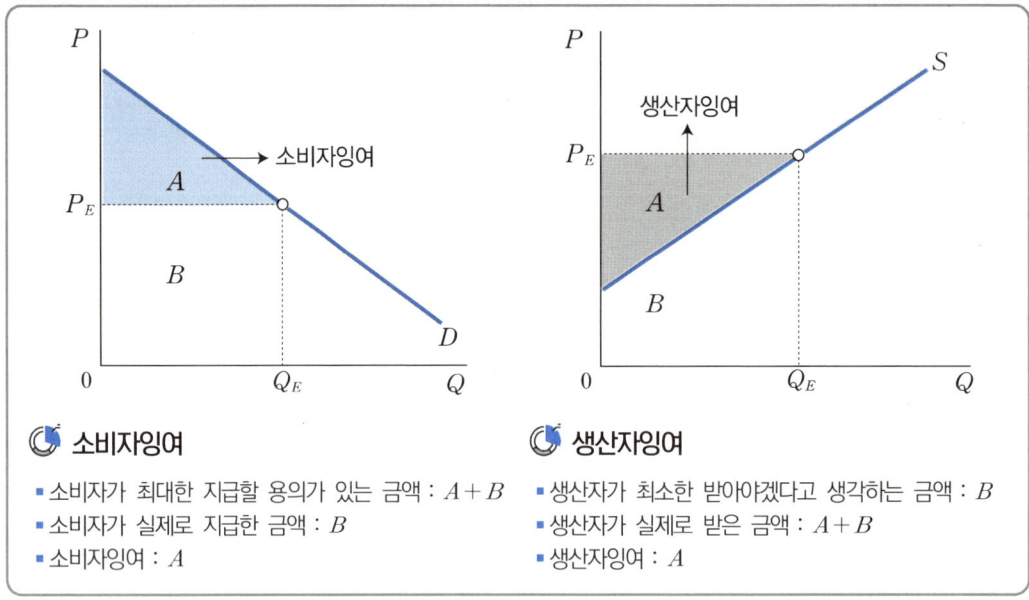

소비잉여
- 소비자가 최대한 지급할 용의가 있는 금액 : $A+B$
- 소비자가 실제로 지급한 금액 : B
- 소비자잉여 : A

생산자잉여
- 생산자가 최소한 받아야겠다고 생각하는 금액 : B
- 생산자가 실제로 받은 금액 : $A+B$
- 생산자잉여 : A

Ⅳ 사회적 잉여(순사회편익)

① 사회적 잉여(Social Surplus : SS) 또는 순사회편익(net social benefit)은 소비자잉여와 생산자잉여의 합으로 측정된다.
② 완전경쟁시장에서 사회적 잉여가 극대가 된다.
  ▸ 완전경쟁시장은 시장의 효율성조건인 $P = MC$를 만족하므로 사회후생이 극대화된다.
  ▸ 시장의 효율성은 본서의 미시경제학 '제5편 생산물시장이론'에서 자세하게 논의된다.

| 사회적 잉여 |

- 소비자잉여 : A
- 생산자잉여 : B
- 사회적 잉여 : $A+B$

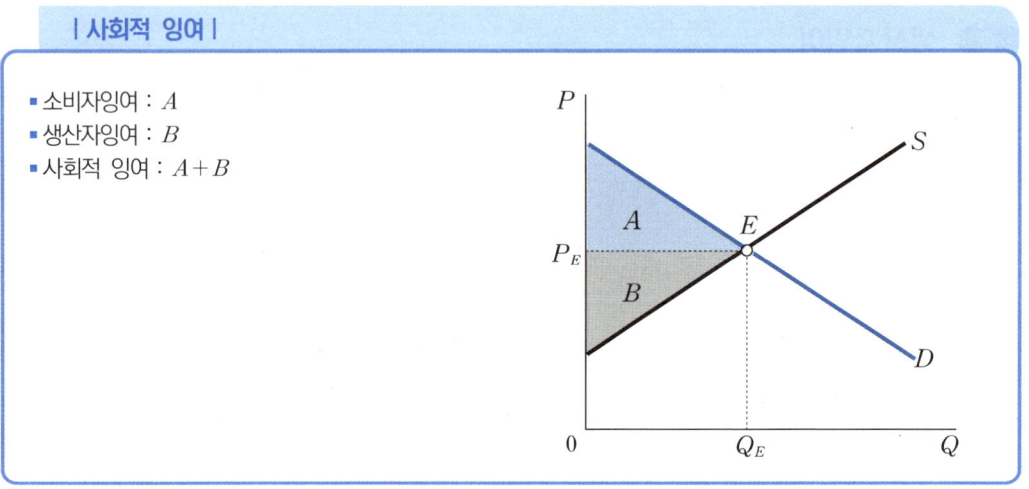

Ⅴ 특수한 경우의 사회적 잉여

1. 특수한 수요곡선

① 수요의 가격탄력성이 $\epsilon_P = 0$(완전비탄력적)인 경우 수요곡선은 수직이 되고, 소비자잉여는 $CS = \infty$(무한대)가 된다.

② 수요의 가격탄력성이 $\epsilon_P = \infty$(완전탄력적)인 경우 수요곡선은 수평이 되고, 소비자잉여는 $CS = 0$이 된다.

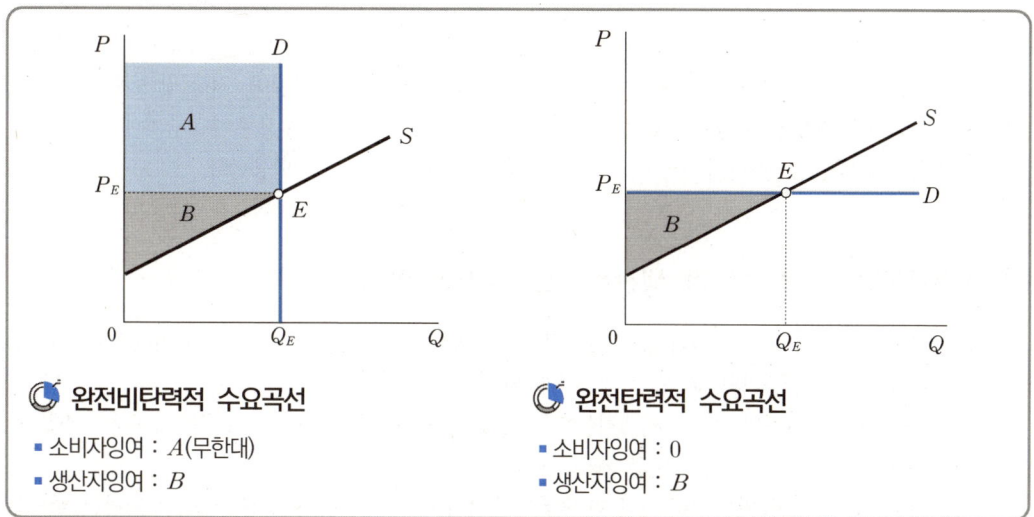

완전비탄력적 수요곡선
- 소비자잉여 : A(무한대)
- 생산자잉여 : B

완전탄력적 수요곡선
- 소비자잉여 : 0
- 생산자잉여 : B

2. 특수한 공급곡선

① 공급의 가격탄력성이 $\epsilon_S = 0$(완전비탄력적)인 경우 공급곡선은 수직이 되고, 생산자잉여(PS)는 최대가 된다.

② 공급의 가격탄력성이 $\epsilon_S = \infty$(완전탄력적)인 경우 공급곡선은 수평이 되고, 생산자잉여는 $PS = 0$이 된다.

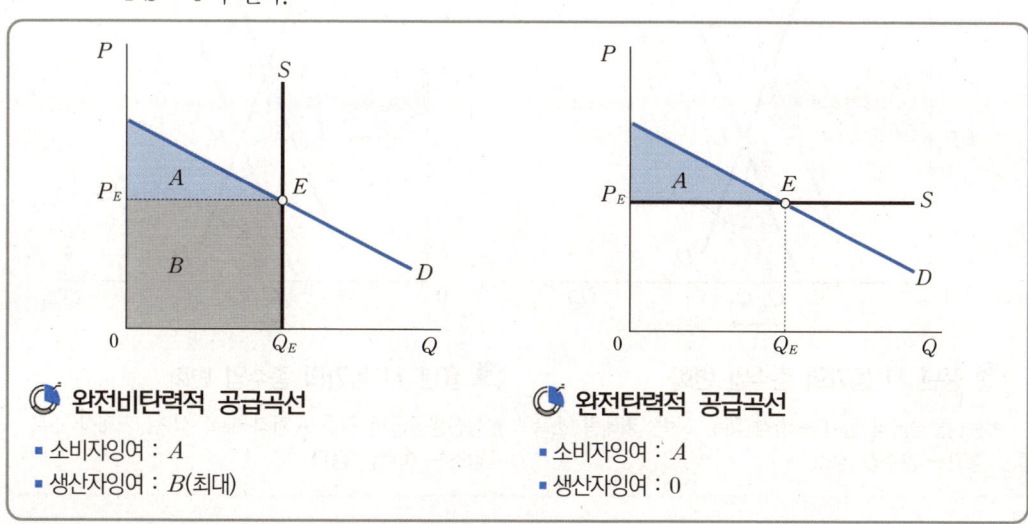

완전비탄력적 공급곡선
- 소비자잉여 : A
- 생산자잉여 : B(최대)

완전탄력적 공급곡선
- 소비자잉여 : A
- 생산자잉여 : 0

제2절 농산물의 가격파동

I 개요

① 농산물의 경우는 공산품과 달리 주기적으로 가격의 폭락과 폭등이 반복적으로 관찰되는 것이 일반적인데, 이를 농산물의 가격파동이라고 한다.
② 농산물 가격파동이 발생하는 근본적인 원인은 수요와 공급 모두가 가격에 대해 비탄력적이기 때문이다.
③ 농산물 대부분은 필수재이므로 수요의 가격탄력성이 낮게 나타난다.
④ 농산물은 한 번 파종한 이후에는 생산량조절이 힘들고, 생산기간이 길며, 저장 및 보관이 어렵고, 기후변화에 의해 많은 영향을 받을 뿐만 아니라 대체재를 찾기 어려우므로 수요증가에 즉각적으로 반응하지 못한다. 따라서 공급이 가격에 대해 매우 비탄력적으로 반응한다.

II 농산물의 가격파동과 생산농가의 총수입 변화

① 풍년이 들어 농산물의 공급이 증가하는 경우 농산물의 가격은 폭락하게 되지만 거래량은 소폭 증가하게 되어 생산농가의 총수입이 감소하게 된다.
② 흉년이 들어 농산물의 공급이 감소하는 경우 농산물의 가격은 폭등하게 되지만 거래량은 소폭 감소하게 되어 생산농가의 총수입이 증가하게 된다.
③ 풍년이 들면 생산농가의 총수입이 감소하고 흉년이 들면 생산농가의 총수입이 증가하는 현상을 '농부의 역설'이라고 한다. 이와 같은 농산물의 가격파동은 구성의 오류의 예가 된다.
▸ 농민 개개인의 측면에서 풍년이 이득이지만, 전체 측면에서 풍년은 생산농가의 총수입을 감소시켜 부정적이다.

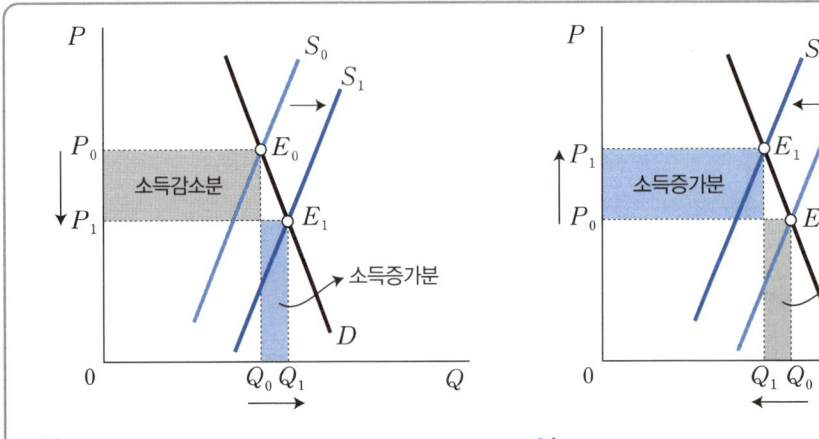

풍년 시 농가의 총수입 변화
- 농산물공급의 증가 → 가격 대폭 하락, 거래량 소폭 증가 → 총수입 감소

흉년 시 농가의 총수입 변화
- 농산물공급의 감소 → 가격 대폭 상승, 거래량 소폭 감소 → 총수입 증가

제3절 조세의 전가와 귀착

I 개요

1. 조세의 전가

① 조세의 전가(shifting)란 정부가 어떤 경제주체에 조세를 부과했을 때 그 경제주체가 경제활동의 조정과정을 거쳐 조세부담을 다른 경제주체에 이전시키는 현상을 말한다.
　▸ 조세부담의 전가는 조세납부의 법적인 의무를 가진 경제주체가 다른 경제주체에 그 부담을 고의로 이전시킨다는 것을 의미하지는 않고, 경제주체들 사이에 형성되어 있는 경제적 관계 속에서 자연스럽게 발생하는 것이다.

② 생산자에게 조세를 부과하면 공급감소를 통해 가격인상으로 소비자에게 조세부담을 전가시키고, 소비자에게 조세를 부과하면 수요감소를 통해 가격인하로 생산자에게 조세부담을 전가시킨다.

2. 조세의 귀착

① 조세의 귀착(incidence)이란 조세부담이 마지막 경제주체에 귀속되는 현상을 말한다.
② 조세전가가 이루어지면 실제 납세자와 조세부담의 경제주체가 달라진다.

II 조세부과방식

구 분	종량세(specific tax)	종가세(ad valorem tax)
부과방식	• 상품 한 단위마다 일정액의 세금 부과 • 상품가격과 무관하게 단위당 조세액이 일정	• 상품가격의 일정 비율만큼 세금 부과 • 상품가격이 높을수록 단위당 조세액이 증가
예	• 휘발유 1리터당 100원의 세금	• 맥주 출고가격에 10%의 세율
생산자에게 부과 (공급곡선의 이동)	(그래프: $S_0 \to S_1$ 평행이동)	(그래프: $S_0 \to S_1$ 회전이동)
소비자에게 부과 (수요곡선의 이동)	(그래프: $D_0 \to D_1$ 평행이동)	(그래프: $D_0 \to D_1$ 회전이동)

CHAPTER 05 수요·공급이론의 응용

Ⅲ 종량세부과의 효과

1. 생산자에게 부과하는 경우

① 정부가 생산자에게 상품 한 단위당 종량세를 부과하면 모든 공급량수준에서 생산자가 최소한 받아야겠다고 생각하는 가격수준이 단위당 종량세만큼 상승하므로 공급곡선이 상방 이동한다.
② 종량세부과 후 공급이 감소하면 시장의 균형가격이 P_0에서 P_1으로 상승한다.
③ 조세의 귀착
  ▸ 균형가격이 인상됨으로써 소비자는 예전보다 더 높은 가격을 지급하므로 단위당 종량세액 $P_1 P_2$ 중에서 가격인상분인 $P_0 P_1$이 소비자부담이 된다.
  ▸ 총조세액 $P_1 P_2$ 중에서 소비자부담 $P_0 P_1$을 제외한 $P_0 P_2$가 생산자부담이 된다.
④ 조세부과 후 소비자는 P_1의 가격을 지급하므로 P_1이 소비자가격이 되고, 생산자는 P_1의 가격 중 단위당 조세액인 $P_1 P_2$를 차감한 P_2를 실질적으로 받게 되므로 P_2가 생산자가격이 된다.
  ▸ 소비자가격(소비자 지불가격)은 소비자가 실질적으로 지불하는 가격으로서 시장가격과 일치한다.
  ▸ 생산자가격(생산자 수취가격)은 조세납부 후 실질적으로 생산자에게 귀속되는 가격으로서 시장가격에서 단위당 조세액을 차감하여 구해진다. 따라서 생산자가격은 시장가격보다 낮다.
⑤ 종량세를 부과하면 $C + E$만큼의 사회적 순후생손실이 발생한다.
  ▸ 사회적 총잉여의 감소 : 사회적 순후생손실(welfare loss), 자중손실(deadweight loss), 사중손실, 후생삼각형(welfare triangle), 초과부담(excess burden)

| 종량세부과 이후 사회후생의 변화(생산자에게 부과) |

구 분	종량세부과 이전	종량세부과 이후	변화분
소비자잉여	$A + B + C$	A	$-(B + C)$
생산자잉여	$D + E + F$	F	$-(D + E)$
정부조세수입	0	$B + D$	$+(B + D)$
총잉여	$A + B + C + D + E + F$	$A + B + D + F$	$-(C + E)$: 후생손실

2. 소비자에게 부과하는 경우

① 소비자에게 종량세를 부과하면 수요곡선의 모든 수요량수준에서 소비자가 최대한 지급할 용의가 있는 가격수준이 단위당 종량세만큼 하락하므로 수요곡선이 종량세만큼 하방 이동한다.
  ▸ 수요곡선의 하방 이동은 수요곡선의 좌측 이동으로서 수요의 감소를 의미한다.
② 종량세부과 후 균형가격은 P_0에서 P_1으로 하락하였다.
③ 조세의 귀착
  ▸ 소비자에게 종량세를 부과하면 수요감소로 인해 균형가격이 하락하므로 소비자는 균형가격 하락분 P_0P_1만큼을 생산자에게 전가한 셈이 된다.
  ▸ 총조세액 P_2P_1 중에서 생산자부담 P_0P_1을 제외한 P_2P_0가 소비자부담이 된다.
④ 조세부과 후 균형가격은 P_1이지만 소비자는 단위당 조세액인 P_1P_2만큼을 더 지급하게 되므로 P_2가 소비자가격이 되고, 생산자는 P_1의 가격을 받으므로 P_1이 생산자가격이 된다.
  ▸ 소비자가격은 조세납부 후 실제로 소비자가 지불하는 가격으로서 시장가격에 단위당 조세액을 합한 것이므로 시장가격보다 높다.
  ▸ 생산자가격은 생산자가 받는 가격으로서 시장가격과 일치한다.
⑤ 소비자에게 종량세를 부과하더라도 $C+E$만큼의 사회적 순후생손실이 발생한다.
⑥ 소비자에게 부과된 종량세도 생산자에게 부과한 것과 마찬가지로 소비자와 생산자가 나눠 부담하게 되고, 소비자에게 종량세를 부과하면 생산자에게 부과한 경우와 동일한 효과를 가져온다.

| 종량세부과 이후 사회후생의 변화(소비자에게 부과) |

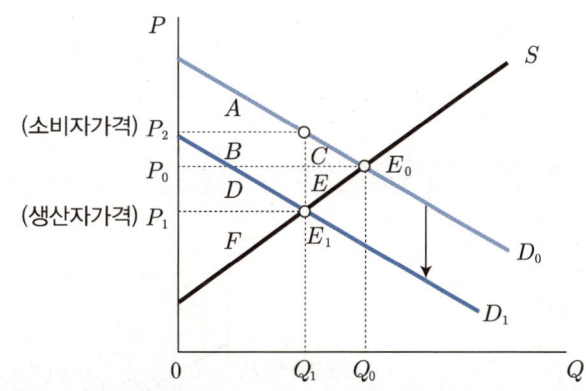

구 분	종량세부과 이전	종량세부과 이후	변화분
소비자잉여	$A+B+C$	A	$-(B+C)$
생산자잉여	$D+E+F$	F	$-(D+E)$
정부조세수입	0	$B+D$	$+(B+D)$
총잉여	$A+B+C+D+E+F$	$A+B+D+F$	$-(C+E)$: 후생손실

CHAPTER 05 수요·공급이론의 응용

Ⅳ 보조금지급의 효과

① 생산자에게 보조금을 지급하면 생산자가 최소한 받고자 하는 가격수준(공급가격)이 단위당 보조금만큼 하락하므로 공급곡선이 보조금만큼 하방 이동한다.
▶ 보조금 지급 후 생산자의 공급이 증가한다.

② 보조금지급 후 공급이 S_0에서 S_1으로 증가하면 균형가격은 P_0에서 P_1으로 하락하고, 균형거래량은 Q_0에서 Q_1으로 증가한다.

③ 새로운 균형가격 P_1이 소비자가격이 되고, 생산자가격은 소비자가격 P_1에 단위당 보조금을 합한 P_2가 된다.
▶ 보조금지급 후 생산자가격은 상승하였고, 소비자가격은 하락하였다.

④ 생산자에게 보조금을 지급하면 소비자가격이 P_0에서 P_1으로 하락하므로 소비자잉여는 A만큼 증가하고, 생산자가격이 P_0에서 P_2로 증가하므로 생산자잉여는 B만큼 증가한다.
▶ 수요의 가격탄력성이 클수록 가격하락분이 작으므로 보조금지급의 소비자혜택은 작아지고, 생산자혜택은 커진다.
▶ 공급의 가격탄력성이 클수록 가격하락분이 크므로 보조금지급의 소비자혜택은 커지고, 생산자혜택은 작아진다.

⑤ 단위당 보조금이 $\overline{P_1P_2}$이고 보조금지급 후 거래량이 Q_1이므로 총지급보조금은 사각형 $A+B+C$가 된다.

⑥ C만큼의 사회적 순후생손실이 발생한다.
▶ 소비자잉여와 생산자잉여는 $A+B$만큼 증가하였다.
▶ 정부의 총보조금지급액이 $A+B+C$이다.
▶ 따라서 사회적 편익증가분을 초과하는 보조금지급액의 크기는 C이다.

⑦ 보조금을 지급할 때 종량세부과와 마찬가지로 생산자에게 지급하든 소비자에게 지급하든 그 효과는 동일하게 나타난다.

| 보조금지급 이후 사회후생의 변화 : 생산자에게 지급 |

- 소비자잉여 증가분 : A
- 생산자잉여 증가분 : B
- 총지급보조금 : $A+B+C$
- 사회적 순후생손실 : C

예제 | 종량세부과의 효과

문제 1

시장수요함수가 $Q^D = 50 - 0.5P$ 이고, 시장공급함수는 $Q^S = 2P$ 인 재화시장이 있다. 정부가 소비 촉진을 위해 소비자에게 단위당 10의 구매보조금을 지급하기로 했다. 이 보조금정책으로 인해 예상되는 시장의 자중손실(deadweight loss)은 얼마인가?

(2011 공인회계사)

해설

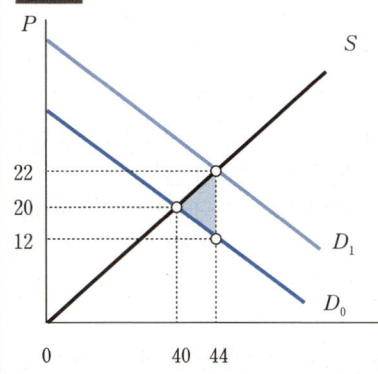

- 최초의 균형점: 시장수요함수와 시장공급함수를 연립하여 풀면 $Q^D = Q^S$, $50 - 0.5P = 2P$ 에서 균형가격은 $P_E = 20$ 이 되고, 이를 수요함수와 공급함수에 대입하면 균형거래량은 $Q_E = 40$ 이 도출된다.
- 보조금 지급 후 보조금 지급액만큼 수요곡선이 상방 이동하므로 수요곡선의 가격축 절편값이 10원만큼 상승하게 된다.
  - ▶ 보조금지급 전 역수요함수: $P = 100 - 2Q^D$
  - ▶ 보조금지급 후 역수요함수: $P = 110 - 2Q^D$
  - ▶ 보조금지급 후 수요함수: $Q^D = 55 - 0.5P$
- 보조금지급 후 시장수요함수와 시장공급함수를 연립하면 $55 - 0.5P = 2P$ 에서 균형가격은 $P_E = 22$ 이고, 이를 수요함수와 공급함수에 대입하면 균형거래량은 $Q_E = 44$ 가 도출된다. 균형가격 $P_S = 22$ 는 생산자가격이 되고, 소비자가격은 단위당 보조금 10을 차감한 $P_D = 12$ 가 된다.
- 자중손실: $10 \times (44 - 40) \times \frac{1}{2} = 20$

문제 2

타이어에 대한 수요(Q^D)와 공급(Q^S)함수가 각각 $Q^D = 700 - P$ 와 $Q^S = 200 + 4P$ 로 주어져 있다. 정부가 소비자에게 타이어 1개당 10원의 세금을 부과한다면, 공급자가 받는 가격과 소비자가 지불하는 가격은? (단, P는 가격을 나타낸다.)

(2011 7급 국가직)

해설

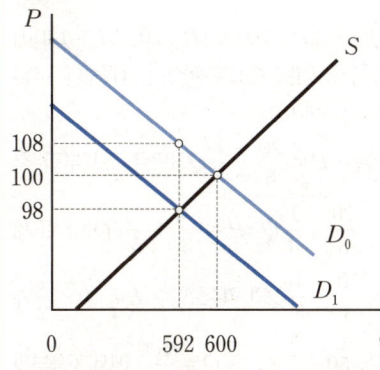

- 세금부과 전 시장의 균형: $Q^D = Q^S$, $700 - P = 200 + 4P$, $5P = 500$ 에서 균형가격은 $P_E = 100$ 이 도출되고, 이를 수요함수와 공급함수에 대입하면 균형거래량은 $Q_E = 600$ 이 도출된다.
- 소비자에게 조세를 부과하면 조세부과 후 단위당 조세액만큼 수요곡선이 하방 이동하므로 수요곡선의 가격축 절편값이 10원만큼 하락하게 된다.
  - ▶ 조세부과 전 역수요함수: $P = 700 - Q^D$
  - ▶ 조세부과 후 역수요함수: $P = 690 - Q^D$
  - ▶ 조세부과 후 수요함수: $Q^D = 690 - P$
- 조세부과 후 시장의 균형: $Q^D = Q^S$, $690 - P = 200 + 4P$, $5P = 490$ 에서 균형가격은 $P_E = 98$, 균형거래량은 $Q_E = 592$ 가 된다.
- 수요자에게 조세를 부과하였으므로 시장가격인 98이 생산자가격(공급자가 받는 가격)이 되고, 소비자가격(수요자가 지불하는 가격)은 시장가격 98원에 단위당 세금 10원을 합한 108원이다.

CHAPTER 05 수요·공급이론의 응용

문제 3

어떤 재화의 수요곡선과 공급곡선이 각각 다음과 같이 주어져 있다고 하자. 정부가 이 재화의 수요자들에게 단위당 15의 조세를 부과할 경우 생산자가 부담하는 세금(A)과 수요자가 부담하는 세금(B)은 각각 얼마인가? 그리고 조세부과로 인한 경제적 순손실(C)은 얼마인가? (2013 8급 국회직)

- $Q_s = 100 + 3P$
- $Q_d = 400 - 2P$

(Q_s: 공급량, Q_d: 수요량, P: 재화의 가격)

해설

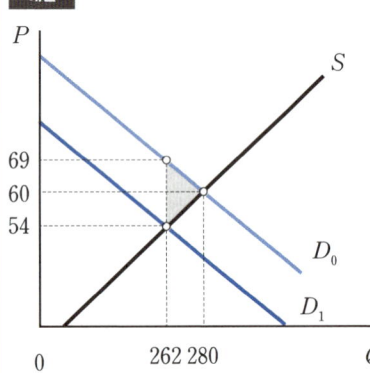

- 물품세 부과 전 시장의 균형: $Q_d = Q_s$, $400 - 2P = 100 + 3P$에서 균형가격은 $P = 60$이 되고, 이를 수요함수와 공급함수에 대입하면 시장의 균형거래량은 $Q = 280$이 된다.
- 물품세 부과 후 시장의 균형: 수요자에게 단위당 15의 물품세를 부과하면 새로운 수요함수는 $Q_d = 370 - 2P$가 된다. $370 - 2P = 100 + 3P$에서 균형가격은 $P = 54$가 되고, 거래량은 $Q = 262$가 된다.
- 생산자가격이 60에서 54로 하락하였으므로 생산자의 단위당 조세부담은 $60 - 54 = 6$이 된다. 따라서 소비자의 단위당 조세부담은 $15 - 6 = 9$가 된다.
- 경제적 순손실: 단위당 조세 × 거래량 변화분 × $\frac{1}{2} = 15 \times 18 \times \frac{1}{2} = 135$

문제 4

휴대폰의 수요곡선은 $Q = -2P + 100$이고, 공급곡선은 $Q = 3P - 20$이다. 정부가 휴대폰 1대당 10의 종량세 형태의 물품세를 공급자에게 부과하였다면, 휴대폰 공급자가 부담하는 총조세부담액은? (단, P는 가격, Q는 수량, $P > 0$, $Q > 0$이다.) (2016 공인노무사)

해설

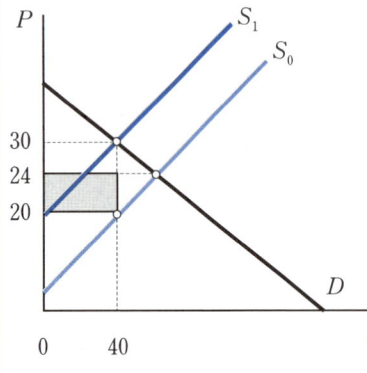

- 최초의 균형: $Q^D = Q^S$, $-2P + 100 = 3P - 20$, $5P = 120$에서 균형가격은 $P = 24$이고, 이를 수요함수와 공급함수에 대입하면 균형거래량은 $Q = 52$이다.
- 조세부과 전 역공급함수는 $P = \frac{20}{3} + \frac{1}{3}Q$이므로 조세부과 후 역공급함수는 $P = 10 + \frac{20}{3} + \frac{1}{3}Q$, $P = \frac{50}{3} + \frac{1}{3}Q$이다. 조세부과 후 역공급함수 $P = \frac{50}{3} + \frac{1}{3}Q$와 역수요함수 $P = 50 - \frac{1}{2}Q$를 연립하면 $\frac{50}{3} + \frac{1}{3}Q = 50 - \frac{1}{2}Q$, $\frac{5}{6}Q = \frac{100}{3}$에서 조세부과 후 거래량은 $Q = 40$, 가격은 $P = 30$이다. 따라서 총조세액은 $10 \times 40 = 400$이고, 가격변화분이 6이므로 소비자부담액은 $6 \times 40 = 240$, 생산자부담액은 $400 - 240 = 160$이 된다.

Ⅴ 가격탄력성과 조세의 귀착

1. 개요
① 생산자에게 조세를 부과하면 가격인상으로 소비자에게 조세부담을 전가시키므로 가격이 상승해야 소비자부담이 발생한다.
② 조세부과 이후에 거래량이 감소해야 후생손실이 발생한다.

2. 수요의 가격탄력성과 조세의 귀착
① 수요의 가격탄력성이 클수록 상대적으로 가격상승폭이 작아지므로 소비자부담은 작아지고 생산자부담은 커진다.
  ▸ 수요의 가격탄력성이 크다는 것은 소비자가 가격변화에 민감하게 반응한다는 것을 의미하기 때문에 생산자는 정부가 부과한 세금을 소비자에게 전가하기가 어렵게 된다.
  ▸ 조세부과로 가격이 상승할 때 수요의 가격탄력성이 크면 가격상승률보다 수요량감소율이 더 커서 기업의 총수입은 감소한다.
② 수요의 가격탄력성이 작을수록 상대적으로 가격상승폭이 커지므로 소비자부담은 커지고 생산자부담은 작아진다.
  ▸ 수요의 가격탄력성이 작다는 것은 소비자가 가격변화에 민감하게 반응하지 않는다는 것을 의미하기 때문에 생산자는 정부가 부과한 세금을 소비자에게 전가하기가 쉽게 된다.
  ▸ 조세부과로 가격이 상승할 때 수요의 가격탄력성이 작으면 가격상승률보다 수요량감소율이 더 작아서 기업의 총수입은 증가한다.
③ 수요의 가격탄력성이 높은 소비자의 조세부담이 낮아지는 것은 조세부과로 인한 가격상승에 소비자가 신축적으로 대응하기 때문이다.

> **수요의 가격탄력성과 조세의 귀착**
> - 수요의 가격탄력성↑ → 가격상승폭↓ → 소비자부담↓, 생산자부담↑
> - 수요의 가격탄력성↓ → 가격상승폭↑ → 소비자부담↑, 생산자부담↓

3. 공급의 가격탄력성과 조세의 귀착
① 공급의 가격탄력성이 클수록 상대적으로 가격상승폭이 커지므로 생산자부담은 작아지고 소비자부담은 커진다.
② 공급의 가격탄력성이 작을수록 상대적으로 가격상승폭이 작아지므로 생산자부담은 커지고 소비자부담은 작아진다.
③ 공급의 가격탄력성이 높은 생산자의 조세부담이 낮아지는 것은 조세부과로 인한 가격상승에 생산자가 신축적으로 대응하기 때문이다.

> **공급의 가격탄력성과 조세의 귀착**
> - 공급의 가격탄력성↑ → 가격상승폭↑ → 소비자부담↑, 생산자부담↓
> - 공급의 가격탄력성↓ → 가격상승폭↓ → 소비자부담↓, 생산자부담↑

CHAPTER 05 수요·공급이론의 응용

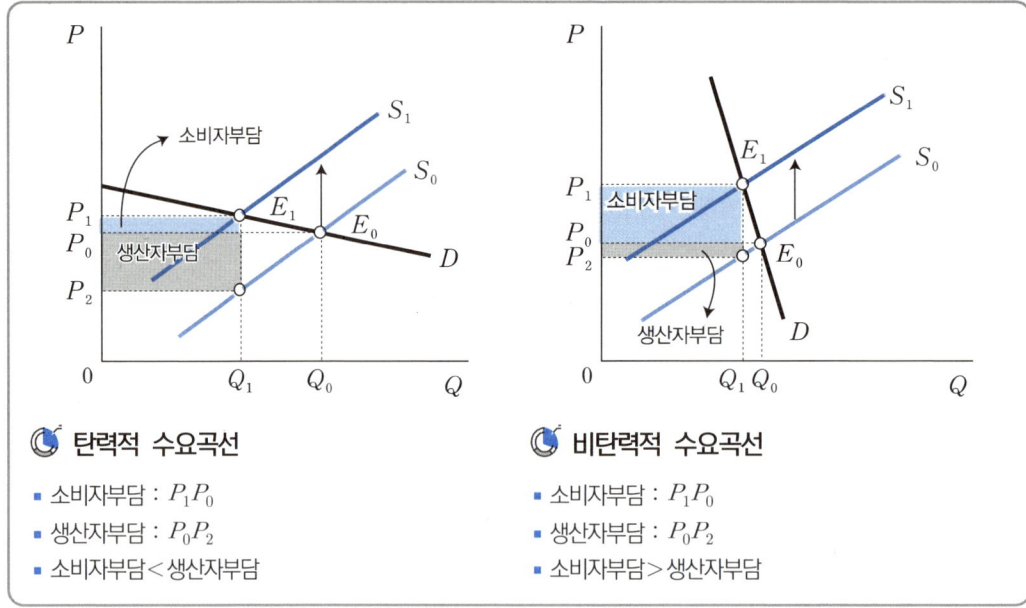

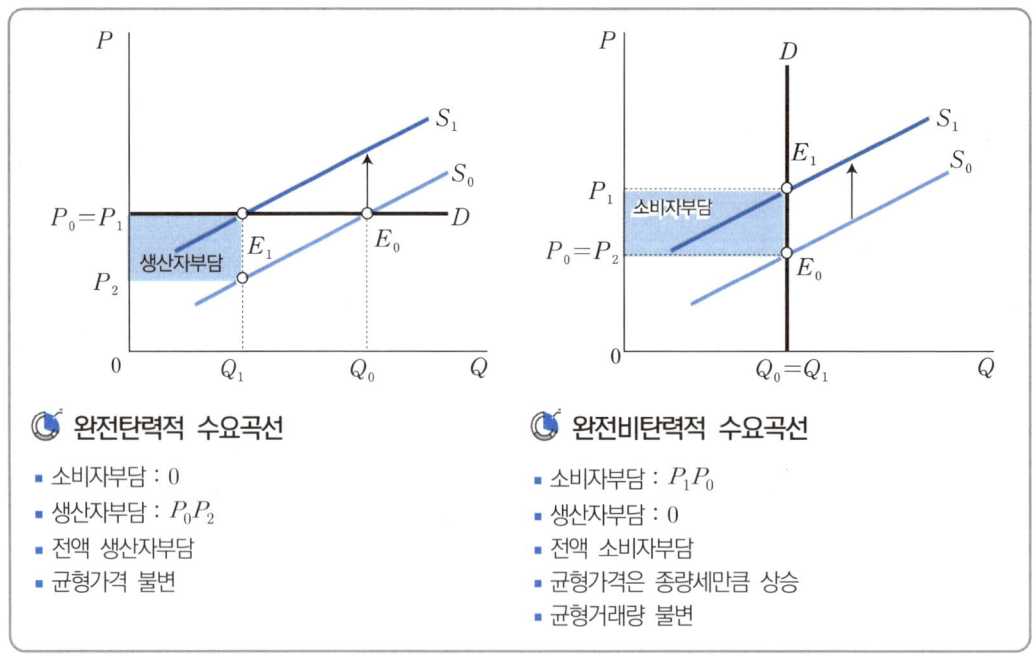

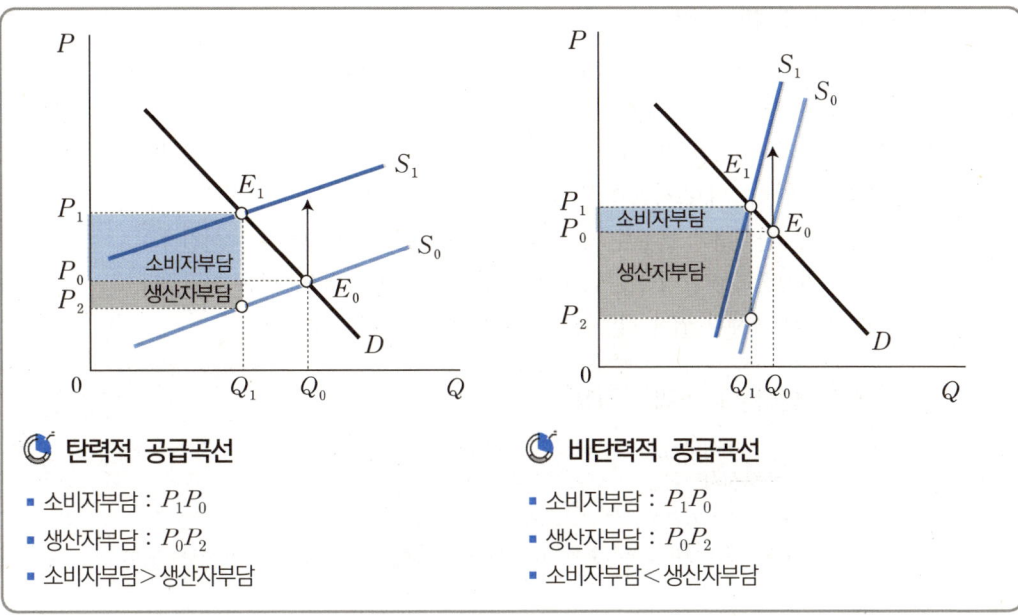

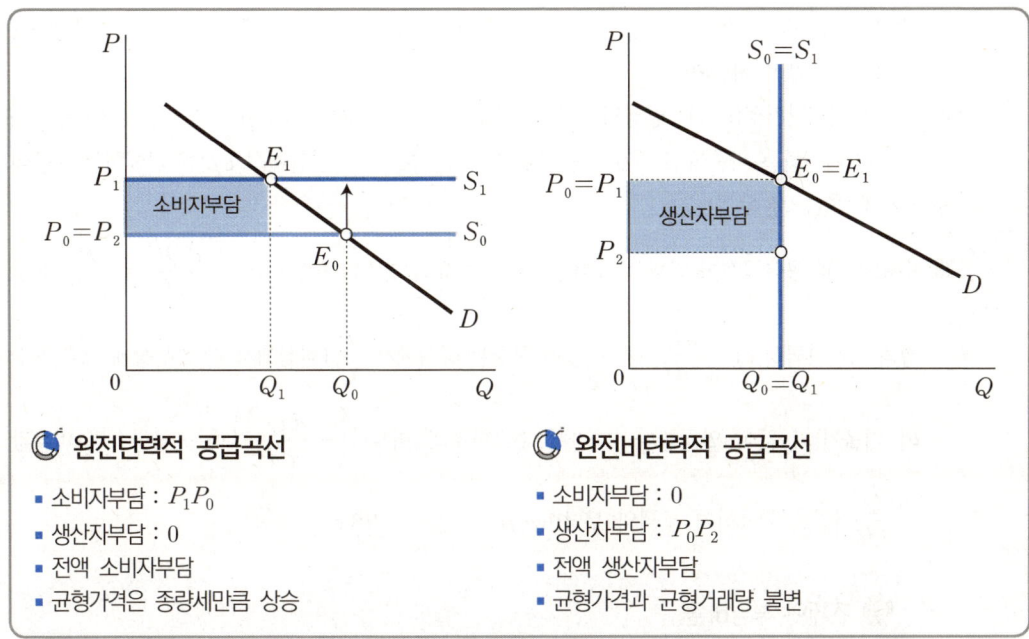

4. 가격탄력성과 조세의 귀착

① 소비자부담과 수요의 가격탄력성(ϵ_P)은 역(−)의 관계에 있다.
   ▸ 수요의 가격탄력성이 클수록 소비자부담은 작아지고 생산자부담은 커진다.
   ▸ 수요의 가격탄력성이 작을수록 소비자부담은 커지고 생산자부담은 작아진다.
② 생산자부담과 공급의 가격탄력성(ϵ_S)은 역(−)의 관계에 있다.
   ▸ 공급의 가격탄력성이 클수록 생산자부담은 작아지고 소비자부담은 커진다.
   ▸ 공급의 가격탄력성이 작을수록 생산자부담은 커지고 소비자부담은 작아진다.
③ 가격탄력성과 조세의 귀착 간에는 다음과 같은 관계식이 성립한다.

> **📖 가격탄력성과 조세의 귀착**
>
> - $\dfrac{\text{소비자부담분}}{\text{생산자부담분}} = \dfrac{\text{공급의 가격탄력성}}{\text{수요의 가격탄력성}}$
> - 수요의 가격탄력성 : 공급의 가격탄력성 = 생산자부담분 : 소비자부담분
> - 수요의 가격탄력성 × 소비자부담분 = 공급의 가격탄력성 × 생산자부담분

5. 조세의 부담비율

① 수요의 가격탄력성이 ϵ_P이고, 공급의 가격탄력성이 ϵ_S일 때 각 경제주체의 조세의 부담비율은 다음과 같이 계산된다.
② 수요의 가격탄력성(ϵ_P)과 공급의 가격탄력성(ϵ_S)을 더한 값($\epsilon_P + \epsilon_S$)에서 공급의 가격탄력성(ϵ_S)이 차지하는 비중이 소비자 부담비율이 되고, 수요의 가격탄력성(ϵ_P)이 차지하는 비중이 생산자 부담비율이 된다.
③ 수요곡선과 공급곡선이 만나는 균형점에서는 수요의 가격탄력성 $\epsilon_P = -\dfrac{dQ^D}{dP} \times \dfrac{P}{Q^D}$와 공급의 가격탄력성 $\epsilon_S = \dfrac{dQ^S}{dP} \times \dfrac{P}{Q^S}$를 구하는 공식에서 $\dfrac{P}{Q}$(원점에서 각 곡선상에 그은 직선의 기울기)의 값이 일치한다. 따라서 수요함수의 미분값$\left(-\dfrac{dQ^D}{dP}\right)$과 공급함수의 미분값$\left(\dfrac{dQ^S}{dP}\right)$만을 이용하여 조세의 부담비율을 계산할 수 있다.

> **📖 조세의 부담비율**
>
> - 소비자 부담비율 $= \dfrac{\epsilon_S}{\epsilon_P + \epsilon_S}$
> - 생산자 부담비율 $= \dfrac{\epsilon_P}{\epsilon_P + \epsilon_S}$

예제 가격탄력성과 조세의 귀착

문제 1
수요의 가격탄력도가 2, 공급의 가격탄력도가 1/4인 재화에 단위당 9원의 물품세를 부과하는 경우 소비자가 부담하는 단위당 조세액과 생산자가 부담하는 단위당 조세액은 각각 얼마인가? (2000 보험계리사)

해설

- 소비자 부담비율은 $\dfrac{\epsilon_S}{\epsilon_P+\epsilon_S}$이므로 소비자부담은 $\dfrac{0.25}{2+0.25}\times 9 = 1$원이 된다.
- 생산자 부담비율은 $\dfrac{\epsilon_P}{\epsilon_P+\epsilon_S}$이므로 생산자부담은 $\dfrac{2}{2+0.25}\times 9 = 8$원이 된다.

문제 2
조세가 없는 경우 어떤 상품의 수요함수와 공급함수가 다음과 같다. 상품 한 단위당 30의 조세가 공급자에게 부과될 때 단위당 조세의 귀착은? (단, Q^D는 수요량, Q^S는 공급량, P는 가격이다.) (2009 감정평가사)

- 수요함수 : $Q^D = 500 - 0.5P$
- 공급함수 : $Q^S = 50 + P$

해설

- 조세부과 전 균형가격 : 시장의 균형조건 $Q^D = Q^S$, $500 - 0.5P = 50 + P$에 의해 시장의 균형가격은 $P_E = 300$이 된다.
- 공급자에게 30만큼의 종량세를 부과하면 공급곡선은 30만큼 상방 이동하게 되므로 공급함수는 $P = Q^S - 50$에서 $P = Q^S - 50 + 30$, $P = Q^S - 20$, $Q^S = 20 + P$로 변경된다.
- 조세부과 후 새로운 균형가격 : $Q^D = Q^S$, $500 - 0.5P = 20 + P$에서 조세부과 후 새로운 균형가격은 $P_E = 320$이 도출된다.
- 상품 한 단위당 총조세부담액 30 중에서 균형가격 상승분이 수요자부담이 되므로 수요자는 $320 - 300 = 20$만큼 부담하고 나머지 10을 공급자가 부담한다.

문제 3
수요함수와 공급함수가 각각 $D = 10 - P$와 $S = 3P$인 재화에 1원의 종량세를 공급자에게 부과했다. 이 조세의 경제적 귀착(economic incidence)에 대한 설명으로 옳은 것은? (단, D는 수요량, S는 공급량, P는 가격을 나타낸다.) (2017 7급 국가직 추가채용)

해설

- 수요함수의 미분값 $\left(-\dfrac{dQ^D}{dP}\right)$과 공급함수의 미분값 $\left(\dfrac{dQ^S}{dP}\right)$을 이용하여 조세의 부담비율을 구할 수 있다.
- 소비자부담비율은 $\dfrac{\epsilon_S}{\epsilon_P+\epsilon_S} = \dfrac{3}{1+3} = \dfrac{3}{4}$이므로 소비자부담은 $1\times\dfrac{3}{4} = 0.75$가 된다.
- 생산자부담비율은 $\dfrac{\epsilon_P}{\epsilon_P+\epsilon_S} = \dfrac{1}{1+3} = \dfrac{1}{4}$이므로 생산자부담은 $1\times\dfrac{1}{4} = 0.25$가 된다.

CHAPTER 05 수요·공급이론의 응용

Ⅵ 가격탄력성과 순후생손실

1. 수요의 가격탄력성과 순후생손실

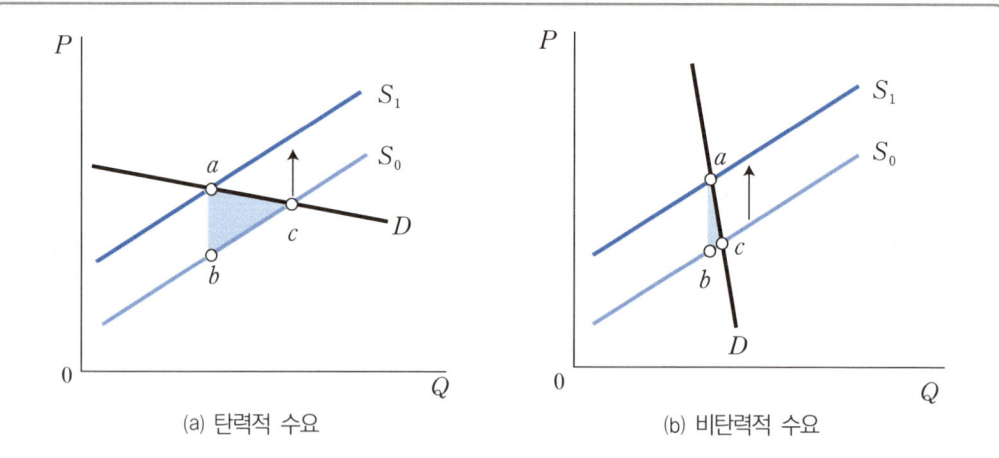

(a) 탄력적 수요   (b) 비탄력적 수요

🌑 **수요의 가격탄력성과 순후생손실**

- 수요의 가격탄력성이 클수록 종량세부과로 인한 순후생손실($\triangle abc$)은 커지고, 수요의 가격탄력성이 작을수록 순후생손실은 작아진다.
- 수요의 가격탄력성이 클수록 종량세부과로 인한 거래량감소분이 커지므로 정부의 조세수입은 상대적으로 작아진다.

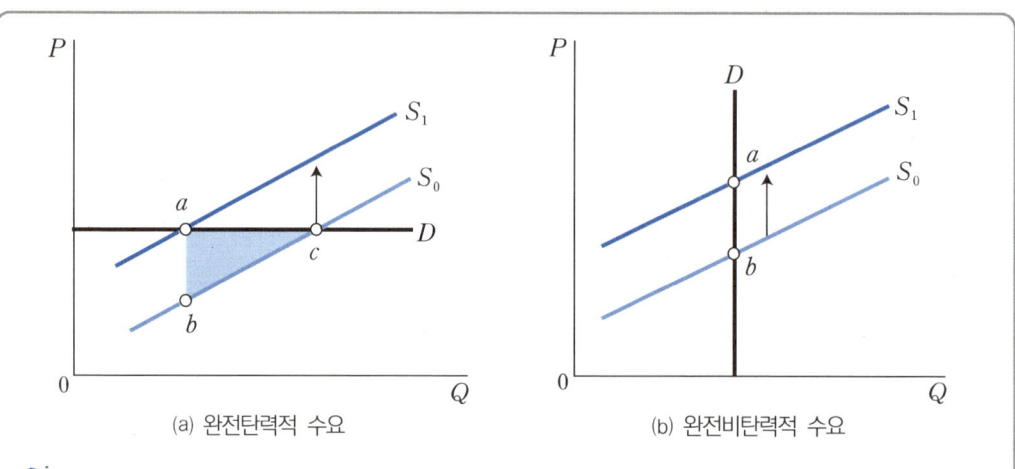

(a) 완전탄력적 수요   (b) 완전비탄력적 수요

🌑 **특수한 수요곡선과 순후생손실**

- 수요가 가격에 대해 완전탄력적일 때 종량세부과로 인한 순후생손실($\triangle abc$)은 최대가 되고, 완전비탄력적일 때는 0이 된다.

2. 공급의 가격탄력성과 순후생손실

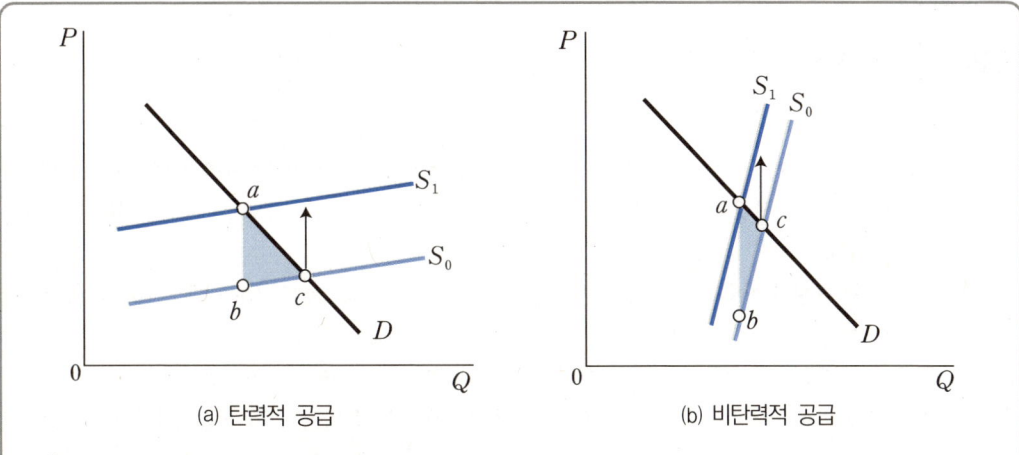

(a) 탄력적 공급　　　(b) 비탄력적 공급

🎯 공급의 가격탄력성과 순후생손실

- 공급의 가격탄력성이 클수록 종량세부과로 인한 순후생손실($\triangle abc$)은 커지고, 공급의 가격탄력성이 작을수록 순후생손실은 작아진다.
- 공급의 가격탄력성이 클수록 종량세부과로 인한 거래량감소분이 커지므로 정부의 조세수입은 상대적으로 작아진다.

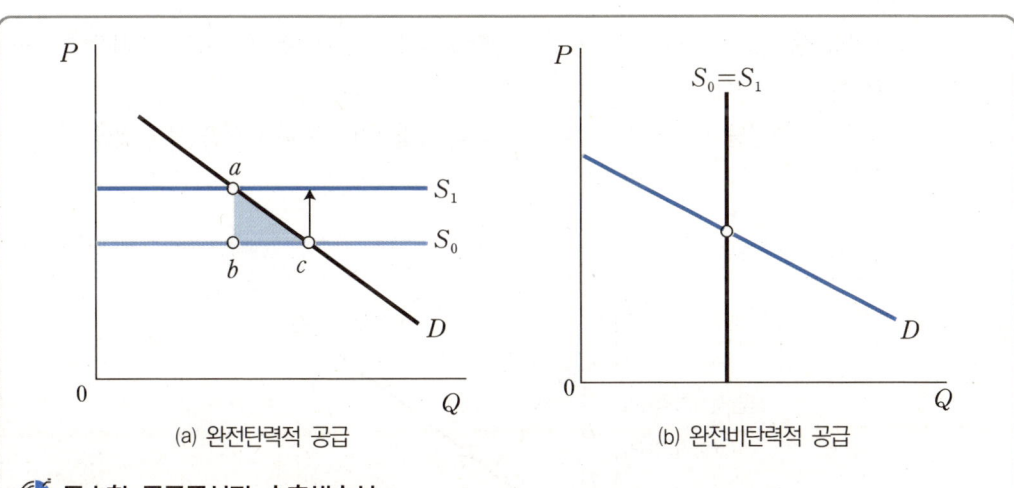

(a) 완전탄력적 공급　　　(b) 완전비탄력적 공급

🎯 특수한 공급곡선과 순후생손실

- 공급이 가격에 대해 완전탄력적일 때 종량세부과로 인한 순후생손실($\triangle abc$)은 최대가 되고, 완전비탄력적일 때는 0이 된다.

제4절 가격규제

I 최고가격제(가격상한제)

1. 개요

① 최고가격제(price ceiling, 가격상한제)는 정부가 물가안정과 소비자보호를 위해 가격의 상한선(최고가격)을 설정하고, 설정된 최고가격(상한가격) 이상에서 거래되는 것을 금지하는 제도를 말한다.

② 시장의 균형가격이 너무 높다고 판단하여 정부가 최고가격(상한가격)을 책정하는 것이므로 최고가격(상한가격)은 시장의 균형가격보다 아래에 존재해야 실효성을 발휘할 수 있다.
  ▶ 만약 최고가격(상한가격)이 균형가격을 초과하여 책정되면 정책효과는 없다.

③ 최고가격제(가격상한제)의 예로 주택시장에서의 아파트 분양가 규제와 전세가 규제, 금융시장에서의 이자율(금리) 규제 등이 있다.

2. 최고가격제의 효과

① 최고가격(상한가격) 하에서 $(Q_1 - Q_0)$만큼의 초과수요가 발생한다.

② 최고가격(상한가격) P_0에서 초과수요가 발생하므로 암시장(black market)이 형성될 가능성이 있다.
  ▶ 공급량 Q_0 하에서 소비자가 최대한 지급할 용의가 있는 가격은 P_B이므로 암시장가격 또한 P_B에서 형성된다.
  ▶ 암시장이 형성될 때 공급자는 $B + D$만큼의 불법적인 암거래 이익을 얻게 된다.

③ 사회적 순후생손실($C + E$)이 발생한다.

| 최고가격제와 순후생손실 |

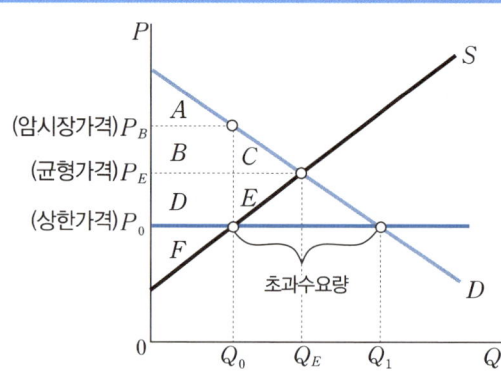

구 분	가격상한제 이전	가격상한제 이후	변화분
소비자잉여	$A + B + C$	$A + B + D$	$D - C$
생산자잉여	$D + E + F$	F	$-(D + E)$
총잉여	$A + B + C + D + E + F$	$A + B + D + F$	$-(C + E)$: 후생손실

Ⅱ 최저가격제(가격하한제)

1. 개요
① 최저가격제(price floor, 가격하한제)는 정부가 생산자(농민)와 노동자를 보호하기 위해 최저가격을 설정하고, 설정된 최저가격(하한가격) 이하로 가격이 내려가지 못하게 통제하는 제도를 말한다.
② 시장의 균형가격이 너무 낮다고 판단하여 정부가 최저가격(하한가격)을 책정하는 것이므로 최저가격(하한가격)은 시장의 균형가격보다 위에 존재해야 실효성을 발휘할 수 있다.
  ▸ 만약 최저가격(하한가격)이 균형가격 미만에서 책정되면 정책효과는 없다.
③ 최저가격제(가격하한제)의 예로 농산물시장에서 농산물가격지지제도와 노동시장에서 최저임금제도 등이 있다.

2. 최저임금의 설정
① 정부가 시장균형임금 w_E보다 높은 수준인 w_0에서 최저임금(하한가격)을 설정한다.
② 최저임금(하한가격) 미만에서의 거래는 법으로 금지되므로 시장에서의 가격기능이 제약되고 임금은 하방 경직성을 가진다.

3. 최저임금제의 효과
(1) 장점
① 최저임금제 시행 후 노동자의 임금이 상승하면서 근로의욕을 고취시킨다.
② 근로자들의 생계에 도움을 주게 되어 소득분배의 공평성에 어느 정도 이바지한다.

| 최저임금제와 순후생손실 |

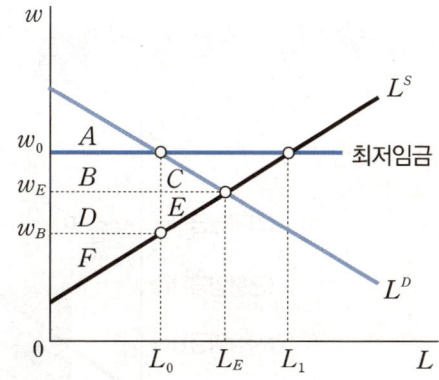

구 분	최저임금제 이전	최저임금제 이후	변화분
소비자잉여	$A+B+C$	A	$-(B+C)$
생산자잉여	$D+E+F$	$B+D+F$	$B-E$
총잉여	$A+B+C+D+E+F$	$A+B+D+F$	$-(C+E)$: 후생손실

(2) 단점

① 최저임금 하에서 $(L_1 - L_0)$만큼 노동시장의 초과공급, 즉 비자발적 실업이 발생한다.
- 총실업자 : L_0L_1
- 기존노동자의 해고 : L_0L_E
- 신규노동자의 미취업 : L_EL_1

② 최저임금(하한가격) w_0에서 노동시장의 초과공급이 발생하므로 암시장(black market)이 형성될 가능성이 있다.
- 노동수요량 L_0하에서 노동자가 최소한 받아야겠다고 생각하는 임금은 w_B이므로 암시장 임금 또한 w_B에서 형성된다.
- 암시장이 형성될 때 노동수요자는 $B+D$만큼의 불법적인 암거래 이익을 얻게 된다.

③ 최저임금제가 실시되면 사회적 순후생손실($C+E$)이 발생한다.

④ 전체 노동자의 총임금소득이 최저임금제 시행 이전보다 더 증가한다고 단정할 수 없다. 총임금소득의 증감 여부는 노동수요곡선의 기울기, 즉 노동수요의 임금탄력성의 크기에 달렸다.
- 노동수요의 임금탄력성이란 임금이 1% 변하였을 때 노동수요량이 몇 % 변하는가를 의미한다. 이는 미시경제학 '제20장 생산요소시장이론'에서 자세하게 논의된다.
- 노동수요의 임금탄력성 > 1 : 임금상승률 < 노동수요량감소율 → 총임금소득의 감소
- 노동수요의 임금탄력성 < 1 : 임금상승률 > 노동수요량감소율 → 총임금소득의 증가

⑤ 최저임금제는 노동자의 보호가 목적이므로 노동수요의 임금탄력성이 낮을수록, 즉 노동수요 곡선이 가파를수록 효과적이다.
- 숙련노동자일수록 노동수요의 임금탄력성이 작으므로 최저임금제의 효과가 크게 나타난다.
- 비숙련노동자는 노동수요의 임금탄력성이 크므로 최저임금제의 효과가 작게 나타난다. 최저임금제의 대상이 되는 노동자는 대부분 비숙련노동자일 것이므로 비숙련노동자를 위한 최저임금제가 오히려 비숙련근로자의 후생손실을 가져올 수 있다는 사실을 암시한다.

| 최저임금제의 효과 |

- 비자발적 실업의 발생
  - 총실업자 : L_0L_1
  - 기존노동자의 해고 : L_0L_E
  - 신규노동자의 미취업 : L_EL_1
- 총임금소득의 변화
  - 노동수요의 임금탄력성 > 1
    → 전체 임금소득의 감소
  - 노동수요의 임금탄력성 < 1
    → 전체 임금소득의 증가

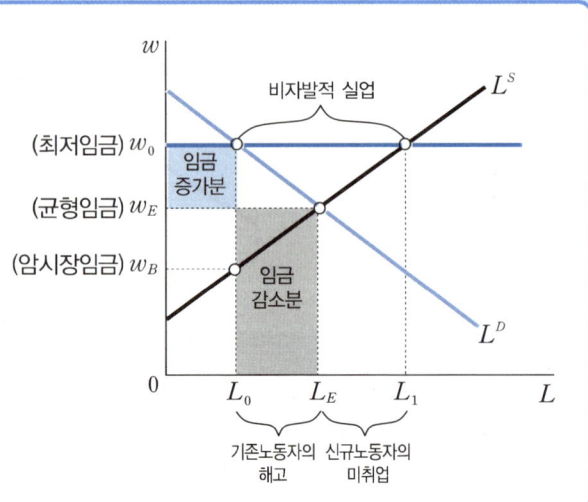

PART 03

소비자이론

06 소비자이론의 개요
07 한계효용이론
08 무차별곡선이론
09 소비자이론의 응용
10 불확실성 하에서 소비자선택이론

CHAPTER 06 소비자이론의 개요

PART 03 | 소비자이론

제1절 개요

Ⅰ 소비자이론의 내용

① 소비자이론(consumer theory)은 소비자가 생산물시장에서 재화나 서비스를 소비할 경우의 최적화행위를 분석하는 이론을 의미한다.
② 소비자이론에서는 소비자의 최적화행위를 분석함으로써 수요곡선의 형태와 성질을 규명한다.
③ 소비자의 최적화행위란 주어진 예산제약 하에서 효용을 극대화하거나 주어진 효용 하에서 지출을 극소화하는 것이다.
④ 효용극대화(utility maximization) 원칙과 지출극소화(expenditure minimization) 원칙이 성립되는 상태를 소비자균형이라고 한다.

Ⅱ 효용

1. 개념
① 효용(utility)이란 소비자가 재화나 서비스를 소비함으로써 느끼는 주관적인 만족감을 의미한다.
② 효용이라는 개념은 공리주의 창시자 벤담(J. Bentham, 1748~1832)에 의해 처음으로 주장되었다.

2. 기수적 효용
① 기수적 효용(cardinal utility)이란 주관적인 만족감을 의미하는 효용을 구체적인 단위로 측정한 효용이다.
② 기수적 효용에서는 사과의 효용이 200, 배의 효용이 100이라고 측정한다.
③ 기수적 효용을 바탕으로 전개된 소비자이론이 한계효용이론이다.

3. 서수적 효용
① 서수적 효용(ordinal utility)이란 측정 가능한 효용을 전제하지 않고, 선호의 순서만이 의미가 있는 효용이다.
② 서수적 효용에서는 효용의 구체적인 단위를 제시하지 않고, "사과의 효용은 배의 효용보다 크다."라고 해석한다.
  ▶ 효용의 서수적 측정에는 크기의 순서만이 문제가 되기 때문에 얼마나 큰지는 표시하지 않게 된다. 효용의 차이가 기수적 효용에서는 중요한 의미를 가지지만 서수적 효용에서는 아무런 의미를 가지지 못한다.
③ 서수적 효용을 바탕으로 전개된 소비자이론이 무차별곡선이론이다.

제2절 소비자이론의 전개

I 확실성 하에서의 소비자이론

1. 한계효용이론
① 한계효용이론(theory of marginal utility)은 효용이 측정 가능하다는 기수적 효용을 가정하여 소비자균형점을 도출하고자 하는 이론이다.
② 소비자이론의 출발점이 된 이론이다.
③ 시대 : 1870년대~1880년대
④ 대표적 학자 : 제본스(W. S. Jevons), 멩거(C. Menger), 왈라스(L. Walras) 등

2. 무차별곡선이론
① 무차별곡선이론(theory of indifference curve)은 효용은 측정 불가능하지만, 그 선호도의 순서는 정할 수 있다는 서수적 효용을 가정하여 소비자균형점을 도출하고자 하는 이론이다.
② 현대 소비자이론의 중심이 된 이론이다.
③ 시대 : 1920년대 이후
④ 대표적 학자 : 파레토(V. Pareto), 힉스(J. R. Hicks), 슬러츠키(E. Slutsky), 알렌(R. G. D. Allen) 등

3. 현시선호이론
① 현시선호이론(theory of revealed preference)은 소비자들의 객관적인 소비행태를 직접 관찰하여 얻을 수 있는 제반정보를 통해 소비자의 선호를 결정하고 소비자행동을 설명하는 이론이다.
② 한계효용이론과 무차별곡선이론은 관측이 불가능한 선호관계를 전제로 하여 이론을 전개하였다. 현시선호이론은 이러한 문제점의 인식에서 출발하여 관측 가능한 현시된 선호에 관한 정보를 이용하여 소비자이론을 전개한다.
③ 시대 : 1960년대 이후
④ 대표적 학자 : 사무엘슨(P. A. Samuelson), 하우스태커(H. S. Houthakker) 등

II 불확실성 하에서의 소비자이론 : 기대효용이론

① 기대효용이론(theory of expected utility)이란 선택의 결과에 대한 불확실성이 존재할 때 개인들은 기대효용을 기준으로 의사결정을 한다는 가정 하에 소비자들의 최적화행동을 분석하는 이론이다.
② 주로 보험시장이나 복권, 도박 등을 분석하는 데 사용된다.
③ 시대 : 1940년대 이후
④ 대표적 학자 : 폰 노이만(J. von Neumann), 모르겐스턴(O. Morgenstern) 등

CHAPTER 07 한계효용이론

PART 03 | 소비자이론

제1절 주요 개념

I 효용함수

① 효용함수(utility function)란 일정 기간의 한 재화에 대한 소비량과 그 소비로부터 얻어지는 총효용과의 관계를 함수형태로 나타낸 것을 말한다.
  ▸ 효용함수를 고려한다는 것은 효용을 구체적인 단위로 측정할 수 있다는 것이므로 한계효용이론은 기수적 효용을 가정한다는 것을 내포하고 있다.
② 소비자이론에서는 일반적으로 소비자가 두 재화(X, Y)를 소비한다는 가정 하에 이론을 전개한다.
③ 두 재화(X, Y)를 소비하는 소비자의 효용함수는 다음과 같이 나타낼 수 있다.
  ▸ X, Y는 효용함수 안에 있을 때는 소비량으로, 본문의 내용에서 논의할 때는 X재와 Y재의 의미로 사용된다.
  ▸ X재와 Y재의 소비량은 Q_X^D와 Q_Y^D로 표기하는 원칙이지만, 간편화를 위해 X와 Y로 표기한다.

> **효용함수**
>
> $$U = U(X,\ Y)$$
>
> • U : 효용　　• X : X재 소비량　　• Y : Y재 소비량

II 총효용

① 총효용(Total Utility : TU)이란 일정 기간 소비자가 재화를 소비함으로써 느끼는 효용의 총량을 말한다.
② 소비량을 증가시키면 총효용(TU)은 X_0까지는 체증적으로 증가하다가 X_0를 넘어서면 체감적으로 증가하고, X_1에서 극대가 된다.
  ▸ 일반적으로 총효용은 첫 단계에서부터 체감적으로 증가하는 것이 일반적이지만, 분석의 필요상 체증적인 구간을 포함하였다.
  ▸ 총효용이 체증적으로 증가하는 구간을 포함하더라도 총효용이 체감적으로 증가하는 구간만이 경제학적 의미를 지닌다.
③ 소비량이 X_1을 넘어서면 총효용(TU)이 오히려 감소하게 되는데 이 구간은 경제학적 의미가 없으므로 분석대상에서 제외된다.

Ⅲ 한계효용

1. 개념
① 한계효용(Marginal Utility : MU)이란 재화 한 단위를 추가로 소비했을 때 총효용의 증가분을 말한다.
② 한계효용은 총효용의 변화분을 소비량의 변화분으로 나눈 값이다.
③ 한계효용은 총효용함수를 소비량으로 미분한 값이며 총효용곡선의 기울기로 측정된다.
④ 한계효용은 독일의 경제학자 고센(H. H. Gossen, 1810~1858)에 의해 최초로 주장되었다.

2. 수식
① X재의 한계효용은 Y재 소비량은 불변인 채 X재 한 단위를 추가로 소비했을 때 총효용의 증가분이고, Y재의 한계효용은 X재 소비량은 불변인 채 Y재 한 단위를 추가로 소비했을 때 총효용의 증가분이다.
② X재의 한계효용과 Y재의 한계효용은 효용함수를 편미분한 값으로서 다음과 같이 정의된다.

> **한계효용**
> - X재의 한계효용 : $MU_X = \lim\limits_{\Delta X \to 0} \dfrac{\Delta TU}{\Delta X} = \dfrac{\partial TU}{\partial X}$
> - Y재의 한계효용 : $MU_Y = \lim\limits_{\Delta Y \to 0} \dfrac{\Delta TU}{\Delta Y} = \dfrac{\partial TU}{\partial Y}$

Ⅳ 한계효용체감의 법칙

1. 개념
① 한계효용체감의 법칙(law of diminishing marginal utility)이란 재화의 소비가 증가함에 따라 처음에는 한계효용(MU)이 증가하다가 어느 단계를 지나서는 한계효용(MU)이 감소하는 현상을 말한다.
▶ 전술한 바와 같이 총효용이 체감적으로 증가하는 구간, 즉 한계효용이 체감하는 구간만이 경제학적 의미가 있기 때문에 한계효용체감의 법칙이라고 한다.
② 한계효용체감의 법칙을 '고센(H. H. Gossen)의 제1법칙'이라고 한다.

2. 의미
① 한계효용이 체감한다는 것은 소비량이 증가할 때 총효용이 감소한다는 의미가 아니라 총효용의 증가분이 감소한다는 의미이다.
② 한계효용이 음(-)의 값, 즉 총효용이 감소하는 구간은 경제학적 의미가 없으므로 논의대상에서 제외된다.

> **한계효용체감의 법칙**
> 한계효용체증 → 한계효용불변 → 한계효용체감

Ⅴ 총효용(TU)과 한계효용(MU)의 관계

① 총효용(TU)의 증감 여부는 한계효용(MU)의 부호로 판단한다.
  ▸ 한계효용(MU)이 양(+)의 값이면 총효용(TU)이 증가하고, 한계효용(MU)이 음(-)의 값이면 총효용(TU)은 감소한다.
② 한계효용(MU)이 0일 때 총효용(TU)은 극대가 된다.
③ 한계효용(MU)이 체감할 때 한계효용(MU)의 값이 양(+)일 수도 있고 음(-)일 수도 있으므로 총효용(TU)은 증가할 수도 감소할 수도 있다.
④ 총효용(TU)은 한계효용(MU)을 합한 값이므로 한계효용곡선을 적분하면 총효용(TU)이 구해진다.
  ▸ 총효용을 미분하면 한계효용이 되고, 한계효용을 적분하면 총효용이 된다.
  ▸ $TU = \sum MU$: 총효용곡선은 원점을 지나므로 한계효용곡선의 하방 면적의 합이 총효용이 된다.

> **총효용과 한계효용의 관계**
> - $MU > 0 \leftrightarrow TU$ 증가
> - $MU = 0 \leftrightarrow TU$ 극대
> - $MU < 0 \leftrightarrow TU$ 감소

| 한계효용체감의 법칙 |

- 총효용(TU) 증가 ↔ 한계효용(MU) > 0
- 총효용(TU) 극대 ↔ 한계효용(MU) = 0
- 총효용(TU) 감소 ↔ 한계효용(MU) < 0

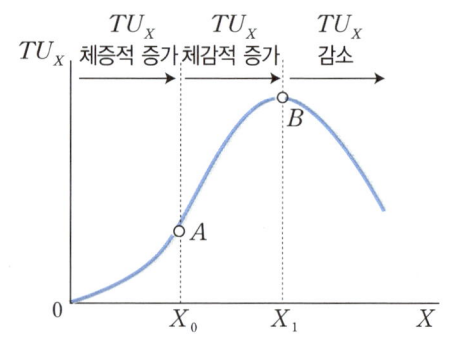

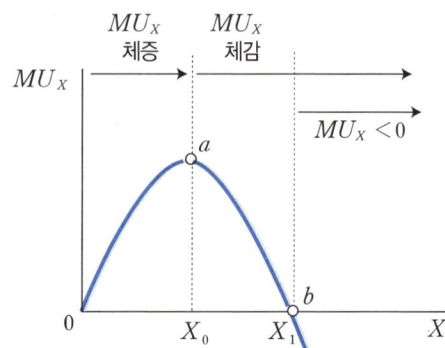

제2절 한계효용이론

I 가정

① 효용은 양적으로 정확하게 측정이 가능한 기수적 효용이다.
② 소비자는 소비량이 증가할수록 효용이 증가하는 효용재(선호재)를 구매한다.
③ 재화소비의 한계효용은 체감한다.
④ 화폐는 일반재화와는 달리 선택의 다양성이 존재하므로 화폐의 한계효용은 일정하다.
⑤ 합리적인 소비자는 주어진 예산제약(동일한 지출) 하에서 효용을 극대화하고, 주어진 효용(동일한 효용) 하에서 지출을 극소화한다.
⑥ 모든 경제주체는 완전정보 하에서 합리적 선택을 추구한다.

II 소비자균형

1. 개념
① 주어진 예산제약 하에서 효용극대화(utility maximization) 원칙이 성립되는 상태를 의미한다.
② 주어진 효용 하에서 지출극소화(expenditure minimization) 원칙이 성립되는 상태를 의미한다.

2. 한계효용균등의 법칙

> **한계효용균등의 법칙**
>
> $$\frac{MU_X}{P_X} = \frac{MU_Y}{P_Y}$$

① 한계효용균등의 법칙(law of equimarginal utility)은 X재 1원어치당 한계효용과 Y재 1원어치당 한계효용이 동일해지는 수준에서 소비해야 소비자균형이 달성된다는 것을 의미한다.
② 한계효용균등의 법칙을 '고센(H. H. Gossen)의 제2법칙'이라고 한다.

3. 소비자균형으로의 조정과정
① X재 1원어치당 한계효용이 Y재 1원어치당 한계효용보다 크면 X재 소비를 증가시키고, Y재 소비를 감소시켜야 한다.
② Y재 1원어치당 한계효용이 X재 1원어치당 한계효용보다 크면 Y재 소비를 증가시키고, X재 소비를 감소시켜야 한다.

상 황	소비자균형으로의 조정
$\frac{MU_X}{P_X} > \frac{MU_Y}{P_Y}$	• X재 소비 증가, Y재 소비 감소 → MU_X 감소, MU_Y 증가 • 이러한 과정은 $\frac{MU_X}{P_X} = \frac{MU_Y}{P_Y}$가 성립될 때까지 진행
$\frac{MU_X}{P_X} < \frac{MU_Y}{P_Y}$	• X재 소비 감소, Y재 소비 증가 → MU_X 증가, MU_Y 감소 • 이러한 과정은 $\frac{MU_X}{P_X} = \frac{MU_Y}{P_Y}$가 성립될 때까지 진행

CHAPTER 07 한계효용이론

예제 — 한계효용이론

문제 1

연민이는 자신의 소득으로 햄버거와 콜라를 구입하고 있다. 시장에서 햄버거의 가격은 5,000원이고, 콜라의 가격은 2,000원으로 주어져 있다고 하자. 연민이가 효용극대화를 추구하고 있을 때 햄버거의 한계효용이 15,000이라면 콜라의 한계효용은 얼마인가?

해설

- 한계효용균등의 법칙: $\dfrac{MU_X}{P_X} = \dfrac{MU_Y}{P_Y}$
- 햄버거를 X재, 콜라를 Y재라고 가정하자. 한계효용균등의 법칙에 햄버거의 가격 $P_X=5,000$, 콜라의 가격 $P_Y=2,000$, 햄버거의 한계효용 $MU_X=15,000$을 대입하면 $\dfrac{15,000}{5,000}=\dfrac{MU_Y}{2,000}$의 식이 도출된다. 이 식을 풀면 Y재의 한계효용은 $MU_Y=6,000$이 된다.

문제 2

어느 소비자의 효용함수가 $U(X,\ Y)=(X+3)(Y+2)$로 주어져 있다. 두 재화를 모두 소비하는 이 소비자는 예산제약 하에서 효용을 극대화하고 있다. X재의 가격과 Y재의 가격이 모두 10일 때 X재 소비량과 Y재 소비량의 차이는 얼마인가?

해설

- 효용함수: $U(X,\ Y)=(X+3)(Y+2)=XY+2X+3Y+6$
- 한계효용함수: $MU_X=\dfrac{\partial U}{\partial X}=Y+2$, $MU_Y=\dfrac{\partial U}{\partial Y}=X+3$
- 한계효용균등의 법칙 $\dfrac{MU_X}{P_X}=\dfrac{MU_Y}{P_Y}$, $\dfrac{Y+2}{10}=\dfrac{X+3}{10}$, $10X+30=10Y+20$에서 $X+1=Y$의 식이 성립하므로 X보다 Y를 한 단위 더 소비한다.

문제 3

어떤 사람이 자신의 총소득 20,000원으로 아래 표에서와 같이 X재와 Y재를 소비하고 있다. 이 사람이 효용극대화를 추구한다고 할 때 이 소비자가 취해야 할 행동은? (단, X재와 Y재는 가분(加分)적인 재화임)

(2008 공인노무사 응용)

	가격	구매량	총효용	한계효용
X재	1,000원	14	500	30
Y재	500원	12	1,000	20

해설

- X재 1원어치당 한계효용은 $\dfrac{MU_X}{P_X}=\dfrac{30}{1,000}$이고, Y재 1원어치당 한계효용은 $\dfrac{MU_Y}{P_Y}=\dfrac{20}{500}$이다.
- $\dfrac{MU_X}{P_X}<\dfrac{MU_Y}{P_Y}$의 관계식이 성립하므로 X재 소비량을 줄이고, Y재 소비량을 늘려야 한다.

문제 4

X재와 Y재를 소비하는 甲의 소비량에 따른 한계효용이 다음 표와 같다. X의 가격이 10, Y의 가격이 20일 때 효용극대화조건이 충족되는 甲의 소비묶음은? (2010 감정평가사)

소비량	1	2	3	4	5	6
X재의 한계효용	10	9	8	7	6	5
Y재의 한계효용	10	8	6	5	3	2

해설

- X재가 6단위일 때 X재 1원어치당 한계효용이 $\frac{MU_X}{P_X} = \frac{5}{10} = \frac{1}{2}$이고, Y재가 1단위일 때 Y재 1원어치당 한계효용이 $\frac{MU_Y}{P_Y} = \frac{10}{20} = \frac{1}{2}$로 서로 동일하다. 따라서 X재 6단위와 Y재 1단위의 소비묶음이 효용극대화 조건을 충족한다.

문제 5

갑은 주어진 돈을 모두 X재와 Y재 소비에 지출하여 효용을 최대화하고 있으며, X재의 가격은 100원이고 Y재의 가격은 50원이다. 이때 X재의 마지막 1단위의 한계효용이 200이라면 Y재 마지막 1단위의 한계효용은? (2012 7급 국가직)

해설

- 한계효용균등의 법칙 : $\frac{MU_X}{P_X} = \frac{MU_Y}{P_Y}$

- X재의 가격이 $P_X = 100$이고 X재의 한계효용이 $MU_X = 200$이므로 $\frac{200}{100} = \frac{MU_Y}{50}$에서 Y재의 한계효용은 $MU_Y = 100$이 된다.

문제 6

주어진 예산으로 효용극대화를 추구하는 어떤 사람이 일정 기간에 두 재화 X와 Y만 소비한다고 하자. X의 가격은 200원이고, 그가 얻는 한계효용이 600이 되는 수량까지 X를 소비한다. 아래 표는 Y의 가격이 300원일 때 그가 소비하는 Y의 수량과 한계효용 사이의 관계를 보여준다. 효용이 극대화되는 Y의 소비량은? (2017 공인노무사)

Y의 수량	1개	2개	3개	4개	5개
한계효용	2,600	1,900	1,300	900	800

해설

- 한계효용균등의 법칙 : $\frac{MU_X}{P_X} = \frac{MU_Y}{P_Y}$

- X의 가격은 $P_X = 200$원이고 X재의 한계효용은 $MU_X = 600$이므로 X재 1원당 한계효용은 $\frac{MU_X}{P_X} = \frac{600}{200} = 3$이 된다.

- 한계효용균등의 법칙을 만족하기 위해서는 Y재 1원당 한계효용이 $\frac{MU_Y}{P_Y} = 3$이 되어야 한다. Y재의 수량이 $Y = 4$일 때 Y재 1원당 한계효용이 $\frac{MU_Y}{P_Y} = \frac{900}{300} = 3$이 되므로 Y재의 소비량은 $Y = 4$가 된다.

CHAPTER 08 무차별곡선이론

PART 03 | 소비자이론

제1절 개요

I 이론체계

① 무차별곡선이론(theory of indifference curve)에서는 단지 선호의 순서만을 나타내는 서수적 효용의 개념을 이용하여 소비자이론을 분석한다.
② 무차별곡선이론에서는 소비자가 평가하는 상품의 주관적 가치를 나타내는 무차별곡선과 시장에서 평가하는 상품의 객관적 가치를 나타내는 예산선을 이용하여 소비자균형을 분석한다.

II 소비자 선호체계의 기본가정

1. 선호의 완전성
① 선호의 완전성(completeness)이란 모든 소비자가 A와 B의 상품조합에 대해 선호도의 서수성을 나타낼 수 있다는 것을 의미한다.
② A가 B보다 강하게 선호된다면 $A > B$라고 나타내고, 선호가 동일하다면 $A \sim B$라고 나타낸다.

2. 선호의 이행성
① 선호의 이행성(transitivity)이란 소비자의 선호가 변덕스럽지 않고 일관성이 있다는 의미이다.
② A가 B보다 선호($A > B$)되고, B가 C보다 선호($B > C$)된다면 A는 C보다 선호($A > C$)된다.

3. 선호의 연속성
① 선호의 연속성(continuity)이란 소비자의 선호가 변화해 나갈 때 연속적으로 변해간다는 것이다.
② 무차별곡선이 부드러운 연속적인 구간만 존재한다는 것을 의미한다.

4. 강단조성
① 강단조성(strong monotonicity)이란 A의 상품조합이 B의 상품조합보다 더 많은 양의 상품을 포함하고 있다면 소비자는 A를 B보다 더 선호한다는 것을 의미한다.
② 상품의 소비량이 증가할수록 총효용도 지속적으로 증가한다는 의미이다.

5. 볼록성
① 볼록성(convexity)이란 소비자는 극단적인 상품조합보다 고루 섞여 있는 상품조합을 더 선호한다는 것을 의미한다.
② 볼록성은 선호의 다양성과 관련된 내용이다.

제2절 무차별곡선

Ⅰ 개념

① 무차별곡선(indifference curve)이란 소비자에게 동일한 효용을 주는 두 재화 X재와 Y재의 조합점들을 연결한 곡선을 말한다.
  ▸ 소비자에게 동일한 효용을 주는 상품조합에 대해 소비자는 서로 무차별(indifferent)하다고 말한다.
② 무차별곡선은 소비자에게 동일한 효용을 주는 곡선이므로 '등효용곡선'이라고도 한다. 그리고 무차별곡선의 집합을 지도의 등고선에 비유하여 무차별지도(indifference map)라고 부르기도 한다.

Ⅱ 형태

① 소비자에게 동일한 효용을 주는 X재와 Y재의 상품조합을 통해 무차별곡선을 도출하면 다음과 같다.
② A, B, C, D점을 연결한 곡선 U_0가 무차별곡선이고, U_0의 무차별곡선상에 위치한 A, B, C, D점은 모두 효용수준이 동일하다.
③ 일반적인 무차별곡선은 원점에 대해 볼록하면서 우하향하는 형태를 보인다.

| 무차별곡선 |

- 무차별곡선이란 소비자에게 동일한 효용을 주는 X재와 Y재의 조합점들을 연결한 곡선이다.
- A, B, C, D점은 모두 소비자에게 동일한 효용을 주는 점들이다.

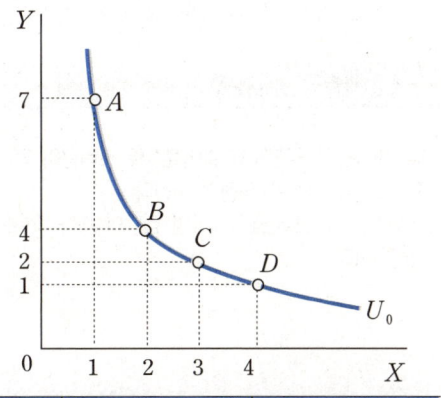

상품조합	A	B	C	D
X재	1	2	3	4
Y재	7	4	2	1

Ⅲ 성질

1. 우하향한다.
① 한 재화의 소비량을 증가시킬 때 동일한 효용을 유지하기 위해서는 필연적으로 다른 재화의 소비량을 감소시켜야 하므로 무차별곡선은 우하향한다.
② 무차별곡선이 우하향한다는 것은 X재와 Y재 모두 효용재(선호재)이면서 서로 대체관계에 있다는 것을 의미한다.
   ▸ 여기에서 대체관계란 가격효과에 의한 대체관계가 아니라, 대체효과에 의한 대체관계를 의미한다. 가격효과와 대체효과에 관한 논의는 추후 자세하게 진행된다.
   ▸ 두 재화 중 한 재화가 소비자의 효용을 감소시키는 비효용재(비선호재)라면 무차별곡선은 우상향하고, 두 재화 모두 비효용재(비선호재)라면 무차별곡선은 우하향한다. 이에 관한 내용은 추후 특수한 무차별곡선에서 자세하게 논의된다.

2. 원점에서 멀수록 더 높은 효용수준을 나타낸다.
① X재와 Y재 모두 효용재인 경우 두 재화의 소비량이 많아질수록 효용도 더 커지므로 원점에서 멀리 떨어진 무차별곡선일수록 더 높은 효용수준을 나타낸다.
   ▸ 원점에서 멀리 떨어진 무차별곡선일수록 더 높은 효용수준을 나타낸다는 사실은 두 재화가 모두 소비자에게 효용을 증가시키는 효용재(선호재)라는 의미가 내포되어 있다. 추후 자세하게 논의되겠지만 만약 어느 한 재화 또는 두 재화 모두 소비자의 효용을 감소시키는 비효용재(비선호재)라면 효용의 증가 방향은 달라진다.
② 원점에서 멀리 떨어진 무차별곡선일수록 더 높은 효용수준을 나타낸다는 것은 다다익선(多多益善)의 개념으로서 강단조성(strong monotonicity)의 성질을 내포하고 있다.
   ▸ 무차별곡선이 우하향한다는 첫 번째 성질도 더 많이 소비할수록 더 좋다는 강단조성의 공리와 밀접한 관련이 있다.
③ 무차별곡선이 우상방으로 이동할수록 효용수준이 커지지만 구체적으로 얼마나 큰가 하는 것은 이론전개상 중요하지 않다. 무차별곡선이론에서는 효용을 서수적으로 측정하기 때문에 효용의 크기가 아무런 의미를 갖지 않는다.

| 무차별곡선에서 효용의 증가 방향 |

- 무차별곡선이 원점에서 멀어질수록 소비량이 더 많아지므로 효용수준은 점점 높아진다.
- X재와 Y재 모두 효용재라면 효용의 증가 방향은 우상방향이다.

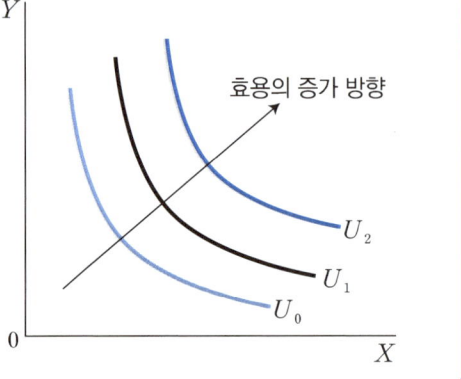

3. 서로 교차하지 않는다.

① 임의의 두 무차별곡선이 교차한다고 가정할 때 어떠한 모순이 발생하는가에 대한 논의를 전개해 보자.
② U_0의 무차별곡선에서 A점과 B점의 효용이 동일하고, U_1에서 A점과 C점의 효용이 동일하다.
③ A점과 B점의 효용이 동일하고, A점과 C점의 효용이 동일하다면 B점과 C점의 효용도 동일해야 한다. 그러나 C점에서의 상품조합이 B점에서의 상품조합보다 많으므로 C점에서의 효용은 B점에서의 효용보다 더 크게 되기 때문에 무차별곡선이 교차하면 논리적 모순이 발생한다.
④ 무차별곡선이 서로 교차하면 선호의 이행성(transitivity)을 만족하지 못하게 된다.

| 무차별곡선은 서로 교차하지 않는다. |

- U_0의 무차별곡선에서 A점과 B점의 효용이 동일하고, U_1의 무차별곡선에서 A점과 C점의 효용이 동일하므로 B점과 C점의 효용도 동일해야 한다.
- 그런데 C점에서의 효용이 B점에서의 효용보다 더 크므로 무차별곡선이 서로 교차하게 되면 논리적 모순이 발생한다.

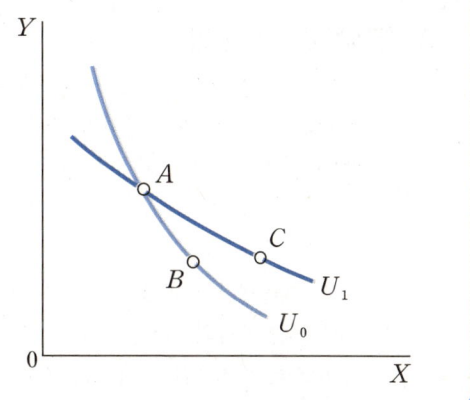

4. 원점에 대하여 볼록하다.

① 무차별곡선이 원점에 대하여 볼록하다는 것은 '한계대체율체감의 법칙'이 성립함을 의미한다.
② 무차별곡선이 원점에 대하여 볼록하다는 것은 선호의 다양성을 의미한다.
  ▶ 선호도의 다양성이란 일반적으로 X재나 Y재를 편중하여 소비하지 않고 골고루 소비할수록 소비자의 효용은 더 커진다는 것을 뜻한다.

Ⅳ 한계대체율

1. 개념

① 한계대체율(Marginal Rate of Substitution : MRS)이란 X재 한 단위의 소비를 추가로 증가시킬 때 동일한 효용수준을 유지하기 위해 포기해야 하는, 즉 감소시켜야 하는 Y재의 양을 말한다.
② X재 소비량이 ΔX만큼 증가하면 총효용은 $MU_X \times \Delta X$만큼 변화하고, Y재 소비량이 ΔY만큼 감소하면 총효용은 $MU_Y \times \Delta Y$만큼 변화하는데 A점과 B점은 동일한 무차별곡선상에 있으므로 X재 증가에 따른 총효용의 증가분과 Y재 감소에 따른 총효용의 감소분은 부호만 다를 뿐 그 절댓값이 동일하다.

> **X재의 효용증가분 = Y재의 효용감소분**
> $$MU_X \times \Delta X = -MU_Y \times \Delta Y$$

③ 미분의 개념을 도입하여 X의 증분(ΔX)을 아주 미소하게 잡으면 무차별곡선상의 한 점에서의 한계대체율을 정의할 수 있다.
④ 한계대체율은 소비자가 느끼는 두 재화의 주관적 교환비율로서 무차별곡선의 한 점에서 접선의 기울기의 절댓값으로 측정된다.

> **한계대체율**
> $$MRS_{XY} = \lim_{\Delta X \to 0}\left(-\frac{\Delta Y}{\Delta X}\right) = -\frac{dY}{dX} = \frac{MU_X}{MU_Y}$$

2. 한계대체율체감의 법칙

① 한계대체율체감의 법칙(law of diminishing MRS)이란 동일한 효용수준을 유지하면서 X재 소비량을 한 단위씩 증가시켜 감에 따라 포기해야 하는 Y재 소비량이 점점 감소하는 현상을 말한다. 즉, Y재를 X재로 대체해 감에 따라 한계대체율이 감소하는 현상이다.
② 다음 그림에서 $A \to B \to C \to D$점으로 이동함에 따라 한계대체율이 3, 2, 1로 점점 감소함을 알 수 있다.
③ 한계대체율체감의 법칙은 소비자 선호체계의 기본가정인 볼록성(convexity)과 관련된다.
④ 한계대체율체감의 법칙은 선호의 다양성과 관련된 내용이다. 즉, 소비자는 극단적인 상품조합보다 고루 섞여 있는 상품조합을 더 선호한다는 것을 의미한다.

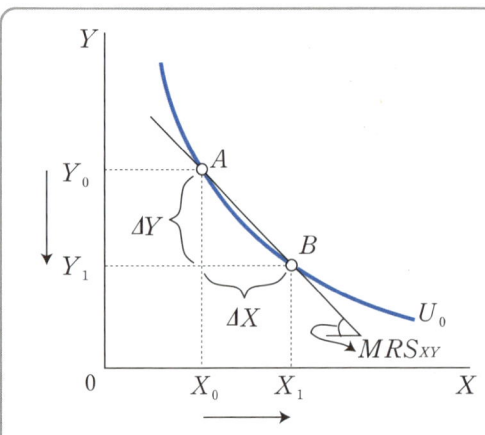

한계대체율
- 한계대체율이란 동일한 효용수준을 유지하면서 X재와 Y재의 교환비율이다.
- 한계대체율은 무차별곡선의 기울기의 절댓값으로 측정된다.

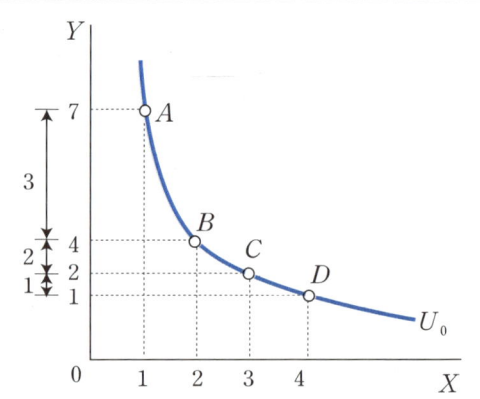

한계대체율체감의 법칙
- X재의 소비량이 증가함에 따라 X재 한 단위와 교환되는 Y재의 양이 $3 \to 2 \to 1$로 점점 감소한다.
- 한계대체율이 체감하기 때문에 무차별곡선은 원점에 대해 볼록하다.

Ⅴ 특수한 무차별곡선

구 분	무차별곡선의 형태	특 징
두 재화가 완전대체관계	(우하향하는 직선 그래프, U_0, U_1)	■ 형태 : 우하향하는 직선 ■ 효용의 증가 방향 : 우상향 ■ 완전대체재의 예 : 5만 원짜리 지폐(X) 1단위와 1만 원짜리 지폐(Y) 5단위 ■ 효용함수 　• $U = aX + bY$ 　• 선형 효용함수 ■ 한계대체율(MRS_{XY}) = $\dfrac{a}{b}$: 일정
두 재화가 완전보완관계	(L자형 그래프, U_0, U_1)	■ 형태 : L자형 ■ 효용의 증가 방향 : 우상향 ■ 완전보완재의 예 : 왼쪽 구두(X)와 오른쪽 구두(Y) ■ 효용함수 　• $U = \min(aX,\ bY)$ 　• 레온티에프 효용함수 ■ 한계대체율(MRS_{XY}) 　• 수직선 구간 : 무한대(∞) 　• 수평선 구간 : 0 ■ 두 재화의 구입비율 $\left(\dfrac{Y}{X}\right) = \dfrac{a}{b}$: 일정
X재가 비효용재 (비선호재)	(볼록성을 만족하면서 우상향하는 곡선 그래프, U_0, U_1)	■ 형태 : 볼록성을 만족하면서 우상향하는 곡선 ■ 효용의 증가 방향 : 좌상향 ■ 예 : 쓰레기(X)와 쌀(Y) ■ 효용함수 : $U = Y - X^2$ ■ 한계대체율(MRS_{XY}) = $-2X < 0$
X재가 중립재	(수평선 그래프, U_0, U_1)	■ 형태 : 수평선 ■ 효용의 증가 방향 : 상향 ■ 예 　• 헌옷(X)과 쌀(Y) 　• 비흡연자의 경우 담배(X)와 빵(Y) ■ 효용함수 : $U = Y$ ■ 한계대체율(MRS_{XY}) : 0

제3절 예산선

I. 개념

① 예산선(budget line)이란 소비자가 주어진 소득을 전부 사용하여 구입 가능한 X재와 Y재의 조합점들을 연결한 선을 말한다.
  - 인간의 욕망은 무한한 데 비해 경제적 자원이 한계가 있는 것과 마찬가지로 소비자도 상품을 구입하는 데 지출할 수 있는 소득이 일정한 크기로 주어져 있는 것이다. 따라서 이를 소비자의 예산제약(budget constraint)이라고 한다.
② 예산선은 소비자의 예산제약식을 그림으로 나타낸 것으로서 가격선(price line)이라고도 한다.
③ 예산선 위의 모든 점은 동일한 지출액을 나타낸다.

II. 예산제약식

① X재의 가격을 P_X, Y재의 가격을 P_Y, 소득을 M이라고 했을 때 소비자의 예산제약식은 다음과 같다.
  - 여기에서 $P_X X$는 X재에 대한 지출액을 의미하고, $P_Y Y$는 Y재에 대한 지출액을 의미하며 $P_X X + P_Y Y$는 총지출액을 의미한다.
  - 예산제약식 1은 소비자의 총지출액이 소득을 넘어설 수 없음을 나타낸다.

> **예산제약식 1**
> $$P_X X + P_Y Y \leq M$$

② 소비자가 주어진 소득을 모두 X재와 Y재 구입에 사용한다고 가정하면 예산제약식 2는 다음과 같이 쓸 수 있다.

> **예산제약식 2**
> $$P_X X + P_Y Y = M$$
> - 선택변수 : X, Y • 외생변수 : P_X, P_Y, M

III. 예산선의 도출

① 예산제약식 2를 변수 Y에 대해 정리하면 예산선식이 도출된다.

> **예산선식**
> $$Y = -\frac{P_X}{P_Y} X + \frac{M}{P_Y}$$

② 앞의 예산선식을 바탕으로 예산선을 그리면 Y축의 절편값이 $\frac{M}{P_Y}$이고, 기울기가 $-\frac{P_X}{P_Y}$인 우하향의 직선이 도출된다.
▶ 예산선이 끊김이 없이 선분으로 그려져 있는 것은 상품을 무한히 작은 단위로 나누어 살 수 있다는 가분성(divisibility)을 암묵적으로 가정하고 있음을 의미한다.

③ 색칠한 부분은 예산집합(budget set)으로서 소비자가 주어진 소득으로 구입 가능한 상품조합점들의 집합이 된다.

④ 예산선상의 점들은 주어진 소득을 모두 지출한 점들이고, 예산선 안쪽의 점들은 소득 일부를 남긴 점들이며 예산선 바깥쪽의 점들은 소비자가 주어진 소득으로 구입 불가능한 점들이다.

⑤ 예산선의 Y축 절편값인 $\frac{M}{P_Y}$은 소비자가 주어진 소득으로 최대 소비 가능한 Y재의 양을 의미하고, 예산선의 X축의 절편값인 $\frac{M}{P_X}$은 소비자가 주어진 소득으로 최대 소비 가능한 X재의 양을 의미한다.

Ⅳ 예산선 기울기의 경제적 의미

① $\frac{P_X}{P_Y}$는 X재와 Y재의 상대가격비율로서 Y재의 단위로 표시한 X재 한 단위의 가격을 의미한다.

② $\frac{P_X}{P_Y}$는 X재와 Y재가 생산물시장에서 객관적으로 교환되는 비율을 의미한다. 즉, X재 한 단위를 추가로 구입했을 때 동일한 지출을 유지하기 위해 포기해야 하는(감소시켜야 하는) Y재의 양을 말한다.

③ $\frac{P_X}{P_Y}$는 동일한 지출을 유지하면서 Y재의 크기로 표시한 X재 한 단위 구입에 대한 기회비용을 의미한다.

| 예산선 |

- 예산선식을 바탕으로 예산선을 그리면 Y의 절편이 $\frac{M}{P_Y}$이고, 기울기가 $-\frac{P_X}{P_Y}$인 우하향의 직선이 도출된다.
- 색칠한 부분은 예산집합으로서 소비자가 주어진 소득으로 구입 가능한 상품조합점들의 집합이 된다.

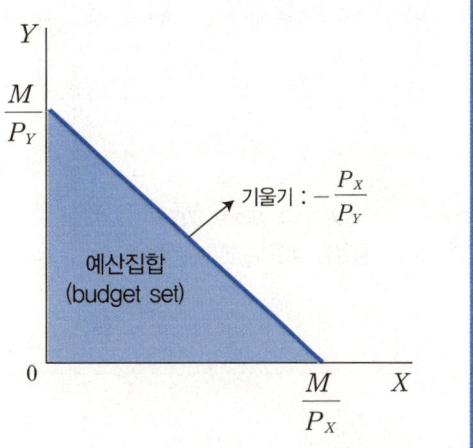

V 예산선의 이동

이동 요인	예산선의 이동
X재 가격(P_X)의 변화	
Y재 가격(P_Y)의 변화	
소득(M)의 변화	
소득은 불변인 상태에서 두 재화의 가격만 동일한 비율로 변하는 경우	
소득과 두 재화의 가격이 동일한 비율로 변하는 경우	

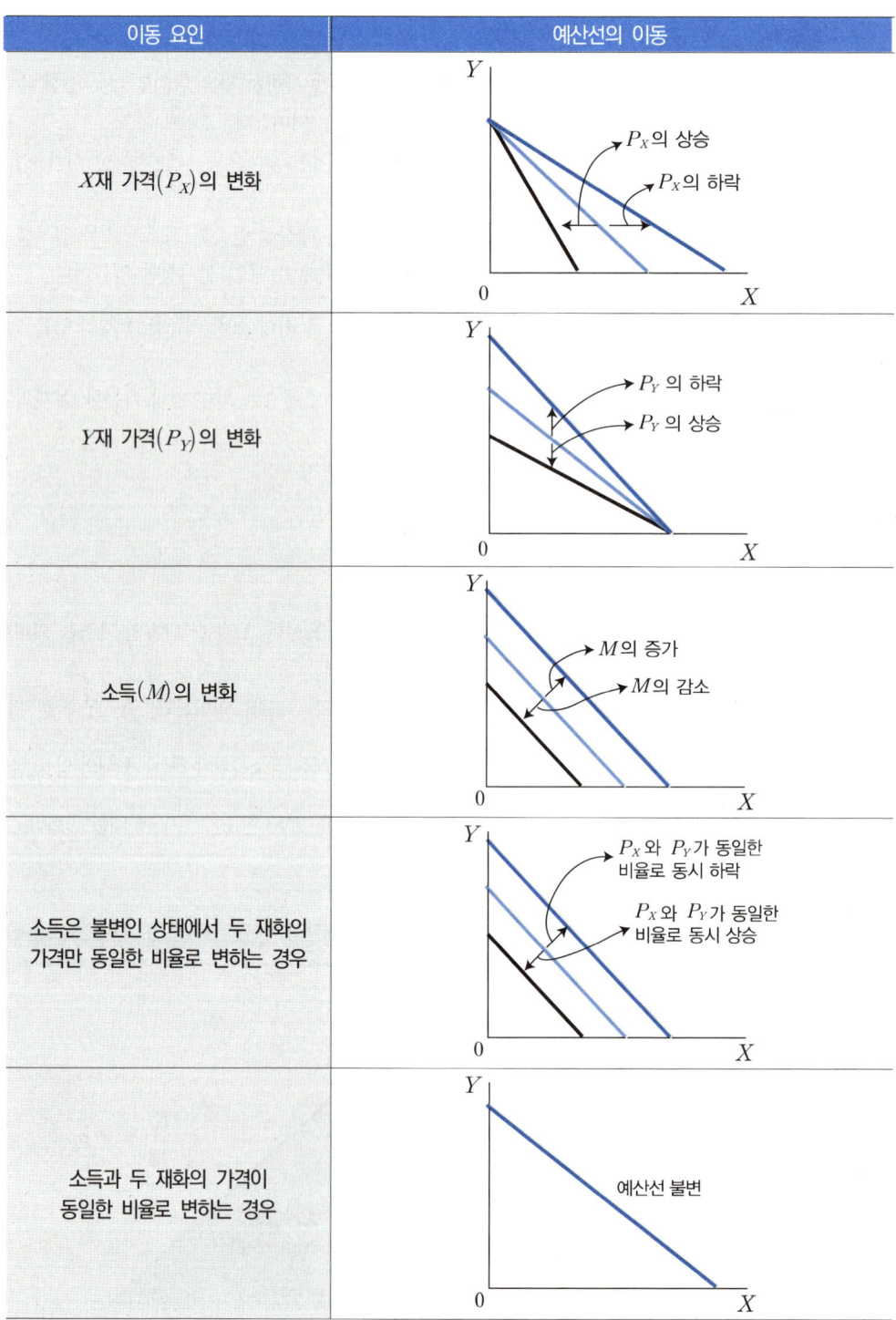

제4절 소비자균형

Ⅰ 개념

① 소비자균형이란 주어진 예산제약 하에서 효용극대화(utility maximization) 원칙이 성립되는 상태를 의미한다.
② 소비자균형이란 주어진 효용 하에서 지출극소화(expenditure minimization) 원칙이 성립되는 상태를 의미한다.
③ 무차별곡선은 소비자의 선호에 관한 것이고, 그 선호를 실현시킬 수 있는 것은 소비자의 구매능력이다. 소비자의 상품에 대한 구매능력을 나타내는 것이 예산선이다.
④ 소비자의 선호를 나타내는 무차별곡선과 소비자의 구매능력을 나타내는 예산선이 결합되면 소비자의 균형조건을 도출할 수 있다.

Ⅱ 소비자균형

1. 효용극대화

① 효용극대화란 소비자가 동일한 지출 하에서 효용을 극대화하는 것을 말한다.
  ▸ 효용극대화문제는 동일한 지출 하에서 논의되므로 동일한 예산선상에서 달성된다.
② 무차별곡선은 소비자에게 동일한 효용을 주는 두 상품의 여러 가지 조합을 표시하고, 예산선은 소비자에게 동일한 지출을 주는 두 상품의 여러 가지 조합을 표시한다. 이제 무차별곡선과 예산선을 결합하여 소비자균형조건을 도출할 수 있다.
③ 효용극대화의 그림에서 A, B, E점은 동일한 예산선상에 위치하고 있으므로 소비자에게 동일한 지출을 주는 점들이다.
④ A점과 B점을 지나는 무차별곡선 U_0보다는 E점을 지나는 무차별곡선 U_1이 원점에서 더 멀리 떨어진 무차별곡선이므로 더 높은 효용을 주는 점이다.
⑤ 효용극대화의 소비자균형은 주어진 예산제약 하에서 최대의 효용을 주는 E점에서 성립한다.
⑥ 소비자균형점에서 무차별곡선과 예산선이 접하므로 무차별곡선의 접선의 기울기와 예산선의 기울기가 일치한다.
⑦ 상기의 논의를 바탕으로 소비자의 소비자균형조건을 다음과 같이 쓸 수 있다.
  ▸ |무차별곡선의 접선의 기울기|=|예산선의 기울기|
  ▸ 한계대체율=두 재화의 상대가격
  ▸ 두 재화의 주관적 교환비율=생산물시장에서 두 재화의 객관적 교환비율

> **효용극대화조건**
>
> $$\frac{MU_X}{MU_Y} = \frac{P_X}{P_Y}$$

⑧ 위의 소비자균형조건식의 양변에 $\dfrac{MU_Y}{P_X}$를 곱하면 한계효용이론에서 배운 한계효용균등의 법칙이 도출된다.
   ▶ 한계효용균등의 법칙은 X재 1원어치당 한계효용이 Y재 1원어치당 한계효용과 동일해야 소비자균형이 성립된다는 의미이다.

> **한계효용균등의 법칙의 도출**
>
> - $\dfrac{MU_Y}{P_X} \times \dfrac{MU_X}{MU_Y} = \dfrac{MU_Y}{P_X} \times \dfrac{P_X}{P_Y}$
> - $\dfrac{MU_X}{P_X} = \dfrac{MU_Y}{P_Y}$

2. 지출극소화

① 지출극소화란 소비자가 동일한 효용 하에서 지출을 극소화하는 것을 말한다.
   ▶ 지출극소화문제는 동일한 효용 하에서 논의되므로 동일한 무차별곡선상에서 달성된다.
② 지출극소화의 그림에서 A, B, E점은 동일한 무차별곡선상에 위치하고 있으므로 소비자에게 동일한 효용을 주는 점들이다.
③ A점과 B점을 지나는 예산선보다는 E점을 지나는 예산선이 원점에 더 가까운 예산선이므로 더 낮은 지출액을 주는 점이다.
④ 지출극소화의 소비자균형은 주어진 효용 하에서 최소의 지출을 주는 E점에서 성립한다.
⑤ 소비자균형점에서 무차별곡선과 예산선이 접하므로 무차별곡선의 접선의 기울기와 예산선의 기울기가 일치한다.
⑥ 효용극대화문제와 지출극소화문제의 두 접근법은 접근방법에서 약간의 차이점만 있을 뿐 결국 동일한 조건식으로 귀결된다.

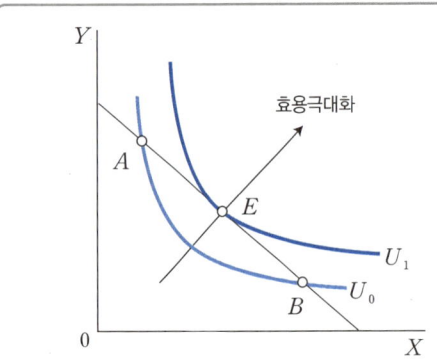

효용극대화
- 동일한 지출 하에서 효용을 극대화하는 문제이다.
- A, B, E점은 동일한 지출을 나타내는 점이고, 그 중 효용을 극대화하는 점은 E점이다.

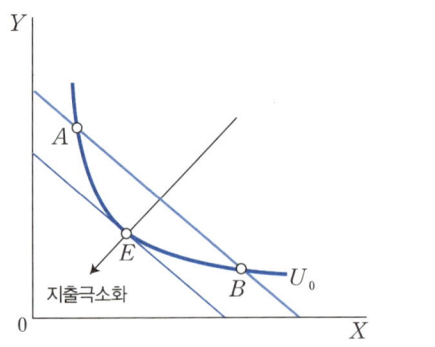

지출극소화
- 동일한 효용 하에서 지출을 극소화하는 문제이다.
- A, B, E점은 동일한 효용을 나타내는 점이고, 그 중 지출을 극소화하는 점은 E점이다.

Ⅲ 소비자균형으로의 조정과정

소비점	상 황	소비자균형으로의 조정
A점	$\dfrac{MU_X}{MU_Y} > \dfrac{P_X}{P_Y} \leftrightarrow$ $\dfrac{MU_X}{P_X} > \dfrac{MU_Y}{P_Y}$	• X재 소비 증가, Y재 소비 감소 → $MRS_{XY} = \dfrac{MU_X}{MU_Y}$ 감소 → E점으로 이동
E점	$\dfrac{MU_X}{MU_Y} = \dfrac{P_X}{P_Y} \leftrightarrow$ $\dfrac{MU_X}{P_X} = \dfrac{MU_Y}{P_Y}$	• 효용극대화(지출극소화) 점
B점	$\dfrac{MU_X}{MU_Y} < \dfrac{P_X}{P_Y} \leftrightarrow$ $\dfrac{MU_X}{P_X} < \dfrac{MU_Y}{P_Y}$	• X재 소비 감소, Y재 소비 증가 → $MRS_{XY} = \dfrac{MU_X}{MU_Y}$ 증가 → E점으로 이동

예제 | 소비자균형으로의 조정과정

문제

이정이는 두 재화 X재와 Y재를 소비하고 있고, 이정이의 무차별곡선은 우하향하면서 원점에 대해 볼록한 형태를 갖는다. 이정이가 현재 소비하고 있는 예산선상의 한 점에서 X재의 한계효용은 4, Y재의 한계효용은 2, X재의 가격은 100, Y재의 가격은 300이다. 이정이가 주어진 예산제약 하에서 효용을 극대화하기 위해 소비를 어떻게 변화시켜야 하는가?

해설

- 이정이의 두 재화(X재, Y재)에 대한 한계대체율은 $MRS_{XY} = \dfrac{MU_X}{MU_Y} = \dfrac{4}{2} = 2$이고, 두 재화의 상대가격은 $\dfrac{P_X}{P_Y} = \dfrac{100}{300} = \dfrac{1}{3}$이다.
- $\dfrac{MU_X}{MU_Y} = 2 > \dfrac{P_X}{P_Y} = \dfrac{1}{3}$의 관계가 성립하여 현재의 소비점에서 효용극대화조건을 만족하지 못하고 있다. $\dfrac{MU_X}{MU_Y} > \dfrac{P_X}{P_Y}$와 $\dfrac{MU_X}{P_X} > \dfrac{MU_Y}{P_Y}$의 조건이 성립하므로 X재의 구입량을 증가시키고, Y재의 구입량을 감소시켜야 한다. X재의 구입량을 증가시키고 Y재의 구입량을 감소시키면 한계대체율은 감소하게 되고, 이러한 과정은 $\dfrac{MU_X}{MU_Y} = \dfrac{P_X}{P_Y}$의 조건이 성립될 때까지 진행된다.

CHAPTER 08 무차별곡선이론

Ⅳ 콥-더글라스 효용함수

1. 형태

> **콥-더글라스 효용함수**
>
> $$U = AX^\alpha Y^\beta$$
>
> - $A > 0$ • $\alpha > 0$ • $\beta > 0$

2. 무차별곡선

① 우하향하면서 원점에 대해 볼록한 형태를 갖는 일반적인 무차별곡선이 도출된다.

② 한계대체율: $MRS_{XY} = \dfrac{MU_X}{MU_Y} = \dfrac{\alpha AX^{\alpha-1}Y^\beta}{\beta AX^\alpha Y^{\beta-1}} = \dfrac{\alpha}{\beta}\dfrac{Y}{X}$

③ 위의 한계대체율의 식을 통해 X재가 증가하고 Y재가 감소함에 따라 MRS_{XY}도 감소함을 알 수 있다.

3. 보통수요함수의 도출

① 효용극대화조건(=지출극소화조건) $\dfrac{MU_X}{MU_Y} = \dfrac{P_X}{P_Y}$를 풀면 $\dfrac{\alpha}{\beta}\dfrac{Y}{X} = \dfrac{P_X}{P_Y}$가 도출된다.

② 소비자균형의 조건식 $\dfrac{\alpha}{\beta}\dfrac{Y}{X} = \dfrac{P_X}{P_Y}$와 예산제약식 $P_X X + P_Y Y = M$을 연립하여 풀면 두 재화의 수요함수가 도출된다.

> **수요함수**
>
> • $X^* = \dfrac{\alpha}{\alpha + \beta}\dfrac{M}{P_X}$ • $Y^* = \dfrac{\beta}{\alpha + \beta}\dfrac{M}{P_Y}$

4. 총지출액에서 각 재화의 지출액이 차지하는 비중

① 위의 수요함수를 통해 총지출액에서 각 재화의 지출액이 차지하는 비중이 일정함을 알 수 있다.
  ▸ 소득의 일정 비율을 특정한 상품만 구입하는 경우이다.

② 총지출액에서 X재의 지출액이 차지하는 비중은 $\dfrac{\alpha}{\alpha+\beta}$, Y재의 지출액이 차지하는 비중은 $\dfrac{\beta}{\alpha+\beta}$로 일정하다.

> **총지출액에서 각 재화의 지출액이 차지하는 비중**
>
> • $\dfrac{P_X X}{M} = \dfrac{\alpha}{\alpha+\beta}$ • $\dfrac{P_Y Y}{M} = \dfrac{\beta}{\alpha+\beta}$

Ⅴ 특수한 소비자균형

1. 두 재화가 완전대체관계인 경우 소비자균형

① 두 재화가 완전대체관계인 경우의 효용함수는 선형 효용함수(linear utility function)로서 무차별곡선이 우하향하는 직선의 형태를 띤다.

② 선형 효용함수 $U = aX + bY$의 무차별곡선식은 $Y = -\frac{a}{b}X + \frac{U}{b}$가 된다.

▸ 무차별곡선의 Y축 절편값은 $\frac{U}{b}$, X축 절편값은 $\frac{U}{a}$, 기울기는 $-\frac{a}{b}$가 된다.

▸ 이 효용함수의 한계대체율은 $MRS_{XY} = \frac{a}{b}$로 일정하다.

③ 구석해를 갖는 경우

▸ 한계대체율(MRS_{XY})이 두 재화의 상대가격$\left(\frac{P_X}{P_Y}\right)$보다 큰 경우 소비자균형은 X재만 구입하는 것이다.

▸ 한계대체율(MRS_{XY})이 두 재화의 상대가격$\left(\frac{P_X}{P_Y}\right)$보다 작은 경우 소비자균형은 Y재만 구입하는 것이다.

▸ 한계대체율과 두 재화의 상대가격이 불일치하면 소비자균형점이 X축의 절편이나 Y축의 절편에서 이루어지는 구석해(corner solution)를 갖게 된다.

▸ 소비자균형점에서 구석해가 나타날 때에는 소비자균형조건을 만족하지 않게 된다.

④ 선형 효용함수인 경우 소비자균형조건을 만족하면 무차별곡선과 예산선이 겹치게 되면서 소비자균형점이 하나가 아닌 무수히 많이 존재하게 된다.

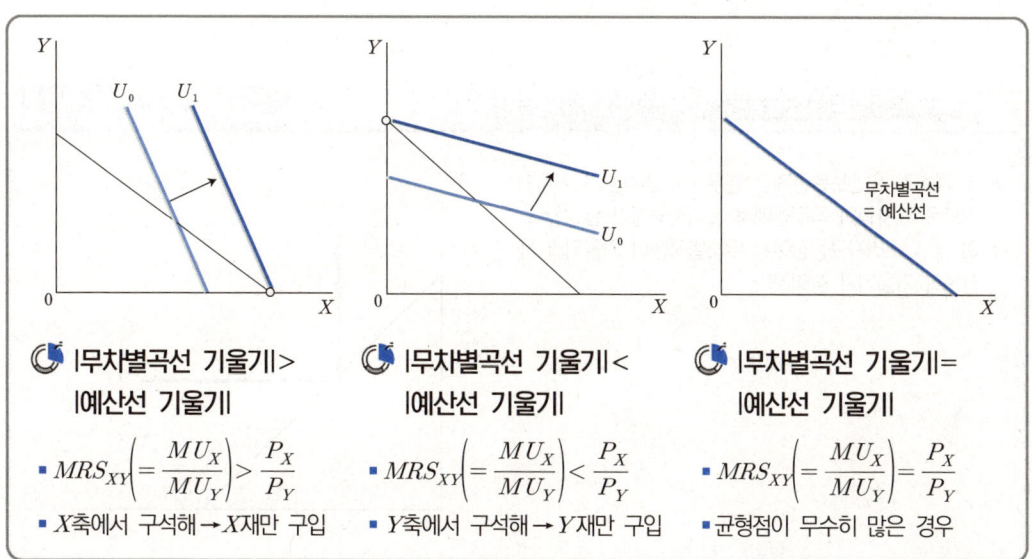

- |무차별곡선 기울기| > |예산선 기울기|
  - $MRS_{XY}\left(=\frac{MU_X}{MU_Y}\right) > \frac{P_X}{P_Y}$
  - X축에서 구석해 → X재만 구입

- |무차별곡선 기울기| < |예산선 기울기|
  - $MRS_{XY}\left(=\frac{MU_X}{MU_Y}\right) < \frac{P_X}{P_Y}$
  - Y축에서 구석해 → Y재만 구입

- |무차별곡선 기울기| = |예산선 기울기|
  - $MRS_{XY}\left(=\frac{MU_X}{MU_Y}\right) = \frac{P_X}{P_Y}$
  - 균형점이 무수히 많은 경우

2. 두 재화가 완전보완관계인 경우 소비자균형

① 두 재화가 완전보완관계인 경우의 효용함수는 레온티에프 효용함수(Leontief utility function)로서 무차별곡선이 L자형의 형태를 띤다.

② 레온티에프 효용함수의 무차별곡선은 L자형이므로 소비자균형점에서 미분이 불가능하여 한계대체율 자체를 정의할 수 없다.

③ 레온티에프 효용함수가 $U = \min(aX, bY)$인 경우 소비자균형조건은 $U = aX = bY$가 된다.

▶ 레온티에프 효용함수가 $U = \min\left(\dfrac{X}{a}, \dfrac{Y}{b}\right)$이면 소비자균형조건은 $U = \dfrac{X}{a} = \dfrac{Y}{b}$가 된다.

④ 레온티에프 효용함수가 $U = \min(aX, bY)$인 경우 소비자균형은 항상 $aX = bY$, $Y = \dfrac{a}{b}X$의 조건을 만족하므로 소비자는 X재와 Y재의 소비를 $b : a$의 비율로 일정하게 유지하는 것이 최적이다. 이때 두 재화의 구입비율은 $\dfrac{Y}{X} = \dfrac{a}{b}$로 일정하다.

▶ 레온티에프 효용함수가 $U = \min\left(\dfrac{X}{a}, \dfrac{Y}{b}\right)$이면 소비자는 X재와 Y재의 소비를 $a : b$의 비율로 일정하게 유지하는 것이 최적이고, 이때 두 재화의 구입비율은 $\dfrac{Y}{X} = \dfrac{b}{a}$가 된다.

⑤ 레온티에프 효용함수의 무차별곡선은 L자형이므로 무차별곡선의 꼭짓점에서 소비자균형점이 달성된다. 이 경우 소비자균형조건(효용극대화, 지출극소화)인 $\dfrac{MU_X}{MU_Y} = \dfrac{P_X}{P_Y}$를 만족하지 못하게 된다.

| 두 재화가 완전보완관계인 경우 소비자균형 |

- 두 재화가 완전보완관계인 경우 무차별곡선은 L자형이므로 L자형의 꼭짓점에서 소비자균형이 달성된다.
- 이 경우 소비자균형점에서 무차별곡선의 기울기와 예산선의 기울기가 상이하다.

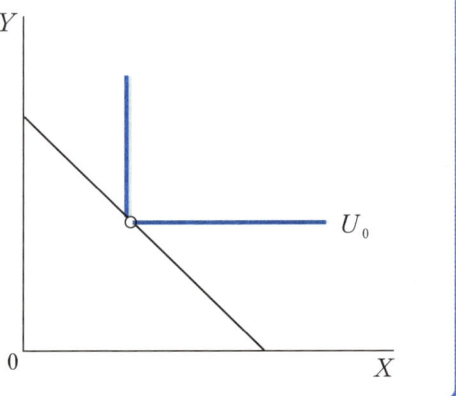

예제 — 소비자균형

문제 1

효용함수가 $U = X^{0.5}Y^{0.5}$, **X재의 가격이** $P_X = 100$, **Y재의 가격이** $P_Y = 200$, **소득이** $M = 800$인 경우 최적소비조합은?

해설

- 한계대체율은 $\dfrac{MU_X}{MU_Y} = \dfrac{0.5X^{-0.5}Y^{0.5}}{0.5X^{0.5}Y^{-0.5}} = \dfrac{Y}{X}$ 이고, 두 재화의 상대가격은 $\dfrac{P_X}{P_Y} = \dfrac{100}{200} = \dfrac{1}{2}$ 이므로 효용극대화조건에 의해 $\dfrac{Y}{X} = \dfrac{1}{2}$, $X = 2Y$의 관계식이 성립한다.
- 예산제약식 : $P_X X + P_Y Y = M$, $100X + 200Y = 800$, $X + 2Y = 8$
- 두 식을 연립하면 $X = 4$, $Y = 2$가 도출된다.
- 극대효용수준 : $U = 4^{0.5} 2^{0.5} = 2\sqrt{2}$

문제 2

효용함수가 $U = X + 2Y$, **X재의 가격이** $P_X = 100$, **Y재의 가격이** $P_Y = 100$, **소득이** $M = 500$인 경우 최적소비조합은?

해설

- 선형 효용함수인 경우 두 재화가 완전대체관계에 있으므로 무차별곡선은 우하향하는 직선이 된다.
- 한계대체율은 $MRS_{XY} = \dfrac{MU_X}{MU_Y} = \dfrac{1}{2}$ 이고, 두 재화의 상대가격은 $\dfrac{P_X}{P_Y} = \dfrac{100}{100} = 1$이므로 $MRS_{XY}\left(=\dfrac{MU_X}{MU_Y}\right) < \dfrac{P_X}{P_Y}$의 관계가 성립하여 Y재만 구입하는 것이 소비자균형이 된다. 따라서 최적소비조합은 $X = 0$, $Y = 5$이다.
- 극대효용수준 : $U = 0 + (2 \times 5) = 10$

문제 3

효용함수가 $U = \min(2X, Y)$, **X재의 가격이** $P_X = 200$, **Y재의 가격이** $P_Y = 100$, **소득이** $M = 400$인 경우 최적소비조합은?

해설

- 레온티에프 효용함수인 경우 두 재화가 완전보완관계에 있으므로 무차별곡선은 L자형이 된다.
- 효용극대화조건 : $U = 2X = Y$
- 예산제약식 : $P_X X + P_Y Y = M$, $200X + 100Y = 400$, $2X + Y = 4$
- 두 식을 연립하면 $X = 1$, $Y = 2$가 도출된다.
- 극대효용수준 : $U = 2$

CHAPTER 08 무차별곡선이론

문제 4

A의 소득이 10,000원이고, X재와 Y재에 대한 총지출액도 10,000원이다. X재 가격이 1,000원이고 A의 효용이 극대화되는 소비량이 $X=6$이고 $Y=10$이라고 할 때, X재에 대한 Y재의 한계대체율(MRS_{XY})은 얼마인가? (단, 한계대체율은 체감함) (2015 공인노무사)

해설

- 예산제약식 : $P_X X + P_Y Y = M$
- 예산제약식에 $M=10,000$, $P_X=1,000$, $X=6$, $Y=10$을 각각 대입하면 $(1,000 \times 6) + (P_Y \times 10) = 10,000$에서 $P_Y = 400$이 도출된다.
- 소비자균형조건 $MRS_{XY} = \dfrac{P_X}{P_Y}$에 의해 한계대체율은 $\dfrac{P_X}{P_Y} = \dfrac{1,000}{400} = 2.5$이다.

문제 5

甲의 효용함수는 $U(x, y) = xy$이고, X재와 Y재의 가격이 각각 2,000원과 8,000원이며, 소득은 100,000원이다. 예산제약 하에서 甲의 효용이 극대화되는 소비점에서 한계대체율($MRS_{XY} = -\Delta Y / \Delta X$)은? (단, 甲은 X재와 Y재만 소비하고, x는 X재의 소비량, y는 Y재의 소비량이다.) (2016 감정평가사)

해설

- 효용이 극대화되는 소비점에서 한계대체율과 두 재화의 상대가격이 일치해야 한다.
- $MRS_{XY} = \dfrac{P_X}{P_Y}$, $\dfrac{y}{x} = \dfrac{2,000}{8,000}$의 식에서 한계대체율은 0.25가 된다.

문제 6

두 재화 X, Y를 통해 효용을 극대화하고 있는 소비자를 고려하자. 이 소비자의 소득은 50이고 X재의 가격은 2이다. 현재 X재의 한계효용은 2, Y재의 한계효용은 4이다. 만약 이 소비자가 X재를 3단위 소비하고 있다면, Y재의 소비량은? (단, 현재 소비점에서 무차별곡선과 예산선이 접한다.) (2019 공인회계사)

해설

- 효용극대화조건 $\dfrac{MU_X}{MU_Y} = \dfrac{P_X}{P_Y}$에 X재의 가격 $P_X = 2$, X재의 한계효용 $MU_X = 2$, Y재의 한계효용 $MU_Y = 4$를 대입하면 $\dfrac{1}{2} = \dfrac{2}{P_Y}$에서 Y재의 가격은 $P_Y = 4$가 도출된다.
- 예산제약식 $P_X X + P_Y Y = M$에 X재의 가격 $P_X = 2$, X재의 소비량 $X = 3$, Y재의 가격 $P_Y = 4$, 소득 $M = 50$을 대입하면 $(2 \times 3) + 4Y = 50$에서 Y재의 소비량은 $Y = 11$이 된다.

제5절 소비자균형의 이동

I 소득의 변화와 최적선택

1. 개요

(1) 소득소비곡선

① 소득소비곡선(Income Consumption Curve : ICC)이란 각 소득수준에서의 두 재화에 대한 소비자의 최적소비점들을 연결한 곡선을 말한다.
   ▶ 소득소비곡선을 소득확장경로라고도 한다.
② 소득이 변하게 되면 예산선이 평행 이동하면서 소비자들의 최적소비점도 변화하게 된다.
   ▶ 소득이 변화해감에 따라 최적소비량이 변하는 효과를 소득효과(income effect)라고 한다.
③ 소득수준이 $M = 0$일 때 두 재화의 구입량도 $X = Y = 0$일 것이기 때문에 소득소비곡선은 반드시 원점을 지난다.
④ 최초의 균형점 E_0에서 소득이 M_0에서 M_1으로 증가하면 예산선이 바깥쪽으로 평행 이동하게 되고, 새로운 균형점 E_1이 달성된다.
⑤ 소득이 증가하였을 때 무차별곡선과 예산선이 접하는 각각의 소비자균형점들을 연결하면 소득소비곡선이 도출된다.

| 소득의 변화와 최적선택 : 소득소비곡선의 도출 |

- 소득소비곡선(ICC)이란 각 소득수준에서 두 재화에 대한 소비자의 최적소비점들을 연결한 곡선을 말한다.
- 엥겔곡선(EC)이란 각 소득수준과 특정한 재화의 소비수준을 연결한 곡선을 말한다.

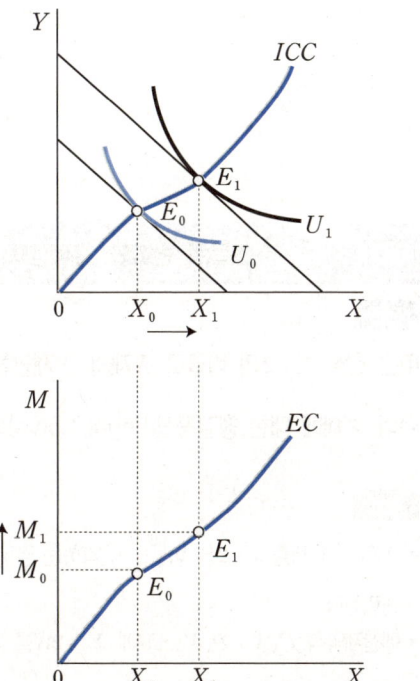

CHAPTER 08 무차별곡선이론 **107**

CHAPTER 08 무차별곡선이론

(2) 소득소비곡선과 엥겔곡선
① 소득소비곡선을 통해 엥겔곡선을 도출할 수 있다.
② 엥겔곡선(Engel Curve : EC)이란 각 소득수준과 특정한 재화의 소비수준을 연결한 곡선을 말한다.
　▶ 엥겔곡선에서 소득이 독립변수의 역할을 하므로 관행에 따르면 소득변수를 수평축위로 측정해야 할 것이다. 하지만, 엥겔곡선의 수직축에 소득변수가 있는 것은 소득소비곡선에서 X재의 구입량과 엥겔곡선에서 X재의 구입량을 서로 대응시키기 위함이다.
③ 소득수준이 $M=0$일 때 두 재화의 구입량도 $X=Y=0$일 것이기 때문에 소득소비곡선과 마찬가지로 엥겔곡선도 반드시 원점을 지난다.
④ 소득증가($M_0 \to M_1$)에 따른 X재 수요의 변화($X_0 \to X_1$)를 연결하면 X재의 엥겔곡선이 도출된다.
⑤ 소득소비곡선과 엥겔곡선의 형태는 수요의 소득탄력성과 재화의 성격에 따라 달라진다.

2. 수요의 소득탄력성과 상품의 종류

상품의 종류		수요의 소득탄력성
정상재	사치재	$\epsilon_M > 1$
	필수재	$0 < \epsilon_M < 1$
	동조재	$\epsilon_M = 1$
열등재		$\epsilon_M < 0$
중립재		$\epsilon_M = 0$

예제 소득의 변화와 최적선택

문제

甲은 항상 1 : 2의 비율로 X재와 Y재만을 소비한다. X재 가격이 P_X, Y재의 가격이 P_Y일 때 甲의 X재에 대한 엥겔곡선(Engel Curve)의 기울기는? (단, 기울기 = $\dfrac{\text{소득변화}}{\text{수요량 변화}}$) (2011 공인노무사)

해설

- X재와 Y재를 1 : 2의 비율로 구입하는 경우 두 재화의 구입비율은 $\dfrac{Y}{X} = 2$가 되므로 $2X = Y$의 관계식이 성립한다.
- 예산제약식 $P_X X + P_Y Y = M$에 $Y = 2X$를 대입하면 $P_X X + P_Y(2X) = M$, $(P_X + 2P_Y)X = M$의 식이 도출된다. 따라서 엥겔곡선의 기울기 $\dfrac{\Delta M}{\Delta X} = P_X + 2P_Y$이다.

3. 정상재인 경우

(1) 소득탄력성이 1인 동조재

① 소득탄력성이 $\epsilon_M = 1$인 동조재의 경우 소득소비곡선은 원점을 지나는 방사선이 된다.

② 예를 들어 $P_X = P_Y = 100$, $M = 500$인 예산제약 하에서 소비자가 X재를 2단위, Y재를 3단위 구입하고 있다고 가정하자.

③ 소비자의 소득이 500에서 1,000으로 증가했다는 가정 하에 소득소비곡선이 원점을 지나는 방사선이 되기 위해서는 새로운 균형점 E_1에서 $X_1 = 4$, $Y_1 = 6$이 되어야 한다.

④ 소득탄력성을 계산해 보면 소득증가율(100%: 500 → 1,000), X재 수요증가율(100% : 2 → 4), Y재 수요증가율(100% : 3 → 6) 모두 100%로 동일하므로 X재와 Y재 모두 소득탄력성이 $\epsilon_M = 1$이 됨을 확인할 수 있다.

⑤ 이 경우 소득소비곡선은 원점을 지나면서 기울기가 3/2인 직선이 되고, 엥겔곡선은 원점을 지나면서 기울기가 500/2 = 250인 직선이 된다.

⑥ 소득소비곡선이 원점을 지나는 방사선이라는 것은 두 재화의 구입비율 $\left(\dfrac{Y}{X}\right)$이 일정하다는 의미이다.

⑦ 기울기와 무관하게 소득소비곡선이 원점을 지나는 방사선이면 소득탄력성은 $\epsilon_M = 1$이 된다.

⑧ 엥겔곡선이 원점을 지나는 방사선이면 소득탄력성은 $\epsilon_M = 1$이 되는데, 이는 원점을 지나는 직선의 공급곡선일 경우 공급의 가격탄력성이 $\epsilon_S = 1$이 된다는 사실과 일맥상통한다.

| 동조재의 소득소비곡선과 엥겔곡선 |

- X재가 소득탄력성이 1인 동조재의 경우 소득소비곡선(ICC)은 원점을 지나는 직선이 된다.
- 엥겔곡선(EC)도 원점을 지나는 직선이 된다.

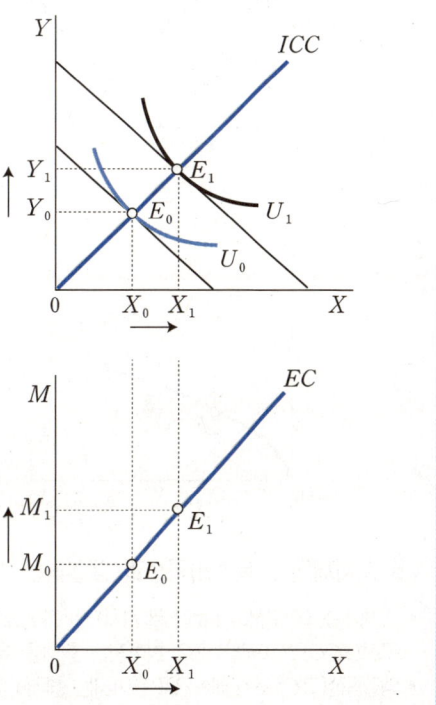

(2) 소득탄력성이 1보다 큰 사치재
① X재가 소득탄력성이 1보다 큰 사치재인 경우 소득소비곡선은 원점을 지나는 직선보다 완만하게 그려진다.
② X재의 소득탄력성이 1보다 크다면 동조재의 경우보다 X재의 소비량이 더 많아야 하므로 소득소비곡선이 아래쪽으로 휘어지는 형태를 취하게 된다. 즉, 소득증가에 따른 소비의 증가가 급격한 속도로 이루어지게 되는 것이다.
③ 두 재화 모두 사치재일 수 없다.

(3) 소득탄력성이 1보다 작은 필수재
① X재가 소득탄력성이 1보다 작은 필수재인 경우 소득소비곡선은 원점을 지나는 직선보다 가파르게 그려진다.
② X재의 소득탄력성이 1보다 작다면 동조재의 경우보다 X재의 소비량이 더 적어야 하므로 소득소비곡선이 위쪽으로 휘어지는 형태를 취하게 된다. 즉, 소득증가에 따른 소비의 증가가 완만한 속도로 이루어지게 되는 것이다.
③ 두 재화 모두 필수재일 수 없다.

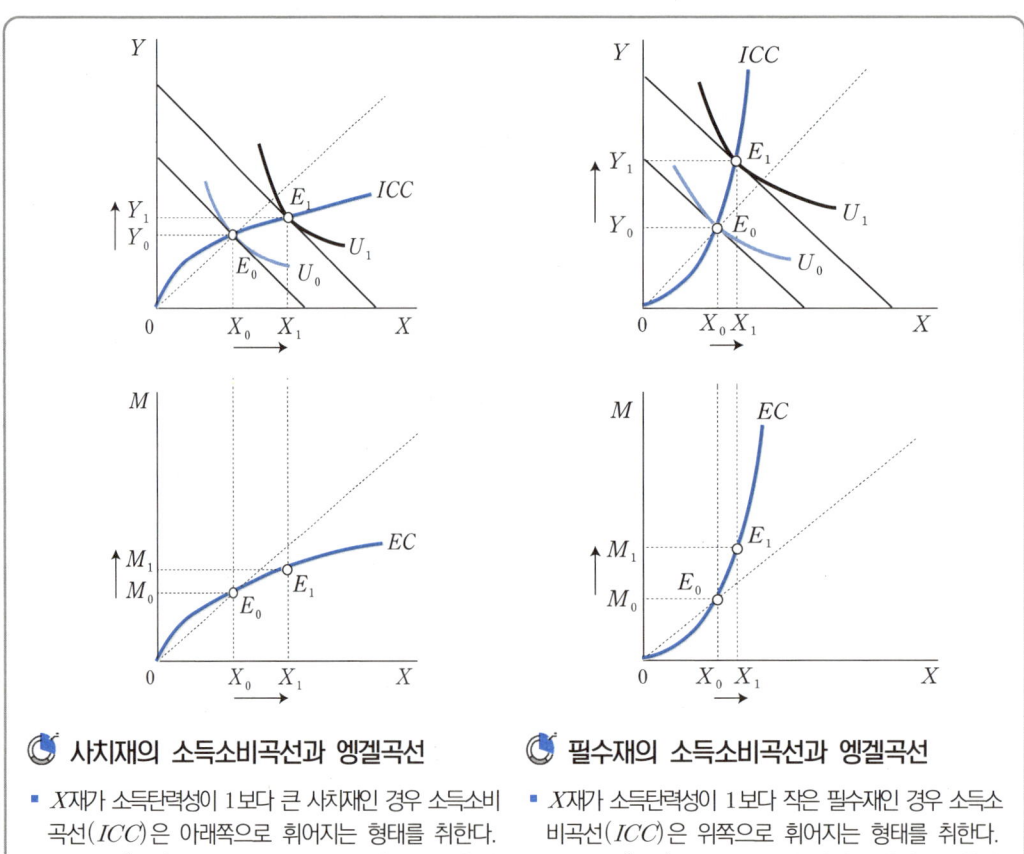

사치재의 소득소비곡선과 엥겔곡선
- X재가 소득탄력성이 1보다 큰 사치재인 경우 소득소비곡선(ICC)은 아래쪽으로 휘어지는 형태를 취한다.
- 엥겔곡선(EC)도 아래쪽으로 휘어지는 형태를 취한다.

필수재의 소득소비곡선과 엥겔곡선
- X재가 소득탄력성이 1보다 작은 필수재인 경우 소득소비곡선(ICC)은 위쪽으로 휘어지는 형태를 취한다.
- 엥겔곡선(EC)도 위쪽으로 휘어지는 형태를 취한다.

4. 한 재화가 열등재

(1) X재가 열등재

① X재가 열등재인 경우 소득소비곡선은 일부 구간에서 좌상향(우하향)한다.
② 영원한 열등재는 존재할 수 없고 일정 구간에서만 열등재가 존재하므로 소득소비곡선은 원점에서 우상향하다가 다시 좌상향하는 후방굴절의 형태를 띠게 된다.
   ▸ 소득수준이 낮은 구간에서는 정상재이다가 소득수준이 높아짐에 따라 열등재로 전환된다. 독자들은 소득소비곡선이 반드시 원점을 지나야 한다는 사실을 상기하기 바란다.
③ X재가 열등재인 경우 엥겔곡선은 일부 구간에서 좌상향(우하향)한다.
④ 두 재화 모두 열등재일 수 없다.

(2) Y재가 열등재

① Y재가 열등재인 경우 소득소비곡선은 일부 구간에서 우하향(좌상향)한다.
② Y재가 열등재인 경우 소득이 증가하여 예산선이 바깥쪽으로 평행 이동할 때 Y재의 소비량이 감소하므로 소득소비곡선은 우하향(좌상향)하게 되는 것이다.

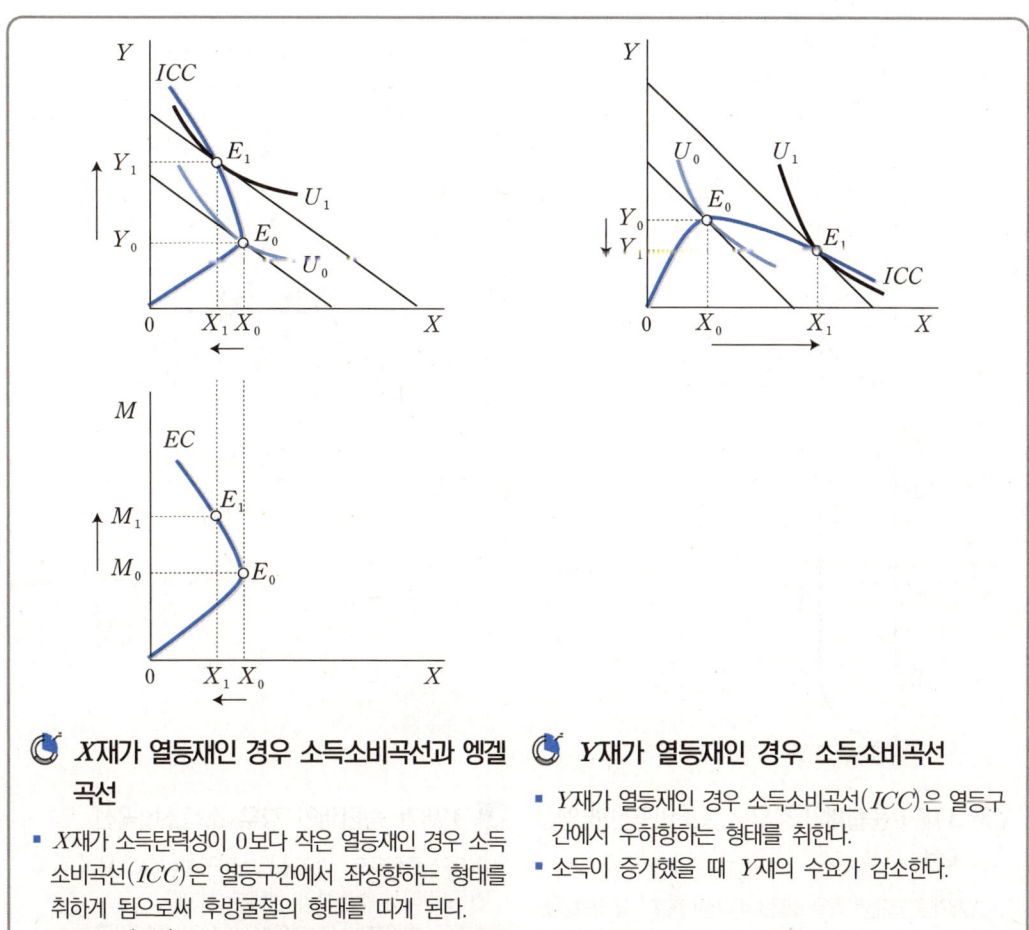

💣 **X재가 열등재인 경우 소득소비곡선과 엥겔곡선**
- X재가 소득탄력성이 0보다 작은 열등재인 경우 소득소비곡선(ICC)은 열등구간에서 좌상향하는 형태를 취하게 됨으로써 후방굴절의 형태를 띠게 된다.
- 엥겔곡선(EC)도 열등구간에서 좌상향하는 형태를 취하게 됨으로써 후방굴절의 형태를 띠게 된다.

💣 **Y재가 열등재인 경우 소득소비곡선**
- Y재가 열등재인 경우 소득소비곡선(ICC)은 열등구간에서 우하향하는 형태를 취한다.
- 소득이 증가했을 때 Y재의 수요가 감소한다.

5. 한 재화가 중립재

(1) X재가 중립재

① X재가 소득탄력성이 $\epsilon_M = 0$인 중립재의 경우 소득소비곡선은 일부 구간에서 수직선이다.

② X재가 중립재인 경우 소득이 증가하여 예산선이 바깥쪽으로 평행 이동하더라도 X재의 소비량이 불변이 되므로 소득소비곡선은 수직선이 되는 것이다.

③ X재가 중립재인 경우 엥겔곡선도 소득소비곡선과 마찬가지로 수직선이 된다.

(2) Y재가 중립재

① Y재가 소득탄력성이 $\epsilon_M = 0$인 중립재의 경우 소득소비곡선은 일부 구간에서 수평선이다.

② 그림에서는 Y재가 중립재인 경우 엥겔곡선은 생략되어 있다.

▸ 수평축을 X재로 하는 엥겔곡선을 그리면 Y재가 정상재인 경우보다 더 완만하게 우상향하는 엥겔곡선이 도출된다. 소득이 증가할 때 Y재의 소비량이 불변이므로 Y재가 정상재인 경우에 비해 X재의 소비량이 더 큰 폭으로 증가하기 때문이다.

▸ 수평축을 Y재로 하는 엥겔곡선을 그리면 X재가 중립재인 경우와 마찬가지로 수직선의 엥겔곡선이 도출된다.

▸ Y재가 중립재인 경우의 엥겔곡선은 독자들의 판단에 맡겨 두기로 한다.

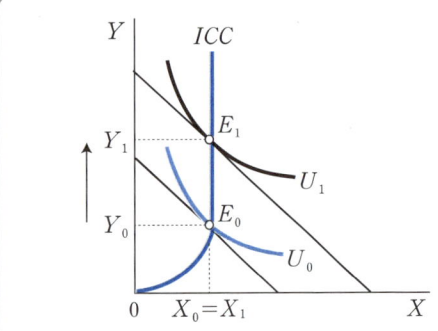
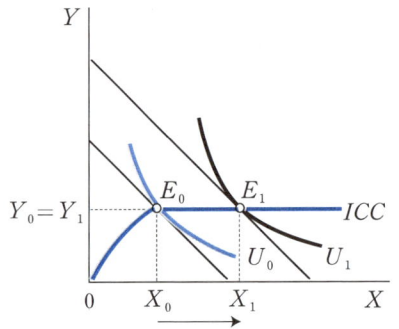
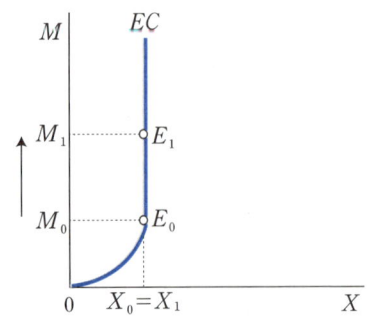

◎ X재가 중립재인 경우 소득소비곡선과 엥겔곡선

- X재가 중립재인 경우 소득소비곡선(ICC)과 엥겔곡선(EC)은 중립적인 구간에서 수직선의 형태를 취한다.
- 소득이 증가했을 때 X재의 수요가 불변이다.

◎ Y재가 중립재인 경우 소득소비곡선

- Y재가 중립재인 경우 소득소비곡선(ICC)은 중립적인 구간에서 수평선의 형태를 취한다.
- 소득이 증가했을 때 Y재의 수요가 불변이다.

Ⅱ 가격의 변화와 최적선택

1. 개요

(1) 가격소비곡선

① 가격소비곡선(Price Consumption Curve : PCC)이란 각 가격수준에서 두 재화에 대한 소비자의 최적소비점들을 연결한 곡선을 말한다.

② 최초의 균형점 E_0에서 X재의 가격이 P_0에서 P_1으로 하락하면 예산선이 바깥쪽으로 회전 이동하게 되고, 새로운 균형점 E_1이 달성된다. 이 균형점들을 연결하면 가격소비곡선이 도출된다.

③ 소득소비곡선은 반드시 원점을 지나지만 가격소비곡선은 가격의 변화만을 반영하므로 원점을 지나지 않는다.

(2) 가격소비곡선과 수요곡선

① 가격소비곡선을 통해 수요곡선을 도출할 수 있다.
   ▸ 최초로 수요곡선을 도출한 경제학자는 영국 케임브리지대학교의 마샬(A. Marshall)이다. 여기에서 말하는 수요곡선은 흔히 접하는 수요곡선으로서 마샬(A. Marshall)의 보통수요곡선이 된다.

② X재의 가격하락$(P_0 \to P_1)$에 따른 X재 수요량의 변화$(X_0 \to X_1)$를 연결하면 X재의 수요곡선이 도출된다.

③ 가격소비곡선곡선과 수요곡선의 형태는 수요의 가격탄력성과 재화의 성격에 따라 달라진다.

| 가격의 변화와 최적선택 : 가격소비곡선의 도출 |

- 가격소비곡선(PCC)이란 각 가격수준에서 두 재화에 대한 소비자의 최적소비점들을 연결한 곡선을 말한다.
- 가격소비곡선을 통해 수요곡선이 도출된다.

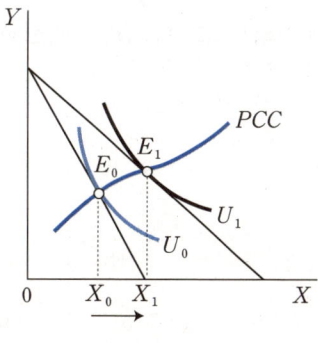

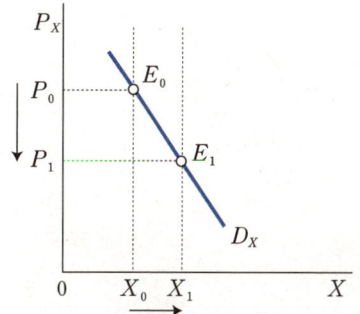

2. 가격탄력성이 1인 경우

① X재의 가격탄력성이 $\epsilon_P = 1$인 경우 가격소비곡선은 수평선이 된다.

② 이론적 근거
- X재의 가격탄력성이 $\epsilon_P = 1$인 경우 X재의 가격이 변동하더라도 X재에 대한 지출액은 불변이 된다.
- 그런데 주어진 소득을 X재와 Y재 구입에 전부 지출한다고 가정했기 때문에 소비자의 소득은 항상 총지출액과 일치하고, 소득의 변화 없이 X재의 가격만 하락했기 때문에 X재에 대한 총지출액 또한 불변이다.
- 소비자의 총지출액(소득)이 불변이고, X재에 대한 지출액이 불변이라면 예산제약식에서 Y재에 대한 지출액도 불변이다.
- Y재에 대한 지출액이 불변인 상태에서 Y재의 가격이 변하지 않고 X재의 가격만 변동하였으므로 Y재의 수요량 또한 불변이 된다.
- 따라서 X재의 가격탄력성이 $\epsilon_P = 1$인 경우 X재의 가격이 변동하더라도 Y재의 수요량이 불변이 되어 가격소비곡선은 Y의 수요량수준에서 그은 수평선이 된다.

③ 가격하락($P_0 \to P_1$)에 따른 X재 수요량의 변화를 연결하면 X재의 수요곡선이 도출되는데 가격탄력성이 $\epsilon_P = 1$이므로 수요곡선은 지출액이 일정한 직각쌍곡선이 된다.

④ X재의 가격하락 시 Y재 소비량이 Y_0로 불변이므로 X재와 Y재는 서로 독립관계에 있다. 즉, X재와 Y재의 교차탄력성은 $\epsilon_{XY} = 0$이다.

| 가격탄력성이 1인 경우 가격소비곡선 |

- X재의 가격탄력성이 1인 경우 가격소비곡선(PCC)은 수평선의 형태를 취한다.
- X재와 Y재는 서로 독립관계에 있기 때문에 교차탄력성 $\epsilon_{XY} = 0$이다.

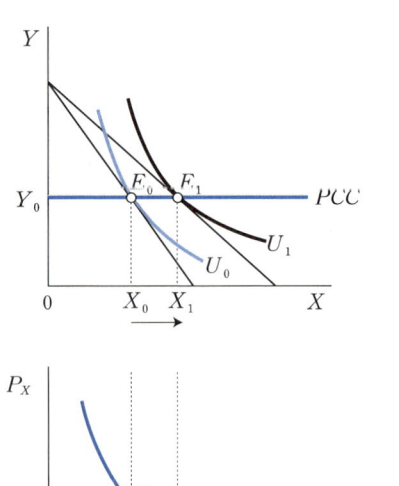

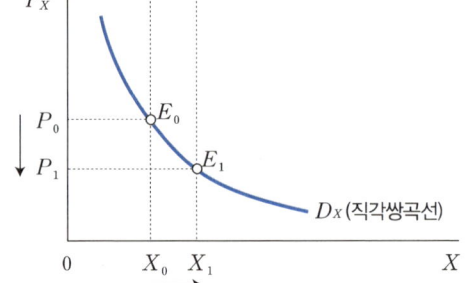

3. 가격탄력성이 1보다 큰 경우

(1) 가격소비곡선과 수요곡선
① X재의 가격탄력성이 1보다 큰 경우 가격소비곡선은 우하향하는 형태로 그려진다.
② X재의 가격탄력성이 1보다 크다면 가격이 하락하였을 때 가격탄력성이 1인 경우보다 X재의 소비량이 더 많아야 하므로 가격하락 이후의 소비점이 수평선에 위치한 점보다 아래쪽에 위치한다. 따라서 가격소비곡선이 우하향하는 형태를 취하게 된다.
▶ X재의 수요가 가격탄력적이라면 P_X가 1% 하락할 때 X재의 수요량은 1%를 초과하여 증가하기 때문에 X재의 총지출액은 증가한다. 소득(M)이 일정한 상황에서 X재의 총지출액인 $P_X X$가 증가하므로 Y재의 지출액인 $P_Y Y$는 감소해야 한다. Y재의 가격도 일정한 상황에서 Y재의 지출액인 $P_Y Y$가 감소해야 하므로 Y재의 수요량이 감소할 수 밖에 없다.
③ 가격탄력성이 1보다 큰 경우 수요곡선은 완만하게 우하향한다.

(2) 교차탄력성
① X재의 가격이 하락하였을 때 Y재 소비량이 Y_0에서 Y_1으로 감소하므로 X재와 Y재는 서로 대체관계에 있다.
▶ 이때의 대체관계는 대체효과와 소득효과를 모두 고려한 가격효과를 반영한 것이다.
② X재의 가격탄력성이 1보다 큰 경우 X재와 Y재의 교차탄력성은 $\epsilon_{XY} > 0$이다.

4. 가격탄력성이 1보다 작은 경우

(1) 가격소비곡선과 수요곡선
① X재의 가격탄력성이 1보다 작은 경우 가격소비곡선은 우상향하는 형태로 그려진다.
② X재의 가격탄력성이 1보다 작다면 가격이 하락하였을 때 가격탄력성이 1인 경우보다 X재의 소비량이 더 적어야 하므로 가격하락 이후의 소비점이 수평선에 위치한 점보다 위쪽에 위치한다. 따라서 가격소비곡선이 우상향하는 형태를 취하게 된다.
▶ X재의 수요가 가격비탄력적이라면 P_X가 1% 하락할 때 X재의 수요량은 1% 미만 증가하기 때문에 X재의 총지출액은 감소한다. 소득(M)이 일정한 상황에서 X재의 총지출액인 $P_X X$가 감소하므로 Y재의 지출액인 $P_Y Y$는 증가해야 한다. Y재의 가격도 일정한 상황에서 Y재의 지출액인 $P_Y Y$가 증가해야 하므로 Y재의 수요량이 증가할 수 밖에 없다.
③ 가격탄력성이 1보다 작은 경우 수요곡선은 가파르게 우하향한다.

(2) 교차탄력성
① X재의 가격이 하락하였을 때 Y재 소비량이 Y_0에서 Y_1으로 증가하므로 X재와 Y재는 서로 보완관계에 있다.
▶ 이때의 보완관계는 대체효과와 소득효과를 모두 고려한 가격효과를 반영한 것이다.
② X재의 가격탄력성이 1보다 작은 경우 X재와 Y재의 교차탄력성은 $\epsilon_{XY} < 0$이다.

5. 가격탄력성이 0인 경우

① X재의 가격탄력성이 $\epsilon_P = 0$인 경우 가격소비곡선은 수직선이 된다.
② X재의 가격탄력성이 $\epsilon_P = 0$이면 가격이 하락하더라도 X재의 소비량이 변하지 않으므로 가격소비곡선이 수직선의 형태를 취하게 된다.
③ X재의 가격탄력성이 $\epsilon_P = 0$일 때 X재의 가격이 하락하여 예산영역이 확장되었음에도 불구하고 X재의 소비량이 불변이라면 Y재의 소비량은 반드시 증가할 수밖에 없다.
④ X재의 가격탄력성이 $\epsilon_P = 0$인 경우 수요곡선은 수직선이다.
⑤ X재의 가격이 하락하였을 때 X재의 소비량은 불변인 상태에서 Y재의 소비량만 증가하였으므로 두 재화의 관계는 파악할 수 없다.
▶ 따라서 X재의 가격탄력성이 $\epsilon_P = 0$인 경우 교차탄력성의 개념을 적용할 수 없게 된다.

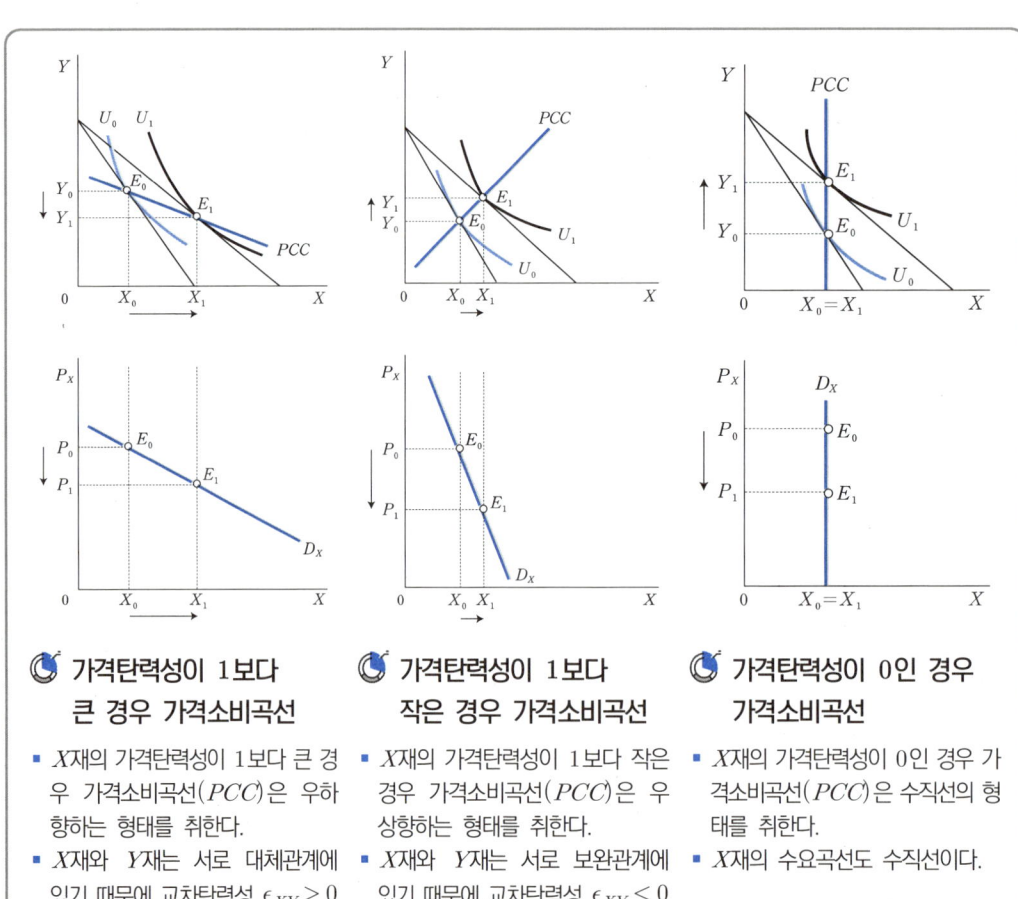

가격탄력성이 1보다 큰 경우 가격소비곡선
- X재의 가격탄력성이 1보다 큰 경우 가격소비곡선(PCC)은 우하향하는 형태를 취한다.
- X재와 Y재는 서로 대체관계에 있기 때문에 교차탄력성 $\epsilon_{XY} > 0$이다.

가격탄력성이 1보다 작은 경우 가격소비곡선
- X재의 가격탄력성이 1보다 작은 경우 가격소비곡선(PCC)은 우상향하는 형태를 취한다.
- X재와 Y재는 서로 보완관계에 있기 때문에 교차탄력성 $\epsilon_{XY} < 0$이다.

가격탄력성이 0인 경우 가격소비곡선
- X재의 가격탄력성이 0인 경우 가격소비곡선(PCC)은 수직선의 형태를 취한다.
- X재의 수요곡선도 수직선이다.

심화분석 | 콥-더글라스 효용함수의 특징 |

1. 수요함수

| 수요함수 |

$$X^* = \frac{\alpha}{\alpha+\beta}\frac{M}{P_X} = \frac{\alpha}{\alpha+\beta}P_X^{-1}M$$

$$Y^* = \frac{\beta}{\alpha+\beta}\frac{M}{P_Y} = \frac{\beta}{\alpha+\beta}P_Y^{-1}M$$

2. 가격탄력성과 가격소비곡선, 수요곡선

① X재의 가격탄력성 : $-\dfrac{dX}{dP_X}\dfrac{P_X}{X} = -\left(-\dfrac{\alpha}{\alpha+\beta}P_X^{-2}M\right)\times\dfrac{P_X}{\dfrac{\alpha}{\alpha+\beta}P_X^{-1}M} = 1$

② $P_X X = \dfrac{\alpha}{\alpha+\beta}M$, $P_Y Y = \dfrac{\beta}{\alpha+\beta}M$이므로 소득수준이 일정하다는 가정 하에 두 재화의 지출액이 일정함을 알 수 있다. 가격이 변하더라도 지출액이 일정하다는 것은 가격탄력성이 1임을 의미한다.

③ $\epsilon_P = 1$이므로 가격소비곡선은 수평선이다.

④ $\epsilon_P = 1$이므로 수요곡선은 직각쌍곡선이 된다.

3. 소득탄력성과 소득소비곡선, 엥겔곡선

① X재의 소득탄력성 : $\dfrac{dX}{dM}\dfrac{M}{X} = \left(\dfrac{\alpha}{\alpha+\beta}P_X^{-1}\right)\times\dfrac{M}{\dfrac{\alpha}{\alpha+\beta}P_X^{-1}M} = 1$

② 수요함수에서 두 재화의 수요의 변화율은 소득의 변화율과 일치하므로 수요의 소득탄력성은 1이 된다.

③ 효용극대화조건 $\dfrac{MU_X}{MU_Y} = \dfrac{P_X}{P_Y}$를 풀면 $\dfrac{\alpha}{\beta}\dfrac{Y}{X} = \dfrac{P_X}{P_Y}$, $\dfrac{Y}{X} = \dfrac{\beta}{\alpha}\dfrac{P_X}{P_Y}$가 도출된다. $\dfrac{\beta}{\alpha}$는 상수이고, 소득소비곡선상에서 $\dfrac{P_X}{P_Y}$도 상수이므로 $\dfrac{Y}{X}$도 상수로 일정하게 된다. 이는 X재와 Y재의 소비조합비율이 일정함을 의미한다. 따라서 소득소비곡선은 원점을 지나면서 기울기가 $\dfrac{Y}{X} = \dfrac{\beta}{\alpha}\dfrac{P_X}{P_Y}$로 일정한 직선이 된다.

④ $\epsilon_M = 1$이므로 소득소비곡선은 원점을 지나는 직선이다.

⑤ $\epsilon_M = 1$이므로 엥겔곡선은 원점을 지나는 직선이다.

4. 교차탄력성

① 각 재화의 수요함수에 관련재화의 가격변수가 포함되어 있지 않다.

② 관련재화의 가격이 해당 재화의 수요에 영향을 미치지 못하므로 두 재화는 서로 독립관계에 있다.

③ X재와 Y재의 교차탄력성은 $\epsilon_{XY} = 0$이다.

④ 콥-더글라스 효용함수의 경우 수요의 가격탄력성은 $\epsilon_P = 1$이므로 X재의 가격소비곡선은 수평선이 된다. X재의 가격소비곡선이 수평선이라는 의미는 X재의 가격이 하락하더라도 Y재의 수요가 불변임을 의미하므로 두 재화는 독립관계가 되어 교차탄력성은 $\epsilon_{XY} = 0$이 되는 것이다.

CHAPTER 08 무차별곡선이론

제6절 가격변화의 효과

I 개념

① 가격효과(Price Effect : PE)란 명목소득이 일정한 상태에서 재화의 가격이 변함에 따라 그 재화의 수요량이 변하는 총효과를 말한다.
② 대체효과(Substitution Effect : SE)란 한 재화의 가격변동 시 실질소득이 불변인 상태에서 두 재화 사이의 상대가격이 변화하여 수요량이 변하는 효과이다.
③ 소득효과(Income Effect : IE)란 한 재화의 가격변동 시 상대가격이 불변인 상태에서 실질소득이 변화하여 수요량이 변하는 효과이다.

II 대체효과와 소득효과의 측정

1. 정상재

(1) 가격효과
　① 최초의 균형점 E_0에서 X재의 가격이 하락하면 새로운 소비자균형점이 E_2에서 이뤄진다.
　② X재의 수요량이 X_0에서 X_2로 증가하는데 이처럼 가격변화에 의한 총효과가 가격효과이다.

(2) 대체효과
　① X재의 가격이 하락하면 실질소득이 증가하게 되는데 대체효과는 X재의 가격하락 시 실질소득이 불변이라는 전제 하에 측정되는 개념이므로 실질소득증가의 효과를 제거해야 한다.
　② 실질소득증가의 효과를 제거하기 위해 가격하락 이후의 예산선과 나란한 예산선을 가격하락 이전의 무차별곡선 U_0에 접하게끔 평행 이동시키면 새로운 소비자균형점 E_1점이 형성된다.
　③ 동일한 무차별곡선 U_0에서 X재의 수요량이 X_0에서 X_1으로 증가한 효과가 대체효과이다.

(3) 소득효과
　① X재의 가격이 하락하면 명목소득은 변동이 없으나 가격하락 이후에 더 많은 X재와 Y재의 구입이 가능하기 때문에 실질소득이 증가하는 효과가 나타난다.
　② 예산선이 평행 이동하여 X재의 수요량이 X_1에서 X_2로 증가한 효과가 소득효과이다.
　③ 정상재의 경우이므로 소득효과에 의해 X재의 수요량은 증가한다.

2. 열등재

① 대체효과
　▶ 동일한 무차별곡선 U_0에서 두 재화의 상대가격이 변하면 소비자균형점이 E_0에서 E_1으로 변동한다.
　▶ 대체효과에 의해 X재의 수요량이 X_0에서 X_1으로 증가한다.
② 소득효과 : 열등재이므로 소득효과에 의해 X재의 수요량이 X_1에서 X_2로 감소한다.
③ 가격효과
　▶ 수요량이 증가하는 대체효과가 수요량이 감소하는 소득효과보다 크므로 가격효과는 수요량이 증가하는 방향으로 작용한다.
　▶ 가격효과에 의해 X재의 수요량이 X_0에서 X_2로 증가한다.

3. 기펜재

① 대체효과
- 동일한 무차별곡선 U_0에서 두 재화의 상대가격이 변하면 소비자균형점이 E_0에서 E_1으로 변동한다.
- 대체효과에 의해 X재의 수요량이 X_0에서 X_1으로 증가한다.

② 소득효과
- 기펜재는 열등재의 일종이므로 실질소득이 증가하면 수요는 감소한다.
- 소득효과에 의해 X재의 수요량이 X_1에서 X_2로 대폭 감소한다.

③ 가격효과
- 수요량이 증가하는 대체효과보다 수요량이 감소하는 소득효과가 크므로 가격효과는 수요량이 감소하는 방향으로 작용한다.
- 가격효과에 의해 X재의 수요량이 X_0에서 X_2로 감소한다.

④ 기펜재는 소득효과가 대체효과보다 큰 열등재이므로 수요의 법칙에 위배되어 수요곡선이 우상향한다.

⑤ 어떤 재화에 대해 기펜의 역설이 발생하기 위해서는 그 재화가 소비자의 총지출액에서 차지하는 비중이 매우 높아야 한다. 이때 가격이 소폭 하락하더라도 실질소득의 증가가 대폭 발생하므로 소득효과가 대체효과를 압도할 수 있는 것이다.
- 19세기 아일랜드에서는 감자가 열등재였고, 총지출액에서 높은 비중을 차지하고 있는 주식이었으므로 기펜의 역설이 나타난 것이다.

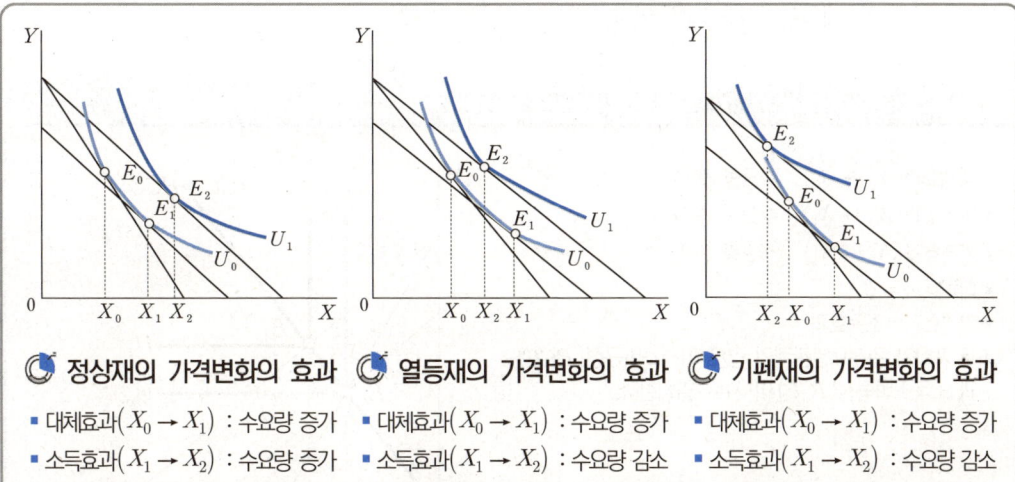

정상재의 가격변화의 효과
- 대체효과($X_0 \to X_1$) : 수요량 증가
- 소득효과($X_1 \to X_2$) : 수요량 증가
- 가격효과($X_0 \to X_2$) : 수요량 증가

열등재의 가격변화의 효과
- 대체효과($X_0 \to X_1$) : 수요량 증가
- 소득효과($X_1 \to X_2$) : 수요량 감소
- 가격효과($X_0 \to X_2$) : 수요량 증가
- 대체효과 > 소득효과

기펜재의 가격변화의 효과
- 대체효과($X_0 \to X_1$) : 수요량 증가
- 소득효과($X_1 \to X_2$) : 수요량 감소
- 가격효과($X_0 \to X_2$) : 수요량 감소
- 대체효과 < 소득효과

Ⅲ 가격효과의 부호

1. 개요
① 가격과 수요량의 변화 방향이 동일하면 양(+)의 부호로, 다르면 음(−)의 부호로 표시한다.
② 본서에서는 가격이 하락하는 경우를 가정하였기 때문에 수요량이 증가하면 음(−)의 부호, 수요량이 감소하면 양(+)의 부호로 표시한다.

2. 대체효과·소득효과·가격효과의 부호

구 분	대체효과	소득효과	가격효과
정상재	−	−	−
열등재	−	+	−
기펜재	−	+	+

Ⅳ 대체효과가 0인 경우

1. 대체효과
① 최초의 소비자균형점이 E_0이고, 가격하락으로 인해 소비자균형점이 E_1으로 이동하였다.
② 가격하락 이전의 무차별곡선 U_0와 접하면서 가격하락 이후의 예산선과 평행한 예산선을 그려보면 상대가격의 변화 이후에도 여전히 균형점은 E_0이므로 대체효과는 0이 된다.

2. 가격효과와 소득효과
① 두 재화가 완전보완관계인 경우 대체효과가 0이어서 가격효과와 소득효과는 일치하므로 가격소비곡선(PCC)과 소득소비곡선(ICC)은 서로 일치하게 된다.
② 소득소비곡선은 원점을 지나는 우상향의 직선이므로 X재의 소득탄력성은 $\epsilon_M = 1$이다.
③ 가격소비곡선이 우상향하므로 X재의 가격탄력성은 1보다 작고, 교차탄력성은 $\epsilon_{XY} < 0$이 되어 두 재화는 보완관계에 있다.

| 두 재화가 완전보완관계인 경우 가격변화의 효과 |

- 대체효과($X_0 \to X_0$) : 수요량 불변
- 소득효과($X_0 \to X_1$) : 수요량 증가
- 가격효과($X_0 \to X_1$) : 수요량 증가
- 대체효과 = 0
- 가격효과 = 소득효과
- 두 재화가 완전보완관계인 경우 가격소비곡선(PCC)과 소득소비곡선(ICC)이 서로 일치한다.

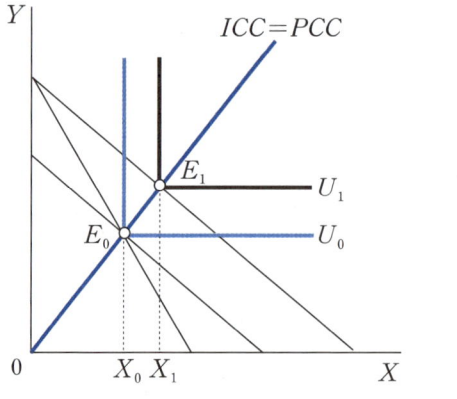

CHAPTER 09 소비자이론의 응용

PART 03 | 소비자이론

제1절 사회복지제도

I 종류

1. 현금보조

① 현금보조(cash transfer)란 저소득층에게 지급되는 보조금을 현금의 형태로 지급함으로써 저소득층의 구매력을 향상시켜주는 소득보조방법을 의미한다.
② 예를 들면 영세민에게 매월 10만 원의 현금을 지급하는 방식이다.
③ 현금보조가 이루어지면 소득이 증가한 것과 동일한 효과가 나타나므로 예산선이 바깥쪽으로 평행 이동한다.
④ 현금보조가 이루어지면 두 재화의 상대가격은 불변이다.

2. 현물보조

① 현물보조(in-kind transfer)란 저소득층이 필요하다고 사료되는 식료품과 같은 재화를 현물로 직접 보조해 주는 방법을 말한다.
② 예를 들면 영세민에게 매월 10만 원 상당의 쌀을 지급하는 방식이다.
③ X재에 대한 현물보조가 이루어지면 모든 Y재의 소비량수준에서 X재의 현물보조분만큼 추가소비가 가능해지므로 예산선이 오른쪽으로 평행 이동한다. 동일한 논리로 Y재에 대한 현물보조가 이루어지면 모든 X재의 소비량수준에서 Y재의 현물보조분만큼 추가소비가 가능해지므로 예산선이 위쪽으로 평행 이동한다.
④ 현금보조 시 모든 구간에서 상대가격체계가 일정하지만, 현물보조 시에는 일부 구간에서만 상대가격체계가 일정하다. 따라서 현금보조 시 선택 가능했던 소비가능영역이 현물보조 시에는 일부 영역에서 선택이 불가능해진다.
  ▸ 현금보조와 현물보조가 일치하는 예산영역에서는 두 사회복지제도의 효과가 일치하지만, 일치하지 않은 일부 예산영역에서는 효과가 일치하지 않게 된다.

3. 가격보조

① 가격보조(price subsidy)란 저소득층이 필수적으로 구입하는 기본 생필품에 대해 가격할인을 해주는 보조방법을 말한다.
② 예를 들면 영세민에게 매월 10만 원 상당의 쌀 구입의 할인권을 지급하는 방식이다.
③ X재에 대한 가격보조가 이루어지면 X재의 가격이 하락한 효과가 나타나므로 예산선이 X축 방향 바깥쪽으로 회전 이동한다. 동일한 논리로 Y재에 대한 가격보조가 이루어지면 Y재의 가격이 하락한 효과가 나타나므로 예산선이 Y축 방향 바깥쪽으로 회전 이동한다.
④ 가격보조가 이루어지면 두 재화의 상대가격이 변동하게 된다.

CHAPTER 09 소비자이론의 응용

Ⅱ 현금보조와 현물보조

1. 예산선의 변화

(1) 현금보조
① 현금보조는 소득이 증가하는 효과와 동일하므로 예산선이 AB에서 CF로 평행 이동한다.
② 소비자가 구입 가능한 예산집합은 $\triangle OCF$이다.
③ 현금보조 시 소비자의 상대가격체계가 일정하다.

(2) 현물보조
① X재에 대한 현물보조가 이루어지면 예산선이 AB에서 오른쪽으로 평행 이동하여 새로운 예산선은 DF가 된다.
② 소비자가 구입 가능한 예산집합은 $\triangle OCF$에서 $\triangle ACD$를 제외한 영역이다.
③ 현물보조 시 소비자의 상대가격체계가 일부 구간에서만 일정하다.

2. 현금보조와 현물보조의 효과

(1) Y재에 대한 선호도가 높은 경우
① 소비자의 효용은 현금보조 시 U_2이고, 현물보조 시 U_1이므로 소비자의 후생 측면에서 현금보조가 현물보조보다 보조효과가 더 우월하다.
  ▸ 현금보조 시 소비자의 효용변화 : $U_0 \to U_2$
  ▸ 현물보조 시 소비자의 효용변화 : $U_0 \to U_1$
  ▸ 현금보조 시 소비자의 효용(U_2) > 현물보조 시 소비자의 효용(U_1)
② X재의 소비량증가라는 특정 목적의 달성 측면에서는 현물보조가 현금보조보다 더 우월하다.

(2) Y재에 대한 선호도가 낮은 경우
① 현금보조와 현물보조 시 소비자의 효용은 U_1으로 동일하다.
② 소비자의 후생 측면과 X재의 소비량증가의 측면 모두에서 동일한 효과를 가져 온다.

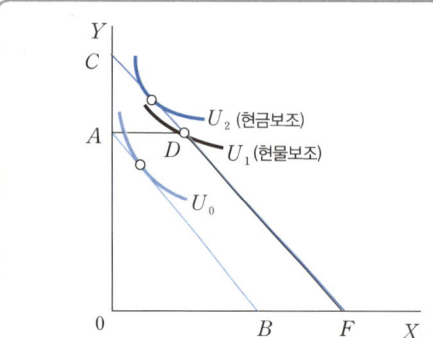

Y재에 대한 선호도가 높은 경우
- 소비자의 후생증가 측면에서의 효과 : 현금보조 > 현물보조
- X재 소비량증가라는 특정 목적의 달성 측면에서의 효과 : 현물보조 > 현금보조

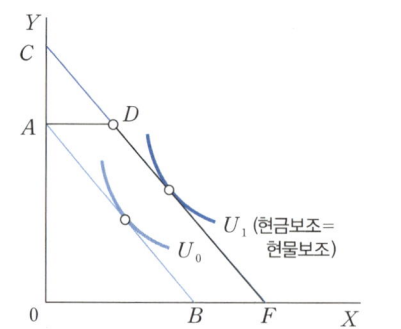

Y재에 대한 선호도가 낮은 경우
- 소비자의 후생증가 측면에서의 효과 : 현금보조 = 현물보조
- X재 소비량증가라는 특정 목적의 달성 측면에서의 효과 : 현물보조 = 현금보조

Ⅲ 현금보조와 가격보조

1. 예산선의 변화

(1) 가격보조

① 최초의 예산선 AB 하에서 X재에 대한 가격보조가 이루어지면 X재의 가격이 하락한 것과 동일한 효과를 가져 오므로 예산선이 AC로 회전 이동하면서 소비자에게 새로운 효용수준 U_1을 달성하게 해준다.

② 가격보조의 효과를 현금보조의 효과와 비교하기 위해 가격보조를 통해 소비자에게 실질적으로 지급되는 보조금의 크기를 구해야 한다.
  ▸ 보조금의 크기는 새로운 예산선 AC 하에서 소비자가 어떤 점을 선택했느냐에 따라 달라진다. 만약 가격보조 후에 소비자가 그 재화를 추가로 더 구입하지 않는다면 보조금이 0인 경우와 동일하다.
  ▸ 만약 소비자가 H점을 선택했다면 X재 단위로 표시한 보조금의 크기는 GH가 된다. G점과 H점을 비교해 보면 Y재의 양은 서로 동일하지만 X재의 양에서 GH만큼의 차이가 나는 것을 알 수 있다. 가격하락 이전의 예산선 AB 하에서는 G점을 선택할 수밖에 없었지만 이제는 H점의 선택이 가능해졌다는 의미에서 GH의 길이가 X재 단위로 표시한 보조금의 크기라고 할 수 있는 것이다.
  ▸ 동일한 논리로 만약 보조금의 크기를 Y재 단위로 표시한다면 보조금의 크기는 HI가 된다.

(2) 현금보조

① 소비자가 H점을 선택할 수 있게끔 현금보조를 했다면 예산선은 원래의 예산선과 나란하면서 H점을 지나는 예산선 DF가 도출된다.

② 현금보조는 소득이 증가한 것과 동일한 효과를 가져 온다.

2. 현금보조와 가격보조의 효과

① 현금보조의 예산선 DF 하에서의 무차별곡선인 U_2가 가격보조의 예산선 AC 하에서의 무차별곡선인 U_1보다 더 바깥쪽에 위치하므로 현금보조가 가격보조보다 소비자에게 더 높은 효용을 가져다준다. 따라서 소비자의 후생 측면에서 현금보조가 가격보조보다 보조효과가 더 우월하다는 것을 알 수 있다.

② 현금보조는 예산선의 기울기가 불변이므로 상대가격체계가 일정하지만, 가격보조는 상대가격체계를 변화시켜 소비자의 최적화행위를 교란시키기 때문에 후생손실을 초래하게 된다.
  ▸ X재에 대한 가격보조를 실시하였을 경우 X재의 소비를 증가시킬 수 있지만, 상대적으로 비싸진 Y재의 소비를 줄여야 하기 때문에 자원배분을 왜곡시키게 되는 것이다. 이처럼 가격보조의 경우는 상대가격체계의 교란을 통해 소비자로 하여금 보조대상의 상품을 선택하도록 강요하는 셈이 된다.

③ 그런데 X재의 소비량증가라는 특정 목적의 달성 측면에서는 가격보조가 현금보조보다 더 우월하므로 X재가 가치재인 경우 가격보조는 정당성을 확보할 수 있다.

④ 일반적으로 가격보조가 이루어지면 상대가격이 변하기 때문에 대체효과와 소득효과가 모두 발생하고, 현금보조는 소득효과만 발생한다. 그런데 두 재화가 완전보완관계인 레온티에프 효용함수의 경우 대체효과가 0이므로 가격보조의 경우에도 소득효과만 발생하므로 두 보조제도의 효과가 동일하게 나타난다.

| 현금보조와 가격보조의 효과 |

- 소비자의 후생 측면에서의 효과 : 현금보조>가격보조
- X재 소비량증가라는 특정 목적의 달성 측면에서의 효과 : 가격보조>현금보조

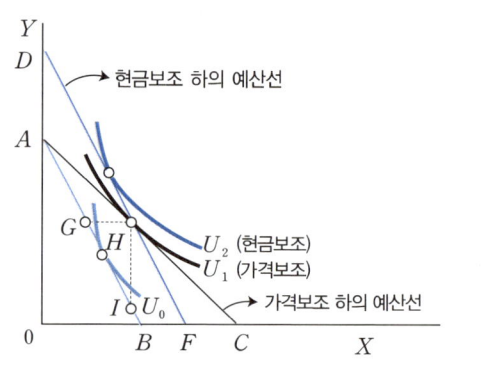

Ⅳ 세 가지 보조제도의 비교

1. Y재에 대한 선호도가 높은 경우
① 소비자의 후생 측면에서 현금보조의 효과가 가장 크고, 그다음으로 현물보조, 가격보조의 순이다.
② X재의 소비량증가라는 특정목적의 달성 측면에서 가격보조의 효과가 가장 크고, 그다음으로 현물보조, 현금보조의 순이다.

2. Y재에 대한 선호도가 낮은 경우
① 소비자의 후생 측면에서 현금보조와 현물보조의 효과는 동일하고, 그 효과는 가격보조의 효과보다 크다.
② X재의 소비량증가라는 특정목적의 달성 측면에서 가격보조의 효과가 가장 크고, 현물보조와 현금보조의 효과는 동일하면서 가격보조의 효과보다 작다.

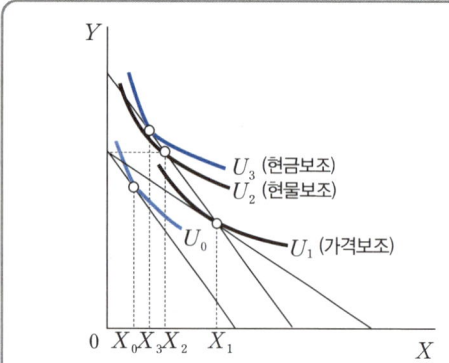

Y재에 대한 선호도가 높은 경우
- 소비자의 후생 측면에서의 효과 : 현금보조>현물보조>가격보조
- X재 소비량증가라는 특정 목적의 달성 측면에서의 효과 : 가격보조>현물보조>현금보조

Y재에 대한 선호도가 낮은 경우
- 소비자의 후생 측면에서의 효과 : 현금보조=현물보조>가격보조
- X재 소비량증가라는 특정 목적의 달성 측면에서의 효과 : 가격보조>현물보조=현금보조

제2절 소비와 저축

I 개요

① 소비자는 주어진 소득에서 소비하고 남은 부분을 저축하게 되므로 얼마를 소비하고 얼마를 저축할 것인가 하는 것은 전형적인 소비자선택의 문제이다.
   ▸ 저축은 투자로 이어져 자본축적을 가져온다. 따라서 공장이나 자본설비와 같은 자본재를 통해 더 큰 미래소비를 위해 현재소비를 희생하였다는 의미를 찾을 수 있다.
② 현재소비를 포기하고 저축을 하는 것은 미래소비를 증가시키기 위함이므로 소비자의 소비와 저축에 대한 선택의 문제는 일정하게 주어진 현재소득을 현재소비와 미래소비 사이에 어떻게 배분할 것인가에 대한 시점 간 소비자선택의 문제(intertemporal choice model)이다.
③ 피셔(I. Fisher)에 의해 개발된 시점 간 소비자선택의 문제에 의하면 소비와 저축은 현재소득, 미래소득, 이자율을 고려한 소비자의 효용극대화과정을 통해 결정된다.
④ 당기연도와 차기의 1차 연도만을 대상으로 하는 2기간 모형(two period paradigm)에서의 소비의 적정화문제를 살펴보기로 한다.

II 예산제약식

1. 가정

① 현재를 1기, 미래를 2기라고 한다.
② 현재소득은 Y_1, 미래소득은 Y_2로 주어져 있다.
③ 현재소비를 C_1, 미래소비를 C_2라고 정의한다.
④ 현재소비와 미래소비는 모두 정상재이다.
⑤ 주어진 실질이자율로 차입과 대출이 자유롭다.

2. 예산제약식

① 2기간 최적화문제의 예산제약식을 구하기 위해 소비자가 선택할 수 있는 극단적인 경우를 보면 1기의 소득을 모두 저축하여 2기에 소비하는 경우와, 2기의 소득을 모두 차입하여 1기에 소비하는 경우가 있다.
② 1기의 최대소득$(\overline{Y_1})$은 1기의 소득 Y_1과 2기의 소득 Y_2를 전부 차입하여 이자율(r)로 할인한 금액 $\dfrac{Y_2}{1+r}$를 합한 것이다.

> **1기의 최대소득 : $\overline{Y_1}$**
> $$\overline{Y_1} = Y_1 + \frac{Y_2}{1+r}$$

▸ $\overline{Y_1}$는 1기에 달성 가능한 최대소비가 된다.
▸ $\overline{Y_1}$는 총소득의 현재가치가 된다.

③ 2기의 최대소득$(\overline{Y_2})$은 1기의 소득 Y_1을 전부 이자율(r)로 저축하여 2기에 받을 수 있는 금액 $Y_1(1+r)$과 2기의 소득 Y_2를 합한 것이다.

> **2기의 최대소득 : $\overline{Y_2}$**
> $$\overline{Y_2} = Y_1(1+r) + Y_2$$

▸ $\overline{Y_2}$는 2기에 달성 가능한 최대소비가 된다.
▸ $\overline{Y_2}$는 총소득의 미래가치가 된다.

④ 1기의 최대소득$(\overline{Y_1})$과 2기의 최대소득$(\overline{Y_2})$는 다음과 같은 관계에 있음을 알 수 있다.

> **1기의 최대소득$(\overline{Y_1})$과 2기의 최대소득$(\overline{Y_2})$**
> $$\overline{Y_2} = (1+r)\overline{Y_1}$$

⑤ 현재소비가 C_1이고, 미래소비가 C_2라면 총소비의 현재가치는 다음과 같다.

> **총소비의 현재가치**
> $$C_1 + \frac{C_2}{1+r}$$

⑥ 총소비의 현재가치가 총소득의 현재가치와 같아야 하므로 예산제약식은 다음과 같이 주어진다.

> **예산제약식**
> $$C_1 + \frac{C_2}{1+r} = Y_1 + \frac{Y_2}{1+r}\left(= \overline{Y_1}\right)$$

▸ 여기에서 $C_2 = 0$일 때 $C_1 = \overline{Y_1}$가 되므로 $\overline{Y_1}$는 1기에 달성 가능한 최대소비가 된다.

⑦ 위의 식을 C_2에 관하여 정리하면 다음과 같은 예산선식이 도출된다.

> **예산선식**
> - $C_2 = Y_2 + (Y_1 - C_1)(1+r)$
> - $C_2 = -(1+r)C_1 + [Y_1(1+r) + Y_2]$
> - $C_2 = -(1+r)C_1 + \overline{Y_2}$

▸ 여기에서 $C_1 = 0$일 때 $C_2 = \overline{Y_2}$가 되므로 $\overline{Y_2}$는 2기에 달성 가능한 최대소비가 된다.
▸ $Y_1 - C_1$은 저축을 의미한다.

⑧ 예산제약식을 이용하여 C_1을 X축, C_2를 Y축으로 하는 예산선을 그리면 Y축의 절편이 $\overline{Y_2}$이고 기울기가 $-(1+r)$인 예산선이 도출된다. 이때 예산선은 1기의 소득(Y_1)과 2기의 소득(Y_2)을 나타내는 부존점 $w(Y_1,\ Y_2)$을 지나게 된다.

⑨ 예산선의 기울기가 $-(1+r)$이라는 것은 동일한 예산을 유지하면서 현재소비(C_1)를 1원 증가시키기 위해 미래소비(C_2)는 1원에 대한 원금과 이자를 합한 $(1+r)$원만큼을 포기해야 한다는 것을 의미한다.

Ⅲ 현재소비와 미래소비의 선택

1. 효용극대화조건

① 효용극대화조건은 무차별곡선의 접선의 기울기와 예산선의 기울기가 같아야 한다는 것이다.
② 무차별곡선의 접선의 기울기의 절댓값은 현재소비(C_1)와 미래소비(C_2) 간의 한계대체율 (MRS_{12})이다.
③ 예산선의 기울기의 절댓값 $(1+r)$은 현재소비와 미래소비의 상대가격으로서 시간선호율을 의미한다.
   ▸ 예산선의 기울기의 절댓값이 $(1+r)$이라는 것은 현재소비를 1원 감소시키면 미래소비를 $(1+r)$원 더 증가시킬 수 있고, 현재소비를 1원 증가시키면 미래소비를 $(1+r)$원 더 감소시켜야 한다는 의미이다. 즉, 현재소비와 미래소비 간의 객관적 교환비율을 의미한다.
   ▸ 이는 시점 간 발생하는 이자를 고려해야 하므로 동일한 액수라면 현재시점에서의 가치가 미래시점에서의 가치보다 더 크다는 의미이다.
④ 소비자의 효용극대화조건은 다음과 같다.

> **효용극대화조건**
>
> $$MRS_{12}\left(=\frac{MU_1}{MU_2}\right) = 1+r$$

2. 소비자유형에 따른 소비자균형

① 저축자는 1기의 소득(Y_1)에 비해 현재소비(C_1)가 더 적으므로 $Y_1 - C_1$만큼을 저축하고 있다.
   ▸ $C_2^* - Y_2 = (1+r)(Y_1 - C_1^*)$
② 차입자는 1기의 소득(Y_1)에 비해 현재소비(C_1)가 더 많으므로 $C_1^* - Y_1$만큼을 차입하고 있다.
   ▸ $Y_2 - C_2^* = (1+r)(C_1^* - Y_1)$

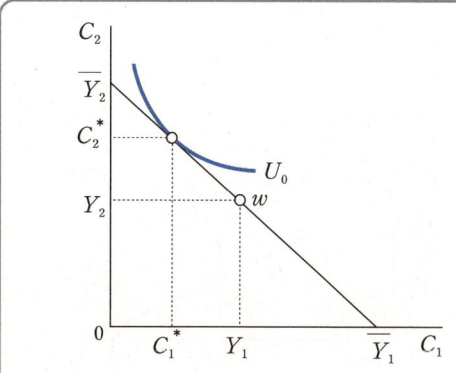

저축자의 소비자균형
- 1기에 1기 소득 Y_1에서 $\overline{C_1^* Y_1}$만큼 저축한다.
- 2기에 2기 소득 Y_2보다 $\overline{C_2^* Y_2}$만큼 더 소비한다.

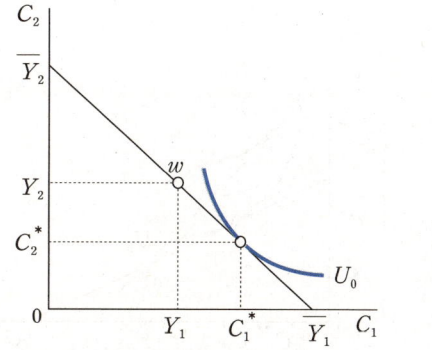

차입자의 소비자균형
- 1기에 1기 소득 Y_1보다 $\overline{Y_1 C_1^*}$만큼 차입한다.
- 2기에 2기 소득 Y_2보다 $\overline{Y_2 C_2^*}$만큼 덜 소비한다.

CHAPTER 09 소비자이론의 응용

Ⅳ 이자율상승의 효과

1. 저축자

(1) 현재소비(저축)와 미래소비의 변화

① 이자율이 상승하면 1기의 최대소득($\overline{Y_1}$)은 감소하고, 2기의 최대소득($\overline{Y_2}$)은 증가하므로 예산선은 부존점(w)을 중심으로 회전 이동한다.

② 이자율상승 후 새로운 소비자균형점이 도출되는데 대체효과와 소득효과의 크기에 따라 그 결과는 달라진다.

③ 이자율상승의 대체효과란 이자율상승으로 현재소비의 상대가격(기회비용)이 상승하므로 현재소비를 감소시키고 미래소비를 증가시키는 효과이다. 이때 현재소비가 감소하므로 저축은 증가한다.

④ 이자율상승의 소득효과란 이자율상승으로 실질소득이 증가하여 정상재인 현재소비와 미래소비가 증가하는 효과이다. 이때 현재소비가 증가하므로 저축은 감소한다.
   ▸ 이자율이 상승하였을 때 저축자의 입장에서는 더 많은 이자소득을 얻게 되므로 실질소득이 증가하게 된다.
   ▸ 현재소비와 미래소비는 모두 정상재인 것으로 가정하였다.

⑤ 이자율이 상승하였을 때 대체효과가 소득효과보다 크다면 저축은 증가(현재소비는 감소)하고, 소득효과가 대체효과보다 크다면 저축은 감소(현재소비는 증가)한다.

⑥ 저축자의 경우 이자율이 상승할 때 현재소비와 저축은 대체효과와 소득효과의 상대적 크기에 따라 증감 여부가 불투명하지만, 미래소비는 반드시 증가한다.

(2) 효용의 변화

① 저축자의 경우 이자율이 상승하면 소비선택영역이 커지므로 효용이 반드시 증가한다.
② 저축자는 이자율이 상승한 후 저축자의 위치를 고수하므로 차입자로 전환되지는 않는다.

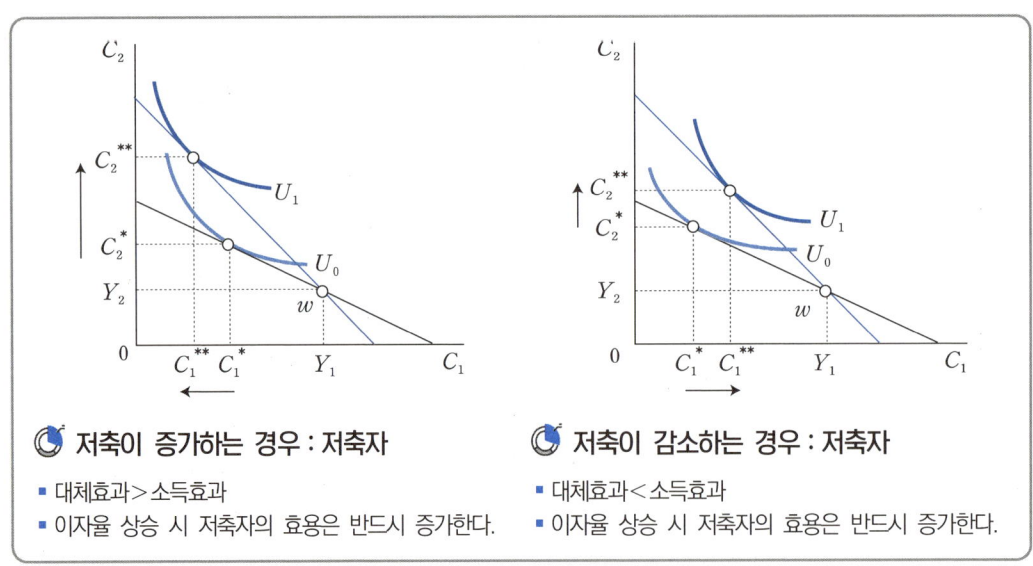

🌙 **저축이 증가하는 경우 : 저축자**
- 대체효과 > 소득효과
- 이자율 상승 시 저축자의 효용은 반드시 증가한다.

🌙 **저축이 감소하는 경우 : 저축자**
- 대체효과 < 소득효과
- 이자율 상승 시 저축자의 효용은 반드시 증가한다.

2. 차입자

(1) 현재소비(저축)와 미래소비의 변화

① 차입자의 경우 이자율상승의 대체효과는 저축자와 동일하게 나타나지만, 소득효과가 반대로 작용한다.

② 이자율이 상승했을 때 차입자의 경우는 실질소득이 감소하게 되므로 정상재인 현재소비와 미래소비가 감소한다. 이때 현재소비가 감소하므로 저축은 증가한다.
  ▶ 이자율이 상승할 때 차입자는 더 많은 이자를 지급해야 되므로 실질소득이 감소하게 된다.

③ 차입자의 경우 이자율이 상승하였을 때 저축이 반드시 증가(현재소비가 반드시 감소)하는 방향으로 작용하게 된다.

④ 차입자의 경우 이자율이 상승하였을 때 대체효과가 소득효과보다 크다면 미래소비는 증가하고, 소득효과가 대체효과보다 크다면 미래소비는 감소한다.

(2) 효용의 변화

① 차입자의 경우 이자율이 상승하면 소비선택영역이 작아지므로 이자율상승 이후에도 계속 차입자의 위치를 고수한다면 효용이 반드시 감소한다.

② 이자율상승 시 차입자가 저축자로 전환되는 경우 효용의 증감 여부는 무차별곡선의 형태에 따라 달라진다.

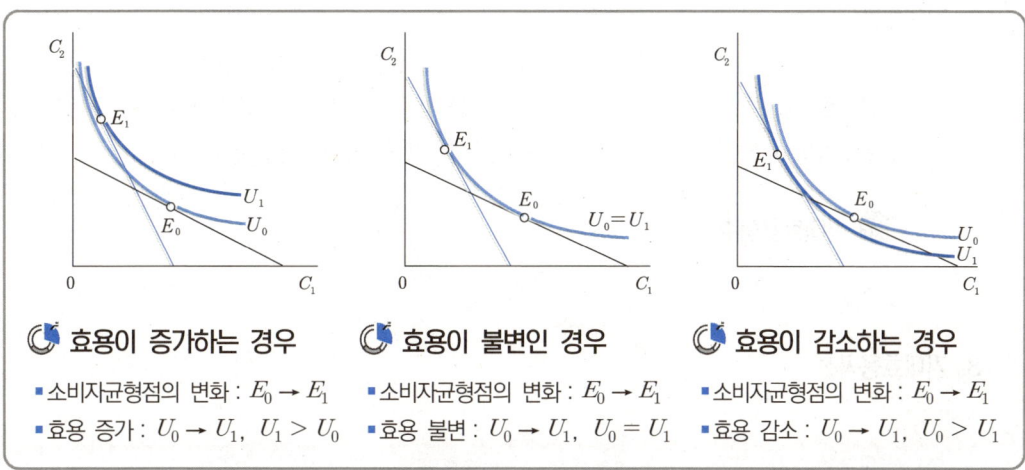

- 효용이 증가하는 경우
  - 소비자균형점의 변화 : $E_0 \rightarrow E_1$
  - 효용 증가 : $U_0 \rightarrow U_1$, $U_1 > U_0$
- 효용이 불변인 경우
  - 소비자균형점의 변화 : $E_0 \rightarrow E_1$
  - 효용 불변 : $U_0 \rightarrow U_1$, $U_0 = U_1$
- 효용이 감소하는 경우
  - 소비자균형점의 변화 : $E_0 \rightarrow E_1$
  - 효용 감소 : $U_0 \rightarrow U_1$, $U_0 > U_1$

| 이자율상승의 효과 |

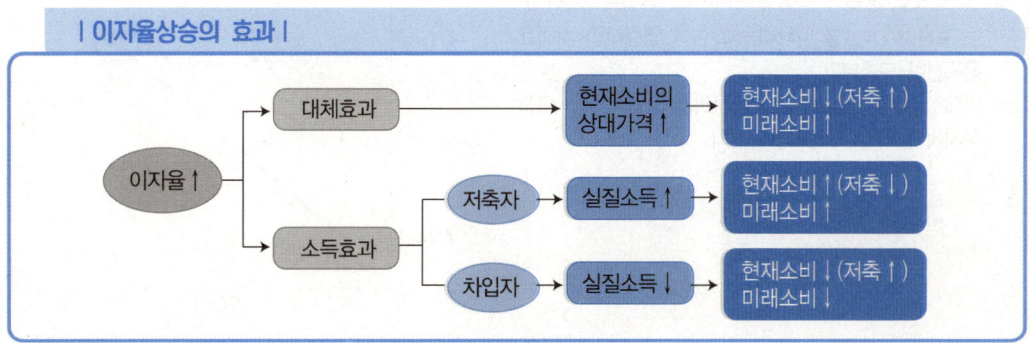

CHAPTER 10 불확실성 하에서 소비자선택이론

PART 03 | 소비자이론

제1절 기대효용이론

Ⅰ 기대소득과 기대효용

1. 기대소득

① 기대소득(expected income)이란 불확실한 상황에서 소득의 기대치를 말한다.
② p의 확률로 w_1을 얻고, $(1-p)$의 확률로 w_2를 얻는 게임(도박, 복권)의 기대소득은 다음과 같다.

> **기대소득함수**
> $$E(w) = pw_1 + (1-p)w_2$$

2. 기대효용

① 기대효용(expected utility)이란 불확실한 상황에서 효용의 기대치를 말한다.
② p의 확률로 w_1을 얻고 $(1-p)$의 확률로 w_2를 얻는 게임(도박, 복권)이 있고, 이 소득으로부터 발생하는 효용함수가 $U = U(w)$라고 할 때 기대효용함수는 다음과 같다.

> **기대효용함수**
> $$E[U(w)] = pU(w_1) + (1-p)U(w_2)$$

3. 기대효용곡선

| 기대효용곡선 |

- w_1이 주는 효용 $U(w_1)$을 나타내는 A점과 w_2가 주는 효용 $U(w_2)$를 나타내는 B점을 연결하면 기대효용곡선이 도출된다.
- 기대소득수준에서 기대효용곡선까지의 높이, 즉 C점까지의 높이가 기대효용이 된다.

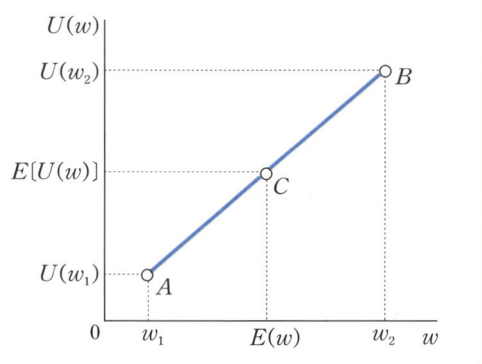

Ⅱ 위험에 대한 분석

1. 도박의 공정성 여부

① 공정한 도박(fair gamble)이란 위험한 기회에 참여하여 얻을 수 있는 순기대가치(순기대이익)가 0인 도박으로서 기대소득이 현재의 소득과 동일한 도박이다.

② 유리한 도박(vantage gamble)이란 위험한 기회에 참여하여 얻을 수 있는 순기대가치(순기대이익)가 0보다 큰 도박으로서 기대소득이 현재의 소득보다 큰 도박이다.

③ 불리한 도박(adverse gamble)이란 위험한 기회에 참여하여 얻을 수 있는 순기대가치(순기대이익)가 0보다 작은 도박으로서 기대소득이 현재의 소득보다 작은 도박이다.

2. 공정한 도박과 위험에 대한 태도

(1) 위험기피자

① 위험기피자(risk averter)란 공정한 도박에 참여하지 않는 경제주체를 말한다.

② 위험기피자는 유리한 도박이더라도 위험기피도에 따라 도박의 참여 여부는 달라진다. 예를 들면 유리한 도박이더라도 위험기피의 정도가 크다면 도박에 참여하지 않는다.

(2) 위험중립자

① 위험중립자(risk neutral)란 공정한 도박에 참여하는 것과 참여하지 않는 것에 대해 무차별하게 느끼는 경제주체를 말한다.

② 위험중립자는 유리한 도박에는 참여하고, 불리한 도박에는 참여하지 않는다.

(3) 위험선호자

① 위험선호자(risk lover)란 공정한 도박에 무조건 참여하는 경제주체를 말한다.

② 위험선호자는 불리한 도박이더라도 위험선호도에 따라 도박의 참여 여부는 달라진다. 예를 들면 불리한 도박이더라도 위험선호의 정도가 크다면 도박에 참여한다.

3. 위험에 대한 태도와 효용함수

(1) 위험기피자

① 위험기피자의 효용함수는 소득의 한계효용이 체감하는 강오목함수(strictly concave function)이다.

② 위험기피자는 공정한 도박이라면 확실한 소득이 주는 효용(=기대소득의 효용)이 불확실한 소득이 주는 효용(=소득의 기대효용)보다 더 크다.

> **위험기피자**
> - 기대소득의 효용 > 소득의 기대효용
> - $U(w_0) > pU(w_1) + (1-p)U(w_2)$
> - $U[pw_1 + (1-p)w_2] > pU(w_1) + (1-p)U(w_2)$

(2) 위험중립자

① 위험중립자의 효용함수는 소득의 한계효용이 불변인 선형함수(linear function)이다.

② 위험중립자는 공정한 도박이라면 확실한 소득이 주는 효용(=기대소득의 효용)과 불확실한 소득이 주는 효용(=소득의 기대효용)이 서로 무차별하다.

CHAPTER 10 불확실성 하에서 소비자선택이론

> **위험중립자**
> - 기대소득의 효용=소득의 기대효용
> - $U(w_0) = pU(w_1) + (1-p)U(w_2)$
> - $U[pw_1 + (1-p)w_2] = pU(w_1) + (1-p)U(w_2)$

(3) 위험선호자

① 위험선호자의 효용함수는 소득의 한계효용이 체증하는 강볼록함수(strictly convex function)이다.

② 위험선호자는 공정한 도박이라면 불확실한 소득이 주는 효용(=소득의 기대효용)이 확실한 소득이 주는 효용(=기대소득의 효용)보다 더 크다.

> **위험선호자**
> - 기대소득의 효용<소득의 기대효용
> - $U(w_0) < pU(w_1) + (1-p)U(w_2)$
> - $U[pw_1 + (1-p)w_2] < pU(w_1) + (1-p)U(w_2)$

(4) 위험에 대한 태도와 총효용곡선 : 공정한 도박의 경우

① 위험기피자의 경우 소득의 한계효용이 체감하므로 총효용곡선은 오목한 형태를 가진다.
  ▸ 기대소득의 효용 > 소득의 기대효용

② 위험중립자의 경우 소득의 한계효용이 불변이므로 총효용곡선은 우상향하는 직선이 된다.
  ▸ 기대소득의 효용 = 소득의 기대효용

③ 위험선호자의 경우 소득의 한계효용이 체증하므로 총효용곡선은 볼록한 형태를 갖는다.
  ▸ 기대소득의 효용 < 소득의 기대효용

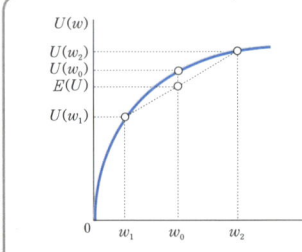

위험기피자의 기대효용함수
- 기대소득의 효용>소득의 기대효용
- $U(w_0) > pU(w_1) + (1-p)U(w_2)$
- $U[pw_1 + (1-p)w_2] > pU(w_1) + (1-p)U(w_2)$

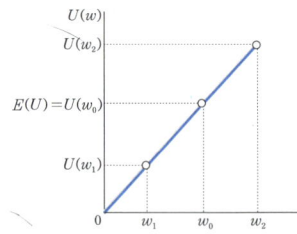

위험중립자의 기대효용함수
- 기대소득의 효용=소득의 기대효용
- $U(w_0) = pU(w_1) + (1-p)U(w_2)$
- $U[pw_1 + (1-p)w_2] = pU(w_1) + (1-p)U(w_2)$

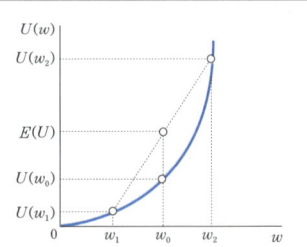

위험선호자의 기대효용함수
- 기대소득의 효용<소득의 기대효용
- $U(w_0) < pU(w_1) + (1-p)U(w_2)$
- $U[pw_1 + (1-p)w_2] < pU(w_1) + (1-p)U(w_2)$

Ⅲ 확실성등가와 위험프리미엄

1. 확실성등가

(1) 개념

① 확실성등가(Certainty Equivalent : C_E)란 위험한 기회로부터 예상되는 기대효용과 동일한 수준의 효용을 가져다주는 확실한 소득수준을 말한다.

② $U(C_E)= pU(w_1)+ (1-p)U(w_2)$의 식을 만족하는 C_E가 확실성등가이다.

(2) 위험에 대한 태도와 확실성등가

① 위험기피자의 확실성등가는 기대소득보다 작고, 위험선호자의 확실성등가는 기대소득보다 크다. 그리고 위험중립자의 확실성등가는 기대소득과 일치한다.

② 위험기피자의 경우 총효용곡선이 아래쪽에 대해 오목한 정도가 커질수록 위험기피의 정도가 커지므로 그만큼 확실성등가는 작아진다.

2. 위험프리미엄

(1) 개념

① 위험프리미엄(Risk Premium : R_P)이란 위험의 가격으로서 사람들이 위험한 기회를 선택하도록 유도하는 데 필요한 최소한의 추가보상을 말한다.

② 위험프리미엄(R_P)은 기대소득[$E(w)$]에서 확실성등가(C_E)를 뺀 값으로 정의된다.

(2) 위험에 대한 태도와 위험프리미엄

① 위험기피자의 위험프리미엄은 0보다 크고, 위험선호자의 위험프리미엄은 0보다 작다. 그리고 위험중립자의 위험프리미엄은 0이다.

② 위험기피자의 경우 총효용곡선이 아래쪽에 대해 오목한 정도가 커질수록 위험기피의 정도가 커지므로 그만큼 위험프리미엄은 커진다.

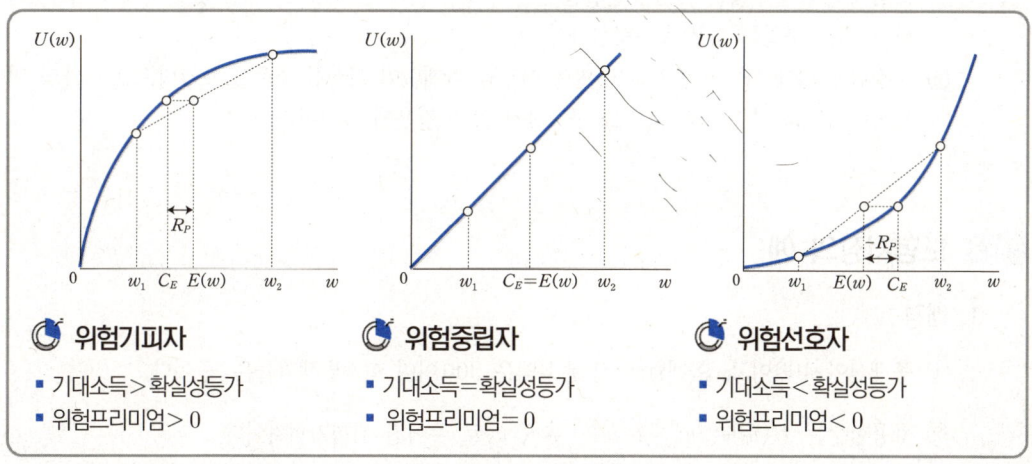

제2절　보험시장의 분석

I 공정한 보험

1. 공정한 보험

(1) 프리미엄률

① 프리미엄률(premium rate)이란 보험금(coverage) 1원에 대해 지급해야 할 보험료(insurance premium)를 의미하므로 보험료를 보험금으로 나누어 구해진다.

② 만약 프리미엄률이 $\frac{1}{2}$이라면 보험금 1원에 대해 $\frac{1}{2}$원의 보험료를 지급해야 한다. 이 경우 보험료 1원당 2원의 피해보상이 주어지는 것이다.

(2) 공정한 보험

① 공정한 보험(fair insurance)이란 기대손실만큼 보험료를 지불하고, 사고발생 시 손실액 전액을 지급받는 보험을 말한다. 따라서 공정한 보험에서 보험금은 손실액과 일치한다.

② 복권의 예를 들면 보험금은 복권당첨 시 당첨금이고, 보험료는 복권가격이 된다. 공정한 복권의 경우 복권의 기대소득(=당첨확률×당첨금)이 복권가격과 동일해져야 한다는 논리와 유사하다.

③ 공정한 보험에서는 프리미엄률이 사고발생확률과 동일해진다.

2. 공정한 보험료

> **공정한 보험료**
>
> 　　사고발생확률×보험금
> 　= 사고발생확률×손실액
> 　= 기대손실

3. 의미

① 보험에 가입하지 않는 것은 불확실한 상황에 놓인 것과 동일하므로 게임 및 도박에 참여하였거나 복권을 구입한 경우에 해당한다.

② 공정한 보험에 가입하면 사고의 발생 여부와 관계없이 확실한 소득을 보장받으므로 게임 및 도박에 참여하지 않거나 복권을 구입하지 않은 경우에 해당한다.

II 보험시장의 예

1. 배경

① 총재산이 400이고, 화재발생 시 손실액은 300이며 화재발생확률은 $\frac{1}{2}$이다.

② 효용함수는 $U(w) = w^{0.5} = w^{1/2} = \sqrt{w}$로 주어진 위험기피자이다.

2. 기대소득과 기대효용

① 기대소득

> **기대소득**
> $$E(w) = pw_1 + (1-p)w_2$$
> $$= \left(\frac{1}{2} \times 100\right) + \left(\frac{1}{2} \times 400\right) = 250$$

② 기대소득의 효용

> **기대소득의 효용**
> $$U[E(w)] = U[pw_1 + (1-p)w_2]$$
> $$= \sqrt{250}$$

③ 기대효용

> **기대효용**
> $$E[U(w)] = pU(w_1) + (1-p)U(w_2)$$
> $$= \left(\frac{1}{2} \times \sqrt{100}\right) + \left(\frac{1}{2} \times \sqrt{400}\right)$$
> $$= 15 = \sqrt{225}$$

④ 주어진 효용함수는 위험기피자의 효용함수로서 오목함수이므로 기대소득 250이 주는 효용 $\sqrt{250}$ 은 불확실한 소득이 주는 기대효용 $15 = \sqrt{225}$ 보다 크고, 효용이 $15 = \sqrt{225}$ 인 소득 225는 기대소득 250보다 작다.

3. 확실성등가와 위험프리미엄

(1) 확실성등가

① 확실성등가는 기대효용과 동일한 효용을 주는 확실한 소득수준을 의미하므로 다음과 같이 구해진다.

> **확실성등가**
> - $U(C_E) = pU(w_1) + (1-p)U(w_2)$
> - $\sqrt{C_E} = 15 = \sqrt{225}$
> - $C_E = 15^2 = 225$

② 불확실성 하에서 250이 주는 기대효용과 확실성 하에서의 225가 주는 효용이 동일하다.
③ 확실한 225는 불확실성 하에서 250의 확실성등가가 된다.

(2) 위험프리미엄

① 기대소득이 250인 불확실한 소득과 확실한 소득 225가 무차별한 이유는 불확실한 소득에는 위험이 따르기 때문이다. 위험기피자는 위험을 싫어한다.
② 불확실한 기대소득이 확실한 소득에 비해 더 많은 25는 위험에 대한 대가인 위험프리미엄이 된다.

CHAPTER 10 불확실성 하에서 소비자선택이론

③ 따라서 위험프리미엄은 기대소득 $E(w)$에서 확실성등가 C_E를 차감하여 구해진다.

> **위험프리미엄**
> - $R_P = E(w) - C_E = [pw_1 + (1-p)w_2] - C_E$
> - $R_P = 250 - 225 = 25$

4. 공정한 보험

(1) 공정한 보험료

> **공정한 보험료**
> 사고발생확률×보험금
> =사고발생확률×손실액
> =기대손실
> =$\frac{1}{2} \times 300 = 150$

(2) 공정한 보험에 가입 시 소득

① 위험기피자가 공정한 보험에 가입하게 되면 화재가 발생하는 경우의 소득과 화재가 발생하지 않은 경우의 소득이 모두 250으로 동일하게 된다.
  ▸ 화재발생 시 소득 : 남은 재산(100)+보험금(300)−보험료(150)=250
  ▸ 화재가 발생하지 않을 시 소득 : 총재산(400)−보험료(150)=250

② 보험을 가입했을 때 소득이 불확실한 상태에서 기대소득인 250과 동일하므로 이 보험은 공정한 보험이다.

(3) 공정한 보험에 가입 시 효용증가분

① 위험기피자가 공정한 보험에 가입하게 되면 불확실한 250의 소득이 확실한 250의 소득으로 전환되므로 보험가입 이전보다 효용이 증가하게 된다.
  ▸ 보험가입 이전의 소득과 보험가입 이후의 소득이 동일하므로 보험가입자의 금전적 이득이 발생하는 것이 아니라 단지 효용이 증가할 뿐이다.

② 보험가입 전 기대효용은 $\sqrt{225}$이었지만 공정한 보험에 가입한 이후 화재발생 여부와 관계없이 확실한 소득 250을 보장받으므로 공정한 보험에 가입한 이후 효용은 $\sqrt{250}$이다. 따라서 공정한 보험에 가입 시 효용증가분은 $\sqrt{250} - \sqrt{225}$이다.

(4) 최대보험료

① 보험에 가입하는 경우 확실한 소득 250을 보장받으므로 위험프리미엄인 25만큼의 확실한 소득이 증가한 셈이 된다.

② 보험료 m원을 내고 보험에 가입하면 확실한 소득 $(400-m)$을 보장받는다. 만약 보험료가 160인 불리한 보험에 가입하더라도 이 소비자는 '400−160=240'의 확실한 소득을 보장받으므로 보험가입 전보다 효용이 증가한다. 이러한 논리를 적용하면 이 소비자는 공정한 보험료에 위험프리미엄만큼을 최대한 더 추가로 지급할 용의가 있게 된다.

③ 따라서 소비자가 최대한 지급할 용의가 있는 보험료는 공정한 보험료에 위험프리미엄을 더한 금액이 된다.

> **최대보험료**
>
> 공정한 보험료 + 위험프리미엄
> = 150 + 25 = 175

④ 최대보험료는 사고 발생 이전의 최초의 재산수준 400에서 확실성등가 225를 차감한 값으로 구할 수도 있다.

(5) 보험회사의 이윤

① 보험회사가 공정한 보험료를 책정했을 때 보험회사의 보험료 수입액(150)과 평균적인 보험금 지급액($0.5 \times 300 = 150$)이 서로 일치하므로 보험회사의 이윤은 0이다.
   ▸ 보험가입자가 공정한 보험에 가입하면 보험가입 이전의 소득과 보험가입 이후의 소득이 동일하므로 보험가입자 측면에서 금전적 이득이 발생하는 것이 아니다.

② 보험회사가 최대보험료를 책정하면 보험료 수입액(175)이 평균적인 보험금 지급액(150)보다 많으므로 보험회사는 위험프리미엄만큼의 초과이윤을 얻는다.

③ 보험료가 공정한 보험료에서 최대보험료 사이에서 결정되면 보험가입자와 보험회사 모두 이득을 보게 된다.
   ▸ 보험료가 공정한 보험료에서 최대보험료 사이에서 결정되면 보험가입자는 불리한 보험에 가입한 셈이 되므로 보험회사는 금적적인 이득을 보게 되지만 보험가입자는 금전적인 손실을 보게 된다. 따라서 위험기피자인 보험가입자가 이득을 본다는 것은 금전적인 이득이 아닌 효용수준이 커진다는 것임을 독자들은 유의해야 한다.

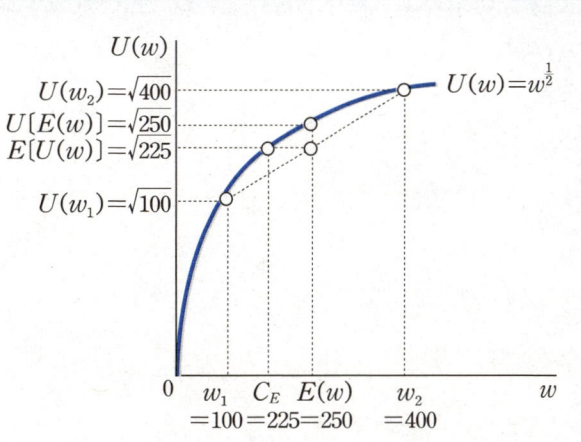

| 보험시장의 예 |

- 기대소득 : 250
- 기대소득의 효용 : $\sqrt{250}$
- 기대효용 : $\sqrt{225}$
- 확실성등가 : $C_E = 225$
- 위험프리미엄 : $R_P = 25$
- 공정한 보험료 : 150
- 공정한 보험에 가입 시 효용증가분 : $\sqrt{250} - \sqrt{225}$
- 최대보험료 : 175

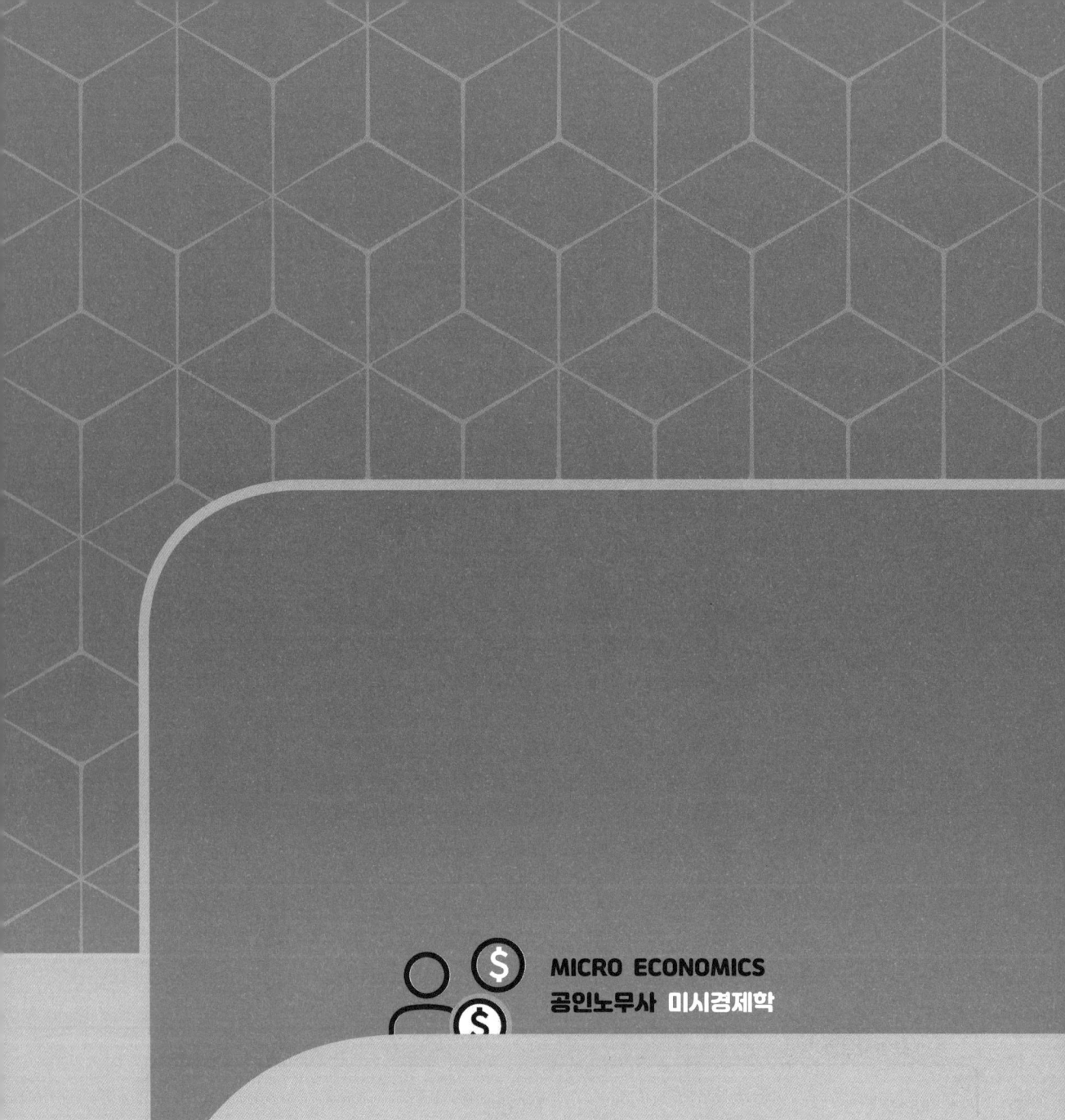

MICRO ECONOMICS
공인노무사 미시경제학

PART

04

생산자이론

11 생산함수이론
12 비용함수이론
13 기업의 이윤극대화

CHAPTER 11 생산함수이론

PART 04 | 생산자이론

제1절 생산자이론의 기초

I 생산의 개념

① 생산(production)은 생산요소의 적절한 배합·변형·개선·가공을 통해 인간에게 유용한 재화나 서비스를 만들고 이를 소비할 수 있게 하는 인간의 모든 활동을 의미한다.
② 광의의 개념으로 생산은 유통서비스와 관련된 재화의 포장·저장·운송과 물자의 채취·가공·개선까지 포함하는 개념이다.
③ 이처럼 사회후생을 증가시키는 모든 행동이 생산에 포함된다.

II 생산의 주체

1. 생산자
① 생산활동을 담당하는 경제주체를 생산자(producer)라고 하고, 생산의 대부분은 기업(firm)을 통해 이뤄진다.
② 생산자에는 재화를 생산하는 제조업자뿐만 아니라 유통서비스를 생산하는 도·소매업자, 법률서비스를 생산하는 변호사, 의료서비스를 생산하는 의사, 흥행서비스를 생산하는 연예인 등도 포함된다.

2. 기업
① 기업(firm)이란 재화나 서비스를 생산하는 기관이나 조직체를 말한다.
② 기업은 생산활동을 위해 생산요소시장에서 생산요소를 수요하고, 생산물시장에서 재화나 서비스를 공급하는 경제주체이다.
③ 기업이 생산을 하는 동기에는 일반적으로 이윤극대화(profit maximization)의 원리가 작용한다.

III 생산요소

① 생산요소(factors of production)란 생산자가 재화나 서비스를 생산하기 위해 투입한 모든 인적자원과 물적자원을 말한다.
② 생산요소에는 노동서비스와 경영으로 구성된 인적자원과 자본서비스와 토지서비스로 이루어진 물적자원이 있다.
③ 경제학에서는 논의의 단순화를 위해 경영을 노동에 포함하고 토지를 자본에 포함하여 노동(L)과 자본(K)이라는 두 생산요소만을 고려하여 분석한다.

Ⅳ 생산함수

① 매기당 생산량을 Q, 매기당 노동투입량을 L, 매기당 자본투입량을 K로 표시했을 때 생산함수는 다음과 같다.
② 생산함수를 구성하는 모든 변수에는 기간이 명시되어 있는 유량변수(flow variable)이다.
- 생산함수에서 노동과 자본은 그 자체가 투입요소가 되는 것이 아니라, 노동과 자본이 제공하는 서비스가 투입요소가 된다. 따라서 생산함수에서 노동과 자본의 투입량은 일정 기간에 제공되는 서비스의 양이므로 유량변수가 된다.
- 노동의 가격을 논의할 때에도 노동 자체의 가격이 아닌 노동서비스 가격(임금)을 의미한다.
- 자본의 가격을 논의할 때에도 자본재 자체의 가격이 아닌 자본서비스 가격(이자)을 의미한다. 자본재 자체의 가격은 저량(stock)으로서 비용이 될 수 없고, 자본서비스 가격인 이자가 비용이 된다.

> **생산함수**
>
> $$Q = f(L,\ K)$$
>
> - Q : 생산량
> - L : 노동투입량
> - K : 자본투입량

Ⅴ 단기와 장기

1. 단기

① 생산자이론에서 단기(short-run)는 공장이나 기계설비와 같은 자본(K)의 투입량을 조절할 수 없을 정도로 짧은 기간을 의미한다.
- 단기에 생산시설(자본)과 같이 투입량이 고정된 생산요소를 고정투입요소(fixed input)라고 하고, 노동자와 원재료 등 투입량을 변경시킬 수 있는 생산요소를 가변투입요소(variable input)라고 한다.

② 생산물시장이론에서 말하는 단기는 신규기업의 진입과 기존기업의 탈퇴가 자유롭지 못한 짧은 기간을 의미한다.

> **단기생산함수**
>
> 한계생산체증 → 한계생산불변 → 한계생산체감

2. 장기

① 생산자이론에서 장기(long-run)는 모든 생산요소의 투입량을 가변적으로 조절할 수 있는 긴 기간을 말한다.
② 생산물시장이론에서 말하는 장기는 모든 산업으로의 이동이 자유롭게 이뤄지는 긴 기간을 의미한다.

> **장기생산함수**
>
> - 규모에 대한 보수 증가 → 규모에 대한 보수 불변 → 규모에 대한 보수 감소
> - 규모의 경제 → 규모의 불변경제 → 규모의 비경제

제2절　단기생산함수

I 형태

① 자본(K)의 투입량이 $\overline{K}$로 고정되어 있다면 단기생산함수는 다음과 같이 정의된다.

> **단기생산함수**
>
> $$Q = f(L,\ \overline{K}),\ K = \overline{K}\text{로 고정}$$

② 단기생산함수에서 노동(L)은 가변투입요소(variable input)이고, 자본(K)은 고정투입요소(fixed input)가 된다.

II 총생산

① 단기의 총생산(Total Product : TP)이란 자본(K)이 고정된 상태에서 노동(L)을 투입시켰을 때 일정 기간에 생산되는 재화의 총량을 말한다.
② 총생산(TP)은 노동투입량을 증가시키면 L_0까지는 체증적으로 증가하다가 L_0를 넘어서면 체감적으로 증가하고, L_2에서 극대가 된다.
③ 노동투입량이 L_2를 넘어서면 총생산(TP)이 오히려 감소하게 되는데 이 구간은 경제학적 의미가 없어서 분석대상에서 제외된다.

III 한계생산

1. 개념
① 한계생산(Marginal Product : MP)이란 생산요소 한 단위를 추가로 증가시킬 때 총생산량의 증가분을 말한다.
② 한계생산(MP)은 총생산량의 변화분을 생산요소의 변화분으로 나눈 값이다.
③ 한계생산(MP)은 총생산함수를 생산요소변수로 미분한 값이며 총생산곡선의 기울기로 측정된다.

2. 수식
① 노동의 한계생산은 자본(K)의 투입량은 불변인 채 노동(L) 한 단위를 추가로 투입했을 때 총생산량의 증가분이고, 자본의 한계생산은 노동(L)의 투입량은 불변인 채 자본(K) 한 단위를 추가로 투입했을 때 총생산량의 증가분이다.
② 노동의 한계생산과 자본의 한계생산은 생산함수를 편미분한 값으로서 다음과 같이 정의된다.
③ 단기에는 자본(K)이 고정되어 있으므로 노동(L)의 한계생산만 존재한다.
④ 자본의 한계생산은 장기에만 존재한다.

> **한계생산**
>
> - 노동의 한계생산 : $MP_L = \lim\limits_{\Delta L \to 0} \dfrac{\Delta Q}{\Delta L} = \dfrac{\partial Q}{\partial L}$
> - 자본의 한계생산 : $MP_K = \lim\limits_{\Delta K \to 0} \dfrac{\Delta Q}{\Delta K} = \dfrac{\partial Q}{\partial K}$

Ⅳ 한계생산체감의 법칙(수확체감의 법칙)

1. 개념

① 한계생산체감의 법칙(law of diminishing marginal product)이란 생산요소의 투입을 증가시켜 감에 따라 처음에는 한계생산(MP)이 증가하다가 어느 단계를 지나서는 한계생산(MP)이 감소하는 현상을 말한다.
② 농업생산에서 한계생산체감의 법칙을 수확체감의 법칙이라고 한다.
③ 한계생산이 음(−)의 값, 즉 총생산이 감소하는 구간은 경제학적 논의대상에서 제외된다.

2. 단기의 한계생산

> **한계생산체감의 법칙**
>
> - 한계생산체증 → 한계생산불변 → 한계생산체감
> - 수확체증 → 수확불변 → 수확체감

Ⅴ 평균생산

1. 개념

① 평균생산(Average Product : AP)이란 생산요소 한 단위당 총생산량을 말한다.
② 평균생산(AP)은 총생산량을 생산요소로 나눈 값이다.
③ 평균생산(AP)은 원점에서 총생산곡선의 각 점을 이은 직선의 기울기로 측정된다.

2. 수식

① 노동의 평균생산은 노동(L) 한 단위당 총생산량이고, 자본의 평균생산은 자본(K) 한 단위당 총생산량이다.
② 노동의 평균생산과 자본의 평균생산은 단기와 장기 모두 존재한다.

> **평균생산**
>
> - 노동의 평균생산 : $AP_L = \dfrac{Q}{L}$
> - 자본의 평균생산 : $AP_K = \dfrac{Q}{K}$

Ⅵ 총생산, 한계생산, 평균생산 간의 관계

1. 총생산량($TP=Q$)과 한계생산(MP)의 관계

① 총생산량($TP=Q$)의 증감 여부는 한계생산(MP)의 부호로 판단한다. 한계생산(MP)이 양(+)의 값이면 총생산량($TP=Q$)이 증가하고, 한계생산(MP)이 음(-)의 값이면 총생산량($TP=Q$)은 감소한다.
  ▸ 한계생산이 음(-)이어서 총생산량이 감소하는 구간은 이론적인 의미만 있지 경제적 의미가 없는 구간이므로 앞으로 논의대상에서 제외된다.
② 한계생산(MP)이 0일 때 총생산량($TP=Q$)은 극대가 된다.
③ 한계생산(MP)이 체감할 때 한계생산(MP)의 값이 양(+)일 수도 있고 음(-)일 수도 있으므로 총생산량($TP=Q$)은 증가할 수도 감소할 수도 있다.
④ 총생산량($TP=Q$)은 한계생산(MP)의 합이므로 한계생산곡선을 적분하면 총생산량($TP=Q$)이 구해진다.
  ▸ 한계생산곡선의 하방 면적의 합이 총생산량이 된다.
  ▸ $TP = \sum MP$

> **총생산량과 한계생산의 관계**
> - $MP_L > 0 \leftrightarrow TP_L = Q$ 증가
> - $MP_L = 0 \leftrightarrow TP_L = Q$ 극대
> - $MP_L < 0 \leftrightarrow TP_L = Q$ 감소

2. 평균생산(AP)과 한계생산(MP)의 관계

① AP_L 증가 시 $MP_L > AP_L$이다.
② AP_L의 극대점에서 $MP_L = AP_L$이 성립한다.
③ AP_L 감소 시 $MP_L < AP_L$이다.
④ MP_L 증가 시 AP_L은 증가한다.
⑤ MP_L 감소 시 AP_L은 증가할 수도, 감소할 수도 있다.
⑥ AP_L 증가 시 MP_L은 증가할 수도, 감소할 수도 있다.
⑦ AP_L 감소 시 MP_L은 감소한다.

> **평균생산과 한계생산의 관계**
> - $MP_L > AP_L \leftrightarrow \dfrac{dAP_L}{dL} > 0$
> - $MP_L = AP_L \leftrightarrow \dfrac{dAP_L}{dL} = 0$
> - $MP_L < AP_L \leftrightarrow \dfrac{dAP_L}{dL} < 0$

3. 경제적 구간

(1) 생산의 단계
  ① 생산의 1단계 : 노동의 한계생산이 양(+)이면서 노동의 평균생산이 체증하는 구간
  ② 생산의 2단계 : 노동의 한계생산이 양(+)이면서 노동의 평균생산이 체감하는 구간
  ③ 생산의 3단계 : 노동의 한계생산이 음(−)인 구간

(2) 경제적 구간
  ① 생산자에게 의미 있는 경제적 구간은 생산의 2단계로서 노동의 한계생산(MP_L)이 양(+)의 값을 갖고, 동시에 노동의 평균생산(AP_L)이 감소하는 구간이다.
  ② 생산함수이론에서 단기에 노동의 평균생산(AP_L)이 감소하는 구간은 비용함수이론에서 평균가변비용(AVC)이 증가하는 구간이다. 평균생산과 평균가변비용의 관계는 '제12장 비용함수이론'의 '생산과 비용의 쌍대관계'에서 자세히 다루어진다.
  ③ 평균가변비용(AVC)이 증가하는 구간만이 경제학적 의미를 지닌다는 사실은 완전경쟁시장에서 개별기업의 조업중단조건과 관련된다. 조업중단조건과 관련된 내용은 '제14장 완전경쟁시장'에서 자세하게 논의된다.

| 한계생산체감의 법칙 |

- 총생산(Q) 증가 ↔ 한계생산(MP_L) > 0
- 총생산(Q) 극대 ↔ 한계생산(MP_L) = 0
- 총생산(Q) 감소 ↔ 한계생산(MP_L) < 0

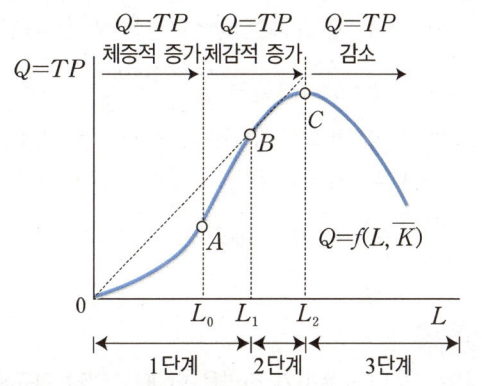

| 평균생산과 한계생산 |

- AP_L 증가 ↔ $MP_L > AP_L$
- AP_L 극대 ↔ $MP_L = AP_L$
- AP_L 감소 ↔ $MP_L < AP_L$

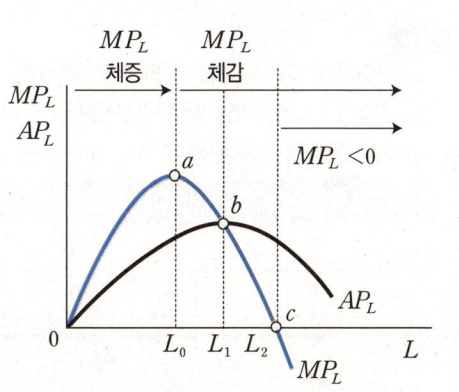

CHAPTER 11 생산함수이론

예제 | 한계생산과 평균생산

문제 1

생산량을 Q, 노동투입량을 L이라고 나타낼 때 어느 기업의 생산함수가 $Q = 100L^2 - L^3$으로 주어져 있다. 주어진 생산함수에서 노동의 한계생산과 평균생산이 일치하는 노동투입량은 얼마인가?

해설 1

- 노동의 한계생산(MP_L)은 노동(L) 1단위를 추가로 투입했을 때 총생산량(Q)의 증가분이므로 생산함수를 노동량변수에 대하여 미분하여 구할 수 있다.
$$MP_L = \frac{dQ}{dL} = 200L - 3L^2$$
- 노동의 평균생산(AP_L)은 노동(L) 1단위당 총생산량(Q)으로서 생산함수를 노동량변수로 나누어 구할 수 있다.
$$AP_L = \frac{Q}{L} = \frac{100L^2 - L^3}{L} = 100L - L^2$$
- $MP_L = AP_L$, $200L - 3L^2 = 100L - L^2$, $2L^2 = 200L$에서 노동의 한계생산과 평균생산이 일치하는 노동투입량은 $L = 50$이 된다.

해설 2

- $MP_L = AP_L$인 노동투입량수준에서 AP_L은 극대가 된다.
- 노동의 평균생산 : $AP_L = \frac{Q}{L} = \frac{100L^2 - L^3}{L} = 100L - L^2$
- AP_L이 극대가 되기 위해서는 AP_L의 기울기가 0이 되어야 한다. 따라서 AP_L을 노동량변수(L)에 대하여 미분한 후 0의 값을 주면 AP_L이 극대가 되는 노동투입량을 계산할 수 있다.
$$\frac{dAP_L}{dL} = 100 - 2L = 0$$에서 $L = 50$이 된다.

문제 2

처음 5명의 노동자가 작업을 할 때 1인당 평균생산량은 10단위였다. 노동자를 추가적으로 한 사람 더 고용함에 따라 1인당 평균생산량은 9단위로 줄어들었다. 이 경우 노동자의 한계생산량은 얼마인가?

(2006 감정평가사)

해설

- 노동투입량(L)이 5단위일 때 평균생산량(AP_L)이 10단위이므로 총생산량(Q)은 $5 \times 10 = 50$단위이고, 노동투입량(L)이 6단위일 때 평균생산량(AP_L)이 9단위이므로 총생산량(Q)은 $6 \times 9 = 54$단위이다.
- 따라서 노동자의 한계생산량은 $54 - 50 = 4$단위가 된다.

노동량	평균생산량	총생산량	한계생산량
5	10	50	–
6	9	54	4

제3절 장기생산함수

I 형태

① 장기에서는 모든 투입요소가 가변투입요소가 되므로 장기생산함수는 다음과 같이 정의된다.

> **장기생산함수**
> $$Q = f(L, K)$$

② 장기에서는 노동(L)과 자본(K) 모두 가변투입요소가 된다.
③ 장기는 공장이나 기계설비와 같은 자본(K)의 투입량을 조절할 수 있을 정도로 긴 기간을 의미한다.

II 등량곡선

1. 개념

① 등량곡선(isoquant curve)이란 동일한 생산량을 효율적으로 생산하기 위한 두 생산요소 노동(L)과 자본(K)의 조합점들을 연결한 곡선을 말한다.
  ▸ 등량곡선상의 모든 점들은 두 생산요소의 기술적 효율을 달성하는 조합점들이다.
② 일반적인 등량곡선은 소비자이론에서 다룬 무차별곡선과 유사하게 원점에 대해 볼록하면서 우하향하는 형태를 보인다.
③ 등량곡선과 무차별곡선은 형태가 유사하지만, 결정적인 차이점이 있다. 무차별곡선의 경우 효용의 서수성을 가정하였기 때문에 개별적인 곡선이 구체적인 효용의 수준을 나타내지 않지만, 등량곡선은 생산량의 기수성을 가정하므로 구체적인 산출량수준과 연결된다.

| 등량곡선 |

- 등량곡선이란 생산자에게 동일한 생산량을 주는 노동(L)과 자본(K)의 조합점들을 연결한 곡선이다.
- A, B, C, D점은 모두 생산자에게 동일한 생산량을 주는 점들이다.

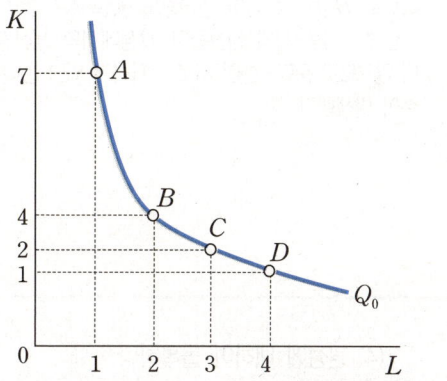

생산요소조합	A	B	C	D
노동(L)	1	2	3	4
자본(K)	7	4	2	1

2. 성질

(1) 우하향한다.
  ① 한 생산요소의 투입량을 증가시킬 때 동일한 생산량을 유지하기 위해서는 필연적으로 다른 생산요소의 투입량을 감소시켜야 하므로 등량곡선은 우하향한다.
  ② 등량곡선이 우하향한다는 것은 노동(L)과 자본(K) 모두 한계생산이 양($+$)의 값을 가지면서 서로 대체관계에 있다는 것을 의미한다.

(2) 원점에서 멀수록 더 높은 생산량수준을 나타낸다.

| 등량곡선에서 생산량의 증가 방향 |

- 등량곡선이 원점에서 멀어질수록 생산요소의 투입량이 더 많아지므로 생산량수준은 점점 높아진다.
- 두 생산요소 모두 한계생산이 양($+$)이라면 생산량의 증가 방향은 우상방향이다.

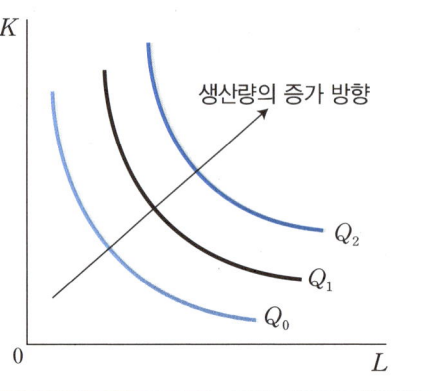

(3) 서로 교차하지 않는다.

| 등량곡선은 서로 교차하지 않는다. |

- Q_0의 등량곡선에서 A점과 B점의 생산량이 동일하고, Q_1의 등량곡선에서 A점과 C점의 생산량이 동일하므로 B점과 C점의 생산량도 동일해야 한다.
- 그런데 C점에서의 생산량이 B점에서의 생산량보다 더 많으므로 등량곡선이 서로 교차하게 되면 논리적 모순이 발생한다.

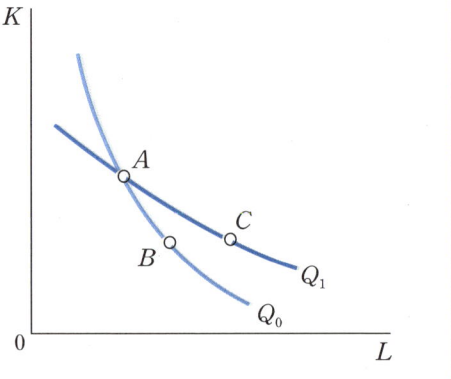

(4) 원점에 대하여 볼록하다.
  ① 등량곡선이 원점에 대하여 볼록하다는 것은 '한계기술대체율체감의 법칙'이 성립함을 의미한다.
    ▸ 무차별곡선이 원점에 대하여 볼록한 이유는 한계대체율체감의 법칙과 관련된다.
  ② 한계기술대체율체감의 법칙은 일반적으로 관찰되는 현상이지만, 모든 경우에 있어 한계기술대체율체감의 법칙이 작용하지는 않는다.

III 한계기술대체율

1. 개념

① 한계기술대체율(Marginal Rate of Technical Substitution : $MRTS$)이란 노동(L) 한 단위의 투입을 추가로 증가시킬 때 동일한 생산량수준을 유지하기 위해 포기해야 하는, 즉 감소시켜야 하는 자본(K)의 양을 말한다.

② 한계기술대체율은 두 생산요소의 기술적 교환비율로서 등량곡선의 한 점에서의 접선의 기울기의 절댓값으로 측정된다.

③ A점과 B점은 동일한 등량곡선상에 있으므로 노동투입량의 증가에 따른 총생산량의 증가분과 자본투입량의 감소에 따른 총생산량의 감소분은 부호만 다를 뿐 그 절댓값이 동일하다.

> **노동(L)의 생산증가분 = 자본(K)의 생산감소분**
> $$MP_L \times \Delta L = - MP_K \times \Delta K$$

④ 한계기술대체율을 각 생산요소의 한계생산비로 나타내면 다음과 같다. 그리고 미분의 개념을 도입하여 노동(L)의 증분(ΔL)을 아주 미소하게 잡으면 등량곡선상의 한 점에서의 한계기술대체율을 정의할 수 있고, 등량곡선상의 한 점에서의 그은 접선의 기울기의 절댓값이 된다.

> **한계기술대체율**
> $$MRTS_{LK} = \lim_{\Delta L \to 0}\left(-\frac{\Delta K}{\Delta L}\right) = -\frac{dK}{dL} = \frac{MP_L}{MP_K}$$

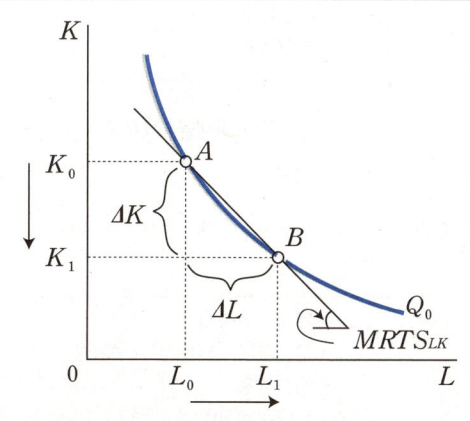

한계기술대체율
- 한계기술대체율이란 동일한 생산량수준을 유지하면서 노동(L)과 자본(K)의 교환비율이다.
- 한계기술대체율은 등량곡선의 기울기의 절댓값으로 측정된다.

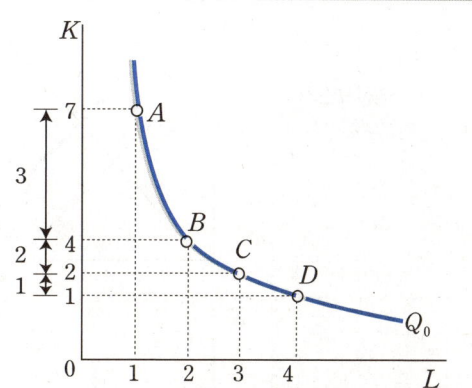

한계기술대체율체감의 법칙
- 노동(L)의 투입량이 증가함에 따라 노동(L) 한 단위와 교환되는 자본(K)의 양이 3 → 2 → 1로 점점 감소한다.
- 한계기술대체율이 체감하기 때문에 등량곡선은 원점에 대해 볼록하다.

2. 한계기술대체율체감의 법칙

① 한계기술대체율체감의 법칙(law of diminishing $MRTS$)이란 동일한 생산량수준을 유지하면서 노동 투입량을 한 단위씩 증가시켜감에 따라 포기해야 하는 자본투입량이 점점 감소하는 현상을 말한다.
② 한계기술대체율체감의 법칙과 한계생산체감의 법칙은 아무런 논리적 관계가 없다.

예제 | **한계기술대체율**

문제
어떤 생산자의 생산함수는 $Q=AL^{0.7}K^{0.3}$이다. 이 생산자가 $L=3$, $K=2$를 투입한다면 이 생산자의 한계기술대체율은 얼마인가?

해설
- 한계생산 : $MP_L = \dfrac{\partial Q}{\partial L} = 0.7AL^{-0.3}K^{0.3}$, $MP_K = \dfrac{\partial Q}{\partial K} = 0.3AL^{0.7}K^{-0.7}$
- 한계기술대체율 : $MRTS_{LK} = \dfrac{MP_L}{MP_K} = \dfrac{0.7AL^{-0.3}K^{0.3}}{0.3AL^{0.7}K^{-0.7}} = \dfrac{7}{3}\dfrac{K}{L}$에서 $L=3$, $K=2$를 대입하면 $\dfrac{14}{9}$가 도출된다.

Ⅳ 특수한 등량곡선

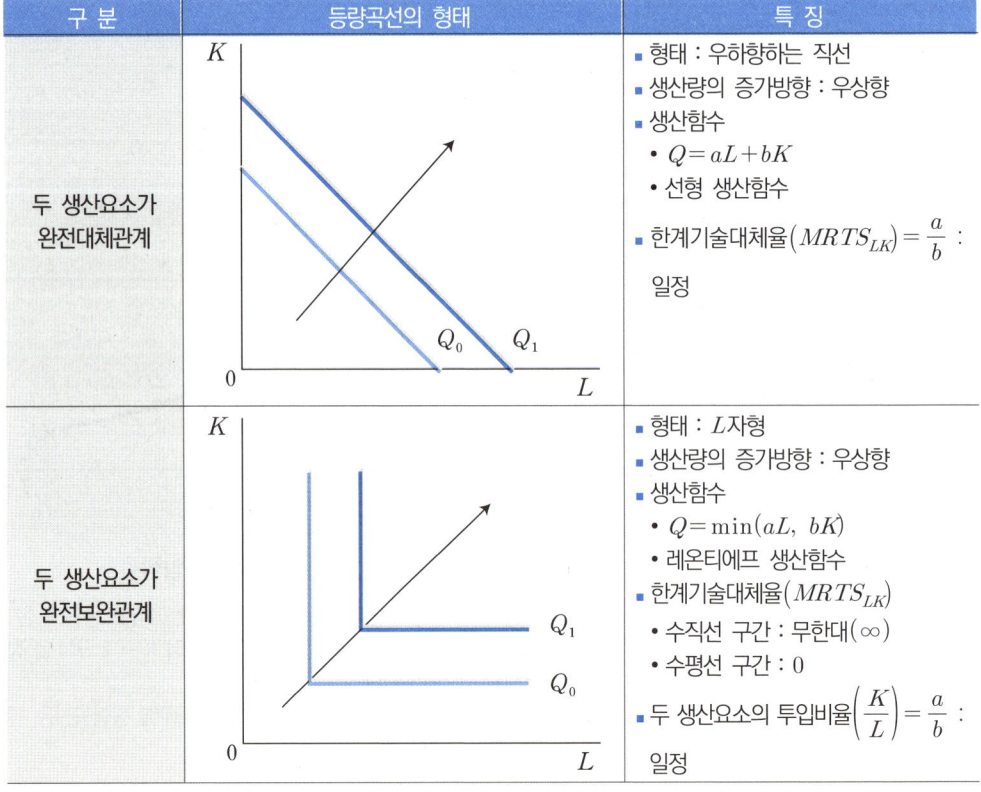

구 분	등량곡선의 형태	특 징
두 생산요소가 완전대체관계		■ 형태 : 우하향하는 직선 ■ 생산량의 증가방향 : 우상향 ■ 생산함수 　• $Q=aL+bK$ 　• 선형 생산함수 ■ 한계기술대체율 $(MRTS_{LK}) = \dfrac{a}{b}$: 일정
두 생산요소가 완전보완관계		■ 형태 : L자형 ■ 생산량의 증가방향 : 우상향 ■ 생산함수 　• $Q=\min(aL,\ bK)$ 　• 레온티에프 생산함수 ■ 한계기술대체율 $(MRTS_{LK})$ 　• 수직선 구간 : 무한대(∞) 　• 수평선 구간 : 0 ■ 두 생산요소의 투입비율 $\left(\dfrac{K}{L}\right) = \dfrac{a}{b}$: 일정

Ⅴ 등비용선

1. 개념

① 등비용선(isocost line)이란 기업이 주어진 총비용을 전부 사용하여 투입 가능한 노동(L)과 자본(K)의 조합점들을 연결한 선을 말한다.
▸ 등비용선은 소비자이론에서 예산선(budget line)과 유사한 개념이다.

② 등비용선상의 모든 점들은 동일한 비용을 나타낸다.

2. 등비용선의 도출

① 총비용을 TC, 노동의 가격(임금)을 w, 자본의 가격(이자)을 r이라고 했을 때 생산자의 비용제약식(비용함수)과 등비용선식은 다음과 같다.

> **등비용선식**
> - $TC = wL + rK$
> - $K = -\dfrac{w}{r}L + \dfrac{TC}{r}$
> - 선택변수 : L, K
> - 외생변수 : w, r, TC

② 여기에서 wL은 총노동비용을 의미하고, rK는 총자본비용을 의미한다.

③ 등비용선을 그리면 K의 절편이 $\dfrac{TC}{r}$이고, 기울기가 $-\dfrac{w}{r}$인 우하향의 직선이 도출된다.
▸ $\dfrac{TC}{r}$는 생산자가 주어진 총비용으로 최대 투입 가능한 자본(K)의 양을 의미하고, $\dfrac{TC}{w}$는 최대 투입 가능한 노동(L)의 양을 의미한다.

④ $\dfrac{w}{r}$는 노동(L)과 자본(K)의 상대가격비율로서 자본(K)의 단위로 표시한 노동(L) 한 단위의 가격을 의미한다.
▸ 노동(L)과 자본(K)이 생산요소시장에서 객관적으로 교환되는 비율을 의미한다.
▸ 노동(L) 한 단위를 추가로 투입했을 때 동일한 비용을 유지하고자 포기해야 하는(감소시켜야 하는) 자본(K)의 양을 말한다.

| 등비용선 |

- 등비용선식을 바탕으로 등비용선을 그리면 K의 절편이 $\dfrac{TC}{r}$이고, 기울기가 $-\dfrac{w}{r}$인 우하향의 직선이 도출된다.
- 등비용선은 소비자이론에서의 예산선과 유사한 개념이다.

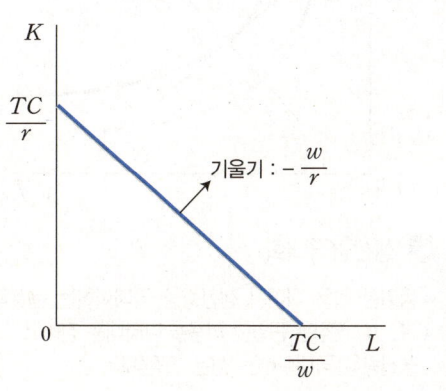

Ⅵ 생산자균형

1. 개념
① 생산자균형이란 주어진 비용제약 하에서 생산량극대화(output maximization) 원칙이 성립되는 상태를 의미한다.
② 생산자균형이란 주어진 생산량 하에서 비용극소화(cost minimization) 원칙이 성립되는 상태를 의미한다.

2. 생산자균형

(1) 생산량극대화
① A점과 B점을 지나는 등량곡선 Q_0보다는 E점을 지나는 등량곡선 Q_1이 원점에서 더 멀리 떨어진 등량곡선이므로 더 높은 생산량을 주는 점이다.
② 생산자의 생산자균형조건을 다음과 같이 쓸 수 있다.
  ▸ |등량곡선의 접선의 기울기|=|등비용선의 기울기|
  ▸ 한계기술대체율=두 생산요소의 상대가격
  ▸ 두 생산요소의 기술적 교환비율=생산요소시장에서 두 생산요소의 객관적 교환비율

> **생산량극대화조건**
> $$\frac{MP_L}{MP_K} = \frac{w}{r}$$

③ 위의 생산자균형조건식의 양변에 $\dfrac{MP_K}{w}$를 곱하면 한계생산균등의 법칙이 도출된다.
  ▸ 한계생산균등의 법칙은 노동(L) 1원어치당 한계생산이 자본(K) 1원어치당 한계생산과 동일해야 생산자균형이 성립된다는 의미이다.

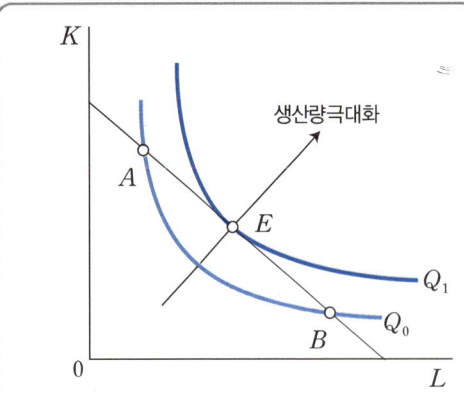

생산량극대화
- 동일한 비용 하에서 생산량을 극대화하는 문제이다.
- A, B, E점은 동일한 비용을 나타내는 점이고, 그 중 생산량을 극대화하는 점은 E점이다.

비용극소화
- 동일한 생산량 하에서 비용을 극소화하는 문제이다.
- A, B, E점은 동일한 생산량을 나타내는 점이고, 그 중 비용을 극소화하는 점은 E점이다.

> **한계생산균등의 법칙의 도출**
> - $\dfrac{MP_K}{w} \times \dfrac{MP_L}{MP_K} = \dfrac{MP_K}{w} \times \dfrac{w}{r}$
> - $\dfrac{MP_L}{w} = \dfrac{MP_K}{r}$

(2) 비용극소화
① A점과 B점을 지나는 등비용선보다는 E점을 지나는 등비용선이 원점에 더 가까운 등비용선이므로 더 낮은 비용을 주는 점이다.
② 생산자균형점에서 등량곡선과 등비용선이 접하므로 등량곡선의 접선의 기울기와 등비용선의 기울기가 일치한다.
③ 생산량극대화문제와 비용극소화문제의 두 접근법은 접근방법에서 약간의 차이점만 있을 뿐 결국 동일한 조건식으로 귀결된다.

3. 생산자균형으로의 조정과정
① 한계기술대율이 두 생산요소의 상대가격보다 크면 노동 1원당 한계생산이 자본 1원당 한계생산보다 크다는 의미와 동일하다. 이때 생산자균형을 달성하기 위해서는 노동투입량을 증가시키고 자본투입량을 감소시켜야 한다. 노동투입량을 증가시키고 자본투입량을 감소시켜감에 따라 한계기술대체율 체감의 법칙으로 인해 한계기술대체율이 감소하고, 등비용선이 우하향하는 직선이므로 두 생산요소의 상대가격은 불변이다. 이러한 과정은 한계기술대체율이 두 생산요소의 상대가격과 일치하는 수준까지 진행된다.
② 한계기술대율이 두 생산요소의 상대가격보다 작다면 반대의 과정을 거치면서 생산자균형을 달성하게 된다.

생산요소 투입점	상 황	생산자균형으로의 조정
A점	$\dfrac{MP_L}{MP_K} > \dfrac{w}{r} \leftrightarrow \dfrac{MP_L}{w} > \dfrac{MP_K}{r}$	• 노동투입량 증가, 자본투입량 감소 → $MRTS_{LK} = \dfrac{MP_L}{MP_K}$ 감소 → E점으로 이동
E점	$\dfrac{MP_L}{MP_K} = \dfrac{w}{r} \leftrightarrow \dfrac{MP_L}{w} = \dfrac{MP_K}{r}$	• 생산량극대화(비용극소화) 점
B점	$\dfrac{MP_L}{MP_K} < \dfrac{w}{r} \leftrightarrow \dfrac{MP_L}{w} < \dfrac{MP_K}{r}$	• 노동투입량 감소, 자본투입량 증가 → $MRTS_{LK} = \dfrac{MP_L}{MP_K}$ 증가 → E점으로 이동

> **참고 생산자균형의 의미**
> ① 생산자균형은 비용극소화를 달성하는 두 생산요소의 투입량을 결정하는 문제이지 이윤극대화 생산량을 결정하는 문제가 아니다.
> ② 소비자의 최종 목적은 효용극대화나 지출극소화이지만, 생산자의 최종 목적은 생산량극대화나 비용극소화가 아니라 '이윤극대화'이다.
> ③ 생산자는 이윤극대화수준의 생산량을 결정한 이후 이를 생산하기 위한 비용극소화를 추구한다.

4. 특수한 생산자균형

(1) 두 생산요소가 완전대체관계인 경우 생산자균형

① 두 생산요소가 완전대체관계인 경우의 생산함수는 선형 생산함수(linear production function)로서 등량곡선이 우하향하는 직선의 형태를 띤다.

② 선형 생산함수 $Q = aL + bK$의 등량곡선식은 $K = -\dfrac{a}{b}L + \dfrac{Q}{b}$가 된다.

   ▸ 등량곡선의 K축 절편값은 $\dfrac{Q}{b}$, L축 절편값은 $\dfrac{Q}{a}$, 기울기는 $-\dfrac{a}{b}$가 된다.

   ▸ 이 생산함수의 한계기술대체율은 $MRTS_{LK} = \dfrac{a}{b}$로 일정하다.

③ 구석해를 갖는 경우

   ▸ 한계기술대체율($MRTS_{LK}$)이 두 생산요소의 상대가격 $\left(\dfrac{w}{r}\right)$보다 큰 경우 생산자균형은 노동($L$)만 투입하는 것이다.

   ▸ 한계기술대체율($MRTS_{LK}$)이 두 생산요소의 상대가격 $\left(\dfrac{w}{r}\right)$보다 작은 경우 생산자균형은 자본($K$)만 투입하는 것이다.

   ▸ 한계기술대체율과 두 생산요소의 상대가격이 불일치하면 생산자균형점이 L축의 절편이나 K축의 절편에서 이루어지는 구석해(corner solution)를 갖게 된다.

   ▸ 생산균형점에서 구석해가 나타날 때에는 생산자균형조건을 만족하지 않게 된다.

④ 선형 생산함수인 경우 생산자균형조건을 만족하면 등량곡선과 등비용선이 겹치게 되면서 생산자균형점이 하나가 아닌 무수히 많이 존재하게 된다.

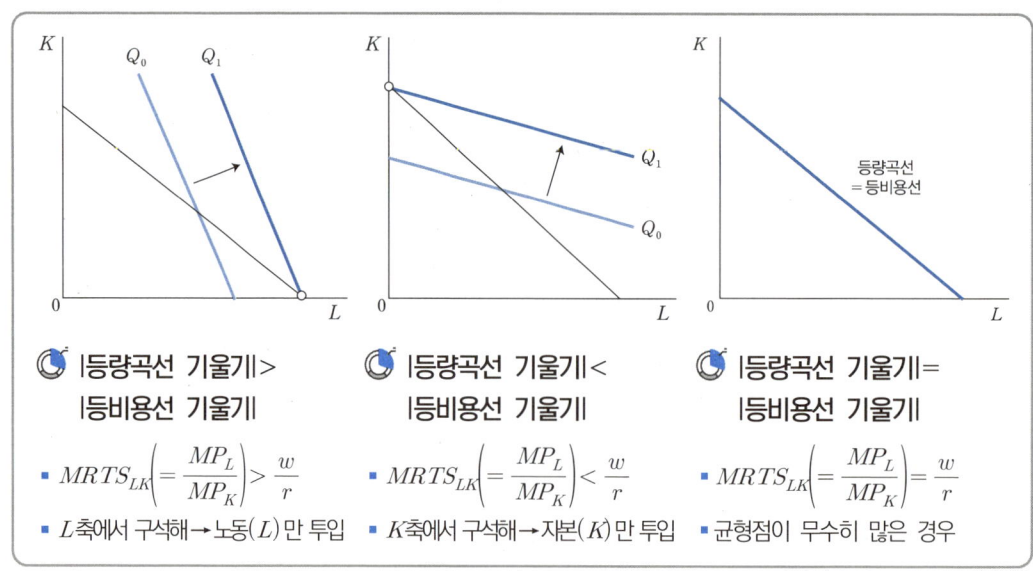

- |등량곡선 기울기| > |등비용선 기울기|
  - $MRTS_{LK}\left(=\dfrac{MP_L}{MP_K}\right) > \dfrac{w}{r}$
  - L축에서 구석해 → 노동(L)만 투입

- |등량곡선 기울기| < |등비용선 기울기|
  - $MRTS_{LK}\left(=\dfrac{MP_L}{MP_K}\right) < \dfrac{w}{r}$
  - K축에서 구석해 → 자본(K)만 투입

- |등량곡선 기울기| = |등비용선 기울기|
  - $MRTS_{LK}\left(=\dfrac{MP_L}{MP_K}\right) = \dfrac{w}{r}$
  - 균형점이 무수히 많은 경우

(2) 두 생산요소가 완전보완관계인 경우 생산자균형

① 두 생산요소가 완전보완관계인 경우의 생산함수는 레온티에프 생산함수(Leontief production function)로서 등량곡선이 L자형의 형태를 띤다.

② 레온티에프 생산함수의 등량곡선은 L자형이므로 생산자균형점에서 미분이 불가능하여 한계기술대체율 자체를 정의할 수 없다.

③ 레온티에프 생산함수가 $Q = \min(aL, bK)$인 경우 생산자균형조건은 $Q = aL = bK$가 된다.

▸ 레온티에프 생산함수가 $Q = \min\left(\dfrac{L}{a}, \dfrac{K}{b}\right)$이면 생산자균형조건은 $Q = \dfrac{L}{a} = \dfrac{K}{b}$가 된다.

④ 레온티에프 생산함수가 $Q = \min(aL, bK)$인 경우 생산자균형은 항상 $aL = bK$, $K = \dfrac{a}{b}L$의 조건을 만족하므로 생산자는 노동(L)과 자본(K)의 투입을 $b : a$의 비율로 일정하게 유지하는 것이 최적이다. 이때 두 생산요소의 투입비율은 $\dfrac{K}{L} = \dfrac{a}{b}$로 일정하다.

▸ 생산함수가 $Q = \min\left(\dfrac{L}{a}, \dfrac{K}{b}\right)$이면 생산자는 노동($L$)과 자본($K$)의 투입을 $a : b$의 비율로 일정하게 유지하는 것이 최적이고, 이때 두 생산요소의 투입비율은 $\dfrac{K}{L} = \dfrac{b}{a}$가 된다.

⑤ 레온티에프 생산함수의 등량곡선은 L자형이므로 등량곡선의 꼭짓점에서 생산자균형이 달성된다. 이 경우 생산자균형조건(생산량극대화, 비용극소화) $\dfrac{MP_L}{MP_K} = \dfrac{w}{r}$를 만족하지 못하게 된다.

| 두 생산요소가 완전보완관계인 경우 생산자균형 |

- 두 생산요소가 완전보완관계인 경우 등량곡선은 L자형이므로 L자형의 꼭짓점에서 생산자균형이 달성된다.
- 이 경우 생산자균형점에서 등량곡선의 기울기와 등비용선의 기울기가 상이하다.

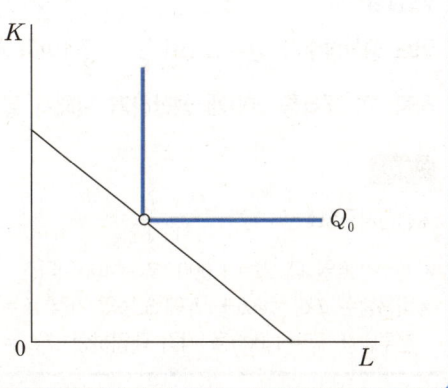

CHAPTER 11 생산함수이론

예제 | 생산자균형

문제 1

어느 컴퓨터 소프트웨어 개발회사의 생산함수가 $Q = 2K + L$이다. 노동 한 단위의 가격이 10, 자본 한 단위의 가격이 30이라고 할 때 최소 비용으로 300단위를 생산하기 위한 직접자본투자는? (단, L은 노동투입, K는 자본투입)

(2000 감정평가사)

해설

- 한계기술대체율은 $MRTS_{LK} = \dfrac{MP_L}{MP_K} = \dfrac{1}{2}$이고, 두 생산요소의 상대가격은 $\dfrac{w}{r} = \dfrac{10}{30} = \dfrac{1}{3}$이다.
- 선형 생산함수일 때 두 생산요소가 완전대체관계인 경우에 해당하므로 등량곡선은 우하향하는 직선이 된다. 등량곡선이 우하향하는 직선일 때 등비용선의 기울기와 일치하지 않는 한 생산자균형은 구석해를 갖게 된다.
- $MRTS_{LK}\left(=\dfrac{MP_L}{MP_K}\right) > \dfrac{w}{r}$의 관계가 성립하므로 노동($L$)만 투입하고 자본($K$)은 전혀 투입하지 않는 것이 생산자균형이 된다.
- $K=0$이므로 생산함수는 $Q=L$이 되고, 생산량이 $Q=300$이므로 $Q=L=300$의 식이 성립한다. 따라서 생산요소의 최적투입조합은 $L=300$, $K=0$이다.
- 노동의 단위당 가격이 $w=10$이고 노동투입량이 $L=300$이므로 기업의 최소비용은 $TC=wL+rK$, $10 \times 300 = 3{,}000$이다.

문제 2

어떤 기업의 생산함수가 $Q=2KL$로 주어져 있다. K의 가격이 4만 원, L의 가격이 1만 원일 때 생산물 128단위를 최소의 비용으로 생산하려면 두 생산요소의 투입량은 각각 얼마가 되어야 하는가?

(2003 입법)

해설

- 생산자균형조건: $\dfrac{MP_L}{MP_K} = \dfrac{w}{r}$, $\dfrac{2K}{2L} = \dfrac{1}{4}$, $L=4K$가 성립한다.
- $L=4K$를 생산함수에 대입하면 $Q=8K^2=128$이 되고, 여기에서 $K=4$이므로 $L=16$이 도출된다.
- 이때 기업의 최소비용은 $TC = wL + rK = (1 \times 16) + (4 \times 4) = 32$만 원이다.

문제 3

어느 생산함수가 $Q = \min\left(\dfrac{K}{5}, \dfrac{L}{2}\right)$이며 자본과 노동의 가격이 각각 3만 원과 2만 원이라고 가정하자. 이 재화를 200개 생산하기 위해서 필요한 최소생산비는 얼마인가?

(2004 입법)

해설

- 생산자균형조건: $Q = \dfrac{K}{5} = \dfrac{L}{2}$
- $Q=200$일 때 $K=1{,}000$, $L=400$이다.
- 비용함수 $TC = wL + rK$에 노동의 가격 $w=20{,}000$, 자본의 가격 $r=30{,}000$, 노동투입량 $L=400$, 자본투입량 $K=1{,}000$을 각각 대입하면 $TC = (2 \times 400) + (3 \times 1{,}000) = 3{,}800$(만 원)이 된다.

제4절 규모에 대한 보수와 규모의 경제

I 개요

1. 규모에 대한 보수

① 규모에 대한 보수(returns to scale)는 모든 생산요소의 투입량을 동일한 비율로 증가시켰을 때 생산량이 어떤 비율로 변하는가를 나타낸다.
  ▶ 규모에 대한 보수를 '규모에 대한 수익' 또는 '규모에 대한 수확'이라고도 한다.
② 모든 생산요소를 동일한 비율로 변화시킨다는 것은 모든 생산요소가 가변투입요소임을 의미하므로 규모에 대한 보수는 장기에 나타나는 개념이다.

2. 규모의 경제

(1) 비용함수
① 비용은 총비용과 한계비용, 평균비용으로 구분된다.
② 생산함수가 단기생산함수와 장기생산함수로 구분되는 것과 마찬가지로 비용함수도 단기비용함수와 장기비용함수로 구분된다.
③ 장기평균비용(Long-run Average Cost : LAC)이란 장기총비용(Long-run Total Cost : LTC)을 생산량(Q)으로 나눈 값으로서 생산량 한 단위당 장기총비용을 의미한다.
  ▶ 장기평균비용 : $LAC = \dfrac{LTC}{Q}$

(2) 규모의 경제
① 규모의 경제(economies of scale)란 생산량을 증가시킬 때 장기평균비용이 감소하는 현상이다.
② 규모의 불변경제란 생산량을 증가시킬 때 장기평균비용이 불변인 경우를 말한다.
③ 규모의 비경제(규모의 불경제)란 생산량을 증가시킬 때 장기평균비용이 증가하는 현상이다.

> **규모의 경제**
> - 규모의 경제 : $Q\uparrow \to LAC\downarrow$
> - 규모의 불변경제 : $Q\uparrow \to LAC$ 불변
> - 규모의 비경제 : $Q\uparrow \to LAC\uparrow$

II 규모에 대한 보수의 구분

1. 규모에 대한 보수 증가

규모에 대한 보수 증가(Increasing Returns to Scale : IRS)란 모든 생산요소의 투입량을 동일한 비율(λ)로 증가시켰을 때 생산량은 그 배수를 초과하여 증가하는 현상이다.

> **규모에 대한 보수 증가(IRS)**
> - 생산함수 : $Q = f(L, K)$
> - $IRS : f(\lambda L, \lambda K) > \lambda f(L, K)\, [= \lambda Q]$

2. 규모에 대한 보수 불변

규모에 대한 보수 불변(Constant Returns to Scale : CRS)이란 모든 생산요소의 투입량을 동일한 비율(λ)로 증가시켰을 때 생산량도 그 배수만큼 증가하는 현상이다.

> **규모에 대한 보수 불변(CRS)**
> - $CRS : f(\lambda L, \lambda K) = \lambda f(L, K) [= \lambda Q]$

3. 규모에 대한 보수 감소

규모에 대한 보수 감소(Decreasing Returns to Scale : DRS)란 모든 생산요소의 투입량을 동일한 비율(λ)로 증가시켰을 때 생산량은 그 배수 미만으로 증가하는 현상이다.

> **규모에 대한 보수 감소(DRS)**
> - $DRS : f(\lambda L, \lambda K) < \lambda f(L, K) [= \lambda Q]$

Ⅲ 규모에 대한 보수와 규모의 경제

1. 규모에 대한 보수 증가
① 모든 생산요소의 투입량을 λ배 증가시키면 장기총비용(LTC)이 λ배 증가하고, 생산량(Q)은 λ배를 초과하여 증가하므로 장기평균비용(LAC)은 감소하게 된다.
② 따라서 규모에 대한 보수 증가는 '규모의 경제'와 관련된다.

2. 규모에 대한 보수 불변
① 모든 생산요소의 투입량을 λ배 증가시키면 장기총비용(LTC)도 λ배 증가하고, 생산량 또한 λ배 증가하므로 장기평균비용(LAC)은 불변이 된다.
② 따라서 규모에 대한 보수 불변은 '규모의 불변경제'와 관련된다.

3. 규모에 대한 보수 감소
① 모든 생산요소의 투입량을 λ배 증가시키면 장기총비용(LTC)도 λ배 증가하고, 생산량은 λ배 미만 증가하므로 장기평균비용(LAC)은 증가하게 된다.
② 따라서 규모에 대한 보수 감소는 '규모의 비경제(규모의 불경제)'와 관련된다.

Ⅳ 규모에 대한 보수와 한계생산체감의 법칙

① 규모에 대한 보수는 장기에 나타나는 현상이고, 한계생산체감의 법칙은 단기에 나타나는 현상으로서 두 가지 개념은 서로 아무런 체계적 상관관계가 없다.
② 규모에 대한 보수의 증감 여부와 관계없이 한계생산체감의 법칙은 단기에 항상 성립하므로 한계생산체감의 법칙은 장기에 어떤 형태의 규모의 보수와도 양립될 수 있다.

V. 동차생산함수

1. 개념

(1) 동차함수

① 어떤 함수의 각 독립변수에 λ를 곱할 때 그 함수의 값이 λ^r배만큼 변하면 이러한 함수를 r차 동차함수(homogeneous of degree r)라고 한다.

② 동차함수는 다음과 같은 식을 만족한다.

> **동차함수**
> - $y = f(x_1,\ x_2)$
> - $f(\lambda x_1,\ \lambda x_2) = \lambda^r f(x_1,\ x_2) = \lambda^r y$

③ 동차함수의 예
- 1차 동차함수 : $y = 3x_1 - 2x_2$
  - $3(\lambda x_1) - 2(\lambda x_2) = \lambda(3x_1 - 2x_2) = \lambda y$
- 0차 동차함수 : $y = \dfrac{3x_1}{2x_2}$
  - $\dfrac{3(\lambda x_1)}{2(\lambda x_2)} = \dfrac{3x_1}{2x_2} = \lambda^0 y$
- 2차 동차함수 : $y = x_1 x_2$
  - $(\lambda x_1)(\lambda x_2) = \lambda^2 x_1 x_2 = \lambda^2 y$

(2) r차 동차생산함수

① 노동(L)과 자본(K)의 투입량을 λ배 증가시킬 때 생산량(Q)이 λ^r배만큼 증가하면 이 생산함수를 r차 동차생산함수(homogeneous production function of degree r)라고 한다.

② r차 동차생산함수는 다음과 같이 정의된다.

> **r차 동차생산함수**
> - $Q = f(L,\ K)$
> - $f(\lambda L,\ \lambda K) = \lambda^r f(L,\ K)\ [= \lambda^r Q]$

2. r차 동차생산함수와 규모에 대한 보수

① 생산요소의 투입량을 증가시키면 생산량도 증가하므로 $r > 0$이고, 규모에 대한 보수를 논의할 때 생산요소의 투입을 증가시키므로 $\lambda > 1$이다.

② $r > 1$이면 규모에 대한 보수 증가(규모의 경제), $r = 1$이면 규모에 대한 보수 불변(규모의 불변경제), $0 < r < 1$이면 규모에 대한 보수 감소(규모의 비경제)가 성립된다.

r차 동차생산함수	규모에 대한 보수	규모의 경제
$r > 1$	규모에 대한 보수 증가	규모의 경제
$r = 1$	규모에 대한 보수 불변	규모의 불변경제
$0 < r < 1$	규모에 대한 보수 감소	규모의 비경제(불경제)

3. 주요 동차생산함수

(1) 콥-더글라스 생산함수

① 콥-더글라스 생산함수(Cobb-Douglas production function)는 $\alpha + \beta$차 동차생산함수이다.

> **콥-더글라스 생산함수**
> - 생산함수 : $Q = AL^\alpha K^\beta$
> - $f(\lambda L, \lambda K) = A(\lambda L)^\alpha (\lambda K)^\beta = A\lambda^\alpha L^\alpha \lambda^\beta K^\beta$
> $= \lambda^{\alpha+\beta} AL^\alpha K^\beta = \lambda^{\alpha+\beta} Q$

② 콥-더글라스 생산함수에서 $\alpha + \beta$의 크기와 규모에 대한 보수는 다음과 같은 관계를 가진다.
  ▶ 여기에서 $r = \alpha + \beta$이고, $\lambda > 1$의 조건이 성립한다.

$\alpha + \beta$의 크기	규모에 대한 보수	규모의 경제
$\alpha + \beta > 1$	규모에 대한 보수 증가	규모의 경제
$\alpha + \beta = 1$	규모에 대한 보수 불변	규모의 불변경제
$0 < \alpha + \beta < 1$	규모에 대한 보수 감소	규모의 비경제(불경제)

(2) 선형 생산함수

① 선형 생산함수(linear production function)는 두 생산요소 노동(L)과 자본(K)이 완전 대체관계인 경우이다.
② 주어진 선형 생산함수는 1차 동차생산함수이므로 규모에 대한 보수 불변 및 규모의 불변경제와 관련된다.
③ 주어진 선형 생산함수에서 모든 생산요소의 투입량을 λ배 증가시키면 생산량도 정확하게 λ배 증가한다.

> **선형 생산함수**
> - 생산함수 : $Q = aL + bK$
> - $f(\lambda L, \lambda K) = a(\lambda L) + b(\lambda K)$
> $= \lambda(aL + bK) = \lambda Q$

(3) 레온티에프 생산함수

① 레온티에프 생산함수(Leontief production function)는 두 생산요소 노동(L)과 자본(K)이 완전보완관계인 경우이다.
② 주어진 레온티에프 생산함수도 선형 생산함수와 마찬가지로 1차 동차생산함수이므로 규모에 대한 보수 불변 및 규모의 불변경제와 관련된다.
③ 주어진 레온티에프 생산함수에서 모든 생산요소의 투입량을 λ배 증가시키면 생산량도 정확하게 λ배 증가한다.

> **레온티에프 생산함수**
> - 생산함수 : $Q = \min(aL, bK)$
> - $f(\lambda L, \lambda K) = \min(\lambda aL, \lambda bK)$
> $= \lambda \min(aL, bK) = \lambda Q$

제5절 대체탄력성

I 개념

① 대체탄력성(elasticity of substitution)이란 생산요소 간 대체의 정도를 탄력성의 개념으로 나타낸 것을 말한다.
② 대체탄력성을 논의할 때에는 동일한 생산량을 가정하므로 동일한 등량곡선상에서 논의를 전개한다.

II 측정

① 두 생산요소의 상대가격이 상승하면 상대적으로 비싸진 노동(L)의 투입량을 줄이고 상대적으로 싸진 자본(K)의 투입량을 늘리기 때문에 두 생산요소의 투입비율은 커지게 된다.
▶ 요소투입비율$\left(\dfrac{K}{L}\right)$을 1인당 자본, 요소집약도, 자본−노동비율이라고도 한다.

② 대체탄력성(σ)은 생산량을 일정 수준으로 유지하면서 생산요소가격비율$\left(\dfrac{w}{r}\right)$이 1% 변할 때 생산요소투입비율$\left(\dfrac{K}{L}\right)$이 몇 % 변화하는지를 나타내는 지표이다.

③ 생산자균형조건 $MRTS_{LK}\left(=\dfrac{MP_L}{MP_K}\right)=\dfrac{w}{r}$ 를 통해 대체탄력성(σ)은 다음과 같이 쓸 수 있다.

> **대체탄력성**
>
> $$\sigma = \frac{\text{요소투입비율의 변화율(\%)}}{\text{한계기술대체율의 변화율(\%)}} = \frac{\dfrac{d(K/L)}{(K/L)}}{\dfrac{dMRTS_{LK}}{MRTS_{LK}}} = \frac{\dfrac{d(K/L)}{(K/L)}}{\dfrac{d(MP_L/MP_K)}{(MP_L/MP_K)}}$$

| 대체탄력성의 측정 |

- Q_0인 등량곡선상에서 점이 A에서 B로 이동하면 $MRTS_{LK}\left(=\dfrac{MP_L}{MP_K}\right)=\dfrac{w}{r}$가 감소하고, 생산요소투입비율$\left(\dfrac{K}{L}\right)$도 $\dfrac{K_0}{L_0}$에서 $\dfrac{K_1}{L_1}$으로 감소한다.
- $MRTS_{LK}\left(=\dfrac{MP_L}{MP_K}\right)=\dfrac{w}{r}$의 변화와 $\dfrac{K}{L}$의 변화를 이용하여 대체탄력성을 측정할 수 있다.

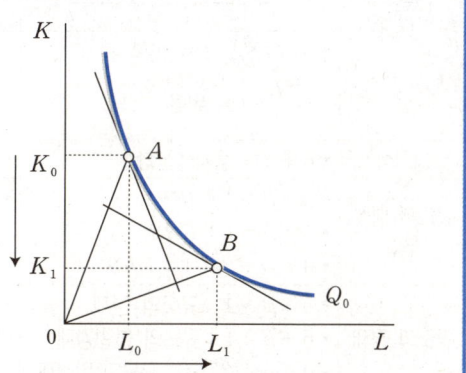

CHAPTER 11 생산함수이론

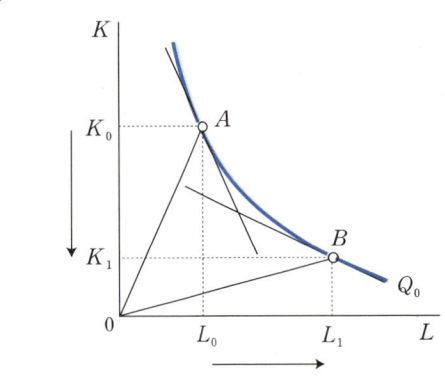

⏱ **대체탄력성이 큰 경우**

- 한계기술대체율의 변화율이 작고, 요소투입비율의 변화율이 클수록 대체탄력성은 커진다.
- 등량곡선의 곡률이 작을수록 대체탄력성은 커진다.

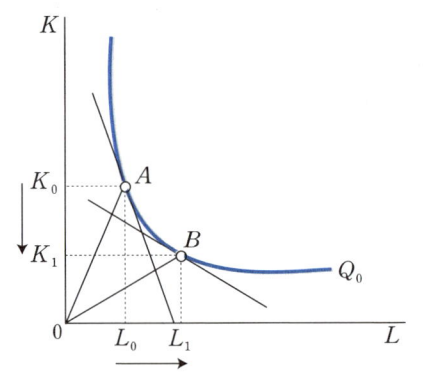

⏱ **대체탄력성이 작은 경우**

- 한계기술대체율의 변화율이 크고, 요소투입비율의 변화율이 작을수록 대체탄력성은 작아진다.
- 등량곡선의 곡률이 클수록 대체탄력성은 작아진다.

Ⅲ CES 생산함수

① CES(Constant Elasticity of Substitution) 생산함수란 대체탄력성이 일정한 생산함수이다.
② 콥-더글라스 생산함수는 대체탄력성이 1로 일정하고, 선형 생산함수는 대체탄력성이 무한대(∞)로 일정하며, 레온티에프 생산함수는 대체탄력성이 0으로 일정하다.

구 분	콥-더글라스 생산함수	선형 생산함수	레온티에프 생산함수
생산함수	• $Q = AL^\alpha K^\beta$	• $Q = aL + bK$	• $Q = \min(aL, bK)$
등량곡선	• 원점에 대해 볼록	• 우하향의 직선	• L자형
대체탄력성	• $\sigma = 1$	• $\sigma = \infty$	• $\sigma = 0$
대체탄력성의 측정	(그래프)	(그래프)	(그래프)
	• $MRTS_{LK}$ 1% 변화 → $\dfrac{K}{L}$ 1% 변화	• $MRTS_{LK}$의 0에 가까운 변화 → $\dfrac{K}{L}$ 극에서 극으로 변화	• $MRTS_{LK}$ 변화 → $\dfrac{K}{L}$ 불변
동차성	• $\alpha + \beta$차 동차생산함수	• 1차 동차생산함수	• 1차 동차생산함수
규모에 대한 보수	• $\alpha + \beta > 1$: IRS • $\alpha + \beta = 1$: CRS • $0 < \alpha + \beta < 1$: DRS	• CRS	• CRS
규모의 경제	• $\alpha + \beta > 1$: 규모의 경제 • $\alpha + \beta = 1$: 규모의 불변경제 • $0 < \alpha + \beta < 1$: 규모의 비경제	• 규모의 불변경제	• 규모의 불변경제

Ⅳ 대체탄력성과 요소소득분배율

1. 개요
① 힉스(J. R. Hicks)는 대체탄력성(σ)을 이용하여 노동(L)과 자본(K) 간의 요소소득분배율을 분석하였다.
② 생산요소 간 대체탄력성(σ)은 생산량을 일정 수준으로 유지(동일한 등량곡선)하면서 생산요소가격비율$\left(\dfrac{w}{r}\right)$이 1% 증가(감소)했을 때 생산요소투입비율$\left(\dfrac{K}{L}\right)$이 몇 % 증가(감소)하는가를 나타내는 지표이다.
  ▸ 대체탄력성(σ)을 다른 각도에서 해석하면 생산요소가격비율$\left(\dfrac{w}{r}\right)$이 1% 증가(감소)했을 때 $\left(\dfrac{L}{K}\right)$은 몇 % 감소(증가)하는가와 그 의미가 동일하다.

2. 대체탄력성과 요소소득분배율
① 노동소득과 자본소득의 상대적 비율을 구하기 위해 두 생산요소의 상대가격$\left(\dfrac{w}{r}\right)$에 요소투입비율$\left(\dfrac{K}{L}\right)$의 역수인 $\left(\dfrac{L}{K}\right)$을 곱하면 노동과 자본에 분배되는 소득의 상대적 분배 몫이 도출된다.

> **📖 노동소득과 자본소득의 상대적 비율**
> $$\dfrac{w}{r} \times \dfrac{L}{K} = \dfrac{wL}{rK}$$

② $\left(\dfrac{wL}{rK}\right)$은 $\left(\dfrac{w}{r}\right)$와 $\left(\dfrac{L}{K}\right)$의 곱으로 정의되므로 $\left(\dfrac{wL}{rK}\right)$의 변화율은 생산요소가격비율$\left(\dfrac{w}{r}\right)$의 변화율에 $\left(\dfrac{L}{K}\right)$의 변화율을 합한 값이 된다.

▸ $\dfrac{\Delta\left(\dfrac{wL}{rK}\right)}{\left(\dfrac{wL}{rK}\right)} = \dfrac{\Delta\left(\dfrac{w}{r}\right)}{\left(\dfrac{w}{r}\right)} + \dfrac{\Delta\left(\dfrac{L}{K}\right)}{\left(\dfrac{L}{K}\right)}$

③ 대체탄력성(σ)이 1보다 큰 경우 생산요소가격비율$\left(\dfrac{w}{r}\right)$이 1% 증가했을 때 $\left(\dfrac{L}{K}\right)$은 1%를 초과하여 감소하므로 $\left(\dfrac{wL}{rK}\right)$은 작아진다. 따라서 대체탄력성($\sigma$)이 1보다 클 때 임금($w$)이 상승하면 노동소득분배율은 작아지고, 임금(w)이 하락하면 노동소득분배율은 커진다.
④ 대체탄력성(σ)이 1보다 작은 경우 생산요소가격비율$\left(\dfrac{w}{r}\right)$이 1% 증가했을 때 $\left(\dfrac{L}{K}\right)$은 1% 미만 감소하므로 $\left(\dfrac{wL}{rK}\right)$은 커진다. 따라서 대체탄력성($\sigma$)이 1보다 작을 때 임금($w$)이 상승하면 노동소득분배율은 커지고, 임금(w)이 하락하면 노동소득분배율은 작아진다.

CHAPTER 11 생산함수이론

⑤ 대체탄력성이 $\sigma = 1$인 경우 생산요소가격비율 $\left(\dfrac{w}{r}\right)$이 1% 증가했을 때 $\left(\dfrac{L}{K}\right)$도 1% 감소하므로 $\left(\dfrac{wL}{rK}\right)$은 불변이다. 따라서 대체탄력성이 $\sigma = 1$일 때 임금(w)이 변하더라도 노동소득분배율은 불변이다.

▸ 콥–더글라스 생산함수의 대체탄력성은 $\sigma = 1$이 되므로 생산요소의 가격 및 생산비용의 크기와 무관하게 생산요소의 요소소득분배율은 항상 일정하다.

대체탄력성	상 황	요소소득분배율
$\sigma > 1$	• $\left(\dfrac{w}{r}\right)$ 1%↑ → $\left(\dfrac{K}{L}\right)$ 1% 초과↑ • $\left(\dfrac{w}{r}\right)$ 1%↑ → $\left(\dfrac{L}{K}\right)$ 1% 초과↓	• 임금(w)↑ → 노동소득분배율↓ • 임금(w)↓ → 노동소득분배율↑ • 자본임대료(r)↑ → 자본소득분배율↓ • 자본임대료(r)↓ → 자본소득분배율↑
	• 임금(w)↑ → 임금 상승률<노동투입량 감소율 • 임금(w)↓ → 임금 하락률<노동투입량 증가율	
$\sigma = 1$	• $\left(\dfrac{w}{r}\right)$ 1%↑ → $\left(\dfrac{K}{L}\right)$ 1%↑ • $\left(\dfrac{w}{r}\right)$ 1%↑ → $\left(\dfrac{L}{K}\right)$ 1%↓	• 노동소득분배율 불변 • 자본소득분배율 불변
	• 임금(w)↑ → 임금 상승률=노동투입량 감소율 • 임금(w)↓ → 임금 하락률=노동투입량 증가율	
$\sigma < 1$	• $\left(\dfrac{w}{r}\right)$ 1%↑ → $\left(\dfrac{K}{L}\right)$ 1% 미만↑ • $\left(\dfrac{w}{r}\right)$ 1%↑ → $\left(\dfrac{L}{K}\right)$ 1% 미만↓	• 임금(w)↑ → 노동소득분배율↑ • 임금(w)↓ → 노동소득분배율↓ • 자본임대료(r)↑ → 자본소득분배율↑ • 자본임대료(r)↓ → 자본소득분배율↓
	• 임금(w)↑ → 임금 상승률>노동투입량 감소율 • 임금(w)↓ → 임금 하락률>노동투입량 증가율	
$\sigma = 0$	• $\left(\dfrac{w}{r}\right)$ 1%↑ → $\left(\dfrac{K}{L}\right)$ 불변 • $\left(\dfrac{w}{r}\right)$ 1%↑ → $\left(\dfrac{L}{K}\right)$ 불변	• 임금(w)↑ → 노동소득분배율↑ • 임금(w)↓ → 노동소득분배율↓ • 자본임대료(r)↑ → 자본소득분배율↑ • 자본임대료(r)↓ → 자본소득분배율↓
	• 임금(w)↑ → 노동투입량 불변 • 임금(w)↓ → 노동투입량 불변	
$\sigma = \infty$	• $\left(\dfrac{w}{r}\right)$ 1%↑ → $\left(\dfrac{K}{L}\right) = \infty$ • $\left(\dfrac{w}{r}\right)$ 1%↑ → $\left(\dfrac{L}{K}\right) = 0$	• 임금(w)↑ → 노동소득분배율=0 • 임금(w)↓ → 노동소득분배율=1 • 자본임대료(r)↑ → 자본소득분배율=0 • 자본임대료(r)↓ → 자본소득분배율=1
	• 임금(w)↑ → 노동투입량=0 • 임금(w)↓ → 자본투입량=0	

제6절 기술진보

I 개념

① 기술진보란 동일한 생산요소의 투입으로 더 많은 생산량을 생산할 수 있는 기술적 변화를 말한다.
② 기술진보는 통상적으로 노동생산성의 향상을 의미한다.

II 곡선의 이동

1. 생산가능곡선
① 기술진보가 발생하면 결합생산의 경우 동일한 생산요소의 투입으로 최대로 생산 가능한 X재와 Y재의 양이 증가하므로 생산가능곡선은 바깥쪽으로 이동한다.
② 기술진보의 형태에 따라 생산가능곡선의 이동 방향은 다르게 나타난다.

2. 단기생산함수
① 단기에 기술진보가 발생하면 동일한 노동량으로 더 많은 생산량을 생산할 수 있으므로 단기총생산곡선은 상방 이동한다.
② 자본이 증가한 경우에도 단기총생산곡선은 상방 이동한다.

3. 장기생산함수
① 장기에 기술진보가 발생하면 종전과 동일한 생산량을 생산하는 데 필요한 생산요소투입량이 감소하므로 등량곡선은 안쪽으로 이동한다.
② 장기기술진보의 유형에 따라 기술진보 이후 요소집약도의 변동 여부가 달라진다.
  ▸ 자본집약적 기술진보(노동절약적 기술진보)가 일어나면 요소집약도 $\left(\dfrac{K}{L}\right)$가 증가한다.
  ▸ 중립적 기술진보가 일어나면 생산자균형점이 요소집약도는 불변이다.
  ▸ 노동집약적 기술진보(자본절약적 기술진보)가 일어나면 요소집약도가 감소한다.

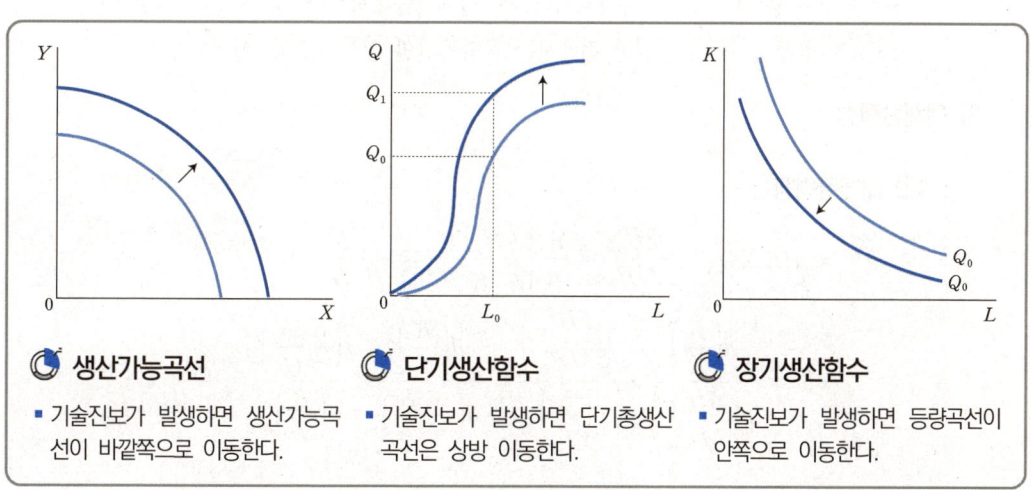

🕐 **생산가능곡선**
- 기술진보가 발생하면 생산가능곡선이 바깥쪽으로 이동한다.

🕐 **단기생산함수**
- 기술진보가 발생하면 단기총생산곡선은 상방 이동한다.

🕐 **장기생산함수**
- 기술진보가 발생하면 등량곡선이 안쪽으로 이동한다.

CHAPTER 11 생산함수이론

제7절 콥-더글라스 생산함수

I 형태

> **콥-더글라스 생산함수**
> $$Q = AL^\alpha K^\beta$$

II 성질

1. $\alpha + \beta$차 동차생산함수

> **$\alpha + \beta$차 동차생산함수**
> - 생산함수 : $Q = AL^\alpha K^\beta$
> - $f(\lambda L, \lambda K) = A(\lambda L)^\alpha (\lambda K)^\beta = A\lambda^\alpha L^\alpha \lambda^\beta K^\beta$
> $= \lambda^{\alpha+\beta} AL^\alpha K^\beta = \lambda^{\alpha+\beta} Q$

2. 등량곡선은 우하향하면서 강볼록

① 등량곡선은 우하향하고, 강볼록(strictly convex)하다.

② 한계기술대체율은 $MRTS_{LK} = \dfrac{MP_L}{MP_K} = \dfrac{\alpha AL^{\alpha-1}K^\beta}{\beta AL^\alpha K^{\beta-1}} = \dfrac{\alpha}{\beta}\dfrac{K}{L}$ 이므로 노동(L)의 투입량을 증가시키고 자본(K)의 투입량을 감소시켜감에 따라 <u>한계기술대체율은 체감</u>하여 등량곡선은 원점에 대해 볼록하다.

③ 한계기술대체율($MRTS_{LK}$)은 두 생산요소의 투입비율$\left(\dfrac{K}{L}\right)$에 의존하므로 노동($L$)과 자본($K$)을 모두 동일한 배수로 증가시키더라도 한계기술대체율($MRTS_{LK}$)은 불변이다. 즉, 두 생산요소의 투입비율이 동일한 점에서는 등량곡선의 접선이 모두 평행하다.

3. 대체탄력성

> **대체탄력성**
> - $MRTS_{LK} = \dfrac{MP_L}{MP_K} = \dfrac{\alpha AL^{\alpha-1}K^\beta}{\beta AL^\alpha K^{\beta-1}} = \dfrac{\alpha}{\beta}\dfrac{K}{L}$
> - $\sigma = \dfrac{d\left(\dfrac{K}{L}\right)}{d\left(\dfrac{MP_L}{MP_K}\right)} \times \dfrac{\left(\dfrac{MP_L}{MP_K}\right)}{\left(\dfrac{K}{L}\right)} = \dfrac{d\left(\dfrac{K}{L}\right)}{d\left(\dfrac{\alpha}{\beta}\dfrac{K}{L}\right)} \times \dfrac{\left(\dfrac{\alpha}{\beta}\dfrac{K}{L}\right)}{\left(\dfrac{K}{L}\right)} = \dfrac{\beta}{\alpha}\dfrac{\alpha}{\beta} = 1$

4. 생산요소의 수요함수

① 생산자균형조건 $\dfrac{MP_L}{MP_K} = \dfrac{w}{r}$ 를 풀면 $\dfrac{\alpha}{\beta}\dfrac{K}{L} = \dfrac{w}{r}$ 가 도출된다.

② 생산자균형조건식 $\dfrac{\alpha}{\beta}\dfrac{K}{L} = \dfrac{w}{r}$ 와 비용제약식(비용함수) $TC = wL + rK$ 를 연립하여 풀면 다음과 같은 생산요소의 수요함수가 도출된다.

> **생산요소의 수요함수**
>
> - $L^* = \dfrac{\alpha}{\alpha+\beta}\dfrac{TC}{w}$ - $K^* = \dfrac{\beta}{\alpha+\beta}\dfrac{TC}{r}$

③ 임금(w)이 상승하면 노동수요량(L)이 감소하고, 이자(r)가 상승하면 자본수요량(K)이 감소하므로 두 생산요소에 대한 수요곡선은 우하향한다.
④ 노동수요의 임금탄력성(절댓값)과 자본수요의 이자탄력성(절댓값)은 모두 1이다.
⑤ 생산비용의 증가율과 생산요소 투입량의 증가율은 서로 동일하다.

5. 요소소득분배율

① 총비용에서 각 생산요소의 비용이 차지하는 비중은 일정하다.
  ▸ 이는 소비자이론에서 콥-더글라스 효용함수를 가진 소비자 입장에서 각 재화의 지출액이 총지출액에서 차지하는 비중이 일정하다는 사실과 유사하다.
② 기업 입장에서 총비용이 생산요소 측면에서는 생산요소에 대한 소득이 된다. 따라서 총비용에서 각 생산요소의 비용이 차지하는 비중이 일정하다는 사실은 총소득에서 각 생산요소의 소득이 차지하는 비중이 일정하다는 의미와 같다. 이는 콥-더글라스 생산함수의 대체탄력성은 1이고, 대체탄력성이 1이면 생산요소의 가격이 변하더라도 요소소득분배율이 일정하다는 사실과 연관된다.

> **총비용에서 각 생산요소의 비용이 차지하는 비중**
>
> - $\dfrac{wL}{TC} = \dfrac{\alpha}{\alpha+\beta}$ - $\dfrac{rK}{TC} = \dfrac{\beta}{\alpha+\beta}$

Ⅲ $\alpha + \beta = 1$ 인 1차 동차 콥-더글라스 생산함수(선형동차)

1. 형태

> **1차 동차 콥-더글라스 생산함수**
>
> $$Q = AL^{\alpha}K^{1-\alpha}$$
>
> - $\alpha + \beta = 1$ - $\beta = 1 - \alpha$

2. 오일러의 정리

① 오일러의 정리(Euler's theorem) : 생산함수가 규모에 대한 보수 불변일 때 각 생산요소에 그 생산요소의 한계생산물만큼 지급하면 총생산물이 과부족 없이 정확하게 완전분배된다.

> **오일러의 정리**
> - $\left(\dfrac{\partial Q}{\partial L} \times L\right) + \left(\dfrac{\partial Q}{\partial K} \times K\right) = Q$
> - $MP_L L + MP_K K = Q$

② 생산함수 $Q = AL^{\alpha}K^{1-\alpha}$ 를 이용하여 오일러의 정리를 증명하면 다음과 같다.

> **오일러의 정리의 증명**
> - $MP_L = \dfrac{\partial Q}{\partial L} = \alpha AL^{\alpha-1}K^{1-\alpha}$
> - $MP_L L = \alpha AL^{\alpha-1}K^{1-\alpha}L = \alpha AL^{\alpha}K^{1-\alpha} = \alpha Q$
> - $MP_K = \dfrac{\partial Q}{\partial K} = (1-\alpha)AL^{\alpha}K^{-\alpha}$
> - $MP_K K = (1-\alpha)AL^{\alpha}K^{-\alpha}K = (1-\alpha)AL^{\alpha}K^{1-\alpha} = (1-\alpha)Q$
>
> $MP_L L + MP_K K = \alpha Q + (1-\alpha)Q = Q$

3. 생산요소의 상대적 분배몫

① 생산요소의 상대적 분배 몫은 생산함수에서 각 생산요소의 지수이다.
② 생산의 생산요소에 대한 편탄력성은 각 생산요소의 상대적 분배 몫과 일치한다.

> **노동의 분배 몫 = 노동에 대한 편탄력성**
> - $\dfrac{MP_L L}{Q} = \dfrac{\alpha AL^{\alpha}K^{1-\alpha}}{AL^{\alpha}K^{1-\alpha}} = \dfrac{\alpha Q}{Q} = \alpha$
> - $\epsilon_L = \dfrac{\dfrac{dQ}{Q}}{\dfrac{dL}{L}} = \dfrac{dQ}{dL} \times \dfrac{L}{Q} = \dfrac{\dfrac{dQ}{dL} \times L}{Q} = \dfrac{MP_L L}{Q} = \dfrac{MP_L}{Q/L} = \dfrac{MP_L}{AP_L} = \alpha$

> **자본의 분배 몫 = 자본에 대한 편탄력성**
> - $\dfrac{MP_K K}{Q} = \dfrac{(1-\alpha)AL^{\alpha}K^{1-\alpha}}{AL^{\alpha}K^{1-\alpha}} = \dfrac{(1-\alpha)Q}{Q} = 1-\alpha$
> - $\epsilon_K = \dfrac{\dfrac{dQ}{Q}}{\dfrac{dK}{K}} = \dfrac{dQ}{dK} \times \dfrac{K}{Q} = \dfrac{\dfrac{dQ}{dK} \times K}{Q} = \dfrac{MP_K K}{Q} = \dfrac{MP_K}{Q/K} = \dfrac{MP_K}{AP_K} = 1-\alpha$

CHAPTER 12 비용함수이론

PART 04 | 생산자이론

제1절 비용의 기초개념

I 비용과 비용함수

1. 비용
① 비용(cost)이란 기업이 생산활동을 할 때 투입되는 생산요소에 지급하는 화폐금액을 말한다.
② 경제학에서 말하는 비용은 눈에 보이는 명시적 비용뿐만 아니라 암묵적 비용까지를 포함하는 기회비용의 개념이다.
③ 기업들이 생산물을 시장에 얼마나 생산하여 공급할 것인가를 결정하는 기본요인은 한편으로는 생산물의 가격이고, 다른 한편으로는 생산요소의 가격이다.

2. 비용함수
① 비용함수(cost function)란 기업이 생산비를 최저로 하는 생산방법을 선택한다는 가정 하에 생산량의 변화에 대한 비용의 변화, 생산요소의 투입변화에 대한 비용의 변화를 나타내는 함수이다.
② 기업이 생산을 하기 위해서는 생산요소를 구입해야 하고, 이에는 비용이 들어가므로 비용함수는 생산함수와 밀접한 관련을 가진다. 고정투입요소가 존재하는 경우 각 생산량에 대응하는 최소비용을 보여 주는 것이 단기비용함수이고, 모든 생산요소가 가변적인 경우에는 장기비용함수가 된다.
③ 비용함수는 두 가지 형태로 구분되고, 생산함수 $Q = f(L, K)$가 두 비용함수를 연결하는 매개체의 역할을 수행한다.
  ▸ 생산량을 독립변수로 하는 비용함수 : $TC = f(Q)$
  ▸ 생산요소를 독립변수로 하는 비용함수 : $TC = wL + rK$

II 회계적 비용과 경제적 비용

1. 회계적 비용
(1) 개념
① 회계적 비용(accounting cost)이란 기업의 손익계산서상에 나타나는 비용을 말한다.
② 회계적 비용은 통상적으로 기업이 실제로 화폐를 지급하는 명시적 비용(explicit cost)을 의미한다.
③ 회계적 비용은 회계학과 공인회계사가 관심을 갖는 눈에 보이는 비용이다.

(2) 종류
① 임금(인건비), 임차료
② 지급이자, 지대, 물건비(원재료값), 세금, 보험료 등

2. 암묵적 비용, 묵시적 비용, 잠재적 비용

(1) 개념
① 암묵적 비용(implicit cost)이란 눈에 보이지 않는 잠재적 비용을 말한다.
② 암묵적 비용을 묵시적 비용이나 비금전적 비용이라고도 한다.

(2) 종류
① 귀속비용
▸ 귀속비용(imputation cost)이란 기업가 자신의 소유자산으로부터 발생한 비용으로서 기업가 자신이 가지는 생산요소에 대한 응분의 보수를 말한다. 생산요소에 대한 응분의 보수를 비용개념으로 파악하는 이유는 그 생산요소를 다른 용도에 사용할 경우 발생할 수 있는 소득을 포기하기 때문이다.
▸ 기업가 자신이 소유하고 있는 노동, 자금, 자본설비, 토지, 건물 등을 사용하는 경우 이에 대한 기회비용이 귀속비용에 해당한다.

② 정상이윤
▸ 정상이윤(normal profit)이란 기업가로 하여금 동일한 상품을 계속 생산하게 하는 유인으로서 보장되어야 할 충분할 정도의 최소한의 이윤을 말한다.
▸ 정상이윤은 투하된 자본에 대한 정상적인 수익이므로 기회비용에 해당한다.
▸ 정상이윤은 경제 전체에서 사용되는 자본의 평균적 수익률을 뜻한다.
▸ 장기에 정상이윤이 보장되지 않는다면 어떤 기업도 생산하지 않을 것이기 때문에 정상이윤은 암묵적 비용에 포함된다. 소비자의 입장에서는 그 상품을 계속해서 소비할 수 있으려면 정상이윤만큼의 대가를 치러야 한다.

3. 경제적 비용(기회비용)

(1) 개념
① 기회비용(opportunity cost)이란 어떤 활동을 선택함으로써 포기해야만 하는 다른 활동의 가치 중 최고의 가치를 말한다.
② 경제적 비용(economic cost)은 기회비용의 관점에서 측정된다.

(2) 비용 간의 관계
① 경제적 비용=기회비용=회계적 비용+암묵적 비용
② 경제적 이윤=회계적 이윤-암묵적 비용
③ 정상이윤을 넘어서는 이윤을 초과이윤(excess profit)이라고 하고, 경제학에서 이윤을 언급할 때는 이 초과이윤을 말하는 것이다. 경제적 이윤이 양(+)의 값을 가질 때 초과이윤이 발생했다고 말하고, 경제적 이윤이 음(-)의 값을 가질 때 손실이 발생했다고 말한다.

| 회계적 비용과 경제적 비용 |

총수입		
회계적 비용	암묵적 비용	경제적 이윤
회계적 비용	회계적 이윤	
경제적 비용(기회비용)		경제적 이윤

4. 매몰비용

(1) 개념
① 매몰비용(sunk cost)이란 일단 지출되면 다시 회수할 수 없는 비용을 말한다.
② 매몰비용은 회계적 비용임에도 기회비용이 0이므로 경제주체의 의사결정 시 고려 대상에서 제외해야 하는 비용이다.
③ 매몰비용은 기회비용이 0이므로 기회비용은 회계적 비용보다 클 수도 있고 작을 수도 있다.
▸ 경제적 비용이 암묵적 비용을 포함하고 있다고 해서 반드시 회계적 비용보다 커야 하는 것은 아님을 주의하기 바란다.

(2) 예
① '제1장 경제학의 기초'에서 분석했던 매몰비용은 개별경제주체의 측면에서 다룬 개념이고, '제12장 비용함수이론'에서 분석하고 있는 매몰비용은 생산자인 기업 측면에서 다루는 개념이 된다.
② 기업 측면에서 이미 지출된 광고비나 연구개발투자비는 매몰비용에 속하므로 이를 고려하여 가격을 결정하는 것은 비합리적인 가격결정이 된다.
③ 매몰비용은 흔히 재판매가치(resale value)가 없는 자산을 구입할 때 발생한다. 예를 들어 어떤 기업이 기계를 구입했는데 그 기계가 이 기업의 생산용도로만 쓰이고, 다른 기업에는 전혀 무용지물이라면 그 기계의 구입비용은 매몰비용이 된다.
④ 어떤 생산자가 기계를 100만 원에 임대했는데 임대계약의 취소가 불가능한 상황이고, 이 기계를 다른 생산자에게 재임대하면 70만 원을 받을 수 있다. 이때 이 생산자가 지불한 임대료 100만 원은 매몰비용이고, 이 기계를 사용하는 데에서 발생하는 기회비용은 다른 생산자에게 재임대했을 때 받을 수 있는 70만 원이다.

예제 매몰비용

문제
당신이 경영하는 회사에서 신제품을 개발 중이다. 신제품을 개발하는 데 지금까지 1천만 원을 투자했다. 최근 영업부에서 보고하기를 신제품을 출시했을 경우 예상판매액은 개발 초기에 예측했던 1,200만 원이 아닌 500만 원이라고 한다. 당신이 신제품 개발을 완료하기 위해 지금부터 지불할 수 있는 최대의 금액은 얼마인가?   (2008 보험계리사)

해설
- 신제품을 개발하는 데 지금까지 투자한 1천만 원은 회수가 불가능한 매몰비용(sunk cost)에 해당하므로 매몰비용 1천만 원은 경제주체의 의사결정에 영향을 미쳐서는 안 된다.
- 개발을 지속시킬 것인지에 대한 여부는 현 시점에서 추가로 소요되는 비용과 신제품을 개발함으로써 추가로 예상되는 수입을 비교해서 결정해야 한다. 따라서 신제품개발을 완료하기 위해 지금부터 지급할 수 있는 최대의 금액은 예상판매액 500만 원이 된다.

CHAPTER 12 비용함수이론

제2절 단기비용함수

I 단기의 특징

① 고정투입요소가 존재하는 경우 각 생산량에 대응하는 최소비용을 보여 주는 것이 단기비용함수이다.
② 단기에는 고정투입요소가 존재하므로 단기비용함수에는 생산량의 증감에 관계없이 발생하는 고정비용(fixed cost)이 존재한다.
③ 단기에 노동(L)은 가변투입요소이고, 자본(K)은 고정투입요소가 된다.
④ 단기에는 공장이나 기계설비 같은 것을 어떤 규모로 일단 갖추어 놓으면 생산량이 변해도 그것들의 규모를 변화시킬 수 없다는 뜻이다. 즉, 단기에는 일정한 시설규모(scale of plant)를 가지고 생산활동을 하는 셈이다.

II 단기총비용

1. 총고정비용

① 총고정비용(Total Fixed Cost : TFC)이란 생산을 하지 않더라도 고정적으로 들어가는 비용이다.
② 총고정비용(TFC)의 종류는 다음과 같다.
　▸ 공장을 임차한 경우 공장의 임차료를 지급해야 한다.
　▸ 단기에 공장과 기계와 같은 자본시설은 고정되어 있기 때문에 생산을 전혀 하지 않더라도 감가상각비와 유지비, 보험료를 지급해야 한다.
③ 자본(K)만이 유일한 고정투입요소라고 한다면 자본비용(rK)이 총고정비용(TFC)이 된다.

> 📖 **총고정비용 = 자본비용**
> $$TFC = rK$$

④ 생산량(Q)이 증가하더라도 총고정비용(TFC)은 불변이므로 총고정비용곡선은 수평선이다.

| 총고정비용곡선 |

- 총고정비용(TFC)이란 생산을 전혀 하지 않더라도 고정적으로 들어가는 비용을 말한다.
- 생산량(Q)이 증가하더라도 총고정비용(TFC)은 불변이므로 총고정비용곡선은 수평선의 형태를 보인다.

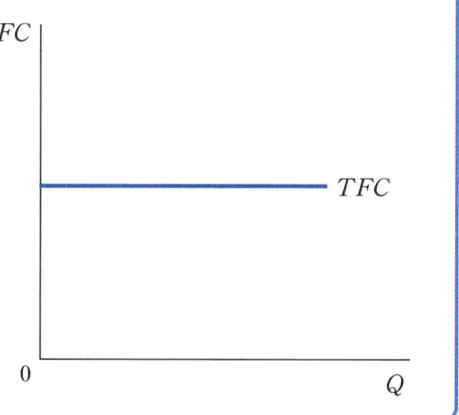

2. 총가변비용

① 총가변비용(Total Variable Cost : TVC)이란 생산량이 변함에 따라 변동하는 비용을 말한다.
② 총가변비용(TVC)에는 임금, 원재료비, 연료비 등이 있다.
③ 노동(L)만이 유일한 가변투입요소라고 한다면 노동비용(wL)이 총가변비용(TVC)이 된다.

> **총가변비용 = 노동비용**
> $$TVC = wL$$

④ 단기생산함수와 단기비용함수는 동전의 양면처럼 표리의 관계를 갖는데 이를 생산과 비용의 쌍대관계(duality)라고 한다.

- 생산과 비용의 쌍대관계 : $MC = \dfrac{w}{MP_L}$
- 생산과 비용의 쌍대관계에 의해 한계비용(MC)과 한계생산(MP)은 서로 표리의 관계가 있다.
- 위의 식이 성립하는 이유는 추후 자세하게 논의할 것이다.

⑤ 단기생산함수에서 노동투입량을 증가시키면 L_0까지는 생산량이 체증적으로 증가하다가 L_0를 넘어서면 체감적으로 증가한다.

⑥ 임금(w)이 불변이라는 가정 하에 생산량이 체증적으로 증가한다는 것은 생산비용(노동비용)이 체감적으로 증가한다는 것을 의미하고, 생산량이 체감적으로 증가한다는 것은 생산비용(노동비용)이 체증적으로 증가한다는 것을 의미한다.

- 임금(w)이 불변이라는 것은 노동시장이 완전경쟁이라는 가정이 선행되어 있음을 의미한다. 완전경쟁 노동시장은 '제19장 생산요소시장이론'에서 자세하게 논의할 것이다.
- 현재 단기생산함수와 단기비용함수를 논의하고 있으므로 자본비용은 총고정비용으로서 불변이다.

⑦ 단기생산함수에서 L_0까지는 생산량이 체증적으로 증가하기 때문에 Q_0까지는 총가변비용이 체감적으로 증가하고, L_0를 넘어서면 생산량이 체감적으로 증가하기 때문에 Q_0를 넘어서면 총가변비용이 체증적으로 증가한다.

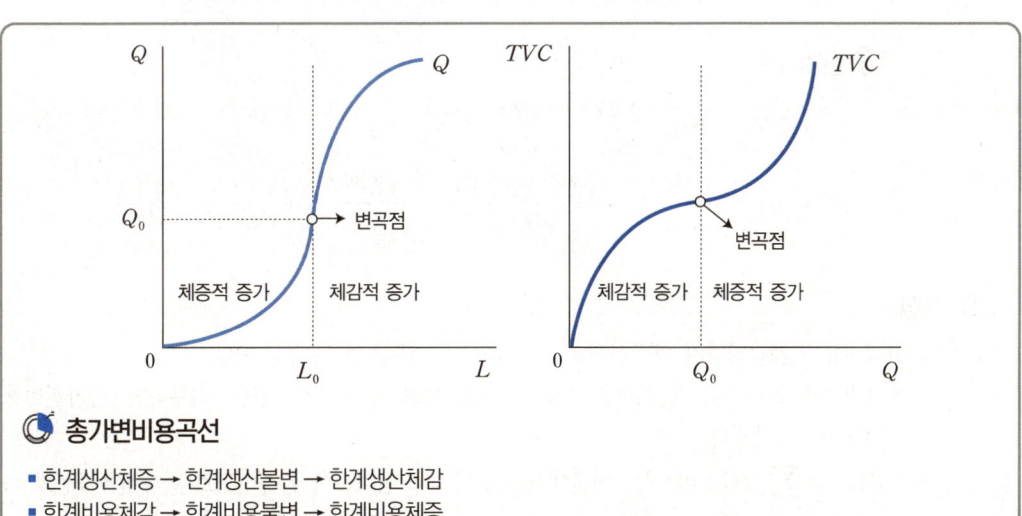

총가변비용곡선
- 한계생산체증 → 한계생산불변 → 한계생산체감
- 한계비용체감 → 한계비용불변 → 한계비용체증

3. 단기총비용

① 단기총비용(Short-run Total Cost : STC)은 총고정비용(TFC)과 총가변비용(TVC)의 합계로 구해진다.
   ▸ 총고정비용(TFC)은 자본비용(rK)이고, 총가변비용(TVC)은 노동비용(wL)이다.

> **📖 단기총비용**
>
> $$TC = TFC + TVC$$
>
> • $TFC = rK$ • $TVC = wL$

② TC곡선은 TVC곡선을 총고정비용(TFC)만큼 상방으로 이동시킴으로써 도출된다.
③ TC곡선과 TVC곡선은 세로축의 절편만 TFC만큼 차이가 있고, 그 형태와 기울기는 동일하다.

Ⅲ 한계비용

1. 개념

① 한계비용(Marginal Cost : MC)이란 생산량(Q) 한 단위를 추가로 생산했을 때 총비용(TC)의 증가분을 말한다.
② 한계비용(MC)은 총비용함수를 생산량(Q)으로 미분한 값이며 TC곡선의 기울기로 측정된다.

2. 수식

① 총고정비용(TFC)은 생산량(Q)과 무관하게 불변이므로 $\dfrac{dTFC}{dQ} = 0$이 성립한다. 따라서 $MC = \dfrac{dTC}{dQ} = \dfrac{dTVC}{dQ}$의 관계가 성립한다.

② TC곡선과 TVC곡선은 세로축의 절편만 TFC만큼 차이가 있고, 그 형태와 기울기는 동일하므로 MC곡선은 두 곡선 중 어떤 곡선을 이용하여 측정하여도 무방하다.

> **📖 한계비용**
>
> • $MC = \lim\limits_{\Delta Q \to 0} \dfrac{\Delta TC}{\Delta Q} = \dfrac{dTC}{dQ}$
>
> • $MC = \dfrac{dTC}{dQ} = \dfrac{dTFC + dTVC}{dQ} = \dfrac{dTFC}{dQ} + \dfrac{dTVC}{dQ} = \dfrac{dTVC}{dQ}$

3. 특징

① 한계비용은 체감하다가 체증하므로 MC곡선은 U자형의 형태를 띤다.
② 총가변비용(TVC)은 한계비용(MC)의 합이므로 한계비용곡선을 적분하면 총가변비용(TVC)이 구해진다.
   ▸ $TVC = \sum MC$: 비용함수이론에서는 단기에 고정비용이 존재하므로 한계비용곡선의 하방 면적은 총비용이 아니라 총가변비용이 된다.

Ⅳ 평균비용

1. 개념
① 평균비용(Average Cost : AC)이란 생산량(Q) 한 단위당 총비용(TC)을 말한다.
② 평균비용(AC)은 총비용(TC)을 생산량(Q)으로 나눈 값이다.
③ 평균비용(AC)은 원점에서 TC곡선의 각 점을 연결한 직선의 기울기로 측정된다.
④ 평균비용(AC)은 평균고정비용(AFC)과 평균가변비용(AVC)으로 구성된다.
⑤ AC곡선도 MC곡선과 마찬가지로 U자형의 형태를 띤다.
⑥ AC곡선이 U자 형태를 띠는 것은 '한계생산체감의 법칙' 때문이다.
- AC곡선이 U자 형태를 띠는 것은 MC곡선이 AC곡선의 최저점을 통과하면서 우상향하기 때문이다. MC곡선이 우상향한다는 것은 한계비용이 체증한다는 것을 의미하고, 한계비용이 체증하는 이유는 한계생산이 체감하기 때문이다.
- 단기에 생산과 비용의 쌍대관계에 의해 한계비용이 체증할 때 한계생산은 체감한다.

2. 수식

> **평균비용**
> - $AC = \dfrac{TC}{Q}$
> - $AC = \dfrac{TFC + TVC}{Q} = \dfrac{TFC}{Q} + \dfrac{TVC}{Q} = AFC + AVC$

3. 평균고정비용
① 평균고정비용(Average Fixed Cost : AFC)이란 생산량(Q) 한 단위당 총고정비용(TFC)을 말한다.
② 평균고정비용(AFC)은 원점과 TFC곡선상의 각 점을 연결한 직선의 기울기로 측정된다.
③ 총고정비용(TFC)은 상수이므로 생산량(Q)이 증가할 때 평균고정비용(AFC)은 감소한다.
④ $AFC \times Q = TFC$의 식에서 TFC는 상수이므로 AFC곡선은 직각쌍곡선의 형태를 띤다.

> **평균고정비용**
> $$AFC = \dfrac{TFC}{Q}$$

4. 평균가변비용
① 평균가변비용(Average Variable Cost : AVC)이란 생산량(Q) 한 단위당 총가변비용(TVC)이다.
② 평균가변비용(AVC)은 원점과 TVC곡선상의 각 점을 연결한 직선의 기울기로 측정된다.
③ AVC곡선도 MC곡선, AC곡선과 마찬가지로 U자형의 형태를 띤다.
④ AVC곡선이 U자 형태를 띠는 것은 '한계생산체감의 법칙' 때문이다.

B 평균가변비용

$$AVC = \frac{TVC}{Q}$$

5. 평균비용

① AC곡선은 AVC곡선과 AFC곡선을 수직으로 합하여 구할 수 있다.
② 평균비용(AC)과 평균가변비용(AVC)의 차이가 평균고정비용(AFC)인데 평균고정비용은 지속적으로 감소하므로 AC곡선과 AVC곡선의 차이도 계속 작아지고 있다.
③ 평균가변비용(AVC)이 증가하기 시작하는 구간에서 그 증가분이 평균고정비용(AFC)의 감소분보다 작을 때에는 평균비용(AC)이 감소한다. 그러다가 평균가변비용의 증가분이 평균고정비용의 감소분을 상회하기 시작할 때부터 평균비용은 증가하기 시작한다.
④ 따라서 AVC곡선의 최소점(Q_1)이 AC곡선의 최소점(Q_2)보다 먼저 나타난다. 이는 추후 논의하게 될 생산과 비용의 쌍대관계식을 이용하여 확인할 수도 있다.

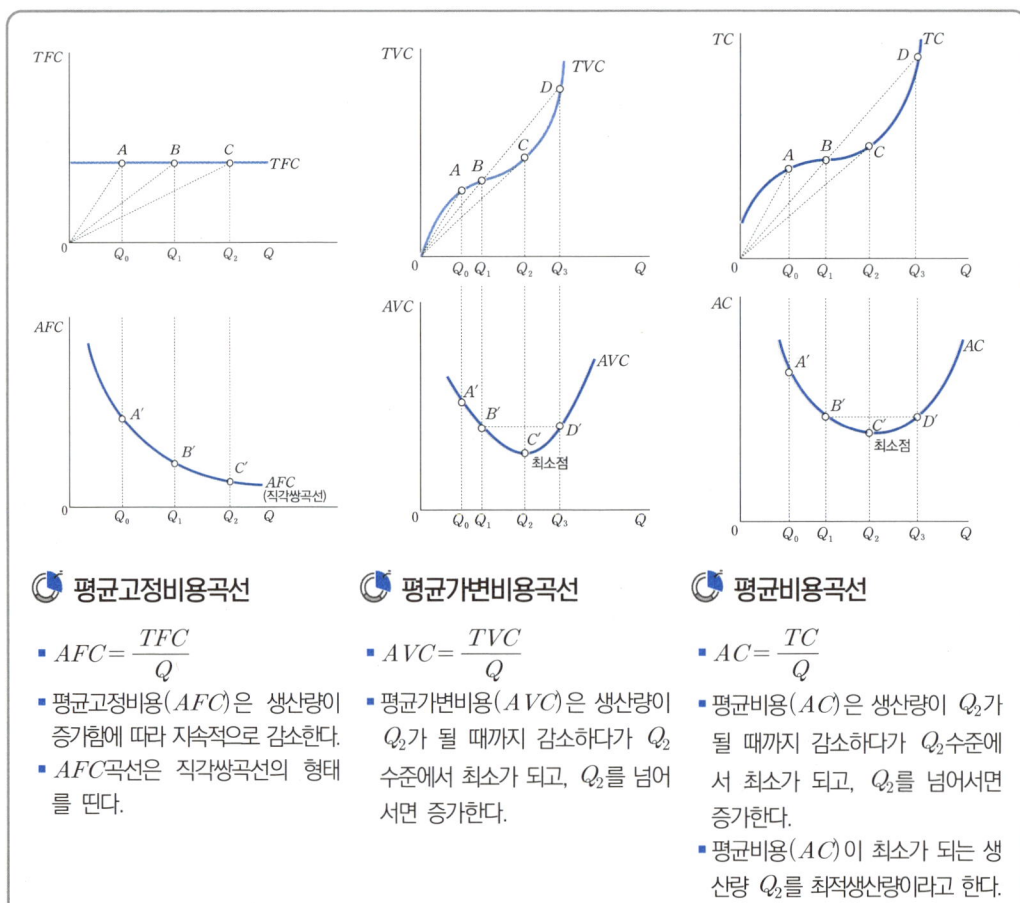

평균고정비용곡선

- $AFC = \dfrac{TFC}{Q}$
- 평균고정비용(AFC)은 생산량이 증가함에 따라 지속적으로 감소한다.
- AFC곡선은 직각쌍곡선의 형태를 띤다.

평균가변비용곡선

- $AVC = \dfrac{TVC}{Q}$
- 평균가변비용(AVC)은 생산량이 Q_2가 될 때까지 감소하다가 Q_2 수준에서 최소가 되고, Q_2를 넘어서면 증가한다.

평균비용곡선

- $AC = \dfrac{TC}{Q}$
- 평균비용(AC)은 생산량이 Q_2가 될 때까지 감소하다가 Q_2 수준에서 최소가 되고, Q_2를 넘어서면 증가한다.
- 평균비용(AC)이 최소가 되는 생산량 Q_2를 최적생산량이라고 한다.

V. 총비용, 한계비용, 평균비용 간의 관계

1. 평균비용(AC)과 한계비용(MC)의 관계
① AC 감소 시 $MC < AC$이다.
② AC의 극소점에서 $MC = AC$가 성립한다.
   ▸ MC는 AC의 극소점을 통과하면서 우상향한다.
③ AC 증가 시 $MC > AC$이다.
④ MC 감소 시 AC는 감소한다.
⑤ MC 증가 시 AC는 감소할 수도, 증가할 수도 있다.
⑥ AC 감소 시 MC는 감소할 수도, 증가할 수도 있다.
⑦ AC 증가 시 MC는 증가한다.

> **평균비용과 한계비용**
> - $MC < AC \Rightarrow \dfrac{dAC}{dQ} < 0$
> - $MC = AC \Rightarrow \dfrac{dAC}{dQ} = 0$
> - $MC > AC \Rightarrow \dfrac{dAC}{dQ} > 0$

2. 평균가변비용(AVC)과 한계비용(MC)의 관계
① AVC 감소 시 $MC < AVC$이다.
② AVC의 극소점에서 $MC = AVC$가 성립한다.
   ▸ MC는 AVC의 극소점을 통과하면서 우상향한다.
③ AVC 증가 시 $MC > AVC$이다.
④ MC 감소 시 AVC는 감소한다.
⑤ MC 증가 시 AVC는 감소할 수도, 증가할 수도 있다.
⑥ AVC 감소 시 MC는 감소할 수도, 증가할 수도 있다.
⑦ AVC 증가 시 MC는 증가한다.

> **평균가변비용과 한계비용**
> - $MC < AVC \Rightarrow \dfrac{dAVC}{dQ} < 0$
> - $MC = AVC \Rightarrow \dfrac{dAVC}{dQ} = 0$
> - $MC > AVC \Rightarrow \dfrac{dAVC}{dQ} > 0$

3. 종합

① TVC곡선은 원점을 출발하면서 Q_0까지는 체감적으로 증가하고, Q_0를 넘어서면 체증적으로 증가한다.
② TC곡선은 총고정비용(TFC)을 절편값으로 하고 Q_0까지는 체감적으로 증가하고, Q_0를 넘어서면 체증적으로 증가한다.
③ TC곡선과 TVC곡선은 세로축의 절편만 TFC만큼 차이가 있고, 그 형태와 기울기는 동일하다.
④ AVC곡선은 Q_1까지는 감소하다가 Q_1을 넘어서면 증가하므로 U자형을 갖는다.
⑤ AC곡선은 Q_2까지는 감소하다가 Q_2를 넘어서면 증가하므로 U자형을 갖는다.
⑥ AVC곡선의 최소점(Q_1)이 AC곡선의 최소점(Q_2)보다 먼저 나타난다.
⑦ MC곡선은 Q_0까지는 감소하다가 Q_0를 넘어서면 증가하므로 U자형을 갖는다.
⑧ MC곡선이 우상향할 때 AVC곡선의 최저점과 AC곡선의 최저점을 차례로 통과하면서 우상향한다.

| 단기비용곡선들의 관계 |

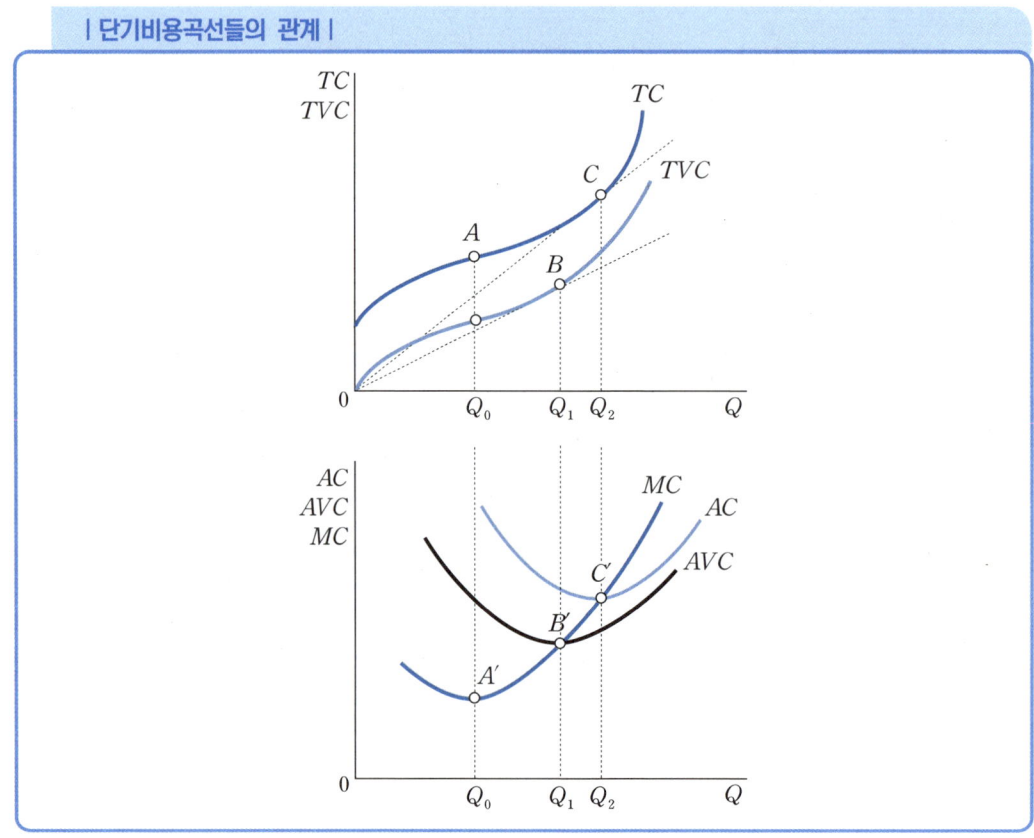

예제 | 단기비용함수

문제 1

A라는 시멘트회사의 단기비용함수가 $C=100+2Q^2$이라고 하면 생산량이 100일 때 평균가변비용은?

(1985 공인회계사)

해설

- 총고정비용은 $TFC=100$이고, 총가변비용은 $TVC=2Q^2$이다.
- $AVC=\dfrac{TVC}{Q}=\dfrac{2Q^2}{Q}=2Q$에서 $Q=100$을 대입하면 평균가변비용은 $AVC=200$이 된다.

문제 2

어떤 기업의 생산량을 100단위로 하였을 때 평균가변비용은 30원, 한계비용은 40원, 평균비용은 50원이었다. 이 공장의 고정비용은 얼마인가?

(2003 감정평가사)

해설

- 평균고정비용 : $AFC=AC-AVC=50-30=20$
- 총고정비용 : $TFC=AFC\times Q=20\times 100=2,000$

문제 3

단기적으로 50,000원의 비용을 들여 500단위의 상품을 생산하여 단위당 120원에 파는 회사가 있다. 이 회사의 평균고정비용이 20원이라고 할 때 평균가변비용은 얼마인가?

(2004 보험계리사)

해설

- 총고정비용 : $TFC=AFC\times Q=20\times 500=10,000$
- 총가변비용 : $TVC=TC-TFC=40,000$
- 평균가변비용 : $AVC=\dfrac{TVC}{Q}=\dfrac{40,000}{500}=80$

문제 4

어느 기업의 생산량(Q)과 가변생산요소(x)는 단기에 $Q=2\sqrt{x}$의 관계를 갖는다. 가변생산요소는 x만 존재한다. 이 기업의 단기비용은 가변비용과 고정비용으로 구성되어 있으며, 고정비용은 500이다. 생산요소인 x의 단위당 비용이 100일 때 이 기업의 단기비용함수는?

(2009 공인회계사)

해설

- 생산요소인 x의 단위당 비용이 100이므로 가변비용은 $100x$가 되고, 고정비용이 500이므로 생산요소로 측정한 비용함수는 $TC=500+100x$가 된다.
- 생산함수 $Q=2\sqrt{x}$를 통해 $Q^2=4x$, $x=\dfrac{Q^2}{4}$의 식이 도출된다. 이 식을 생산요소로 측정한 비용함수에 대입하면 생산량(Q)으로 측정한 비용함수 $TC=500+25Q^2$이 도출된다.

CHAPTER 12 비용함수이론

> **문제 5**
>
> 비용을 최소화하는 기업 A의 생산함수는 $Q = \min\{2L,\ K\}$이다. 노동시장과 자본시장은 모두 완전경쟁시장이고 W는 임금률, R은 자본의 임대가격을 나타낸다. $W = 2$, $R = 5$일 때 기업 A의 한계비용(MC)곡선은? (단, Q는 생산량, L은 노동투입량, K는 자본투입량, Q, L, K는 모두 양(+)의 실수임)
>
> (2012 공인노무사)
>
> **해설**
> - 비용극소화조건 : $Q = 2L = K$
> - 생산요소로 측정한 총비용함수 : $TC = WL + RK = 2L + 5K$
> - 생산요소로 측정한 총비용함수에 $2L = Q$, $K = Q$를 대입하면 생산량(Q)으로 측정한 비용함수 $TC = 6Q$가 도출된다.
> - 생산량으로 측정한 비용함수 $TC = 6Q$를 Q에 대해 미분하면 한계비용은 $MC = \dfrac{dTC}{dQ} = 6$이 된다.

VI 생산과 비용의 쌍대관계

1. 총비용함수의 구성

① 생산요소로 측정한 비용함수에서 총비용(TC)은 노동비용(wL)과 자본비용(rK)으로 구성된다.
② 단기에 노동만이 가변투입요소이고 자본은 고정투입요소이므로 노동비용(wL)은 총가변비용(TVC)이고 자본비용(rK)은 총고정비용(TFC)이다.

> **📋 총비용**
>
> $$TC = wL + rK$$
>
> - wL : 노동비용 = 총가변비용
> - $TVC = wL$
> - rK : 자본비용 = 총고정비용
> - $TFC = rK$

2. 한계비용과 한계생산

① 한계비용(MC)과 노동의 한계생산(MP_L)은 서로 표리의 관계가 있다.
② 노동의 한계생산(MP_L)이 체증하면 한계비용(MC)은 체감하고, 노동의 한계생산(MP_L)이 체감하면 한계비용(MC)은 체증한다. 즉, 한계생산(MP_L)이 최대일 때 한계비용(MC)은 최소가 된다.

▸ 총고정비용은 생산량과 무관하게 불변이므로 $MC = \dfrac{dTC}{dQ} = \dfrac{dTVC}{dQ}$의 관계가 성립한다.

> **📋 한계비용과 한계생산**
>
> - $MC = \dfrac{dTC}{dQ} = \dfrac{dTC}{dL} \times \dfrac{dL}{dQ} = \dfrac{dTC/dL}{dQ/dL} = \dfrac{w}{MP_L}$
> - $MC = \dfrac{dTVC}{dQ} = \dfrac{dTVC}{dL} \times \dfrac{dL}{dQ} = \dfrac{dTVC/dL}{dQ/dL} = \dfrac{w}{MP_L}$

3. 평균가변비용과 평균생산

① 평균가변비용(AVC)과 노동의 평균생산(AP_L)은 서로 표리의 관계가 있다.
② 노동의 평균생산(AP_L)이 증가하면 평균가변비용(AVC)은 감소하고, 노동의 평균생산(AP_L)이 감소하면 평균가변비용(AVC)은 증가한다. 즉, 노동의 평균생산(AP_L)이 최대일 때 평균가변비용(AVC)은 최소가 된다.

> **평균가변비용과 평균생산**
> $$AVC = \frac{TVC}{Q} = \frac{wL}{Q} = \frac{wL/L}{Q/L} = \frac{w}{AP_L}$$

③ 위의 식을 이용하여 평균비용은 다음과 같이 나타낼 수 있다.

> **평균비용과 평균생산**
> - $AC = AVC + AFC$
> - $AC = \dfrac{w}{AP_L} + AFC$

④ 생산과 비용의 쌍대관계를 그림으로 나타내면 다음과 같다.

| 생산과 비용의 쌍대관계 |

- MP_L이 극대일 때 MC가 극소이므로 MP_L과 MC는 대칭적인 모습이다.
- AP_L이 극대일 때 AVC가 극소이므로 AP_L과 AVC는 대칭적인 모습이다.

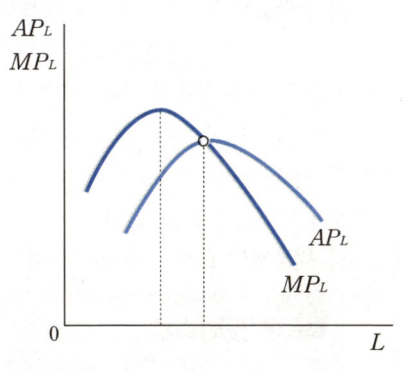

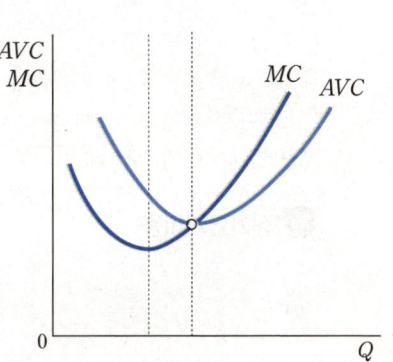

제3절 장기비용함수

I 특징

① 장기는 공장이나 기계설비와 같은 자본(K)의 투입량을 조절할 수 있을 정도로 긴 기간이므로 노동(L)과 자본(K) 모두 가변투입요소가 된다.
② 장기에는 고정투입요소가 존재하지 않으므로 고정비용은 존재하지 않고, 가변비용만 존재하므로 장기총비용곡선은 원점을 출발한다.
③ 단기비용함수가 한계생산체감의 법칙과 관련되지만, 장기비용함수는 규모에 대한 보수와 관련된다.

> **장기생산함수와 장기비용함수**
> - 규모에 대한 보수 증가 → 규모에 대한 보수 불변 → 규모에 대한 보수 감소
> - 규모의 경제 → 규모의 불변경제 → 규모의 비경제

II 장기총비용곡선

1. 단기총비용곡선으로부터 장기총비용곡선의 도출

① 단기총비용(Short-run Total Cost : STC)곡선과 규모에 대한 보수를 이용하여 장기총비용(Long-run Total Cost : LTC)곡선을 도출할 수 있다.
② 장기에는 생산시설의 규모를 변화시키는 것이 가능하므로 무수히 많은 시설규모 중 단기총비용이 가장 낮은 시설규모의 선택이 가능하다.
③ LTC곡선은 무수히 많은 STC곡선 중 최소의 총비용으로 생산 가능하게 하는 STC의 점들을 연결한 곡선이므로 무수히 많은 STC곡선을 아래에서 감싸는 포락선(envelope curve)이 된다.
④ 장기평균비용(Long-run Average Cost : LAC)은 생산량 한 단위당 장기총비용(LTC)이므로 원점에서 LTC곡선의 각 점을 연결한 직선의 기울기로 측정된다.

> **장기평균비용**
> $$LAC = \frac{LTC}{Q}$$

⑤ 장기한계비용(Long-run Marginal Cost : LMC)은 생산량 한 단위를 추가로 생산했을 때 장기총비용(LTC)의 증가분이므로 LTC곡선의 기울기로 측정된다.

> **장기한계비용**
> $$LMC = \frac{dLTC}{dQ}$$

2. 장기비용곡선의 특징

① 장기에 '규모에 대한 보수 증가 → 규모에 대한 보수 불변 → 규모에 대한 보수 감소'가 단계적으로 나타나므로 LAC곡선도 SAC곡선과 마찬가지로 U자형의 형태를 띤다.

② LTC곡선은 STC곡선들을 아래에서 감싸는 포락선으로서 STC곡선의 형태와 유사하다.
  ▸ LTC는 STC보다 항상 작거나 같다.

③ LAC곡선은 SAC곡선들을 아래에서 감싸는 포락선이지만, SAC곡선들의 최저점을 연결한 곡선은 아니다.
  ▸ LAC는 SAC보다 항상 작거나 같다.
  ▸ LAC곡선은 수많은 SAC곡선들 중에서 최저의 단기평균비용을 나타내는 점들을 연결한 곡선은 맞지만, SAC곡선들의 최저점을 연결한 곡선은 아니다.

④ SAC곡선과 LAC곡선은 모두 U자 형태를 취하지만, SAC곡선이 U자 형태를 취하는 이유와 LAC곡선이 U자 형태를 취하는 이유는 전혀 다르다. SAC곡선이 U자 형태를 취하는 이유는 '한계생산체감의 법칙'에 의해 기인하지만, LAC곡선이 U자 형태를 취하는 이유는 '규모에 대한 보수'에 기인한다.
  ▸ 한계생산체감은 단기에 나타나는 현상이고, 규모에 대한 보수는 장기에 나타나는 현상으로서 두 가지 개념은 체계적 상관관계가 없다.

⑤ LAC곡선의 최저점(B'점)에서는 SAC곡선의 최저점과 반드시 일치한다.
  ▸ LAC곡선의 최저점에서 규모에 대한 보수 불변(규모의 불변경제)이 성립한다.
  ▸ 이때 SAC곡선의 최저점에서 생산이 이루어지므로 최적시설규모(optimum scale of plant)를 달성한다. 최적시설규모에서는 과잉생산설비(초과시설규모)가 나타나지 않는다.
  ▸ 최적시설규모란 장기평균비용곡선의 최저점과 접하는 단기평균비용곡선을 갖는 시설규모를 말한다. 여러 최적시설규모 중 가장 작은 규모의 최적시설규모를 최소효율규모(minimum efficient scale)라고 한다. 이와 관련된 내용은 추후 자세하게 논의된다.

⑥ LMC곡선은 SMC곡선들을 아래에서 감싸는 포락선이 아니다.
  ▸ LTC곡선과 STC곡선 그리고 LAC곡선과 SAC곡선은 각각 접하면서 일치하지만, LMC곡선과 SMC곡선은 서로 교차하면서 일치한다.

⑦ 모든 생산량수준에서 SMC곡선의 기울기가 LMC곡선의 기울기보다 가파르다.
  ▸ 생산량을 변화시켜 나갈 때 단기에서는 투입요소 노동(L)만을 이용하여 생산량을 조절하므로 총비용의 변화가 크게 나타나지만, 장기에서는 투입요소 자본(K)도 변화시켜 나가면서 설비규모를 최적수준으로 조정하기 때문에 총비용의 변화가 상대적으로 작게 나타난다.
  ▸ 단기총비용(STC)의 변화가 장기총비용(LTC)의 변화보다 크므로 SMC곡선의 기울기가 LMC곡선의 기울기보다 가파르게 나타난다.

⑧ LMC곡선은 LAC곡선의 최저점을 통과한다.

⑨ STC곡선과 LTC곡선이 접하는 생산량수준에서 SAC곡선과 LAC곡선은 접하고, SMC곡선과 LMC곡선은 교차한다.
  ▸ STC곡선과 LTC곡선이 접하는 생산량수준에서 SAC와 LAC가 일치하고, SMC와 LMC가 일치한다.

CHAPTER 12 비용함수이론

| 단기비용곡선들과 장기비용곡선들의 관계 |

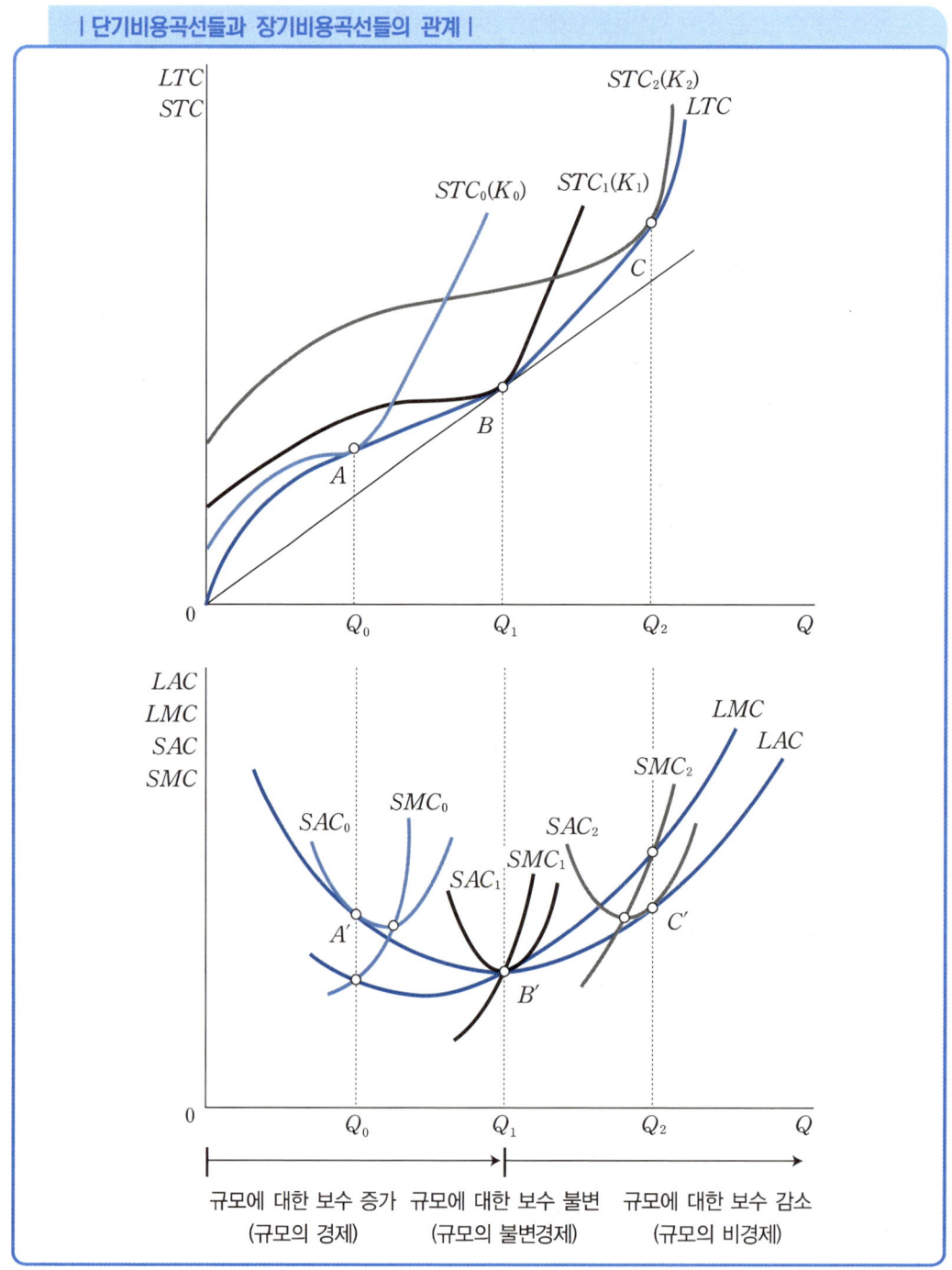

예제 | 장기비용함수

문제 1

기업의 생산함수가 $Y = \min\left\{\dfrac{L}{2}, K\right\}$이다. 노동의 단위당 임금이 100, 자본의 단위당 임대료가 50인 경우에 이 기업의 한계비용은? (Y는 생산량, L은 노동투입량, K는 자본투입량) (2014 공인회계사)

해설

- 비용극소화조건 : $Y = \dfrac{L}{2} = K$, $L = 2K$
- 비용함수 : $TC = wL + rK$, $TC = 100L + 50K$에서 $L = 2K$이므로 $TC = 250K$가 되고, $Y = K$의 식이 성립하므로 비용함수는 $TC = 250Y$가 된다.
- 따라서 한계비용은 $MC = \dfrac{dTC}{dY} = 250$이 된다.

문제 2

어느 기업의 생산함수는 $Q = L + 2K$(Q는 생산량, L은 노동투입량, K는 자본투입량)이다. 노동의 단위당 임금이 1이고 자본의 단위당 임대료가 3인 경우 이 기업의 비용함수(C)는? (2015 공인회계사)

해설

- 한계기술대체율은 $MRTS_{LK} = \dfrac{1}{2}$이고 두 생산요소의 상대가격은 $\dfrac{w}{r} = \dfrac{1}{3}$이므로 $MRTS_{LK} > \dfrac{w}{r}$의 관계가 성립하여 생산자균형점은 노동(L)만 투입하게 된다. 따라서 생산함수는 $Q = L$이 된다.
- 생산요소로 측정한 비용함수 $C = wL + rK$에서 노동(L)만 투입하므로 비용함수는 노동비용으로만 구성된 $C = wL$이 된다. 임금은 $w = 1$이고 $L = Q$이므로 생산량으로 측정한 비용함수는 $C = Q$가 도출된다.

문제 3

A기업의 장기총비용곡선은 $TC(Q) = 40Q - 10Q^2 + Q^3$이다. 규모의 경제와 규모의 비경제가 구분되는 생산규모는? (2017 7급 국가직)

해설

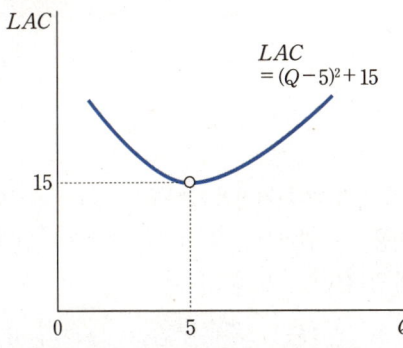

- 규모의 경제와 규모의 비경제가 구분되는 생산규모는 규모에 대한 불변경제가 성립하는 점이므로 장기평균비용의 최저점에 해당되는 생산규모이다.
- 장기평균비용은 $LAC = \dfrac{LTC}{Q} = 40 - 10Q + Q^2$이다. 장기평균비용의 최저점을 측정하기 위해 장기평균비용함수를 생산량변수(Q)에 대해 미분한 후 0의 값을 주면 $\dfrac{dLAC}{dQ} = -10 + 2Q = 0$에서 $Q = 5$가 도출된다.

Ⅲ 범위의 경제

1. 개념

① 범위의 경제(Economies of Scope : ES)란 두 기업이 각각 한 가지씩의 재화를 생산하는 것보다 한 기업이 두 상품을 동시에 생산하는 것이 비용의 측면에서 더욱 유리한 경우를 말한다.
② 범위의 경제가 존재하면 다음과 같은 식이 성립한다.

> **범위의 경제**
> $$C_1(Q_1,\ 0) + C_2(0,\ Q_2) > C(Q_1,\ Q_2)$$

③ X재와 Y재의 생산에 범위의 경제가 존재하면 두 재화를 각각 따로 생산하는 것보다 동시에 생산하는 것이 비용의 측면에서 더욱 유리하게 되므로 두 재화를 혼합하여 생산할 때 더 많은 생산이 가능하게 된다. 따라서 생산가능곡선은 원점에 대해 오목한 형태를 띠게 되므로 재화생산에 대한 기회비용은 체증하게 된다.

2. 원인

(1) 생산요소의 동시사용

① 생산시설이나 유통망의 경우처럼 하나의 생산시설이나 투입요소가 여러 상품의 생산과정에서 동시에 사용될 수 있는 경우 범위의 경제가 존재한다.
   ▶ 자동차 엔진을 만드는 기계가 승용차를 생산하는 데만 쓰이는 것이 아니라 트럭을 생산하는 데도 쓰일 수 있는 경우이다.
② 생산과정에서 공동투입요소가 존재하면 한 상품을 생산하기 위한 생산요소가 아무런 추가비용 없이 다른 상품을 생산하는 데 사용이 가능하게 되므로 범위의 경제가 존재하게 된다.
   ▶ 구두와 핸드백을 만드는 과정에서 가죽을 다듬는 기계가 공동투입요소가 된다.

(2) 생산과정에서 발생하는 부산물

① 어떤 상품을 생산하는 과정에서 상품으로서의 가치가 있는 부산물이 생기는 경우이다.
② 예
   ▶ 닭고기와 계란
   ▶ 소고기와 소가죽
   ▶ 라면과 라면부스러기를 이용한 과자

3. 범위의 비경제(범위의 불경제)

(1) 개념

① 범위의 비경제(diseconomies of scope)란 두 기업이 각각 한 가지씩의 재화를 생산하는 것보다 한 기업이 이 두 상품을 동시에 생산하는 것이 비용의 측면에서 더욱 불리한 경우를 말한다.
② 범위의 비경제(범위의 불경제)가 존재하면 다음과 같은 식이 성립한다.

> **범위의 비경제**
> $$C_1(Q_1,\ 0) + C_2(0,\ Q_2) < C(Q_1,\ Q_2)$$

(2) 원인
① 한 상품의 생산공정이 다른 상품의 생산공정에 방해되는 경우에 범위의 비경제가 발생한다.
② 예를 들어 제조과정에서 다량의 먼지가 방출되는 냉장고와 먼지가 조금이라도 나서는 안 되는 반도체가 같은 공장에서 만들어지는 경우가 이에 해당한다.

4. 규모의 경제와 범위의 경제
① 규모의 경제와 범위의 경제는 아무런 체계적 관계가 없다.
② 규모의 경제와 무관하게 범위의 경제가 나타날 수 있다.
③ 예를 들어 바이올린과 비올라와 같은 악기는 소규모로 생산해야 경제적이라는 점에서 규모의 불경제가 존재하지만, 한 기업이 두 악기 모두를 함께 생산한다면 '나무를 깎는 도구'라든가 '칠하는 도구'와 같은 것을 함께 사용할 수 있어 범위의 경제가 발생하게 된다.

5. 범위의 경제의 측정
① 범위의 경제는 다음과 같이 측정된다.

> **범위의 경제의 측정**
> $$ES = \frac{C_1(Q_1, 0) + C_2(0, Q_2) - C(Q_1, Q_2)}{C(Q_1, Q_2)}$$

② $ES = 0.2$인 경우 두 상품을 한 기업이 생산하는 체제에 비해 두 기업이 각각 하나씩 생산하는 체제에서의 총생산비용이 20% 더 크다는 의미이다.

CHAPTER 13 기업의 이윤극대화

PART 04 | 생산자이론

제1절 수입의 분석

I 총수입

① 총수입(Total Revenue : TR)이란 기업이 상품을 생산 및 판매하여 벌어들이는 수입의 총량을 말한다.
② 총수입(TR)은 가격(P)과 판매량(Q)의 곱으로 측정된다.
  ▸ 논의의 편의상 기업들은 매기에 생산한 것을 재고로 남기지 않고 모두 시장에 공급하고 판매한다고 가정한다. 따라서 생산량과 판매량은 일치한다.
  ▸ 기업의 총수입이 가계의 입장에서는 총지출액이 된다.

> **총수입**
> $$TR = P \times Q$$

II 한계수입

1. 개념

① 한계수입(Marginal Revenue : MR)이란 생산량(Q) 한 단위를 추가로 판매할 때 총수입(TR)의 증가분을 말한다.
② 한계수입(MR)은 총수입(TR)의 변화분을 생산량(Q)의 변화분으로 나눈 값이다.
③ 한계수입(MR)은 총수입함수를 생산량(Q)으로 미분한 값이며 TR곡선의 기울기로 측정된다.

> **한계수입**
> $$MR = \lim_{\Delta Q \to 0} \frac{\Delta TR}{\Delta Q} = \frac{dTR}{dQ}$$

2. 한계수입(MR)과 가격(P)의 관계

① 한계수입(MR)은 시장의 형태에 따라 가격(P)과 같아질 수도 있고, 가격(P)과 달라질 수도 있다.
② 생산물시장이 완전경쟁시장이면 한계수입은 가격과 일치하지만, 생산물시장이 불완전경쟁시장이면 한계수입은 가격보다 작다.
③ 한계수입과 가격의 일치 여부는 '제5편 생산물시장이론'에서 자세하게 논의할 것이다.

3. 총수입(TR)과 한계수입(MR)의 관계

① 총수입(TR)의 증감 여부는 한계수입(MR)의 부호로 판단한다. 한계수입(MR)이 양(+)의 값이면 총수입(TR)이 증가하고, 한계수입(MR)이 음(-)의 값이면 총수입(TR)은 감소한다.
② 한계수입(MR)이 0일 때 총수입(TR)은 극대가 된다.
③ 한계수입(MR)이 체감할 때 한계수입(MR)의 값이 양(+)일 수도 있고 음(-)일 수도 있으므로 총수입(TR)은 증가할 수도 있고 감소할 수도 있다.
④ 총수입(TR)은 한계수입(MR)의 합이므로 한계수입곡선을 적분하면 총수입(TR)이 구해진다.
  ▸ 총수입곡선은 원점을 지나므로 한계수입곡선의 하방 면적의 합이 총수입이 된다.
  ▸ $TR = \sum MR$
  ▸ 총수입을 미분하면 한계수입이 되고, 한계수입을 적분하면 총수입이 된다.

III 평균수입

1. 개념

① 평균수입(Average Revenue : AR)이란 생산량(Q) 한 단위당 총수입(TR)을 말한다.
② 평균수입(AR)은 총수입(TR)을 생산량(Q)으로 나눈 값이다.
③ 평균수입(AR)은 원점에서 TR곡선의 각 점을 연결한 직선의 기울기로 측정된다.

> 📖 **평균수입**
>
> $$AR = \frac{TR}{Q} = \frac{P \times Q}{Q} = P$$

2. 평균수입(AR)과 가격(P)의 관계

① 개별기업의 평균수입(AR)은 개별기업이 책정하는 가격(P)과 항상 일치한다.
② 평균수입(AR)은 항상 가격(P)과 일치하므로 수요곡선이 개별기업의 가격곡선이 되는 동시에 평균수입곡선이 된다.
  ▸ 여기에서 말하는 수요곡선은 개별기업이 직면하는 수요곡선이다.
  ▸ 개별기업이 직면하는 수요곡선은 해당 기업이 생산하는 상품을 구입하는 소비자들이 각각의 가격체계에서 얼마만큼의 재화를 구입할 것인가에 대한 의지를 나타내는 곡선이다.
  ▸ 추후 자세하게 논의되겠지만, 개별기업은 개별기업이 직면하는 수요곡선을 보고 가격을 책정하기 때문에 이 곡선이 개별기업의 가격책정곡선이 되는 것이다.
  ▸ 미시경제학 '제4장 수요와 공급의 탄력성'에서 총수입곡선을 도출할 때 사용된 수요곡선은 개별기업이 직면하는 수요곡선이다.
  ▸ 만약 생산물시장이 독점이라면 시장에 독점기업 하나만 존재하므로 시장수요곡선이 개별기업이 직면하는 수요곡선이 되지만, 그 이외에는 시장수요곡선과 개별기업이 직면하는 수요곡선은 서로 일치하지 않는다.

제2절 이윤극대화 생산량의 도출

I 이윤함수

① 이윤(Π)은 총수입(TR)에서 총비용(TC)을 차감한 값으로 정의된다.
② 총수입(TR)도 생산량(Q)의 함수이고, 총비용(TC)도 생산량(Q)의 함수이므로 이윤(Π)도 생산량(Q)의 함수이다.
③ 이윤함수를 생산량(Q)의 함수로 나타낸 이유는 이윤극대화 생산량(Q)을 구하기 위해서이다.
  ▸ 만약 이윤극대화 생산요소(노동과 자본)를 구하는 문제이면 이윤함수를 생산요소($L,\ K$)의 함수로 나타내어야 한다. 이윤극대화 생산요소를 구하는 문제는 '제19장 생산요소시장이론'에서 자세하게 논의할 것이다.

이윤함수
$$\Pi = TR(Q) - TC(Q)$$

II 이윤극대화 1계 조건

1. 조건

① 이윤(Π)이 극치를 갖는 생산량수준을 구하기 위해서는 이윤함수를 생산량(Q)에 대해 미분한 후 그 값이 0이 되는 수준을 찾으면 된다.

이윤극대화 1계 조건
$$MR = MC$$

- $\dfrac{d\Pi}{dQ} = \dfrac{dTR}{dQ} - \dfrac{dTC}{dQ}$
  $= MR - MC = 0$

② 이윤극대화 1계 조건은 한계수입(MR)과 한계비용(MC)이 일치하는 수준에서 생산해야 한다는 것이다.
  ▸ $MR = MC$의 이윤극대화조건은 이윤극대화 생산량을 결정하는 조건이지, 이윤극대화 가격을 결정하는 조건이 아님을 독자들은 유의해야 한다. 추후 자세하게 논의하겠지만 개별기업은 개별기업이 직면하는 수요곡선에서 가격을 책정하게 된다.

2. 한계수입(MR)과 한계비용(MC)의 불일치

| 한계수입과 한계비용의 불일치 |

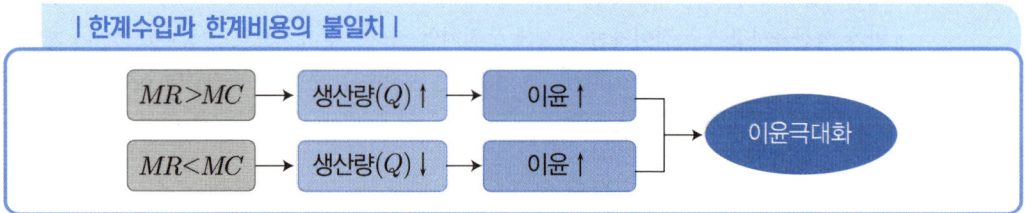

(1) $MR > MC$

① 한계수입(MR)이 한계비용(MC)보다 크다는 것은 생산량(Q)을 한 단위 추가로 증가시켰을 때 총수입(TR)의 증가분이 총비용(TC)의 증가분보다 더 크다는 의미이다.

② 이 경우 생산량(Q)을 한 단위 더 증가시키면 한계수입(MR)과 한계비용(MC)의 차이만큼 이윤은 더 커지므로 현재의 생산량수준은 이윤이 극대화되지 못하고 있는 것이다.
▶ 예를 들어 한계수입이 200이고 한계비용이 100인 상황에서 기업이 생산량 한 단위를 추가로 생산하여 판매하면 200의 한계수입만큼 총수입이 증가하고 100의 한계비용만큼 총비용이 증가하므로 100만큼의 이윤이 증가한다.

③ 따라서 $MR > MC$인 경우 생산량(Q)을 증가시켜야 한다.
▶ 생산량(Q)을 증가시켜 판매할수록 한계수입(MR)은 감소하고 한계비용(MC)은 증가하는데 이러한 과정은 $MR = MC$의 조건이 달성될 때까지 진행된다.

(2) $MR < MC$

① 한계수입(MR)이 한계비용(MC)보다 작다는 것은 생산량(Q)을 한 단위 추가로 증가시켰을 때 총수입(TR)의 증가분이 총비용(TC)의 증가분보다 더 작다는 의미이다.

② 이 경우 생산량(Q)을 한 단위 더 감소시키면 한계비용(MC)과 한계수입(MR)의 차이만큼 이윤은 더 커지므로 현재의 생산량수준은 이윤이 극대화되지 못하고 있는 것이다.

③ 따라서 $MR < MC$인 경우 생산량(Q)을 감소시켜야 한다.
▶ 생산량(Q)을 감소시켜 판매할수록 한계수입(MR)은 증가하고 한계비용(MC)은 감소하는데 이러한 과정은 $MR = MC$의 조건이 달성될 때까지 진행된다.

Ⅲ 이윤극대화 2계 조건

① 이윤극대화 1계 조건이 충족되더라도 2계 조건이 충족되지 않으면 이윤이 극대화되는 것이 아니라 극소화되는 경우가 발생한다.

② 이윤극대화 2계 조건은 이윤함수의 2계 미분값이 0보다 작아야 한다는 것이다.
▶ 1계조건이 충족된 상황에서 함수를 2계 미분한 값이 음(−)이면 그 함수는 극댓값을 갖고, 양(+)이면 그 함수는 극솟값을 갖는다.

③ 이윤함수를 통해 이윤극대화 2계 조건을 도출하면 한계비용곡선의 기울기가 한계수입곡선의 기울기보다 커야 한다는 조건이 도출된다.

> **이윤극대화 2계 조건**
> MC곡선의 기울기 > MR곡선의 기울기
>
> $$\begin{aligned} \frac{d^2\Pi}{dQ^2} &= \frac{d^2TR}{dQ^2} - \frac{d^2TC}{dQ^2} \\ &= TR''(Q) - TC''(Q) \\ &= \frac{dMR}{dQ} - \frac{dMC}{dQ} \\ &= MR'(Q) - MC'(Q) < 0 \end{aligned}$$
>
> • $MC'(Q) > MR'(Q)$

④ 그림에서 한계수입(MR)과 한계비용(MC)이 일치하는 생산량은 Q_0와 Q_2이다. MC곡선의 기울기가 MR곡선의 기울기보다 큰 Q_2의 생산량수준에서는 이윤이 극대화되지만, MC곡선의 기울기가 MR곡선의 기울기보다 작은 Q_0의 생산량수준에서는 이윤이 극소화된다.
  ▸ Q_2에서는 이윤극대화 1계 조건과 2계 조건이 모두 충족되고 있지만, Q_0에서는 이윤극대화 1계 조건만 충족되고 있다.
  ▸ 이윤극소화 생산량수준에서는 한계비용이 체감하지만, 이윤극대화 생산량수준에서는 한계비용이 체증한다. 즉, 한계생산성이 체감하는 구간에서 이윤이 극대화되고 있다.

| 기업의 이윤극대화 |

- 이윤극대화 1계 조건 : $MR = MC$
- 이윤극대화 2계 조건 : MC곡선의 기울기 > MR곡선의 기울기
- Q_0의 생산량수준에서 이윤이 극소화되고, Q_2의 생산량수준에서 이윤이 극대화된다.

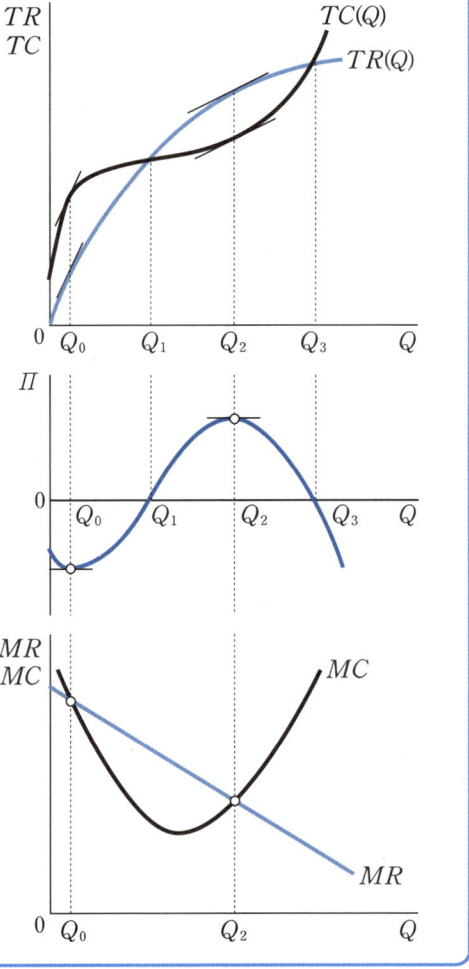

제3절 이윤극대화 대체가설

I 이윤극대화가설에 대한 비판

1. 다양한 목표가 존재
① 현실에서의 기업은 이윤 이외의 여러 가지 목표를 추구하고 있는데 특히 소유와 경영이 분리된 대기업의 경우에는 기업이 추구하는 목표가 다양하게 나타난다.
② 예를 들어 의사결정주체인 전문경영인이 이윤보다는 시장점유율이나 매출액을 크게 하는 것에 목표를 두거나 안정적인 성장에 목표를 두는 경우가 많다.

2. 정보의 부족
① 비록 기업이 이윤극대화를 추구한다 할지라도 정보가 부족하여 한계수입(MR)과 한계비용(MC)을 정확히 알지 못한다면 이윤극대화를 실행에 옮기기가 어렵게 된다.
② 현실의 기업이 이윤극대화에 필요한 제반정보를 모두 완벽하게 갖추는 것은 거의 불가능하다.

3. 대체가설의 등장
① 이윤극대화가설을 대체할 대체가설 중에서 이윤극대화가설보다 현실설명력이 더 높은 가설이 존재함에도 이윤극대화가설을 고집할 필요가 없다는 것이다.
② 예를 들어 수입극대화가설(매출액극대화가설)은 현실설명력이 매우 높은 것으로 평가받고 있다.

4. 기업의 목표
① 이윤극대화가설에 대한 비판에도 불구하고 경제학에서는 일관되게 기업의 목표는 이윤극대화라고 가정한다.
② 판매수입극대화를 추구하는 기업도 궁극적으로는 이윤극대화를 효과적으로 수행하기 위해 전략적으로 그러한 단기목표를 추구한다고 할 수 있다.

| 수입극대화가설 |

- 기업의 이윤극대화는 $MR = MC$를 만족하는 Q_0에서 달성된다.
- 기업의 수입극대화는 $MR = 0$을 만족하는 Q_1에서 달성된다.

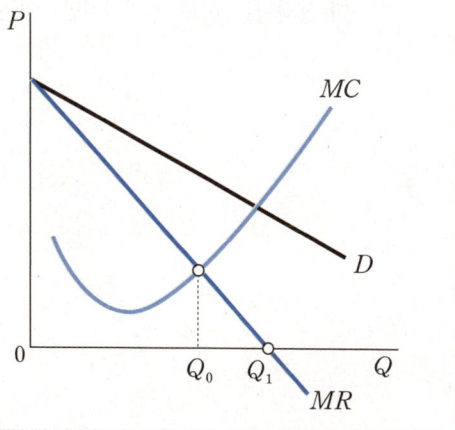

Ⅱ 수입극대화가설(매출액극대화가설)

1. 개념

① 수입극대화가설(매출액극대화가설)은 보몰(W. Baumol)에 의해 제기된 이론으로서 기업경영자는 이윤극대화보다 수입극대화(매출액극대화)를 추구한다는 이론이다.

② 경영자의 입장에서는 수입극대화(매출액극대화)가 이윤극대화보다 더 유리하기 때문에 경영자는 이윤극대화가 아닌 수입극대화(매출액극대화)를 추구하게 된다.
  ▸ 경영자의 사회적 지위와 보수가 매출액에 의해 결정되는 경우가 많다.
  ▸ 매출액이 커지면 금융기관의 신뢰도 측면에서 신용평가가 상승함으로써 자금조달에 유리하다.
  ▸ 수입극대화 생산량이 이윤극대화 생산량보다 많으므로 수입극대화를 추구하면 고용량이 증가하여 고용창출에 기여하므로 노사관계가 원만하게 된다.
  ▸ 소비자들이 주로 시장점유율이 높은 기업의 제품을 선호한다.

③ 수입극대화가설(매출액극대화가설)은 소유와 경영의 분리가 보편화 되어가는 현실경제에서 매우 높은 설득력이 있는 가설이라 할 수 있다.

④ 경영자(대리인)가 주주(주인)의 목적인 이윤극대화를 추구하지 않고, 경영자(대리인) 자신의 이익을 위해 수입극대화(매출액극대화)를 추구하는 현상은 '주인 – 대리인문제'로서 '도덕적 해이'에 해당한다.
  ▸ '주인 – 대리인문제'와 관련된 도덕적 해이의 문제는 본서의 '제24장 정보경제학'에서 재논의 된다.

2. 내용

① 기업이 이윤극대화를 추구하면 한계수입(MR)과 한계비용(MC)이 같아지는 Q_0에서 생산이 이루어진다.

② 기업이 이윤극대화를 추구하지 않고 수입극대화를 추구하면 한계수입(MR)이 0인 Q_1에서 생산이 이루어진다.

③ 기업이 수입극대화를 추구할 때의 생산량 Q_1이 이윤극대화를 추구할 때의 생산량 Q_0보다 더 많다는 것을 알 수 있다.

④ 만약 총비용이 고정비용으로만 구성되어 한계비용이 0인 경우 이윤극대화 생산량과 수입극대화 생산량은 서로 일치하지만, 이는 일반적인 경우가 아니다.

PART 05

생산물시장이론

14 완전경쟁시장
15 독점시장
16 독점적 경쟁시장
17 과점시장
18 게임이론

CHAPTER 14 완전경쟁시장

PART 05 | 생산물시장이론

제1절 생산물시장이론의 개요

I 생산물시장의 개념

① 시장이란 어떤 특정한 장소를 지칭하는 개념이 아니라, 상품의 수요와 공급에 관한 정보교환으로 가격이 형성되고, 그 결과 상품의 거래가 이루어지는 추상적인 제도나 기구를 총칭하는 개념이다.
② 시장에서는 수요자와 공급자의 상호작용으로 인해 언제나 서로 상반된 이해관계를 갖는 힘이 작용하며 이를 통해 상품의 가격과 거래량이 결정된다.
③ 시장은 매우 다양하여 제각기 다른 모습을 보이고 있는데 예를 들면 거의 독점화되어 있는 시장이 있는가 하면 공급자 사이의 경쟁이 매우 치열한 경우도 있다. 어떤 상품이 있다고 할 때 그것이 어떤 형태의 시장에서 거래되느냐에 따라 가격과 거래량이 각각 다른 방식으로 결정된다. 이는 시장의 형태에 따라 사회후생에 미치는 영향이 달라질 수 있으므로 이러한 측면에서 시장의 형태는 매우 중요한 의미를 갖는다.
④ 생산물시장의 형태에는 완전경쟁시장과 불완전경쟁시장이 있고, 불완전경쟁시장은 다시 독점적 경쟁시장, 과점시장, 독점시장으로 나누어진다.
⑤ 개별기업의 가격과 최적생산량은 생산물시장의 형태가 완전경쟁시장이냐 불완전경쟁시장이냐에 따라 달라진다.

II 생산물시장의 유형

1. 시장형태의 구분기준

(1) 기업의 수
① 재화나 서비스의 공급자와 수요자가 다수인가, 소수인가의 여부이다.
② 수요와 공급 측면에서 시장에 참여하는 경제주체가 다수이면 그 시장은 경쟁적이고, 소수이면 그 시장은 불완전경쟁적이다.
▸ 수요자가 하나이면 수요독점이 되고, 공급자가 하나이면 공급독점이 된다.
▸ 생산물시장에서는 주로 공급독점이 나타나고, 생산요소시장(노동시장)에서는 주로 수요독점이 나타난다.

(2) 상품의 동질성
① 재화나 서비스의 유사성 또는 동질성의 여부이다.
② 기업들 간에 상품의 동질성이 강할수록 상품의 대체성이 커지므로 개별기업의 독점력이 약화된다.

(3) 진입장벽

① 진입장벽(entry barrier)의 존재 여부이다.
  ▸ 진입장벽이란 잠재적인 경쟁자가 시장에 들어오는 것을 막는 장치를 의미한다.
  ▸ 진입장벽은 자연발생적으로 발생하는 경우도 있지만, 인위적인 성격을 갖는 경우도 있다.
② 시장의 진입장벽이 낮아서 개별기업의 신규시장으로의 진입과 기존시장으로부터의 탈퇴가 자유로울수록 개별기업의 독점력은 약화된다.
③ 시장에 진입장벽이 존재하지 않으면 기존의 기업들은 신규기업의 진입위협에 노출되어 있으므로 독점력을 행사할 수 없게 된다.
④ 시장에 진입장벽이 존재하여 진입과 탈퇴가 불가능한 기간을 단기, 진입장벽이 존재하지 않아 진입과 탈퇴가 가능한 기간을 장기라고 한다.

(4) 가격에의 영향력

① 각 개별기업이 독자적으로 가격과 판매량을 결정하는가, 아니면 시장에서 주어진 가격을 수용하느냐에 따라 시장형태가 달라진다.
② 가격결정에 대한 영향력이 클수록 기업의 독점력은 강화된다.

(5) 비가격경쟁의 존재

① 비가격경쟁이란 상품의 질, 서비스, 광고 등 가격 이외의 수단으로 기업들 사이에 경쟁을 벌이는 것을 말한다.
② 완전경쟁시장에서는 비가격경쟁이 거의 존재하지 않지만, 독점적 경쟁시장과 과점시장은 치열한 비가격경쟁이 발생한다.

2. 생산물시장의 유형

시장형태 분류기준	완전경쟁시장	불완전경쟁시장		
		독점적 경쟁시장	과점시장	독점시장
기업의 수	• 아주 많음	• 많음	• 소수	• 하나
상품의 동질성	• 동질적	• 이질적(단골)	• 동질적 : 순수과점 • 이질적 : 차별화된 과점	• 동질적
가격에의 영향력	• 전혀 없음	• 어느 정도(단골)	• 상당한 영향력	• 아주 큼
진입장벽	• 전혀 없음	• 없음	• 상당한 진입장벽	• 완벽한 진입장벽
시장수요에 대한 기업의 최적시설규모	• 아주 작음 • 영세기업, 구멍가게 등	• 작음	• 약간 큼	• 큼
주요 판매방법	• 경매	• 가격경쟁 및 비가격경쟁	• 치열한 비가격경쟁	• 홍보활동
한국경제의 예	• 채소, 곡물, 수산물, 주식, 외환 등	• 미용실, 세탁소, 목욕탕, 약국, 식당, 극장, 주유소, 서점, 노래방, 커피전문점 등	• 설탕, 시멘트, 철근, 휘발유 등 • 자동차, 냉장고, 에어컨, 맥주, 휴대폰, 국내항공서비스 등	• 전기, 전신, 전화, 수도, 철도, 담배 등

CHAPTER 14 완전경쟁시장

제2절 완전경쟁시장의 개요

I 개념

① 완전경쟁시장(perfect competition market)이란 다수의 소비자와 다수의 생산자가 주어진 시장가격 하에서 동질의 상품을 자유롭게 사고파는 시장을 말한다.
  ▶ 완전경쟁시장을 줄여서 경쟁시장이라고도 부른다.
② 현실에서 완전경쟁시장의 특징을 모두 만족하는 시장을 찾아보기는 매우 어렵지만 경제학에서 완전경쟁시장을 고려하여 분석하는 이유는 다음과 같다.
  ▶ 완전경쟁시장의 가정들이 비록 비현실적이라고 하더라도 완전경쟁시장의 모형에서 도출된 결론들은 현실에 대한 설명이나 미래에 대한 예측을 하는 데 매우 유용하다는 사실이다.
  ▶ 완전경쟁시장의 자원배분이 가장 효율적으로 이루어지므로 다른 시장에서의 자원배분상태를 평가하는 기준이 되기 때문이다.

II 특징

1. 다수의 소비자(수요자)와 다수의 생산자(공급자)

① 완전경쟁시장에서는 소비자와 생산자가 무수히 많으므로 개별소비자와 개별생산자는 시장지배력을 전혀 행사할 수 없게 된다.
② 개별소비자의 수요와 개별공급자의 공급이 시장 전체에서 차지하는 비중이 아주 작아서 개별소비자가 수요량을 변화시키거나 개별공급자가 공급량을 변화시키더라도 시장가격에 영향을 주지 못한다.

2. 개별소비자와 개별생산자는 가격수용자

① 개별소비자와 개별생산자는 시장에서 주어진 가격을 그대로 받아들이는 가격수용자(price taker)가 되고, 주어진 가격 하에서 수량만을 변동시킬 수 있는 수량조정자(quantity adjuster)가 될 뿐이다.
② 소비자 전체나 생산자 전체가 행동을 변경하면 시장가격에 영향을 미칠 수 있지만, 개별소비자와 개별생산자는 집단적으로 행동하지 않는다고 가정한다.

3. 상품의 동질성

① 완전경쟁시장의 모든 생산자는 동질적인 상품만을 생산한다.
② 완전경쟁시장에서의 개별기업들은 상품의 기술적 특징뿐 아니라 판매 및 사후서비스와 관련된 모든 조건 등도 동일해야 한다.
③ 완전경쟁시장에서 소비자는 어떤 생산자로부터 상품을 구입해도 동질적이므로 개별생산자는 자신의 제품에 대한 독점력인 시장지배력이 전혀 없다.
④ 완전경쟁시장의 상품은 서로 완전대체관계에 있다.

4. 기업의 자유로운 진입과 탈퇴 : 장기
① 완전경쟁시장은 장기에 진입장벽이 존재하지 않으므로 기업들은 신규시장으로의 자유로운 진입(entry)과 기존시장으로부터의 자유로운 탈퇴(exit)가 보장된다.
   ▶ 완전경쟁시장의 경우에도 장기에서만 기업의 자유로운 진입과 탈퇴가 보장되고, 단기에서는 고정투입요소가 존재하므로 진입과 탈퇴가 불가능하다.
② 단기에 기업들이 양(+)의 이윤을 얻는 경우 장기적으로 신규기업들이 시장에 진입하게 되고, 단기에 기업들이 음(−)의 이윤을 얻는 경우 장기적으로 기존기업들이 시장에서 탈퇴하게 된다.
③ 완전경쟁시장에서는 장기에 기업의 자유로운 진입과 탈퇴가 보장되므로 개별기업은 정상이윤만을 얻게 되고 초과이윤은 0이 된다.

5. 완전한 정보
① 완전경쟁시장에서의 모든 경제주체는 거래와 관련된 모든 경제적·기술적 조건이나 시장조건에 관하여 완전한 정보(perfect information)를 갖고 있다.
② 예를 들면 가격이 변동할 때 이것이 모든 경제주체에게 즉시 전달되어 어떤 소비자도 새로운 시장가격보다 높은 가격으로 상품을 구매하는 일이 없어야 하고, 기업도 시장가격보다 낮은 가격으로 상품을 판매하는 일이 없어야 한다는 것이다.

6. 일물일가의 법칙
① 완전경쟁시장에서는 한 상품에 단 하나의 가격만이 존재하는 일물일가의 법칙(law of one price)이 성립한다.
② 완전경쟁시장에서 모든 기업들은 시장에서 주어진 가격을 그대로 받아들이는 가격수용자이므로 모든 개별기업이 제공하는 상품의 가격은 시장가격과 일치한다.
③ 개별기업이 직면하는 수요곡선은 시장가격수준에서 그은 수평선이 되므로 생산량수준과 무관하게 가격은 일정 수준에서 고정된다.

제3절 단기균형

I 수요곡선

1. 시장수요곡선
① 개별수요곡선의 수평적 합을 통해 시장수요곡선이 도출된다.
② 일반적으로 소비자들의 개별수요곡선이 우하향하므로 시장수요곡선 또한 우하향하게 된다.

2. 개별기업이 직면하는 수요곡선
(1) 개념
① 개별기업이 직면하는 수요곡선은 해당 기업이 생산하는 상품을 구입하는 소비자들이 각각의 가격체계에서 얼마만큼의 재화를 구입할 것인가에 대한 의지를 나타내는 곡선이다.

② 개별기업은 이윤극대화 생산량이 결정되면 그 생산량을 판매하기 위한 가격수준을 개별기업이 직면하는 수요곡선을 보고 결정하게 된다. 따라서 개별기업이 직면하는 수요곡선이 개별기업의 가격책정곡선이 된다.

③ 만약 독점시장이라면 독점기업 자체가 시장이 되므로 개별기업이 직면하는 수요곡선이 시장수요곡선과 일치하겠지만, 완전경쟁시장에서는 개별기업이 직면하는 수요곡선과 시장수요곡선이 서로 불일치한다.

(2) 완전경쟁기업이 직면하는 수요곡선

① 완전경쟁시장에서 개별기업은 가격수용자로서 완전경쟁시장의 균형가격을 주어진 것으로 받아들이기 때문에 개별기업이 직면하는 수요곡선은 시장의 균형가격수준에서 그은 수평선이 된다.

② 개별기업이 직면하는 수요곡선이 수평선이라는 것은 개별기업 입장에서 주어진 시장가격에 따라 자기제품을 얼마든지 팔 수 있음을 의미한다.
  ▸ 주어진 시장가격 이상으로 판매한다면 자신의 제품을 구입하는 소비자는 한 명도 없게 된다.
  ▸ 주어진 시장가격에서 자신의 제품을 얼마든지 팔 수 있으므로 그 가격보다 낮게 판매할 필요가 없다.

③ 개별기업이 직면하는 수요곡선이 수요의 가격탄력성이 무한대인 수평선이라는 것은 개별기업의 가격결정권이 전혀 없다는 것을 의미하므로 개별기업의 시장에 대한 독점력이 전혀 없다는 의미이다.

④ 개별수요곡선의 수평적 합이 시장수요곡선이지만, 개별기업이 직면하는 수요곡선의 수평적 합이 시장수요곡선이 되는 것은 아니다.

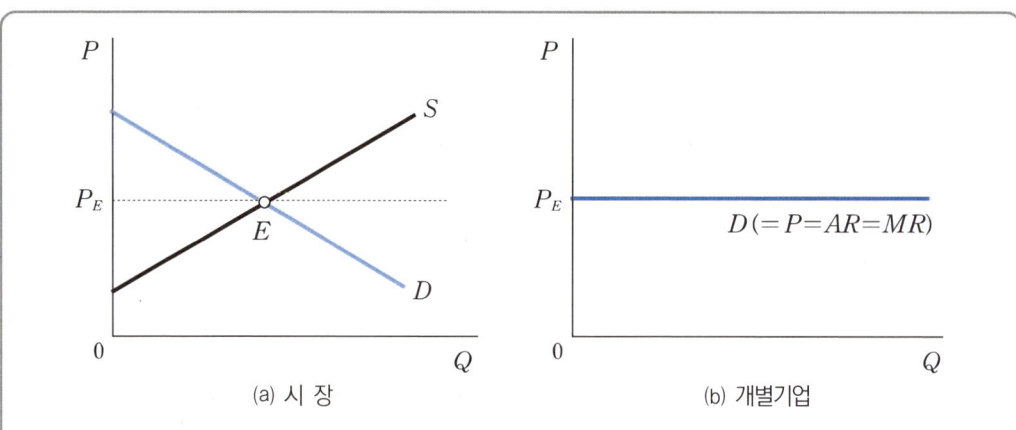

(a) 시 장   (b) 개별기업

완전경쟁시장의 개별기업이 직면하는 수요곡선

- 개별소비자의 수요곡선을 수평으로 합한 시장수요곡선은 우하향하지만, 시장의 균형을 통해 균형가격이 P_E로 결정되면 개별기업이 직면하는 수요곡선은 시장가격수준에서 그은 수평선이 된다.
- 개별기업은 주어진 시장가격에서 원하는 만큼의 상품을 판매할 수 있다.

Ⅱ 개별기업의 이윤극대화

1. 수입의 분석

(1) 완전경쟁기업의 총수입곡선

| 완전경쟁기업의 총수입곡선 |

- 완전경쟁시장에서 개별기업들은 가격수용자로 행동하므로 가격(P)은 일정한 값이 된다.
- 가격(P)이 일정한 값이므로 총수입(TR)은 판매량(Q)이 증가할수록 비례적으로 증가한다.

$$TR = \overline{P} \times Q$$

- TR곡선은 원점에서 출발하면서 기울기가 가격(P)인 우상향하는 직선이 된다.

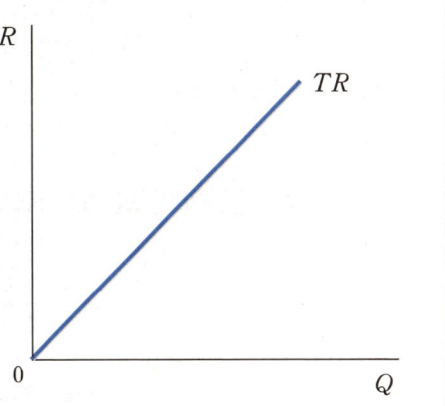

(2) 완전경쟁기업의 한계수입곡선과 평균수입곡선

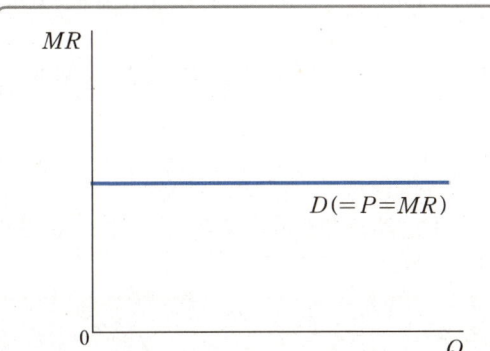

🔵 **완전경쟁기업의 한계수입곡선**

- 완전경쟁시장에서 개별기업의 한계수입(MR)은 시장가격(P)과 일치한다.

  - $TR = \overline{P} \times Q$
  - $MR = \dfrac{dTR}{dQ} = \dfrac{P \times dQ}{dQ} = P$

- MR곡선과 개별기업이 직면하는 수요곡선 모두 시장가격수준에서 그은 수평선의 형태로 서로 일치한다.

🔵 **완전경쟁기업의 평균수입곡선**

- 시장의 형태와 무관하게 개별기업의 평균수입(AR)은 항상 가격(P)과 일치한다.

  - $TR = \overline{P} \times Q$
  - $AR = \dfrac{TR}{Q} = \dfrac{P \times Q}{Q} = P$

- AR곡선과 개별기업이 직면하는 수요곡선 모두 시장가격수준에서 그은 수평선의 형태로 서로 일치한다.

2. 이윤극대화조건

① 이윤극대화 1계 조건은 $MR = MC$이다.
② 완전경쟁시장에서는 가격(P)이 기업의 판매량(Q)과 무관하게 일정하므로 가격(P)과 한계수입(MR)이 일치하여 다음의 조건이 성립한다.

> **완전경쟁시장에서 가격(P)과 한계수입(MR)**
> $$P(=AR) = MR$$

③ 완전경쟁시장에서는 가격(P)이 한계수입(MR)과 일치하므로 한계수입(MR)을 가격(P)으로 대체하면 완전경쟁기업의 이윤극대화조건을 다음과 같이 쓸 수 있다.

> **완전경쟁기업의 이윤극대화조건**
> $$P = MC$$

④ $P = MC$를 만족하는 가격수준은 잠재가격(shadow price)으로서 공정한 가격이다.
  ▸ 잠재가격이란 어떤 상품의 가격이 그 상품의 기회비용을 정확히 반영한 가격으로서 완전경쟁시장에서 시장가격은 잠재가격과 일치한다.
⑤ $P = MC$의 조건은 시장 전체의 효율성을 판단하는 기준이 된다.
  ▸ 생산물시장이 불완전경쟁시장(독점적 경쟁, 과점, 독점)이면 가격(P)이 한계비용(MC)을 초과하므로 $P > MC$가 되어 시장의 비효율성이 초래된다.
  ▸ '제23장 시장실패'에서 논의되는 외부성에서 외부경제가 발생하면 과소생산으로 인해 $P > MC$의 관계가 성립하고, 외부비경제가 발생하면 과다생산으로 인해 $P < MC$의 관계가 성립하게 되어 시장의 비효율성이 초래된다.
⑥ $MR = MC$는 모든 생산물시장에서 적용되는 이윤극대화조건이지만, $P = MC$는 완전경쟁시장에서만 적용되는 이윤극대화조건이다.

3. 이윤극대화

① 단기에 완전경쟁기업은 가격(P)과 평균비용(AC)의 크기에 따라 초과이윤을 얻을 수 있고, 정상이윤만을 얻거나 손실을 볼 수도 있다.

> **완전경쟁기업의 단기이윤**
> - 초과이윤 : $P > AC \Rightarrow \Pi > 0$
> - 정상이윤 : $P = AC \Rightarrow \Pi = 0$
> - 손　실 : $P < AC \Rightarrow \Pi < 0$

② 완전경쟁기업의 초과이윤이 발생하는 것은 단기에서만 가능하다.
  ▸ 완전경쟁기업이 단기적으로 초과이윤을 누리는 것은 단기에 시장의 진입장벽이 존재하여 개별기업의 자유로운 진입과 탈퇴가 가능하지 않기 때문이다.
  ▸ 장기에는 완전경쟁기업들의 신규시장으로의 자유로운 진입과 기존시장으로부터의 자유로운 탈퇴가 보장되므로 장기균형상태에서는 초과이윤도 손실도 없는 정상이윤만 존재하는 상태가 된다.

예제 — 완전경쟁기업의 이윤극대화

문제 1
완전경쟁시장에서 어느 기업의 비용곡선이 $C(Q) = 100 + 20Q + 2Q^2$이라고 할 때, 이 기업의 균형생산량이 40인 경우 시장가격은 얼마인가? *(2006 보험계리사)*

해설
- 한계비용함수는 $MC = \dfrac{dC}{dQ} = 20 + 4Q$이고, $Q = 40$일 때 한계비용은 $20 + (4 \times 40) = 20 + 160 = 180$이다.
- $P = MC$의 조건에 의해 시장가격은 $P = 180$이다.

문제 2
완전경쟁시장에서 A기업의 단기 총비용함수가 $C(Q) = 3Q^2 + 24$이다. (Q는 생산량, $Q > 0$) A기업이 생산하는 재화의 시장가격이 24일 경우 A기업의 극대화된 단기이윤은? *(2011 공인노무사)*

해설
- 한계비용함수는 $MC = 6Q$이고, 완전경쟁기업의 이윤극대화조건 $P = MC$에 의해 $24 = 6Q$, $Q = 4$이다.
- 총수입은 $TR = 24 \times 4 = 96$, 총비용은 $TC = (3 \times 4^2) + 24 = (3 \times 16) + 24 = 72$이므로 완전경쟁시장의 개별기업의 이윤은 $\Pi = 96 - 72 = 24$이다.

문제 3
완전경쟁시장에서 조업하는 동질적인 기업들은 $Q^d = 50 - P$의 시장수요함수를 가지며, $Q^s = 5P - 10$인 시장공급함수를 가진다. 개별기업의 평균비용곡선은 $AC(Q) = Q + \dfrac{2}{Q} + 2$일 때 이윤극대화를 위한 개별기업의 생산량은? *(2018 7급 서울시 추가채용)*

해설
- 시장의 균형 : $Q^d = Q^s$, $50 - P = 5P - 10$, $6P = 60$에서 균형가격은 $P_E = 10$이 된다.
- 총비용함수 : $TC = AC \times Q = Q^2 + 2Q + 2$
- 한계비용함수 : $MC = 2Q + 2$
- 완전경쟁기업의 이윤극대화 : $P = MC$, $10 = 2Q + 2$, $2Q = 8$에서 이윤극대화 생산량은 $Q = 4$가 된다.

문제 4
완전경쟁시장에서 A기업의 단기총비용함수는 $STC = 100 + \dfrac{wq^2}{200}$이다. 임금이 4이고, 시장가격이 1일 때 단기공급량은? (단, w는 임금, q는 생산량)? *(2020 감정평가사)*

해설
- 임금이 $w = 4$일 때 단기총비용함수는 $STC = 100 + \dfrac{4q^2}{200} = 100 + \dfrac{1}{50}q^2$이다. 이를 미분하면 한계비용함수는 $MC = \dfrac{1}{25}q$이다.
- 가격이 $P = 1$이고, 한계비용이 $MC = \dfrac{1}{25}q$이므로 완전경쟁기업의 이윤극대화조건 $P = MC$, $1 = \dfrac{1}{25}q$에 의해 단기공급량은 $q = 25$가 된다.

CHAPTER 14 완전경쟁시장

Ⅲ 완전경쟁기업의 단기공급곡선

1. 손익분기점과 생산중단점

(1) 손익분기점

① 손익분기점(break-even point)이란 $P = MC$를 만족하는 수준에서 이윤이 0이 되는 점을 말한다.

> **📑 손익분기점**
>
> 손익분기점 : $P = AC$
>
> - $\Pi = TR - TC = (P - AC)Q = 0$

② 손익분기점은 $P = MC$를 만족하는 수준에서 $P = AC$가 되는 점으로서 AC곡선의 최저점이다.
  ▸ 손익분기점은 $MC = AC$를 만족하는 점으로서 AC의 최저점이다.

③ 손익분기점보다 위에서 가격이 결정되면 $P > AC$가 성립하여 개별기업이 초과이윤을 얻게 되고, 손익분기점보다 아래에서 가격이 결정되면 $P < AC$가 성립하여 개별기업이 손실을 보게 된다.

(2) 생산중단점(조업중단점)

① $P < AC$가 성립하여 개별기업이 단기에 손실을 보더라도 $P > AVC$라면 생산을 지속해야 한다.

② 생산을 중단하면 총고정비용(TFC)이 손실이 되지만, $P > AVC$인 경우 생산을 하게 되면 총고정비용(TFC)의 일부를 회수할 수 있어서 생산을 중단하는 것에 비해 손실이 줄어들기 때문에 생산을 하는 것이 유리하다.

③ 생산중단조건(조업중단조건)은 생산을 지속할 경우의 손실이 생산을 중단할 때의 손실보다 큰 경우이다.
  ▸ $P = MC$가 성립하는 수준에서 생산을 지속할 경우의 손실 : $TC - TR = Q(AC - P)$
  ▸ 생산을 중단할 때의 손실 : $TFC = TC - TVC$

> **📑 생산중단점(조업중단점)**
>
> 생산중단점(조업중단점) : $P = AVC$
>
> - $TC - TR > TC - TVC (= TFC)$
>   → $TR < TVC$
>   → $P \times Q < AVC \times Q$
>   → $P < AVC$
> - 생산중단조건 : $P < AVC$

④ $P < AVC$이면 생산을 중단해야 하므로 생산중단점(shutdown point)은 $P = MC$를 만족하는 수준에서 $P = AVC$가 되는 점으로서 AVC곡선의 최저점이다.
  ▸ 조업중단점(생산중단점)은 $MC = AVC$를 만족하는 점으로서 AVC의 최저점이다.

⑤ 개별기업이 단기에 손실을 보지만 생산을 해야 하는 구간은 '$AVC < P < AC$'이다.

예제 : 손익분기점과 생산중단점

문제 1
어느 회사가 신제품의 상품가격을 1개당 2,000원으로 책정했다. 이때 신제품의 고정비용이 100만 원이고, 가변비용은 1개당 1,500원이라고 할 때 이 제품에 대한 손익분기점은 몇 개인가? (2003 보험계리사)

해설

- 고정비용이 100만 원이므로 평균고정비용은 $AFC = \dfrac{1,000,000}{Q}$이다. 평균가변비용은 $AVC = 1,500$이므로 평균비용은 $AC = AFC + AVC$, $AC = \dfrac{1,000,000}{Q} + 1,500$이 된다.
- 손익분기점의 조건식 $P = AC$, $2,000 = \dfrac{1,000,000}{Q} + 1,500$에서 생산량은 $Q = 2,000$개다.

문제 2
영희는 매월 아이스크림을 50개 팔고 있다. 영희의 월간 총비용은 50,000원이고, 이 중 고정비용은 10,000원이다. 영희는 단기적으로는 이 가게를 운영하지만 장기적으로는 폐업할 계획이다. 아이스크림 1개당 가격의 범위는? (단, 아이스크림 시장은 완전경쟁적이라고 가정한다.) (2010 7급 지방직)

해설

- $TC = TFC + TVC$, $50,000 = 10,000 + TVC$에서 총가변비용은 $TVC = 40,000$이 된다. 그리고 $Q = 50$이므로 평균가변비용은 $AVC = \dfrac{TVC}{Q} = \dfrac{40,000}{50} = 800$, 평균비용은 $AC = \dfrac{TC}{Q} = \dfrac{50,000}{50} = 1,000$이 된다.
- 개별기업이 단기에 손실을 보지만 생산을 지속해야 하는 구간은 $AVC < P < AC$, $800 < P < 1,000$의 구간이다.

문제 3
완전경쟁시장에서 조업하고 있는 A기업의 생산함수는 $Q = L^{0.5} K^{0.5}$이고, 단기적으로 자본을 2단위 투입한다. 이 기업의 손익분기점에서 시장가격은 얼마인가? (단, 노동과 자본의 가격은 각각 1이다.) (2014 감정평가사)

해설

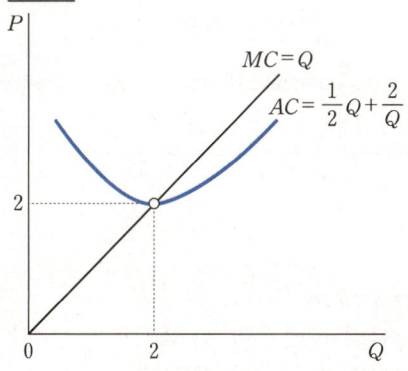

- $K = 2$일 때 생산함수는 $Q = L^{0.5} 2^{0.5}$가 되고, 이 식의 양변을 제곱하면 $Q^2 = 2L$에서 $L = \dfrac{Q^2}{2}$의 식이 도출된다.
- 생산요소로 측정한 비용함수 $TC = wL + rK$에서 $w = r = 1$과 $K = 2$를 대입하면 $TC = L + 2$가 된다. 이 비용함수에 $L = \dfrac{Q^2}{2}$의 식을 대입하면 생산량(Q)으로 측정한 비용함수는 $TC = \dfrac{Q^2}{2} + 2$가 된다. 이때 한계비용함수는 $MC = Q$가 되고, 평균비용함수는 $AC = \dfrac{1}{2}Q + \dfrac{2}{Q}$가 된다.
- 손익분기점에서 $P = MC = AC$의 조건이 성립하므로 $MC = AC$, $Q = \dfrac{1}{2}Q + \dfrac{2}{Q}$에서 $Q = 2$가 도출된다. $Q = 2$일 때 $P = MC = AC = 2$가 된다.

2. 개별기업의 단기공급곡선

① $P = MC$ 수준에서 $P > AC$인 구간은 초과이윤을 달성하는 구간이고, $AVC < P < AC$인 구간은 개별기업이 손실을 보지만 생산을 지속해야 하는 구간이며 $P < AVC$인 구간은 생산을 중단하는 구간이다.

② 평균가변비용(AVC)이 증가하는 구간에서 생산해야 하므로 노동의 평균생산(AP_L)이 감소하는 구간에서 생산해야 한다. 생산과 비용의 쌍대관계에 의해 평균가변비용(AVC)과 노동의 평균생산(AP_L)은 서로 역$(-)$의 관계가 있음을 상기하기 바란다.

▸ 생산과 비용의 쌍대관계 : $AVC = \dfrac{w}{AP_L}$

▸ $P = MC$를 만족하면서 $P > AVC$인 구간은 $MC > AVC$인 구간으로서 AVC가 증가하는 구간이다.

③ 평균가변비용(AVC)이 증가하는 구간에서 필연적으로 한계비용(MC)이 체증하므로 노동의 한계생산(MP_L)은 체감한다. 즉, '수확체감의 법칙'을 만족한다. 생산과 비용의 쌍대관계에 의해 한계비용(MC)과 노동의 한계생산(MP_L)은 서로 역$(-)$의 관계가 있음을 상기하기 바란다.

▸ 생산과 비용의 쌍대관계 : $MC = \dfrac{w}{MP_L}$

④ 위의 논의를 종합하면 $P = MC$ 수준에서 $P > AVC$를 만족하는 MC곡선이 개별기업의 단기공급곡선이 된다.

⑤ 추후 논의되겠지만 공급 측면에서 완전경쟁일 경우에만 공급곡선이 존재한다.

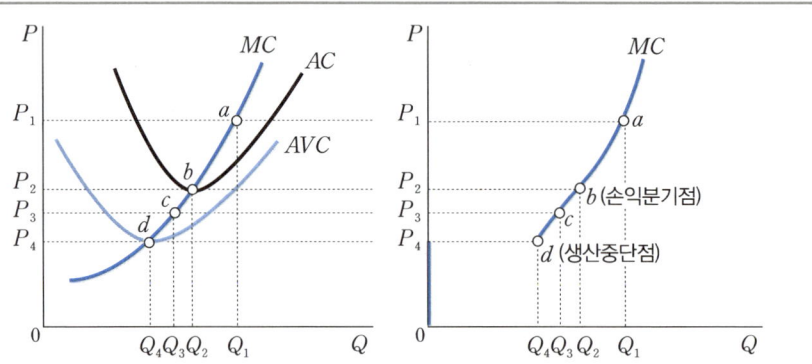

🔵 개별기업의 단기공급곡선

- $P = P_1$: $P_1 = MC$인 Q_1 생산 ⇒ $P_1 > AC$ ⇒ 초과이윤 ⇒ 생산지속
- $P = P_2$: $P_2 = MC$인 Q_2 생산 ⇒ $P_2 = AC$ ⇒ 초과이윤 $= 0$(정상이윤만 존재) ⇒ 생산지속
- $P = P_3$: $P_3 = MC$인 Q_3 생산 ⇒ $P_3 < AC$ ⇒ 손실발생 ⇒ $P > AVC$이므로 생산지속
- $P = P_4$: $P_4 = MC$인 Q_4점이 도출 ⇒ 생산을 하는 경우의 손실과 생산을 중단했을 경우의 손실이 동일 ⇒ 생산 여부는 불분명
- $P < P_4$: $P < AVC$이므로 생산중단

Ⅳ 완전경쟁산업의 단기공급곡선

1. 개념
① 완전경쟁산업(perfect competition industry)이란 동일한 상품을 생산하는 완전경쟁기업들의 집합을 말한다.
② 완전경쟁산업에서 생산된 상품은 완전경쟁시장에 공급되므로 이것이 시장공급이 되고 이에 대한 수요가 시장수요가 되므로 산업과 시장은 동일한 개념이 된다.

2. 단기공급곡선의 유형
① 산업의 공급곡선은 생산요소의 가격이 일정한 때에만 개별공급곡선들의 수평적 합이 된다.
② 완전경쟁시장에서는 기업들이 영세하여 한 기업이 생산량을 증가시키기 위해 가변요소를 더 고용하더라도 요소가격에는 영향을 미치지 못한다. 하지만 완전경쟁시장 전체적으로 생산요소에 대한 수요가 증가하면 생산요소가격이 변동할 수 있다.

> **완전경쟁산업의 단기공급곡선의 형태**
> - 비용불변산업 : 개별기업의 단기공급곡선을 수평으로 합계한 것
> - 비용증가산업 : 개별기업의 단기공급곡선을 수평으로 합계한 것보다 더 가파른 모양

③ 산업 전체의 생산량이 증가하더라도 생산요소가격이 일정한 경우 산업의 단기공급곡선은 개별기업의 단기공급곡선(MC)을 수평으로 합계한 것($\sum MC$)이 된다.

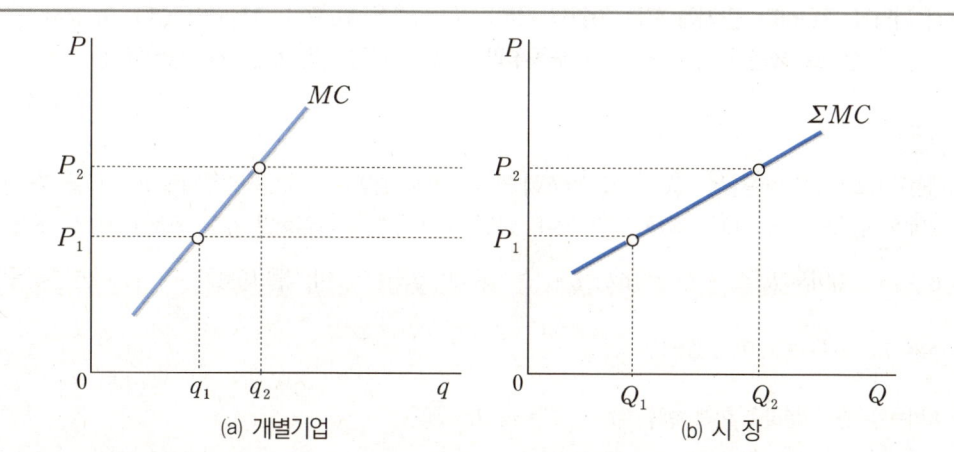

(a) 개별기업   (b) 시장

> **생산요소가격이 일정한 경우 완전경쟁산업의 단기공급곡선**
> - 생산물가격 상승($P_1 \to P_2$) → 생산량 증가 → 생산요소수요 증가 → 생산요소가격 불변 → 개별기업의 한계비용 불변 → 생산물가격이 P_1에서 P_2로 상승할 때 개별기업의 공급량은 q_1에서 q_2로 증가 → 산업의 공급량은 Q_1에서 Q_2로 증가
> - 생산요소가격이 일정한 경우 산업(시장)의 단기공급곡선은 개별기업의 단기공급곡선(MC)을 수평으로 합계한 것($\sum MC$)이 된다.

CHAPTER 14 완전경쟁시장

> **예제**   완전경쟁시장의 단기공급곡선

문제 1

완전경쟁시장에서 이윤극대화를 추구하는 A 기업의 총비용함수는 $TC = Q^2 + 3Q + 10$이며, 재화의 가격이 13이다. 이때 A 기업의 생산자잉여는? (단, TC는 총비용이고, Q는 생산량이다.)

(2010 감정평가사)

해설

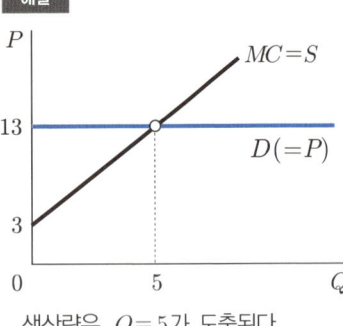

- 총비용함수를 생산량(Q)에 대하여 미분하면 한계비용함수 $MC = \dfrac{dTC}{dQ} = 2Q + 3$이 도출된다. 완전경쟁기업의 한계비용함수가 단기공급함수가 되므로 한계비용곡선이 개별기업의 단기공급곡선이 된다.
- 재화의 가격은 $P = 13$으로 주어져 있으므로 개별기업이 직면하는 수요곡선은 시장가격 $P = 13$의 수준에서 그은 수평선이 된다.
- $P = MC$의 이윤극대화조건에 의해 $13 = 2Q + 3$에서 이윤극대화 생산량은 $Q = 5$가 도출된다.
- 그림에서 생산자잉여는 $(13 - 3) \times 5 \times \dfrac{1}{2} = 25$이다.

문제 2

완전경쟁시장에서 대표적 기업의 생산함수가 $f(L, K) = L^{1/2} K^{1/2}$이다. 노동 1단위당 임금은 4이고, 자본 1단위당 임대료는 2이다. 이 산업에 1만 개의 기업이 존재하고, 모든 기업의 생산함수는 대표적 기업과 동일하다. 단기에 모든 기업의 자본투입량(K)은 16으로 고정되어 있다. 이 경우 단기 시장공급곡선으로 옳은 것은? (단, L은 노동투입량, P는 시장가격, Q는 시장공급량임)

(2015 8급 국회직)

해설

- 생산요소로 측정한 비용함수 $TC = wL + rK$에 임금 $w = 4$, 임대료 $r = 2$, 자본투입량 $K = 16$을 각각 대입하면 총비용함수는 $TC = 4L + 32$가 된다. 생산함수의 양변을 제곱하면 $Q^2 = LK$가 되는데 자본이 $K = 16$으로 주어져 있으므로 $Q^2 = 16L$, $L = \dfrac{Q^2}{16}$의 식이 성립한다. 이 식을 비용함수에 대입하면 총비용함수는 $TC = \dfrac{Q^2}{4} + 32$가 도출된다.
- 총비용함수를 미분하면 한계비용함수는 $MC = \dfrac{1}{2}Q$가 된다.
- 완전경쟁시장에서 개별기업의 단기공급곡선은 한계비용곡선이므로 개별기업의 단기공급함수는 $P = MC$, $P = \dfrac{1}{2}Q$, $Q = 2P$가 된다.
- 산업에 1만 개의 기업이 존재하므로 단기 시장공급함수는 $Q = (2P) \times 10{,}000$, $Q = 20{,}000P$, $P = \dfrac{1}{20{,}000}Q$이다.

V 단기균형

1. 시장의 단기균형
① 산업 전체의 생산량이 증가하더라도 생산요소가격이 일정하다는 가정 하에 개별소비자들의 개별수요곡선을 수평으로 더하면 시장수요곡선이 도출되고, 개별생산자들의 개별공급곡선을 수평으로 더하면 시장공급곡선이 도출된다.
② 시장수요곡선과 시장공급곡선이 교차하는 점(E)에서 시장의 균형이 달성되고, 균형가격(P_E)과 균형거래량(Q_E)이 결정된다.

2. 개별기업의 단기균형
① 개별기업은 시장에서 주어진 가격을 그대로 받아들이는 가격수용자이므로 시장가격수준에서 그은 수평선이 개별기업이 직면하는 수요곡선이 된다.
② 개별기업이 직면하는 수요곡선이 가격곡선이 되는 동시에 평균수입곡선(AR)과 한계수입곡선(MR)이 된다.
③ 개별기업은 $P(=MR)$와 MC가 만나는 점 q_E에서 이윤극대화 생산량을 결정한다.
④ 이윤극대화 생산량 q_E를 모든 기업에 대해 더하면 시장의 균형거래량($Q_E = \sum q_E$)이 도출된다.
⑤ 그림에서는 개별기업이 단기초과이윤을 얻는 경우를 가정하였지만, 개별기업의 평균비용곡선(AC)의 형태와 시장가격수준에 따라 개별기업은 손실을 보거나 0의 이윤을 얻을 수도 있다.
  ▸ 초과이윤 : $P > AC$ ⇒ $\Pi > 0$
  ▸ 정상이윤 : $P = AC$ ⇒ $\Pi = 0$
  ▸ 손　　실 : $P < AC$ ⇒ $\Pi < 0$
  ▸ 생산을 중단하면 총고정비용(TFC)이 손실이 되지만, $P > AVC$인 경우 생산을 하게 되면 총고정비용(TFC)의 일부를 회수할 수 있어서 생산을 중단하는 것에 비해 손실이 줄어들기 때문에 생산을 하는 것이 유리하다.

| 완전경쟁기업의 단기이윤극대화 |

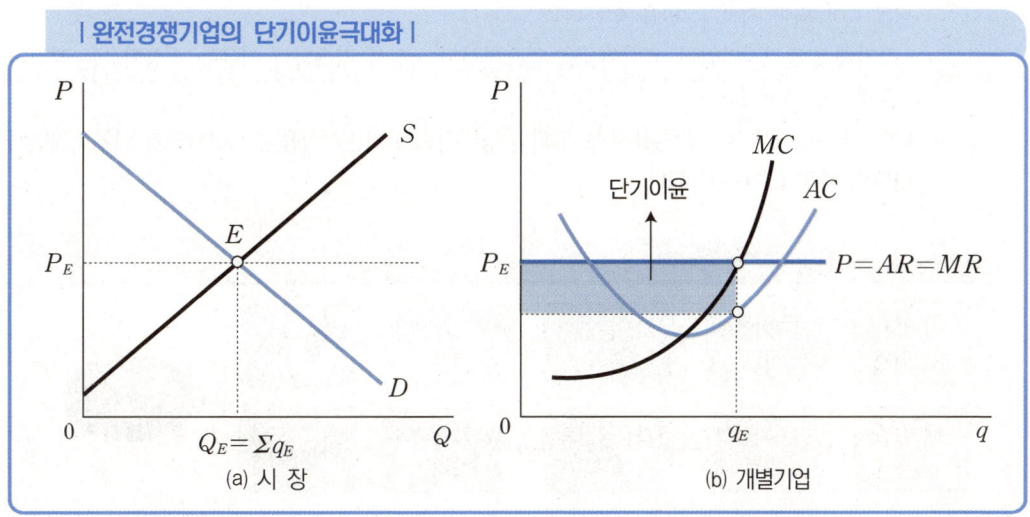

(a) 시 장　　(b) 개별기업

CHAPTER 14 완전경쟁시장

제4절 장기균형

I 개념

1. 장기
① 장기에는 고정투입요소가 존재하지 않고, 모든 투입요소가 가변투입요소가 된다.
② 장기에는 완전경쟁기업들의 신규시장으로의 자유로운 진입과 기존시장으로부터의 자유로운 탈퇴가 보장된다.

2. 장기균형
① 완전경쟁시장의 장기균형은 신규기업들의 진입이나 기존기업들의 탈퇴, 기존기업들의 시설확대 및 축소 등의 조정이 모두 이루어진 상태를 말한다.
② 완전경쟁시장에서의 장기균형상태에서는 초과이윤도 손실도 없는 정상이윤만 존재하는 상태이므로 장기이윤은 0이 된다.

II 개별기업의 장기균형

1. 장기조정과정
① 최초의 균형점 E_0에서 개별기업은 $P_0 = SMC_0$를 만족하는 생산량수준 q_0를 공급하면서 초과이윤을 얻는다.
② 단기에 개별기업이 초과이윤을 얻게 되면 장기적으로 신규기업들의 시장진입이 이뤄지게 된다.
③ 신규기업들의 시장진입은 초과이윤이 사라질 때까지 이뤄지게 되므로 시장공급곡선은 S_0에서 $P = LAC$를 만족하는 수준 S_1까지 우측 이동하게 된다.
④ 장기균형에서 개별기업은 q_1만큼을 생산하고, 시장의 공급량은 Q_1이 된다.
⑤ 장기조정과정(long-run adjustment)을 거친 후 달성되는 장기균형에서 개별기업의 초과이윤은 0이 되어 정상이윤만을 얻는다.
  ▶ 장기에 완전경쟁기업이 0의 이윤을 얻으면서도 생산을 지속하는 이유는 정상이윤은 여전히 존재하기 때문이다.
⑥ 만약 단기에 개별기업이 손실을 보게 되면 장기적으로 기존기업들의 시장탈퇴가 이루어지면서 반대의 과정을 거치게 된다.

| 완전경쟁시장의 장기조정과정 |

단기에 초과이윤 → 신규기업의 진입 → 시장공급의 증가 → 시장가격의 하락 → 이윤 감소 → 장기균형 (이윤=0)

단기에 손실 → 기존기업의 탈퇴 → 시장공급의 감소 → 시장가격의 상승 → 이윤 증가 → 장기균형 (이윤=0)

2. 장기균형조건

① 장기균형상태에서는 시장 안의 모든 기업이 정상이윤만을 얻고 초과이윤은 없는 상태이므로 더 이상의 진입이나 탈퇴가 일어나지 않는다.
  - 정상이윤(normal profit)이란 기업가로 하여금 현재 생산하고 있는 상품을 계속 생산하게 하는 유인으로서 충분할 정도의 최소한의 이윤을 말한다.
  - 이윤이 0이라는 것은 정상이윤만을 얻고 경제적 이윤이 0이라는 의미이지 회계적 이윤이 0이라는 의미는 아니다.
  - 특별한 언급이 없는 한 완전경쟁시장을 논의할 때 완전경쟁시장 내에 있는 모든 개별기업은 비용구조가 동일한 것으로 가정한다.

② 장기에 개별기업은 장기평균비용곡선(LAC)의 최저점에서 생산한다.
  - $LAC = LMC$: 완전경쟁시장은 장기에 개별기업의 장기평균비용과 장기한계비용이 서로 일치한다.
  - 규모에 대한 보수 불변(CRS)의 조건이 성립한다.
  - 규모의 불변경제가 성립하므로 생산량을 증가시킬 때 장기평균비용이 불변이 된다.
  - 장기생산함수는 1차 동차생산함수이다.

③ 장기에 규모에 대한 보수 불변이면 오일러의 정리가 성립한다.

④ 장기에 개별기업은 장기평균비용의 최저점에서 생산하므로 최적시설규모를 달성한다.
  - 완전경쟁기업은 장기에 과잉설비(초과설비)가 존재하지 않는다.

⑤ 개별기업의 단기공급곡선은 SMC곡선이지만, 장기에 개별기업은 장기평균비용의 최저점에서 생산하므로 개별기업의 장기공급곡선은 LMC곡선이 아니다.

📖 완전경쟁기업의 장기균형조건

$$P(=AR) = MR = SMC = LMC = SAC = LAC$$

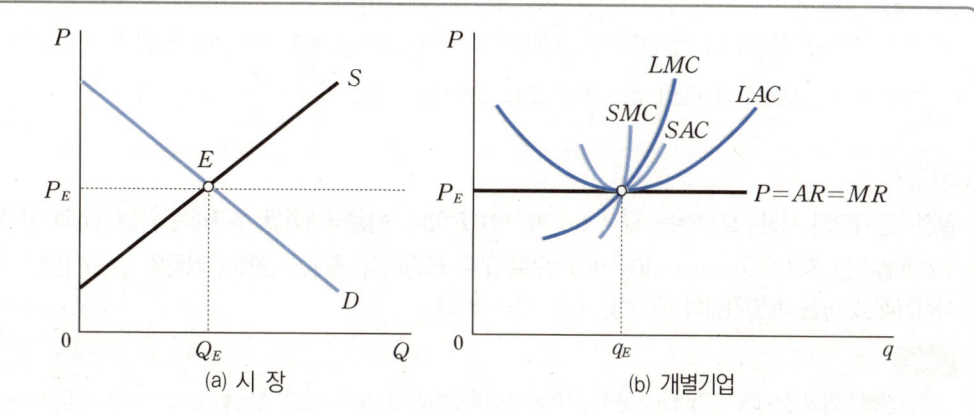

🌀 완전경쟁시장의 장기균형

- 완전경쟁시장에서 개별기업이 단기에 초과이윤을 누리면 장기적으로 신규기업의 진입이 이루어지고, 단기에 손실이 발생하면 장기적으로 기존기업의 퇴거가 이루어지므로 장기에 완전경쟁기업은 정상이윤만을 얻게 된다.
- 장기에 완전경쟁기업들은 최적시설규모에서 최적산출량을 생산한다.

CHAPTER 14 완전경쟁시장

> **예제** 완전경쟁기업의 장기균형

문제 1

반도체시장은 완전경쟁시장이며 개별기업의 장기평균비용곡선은 $AC(q_i) = 40 - q_i + \frac{1}{100}q_i^2$으로 동일하다고 가정하자. (단, q_i는 개별기업의 생산량임) 반도체 시장수요는 $Q = 25,000 - 1,000P$이다. (단, Q는 시장수요량, P는 시장가격) 반도체시장에서 장기균형가격과 장기균형 하에서의 기업의 수는 얼마인가?

(2017 8급 국회직)

> **해설**

- 장기균형에서 장기평균비용의 최저점에서 생산하므로 $\frac{dAC}{dq} = -1 + \frac{1}{50}q = 0$에서 개별기업의 생산량은 $q = 50$이 된다. $q = 50$일 때 장기균형가격은 $P = AC = 40 - 50 + \frac{2,500}{100} = 15$가 된다. $P = 15$일 때 시장의 수요량은 $Q = 25,000 - (1,000 \times 15)$에서 $Q = 10,000$이 된다.

- 개별기업의 생산량이 $q = 50$이고 시장의 생산량이 $Q = 10,000$이므로 기업의 수는 $\frac{Q}{q} = \frac{10,000}{50} = 200$이 된다.

문제 2

완전경쟁시장에서 이윤극대화를 추구하는 기업들의 장기비용함수는 $C = 0.5q^2 + 8$로 모두 동일하다. 시장수요함수가 $Q_D = 1,000 - 10P$일 때, 장기균형에서 시장 참여기업의 수는? (단, C는 개별기업 총비용, q는 개별기업 생산량, Q_D는 시장 수요량, P는 가격을 나타낸다.)

(2017 감정평가사)

> **해설**

- 장기평균비용함수는 $LAC = \frac{C}{q} = 0.5q + \frac{8}{q}$, $LAC = 0.5q + 8q^{-1}$이다. LAC의 최저점을 계산하기 위해 장기평균비용함수를 미분하여 0의 값을 주면 $\frac{dLAC}{dq} = 0.5 - 8q^{-2} = 0$, $q^2 = 16$에서 개별기업의 생산량은 $q = 4$가 도출된다. $q = 4$일 때 장기균형가격은 $P = LAC = 4$이다.

- 가격이 $P = 4$일 때 시장의 수요량은 $Q = 1,000 - (10 \times 4)$, $Q = 1,000 - 40 = 960$이 된다. 개별기업의 생산량이 $q = 4$, 시장의 생산량이 $Q = 960$이므로 기업의 수는 $\frac{Q}{q} = \frac{960}{4} = 240$이다.

문제 3

완전경쟁시장의 시장수요함수는 $Q = 1,700 - 10P$이고, 이윤극대화를 추구하는 개별기업의 장기평균비용함수는 $LAC(q) = (q-20)^2 + 30$으로 모두 동일하다. 장기균형에서 기업의 수는? (단, Q는 시장거래량, q는 개별기업의 생산량, P는 가격이다.)

(2018 감정평가사)

> **해설**

- 완전경쟁기업의 장기에 장기평균비용의 최저점에서 생산하므로 개별기업의 생산량은 $q = 20$이 된다. $q = 20$일 때 완전경쟁시장의 가격은 $P = LAC = 30$이 된다. 가격 $P = 30$을 시장수요함수에 대입하면 시장의 생산량은 $Q = 1,400$이 도출된다.

- 시장의 생산량이 $Q = 1,400$, 개별기업의 생산량이 $q = 20$이므로 기업의 수는 $\frac{1,400}{20} = 70$이 된다.

Ⅲ 완전경쟁산업의 장기공급곡선

1. 도출과정

① 산업의 공급곡선(시장공급곡선)을 도출할 때에는 단기와 장기에 있어서 큰 차이점이 존재한다.
② 단기공급곡선상의 모든 점에서 기업 수가 일정하지만, 장기에서는 기업의 진입이나 탈퇴가 가능하기 때문에 장기공급곡선상의 모든 점에서는 기업 수가 다르다.
③ 그러므로 산업의 장기공급곡선은 개별기업의 공급곡선을 수평으로 더하여 구할 수 없고, 시장의 장기균형점들을 연결하여 도출해야 한다.
  ▶ 장기에 개별기업은 장기평균비용(LAC)의 최저점에서 생산하므로 개별기업의 장기공급곡선은 존재하지 않는다. 즉, 개별기업의 장기공급곡선은 LMC곡선이 아니다.

> **완전경쟁산업의 공급곡선**
> - 산업의 단기공급곡선 : 개별기업의 단기공급곡선의 수평적 합
> - 산업의 장기공급곡선 : 시장의 수요와 공급의 변화에 따른 장기균형점들을 연결하여 도출

④ 산업의 장기공급곡선의 형태는 생산량증가에 따른 생산요소가격의 변화(비용증감)에 따라 다음과 같이 세 가지 형태로 구분된다. 본서에서는 논의의 단순화를 위해 비용불변산업만을 고려하기로 한다.

> **완전경쟁산업의 장기공급곡선 형태**
> - 비용불변산업 : 수평선
> - 비용증가산업 : 우상향
> - 비용감소산업 : 우하향

2. 비용불변산업의 장기공급곡선 : 수평선

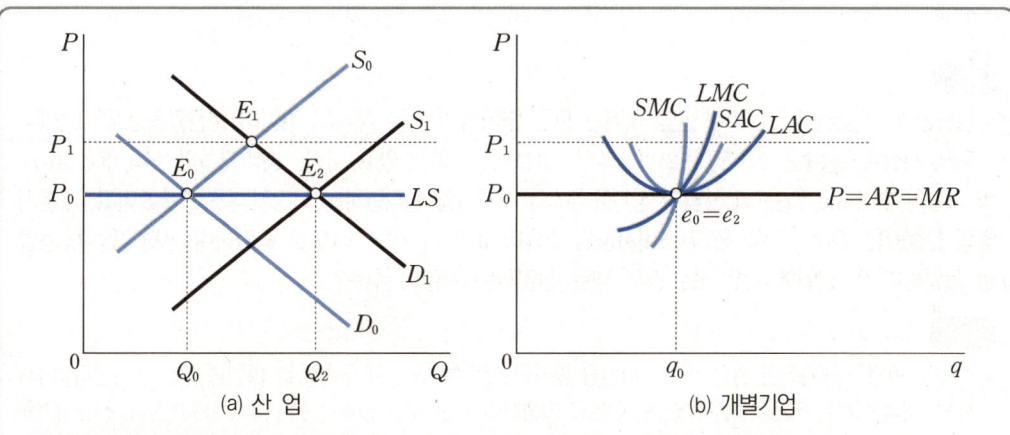

(a) 산 업   (b) 개별기업

> **비용불변산업의 장기공급곡선**
> - 비용불변산업은 산업 전체의 생산량과 관계없이 생산비용이 일정하므로 산업의 장기공급곡선은 수평선이 된다.
> - 비용불변산업은 생산요소가격이 불변이므로 개별기업의 비용곡선은 이동하지 않는다.

① 최초의 장기균형점 E_0에서 시장의 수요가 D_0에서 D_1으로 증가하여 균형점은 E_1으로 이동하고 시장가격은 P_0에서 P_1으로 상승하게 된다.
② 시장가격의 상승으로 기존기업들의 초과이윤이 발생하므로 신규기업들의 시장진입이 이루어진다.
③ 신규기업들의 시장진입이 이뤄지면서 시장공급이 증가하는데 이 과정에서 생산요소에 대한 수요가 증가하게 된다.
④ 생산요소에 대한 수요가 증가하더라도 생산요소가격이 불변이라면 시장공급증대로 인한 시장가격의 하락은 최초의 수준 P_0까지 하락하게 되어 새로운 균형점은 E_2가 된다.
⑤ 최초의 균형점 E_0와 새로운 균형점 E_2를 연결하면 수평선의 장기공급곡선(LS)이 도출된다.
⑥ 비용불변산업인 경우 시장 전체의 생산량은 Q_0에서 Q_2로 증가하지만, 개별기업의 생산량은 q_0수준에서 불변이고 시장가격도 P_0수준에서 불변이다.

예제 | 완전경쟁산업의 장기균형

문제 1
완전경쟁시장의 시장수요함수가 $Q^D = 220 - 5P$이고, 모든 개별기업의 비용함수가 $C(Q) = 3Q^3 - 18Q^2 + 35Q$로 주어져 있다. 현재 이 시장에 70개의 기업이 조업 중이라면 이 산업에 몇 개의 기업이 진입 또는 탈퇴할 것인가?

해설
- 장기평균비용함수는 $LAC = \dfrac{LTC}{Q} = 3Q^2 - 18Q + 35$이고, LAC의 최저점을 구하기 위해 Q에 대해 미분한 후 0의 값을 주면 $\dfrac{dLAC}{dQ} = 6Q - 18 = 0$에서 $Q = 3$이 된다. 이때 가격은 $P = LAC = 8$이 된다.
- $P = 8$을 시장수요함수에 대입하면 시장수요량은 $Q^D = 220 - 40 = 180$이 된다.
- 개별기업의 산출량이 $Q = 3$이고 시장수요량이 $Q^D = 180$이므로 개별기업의 수는 $\dfrac{180}{3} = 60$이 된다. 현재 시장에 70개의 기업이 조업 중이므로 10개의 기업이 이 산업에서 탈퇴할 것이다.

문제 2
비용불변 완전경쟁산업인 X재 산업 내에는 모든 면에서 동일한 N개의 기업이 생산활동을 하고 있다. X재의 시장수요함수는 $D(X) = 200 - 4P + M$으로 주어져 있고, M은 소비자들의 소득이다. 40개의 기업이 참여하고 있는 이 산업의 장기균형에서 개별기업이 직면하는 시장가격은 $P = 5$이고, 개별기업의 산출량은 $Q = 5$이다. 만약 소비자들의 소득이 M에서 $M + 40$으로 증가하여 현재 기업과 동일한 기업들이 이 산업에 진입하는 경우 새로 진입하는 기업의 수는? *(2009 7급 지방직)*

해설
- 소득이 40만큼 증가하면 시장수요가 40만큼 증가하므로 수요곡선이 우측으로 40만큼 평행 이동한다. 이때 시장가격의 상승은 기존기업들에게 초과이윤을 발생시키고 신규기업들의 시장진입이 이루어진다. 신규기업들의 시장진입에 의해 시장공급이 증가하면 시장 전체 균형량도 40만큼 증가하게 된다. 비용불변 완전경쟁산업이므로 시장가격은 최초의 수준으로 복귀하게 된다.
- 개별기업들은 모두 $Q = 5$인 동일한 산출량을 생산하므로 신규진입기업의 수는 $\dfrac{40}{5} = 8$이 된다.

제5절 완전경쟁시장의 평가

I 장점

1. 효율적인 자원배분
① 완전경쟁시장에서는 단기와 장기 모두 한계비용가격설정($P = MC$)이 이뤄지므로 자원배분의 효율성이 달성된다.
② 완전경쟁시장에서는 다수의 기업이 존재하므로 경쟁의 압력을 받게 되고, 이로 인해 적자생존의 치열하고 냉엄한 환경이 조성된다. 만약 비효율적인 운영을 하여 다른 기업들보다 이윤을 적게 내게 되면 그 기업은 시장에서 도태하게 되므로 최대한의 효율성을 추구하는 기업만 시장에서 생존하게 된다. 따라서 완전경쟁시장 안의 모든 기업은 최대한의 효율성을 추구하게 되는 것이다.

2. 사회후생의 극대화
① 완전경쟁시장에서는 가격(P)과 한계비용(MC)이 일치하므로 사회후생(소비자잉여+생산자잉여)이 극대화된다.
  ▸ 소비자는 가장 저렴한 가격으로 상품을 소비한다.
  ▸ 생산자는 최소의 비용으로 생산하면서 정상이윤만을 얻는다.
② 완전경쟁시장에서 사회후생이 극대화되는 이유는 한계편익(MB)과 한계비용(MC)이 일치하기 때문이다.
  ▸ 생산물시장이 불완전경쟁시장(독점적 경쟁, 과점, 독점)이면 가격(P)이 한계비용(MC)을 초과하므로 $P > MC$가 되어 시장의 비효율성이 초래된다. 이러한 사실은 추후에 생산물시장의 이론전개과정에서 자세하게 논의된다.
  ▸ '제23장 시장실패'에서 논의되는 외부성에서 외부경제가 발생하면 과소생산으로 인해 $P > MC$의 관계가 성립하고, 외부비경제가 발생하면 과다생산으로 인해 $P < MC$의 관계가 성립하게 되어 시장의 비효율성이 초래된다.

| 완전경쟁시장의 사회후생극대화 |

- 소비자잉여 : A
- 생산자잉여 : B
- 사회적 잉여 : $A+B$

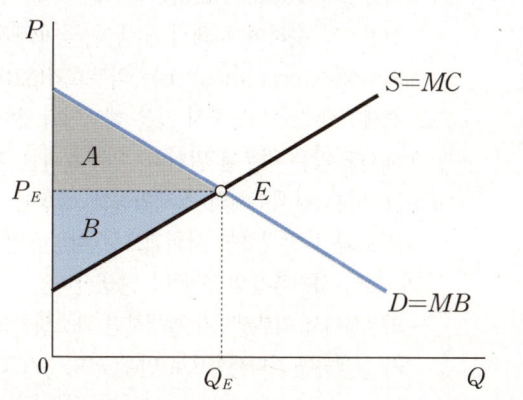

3. 최적시설규모의 달성

① 완전경쟁시장의 장기균형에서 $P = LAC$의 조건이 충족되므로 <u>장기평균비용의 최저점에서 생산</u>하게 된다.
② 완전경쟁시장에서 개별기업은 장기에 장기평균비용곡선의 최저점인 <u>최적시설규모</u>에서 생산하게 되므로 <u>규모에 대한 보수 불변</u>과 <u>규모의 불변경제</u>가 달성된다.
③ 완전경쟁시장의 장기균형에서 생산함수가 규모에 대한 보수 불변이므로 <u>오일러의 정리</u>가 성립한다.

4. 경제적 자유와 의사결정의 분권화

① 완전경쟁시장에서는 모든 경제주체에 경제적 자유와 기회보장의 균등화가 이뤄지므로 참된 민주주의와 병행할 수 있으며 자유시장경제체제의 이데올로기가 달성된다.
② 완전경쟁시장에서는 경제력의 집중이 배제되고, 의사결정의 분권화가 이뤄진다.

II 한계점

1. 가정의 비현실성

① 이론에서 가정한 일련의 전제조건이 모두 충족된 다음에야 완전경쟁시장의 자원배분이 효율적으로 될 수 있고, 현실에서 이 조건 중 어느 하나가 충족되지 못하면 완전경쟁시장에서의 자원배분은 비효율적이 될 수밖에 없다.
② 완전경쟁시장의 모든 조건을 충족하는 시장은 현실적으로 존재하기 어렵다.

2. 소득분배의 불공평성

① 완전경쟁시장의 성과는 '<u>효율성(efficiency)</u>'의 성과이지 '<u>공평성(equity)</u>'의 성과는 기대할 수 없다.
② 수많은 기업이 치열한 경쟁을 벌이고 있다는 사실은 효율성과 관련된 문제이지 소득분배의 공평성과는 아무런 논리적 관계가 없다.

3. 시장실패의 가능성

① 완전경쟁시장에서도 <u>외부효과(외부성)</u>가 발생하게 되면 <u>시장실패</u>가 나타날 수 있다.
  ▶ 시장실패(market failure)란 시장의 가격기구에 의한 경제문제해결이 효율적인 자원배분을 실현하지 못하여 사회적 후생이 극대화되지 않은 상황을 의미한다.
  ▶ 외부성(externalities) 또는 외부효과(external effect)란 어떤 경제주체의 경제행위가 다른 경제주체에게 의도하지 않은 혜택이나 손해를 가져다주면서도 그에 대한 대가를 받지도 지급하지도 않는 경우를 말한다. 외부효과는 어떤 경제주체의 경제행위가 '시장기구를 통하지 않고' 다른 경제주체의 경제활동에 영향을 미치게 되면서 시장실패를 발생시킨다.
② 외부효과가 발생하면 사회적으로 바람직한 생산량수준과 시장에서의 생산량수준이 불일치하게 되어 사회후생의 손실이 발생한다.
  ▶ 외부성에서 외부경제가 발생하면 과소생산으로 인해 $P > MC$의 관계가 성립하고, 외부비경제가 발생하면 과다생산으로 인해 $P < MC$의 관계가 성립하게 되어 시장의 비효율성이 초래된다.

CHAPTER 15 독점시장

PART 05 | 생산물시장이론

제1절 개요

I 개념

① 독점시장(monopoly market)이란 한 재화나 서비스의 공급이 단일기업에 의해 이루어지는 시장조직형태를 말한다.
② 생산물시장이론에서 독점은 주로 공급독점(monopoly)만을 다루지만, 특수한 경우 수요독점(monopsony)이 존재할 수도 있다.
  ▸ 수요독점은 주로 생산요소시장인 노동시장이론에서 다룬다. 예를 들어 지역에서 일할 곳이 탄광 하나밖에 없는 산골 마을의 경우 탄광회사는 그 지역 노동의 수요독점자가 된다.

II 특징

1. 독점기업이 곧 독점산업이다.
① 독점시장에서는 기업의 수가 독점기업 하나이다.
② 따라서 독점기업의 공급량은 그 상품에 대한 시장의 총공급량과 일치하게 되므로 독점기업 자체가 독점산업이 된다.
  ▸ 산업(industry)이란 동일한 재화를 생산하는 개별기업들의 집합을 의미한다. 산업에서 생산된 재화는 시장에 공급되므로 경제학에서 산업과 시장은 동의어로 사용한다.

2. 독점기업은 가격책정자
① 독점기업은 시장지배력(market power)을 갖고 있으므로 가격책정자(price setter)로서 시장가격을 임의의 수준으로 결정할 수 있다.
② 독점기업은 가격책정자이므로 가격차별(price discrimination)이 가능하다.
③ 독점기업은 이윤극대화 생산량을 먼저 결정한 후 가격을 결정하는 가격책정자이므로 어느 가격에 얼마만큼 공급하겠다는 공급곡선이 아예 존재하지 않는다.

3. 대체재의 부재
① 독점시장에서는 독점기업이 해당 상품을 독점적으로 공급하므로 그 상품에 대한 밀접한 대체재가 존재하지 않는다.
② 현실경제에서는 어느 독점상품이든 어느 정도의 대체성을 가지는 상품이 존재하게 된다. 예를 들면 지하철서비스는 서울시가 독점적으로 공급하는 상품이지만, 시장범위를 대중교통서비스로 확대하면 버스와 택시도 포함되므로 지하철서비스는 독점이 아니다.

4. 완전한 진입장벽

① 독점시장에서는 단기뿐 아니라 장기에서도 신규기업의 시장진입이 불가능하므로 완벽한 진입장벽이 존재한다.

② 독점시장에서는 장기에서도 완벽한 진입장벽이 존재하므로 장기에서도 초과이윤을 얻는다.

5. 우하향하는 수요곡선

① 독점시장에는 단일기업만 존재하므로 시장수요곡선 자체가 독점기업이 직면하는 수요곡선이 된다.

② 일반적으로 시장수요곡선은 우하향하므로 생산량을 변동시킬 때 시장가격도 시장수요곡선에 따라 변동하게 된다. 예를 들면 재화를 한 단위 추가로 판매하기 위해서는 가격을 인하해야 판매가 가능하다. 즉, 가격변수(P)가 상수가 아닌 변수로서 생산량변수(Q)의 감소함수가 된다.

▶ 완전경쟁시장에서 개별기업은 시장가격을 주어진 것으로 받아들이는 가격수용자여서 수평선의 수요곡선에 직면해 있으므로 재화를 한 단위 추가로 판매하기 위해서 가격을 인하할 필요가 없었다.

③ 기업이 시장에서 완벽한 독점력을 갖고 있다 할지라도 자유롭게 가격을 결정할 수 있는 것이 아니라 전적으로 시장수요곡선에 의존하게 되므로 가격과 판매량을 동시에 원하는 수준으로 정할 수는 없다.

6. 경쟁의 부재

① 독점시장에서는 대체재가 존재하지 않고 신규기업에 대한 완벽한 진입장벽이 존재하므로 밀접한 대체재를 생산하는 경쟁상대기업(rival firms)으로부터 도전을 받지 않는다.

② 독점기업은 다른 기업들과의 가격 및 비가격경쟁이 일어나지 않으므로 독점적 지위를 누릴 수 있다.

Ⅲ 독점의 원인 : 진입장벽(entry barrier)

1. 규모의 경제(규모에 대한 보수 증가)

① 규모의 경제(economies of scale)란 생산량을 증가시킴에 따라 장기평균비용(LAC)이 감소하는 현상을 말한다.

② 시장수요를 충족시키고도 남을 만큼의 대규모 생산에 이르기까지 규모의 경제가 존재하게 되면 낮은 비용으로 대량 생산이 가능하게 되므로 비용구조가 높은 소규모 기업들은 퇴출당하고, 대규모 기업에 의해 자연독점(natural monopoly)이 발생한다.

▶ 독점기업이 생산규모를 확대하면 생산단가가 낮아지기 때문에 소규모의 경쟁기업들은 시장에서 자연스럽게 퇴출당한다.

③ 자연독점은 전력, 전신, 전화, 수도, 철도 등의 공익사업(public utilities)에서 주로 나타난다.

④ 규모의 경제는 경공업보다는 설비투자 등 고정비용에 대한 투자규모가 큰 중화학공업에서 발생하기가 쉽다. 최근에는 IT산업의 소프트웨어산업이나 영화와 지식산업 등에서도 광범위하게 나타나고 있다.

⑤ 규모의 경제는 최근 IT산업의 소프트웨어산업이나 영화와 지식산업 등에서도 광범위하게 나타나고 있다.

2. 생산요소 및 원재료의 독점적 소유

① 어느 한 기업이 생산요소 및 원재료를 독점적으로 소유하게 되면 독점이 발생한다.
② 예
- 남아프리카공화국의 드 비어즈(De Beers)회사가 다이아몬드광산을 독점적으로 소유함으로써 다이아몬드 채광업이 독점화되었다.
- 20세기 초 미국의 스탠다드(Standard) 석유회사가 미국의 원유를 독점적으로 소유하여 다른 기업들이 정유산업에 진입할 수 있는 가능성이 배제되었다.
- 어떤 담배회사가 전국의 담배농장을 모두 소유하는 경우 담배산업이 독점화된다.

3. 정부가 특허권, 판권, 인·허가권 등을 부여해 독점적 지위부여

(1) 특허권
① 기술혁신의 유인을 마련하기 위해 각국은 특허권(patent)을 인정하고 있다.
② 특허법에 따라 발명가나 기술혁신자에게 특허의 전용실시권(專用實施權)이 부여되면 이를 이용한 상품이 독점적으로 공급된다.

(2) 영업허가권
① 우리나라의 경우 철도, 수도, 전기, 담배, 군수산업 등은 공익성이 크다고 판단하여 정부가 영업허가권을 부여하였다.
② 과거 우리나라 항공산업의 예로 대한항공만이 영업허가권을 받아 항공산업이 독점이었지만, 국제경쟁력 확보의 차원에서 아시아나항공에도 영업허가권을 부여함으로써 항공산업은 독점체제에서 경쟁체제로 전환되었다.
- 정유산업, 자동차산업, 정보통신산업 등도 독점산업에서 경쟁산업으로 전환되었다.

4. 정부의 특수한 목적에 의해 직접 독점력 행사

① 우리나라는 재정수입을 목적으로 정부가 전매청을 통해 담배와 홍삼 등의 판권을 독점하여 전매하였다.
② 국가기관이었던 전매청이 공기업인 한국담배인삼공사로 재발족하면서 담배와 인삼을 독점적으로 판매할 권리인 전매권을 부여받았다.
- 한국담배인삼공사는 2002년 12월 사명(社名)을 한국담배인삼공사에서 주식회사 $KT\&G$ Corporation로 변경하였고, 정부관련 지분의 완전매각과 주식취득제한의 폐지를 통해 민영화가 완료되었다.

5. 기타

① 기업들의 인수·합병($M\&A$)
② 획기적인 기술혁신으로 시장석권
③ 불공정거래행위로 경쟁기업들을 시장에서 몰아내는 경우
④ 작은 시장규모

CHAPTER 15 독점시장

제2절 단기균형

I 수요곡선

① 독점기업이 직면하는 수요곡선은 시장수요곡선이므로 독점기업은 시장수요곡선에 따라 가격을 결정하는 가격책정자로 행동한다.

② 시장수요곡선은 일반적으로 우하향하므로 독점기업의 생산량(Q)이 증가할수록 가격(P)은 하락하게 된다. 따라서 독점기업이 생산량(Q)을 증가시키기 위해 가격(P)을 인하해야 하므로 가격(P)은 상수가 아닌 변수가 되고 가격(P)은 생산량(Q)의 감소함수가 된다.

II 이윤극대화

1. 한계수입곡선의 도출

(1) 가격과 한계수입

① 독점기업은 그 자체가 산업(=시장)이므로 독점기업이 직면하는 수요곡선은 시장수요곡선이 된다. 일반적인 시장수요곡선은 우하향하므로 독점기업이 직면하는 수요곡선도 우하향한다.
  ▸ 독점기업은 이윤극대화 생산량을 결정한 후 시장수요곡선에서 가격을 책정하는 가격책정자이다.

② 독점기업은 시장수요곡선을 이용하여 각각의 상품수량에 대응하여 소비자가 최대한 지불하고자 하는 수요가격을 받아낸다. 따라서 각각의 가격수준에서 얼마를 공급하겠다는 것이 없으며 모든 가격은 전적으로 시장수요곡선에 의지한다. 따라서 독점기업의 공급곡선은 존재하지 않는다.

③ 공급독점인 경우에는 독점기업이 직면하는 수요곡선(시장수요곡선)이 우하향하므로 생산량(Q)을 한 단위 추가로 판매하기 위해서는 더 낮은 가격(P)을 책정해야 가능하다. 따라서 가격(P)은 생산량(Q)의 감소함수가 되고, 한계수입(MR)은 가격(P)보다 더 낮게 나타난다.

④ 다음 표는 시장수요와 관련된 내용을 수치로 정리한 것이다. 표에서 생산량을 1단위 판매하다가 2단위로 증가시키려면 가격을 90원에서 80원으로 인하해야 한다. 이때 두 번째 생산량만 80원을 받고 나머지 생산량은 전과 같이 90원을 받는 것이 아니라 나머지 생산량도 80원을 받아야 하므로 한계수입(MR)은 가격(P)보다 10원만큼 낮아지게 된다.

생산량(Q)	가격(P)	총수입(TR)	한계수입(MR)
0	100	0	0
1	90	90	90
2	80	160	70
3	70	210	50
4	60	240	30
5	50	250	10

(2) 수식을 통한 도출

① 독점기업이 직면하는 수요곡선은 시장수요곡선으로서 우하향한다.
② 개별기업이 직면하는 수요곡선이 우하향하는 경우 기업의 생산량(Q)(= 판매량)이 증가할수록 가격(P)이 하락하게 되므로 가격변수는 상수가 아닌 변수가 된다.
  ▸ 독점기업은 판매량을 증가시키기 위해 가격을 인하해야 하므로 가격(P)은 생산량(Q)의 감소함수이다.
③ 개별기업이 직면하는 수요곡선이 우하향하는 직선이면 개별기업의 생산량(= 판매량)이 증가할수록 기업의 총수입(TR)은 체감적으로 증가하다가 어느 구간을 지나면 감소하게 된다. 따라서 총수입곡선은 역 U자의 형태를 보인다.
④ 생산물시장이 독점시장인 경우 독점기업의 총수입함수를 이용하여 한계수입(MR)을 구하면 다음과 같다.

> **독점기업의 한계수입**
> - $TR = P(Q) \times Q$
> - $MR = \dfrac{dTR}{dQ} = \dfrac{dP(Q)}{dQ}Q + P(Q)$
> $= P'(Q)Q + P(Q)$

⑤ 위의 식에서 $\dfrac{dP(Q)}{dQ} = P'(Q)$는 수요곡선의 기울기로서 0보다 작은 값을 갖기 때문에 가격(P)은 한계수입(MR)보다 더 크다. $\dfrac{dP(Q)}{dQ} < 0$이라는 사실은 독점기업이 판매량(Q)을 증가시키기 위해 가격(P)을 인하해야 한다는 의미인데, 독점기업은 전적으로 시장수요곡선을 보고 가격을 책정한다는 사실을 상기하기 바란다. 따라서 $\dfrac{dP(Q)}{dQ}$가 수요곡선의 기울기가 되는 것이다.
  ▸ 완전경쟁시장의 개별기업들은 생산량을 추가로 판매하기 위해 가격을 인하할 필요가 없으므로 개별기업이 직면하는 수요곡선의 기울기는 0이 된다.

> **독점기업의 한계수입과 가격**
> $$P(Q) > MR = \dfrac{dP(Q)}{dQ}Q + P(Q),\ \dfrac{dP(Q)}{dQ} < 0$$

⑥ 완전경쟁시장에서 개별기업이 직면하는 수요곡선은 수평선이므로 수요곡선의 기울기가 0이 된다. $\dfrac{dP(Q)}{dQ} = 0$이면 한계수입(MR)은 가격(P)과 일치한다.
⑦ 시장수요곡선이 우하향하는 직선이어서 수요곡선의 기울기$\left(\dfrac{dP(Q)}{dQ}\right)$가 일정하다고 가정하면 생산량($Q$)이 증가할수록 $\dfrac{dP(Q)}{dQ}Q$의 절댓값도 비례적으로 증가하므로 가격(P)과 한계수입(MR)의 격차도 더 커진다.

(3) 수요의 가격탄력성과 한계수입
① 아모로소-로빈슨(Amoroso-Robinson)공식이란 한계수입(MR)을 수요의 가격탄력성(ϵ_P)이 포함된 식으로 나타낸 공식을 의미한다.

> **아모로소-로빈슨공식**
> $$MR = \frac{dP}{dQ}Q + P = P\left(1 + \frac{dP}{dQ}\frac{Q}{P}\right)$$
> $$= P\left(1 - \frac{1}{-\frac{dQ}{dP}\frac{P}{Q}}\right) = P\left(1 - \frac{1}{\epsilon_P}\right)$$
> $$= AR\left(1 - \frac{1}{\epsilon_P}\right)$$

② 수요의 가격탄력성(ϵ_P)이 무한대(∞)이면 수요곡선이 수평선임을 의미하므로 이는 완전경쟁시장의 개별기업이 직면하는 수요곡선에 해당한다. 이때 한계수입(MR)은 가격(P) 및 평균수입(AR)과 같아진다.
  ▸ 완전경쟁시장 : $P = MR$
③ 수요의 가격탄력성(ϵ_P)이 무한대(∞)인 경우를 제외하면 가격탄력성(ϵ_P)은 0보다 크므로 한계수입(MR)은 가격(P)보다 항상 작다.
  ▸ 불완전경쟁시장 : $P > MR$

(4) 한계수입곡선의 도출
① 가격탄력성과 총수입
  ▸ 가격탄력성(ϵ_P)이 1보다 큰 탄력적인 구간에서 한계수입(MR)이 양($+$)의 값을 갖기 때문에 총수입(TR)은 증가한다.
  ▸ 가격탄력성(ϵ_P)이 1인 단위탄력적인 구간에서 한계수입(MR)이 0이 되기 때문에 총수입(TR)은 최대가 되면서 불변이다.
  ▸ 가격탄력성(ϵ_P)이 1보다 작은 비탄력적인 구간에서 한계수입(MR)이 음($-$)의 값을 갖기 때문에 총수입(TR)은 감소한다.

> **가격탄력성과 총수입**
> - $\epsilon_P > 1$ $\Rightarrow$ $MR > 0$ $\Rightarrow$ TR 증가
> - $\epsilon_P = 1$ $\Rightarrow$ $MR = 0$ $\Rightarrow$ TR 불변, TR 최대
> - $0 < \epsilon_P < 1$ $\Rightarrow$ $MR < 0$ $\Rightarrow$ TR 감소

② 한계수입(MR)은 판매량(Q)이 한 단위 증가할 때 총수입(TR)의 증가분을 의미한다. 따라서 한계수입(MR)은 총수입함수(TR)를 미분하여 구할 수 있으며 이는 TR곡선의 기울기가 된다.
③ 평균(average)과 한계(marginal)의 관계에 따라 한계수입곡선이 평균수입곡선(수요곡선, 가격곡선)의 하방에 위치하므로 평균수입이 감소하는 것이다.
  ▸ $MR < AR(=P)$ → $AR(=P)$ 감소

④ $MR < 0$인 구간에서는 독점기업의 판매량이 증가할수록 독점기업의 총수입(TR)이 감소한다. 따라서 독점기업은 $MR > 0$이어서 총수입(TR)이 증가하는 구간, 즉 가격탄력성(ϵ_P)이 1보다 큰 탄력적인 구간에서 생산을 하게 된다.
  ▶ 생산량이 증가할수록 총비용은 증가하는데 총수입이 감소한다면 기업의 손실은 더욱 커지므로 비탄력적인 구간은 경제적 의미가 없다.
⑤ 개별기업이 직면하는 수요곡선이 우하향하는 직선이면 MR곡선은 수요곡선과 수직축의 절편은 동일하고 기울기는 수요곡선의 2배인 직선이 된다.
⑥ 예를 들어 시장수요함수가 $Q = 100 - P$라면 개별기업이 직면하는 수요함수는 역수요함수인 $P = 100 - Q$가 된다.
  ▶ 소비자는 가격을 보고 수요량을 결정하므로 가격(P)이 독립변수이고, 수요량(Q)이 종속변수이다. 따라서 수요함수가 소비자입장을 대변하고 있다.
  ▶ 생산자는 이윤극대화 생산량을 결정한 후 개별기업이 직면하는 수요곡선을 통해 가격을 결정하므로 판매량(Q)이 독립변수가 되고 가격(P)은 종속변수가 된다. 따라서 역수요함수가 생산자입장을 대변하고 있다.
⑦ 독점기업의 총수입함수는 $TR = P(Q) \times Q$가 되는데 여기에서 $P(Q)$는 역수요함수를 의미한다. 따라서 역수요함수인 $P = 100 - Q$를 총수입함수에 대입하면 $TR = (100 - Q) \times Q$, $TR = 100Q - Q^2$이 된다.
⑧ 주어진 총수입함수를 생산량변수(Q)에 대하여 미분하면 한계수입함수는 $MR = 100 - 2Q$가 된다. 따라서 수요곡선이 우하향하는 직선일 때 한계수입곡선은 수요곡선과 가격축의 절편값은 동일하고 기울기는 수요곡선의 2배인 직선이 된다.

| 수요의 가격탄력성을 이용한 한계수입곡선의 도출 |

- $\epsilon_P > 1$ ⇒ $MR > 0$ ⇒ TR 증가
- $\epsilon_P = 1$ ⇒ $MR = 0$ ⇒ TR 불변, TR 최대
- $0 < \epsilon_P < 1$ ⇒ $MR < 0$ ⇒ TR 감소

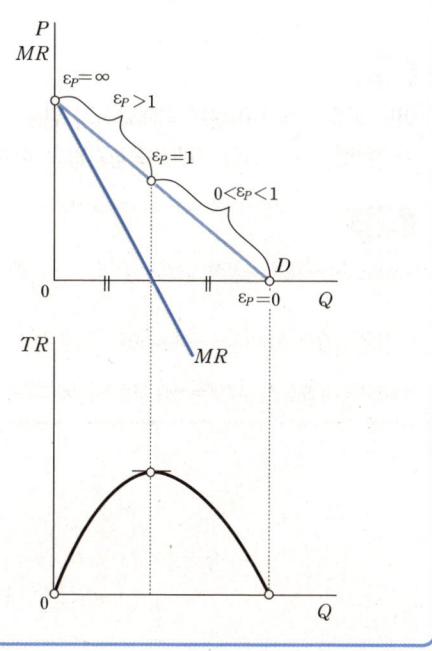

CHAPTER 15 독점시장

예제 | 아모로소-로빈슨(Amoroso-Robinson)공식

문제 1

이윤극대화를 추구하는 어떤 독점기업은 300원인 재화를 200원의 한계비용으로 생산하고 있다. 이 독점기업이 단기에 균형을 이룰 때 단기균형에서 이 제품에 대한 수요의 가격탄력성은?

해설

- 아모로소-로빈슨(Amoroso-Robinson)공식에 의해 한계수입은 $MR = P\left(1 - \dfrac{1}{\epsilon_P}\right)$이고, 이윤극대화조건은 $MR = MC$이므로 $MC = P\left(1 - \dfrac{1}{\epsilon_P}\right)$의 식이 성립한다.

- $MC = P\left(1 - \dfrac{1}{\epsilon_P}\right)$의 식에 한계비용 $MC = 200$과 가격 $P = 300$을 대입하면 $200 = 300\left(1 - \dfrac{1}{\epsilon_P}\right)$에서 수요의 가격탄력성은 $\epsilon_P = 3$이 된다.

문제 2

독점기업인 자동차회사 A가 자동차가격을 1% 올렸더니 수요량이 4% 감소하였다. 자동차의 가격이 2,000만 원이라면 자동차회사 A의 한계수입은?   (2013 7급 국가직)

해설

- 자동차가격이 1% 상승할 때 수요량이 4% 감소하였다면 수요의 가격탄력성이 $\epsilon_P = 4$가 된다.

- 자동차의 가격이 $P = 2,000$(만 원)이고 수요의 가격탄력성이 $\epsilon_P = 4$이므로 이를 아모로소-로빈슨 공식에 대입하면 독점기업의 한계수입은 $MR = P\left(1 - \dfrac{1}{\epsilon_P}\right) = 2,000(만\ 원) \times \left(1 - \dfrac{1}{4}\right) = 2,000(만\ 원) \times \dfrac{3}{4}$ 에서 $MR = 1,500$(만 원)이 된다.

문제 3

어느 독점기업이 이윤을 극대화하기 위해 가격을 단위당 100으로 책정하였으며, 이 가격에서 수요의 가격탄력성은 2이다. 이때 독점기업의 한계비용은?   (2014 공인노무사)

해설

- 아모로소-로빈슨공식 $MR = P\left(1 - \dfrac{1}{\epsilon_P}\right)$에 가격 $P = 100$과 수요의 가격탄력성 $\epsilon_P = 2$를 대입하면 한계수입은 $MR = 100\left(1 - \dfrac{1}{2}\right) = 50$이 도출된다.

- 이윤극대화조건 $MR = MC$의 조건에 의해 한계비용은 $MC = 50$이 된다.

2. 수입의 분석

(1) 독점기업의 총수입곡선

| 독점기업의 총수입곡선 |

- 독점기업은 가격책정자로 행동하므로 가격(P)은 생산량(Q)이 변함에 따라 변동하는 변수가 된다.
- 수요곡선이 우하향하는 직선인 경우 생산량(Q)이 증가함에 따라 총수입(TR)은 체감적으로 증가하다가 어느 구간을 지나면 감소하게 된다.

$$TR = P(Q) \times Q$$

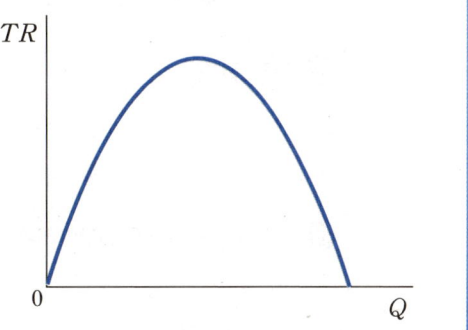

(2) 독점기업의 한계수입곡선과 평균수입곡선

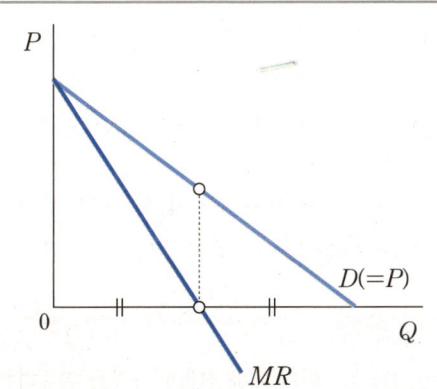
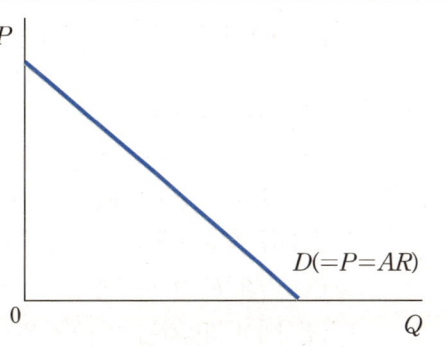

독점기업의 한계수입곡선

- 독점기업의 한계수입(MR)은 시장가격(P)보다 작다.

  - $TR = P(Q) \times Q$
  - $P(Q) > MR = \dfrac{dP(Q)}{dQ} Q + P(Q)$

- 수요곡선이 우하향하는 직선이면 MR곡선은 수요곡선과 수직축의 절편은 동일하고 기울기는 수요곡선의 2배인 직선이 된다.

독점기업의 평균수입곡선

- 시장의 형태와 무관하게 개별기업의 평균수입(AR)은 항상 가격(P)과 일치한다.

  - $TR = P(Q) \times Q$
  - $AR = \dfrac{TR}{Q} = \dfrac{P(Q) \times Q}{Q} = P(Q)$

- AR곡선과 시장수요곡선은 서로 일치한다.

CHAPTER 15 독점시장

3. 이윤극대화조건
① 이윤극대화조건은 $MR = MC$이다.
- $MR = MC$의 이윤극대화 1계 조건은 시장형태가 완전경쟁이든 불완전경쟁이든 상관없이 모든 시장에서 적용되는 기준이다.

② 그런데 독점시장에서는 가격(P)이 한계수입(MR)보다 크므로 다음의 조건이 성립한다.

> **독점기업의 가격(P)과 한계수입(MR)**
> $$P(=AR) > MR$$

③ 위에서 제시한 조건을 이용하여 독점기업의 이윤극대화조건을 다음과 같이 쓸 수 있다.

> **독점기업의 이윤극대화조건**
> $$P > MR = MC$$

④ 가격(P)이 한계비용(MC)보다 커서 $P > MC$의 조건이 성립하므로 독점시장의 가격수준은 공정한 가격이 아니다.
- $P = MC$의 조건이 성립하는 가격수준은 잠재가격으로서 공정한 가격을 의미한다. 따라서 완전경쟁시장에서의 가격수준은 공정한 가격이다.

⑤ $P > MC$이므로 시장의 효율성기준에 위배되고, 사회후생의 손실을 초래한다.
- 가격(P)과 한계비용(MC)의 차이인 $P - MC$는 시장의 비효율성인 동시에 기업의 독점도를 측정하는 기준이 된다. 이에 대한 이론적 내용은 추후 논의될 것이다.

4. 이윤극대화
① 독점기업은 $MR = MC$를 만족하는 수준에서 이윤극대화 생산량을 결정한다.

② 이윤극대화 1계 조건인 $MR = MC$를 만족하더라도 한계비용이 체감하는 구간은 이윤극대화 2계 조건을 만족하지 않으므로 그림에서 생략하였다. 한계비용이 체감하는 구간은 한계비용곡선의 기울기가 한계수입곡선의 기울기보다 작아 이윤이 극소화된다.
- 한계비용이 체감하는 구간은 한계생산이 체증하는 구간이므로 경제학적 의미가 없다.

③ 독점기업은 이윤극대화수준의 생산량 Q_E가 결정되면 시장수요곡선에 의해 생산량 Q_E에 대응되는 가격 P_E를 결정한다.
- 독점기업이 직면하는 수요곡선은 시장수요곡선과 일치한다.

④ $MR = MC$의 조건은 이윤극대화 생산량을 결정하는 조건이지 이윤극대화 가격을 결정하는 조건이 아님을 독자들은 명심해야 한다. 독점기업은 $MR = MC$의 조건을 만족하는 수준에서 이윤극대화 생산량을 결정할 뿐이고, 가격은 어디까지나 시장수요곡선에서 책정하는 것이다. 이러한 논리는 다른 불완전경쟁기업에게도 그대로 적용된다.

⑤ 생산물시장에서 공급독점인 기업은 $MR = MC$의 조건을 만족하는 수준보다 더 높은 가격을 책정함으로써 공급독점력을 행사하고 있다.
- 이는 '제20장 생산요소시장이론'에서 논의되는 공급독점적 착취로 이어진다.

⑥ 독점시장의 가격(P)은 시장수요곡선에서 결정되고 평균비용(AC)은 독점기업의 비용구조에 의해 결정되므로 가격(P)과 평균비용(AC)의 크기에 따라 독점기업은 초과이윤을 얻을 수 있고 정상이윤만을 얻을 수 있으며 손실을 볼 수도 있다.

예제 — 독점기업의 이윤극대화

문제 1
어느 독점기업의 평균수입은 $AR = 80 - 4Q$이고, 총비용함수는 $TC = Q^2 - 10Q + 20$이다. 이 독점기업의 이윤극대화 생산량은 얼마인가?

해설

- 한계수입함수 : $P = AR$의 조건에 의해 평균수입함수는 수요함수와 일치하므로 역수요함수는 $P = 80 - 4Q$가 된다. 역수요함수를 이용하여 한계수입함수를 구하면 $MR = 80 - 8Q$이다.
- 총비용함수(TC)를 생산량(Q)에 대해 미분하면 한계비용함수는 $MC = \dfrac{dTC}{dQ} = 2Q - 10$이 된다.
- 이윤극대화 생산량 : 이윤극대화조건 $MR = MC$, $80 - 8Q = 2Q - 10$에서 이윤극대화 생산량은 $Q = 9$가 된다.
- 이윤극대화 생산량 $Q = 9$를 수요함수에 대입하면 가격은 $P = 44$이다.

문제 2
어떤 독점기업의 총비용함수가 $TC = \dfrac{3}{2}Q^2 + 50Q + 10{,}000$, 시장수요함수가 $P = 450 - \dfrac{1}{2}Q$로 주어진 경우 이 독점기업이 이윤을 극대화하기 위한 가격은 얼마이고, 이때의 이윤은 얼마인가?

(2009 보험계리사)

해설

- 수요함수를 통해 도출된 한계수입함수는 $MR = 450 - Q$이고, TC를 미분하여 MC를 구하면 $MC = 3Q + 50$이 도출된다.
- 독점기업의 이윤극대화조건 $MR = MC$, $450 - Q = 3Q + 50$에서 이윤극대화 생산량은 $Q = 100$이 도출된다. $Q = 100$을 수요함수에 대입하면 가격은 $P = 400$이 된다.
- 총수입 : $TR = P \times Q = 400 \times 100 = 40{,}000$
- 총비용 : $TC = \left(\dfrac{3}{2} \times 100^2\right) + (50 \times 100) + 10{,}000 = 30{,}000$
- 독점기업의 이윤 : $TR - TC = 40{,}000 - 30{,}000 = 10{,}000$

문제 3
어느 독점기업이 직면하는 수요곡선이 $P = 6 - 3Q$(단, P는 가격, Q는 수요량)일 때, 이 기업의 한계수입이 0이라면 총수입은?

(2011 7급 국가직)

해설

- 독점기업이 직면하는 수요함수를 통해 한계수입함수를 도출하면 $MR = 6 - 6Q$가 된다.
- 한계수입이 $MR = 0$이면 생산량은 $Q = 1$이 되고 $Q = 1$을 수요함수에 대입하면 가격은 $P = 3$이 된다.
- $MR = 0$일 때 총수입은 최대가 되므로 $P = 3$이고 $Q = 1$일 때 총수입은 $TR = P \times Q = 3 \times 1 = 3$으로 최대가 된다.

문제 4

독점기업 甲의 시장수요함수는 $P = 1,200 - Q_D$이고, 총비용함수는 $C = Q^2$이다. 정부가 甲기업에게 제품 한 단위당 200원의 세금을 부과할 때, 甲기업의 이윤극대화 생산량은? (단, P는 가격, Q는 생산량, Q_D는 수요량이다.)   (2015 감정평가사)

해설

- 정부가 독점기업에게 제품 한 단위당 200원의 세금을 부과하면 독점기업의 한계비용이 200원만큼 상승하므로 총비용은 $200Q$만큼 증가한다. 따라서 총비용함수는 $C = Q^2 + 200Q$가 되므로 총비용함수를 통해 한계비용함수를 도출하면 $MC = 2Q + 200$이 된다.
- 시장수요함수 $P = 1,200 - Q$를 통해 독점기업의 한계수입함수를 도출하면 $MR = 1,200 - 2Q$가 된다.
- 이윤극대화 : $MR = MC$, $1,200 - 2Q = 2Q + 200$, $4Q = 1,000$에서 이윤극대화 생산량은 $Q = 250$이 된다. 이윤극대화 생산량 $Q = 250$을 수요함수에 대입하면 가격은 $P = 950$이 된다.

문제 5

독점기업 甲이 직면하고 있는 수요곡선은 $Q_D = 100 - 2P$이다. 甲이 가격을 30으로 책정할 때 한계수입은? (단, Q_D는 수요량, P는 가격이다.)   (2016 감정평가사)

해설

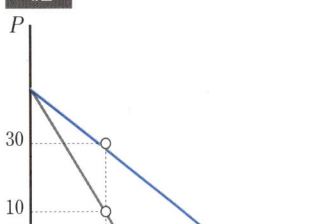

- 독점기업이 직면하는 수요함수 $Q_D = 100 - 2P$를 역수요함수로 변형하면 $P = 50 - \frac{1}{2}Q_D$가 된다. 독점기업의 한계수입곡선은 수요곡선의 가격축의 절편값은 갖고 기울기는 두 배이므로 한계수입함수는 $MR = 50 - Q_D$가 된다.
- 가격이 $P = 30$일 때 수요량은 $Q_D = 100 - (2 \times 30) = 100 - 60 = 40$이므로 이를 한계수입함수에 대입하면 한계수입은 $MR = 10$이 된다.

문제 6

독점기업 A가 직면한 수요함수는 $Q = -0.5P + 15$, 총비용함수는 $TC = Q^2 + 6Q + 3$이다. 이윤을 극대화할 때, 생산량과 이윤은? (단, P는 가격, Q는 생산량, TC는 총비용이다.)   (2018 감정평가사)

해설

- 독점기업이 직면하는 수요함수 $Q = -0.5P + 15$를 역수요함수로 변형하면 $P = 30 - 2Q$가 된다. 따라서 독점기업의 한계수입함수는 $MR = 30 - 4Q$이다.
- 총비용함수 $TC = Q^2 + 6Q + 3$를 미분하면 한계비용함수는 $MC = 2Q + 6$이다.
- 이윤극대화 : $MR = MC$, $30 - 4Q = 2Q + 6$, $6Q = 24$에서 이윤극대화 생산량은 $Q_E = 4$이고, 이를 수요함수에 대입하면 이윤극대화가격은 $P_E = 22$이다. 총수입은 $TR = P \times Q = 22 \times 4 = 88$이고, 총비용은 $TC = 4^2 + (6 \times 4) + 3 = 43$이므로 이윤은 $\Pi = TR - TC = 88 - 43 = 45$이다.

III 단기균형

1. 도출

① 독점기업은 $MR = MC$를 만족하는 수준에서 이윤극대화 생산량을 결정한 후 시장수요곡선에서 가격을 결정한다.
   ▸ 독점기업이 직면하는 수요곡선은 시장수요곡선과 일치하므로 독점기업은 시장수요곡선을 보고 가격을 책정한다.

② 단기에 독점기업이라고 해서 반드시 초과이윤을 달성하는 것은 아니고, 정상이윤만을 얻거나 오히려 손실을 볼 수도 있다.

③ 기업의 이윤함수는 $\Pi = TR - TC = P \times Q - AC \times Q = (P - AC)Q$이므로 가격($P$)과 평균비용($AC$)의 크기에 따라 이윤($\Pi$)의 크기가 결정된다.
   ▸ 가격(P)이 평균비용(AC)보다 크면 총수입(TR)이 총비용(TC)보나 크므로 초과이윤($\Pi > 0$)을 달성한다.
   ▸ 가격(P)이 평균비용(AC)과 일치하면 총수입(TR)이 총비용(TC)과 일치하므로 이윤은 $0(\Pi = 0)$이 되어 정상이윤만을 획득한다.
   ▸ 가격(P)이 평균비용(AC)보다 작으면 총수입(TR)이 총비용(TC)보나 작으므로 손실($\Pi < 0$)이 발생한다.

> **독점기업의 단기이윤**
> - 초과이윤: $P > AC \Rightarrow \Pi > 0$
> - 정상이윤: $P = AC \Rightarrow \Pi = 0$
> - 손　　실: $P < AC \Rightarrow \Pi < 0$

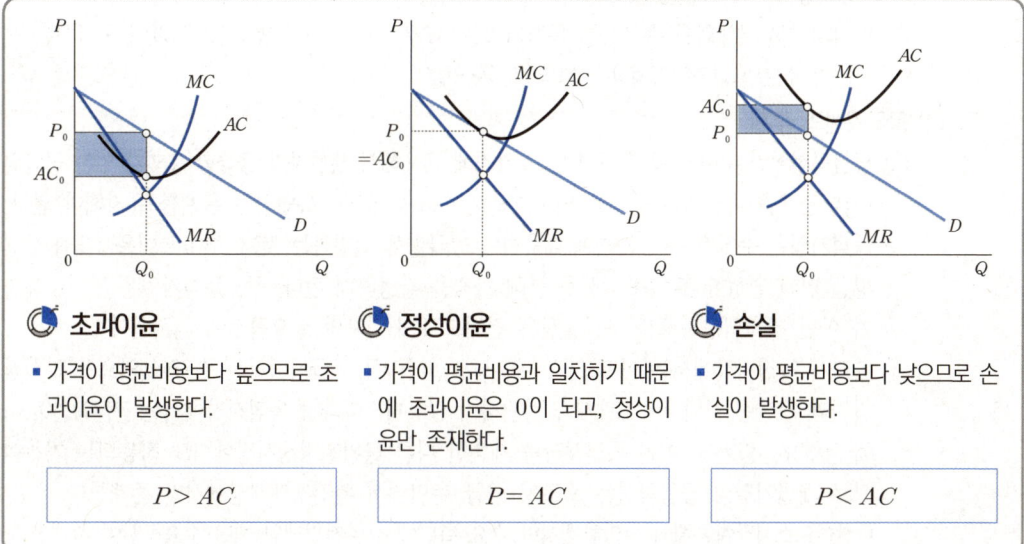

초과이윤
- 가격이 평균비용보다 높으므로 초과이윤이 발생한다.

$P > AC$

정상이윤
- 가격이 평균비용과 일치하기 때문에 초과이윤은 0이 되고, 정상이윤만 존재한다.

$P = AC$

손실
- 가격이 평균비용보다 낮으므로 손실이 발생한다.

$P < AC$

2. 특징

(1) 단기손실의 가능성
① 강력한 시장지배력을 갖춘 독점기업이라고 해서 단기에 초과이윤을 획득하는 것이 아니고 때로는 손실이 발생할 수 있다.
② 독점기업이 손실을 보는 경우에도 $P > AVC$인 구간에서는 생산을 중단했을 때의 손실이 더 크므로 조업을 지속하고, $P < AVC$인 구간에서는 생산을 지속했을 때의 손실이 더 크므로 조업을 중단한다. 이는 완전경쟁시장에서의 논리와 동일하다.
③ 독점기업이 손실을 보는 것은 어디까지나 단기에서만 가능하다.
▶ 장기에서조차 손실을 보는 독점기업은 시장에서 이탈할 것이므로 장기에 남아 있는 독점기업이라면 최소한 0 이상의 경제적 이윤을 얻어야 한다.
▶ 장기에서는 시설규모 자체를 선택할 수 있으므로 수요조건에 비춰 알맞은 시설규모를 선택함으로써 단기에서보다 더 큰 이윤을 획득하는 것이 일반적이다.

(2) 사회후생의 손실
① 독점기업의 단기균형에서는 완전경쟁기업과 달리 이윤극대화 균형점에서 $P = MC$가 성립하지 않는다.
② $P > MC$이므로 시장의 비효율성이 초래되어 사회후생의 손실이 발생한다.
▶ 독점시장은 완전경쟁시장보다 과소생산하여 가격(P)이 한계비용(MC)을 초과한다.

(3) 수요의 가격탄력성이 1보다 큰 구간에서 균형이 성립
① 수요의 가격탄력성이 1보다 작은 구간에서는 $MR < 0$이 되어 생산량(Q)을 증가시키면 오히려 총수입(TR)이 감소하게 되므로 이 구간은 경제학적 의미가 없다.
▶ 생산을 증가시킬 때 총비용은 계속 증가하는데 총수입이 감소한다면 이 구간은 손실액이 지속적으로 커지는 구간이다.
② $MC = 0$이 되어 MC곡선이 가로축(X축)에서 수평선인 특수한 경우에는 단위탄력적인 점($\epsilon_P = 1$)에서 이윤극대화 균형이 성립할 수 있지만, 이는 일반적인 경우가 아니다.
▶ 총비용이 가변비용은 없고 고정비용으로만 구성되어 있는 경우에 한계비용이 0이 된다.
③ 따라서 이윤극대화를 추구하는 독점기업은 $MR > 0$이 되어 총수입(TR)이 증가하는 구간, 즉 수요의 가격탄력성이 1보다 큰 구간에서 생산한다.

(4) 공급곡선의 부재
① 공급곡선이란 주어진 특정 가격과 그 가격에 대응해서 생산자가 공급할 용의가 있는 공급량 간의 관계를 나타내는 곡선을 의미하므로 수요곡선과는 독립적인 관계를 유지해야 한다.
② 독점기업은 주어진 특정 가격에 대응하여 공급량을 결정하는 것이 아니라 이윤극대화 생산량을 먼저 결정한 후 수요곡선을 통해 가격을 결정하게 된다. 즉, 독점기업은 가격수용자가 아닌 가격책정자로서 가격결정은 전적으로 소비자의 수요곡선에 의존한다.
③ 따라서 독점시장에서는 어떤 가격수준에서 얼마만큼 공급하겠다는 수량이 없으므로 시장가격과 생산량 간의 1 : 1관계가 성립하지 않는다. 따라서 독점시장에서는 공급곡선이 아예 존재하지 않는다. 이는 독점시장을 제외한 다른 불완전경쟁시장에서도 적용되는 기준이므로 개별기업의 공급곡선은 오로지 공급 측면에서 완전경쟁시장에서만 존재한다.
▶ 생산요소시장이론에서 논의하겠지만 수요 측면에서 완전경쟁일 때만 수요곡선이 존재한다.

제3절 경제적 효과

I 사회적 후생손실 : 후생삼각형

1. 완전경쟁시장
① 완전경쟁시장의 공급곡선(S)은 개별기업들의 한계비용곡선을 수평으로 더한 것($\sum MC$)이 되므로 독점기업의 한계비용곡선(MC)이 바로 완전경쟁시장의 공급곡선이 된다고 할 수 있다.
② 완전경쟁시장에서는 공급곡선(한계비용곡선)과 수요곡선이 교차하는 E_c점에서 균형이 달성되고 균형가격 P_c와 균형거래량 Q_c가 결정된다.

2. 독점시장
① 독점시장에서는 $MR = MC$를 만족하는 점에서 이윤극대화 생산량 Q_m이 결정되고 균형가격은 수요곡선에서 P_m으로 책정된다.
② 독점체제에서는 완전경쟁체제보다 생산량(Q_m)은 더 적고, 가격(P_m)은 더 높다.
③ 독점에서의 가격(P)은 한계비용(MC)보다 더 높기 때문에 독점시장에서 자원이 비효율적으로 배분되고 있고, $C+E$만큼의 사회적 후생손실(welfare loss)이 발생한다.
▸ 독점의 사회적 비용(social cost)   ▸ 후생삼각형(welfare triangle)
▸ 자중손실(自重損失, deadweight loss), 사중손실(死重損失)
▸ 초과부담(excess burden)   ▸ 하버거의 삼각형(Harberger's Triangle)

| 독점시장의 사회적 후생손실 |

- 동일한 조건 하에서 독점시장은 완전경쟁시장에 비해 생산량은 적고 가격은 높다.
- 완전경쟁시장에서는 가격과 한계비용이 일치하여 시장의 효율성이 달성되지만, 독점시장에서는 가격이 한계비용보다 커서 시장의 비효율성이 초래된다.
- 독점시장의 비효율성의 크기 : $C+E$

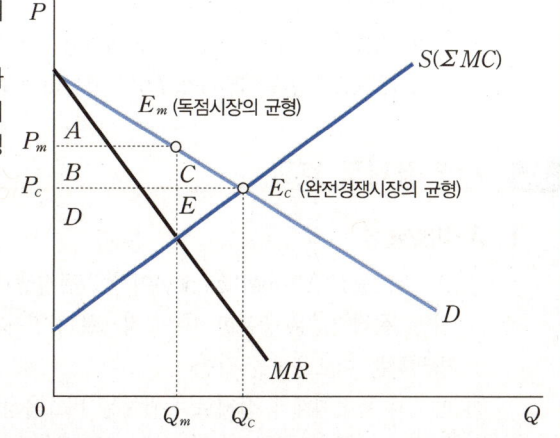

구 분	완전경쟁시장	독점시장	변화분
소비자잉여	$A+B+C$	A	$-(B+C)$
생산자잉여	$D+E$	$B+D$	$B-E$
사회적 잉여	$A+B+C+D+E$	$A+B+D$	$-(C+E)$

Ⅱ 소득분배에 미치는 영향 : 소득불평등의 심화

1. 완전경쟁시장
① 완전경쟁기업은 장기에 정상이윤만을 누리므로 생산요소에 대해 그 생산요소의 기회비용만큼을 지급하게 된다. 따라서 생산요소의 소유자들도 초과이윤을 얻지 못한다.
② 완전경쟁기업은 형평성을 유지하면서 경제력을 분산시킨다.

2. 독점시장
① 위의 그림에서 B의 면적은 완전경쟁체제의 소비자잉여가 독점자의 이윤으로 바뀐 부분이므로 소비자로부터 생산자에게로 소득이 재분배된다.
② 독점기업은 생산요소에 대해 요소의 기회비용 이하를 지급하고, 장기적으로 초과이윤을 누리게 되므로 독점시장에서는 경제력 집중이 발생한다.
   ▸ 한 사회에서 소득이나 부가 소수의 수중에 집중된다.
   ▸ 독점이윤을 통해 한 사회 안의 부가 소수에 편중되기 때문에 독점체제가 분배에 대해 미치는 영향은 부정적으로 평가된다.

Ⅲ 기술혁신에 미치는 영향

1. 완전경쟁시장
① 완전경쟁기업은 격심한 경쟁에서 살아남기 위해 기술혁신에 대해 부단한 노력을 하게 된다.
② 반면에 완전한 정보와 장기초과이윤의 소멸로 인해 실제 기술혁신의 가능성은 미약하다.

2. 독점시장
① 독점기업은 독점적 지위를 이용하여 안이하게 초과이윤을 향유하려는 경향이 있기 때문에 기술혁신에 적극성을 띠지 않는 측면이 존재한다.
② 반면, 슘페터(J. Schumpeter)에 의하면 독점기업은 방대한 자금과 연구진을 활용할 수 있으므로 대규모의 연구개발($R\&D$)이 가능하여 기술혁신을 촉진할 수 있다.

Ⅳ 기타 경제적 효과

1. X-비효율성
① X-비효율성(X-inefficiency)이란 완전경쟁기업들은 자발적으로 최대한의 효율성을 추구하지만, 독점기업은 충분한 이윤보장으로 경영자와 노동자 모두 열심히 일할 유인이 사라지면서 발생하는 비효율성을 말한다.
② 따라서 독점체제가 실제로 유발하는 비효율성은 후생삼각형보다 더 클 가능성이 있다.

2. 기타
① 독점기업이 진입장벽을 쌓는 데 소요되는 막대한 자금도 비효율성의 원인이 된다.
② 독점기업과 같이 경제주체의 선택이 제한되면 사회적 손실이 발생하게 되고, 정경유착의 관행을 만들게 되며 민주정치의 발전을 저해하게 된다.

제4절 독점도

I 개념

① 독점도(degree of monopoly)란 한 산업 내에 있는 기업의 독점력 및 시장지배력을 측정하는 척도이다.
② 독점도는 독점에 따른 자원배분의 비효율성을 가져 오는 정도를 의미한다.

II 측정

1. 불완전경쟁에 따른 단위당 비효율성의 측정

① 완전경쟁시장은 이윤극대화 균형점에서 $P = MC$가 되어 효율적 자원배분이 가능하고, 사회후생은 극대화된다.
② 불완전경쟁시장은 이윤극대화 균형점에서 $P > MC$가 되어 자원배분은 비효율적이 되고, 사회후생의 손실이 발생한다.
③ 단위당 비효율성의 크기는 이윤극대화 균형점에서 $P - MC$로 측정된다.
④ 불완전경쟁기업은 재화생산의 한계비용을 초과하여 가격을 책정하는 독점력을 행사하므로 비효율성의 크기는 독점도가 된다.
⑤ 개별기업의 이윤은 $P - AC$의 크기로 결정되므로 독점도가 높아진다고 해서 반드시 이윤이 커지는 것은 아니다.

2. 러너의 독점도

① 미국의 경제학자 러너(A. P. Lerner)는 독점에 따른 단위당 비효율성의 크기 $P - MC$를 가격 P로 나누어 독점도를 구하였다.
② 이윤극대화조건 $MR = MC$를 이용하여 러너지수(Lerner index)를 다음과 같이 쓸 수 있다.

> **러너지수**
>
> $$L = \frac{P - MC}{P} = \frac{P - MR}{P}$$

3. 힉스의 독점도

① 힉스(J. Hicks)의 독점도는 러너의 독점도에 아모로소-로빈슨 공식 $MR = P\left(1 - \frac{1}{\epsilon_P}\right)$을 적용하여 얻어진다.

> **힉스의 독점도**
>
> $$L = \frac{P - MC}{P} = \frac{P - MR}{P} = \frac{P - P\left(1 - \frac{1}{\epsilon_P}\right)}{P} = \frac{1}{\epsilon_P}$$

CHAPTER 15 독점시장

② 힉스의 독점도는 수요의 가격탄력성(ϵ_P)과 역(−)의 관계가 있다.
③ 수요의 가격탄력성(ϵ_P)이 클수록 독점도가 작아지므로 독점에 따른 후생손실도 작아진다.
  ▶ 수요의 가격탄력성이 클수록 소비자는 가격변화에 민감하므로 소비자에 대한 생산자의 독점력이 약화되는 것이다.
④ 다른 조건이 동일하다는 가정 하에 개별기업이 직면하는 수요곡선의 기울기가 급격해질수록 독점도는 커지고, 완만해질수록 독점도는 작아진다.

Ⅲ 시장별 독점도의 크기

1. 완전경쟁시장

① 완전경쟁시장에서 개별기업이 직면하는 수요곡선은 시장가격에서 그은 수평선이므로 수요의 가격탄력성(ϵ_P)은 무한대(∞)가 된다.
② 수요의 가격탄력성(ϵ_P)은 무한대(∞)이므로 독점도는 $L = \dfrac{1}{\epsilon_P} = \dfrac{1}{\infty} = 0$이 된다.
③ 완전경쟁시장에서는 $P = MC$를 만족하므로 독점도는 $L = \dfrac{P - MC}{P} = 0$이 된다.

> **완전경쟁시장에서의 독점도**
> $$L = \frac{P - MC}{P} = \frac{1}{\epsilon_P} = 0$$

2. 불완전경쟁시장

① 불완전경쟁시장에서는 $P > MC$를 만족하므로 독점도는 $L = \dfrac{P - MC}{P} > 0$이 되고, $\epsilon_P > 1$인 구간에서 생산이 이루어지므로 독점도는 $L = \dfrac{1}{\epsilon_P} < 1$이 된다.

> **불완전경쟁시장에서의 독점도**
> $$0 < L = \frac{P - MC}{P} = \frac{1}{\epsilon_P} < 1$$

② 총비용(TC)이 고정비용(TFC)으로만 구성되면 $MC = 0$이 된다. 이때 이윤극대화조건은 $MR = MC = 0$이 되므로 독점도는 $L = 1$이 된다.
③ 수요의 가격탄력성(ϵ_P)이 0인 수직의 수요곡선인 특수한 경우 독점도는 $L = \dfrac{1}{\epsilon_P} = \dfrac{1}{0} = \infty$가 된다.
④ 자동차의 가격이 5,000만 원이고, 자동차생산의 한계비용이 4,000만 원이라면 독점도는 $L = \dfrac{5,000 - 4,000}{5,000} = 0.2$이다.

제5절 가격차별

I 개요

① 가격차별(price discrimination)이란 기업이 동일한 재화와 서비스를 판매하면서 서로 다른 가격을 책정하는 것을 말한다.
② 동일한 상품에 다른 가격이 책정되었다고 하여 모두 가격차별은 아니다. 예를 들어 동일한 상품이라도 산골 마을이나 섬마을에서 더 비싼 것은 운송비 등으로 인해 한계비용이 높기 때문에 가격이 비싼 것이므로 가격차별이 아니다.
③ 가격차별은 독점기업이 보유하고 있는 정도의 시장지배력을 요구하지 않기 때문에 독점적 경쟁시장과 과점시장에서도 가격차별이 가능하다. 반면, 완전경쟁시장에서는 한 상품에 하나의 가격만이 성립하는 일물일가의 법칙이 존재하므로 가격차별이 불가능하다.
④ 가격차별은 경제학자 피구(A. C. Pigou)에 의해 제1급, 제2급, 제3급 가격차별로 구분된다.

II 제1급 가격차별 : 완전가격차별

① 제1급 가격차별(first-degree price discrimination)이란 독점기업이 소비자의 수요곡선을 완전하게 파악하여 상품을 미세하게 분리한 후 모든 단위에 대해 다른 가격을 설정하는 것을 말한다.
② 독점기업이 모든 소비자로부터 소비자가 최대한 지급할 용의가 있는 가격을 수취하게 되므로 수요곡선 자체가 한계수입곡선(MR)이 된다. 수요곡선과 한계비용곡선(MC)이 만나는 점에서 제1급 가격차별의 생산량 Q_0가 결정되고, 이는 완전경쟁시장에서의 생산량과 일치하게 된다. 따라서 가격차별이 시행되면 가격차별이 없는 경우에 비해 생산량이 증가한다.
③ $P = MC$를 만족하므로 시장의 효율성이 달성되고, 사회적 후생손실은 발생하지 않는다.
④ 독점기업이 소비자의 수요패턴을 완벽하게 파악하여 소비자잉여(A)를 모두 독점기업의 수입으로 전환하게 된다. 이때 소비자잉여의 전부가 독점기업의 이윤으로 흡수되면서 소득분배의 왜곡을 가져온다.

| 제1급 가격차별 |

- 독점기업의 총수입 : $A + B + C$
- 완전경쟁시장일 경우 소비자잉여 : A
- 제1급 가격차별에서는 완전경쟁시장일 경우 소비자잉여인 A가 독점기업의 수입으로 귀속된다.
- 제1급 가격차별에서는 $P = MC$를 만족하므로 시장의 효율성이 달성되고, 사회적 후생손실은 발생하지 않는다.

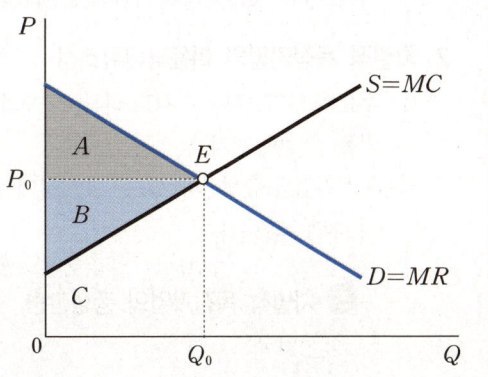

Ⅲ 제2급 가격차별

① 제2급 가격차별(second-degree price discrimination)이란 판매할 상품을 몇 개의 집단으로 구분한 후 집단별로 다른 가격을 부과하는 것을 말한다. 제2급 가격차별을 다단계 가격차별, 구간가격차별이라고도 한다.
② 예 : 전화, 전기, 수도 등의 요금체계
③ $P = MC$를 만족하므로 시장의 효율성이 달성되고, 사회적 후생손실은 발생하지 않는다.
④ 제1급 가격차별만큼 완벽한 가격차별화는 되지 못하지만, 소비자잉여의 상당 부분이 독점기업의 총수입으로 귀속된다.

Ⅳ 제3급 가격차별

1. 개념

① 시장분리 가격차별
② 제3급 가격차별(third-degree price discrimination)이란 수요의 가격탄력성에 따라 시장을 분리하여 시장마다 서로 다른 가격을 설정하는 것을 말한다.
③ 예
  ▸ 극장관람료에서 연소자나 경로우대증을 소유한 노인에게는 낮은 가격을, 일반인에게는 높은 가격을 부과하는 것
  ▸ 극장관람료를 오전과 심야에는 낮은 가격을(조조할인과 심야할인), 저녁에는 높은 가격을 부과하는 것
  ▸ 수출용 자동차는 낮은 가격을, 내수용 자동차는 높은 가격을 부과하는 것
  ▸ 가정용 수도요금은 낮게, 고급목욕탕 수도요금은 높게 책정하는 것
  ▸ 전화요금을 심야에는 낮은 가격을, 주간에는 높은 가격을 부과하는 것
  ▸ 택시요금을 주간에는 낮은 가격을, 심야에는 높은 가격을 부과하는 것(심야할증제도)
  ▸ 주중에는 낮은 가격을, 주말에는 높은 가격을 부과하는 것
④ 비행기의 좌석요금이 등급에 따라 차이가 나는 것은 제품의 질이 다르기 때문에 발생하는 것이므로 가격차별이 아니다. 반면, 동일한 클래스의 좌석요금이 성수기에는 비싸고 비수기에는 싸게 책정되는 것이 가격차별에 해당한다.

2. 차별적 독점기업의 이윤극대화조건

① 수요의 가격탄력성이 서로 다른 두 개의 시장 A와 B에서 제3급 가격차별을 실시하는 독점기업을 고려해 보자.
② 독점기업의 총생산량(Q)은 A시장에서의 판매량(Q_A)과 B시장에서의 판매량(Q_B)을 합하여 구할 수 있다.

> **차별적 독점기업의 총생산량**
> $$Q = Q_A + Q_B$$

③ 독점기업의 총수입(TR)은 A시장에서 발생하는 총수입(TR_A)과 B시장에서 발생하는 총수입(TR_B)으로 구성되므로 차별적 독점기업의 이윤함수는 다음과 같이 주어진다.

> **차별적 독점기업의 이윤함수**
> $$\Pi = TR_A + TR_B - TC$$

④ 차별적 독점기업의 이윤극대화조건을 다음과 같이 나타낼 수 있다.

> **차별적 독점기업의 이윤극대화조건 1**
> $$MR_A = MR_B = MC$$

⑤ $MR_A = 200$, $MR_B = 100$일 때 B시장에서 판매량을 1단위 감소시키면 총수입이 100만큼 감소하고, 이를 A시장에 판매하면 총수입이 200만큼 증가한다. 이때 총비용은 동일하게 유지한 채 총수입이 100만큼 증가하므로 차별적 독점기업의 이윤은 100만큼 증가한다.
  ▸ B시장에서 판매량을 감소시킬 때 B시장의 한계수입(MR_B)은 증가하고, A시장에서 판매량을 증가시킬 때 A시장의 한계수입(MR_A)은 감소한다. 이는 두 시장의 한계수입이 서로 일치할 때까지 진행된다.

⑥ 차별적 독점기업 전체의 한계수입곡선은 각 시장에서의 한계수입곡선의 수평적 합이므로 각 시장의 한계수입함수를 생산량변수(Q)로 정리한 후 합해야 차별적 독점기업 전체의 한계수입함수가 도출된다. 예를 들어 A시장의 수요함수가 $P_A = 150 - Q_A$이고, B시장의 수요함수가 $P_B = 90 - Q_B$로 주어지면 차별적 독점기업 전체의 한계수입함수는 다음과 같이 도출된다.

  ▸ A시장의 한계수입함수 : $MR_A = 150 - 2Q_A \rightarrow Q_A = 75 - \dfrac{1}{2}MR_A$
  ▸ B시장의 한계수입함수 : $MR_B = 90 - 2Q_B \rightarrow Q_B = 45 - \dfrac{1}{2}MR_B$
  ▸ 독점기업 전체의 한계수입함수 : $Q = 120 - MR \rightarrow MR = 120 - Q$

3. 제3급 가격차별

① 이윤극대화조건에 아모로소-로빈슨 공식을 적용하면 차별적 독점기업의 이윤극대화조건은 다음과 같다.

> **차별적 독점기업의 이윤극대화조건 2**
> $$P_A\left(1 - \dfrac{1}{\epsilon_P^A}\right) = P_B\left(1 - \dfrac{1}{\epsilon_P^B}\right)$$

② $\epsilon_P^A < \epsilon_P^B$이면 $P_A^* > P_B^*$의 관계가 성립해야 하므로 수요의 가격탄력성이 낮은 A시장에서는 높은 가격을 부과하고, 수요의 가격탄력성이 높은 B시장에서는 낮은 가격을 부과한다.
③ 두 경우를 명료하게 대비하기 위해 한계비용곡선이 생산량과는 독립적으로 일정하다고 가정하였지만, 우상향하는 보통의 한계비용곡선을 가정하더라도 동일한 결론을 얻게 된다.
④ 경제학자 피구(A. Pigou)의 분류에 따른 3급 가격차별은 가장 완화된 가격차별이자 가장 일반적으로 생각할 수 있는 가격차별이다.

Ⅴ 가격차별의 사회후생적 특징

1. 부정적 측면

① 독점기업의 가격차별은 소비자잉여를 감소시키고, 독점기업의 이윤을 더 크게 한다. 독점기업이 가격차별을 실시하면 소비자는 손해를 보고 생산자는 이득을 봄으로써 소득분배의 측면에서 소비자의 소득이 생산자의 소득으로 이전된다.

② 소비자그룹에 따라 다른 가격을 책정하므로 소비자들의 한계편익(MB)이 서로 달라지기 때문에 가격차별의 비효율성을 낳는다.
  ▸ 만약 소비자 A의 한계편익(MB_A)이 200이고, 소비자 B의 한계편익(MB_B)이 100이라면 소비자 B의 소비를 한 단위를 줄이고 소비자 A에게 재분배한다면 사회 전체의 편익은 100이 증가한다.

2. 긍정적 측면

① 독점기업이 가격차별을 하게 되면 가격이 너무 높다고 생각하여 그 상품을 전혀 소비하지 않던 사람들이 새로운 소비자로 등장하면서 생산량이 순수독점의 경우와 최소한 같거나 더 커진다.
  ▸ 제1급 가격차별(완전가격차별)의 경우는 완전경쟁시장의 생산량과 일치하여 시장의 효율성이 달성된다.

② 가격탄력성이 높은 그룹은 주로 소득수준이 낮은 빈곤층으로 구성되어 있는 것이 일반적이다. 제3급 가격차별에서 가격탄력성이 높은 그룹에서는 낮은 가격을 책정하게 되므로 분배 측면에서 긍정적인 효과를 갖는다.
  ▸ 가난한 사람에게 더 낮은 요금을 받거나 경로증 소지자를 우대하는 경우가 이에 해당한다.

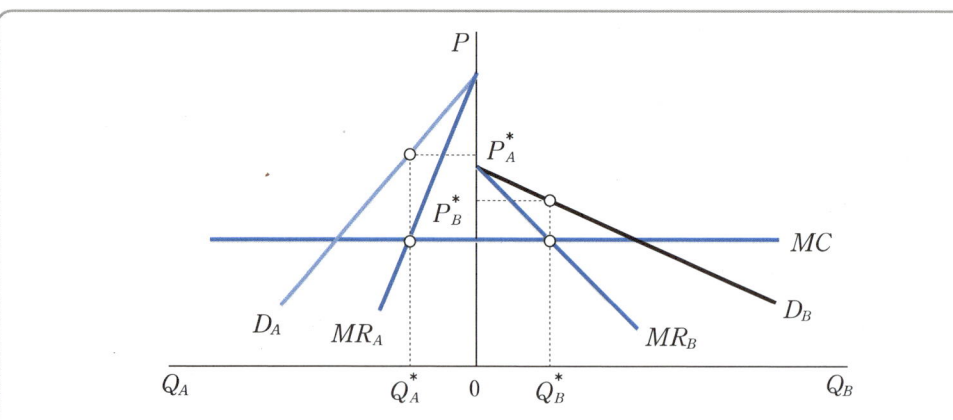

🕒 제3급 가격차별

- 제3급 가격차별을 하는 독점기업은 $MR_A = MR_B = MC$가 성립하는 점에서 각 시장에서의 판매량과 가격을 결정한다.
- 가격탄력성이 높은 B시장에서는 낮은 가격(P_B^*)을, 가격탄력성이 낮은 A시장에서는 높은 가격(P_A^*)을 책정한다.

예제 제3급 가격차별

문제 1

어떤 독점기업이 서로 분리된 두 개의 시장에서(즉, 두 시장의 소비자 간 상품의 전매가 금지되어 있다.) 가격을 차별하여 이윤을 극대화하고자 한다. 두 시장의 수요곡선은 각각 $Q_1 = -P_1 + 80$, $Q_2 = -P_2 + 40$이고, 이 기업의 한계비용은 10원으로 고정되어 있다면 두 시장에서 각각 어떤 가격에 얼마만큼을 판매해야 하는가?

(2008 보험계리사)

해설

- 시장의 수요함수로부터 한계수입함수를 도출하면 $MR_1 = 80 - 2Q_1$, $MR_2 = 40 - 2Q_2$가 된다.
- 1시장의 이윤극대화 : $MR_1 = MC$, $80 - 2Q_1 = 10$에서 $Q_1 = 35$가 되고, $Q_1 = 35$를 1시장의 수요함수에 대입하면 $P_1 = 45$가 도출된다.
- 2시장의 이윤극대화 : $MR_2 = MC$, $40 - 2Q_2 = 10$에서 $Q_2 = 15$가 되고, $Q_2 = 15$를 2시장의 수요함수에 대입하면 $P_2 = 25$가 도출된다.

문제 2

두 개의 분리된 시장에서 동일한 상품을 판매하는 독점기업이 있다. 두 시장의 수요곡선은 각각 $P_1 = 100 - 0.5Q_1$과 $P_2 = 80 - Q_2$이다. 각 시장에 대해 가격차별이 가능하고, 소비자 간 전매는 불가능하다. 이윤을 극대화하는 독점기업이 더 높은 가격을 설정하는 시장과 두 시장 간의 가격차는? (단, 공급자의 한계비용은 0이다. P_1과 P_2는 각각 시장 1과 시장 2의 상품가격이며, Q_1과 Q_2는 각각 시장 1과 시장 2의 수요량이다.)

(2009 감정평가사)

해설

- 시장 1의 이윤극대화 : 한계수입은 $MR_1 = 100 - Q_1$, 한계비용은 $MC = 0$이므로 $MR_1 = MC$에서 시장 1의 생산량은 $Q_1 = 100$이 된다. $Q_1 = 100$을 수요함수에 대입하면 가격은 $P_1 = 50$이 도출된다.
- 시장 2의 이윤극대화 : 한계수입은 $MR_2 = 80 - 2Q_2$, 한계비용은 $MC = 0$이므로 $MR_2 = MC$에서 시장 2의 생산량은 $Q_2 = 40$이 된다. $Q_2 = 40$을 수요함수에 대입하면 가격은 $P_2 = 40$이 도출된다.
- $P_1 = 50$, $P_2 = 40$이므로 시장 1의 가격이 더 높게 책정되고, 두 시장의 가격차는 $50 - 40 = 10$이 된다.

문제 3

우리나라 H기업이 해외의 A시장과 B시장에 자동차를 수출하고 있다. 이 기업의 비용함수는 $TC = Q^2$이고, 각 시장의 수요함수는 $P_A = 10,000 - Q_A$, $P_B = 6,500 - Q_B$이다. 각 시장에서의 이윤극대화 생산량은? (단, P_i, Q_i는 i시장의 가격과 수량, $i = A, B$, $Q = Q_A + Q_B$)

(2010 공인회계사)

해설 1

- A시장의 한계수입함수 : $MR_A = 10,000 - 2Q_A$
- B시장의 한계수입함수 : $MR_B = 6,500 - 2Q_B$

CHAPTER 15 독점시장

- 독점기업 전체의 한계수입함수 : 각 시장에서의 한계수입곡선의 수평적 합이 독점기업 전체의 한계수입곡선이 되므로 각 시장에서의 한계수입함수를 Q에 대해 정리한 후 합해야 한다. $Q_A = 5{,}000 - \frac{1}{2}MR_A$, $Q_B = 3{,}250 - \frac{1}{2}MR_B$이므로 이를 합하면 $Q = 8{,}250 - MR$, $MR = 8{,}250 - Q$가 된다.
- 독점기업 전체의 이윤극대화 : $MC = 2Q$이므로 $MR = MC$의 조건에 의해 $8{,}250 - Q = 2Q$, $3Q = 8{,}250$에서 $Q = 2{,}750$이 도출된다. $Q = 2{,}750$일 때 독점기업의 한계비용은 $MC = 2 \times 2{,}750 = 5{,}500$이다.
- A시장의 이윤극대화 : $MR_A = MC$, $10{,}000 - 2Q_A = 5{,}500$, $Q_A = 2{,}250$
- B시장의 이윤극대화 : $MR_B = MC$, $6{,}500 - 2Q_B = 5{,}500$, $Q_B = 500$

해설 2

- 차별적 독점기업의 이윤극대화조건 : $MR_A = MR_B = MC$
- 한계비용함수 : $MC = 2Q = 2Q_A + 2Q_B$
- $MR_A = MC$, $10{,}000 - 2Q_A = 2Q_A + 2Q_B$의 식과 $MR_B = MC$, $6{,}500 - 2Q_B = 2Q_A + 2Q_B$의 식을 연립하여 풀면 $Q_A = 2{,}250$, $Q_B = 500$이 도출된다.

문제 4

지리적으로 분리되어 시장간 전매가 불가능한 두 시장 A, B에서 판매하고 있는 독점기업에 대한 수요곡선이 각각 $P_A = -Q_A + 20$이고, $P_B = -0.5Q_B + 10$이다. 한계비용이 5이고 이윤극대화를 추구하는 이 기업의 두 시장에서의 가격은 각각 얼마인가? (2014 감정평가사)

해설

- 시장 A에서 이윤극대화 : $MR_A = MC$, $-2Q_A + 20 = 5$에서 시장 A의 생산량은 $Q_A = \frac{15}{2}$이다. $Q_A = \frac{15}{2}$를 시장 A의 수요함수에 대입하면 $P_A = 12.5$이다.
- 시장 B에서 이윤극대화 : $MR_B = MC$, $-Q_B + 10 = 5$에서 시장 B의 생산량은 $Q_B = 5$이다. $Q_B = 5$를 시장 B의 수요함수에 대입하면 $P_B = 7.5$이다.

문제 5

어떤 독점기업이 동일한 상품을 수요의 가격탄력성이 다른 두 시장에서 판매한다. 가격차별을 통해 이윤을 극대화하려는 이 기업이 상품의 가격을 A시장에서 1,500원으로 책정한다면 B시장에서 책정해야 하는 가격은? (단, A시장에서 수요의 가격탄력성은 3이고, B시장에서는 2이다.) (2018 7급 서울시)

해설

- 제3급 가격차별의 이윤극대화조건 : $MR_A = MR_B = MC$, $P_A\left(1 - \frac{1}{\epsilon_P^A}\right) = P_B\left(1 - \frac{1}{\epsilon_P^B}\right)$
- 위의 식에 A시장의 가격 $P_A = 1{,}500$, A시장의 가격탄력성 $\epsilon_P^A = 3$, B시장의 가격탄력성 $\epsilon_P^B = 2$를 대입하면 B시장의 가격은 $P_B = 2{,}000$이 도출된다.

제6절 독점기업의 기타 판매전략

I 이부가격설정

1. 개념
① 이부가격설정(two-part tariff)이란 상품을 구입할 권리에 대해 일정 금액을 지급하게 하고, 상품 구매량에 비례해 추가적인 가격을 내게 하는 방식이다.
② 예
- 기본요금 부과 후 그 사용량에 따라 할증요금을 부과 : 전화, 전기, 상수도 등
- 입장료 부과 후 놀이시설 이용 시 이용료를 추가로 부과
- 회원권 판매 후 시설이용 시 이용료를 추가로 부과 : 골프장, 콘도미니엄 등

2. 이부가격설정
① 순수독점의 경우 $MR=MC$를 만족하는 수준에서 가격은 P_0, 생산량은 Q_0로 결정된다. 이때의 독점기업의 이윤은 B가 된다.
② 이부가격제에서는 한계비용과 일치하는 시설이용료 P_1을 징수하고, 소비자잉여($A+B+C$)를 가입비, 연회비, 입장료, 기본요금의 형태로 추가 징수한다.
③ 독점기업이 이부가격설정을 하면 독점기업의 이윤은 $A+B+C$가 되어 순수독점에 비해 $A+C$만큼의 이윤이 추가로 발생한다.

3. 평가
① 완전경쟁시장의 생산량과 동일하게 되어 시장의 효율성이 달성되고, 사회적 후생손실을 유발하지 않는다.
② 이부가격설정을 하게 되면 소비자잉여($A+B+C$)의 전부가 독점기업의 초과이윤으로 귀속된다는 점에서 제1급 가격차별과 유사하다.

| 이부가격설정 |

- 가입비 또는 기본요금 : $A+B+C$
- 단위당 시설이용요금 : P_1
- 이부가격설정은 제1급 가격차별과 유사한 효과를 낳는다.

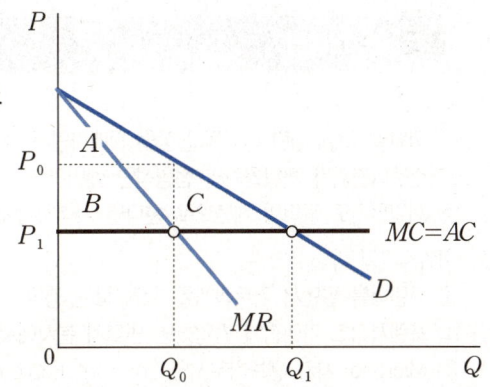

Ⅱ 묶어팔기(결합판매)

1. 개념
① 묶어팔기(결합판매, bundling)란 여러 가지 상품을 한꺼번에 묶어서 판매하는 방식을 말한다.
② 광의의 개념으로 본다면 묶어팔기도 일종의 가격차별이다.
③ 예
  ▸ 순수묶어팔기(pure bundling) : 음식점의 코스정식, 묶음으로만 판매하고 개별적으로는 판매하지 않는 것
  ▸ 혼합묶어팔기(mixed bundling) : 음식점에서 코스정식과 개별요리를 혼합하여 판매하는 것, 묶어팔기도 하고 따로 팔기도 하는 것
  ▸ 자동차회사가 자동차 판매 시 할부금융과 같은 금융서비스를 함께 제공하는 것

2. 묶어팔기
① 묶어팔기의 목적은 다양하지만, 궁극적으로는 이윤극대화에 있다고 볼 수 있다.
② 두 소비자 A와 B가 햄버거와 콜라에 지급할 용의가 있는 최대 금액이 아래의 표와 같다고 하자.

소비자	햄버거	콜라
A	7,000원	2,000원
B	5,000원	3,000원

③ 햄버거와 콜라를 따로 파는 경우 두 소비자 모두에게 햄버거와 콜라를 판매하기 위해서 햄버거는 5,000원, 콜라는 2,000원으로 정해야 한다. 이 경우 총수입은 $(5,000 \times 2) + (2,000 \times 2) = 14,000$원이 된다.
④ 햄버거와 콜라를 묶어파는 경우 A의 최대지불용의금액은 9,000원이고, B의 최대지불용의금액은 8,000원이므로 묶어팔기가격은 8,000원으로 정해진다. 이 경우 총수입은 $(8,000 \times 2) = 16,000$원이 되므로 따로 팔 때보다 2,000원의 수입이 더 증가함을 알 수 있다.
⑤ 묶어팔기가 성공하기 위해서는 두 소비자의 두 재화에 대한 선호도가 서로 달라야 한다. 즉, 위의 예처럼 햄버거에 있어서는 소비자 A의 선호가 더 높고, 콜라에 있어서는 소비자 B의 선호도가 더 높아 두 소비자 간 수요 사이에 음(−)의 상관관계가 존재해야 한다는 것이다.
⑥ 만약, 어느 한 소비자의 선호도가 다른 소비자의 선호도에 비해 2배 이상 높다면 개별판매 시 모든 소비자에게 파는 것보다 최대지불용의금액이 큰 한 소비자에게만 파는 것이 유리하다.

> **참고** 끼워팔기
>
> 1. 개념
>   ① 끼워팔기(tying)란 하나의 상품을 판매하면서 다른 상품을 끼워서 판매하는 방식이다. 위에서 설명한 순수묶어팔기가 끼워팔기의 전형적인 예이다.
>   ② 끼워팔기도 광의의 개념으로 본다면 가격차별에 해당한다.
> 2. 끼워팔기의 예
>   ① 프린터를 팔면서 카트리지를 함께 파는 경우
>   ② 프랜차이즈 가맹점에 가입하면 반드시 본사에서 재료를 구입하도록 하는 것
>   ③ Microsoft사가 웹브라우저인 'Internet Explorer'를 'Windows'에 끼워서 판매하는 것

제7절 다공장독점

I 개요

① 다공장독점(multi-firm monopoly)이란 독점기업이 두 개 이상의 공장을 가동하여 독점상품을 생산하는 경우를 말한다.
② 예를 들어 $KT\&G$가 강원도 원주와 전라남도 광주에서 담배를 생산하거나, 현대자동차가 울산과 전주에서 자동차를 생산하거나, 포스코가 포항과 광양에서 철강을 생산하는 경우가 이에 해당한다.
③ 다공장독점은 과점기업들이 카르텔(cartel)을 형성하여 하나의 독점기업처럼 행동하는 경우와 거의 유사하다.

II 이윤극대화

1. 이윤함수

① 다공장독점기업의 총생산량(Q)은 A공장에서의 생산량(Q_A)과 B공장에서의 생산량(Q_B)을 합하여 구할 수 있다.

> **다공장독점기업의 총생산량**
> $$Q = Q_A + Q_B$$

② 다공장독점기업이 상품을 판매하는 시장은 하나이고, 총비용(TC)은 A공장에서 발생하는 총비용(TC_A)과 B공장에서 발생하는 총비용(TC_B)으로 구성되므로 다공장독점기업의 이윤함수는 다음과 같이 주어진다.

> **다공장독점기업의 이윤함수**
> $$\Pi = TR - TC_A - TC_B$$

2. 이윤극대화조건

① 다공장독점기업의 이윤극대화조건을 다음과 같이 나타낼 수 있다.

> **다공장독점기업의 이윤극대화조건**
> $$MR = MC_A = MC_B$$

② $MC_A = 100$, $MC_B = 200$일 때 B공장에서 생산량을 1단위 감소시키면 총비용이 200만큼 감소하고, 이를 A공장에서 생산하면 총비용이 100만큼 증가한다. 이때 총수입은 동일하게 유지한 채 총비용이 100만큼 감소하므로 다공장독점기업의 이윤은 100만큼 증가한다.
▶ B공장에서 생산량을 감소시킬 때 B공장의 한계비용(MC_B)은 감소하고, A공장에서 생산량을 증가시킬 때 A공장의 한계비용(MC_A)은 증가한다. 이는 두 공장의 한계비용이 서로 일치할 때까지 진행된다.

③ 다공장독점기업 전체의 한계비용곡선은 각 공장에서의 한계비용곡선의 수평적 합이므로 각 공장의 한계비용함수를 생산량변수(Q)로 정리한 후 합해야 다공장독점기업 전체의 한계비용함수가 도출된다. 예를 들어 A공장의 한계비용함수가 $MC_A = 2Q_A$이고, B공장의 한계비용함수가 $MC_B = Q_B$로 주어지면 다공장독점기업 전체의 한계비용함수는 다음과 같이 도출된다.

- A공장의 한계비용함수 : $MC_A = 2Q_A \rightarrow Q_A = \frac{1}{2}MC_A$
- B공장의 한계비용함수 : $MC_B = Q_B \rightarrow Q_B = MC_B$
- 다공장독점기업 전체의 한계비용함수 : $Q = \frac{3}{2}MC \rightarrow MC = \frac{2}{3}Q$

Ⅲ 균형

① A공장의 한계비용곡선(MC_A)과 B공장의 한계비용곡선(MC_B)을 수평으로 합계하면 다공장독점기업 전체의 한계비용곡선($\sum MC$)이 도출된다.
② 다공장독점기업은 한계수입(MR)과 독점기업 전체의 한계비용($\sum MC$)이 같아지는 수준에서 이윤극대화 생산량 Q_E를 결정한 후 수요곡선을 이용하여 균형가격 P_E를 결정한다.
③ 다공장독점의 전체 생산량이 Q_E로 결정된 후 각 공장의 한계비용(MC)이 같아지도록 A공장에는 Q_A^*, B공장에는 Q_B^*만큼 각 공장에 생산량을 할당하면 이윤극대화가 달성된다.
④ 한계비용이 낮은 A공장은 상대적으로 많은 생산량 Q_A^*를 생산하고, 한계비용이 높은 B공장은 상대적으로 적은 생산량 Q_B^*를 생산한다.

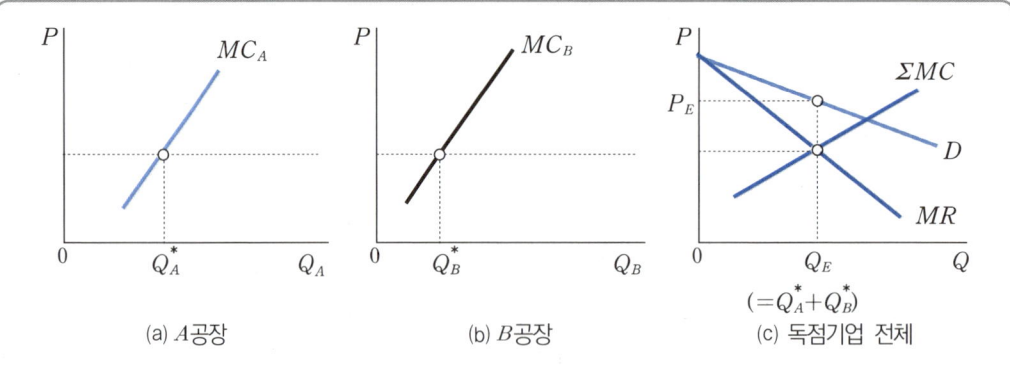

(a) A공장   (b) B공장   (c) 독점기업 전체

🌙 **다공장독점**

- 다공장독점기업은 각 공장 MC곡선의 수평적 합인 독점기업 전체의 MC곡선과 MR곡선이 일치하는 점에서 다공장독점기업 전체의 생산량과 가격을 결정한다.
- 다공장독점기업은 $MR = MC_A = MC_B$가 성립하는 점에서 각 공장의 생산량을 결정하므로 한계비용이 낮은 A공장은 많은 생산량(Q_A^*)을, 한계비용이 높은 B공장은 적은 생산량(Q_B^*)을 생산한다.

| 예제 | 다공장독점기업의 이윤극대화 |

문제 1

A기업이 직면하는 수요함수는 $P=10,000-Q$이다. 이 기업의 제1공장 비용함수는 $TC_1=Q_1^2$이었는데, 최근에 최신 생산시설을 갖춘 제2공장을 신설하였다. 제2공장에서의 비용함수는 $TC_2=\frac{1}{2}Q_2^2$이다. 이 경우 각 공장에서의 이윤극대화 생산량은? (단, P는 가격, Q는 시장수요, Q_i는 i공장에서의 생산량, $i=1, 2$)

(2010 공인회계사)

해설
- 다공장독점기업의 총생산량 : $Q=Q_1+Q_2$
- 다공장독점기업의 이윤극대화조건 : $MR=MC_1=MC_2$
- 한계수입함수 : $MR=10,000-2Q=10,000-2Q_1-2Q_2$
- 1공장의 한계비용은 $MC_1=2Q_1$이므로 $MR=MC_1$, $10,000-2Q_1-2Q_2=2Q_1$의 식이 도출되고, 2공장의 한계비용은 $MC_2=Q_2$이므로 $10,000-2Q_1-2Q_2=Q_2$의 식이 도출된다. 두 식을 연립하여 풀면 $Q_1=1,250$, $Q_2=2,500$이 된다.

문제 2

독점기업 A는 두 개의 공장을 가지고 있으며, 제1공장과 제2공장의 한계비용곡선(MC)은 각각 $MC_1=50+2Q_1$, $MC_2=90+Q_2$이다. A기업의 이윤을 극대화하는 생산량이 총 80단위일 때, 제1공장과 제2공장의 생산량은? (단, Q_1은 제1공장의 생산량, Q_2는 제2공장의 생산량이다.)

(2011 7급 지방직)

해설
- 다공장독점기업의 총생산량 : $Q=Q_1+Q_2=80$
- 다공장독점기업의 이윤극대화조건 : $MC_1=MC_2$, $50+2Q_1=90+Q_2$
- 두 식을 연립하여 풀면 제1공장의 생산량은 $Q_1=40$, 제2공장의 생산량은 $Q_2=40$이 도출된다.

문제 3

두 공장 1, 2를 운영하고 있는 기업 A의 비용함수는 각각 $C_1(q_1)=q_1^2$, $C_2(q_2)=2q_2$이다. 총비용을 최소화하여 5단위를 생산하는 경우 공장 1, 2에서의 생산량은? (단, q_1은 공장 1의 생산량, q_2는 공장 2의 생산량이다.)

(2019 감정평가사)

해설
- 다공장독점기업의 이윤극대화조건 $MC_1=MC_2$, $2q_1=2$에 의해 공장 1의 생산량은 $q_1=1$이 된다.
- 기업 전체의 생산량이 5이므로 $q_1+q_2=5$의 조건이 도출된다.
- 공장 1의 생산량은 $q_1=1$이므로 공장 2의 생산량은 $q_2=4$가 된다.

CHAPTER 15 독점시장

제8절 독점의 규제

I 가격을 통한 규제

1. 단기최고가격제(가격상한제)

① 단기최고가격제(가격상한제)란 독점기업을 그대로 민간기업으로 남아 있게 하면서 최고가격(상한가격)의 설정을 통해 문제를 해결하는 방식이다.
   ▶ 공급독점기업에 가격상한제(최고가격제)를 실시하는 것처럼 수요독점기업에는 가격하한제(최저가격제)를 실시하게 된다. 대표적 최저가격제인 최저임금제를 수요독점기업에게 적용하는 경우는 미시경제학 '제20장 생산요소시장이론'에서 논의된다.

② 완전경쟁기업의 가격결정원리인 $P = MC$를 만족하는 수준에서 최고가격제(가격상한제)를 시행하면 효율적 자원배분을 실현하게 된다.

③ $P = MC$를 만족하는 수준에서 최고가격(가격상한) P_c를 책정하면 가격은 P_m에서 P_c로 하락하고, 생산량은 Q_m에서 Q_c로 증가한다. 즉, 완전경쟁시장의 가격과 생산량을 실현하게 되면서 사회후생손실을 개선하게 된다.

> **최고가격제의 효과**
> - 완전경쟁시장 : 비효율, 사회적 후생손실, 초과수요, 암시장
> - 독점시장   : 효율, 사회적 후생손실의 개선

④ 정부가 직접 가격규제를 실시하는 것은 자본주의시장의 경제원리에 어긋나고, 과연 정부가 완전경쟁 시의 가격수준(P_c)을 정확히 파악하는 것이 가능한가라는 시행상의 문제점이 지적된다.

⑤ 상한가격을 $MR = MC$를 만족하는 수준까지 책정하면 순수독점기업의 생산량은 그대로 유지한 채 가장 낮은 가격을 책정할 수 있지만, 상한가격을 그 수준의 미만으로 책정하면 순수독점시장의 생산량보다 오히려 감소한다. 이는 독자 스스로 그림을 그려 확인하기 바란다.

| 독점시장에서의 단기최고가격제 |

- 수요곡선과 MC곡선이 교차하는 E_c점에서 최고가격제를 시행하면 수요곡선은 P_cE_cD로, MR곡선은 P_cE_cAB로 변화하므로 생산량은 Q_c로 증가하고 가격은 P_c로 하락한다.
- 독점시장에서 최고가격제는 시장의 효율성을 달성한다.

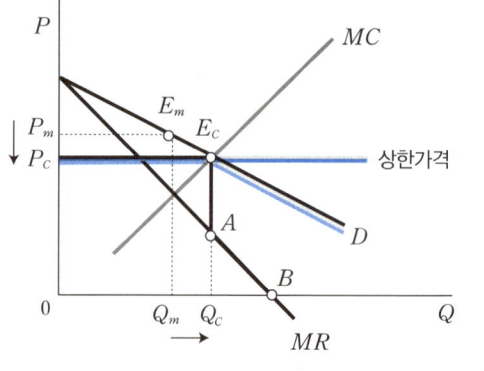

2. 자연독점규제

(1) 장기한계비용가격설정

① 장기에 규모의 경제로 인한 자연독점(natural monopoly)의 성격을 가진 독점기업에 완전경쟁기업의 가격결정원리인 $P = SMC = LMC$를 만족하는 수준에서 장기한계비용가격설정(marginal cost pricing)을 한다.
② 장기한계비용가격설정을 하는 경우 균형점 E_c에서 균형가격 P_c와 균형거래량 Q_c가 결정된다.
③ 시장의 효율성조건을 만족하여 자원의 효율적 배분이 이루어진다.
④ 자연독점기업의 생산량 Q_c의 수준에서 가격(P)이 장기평균비용(LAC)보다 작아서 $P < LAC$이므로 자연독점기업이 손실을 보게 된다.
⑤ 자연독점기업이 손실을 보지 않게 하기 위해서는 장기한계비용가격설정의 규제를 철회하든가 손실을 보전해 줄 보조금의 지급이 필요하게 되어 자연독점규제의 딜레마에 빠지게 된다.

(2) 장기평균비용가격설정

① 독점기업이 최소한 손실을 보지 않게 하면서 많은 상품을 가장 낮은 가격에 공급하도록 유도하기 위해 $P = LAC$를 만족하는 수준에서 장기평균비용가격설정(average cost pricing)을 한다.
② 장기평균비용가격설정을 하는 경우 균형점 E_0에서 균형가격 P_0와 균형거래량 Q_0가 결정된다.
③ 독점기업의 손실이 발생하지 않으므로 정부의 보조금은 불필요하다.
④ 생산량 Q_0수준에서 $P > LMC$이므로 자원배분의 비효율성이 발생한다.
⑤ 평균비용이 증가하면 평균비용가격설정의 원리에 의해 독점기업의 가격도 자동으로 인상되므로 자연독점기업이 생산비를 절감할 유인이 사라진다.

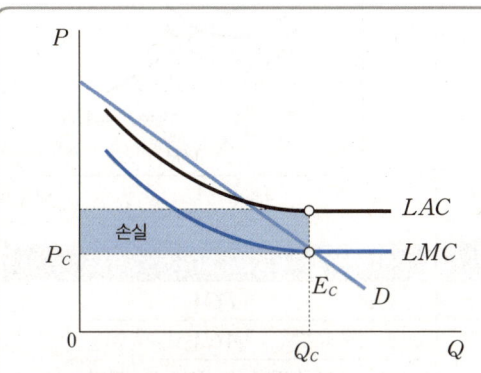

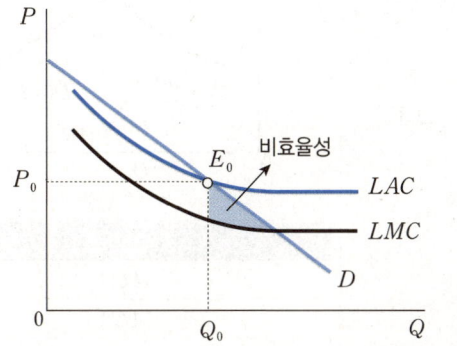

🔍 장기한계비용가격설정

- 장기한계비용가격설정을 하게 되면 $P = LMC$의 조건을 만족하므로 시장의 효율성이 달성되지만, $P < LAC$이므로 독점기업의 손실이 발생한다.
- 이를 '자연독점규제의 딜레마'라고 한다.

🔍 장기평균비용가격설정

- 장기평균비용가격설정을 하게 되면 $P = LAC$의 조건을 만족하므로 독점기업의 손실이 발생하지 않지만, $P > LMC$이므로 시장의 효율성이 달성되지 못한다.
- 이를 '자연독점규제의 딜레마'라고 한다.

CHAPTER 15 독점시장

Ⅱ 조세를 통한 규제

구 분	종량세	정액세
조세부과방식	• 상품 한 단위당 일정액의 조세부과 • 기업 입장에서는 가변비용이 증가하는 효과	• 생산량 및 판매량에 관계없이 일정액의 조세부과 • 기업 입장에서는 고정비용이 증가하는 효과
유사한 조세	• 물품세 • 소비세	• 이윤세(법인세) • 총괄세
비용의 변화	• 총비용(TC) 증가 • 총고정비용(TFC) 불변 • 총가변비용(TVC) 증가 • 평균비용(AC) 증가 • 한계비용(MC) 증가	• 총비용(TC) 증가 • 총고정비용(TFC) 증가 • 총가변비용(TVC) 불변 • 평균비용(AC) 증가 • 한계비용(MC) 불변
균형점의 이동	• MC곡선의 상방 이동으로 균형점이 이동	• MC곡선이 이동하지 않으므로 균형점 불변
가격과 생산량의 변화	• 가격 상승($P_0 \to P_1$) • 생산량 감소($Q_0 \to Q_1$)	• 가격(P_0) 불변 • 생산량(Q_0) 불변
조세의 전가	• 가격이 상승하므로 독점기업은 조세의 일부를 소비자에게 전가시킨다.	• 가격이 불변이므로 독점기업은 조세를 소비자에게 전가하지 못하고 자신이 전액 부담한다.
자원배분의 효율성	• 조세부과 전에 비해 가격이 상승하고 생산량이 감소하므로 독점의 비효율적인 자원배분상태를 개선하지 못하고 더욱 악화시킨다. • 수요의 가격탄력성이 클수록, 즉 수요곡선이 완만할수록 사회후생손실은 더 커진다. • 조세수입을 재분배한다면 소득분배의 측면에서는 긍정적인 효과도 있다.	• 독점기업의 가격과 생산량은 불변이고, 독점기업의 초과이윤만 감소시킨다. • 독점의 비효율적인 자원배분상태를 개선하지 못하지만, 더 악화시키지도 않으므로 자원배분의 측면에서는 정액세가 종량세보다 더 바람직하다. • 징수한 정액세를 정부가 저소득층 지원에 사용하면 공평성을 제고시키는 측면도 있다.
그 림	총가변비용↑ TC↑ AC↑ MC↑ ⇒ P_E↑, Q_E↓	총고정비용↑ TC↑ AC↑ MC 불변 ⇒ P_E, Q_E 불변

CHAPTER 16 독점적 경쟁시장

PART 05 | 생산물시장이론

제1절 개요

I 개념

① 독점적 경쟁시장(monopolistic competition market)이란 다수의 기업이 차별화된 상품을 생산하는 시장으로서 완전경쟁시장과 독점시장의 성격을 모두 보유하고 있는 시장조직형태를 말한다.
② 학교 앞 분식점, 시내 주유소, 미용실, 목욕탕, 세탁소, 약국, 음식점, 노래방, 책방, 우유시장, 비누시장, 커피전문점 등이 독점적 경쟁시장이다.

II 특징

1. 완전경쟁시장의 성격

(1) 다수의 소비자(수요자)와 다수의 생산자(공급자)
  ① 다수의 소비자(수요자)와 다수의 생산자(공급자)가 존재한다.
  ② 독점적 경쟁기업의 수는 완전경쟁기업의 수보다는 현저히 적다.
  ③ 독점적 경쟁시장에는 다수의 기업이 존재하여 다른 기업들의 행동 및 전략을 고려하지 않고 독립적으로 행동하므로 기업 간 상호 의존성이 없다.

(2) 기업의 자유로운 진입과 탈퇴 : 장기
  ① 독점적 경쟁시장의 개별기업들에게는 장기에 신규시장으로의 자유로운 진입(entry)과 기존시장으로부터의 자유로운 탈퇴(exit)가 보장된다.
  ② 독점적 경쟁기업은 장기에 진입장벽이 없으므로 완전경쟁기업과 마찬가지로 초과이윤을 얻지 못하고 정상이윤만 얻는다. 즉, 장기에 $P = AR = LAC$의 조건이 성립한다.

2. 독점시장의 성격(완전경쟁시장과 결정적으로 다른 점)

(1) 상품차별화
  ① 독점적 경쟁시장의 기업들은 기업마다 조금씩 다른 상품을 만들어 팔기 때문에 자신의 상품에 대해 미약하지만 어느 정도의 독점력을 보유하고 있다.
  ② 독점적 경쟁시장의 독점력은 독점시장과 같은 완벽한 독점력은 아니다.

(2) 비가격경쟁
  ① 자기 상품이 다른 상품보다 다르고 우수하다는 점을 강조하여 매출경쟁을 하게 된다.
  ② 비가격경쟁(non-price competition)은 가격경쟁을 제외한 나머지 수단으로 기업들이 판매경쟁을 하는 것을 말하며 과점시장과 독점적 경쟁시장에서 행하여지고 있다.

CHAPTER 16 독점적 경쟁시장

제2절 단기균형

I 개별기업이 직면하는 수요곡선

① 완전경쟁기업들은 동질적인 상품만을 생산하므로 자신의 제품에 대한 독점력이 전혀 없었지만, 독점적 경쟁시장의 개별기업들은 기업별로 차별화된 상품들을 생산하면서 각각 독자적인 시장을 형성하게 되므로 미약하지만 어느 정도의 독점력을 갖게 된다.
② 완전경쟁시장에서 개별기업이 직면하는 수요곡선은 시장가격수준에서 그은 수평선이므로 모든 기업이 동일한 형태로 나타나지만, 독점적 경쟁시장에서 개별기업이 직면하는 수요곡선은 우하향하므로 그 수요곡선의 형태는 기업별로 각각 다른 형태로 나타난다.
③ 완전경쟁기업들은 시장에서 주어진 가격을 받아들이는 가격수용자이지만, 독점적 경쟁시장의 개별기업들은 자신이 직면한 수요곡선에 따라 가격책정자(price setter)로 행동한다.
④ 독점적 경쟁기업은 독점기업보다 독점력이 미약하고, 독점적 경쟁시장에는 밀접한 대체재가 존재하므로 수요의 가격탄력성이 독점기업보다 더 높아 수요곡선이 완만하게 우하향한다.

II 단기균형

1. 도출
① 독점적 경쟁기업은 $MR = MC$를 만족하는 수준에서 이윤극대화 생산량을 결정한 후 개별기업이 직면하는 수요곡선에서 가격을 결정한다.
② 독점적 경쟁시장의 단기균형의 특징은 개별기업이 직면하는 수요곡선의 기울기가 독점시장보다 더 완만하다는 사실만 차이가 있고, 독점시장의 경우와 거의 유사하다.

2. 특징
① 단기에 독점적 경쟁기업은 가격(P)과 평균비용(AC)의 크기에 따라 초과이윤을 얻을 수 있고, 정상이윤만을 얻거나 손실을 볼 수도 있다.
▸ 손실을 보면서 생산하는 이유는 $P > AVC$의 조건이 성립하기 때문이다.

> **독점적 경쟁기업의 단기이윤**
> - 초과이윤: $P > AC \Rightarrow \Pi > 0$
> - 정상이윤: $P = AC \Rightarrow \Pi = 0$
> - 손　　실: $P < AC \Rightarrow \Pi < 0$

② 이윤극대화 균형점에서 $P > MC$가 성립하므로 시장의 비효율성이 초래되어 사회후생의 손실이 발생한다.
③ 수요의 가격탄력성이 1보다 큰 구간에서 균형이 성립한다.
▸ 수요의 가격탄력성이 1보다 큰 구간은 총수입(TR)이 증가하는 구간으로서 한계수입(MR)이 0보다 큰 구간이다.
④ 공급곡선이 존재하지 않는다.
▸ 생산물시장이 공급 측면에서 완전경쟁일 때에만 공급곡선이 존재한다.

제3절 장기균형

I 장기조정과정

① 단기에 양(+)의 이윤(초과이윤)이 발생하면 장기적으로 신규기업들의 시장으로의 진입이 이루어져 기존의 기업들은 신규기업으로부터 시장수요의 일부를 빼앗기게 되므로 개별기업이 직면하는 수요곡선은 점차 왼쪽(아래쪽)으로 이동하게 된다. 이때 가격이 점점 하락하여 독점적 경쟁기업의 단기이윤은 감소한다.

② 단기에 음(−)의 이윤(손실)이 발생하면 장기적으로 기존기업들의 시장으로부터의 탈퇴가 이루어져 남아 있는 기업들은 시장수요의 일부를 추가로 점유하게 되므로 개별기업이 직면하는 수요곡선은 점차 오른쪽(위쪽)으로 이동하게 된다. 이때 가격이 점점 상승하여 독점적 경쟁기업의 단기이윤은 증가한다.

③ 장기조정과정은 수요곡선이 장기평균비용곡선과 접할 때까지 진행된다.

④ 독점적 경쟁시장에 존재하는 모든 기업의 이윤이 0이 되어 정상이윤만 존재하게 되면 더 이상의 진입과 탈퇴가 일어나지 않고 시장은 장기균형상태에 도달하게 된다.

⑤ 이처럼 독점적 경쟁시장의 장기조정과정(long-run adjustment)은 완전경쟁시장과 유사하다.
  ▸ 완전경쟁시장에서는 개별기업이 직면하는 수요곡선이 수평선이지만, 독점적 경쟁시장에서는 개별기업이 직면하는 수요곡선이 우하향한다는 사실이 결정적인 차이점이다.

II 장기균형조건

① 독점적 경쟁시장의 장기균형상태에서는 시장 안의 모든 기업이 정상이윤만을 얻고 초과이윤은 없는 상태이므로 더 이상의 진입이나 탈퇴가 일어나지 않는다.

② 장기균형에서도 이윤극대화 상태이므로 $MR = SMC = LMC$의 조건을 만족한다.

③ 독점적 경쟁기업은 장기에 정상이윤만을 얻어야 하므로 수요곡선과 LAC곡선이 접하는 수준(E점)에서 장기균형이 달성된다.

④ 위의 조건들을 종합하면 독점적 경쟁기업의 장기균형조건은 다음과 같다.

> **독점적 경쟁기업의 장기균형조건**
> $$P(=AR) = SAC = LAC > MR = SMC = LMC$$

| 독점적 경쟁시장의 장기조정과정 |

단기에 초과이윤 → 신규기업의 진입 → 수요곡선 좌측 이동 → 가격 하락 → 이윤 감소 → 장기균형 (이윤=0)

단기에 손실 → 기존기업의 탈퇴 → 수요곡선 우측 이동 → 가격 상승 → 이윤 증가 → 장기균형 (이윤=0)

Ⅲ 특징

1. 사회적 후생손실
① 장기에서도 여전히 $P > MC$이므로 사회적으로 최적인 생산량수준에 미치지 못하게 된다.
  ▶ 이 점이 독점적 경쟁시장의 독점적 측면인데 이는 상품 간의 차별성에 기인한 것이므로 만약 상품 간의 대체성이 증가한다면 그 격차는 감소할 것이다.
② 사회적 최적수준보다 과소생산함으로써 사회적 후생손실이 발생한다.

2. 장기이윤=0
① 독점적 경쟁기업은 완전경쟁기업과 마찬가지로 장기에 초과이윤은 없고, 정상이윤만 존재한다.
② 이는 시장에 진입장벽이 존재하지 않아 기업의 자유로운 진입과 탈퇴가 보장되기 때문이다.

3. 과잉설비의 보유
① 생산량 Q_E는 단기평균비용곡선 SAC_0의 최저점에 해당하는 생산량수준 Q_0보다 낮으므로 $Q_E Q_0$에 해당하는 과잉설비(유휴설비)를 보유함으로써 비효율적인 생산을 하고 있다.
② 개별기업이 직면하는 수요곡선의 가격탄력성이 커질수록 수요곡선은 완만해지므로 초과설비의 규모는 작아진다.

4. 규모의 경제
① 독점적 경쟁기업은 장기에 규모의 경제(규모에 대한 보수 증가)가 발생하는 구간에서 생산을 한다.
② 규모의 경제가 발생하는 구간에서 생산한다는 것은 독점적 경쟁기업이 장기에 초과설비를 보유하고 있다는 것과 동일한 의미를 지닌다.
③ 장기에 이윤이 0이 되기 위해서는 수요곡선과 장기평균비용곡선이 접해야 하고, 수요곡선이 우하향하므로 장기평균비용이 감소하는 구간에서 접할 수밖에 없다. 따라서 장기에는 규모의 경제구간에서 생산함으로써 과잉설비를 보유하게 되는데 이는 결국 수요곡선이 우하향한다는 사실에서 기인한다. 또한 수요곡선이 우하향하는 이유는 상품차별화에 의한 것이므로 독점적 경쟁기업이 장기에 과잉설비를 보유하고 생산하는 이유는 상품차별화에 의한 것이다.

| 독점적 경쟁기업의 장기균형 |

- 독점적 경쟁시장에서는 신규기업의 진입과 기존기업의 탈퇴가 보장되므로 독점적 경쟁기업은 장기에 정상이윤만을 획득하게 된다.
- 독점적 경쟁시장은 장기에서도 $P > MC$이므로 사회적 후생손실이 발생한다.

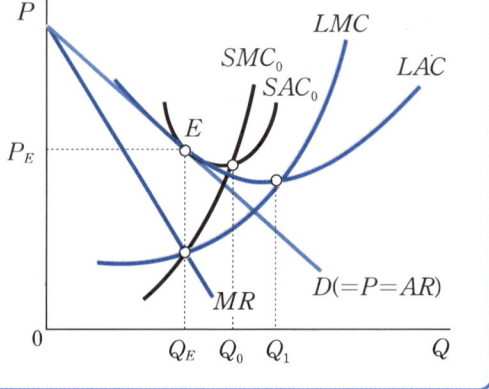

CHAPTER 17 과점시장

PART 05 | 생산물시장이론

제1절 개요

I 개념

① 과점시장(oligopoly market)이란 상당한 진입장벽 하에서 소수의 대기업에 의해 지배되는 시장조직형태를 말한다.
② 순수과점(pure oligopoly)이란 시장에서 거래되는 상품의 질이 동질적인 경우의 과점시장을 말한다.
  ▶ 예 : 설탕, 시멘트, 철근, 휘발유, 세계원유시장 등
③ 차별화된 과점(differentiated oligopoly)이란 시장에서 거래되는 상품의 질이 이질적인 경우의 과점시장을 말한다.
  ▶ 예 : 자동차, 냉장고, 에어컨, 맥주, 아이스크림, 휴대전화, 국내항공서비스, 신용평가사 등

II 특징

1. 기업 간 밀접한 상호 의존관계
① 과점시장은 소수의 기업들이 경쟁하는 체제이므로 기업들 사이에 밀접한 상호 의존성이 있다.
② 어떤 기업이 가격과 생산량을 변경시켰을 때 다른 기업에 현저한 영향을 미치게 되므로 과점기업들은 상대기업의 반응을 신중하게 고려하여 자신의 행동을 결정한다.
③ 이처럼 과점기업들은 전략적 상황(strategic situation)에 처해 있기 때문에 게임이론(game theory)을 적용하여 과점시장을 분석하게 된다.

2. 치열한 비가격경쟁과 가격의 경직성
① 가격경쟁은 출혈경쟁으로 이어지므로 광고나 상품차별화 등의 치열한 비가격경쟁을 벌인다.
② 치열한 비가격경쟁으로 인해 과점시장에서는 상품가격이 경직적이 된다.

3. 비경쟁행위
① 과점시장은 담합(談合, collusion)이나 카르텔(cartel)과 같은 비경쟁행위(non-competitive practices)의 가능성이 존재한다.
② 카르텔(기업연합)은 각 참가기업이 독립성을 유지하며 일정한 협약의 범위 내에서 공동행위를 하는 형태이다.

4. 상당한 진입장벽
① 과점시장은 독점시장보다는 낮지만 상당한 진입장벽이 존재한다.
② 진입장벽으로는 규모의 경제, 원재료의 과점적 소유, 특허권, 정부의 인·허가, 진입저지가격 설정, 활발한 광고활동, 차별화된 상품생산 등이 있다.

CHAPTER 17 과점시장

제2절 독자적 행동이론

I 꾸르노모형

1. 개요

① 꾸르노모형(Cournot model)은 1838년 프랑스 경제학자 꾸르노(A. Cournot)에 의해 제시된 모델이다.
② 두 개의 기업이 서로 경쟁하는 복점시장(duopoly)으로 각 기업은 생산량을 전략변수로 한다.
③ 각 기업은 경쟁기업의 생산량을 주어진 것으로 간주하고, 자신의 최적생산량을 결정한다.
  ▶ 각 기업은 경쟁상대기업의 뒤를 따르는 추종자(follower)로 행동한다.
  ▶ 각 기업이 취하는 전략은 게임이론에서 내쉬전략(Nash strategy)에 해당한다.

2. 꾸르노균형

(1) 가정

① 기업 A와 기업 B는 과점시장에서 꾸르노경쟁을 한다.
② 시장수요함수는 $P = 70 - Q$이다.
③ 두 기업의 비용함수는 $TC_A = 10Q_A$, $TC_B = 10Q_B$이므로 한계비용과 평균비용은 $MC = AC = 10$으로 동일하다.

(2) 반응곡선의 도출

① 반응곡선(reaction curve)이란 상대기업의 생산량이 주어졌을 때 자신의 이윤극대화 생산량을 나타내는 곡선이다.
② 기업 B가 최대 생산량(완전경쟁시장의 생산량)인 60단위를 생산한다면 기업 A는 생산을 포기하여 $Q_A = 0$이 된다.
③ 기업 B가 생산을 포기하여 $Q_B = 0$이 되면 기업 A는 시장 전체의 수요가 자신의 수요가 되므로 독점기업처럼 행동한다. 이 경우 기업 A는 시장수요함수를 통해 한계수입함수를 도출한 후 $MR = MC$, $70 - 2Q = 10$을 만족하는 수준에서 $Q_A = 30$을 결정하게 된다.
④ 기업 B의 생산량에 대응한 기업 A의 생산량을 모두 연결하면 기업 A의 반응곡선(RC_A)이 도출된다.
⑤ 기업 A의 반응함수(reaction function)를 도출하면 다음과 같다.

> **기업 A의 반응함수(RF_A)**
> $$Q_A = -\frac{1}{2}Q_B + 30$$

⑥ 동일한 논리로 기업 B의 반응곡선(RC_B)과 반응함수도 도출할 수 있다.

> **기업 B의 반응함수(RF_B)**
> $$Q_B = -\frac{1}{2}Q_A + 30$$

(3) 꾸르노균형

① 기업 A가 어떤 생산량을 선택하면 기업 B는 이에 반응하여 자신의 최적생산량을 선택하고, 기업 A는 다시 자신의 선택을 수정하게 된다. 기업 B는 이를 보고 다시 새로운 최적생산량을 선택하게 되는데 이러한 과정이 계속되면 더는 자신의 생산량을 변화시킬 유인이 없어지는 어떤 상태에 도달하게 되고 이때 균형이 달성된다.

② 각 기업이 더는 생산량을 바꾸려 하지 않아 그 상태가 그대로 지속되는 상태가 꾸르노균형(Cournot equilibrium)이 되고, 꾸르노균형은 게임이론에서 내쉬균형(Nash equilibrium)의 성격을 지닌다.

  ▸ 내쉬전략(Nash strategy)은 상대방의 주어진 전략에 대해서만 최적인 전략을 말한다.
  ▸ 내쉬균형(Nash equilibrium)이란 상대방의 전략을 주어진 것으로 간주하고 자신에게 최적인 전략을 선택할 때 이 최적전략의 짝을 말한다.
  ▸ 내쉬전략과 내쉬균형은 '제18장 게임이론'에서 자세하게 논의된다.

③ 기업 A의 반응곡선 RC_A와 기업 B의 반응곡선 RC_B가 교차하는 E점에서 꾸르노 과점시장의 균형이 도출된다. 두 기업의 반응함수를 연립하여 풀면 꾸르노균형점에서 각 기업은 $Q_A = 20$, $Q_B = 20$을 생산하게 되므로 꾸르노 과점시장의 총생산량은 $Q = Q_A + Q_B = 20 + 20 = 40$이 된다.

  ▸ 기업 A의 반응함수(RF_A) : $Q_A = -\frac{1}{2}Q_B + 30$

  ▸ 기업 B의 반응함수(RF_B) : $Q_B = -\frac{1}{2}Q_A + 30$

(4) 꾸르노 과점기업의 이윤

① 꾸르노 과점시장의 총생산량 $Q = 40$을 시장수요함수에 대입하면 시장가격은 $P = 30$이 도출된다.

② 시장가격은 $P = 30$이고 개별기업은 각각 20단위씩 생산하므로 개별기업의 총수입은 $TR = P \times Q = 30 \times 20 = 600$이 되고, 총비용은 $TC = 10Q = 10 \times 20 = 200$이다. 따라서 개별기업의 이윤은 $\Pi = TR - TC = 600 - 200 = 400$이 된다.

| 꾸르노균형 |

- 두 기업의 반응곡선이 교차하는 E점에서 꾸르노균형이 도출된다.
- 꾸르노균형점에서 각 기업은 $Q_A = 20$, $Q_B = 20$을 생산하여 총생산량은 $Q = 40$이 된다.
- 꾸르노균형은 게임이론에서 내쉬균형의 성격을 지닌다.

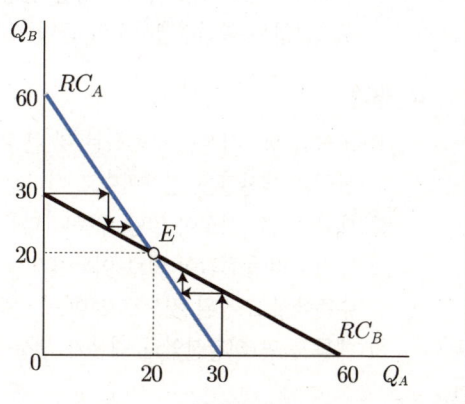

CHAPTER 17 과점시장

3. 시장형태별 생산량 비교

구 분	완전경쟁	꾸르노과점	독 점
이윤극대화조건 (균형조건)	• $P = MC$	• 두 기업 반응곡선의 교차점 • 꾸르노-내쉬균형	• $MR = MC$
균형의 도출	• $P = 70 - Q$ • $MC = 10$ • $P = MC$ • $70 - Q = 10$	• $Q_A = -\frac{1}{2}Q_B + 30$ • $Q_B = -\frac{1}{2}Q_A + 30$ • $Q_A = 20$ • $Q_B = 20$	• $MR = 70 - 2Q$ • $MC = 10$ • $MR = MC$ • $70 - 2Q = 10$
균형생산량	• $Q_E = 60$	• $Q_E = 20 + 20 = 40$	• $Q_E = 30$
균형가격	• $P_E = 10$	• $P_E = 30$	• $P_E = 40$
이윤	• $\Pi = 0$	• $\Pi_A = 400$ • $\Pi_B = 400$	• $\Pi = 900$

① 시장형태별 생산량을 비교해 보면 완전경쟁시장의 생산량이 $Q_E = 60$으로 가장 많고, 그다음으로 꾸르노과점이 $Q_E = 40$, 독점시장이 $Q_E = 30$의 순이다.
  ▶ 즉, 생산물시장에 참여하는 개별기업의 독점력이 강해질수록 생산량수준은 적어짐을 알 수 있다.

② 꾸르노과점시장(복점시장)은 완전경쟁시장 생산량의 $\frac{2}{3}$를 생산하고, 독점시장은 완전경쟁시장 생산량의 $\frac{1}{2}$을 생산한다.
  ▶ 이 논리는 두 기업의 비용구조가 동일한 경우에만 성립하게 된다.

③ 생산물시장에서 개별기업의 시장지배력이 증가할수록 가격은 높아지고 생산량은 적어진다. 이는 사회후생의 관점에서 볼 때 시장지배력이 증가할수록 사회후생의 감소분도 커지게 된다는 것을 의미한다.

④ 만약 꾸르노과점시장에 참여하는 기업의 수가 증가한다면 개별기업의 시장지배력은 점점 작아지고, 그 결과 꾸르노균형은 완전경쟁시장의 균형으로 수렴한다. 즉, 기업의 수가 점점 증가하면 개별기업이 자신의 생산량을 변경하더라도 시장가격에 미치는 영향은 점점 작아지면서 꾸르노균형은 완전경쟁시장의 균형으로 수렴하는 것이다.

4. 평가

① 초기의 생산시설을 구축하는 데 큰 비용과 시간이 소요되는 반면, 가변비용은 별로 들지 않는 산업은 생산량을 전략변수로 한다는 가정이 상당한 현실성을 가진다.

② 대규모 생산시설이 일단 구축된 다음에는 그 생산시설을 용량(capacity) 이하로 가동한다 하더라도 비용절감이 별로 이루어지지 않는다면 기업의 생산량은 이미 구축된 시설규모의 용량수준에서 고정된 것으로 보아도 설득력이 있게 된다.

③ 예를 들면 철강산업의 경우가 생산량을 전략변수로 하는 꾸르노 과점시장에 부합한다.

예제   꾸르노모형

문제 1

어떤 상품의 시장수요함수가 $P = 90 - Q$인 시장에서 기업 A와 기업 B는 꾸르노경쟁을 하고 있다. 기업 A의 비용함수는 $C_A = 10Q_A$이고, 기업 B의 비용함수는 $C_B = 20Q_B$일 때 꾸르노균형에서의 두 기업의 생산량, 가격, 이윤을 구하시오.

해설

- 기업 A의 이윤함수 : $\Pi_A = (90 - Q_A - Q_B)Q_A - 10Q_A$, $\Pi_A = 80Q_A - Q_A^2 - Q_AQ_B$
- 기업 A의 이윤극대화 : 기업 A의 이윤극대화조건 $\dfrac{d\Pi_A}{dQ_A} = 0$을 풀면 기업 A의 반응함수는 $Q_A = \dfrac{80 - Q_B}{2}$, $Q_A = 40 - \dfrac{1}{2}Q_B$가 도출된다.
- 기업 B의 이윤함수 : $\Pi_B = (90 - Q_A - Q_B)Q_B - 20Q_B$, $\Pi_B = 70Q_B - Q_B^2 - Q_AQ_B$
- 기업 B의 이윤극대화 : 기업 B의 이윤극대화조건 $\dfrac{d\Pi_B}{dQ_B} = 0$을 풀면 기업 B의 반응함수는 $Q_B = \dfrac{70 - Q_A}{2}$, $Q_B = 35 - \dfrac{1}{2}Q_A$가 도출된다.
- 두 기업의 반응함수를 연립하여 풀면 꾸르노균형에서 기업 A의 생산량 $Q_A = 30$과 기업 B의 생산량 $Q_B = 20$이 도출된다. 시장 전체의 생산량은 $Q = Q_A + Q_B = 50$이므로 이를 수요함수에 대입하면 시장가격은 $P = 40$이 도출된다.
- 기업 A의 이윤 : $\Pi_A = PQ_A - 10Q_A = (40 \times 30) - (10 \times 30) = 1,200 - 300 = 900$
- 기업 B의 이윤 : $\Pi_B = PQ_B - 20Q_B = (40 \times 20) - (20 \times 20) = 800 - 400 = 400$

문제 2

꾸르노(Cournot)경쟁을 하는 복점시장에서 역수요함수는 $P = 18 - q_1 - q_2$이다. 두 기업의 비용구조는 동일하며 고정비용이 없어 한 단위당 생산비용은 6일 때 기업 1의 균형가격과 균형생산량은? (단, P는 가격, q_1은 기업 1의 생산량, q_2는 기업 2의 생산량이다.)

(2018 공인노무사)

해설

- 기업 1의 총수입함수는 $TR_1 = (18 - q_1 - q_2)q_1 = 18q_1 - q_1^2 - q_1q_2$이므로 한계수입함수는 $MR_1 = 18 - 2q_1 - q_2$이다. $MC_1 = 6$이므로 이윤극대화조건 $MR_1 = MC_1$, $18 - 2q_1 - q_2 = 6$에서 기업 1의 반응함수는 $q_1 = 6 - \dfrac{1}{2}q_2$이다. 동일한 논리로 기업 2의 반응함수는 $q_2 = 6 - \dfrac{1}{2}q_1$이 된다. 두 기업의 반응함수는 연립하면 $q_1 = q_2 = 4$가 도출된다.
- 시장 전체의 생산량을 $q_1 + q_2 = Q$라고 정의하면 시장의 역수요함수는 $P = 18 - Q$이다. 완전경쟁시장의 생산량은 $P = MC$, $18 - Q = 6$에서 $Q = 12$이다. 꾸르노(Cournot)경쟁을 하는 복점시장에서 개별기업은 완전경쟁시장 생산량의 $\dfrac{1}{3}$을 생산하므로 기업 1의 생산량은 $12 \times \dfrac{1}{3} = 4$이다. 개별기업의 생산량이 4이므로 꾸르노 복점시장 전체의 생산량은 8이 되고, 이를 수요함수에 대입하면 가격은 $P = 10$이 된다.

CHAPTER 17 과점시장

Ⅱ 베르뜨랑모형

1. 개요
① 베르뜨랑모형(Bertrand model)은 1883년 프랑스 경제학자 베르뜨랑(J. Bertrand)에 의해 제시된 모델이다.
② 두 개의 기업이 서로 경쟁하는 복점시장(duopoly)으로 각 기업은 가격을 전략변수로 한다.
  ▶ 서로 조금씩 다른 재화를 생산하는 차별화된 과점의 경우 가격을 전략변수로 사용하는 경우가 자주 있는데 가격파괴라는 용어도 가격을 전략변수로 이용하고 있다는 사실을 단적으로 보여주는 예이다. 물론 꾸르노모형과 베르뜨랑모형에서는 동질의 제품을 생산한다고 가정한다.
③ 각 기업은 경쟁상대기업의 가격을 주어진 것으로 간주하고, 자신의 최적인 가격을 결정한다.
  ▶ 각 기업은 경쟁상대기업의 뒤를 따르는 추종자(follower)로 행동한다.
  ▶ 각 기업이 취하는 전략은 게임이론에서 내쉬전략(Nash strategy)에 해당한다.

2. 베르뜨랑균형

(1) 가정
  ① 기업 A와 기업 B는 과점시장에서 베르뜨랑경쟁을 한다.
  ② 각 기업의 한계비용(MC)은 모두 1,000원이다.

(2) 반응곡선의 도출
  ① 기업 B가 한계비용보다 높은 가격 1,100원을 선택하면 기업 A는 소비자들을 자기 쪽으로 끌어들이기 위해서 그보다 약간 낮은 수준의 가격을 선택한다.
  ② 기업 B의 가격에 대응한 기업 A의 가격을 모두 연결하면 기업 A의 반응곡선(RC_A)이 도출되는데 45^0선의 기울기보다 약간 더 크다는 것을 알 수 있다.
  ③ 동일한 논리로 기업 B의 반응곡선(RC_B)을 도출하면 45^0선의 기울기보다 약간 더 작은 반응곡선이 도출된다.

(3) 베르뜨랑균형
  ① 기업 A가 어떤 가격을 선택하면 기업 B는 이에 반응하여 가격을 선택하게 되고, 기업 A는 이에 대응하여 다시 최적가격을 수정하게 되는데 이러한 과정이 계속되어 더는 자신의 가격을 변화시킬 유인이 없어질 때 균형이 달성된다.
  ② 각 기업은 상대기업보다 더 낮은 가격을 부과하여 소비자들을 모두 자기 쪽으로 끌어오려고 노력하게 되므로 경쟁적으로 가격을 인하하게 된다. 이러한 과정은 가격이 한계비용보다 더 높은 한 계속될 것이므로 결국 가격은 한계비용수준까지 낮아지게 된다.
  ③ 각 기업이 더는 가격을 바꾸려는 유인이 사라짐으로써 그대로 지속되는 상태가 베르뜨랑균형(Bertrand equilibrium)이 되고, 베르뜨랑균형은 게임이론에서 내쉬균형(Nash equilibrium)의 성격을 지닌다.
  ④ 두 기업의 반응곡선 RC_A와 RC_B가 만나는 E점에서 베르뜨랑균형이 도출된다. 베르뜨랑균형점에서 각 기업은 $P_A = 1,000$, $P_B = 1,000$을 선택한다.
  ⑤ 베르뜨랑균형에서는 $P = MC$의 조건을 만족하여 완전경쟁시장에서의 자원배분의 효율성을 달성하게 된다.
    ▶ 베르뜨랑모형은 꾸르노모형에 비해 사회후생 측면에서 더 우월하다고 평가할 수 있다.

| 베르뜨랑균형 |

- 두 기업의 반응곡선이 만나는 E점에서 베르뜨랑균형이 도출된다.
- 베르뜨랑균형점에서 $P=MC$가 성립하여 자원배분의 효율성을 달성한다.
- 베르뜨랑균형은 게임이론에서 내쉬균형의 성격을 지닌다.

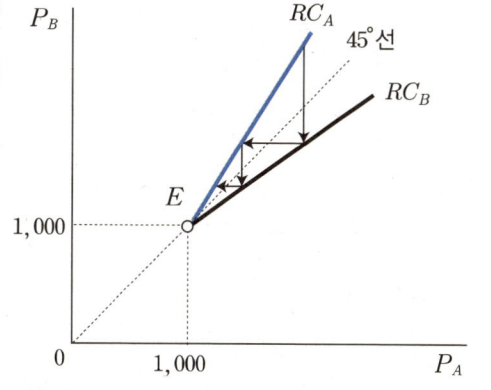

예제   베르뜨랑모형

문제 1

어느 복점시장에서 시장수요의 역함수는 $P=130-2Q$이며, 두 기업 모두에게 고정비용은 없고, 한계비용은 10으로 일정하다. 베르뜨랑균형에서의 생산량과 꾸르노균형에서의 시장가격과 생산량을 구하시오.

해설

- 베르뜨랑균형에서는 완전경쟁시장의 효율성조건인 $P=MC$를 만족하므로 가격은 $P=10$이 된다. $P=MC$, $10=130-2Q$, $2Q=120$에서 생산량은 $Q=60$이 도출된다. 이처럼 베르뜨랑균형에서는 완전경쟁시장의 효율성조건을 만족하므로 사회적 잉여가 극대화된다.
- 꾸르노균형에서는 완전경쟁시장 생산량의 $\frac{2}{3}$만큼 생산되므로 생산량은 $Q=60\times\frac{2}{3}$, $Q=40$이 된다. $Q=40$일 때 꾸르노시장에서의 가격은 $P=130-(2\times 40)=130-80$, $P=50$이 된다. 따라서 꾸르노균형에서의 생산량은 베르뜨랑균형에서의 생산량보다 적다.

문제 2

과점이론 중 Bertrand Model에서 시장수요곡선이 $Q=240-10P$라고 할 경우 균형가격 및 균형산출량은 각각 얼마인가? (단, 두 개의 기업만 존재하며 한계비용은 0이다.)   (2000 보험계리사)

해설

- 가격을 전략변수로 하는 베르뜨랑모형의 균형에서는 가격(P)과 한계비용(MC)이 일치하므로 완전경쟁시장의 효율성조건인 $P=MC$를 만족한다.
- 한계비용이 0이므로 $P=MC=0$이 성립하여 균형가격은 $P=0$이 된다.
- $P=0$을 주어진 시장수요함수에 대입하면 시장의 균형산출량은 $Q=240$이 된다. 베르뜨랑모형의 균형산출량은 완전경쟁시장의 산출량과 일치한다.

CHAPTER 17 과점시장

III 굴절수요곡선모형

1. 개요
① 굴절수요곡선모형(kinked demand curve model)은 1939년 미국의 경제학자 스위지(P. Sweezy)에 의해 제시된 모델이다.
② 각 기업은 가격을 전략변수로 하면서 한 기업이 가격을 인하하면 경쟁기업도 가격을 인하하고, 가격을 인상하면 경쟁기업은 인상하지 않는 전략을 취한다.
③ 일반적으로 담합 때문에 과점시장에서 가격이 안정된 경향을 보이지만, 굴절수요곡선모형에서는 아무런 담합이나 협조가 이루어지지 않은 상황에서도 가격이 안정성을 보인다.

2. 굴절수요곡선의 도출
① A점에서 최초의 가격 P_A와 생산량 Q_A가 주어져 있다고 가정하자.
② 이 기업이 P_A 이상으로 가격을 인상하면 다른 경쟁기업은 가격을 인상하지 않으므로 고객을 경쟁기업에 뺏기게 되어 해당 기업의 제품수요량이 대폭 감소하게 된다. 따라서 이 경우 개별기업이 직면하는 수요곡선은 가격에 탄력적인 완만한 수요곡선 D_0가 된다.
③ 한편, 이 기업이 P_A 이하로 가격을 인하하면 다른 경쟁기업도 가격을 인하하므로 해당 기업의 제품수요량은 소폭으로 증가하게 된다. 따라서 이 경우 개별기업이 직면하는 수요곡선은 가격에 비탄력적인 가파른 수요곡선 D_1이 된다.

| 굴절수요곡선의 도출과정 |

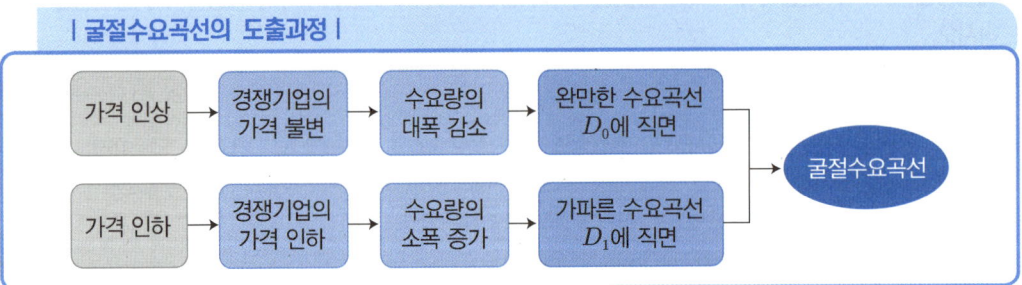

| 굴절수요곡선 |

- 가격이 P_A 이상이면 완만한 수요곡선 D_0에 직면하고 가격이 P_A 이하이면 가파른 수요곡선 D_1에 직면하므로 개별기업이 직면하는 수요곡선은 A점을 기준으로 굴절된다.
- 수요곡선이 A점에서 굴절되면 MR곡선은 불연속적인 구간이 나타난다.

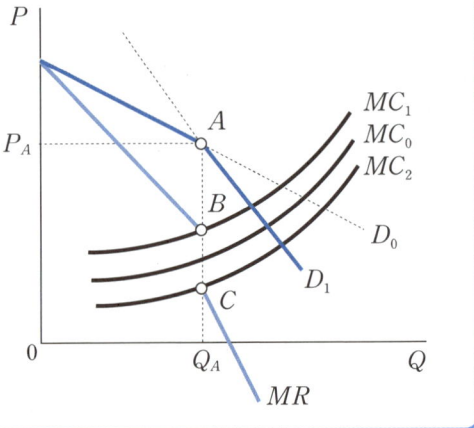

3. 균형의 도출

① D_0와 D_1의 각 수요곡선에 대응하는 MR곡선을 도출하면 불연속적인 MR곡선이 도출된다.
② MR곡선이 불연속적인 BC구간을 MC곡선이 통과하는 경우에는 MC곡선이 상하방으로 이동하더라도 생산량과 가격은 불변이 되어 가격의 경직성이 나타난다.
③ 그뿐 아니라 과점시장 안의 기업은 수요조건의 변화가 생기더라도 그 변화폭이 크지 않는 한 가격을 변동시키지 않아 가격은 안정성을 보인다.
④ 이처럼 굴절수요곡선모형은 과점시장에서 가격이 안정된 경향을 설명하고 있다.

4. 평가

① 굴절수요곡선모형은 과점기업들이 어떻게 시장균형에 도달하는가를 설명해주는 균형모형이라기보다는 일단 과점시장이 균형상태에 있을 때 어떤 이유로 균형이 안정적으로 지속되는가를 설명하는 모형이다.
② 굴절수요곡선이론은 과점시장에서 가격의 경직성을 설명하고자 했지만, 이는 사후적인 정당화에 지나지 않는다.
③ 최초의 균형 A점이 어떻게 결정되었는가에 대한 설명이 부족하다.
④ 굴절수요곡선이론에서는 어떤 과점기업이 가격을 인상하면 다른 과점기업이 가격을 인상하지 않는다고 가정하였지만, 현실적으로 한 과점기업이 가격을 인상하면 다른 과점기업도 가격을 인상하는 경우가 많이 관찰되고 있다.
  ▶ 선도기업이 가격을 선도하면 나머지 군소기업들은 이를 그대로 추종한다는 가격선도이론이 이에 해당한다.
⑤ 스티글러(G. Stigler)의 실증연구에 의하면 과점기업들이 직면하는 수요곡선이 굴절되었다는 것을 입증하기가 어렵다는 점이 밝혀졌다.

CHAPTER 18 게임이론

PART 05 | 생산물시장이론

제1절 개요

I 의의

① 게임이론(game theory)은 과점시장의 각 기업이 서로 상호연관관계를 통해 전략적 상황(strategic situation)에 처해 있을 때 과점기업 간의 경쟁과 행동들을 게임이라는 요소를 통해 분석하고 예측하는 학문이다.
② 과점시장의 각 기업이 처해 있는 전략적 상황을 과점시장의 일반적인 이론모형으로 구축하는 것이 곤란하다. 따라서 이러한 전략적 상황에 처해 있는 기업들의 행태를 체계적으로 분석하기 위해 게임이론을 활용하게 되었다.
③ 게임이론은 경제학뿐만 아니라 경영학, 사회학, 정치학 등의 각 분야에서 널리 활용되고 있다.
④ 게임이론은 헝가리 출신의 유대인 천재 이론물리학자 폰 노이만(J. von Neumann)과 오스트리아 출신의 경제학자 모르겐슈테른(O. Morgenstern)이 1944년에 출간한 'Theory of Games and Economic Behavior(게임의 이론과 경제적 행태)'가 시초가 되었다.
⑤ 그 이후 프린스턴대학의 존 내쉬(John Nash)가 1950년 박사학위논문에서 소개한 내쉬균형(Nash equilibrium)은 오늘에 이르기까지 게임이론의 효시이자 초석이 되고 있다.

II 게임의 요소

1. 경기자
① 경기자(player)는 게임에 참여하는 경제주체로서 게임의 기본적인 의사결정단위를 구성하게 된다.
② 경기자는 개인이나 기업 또는 국가가 될 수 있다.

2. 전략
① 전략(strategy)이란 경기자 자신이 어떤 행동을 취할 것인가에 대한 계획을 말한다.
② 경기자는 전략에 따라 구체적인 행동을 취하게 되고, 경기자가 취할 수 있는 전략의 수는 유한하다고 가정하는 것이 일반적이다.

3. 보수
① 보수(payoff)란 게임의 결과 경기자가 얻게 되는 효용 또는 편익을 말한다.
② 보수는 서수적 효용이나 화폐단위로 나타낸다.

4. 보수행렬
① 보수행렬(payoff matrix)이란 게임의 모든 정보와 어떤 게임의 결과로서 나타나는 모든 보수의 수치를 하나의 표에 정리해 놓은 것을 말한다.
② 보수행렬에는 게임의 3대 요소인 경기자, 전략, 보수가 명시되어 있다.

제2절　우월전략균형

I 개념

① 우월전략(優越戰略, dominant strategy)이란 상대방이 어떤 전략을 선택하더라도 자신에게 유리한 전략을 말한다.
② 우월전략을 사용하여 달성되는 균형을 우월전략균형(dominant strategy equilibrium)이라고 한다.

II 용의자의 딜레마게임(prisoner's dilemma)

1. 게임의 상황

① 두 용의자가 검거되었고, 담당검사는 각 용의자를 독방에 가둔 다음 따로따로 심문을 진행하게 된다.
② 독방에서 각자 심문이 진행되므로 서로 협조가 불가능한 비협조적 게임이다.
③ 경기자는 용의자 A와 용의자 B이다.
④ 각 경기자가 취할 수 있는 전략은 범행자백과 범행부인이 있다.
⑤ 각 용의자에게 주어지는 보수는 다음과 같다.
　▸ 한 용의자가 범행을 자백했는데 다른 용의자가 범행을 부인했다면 자백한 용의자는 방면되고, 부인한 용의자는 20년형을 받는다.
　▸ 두 용의자 모두가 자백한다면 각각 5년형씩 받는다.
　▸ 두 용의자 모두가 부인한다면 각각 1년형씩 받는다.

2. 보수행렬

		용의자 B	
		자 백	부 인
용의자 A	자 백	(5년, 5년)	(0년, 20년)
	부 인	(20년, 0년)	(1년, 1년)

3. 게임의 균형

① 상대방이 자백을 선택했을 때 자신이 자백을 선택하면 5년형을 받고 부인을 선택하면 20년형을 받으므로 자백을 선택하는 것이 최적전략이다.
② 상대방이 부인을 선택했을 때 자신이 자백을 선택하면 0년형을 받고 부인을 선택하면 1년형을 받으므로 자백을 선택하는 것이 최적전략이다.
③ 상대방이 자백하든 부인하든 자백하는 것이 유리하므로 자백하는 전략이 우월전략이고, 두 용의자 모두가 자백하는 것이 용의자 딜레마게임의 우월전략균형이 된다.
④ 용의자의 딜레마게임은 두 경기자 모두의 보수를 증가시킬 수 있는 전략조합 (부인, 부인)이 존재함에도 두 경기자 간의 협조가 이루어지지 않은 관계로 두 경기자 모두의 보수를 감소시키는 전략을 선택하게 되는 사회후생적 특징을 지니고 있다. 즉, 파레토 비효율적이다.
　▸ 용의자의 딜레마게임의 우월전략균형은 파레토 비효율적이지만, 모든 우월전략균형이 파레토 비효율적인 것은 아니다.

4. 경기자 모두의 보수를 증가시키는 전략조합으로 가기 위한 방법

① 비협조적 게임을 협조적 게임으로 전환하면 두 경기자가 협조적 전략을 선택할 수 있는 길이 열리게 된다.
② 반복게임(repeated game)으로 전환되면 보복할 길이 열리기 때문에 서로 협조하는 태도를 보일 수 있다. 단, 게임은 유한반복이 아닌 무한반복되든지 아니면 게임이 언제 종료될지를 경기자 서로가 알지 못해야 한다.

Ⅲ 카르텔

1. 게임의 상황

① 두 기업 A와 B가 카르텔을 형성하는 경우를 가정하자.
② 카르텔은 용의자의 딜레마게임과는 다르게 협조적 게임에 해당한다.
③ 두 기업이 취할 수 있는 전략은 협정준수와 협정위반이 있다.
④ 두 기업에 주어지는 보수는 다음과 같다.
  ▸ 한 기업이 협정을 위반하고 다른 기업은 협정을 준수했다면 위반한 기업은 100, 준수한 기업은 20의 보수를 얻는다.
  ▸ 두 기업 모두 협정을 준수하면 각각 90의 보수를 얻는다.
  ▸ 두 기업 모두 협정을 위반하면 각각 30의 보수를 얻는다.

2. 보수행렬

| | | 기업 B ||
		협정준수	협정위반
기업 A	협정준수	(90, 90)	(20, 100)
	협정위반	(100, 20)	(30, 30)

3. 게임의 균형

① 상대기업이 협정준수를 선택했을 때 자신이 협정준수를 선택하면 90의 보수를 얻고 협정위반을 선택하면 100의 보수를 얻으므로 협정위반을 선택하는 것이 최적전략이다.
② 상대기업이 협정위반을 선택했을 때 자신이 협정준수를 선택하면 20의 보수를 얻고 협정위반을 선택하면 30의 보수를 얻으므로 협정위반을 선택하는 것이 최적전략이다.
③ 두 기업 모두 협정위반이 우월전략이고, 두 기업 모두가 협정을 위반하는 것이 카르텔의 우월전략 균형이 된다.

4. 균형의 성격

① 이처럼 카르텔은 그 자체가 와해될 가능성이 큰 본질적 취약성을 내포하고 있다. 하지만, 현실에서 카르텔이 비교적 오랫동안 유지되는 사례가 꽤 많은 것은 기업들은 계속 생산활동을 유지해야 하므로 반복게임의 성격을 지니고 있기 때문이다.
② 기업들의 생산활동은 지속적으로 이루어지므로 의외로 오랫동안 결속력을 유지했던 카르텔도 적지 않은데 석유수출국기구($OPEC$)가 대표적인 경우에 해당한다.

제3절 내쉬균형

I 개요

① 우월전략균형의 개념은 직관적으로 매우 명백하다는 장점이 있지만, 현실의 게임에서는 상대방의 모든 전략에 대해 최적인 전략이 존재하기 힘들다.
② 내쉬전략(Nash strategy)은 우월전략의 개념을 약화시킨 개념으로서 상대방의 주어진 전략에 대해서만 최적인 전략을 말한다.
③ 내쉬균형(Nash equilibrium)이란 상대방의 전략을 주어진 것으로 간주하고 자신에게 최적인 전략을 선택할 때 이 최적전략의 짝을 말한다.
④ 내쉬균형에는 순수전략내쉬균형(pure strategy Nash equilibrium)과 혼합전략내쉬균형(mixed strategy Nash equilibrium)이 있다.

II 순수전략내쉬균형

1. 개요

① 순수전략(pure strategy)이란 하나의 전략을 선택하면 그것을 끝까지 고수하는 내쉬전략을 의미한다.
   ▶ 혼합전략(mixed strategy)이란 순수전략과 다르게 여러 전략을 확률에 따라 적절하게 혼합하여 사용하는 전략을 말한다.
② 순수전략 하에서 도출되는 내쉬균형을 순수전략내쉬균형(pure strategy Nash equilibrium)이라고 한다.

2. 보수행렬

		기업 B	
		B_1	B_2
기업 A	A_1	(10, 7)	(5, 5)
	A_2	(5, 5)	(7, 10)

3. 게임의 균형

① 기업 B가 B_1의 전략을 선택했을 때 기업 A의 최적전략은 A_1이 되고, 동시에 기업 A가 A_1의 전략을 선택했을 때 기업 B의 최적전략은 B_1이 되므로 전략조합 (A_1, B_1)은 내쉬균형이 된다.
② 기업 B가 B_2의 전략을 선택했을 때 기업 A의 최적전략은 A_2가 되고, 동시에 기업 A가 A_2의 전략을 선택했을 때 기업 B의 최적전략은 B_2가 되므로 전략조합 (A_2, B_2)도 또 다른 내쉬균형이 된다.
③ 이 게임의 내쉬균형은 (A_1, B_1), (A_2, B_2)이다.

CHAPTER 18 게임이론

4. 성격

① 우월전략은 상대방의 모든 전략에 대해 최적전략을 요구하는 데 비해 내쉬전략은 한층 더 약화된 개념이므로 우월전략균형이 존재하지 않더라도 내쉬균형은 존재할 수 있다.

② 꾸르노모형에서의 반응곡선은 주어진 상대방의 생산량에 대해 자신의 이윤을 극대화하는 생산량을 선택하는 것이므로 게임이론에서의 내쉬균형전략에 해당한다. 따라서 꾸르노균형을 꾸르노–내쉬균형이라고도 한다.

③ 모든 우월전략균형은 내쉬균형이 되지만, 모든 내쉬균형이 우월전략균형이 되지는 않는다. 따라서 우월전략균형은 내쉬균형이 되기 위한 충분조건이고, 내쉬균형은 우월전략균형이 되기 위한 필요조건이다.

④ 내쉬균형도 우월전략균형과 마찬가지로 반드시 파레토효율성을 달성하는 것이 아니다.
   ▸ 시장참가자들이 가격수용자가 아니고 전략적으로 행동하는 과점시장에서는 개별적 합리성이 시장 전체의 합리성을 보장하지는 않는다.

⑤ 현재 내쉬균형상태에 있다면 각 경기자는 자신의 전략을 더 이상 변경시킬 유인이 없으므로 내쉬균형은 안정적이다.
   ▸ 내쉬균형상태에서 경기자가 전략을 바꾸게 되면 언제나 손해를 보게 된다.

PART 06

생산요소시장과 소득분배

19 생산요소시장의 이윤극대화
20 생산요소시장이론
21 소득분배이론

CHAPTER 19 생산요소시장의 이윤극대화

PART 06 | 생산요소시장과 소득분배

제1절 개요

I 생산요소시장의 개념

① 생산요소시장(production factor market)이란 생산요소가 거래되는 시장을 말한다.
② 생산요소시장에는 노동시장, 자본시장, 토지시장 등이 있는데 본서에서는 노동시장(labor market)을 위주로 분석이 진행된다.

II 생산요소시장의 특징

1. 소득분배의 결정

① 생산물시장에서의 수요자인 가계가 생산요소시장에서는 공급자의 역할을 하고, 생산물시장에서의 공급자인 기업이 생산요소시장에서는 수요자의 역할을 한다.
② 가계는 효용극대화과정을 거쳐 생산요소의 공급을 결정하고, 기업은 이윤극대화과정을 거쳐 생산요소의 수요를 결정한다.
③ 생산요소시장에서 생산요소의 수요와 공급의 상호작용에 의해 생산요소의 가격과 고용량이 결정된다.
④ 생산요소의 가격과 고용량의 결정은 생산요소의 소득을 결정하기 때문에 소득분배의 측면에서 생산요소시장이론은 매우 중요하다.
⑤ 생산요소시장에서 가격과 고용량의 결정은 희소한 자원이 상품생산에 어떻게 배분되는가를 보여 준다.
  ▶ 생산요소시장이론은 본서의 미시경제학 '제21장 소득분배이론'에서 다루는 기능별 소득분배이론와 밀접한 연관이 있다.

| 생산요소시장의 구조 |

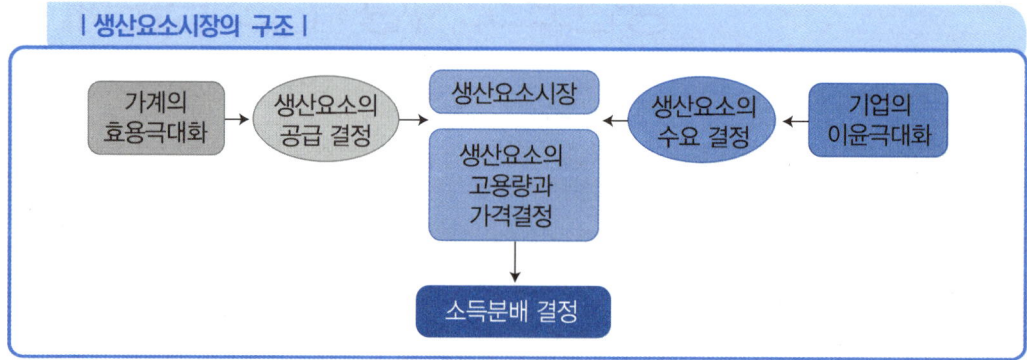

2. 파생수요

① 생산물시장에서 이윤극대화수준의 생산량이 결정되면 생산요소시장에서는 그 생산물을 생산하기 위한 생산요소에 대한 수요가 결정되므로 생산요소에 대한 수요는 생산물의 수요에 의존하게 된다.
   ▸ 생산물시장에서 이윤극대화 생산량이 결정되면 생산함수를 통해 이윤극대화 생산요소가 결정되고, 생산요소시장에서 이윤극대화 생산요소가 결정되면 생산함수를 통해 이윤극대화 생산량이 결정된다. 따라서 이윤극대화 생산량을 구하는 문제와 이윤극대화 생산요소를 구하는 문제는 동일한 문제로 귀결된다.
② 따라서 생산요소에 대한 수요는 생산물에 대한 수요에서 파생되어 나오는 셈이기 때문에 파생수요(派生需要, derived demand)의 성격을 가진다.
③ 생산요소에 대한 수요가 파생수요이므로 생산물에 대한 수요가 증가하면 생산요소에 대한 수요도 증가하고, 생산물에 대한 수요가 감소하면 생산요소에 대한 수요도 감소한다.
④ 생산요소에 대한 수요는 생산물의 수요에서 파생된 파생수요의 성격을 지니므로 생산요소시장을 이론적으로 분석할 때에는 반드시 생산물시장과 결부시켜 진행되어야 한다. 즉, 생산물시장의 형태에 따라 생산요소시장에서의 가격과 거래량의 결정이 영향을 받게 된다.

III 생산요소시장의 유형

1. 개요

① 생산물시장이론에서 불완전경쟁시장을 논의할 때 공급 측면만을 다루었지만, 생산요소시장에서는 공급 측면과 함께 수요 측면의 불완전경쟁까지 함께 고려하여 분석한다.
   ▸ 본서에서는 공급독점 생산요소시장은 생략하고, 수요독점 생산요소시장만을 다루기로 한다.
② 생산요소에 대한 수요는 파생수요의 성격을 갖기 때문에 생산요소시장을 분석할 때는 반드시 생산물시장과 결부시켜 분석하여야 한다.

2. 생산요소시장의 유형

① 이와 같은 생산요소시장의 성격을 고려하면 이론적으로 가능한 시장의 형태는 모두 $2 \times 2 \times 2 = 8$ 가지가 된다. 그런데 생산요소시장이 불완전경쟁이고, 생산물시장이 완전경쟁인 경우는 비현실적이므로 이를 제외하면 현실적인 시장은 다음의 5가지 형태로 압축된다.
② 생산요소시장의 수요 측면(완전경쟁, 불완전경쟁)×생산요소시장의 공급 측면(완전경쟁, 불완전경쟁)×생산물시장 공급 측면(완전경쟁, 불완전경쟁)=8가지

시장의 형태	생산요소시장		생산물시장
	수요 측면(기업)	공급 측면(가계)	공급 측면(기업)
요소의 완전경쟁 1	• 완전경쟁	• 완전경쟁	• 완전경쟁
요소의 완전경쟁 2	• 완전경쟁	• 완전경쟁	• 독 점
요소의 수요독점	• 독 점	• 완전경쟁	• 독 점
요소의 공급독점	• 완전경쟁	• 독 점	• 독 점
요소의 쌍방독점	• 독 점	• 독 점	• 독 점

[주] 불완전경쟁시장은 여러 형태가 있지만, 논의의 단순화를 위해서 독점이라고 가정하였다.

제2절 생산요소시장의 이윤극대화

I 생산요소의 수입 측면

1. 한계수입생산물

① 한계수입생산물(Marginal Revenue Product : MRP)이란 생산요소를 한 단위 추가로 투입하였을 때 총수입(TR)의 증가분을 말한다.

② 노동의 한계수입생산물(MRP_L)은 노동(L)을 한 단위 추가로 투입하였을 때 총수입(TR)의 증가분으로서 총수입(TR)을 노동량변수(L)로 미분한 값이다.

▸ 미분의 연쇄법칙(chain rule)을 이용하여 노동의 한계수입생산물(MRP_L)을 다음과 같이 구할 수 있다.

> **노동의 한계수입생산물**
> $$MRP_L = \frac{dTR}{dL} = \frac{dTR}{dQ} \times \frac{dQ}{dL} = MR \times MP_L$$

③ 위의 식을 통해 노동의 한계수입생산물(MRP_L)은 한계수입(MR)과 노동의 한계생산(MP_L)을 곱한 값으로 정의내릴 수 있다.

▸ 노동자(L) 1명을 추가로 고용하였을 때 생산량(Q)이 2단위 증가하였다면 노동의 한계생산이 $MP_L = 2$가 된다. 생산량(Q) 한 단위를 추가로 증가시켰을 때 총수입(TR)이 1,000원 증가하였다면 한계수입은 $MR = 1,000$원이다. 따라서 노동자(L) 1명을 추가로 고용하였을 때 총수입(TR)의 증가분은 $MP_L \times MR = 2 \times 1,000 = 2,000$원이 된다.

④ 한계생산체감의 법칙(수확체감의 법칙)에 의해 노동(L)의 투입량을 증가시킬수록 노동의 한계생산(MP_L)이 체감하므로 MRP_L곡선은 우하향하는 형태로 도출된다.

2. 한계생산물가치

① 한계생산물가치(Value of Marginal Product : VMP)란 생산요소의 한계생산물에 대한 시장가치를 말한다.

② 노동의 한계생산물가치(VMP_L)는 노동(L)의 한계생산물(MP_L)에 대한 시장가치로서 다음과 같이 정의된다.

> **노동의 한계생산물가치**
> $$VMP_L = P \times MP_L$$

③ 노동의 한계생산물가치(VMP_L)는 노동의 한계생산(MP_L)에 생산물의 가격(P)을 곱한 값으로 정의내릴 수 있다.

④ 한계생산체감의 법칙(수확체감의 법칙)에 의해 VMP_L곡선도 MRP_L곡선과 마찬가지로 우하향하는 형태로 도출된다.

3. 한계수입생산물과 한계생산물가치

① 생산물시장이 완전경쟁일 경우 가격(P)과 한계수입(MR)이 일치하므로 VMP_L과 MRP_L도 서로 일치한다.

> **생산물시장이 완전경쟁인 경우 VMP_L과 MRP_L**
> - $P = MR$
> - $P \times MP_L = MR \times MP_L$
> - $VMP_L = MRP_L$

② 생산물시장이 공급 측면에서 불완전경쟁일 경우 가격(P)은 한계수입(MR)보다 크므로 VMP_L은 MRP_L보다 더 크다.

> **생산물시장이 불완전경쟁인 경우 VMP_L과 MRP_L**
> - $P > MR$
> - $P \times MP_L > MR \times MP_L$
> - $VMP_L > MRP_L$

③ 한계생산체감의 법칙(수확체감의 법칙)에 의해 VMP_L곡선과 MRP_L곡선 모두 우하향하지만, 생산물시장이 불완전경쟁일 때 MRP_L은 VMP_L보다 더 빠르게 감소하므로 노동고용량(L)이 증가할수록 둘 사이의 그 격차는 점점 더 커진다.

▸ 생산량(Q)이 증가할수록 가격(P)과 한계수입(MR)의 격차가 커지므로 노동고용량(L)이 많아질수록 VMP_L과 MRP_L의 격차도 커진다.

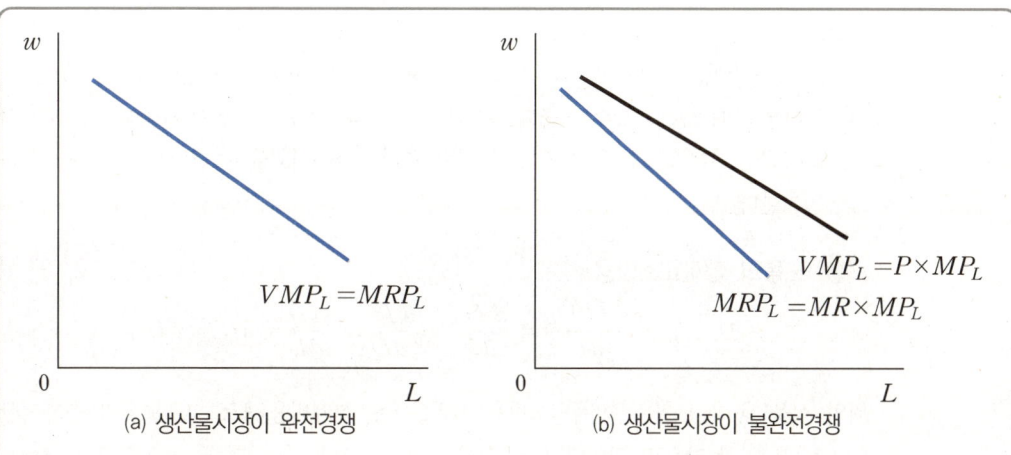

(a) 생산물시장이 완전경쟁   (b) 생산물시장이 불완전경쟁

VMP_L곡선과 MRP_L곡선
- 수확체감의 법칙에 의해 VMP_L곡선과 MRP_L곡선 모두 우하향한다.
- 생산물시장이 완전경쟁일 경우 $P = MR$이므로 $VMP_L = MRP_L$이 성립하지만, 생산물시장이 불완전경쟁일 경우 $P > MR$이므로 $VMP_L > MRP_L$이 된다.

Ⅱ 생산요소의 비용 측면

1. 총요소비용

① 총요소비용(Total Factor Cost : TFC)이란 생산요소시장의 측면에서 생산요소에 소요되는 비용을 의미한다.
　▶ 총요소비용(TFC)에는 노동의 총요소비용(TFC_L)과 자본의 총요소비용(TFC_K)이 있는데 본서에서는 노동의 총요소비용(TFC_L)을 중심으로 분석한다.

② 노동의 총요소비용(TFC_L)은 다음과 같다.

> **노동의 총요소비용**
> $$TFC_L = w \times L$$

③ 노동의 총요소비용(TFC_L)은 단위당 노동가격인 임금(w)과 노동투입량(L)을 곱하여 구한다.

④ 단기에 노동(L)만이 가변투입요소이므로 노동시장 측면에서 노동의 총요소비용(TFC_L)은 생산물시장 측면에서 총가변비용(TVC)이 되고, 자본시장 측면에서 자본의 총요소비용(TFC_K)은 생산물시장 측면에서 총고정비용(TFC)이 된다.

2. 한계요소비용

(1) 개념

① 한계요소비용(Marginal Factor Cost : MFC)이란 생산요소를 한 단위 추가로 투입하였을 때 총요소비용(총비용)의 증가분을 말한다.

② 노동의 한계요소비용(MFC_L)은 노동(L)을 한 단위 추가로 투입하였을 때 총요소비용(TFC_L)의 증가분으로서 총요소비용(TFC_L)을 노동량변수(L)로 미분한 값이다.
　▶ 미분의 연쇄법칙(chain rule)을 이용하여 노동의 한계요소비용(MFC_L)을 다음과 같이 구할 수 있다.
　▶ 노동의 총요소비용은 $TFC_L = wL$이고 총비용은 $TC = wL + rK$인데 TC를 L변수에 대해 미분할 때 rK는 상수 취급되므로 두 변수의 미분 값은 서로 일치한다. 즉, 노동의 한계요소비용(MFC_L)은 노동(L)을 한 단위 추가로 투입하였을 때 총비용(TC)의 증가분과 일치한다.

> **노동의 한계요소비용**
> $$MFC_L = \frac{dTFC_L}{dL} = \frac{dTC}{dL} = \frac{dTC}{dQ} \times \frac{dQ}{dL} = MC \times MP_L$$

③ 위의 식을 통해 노동의 한계요소비용(MFC_L)은 한계비용(MC)과 노동의 한계생산(MP_L)을 곱한 값으로 정의내릴 수 있다.
　▶ 노동자(L) 1명을 추가로 고용하였을 때 생산량(Q)이 2단위 증가하였다면 노동의 한계생산이 $MP_L = 2$가 된다. 생산량(Q) 한 단위를 추가로 증가시켰을 때 총비용(TC)이 1,000원 증가하였다면 한계비용은 $MC = 1,000$원이다. 따라서 노동자(L) 1명을 추가로 고용하였을 때 총비용(TC)의 증가분은 $MP_L \times MC = 2 \times 1,000 = 2,000$원이 된다.

(2) 한계요소비용곡선의 형태

① 노동시장이 완전경쟁인 경우
- 노동시장이 완전경쟁인 경우 임금(w)은 불변이므로 MFC_L은 임금(w)과 일치한다.
- 노동시장이 완전경쟁인 경우 개별기업이 직면하는 노동공급곡선은 시장임금수준에서 그은 수평선이므로 MFC_L곡선도 시장임금수준에서 그은 수평선이 된다.

> **노동시장이 완전경쟁인 경우 한계요소비용**
> $$MFC_L = \frac{dTFC_L}{dL} = \frac{d(\overline{w} \times L)}{dL} = w$$

② 노동시장이 수요독점인 경우
- 노동시장이 수요독점인 경우 노동고용량(L)이 변함에 따라 임금수준도 변동하므로 노동의 한계요소비용(MFC_L)과 임금(w)은 서로 불일치하게 된다.
- 노동시장이 수요독점인 경우 개별기업이 직면하는 노동공급곡선은 우상향하므로 노동고용량(L)이 증가함에 따라 임금수준이 상승한다. 따라서 MFC_L곡선은 우상향하는 형태를 보인다.

3. 평균요소비용

(1) 개념

① 평균요소비용(Average Factor Cost : AFC)이란 생산요소 한 단위당 총요소비용(TFC)을 말한다.
② 노동의 평균요소비용(AFC_L)은 다음과 같이 정의된다.

> **노동의 평균요소비용**
> $$AFC_L = \frac{TFC_L}{L} = \frac{w \times L}{L} = w$$

③ 노동의 평균요소비용(AFC_L)은 항상 임금(w)과 일치한다.
④ 노동의 평균요소비용(AFC_L)은 항상 임금(w)과 일치하므로 개별기업이 직면하는 노동공급곡선이 AFC_L곡선이 된다.
⑤ 개별기업은 개별기업이 직면하는 노동공급곡선을 보고 임금을 책정하게 된다.

(2) 평균요소비용곡선의 형태

① 노동시장이 완전경쟁인 경우
- 노동시장이 완전경쟁인 경우 임금(w)은 불변이므로 개별기업이 직면하는 노동공급곡선은 시장임금수준에서 그은 수평선이 된다.
- 노동시장이 완전경쟁인 경우 AFC_L곡선은 시장임금수준에서 그은 수평선이 된다.

② 노동시장이 수요독점인 경우
- 노동시장이 수요독점인 경우 개별기업이 직면하는 노동공급곡선은 시장 전체의 노동공급곡선이 되므로 우상향하게 된다.
- 노동시장이 수요독점인 경우 AFC_L곡선은 시장의 노동공급곡선과 일치하므로 우상향한다.

4. 한계요소비용과 평균요소비용

(1) 노동시장이 완전경쟁인 경우

① 노동시장이 완전경쟁인 경우 개별기업이 직면하는 노동공급곡선은 시장의 임금수준에서 그은 수평선이다. 따라서 노동고용량이 변동하더라도 임금(w)은 변하지 않는다.

② 노동시장이 완전경쟁인 경우 한계요소비용(MFC_L)은 임금(w)과 일치하므로 한계요소비용(MFC_L)과 평균요소비용(AFC_L)은 서로 일치한다.

> **노동시장이 완전경쟁인 경우 MFC_L과 AFC_L**
> - $TFC_L = \overline{w} \times L$
> - $MFC_L = \dfrac{dTFC_L}{dL} = \dfrac{d(\overline{w} \times L)}{dL} = w = AFC_L$

③ 노동시장이 완전경쟁인 경우 MFC_L곡선과 AFC_L곡선 모두 시장임금수준에서 그은 수평선이 된다.

(2) 노동시장이 수요독점인 경우

① 노동시장이 수요독점인 경우 개별기업이 직면하는 노동공급곡선은 시장노동공급곡선이다. 따라서 노동고용량이 증가하면 임금(w)도 상승한다.

② 노동시장이 수요독점인 경우 한계요소비용(MFC_L)은 다음과 같이 임금(w)보다 크다.

> **노동시장이 수요독점인 경우 MFC_L**
> - $TFC_L = w(L) \times L$
> - $MFC_L = \dfrac{dTFC_L}{dL} = \dfrac{d[w(L) \times L]}{dL}$
> $= \dfrac{dw(L)}{dL} L + w(L)$
> $= w'(L)L + w(L)$
> $= w'(L)L + AFC_L$

③ 위의 식에서 노동고용량이 $L=0$일 때 $w'(L)L=0$이 되므로 노동의 한계요소비용(MFC_L)은 평균요소비용(AFC_L), 즉 임금(w)과 일치한다. 따라서 MFC_L곡선과 AFC_L곡선의 임금축 절편값은 동일하다.

④ $\dfrac{dw(L)}{dL} = w'(L)$은 노동공급곡선의 기울기로서 0보다 큰 값을 갖기 때문에 노동투입량이 $L>0$인 구간에서 노동의 한계요소비용(MFC_L)은 평균요소비용(AFC_L), 즉 임금(w)보다 더 크다.

▶ 노동공급곡선의 기울기가 0보다 크다는 것은 노동고용량을 한 단위 추가로 증가시킬 때 임금을 인상해야 한다는 것을 의미한다.

> **노동시장이 수요독점인 경우 MFC_L과 AFC_L**
> $MFC_L = \dfrac{dw(L)}{dL} L + w(L) > AFC_L = w(L), \quad \dfrac{dw(L)}{dL} > 0$

⑤ 노동공급곡선의 기울기 $\left(\dfrac{dw(L)}{dL}\right)$가 일정하다면 노동량($L$)이 증가할수록 $\dfrac{dw(L)}{dL}L$도 비례적으로 증가하므로 한계요소비용(MFC_L)과 평균요소비용(AFC_L)의 격차도 더 커진다.
  ▸ 노동공급곡선의 기울기는 노동 1단위를 추가로 고용하기 위해 인상해야 할 임금수준이다.
  ▸ 수요독점 노동시장에서는 노동을 1단위 추가로 증가시키려면 임금을 인상해야 한다. 이때 추가된 노동자에게만 인상된 임금을 지급하는 것이 아니라 기존의 노동자에게도 인상된 임금을 지급해야 하므로 한계요소비용과 평균요소비용의 격차도 더 커지는 것이다.
⑥ 개별기업이 직면하는 노동공급곡선이 우상향하는 직선이면 MFC_L곡선은 노동공급곡선과 임금축의 절편값은 동일하고 기울기는 노동공급곡선의 2배인 직선이 된다.
  ▸ 이는 생산물시장에서 개별기업이 직면하는 수요곡선이 우하향하는 직선일 때 한계수입곡선은 수요곡선과 가격축의 절편값은 동일하고 기울기는 수요곡선의 2배인 직선이 된다는 사실과 유사하다.
⑦ 수요독점기업이 직면하는 노동공급함수가 $w = 100 + L$로 주어진 경우 총요소비용, 평균요소비용, 한계요소비용은 다음과 같다.
  ▸ 총요소비용 : $TFC_L = w(L) \times L = (100 + L)L = 100L + L^2$
  ▸ 평균요소비용 : $AFC_L = \dfrac{TFC_L}{L} = 100 + L$, 역노동공급함수와 일치
  ▸ 한계요소비용 : $MFC_L = \dfrac{dTFC_L}{dL} = 100 + 2L$

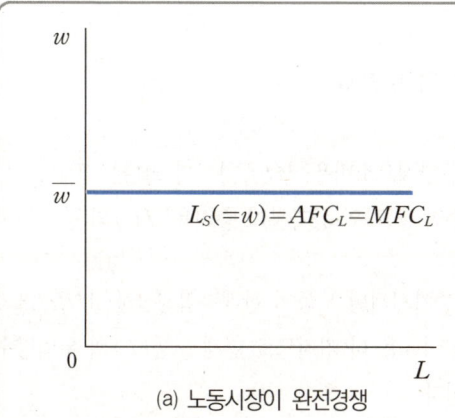

(a) 노동시장이 완전경쟁

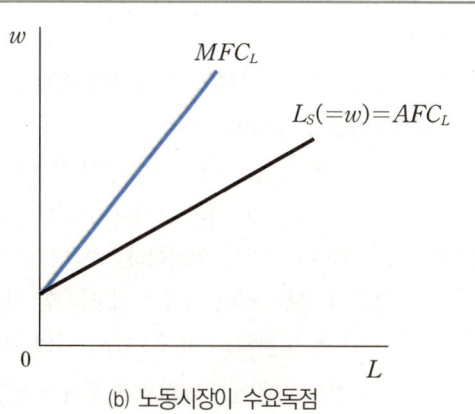

(b) 노동시장이 수요독점

MFC_L곡선과 AFC_L곡선

- 노동시장이 완전경쟁인 경우 $w = \overline{w}$이므로 $MFC_L = AFC_L = w$가 성립하므로 MFC_L곡선과 AFC_L곡선 모두 시장임금수준에서 그은 수평선이 된다.
- 노동시장이 수요독점이면 노동고용량(L)이 증가함에 따라 w도 상승하므로 $MFC_L > AFC_L = w$의 조건을 만족하면서 AFC_L과 MFC_L은 모두 증가한다. 노동시장이 수요독점이면 MFC_L곡선과 AFC_L곡선 모두 우상향한다.

CHAPTER 19 생산요소시장의 이윤극대화

Ⅲ 이윤극대화 생산요소의 도출

1. 이윤극대화조건

① 노동시장에서 이윤이 극댓값을 갖는 노동량수준을 구하기 위해서는 이윤함수를 노동량변수 (L)에 대해 미분한 후 그 미분 값이 0이 되는 수준을 찾으면 된다.
  ▸ 이는 이윤극대화 노동량을 구하는 1계 조건에 해당한다.
  ▸ 생산물시장이론에서 이윤극대화 생산량수준을 찾는 문제는 이윤함수를 생산량변수(Q)에 대해 미분한 후 0의 값을 주었다.

> **이윤극대화조건**
>
> $$MRP_L = MFC_L$$
>
> - $\dfrac{d\Pi}{dL} = \dfrac{dTR}{dL} - \dfrac{dTC}{dL}$
> $= MRP_L - MFC_L = 0$

② 이윤극대화 노동량조건은 노동의 한계수입생산물(MRP_L)과 노동의 한계요소비용(MFC_L)이 일치하는 수준에서 노동을 고용해야 한다는 것이다.
  ▸ 생산물시장이론에서 이윤극대화 생산량조건은 한계수입(MR)과 한계비용(MC)이 일치하는 수준에서 생산을 해야 한다는 것이다.

③ 이윤극대화 2계 조건은 이윤함수를 노동량변수(L)에 대해 2번 미분한 값이 0보다 작아야 하는 것이다.
  ▸ 본서에서는 이윤극대화 노동량을 도출하는 2계 조건은 자동적으로 만족한다고 가정하여 이에 대한 논의는 생략하기로 한다.

2. 한계수입생산물(MRP)과 한계요소비용(MFC)의 불일치

(1) $MRP > MFC$

① 노동의 한계수입생산물(MRP_L)이 노동의 한계요소비용(MFC_L)보다 크다는 것은 노동량(L)을 한 단위 추가로 고용했을 때 총수입(TR)의 증가분이 총비용(TC)의 증가분보다 더 크다는 의미이다.

② 이 경우 노동(L)의 투입량을 한 단위 더 증가시키면 노동의 한계수입생산물(MRP_L)과 노동의 한계요소비용(MFC_L)의 차이만큼 이윤은 더 커지므로 현재 노동(L)의 투입량수준은 이윤이 극대화되지 못하고 있는 것이다.

③ 따라서 $MRP_L > MFC_L$인 경우 노동(L)의 투입량을 증가시켜야 한다.

| 한계수입생산물과 한계요소비용의 불일치 |

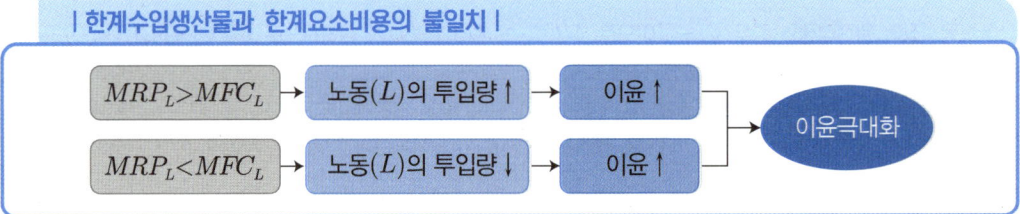

(2) $MRP < MFC$
① 노동의 한계수입생산물(MRP_L)이 노동의 한계요소비용(MFC_L)보다 작다는 것은 노동량(L)을 한 단위 추가로 고용했을 때 총수입(TR)의 증가분이 총비용(TC)의 증가분보다 더 작다는 의미이다.
② 이 경우 노동(L)의 투입량을 한 단위 더 감소시키면 노동의 한계수입생산물(MRP_L)과 노동의 한계요소비용(MFC_L)의 차이만큼 이윤은 더 커지므로 현재 노동(L)의 투입량수준은 이윤이 극대화되지 못하고 있는 것이다.
③ 따라서 $MRP_L < MFC_L$인 경우 노동(L)의 투입량을 감소시켜야 한다.

3. 생산물시장과 노동시장에서의 이윤극대화조건의 비교
① 노동시장의 이윤극대화조건을 다시 정리하면 다음과 같다.

> **이윤극대화조건의 비교**
> - $MRP_L = MFC_L$
> - $MR \times MP_L = MC \times MP_L$
> - $MR = MC$

② 노동시장의 이윤극대화조건의 양변을 노동의 한계생산(MP_L)으로 나누면 생산물시장의 이윤극대화조건 $MR = MC$가 도출된다.
③ 위의 분석결과를 통해 노동시장의 이윤극대화조건을 이용하여 생산물시장의 이윤극대화조건이 도출될 수 있음을 알 수 있다.
④ 이윤극대화 생산량을 결정하는 문제와 이윤극대화 생산요소의 투입량을 결정하는 두 가지 문제는 결국 동일한 문제임을 알 수 있다.
  ▸ 생산물시장에서 이윤극대화 생산량이 도출되면 생산함수를 통해 이윤극대화 생산량을 생산하기 위한 생산요소의 고용량이 결정된다.
  ▸ 생산요소시장에서 이윤극대화 생산요소의 투입량이 도출되면 생산함수를 통해 자동으로 이윤극대화 생산량이 결정된다.
  ▸ 생산요소의 투입량과 생산량의 관계는 생산함수의 형태에 따라 결정된다.

구 분	생산물시장	노동시장
수입 측면	• 한계수입 • $MR = \dfrac{dTR}{dQ}$	• 한계수입생산물 • $MRP_L = \dfrac{dTR}{dL} = MR \times MP_L$
비용 측면	• 한계비용 • $MC = \dfrac{dTC}{dQ}$	• 한계요소비용 • $MFC_L = \dfrac{dTC}{dL} = MC \times MP_L$
이윤극대화조건	• $MR = MC$	• $MRP_L = MFC_L$ • $MR \times MP_L = MC \times MP_L$ • $MR = MC$

CHAPTER 19 생산요소시장의 이윤극대화

예제 | 생산요소시장의 이윤극대화

문제 1
생산물시장과 생산요소시장이 모두 완전경쟁적이라고 가정하자. 이 경우 노동의 한계생산물이 50, 생산물가격이 40이고, 노동자의 임금이 1,800원이라면 이 기업은 이윤극대화를 위해 어떠한 조치를 취할 것으로 기대되는가?　　　　　　　　　　　　　　　　　　　　　　　　　　　　(2005 보험계리사)

해설
- 모든 시장이 완전경쟁인 경우 이윤극대화 노동고용조건은 $VMP_L = w$이다.
- $VMP_L = P \times MP_L = 40 \times 50 = 2,000$이고, $w = 1,800$이므로 $VMP_L > w$의 관계가 성립한다.
- $MRP_L = VMP_L > MFC_L = w$의 관계식이 성립하므로 기업이 노동고용량을 증가시키면 이윤이 증가하게 된다. 따라서 기업은 이윤극대화를 위해서 노동자를 더 고용해야 한다.

문제 2
휴대전화를 생산하는 A기업의 근로자 수와 생산량이 다음 표와 같다. 휴대전화 1대당 시장가격이 80,000원이고 근로자 1인당 임금이 200,000원일 경우, 이윤을 극대화하기 위해 A기업이 고용할 근로자 수는? (단, 휴대전화시장과 노동시장은 완전경쟁적이며 임금 이외에 다른 비용은 없음) (2011 공인노무사)

근로자 수(명)	1	2	3	4	5	6
휴대전화 생산량(대)	10	18	25	30	33	35

해설

근로자 수(명)	1	2	3	4	5	6
한계생산	10	8	7	5	3	2

- 생산물시장과 노동시장이 모두 완전경쟁일 경우 기업의 이윤극대화조건은 $VMP_L = w$, $P \times MP_L = w$이다.
- 5명을 고용했을 때 한계생산물가치는 $80,000 \times 3 = 240,000$으로 임금 $w = 200,000$보다 크므로 이윤증가가 나타나지만, 6명을 고용하면 한계생산물가치가 $80,000 \times 2 = 160,000$으로 임금 $w = 200,000$보다 작으므로 이윤감소가 나타난다. 따라서 5명을 고용해야 한다.

문제 3
A기업의 고용량에 따른 노동의 한계생산물이 다음 표와 같다. A기업 제품의 가격이 20만 원이고 시장균형임금률이 월 300만 원일 때 A기업의 이윤극대화 고용량은? (단, 다른 조건은 일정하다.) (2012 7급 지방직)

고용량	1	2	3	4	5	6
한계생산물	10	15	30	25	10	5

해설

고용량	1	2	3	4	5	6
한계생산물가치	200	300	600	500	200	100

- 이윤극대화조건인 한계생산물가치와 임금이 같은 노동고용량은 2단위이다. 하지만 이 구간은 한계생산성이 체증하는 구간이므로 이윤이 극소화되고 있다.
- 노동 4단위일 때 $VMP_L > w$이고, 노동 5단위일 때 $VMP_L < w$이므로 4단위를 고용하는 것이 이윤을 극대화할 수 있다.

CHAPTER 20 생산요소시장이론

PART 06 | 생산요소시장과 소득분배

제1절 완전경쟁 생산요소시장

I 특징

1. 다수의 수요자와 다수의 공급자
① 완전경쟁 생산요소시장에서는 생산요소수요자와 생산요소공급자가 무수히 많으므로 개별수요자와 개별공급자는 시장지배력을 전혀 행사할 수 없게 된다.
② 개별수요자인 기업의 생산요소수요와 개별공급자인 가계의 생산요소공급이 시장 전체에서 차지하는 비중이 아주 작아서 시장의 균형가격에 영향을 주지 못한다.

2. 개별노동자와 개별기업은 가격수용자
① 완전경쟁 노동시장에서 개별노동자와 개별기업은 시장지배력을 전혀 행사할 수 없으므로 시장에서 주어진 임금을 그대로 받아들이는 가격수용자(price taker)가 되고, 주어진 임금 하에서 고용량만을 변동시킬 수 있다.
  ▶ 노동시장에서 노동을 수요하는 개별기업은 노동공급곡선에 직면하게 된다.
  ▶ 완전경쟁 노동시장에서 개별기업은 가격수용자이므로 이들이 직면하는 노동공급곡선은 시장임금수준에서 그은 수평선이 된다.
② 개별노동자 전체나 개별기업 전체가 행동을 변경하면 시장임금에 영향을 미칠 수 있지만, 개별노동자와 개별기업은 집단적으로 행동하지 않는다고 가정한다.

3. 생산요소의 동질성
① 완전경쟁 생산요소시장의 모든 생산요소는 동질적이다.
② 완전경쟁 생산요소시장의 모든 생산요소는 서로 완전대체관계에 있다.

4. 자유로운 시장진입과 시장퇴거 : 장기
① 완전경쟁 생산요소시장에서는 장기에 모든 생산요소의 수요자와 공급자에게 시장진입과 시장탈퇴가 자유롭게 보장된다.
② 자유로운 시장진입과 시장퇴거는 장기에서만 가능하다.

5. 완전한 정보
① 완전경쟁 생산요소시장에서의 모든 경제주체는 거래와 관련된 모든 경제적·기술적 조건이나 시장조건에 관하여 완전한 정보(perfect information)를 갖고 있다.
② 완전경쟁 생산요소시장에서는 불확실성(uncertainty)이 존재하지 않기 때문에 한 생산요소에 단 하나의 가격이 설정되는 일물일가(一物一價)의 법칙이 성립한다.
③ 개별기업이 직면하는 노동공급곡선은 시장임금수준에서 그은 수평선이 되므로 노동고용량수준과 무관하게 임금은 일정 수준에서 고정된다.

Ⅱ 노동수요곡선

1. 개별기업의 단기노동수요곡선

① 단기노동수요곡선이란 노동(L)만이 가변투입요소인 경우의 노동수요곡선을 말한다.
   ▶ 단기에 자본(K)은 고정투입요소이다.
② 생산물시장에서 개별기업의 단기공급곡선을 도출할 때와 마찬가지로 노동시장에서 개별기업의 단기노동수요곡선을 도출할 때 이윤극대화조건이 이용된다.
   ▶ 완전경쟁 생산물시장의 이윤극대화조건 $P = MC$를 통해 개별기업의 단기공급곡선이 도출되었다.
③ 완전경쟁 노동시장에서 임금(w)이 주어지면 임금(w) 자체가 MFC_L과 일치하므로 개별기업은 주어진 임금수준과 MRP_L이 같아지는 수준에서 노동(L)을 고용한다. 따라서 MRP_L곡선을 따라 고용량이 결정되므로 MRP_L곡선 자체가 개별기업의 단기노동수요곡선이 된다.
   ▶ 시장임금이 w_0로 주어지면 w_0수준에서 그은 수평선이 개별기업이 직면하는 노동공급곡선이 되고 이 곡선이 MFC_L곡선이 된다. 따라서 이윤극대화수준의 노동량은 $MRP_L = MFC_L$의 조건을 만족하는 L_0가 된다.
   ▶ 이와 동일한 논리로 시장임금이 w_1으로 주어지면 이윤극대화수준의 노동량은 L_1이 된다.
④ 시장임금이 하락하면 노동비용(wL)이 감소함으로써 생산물시장에서 총가변비용(TVC)이 감소한다. 이는 한계비용(MC)의 감소를 의미하므로 생산물시장에서 이윤극대화 생산량이 증가하고 파생수요인 노동수요도 증가하는 것이다.
   ▶ 단기에 노동비용(wL)이 총가변비용(TVC)이 된다.

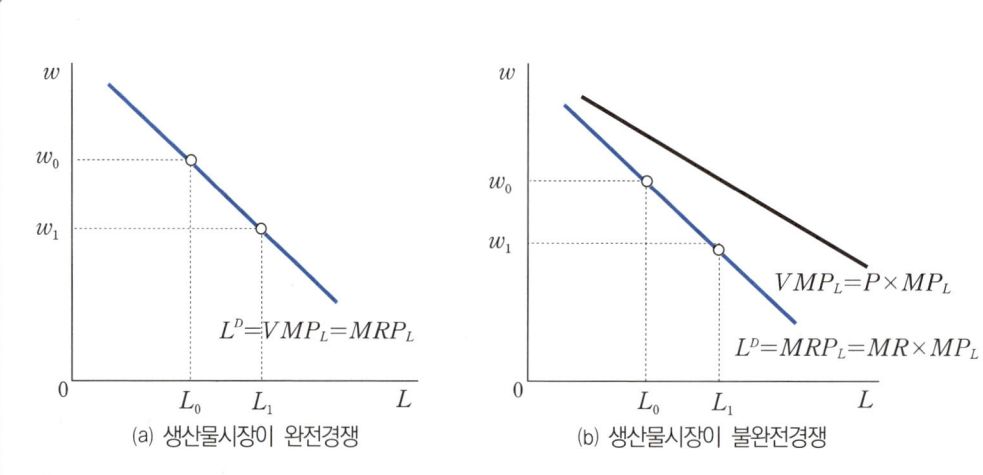

(a) 생산물시장이 완전경쟁 (b) 생산물시장이 불완전경쟁

🌀 개별기업의 단기노동수요곡선

- 생산물시장이 완전경쟁인 경우 $VMP_L = MRP_L$이 성립하고, VMP_L곡선과 MRP_L곡선 모두 개별기업의 단기노동수요곡선이 된다.
- 생산물시장이 불완전경쟁인 경우 $VMP_L > MRP_L$이 성립하고, MRP_L곡선만이 개별기업의 단기노동수요곡선이 된다.

⑤ 한계생산이 체증(한계비용이 체감)하여 MRP_L곡선이 우상향하는 경우도 존재하지만, 그 구간은 이윤극소화가 되므로 그림에서 생략하였다. MRP_L곡선이 우상향하는 구간에서 고용을 증가시키면 $MRP_L > w$의 식이 성립하여 이윤이 증가하기 때문이다.

⑥ 생산물시장이 완전경쟁이라면 $VMP_L = MRP_L$이 되므로 VMP_L곡선과 MRP_L곡선 모두 개별기업의 단기노동수요곡선이 된다.

⑦ 생산물시장이 불완전경쟁이라면 $VMP_L > MRP_L$이 되므로 MRP_L곡선만이 개별기업의 단기노동수요곡선이 되고, VMP_L곡선은 MRP_L곡선의 상방에 위치하게 된다.

⑧ 생산물시장이 불완전경쟁이면 완전경쟁에 비해 동일한 임금수준에서 고용량이 더 적다. 생산물시장이 완전경쟁에서 불완전경쟁으로 바뀌면 생산량이 감소하므로 그에 따른 노동수요도 감소하는 것이다. 독자들은 생산요소에 대한 수요가 생산물의 수요에서 파생된 파생수요라는 사실을 상기하기 바란다.

⑨ 생산물시장이 불완전경쟁이면 완전경쟁에 비해 동일한 노동량수준에서 임금이 더 낮다. 추후 자세하게 논의되겠지만 이는 생산물시장의 공급 측면에서 불완전경쟁으로 인해 발생하는 임금격차이므로 공급독점적 착취가 발생한다고 말한다.
▶ 공급독점적 착취란 생산물시장이 완전경쟁에서 공급독점으로 바뀌면서 발생하는 임금의 하락분을 의미한다.

참고 노동수요곡선의 존재 여부

① 생산물시장이 공급 측면에서 불완전경쟁일 때 생산물의 공급곡선이 존재하지 않은 것과 마찬가지로 노동시장이 수요 측면에서 불완전경쟁일 때 노동수요곡선이 존재하지 않는다.
② 생산물시장이 공급 측면에서 완전경쟁일 때에만 공급곡선을 논의했던 것과 마찬가지로 노동수요곡선을 논의할 때에도 노동시장이 수요 측면에서 완전경쟁이라는 조건이 선행되어야 한다.

2. 시장 전체의 단기노동수요곡선

① 생산물시장의 가격변동을 고려하지 않으면 시장 전체의 단기노동수요곡선은 개별기업의 단기노동수요곡선을 수평으로 합하여 구할 수 있다.
▶ 생산물시장이 완전경쟁이면 개별기업의 VMP_L곡선(MRP_L곡선)을 수평으로 합한 것이 시장의 단기노동수요곡선이 된다.
▶ 생산물시장이 불완전경쟁이면 개별기업의 MRP_L을 수평으로 합한 것이 시장의 단기노동수요곡선이 된다.

② 노동고용량(L)과 생산량(Q)의 변동에 의해 발생할 수 있는 생산물시장의 가격변동을 고려하면 시장 전체의 단기노동수요곡선은 개별기업의 단기노동수요곡선을 있는 그대로 수평으로 합하는 것이 아니다. 본서에서는 이러한 복잡한 논의는 생략하고 시장 전체의 단기노동수요곡선은 개별기업의 단기노동수요곡선의 수평적 합으로 정의하기로 한다.

③ 완전경쟁 노동시장에서 모든 개별기업은 동일한 임금수준에 직면하면서 고용하고자 하는 노동량이 다르므로 시장의 노동수요곡선은 개별기업의 노동수요곡선을 수평으로 합하여 도출하는 것이다.

④ 시장의 노동수요곡선은 개별기업의 노동수요곡선보다 완만한 형태로 도출된다.

3. 노동수요의 결정 요인

(1) 임금

① 임금(w)이 변화하면 노동수요량이 변하고, 노동수요량의 변화는 노동수요곡선상의 변화를 의미한다.

② 임금(w)이 상승하면 노동수요곡선상에서 노동수요량이 감소하고, 임금(w)이 하락하면 노동수요곡선상에서 노동수요량이 증가한다.

(2) 임금 이외의 요인

① 임금(w) 이외의 요인이 변화하면 노동수요가 변하고 노동수요의 변화는 노동수요곡선 자체의 변화이다.

② 상품의 수요가 증가하여 상품의 가격(P)이 상승하면 상품의 공급량이 증가하므로 파생수요인 노동수요가 증가한다. 즉, 노동의 한계생산물가치($VMP_L = P \times MP_L$)가 커지므로 노동수요곡선이 우측(상방) 이동한다.

③ 노동의 한계생산(MP_L)이 증가하면 상품의 공급이 증가하므로 파생수요인 노동수요가 증가한다. 즉, 노동의 한계생산물가치($VMP_L = P \times MP_L$)가 커지므로 노동수요곡선이 우측(상방) 이동한다.

④ 대체생산요소의 가격이 상승하거나 보완생산요소의 가격이 하락하면 노동수요가 증가한다.

4. 노동수요의 임금탄력성

(1) 개념

① 노동수요의 임금탄력성이란 임금이 1% 변했을 때 노동수요량이 몇 % 변하는가를 측정하는 척도이다.

② 노동시장의 수요의 법칙에 의해 임금(w)과 노동수요량(L^D)이 역($-$)관계에 있기 때문에 노동수요의 임금탄력성은 항상 음($-$)의 값을 가진다. 노동수요의 임금탄력성에서는 노동수요량(L^D)의 임금(w)에 대한 절대적인 민감도가 중요하므로 절댓값을 취하든가 아니면 음($-$)의 부호를 붙여 양($+$)의 부호로 변환시킨다.

> **노동수요의 임금탄력성**
> $$\epsilon_{LD} = \left| \frac{\text{노동수요량의 변화율(\%)}}{\text{임금의 변화율(\%)}} \right| = \left| \frac{\frac{\Delta L^D}{L^D} \times 100}{\frac{\Delta w}{w} \times 100} \right| = -\frac{\Delta L^D}{\Delta w} \frac{w}{L^D}$$

③ $\frac{\Delta L^D}{\Delta w}$는 노동수요곡선 기울기의 역수를 의미하므로 다른 조건이 동일할 때 노동수요곡선이 완만할수록 노동수요의 임금탄력성은 커진다.

④ $\frac{w}{L^D}$는 원점에서 노동수요곡선의 각 점을 연결한 직선의 기울기로 측정된다.

⑤ 노동수요의 임금탄력성이 1보다 크면 탄력적, 1이면 단위탄력적, 1보다 작으면 비탄력적, 0이면 완전비탄력적, 무한대(∞)이면 완전탄력적이라고 한다.

(2) 노동수요의 임금탄력성 결정 요인

요 인	요인의 변화	노동수요의 임금탄력성
한계생산이 체감하는 속도	• 느릴수록	• 커진다.
	• 빠를수록	• 작아진다.
생산요소 간 대체 가능성 (대체탄력성)	• 클수록	• 커진다.
	• 작을수록	• 작아진다.
노동비용이 총비용에서 차지하는 비중	• 클수록	• 커진다.
	• 작을수록	• 작아진다.
상품에 대한 수요의 가격탄력성	• 클수록	• 커진다.
	• 작을수록	• 작아진다.
고려되는 기간의 길이	• 길수록	• 커진다.
	• 짧을수록	• 작아진다.
타 생산요소의 공급의 가격탄력성	• 클수록	• 커진다.
	• 작을수록	• 작아진다.

① 노동의 한계생산이 체감하는 속도가 느릴수록 MP_L곡선이 완만해지므로 VMP_L곡선과 MRP_L곡선도 완만해져 노동수요의 임금탄력성이 커진다.

② 임금이 인상되면 타 생산요소로 대체할 유인이 발생하게 되는데 타 생산요소로의 기술적 대체 가능성이 커지면 노동수요의 임금탄력성이 커진다.
  ▸ 노조의 영향력이 강하면 타 생산요소로 대체가능성이 약화되어 노동수요의 임금탄력성이 작아진다.
  ▸ 1980년대 미국 자동차산업의 강력한 노조의 영향력으로 인해 노동수요의 임금탄력성이 작아져 높은 자동화율과 낮은 임금에 기초하여 가격경쟁력을 갖춘 일본 자동차업계에 시장의 상당 부분을 잠식당하였다.

③ 노동비용이 총비용에서 차지하는 비중이 큰 기업일수록 임금인상 시 기업의 총비용부담도 커지고, 이에 따라 노동수요량의 감소폭도 커지게 되므로 노동수요의 임금탄력성이 커진다.
  ▸ 총생산비용에서 노동비용(총가변비용)이 차지하는 비중이 클수록 임금상승 시 한계비용의 증가폭이 커지므로 생산량 감소폭도 커진다. 따라서 임금인상 시 노동수요량의 감소폭도 커지므로 노동수요의 임금탄력성이 커진다.

④ 임금인상은 한계비용의 증가를 유발하여 상품가격의 인상으로 이어진다. 이때 상품에 대한 수요의 가격탄력성이 크다면 상품가격인상으로 인한 상품수요량의 감소폭도 커질 것이므로 노동수요량의 감소폭도 커질 것이다. 따라서 상품에 대한 수요의 가격탄력성이 크면 노동수요의 임금탄력성도 커진다.
  ▸ 노동에 대한 수요는 생산물의 수요에서 파생되어 나오는 파생수요이다.

⑤ 장기로 갈수록 임금변화에 대한 기업의 적응력이 커지고 대체생산요소를 찾을 확률이 높아지기 때문에 단기보다 장기에 노동수요의 임금탄력성이 커진다.

⑥ 타 생산요소의 공급의 가격탄력성이 클수록 생산요소 간 대체가 쉬워지므로 노동수요의 임금탄력성이 커진다.
  ▸ 임금이 상승하여 자본에 대한 수요가 증가하는 경우 자본공급의 가격탄력성이 크다면 자본공급량의 증가폭이 크므로 노동수요량의 감소폭도 더 커진다.

Ⅲ 노동공급곡선

1. 개별노동공급곡선

(1) 개요

① 노동공급을 담당하는 경제주체는 가계이므로 가계가 노동공급을 결정하는 과정은 결국 효용을 극대화하고자 하는 노력의 일환이라는 성격을 가진다. 따라서 소비자이론의 분석구조를 활용하여 노동공급의 결정과정을 분석할 수 있다.

② 노동자는 자신에게 주어진 총가용시간 중 얼마만큼을 노동하고 얼마만큼을 여가로 즐길 것인가를 선택해야 한다.

③ 여가와 임금소득 사이의 무차별곡선과 예산선을 이용하여 노동공급의 최종선택을 분석하게 되고, 이 과정에서 노동자는 주어진 시간을 노동시간과 여가시간에 배분한다.

(2) 효용함수와 무차별곡선

① 노동자는 여가시간(H)과 임금소득(M)을 통해 효용을 누린다고 가정하면 효용함수를 다음과 같이 나타낼 수 있다.

> **효용함수**
>
> $$U = U(H, M)$$
>
> • H : 여가시간　　• M : 임금소득

② 여가시간(H)과 임금소득(M)은 모두 노동자의 효용을 증가시키는 선호재(효용재)이므로 무차별곡선의 형태는 다음과 같이 주어진다.

▸ 무차별곡선은 우하향하면서 원점에 대해 볼록하고, 원점에서 멀어질수록 높은 효용수준을 나타낸다.

③ 무차별곡선의 기울기의 절댓값은 여가시간(H)과 임금소득(M)의 한계대체율로서 여가시간을 한 단위 추가로 증가시킬 때 동일한 효용을 유지하기 위해 기꺼이 포기할 용의가 있는 임금소득의 수준을 의미한다.

▸ 한계대체율(MRS_{HM})은 임금소득(M)의 크기로 표시한 여가시간(H) 한 단위의 주관적 가치에 해당한다.

> **한계대체율**
>
> $$MRS_{HM} = \lim_{\Delta H \to 0} \left[-\frac{\Delta M}{\Delta H} \right] = -\frac{dM}{dH} = \frac{MU_H}{MU_M}$$

(3) 예산제약식과 예산선

① 노동자의 총가용시간(T)은 노동시간(L)과 여가시간(H)으로 구성된다.

> **총가용시간**
>
> $$T = L + H$$
>
> • T : 총가용시간　　• L : 노동시간　　• H : 여가시간

② 노동자의 임금소득(M)은 시간당 임금(w)과 노동시간(L)의 곱으로 정의된다.

> **임금소득**
>
> $$M = w \times L$$
>
> · M : 임금소득　　· w : 시간당 임금　　· L : 노동시간

③ 위의 두 식을 이용하여 예산제약식을 도출하면 다음과 같다.

> **예산제약식**
>
> - $M = w(T - H) = wT - wH$
> - $wH + M = wT$

④ 예산제약식을 이용하여 예산선을 그리면 M의 절편은 wT이고, 기울기는 $-w$인 우하향하는 직선의 예산선이 도출된다.

(4) 효용극대화

① 노동자균형점에서 무차별곡선과 예산선이 접하므로 무차별곡선의 접선의 기울기와 예산선의 기울기가 일치한다.
② 상기의 논의를 바탕으로 노동시장에서 노동자의 효용극대화조건을 다음과 같이 쓸 수 있다.

> **효용극대화조건**
>
> $$\frac{MU_H}{MU_M} = w$$

③ 노동자의 효용극대화를 나타내는 노동자균형점에서 여가시간(H)에 대한 주관적 가치인 한계대체율(MRS_{HM})과 객관적 가치인 임금(w)이 서로 일치하게 된다.
④ 효용극대화를 추구하는 노동자는 무차별곡선과 예산선이 접하는 E점에서 효용극대화수준의 여가시간(H)과 임금소득(M)을 결정하게 된다.

| 노동자의 효용극대화 |

- 노동자 개인의 효용극대화는 여가-소득의 평면에서 무차별곡선과 예산선이 접하는 E점에서 결정된다.
- E점에서 $\dfrac{MU_H}{MU_M} = w$의 조건이 성립하고, 효용극대화 조건을 만족하는 노동시간(L^*)과 여가시간(H^*), 임금소득(M^*)이 결정된다.

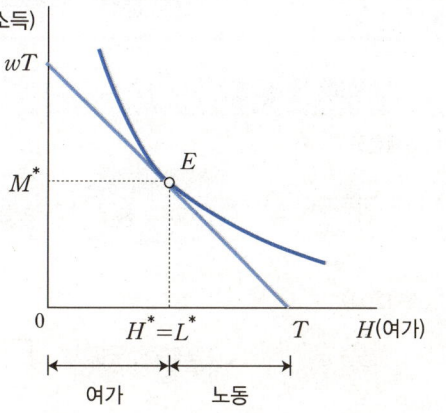

⑤ 효용극대화과정을 통해 노동자의 여가시간(H)과 임금소득(M)이 결정되면 이를 통해 자동적으로 노동시간(L)이 결정된다.

⑥ 효용극대화점에서 여가시간이 H^*이므로 노동시간은 $L^* = T - H^*$로 결정되고, 임금소득은 $M^* = w \times L^*$로 결정된다.

  ▸ 만약 하루를 기준으로 총가용시간이 $T = 16$(시간)이고 효용극대화수준의 여가시간이 $H^* = 10$(시간)이라면 하루 기준 노동자의 노동공급시간은 $L^* = 6$(시간)이 된다. 시간당 임금이 $w = 10,000$(원)이라면 임금소득은 $M^* = 10,000 \times 6 = 60,000$(원)이 된다.

(5) 임금상승의 효과

① 임금상승 시 대체효과와 소득효과가 동시에 나타난다.

② 임금상승의 대체효과란 임금상승으로 여가의 상대가격(기회비용)이 상승하여 여가를 임금소득으로 대체함으로써 노동공급량을 늘리고 여가를 줄이는 효과를 말한다.

  ▸ 대체효과는 동일한 효용수준(동일한 무차별곡선)에서 예산선의 기울기만 변동했을 때 나타나는 효과이다.

  ▸ 임금이 상승하면 예산선의 기울기가 가파르게 변동하므로 상대적으로 비싸진 여가를 감소시키고 이를 임금소득으로 대체하게 된다.

③ 임금상승의 소득효과란 임금상승으로 실질소득이 증가하여 노동공급량이 변동하는 효과이다.

  ▸ 여가가 정상재이면 실질소득 증가로 인해 여가가 증가하므로 노동공급량은 감소한다. 즉, 예전보다 더 적은 노동시간으로도 동일한 임금소득을 누릴 수 있게 되어 노동공급량이 오히려 감소하고 여가가 증가하는 것이다.

  ▸ 여가가 열등재이면 실질소득 증가로 인해 여가가 감소하므로 노동공급량은 증가한다.

  ▸ 소득효과는 예산선이 평행하게 이동했을 때 나타나는 효과이다.

  ▸ 임금이 상승하면 노동자의 실질소득이 증가하므로 예산선이 나란히 바깥쪽으로 평행 이동하게 된다.

| 임금상승의 효과에 의한 노동공급곡선의 형태 : 여가가 정상재인 경우 |

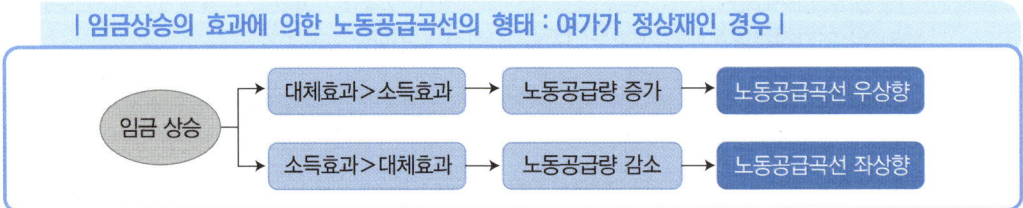

| 임금상승의 효과 |

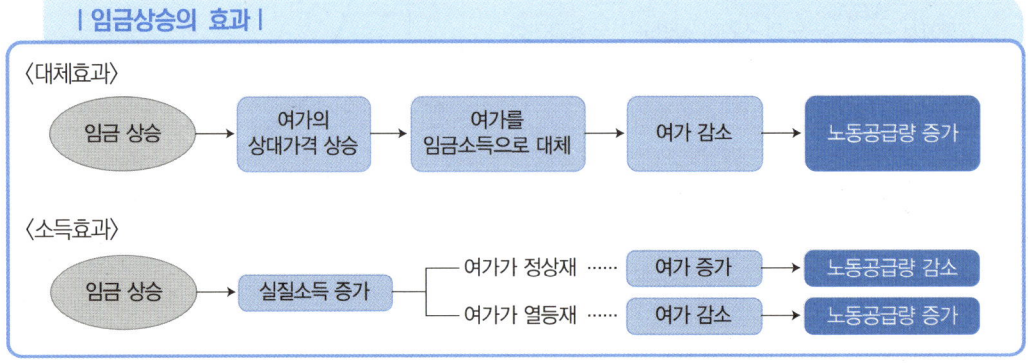

(6) 여가가 정상재인 경우 노동공급곡선의 도출

① 임금변화 시 노동공급량의 증감 여부는 대체효과와 소득효과의 크기에 의해 결정된다.
② 임금상승의 대체효과가 소득효과보다 크면 노동공급량이 증가하므로 노동공급곡선은 우상향하고, 소득효과가 대체효과보다 크면 노동공급량이 감소하므로 노동공급곡선은 좌상향한다.
③ 시간당 임금이 w_0에서 w_1으로 상승하면 예산선이 회전 이동하게 되고, 노동자의 최적점도 E_0에서 E_1으로 변화하게 된다. 이때 여가시간(H)은 감소하고 노동시간은 L_0에서 L_1으로 증가한다.
④ 시간당 임금이 w_1에서 w_2로 더욱 상승하면 예산선이 더욱 가파르게 회전 이동하게 되고, 노동자의 최적점이 E_1에서 E_2로 변화하게 된다. 이때는 여가시간(H)이 오히려 증가하고 노동시간은 L_1에서 L_2로 감소한다.
⑤ 임금수준이 낮은 구간에서는 대체효과가 소득효과를 압도하여 노동공급곡선이 우상향하고, 임금수준이 높은 구간에서는 소득효과가 대체효과를 압도하여 노동공급곡선이 좌상향한다. 이를 이용하면 노동공급곡선은 다음 그림과 같이 후방굴절노동공급곡선이 도출된다.
⑥ 생산물시장에서 수요자인 가계가 효용극대화를 추구하는 과정에서 생산물에 대한 수요곡선이 도출된 것과 마찬가지로 노동시장에서 공급자인 가계가 효용극대화를 추구하는 과정에서 노동공급곡선이 도출된다.

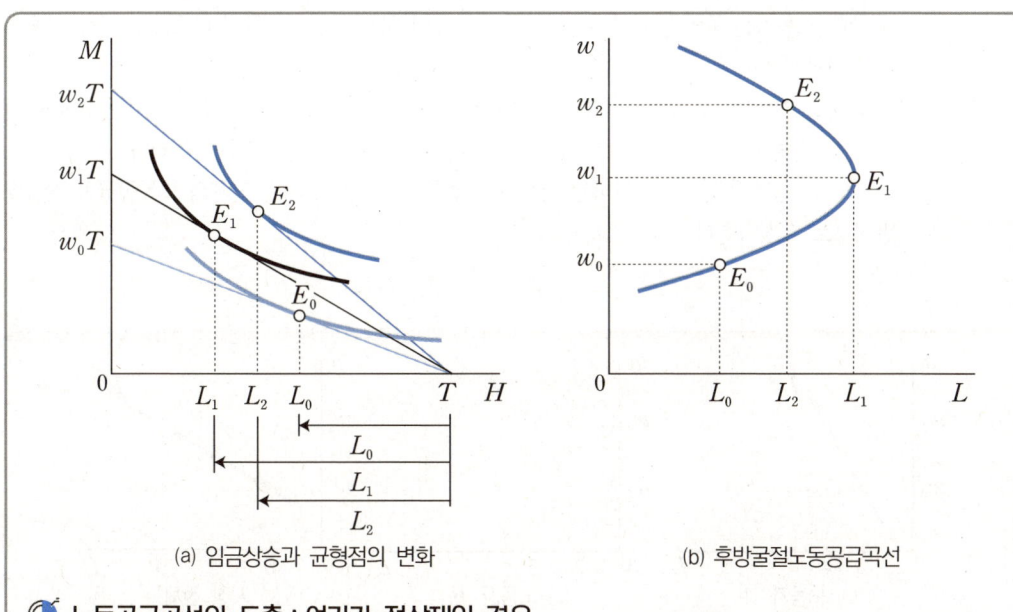

(a) 임금상승과 균형점의 변화　　　(b) 후방굴절노동공급곡선

🕐 노동공급곡선의 도출 : 여가가 정상재인 경우

- 낮은 임금수준에서는 임금상승의 대체효과가 소득효과보다 크므로 노동공급량이 증가하지만, 높은 임금수준에서는 임금상승의 소득효과가 대체효과보다 크므로 노동공급량이 감소한다.
- 임금이 상승할 때 노동공급곡선은 우상향하다가 w_1점을 기준으로 후방굴절하여 좌상향하게 된다.

(7) 여가가 열등재인 경우
① 후방굴절노동공급곡선은 여가가 정상재인 경우에 한하여 도출된다.
② 임금상승의 대체효과에 의해서는 노동공급량이 증가하게 된다.
③ 만약 여가가 열등재인 경우 임금상승 후 실질소득이 증가하면 열등재인 여가의 소비가 감소하여 소득효과에 의해서도 노동공급량은 증가하게 된다.
④ 따라서 여가가 열등재인 경우 임금상승의 대체효과에 의해서도 노동공급량은 증가하고, 소득효과에 의해서도 노동공급량은 증가하므로 노동공급곡선은 반드시 우상향하게 된다. 따라서 여가가 열등재인 경우 후방굴절노동공급곡선은 도출될 수 없다.

(8) 효용함수가 레온티에프 효용함수인 경우
① 여가(H)와 임금소득(M)으로 구성된 노동자의 효용함수가 레온티에프 효용함수인 경우 여가(H)와 임금소득(M)이 완전보완관계에 있게 된다.
② 여가(H)와 임금소득(M)은 서로 대체가 되지 않으므로 임금상승의 대체효과는 0이 된다. 따라서 임금상승 시 대체효과에 의해 여가(H)가 불변이므로 노동공급량(L)도 불변이 된다.
③ 임금이 상승할 때 소득효과는 여가(H)와 임금소득(M)을 모두 증가시키는 방향으로 작용한다. 따라서 임금상승의 소득효과는 여가(H)를 증가시키고 노동공급량(L)을 감소시킨다.
▸ 레온티에프 효용함수에서 여가와 임금소득은 반드시 정상재이다.
④ 따라서 여가(H)와 임금소득(M)이 완전보완관계에 있는 경우 노동공급곡선은 반드시 우하향한다.

2. 시장노동공급곡선
① 모든 개별노동자는 동일한 임금수준에서 공급하고자 하는 노동량수준이 다르므로 시장 전체의 노동공급곡선은 개별노동공급곡선의 수평적 합을 통해 도출된다.
② 일반적으로 개별노동공급곡선이 우상향하므로 시장 전체의 노동공급곡선 또한 우상향하게 되고, 시장 전체의 노동공급곡선은 개별노동공급곡선보다 더 완만한 형태를 보인다.
▸ 개별노동공급곡선은 후방굴절하는 경우가 발생할 수 있지만, 시장 전체의 노동공급곡선은 일반적으로 우상향한다.

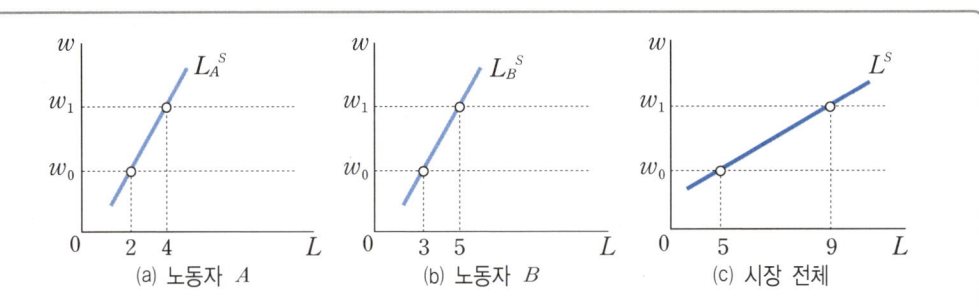

🔵 시장노동공급곡선
- 시장노동공급곡선은 개별노동공급곡선의 수평적 합으로 도출된다.
- 일반적으로 시장노동공급곡선은 개별노동공급곡선보다 더 완만한 형태로 도출된다.

3. 노동공급의 결정 요인

(1) 임금

① 임금(w)의 변화는 노동공급량의 변화를 가져 오고, 노동공급량의 변화는 노동공급곡선상의 변화를 말한다.

② 임금(w) 이외의 요인변화는 노동공급의 변화를 가져 오고, 노동공급의 변화는 노동공급곡선 자체의 변화를 말한다.
▶ 노동공급곡선이 우측 이동하면 노동공급의 증가를 의미하고, 노동공급곡선이 좌측 이동하면 노동공급의 감소를 의미한다.

(2) 근로소득세

① 근로소득세의 변화는 노동공급의 변화를 가져 오고, 노동공급의 변화는 노동공급곡선 자체의 변화를 의미한다.
▶ 근로소득세의 변화는 임금 이외의 요인에 해당한다.

② 근로소득세를 부과할 때에도 임금상승의 경우와 마찬가지로 대체효과와 소득효과가 동시에 나타난다.

③ 근로소득세부과의 대체효과란 근로소득세가 부과되어 세후임금이 하락하면 여가의 상대가격이 하락하여 여가가 증가하고 노동공급이 감소하는 효과를 말한다.

④ 근로소득세부과의 소득효과란 근로소득세가 부과되어 실질임금이 하락하면 실질소득이 감소하게 되는데 이러한 실질소득변화에 의해 노동공급이 변하는 효과를 말한다.
▶ 실질소득이 감소하면 여가가 정상재인 경우 여가가 감소하여 노동공급이 증가하지만, 여가가 열등재인 경우 여가가 증가하여 노동공급이 감소한다.

⑤ 여가가 정상재일 때는 근로소득세부과의 대체효과와 소득효과의 상대적 크기에 따라 노동공급의 변화는 달라진다.
▶ 대체효과 > 소득효과 : 근로소득세의 부과 → 노동공급의 감소 → 노동공급곡선 좌측 이동
▶ 대체효과 < 소득효과 : 근로소득세의 부과 → 노동공급의 증가 → 노동공급곡선 우측 이동

⑥ 여가가 열등재일 때는 근로소득세부과의 대체효과와 소득효과가 모두 노동공급을 감소시키므로 노동공급곡선은 반드시 좌측 이동한다.

| 근로소득세와 노동공급 |

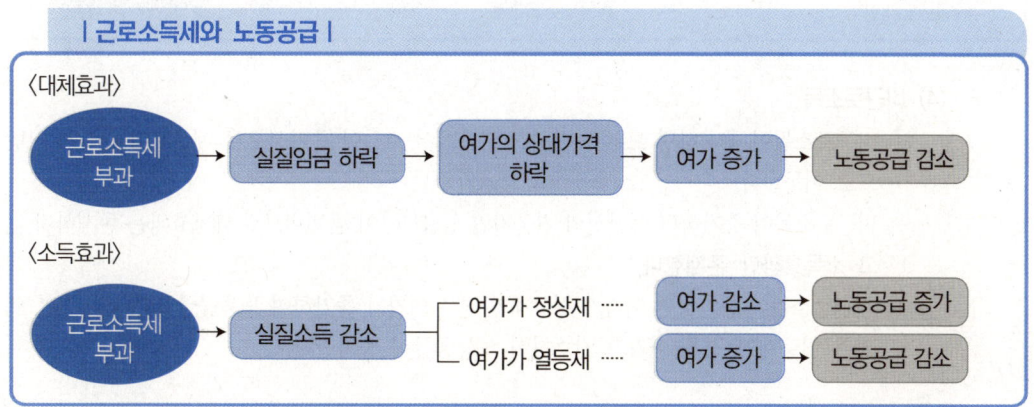

(3) 이자율
① 이자율이 상승하면 대체효과와 소득효과의 상대적 크기와 저축자냐 차입자냐의 여부에 따라 노동공급의 최종적인 효과는 달라진다.
▶ 여가는 정상재임을 가정하였다.
② 이자율상승의 대체효과란 여가의 상대가격이 상승(노동의 상대가치가 상승)하여 여가가 감소하고 노동공급이 증가하는 효과를 말한다.
③ 이자율상승의 소득효과란 실질소득변화에 의해 노동공급이 변하는 효과를 말한다.
▶ 이자율상승 시 저축자는 이자수입이 증가하므로 실질소득이 증가하고, 차입자는 이자비용이 증가하므로 실질소득이 감소한다.
▶ 이자율상승 시 저축자는 실질소득이 증가하므로 정상재인 여가가 증가하여 노동공급이 감소하고, 차입자는 실질소득이 감소하므로 정상재인 여가가 감소하여 노동공급이 증가한다.
④ 저축자
▶ 대체효과> 소득효과 : 이자율의 상승→노동공급의 증가
▶ 소득효과> 대체효과 : 이자율의 상승→노동공급의 감소
⑤ 차입자 : 이자율의 상승→대체효과와 소득효과 모두 노동공급을 증가시키는 방향으로 작용→노동공급의 증가

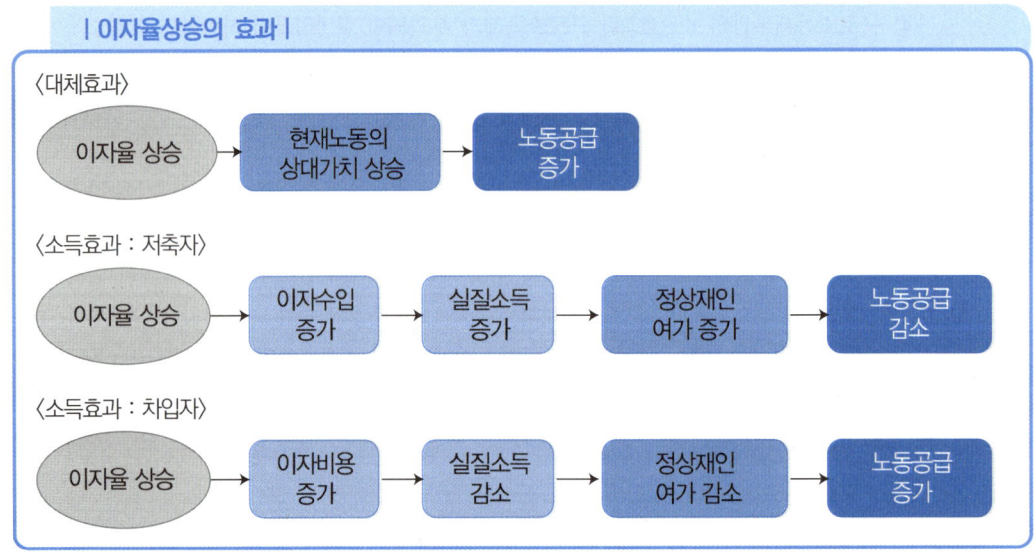

| 이자율상승의 효과 |

(4) 비근로소득
① 비근로소득이 증가하면 모든 여가시간 수준에서 소득이 증가하므로 예산선이 나란히 상방으로 이동한다.
② 비근로소득이 증가하면 예산선의 기울기인 임금(w)이 불변이므로 대체효과는 존재하지 않고 소득효과만 존재한다.
③ 비근로소득이 증가하면 여가가 정상재인 경우 여가가 증가하여 노동공급이 감소하지만, 여가가 열등재인 경우 여가가 감소하여 노동공급이 증가한다.

| 예제 | 노동공급의 결정 |

문제 1

근로자 A씨는 여가(시간)와 소득이 완전보완재이고 효용함수는 $U = Min(Y, L)$라고 하자(Y는 소득, L은 여가임). A씨는 비근로소득이 없이 근로소득만 있고 여가는 정상재이다. A씨의 노동공급에 관한 설명으로서 옳지 않은 것은? (2010 보험계리사)

① 시간당 임금이 상승하면 절댓값으로 여가시간과 노동공급시간의 변화폭이 다르다.
② 시간당 임금이 상승하면 노동공급이 감소한다.
③ 소득과 여가의 대체효과는 0이다.
④ 소득과 여가가 일치되는 점에서 효용이 극대화된다.

정답 ①

해설

① 총가용시간을 노동시간과 여가시간에 배분하고 있는 근로자는 여가시간이 증가한 만큼 노동시간이 감소하므로 여가시간과 노동공급시간의 변화폭은 동일하다.
③, ④ 여가시간과 소득으로 구성된 효용함수는 레온티에프 효용함수로서 여가시간과 소득이 완전보완관계를 갖기 때문에 소득과 여가의 대체효과는 0이 되고, 근로자의 효용극대화조건은 $U = Y = L$이다.
② 이때 임금이 상승하여 예산선이 세로축(소득축)을 중심으로 회전이동하면 소득효과에 의해 소득 Y와 여가 L이 모두 증가하므로 노동공급량은 감소하게 된다. 따라서 레온티에프 효용함수를 갖는 근로자 A의 노동공급곡선은 반드시 우하향한다.

문제 2

甲의 효용함수는 $U = \sqrt{LF}$이며 하루 24시간을 여가(L)와 노동($24-L$)에 배분한다. 甲은 노동을 통해서만 소득을 얻으며, 소득은 모두 식품(F)을 구매하는 데 사용한다. 시간당 임금은 10,000원, 식품의 가격은 2,500원이다. 甲이 예산제약 하에서 효용을 극대화할 때, 여가시간과 구매하는 식품의 양은? (2018 감정평가사)

해설

- 예산제약식: $10,000(24-L) = 2,500F$,
  $10,000L + 2,500F = 240,000$, $4L + F = 96$
- 한계대체율은 $MRS_{LF} = \dfrac{F}{L}$이고 예산선의 기울기는 4이므로 효용극대화조건 $\dfrac{F}{L} = 4$에 의해 $4L = F$의 관계식이 성립한다.
- 효용극대화조건 $4L = F$를 예산제약식에 대입하면 $L = 12$, $F = 48$이 도출된다.

Ⅳ 완전경쟁 노동시장의 균형

1. 시장 전체
① 시장노동수요곡선은 개별노동수요곡선(VMP_L)의 수평적 합$\left(\sum VMP_L\right)$이다.
② 시장노동공급곡선은 개별노동공급곡선의 수평적 합이다.
③ 시장노동수요곡선(L^D)과 시장노동공급곡선(L^S)이 교차하는 점에서 시장의 균형임금(w_E)과 균형노동량(L_E)이 결정된다.
  ▶ 노동수요곡선과 노동공급곡선이 교차하는 점에서 노동시장의 균형이 달성되므로 노동시장의 비효율성이 존재하지 않는다.
④ 노동시장의 균형에서 노동시장 전체의 총노동소득은 $w_E \times L_E$이므로 그림의 색칠한 면적으로 측정된다.

2. 개별기업
① 개별기업의 이윤극대화 노동투입량조건은 $MRP_L = MFC_L$이다.
② 생산물시장이 완전경쟁이면 $MRP_L = VMP_L$의 조건이 성립하고, 노동시장이 완전경쟁이면 $MFC_L = w$의 조건이 성립한다. 따라서 생산물시장과 노동시장이 모두 완전경쟁인 경우 이윤극대화조건을 다음과 같이 쓸 수 있다.
  ▶ 노동의 한계생산물가치(VMP_L)만큼 명목임금(w)을 지급한다는 것과 노동의 한계생산물(MP_L)만큼 실질임금$\left(\dfrac{w}{P}\right)$을 지급한다는 것은 동일한 의미이다.

> **완전경쟁 노동시장·완전경쟁 생산물시장에서 기업의 이윤극대화조건**
> - $MRP_L = MFC_L$
> - $VMP_L = w$

③ 개별기업이 직면하는 노동공급곡선
  ▶ 완전경쟁 노동시장에서 개별기업은 가격수용자(price taker)로서 완전경쟁 노동시장에서 결정된 균형임금을 주어진 것으로 받아들이기 때문에 개별기업이 직면하는 노동공급곡선은 시장의 균형임금수준에서 그은 수평선이 된다.
  ▶ 개별기업이 직면하는 노동공급곡선이 수평선이라는 것은 개별기업의 입장에서 주어진 시장임금에 따라 노동을 얼마든지 고용할 수 있음을 의미한다.
   • 주어진 시장임금에서 노동을 얼마든지 고용할 수 있으므로 그 임금수준보다 높은 임금을 지급할 이유가 없다.
   • 주어진 임금수준 미만을 제공한다면 자신의 노동력을 제공할 공급자는 한 명도 없게 된다.
  ▶ 개별기업이 직면하는 노동공급곡선이 노동공급의 임금탄력성이 무한대인 수평선이라는 것은 개별기업의 입장에서 임금결정권이 전혀 없다는 것을 의미한다. 이는 개별기업의 시장에 대한 독점력이 전혀 없다는 것과 동일한 의미를 갖는다. 따라서 개별기업은 주어진 임금 하에서 고용량만을 변동시킬 수 있다. 만약 개별노동자 전체나 개별기업 전체가 행동을 변경하면 시장임금에 영향을 미칠 수 있지만, 개별노동자와 개별기업은 집단적으로 행동하지 않는다고 가정한다.
  ▶ 개별기업이 직면하는 노동공급곡선이 수평선이므로 개별기업이 노동투입량을 증가시키더라도 임금은 변하지 않는다.

④ 시장임금이 주어져 있으므로 개별기업의 한계요소비용(MFC_L)은 시장의 균형임금(w_E) 및 평균요소비용(AFC_L)과 일치하고, 개별기업이 직면하는 노동공급곡선 자체가 MFC_L곡선이 된다.
  ▸ 완전경쟁 노동시장 : $MFC_L = w$
⑤ 개별기업은 개별기업의 노동수요곡선($l^D = VMP_L = MRP_L$)과 한계요소비용(MFC_L)이 일치하는 수준에서 노동고용량(l_E)을 결정한다.
  ▸ 이윤극대화 노동량 조건 : $MRP_L = MFC_L$
⑥ 시장의 균형임금수준(w_E)에서 모든 개별기업의 노동고용량(l_E)을 수평으로 합하면 시장 전체의 노동고용량($L_E = \sum l_E$)이 도출된다.

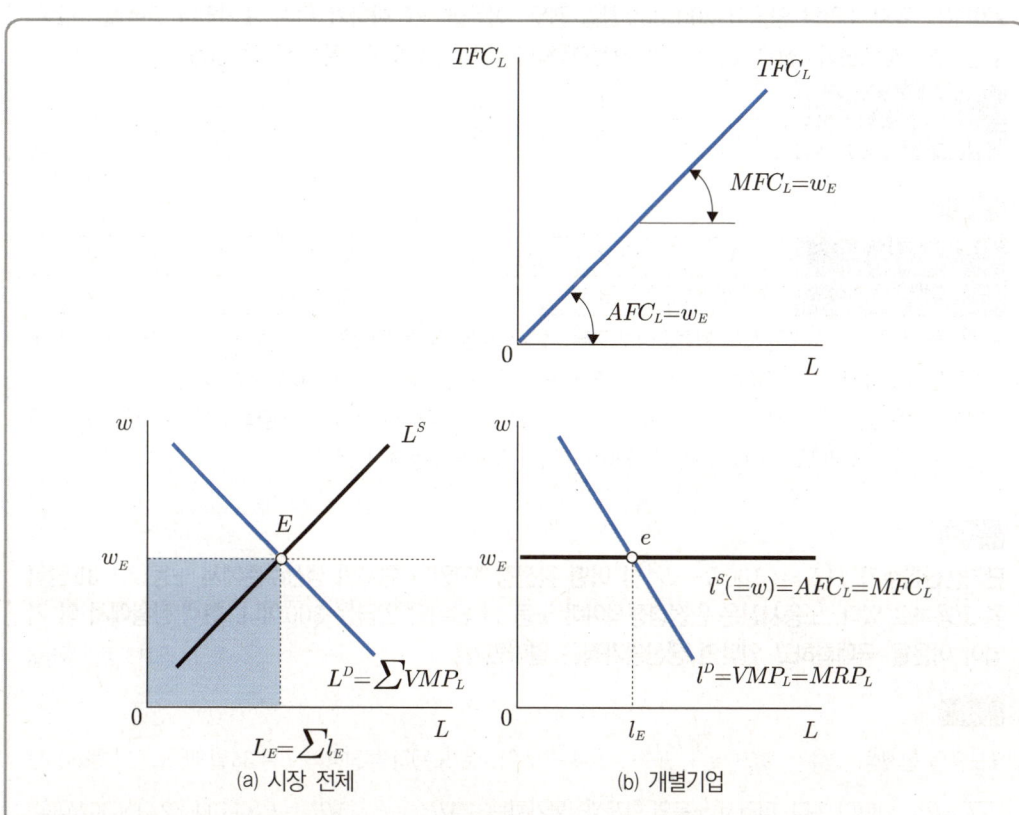

(a) 시장 전체   (b) 개별기업

완전경쟁 노동시장·완전경쟁 생산물시장에서 임금과 고용량의 결정

- 완전경쟁 노동시장·완전경쟁 생산물시장에서는 시장노동수요곡선이 $L^D = \sum VMP_L$이 되고, 이 시장노동수요곡선과 시장노동공급곡선이 일치하는 점에서 시장 전체의 균형임금(w_E)과 균형고용량(L_E)이 결정된다.
- 개별기업은 시장의 균형임금수준에서 수평의 노동공급곡선에 직면하게 되고, 이 노동공급곡선과 개별노동수요곡선 VMP_L의 교차점에서 개별기업의 노동고용량(l_E)을 결정한다.

CHAPTER 20 생산요소시장이론

예제 | 완전경쟁 생산요소시장의 이윤극대화

문제 1

어느 개별기업이 완전경쟁시장에서 7명의 노동자를 고용하여 시간당 9,000원의 임금을 지불하고 있다. 그들이 생산한 상품이 개당 4,500원에 판매된다. 이 기업이 이윤극대화를 추구한다면 고용한 마지막 근로자의 한계생산물을 얼마인가?
(2007 공인노무사)

해설

- 생산물시장과 생산요소시장이 모두 완전경쟁인 경우 이윤극대화조건 : $VMP_L = w$
- $P \times MP_L = w$에서 재화의 가격은 $P = 4,500$이고, 임금은 $w = 9,000$이므로 $4,500 \times MP_L = 9,000$에서 노동의 한계생산물은 $MP_L = 2$가 된다.

문제 2

휴대전화를 생산하는 A기업의 근로자 수와 생산량이 다음 표와 같다. 휴대전화 1대당 시장가격이 80,000원이고 근로자 1인당 임금이 200,000원일 경우, 이윤을 극대화하기 위해 A기업이 고용할 근로자 수는? (단, 휴대전화시장과 노동시장은 완전경쟁적이며 임금 이외에 다른 비용은 없음) (2011 공인노무사)

근로자 수(명)	1	2	3	4	5	6
휴대전화 생산량(대)	10	18	25	30	33	35

해설

근로자 수(명)	1	2	3	4	5	6
한계생산	10	8	7	5	3	2

- 생산물시장과 노동시장이 모두 완전경쟁일 경우 기업의 이윤극대화조건은 $w = VMP_L$, $w = P \times MP_L$이다. 주어진 조건에서 $w = 200,000$, $P = 80,000$이므로 이윤극대화수준에서 $MP_L = 2.5$이다.
- 5명을 고용했을 때 $MP_L = 3$으로 $MP_L > 2.5$이므로 이윤증가가 나타나고, 6명을 고용했을 때 $MP_L = 2$로 $MP_L < 2.5$이므로 이윤감소가 나타난다. 따라서 5명을 고용해야 한다.

문제 3

단기생산함수가 $f(L) = 100L - L^2$인 어떤 완전경쟁기업이 현재의 생산수준에서 노동(L) 35단위를 고용하고 있다. 노동시장은 완전경쟁적이며 노동 한 단위당 임금은 300이다. 현재 상황에서 이 기업이 이윤을 극대화하고 있다면 생산물가격은 얼마인가?
(2013 공인회계사)

해설

- 노동의 한계생산함수는 $MP_L = \dfrac{df(L)}{dL} = 100 - 2L$이므로 노동의 투입량이 $L = 35$일 때 노동의 한계생산은 $MP_L = 30$이 된다. 따라서 노동의 한계생산물가치는 $VMP_L = P \times MP_L = P \times (100 - 2L) = 30P$이다.
- 완전경쟁 노동시장의 이윤극대화조건 $VMP_L = w$, $30P = 300$에 의해 생산물가격은 $P = 10$이 된다.

문제 4

어떤 경쟁적 기업의 단기생산함수가 $Q = 524L - 4L^2$이다. 생산물의 가격이 3만 원이고, 임금은 12만 원이다. 이윤극대화 고용량 L은 얼마인가?
(2014 7급 서울시)

해설

- 생산물의 가격이 $P=3$(만 원)으로 고정되어 있으므로 생산물시장은 완전경쟁이고, 임금도 $w=12$(만 원)으로 고정되어 있으므로 노동시장도 완전경쟁이다. 생산물시장과 노동시장이 모두 완전경쟁일 때 이윤극대화조건은 $VMP_L=w$이다.
- 노동의 한계생산물가치 : $VMP_L=P\times MP_L=3(524-8L)$
- 이윤극대화 : $VMP_L=w$, $3(524-8L)=12$, $524-8L=4$, $8L=520$에서 이윤극대화 노동량은 $L^*=65$가 된다.

문제 5

기업 A가 생산하는 재화에 투입하는 노동의 양을 L이라 하면, 노동의 한계생산은 $27-5L$이다. 이 재화의 가격이 20이고 임금이 40이라면, 이윤을 극대로 하는 기업 A의 노동수요량은? (2017 공인노무사)

해설

- 완전경쟁시장의 이윤극대화 노동량조건 : $VMP_L=w$, $P\times MP_L=w$
- 재화의 가격이 $P=20$이고, 임금이 $w=40$이므로 $P\times MP_L=w$, $20(27-5L)=40$, $27-5L=2$, $5L=25$에서 이윤극대화 노동수요량은 $L^*=5$가 된다.

문제 6

모든 시장이 완전경쟁적인 甲국에서 대표적인 기업 A의 생산함수가 $Y=4L^{0.5}K^{0.5}$이다. 단기적으로 A의 자본량은 1로 고정되어 있다. 생산물가격이 2이고 명목임금이 4일 경우 이윤을 극대화하는 A의 단기 생산량은? (단, Y는 생산량, L은 노동량, K는 자본량이며, 모든 생산물은 동일한 상품이다.) (2019 감정평가사)

해설

- 자본량이 $K=1$로 고정되어 있다면 생산함수는 $Y=4L^{0.5}$가 된다.
- 주어진 생산함수 $Y=4L^{0.5}$에서 노동의 한계생산은 $MP_L=2L^{-0.5}$이다.
- 생산물가격이 $P=2$이고, 노동의 한계생산이 $MP_L=2L^{-0.5}$이므로 노동의 한계생산시장가치는 $VMP_L=P\times MP_L=2\times 2L^{-0.5}=4L^{-0.5}$이 된다.
- 한계생산시장가치가 $VMP_L=4L^{-0.5}$이고, 임금이 $w=4$이므로 이윤극대화조건 $VMP_L=w$, $4L^{-0.5}=4$, $L^{-0.5}=1$에서 노동량은 $L=1$이 된다.
- 이윤극대화 노동량이 $L=1$이므로 이를 생산함수 $Y=4L^{0.5}$에 대입하면 이윤극대화 생산량은 $Y=4$가 된다.

문제 7

노동만을 이용해 제품을 생산하는 기업이 있다. 생산량을 Q, 노동량을 L이라 할 때 이 기업의 생산함수는 $Q=\sqrt{L}$이다. 이 기업이 생산하는 제품의 단위당 가격이 20이고 노동자 1인당 임금이 5일 때 이 기업의 최적 노동 고용량은? (단, 생산물시장과 노동시장은 모두 완전경쟁적이라고 가정한다.)

(2019 7급 서울시)

해설

- 생산물의 가격이 $P=20$이고, 노동의 한계생산은 $MP_L=0.5L^{-0.5}$이므로 노동의 한계생산물가치는 $VMP_L=P\times MP_L=20\times 0.5L^{-0.5}=10L^{-0.5}$이다.
- 완전경쟁시장의 이윤극대화조건 $VMP_L=w$, $10L^{-0.5}=5$, $L^{0.5}=2$에서 이윤극대화 노동투입량은 $L^*=4$이다.

CHAPTER 20 생산요소시장이론

제2절 수요독점 생산요소시장

I 개요

1. 개념
① 수요독점(monopsony) 생산요소시장이란 생산요소시장에서 경쟁적인 생산요소의 공급자들은 다수인 데 반해 생산요소에 대한 수요자가 하나뿐인 경우를 말한다.
② 수요독점은 주로 생산요소시장인 노동시장에서 발생한다. 예를 들어 지역에서 일할 곳이 탄광 하나밖에 없는 산골 마을의 경우 탄광회사는 그 지역에서 노동의 수요독점자가 된다.
③ 특수한 경우 생산물시장의 수요독점이 있을 수 있는데 예를 들면 우리나라에서 재배된 담배잎의 국내 독점수요자가 $KT\&G$인 경우이다. 생산물시장이 수요독점의 형태를 갖는 경우는 일반적인 경우가 아닌 특수한 경우에 해당하므로 생산물시장이론에서는 공급독점만을 논의하였고 수요독점은 논의하지 않았다.

2. 수요독점의 발생 원인
(1) 생산요소이동의 어려움
① 지리적인 이유로 인해 다른 지역으로 생산요소의 이동이 어려운 경우 생산요소의 수요독점이 발생할 수 있다.
② 예를 들면 어떤 탄광촌에 수십 명의 광부가 살고 있을 때 탄광회사가 하나밖에 없고 다른 탄광촌으로 쉽게 이주할 수 없으면 그 탄광회사는 광부에 대해 수요독점력이 있다.

(2) 생산요소의 전문화
① 생산요소가 극도로 전문화되어 있거나 특화된 것이어서 특정한 기업에 의해 고용될 경우만 진정한 가치가 발휘될 수 있고 다른 곳에서는 거의 쓸모가 없는 경우이다.
② 예를 들면 경찰대학 졸업자는 경찰청에서, 기상학과 졸업자는 기상청에서, 철도전문대학 졸업자는 철도청에서 수요독점된다.

(3) 정부의 허가
① 정부의 정책이나 제도적 요인으로 인해 생산요소가 특정된 요소수요자에게 제한된 경우이다.
② 과거 우리나라 정부의 전매정책으로 인해 한국담배인삼공사(현 $KT\&G$)가 잎담배를 수요독점하는 경우이다.

II 수요독점기업의 평균요소비용과 한계요소비용

1. 평균요소비용곡선(개별기업이 직면하는 노동공급곡선)
① 노동시장이 수요독점이면 시장의 노동공급곡선 자체가 개별기업이 직면하는 노동공급곡선 $L^S(=w=AFC_L)$이 되므로 수요독점자의 노동고용량은 시장 전체의 노동고용량과 일치한다.
② 따라서 수요독점기업이 직면하는 노동공급곡선 $L^S(=w=AFC_L)$은 우상향하는 형태가 된다.

2. 한계요소비용곡선

① 노동시장이 완전경쟁이면 주어진 시장의 임금수준에서 노동고용량을 무한대로 증가시킬 수 있지만, 수요독점인 경우는 노동고용량을 한 단위 추가로 고용하기 위해 더 높은 임금을 지급해야 가능하다.

② 노동시장이 수요독점인 경우 노동의 투입량을 증가시켜감에 따라 임금도 상승하므로 한계요소비용(MFC_L)은 임금($w = AFC_L$)보다 더 높게 나타난다.

③ 다음의 표는 노동공급함수를 예를 표로 정리한 것이다. 표에서 노동을 1단위에서 2단위로 증가시키려면 임금을 20,000원에서 30,000원으로 인상해야 한다. 이때 두 번째 노동자에게만 30,000원을 지급하고 나머지 노동자에게는 전과 같이 20,000원을 지급하는 것이 아니라 30,000원을 지급해야 하므로 한계요소비용(MFC_L)이 임금($w = AFC_L$)보다 10,000원만큼 높아지게 된다.

④ 노동고용량이 증가할수록 한계요소비용(MFC_L)과 임금($w = AFC_L$)의 격차는 더욱 커진다는 사실을 알 수 있다.

노동고용량	임금(w)=평균요소비용 $\left(AFC_L = \dfrac{TFC_L}{L} = w\right)$	총요소비용 ($TFC_L = w \times L$)	한계요소비용 $\left(MFC_L = \dfrac{d\,TFC_L}{dL}\right)$
0	10,000	0	–
1	20,000	20,000	20,000
2	30,000	60,000	40,000
3	40,000	120,000	60,000
4	50,000	200,000	80,000
5	60,000	300,000	100,000

> **노동시장이 수요독점인 경우 MFC_L과 AFC_L**
>
> $$MFC_L = \dfrac{dw(L)}{dL}L + w(L) > AFC_L = w(L), \ \dfrac{dw(L)}{dL} > 0$$

| 수요독점기업의 MFC_L곡선 |

- 노동시장이 수요독점이면 개별기업이 직면하는 노동공급곡선은 우상향한다.
- 노동시장이 수요독점이면 $MFC_L > w$의 관계가 성립하고, 노동량이 증가할수록 그 격차는 점점 확대된다.
- 개별기업이 직면하는 노동공급곡선이 우상향하는 직선이면 MFC_L곡선은 노동공급곡선과 임금축의 절편값은 동일하고 기울기는 노동공급곡선의 2배인 직선이 된다.

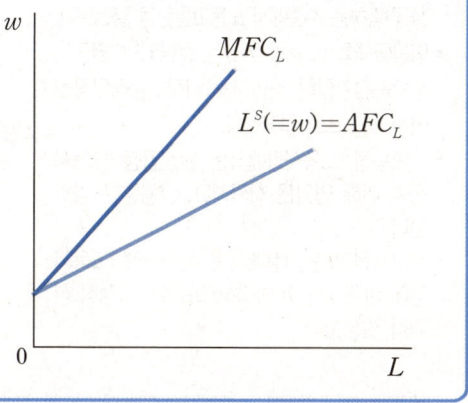

Ⅲ 수요독점 노동시장의 균형

1. 노동고용량과 임금의 결정

① 수요독점기업은 이윤극대화조건 $MRP_L = MFC_L$을 만족하는 수준에서 노동고용량을 L_M으로 결정한다.

② 노동고용량이 L_M으로 결정되면 수요독점기업은 수요독점기업이 직면하는 노동공급곡선인 AFC_L곡선상에서 w_M의 임금을 지급한다.

▸ 노동공급곡선은 각각의 임금수준에서 노동자가 공급할 의사가 있는 노동량수준을 의미하므로 수요독점기업은 노동공급곡선을 보고 임금을 책정하게 된다.

▸ 수요독점기업이 직면하는 노동공급곡선이 임금책정곡선이 되고, 노동공급곡선 자체가 각 고용량에 해당하는 임금수준을 나타낸다.

③ 노동시장에서 수요독점기업의 MRP_L곡선은 MFC_L곡선과 더불어 이윤극대화수준의 노동고용량을 결정하는 데 이용될 뿐 그 자체가 노동수요곡선이 되지는 않는다.

▸ 생산물시장이 공급 측면에서 완전경쟁인 경우에만 공급곡선이 존재하는 것과 마찬가지로 노동시장이 수요 측면에서 완전경쟁인 경우에만 노동수요곡선이 도출된다.

2. 수요독점적 착취

① 수요독점적 착취란 노동시장이 완전경쟁에서 수요독점으로 변함에 따라 노동자가 덜 받게 되는 임금수준을 말한다.

② 노동시장이 완전경쟁이라면 노동수요곡선(MRP_L)과 노동공급곡선($L_S = AFC_L$)이 일치하는 수준에서 노동고용량 L_C와 임금 w_C가 결정된다.

▸ 노동시장이 수요독점일 경우는 수요독점기업의 노동수요곡선이 존재하지 않지만, 완전경쟁이라면 MRP_L곡선이 노동수요곡선이 된다.

▸ 그림에서는 생산물시장이 완전경쟁인 경우를 가정하여 $VMP_L = MRP_L$이 성립한다.

| 수요독점 노동시장에서 임금과 고용량의 결정 |

- 수요독점 노동시장에서는 $MRP_L = MFC_L$을 만족하는 수준에서 노동고용량을 결정한다.
- 이윤극대화 노동량 L_M이 결정되면 임금은 수요독점기업이 직면하는 시장노동공급곡선에서 w_M으로 결정된다.
- 수요독점 노동시장에서는 완전경쟁 노동시장에 비해 임금은 하락하고, 고용량은 감소한다.
- 수요독점 노동시장에서는 완전경쟁 노동시장에 비해 임금이 하락하므로 수요독점적 착취가 발생한다.

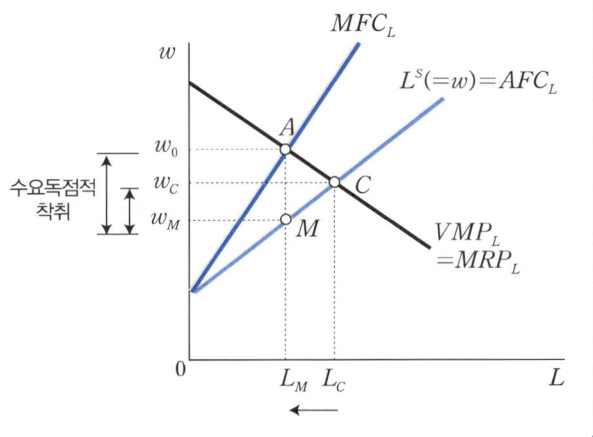

③ 노동시장이 완전경쟁에서 수요독점으로 변하면 노동자의 임금수준이 w_C에서 w_M으로 하락하고, 노동고용량도 L_C에서 L_M으로 감소하게 되므로 $(w_C - w_M)$을 수요독점적 착취라고 한다.
  ▸ 수요독점기업의 고용량 L_M수준에서 MFC_L과 임금$(w = AFC_L)$의 격차인 $(w_0 - w_M)$을 수요독점적 착취라고도 한다.
  ▸ 노동시장이 완전경쟁이라면 MRP_L곡선이 노동수요곡선이 되므로 주어진 노동투입량수준에서 노동수요곡선의 높이인 MRP_L은 개별기업이 최대한 지급할 용의가 있는 임금수준으로 해석할 수 있다. 수요독점기업은 자신이 최대한 지급할 용의가 있는 임금 MRP_L을 지급하지 않고, 노동자가 최소한 받고자 하는 임금 $w = AFC_L$을 지급한다.
④ 노동시장이 완전경쟁이면 C점에서 균형이 달성되어 사회 전체의 잉여가 최대가 되지만, 노동시장이 수요독점으로 변하면 △AMC만큼의 후생손실이 발생한다.

3. 공급독점적 착취와 수요독점적 착취

① 총착취(total exploitation)는 수요독점기업의 고용량 L_M수준에서 노동의 한계생산물가치(VMP_L)와 노동에 대한 지급액(임금)의 차이로 정의된다.
② 총착취 중에서 VMP_L과 MRP_L의 격차는 생산물시장이 공급독점이어서 유발되는 가격(P)과 한계수입(MR)의 차이 때문에 발생하는 것이므로 이를 공급독점적 착취라고 한다.
  ▸ 공급독점 생산물시장 : $P > MR$
③ 총착취 중에서 MFC_L과 임금(w_M)의 격차는 노동시장이 수요독점이어서 발생하는 것이므로 이를 수요독점적 착취라고 한다.

> **총착취**
> - 총착취 : $VMP_L - w_M$
> - 공급독점적 착취 : $VMP_L - MRP_L$
> - 수요독점적 착취 : $MFC_L - w_M$

| 공급독점적 착취와 수요독점적 착취 |

- 생산물시장이 공급독점이면 공급독점적 착취가 발생하고, 노동시장이 수요독점이면 수요독점적 착취가 발생한다.
- 균형고용량수준에서 VMP_L과 MRP_L의 격차가 공급독점적 착취이고, MFC_L과 w_M의 격차가 수요독점적 착취이다.

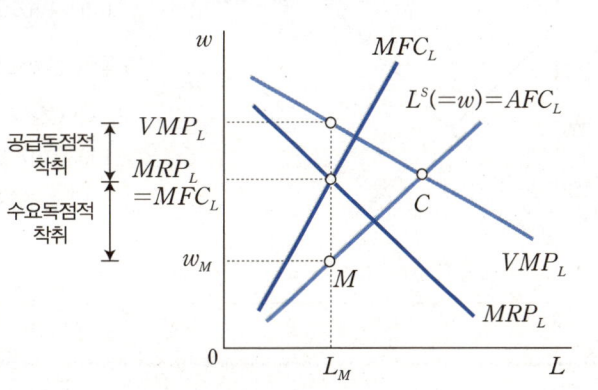

CHAPTER 20 생산요소시장이론

예제 | 수요독점 생산요소시장의 이윤극대화

문제 1

노동시장에서 수요독점자로 행동하는 기업의 생산함수는 $Q = 2L$로 주어져 있다. 이 기업의 제품가격은 개당 1,000원이고, 노동의 공급곡선은 $w = 200 + 3L$이다. 이 수요독점기업의 이윤을 극대화하는 임금수준은? (단, Q는 생산량이고, L은 노동량이며, w는 임금임) (2008 공인노무사)

해설

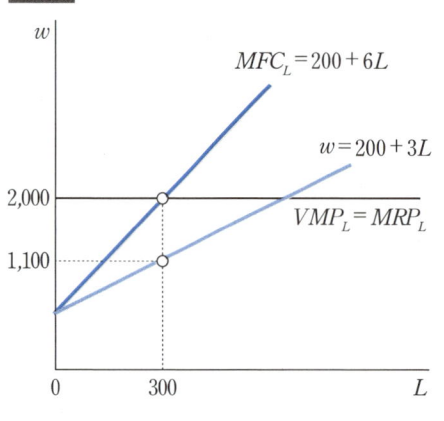

- 제품가격이 $P = 1,000$원으로 주어져 있으므로 생산물시장은 완전경쟁이다. 생산물시장이 완전경쟁이고, 생산요소시장이 수요독점이면 기업의 이윤극대화조건은 $VMP_L = MFC_L$이다.
- 노동의 한계생산물가치 : $VMP_L = P \times MP_L = 1,000 \times 2 = 2,000$
- 노동의 총요소비용 : $TFC_L = w(L) \times L = (200 + 3L)L = 200L + 3L^2$
- 노동의 한계요소비용 : $MFC_L = \dfrac{dTFC_L}{dL} = 200 + 6L$
- 이윤극대화 : $VMP_L = MFC_L$, $2,000 = 200 + 6L$에서 이윤극대화 노동고용량은 $L = 300$이 된다.
- 임금은 노동공급함수에 의해 결정되므로 $L = 300$일 때 임금은 $w = 200 + 3L$, $w = 200 + (3 \times 300) = 1,100$이 된다.

문제 2

생산물시장에서 독점기업인 A는 노동시장에서 수요독점자이다. 노동공급곡선은 $w = 100 + 5L$, 근로자를 추가로 고용할 때 A기업이 얻는 노동의 한계수입생산물은 $MRP_L = 300 - 10L$이다. 이때 A기업이 이윤극대화를 위해 근로자에게 지급하는 임금은? (단, w는 임금, L은 고용량) (2012 공인노무사)

해설

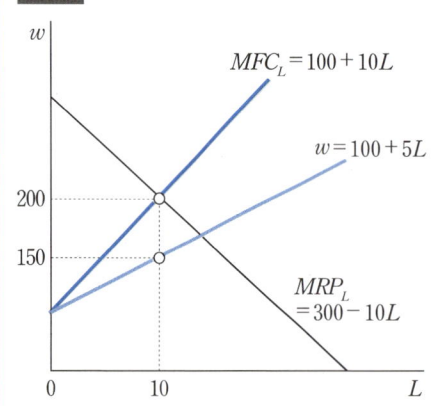

- 노동의 총요소비용 : $TFC_L = w(L) \times L = (100 + 5L)L = 100L + 5L^2$
- 노동의 한계요소비용 : $MFC_L = \dfrac{dTFC_L}{dL} = 100 + 10L$
- 이윤극대화조건 $MRP_L = MFC_L$, $300 - 10L = 100 + 10L$에서 이윤극대화노동량 $L = 10$이 된다.
- $L = 10$을 노동공급함수에 대입하면 임금은 $w = 150$이 된다.

문제 3

물류회사 甲은 A지역 내에서 근로자에 대한 수요독점자이다. 다음과 같은 식이 주어졌을 때 이윤극대화를 추구하는 甲이 책정하는 임금은? (단, 노동공급은 완전경쟁적이며, w는 임금, L은 노동량이다.)

(2015 감정평가사)

- A지역의 노동공급곡선: $w = 800 + 10L$
- 노동의 한계수입생산: $MRP_L = 2{,}000 - 10L$

해설

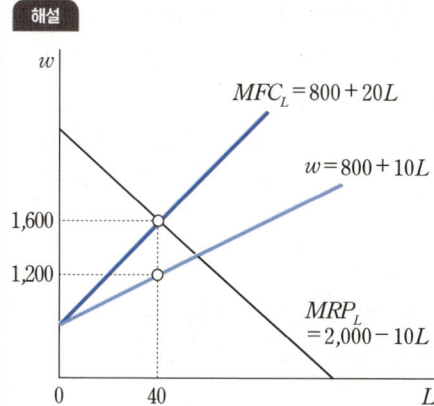

- 역노동공급함수가 우상향하는 직선이므로 한계요소비용곡선은 노동공급곡선과 수직축의 절편은 동일하고 기울기는 두 배가 된다. 따라서 한계요소비용함수는 $MFC_L = 800 + 20L$이다.
- 이윤극대화: $MRP_L = MFC_L$, $2{,}000 - 10L = 800 + 20L$, $30L = 1{,}200$에서 노동투입량은 $L^* = 40$이 된다. $L^* = 40$을 역노동공급함수에 대입하면 $w = 800 + (10 \times 40)$에서 임금은 $w = 1{,}200$이 된다.

문제 4

노동시장에서 수요독점자인 A기업의 생산함수는 $Q = 4L + 100$이다. 생산물시장은 완전경쟁이고 생산물가격은 200이다. 노동공급곡선이 $w = 5L$인 경우, 이윤극대화가 달성되는 노동의 한계요소비용과 한계수입생산을 순서대로 옳게 나열한 것은? (단, Q는 산출량, L은 노동투입량, w는 임금이다.)

(2020 공인노무사)

해설

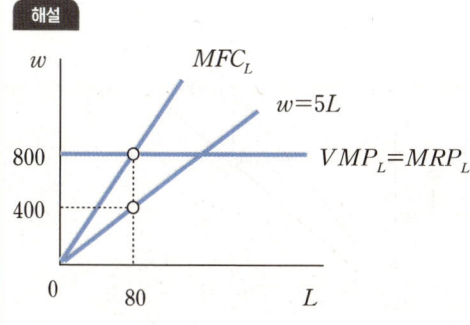

- 생산물시장이 완전경쟁일 때 노동의 한계수입생산(MRP_L)은 한계생산물가치(VMP_L)와 일치한다. 따라서 생산물의 가격은 $P = 200$이고 노동의 한계생산은 $MP_L = 4$이므로 노동의 한계생산물가치는 $VMP_L = P \times MP_L = 200 \times 4 = 800$이다.
- 노동공급곡선이 $w = 5L$이므로 노동의 총요소비용은 $TFC_L = w(L) \times L = 5L \times L = 5L^2$이 되고, 이를 노동량변수($L$)로 미분하면 노동의 한계요소비용은 $MFC_L = 10L$이 된다.
- 이윤극대화 노동량조건 $MRP_L = MFC_L$, $VMP_L = MFC_L$, $800 = 10L$에서 노동투입량은 $L = 80$이 되고, 이를 노동공급함수에 대입하면 임금은 $w = 400$이 된다. 노동투입량 $L = 80$을 노동의 한계요소비용함수에 대입하면 한계요소비용도 $10 \times 80 = 800$이다.

Ⅳ 수요독점시장과 최저임금제

1. 노동고용량이 증가하는 경우
① 수요독점시장에서는 균형임금이 w_0의 수준에서 결정된다.
② 이때 노동조합의 임금인상투쟁이나 정부의 최저임금제의 시행으로 임금이 w_2에서 설정된다면 노동공급곡선은 w_2CL^S가 되고, MFC_L곡선은 w_2CBA가 된다.
  ▸ w_2C의 구간에서는 노동공급곡선과 MFC_L곡선이 일치하지만, 노동공급곡선이 CL^S인 구간에서는 MFC_L곡선이 CBA가 된다. 즉 MFC_L곡선은 불연속적인 구간이 발생한다.
③ MRP_L곡선과 새로운 MFC_L곡선이 교차하는 C점에서 새로운 균형이 달성되므로 노동고용량은 L_0에서 L_1으로 증가하고, 임금은 w_0에서 w_2로 상승한다. 따라서 최저임금이 w_2에서 설정된다면 임금이 상승하면서 동시에 노동고용량도 증가시킬 수 있다.
④ 최저임금이 MRP_L곡선과 AFC_L곡선이 교차하는 수준에서 책정되면 완전경쟁시장의 고용량을 달성하게 되어 노동고용량을 최대로 증가시킬 수 있다. 이때 노동시장에서 자원배분의 효율성이 달성된다.

> **최저임금제의 효과**
> - 완전경쟁 노동시장 : 비효율, 사회적 후생손실, 암시장, 비자발적 실업
> - 수요독점 노동시장 : 효율, 비자발적 실업 발생하지 않음

2. 노동고용량이 불변이거나 감소하는 경우
① 임금수준이 w_0에서 w_1으로 인상되었다면 노동공급곡선은 w_1CL^S가 되고, MFC_L곡선은 w_1CBA가 된다.
② MRP_L곡선과 새로운 MFC_L곡선이 교차하는 D점에서 새로운 균형이 달성되므로 노동고용량은 L_0로 불변인 상태에서 임금만 w_0에서 w_1으로 상승한다.
③ 최저임금이 $MRP_L = MFC_L$이 성립하는 w_1 이상으로 책정되면 임금은 더욱 상승하겠지만, 고용량은 오히려 감소하게 되는데 이는 독자 스스로 그림을 그려 확인하기 바란다.

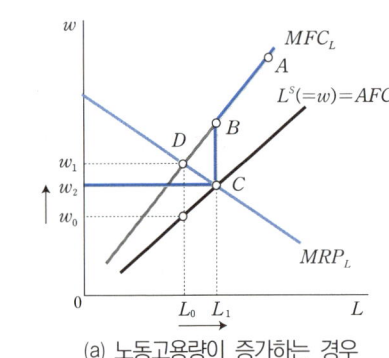

(a) 노동고용량이 증가하는 경우   (b) 노동고용량이 불변인 경우

> **수요독점 노동시장과 최저임금제**
> - w_2의 임금수준에서 최저임금제를 시행하면 고용량은 L_0에서 L_1수준으로 증가하고, 임금이 w_2로 상승한다.
> - w_1의 임금수준에서 최저임금제를 시행하면 고용량은 L_0수준에서 불변이고, 임금만 w_1으로 상승한다.

CHAPTER 21 소득분배이론

PART 06 | 생산요소시장과 소득분배

제1절 개요

I 소득분배이론

1. 개요
① 지금까지의 경제이론이 효율성에 대한 이론이었다면 소득분배이론은 공평성에 대한 이론이다.
② 공평성의 문제는 주관적인 가치판단과 직결되어 있어서 객관적인 입장에서 분석이 힘들기 때문에 경제학자들의 관심이 효율성에 집중되어 왔던 것이다.

2. 개념
① 소득분배이론(income distribution theory)은 생산요소시장의 최적화를 분석하는 이론이며, 3대 경제문제 중 '누구를 위하여 생산할 것인가?'를 해결하고자 하는 것이 목적이다.
② 소득분배이론은 기능별 소득분배이론과 계층별 소득분배이론으로 구분된다.

II 기능별 소득분배이론

① 기능별 소득분배이론은 국민소득이 각 생산요소(노동, 자본, 토지) 사이에서 어떻게 분배되는지를 분석하는 이론이다.
② 생산요소 제공자는 생산에 이바지한 대가로 소득을 받게 되는데 이 과정에서 생산요소의 소유자인 노동자, 자본가, 지주, 기업가에게 생산요소의 제공에 따른 소득이 어떻게 분배되는가를 설명하는 이론이 기능별 소득분배이론이다.
③ 기능별 소득분배이론의 지표로는 노동소득분배율과 자본소득분배율이 있다.

III 계층별 소득분배이론

① 계층별 소득분배이론은 소득이 가장 큰 사람부터 차례로 배열했을 때 각 소득계층에 소득이 얼마나 균등하게 분배되어 있는지를 분석하는 이론이다.
② 소득분배라고 할 때 흔히 생각하는 것은 바로 이 계층별 소득분배이다.
③ 계층별 소득분배이론은 소득분배의 공평성 문제인 빈곤(소득격차)의 문제와 직결되어 있고, 현대의 복잡한 경제에서는 기능별 소득분배이론과 같은 도식적인 구분이 점차 의미를 잃어가고 있기 때문에 계층별 소득분배이론이 더 중요한 의미를 지닌다고 할 수 있다.
④ 계층별 소득분배는 사람들의 기본 생활단위가 가계이기 때문에 통상적으로 가계단위에서 파악되는데 우리나라의 가계소득은 도시가계와 농촌가계로 구분하여 파악되고 있다.
⑤ 계층별 소득분배이론의 지표로는 로렌츠곡선, 지니계수, 10분위 분배율, 5분위 분배율, 앳킨스지수 등이 있다.

CHAPTER 21 소득분배이론

제2절 기능별 소득분배이론

I 임금

1. 개념

(1) 노동
① 노동(labor)이란 노동자가 재화나 서비스를 생산하는 생산활동으로서 노동서비스를 의미한다.
② 생산함수에서 노동변수(L)는 노동자 그 자체를 의미하는 것이 아니라 일정 기간 투입되는 노동서비스를 의미하므로 유량변수(flow)이다.
③ 노동력(labor force)을 가진 경제주체를 노동자라고 한다.

(2) 임금
① 임금(wage)이란 생산과정에서 노동자가 제공하는 노동서비스에 대한 대가이다.
▶ 일반적으로 노동의 가격을 논의할 때에는 노동서비스의 가격을 의미한다
② 임금은 일정 기간에 측정되는 유량변수(flow)이다.

2. 임금의 종류

(1) 명목임금
① 명목임금(nominal wage)이란 노동자가 노동서비스를 제공한 대가로 지불받는 명시적인 화폐액을 의미한다.
② 명목임금(w)을 화폐임금이라고도 한다.

(2) 실질임금
① 실질임금(real wage)이란 명목임금으로 구입할 수 있는 재화나 서비스의 수량으로서 명목임금이 지니는 실질적인 구매력을 의미한다.
② 실질임금은 명목임금(w)을 물가(P) 또는 재화의 가격으로 나눈 값으로서 노동자의 생활수준을 측정할 수 있는 지표가 된다. 현실적으로 물가를 대체할 수 있는 지표는 물가지수이므로 명목임금을 물가지수로 나눈 다음 100을 곱하여 구한다.
③ 실질임금$\left(\dfrac{w}{P}\right)$을 변화율로 나타내면 실질임금상승률은 명목임금상승률$\left(\dfrac{\Delta w}{w}\right)$에서 물가상승률$\left(\dfrac{\Delta P}{P}\right)$을 제외한 값이 된다.
▶ 실질임금에 자연로그(natural log)를 취한 후 미분하면 실질임금의 변화율이 계산된다.

> **실질임금상승률**
> - 실질임금 $= \dfrac{w}{P} = \dfrac{명목임금}{물가지수} \times 100$
> - 실질임금상승률 $= \dfrac{\Delta w}{w} - \dfrac{\Delta P}{P}$
> - 실질임금상승률 = 명목임금상승률 − 물가상승률

3. 임금격차

(1) 직종별 임금격차

① 노동시장이 완전경쟁시장의 조건을 충족하지 못하면 직종별 임금격차가 존재하게 된다.
- 노동시장이 완전경쟁이면 동일노동 동일임금의 원칙이 적용되므로 직종별 임금격차는 발생하지 않는다.

② 보상적 임금격차
- 보상적 임금격차란 임금 이외의 다른 측면에서 발생하는 차이를 보상하기 위해 발생하는 임금격차이다.
- 어떤 직종에 존재하는 불리한 성격 또는 추가적인 부담에 대한 보상이 이루어지면서 임금격차가 발생한다.

③ 숙련도별 임금격차
- 숙련도별 임금격차란 노동자들의 숙련도 차이가 노동생산성의 차이로 이어져 발생하는 임금격차를 말한다.
- 선진국은 숙련도별 임금격차가 장기적으로 축소되는 경향을 보이고 있고, 개발도상국도 숙련도별 임금격차는 축소되는 경향을 보인다.

④ 비경쟁집단 : 능력의 부족, 정보의 부족, 교육훈련비용의 존재 등으로 직종 간 이동이 제약이 있으면 상이한 직종의 노동자들 간에 비경쟁관계가 발생하게 된다.

(2) 산업별 임금격차

① 산업별 임금격차의 가장 큰 특징은 장기적으로 안정적이며 변화가 적다는 것이다.

② 산업별 임금격차의 원인
- 산업 간 노동생산성의 차이
- 산업 간 노동조합의 존재와 조직력의 차이

(3) 학력별 임금격차

① 노동시장의 학력별 분단 : 노동시장에서 고졸학력집단과 대졸학력집단 사이의 분단현상이 존재하여 학력별 임금격차가 발생한다.

② 학력의 선별기능 : 인적자본이론을 비판하는 학자들이 주장하는 바와 같이 학력은 노동자의 생산성의 판단기준이 아닌 노동자의 채용에서 선별장치의 역할에 불과하다.

③ 승급, 승진상의 관리차별 : 승급과 승진이 능력이나 업적보다는 학력 위주로 이뤄지는 경우 학력별 임금격차가 발생한다.

(4) 성별 임금격차

① 노동생산성의 차이
- 성별 인적자본의 차이에 의해 성별 임금격차가 발생한다.
- 남성근로자는 여성근로자보다 학력, 경력, 근속연수, 연령, 기술수준 등에서 더 높은 수준을 보이고 있다.

② 노동시장의 차별에 의한 임금격차
- 임금차별이란 동일 직업에서 동질의 인적자본(human capital)을 소유하고, 동질의 가치 업무에 종사함에도 불구하고 여성이 남성보다 낮은 임금을 받는 경우를 말한다.
- 차별에 의한 성별 임금격차는 크게 채용 시의 직종차별과 순수한 임금상의 차별 두 가지로 나눌 수 있다.

Ⅱ 이자

1. 자본

(1) 경제학에서의 자본
  ① 자본(capital)이란 재화를 생산하기 위해 생산된 생산요소로서 소비자들이 직접 소비하는 '소비재'와 구분하여 '생산재'라고 한다.
  ② 자본에는 화폐자본과 실물자본이 있는데 미시경제학에서 통상적으로 자본이라고 하면 실물자본(physical capital), 즉 자본재(capital goods)를 의미한다.
  ③ 실물자본은 다음과 같이 구성된다.
    ▸ 구조물(structures) : 공장, 도로, 다리, 공항, 댐, 발전소 등 한 곳에 고정된 자본재
    ▸ 설비(equipment) : 기계, 공구, 자동차, 컴퓨터 등 생산과정에서 활용될 수 있는 물건
    ▸ 재고(inventory) : 기업은 투입물이나 생산물의 재고를 가지고 있는데 이것들도 자본재의 일종이다.
  ④ 화폐자본은 자본재 구입에 직접 사용한 화폐액을 의미한다.
    ▸ 국제경제학에서 국내이자율이 상승하거나 주식시장이 호황이면 해외자본이 유입된다고 표현하는데 이때의 자본은 달러자금인 외환 그 자체를 의미하므로 실물자본이 아닌 화폐자본을 지칭한다.
    ▸ 국민소득계정에서 자본은 실물자본을 의미하지만, 국제수지계정에서 자본은 국제적으로 이동하는 외화나 금융자산을 뜻한다.

(2) 자본의 성격
  ① 노동과 토지는 별도의 생산과정을 거치지 않더라도 바로 생산과정에 사용할 수 있다는 의미에서 본원적(primary) 생산요소라고 한다. 하지만, 자본은 또 다른 생산과정을 거쳐야 한다는 의미에서 '생산된(produced) 생산요소'라고 한다.
  ② 자본은 한 번 구입하면 장기간 사용할 수 있는 내구성이 있다.
  ③ 기업들은 다른 기업이 생산한 자본재를 구입하여 생산과정에 사용하므로 자본재는 생산물인 동시에 투입물이 된다는 독특한 성격을 지니고 있다.

(3) 자본의 가격
  ① 자본의 가격을 말할 때 자본은 저량(stock)인 자본스톡(capital stock)을 의미하는 것이 아니라 유량(flow)인 자본서비스(capital service)를 의미한다.
  ② 따라서 자본의 가격은 기계나 설비와 같은 자본재 그 자체의 가격이 아니라, 그것의 서비스를 일정 기간 사용하는 데 대해 지급하는 대가, 즉 자본서비스의 가격인 임대료를 의미한다.
  ③ 자본재 자체의 가격은 일정 시점(stock)에 측정되는 저량의 개념으로서 비용이 될 수 없고, 자본서비스 가격인 임대료는 일정 기간에 측정되는 유량(flow)의 개념으로서 비용이 된다.

2. 이자와 이자율

(1) 개념
  ① 이자(interest)란 자본재 한 단위의 사용에 대한 비용으로서 자본서비스의 가격을 의미한다.
  ② 이자율(interest rate)이란 자본에 대한 이자의 크기를 백분율로 나타낸 것으로서 이자를 자본재가격으로 나누어 계산한다.

(2) 명목이자율과 실질이자율

① 명목이자율(nominal rate of interest)이란 화폐단위로 측정한 원금과 이자의 비율을 말하고, 실질이자율(real rate of interest)이란 실물단위로 측정한 원금과 이자의 비율을 말한다.

② 인플레이션율(물가상승률)이 0이면 명목이자율은 실질이자율과 동일하지만, 인플레이션율이 0보다 크면 실질이자율은 명목이자율보다 작게 된다.

③ 금융기관에 10%의 이자율로 1,000만 원을 예금하여 1년 뒤에 원금 1,000만 원과 이자 100만 원을 합한 1,100만 원을 받았다면 명목이자율이 10%가 된다. 그런데 1년 동안 물가가 5% 상승하였다면 실질이자율은 명목이자율 10%에서 인플레이션율(물가상승률) 5%를 차감한 5%가 된다.

▸ 실질이자율＝명목이자율－인플레이션율

▸ 금융기관에 예금하기 전 컴퓨터가격이 100만 원이었다면 1,000만 원으로 컴퓨터 10대 $\left(\frac{1,000}{100}=10\right)$를 구입할 수 있었지만, 컴퓨터가격이 1년 동안 5% 상승하여 105만 원이 되었다면 1,100만 원으로 약 10.5대 $\left(\frac{1,100}{105}=10.48\right)$의 컴퓨터만을 구입할 수 있으므로 실물단위로 측정한 실질이자율은 5%가 되는 것이다.

④ 인플레이션이 예상된 경우 실질이자율의 하락을 방지하기 위해 채권자가 인플레이션율만큼 더 높은 명목이자율을 요구한다면 실질이자율은 불변이 된다. 예상인플레이션이 발생할 때 실질이자율은 변하지 않고 명목이자율만 상승하는 것을 피셔가설(Fisher hypothesis)이라고 한다.

> **피셔방정식**
>
> 명목이자율＝실질이자율＋(예상)인플레이션율

3. 자본과 이자

① 자본서비스의 가격인 자본임대료(유량)는 이론적으로 자본재 자체의 가격(저량)에 대한 이자와 동일해 진다. 예를 들어 어떤 생산자가 금융기관을 통해 연 10%의 이자율로 1,000만 원을 차입한 후 기계를 구입하여 사용하였다면 1,000만 원에 대한 이자 100만 원은 기계를 1년 동안 임대하여 사용한 대가, 즉 임대료인 셈이 된다.

▸ 위의 논리가 성립하기 위해서는 1년 동안 기계사용의 마모분인 고정자본소모가 없다는 가정이 선행되어야 한다. 즉, 생산자가 이 기계를 1년 동안 사용한 후 1,000만 원의 가격에 재판매가 가능한 경우이다.

② 금융시장에서 결정된 이자율은 결국 자본서비스의 사용에 대한 대가가 되므로 기업은 자본재를 구입할 때 이자율의 크기를 고려하여 결정한다.

③ 기업이 자본재를 구입하는 것은 자본(저량)을 축적하는 행위로서 투자(유량)라고 한다. 따라서 이자율이 기업의 투자에 큰 영향을 미치게 되므로 이자율은 화폐부문과 실물부문을 연결해 주는 중요한 매개체의 역할을 수행한다.

CHAPTER 21 소득분배이론

Ⅲ 지대

1. 개요

(1) 토지

① 토지(land)란 자연이 인간에게 무상으로 준 모든 자연자원을 말한다.

② 토지는 일반적으로 생산량과 무관하게 투입량이 일정하게 고정된 고정투입요소이지만, '경제적 용도'로 사용될 수 있는 토지의 공급은 가변적이다.

▶ 주거용, 산업용, 농업용, 여가용 등의 용도로 사용되는 토지는 가격변화에 대해 상당히 탄력적이다.

③ 생산과정에 투입되는 것은 토지 그 자체가 아니라 토지에서 나오는 서비스이므로 토지의 공급이란 엄밀하게 말하면 '토지서비스의 공급'으로 표현해야 한다.

(2) 지대

① 지대(rent)란 원래 토지서비스의 사용에 대한 대가를 뜻하는 말이지만, 어떤 생산요소든 그 공급이 고정되어 있는 것에 대한 보수를 모두 지대라고 부를 수 있다.

② 토지의 가격을 얘기할 때 특별한 언급이 없으면 토지 그 자체의 가격인 지가가 아니라 토지서비스의 가격인 지대를 의미한다.

③ 토지 자체의 가격인 지가는 일정 시점에 측정되는 저량(stock)의 개념으로서 비용이 될 수 없고, 토지서비스 가격인 지대는 일정 기간에 측정되는 유량(flow)의 개념으로서 비용이 된다.

(3) 지가와 지대

① 지가와 지대는 다음과 같은 관계가 성립한다.

> **지가와 지대**
>
> 지대 = 지가 × 이자율

② 이자율이 상승하면 지대도 상승한다.

| 지대의 결정 |

- 토지서비스의 공급이 L_0 수준에서 고정되어 있다면 토지서비스의 공급곡선은 수직선이 된다.
- 수요곡선이 D_0에서 D_1으로 이동하면 토지서비스의 고용량은 L_0 수준에서 고정되고, 토지서비스의 가격인 지대만 R_0에서 R_1으로 상승한다.
- 토지서비스의 보수인 지대는 순수하게 수요 측 요인에 의해서만 결정된다.

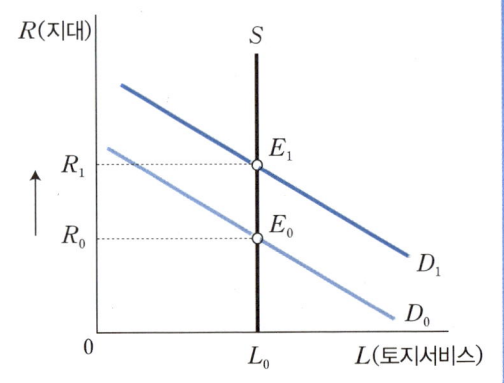

2. 토지시장의 균형

(1) 지대의 결정

① 토지서비스가 고정되어 있다고 가정하면 토지서비스의 공급곡선은 총부존량수준에서 지대에 대해 완전비탄력적이 된다.
　▶ 토지서비스의 공급곡선은 총부존량수준에서 수직선이다.

② 토지서비스의 수요곡선은 '생산물가격×토지의 한계생산=지대'에서 우하향하는 토지서비스의 한계생산물가치곡선이 된다.
　▶ 토지서비스시장이 완전경쟁이라면 토지서비스시장의 이윤극대화조건은 '토지서비스의 한계생산물가치=지대'가 되므로 토지서비스의 한계생산물가치곡선이 토지서비스의 수요곡선이 된다.
　▶ 토지서비스의 한계생산이 체감하므로 한계생산물가치곡선도 우하향한다.

③ 완전비탄력적인 토지서비스의 공급곡선과 우하향하는 토지서비스의 수요곡선이 교차하는 점에서 토지서비스시장의 균형이 이루어지고 균형지대가 결정된다.

④ 토지서비스의 공급은 총부존량수준에서 완전비탄력적이기 때문에 지대는 오로지 토지서비스의 수요에 의해 결정된다.
　▶ 토지서비스의 수요가 증가하면 균형지대가 상승하고 토지서비스의 수요가 감소하면 균형지대는 하락한다.
　▶ 토지서비스의 공급은 제한되어 있기 때문에 토지서비스의 공급자인 지주는 지대를 결정할 권한이 없다.

(2) 지대학설

① 19세기 초 영국사회에서는 주식인 밀 가격이 급등하여 국민의 생계를 위협하는 문제가 대두되었고, 밀 가격 급등의 원인에 대한 논쟁이 벌어졌다.

② 그 당시 지주가 지대를 높였기 때문에 이것이 생산비의 상승으로 이어져 밀 가격이 상승하였다는 인식이 지배적이었다.

③ 리카도(D. Ricardo)는 지대가 높아서 밀 가격이 상승한 것이 아니라, 밀 가격이 상승하여 지대가 높아진 것이라고 주장하였다.
　▶ 밀 가격이 상승한 것은 당시 영국사회가 곡물법(Corn Law)을 통해 밀에 대한 수입을 억제했기 때문이라고 지적하였다.
　▶ 밀에 대한 수입의 제한으로 밀 가격이 상승하여 밀 생산이 증가하였고, 이는 토지서비스에 대한 수요증가로 이어져 지대가 상승한 것이다.
　▶ 토지서비스의 가격인 지대는 오직 토지서비스의 수요에 의해서 결정되고, 토지서비스에 대한 수요는 밀에 대한 수요에 의존하는 파생수요(derived demand)의 성격을 가진다. 즉, 토지서비스의 가격인 지대는 밀의 가격에 의해 결정된다.

④ 리카도(D. Ricardo)는 토지서비스의 공급이 완전히 고정되어 있고 토지서비스는 농산물(밀)의 경작이 유일한 용도라고 가정하였다.
　▶ 토지는 밀의 경작에 사용되지 않는 한 아무 쓸모가 없으므로 토지가 다른 용도로 사용되는 것을 막기 위해 지급되어야 하는 금액은 0이라는 의미이다.

⑤ 토지를 현재의 고용상태에 묶어두는 데 필요한 최소한의 금액이 0이기 때문에 토지서비스의 공급자에게 지급되는 금액 전체는 잉여(surplus)에 해당한다.
　▶ 토지서비스의 공급자에게 지급되는 보수인 지대는 모두 불로소득에 해당한다.

3. 전용수입과 경제적 지대

(1) 전용수입(이전수입)

① 전용수입(轉用收入, transfer earnings)이란 어떤 생산요소의 공급이 계속 유지될 수 있게 하려고 생산요소공급자에게 지급해야 하는 최소한의 금액으로서 현재의 고용상태에 묶어 둠으로써 발생하는 기회비용을 의미한다.

② 즉, 전용수입이란 한 생산요소가 현재의 용도에서 다른 용도로 옮겨가지 못하게 하려고 지급해야 하는 최소한의 금액이다.

▸ 세계적인 스포츠선수가 운동을 그만두고 일반기업에 취업하여 5,000만 원의 연봉을 받게 될 경우를 가정하면 이 운동선수에게 일반기업에 취업하지 못하게 하려고 지급해야 하는 최소한의 금액은 5,000만 원이 되고 이것이 전용수입이 된다.

③ 노동공급곡선 아래의 면적 B가 노동을 현재의 고용상태에 묶어두기 위해 지급해야 하는 최소한의 보수에 해당하고, 이것이 노동이라는 생산요소의 전용수입이 된다.

(2) 경제적 지대

① 경제적 지대(經濟的 地代, economic rent)란 노동공급자가 받는 노동소득 중에서 기회비용(전용수입)을 초과하는 소득으로서 노동공급자의 잉여라고 할 수 있다.

▸ 경제적 지대는 노동시장에서의 생산자잉여와 유사한 개념이다.

② 지대란 토지서비스의 사용에 대한 대가를 뜻하지만 어떤 생산요소든 공급이 고정된 것에 대한 보수로 확대 해석할 수 있다. 즉, 공급이 완전히 고정되어 있지 않은 생산요소에도 적용될 수 있도록 지대의 개념을 한층 더 일반화한 것이 경제적 지대이다.

③ 어떤 생산요소의 공급이 고정되어 있다는 것은 아무런 보수를 지급하지 않아도 다른 곳에 고용되기 위해 옮겨갈 수 없음을 의미한다.

④ 노동에 지급한 보수 중 전용수입을 초과하는 부분은 현재의 고용상태에 묶어두기 위해 반드시 지급해야 할 필요가 없는 부분이고, 이 부분은 생산요소의 공급이 비탄력적이라는 성격과 관련이 있으므로 이것을 경제적 지대라고 한다.

⑤ 총노동소득인 □Ow_0EL_0에서 전용수입인 B를 제외한 A의 면적이 노동이라는 생산요소의 경제적 지대가 된다.

| 전용수입과 경제적 지대 |

- 균형임금과 균형고용량은 노동수요곡선과 노동공급곡선이 교차하는 E점에서 각각 (w_0, L_0)로 결정된다.
- 총노동소득($A+B$) 중에서 B부분은 전용수입, 이를 초과하는 A부분은 경제적 지대가 된다.

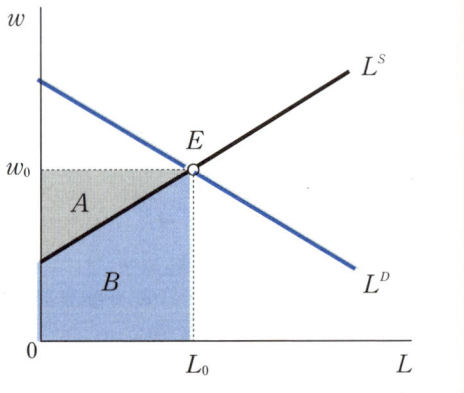

⑥ 경제적 지대의 사례
▸ 정상급 연예인이나 일류 운동선수의 보수가 높은 이유는 공급은 제한되어 있는 데 반해 수요가 많기 때문이다. 이들의 재능은 다른 용도로 사용될 수 있는 가능성이 거의 없으므로 임금이 낮더라도 노동을 공급할 수밖에 없다.
▸ 변호사나 의사와 같은 고소득계층이 얻는 소득 중 대부분이 경제적 지대에 해당하는데 이들의 공급이 국가에서 실시하는 자격시험이나 특수한 교육과정 등의 제도적 이유로 공급이 제한되고 있기 때문이다.
▸ 개인택시는 자격증을 제한적으로 발급하기 때문에 엄청난 프리미엄이 발생하면서 경제적 지대가 발생한다.
▸ 수입상품이 수입원가보다 엄청나게 높은 가격으로 판매되는 것은 수입상품의 대리점이 제한되어 있기 때문이다.

(3) 생산요소공급의 탄력성과 경제적 지대
① 경제적 지대의 크기는 생산요소의 공급이 비탄력적이기 때문에 추가로 지급되는 보수이므로 생산요소공급의 탄력성의 크기와 밀접한 연관이 있다.
② 노동의 공급이 완전비탄력적이면 노동공급곡선은 수직선이 되어 지급한 보수 전액이 경제적 지대가 되고, 전용수입(이전수입)은 0이 된다.
③ 노동의 공급이 완전탄력적이면 노동공급곡선은 수평선이 되어 지급한 보수 전액이 전용수입(이전수입)이 되고, 경제적 지대는 0이 된다.

> **노동공급의 임금탄력성과 경제적 지대**
> - 노동공급의 임금탄력성↑ → 경제적 지대↓, 전용수입(이전수입)↑
> - 노동공급의 임금탄력성↓ → 경제적 지대↑, 전용수입(이전수입)↓

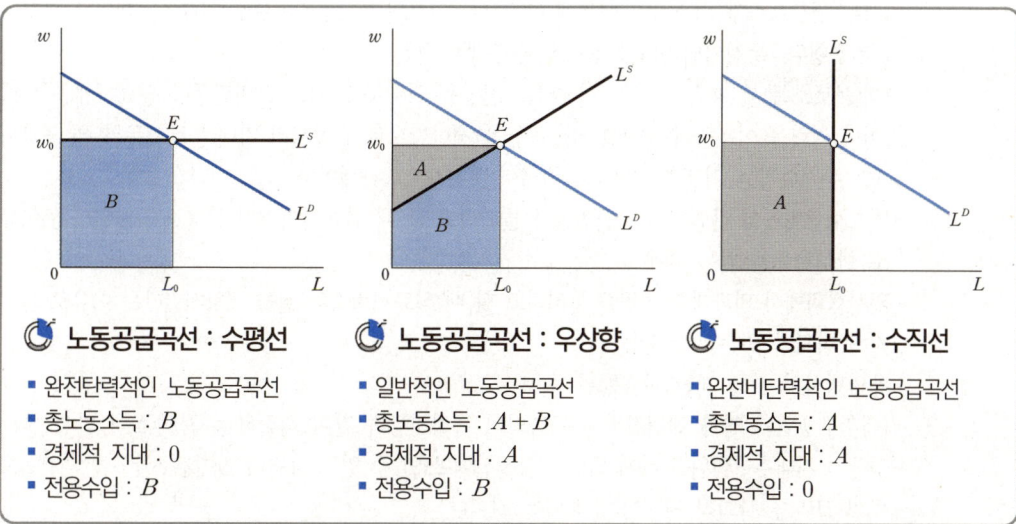

노동공급곡선 : 수평선
- 완전탄력적인 노동공급곡선
- 총노동소득 : B
- 경제적 지대 : 0
- 전용수입 : B

노동공급곡선 : 우상향
- 일반적인 노동공급곡선
- 총노동소득 : $A+B$
- 경제적 지대 : A
- 전용수입 : B

노동공급곡선 : 수직선
- 완전비탄력적인 노동공급곡선
- 총노동소득 : A
- 경제적 지대 : A
- 전용수입 : 0

4. 준지대

① 준지대(quasi-rent)란 단기에 공장이나 기계설비와 같이 공급이 고정되어 있는 생산요소에 귀속되는 보수를 말한다.
   ▸ 노동과 같은 가변생산요소는 노동의 한계생산물가치(VMP_L)만큼 보수를 받지만, 기계설비와 같은 고정생산요소는 준지대를 받는다.

② 고정생산요소에 대한 보수인 준지대는 총수입(TR)에서 가변생산요소에 대한 보수인 총가변비용(TVC)을 차감한 값이다.

> **📖 준지대**
> $TR - TVC$
> $= P \times Q - AVC \times Q = (P - AVC)Q = (MC - AVC)Q$
> $= TR - (TC - TFC) = (TR - TC) + TFC = \Pi + TFC$
> $=$ 총고정비용 + 초과이윤(또는 $-$ 손실)

③ 만약 단기에 완전경쟁기업이 초과이윤을 얻으면 '준지대 = 총고정비용 + 초과이윤'이 되고, 손실을 보게 되면 '준지대 = 총고정비용 - 손실'이 된다.
   ▸ 단기에 초과이윤 발생 시 '준지대 > 총고정비용'이고, 손실발생 시 '총고정비용 > 준지대'가 된다.

④ 총수입(TR)이 총가변비용(TVC)보다 작다면 $P < AVC$의 관계가 성립하여 기업이 생산을 중단할 것이므로 준지대는 언제나 0보다 크거나 같다.

⑤ 준지대는 생산물시장에서 생산자잉여와 유사한 개념이다.

⑥ 장기에는 고정비용이 존재하지 않을 뿐만 아니라 신규기업의 진입과 기존기업의 탈퇴가 자유롭기 때문에 단기에 발생한 초과이윤과 손실이 사라진다. 따라서 준지대는 단기에만 존재하고 장기에는 존재하지 않는다.

5. 지대추구행위

① 지대추구행위(rent seeking behavior)란 기득권을 지닌 이익집단들이 자신의 경제적 지대를 유지하고 보호하기 위해 각종 로비활동을 전개하는 행위를 말한다.

② 지대는 생산요소가 희소하기 때문에 발생하는 일종의 불로소득이므로 지대추구행위는 불로소득 추구행위, 독점기업가의 독점이윤 추구행위이다.

③ 지대(불로소득)를 계속 누리기 위해서는 진입을 억제하기 위한 로비활동이 필요하게 되는데 법이나 권력을 이용하여 생산요소의 공급을 제한함으로써 경제적 지대(불로소득 혹은 초과이윤)를 유지하려는 이권추구행위, 뇌물수수행위가 그 사례이다.
   ▸ 변호사협회에서 사법고시 선발인원을 늘리려고 할 때 법률서비스의 질을 저하시킨다는 이유로 반대운동을 하는 경우
   ▸ 의사협회에서 의과대학 정원을 늘리려고 할 때 의료서비스의 질을 저하시킨다는 이유로 늘리지 못하도록 하는 로비활동
   ▸ 개인택시의 수를 제한하는 행위

④ 지대추구행위의 결과 진입장벽이 구축되어 독점시장과 같이 사회적 순후생손실이 발생한다.
   ▸ 경쟁적 지대추구행위를 하게 되면 실물생산에 쓰일 수 있는 자원이 지대추구활동에 투입됨으로써 그만큼 사회적 낭비가 초래되는 것이다.

6. 지대에 대한 과세

(1) 토지세 부과의 효과
① 토지서비스 한 단위당 토지세를 부과하게 되면 토지소유자는 단위당 지대를 토지세만큼 인상하고자 한다.
② 그런데 토지서비스의 공급이 완전비탄력적이므로 토지세 부과는 토지서비스의 초과공급을 발생시켜 지대는 원래의 수준으로 복귀하게 된다.

(2) 특징
① 토지세를 부과하였을 때 토지서비스 공급자인 지주는 토지서비스 수요자에게 토지세부과를 전가하지 못하고, 토지세 전액을 토지소유자 자신이 부담하게 된다.
  ▶ 공급이 완전비탄력적인 경우 조세부과의 효과는 '제5장 수요·공급이론의 응용'의 '제2절 조세의 전가와 귀착'에서 이미 살펴본 바 있다.
② 토지세를 부과하더라도 토지서비스의 공급은 토지서비스가격인 지대에 대해 완전비탄력적이므로 토지서비스의 공급은 전혀 감소하지 않는다.
③ 토지세를 부과하더라도 토지서비스의 공급이 불변이므로 토지시장의 균형에는 아무런 변화가 발생하지 않는다. 이처럼 토지세는 자원배분의 왜곡을 발생시키지 않고, 사회후생손실을 유발하지 않으므로 중립적인 세금(neutral tax)이 된다.
④ 지대는 토지와 같이 생산요소의 공급이 제한되기 때문에 발생하므로 불로소득, 초과이윤의 성격을 지닌다.
  ▶ 토지시장에서 총지대는 생산자잉여에 해당한다.
⑤ 이러한 사실에 근거하여 헨리 조지(Henry George)는 1879년 'Progress and Poverty'라는 그의 저서에서 정부는 토지세 하나만으로 재원을 조달해야 한다는 단일세운동(single-tax movement)을 주장하였다.
  ▶ 헨리 조지(Henry George)에 의하면 토비서비스의 공급자인 지주는 생산활동에 아무런 기여를 하지 않으면서도 높은 불로소득을 얻고 있는 사람들이다.

| 지대에 대한 과세 |

- 지주에게 토지세를 부과하면 지주는 토지수요자에게 조세부과를 전가하지 못하고, 토지세 전액을 토지소유자 자신이 부담하게 된다.
- 토지세는 사회후생손실을 유발하지 않는다.

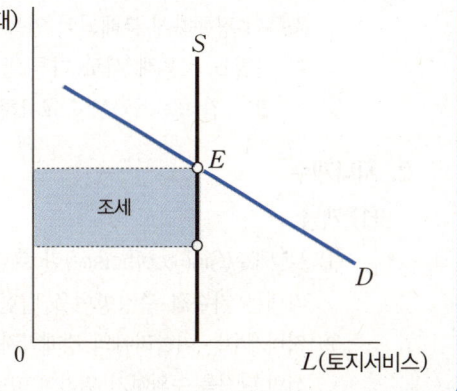

CHAPTER 21 소득분배이론

제3절 계층별 소득분배이론

I 개념

① 계층별 소득분배이론은 각 소득계층에 소득이 얼마나 균등하게 분배되어 있는지를 분석하여 부유층과 빈곤층 간의 소득분배를 연구하는 이론이다.
② 계층별 소득분배이론에서는 소득의 원천이나 형태와 상관없이 소득의 크기만을 중시하여 각 소득계층 간 소득분배를 다룬다.
③ 계층별 소득분배이론은 사회적 측면에서 빈곤층의 문제, 분배정의의 실현문제 등과 관련되어 있다는 점에서 매우 중요한 분야라고 할 수 있다.

II 소득분배불균등도의 측정

1. 로렌츠곡선

(1) 개념
  ① 로렌츠곡선(Lorenz curve)이란 인구의 누적비율을 가로축, 소득의 누적비율을 세로축으로 하는 정사각형에 계층별 소득분포를 표시한 곡선을 말한다.
  ② 로렌츠곡선을 표시하는 정사각형의 가로축에 인구의 누적비율을 표시할 때는 가장 빈곤한 사람부터 순서대로 배치한다.

(2) 측정
  ① 로렌츠곡선이 완전평등선(OA)에 접근할수록 소득분배상태는 공평해지고 멀어질수록 불공평해진다.
  ② 대각선 OA : 완전한 평등
    ▸ 모든 사람이 동일한 소득을 얻는 경우 로렌츠곡선은 대각선이 된다.
    ▸ 만약 하위계층 10%가 전체 소득의 10%를 점유한다면 로렌츠곡선은 대각선과 일치한다.
  ③ OBA로 꺾인 선분 : 완전한 불평등
    ▸ 오직 한 사람이 모든 소득을 독점하고, 나머지는 전혀 소득을 얻지 못하는 경우이다.

(3) 특징
  ① 소득이 평등하게 분배되어 있을수록 로렌츠곡선이 대각선에 더욱 가까이 위치하게 되므로 이 사실을 이용해 서로 다른 두 사회의 분배상태를 서수적으로 비교할 수 있다.
  ② 두 집단 간 로렌츠곡선이 교차하면 분배상태의 직접적인 비교가 불가능하다.

2. 지니계수

(1) 개념
  ① 지니계수(Gini coefficient)란 로렌츠곡선이 보여 주는 소득분배의 상태를 하나의 숫자로 나타내는 기수적 측정방법을 말한다.
  ② 지니계수는 이탈리아의 경제학자이자 통계학자였던 코라도 지니(Corrado Gini)가 로렌츠곡선의 단점을 보완하기 위하여 고안한 것으로서 로렌츠곡선을 이용하여 다음과 같이 측정된다.

📖 지니계수

$$지니계수(G) = \frac{\alpha}{\alpha + \beta}$$

(2) 지니계수의 값과 의미

① $0 \leq G \leq 1$
  ▸ 지니계수는 0에서 1 사이의 값을 가진다.
  ▸ 지니계수의 값이 작을수록 로렌츠곡선은 대각선에서 가까워지므로 더욱 평등한 소득분배상태를 의미한다.

② 지니계수 = 0
  ▸ 로렌츠곡선이 대각선 OA와 일치하면 $\alpha = 0$이 되어 지니계수가 0이 된다.
  ▸ 지니계수가 0이면 완전한 평등을 의미한다.

③ 지니계수 = 1
  ▸ 로렌츠곡선이 OBA로 꺾인 선분이면 $\beta = 0$이 되어 지니계수가 1이 된다.
  ▸ 지니계수가 1이면 완전한 불평등을 의미한다.

(3) 특징

① 장점
  ▸ 지니계수는 기수적 측정방법이므로 로렌츠곡선이 교차하는 때도 두 집단 간 소득분배상태를 기수적으로 비교할 수 있다.
  ▸ 소득분배의 상태를 평가하는 지표로서 가장 많이 사용된다.

② 단점
  ▸ 공평한 소득분배라고 하는 것은 여러 가지 측면을 포괄하는 개념임에도 불구하고 로렌츠곡선과 지니계수는 소득이 얼마나 균등하게 분배되었느냐는 하나의 차원에서만 평가하므로 현실에 존재하는 소득불평등의 정도를 측정하는 지표로서 명백한 한계점을 지니고 있다.
  ▸ 국민 전체의 소득분배상태는 표시할 수 있지만, 특정한 계층의 분배상태를 표시할 수 없다.

| 로렌츠곡선 |

- 로렌츠곡선은 인구의 누적비율과 소득의 누적비율 사이의 관계를 나타낸 곡선이다.
- 로렌츠곡선이 대각선에 가까워질수록 소득분배가 균등해짐을 의미한다.

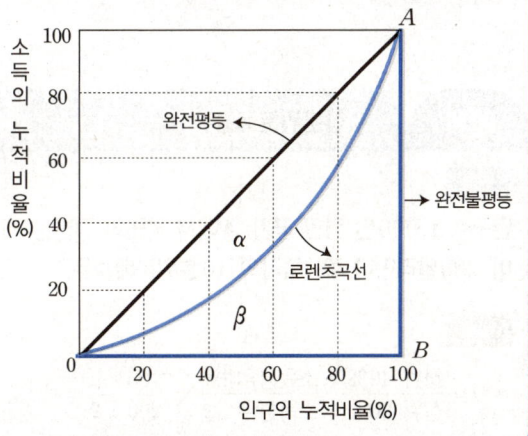

CHAPTER 21 소득분배이론

3. 십분위분배율

(1) 개념
① 십분위분배율(deciles distribution ratio)이란 전체 가계의 소득수준을 10등분으로 나눌 때 최하위 40% 소득계층의 소득점유비율이 최상위 20% 소득계층의 소득점유비율에서 차지하는 비중을 말한다.
② 십분위분배율은 다음과 같이 측정된다.

> **십분위분배율**
>
> $$D = \frac{\text{하위 } 40\%\text{의 소득점유비율}}{\text{상위 } 20\%\text{의 소득점유비율}}$$

(2) 측정
① $0 \leq D \leq 2$
   - 십분위분배율은 0에서 2 사이의 값을 가진다.
   - 십분위분배율의 값이 클수록 더욱 평등한 소득분배상태를 의미한다.
② $D = 2$
   - 소득계층의 하위 40%가 전체 소득의 40%를 점유하는 경우로서 완전한 균등분배를 의미한다.
③ $D = 0$
   - 소득계층의 하위 40%가 소득이 전혀 없는 경우로서 완전한 불균등분배를 의미한다.

(3) 특징
① 장점
   - 측정이 간단하므로 소득분배정책지표로 활용할 수 있다.
   - 세계 각국에서 실제 소득분배를 연구할 때 가장 널리 사용되는 방법이다.
② 단점
   - 이론적인 배경이 미흡하다.
   - 특정한 소득계층의 소득분배상태를 표시할 수 있지만, 국민 전체의 소득분배상태는 표시할 수 없다.

예제 십분위분배율

문제
인구수 1,000만 명인 국가 A에서 국민의 절반은 개인소득이 100달러이고, 나머지 절반은 개인소득이 200달러이다. 이 국가의 10분위분배율은? (2009 공인노무사)

해설
- $D = \dfrac{\text{하위 } 40\%\text{의 소득점유비율}}{\text{상위 } 20\%\text{의 소득점유비율}} = \dfrac{100 \times 4}{200 \times 2} = 1$

PART 07

후생경제학과 공공경제이론

21 후생경제학
22 시장실패
23 정보경제학

CHAPTER 22 후생경제학

PART 07 | 후생경제학과 공공경제이론

제1절 개요

I 개념

1. 후생경제학
① 후생경제학(welfare economics)이란 현재의 경제상태가 자원배분의 효율성과 소득분배의 공평성 측면에서 바람직한가를 분석하는 경제학의 분야이다.
② 어떤 경제상태를 평가하는 기준으로는 '자원배분의 효율성'과 '소득분배의 공평성'이 있다. 자원배분이 효율적으로 이루어졌는가는 '파레토효율성'이 달성된 정도로 평가하고, 소득분배가 공평하게 이루어졌는가는 '사회후생함수'로 평가한다.

2. 기타
① 에지워스상자(Edgeworth box)란 사회 전체의 재화부존량 또는 사회 전체의 생산요소부존량을 나타내는 사각형을 말한다.
② 실현 가능한 배분(feasible allocation)이란 어떤 자원이나 생산물의 배분상태가 경제 내에 존재하는 부존량을 초과하지 않은 경우의 배분상태를 말한다.

II 파레토효율성

1. 파레토우위/파레토열위/파레토개선
① 어떤 두 배분상태 A와 B를 비교할 때 A의 배분상태가 B의 배분상태보다 구성원 어느 누구도 후생이 감소하지 않으면서 적어도 한 사람의 후생이 증가한 배분상태라면 A의 배분상태는 B의 배분상태보다 '파레토우위(Pareto superior)'라고 하고, B의 배분상태는 A의 배분상태보다 '파레토열위(Pareto inferior)'라고 한다.
② '파레토개선(Pareto improvement)'은 어느 한 사람에게도 손해를 끼치지 않고, 최소한 한 사람 이상에게 이득을 가져다주는 배분상태로 변화하는 경우를 말한다.

2. 파레토효율성
① 하나의 자원배분상태가 주어져 있을 때 아무에게도 손해가 가지 않으면서 어떤 사람에게 이득을 가져다주는 새로운 배분상태로 이를 변화시키는 것이 불가능할 때, 이 상태를 '파레토효율(Pareto efficiency)' 또는 '파레토최적(Pareto optimality)'이라고 한다.
② 파레토효율은 현재보다 파레토우위인 배분상태가 존재하지 않아 더 이상의 파레토개선이 불가능한 자원배분상태이다.
③ 파레토효율은 자원배분이 효율적으로 이루어진 상태이다.

제2절 파레토효율성

I 소비(교환)의 파레토효율성

1. 파레토효율의 달성 과정

(1) 최초의 자원배분상태

① 최초에 소비자 A는 X재와 Y재를 X_A, Y_A만큼 소유하고 있다.

② 최초에 소비자 B는 X재와 Y재를 X_B, Y_B만큼 소유하고 있다.

(2) 파레토효율의 달성 과정

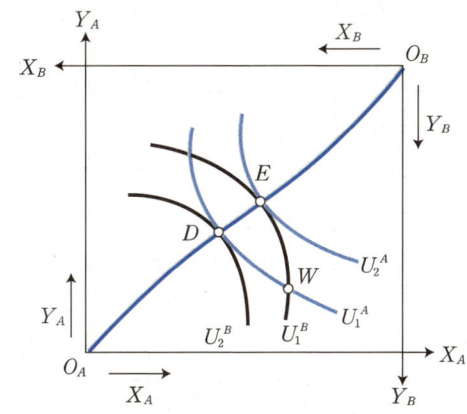

최초배분상태 W점 → D점으로 재배분
- A의 효용 불변(U_1^A)
- B의 효용 증가$(U_1^B → U_2^B)$ ⎤ 파레토개선
- D점은 어떤 사람의 효용을 감소시키지 않고서는 다른 사람의 효용을 증가시킬 수 없는 배분상태이므로 파레토효율적인 자원배분상태이다.

최초배분상태 W점 → E점으로 재배분
- A의 효용 증가$(U_1^A → U_2^A)$
- B의 효용 불변(U_1^B) ⎤ 파레토개선
- E점은 어떤 사람의 효용을 감소시키지 않고서는 다른 사람의 효용을 증가시킬 수 없는 배분상태이므로 파레토효율적인 자원배분상태이다.

2. 소비(교환)의 파레토효율성조건

① 소비(교환)의 파레토효율적인 배분상태에서는 두 소비자 A와 B의 무차별곡선이 서로 접한다.

② 소비(교환)의 파레토효율성조건은 소비자 A와 B의 한계대체율(MRS_{XY})이 서로 같아야 한다는 것이다.

> **소비(교환)의 파레토효율성조건**
> $$MRS_{XY}^A = MRS_{XY}^B$$

③ $MRS_{XY}^A > MRS_{XY}^B$의 관계식이 성립한다면 X재를 소비자 B로부터 소비자 A에게 재배분해야 하고, Y재를 소비자 A로부터 소비자 B에게 재배분해야 한다.

④ 만약 $MRS_{XY}^A < MRS_{XY}^B$의 관계식이 성립한다면 그 반대의 과정을 거쳐야 한다.

3. 소비계약곡선과 효용가능곡선

(1) 소비계약곡선

① 두 소비자의 무차별곡선이 서로 접하는 점들(A, B, C)을 연결하면 소비계약곡선(consumption contract curve)이 도출된다.

② 소비계약곡선상의 모든 점은 소비(교환)의 파레토효율성조건인 $MRS_{XY}^A = MRS_{XY}^B$를 만족한다.

(2) 효용가능곡선

① 효용가능곡선(Utility Possibility Curve : UPC)이란 주어진 상품의 조합을 두 사람 사이에 배분할 때 두 사람이 얻을 수 있는 최대한의 효용수준의 조합점을 연결한 곡선을 말한다.
  ▸ 효용가능곡선은 생산가능곡선과는 달리 효용의 서수성으로 인해 매끄러운 형태를 갖지 않는다.
  ▸ 소비자이론에서 무차별곡선의 경우 효용의 서수성을 가정하고, 생산자이론에서 등량곡선의 경우 생산량의 기수성을 가정한다.

② 소비계약곡선상의 A점에서 B, C점으로 이동하면 소비자 A의 효용(U^A)은 증가하고, 소비자 B의 효용(U^B)은 감소하게 된다.

③ 소비계약곡선상에 해당하는 두 소비자 A와 B의 효용수준을 효용공간에 옮기면 효용가능곡선이 도출된다.

④ 생산의 파레토효율성문제에서 도출되는 생산가능곡선의 각 점에 대응하는 소비(교환)의 에지워스상자가 무수히 존재하므로 효용가능곡선도 무수히 존재하게 된다.

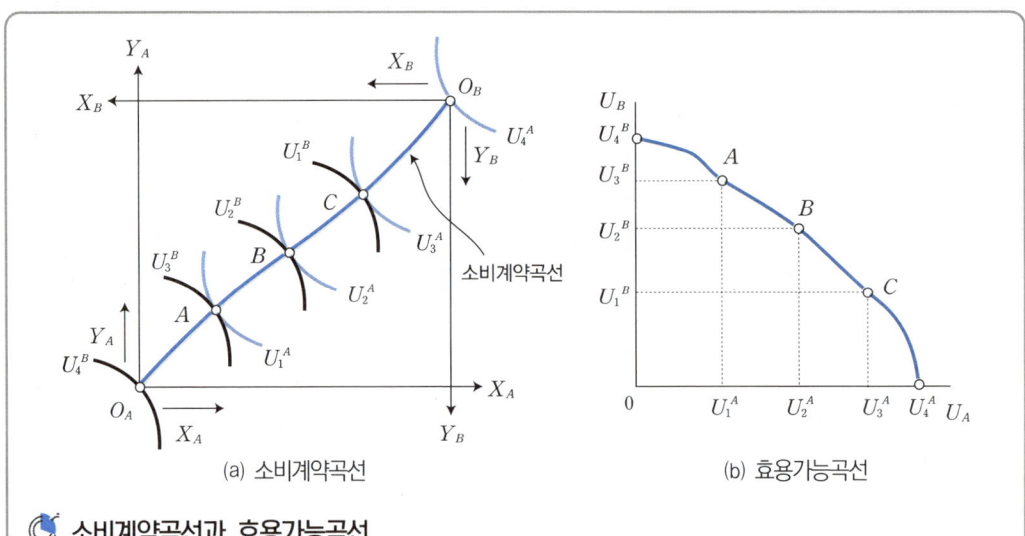

(a) 소비계약곡선   (b) 효용가능곡선

🔍 소비계약곡선과 효용가능곡선

- 소비의 효율성조건을 만족하는 점들을 연결하면 소비계약곡선이 도출된다.
- 소비계약곡선을 효용공간으로 옮긴 것이 효용가능곡선이다.

Ⅱ 생산의 파레토효율성

1. 파레토효율의 달성 과정

(1) 최초의 자원배분상태

① 최초에 X재 생산에 노동(L)과 자본(K)이 L_X, K_X만큼 투입되고 있다.

② 최초에 Y재 생산에 노동(L)과 자본(K)이 L_Y, K_Y만큼 투입되고 있다.

(2) 파레토효율의 달성 과정

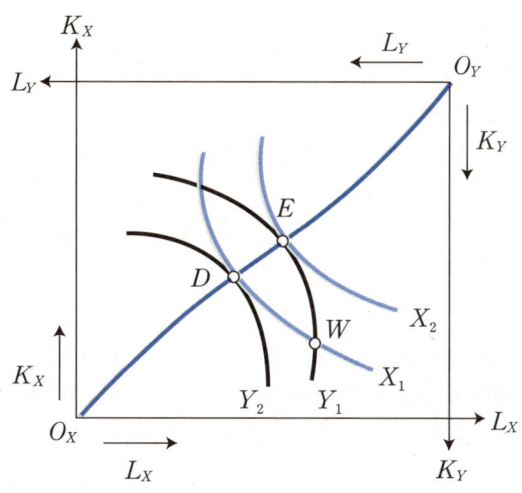

최초배분상태 W점 → D점으로 재배분
- X재의 생산 불변(X_1)
- Y재의 생산 증가($Y_1 → Y_2$) ⎤→ 파레토개선
- D점은 어떤 재화의 생산을 감소시키지 않고서는 다른 재화의 생산을 증가시킬 수 없는 배분상태이므로 파레토효율적인 자원배분상태이다.

최초배분상태 W점 → E점으로 재배분
- X재의 생산 증가($X_1 → X_2$)
- Y재의 생산 불변(Y_1) ⎤→ 파레토개선
- E점은 어떤 재화의 생산을 감소시키지 않고서는 다른 재화의 생산을 증가시킬 수 없는 배분상태이므로 파레토효율적인 자원배분상태이다.

2. 생산의 파레토효율성조건

① 파레토효율적인 배분상태에서는 두 재화에 대한 등량곡선이 서로 접하고 있다.

② 생산의 파레토효율성조건은 X재와 Y재의 한계기술대체율($MRTS_{LK}$)이 서로 같아야 한다는 것이다.

> **생산의 파레토효율성조건**
> $$MRTS_{LK}^X = MRTS_{LK}^Y$$

③ $MRTS_{LK}^X > MRTS_{LK}^Y$의 관계식이 성립한다면 노동($L$)을 Y재 생산으로부터 X재 생산으로 재배분해야 하고, 자본(K)을 X재 생산으로부터 Y재 생산으로 재배분해야 한다.

④ 만약 $MRTS_{LK}^X < MRTS_{LK}^Y$의 관계식이 성립한다면 그 반대의 과정을 거쳐야 한다.

3. 생산계약곡선과 생산가능곡선

(1) 생산계약곡선
① 두 재화의 등량곡선이 접하는 점들을 연결하면 생산계약곡선(production contract curve)이 된다.
② 생산계약곡선상의 모든 점은 생산의 파레토효율성조건인 $MRTS_{LK}^{X} = MRTS_{LK}^{Y}$를 만족한다.

(2) 생산가능곡선
① 생산가능곡선(Production Possibility Curve : PPC)이란 주어진 자원과 기술수준 하에서 그 사회가 모든 자원을 효율적으로 사용하여 최대한 생산 가능한 두 재화의 조합점을 연결한 곡선이다.
② 생산계약곡선상의 A점에서 B, C점으로 이동하면 X재의 생산은 증가하고, Y재의 생산은 감소하게 된다.
③ 생산계약곡선상에 해당하는 두 재화 X재와 Y재의 생산수준을 재화공간에 옮기면 생산가능곡선이 도출된다.
④ 한계전환율(한계변환율)
  ▸ 한계전환율(Marginal Rate of Transformation : MRT)이란 생산의 파레토효율성을 유지하면서 X재의 생산을 한 단위 추가로 증가시킬 때 포기해야 하는 Y재의 양을 말한다.
  ▸ 생산가능곡선상의 모든 점에서는 투입된 생산요소의 양이 동일하므로 생산비용도 동일하다.

> **한계전환율**
> $$MRT_{XY} = \lim_{\Delta X \to 0}\left[-\frac{\Delta Y}{\Delta X}\right] = -\frac{dY}{dX} = \frac{MC_X}{MC_Y}$$

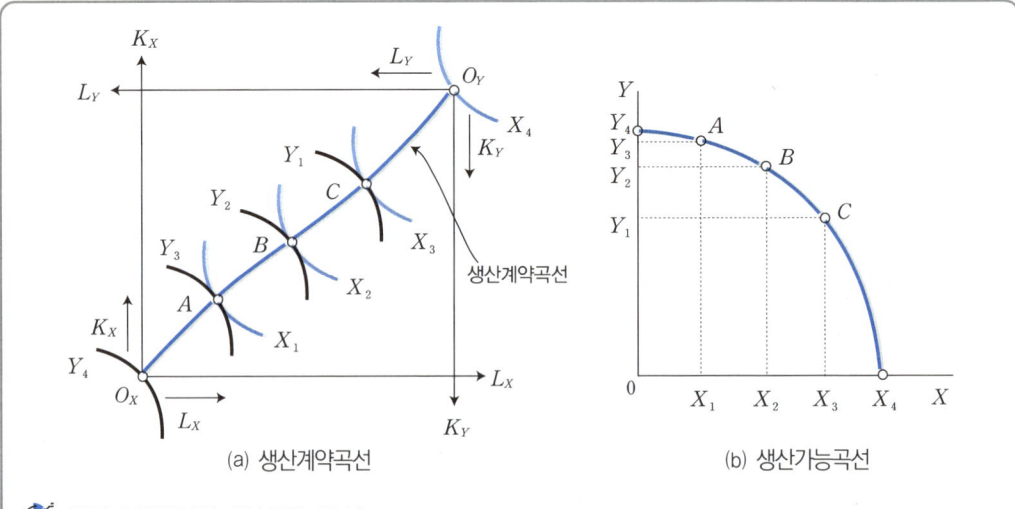

(a) 생산계약곡선   (b) 생산가능곡선

생산계약곡선과 생산가능곡선
- 생산의 효율성조건을 만족하는 점들을 연결하면 생산계약곡선이 도출된다.
- 생산계약곡선을 재화공간으로 옮긴 것이 생산가능곡선이다.

Ⅲ 생산물구성의 파레토효율성

1. 생산가능곡선
① 생산가능곡선은 한 사회에 주어진 모든 자원을 가장 효율적으로 투입하여 최대한 생산 가능한 두 재화 X와 Y의 조합점들을 연결한 곡선이다.
② 생산가능곡선상의 모든 점에서 생산의 파레토효율성을 만족하고 투입된 자원의 양이 동일하므로 동일한 생산비용을 나타낸다.

2. 사회무차별곡선
① 사회무차별곡선은 한 사회의 대표적 소비자에게 동일한 효용을 가져다주는 X재와 Y재의 조합점들을 연결한 곡선을 말한다.
② 가장 일반적인 사회무차별곡선을 가정하면 사회무차별곡선은 우하향하면서 원점에 대해 볼록한 모양을 갖고, 원점에서 멀어질수록 높은 효용수준을 나타낸다.
③ 여기에서의 사회무차별곡선은 한 사회의 대표적 소비자의 무차별곡선을 말하므로 독자들은 추후 논의하게 될 사회후생함수에서 도출되는 사회무차별곡선과 혼동하지 말아야 한다.

3. 생산물구성의 파레토효율성
① 생산물구성의 파레토효율성문제는 생산가능곡선이 주어졌을 때 어떠한 생산점이 사회 전체적으로 가장 바람직하고 효율적인 선택인가라는 문제이다.
② 생산물구성의 파레토효율성을 달성하는 생산점은 생산가능곡선과 대표적 소비자의 사회무차별곡선이 접하는 E점이다.
③ 생산물구성의 파레토효율성조건은 한 사회의 대표적 소비자의 한계대체율(MRS_{XY})과 한계전환율(MRT_{XY})이 일치한다는 것이다.

> **생산물구성의 파레토효율성조건**
> $$MRS_{XY} = MRT_{XY}$$

| 생산물구성의 파레토효율성 |

- 생산가능곡선과 사회무차별곡선이 접하는 점이 생산물구성의 파레토효율성을 만족하는 점이다.
- 사회무차별곡선은 한 사회의 대표적 소비자의 무차별곡선이다.

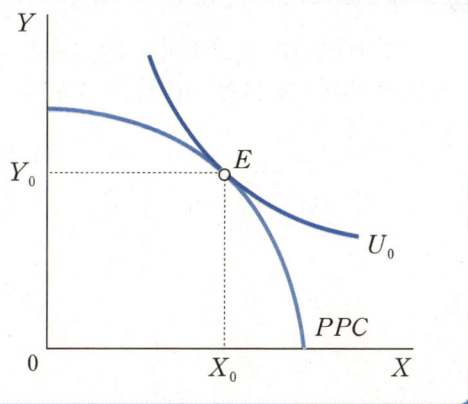

Ⅳ 종합적 파레토효율성

1. 개념

① 종합적 파레토효율성이란 소비의 파레토효율성과 생산의 파레토효율성, 생산물구성의 파레토효율성을 동시에 만족하면서 더 이상의 소비자의 효용을 증가시키는 것이 불가능한 자원배분을 말한다.

② 종합적 파레토효율성문제는 생산가능곡선상에서 생산물구성의 파레토효율성을 만족하는 한 점을 선택한 후 X재와 Y재를 소비자들(A, B)에게 어떻게 배분해야 경제 전체의 효율적인 자원배분이 달성될 수 있는가에 관한 문제이다.

2. 내용

(1) 생산의 파레토효율성
① 생산의 파레토효율성조건은 $MRTS_{LK}^X = MRTS_{LK}^Y$이다.
② 생산가능곡선상의 모든 점은 생산의 파레토효율성조건을 만족한다.

(2) 생산물구성의 파레토효율성
① 생산물구성의 파레토효율성조건은 $MRS_{XY} = MRT_{XY}$이다.
② 생산가능곡선상의 한 점인 E점이 선택되면 X재와 Y재의 생산량은 (X_0, Y_0)로 주어진다.

(3) 소비(교환)의 파레토효율성
① 소비(교환)의 파레토효율성조건은 $MRS_{XY}^A = MRS_{XY}^B$이다.
② E점을 중심으로 재화의 에지워스상자가 그려지고, 소비(교환)의 파레토효율성은 두 소비자 A와 B의 무차별곡선이 접하는 소비계약곡선상에서 이루어진다.

(4) 종합적 파레토효율성

> **종합적 파레토효율성조건**
> $$MRS_{XY}^A = MRS_{XY}^B = MRT_{XY}$$

| 종합적 파레토효율성 |

- 종합적 파레토효율성을 만족하는 점은 B점이 된다.
- 종합적 파레토효율성조건 : $MRS_{XY}^A = MRS_{XY}^B = MRT_{XY}$

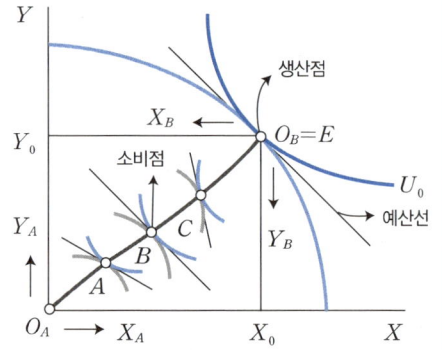

제3절 사회후생의 극대화

I 효용가능경계

1. 개념

① 효용가능경계(Utility Possibilities Frontier : UPF)란 한 경제에 존재하는 경제적 자원을 가장 효율적으로 배분했을 때 얻을 수 있는 소비자 A와 소비자 B의 효용수준의 조합을 말한다.
② 생산가능곡선상의 생산점이 무수히 많이 존재하게 되므로 각각의 생산점에 해당하는 효용가능 곡선도 무수히 많이 존재하게 된다. 효용가능경계는 무수히 많은 효용가능곡선들 중 가장 밖에 위치한 부분들을 모아 연결한 궤적으로서 효용가능곡선들의 포락선(envelope curve)을 말한다.
③ 효용가능경계를 총효용가능곡선(total utility possibilities curve) 또는 대효용가능곡선(grand utility possibilities curve)이라고도 한다.

2. 도출

① 주어진 생산가능곡선상에서 α, β, γ의 세 생산점이 선택이 된다면 각각 그 생산점에 해당하는 소비(교환)의 에지워스상자가 그려진다. 소비(교환)의 파레토효율성조건을 통해 소비계약 곡선도 $OA\alpha$, $OB\beta$, $OC\gamma$의 세 가지가 도출된다.
② 세 가지 소비계약곡선 $OA\alpha$, $OB\beta$, $OC\gamma$에 해당하는 각각의 효용가능곡선이 도출되고, 세 가지 효용가능곡선들을 감싸는 포락선이 효용가능경계가 된다.

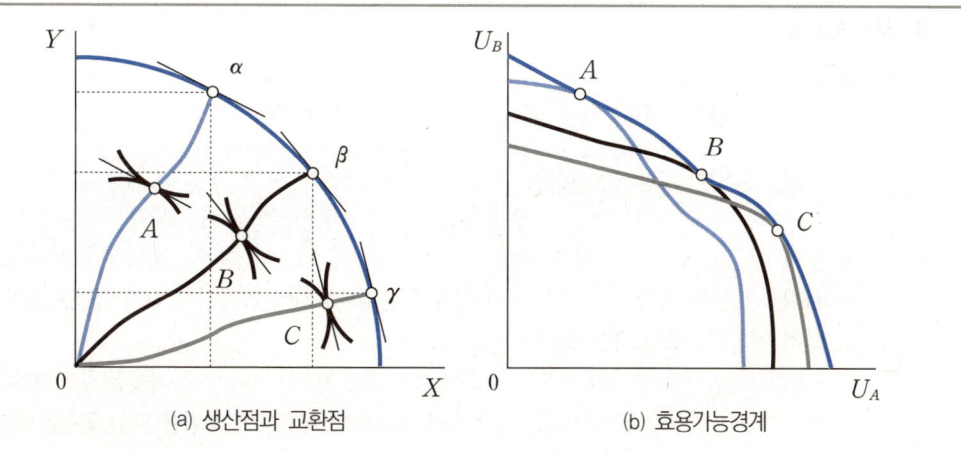

(a) 생산점과 교환점　　　　(b) 효용가능경계

🔵 효용가능경계의 도출

- 생산가능곡선상에서 α, β, γ점이 주어지면 각 점에서 하나의 에지워스상자가 결정되고 그에 해당하는 소비계약곡선들이 도출된다.
- 각각의 소비계약곡선들을 효용공간으로 옮기면 세 개의 효용가능곡선들이 그려진다.
- 효용가능곡선들의 가장 바깥쪽 점들을 연결하면 효용가능경계가 도출된다.

CHAPTER 22 후생경제학

Ⅱ 사회후생함수와 사회무차별곡선

1. 사회후생함수의 필요성
① 효용가능경계상의 모든 점은 자원배분의 효율성을 충족하지만, 소득분배가 공평하게 이루어졌는지는 알 수 없다.
② 따라서 현재의 경제상태가 사회적으로 바람직한 배분상태인가를 살펴보기 위해서 소득분배의 공평성을 내포한 사회후생함수를 고려해야 한다.

2. 개념
(1) 사회후생함수
① 사회후생함수(Social Welfare Function : SWF)란 사회구성원들의 선호를 종합하여 사회 전체의 선호로 나타내는 함수를 말한다.
② 사회구성원이 A와 B 두 사람으로만 구성되어 있다면 사회후생함수는 다음과 같이 표시된다.

> **사회후생함수**
> $$SW = f(U_A, U_B)$$

(2) 사회무차별곡선
① 사회무차별곡선(Social Indifference Curve : SIC)이란 동일한 사회후생수준을 가져다주는 두 사회구성원의 효용의 조합점들을 연결한 곡선을 말한다.
② 어떤 사회후생함수가 내포하고 있는 가치판단의 성격은 사회무차별곡선에 반영되므로 사회후생함수에 따라 사회무차별곡선의 형태도 달라진다.

3. 사회후생함수
(1) 공리주의
① 선형 효용함수 : 사회후생은 개인효용의 합에 의해 결정된다.

> **공리주의 사회후생함수**
> $$SW = U_A + U_B$$

② 사회후생은 두 사람 사이에 효용이 어떻게 분배되는지에 관계없이 단지 개인효용의 합에 의해 결정되므로 효용분배와는 무관하다.
  ▸ 사회후생함수를 구성하는 것이 소득이 아닌 효용이라는 사실을 독자들은 주의해야 한다.
③ 따라서 효용함수가 동일하다는 가정 하에 소득의 한계효용이 체감할 때는 균등분배가, 소득의 한계효용이 체증할 때는 불균등분배가 사회후생을 극대화시킨다.
  ▸ 소득의 한계효용이 체감할 때 소득 한 단위의 증가는 부자보다 빈자에게 더 큰 효용 증가를 주므로 소득재분배는 사회후생을 증가시킨다.
④ 최대다수의 최대행복을 주장한 벤담(J. Bentham)의 공리주의 개념이다.
⑤ 사회무차별곡선은 기울기가 -1인 우하향의 직선으로 도출된다.

(2) 평등주의

① 콥-더글라스 효용함수 : 높은 효용수준을 누리는 사람의 효용에는 낮은 가중치를 적용하고, 낮은 효용수준을 누리는 사람의 효용에는 높은 가중치를 적용한다.

> **평등주의 사회후생함수**
> $$SW = U_A U_B$$

② 높은 소득을 가진 사람으로부터 낮은 소득을 가진 사람에게로 소득을 재분배해야 한다는 주장의 근거가 되고 있다.
③ 사회무차별곡선은 우하향하면서 원점에 대해 볼록한 형태를 보인다.
④ 소득재분배정책의 의지가 강하고 평등주의적 경향이 커질수록 사회무차별곡선의 볼록성은 더욱 커진다.

(3) 롤즈주의

① 레온티에프 효용함수 : 최소극대화 원칙으로서 사회후생은 그 사회 극빈층의 후생수준에 의해 결정된다.
▶ 롤스의 사회후생함수를 최빈자우대(maximin) 사회후생함수라고도 한다.

> **롤즈주의 사회후생함수**
> $$SW = \min(U_A, U_B)$$

② 롤즈(J. Rawls)는 사회에서 가장 못사는 사람의 생활수준을 가능한 한 크게 개선하는 것이 재분배정책의 최우선 과제라고 주장하였다.
③ 사회무차별곡선은 L자형의 형태를 보인다.
④ 소득재분배정책의 의지와 평등주의적 경향이 가장 강한 경우로서 극단적인 평등주의적 가치관을 내포하고 있다.

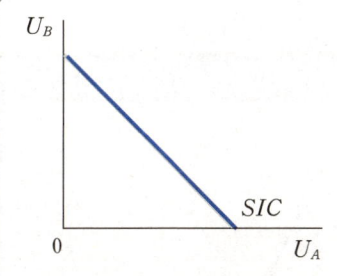

공리주의 사회무차별곡선
- 사회후생함수 : $SW = U_A + U_B$
- 사회무차별곡선은 기울기가 -1인 우하향하는 직선이다.

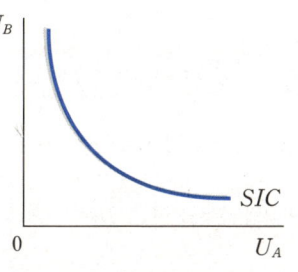

평등주의 사회무차별곡선
- 사회후생함수 : $SW = U_A U_B$
- 사회무차별곡선은 우하향하면서 원점에 대해 볼록한 형태를 보인다.

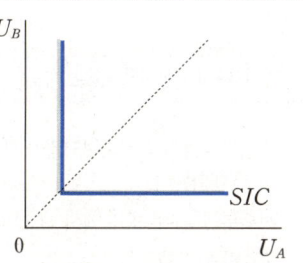

롤즈주의 사회무차별곡선
- 사회후생함수 : $SW = \min(U_A, U_B)$
- 사회무차별곡선은 L자형의 형태를 보인다.

Ⅲ 사회후생의 극대화

1. 효용가능경계
① 효용가능경계상의 모든 점들은 경제 내의 모든 자원을 가장 효율적으로 배분하였을 때 사회구성원인 소비자 A와 소비자 B가 얻을 수 있는 효용의 조합을 나타낸다.
② 효용가능경계상의 모든 점들은 소비의 파레토효율성, 생산의 파레토효율성, 종합적 파레토효율성을 모두 만족하므로 효율적인 자원배분상태를 나타낸다.

2. 사회무차별곡선
① 사회무차별곡선은 동일한 사회후생을 가져다주는 소비자 A와 소비자 B의 효용의 조합을 나타낸다.
② 가장 일반적인 평등주의 사회무차별곡선을 가정하면 사회무차별곡선은 우하향하면서 원점에 대해 볼록한 모양을 갖는다.
   ▸ 평등주의 : 높은 효용수준을 누리는 사람의 효용에는 낮은 가중치를 적용하고, 낮은 효용수준을 누리는 사람의 효용에는 높은 가중치를 적용한다.
   ▸ 사회후생함수 : $SW = U_A U_B$
③ 원점에서 멀리 떨어진 사회무차별곡선일수록 보다 높은 사회후생수준을 나타낸다.

3. 사회후생의 극대화
① 자원배분의 효율성과 소득분배의 공평성을 동시에 만족하게 되면 가장 바람직한 배분을 이루게 되면서 사회후생은 극대화된다.
② 자원배분의 효율성과 소득분배의 공평성이 동시에 충족되는 사회후생의 극대화수준은 효용가능경계와 사회무차별곡선이 접하는 점(E)에서 달성된다.
③ 사회후생의 극대화를 달성하는 균형점 E에서 A는 U_A^0만큼의 효용을 얻고, B는 U_B^0만큼의 효용을 얻는다.

| 사회후생의 극대화 |

- 효용가능경계와 사회무차별곡선이 접하는 E점에서 사회후생이 극대화된다.
- 사회후생의 극대화점에서 A는 U_A^0만큼의 효용을 얻고, B는 U_B^0만큼의 효용을 얻는다.

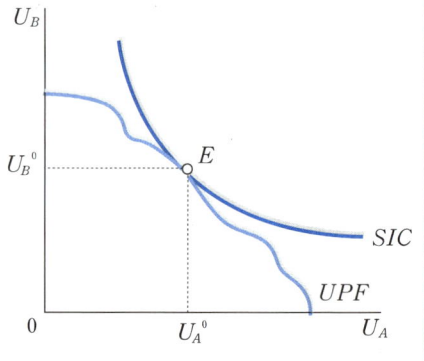

CHAPTER 23 시장실패

PART 07 | 후생경제학과 공공경제이론

제1절 개요

I 개념

① 시장실패(market failure)란 시장의 가격기구에 의한 경제문제해결이 효율적인 자원배분을 실현하지 못하여 사회적 후생이 극대화되지 않은 상황을 의미한다.
② 시장실패가 발생하면 정부가 시장을 간섭하고 규제하게 되므로 시장실패는 정부의 시장개입을 정당화시키는 이론적 근거가 된다.
③ 여기에서 주의할 점은 소득분배의 불공평성이 협의의 시장실패에는 포함되지 않는다는 사실이다. 시장기능은 어디까지나 자원배분의 효율성에만 초점을 맞추고 있고, 소득분배의 공평성에는 명확한 해답을 주지 않는다.
  ▶ 물론 광의의 시장실패에는 경제안정과 공평한 소득분배의 문제까지 포함하지만 일반적으로 시장실패라고 한다면 협의의 시장실패만을 의미한다.

II 시장실패의 원인

① 시장실패에는 자원배분의 효율성을 달성하지 못하는 미시적 시장실패와 경제의 안정성이 저해되는 거시적 시장실패가 있지만, 일반적으로 시장실패는 미시적 시장실패를 의미한다.
② 완전경쟁시장에서는 가격(P)과 한계비용(MC)이 일치하여 시장의 효율성을 달성하지만, 불완전경쟁시장에서는 가격(P)과 한계비용(MC) 사이에 격차가 발생함으로써 시장의 비효율성을 낳는다. 이는 이미 생산물시장이론에서 논의하였다.
③ 규모의 경제(economies of scale)가 발생하면 기술적 요인에 의해 불완전경쟁이 발생하게 되고, 이는 자연독점(natural monopoly)을 유발하게 된다. 이는 이미 생산물시장이론에서 논의하였다.
④ 불확실성이 존재하더라도 완전한 조건부 상품시장이 존재한다면 완전경쟁시장에서 자원배분의 효율성이 달성되지만, 현실에서는 완전한 조건부 상품시장이 존재하지 않는다.
⑤ 불완전정보와 비대칭정보 하에서는 역선택(adverse selection)과 도덕적 해이(moral hazard)가 발생하여 시장실패가 나타난다. 이는 정보경제학에서 다루어질 예정이다.

미시적 시장실패	거시적 시장실패
• 불완전경쟁 • 규모의 경제 • 외부효과(외부성) • 공공재 • 위험과 불확실성 • 비대칭정보	• 실업 • 인플레이션 • 국제수지 불균형

CHAPTER 23 시장실패

제2절 외부성(외부효과)

I 개요

1. 외부성의 개념
① 외부성(externalities)이란 어떤 경제주체의 경제행위가 다른 경제주체에게 의도하지 않은 혜택이나 손해를 가져다주면서도 그에 대한 대가를 받지도 지급하지도 않는 경우를 말한다.
② 외부효과(external effect)란 어떤 경제주체의 경제행위가 '시장기구를 통하지 않고' 다른 경제주체의 경제활동에 영향을 미치는 현상을 말한다.
③ 이처럼 외부효과의 본질은 어떤 경제주체의 행위가 '시장기구를 통하느냐'의 여부이다. 따라서 다른 경제주체에게 미친 혜택이나 손해에 대해 대가를 받거나 지급하게 되면 이는 외부효과가 내부화된 것이므로 더는 외부효과가 아니다.
④ 피상적으로 외부효과와 유사해 보이지만 외부효과로 보지 않는 경우가 있다. 시장의 가격기구를 통해 제3자에게 유리하거나 불리한 영향을 미치는 것을 '금전적 외부성'이라고 한다. 예를 들어 정부의 대규모 건설공사 발주로 건축자재의 가격이 상승함에 따라 민간 건설업자가 피해를 보았다면 이것이 금전적 외부성이 된다. 또는 어떤 산업에 투자를 하여 생산능력을 확대한 결과, 규모의 경제에 의해 가격이 하락하고 이 산업의 제품을 원자재로 사용하는 연관산업이 이익을 보았을 때에도 금전적 외부성이 된다. 금전적 외부성은 소득분배에만 영향을 미치고 자원배분에는 영향을 미치지 않는다.

2. 외부성의 구분

(1) 외부경제와 외부비경제
① 외부경제(positive externalities): 어떤 경제활동과정에서 발생한 행위가 다른 사람에게 의도하지 않은 혜택을 주면서도 이에 대한 대가를 받지 못하는 것이다.
② 외부비경제(negative externalities): 어떤 경제활동과정에서 발생한 행위가 다른 사람에게 의도하지 않은 손해를 입히고도 이에 대한 대가를 지급하지 않는 것이다.
③ 정부는 외부경제가 발생하면 보조금을 지급하고, 외부비경제가 발생하면 조세를 부과함으로써 외부성의 내부화를 유도하게 된다.

(2) 소비의 외부성과 생산의 외부성
① 소비의 외부성이란 소비과정에서 발생하는 외부경제와 외부비경제를 말한다.
② 생산의 외부성이란 생산과정에서 발생하는 외부경제와 외부비경제를 말한다.

구분	외부경제	외부비경제
소비	• 대중교통수단의 이용 • 도심사유지에 공원조성 • 예방접종 • 개인의 교육투자나 인적자본투자	• 흡연 • 차를 운전하는 사람이 배기가스를 방출하는 것 • 가정에서 쓰는 합성세제가 하천의 수질을 오염시키는 경우 • 어떤 사람이 한밤중에 큰 소리로 음악을 틀어 이웃을 불편하게 하는 경우 • 약수의 과다소비
생산	• 과수원과 양봉업자(꿀벌) • 기술개발이나 교육	• 공단에서 방출되는 공해물질로 인해 양식업자가 피해를 보는 경우 • 세탁소 주변의 연탄공장

3. 기본개념

(1) 편익

① 외부편익(External Benefit : EB)이란 외부경제 시 발생하는 편익을 말한다.
② 한계외부편익(Marginal External Benefit : MEB)이란 생산량 한 단위를 추가로 소비 및 생산했을 때 외부편익(EB)의 증가분으로서 한계외부편익(MEB)은 소비량 및 생산량이 증가함에 따라 체감하게 된다.
③ 사적 한계편익(Private Marginal Benefit : PMB)이란 소비자 개인의 입장에서 소비를 통해 얻는 한계편익을 말한다.
④ 사회적 한계편익(Social Marginal Benefit : SMB)이란 사회 전체적인 입장에서 소비를 통해 얻는 한계편익을 말한다.

(2) 비용

① 외부비용(External Cost : EC)이란 외부비경제 시 발생하는 비용을 말한다.
② 한계외부비용(Marginal External Cost : MEC)이란 생산량 한 단위를 추가로 소비 및 생산했을 때 외부비용(EC)의 증가분으로서 한계외부비용(MEC)은 소비량 및 생산량이 증가함에 따라 체증하게 된다.
③ 사적 한계비용(Private Marginal Cost : PMC)이란 생산자 개인의 입장에서 생산을 위하여 지출한 한계비용을 말한다.
④ 사회적 한계비용(Social Marginal Cost : SMC)이란 사회 전체적인 입장에서 생산을 위하여 지출한 한계비용을 말한다.

4. 외부성이 존재할 때 편익과 비용의 관계

외부성	편익과 비용의 관계
소비의 외부경제	$SMB = PMB + MEB$
소비의 외부비경제	$SMB = PMB - MEC$
생산의 외부경제	$SMC = PMC - MEB$
생산의 외부비경제	$SMC = PMC + MEC$

① 소비의 외부경제 시 사회적 한계편익(SMB)은 사적 한계편익(PMB)보다 한계외부편익(MEB)만큼 증가하게 되고, 소비의 외부비경제 시 사회적 한계편익(SMB)은 사적 한계편익(PMB)보다 한계외부비용(MEC)만큼 감소하게 된다.
② 생산의 외부경제 시 사회적 한계비용(SMC)은 사적 한계비용(PMC)보다 한계외부편익(MEB)만큼 감소하게 되고, 생산의 외부비경제 시 사회적 한계비용(SMC)은 사적 한계비용(PMC)보다 한계외부비용(MEC)만큼 증가하게 된다.

5. 외부성이 존재할 때 시장의 생산량

① 외부경제가 발생하면 시장에서 과소소비(생산)이 이루어진다. 이때 사회적으로 바람직한 소비량(생산량)수준에서 사회적 한계편익(사회적 한계비용)과 사적 한계편익(사적 한계비용)의 차이만큼의 보조금을 지급하면 외부성이 해결된다.
② 외부비경제가 발생하면 시장에서 과다소비(생산)이 이루어진다. 이때 사회적으로 바람직한 소비량(생산량)수준에서 사회적 한계편익(사회적 한계비용)과 사적 한계편익(사적 한계비용)의 차이만큼의 조세를 부과하면 외부성이 해결된다.

CHAPTER 23 시장실패

II 생산의 외부비경제

1. 효과
① 강 상류의 공장에서 폐수를 방류하게 되면 강의 수질오염을 야기시켜 강 하류의 양식업자에게 외부비용(EC)을 발생시키게 된다.
② 생산의 외부비경제 시 사회적 한계비용(SMC)은 사적 한계비용(PMC)보다 한계외부비용(MEC)만큼 더 커지게 된다.

> **생산의 외부비경제**
> $$SMC = PMC + MEC$$

③ 소비과정에서는 외부성이 발생하지 않았으므로 사적 한계편익(PMB)과 사회적 한계편익(SMB)은 일치하게 된다.

2. 시장의 생산량
① 강 상류의 공장주인은 한계외부비용(MEC)을 고려하지 않고, 사적 한계비용(PMC)만을 고려하여 생산량을 결정하게 된다.
② 시장의 균형은 사적 한계편익(PMB)과 사적 한계비용(PMC)이 일치하는 C점에서 이루어지므로 시장의 생산량(소비량)수준은 Q_P에서 결정된다.

3. 사회 전체적인 입장에서 바람직한 생산량
① 사회 전체적인 입장에서 바람직한 생산량은 사회적 한계편익(SMB)과 사회적 한계비용(SMC)이 일치하는 B점에서 결정된다.
② 사회적으로 바람직한 생산량(소비량)수준은 Q_S이다.
③ 시장의 가격이 C점에서 B점으로 상승하면 소비자의 소비량이 감소하므로 사회적으로 바람직한 수준을 달성할 수 있다.

| 생산의 외부비경제 |

- Q_S : 사회적으로 바람직한 생산량
- Q_P : 사적 생산량
- $Q_S Q_P$만큼 과다생산의 문제가 발생
- △ABC만큼 사회적 순후생손실이 발생
- 생산의 외부비경제 시 생산자에게 조세를 부과하면 PMC곡선이 조세만큼 상방 이동하게 된다.
- 생산의 외부비경제 시 조세부과는 사회적으로 바람직한 수준의 생산량을 달성하게 한다.

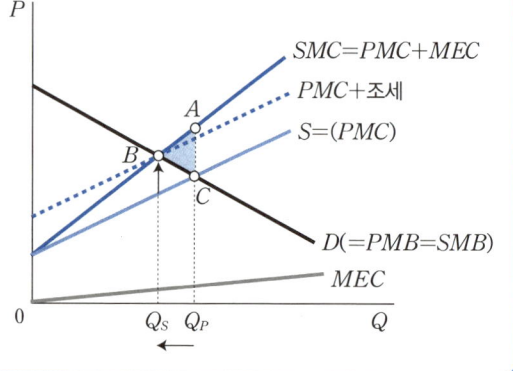

4. 사회적 순후생손실

① 생산과정에서 외부비경제가 발생하면 시장기구에 의한 생산량(Q_P)이 사회적으로 바람직한 생산량(Q_S)보다 많아져 $Q_S Q_P$만큼의 과다생산이 이루어진다.
  ▸ 오염배출자는 오염을 유발하는 상품의 생산량을 결정할 때 직접적인 생산비용만을 고려할 뿐 오염으로 인한 질병의 발생, 환경의 훼손과 같은 사회적 비용은 고려하지 않게 된다.
  ▸ 이로 인해 사회적 적정수준보다 더 많이 생산되는 경향이 있다.
② 과다생산이 발생함에 따라 $\triangle ABC$만큼의 사회적 순후생손실이 발생하게 된다.

5. 해결책

① 사회적으로 바람직한 생산량수준에서 사회적 한계비용(SMC)과 사적 한계비용(PMC)의 차이만큼의 조세를 생산자에게 부과한다.
  ▸ 조세를 소비자에게 부과하더라도 그 효과는 동일하다.
  ▸ 피구(A. Pigou)가 외부비경제의 해결방안으로 조세부과를 처음으로 제시하였기 때문에 외부비경제해결을 위한 조세를 피구세(Pigouvian tax)라고 한다.
② 조세부과 후 사적 한계비용(PMC)곡선은 조세만큼 상방으로 평행 이동하게 되어 사회적으로 바람직한 수준의 생산량을 달성할 수 있다.

6. 환경보존정책상의 의미

① 독자들이 여기에서 주의할 점은 경제학적으로 바람직한 오염물질의 배출수준이 0이 아니라는 사실이다.
② 오염물질의 배출수준을 줄게 되면 오염물질로 인한 피해는 줄어들지만, 생산수준 또한 감소함으로써 사회적 편익이 감소하는 부정적 효과가 발생하게 된다. 오염물질의 배출수준을 감소시킴으로써 발생하는 사회적 편익의 감소분이 사회적 비용의 감소분보다 크다면 이는 경제적으로 바람직한 선택이 될 수 없다.
③ 오염물질의 사회적 한계편익(SMB)은 체감하고 사회적 한계비용(SMC)은 체증한다.
④ 바람직한 오염물질의 배출수준은 오염에 따른 사회적 한계편익(SMB)과 사회적 한계비용(SMC)이 일치하는 수준에서 결정된다.

> | 최적오염수준 |
>
> - 오염수준을 0으로 만들기 위해서는 막대한 비용이 소요되므로 최적오염수준은 0이 아니다.
> - 오염수준에 따른 사회적 한계편익(SMB)과 사회적 한계비용(SMC)이 일치하는 수준에서 최적오염수준 Q^*가 결정된다.
>
>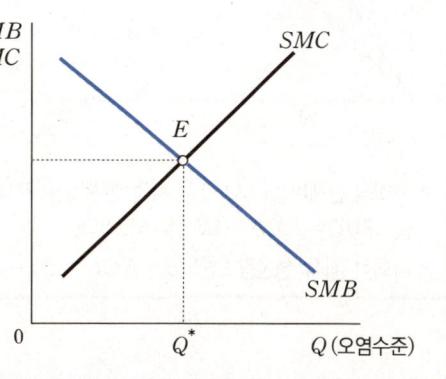

CHAPTER 23 시장실패

예제   생산의 외부비경제

문제 1

X재의 생산으로 오염물질이 발생한다. X재의 수요곡선은 $P=80-Q$이고 사적 한계비용(private marginal cost, PMC)은 $PMC=Q+30$이다. X재의 생산으로 사적 한계비용에 부가적으로 발생하는 사회적 한계피해액(social marginal damage, SMD)은 $SMD=2Q+10$이다. 이 경우 X재의 사회적 최적 생산량을 달성하기 위해 정부가 부과해야 하는 종량세의 크기는? (2010 감정평가사)

해설

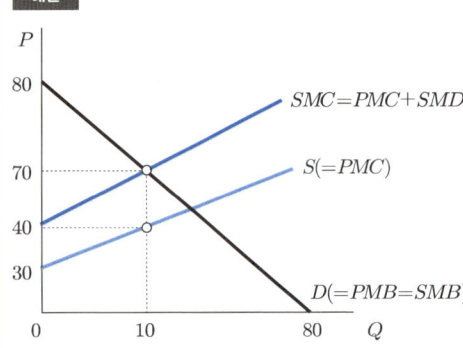

- 사회적 한계비용은 $SMC = PMC + SMD$ $= (Q+30) + (2Q+10) = 3Q+40$이다.
- 사회적 최적 생산량은 X재의 수요곡선과 사회적 한계비용곡선이 만나는 점에서 결정되므로 $P=SMC$, $80-Q=3Q+40$에서 $Q=10$이 도출된다.
- 사회적으로 바람직한 생산량수준에서 사회적 한계비용(SMC)과 사적 한계비용(PMC)의 차이만큼의 조세를 부과해야 한다. 따라서 $Q=10$일 때 $SMC=70$, $PMC=40$이므로 종량세의 크기는 $70-40=30$이다.

문제 2

X재화의 시장수요곡선은 $Q=120-P$이고, 독점기업이 이 재화를 공급한다. 이 독점기업의 사적인 비용함수는 $C(Q)=1.5Q^2$이고, 환경오염비용을 추가로 발생시키며 그 환경오염비용은 $EC(Q)=Q^2$이다. 이 경우 사회적 순편익을 극대화하는 최적생산량은? (단, P는 시장가격, Q는 생산량이다.)

(2012 7급 국가직)

해설

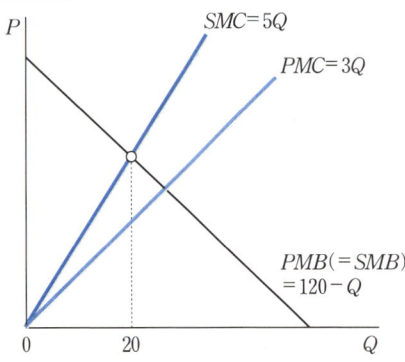

- 소비과정에서는 외부성이 발생하지 않았으므로 사적 한계편익(PMB)과 사회적 한계편익(SMB)은 $PMB=SMB=120-Q$로 동일하다.
- 사적 한계비용함수는 $PMC = \dfrac{dC(Q)}{dQ} = 3Q$이다.
- 한계외부비용함수는 $MEC = \dfrac{dEC(Q)}{dQ} = 2Q$이다.
- 독점기업의 생산량 : 이윤극대화조건 $MR=PMC$, $120-2Q=3Q$, $5Q=120$에서 생산량은 $Q_M=24$이다.
- 완전경쟁시장의 생산량 : $P=PMC$, $PMB=PMC$, $120-Q=3Q$, $4Q=120$에서 생산량은 $Q_C=30$이다.
- 사회적 한계비용(SMC)은 사적 한계비용(PMC)과 한계외부비용(MEC)의 합이므로 사회적 한계비용함수는 $SMC=PMC+MEC=5Q$이다.
- 사회적 최적 생산량 : $SMB=SMC$, $120-Q=5Q$에서 $Q^*=20$이 도출된다.

문제 3

페인트 산업은 생산과정에서 다량의 오염물질을 발생시켜 인근 하천의 수질을 악화시킨다. 〈보기〉와 같은 조건에서 페인트 산업이 사회적으로 바람직한 수준의 페인트 생산을 하도록 하기 위해 페인트 한 통당 부과하는 피구세는 얼마인가?

(2016 8급 국회직)

- 페인트 산업은 완전경쟁시장이다.
- 페인트 산업의 한계비용은 $MC = 10Q + 10,000$이다.
- 페인트 산업의 한계피해액은 $SMD = 10Q$이다.
- 주어진 가격에 대한 페인트 산업의 시장수요는 $Q = -0.1P + 4,000$이다.

해설

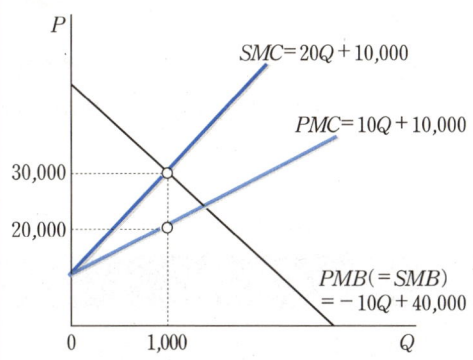

- 사회적 한계비용 : $SMC = PMC + MEC$, $SMC = (10Q + 10,000) + 10Q$, $SMC = 20Q + 10,000$
- 사회적 한계편익 : 소비과정에서는 외부성이 발생하지 않았으므로 사적 한계편익과 사회적 한계편익은 일치한다. 시장수요함수를 역수함수로 변경하면 $P = -10Q + 40,000$이 된다. 따라서 사회적 한계편익은 $SMB = -10Q + 40,000$이 된다.
- 사회적으로 바람직한 최적 생산량 : $SMB = SMC$, $-10Q + 40,000 = 20Q + 10,000$, $30Q = 30,000$에서 $Q = 1,000$이 된다.
- 피구세는 사회적으로 바람직한 최적 생산량수준에서 사회적 한계비용과 사적 한계비용의 차이, 즉 한계외부비용(한계피해액)이므로 피구세는 $10 \times 1,000 = 10,000$이 된다.

문제 4

한 기업의 사적 생산비용 $TC = 0.5Q^2 + 10Q$이다. 그러나 이 기업은 생산과정에서 공해물질을 배출하고 있으며, 공해물질 배출에 따른 외부비경제를 비용으로 추산하면 추가로 $20Q$의 사회적 비용이 발생한다. 이 제품에 대한 시장수요가 $Q = 30 - 0.5P$일 때 사회적 관점에서 최적의 생산량은? (단, Q는 생산량, P는 가격이다.)

(2018 7급 서울시)

해설

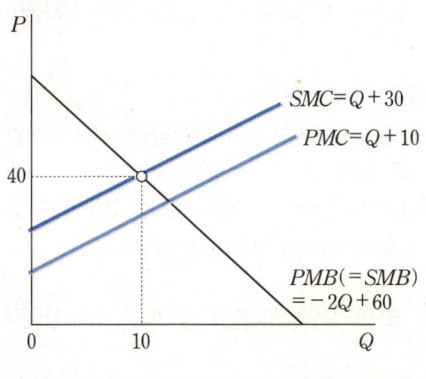

- 사적 생산비용함수를 미분하면 사적 한계비용함수는 $PMC = Q + 10$이 되고, 외부비용함수를 미분하면 한계외부비용은 $MEC = 20$이 된다. 따라서 사적 한계비용과 한계외부비용을 합한 사회적 한계비용은 $SMC = PMC + MEC = Q + 30$이 된다.
- 소비과정에서는 외부성이 발생하지 않았으므로 사적 한계편익과 사회적 한계편익은 서로 일치한다. 따라서 역수요함수는 $PMB = SMB = 60 - 2Q$가 된다.
- 사회적 관점에서 최적의 생산량 : $SMB = SMC$, $60 - 2Q = Q + 30$, $3Q = 30$에서 생산량은 $Q = 10$이 도출된다.

Ⅲ 외부성의 해결 방안

1. 시장을 통한 간접규제

(1) 기업합병
① 환경오염을 유발하는 기업과 환경오염의 피해기업이 서로 합병을 하게 되면 외부비경제문제를 해결할 수 있다.
② 강 상류에서 오염물질을 배출하는 화학공장과 강 하류에서 어류양식을 하는 양식업자가 하나의 소유주 아래로 통합된다면 화학공장은 오염물질의 방출을 스스로 억제하게 된다.

(2) 코즈정리
① 코즈(Ronald H. Coase)에 의하면 환경재산권을 부여하게 되면 정부의 시장개입 없이도 자발적인 협상에 의해 효율적인 자원배분을 달성할 수 있다. 이를 코즈정리(Coase theorem)라고 한다.
▸ 재산권을 부여하면 정부의 개입 없이 시장 스스로 외부비경제문제를 효율적으로 해결한다.
▸ 재산권은 외부비경제 시 발생하는 가해자나 피해자 누구에게 부여해도 외부비경제의 문제가 해결된다.

참고 | 코즈정리의 예

1. 배경
① 강 상류에 오염물질을 배출하는 화학공장과 강 하류에 어류양식을 하는 양식업자가 있다고 하자.
② 화학공장에서 배출된 오염물질로 인해 양식업자는 피해를 보고 있다.

2. 재산권부여에 의한 자발적 협상

(1) 양식업자의 피해액 1,000만 원, 오염방지시설의 설치비용 2,000만 원
① 양식업자에게 재산권을 부여한 경우 양식업자는 피해보상을 요구하게 된다. 화학공장에서는 양식업자의 피해액이 오염방지시설의 설치비용보다 더 적으므로 양식업자의 피해보상요구에 응하게 되면서 오염방지시설은 설치되지 않는다.
② 화학공장에 재산권을 부여한 경우 양식업자는 본인부담금으로 오염방지시설의 설치를 요구할 수 있다. 그런데 오염방지시설의 설치비용이 양식업자 자신의 피해액보다 크므로 오염방지시설의 설치를 요구하지 않게 되어 오염방지시설은 설치되지 않는다.
③ 여기에서 주의할 점은 오염방지시설의 설치비용이 양식업자의 피해액보다 더 크므로 오염방지시설이 설치되지 않는 것이 사회적으로 바람직하다는 사실이다.

(2) 양식업자의 피해액 2,000만 원, 오염방지시설의 설치비용 1,000만 원
① 양식업자에게 재산권을 부여한 경우 양식업자는 피해보상을 요구하게 된다. 화학공장에서는 양식업자의 피해액이 오염방지시설의 설치비용보다 더 크므로 오염방지시설을 설치하게 된다.
② 화학공장에 재산권을 부여한 경우 양식업자는 본인부담금으로 오염방지시설의 설치를 요구할 수 있다. 그런데 양식업자 자신의 피해액이 오염방지시설의 설치비용보다 크므로 양식업자 자신이 직접 부담하여 오염방지시설을 설치하게 된다.
③ 양식업자의 피해액이 오염방지시설의 설치비용보다 더 크므로 오염방지시설이 설치되는 것이 사회적으로 바람직하다.

② 문제점
- 환경오염문제는 가해자인 동시에 피해자인 경우가 많으므로 이해당사자를 찾기 어렵고 이해당사자가 많을 때는 현실성이 떨어진다.
- 협상에 따르는 거래비용이 많아지면 협상 자체가 이루어지기 힘들다.
- 환경오염의 피해자는 대부분 조직화되지 못한 서민들인 반면, 가해자는 자금력과 로비력을 갖춘 기업인 경우가 많으므로 이해당사자들의 협상의 공정성에 관한 문제가 발생한다.
- 환경오염의 피해 정도를 정확하게 측정하는 것이 곤란하다.
- 협상에 참여하지 않더라도 협상의 이익을 얻을 수 있으므로 무임승차자문제가 발생한다.
- 경제주체 간 환경오염에 대한 정보가 비대칭 되어 있으면 성립하기 어렵다.

(3) 오염배출권제도
① 오염배출권제도란 사회적으로 적정수준이라고 생각되는 오염물질수준에 준하는 양만큼의 오염허가서(pollution permits) 또는 면허(licenses)를 발급하여 이를 보유한 경제주체에만 오염물질을 배출하도록 허용하는 방식이다.
② 효과
- 오염배출권을 시장에서 자유롭게 교환될 수 있도록 허용하게 되면 시장의 힘으로 환경오염 문제를 해결할 수 있다.
- 어떤 기업이 오염배출권의 가격보다 낮은 비용으로 오염을 줄일 수 있다면 이 기업은 시장에서 오염배출권을 매각한 후 직접 오염을 줄이게 되고, 오염저감비용이 오염배출권의 가격보다 높은 기업은 오염배출권을 매입하여 오염을 배출하게 된다.
- 오염배출권제도를 시행하면 오염배출량을 일정 수준으로 제한하면서 낮은 비용으로 오염을 줄일 수 있는 기업에게 스스로 오염을 줄이게 할 수 있다.
- 오염배출권제도의 핵심은 정부의 직접적 개입 없이 시장유인을 통하여 해결한다는 것이고, 사회적으로 보다 적은 비용으로 오염을 줄일 수 있다는 것이다.
③ 단점
- 대기업에서 오염배출권을 모두 구입해버림으로써 오염배출권을 진입장벽으로 악용할 가능성이 있다.
- 오염배출권시장에 참여하는 경제주체의 수가 너무 적다는 것도 오염배출권제도의 문제점으로 지적된다.

2. 정부의 직접적인 개입

(1) 직접통제
① 오염물질 배출량의 허용기준을 정해 그 기준을 준수하도록 하는 것이다.
  ex) 주유소 감시, 정화시설의 설치 의무화, 용도지정 등
② 오우츠(W. Oates, 1985)의 실증연구에 의하면 직접통제방식을 사용하면 시장을 통한 해결방법보다 거의 10배에 가까운 경제적 비용이 소요되는 것으로 나타났다.

(2) 직접투자
① 정부가 직접 환경오염을 정화하고 오염방지서비스를 생산한다.
  ex) 하수종말처리장의 건설과 운영, 쓰레기의 수거와 처리, 빈민가의 재개발 등
② 정부가 환경공해문제에 대한 조사연구와 교육지원을 실시한다.

CHAPTER 23 시장실패

제3절 공공재

I 개념

① 공공재(public goods)란 여러 사람의 공동소비를 위해 생산된 재화나 서비스로서 집단적 의사결정을 통해 생산과 소비가 이루어지고, 비경합성과 비배제성의 특징을 가진 상품을 말한다.
② 공공재를 정의할 때 공공재 자체가 지니고 있는 성격에 의해 규정되어야지 공급의 주체에 의해 규정되어서는 안 된다.
③ 대부분의 공공재는 중앙정부나 지방정부 등 공공기관이 공급하는 것이 일반적이지만, 정부가 공급함에도 불구하고 민간재(사적재, 사용재)의 성격을 지닌 재화나 서비스가 있다. 정부가 공급하는 민간재를 가치재(merit goods)라고 한다.

II 특징

1. 비경합성

① 비경합성(非競合性, non-rivalry)이란 동일한 재화를 여러 소비자가 동시에 소비하는 것이 가능하여 소비에 참여하는 사람이 많아지더라도 어떤 개인의 소비수준이 줄어들지 않는 특징을 말한다.
② 비경합성의 예
  ▶ TV 방송을 시청하는 사람이 많더라도 다른 사람의 TV 시청의 양에 영향을 미치지 않는다.
  ▶ 어떤 개인이 도로를 한 번 이용하더라도 도로의 길이가 줄어들지는 않는다.
  ▶ 어떤 배가 등대를 이용하여 안전한 항로를 찾았다고 해서 다른 배가 그 혜택을 받지 못하는 것이 아니라 모든 배가 동시에 등대가 주는 서비스를 소비할 수 있다.
  ▶ 국방서비스의 소비자가 한 사람 더 증가했다고 해서 다른 사람의 국방서비스가 줄어들지 않는다.
③ 공공재는 비경합성의 특징을 지니고 있기 때문에 추가적인 소비자를 소비에 참여시키는 데 드는 기회비용이 0이다.

2. 비배제성(배제불가능성)

① 비배제성(non-excludability)이란 공공재는 누구나 소비참여가 가능하기 때문에 가격을 지급하지 않은 사람이라 할지라도 소비로부터 배제할 수 없다는 특징을 말한다.
  ▶ 사적재는 대가를 지불하지 않으면 소비할 수 없지만, 국방이나 치안서비스와 같은 공공재는 기술적으로 배제가 불가능하여 누구나 비용을 부담하지 않고도 혜택을 받을 수 있기 때문에 소비로부터 배제되지 않는다.
② 공공재 소비의 한계편익(MB)은 양(+)의 값을 갖고, 한계비용(MC)이 0이므로 공공재로부터 소비를 배제하는 것이 사회적 측면에서 바람직하지도 않다.
  ▶ $MB > MC$의 관계식이 성립한다면 공공재의 소비가 증가할수록 총편익은 증가하고 총비용은 불변이므로 최대한 많은 소비자들을 공공재소비에 참여시키는 것이 경제학적으로 바람직하다.

III 시장실패 원인

1. 비경합성
① 공공재는 비경합성의 특징으로 인해 혼잡의 문제가 발생하지 않기 때문에 한 사람을 더 소비에 참여시키는 데 따르는 한계비용(MC)이 0이 된다.
② 효율성조건 $P = MC$를 만족하는 수준에서 가격이 결정되어야 하는데 $MC = 0$이므로 $P = 0$이 되어 이윤극대화를 추구하는 민간기업은 생산을 포기하게 된다.

2. 비배제성
① 만약 양(+)의 가격을 매기는 것이 가능하다 할지라도 공공재의 비배제성의 특징으로 인해 가격을 지급하지 않는 사람을 배제할 수 없게 된다.
② 이로 인해 각 개인이 대가를 지급하지 않고 공공재를 소비하려고 하는 무임승차자 문제(free-rider's problem)가 발생하게 된다.
③ 양(+)의 가격을 매기고자 한다면 각 개인은 공공재에 대한 진실한 선호를 표출하지 않게 되므로 공공재를 민간에 맡기면 사회적으로 필요한 양만큼의 공공재의 공급이 불가능하다.

IV 순수공공재와 준공공재

① 순수공공재(pure public goods)는 소비의 비경합성과 비배제성을 모두 보유한 재화이다.
② 준공공재(impure public goods)는 소비의 비경합성과 비배제성의 특징 중 어느 하나가 불완전하게 성립하는 공공재를 말한다.
③ 어느 정도의 경합성이 존재하면 어떤 사람의 소비가 다른 사람의 소비에 영향을 미침으로써 그 소비에 있어 혼잡이 발생한다.
▶ 비경합성이 완벽하지 않은 혼잡가능공공재에는 도로, 공원 등이 있다.
▶ 도로나 공원을 이용하는 사람이 많으면 혼잡이 발생하므로 소비가 경합적이 된다.
④ 비배제성이 불완전하여 어느 정도 배제가 가능한 준공공재에는 학교, 공원, 도로 등이 있다.
▶ 학교는 학비, 놀이공원은 입장료, 도로는 유료화를 통해 배제성의 원칙을 적용할 수 있다.
⑤ 공유지(공용지)의 비극(tragedy of the commons)이란 소유권이 명확하게 규명되지 않은 공유자원의 경우 아무런 대가없이 사용이 가능하므로 적정수준 이상으로 과도하게 사용함으로써 비효율적인 결과가 초래되는 현상을 말한다.
▶ 예를 들면 바닷속의 물고기가 남획되는 경우, 마을의 공동 목초지가 황폐화 되는 경우 등을 들 수 있다.

구 분	비배제성	배제성
비경합성	순수공공재 • 국방　　• 치안 • 공중파 방송　• 일기예보 • 막히지 않는 무료도로	준공공재 • 케이블 TV • 한산한 놀이공원 • 막히지 않는 유료도로
경합성	준공공재 • 공유자원(공용지)　• 바다의 어족자원 • 막히는 무료도로	사적재 • 빵　　• 옷 • 막히는 유료도로

CHAPTER 23 시장실패

Ⅴ 공공재의 효율적 공급

1. 사적재(사용재)의 적정공급

① 사적재(사용재)의 경우 모든 사람이 동일한 가격에 직면해 있고, 각 수요자의 소비량이 다르므로 시장수요곡선은 개별수요곡선의 수평적 합으로 구해진다.

② 시장에 소비자 A와 소비자 B만 존재한다면 시장의 균형에서 각 소비자의 수요가격과 공급가격은 일치하게 된다.

③ 수요곡선의 높이인 수요가격은 소비자의 한계편익(MB)을 의미하고, 공급곡선의 높이인 공급가격은 생산자의 한계비용(MC)을 의미하므로 사적재(사용재)의 경우 다음과 같은 조건이 성립한다.

> **사적재의 적정공급조건 1**
>
> $$MB_X^A = MB_X^B = MC_X$$

④ 만약 Y재라는 다른 사적재(사용재)가 존재하는 경우 사적재의 적정공급조건을 다음과 같이 나타낼 수 있다.

- ▶ 완전경쟁시장을 가정하였으므로 후생경제학의 제1정리에 의해 파레토효율성조건을 충족한다.
- ▶ 후생경제학의 제1정리 : 모든 시장이 완전경쟁시장이고 시장실패가 없으면 그 결과로 이루어지는 일반경쟁균형은 파레토효율성을 만족한다. 모든 시장이 완전경쟁시장이면 그 결과로 이루어지는 '1물 1가의 법칙', '1 생산요소 1 생산요소가격', '한계비용가격설정'이 파레토효율적인 자원배분을 달성하게 한다.

> **사적재의 적정공급조건 2**
>
> $$\frac{MB_X^A}{MB_Y^A} = \frac{MB_X^B}{MB_Y^B} = \frac{MC_X}{MC_Y}$$
>
> $$MRS_{XY}^A = MRS_{XY}^B = MRT_{XY}$$

2. 공공재의 적정공급

① 공공재의 경우 모든 사람이 동일한 수요량에 직면해 있고, 각 수요자의 지불가격이 다르므로 시장수요곡선은 개별수요곡선의 수직적 합으로 구해진다.

- ▶ 모든 국민이 동일한 국방서비스를 소비하고 있지만 거주지역에 따라 국방서비스에 대해 지불하고자 하는 가격은 다르게 나타날 것이다. 안보위협에 노출된 지역주민은 더 높은 가격을 지불하고자 하고, 비교적 안전지역에 거주하는 주민들은 더 낮은 가격을 지불하고자 할 것이다.
- ▶ 예를 들어 국방서비스의 가치에 대해 극단적인 평화주의자는 0의 가치를 부여할 것이다.
- ▶ 공공재의 시장수요곡선을 개별수요곡선의 수직적 합으로 구하는 이유는 공공재의 비경합성 때문이다.

② 시장에 소비자 A와 소비자 B만 존재한다면 시장의 균형에서 각 소비자의 수요가격의 합이 공급가격과 일치하게 된다.

③ 수요곡선의 높이인 수요가격은 소비자의 한계편익(MB)을 의미하고, 공급곡선의 높이인 공급가격은 생산자의 한계비용(MC)을 의미하므로 공공재의 경우 다음과 같은 조건이 성립한다.

> 📖 **공공재의 적정공급조건 1**
> $$MB_Z^A + MB_Z^B = MC_Z$$

④ 만약 X재라는 다른 사용재가 존재하는 경우 공공재의 적정공급조건을 다음과 같이 나타낼 수 있다.

> 📖 **공공재의 적정공급조건 2**
> - $\dfrac{MB_Z^A}{MB_X^A} + \dfrac{MB_Z^B}{MB_X^B} = \dfrac{MC_Z}{MC_X}$
> - $MRS_{ZX}^A + MRS_{ZX}^B = MRT_{ZX}$
> - $\sum_{i=1}^{n} MRS^i = MRT$

⑤ 각 소비자에게 공공재에 대한 한계편익(MB)에 해당하는 가격을 지급하게 하면 공공재의 효율적 자원배분이 달성될 수 있지만, 소비자들이 자신의 공공재에 대한 선호를 과소평가하여 나타내므로 효율적 자원배분의 실현은 현실적으로 불가능하다.
  ▶ 공공재의 비배제성으로 인해 소비자들은 무임승차를 하고자 하므로 공공재에 대한 자신의 진정한 선호를 표출하지 않게 된다.
  ▶ 표에서 제시한 공공재의 수요곡선은 개인이 공공재에 대한 진정한 선호를 표출한다는 가정 하에 도출된 가상수요곡선(pseudo-demand curve) 또는 의사수요곡선이다.

구 분	사적재	공공재
특 징	• 경합성 • 배제성	• 비경합성 • 비배제성
시장수요 곡선	• 소비자의 선호가 시장에서 표출되므로 수요곡선이 나타난다. • 개별수요곡선의 수평적 합을 통해 도출한다.	• 소비자의 선호가 시장에서 표출되지 않으므로 수요곡선이 나타나지 않는다. • 개별수요곡선의 수직적 합을 통해 도출한다.
가격과 생산량 결정	• 동일한 가격으로 서로 다른 양을 수요 • 사적재에 대한 선호가 큰 사람이 더 많은 양을 소비	• 동일한 양을 소비하면서 서로 다른 가격을 지급 • 공공재에 대한 선호가 큰 사람이 더 높은 가격을 지급
적정공급 조건	• $MB_X^A = MB_X^B = MC_X$ • $MRS_{XY}^A = MRS_{XY}^B = MRT_{XY}$	• $MB_Z^A + MB_Z^B = MC_Z$ • $MRS_{ZX}^A + MRS_{ZX}^B = MRT_{ZX}$

CHAPTER 23 시장실패

예제 | 공공재의 적정공급

문제 1

인구 100명으로 구성된 한 경제에서 각 개인은 공공재 Q에 대한 가치를 $P=0.95-0.04Q$만큼으로 평가하고 있으며, 이 경제에서 공공재 생산의 총비용함수는 $TC=Q^2+5Q$라 할 때 가장 효율적인 공공재의 공급량은?
(2000 감정평가사)

해설

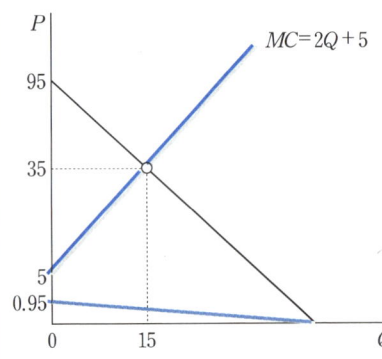

- 공공재의 시장수요곡선은 개별수요곡선의 수직적 합으로 구한다. 인구는 100명으로 구성되어 있으므로 시장수요함수는 $P=100\times(0.95-0.04Q)$, $P=95-4Q$이다.
- 공공재에 대한 총비용함수를 생산량(Q)에 대해 미분하면 공공재의 한계비용함수는 $MC=2Q+5$이다.
- 효율적인 공공재의 공급량조건 $P=MC$, $95-4Q=2Q+5$, $6Q=90$에서 공공재의 공급량은 $Q=15$가 된다.

문제 2

어느 공공재에 대한 두 소비자 A와 B의 수요함수는 각각 다음과 같다. 여기서 P_A는 소비자 A의 소비가격, P_B는 소비자 B의 소비가격, 그리고 Q는 수요량이다. 이 공공재의 한계비용은 200원으로 일정하다. 사회적으로 효율적인 공공재 공급량의 수준은?
(2006 공인회계사)

- $P_A = 250 - \dfrac{1}{2}Q$
- $P_B = 100 - \dfrac{1}{3}Q$

해설

- 공공재에 대한 시장수요곡선은 개별수요곡선의 수직적 합으로 도출되므로 시장수요함수는 $P_A+P_B=350-\dfrac{5}{6}Q$이고, 한계비용은 $MC=200$이다.
- $P=MC$의 조건에 의해 $350-\dfrac{5}{6}Q=200$, $Q=180$이 도출된다.

문제 3

세 사람 A, B, C로 이루어진 어떤 경제에서 공공재에 대한 세 사람의 수요함수(Q_A, Q_B, Q_C)는 각각 $Q_A=10-P_A$, $Q_B=10-\dfrac{1}{3}P_B$, $Q_C=5-\dfrac{1}{2}P_C$이고, 공공재의 한계비용은 20으로 일정할 때, 사회적 후생을 극대화시키는 공공재 생산량은? (단, P_A, P_B, P_C는 A, B, C가 공공재에 지불하는 가격이다.)
(2013 감정평가사)

> **해설**

- 공공재의 경우 모든 사람이 동일한 수요량에 직면해 있고, 각 수요자의 지불가격이 다르므로 시장수요곡선은 개별수요곡선의 수직적 합으로 구해진다.
- 세 사람 A, B, C의 역수요함수를 구하면 $P_A=10-Q_A$, $P_B=30-3Q_B$, $P_C=10-2Q_C$이고, 이를 더하면 공공재의 시장수요함수는 $P=50-6Q$이다.
- 공공재의 적정공급조건 $P=MC$, $50-6Q=20$에서 $Q=5$가 도출된다.

문제 4

어떤 한 경제에 A, B 두 명의 소비자와 X, Y 두 개의 재화가 존재한다. 이 중 X는 공공재(public goods)이고, Y는 사용재(private goods)이다. 현재의 소비량을 기준으로 A와 B의 한계대체율 (marginal rate of substitution : MRS)과 한계전환율(marginal rate of transformation : MRT)이 다음과 같이 측정되었다. 공공재의 공급에 관한 평가로 옳은 것은? *(2015 7급 국가직)*

- $MRS_{XY}^A = 1$
- $MRS_{XY}^B = 3$
- $MRT_{XY} = 5$

> **해설**

- X는 공공재이고 Y는 사용재인 경우 공공재의 최적공급조건은 $MB_X^A + MB_X^B = MC_X$, $MRS_{XY}^A + MRS_{XY}^B = MRT_{XY}$이다.
- 현재 $MRS_{XY}^A + MRS_{XY}^B = 4 < MRT_{XY} = 5$이므로 $MB_X^A + MB_X^B < MC_X$의 관계가 성립한다. 한계편익이 체감하므로 두 소비자 A와 B의 한계편익의 합도 체감하는데 두 소비자의 한계편익의 합이 한계비용보다 작다면 공공재가 최적 수준보다 많이 공급되고 있다는 것을 의미한다.

문제 5

공공재 수요자 3명이 있는 시장에서 구성원 A, B, C의 공공재에 대한 수요함수는 각각 아래와 같다. 공공재의 한계비용이 30으로 일정할 때, 공공재의 최적공급량에서 각 구성원이 지불해야 하는 가격은? (단, P는 가격, Q는 수량이다.) *(2017 공인노무사)*

- $A : P_a = 10 - Q_a$
- $B : P_b = 20 - Q_b$
- $C : P_c = 20 - 2Q_c$

> **해설**

- 공공재에 대한 시장수요함수는 개별수요곡선의 수직적 합이므로 $P_a + P_b + P_c = (10-Q_a) + (20-Q_b) + (20-2Q_c)$에 의해 $P = 50 - 4Q$가 된다.
- 공공재의 최적 공급량은 $P = MC$, $50 - 4Q = 30$에서 $Q = 5$가 된다.
- $Q = 5$일 때 $P_a = 5$, $P_b = 15$, $P_c = 10$이 된다.

CHAPTER 24 정보경제학

PART 07 | 후생경제학과 공공경제이론

제1절 개요

I. 이론적 배경

① 전통적인 경제이론은 완전정보의 가정을 전제하여 이론을 전개하지만, 현실은 불완전정보가 더 일반적인 것이 사실이다.
② 정보경제학(information economics)이란 불완전정보 및 경제주체 간 비대칭적 정보 하에서 발생하는 각종 경제문제를 분석하는 경제학의 한 분야이다.

II. 비대칭적 정보

1. 개념

① 비대칭적 정보(asymmetric information)란 정보가 불완전하게 구비된 상황에서 경제적 이해당사자 중 한쪽만 정보를 갖고 있고, 다른 한쪽은 정보가 없거나 부족한 상황을 말한다.
② 비대칭적 정보 하에서 역선택과 도덕적 해이가 발생하는데 이는 불완전정보로 인한 시장실패에 해당한다. 비대칭정보의 경우 전통적인 수요·공급의 법칙이 적용되지 않고 시장 자체의 기능이 마비될 수도 있다.
③ 누구나 완전정보를 가지고 있는 경우와 누구나 불완전정보를 가지고 있는 경우는 대칭정보에 해당한다. 대칭정보의 경우 경제주체들은 그 정보를 바탕으로 소비와 생산계획을 수립하게 되므로 시장균형이 성립한다.

2. 감추어진 사전적 특성의 상황

① 감추어진 사전적 특성(hidden characteristic)의 상황이란 거래당사자의 특성이나 거래되는 상품의 품질을 한쪽만 알고 있고 상대방은 알지 못하는 상황을 말한다.
② 감추어진 사전적 특성의 상황에서는 한쪽의 거래당사자가 거래되는 상품의 감추어진 특성을 알지 못하기 때문에 역선택현상(adverse selection)이 발생한다.

3. 감추어진 사후적 행동의 상황

① 감추어진 사후적 행동(hidden action)의 상황이란 한쪽의 감추어진 행동을 관찰하거나 통제할 수 없는 상황을 말한다.
② 감추어진 사후적 행동의 상황에서는 자신에게 유리하게 감추어진 행동을 드러내기 때문에 도덕적 해이(moral hazard)의 문제가 발생한다.

제2절 역선택

I 개념

① 역선택(adverse selection)이란 정보가 없거나 정보가 부족한 측의 입장에서 볼 때 바람직하지 못한 상대방과 거래할 가능성이 커지는 현상을 말한다.
② 역선택은 감추어진 사전적 특성에 의해 유발되므로 계약 전에 발생하는 현상이다.

II 중고생산물시장에서의 역선택

1. 배경

① 감추어진 속성에 대한 문제의 모형은 애커로프(G. Akerlof)의 중고차시장모형이다.
② 중고차시장의 절반은 품질이 좋은 우량중고차이고, 나머지는 품질이 나쁜 불량중고차이다.
③ 중고차 소유주가 최소한 받아야겠다고 생각하는 금액은 다음과 같다.
   ▶ 우량중고차 소유주 : 500만 원   ▶ 불량중고차 소유주 : 100만 원
④ 중고차 구매자가 최대한 지급할 용의가 있다고 생각하는 금액은 다음과 같다.
   ▶ 우량중고차 : 550만 원   ▶ 불량중고차 : 150만 원

2. 대칭정보 하

① 각 등급의 중고차들은 '판매자가 최소한 받아야겠다고 생각하는 금액'과 '구매자가 최대한 지급할 용의가 있다고 생각하는 금액' 사이에서 가격이 결정된다.
② 판매자와 구매자 모두 중고차에 대한 정확한 정보를 가진 경우
   ▶ 우량중고차 : 500~550만 원 사이에서 가격이 결정된다.
   ▶ 불량중고차 : 100~150만 원 사이에서 가격이 결정된다.
   ▶ 이 경우 판매자와 구매자 모두 편익이 증가하여 파레토개선이 이루어진다.
③ 판매자와 구매자 모두 중고차에 대한 아무런 정보를 갖고 있지 않은 경우
   ▶ 판매자의 기대편익 : $(0.5 \times 500) + (0.5 \times 100) = 300$(만 원)
   ▶ 구매자의 기대편익 : $(0.5 \times 550) + (0.5 \times 150) = 350$(만 원)
   ▶ 모든 차는 판매자의 기대편익 300만 원과 구매자의 기대편익 350만 원 사이에서 거래된다.
   ▶ 이 경우 판매자와 구매자 모두 편익이 증가하여 파레토개선이 이루어진다.

3. 비대칭정보 하

① 중고차에 대한 정보를 판매자는 알지만, 구매자는 각 등급의 차의 비율만을 알고 있다고 하자.
② 비대칭정보 하에서 구매자는 중고차를 중고차의 평균적인 품질로 평가하므로 구매자가 지급하고자 하는 금액은 $(0.5 \times 550) + (0.5 \times 150) = 350$(만 원)이 된다.
③ 우량중고차 소유주는 최소한 받아야겠다고 생각하는 금액이 500만 원이므로 차를 팔려고 하지 않게 되고, 불량중고차 소유주만 차를 팔려고 하게 된다. 이에 따라 좋은 품질의 중고차는 매매되지 않고, 나쁜 품질의 자동차만 매매되는 악순환이 발생하게 된다.
④ 비대칭정보 하 중고생산물시장에서 중고차구매자는 중고차판매자에게 역선택을 당하고 있다.
⑤ 겉만 그럴듯하고 품질이 좋지 않은 상품을 미국에서는 레몬(lemon)이라고 하며, 일반적으로 역선택의 대상을 지칭한다.

CHAPTER 24 정보경제학

III 보험시장에서의 역선택

배 경	비대칭정보 하 역선택
■ 보험가입희망자의 암 발생확률 ▸ A : 0.1 ▸ B : 0.3 ■ 암이 발생할 경우 보험금 : 1,000만 원	• 암 발생확률에 대한 정보를 보험가입희망자는 알고 있지만, 보험회사는 평균적인 암 발생확률만을 알고 있다. • 보험회사는 보험료를 보험가입희망자의 평균적인 암 발생확률을 근거로 평가하므로 보험회사가 받고자 하는 보험료는 $0.2 \times 1,000$(만 원)=200(만 원)이 된다. • 암 발생확률이 낮은 A는 지불의사보험료가 100(만 원)이므로 암보험에 가입하지 않으려 할 것이고, 암 발생확률이 높은 B만 암보험에 가입하게 된다. • 암 발생확률이 높은 사람만 암보험에 가입하게 되어 암 발생확률과 암보험료가 점차 높아지는 악순환이 발생한다. • 비대칭정보 하 보험시장에서 보험회사는 보험가입희망자에게 역선택을 당하고 있다.
대칭정보 하	
■ 공정한 보험료 : 사고발생확률×보험금 ■ A에게는 보험료 100(만 원)을 책정하고, B에게는 보험료 300(만 원)을 책정한다. ▸ A의 지급의사보험료 : $0.1 \times 1,000$(만 원) $=100$(만 원) ▸ B의 지급의사보험료 : $0.3 \times 1,000$(만 원) $=300$(만 원)	

IV 금융시장에서의 역선택

배 경	비대칭정보 하 역선택
■ 은행대출희망자의 신용도 ▸ A : 신용도가 높은 사람으로서 지불의사이자율이 10% ▸ B : 신용도가 낮은 사람으로서 지불의사이자율이 30%	• 은행대출희망자의 신용도를 은행대출희망자는 알고 있지만, 은행은 평균적인 지불의사이자율만을 알고 있다. • 은행이 받고자 하는 이자율 : 평균이자율 20% • 신용도가 높은 은행대출희망자 A는 지불의사이자율이 10%이므로 높으므로 대출을 신청하지 않게 되고, 신용도가 낮은 은행대출희망자 B만 대출을 신청하게 된다. • 신용도가 낮은 은행대출희망자와만 거래가 이루어져 이자율과 차입자의 파산위험이 높아지는 악순환이 발생한다. • 비대칭정보 하 금융시장에서 은행은 은행대출희망자에게 역선택을 당하고 있다.
대칭정보 하	
■ A에게는 이자율 10%를 책정하고, B에게는 이자율 30%를 책정한다.	

V 노동시장에서의 역선택

배 경	비대칭정보 하 역선택
■ 노동자의 노동생산성 ▸ A의 노동생산성 : 300 ▸ B의 노동생산성 : 100	• 노동생산성에 대한 정보를 노동자는 알고 있지만, 기업은 노동자의 평균적인 노동생산성만을 알고 있다. • 기업이 지급하고자 하는 임금 : 평균임금 200 • 노동생산성이 높은 노동자 A는 노동생산성이 300이므로 취업하지 않으려 할 것이고, 노동생산성이 낮은 노동자 B만 취업하게 된다. • 노동생산성이 낮은 노동자만 고용하게 되어 노동생산성이 계속 낮아지는 악순환이 발생하게 된다. • 비대칭정보 하 노동시장에서 기업은 노동자에게 역선택을 당하고 있다.
대칭정보 하	
■ A에게는 임금 300을 지급하고, B에게는 임금 100을 지급한다.	

Ⅵ 대책

1. 신호발송
① 신호발송(signalling)이란 정보를 가진 측에서 자신의 특성을 상대방에게 전달하려고 노력하는 것을 말한다.
② 중고차시장에서 우량중고차 소유주가 일정 기간 내에 발생하는 고장에 대해 수리를 보증해 주는 조건부 계약을 체결한다.
  ▶ 불량중고차 소유주는 자신이 보유한 차량의 불량상태를 알고 있으므로 이러한 보증수리의 조건부계약을 체결하지 않는다.
③ 노동시장에서 취업 시 자격증을 제출하거나 대학교육을 이수하여 기업 측에게 자신의 노동생산성을 알리려고 노력한다.
④ KS마크 표시 등을 통해 품질이 좋다는 신호를 보내는 것이다.

2. 선별
① 선별(screening)이란 정보를 갖지 못한 측에서 상대방의 특성을 알아내려고 노력하는 것을 말한다.
② 보험시장에서의 선별
  ▶ 보험회사가 암보험을 판매하면서 사전에 신체검사를 요구하는 것으로서 보험시장에서 상대방의 건강상태를 알아내려는 행위에 해당한다.
  ▶ 탄력적인 보험요율제도를 도입하여 보험가입자들에게 건강상태에 따라 차등보험료를 적용하는 경우이다.
  ▶ 자동차보험회사에서 일정한 나이 미만인 사람들에게 높은 보험료를 책정하는 것은 사고발생 확률이 높은 운전자를 선별하는 경우에 해당한다.
  ▶ 사고발생 시 보험료가 할증되는 경우는 추후 논의되는 도덕적 해이의 대책방안이므로 보험시장의 대책방안인 선별과 혼동하면 안 된다.
③ 자기선택장치(self-selection device)
  ▶ 정보를 갖지 못한 측이 정보를 가진 측과 거래할 때 정보를 가진 자가 스스로 자신의 특성을 드러내도록 만드는 장치를 말한다.
  ▶ 생명보험회사가 보험상품을 판매할 때 각종 특약 등을 통해 보험가입자가 자기선택(self-selection)을 하도록 유도함으로써 보험가입자 자신의 특성을 스스로 드러내도록 하는 것이다.

3. 정부정책
(1) 강제집행
① 정부가 공적보험제도(public insurance system)를 도입하여 강제적으로 보험에 가입하도록 한다.
② 공적보험제도에는 자동차 책임보험, 국민건강보험, 국민연금 등이 있다.
  ▶ 정부가 자동차 책임보험을 모든 사람에게 의무적으로 가입하게 함으로써 사고 날 확률이 높은 사람만 보험에 가입하는 역선택문제를 해결할 수 있다.
  ▶ 국민건강보험, 국민연금도 의무적으로 가입하게 함으로써 역선택문제를 해결한다.
③ 단체암보험시장을 개발하여 회사직원 모두를 강제 가입시킨다.

(2) 정보정책
① 역선택은 정보의 비대칭성으로 인하여 발생하는 현상이므로 정보정책을 통해 정보의 흐름을 촉진한다.
② 정보정책에는 과장·허위광고 규제, 표준설정, 성능표시의 의무화, 기업 재무제표공시의 의무화, KS마크와 품 마크의 제정, 담배의 유해경고문제 등이 있다.

4. 평판과 표준화
① 판매자가 항상 고품질의 제품만을 판매한다는 것을 인정받음으로써 역선택문제를 해결하는 것이다.
② 평판(reputation) : 어떤 음식점이 비싸지만 고품질의 한우고기만 판매하고, 어떤 골동품점이 항상 진품만을 취급한다는 것을 인정받고자 하는 것은 좋은 평판을 얻어 역선택문제를 해결하려는 것이다.
③ 표준화(standardization) : 체인점 형태의 맥도날드, 피자헛, 롯데리아 등은 표준화를 통해 역선택문제를 해결하려고 한다.

5. 신용할당
① 신용할당(credit rationing)이란 금융시장에서 자금에 대한 초과수요가 발생하더라도 은행은 이자율을 올리는 대신 신용도가 높은 우량고객을 선별해서 유리한 이자율조건 하에 주어진 자금을 배분하는 현상을 말한다.
  ▶ 신용할당은 금융시장에서 발생하는 도덕적 해이의 해결방안에도 해당되는데 이는 추후 논의하게 된다.
② 은행이 대출이자율을 인상하면 은행의 이자수익도 비례적으로 증가하는 긍정적인 효과가 있다. 하지만, 신용도가 높은 은행대출희망자는 대출을 포기하고 신용도가 낮은 은행대출희망자만 대출을 하게 되는 역선택에 직면하게 되면서 은행의 평균적인 파산위험이 높아지는 부정적인 측면이 있다.
③ 이자율이 낮은 수준에서는 이자율 상승의 긍정적인 효과가 부정적인 효과보다 크지만, 이자율이 적정수준을 넘어서면 오히려 부정적인 효과가 긍정적인 효과를 압도하여 은행의 수익이 감소하게 된다.
④ 이러한 금융시장의 비대칭정보에 의한 역선택을 방지하고자 은행은 대부자금시장에서 자금의 초과수요가 존재하더라도 대출이자율을 인상하지 않고 신용도가 높은 대출희망자에게 신용할당을 하게 된다.

6. 효율성임금
① 효율성임금(efficiency wage)이란 기업들이 노동자의 생산성을 향상시키기 위해 시장의 임금수준보다 더 높이 지급하는 임금수준이다.
  ▶ 효율성임금제도는 노동시장에서 발생하는 도덕적 해이의 해결방안에도 해당되는데 이는 추후 논의하게 된다.
② 기업이 노동자에게 낮은 수준의 임금을 지급하게 되면 생산성이 낮은 노동자만 고용하게 되는 역선택문제가 발생할 가능성이 있다.
③ 기업이 효율성임금을 지급하게 되면 보다 생산성이 높은 노동자들을 고용할 수 있게 되어 기업의 생산성을 향상시킬 수 있으며 이윤증가도 가능하다.

제3절 도덕적 해이

I 개념

① 도덕적 해이(moral hazard)란 정보가 없거나 부족한 측의 입장에서 볼 때 정보를 가진 측이 바람직하지 않은 행동을 취할 가능성이 커지는 현상을 말한다.
② 도덕적 해이는 감추어진 사후적 행동에 의해 유발되므로 계약 후에 발생하는 현상이다.
③ 도덕적 해이는 보험시장, 금융시장, 노동시장, 상품시장 등에서 발생하는데 기본적으로 주인 - 대리인(principal - agent problem)의 문제 때문에 발생한다.
   ▸ 많은 경제활동이 다양한 계약을 통해 이루어지는데 이러한 계약 가운데는 어느 한쪽이 다른 쪽에 전부 또는 부분적으로 권한을 위임하지 않을 수 없는 경우가 일반적이다. 권한을 위임하는 사람이 주인이고, 권한을 위임받은 사람을 대리인이라고 한다.

II 보험시장에서의 도덕적 해이

1. 내용

① 보험에 가입한 후 보험가입자의 행동이 바뀌어 사고가 날 확률이 높아지는 현상을 말한다.
② 보험시장에서 발생하는 도덕적 해이의 사례는 다음과 같다.
   ▸ 화재보험 : 화재보험에 가입한 후 보험가입자가 화재예방노력을 게을리 하거나 건물에 불을 질러 보험금을 타내려는 행위
   ▸ 생명보험 : 생명보험에 가입한 후 자해를 통해 보험금을 타내려는 행위
   ▸ 자동차보험 : 자동차보험에 가입한 후 고의적으로 교통사고를 내어 보험금을 타내려는 행위, 과거와 달리 거칠게 차를 운전하는 행위
   ▸ 의료보험 : 의료보험에 가입한 후 조금만 아파도 병원에 가서 치료받으려는 행위

2. 대책

① 공동보험제도(co - insurance) : 사고발생 시 손실의 일부 비율만을 보상해 주는 제도이다. 예를 들면 보험사에서 손해보상을 할 때 사고금액의 70%만을 보장하는 것이다.
② 기초공제제도(deduction) : 손실액 중 처음의 일정 금액까지는 가입자가 부담하고, 나머지는 보험회사가 보상해 주는 제도이다.
③ 사고기록을 점수화하고 이를 보험료에 반영함으로써 사고를 일으키지 않도록 한다.

III 금융시장에서의 도덕적 해이

내 용	대 책
• 대출을 받은 차입자가 자금을 차입한 이후 고수익·고위험의 프로젝트에 투자하는 경우	• 감시 : 대출자가 차입자의 행동을 감시(monitoring)한다. • 담보와 연대보증 : 은행이 대출할 때 담보와 연대보증을 요구 • 신용할당 : 은행이 신용할당정책을 통하여 낮은 이자율을 유지하면 낮은 이자율로 대출받은 사람은 구태여 고위험·고수익의 사업에 투자할 요인이 적어지게 된다.

CHAPTER 24 정보경제학

Ⅳ 노동시장에서의 도덕적 해이

내 용	대 책
• 입사 후에는 직무를 태만하게 하는 현상	• 승진제도, 성과급제도, 포상제도, 징계제도 • 근무태만을 방지하기 위한 생산성임금 및 효율성임금의 지급 : 노동자들에게 효율성임금을 지급하면 노동자들은 해고당하지 않고 계속 그 직장에 다니기 위해서 열심히 일할 것이다. • 기업이윤의 공유 • 작업감독제도

Ⅴ 주인-대리인 문제

1. 개념

① 주인-대리인 문제(principal-agent problem)란 주인이 대리인에게 권한을 위임했을 때 대리인이 주인보다는 자신의 이익을 위해 권한을 행사하게 되면서 나타나는 문제를 말한다.
② 주인-대리인 문제는 거래당사자가 주인과 대리인으로 구성될 때의 도덕적 해이 문제이다.

2. 사례

① 주주와 경영자
  ▸ 주식회사의 주주는 이윤극대화를 도모하기 위해 경영자를 고용하지만 고용된 경영자는 회사에 대한 통제능력, 신분의 안정성, 세간의 평가 등에 관심을 두므로 이윤극대화보다는 총수입극대화나 기업이미지 개선에 열중할 가능성이 커지게 된다.
② 국민과 국회의원 : 국회의원(대리인)이 당선된 이후에 국민(주인)의 이익을 위해 노력하지 않는 현상
③ 소송의뢰인과 변호사 : 변호사(대리인)가 수임료를 받고서는 소송의뢰인(주인)을 위해 열심히 노력하지 않는 현상
④ 사장과 종업원 : 종업원(대리인)이 취직 후 사장(주인)의 이익을 위해 열심히 일하지 않고 근무를 태만하게 하는 현상
⑤ 지주와 소작인 : 소작인(대리인)이 지주(주인)의 이익을 위해 농산물의 수확량 증가를 추구해야 하지만 이를 게을리 하는 현상
⑥ 환자와 의사 : 의사(대리인)가 환자(주인)의 치료를 위해 노력하지 않는 현상
⑦ 가수와 매니저 : 매니저(대리인)가 가수(주인)를 위해 노력하지 않는 현상

3. 대책 : 유인설계(인센티브 제공)

① 유인설계(incentive design)란 주인이 원하는 바를 대리인이 추구하는 것이 대리인에게도 이익이 된다는 것을 인식하게끔 주인이 적절한 유인구조를 설계하는 것을 말한다.
② 주주-경영자의 관계에서 경영자에게 스톡옵션이나 실적에 따른 특별보너스 지급 등을 시행한다.
③ 사장-종업원의 관계에서 종업원에게 보너스를 노동생산성에 따라 차등 지급하는 성과급제도를 시행한다.

MACRO ECONOMICS

공인노무사
거시경제학

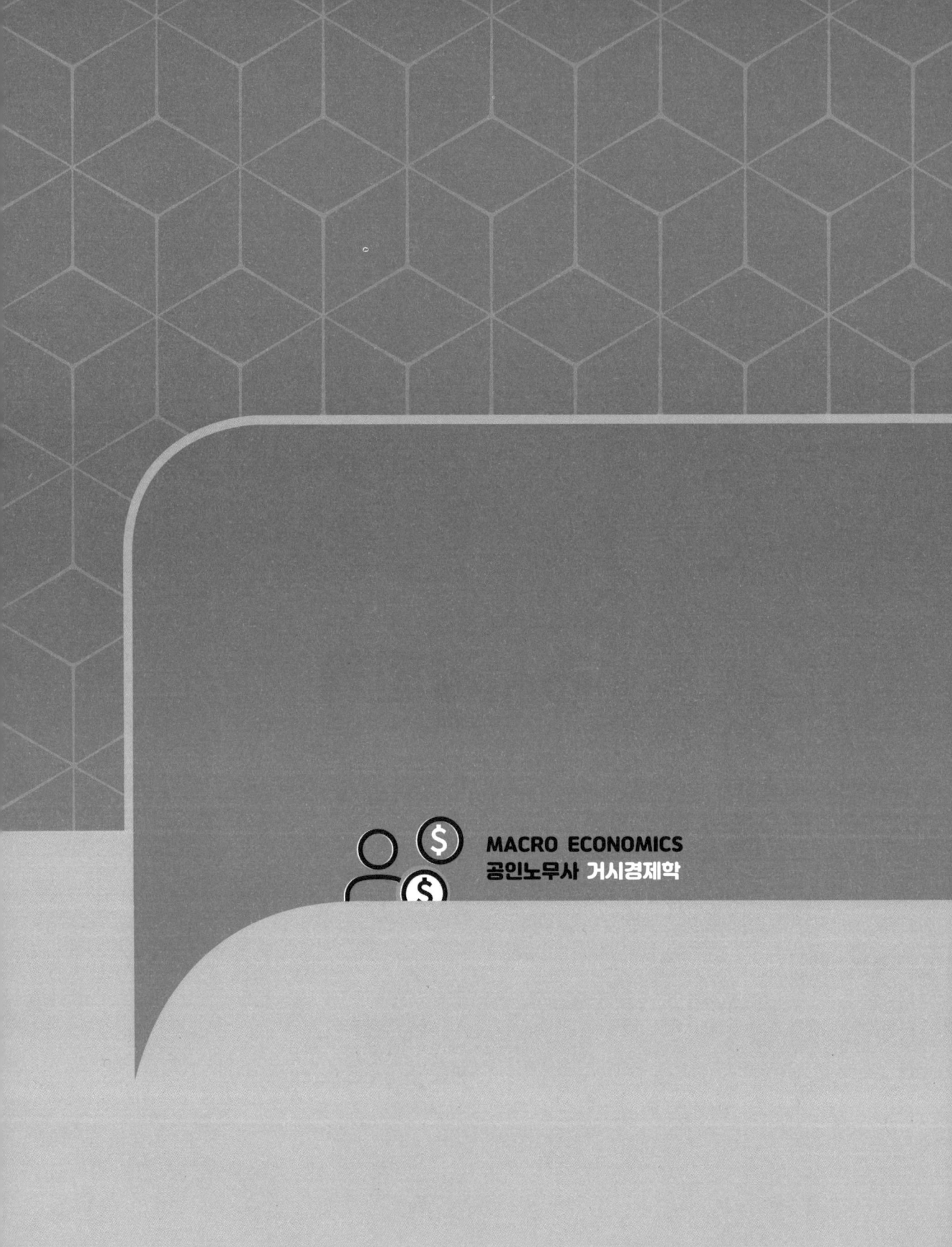

PART 01

거시경제학의 기초

01 거시경제학의 세계
02 거시경제변수

CHAPTER 01 거시경제학의 세계

PART 01 | 거시경제학의 기초

제1절 거시경제학의 의의

I 개요

1. 개념
① 거시경제학(macro economics)은 개별경제주체들의 상호작용의 결과로 발생하는 국민경제의 총체적인 현상을 연구대상으로 하는 경제학의 분야이다.
② 거시경제학에서는 크게 경제성장(국민소득), 물가안정, 국제수지균형의 세 가지 당면과제를 해결하기 위해 경제 전체적인 변수의 결정 요인과 상호 연관관계를 분석하게 된다.

2. 특징
① 총소득, 물가와 인플레이션, 총고용과 실업, 통화량, 이자율(금리), 재정, 경기변동, 경제성장과 경제발전, 국제수지와 환율 등 경제 전체를 묘사하는 총량변수를 거시경제변수(macroeconomic variable)라고 한다.
② 주요 거시경제변수들은 따로따로 움직이는 것이 아니라 서로 연관관계를 가지면서 변하는 경우가 많다. 예컨대 한 나라의 총생산이 증가하면 그 나라의 국민소득이 증가하고 고용이 증가한다. 국민소득의 증가는 소비와 투자의 증가로 이어지고, 고용의 증가는 실업의 감소로 이어진다.
③ 거시경제학에서는 거시경제변수들이 결정되는 원리는 무엇이고, 각종 거시경제변수들이 서로 어떤 영향을 주고받으며, 각종 정부의 경제정책들이 이 변수들에게 어떤 영향을 미치는가를 연구하게 된다.
④ 국민경제의 총체적인 결과는 수많은 가계와 기업들의 상호작용에 의해 발생한 것이므로 거시경제학은 미시경제학과 밀접하게 연계되어 있다. 거시경제변수들은 수많은 개별경제주체들의 결정을 나타내는 변수들의 합계이므로 거시경제학을 분석할 때에는 불가피하게 미시경제학적인 개별경제주체들의 결정을 고려해야 한다.

II 연구대상

① 한 나라의 경제성장을 결정하는 요인은 무엇이고, 높은 경제성장률은 어느 정도 오랫동안 지속될 수 있는가?
② 실업과 인플레이션의 원인과 상호관계는 무엇인가?
③ 국제수지와 환율의 결정요인과 상호관계는 무엇인가?
④ 경제가 호황과 불황을 번갈아 반복하는 경기변동의 원인은 무엇인가?
⑤ 정부의 경제안정화정책이 어떻게 사용되어야 바람직한가?

제2절 미시경제학과 거시경제학

I 사용하는 경제변수의 차이

① 미시경제학(micro economics)에서는 개별산업(=개별시장)을 대상으로 한 개별재화의 가격변수(price)를 사용하지만, 거시경제학(macro economics)에서는 국민경제 전체의 모든 상품에 대한 평균적인 가격을 의미하는 물가변수(prices, price level)를 사용한다.
  ▶ 한 나라에 존재하는 상품은 매우 다양하므로 현실적으로 국민경제의 물가수준을 측정하기 위해서는 물가지수를 이용하게 된다.

② 미시경제학에서는 개별상품의 생산량에 관심을 갖지만, 거시경제학에서는 모든 상품의 총생산량, 즉 국민소득에 관심을 갖는다.
  ▶ 총생산함수 $Y = F(L, K)$에서 Y는 실물단위로 표시되는 실질국민소득을 의미한다.

II 분석대상의 차이

① 미시경제학은 개별경제주체의 최적화행위를 분석하여 균형점을 찾고자 하는 경제학의 한 분야로서 숲을 구성하고 있는 '나무' 하나하나의 생태를 관찰하는 경제학이다.

② 거시경제학은 개별경제주체의 최적화행위가 아니라 시장 전체의 균형점을 찾고자 하는 경제학의 한 분야로서 '숲'의 전체를 관찰하는 경제학이다.

III 이론체계상의 차이

1. 미시경제학

① 미시경제학은 단일화된 이론체계로 구성되어 있다.

② 미시경제학의 이론적 토대를 제공한 주류 경제학파는 고전학파(classical school)로서 어떤 경제이론에 대한 학파별 견해 차이가 거의 존재하지 않는다고 할 수 있다.
  ▶ 고전학파란 아담 스미스(A. Smith, 1776년 국부론)부터 케인즈(J. M. Keynes, 1936년 고용, 이자 및 화폐에 관한 일반이론) 이전까지의 주류 경제학자들을 통칭하는 학파이다.

2. 거시경제학

① 거시경제학은 1930년대 발생한 세계대공황을 배경으로 태생한 경제학의 한 분야이다.

② 기존의 고전학파 이론체계로는 1930년대 세계대공황의 만성적인 경기침체와 장기간 지속되는 실업현상을 명쾌하게 설명할 수 없었다.
  ▶ 고전학파이론에서는 완전정보 하에서 의사결정을 하는 합리적 경제주체와 가격변수의 신축성이라는 기본전제 하에 모든 시장은 항상 균형을 달성한다.

③ 이에 대해 케인즈(J. M. Keynes)는 고전학파 경제학이 세계대공황과 같은 경제현상을 제대로 설명할 수 없다는 인식을 하게 되었고, 불완전정보 하에서 경제주체의 제한된 합리성과 가격변수의 경직성을 바탕으로 경제현상을 재해석하게 되었다.

④ 이를 계기로 거시경제학이 태동하였기 때문에 거시경제학은 고전학파 경제학과 케인즈 경제학의 이분화된 이론체계로 구성되어 있다.

제3절 거시경제학의 두 조류

구 분	고전학파	케인즈
시 기	1776~1920년대	1930년대
시대상황	대호황(영국)	대공황(미국/영국)
학파별 내용	• 미시경제학의 집대성 • 호황기 : 제한된 생산능력, 수직의 총공급곡선 • 세이의 법칙 : 공급은 스스로 수요를 창출한다. • 저축이 미덕 • 완전정보(완전예견) • 시장기능 중시 : 보이지 않는 손 • 가격의 신축성 → 시장의 균형 • 시장의 불균형 → 가격 조정 • 자유방임주의 : 정부의 시장개입을 반대	• 거시경제학의 출발 • 불황기 : 충분한 생산능력, 수평의 총공급곡선 • 유효수요이론 : 총수요(유효수요)가 총공급을 결정한다. • 소비가 미덕 • 화폐환상 • 시장에 대한 불신 : '보이지 않는 손'이 아닌 '마비된 손' • 가격의 경직성 → 시장의 실패 • 시장의 불균형 → 수량 조정 • 시장개입주의 : 정부의 시장에 대한 재량적 개입을 정당화

구 분	통화주의학파	케인즈학파
시 기	1950~1960년대	1940~1960년대
시대상황	고원경기(미국)	고원경기(미국)
학파별 내용	• 적응적 기대 • 정부실패는 시장실패보다 더 큰 문제 • 인플레이션이 더 큰 해악 • 준칙적 금융정책 • 스태그플레이션의 원인 : 정부의 재량정책에 의한 기대인플레이션율의 상승	• 적응적 기대 • 시장실패는 정부실패보다 더 큰 문제 • 실업이 더 큰 해악 • 재량적 재정정책 • 스태그플레이션의 원인 : 원유파동과 원자재가격 상승

구 분	새고전학파	새케인즈학파
시 기	1970년대~현재	1980년대~현재
시대상황	스태그플레이션	스태그플레이션
학파별 내용	• 합리적 기대 • 시장균형 • 가격변수의 신축성 • 총수요관리정책의 무력성 • 내생적 성장을 위한 장기성장촉진정책은 바람직	• 합리적 기대 • 시장불균형 • 가격변수의 경직성 • 단기 총수요관리정책의 유효성

CHAPTER 02 거시경제변수

PART 01 | 거시경제학의 기초

제1절 국민소득

I 국내총생산

1. 개념

국내총생산(Gross Domestic Product : GDP)이란 ① 일정 기간에 ② 한 나라 안에서 ③ 생산되어 ④ 최종적인 용도로 사용되는 ⑤ 재화와 서비스의 ⑥ 시장가치를 모두 더한 것을 말한다.

2. 구체적 의미

(1) 일정 기간에
  ① 국내총생산(GDP)은 일정한 기간에 측정되는 유량(flow)의 개념이다.
  ② GDP는 보통 분기(3개월, quarterly), 반년, 1년을 단위로 한국은행에서 측정한다.

(2) 한 나라 안에서
  ① 국내총생산(GDP)은 생산의 주체가 누구인지에 관계없이 한 나라의 국경 안에서 생산된 재화와 서비스가 측정의 대상이 된다.
  ② 우리나라에 있는 외국인에 의해 생산된 상품의 가치는 국내총생산(GDP)에 포함되지만, 우리나라 국민이 외국에서 생산한 상품의 가치는 포함되지 않는다.
  ③ 국내총생산(Gross Domestic Product : GDP)과 국민총생산(Gross National Product : GNP)
  ▸ 국내총생산(GDP)이란 일정 기간에 한 나라의 국경 안에서 생산되어 최종적인 용도로 사용되는 재화와 서비스의 시장가치를 모두 더한 것을 말한다.
  ▸ 국민총생산(GNP)이란 일정 기간에 한 나라의 국민에 의해 생산되어 최종적인 용도로 사용되는 재화와 서비스의 시장가치를 모두 더한 것을 말한다.
  ▸ 국내총생산(GDP)은 '속지주의'의 개념이고, 국민총생산(GNP)은 '속인주의'의 개념이다.
  ▸ 국내총생산(GDP)은 국경을 기준으로 내국인에 의하여 생산된 것이든 외국인에 의하여 생산된 것이든 한 국가 안에서 생산된 것은 모두 포함하지만, 국민총생산(GNP)은 국민을 기준으로 우리나라 국민이 국내에서 생산한 것이든 외국에서 생산한 것이든 모두 포함한다.

> **국내총생산(GDP)과 국민총생산(GNP)**
>
> $GNP = GDP +$ 대외수취요소소득 $-$ 대외지급요소소득
> $ = GDP +$ 대외순수취요소소득
>
> - 대외수취요소소득 : 우리나라 국민이 외국에서 생산한 최종생산물의 시장가치
> - 대외지급요소소득 : 외국인이 국내에서 생산한 최종생산물의 시장가치
> - 대외순수취요소소득 = 대외수취요소소득 $-$ 대외지급요소소득

(3) 생산되어

① 지난해에 생산된 중고생산물이나 주택의 매매는 올해 국내총생산(GDP)에 포함되지 않고, 해당연도에 생산된 상품의 가치만 국내총생산(GDP)에 포함된다.
② 주식이나 채권 등 증권과 같은 금융자산의 매매차익은 생산활동에 의한 소득이 아니고 단지 소유권이전에 불과하므로 국내총생산(GDP)에 포함되지 않는다.
③ 정부의 이전지출은 실업수당이나 재해보상금, 사회보장기부금 등과 같이 생산활동과 무관한 사람에게 반대급부 없이 지급하는 것으로서 국내총생산(GDP)에 포함되지 않는다.
④ 기존주택의 거래는 국내총생산(GDP)에 포함되지 않지만, 그해에 지어진 신축주택의 매입은 생산활동과 관련되어 있으므로 포함된다.

(4) 최종적인 용도로 사용되는

① 최종재(final goods)만이 국내총생산(GDP)에 포함되고, 중간재는 포함되지 않는다.
② 예외 : 중간재라 할지라도 그해에 판매되지 않은 중간재는 일단 최종재로 간주하여 재고투자의 항목으로 국내총생산(GDP)에 포함되고, 그 중간재가 다음 해에 판매되면 다음 해에는 중간재의 가치를 제외한 부가가치만이 포함된다.
③ 중간재와 부가가치
　▶ 중간재(intermediate goods)란 다른 생산물을 생산하는 데에 쓰이는 원재료 및 반제품이다.
　　• 예 : 빵을 만들기 위해 생산된 밀가루
　▶ 부가가치(value added)란 생산자가 생산과정에서 새로 창출한 가치를 말한다.
　　• 부가가치＝생산된 상품의 가치－중간투입물의 가치－고정자본소모
④ 국내총생산은 최종재가치의 합이지만, 부가가치의 합을 통해 계산할 수 있다.
　▶ 국내총생산(GDP)＝최종재가치의 합＝부가가치의 합＋고정자본소모
　▶ 고정자본소모(fixed capital consumption) : 생산과정에서 마모된 자본재의 가치

(5) 재화와 서비스의

① 유형의 재화뿐 아니라 무형의 서비스도 국내총생산(GDP)에 포함된다.
② 무형의 서비스 : 교육, 의료, 법률, 수송, 운송, 오락, 미용, 각종 문화 서비스 등
　▶ 기존주택의 거래는 생산활동과 무관한 소유권이전에 해당하므로 국민소득에 포함되지 않지만, 부동산중개업자의 수수료는 서비스가치이므로 포함된다.

(6) 시장가치를 모두 더한 것

① 원칙적으로 시장에서 거래되는 생산물가치만이 국내총생산(GDP)에 포함된다.
　▶ 가사도우미의 가사서비스는 포함되지만, 가정주부의 가사서비스는 포함되지 않는다.
　▶ 농부가 밭에서 재배한 채소는 포함되지만, 가정주부가 자신의 집 마당 텃밭에서 재배한 채소는 포함되지 않는다.
　▶ 공장에서 제조된 김치는 포함되지만, 가정주부가 제조한 김치는 포함되지 않는다.
　▶ 과수원에서 생산된 과일은 포함되지만, 산에서 따먹은 과일은 포함되지 않는다.
② 시장에서 거래되지만, 국내총생산(GDP)에 포함되지 않는 항목
　▶ 지하경제 : 마약, 밀수, 사채, 탈세, 암시장을 통한 거래, 회계장부에 기록되지 않는 임금 등
　▶ 이전거래 : 상속, 증여 등
　▶ 자본이득 : 주식가격변동, 부동산가격변동(부동산 투기) 등
③ 시장에서 거래되지 않음에도 국내총생산(GDP)에 포함되는 항목
　▶ 농산물의 농가 자체소비분　　　　▶ 주택소유주의 임대료
　▶ 정부서비스의 가치 : 군인, 경찰관, 소방관, 국회의원 등의 서비스가치

(7) GDP에 포함되는 항목과 포함되지 않는 항목

GDP에 포함되는 항목	GDP에 포함되지 않는 항목
• 가사도우미의 가사서비스	• 가정주부의 가사서비스
• 농가의 자체소비 농산물 • 농부가 밭에서 재배한 채소	• 가정주부의 자체소비 농산물 • 가정주부가 자신의 집 마당 텃밭에서 재배한 채소
• 신규주택매입	• 기존주택매입
• 회사채이자 • 은행이자	• 국공채이자
• 주택소유주의 임대료 : 주택소유에 따른 귀속임대료 (기회비용) • 정부서비스의 가치 : 군인, 경찰관, 소방관, 국회의원 등이 제공하는 국방·치안서비스의 가치	• 지하경제 : 마약, 밀수, 사채, 탈세, 암시장을 통한 거래, 회계장부에 기록되지 않고 지급되는 임금 등 • 이전거래 : 상속, 증여 등 • 자본이득 : 주식가격변동, 부동산가격변동(부동산 투기) 등 • 정부의 이전지출 : 실업수당, 재해보상금, 사회보장 기부금 등
• 재고투자	• 중간재

3. 국내총생산의 구분

(1) 명목GDP와 실질GDP

① 명목국내총생산(nominal GDP)이란 해당연도의 생산량에 해당연도의 가격을 곱해 각 상품의 시장가치를 합한 것을 말한다.

② 실질국내총생산(real GDP)이란 해당연도의 생산량에 해당연도의 가격이 아닌 기준연도의 가격을 곱해 각 상품의 시장가치를 합한 것을 말한다.
  ▶ 명목국내총생산은 생산량의 변화뿐 아니라 가격에 생긴 변화에 의해서도 영향을 받기 때문에 생산활동의 추이를 정확하게 반영하기 위해서는 물가변동의 효과를 제거해야 한다.
  ▶ 국내총생산이 물가변동에 영향을 받지 않도록 하는 것이 실질국내총생산이다.
  ▶ 기준연도는 5년마다 개편된다.

③ 기준연도의 명목GDP와 실질GDP는 동일하다.

(2) 실제GDP와 잠재GDP

① 실제GDP(actual GDP)란 해당연도에 실제로 생산된 모든 최종생산물의 시장가치를 말한다.

② 잠재GDP(potential GDP)란 한 나라에 존재하는 모든 생산자원을 정상적으로 고용할 때 생산 가능한 모든 최종생산물의 시장가치를 말한다.

③ 잠재GDP와 완전고용GDP, 자연GDP(natural GDP)는 거의 동일한 개념이다.
  ▶ 잠재$GDP(Y_P)$: 모든 생산자원을 정상적으로 고용할 때 GDP
  ▶ 완전고용$GDP(Y_F)$: 모든 생산자원이 완전고용될 때 GDP
  ▶ 자연$GDP(Y_N)$: 자연실업률 하에서의 GDP

④ 고전학파에서 케인즈경제학까지는 완전고용국민소득(Y_F)이라는 개념을 사용하였지만, 통화주의학파 이후부터 자연국민소득(Y_N)이라는 개념을 사용하였다.
  ▶ 고전학파~케인즈(J. M. Keynes) : $Y \leq Y_F$
  ▶ 통화주의학파 이후 : $Y \gtreqless Y_N$

4. 삼면등가의 법칙

(1) 생산 GDP(국내총생산)
① 생산 GDP란 해당 기간에 생산한 최종재의 총가치를 직접 합한 것을 말한다.
② 생산 GDP는 각 생산단계에서의 부가가치와 고정자본소모를 합하여 계산할 수도 있다.
  ▸ 부가가치(value added) : 생산자가 생산과정에서 새로 창출한 가치
  ▸ 고정자본소모(fixed capital consumption) : 생산과정에서 마모된 자본재의 가치

> **생산 GDP**
> 생산 GDP = 최종재가치의 합
> = 부가가치의 합 + 고정자본소모

(2) 지출 GDP(국내총지출)
① 지출 GDP란 해당 기간에 최종재에 대한 지출을 합계한 것을 말한다.
② 최종재는 가계의 소비지출, 기업의 투자지출, 정부의 정부지출, 외국의 순수출 등으로 사용된다.
  ▸ 소비지출 : 가계가 구입한 재화와 서비스의 시장가치
  ▸ 투자지출 : 기업과 정부가 구입한 자본재의 시장가치
  ▸ 정부지출 : 정부가 공공서비스를 생산하기 위해 지출한 인건비와 물건비 등으로서 정부소비지출을 의미한다.
③ 소비지출을 C, 투자지출을 I, 정부지출을 G, 수출을 X, 수입을 M으로 나타낸다.
④ C, I, G 중에서 국산품에 대한 지출을 각각 C^d, I^d, G^d라고 하고, 수입품에 대한 지출을 C^f, I^f, G^f라고 나타내면 다음과 같은 식이 성립된다.

> **소비지출(C), 투자지출(I), 정부지출(G)**
> ■ 소비지출 : $C = C^d + C^f$
> ■ 투자지출 : $I = I^d + I^f$
> ■ 정부지출 : $G = G^d + G^f$

⑤ GDP는 국내에서 생산된 상품의 가치만을 포함하므로 지출 GDP는 다음과 같이 측정된다.
  ▸ 국내에서 생산된 상품의 가치를 가계가 지출한 것은 C^d, 기업이 지출한 것은 I^d, 정부가 지출한 것은 G^d, 외국이 지출한 것은 X가 된다.
  ▸ $C^f + I^f + G^f = M$

> **지출 GDP**
> 지출 $GDP = C^d + I^d + G^d + X$
> $= (C - C^f) + (I - I^f) + (G - G^f) + X$
> $= C + I + G + X - (C^f + I^f + G^f)$
> $= C + I + G + (X - M)$
> $= C + I + G + X_N$

• $X_N = X - M$: 순수출(net export)

⑥ 각 경제주체의 총구입액과 총생산액이 불일치하는 경우
  ▸ 만약 총구입액이 총생산액에 미달하는 경우 생산액의 일부가 기업의 재고로 남게 된다.
  ▸ 국민소득계정상의 투자항목에는 총고정자본형성(=고정투자=건설투자+설비투자+무형고정자산투자)과 재고투자가 있다.
  ▸ 해당연도에 발생한 재고의 증가는 재고투자의 항목에 포함되기 때문에 사후적으로 생산 GDP와 지출 GDP는 언제나 일치하게 된다.

> **참고 소비지출과 투자지출**
> ① 가계가 새로 지은 집이나 아파트를 구입하기 위해 지출한 것은 '주거용 건물에 대한 투자'로서 국민계정상 투자지출로 분류되지만, 가계의 '주거서비스에 대한 지출'은 소비지출로 분류된다.
> ② 가계의 자동차 구입은 투자가 아닌 '내구재에 대한 소비지출'로 분류되지만, 기업의 자동차 구입은 '운송장비에 대한 투자'로서 투자지출로 분류된다.

(3) 분배 GDP(국내총소득)

① 분배 GDP란 해당 기간에 생산요소시장에서의 요소소득을 모두 합계한 것을 말한다.
  ▸ 한 해 동안 전 국민이 얻은 소득의 합을 의미한다.
② 기업의 부가가치는 노동, 자본, 토지와 같은 생산요소에 대한 대가로 지급된다.
  ▸ 노동을 제공한 사람에게 임금(급여)
  ▸ 자본을 제공한 사람에게 이자
  ▸ 토지나 건물을 빌려준 사람에게 지대(임대료)
  ▸ 나머지는 기업의 이윤 → 주주에게 분배
  ▸ 요소소득=임금+이자+지대+이윤
③ 총생산액 중에서 고정자본소모분과 순간접세는 요소소득으로 분배될 수 없으므로 분배 GDP에는 이 두 가지를 더해 주어야 한다.

> **분배 GDP**
> 분배 GDP = 임금+이자+지대+이윤+고정자본소모+순간접세
> = 임금+이자+지대+이윤+고정자본소모+(간접세−보조금)
> = 소비(C)+저축(S)+조세(T)

(4) 삼면등가의 법칙

① 삼면등가의 법칙이란 GDP를 생산, 지출, 분배라는 세 가지 측면에서 측정하면 모두 동일한 값이 나오는 것을 말한다.
② 통계작성의 시차와 부정확을 통계적 불일치로 처리한다면 생산, 지출, 분배라는 세 가지 측면에서 측정한 GDP는 모두 동일하게 계산된다.

> **삼면등가의 법칙**
> - 생산 GDP = 지출 GDP = 분배 GDP
> - $Y = GDP$
> $= C + I + G + (X - M)$
> $= C + S + T$

CHAPTER 02 거시경제변수

예제 | 국내총생산의 계산

문제 1

중국에 소재한 한 기업이 작년에 반도체를 생산하였다. 이 반도체를 미국 소재 컴퓨터 제조기업이 올해에 수입하여 컴퓨터에 내장한 뒤, 같은 해에 그 컴퓨터를 한국으로 수출하였다. 한국의 어느 대학생이 이 컴퓨터를 올해에 구입하였다. 이상의 거래로 인해 각국의 금년도 국민소득계정에 나타난 변화는?

(2007 공인회계사 응용)

해설

한 국			중 국		미 국	
소비지출	순수출	GDP	순수출	GDP	순수출	GDP
증가	감소	불변	증가	불변	증가	증가

- 한국 : 금년에 컴퓨터를 수입하여 소비하였다면 소비지출의 증가, 수입의 증가(순수출의 감소)가 발생하였다. 이때 소비지출의 증가분과 순수출의 감소분이 동일하므로 한국의 올해 GDP는 불변이다.
- 중국 : 작년에 생산한 반도체는 작년에 판매되지 않았더라도 작년의 GDP에 재고투자항목으로 포함된다. 이 반도체를 금년도에 미국으로 수출하였다면 재고투자항목이었던 반도체가 수출되었으므로 재고투자의 감소, 수출의 증가(순수출의 증가)가 발생하였다. 이때 재고투자의 감소분과 순수출의 증가분이 동일하므로 중국의 금년도 GDP는 불변이고 순수출만 증가하였다.
- 미국 : 금년에 반도체를 수입하여 컴퓨터에 내장한 뒤 컴퓨터를 수출하였으므로 새로운 부가가치가 발생하였다. 즉, 수입의 증가분(반도체)보다 수출의 증가분(컴퓨터)이 부가가치액만큼 더 크므로 금년도 미국의 순수출과 GDP가 모두 증가하였다.

문제 2

2020년도에 어떤 나라의 밀 생산 농부들은 밀을 생산하여 그 중 반을 소비자에게 1,000억 원에 팔고, 나머지 반을 1,000억 원에 제분회사에 팔았다. 제분회사는 밀가루를 만들어 그 중 절반을 800억 원에 소비자에게 팔고 나머지를 제빵회사에 800억 원에 팔았다. 제빵회사는 빵을 만들어 3,200억 원에 소비자에게 모두 팔았다. 이 나라의 2020년도 GDP는? (단, 이 경제에서는 밀, 밀가루, 빵만을 생산한다.)

(2017 7급 서울시)

해설

- 최종재의 가치에는 소비자에게 판매한 밀의 가치 1,000억 원, 소비자에게 판매한 밀가루의 가치 800억 원, 소비자에게 판매한 빵의 가치 3,200억 원이다. 따라서 국내총생산은 $1,000+800+3,200=5,000$(억 원)이 된다.
- 밀 생산 농부들이 밀을 생산하여 그 중 반을 소비자에게 1,000억 원에 팔고, 나머지 반을 1,000억 원에 제분회사에 팔았다면 농부의 부가가치는 2,000억 원이다.
- 제분회사는 1,000억 원의 밀을 이용하여 밀가루를 생산한 후 800억 원에 소비자에게 팔고 나머지를 제빵회사에 800억 원에 팔았다면 제분회사의 부가가치는 $1,600-1,000=600$억 원이다.
- 제빵회사는 800억 원의 밀가루를 이용하여 3,200억 원의 빵을 생산하였으므로 제빵회사의 부가가치는 $3,200-800=2,400$억 원이다.
- 농부의 부가가치 2,000억 원, 제분회사의 부가가치 600억 원, 제빵회사의 부가가치 2,400억 원을 모두 더하면 $2,000+600+2,400=5,000$억 원이 도출된다.

Ⅱ 국민총소득

1. 개념

① 국민총소득(Gross National Income : GNI)이란 일정 기간에 한 나라의 국민이 소유하고 있는 생산요소를 국내외에 제공한 대가로 벌어들인 소득을 말한다.
② 실질 GDP는 생산활동의 수준을 측정하는 생산지표인 반면, 실질 GDI 또는 실질 GNI는 생산활동을 통하여 획득한 소득의 실질 구매력을 나타내는 실질소득지표이다.
③ GDP가 한 나라의 생산활동을 나타내는 '생산지표'임에 비하여, GNI는 국민의 생활수준을 측정하기 위한 '소득지표'이다.
④ GDP가 '경제성장률'의 중심지표이지만, GNI는 '1인당 국민소득'의 중심지표로 이용된다.

2. GNI와 여타 국민소득지표와의 관계

(1) 명목변수

> **국민소득의 명목변수**
> - 명목국민총소득(명목 GNI) = 명목국민총생산(명목 GNP)
> - 명목국내총소득(명목 GDI) = 명목국내총생산(명목 GDP)

> **국민총소득(GNI)과 국내총소득(GDI)**
> $GNI = GDI +$ 대외순수취요소소득

(2) 실질변수

① 국민소득지표의 실질변수를 구할 때는 '교역조건의 변화에 따른 실질무역손익'을 조정해야 한다.
② 교역조건(terms of trade)이란 수출품 한 단위를 수출해서 수입 가능한 수입품의 양을 의미한다. 수입상품의 단위로 표시한 수출상품 한 단위의 가치가 교역조건이다.
  ▸ 값이 커지면 교역조건이 개선되었다고 하고, 값이 작아지면 교역조건이 악화되었다고 한다.
  ▸ 교역조건은 국제가격을 기준으로 측정된다.

> **교역조건**
> $$\text{교역조건} = \frac{\text{수출물가지수}}{\text{수입물가지수}} = \frac{\text{수출단가}}{\text{수입단가}}$$

③ 국민소득의 실질변수 간에는 다음과 같은 식이 성립한다.

> **국민소득의 실질변수**
> - 실질 $GNI =$ 실질 $GDI +$ 실질대외순수취요소소득
> - 실질 $GDI =$ 실질 $GDP +$ 교역조건변화에 따른 실질무역손익
> - 실질 $GNI =$ 실질 $GDP +$ 교역조건변화에 따른 실질무역손익 + 실질대외순수취요소소득

④ 교역조건이 개선되었을 경우 실질무역이익이 발생하므로 실질 GDI가 실질 GDP보다 크고, 교역조건이 악화되었을 경우 실질무역손실이 발생하므로 실질 GDI가 실질 GDP보다 작다.

CHAPTER 02 거시경제변수

Ⅲ 압솝션(국민총지출)

① 압솝션(absorption)은 일정 기간 자국민이 사용한 재화와 서비스의 총량이다.
  ▶ 압솝션은 일정 기간 자국민이 사용한 자원의 총사용량을 의미한다.
② 압솝션(국민총지출)을 A라고 정의하면 다음과 같은 식이 성립한다.

> **압솝션**
> $$A = GDP + 재고감소 - 수출 + 수입$$
> $$= GDP - (X - M) + 재고감소$$
> $$= GDP - X_N + 재고감소$$

③ 한 나라의 국민은 자국민이 작년에 생산된 재고를 금년에 소비할 수 있고 금년에 생산했지만 팔리지 않은 재고는 금년에 소비하지 않은 것이므로 압솝션에는 재고감소가 포함된다.
④ 한 나라의 국민은 외국에서 수입한 것은 소비(지출)할 수 있지만, 외국에 수출한 것은 소비할 수 없다. 따라서 수입은 압솝션에 포함되지만, 수출은 압솝션에 포함되지 않는다.

Ⅳ 한계점과 새로운 후생지표

1. 후생지표로서의 한계점

① 시장가치만을 포함함으로써 시장에서 거래되지 않은 가치를 반영하지 못한다.
  ▶ 자급자족이 많고 화폐화의 정도가 낮은 후진국이나 과거로 갈수록 국내총생산이 과소평가된다.
  ▶ 소비자들이 즐기는 여가는 후생의 주요 지표임에도 불구하고 그 가치를 반영하지 못하고 있다.
  ▶ 가정주부의 가사서비스 가치는 후생을 증가시키는 중요한 요소이지만, 이를 반영하지 못한다.
② 생산과정에서 파생되는 공해와 자연파괴, 교통체증, 격증하는 사고, 범죄증가 등의 외부비경제효과를 도외시하였다.
③ 상품의 질적 변화를 반영하지 못한다.
④ 국방서비스, 경찰서비스, 소방서비스 등의 정부서비스는 필요악적 지출(수단적 지출)로서 후생과 직접적인 관련이 없지만 이를 국민소득에 포함함으로써 후생을 과대평가한다.
  ▶ 대부분의 정부서비스는 인간의 생산활동을 순조롭게 하기 위한 수단으로서 부득이 갖추어야 할 활동이므로 직접적으로 효용을 증가시키는 것으로 보기는 어렵다.

2. 경제후생지표

경제후생지표(Measure of Economic Welfare : MEW)는 GDP개념이 사회후생수준을 잘 반영하지 못한다는 한계점을 보완하기 위해 토빈(J. Tobin)과 노드하우스(W. Nordhaus)가 개발한 개념이다.

> **경제후생지표(MEW)**
> GDP + 사회적 후생을 증가시키는 요인 − 사회적 후생을 감소시키는 요인
> = GDP + 여가의 가치 + 가정주부의 가사서비스의 가치 − 공해비용

PART 02

국민소득결정이론

03 고전학파의 국민소득결정이론
04 케인즈의 국민소득결정이론
05 케인즈의 승수이론

CHAPTER 03 고전학파의 국민소득결정이론

PART 02 | 국민소득결정이론

제1절 개요

I 고전학파의 개념

① 고전학파(classical school)란 아담 스미스(A. Smith, 1776년 국부론)부터 케인즈(J. M. Keynes, 1936년 고용, 이자 및 화폐에 관한 일반이론) 이전까지의 주류 경제학자들을 통칭하는 학파이다.
② 고전학파는 아담 스미스(A. Smith), 맬서스(T. R. Malthus), 세이(J. B. Say), 리카도(D. Ricardo), 밀(J. S. Mill), 마샬(A. Marshall), 피구(A. Pigou) 등을 말한다.
③ 고전학파를 다시 고전학파와 신고전학파로 구분할 수 있고, 신고전학파를 다시 한계효용학파와 케임브리지학파로 구분할 수 있다.

II 고전학파의 의의

① 정부의 시장에 대한 개입은 경제주체들의 창의성을 저해시키고 관료주의의 성격 때문에 시장경제의 효율성을 상실시킨다. 따라서 정부가 경제에 개입하고 규제하는 것을 반대한다.
② 정부의 역할을 국방과 치안에 국한시키는 최소의 정부가 최상의 정부(Least government is the best government)이므로 정부는 경찰국가(야경국가) 기능만을 수행해야 한다.
③ 정부의 인위적인 개입과 규제를 없애면 '보이지 않는 손(invisible hand)'이라는 자유시장기구의 자율적인 조정능력에 의해 시장은 균형을 달성한다.

제2절 기본가정

I 세이의 법칙

① 세이의 법칙(Say's law)이란 '공급은 스스로 수요를 창조한다(Supply creates its own demand).'라는 명제이다.
② 공급(생산)이 이루어지면 생산물가치만큼 소득이 창출되고, 이 소득이 수요(지출)로 나타나기 때문에 일반적으로 모든 생산물은 과잉생산 없이 소비될 수 있는 것이다.
③ 부분적인 과잉생산이 발생하면 가격변수의 신축성으로 인해 시장의 불균형이 신속하게 해결된다.
④ 세이의 법칙에 의하면 국민소득은 공급 측면에서 결정되고, 수요 측면은 국민소득의 결정에 전혀 영향을 미치지 않으므로 고전학파 경제학을 공급중시경제학이라고 한다.

Ⅱ 가격변수의 신축성

① 모든 생산물가격과 생산요소가격이 완전신축적이라는 명목변수의 신축성(flexibility)을 가정하였다.
② 물가와 명목임금, 이자율이 완전신축적이기 때문에 시장의 불균형은 곧바로 해소된다.
   ▶ 고전학파모형에서 생산물시장의 가격변수는 실질이자율이고, 노동시장의 가격변수는 명목임금이다.

Ⅲ 완전정보

① 시장에서 경제행위를 하는 경제주체는 완전정보(perfect information) 하에서 합리적인 의사결정을 하는 것으로 간주한다.
   ▶ 여기에서 완전정보는 미래의 경제변수에 대한 완전예견(perfect foresight)을 의미한다.
② 노동자는 물가에 대한 완전정보를 갖고 있기 때문에 물가(P)가 상승한 경우 실질임금$\left(\frac{w}{P}\right)$의 하락을 방지하기 위해 즉각적으로 명목임금(w)의 인상을 요구한다.

Ⅳ 노동시장에 대한 가정

① 기업은 물가(P)에 대한 완전정보를 보유하고 있으므로 명목임금(w)이 아닌 실질임금$\left(\frac{w}{P}\right)$으로 의사결정을 하는 합리적 경제주체이다. 따라서 노동수요는 실질임금$\left(\frac{w}{P}\right)$의 감소함수이다.
② 노동자도 물가(P)에 대한 완전정보를 보유하고 있어서 물가(P)가 상승하면 실질임금$\left(\frac{w}{P}\right)$의 하락을 방지하기 위해 즉각적으로 명목임금(w)의 인상을 요구한다. 따라서 노동공급은 실질임금$\left(\frac{w}{P}\right)$의 증가함수이다.
③ 노동수요자와 노동공급자 모두 명목변수가 아닌 실질변수로 의사결정을 한다는 것은 모든 경제주체가 완전정보 하에서 합리적으로 의사결정을 한다는 의미이다.
④ 노동시장에 대한 수요와 공급이 불일치하는 경우 신축적인 명목임금(w)에 의해 불균형이 신속히 조절되므로 노동시장은 항상 균형을 달성한다. 노동시장에서 결정되는 고용량은 균형고용량이고, 이는 시장에서 결정된 균형임금수준에서 일하고자 하는 모든 사람이 정상적으로 고용된 상태라는 의미에서 완전고용량이 된다. 고전학파모형에서 노동시장의 보이지 않는 손은 '명목임금(w)'이다.

Ⅴ 시장구조에 대한 가정

① 생산물시장과 생산요소시장 모두 완전경쟁시장이다.
② 완전경쟁시장에서 개별경제주체들은 시장에서 주어진 가격을 그대로 받아들이는 가격수용자이다.

제3절 균형국민소득의 결정

I 균형국민소득결정의 원리

| 균형국민소득결정의 원리 : 고전학파모형 |

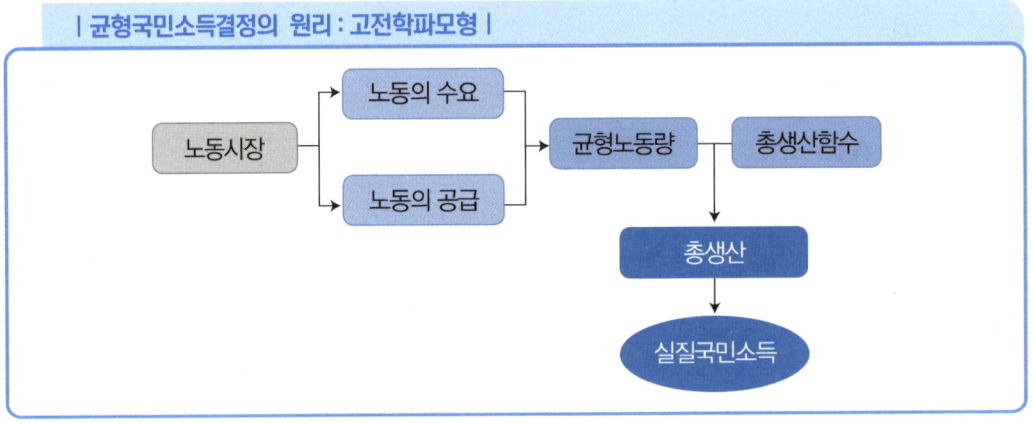

II 노동시장

1. 노동의 수요

① 명목임금(w)을 독립변수로 하는 노동수요곡선(L^D)은 노동의 한계생산물가치곡선(VMP_L)이지만, 실질임금$\left(\dfrac{w}{P}\right)$을 독립변수로 하는 노동수요곡선($L^D$)은 노동의 한계생산곡선($MP_L$)이 된다.

> **이윤극대화 노동고용조건**
> - $VMP_L = w$
> - $MP_L = \dfrac{w}{P}$

② 노동수요는 실질임금$\left(\dfrac{w}{P}\right)$의 감소함수로서 노동수요함수를 다음과 같이 쓸 수 있다.

> **노동수요함수**
> $$L^D = L^D\left(\dfrac{w}{P}\right), \quad \dfrac{\Delta L^D}{\Delta\left(\dfrac{w}{P}\right)} < 0$$

③ 국민경제의 노동에 대한 총수요곡선은 개별기업의 노동수요곡선(L^D)을 수평으로 합계하여 구할 수 있다.

2. 노동의 공급

① 개별노동자의 노동공급은 실질임금$\left(\frac{w}{P}\right)$의 증가함수이다.

▸ 노동공급자인 노동자는 완전정보 하에서 명목변수가 아닌 실질변수로 의사결정을 하는 합리적 경제주체이다.

> **노동공급함수**
> $$L^S = L^S\left(\frac{w}{P}\right), \quad \frac{\Delta L^S}{\Delta\left(\frac{w}{P}\right)} > 0$$

② 국민경제의 노동에 대한 총공급곡선은 개별노동자의 노동공급곡선(L^S)을 수평으로 합계하여 구할 수 있다.

3. 노동시장의 균형

① 노동시장이 완전경쟁시장이면 노동시장의 균형조건은 다음과 같이 쓸 수 있다.

> **노동시장의 균형조건**
> $$L^D = L^S$$

② 노동수요곡선(L^D)과 노동공급곡선(L^S)이 교차하는 E점에서 균형노동량(L_E)과 균형실질임금$\left(\frac{w}{P}\right)_E$이 결정된다.

③ 노동시장에 초과수요나 초과공급과 같은 불균형이 발생하게 되면 명목임금(w)이 신축적으로 조절되어 곧바로 균형을 회복하게 된다.

▸ 원래 시장에서 물가가 $P_0(=100)$이고 명목임금이 $w_0(=1,000)$이었다면 균형실질임금은 $\frac{w_0}{P_0} = \frac{1,000}{100} = 10$이 된다.

▸ 만약 물가가 $P_0(=100)$에서 $P_1(=200)$으로 상승하면 실질임금이 $\frac{w_0}{P_1} = \frac{1,000}{200} = 5$로 하락하게 된다. 하지만, 노동시장의 완전정보로 인해 명목임금이 $w_0(=1,000)$에서 $w_1(=2,000)$으로 즉각 상승하므로 실질임금은 $\frac{w_1}{P_1} = \frac{2,000}{200} = 10$으로 불변을 유지한다.

> **노동시장의 불균형해소**
> - 노동시장의 초과수요 → 명목임금의 상승
> - 노동시장의 초과공급 → 명목임금의 하락

④ 이에 따라 고전학파모형에서 노동시장은 항상 균형상태에 있게 되고, 균형노동량은 비자발적 실업이 존재하지 않는 완전고용량(full employment)이 된다.

CHAPTER 03 고전학파의 국민소득결정이론

Ⅲ 총생산함수

① 개별산업의 단기생산함수를 국민경제 전체로 확대하면 국민경제 전체의 단기총생산함수를 도출할 수 있다.
  ▸ 단기생산함수이기 때문에 자본(K)은 고정투입요소이다.
  ▸ 단기에는 경제 전체의 기술수준과 인구도 일정하다고 가정하므로 총생산(Y)은 오로지 노동의 총고용량(L)의 변화에 따라 증감한다.

> **단기총생산함수**
>
> $$Y = F(L, \overline{K})$$
>
> - Y : 실질총생산, 실질국민소득
> - L : 총노동량(가변투입요소)
> - K : 총자본량(고정투입요소)

② 미시경제학의 생산함수에서 생산량은 개별기업의 생산량을 의미하므로 개별기업의 생산량은 제품의 수량으로 표시되었다. 하지만, 거시경제학의 총생산함수에서 생산량은 국민경제의 총체적인 생산량을 의미하므로 개별기업들의 생산량을 기준연도가격으로 평가하여 합한 실질국민소득이다.
  ▸ 거시경제학에서는 많은 상품을 함께 모아 전반적인 생산수준을 정의하는 것은 매우 힘들기 때문에 하나의 대표상품을 설정하게 된다.

③ 노동투입량을 증가시켜감에 따라 노동의 한계생산(MP_L)이 체감하므로 총생산곡선은 기울기가 점점 감소하는 오목함수의 형태를 띤다.

Ⅳ 균형국민소득의 결정

1. 단기

① 노동시장에서 결정된 균형노동량(L_E)이 총생산함수와 결합하여 균형총생산, 즉 균형실질국민소득(Y_E)을 결정한다.

② 물가가 P_0에서 P_1으로 상승하면 실질임금$\left(\dfrac{w}{P}\right)$이 하락하여 일시적으로 노동시장의 초과수요가 발생하지만, 명목임금(w)이 곧바로 상승함으로써 완전고용량(L_F)을 유지해 준다.
  ▸ 물가(P)가 하락하는 경우는 실질임금$\left(\dfrac{w}{P}\right)$이 상승하여 노동시장의 초과공급이 발생하게 되는데 이 경우에는 명목임금(w)이 하락하게 된다.

③ 이처럼 명목임금(w)의 신축성으로 인해 균형고용량은 항상 완전고용량(L_F)을 유지하기 때문에 균형국민소득(Y_E)도 언제나 완전고용국민소득(Y_F)을 유지하게 된다.
  ▸ 고전학파모형에서 노동시장의 보이지 않는 손은 명목임금(w)이다.
  ▸ 자발적 실업의 존재로 인해 완전고용은 실업률이 0%인 경우를 의미하지는 않고, 자발적 실업만 존재하는 경우를 의미한다. 자발적 실업과 비자발적 실업의 개념은 거시경제학 '제14장 실업'에서 자세하게 논의된다.

> **균형국민소득의 결정 : 고전학파**
> - 균형노동량 : $L = L_F$
> - 균형국민소득 : $Y_F = F(L_F, \overline{K})$
> - $Y = Y_F$

④ 물가수준이 변하더라도 생산량은 완전고용국민소득수준(Y_F)에서 불변이므로 물가수준과 총공급 간의 관계를 나타내는 총공급곡선(AS)이 고전학파모형에서는 수직선이 된다.
▸ 총공급곡선이 수직선이라는 것은 유휴생산시설이나 실업이 존재하지 않은 호황기, 즉 생산능력에 제한이 있어서 물가의 상승에도 불구하고 공급을 증가시킬 수 없는 경제를 의미한다.
▸ 고전학파의 총공급곡선의 형태는 본서의 거시경제학 '제13장 총수요–총공급모형'에서 재논의된다.

| 균형국민소득의 결정 : 고전학파모형 |

- 노동시장에서 $L^D = L^S$의 조건에 의해 균형고용량($L_E = L_F$)이 결정된다.
- 균형고용량($L_E = L_F$)이 총생산함수와 결합하여 균형국민소득($Y_E = Y_F$)이 결정된다.
- 고전학파의 총공급곡선(AS)은 완전고용국민소득수준(Y_F)에서 수직선이 된다.

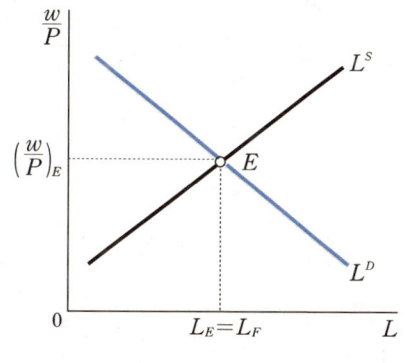

(a) 노동시장

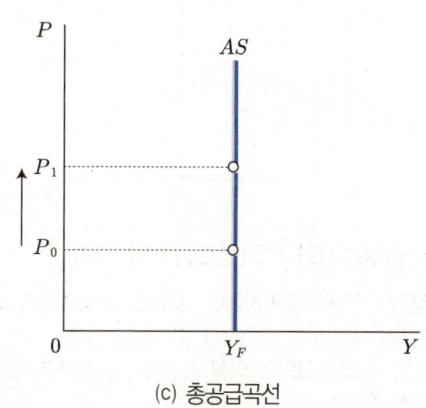

(c) 총공급곡선

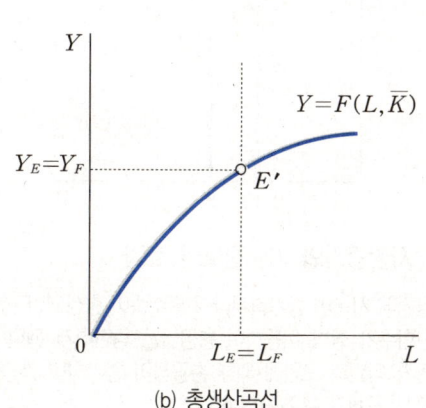

(b) 총생산곡선

2. 총공급곡선의 이동

① 총생산함수는 노동량, 자본량, 기술수준으로 구성된다.
② 장기에 자본이 증가하거나 기술수준이 향상되면 총생산함수가 상방 이동하여 총공급이 증가하고, 인구가 증가하면 노동공급이 증가하여 총공급이 증가한다. 이는 경제성장이 가능한 장기에만 가능하다.
③ 고전학파모형에서는 장기에서도 균형국민소득이 총공급 측 요인에 의해서만 결정되고, 총수요 측 요인은 균형국민소득의 결정에 아무런 영향을 미치지 못한다.

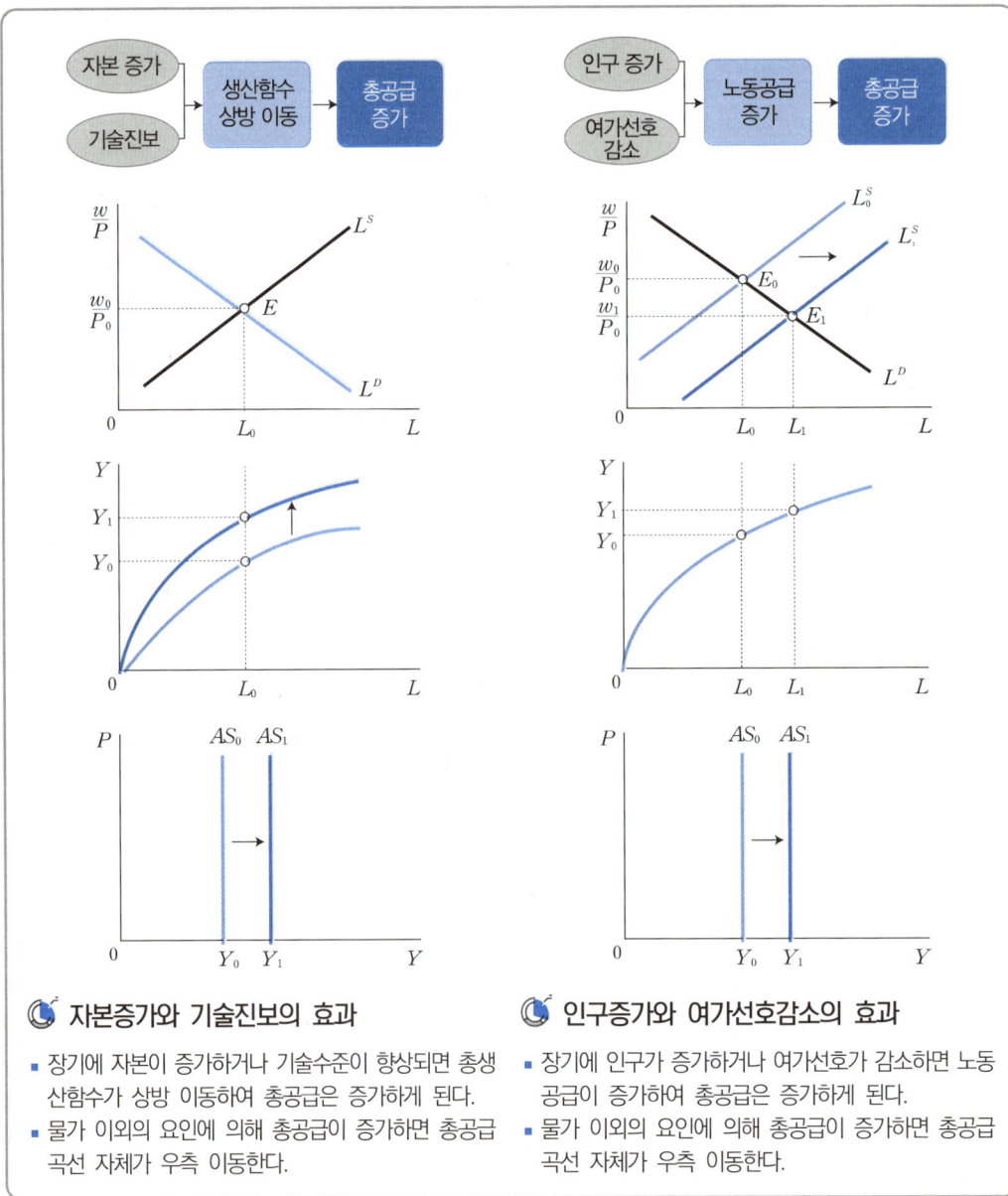

자본증가와 기술진보의 효과
- 장기에 자본이 증가하거나 기술수준이 향상되면 총생산함수가 상방 이동하여 총공급은 증가하게 된다.
- 물가 이외의 요인에 의해 총공급이 증가하면 총공급곡선 자체가 우측 이동한다.

인구증가와 여가선호감소의 효과
- 장기에 인구가 증가하거나 여가선호가 감소하면 노동공급이 증가하여 총공급은 증가하게 된다.
- 물가 이외의 요인에 의해 총공급이 증가하면 총공급곡선 자체가 우측 이동한다.

V 시사점

1. 공급중시경제학
① 노동시장에서 결정된 균형고용량이 총생산함수와 결합하여 균형국민소득을 결정한다.
② 공급 측면에서 균형국민소득이 결정되면 총수요는 실질이자율의 신축적인 변동을 통해 이와 같아진다. 즉, 고전학파모형에서 생산물시장의 보이지 않는 손은 '실질이자율'이다.
- 고전학파에 의하면 소비수요와 투자수요 모두 실질이자율의 감소함수이다.
- 반면, 케인즈(J. M. Keynes)에 의하면 소비수요가 국민소득의 증가함수이고, 투자수요는 이자율과 무관한 독립투자수요이다.

③ 고전학파 경제학에서 세이의 법칙이 성립한다고 가정하는 것은 생산물시장에서 이자율의 신축적인 조정작용을 가정하는 것이다.

2. 호황기 경제학
① 고전학파모형은 호황기 경제모형으로서 총공급이 총수요를 따르지 못하는 경제에 적합한 이론이다.
- 호황기에는 수요는 충분하지만 유휴생산시설이나 실업이 없어서 생산능력에 제한이 존재한다. 공급능력이 제한된 경제에서는 공급이 증가하면 이에 부응하여 수요는 얼마든지 증가할 수 있으므로 공급이 수요를 창조하게 되는 '세이의 법칙'을 만족한다.
② 고전학파모형은 대호황기나 개발도상국경제에 이론적 적합도가 높다.

3. 정책적 시사점
① 고전학파경제학에서는 '세이의 법칙'에 의해 공급이 스스로 수요를 창조하므로 국민소득의 증대를 위해서는 공급능력(생산능력)을 증대시켜야 한다.
- 총공급곡선이 수직선이므로 총수요가 증가하면 물가만 상승하고 국민소득은 불변이 된다.
② 생산증대를 위해서는 자본증대가 필요하고, 자본증대를 위해서는 투자의 확대가 필요하다. 투자확대를 위해서는 투자확대를 위한 투자재원이 필요하고, 투자재원은 저축에 의해 충당된다. 따라서 고전학파모형에서 저축은 사회의 미덕이다.
③ 정부의 정책은 공급능력을 배양시키는 데 초점을 두어야 한다는 것이 고전학파모형의 정책적 시사점이 된다.

4. 장기적 관점
① 단기적인 경기변동을 설명하는 데는 유용하지 않지만, 장기적인 경제성장의 관점에서는 적합한 이론으로 받아들여진다.
② 장기적 경제성장을 위해서는 자본축적이 필요하므로 소비보다는 저축이 더 중요하다.
③ 단기에 가격변수들이 경직적이지만 장기에 가격변수들이 신축적이므로 고전학파모형은 장기모형에 가깝다.

CHAPTER 04 케인즈의 국민소득결정이론

PART 02 | 국민소득결정이론

제1절 개요

I 시대적 배경

① 케인즈 경제학이 등장한 1930년대는 세계적인 대공황이 지속되던 시기로서 미국과 유럽의 선진국은 대규모 실업과 유휴설비에 직면한 불황의 시기였다.
  ▶ 당시 대표적인 공업국가였던 미국의 경우 1929년에 약 3%였던 실업률이 1933년에는 무려 25%에 육박하였으며 그 이후 1940년까지 줄곧 10% 이상의 높은 실업률을 기록하였다. 미국에서 촉발된 경기불황의 여파는 영국, 프랑스, 독일 등의 유럽 전역으로 퍼지면서 1930년대 세계대공황이 발생하였다.
② 1930년대 발생한 세계대공황은 자유시장주의를 표방했던 자본주의 경제체제의 한계점을 드러낸 결과를 초래하게 되었다.
③ 기존의 고전학파이론에 의하면 노동시장은 자율적으로 균형에 도달하여 항상 완전고용을 달성하기 때문에 실업은 자발적 실업만 존재하고, 시장의 불균형은 가격변수의 신축성으로 인해 곧바로 해소된다고 하였다.
④ 기존의 고전학파이론으로는 만성적인 경기침체와 실업에 관해 더는 설명이 불가능하였고, 이에 고전학파이론의 맹점을 비판하면서 대공황의 타개라는 실천적인 목표의식을 가지고 등장한 경제학자가 존 메이너드 케인즈(J. M. Keynes)이다.

II 케인즈이론의 의의

① 케인즈(J. M. Keynes)가 1936년에 발간한 '고용, 이자 및 화폐에 관한 일반이론(The General Theory of Employment, Interest and Money)'은 1930년대 세계대공황을 타개하기 위해 등장한 이론으로서 거시경제학을 태동시키는 계기가 된 이론이다.
② 케인즈(J. M. Keynes)는 만성적인 경기침체와 실업의 원인을 총수요의 부족이라고 보았다.
  ▶ 총수요의 부족→재고의 발생→생산의 감소→고용의 감소→실업의 증가→소비와 투자의 감소→총수요의 감소
③ 만성적인 경기침체와 대량실업을 해소시키기 위해서는 소비와 투자가 증가해야 하지만 경기침체로 인해 이것이 불가능하므로 정부가 직접 나서서 재량적인 재정정책을 통해 총수요팽창정책을 쓸 필요가 있다는 것이 케인즈이론의 핵심이다.
  ▶ 정부의 시장개입에 의한 경제안정화정책을 정당화하였다고 하여 케인즈(J. M. Keynes)의 견해를 '수정자본주의'라고 한다.

제2절 기본가정

I 유효수요이론

① 유효수요이론(effective demand theory)에 의하면 유효수요(총수요)가 공급을 창조한다.
  ▶ 유효수요(effective demand)란 구매력이 뒷받침된 수요를 말한다.
② 케인즈(J. M. Keynes)는 대공황의 경험을 통하여 잉여생산능력의 경제를 상정하고 있으므로 수요가 증가하면 이에 부응하여 공급은 얼마든지 증가할 수 있다.
③ 유효수요이론은 고전학파가 주장하는 세이의 법칙(Say's law)을 부정하는 것이다.

II 가격변수의 경직성

① 가격변수가 여러 제도적 요인에 의해 경직적이라는 가격변수의 경직성(rigidity)을 가정하였다.
② 현실에서 임금은 불완전경쟁시장이나 장기계약의 존재, 노동조합의 영향력 등으로 신축성이 없다.
③ 노동시장에서 초과수요가 발생하면 명목임금이 인상되지만, 초과공급이 있을 때는 명목임금이 인하되지 않는다는 명목임금(w)의 하방경직성(downward rigidity of nominal wages)을 가정한다.

III 불완전정보

① 경제주체들이 시장에서 경제행위를 할 때 불완전정보(imperfect information)가 일반적이다.
② 일반적으로 기업은 가계보다 많은 정보를 보유하는 '정보의 비대칭성'이 존재한다.

IV 노동시장에 대한 가정

① 기업은 물가(P)에 대한 완전정보를 보유하므로 노동수요는 실질임금 $\left(\dfrac{w}{P}\right)$의 감소함수이다.
② 노동자는 물가에 대한 불완전정보를 보유하고 있으므로 실질임금 $\left(\dfrac{w}{P}\right)$이 아닌 명목임금($w$)으로 의사결정을 하는 비합리적 경제주체이다. 따라서 노동공급은 명목임금(w)의 증가함수이다.
  ▶ 노동자는 실질변수가 아닌 명목변수를 중심으로 경제행위를 하는 '화폐의 환상(money illusion)'을 가지고 있다.

V 잉여생산능력

① 유휴생산시설과 실업이 존재하는 잉여생산능력(excess production capacity)을 상정하고 있다.
② 잉여생산능력의 경제 하에서는 수요가 증가하면 이에 부응하여 공급은 얼마든지 증가할 수 있기 때문에 공급이 수요를 창조하는 것이 아니라 수요가 공급을 창조한다.
③ 수요가 증가할 때 물가상승을 초래하지 않고 공급이 증가할 수 있기 때문에 물가수준이 불변이라는 묵시적 가정도 포함되어 있다.

제3절 총수요

I 개요

① 모형의 단순화를 위해 외국부문이 포함되지 않은 폐쇄경제를 가정하기로 한다.
② 총수요(Aggregate Demand : AD)란 경제 전체의 재화와 서비스에 대한 수요로서 구매력이 뒷받침된 사전적으로 계획된 수량을 의미한다.
③ 총지출(Aggregate Expenditure : AE)이란 경제 전체의 재화와 서비스에 대한 지출로서 구매력이 뒷받침된 사후적으로 실현된 수량을 의미한다.
  ▸ 총지출(AE)은 실제로 실현된 지출이므로 지출 측면에서 국민소득을 측정한 지출 GDP가 된다.
  ▸ 따라서 총지출(AE)은 실제로 실현된 생산(=실현된 공급)이 된다.

> **총수요(AD)와 총지출(AE)**
> - $Y^D(=AD) = C^D + I^D + G^D$
> - $Y(=AE) = C + I + G$

④ 총수요(AD)가 총지출(AE)보다 커서 $Y^D > Y$의 관계식이 성립하면 생산물시장의 초과수요를 의미하고, 총수요(AD)가 총지출(AE)보다 작아서 $Y^D < Y$의 관계식이 성립하면 생산물시장의 초과공급을 의미한다. 그리고 총수요(AD)와 총지출(AE)이 일치($Y^D = Y$)하면 생산물시장의 균형이 성립한다.

II 소비수요

1. 소비수요와 소비지출

① 총수요(AD)의 구성요소인 소비수요(consumption demand : C^D)는 사전적으로 계획된 소비(planned consumption) 또는 의도된 소비(desired consumption)를 의미한다.
② 총지출(AE)의 구성요소인 소비지출(consumption expenditure : C)은 사후적으로 실현된 소비(realized consumption)를 의미한다.
③ 가계는 구매력이 뒷받침된 범위에서 스스로 계획하고 의도한 대로 소비활동을 할 수 있다는 의미에서 소비수요와 소비지출은 같다고 할 수 있다.
  ▸ 소비는 계획의 주체와 실현의 주체가 가계로 동일하므로 계획과 실현이 일치한다.
  ▸ 소비수요와 소비지출은 동일하므로 본서에서는 이를 통칭 '소비'라고 지칭하기로 한다.

2. 케인즈의 소비함수와 소비곡선

(1) 케인즈의 소비함수

① 케인즈(J. M. Keynes)에 의하면 소비(C)를 결정하는 가장 중요한 요인은 현재소득의 절대적인 수준(current & absolute income level)이다.
  ▸ 케인즈(J. M. Keynes)의 절대소득가설은 거시경제학의 '제6장 소비함수이론'에서 재논의된다.

② 정부부문이 존재한다면 소비(C)는 조세(T)를 납부한 후의 소득, 즉 처분가능소득(disposable income)과 밀접한 관계가 있다.
  ▶ 보조금과 같은 이전지출(TR)이 존재한다면 이를 더해 주어야 처분가능소득이 된다.

> **처분가능소득(Y_d)**
>
> $$Y_d = Y - T$$
>
> - Y_d : 처분가능소득
> - T : 조세
> - Y : 국민소득

③ 케인즈(J. M. Keynes)의 소비함수에서 소비(C)는 처분가능소득(Y_d)의 증가함수이다.
  ▶ a : 소득이 전혀 없어도 소비해야 하는 소비수준으로서 생존을 위한 절대소비 또는 기초소비이다.
  ▶ b : 처분가능소득(Y_d)이 한 단위 추가로 증가할 때 소비(C)의 증가분을 나타내는 한계소비성향(MPC)이다.

> **케인즈의 소비함수**
>
> $$C = a + bY_d$$
> $$= a + b(Y - T)$$
>
> - $a > 0$
> - $0 < b < 1$

④ 케인즈(J. M. Keynes)의 소비함수는 소비(C)가 처분가능소득(Y_d)의 절대적 크기에 영향을 받기 때문에 절대소득가설(absolute income hypothesis)이라고 한다.

(2) 한계소비성향과 평균소비성향

① 한계소비성향(Marginal Propensity to Consume : MPC)이란 처분가능소득(Y_d) 한 단위가 추가로 증가할 때 소비(C)의 증가분으로서 다음과 같이 측정된다.
  ▶ 처분가능소득증가분의 몇 %가 소비증가분인가?

> **한계소비성향(MPC)**
>
> $$MPC = \frac{\Delta C}{\Delta Y_d} = b$$

② 평균소비성향(Average Propensity to Consume : APC)이란 처분가능소득(Y_d) 한 단위당 소비수준(C)으로서 다음과 같이 측정된다.
  ▶ 처분가능소득(Y_d)에서 소비(C)가 차지하는 부분
  ▶ 처분가능소득(Y_d)의 몇 %를 소비하는가?

> **평균소비성향(APC)**
>
> $$APC = \frac{C}{Y_d}$$

(3) 케인즈의 소비곡선

① 케인즈(J. M. Keynes)의 소비곡선은 절대소비 a를 수직 절편으로 하고, 기울기가 b인 우상향하는 직선으로 그려진다.
② 한계소비성향(MPC)은 소비곡선의 기울기(b)로 측정되고, 평균소비성향(APC)은 원점과 소비곡선상의 한 점을 연결한 직선의 기울기로 측정된다.
③ 처분가능소득(Y_d)이 증가할수록 한계소비성향(MPC)은 일정하다.
④ 처분가능소득(Y_d)이 증가할수록 평균소비성향(APC)은 감소한다.
⑤ 평균소비성향(APC)은 한계소비성향(MPC)보다 항상 더 크다.
▶ 처분가능소득(Y_d)이 증가할수록 평균소비성향(APC)은 한계소비성향(MPC)에 근접하지만, 같아지지는 않는다.
⑥ 소비곡선의 기울기(b)인 한계소비성향(MPC)이 1보다 작으므로 원점을 지나는 45^0선을 그으면 소비곡선과 교차하게 된다.
⑦ 처분가능소득(Y_d)이 $0 < Y_d < Y_{d0}$인 구간에서 소비(C)가 처분가능소득(Y_d)을 상회하므로 $APC > 1$이 성립한다.
▶ 소비(C)가 처분가능소득(Y_d)을 상회한다면 차입이 이루어지는 구간이므로 저축(S)이 음($-$)인 구간이다.
⑧ 처분가능소득(Y_d)이 Y_{d0}인 E점에서 처분가능소득(Y_d)과 소비(C)가 일치하므로 $APC = 1$이 성립한다.
▶ 처분가능소득(Y_d)과 소비(C)가 일치하면 저축(S)이 0인 점이다.
⑨ 처분가능소득(Y_d)이 $Y_d > Y_{d0}$인 구간에서 처분가능소득(Y_d)이 소비(C)를 상회하므로 $APC < 1$이 성립한다.
▶ 처분가능소득(Y_d)이 소비(C)를 상회한다면 저축(S)이 양($+$)인 구간이다.

| 케인즈의 소비곡선 |

- $Y_d = 0$ → $C = a$
- $0 < Y_d < Y_{d0}$ → $Y_d < C$ → $APC > 1$
- $Y_d = Y_{d0}$ → $Y_d = C$ → $APC = 1$
- $Y_d > Y_{d0}$ → $Y_d > C$ → $APC < 1$

3. 케인즈의 저축함수와 저축곡선

(1) 케인즈의 저축함수

① 소비수요와 소비지출이 일치하였으므로 계획된 저축과 실현된 저축도 일치한다.
  ▶ 계획된 저축은 처분가능소득에서 계획된 소비를 공제한 것이고, 실현된 저축은 처분가능소득에서 실현된 소비를 공제한 것이기 때문에 계획된 소비와 실현된 소비가 일치하면 계획된 저축과 실현된 저축도 일치한다.

② 국민소득의 처분식을 이용하여 저축함수를 도출하면 처분가능소득(Y_d)의 증가함수가 된다.

> **케인즈의 저축함수**
> - 국민소득의 처분 : $Y = C + S + T$
> - $Y - T = C + S$
> - $Y_d = C + S$
> - $S = Y_d - C = Y_d - (a + bY_d)$
> - 저축함수 : $S = -a + (1-b)Y_d$

(2) 한계저축성향과 평균저축성향

① 한계저축성향(Marginal Propensity to Save : MPS)이란 처분가능소득(Y_d) 한 단위가 추가로 증가할 때 저축(S)의 증가분으로서 다음과 같이 측정된다.

> **한계저축성향(MPS)**
> $$MPS = \frac{\Delta S}{\Delta Y_d} = 1 - b = 1 - MPC$$

② 위의 식을 통해 한계소비성향(MPC)과 한계저축성향(MPS)의 합이 1이 됨을 알 수 있다.

> **한계소비성향(MPC)과 한계저축성향(MPS)**
> - $Y_d = C + S$
> - $\dfrac{\Delta Y_d}{\Delta Y_d} = \dfrac{\Delta C}{\Delta Y_d} + \dfrac{\Delta S}{\Delta Y_d}$
> - $1 = MPC + MPS$

③ 평균저축성향(Average Propensity to Save : APS)이란 처분가능소득(Y_d) 한 단위당 저축수준(S)으로서 다음과 같이 측정된다.

> **평균저축성향(APS)**
> $$APS = \frac{S}{Y_d}$$

④ 위의 식을 통해 평균소비성향(APC)과 평균저축성향(APS)의 합이 1이 됨을 알 수 있다.

> **평균소비성향(APC)과 평균저축성향(APS)**
> - $Y_d = C + S$
> - $\dfrac{Y_d}{Y_d} = \dfrac{C}{Y_d} + \dfrac{S}{Y_d}$
> - $1 = APC + APS$

(3) 케인즈의 저축곡선

① 케인즈(J. M. Keynes)의 저축곡선은 $-a$를 수직 절편으로 하고, 기울기가 $1-b$인 우상향하는 직선으로 그려진다.
② 처분가능소득(Y_d)이 0일 때 기초소비가 a여서 a만큼의 차입이 이루어지기 때문에 저축(S)은 $-a$가 된다.
③ 처분가능소득(Y_d)이 $0 < Y_d < Y_{d0}$인 구간에서 소비(C)가 처분가능소득(Y_d)을 상회하므로 음($-$)의 저축(S)이 이루어진다.
   ▸ 이때 $APS < 0$이 성립한다.
④ 처분가능소득(Y_d)이 Y_{d0}인 E점에서 처분가능소득(Y_d)과 소비(C)가 일치하게 되고 그때 저축(S)은 0이 된다.
   ▸ 이때 $APS = 0$이 성립한다.
   ▸ 처분가능소득과 소비가 일치하여 저축이 0이 되는 점을 수지분기점(break-even point)이라고 한다.
⑤ 처분가능소득(Y_d)이 $Y_d > Y_{d0}$인 구간에서 처분가능소득(Y_d)이 소비(C)를 상회하므로 양($+$)의 저축(S)이 이루어진다.
   ▸ 이때 $APS > 0$이 성립한다.

| 케인즈의 저축곡선 |

- $Y_d = 0$ → $C = a$ → $S = -a$
- $0 < Y_d < Y_{d0}$ → $Y_d < C$ → $S < 0$
  → $APS < 0$
- $Y_d = Y_{d0}$ → $Y_d = C$ → $S = 0$
  → $APS = 0$
- $Y_d > Y_{d0}$ → $Y_d > C$ → $S > 0$
  → $APS > 0$

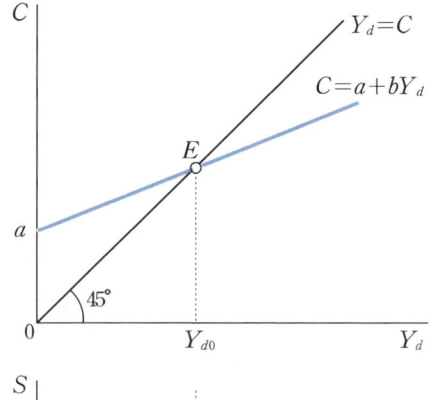

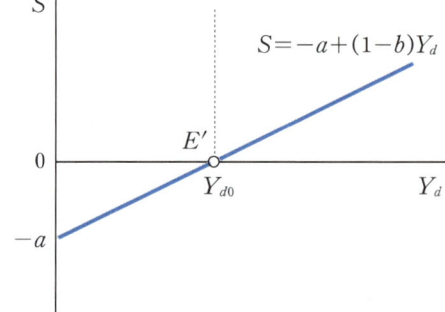

Ⅲ 투자수요

1. 투자수요와 투자지출

(1) 개념

① 총수요(AD)의 구성요소인 투자수요(investment demand : I^D)는 사전적으로 계획된 투자(planned investment) 또는 의도된 투자(desired investment)를 의미한다.

② 총지출(AE)의 구성요소인 투자지출(investment expenditure : I)은 사후적으로 실현된 투자(realized investment)를 의미한다.

③ 앞으로 계획된 투자는 '투자수요'로, 실현된 투자는 '투자지출'로 지칭하기로 하자.

(2) 투자의 구성요소

① 투자는 건설투자, 설비투자(생산자 내구재), 무형고정자산투자, 재고투자 네 부문으로 구성되어 있다.

② 건설투자, 설비투자, 무형고정자산투자를 합하여 총고정자본형성 또는 고정투자라고 한다.
  ▸ 건설투자는 공장, 사무실, 철도, 통신, 도로, 다리, 항만, 수도시설 등을 건설하는 것이다.
  ▸ 설비투자는 기계, 자동차, 선박, 항공기, 철도차량 등의 설비를 구입하는 것이다.
  ▸ 무형고정자산투자는 컴퓨터소프트웨어 구매, 광물탐사 등을 의미한다.

③ 재고투자는 말 그대로 재고를 더 늘려 보유하는 형태로 이루어지는 투자이다.
  ▸ 재고투자는 일정 기간에 측정되는 유량(flow)의 개념으로서 재고의 변동을 의미하고, 재고는 일정 시점에 측정되는 저량(stock)의 개념이다.

(3) 투자수요와 투자지출

① 기업은 통상 총고정자본형성을 계획한 대로 추진할 수 있어서 '계획된 총고정자본형성(기업) = 실현된 총고정자본형성(기업)'이 성립한다고 할 수 있다.

② 재고투자는 소비자들이 기업제품을 얼마나 구입하느냐에 따라 달라지므로 계획한 대로 실현된다는 보장이 없으므로 '계획된 재고투자(기업) ≠ 실현된 재고투자(가계)'가 일반적이다.

> **투자수요(I^D)와 투자지출(I)**
>
> 투자수요(I^D) ≠ 투자지출(I)
>
> - I^D = 계획된 총고정자본형성 + 계획된 재고투자
> - I = 실현된 총고정자본형성 + 실현된 재고투자
> - 계획된 총고정자본형성(기업) = 실현된 총고정자본형성(기업)
> - 계획된 재고투자(기업) ≠ 실현된 재고투자(가계)

③ 총수요(Y^D)와 총생산(Y)의 일치 여부는 투자수요(I^D)와 투자지출(I)의 일치 여부에 의해 결정되고, 투자수요(I^D)와 투자지출(I)의 일치 여부는 계획된 재고투자와 실현된 재고투자의 일치 여부에 의해 결정된다. 따라서 계획된 재고투자와 실현된 재고투자가 일치하면 생산물시장의 균형이 성립하므로 생산물시장의 균형 여부는 재고투자의 변동에 의해 결정된다.

④ 논의의 단순화를 위해 기업들의 계획된 재고투자는 모두 0이라고 가정하자. 즉, 재고의 변화분에는 기업들의 의도에 의해 형성된 재고변화가 있을 수 있지만 이를 0이라고 가정하면 모든 재고의 변화분은 의도하지 않은 재고변화로 볼 수 있는 것이다.

2. 케인즈의 투자수요함수와 투자수요곡선

① 케인즈(J. M. Keynes)는 기업의 투자수요(I^D)가 합리적 계산보다 미래의 경기, 정치상황, 기술개발 등에 대한 기업가의 예상에 더욱 민감하게 반응한다는 점을 지적하였다. 케인즈(J. M. Keynes)에 의하면 투자수요(I^D)는 이자율(r)보다 기업가의 '동물적인 직감(animal spirit)'에 의해 결정된다.

② 케인즈단순모형에서 투자수요(I^D)는 이자율(r)이나 국민소득(Y)과 관계없이 독립적으로 이루어지는 독립투자수요(autonomous investment demand)이므로 케인즈(J. M. Keynes)의 투자수요함수는 다음과 같다.

> **📖 케인즈의 투자수요함수**
>
> $$I^D = I_0$$

③ 독립투자수요를 가정하면 케인즈(J. M. Keynes)의 투자수요곡선(I^D)은 다음과 같은 형태를 띠게 된다.
  ▸ 이자율변수(r)를 세로축에 표시하고 투자수요변수(I^D)를 가로축에 표시하면 이자율을 독립변수로 하는 투자수요곡선은 수직선이다.
  ▸ 국민소득변수(Y)를 가로축에 표시하고 투자수요변수(I^D)를 세로축에 표시하면 국민소득을 독립변수로 하는 투자수요곡선은 수평선이다.

| 케인즈의 투자수요곡선 |

- 케인즈(J. M. Keynes)의 투자수요는 이자율(r)이나 국민소득(Y)과 무관한 독립투자수요이다.
- 이자율(r)을 세로축으로 하는 투자수요곡선(I^D)은 수직선이 된다.
- 국민소득(Y)을 가로축으로 하는 투자수요곡선(I^D)은 수평선이 된다.

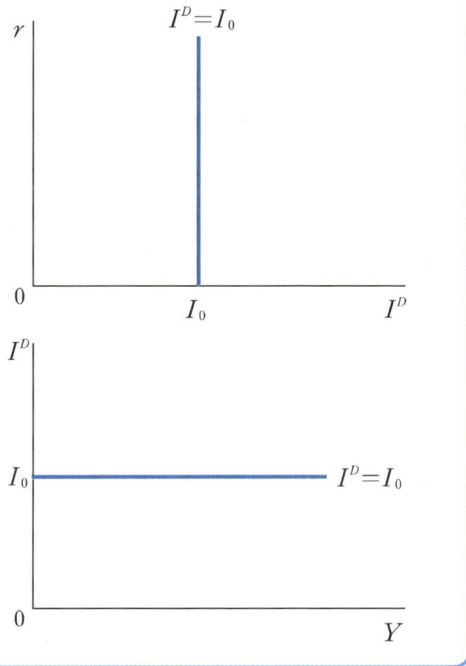

> **참고** 독립투자수요와 유발투자수요

1. **독립투자수요**
   ① 독립투자수요(autonomous investment demand)란 이자율(r)이나 국민소득(Y)과 관계없이 이루어지는 투자수요로서 기업가의 독자적 판단에 따른 투자수요이다.
   ② 생산능력의 향상을 위해 장기적으로 계획된 투자수요, 새로운 상품개발을 위한 투자수요, 새로운 생산기술의 도입을 위한 투자수요, 도로·항만 등 사회간접자본의 증가를 위한 공공투자수요 등이 독립투자수요에 해당한다.

2. **유발투자수요**
   ① 유발투자수요(induced-investment demand)란 이자율(r)이나 국민소득(Y)이 변함에 따라 변동하는 투자수요를 말한다.
   ② 고전학파의 유발투자수요는 이자율(r)의 감소함수이다.
   ③ 케인즈학파인 사무엘슨(P. A. Samuelson)의 유발투자수요는 국민소득(Y)의 증가함수이다.

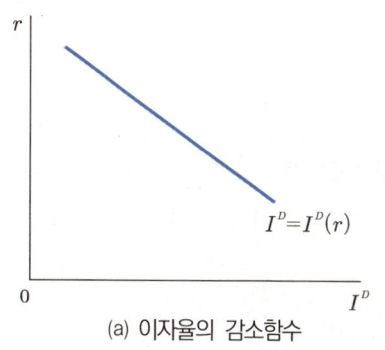

(a) 이자율의 감소함수

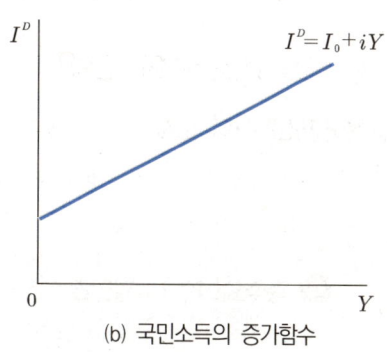

(b) 국민소득의 증가함수

Ⅳ 정부지출

① 정부는 치안, 국방, 교육, 외교, 행정, 사회복지 등의 여러 가지 활동을 위해 재화와 서비스에 대한 지출을 하게 되는데 이를 정부지출(government expenditure)이라고 한다. 즉, 정부지출(G)이란 한 해 동안 생산된 최종재 중 정부가 구입하는 최종재의 총시장가치를 말한다.
   ▶ 거시경제이론에서 정부지출은 어떤 용도로 지출되었느냐에 따라 정부소비지출(government consumption)과 정부투자지출(government investment spending)로 구분할 수 있는데 거시경제이론에서 흔히 말하는 정부지출이란 정부소비지출로 이해해야 한다.
② 계획된 정부지출의 경제주체도 정부이고, 실현된 정부지출의 경제주체도 정부이므로 이 둘은 서로 일치하게 된다.
③ 정부지출(G)은 재정정책의 중요한 정책적 수단으로서 하나의 정책변수(policy variable)로 파악하기 때문에 국민소득과 무관하게 주어진 것으로 가정한다.

> **정부지출함수**
> $$G = G_0$$

제4절 균형국민소득의 결정

I 유효수요이론

① 1930년대에 전 세계가 대공황의 깊은 늪에 빠지게 되면서 자본주의적 시장경제체제는 사상 초유의 위기를 맞게 되었고, 이를 배경으로 케인즈(J. M. Keynes)의 '유효수요이론(effective demand theory)'이 등장하였다.
  ▸ 고전학파이론의 세이의 법칙(Say's law)에 의하면 만성적인 수요부족이나 실업은 존재할 수 없으므로 고전학파이론에는 그 자체적으로 많은 문제점을 내포하고 있었다.

② 케인즈(J. M. Keynes)는 만성적인 경기침체의 원인을 유효수요의 부족, 즉 총수요의 부족으로 보았다. 만성적인 경기침체의 문제를 해결하기 위해서는 정부지출을 증가시키거나 조세를 감면시켜 주는 등의 인위적인 수요팽창정책을 수행해야 한다는 것이 유효수요이론의 핵심이다.

II '총수요=총소득'의 모형

1. 균형국민소득식의 도출

① 지금까지의 논의를 종합해 보면 총수요의 구성항목에서 투자항목만이 계획된 투자수요와 실현된 투자지출이 서로 불일치했으므로 총수요(Y^D)와 각 구성항목의 함수를 다음과 같이 쓸 수 있다.

> **총수요(Y^D) : 케인즈**
>
> $$Y^D = C + I^D + G$$
>
> - $Y^D = a + b(Y - T_0) + I_0 + G_0, \ a > 0, \ 0 < b < 1$
> - $C = a + b(Y - T)$
> - $T = T_0$: 정액세
> - $I^D = I_0$: 독립투자수요
> - $G = G_0$: 독립정부지출

② 위의 식들을 연립하면 다음과 같은 총수요선식을 도출할 수 있다.

> **총수요선식 : 케인즈**
>
> $$Y^D = a + b(Y - T_0) + I_0 + G_0$$
> $$= (a - bT_0 + I_0 + G_0) + bY$$

③ 균형조건식 $Y^D = Y$를 이용하여 균형국민소득식을 도출하면 다음과 같다.

> **균형국민소득식 : 케인즈**
>
> $$Y_E = \frac{1}{1-b}(a - bT_0 + I_0 + G_0)$$

2. 균형국민소득의 결정 과정

(1) 국민소득 Y_1

① 국민소득이 Y_1인 경우 국민소득은 B점까지의 높이로 측정되는데 총수요는 A점까지의 높이이므로 AB만큼의 초과수요가 존재한다.

▸ B점은 $45°$선상의 점이므로 $0Y_1$의 길이는 BY_1의 길이와 일치한다.

② $Y < Y^D$이므로 초과수요에 해당하는 부분만큼 기존에 보유하고 있던 재고를 판매하게 된다. 따라서 AB만큼의 재고가 감소한다.

③ 원치 않던 재고의 감소로 인해 기업들은 다음 기에 생산을 증가시킬 것이므로 국민소득은 증가한다.

▸ 재고의 감소는 기업들이 의도하지 않은 상태에서 발생하였다고 가정하였다.

(2) 국민소득 Y_2

① 국민소득이 Y_2인 경우 국민소득은 C점까지의 높이로 측정되는데 총수요는 D점까지의 높이이므로 CD만큼의 초과공급이 존재한다.

▸ C점은 $45°$선상의 점이므로 $0Y_2$의 길이는 CY_2의 길이와 일치한다.

② $Y > Y^D$이므로 CD의 초과공급만큼의 재고가 증가한다.

③ 원치 않던 재고의 증가로 인해 기업들은 다음 기에 생산을 감소시킬 것이므로 국민소득은 감소한다.

▸ 재고의 증가는 기업들이 의도하지 않은 상태에서 발생하였다고 가정하였다.

(3) 균형국민소득 Y_E

① 국민소득이 Y_E인 경우 국민소득(Y)과 총수요(Y^D)는 모두 E점까지의 높이로 측정되므로 생산물시장은 균형이 달성된다.

② 생산물시장의 균형인 E점에서는 균형국민소득이 달성되고, 재고가 불변이 되어 재고투자는 0이 된다.

③ 균형국민소득은 총수요선과 $45°$선이 만나는 E점에서 결정된다.

│ '총수요=총소득'에 의한 균형국민소득의 결정 : 케인즈모형 │

- 국민소득 Y_1
  - AB만큼의 초과수요
  - $Y^D > Y \to I^D > I \to$ 계획된 재고투자 > 실현된 재고투자 → 재고의 감소 → 기업들의 생산 증가 → 국민소득 증가
- 국민소득 Y_2
  - CD만큼의 초과공급
  - $Y^D < Y \to I^D < I \to$ 계획된 재고투자 < 실현된 재고투자 → 재고의 증가 → 기업들의 생산 감소 → 국민소득 감소

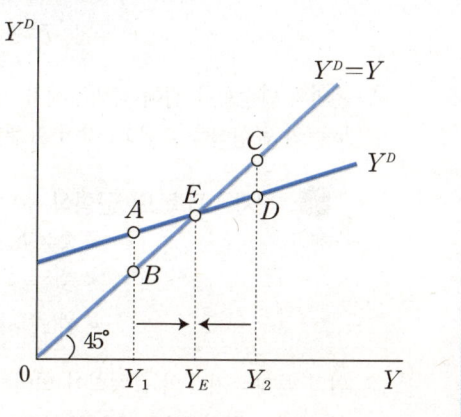

CHAPTER 04 케인즈의 국민소득결정이론

Ⅲ '주입=누출'의 모형

1. 누출과 주입

(1) 누출

① 가계가 벌어들인 소득을 전부 소비하지 않고, 일부를 저축하게 되면 저축(S)은 국민소득의 순환에서 빠져나가는 누출(leakage)이 된다.
  ▶ 저축(S)은 생산물에 대한 구매지출이 아니므로 그만큼 기업의 판매수입이 줄어들게 되고 이는 기업의 생산요소구매의 감소로 이어져 결국 요소소득을 감소시키게 된다.

② 국민소득의 순환에서 빠져나가는 것이 누출이므로 소득 전부를 소비하지 않은 행위가 전부 누출에 해당한다. 소득이 발생하였을 때 이를 소비에 사용하지 않고 조세를 납부하였다면 조세(T)도 누출에 해당한다. 이러한 논리로 개방경제에서는 수입(M)이 누출에 해당한다.

③ 누출에는 저축(S), 조세(T), 수입(M)이 있다.

(2) 주입

① 가계는 저축한 돈을 금융기관에 맡겨 두고, 기업은 이를 빌려 자본재를 구입하는 자금으로 사용한다. 따라서 투자(I)는 국민소득의 흐름을 증가시키는 주입(injection)의 역할을 한다.

② 정부는 민간에 의해 조달된 조세를 이용하여 재화와 서비스에 대한 지출을 하게 되므로 정부지출(G)은 주입이 되고, 이러한 논리로 개방경제에서는 수출(X)이 주입이 된다.

③ 주입에는 투자(I), 정부지출(G), 수출(X)이 있다.
  ▶ 투자수요(I^D)는 의도된 주입이고, 투자지출(I)은 실현된 주입이 된다.

2. 균형국민소득의 결정

① 총수요(Y^D)는 소비(C)・투자수요(I^D)・정부지출(G)로 구성되고, 총소득(Y)은 소비(C)・저축(S)・조세(T)로 처분된다.
  ▶ 여기에서 총소득(Y)은 실제 생산된 양, 즉 실제 GDP를 의미한다.

② 균형국민소득수준에서 $Y^D = Y$가 성립해야 하므로 다음과 같은 균형조건을 쓸 수 있다.

> **'주입=누출'의 균형식**
> - 총수요: $Y^D = C + I^D + G$
> - 총소득(총생산): $Y = C + S + T$
> - 생산물시장의 균형조건: $I^D + G = S + T$
> - 주입: $I^D + G$ ・누출: $S + T$

③ 논의의 단순화를 위해 국민경제가 가계와 기업만으로 구성된 민간경제라고 가정하면 '주입=누출'의 균형식을 다음과 같이 표현할 수 있다.

> **'투자=저축'의 균형식**
> - 총수요: $Y^D = C + I^D$
> - 총소득: $Y = C + S$
> - 생산물시장의 균형조건: $I^D = S$

④ 위의 '투자=저축'의 균형식이 의미하는 바는 총생산에서 소비되지 않은 부분(=저축)을 기업이 구입(=투자)하는 경우 생산된 생산물이 모두 판매되어 균형이 성립된다는 것이다.

3. $I^D = S$와 $I = S$

① $I^D = S$는 항등식이 아닌 균형조건식으로서 사전적 투자(I^D)와 저축(S)이 일치하면 균형이 성립한다는 의미이다.
② $I = S$는 항등식으로서 사후적으로 실현된 투자(I)와 저축(S)은 언제나 일치한다는 의미이다.
  ▸ 재고증가는 재고투자의 항목으로서 계획된 투자수요(I^D)는 아니지만 실현된 투자지출(I)에 포함된다.

> **사후적 투자지출**
> - 사후적 투자지출 = 사전적 투자수요 + 재고투자
> - $I = I^D + \overline{AB}$

Ⅳ 케인즈모형에서 균형국민소득의 개념

① 케인즈모형에서 균형국민소득은 총수요 측면만을 강조한 제한된 의미의 균형국민소득이다.
② 케인즈모형에서 균형국민소득을 도출할 때 기업들이 주어진 물가수준에서 실제로 이 수준의 상품을 공급할 의사가 있는지에 대한 고려는 전혀 이뤄지지 않았다. 만약 기업들이 주어진 물가수준이 너무 낮다고 판단한다면 그 수준의 상품을 공급하지 않을 수도 있는 것이다.
③ 또한 기업들에게 공급할 능력이 있는지에 대한 고려도 이뤄지지 않았다. 예를 들어 기업들이 공급할 의사가 있다고 하더라도 그 국민경제에 부존된 자원과 기술수준으로는 그 수준의 상품공급이 불가능할 수도 있다.
④ 이처럼 케인즈모형에서의 균형국민소득은 수요가 존재하기만 하면 공급은 언제나 이에 맞춰질 수 있다는 가정 하에 얻어진 제한된 의미에서의 균형국민소득으로서 수요 측면을 중시한 케인즈 경제학을 엿볼 수 있다.
⑤ 케인즈모형에서는 불황기경제로서 생산능력이 충분한 경제이므로 총공급곡선이 수평선의 형태를 보인다. 이때 물가상승 없이도 총공급의 증가가 가능하므로 수요만 존재하면 공급은 언제나 이에 맞춰질 수 있다.
⑥ 따라서 케인즈모형에서 균형국민소득은 진정한 의미에서의 균형국민소득이 아닌 총수요에 불과하다.

| '주입 = 누출'에 의한 균형국민소득의 결정 : 케인즈모형 |

- 국민소득 Y_1 : 주입(I^D) > 누출(S)
  - AB만큼의 초과수요
  - $I^D > I = S$ → 계획된 재고투자 > 실현된 재고투자
    → 재고의 감소 → 기업들의 생산 증가 → 국민소득 증가
- 국민소득 Y_2 : 주입(I^D) < 누출(S)
  - CD만큼의 초과공급
  - $I^D < I = S$ → 계획된 재고투자 < 실현된 재고투자
    → 재고의 증가 → 기업들의 생산 감소 → 국민소득 감소

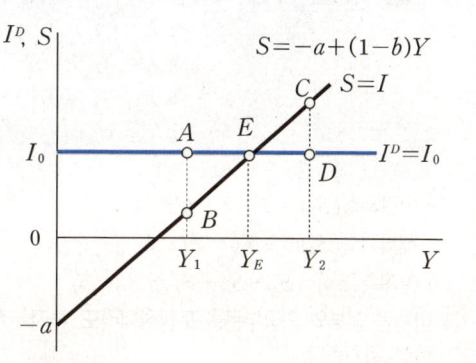

참고 '주입=누출'의 모형

> **'주입=누출'의 모형**
> - 2부문 경제: $I = S$
> - 3부문 경제: $I + G = S + T$
> - 4부문 경제: $I + G + X = S + T + M$

① $I = S$의 식은 사후적으로 투자(I)와 저축(S)이 일치한다는 항등식인데 4부문 경제를 가정하여 이를 증명해 보자.

② 국민소득을 지출 측면에서 측정하면 $Y = C + I + G + (X - M)$이 되고, 처분 측면에서 측정하면 $Y = C + S + T$가 되는데 3면 등가의 법칙에 의해 둘은 서로 일치해야 하므로 이를 '주입=누출'의 식으로 바꾸면 다음과 같은 식이 도출된다.

> **'주입=누출'의 식 1**
> - $C + I + G + X = C + S + T + M$
> - $I + G + X = S + T + M$
> - 주입 $= I + G + X$ · 누출 $= S + T + M$

③ 생산물시장에서 언급되는 모든 변수는 화폐단위로 측정되는 명목변수가 아니고, 실물단위로 측정되는 실질변수임을 독자들은 명심해야 한다. 따라서 저축은 생산활동을 통해 벌어들인 재화에서 쓰고 남은 재화로 측정되는 것이다.

④ 민간저축(S_P)은 처분가능소득(Y_d)에서 소비(C)를 차감한 값으로 정의된다.
  ▶ 이전지출(TR)이 없다면 처분가능소득은 $Y_d = Y - T$이므로 민간저축은 $S_P = Y - T - C$이다.
  ▶ 이전지출(TR)이 있다면 처분가능소득은 $Y_d = Y - T + TR$이므로 민간저축은 $S_P = Y - T + TR - C$이다.

⑤ 정부저축(S_G)은 정부가 벌어들인 조세수입(T)에서 정부가 소비한 지출(G, TR)을 차감한 값으로 정의된다.
  ▶ 이전지출(TR)이 없다면 정부가 지출한 것은 G이므로 정부저축은 $S_G = T - G$이다.
  ▶ 이전지출(TR)이 있다면 정부가 지출한 것은 $G + TR$이므로 정부저축은 $S_G = T - G - TR$이다.
  ▶ 정부저축(S_G)을 재정수지 또는 재정흑자라고도 하고, 음($-$)의 정부저축($-S_G$)은 재정적자라고 한다.

⑥ 해외저축(S_F)은 외국이 쓰고 남은 것으로서 순수입($-X_N = M - X$)이 된다.

⑦ 이전지출(TR)이 없다는 가정 하에 민간저축을 S_P, 정부저축을 S_G, 해외저축을 S_F로 정의하면 다음과 같이 표현 가능하다.

> **'주입=누출'의 식 2**
> - $I = (Y - C - T) + (T - G) + (M - X)$
> - $I = S_P + S_G + S_F$
> - $I = S_N + S_F = S_D + S_F$
> - $I = S_T$

▶ 민간저축(S_P) $= Y - T - C$ ▶ 정부저축(S_G) $= T - G$
▶ 해외저축(S_F) $= -X_N = M - X$ ▶ 국민저축(S_N), 국내저축(S_D) $= S_P + S_G$
▶ 총저축(S_T) $= S_P + S_G + S_F = S_D + S_F$

⑧ 이처럼 정부와 외국부문을 포함하더라도 '투자=저축'의 식은 그대로 유지되므로 사후적으로 투자와 저축은 항상 일치한다.

V 시사점

1. 수요중시경제학
① 케인즈모형에서 총수요 또는 유효수요의 크기가 균형국민소득을 결정한다.
② 케인즈모형에서는 생산설비와 공급능력은 충분한 불황의 경제를 가정하기 때문에 총수요만 존재하면 공급은 자동으로 따라온다.
▶ 총공급곡선은 주어진 물가수준에서 수평선이므로 총수요가 증가하면 물가상승 없이 총공급량은 총수요의 증가분만큼 증가한다.

2. 불황의 경제학
① 케인즈모형은 총수요가 총공급을 따르지 못하는 경제에 적합한 이론이다.
② 공급능력은 충분한데 수요가 없어 생산설비가 충분히 활용되지 못하는 잉여생산능력(excess production capacity)의 경제, 즉 대공황기나 선진국의 경제에 이론적 적합도가 높다.

3. 정책적 시사점
① 국민소득의 증대를 위해서는 유효수요(effective demand)를 증대시켜야 한다.
② 케인즈모형에서 소비는 미덕이고, 저축은 악덕이다.
③ 경기침체의 상황을 극복하기 위해 총수요의 구성요소인 소비나 투자가 증가하면 되지만, 현실적인 경기침체의 상황에서는 그것이 힘들기 때문에 민간부문으로부터의 자발적인 수요증가를 기대할 수 없다. 따라서 만성적 경기침체의 해결을 위해서는 정부지출증가나 조세감면을 통한 정부의 인위적인 수요팽창정책이 필요하다.
▶ 정부의 인위적인 수요팽창정책은 확대재정정책을 의미한다.

4. 단기적 관점
① 케인즈모형은 장기적인 경제성장을 설명하는 데 유용하지 않지만, 단기적인 경기변동을 설명한 데는 이론적 적합성이 있다.
② 경기침체 하에서 단기적인 경기부양을 위해서는 수요창출이 필요하므로 저축보다는 소비가 중요하다.
③ 단기에 가격변수들이 경직적이므로 케인즈모형은 단기모형에 가깝다.

5. 수량조정모형
① 고전학파 국민소득결정모형에서는 이자율의 신축적인 조정에 의해 생산물시장의 불균형이 해소된다. 즉, 고전학파모형에서 생산물시장의 보이지 않는 손은 '실질이자율'이다.
② 반면, 케인즈(J. M. Keynes)의 국민소득결정모형에서는 가격변수가 경직되어 있고 공급능력에는 제한이 없으므로 '생산량의 조정(재고의 변동)'에 의해 생산물시장의 불균형이 해소된다. 즉, 케인즈모형에서 생산물시장의 보이지 않는 손은 '실질국민소득'이다.

Ⅵ 인플레이션갭과 디플레이션갭

1. 인플레이션갭

① 인플레이션갭(inflationary gap)이란 인플레이션을 유발하는 총수요의 초과분, 즉 초과수요의 크기를 말한다.
② 총수요선이 Y_2^D이면 완전고용국민소득수준인 Y_F에서 AE만큼의 생산물시장의 초과수요가 발생한다.
③ 초과수요가 발생하게 되면 국민소득은 증가하지 않고 물가만 상승하게 되는데 이 경우 AE를 인플레이션갭이라고 한다.
④ 인플레이션을 억제하기 위해서는 AE의 초과수요분만큼 총수요를 감소시켜야 한다.

2. 디플레이션갭

① 디플레이션갭(deflationary gap)이란 디플레이션을 유발하는 총수요의 부족분, 즉 초과공급의 크기를 말한다.
  ▸ 디플레이션갭을 경기침체갭(recessionary gap)이라고도 한다.
② 총수요선이 Y_1^D이면 완전고용국민소득수준인 Y_F에서 EB만큼의 생산물시장의 초과공급이 발생한다.
③ 초과공급이 발생하게 되면 균형국민소득은 완전고용국민소득수준(Y_F)에 못 미치는 Y_1에서 결정되고 물가가 하락하게 되는데 이 경우 EB를 디플레이션갭이라고 한다.
  ▸ 완전고용 GDP와 실제 GDP의 차이인 $Y_F - Y_1$을 GDP갭이라고 하고, 디플레이션갭이 존재할 때 GDP갭은 양(+)의 값을 가진다.
④ 경기침체를 극복하고 완전고용국민소득을 달성하기 위해서는 EB의 초과공급분만큼 총수요를 증가시켜야 한다.
⑤ 독자들은 디플레이션갭과 GDP갭을 혼동하여서는 안 된다.

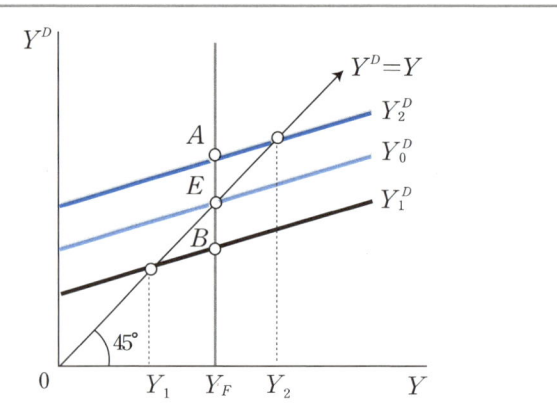

🦋 인플레이션갭
- 인플레이션을 유발하는 초과수요의 크기 : AE
- 정책 : 총수요억제정책, 정부지출의 감소, 조세의 증가

🦋 디플레이션갭
- 디플레이션을 유발하는 초과공급의 크기 : EB
- 정책 : 총수요증대정책, 정부지출의 증가, 조세의 감소

제5절 저축의 역설(절약의 역설)

I 저축과 투자

① 저축(S)은 국민소득의 순환과정에서 빠져나가는 누출(leakage)이 되고, 투자수요(I^D)는 국민소득의 흐름을 증가시키는 주입(injection)이 된다.
② 저축(S)이 투자수요(I^D)보다 커서 누출이 주입을 초과하게 되면 총수요가 부족하여 국민소득(Y)이 감소하게 된다.
③ 원시적인 자급자족경제라면 저축(S)과 투자수요(I^D)가 항상 같겠지만, 현실경제에서 저축(S)은 주로 가계에 의해 이루어지고 투자수요(I^D)는 주로 기업에 의해 수행되므로 저축(S)과 투자수요(I^D)가 일치한다는 보장이 없다.

II 고전학파

① 고전학파에 의하면 일시적으로 저축(S)과 투자수요(I^D)가 불일치하더라도 이자율(r)의 신축적 조정으로 불균형이 해소되므로 저축(S)과 투자수요(I^D)는 항상 일치하게 된다.
  ▸ 생산물시장에서 공급의 역할을 하는 저축(S)은 이자율(r)의 증가함수이고, 생산물시장에서 수요의 역할을 하는 투자수요(I^D)는 이자율(r)의 감소함수이다.
② 고전학파모형에서 이자율은 생산물시장에서의 수요와 공급에 의해 결정되는 실물적 현상으로서 실질이자율(r)이다.
③ 저축(S)이 증가하면 이자율(r)의 신축적 조정으로 투자수요(I^D)로 이어지고 투자수요(I^D)의 증가는 자본증대를 유발하여 총생산을 증가시킨다. 따라서 저축(S)이 증가하면 실질국민소득(Y)이 증가하게 된다.

| 고전학파모형에서 생산물시장의 균형 : 이자율조정 |

- r_1 : 생산물시장의 초과공급 → 이자율 하락
- r_2 : 생산물시장의 초과수요 → 이자율 상승
- r_E : 저축과 투자의 일치 → 생산물시장의 균형

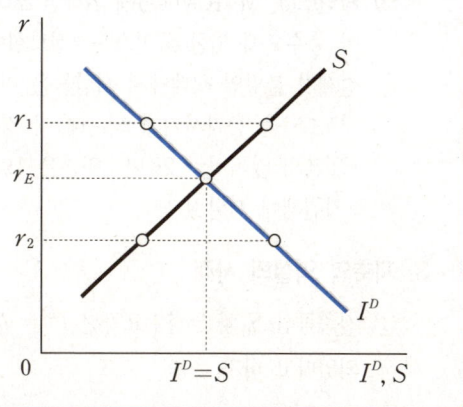

CHAPTER 04 케인즈의 국민소득결정이론

Ⅲ 케인즈

1. 저축과 투자

① 케인즈(J. M. Keynes)에 의하면 저축(S)과 투자수요(I^D) 사이에 차이가 있을 때 이자율(r)의 조정 하나만으로 그 차이가 없어지지 않고, 저축(S)은 일단 국민소득의 흐름에서 빠져나가는 누출이다.

② 저축(S)은 이자율(r)의 함수가 아닌 국민소득(Y)의 증가함수이다.
  ▸ 케인즈(J. M. Keynes)의 저축함수 : $S = -a + (1-b)Y_d$

③ 투자수요(I^D)는 합리적 계산보다 미래의 경기, 정치상황, 기술개발 등에 대한 기업가의 예상에 더욱 민감하게 반응한다는 점을 지적하였다.
  ▸ 투자수요(I^D)는 이자율(r)보다 기업가의 '동물적인 직감(animal spirit)'에 의해 결정되므로 독립투자이다.
  ▸ 케인즈(J. M. Keynes)의 투자수요함수 : $I^D = I_0$

2. 저축의 역설

① 저축의 역설(paradox of thrift)이란 저축(S)을 증가시키면 총수요가 감소하여 생산활동이 위축되고 국민소득(Y)이 감소하여 결국 저축(S)이 다시 감소하는 현상을 말한다.
  ▸ 저축(S)이 바로 투자수요(I^D)로 연결되지 않는다면 저축(S)의 증대는 총수요를 감소시킨다.

② 경기침체 시 개인적인 입장에서는 불확실한 미래에 대비하여 저축(S)을 늘리는 것이 합리적이지만, 국민경제 전체적으로는 저축(S)의 증가가 총수요의 감소를 통해 경기침체를 더욱 가속화시키므로 바람직하지 않다. 따라서 경기침체 시 개인 측면에서는 저축(S)을 증가시키는 것이 바람직하지만, 국민경제 전체 측면에서는 저축(S)을 증가시키는 것이 바람직하지 않으므로 저축의 역설은 '구성의 오류'에 해당한다.
  ▸ 구성의 오류란 부분에 맞는다고 해서 전체에도 맞는다고 잘못 판단하는 것이다. 따라서 개별적으로 합리적 행동을 한다고 해서 그것이 국민경제 총체적으로는 바람직하지 않을 수 있으므로 거시경제학이라는 독립적인 학문영역이 필요하게 된다.
  ▸ 개인적 차원에서 저축(S)이 미덕이지만, 국민경제 전체의 관점에서 저축(S)은 악덕이 되는 것이다.

③ 케인즈(J. M. Keynes)에 의하면 소비(C)는 미덕이고, 저축(S)은 악덕이다. 이는 케인즈모형이 총수요에 의한 국민소득결정모형이기 때문이다.

④ 경제가 불황인 상태에서 사람들은 미래에 대한 불확실성에 대비하여 소비지출(C)을 줄이고 저축(S)을 증가시키게 되는데 이 경우 불황은 더욱 심화된다.
  ▸ 일본의 잃어버린 20년 : 일본은 1990년부터 2000년대까지 소비심리의 위축으로 인해 경기침체에 시달렸다.

3. 저축의 역설의 사례

① 저축곡선 S_0와 투자수요곡선 $I^D = I_0$가 일치하는 A점에서 최초의 균형국민소득 Y_0가 결정되었다고 하자.

② 저축이 증가하여 저축곡선이 S_0에서 S_1으로 상방 이동하게 되면 Y_0수준에서 생산물시장에 일시적인 초과공급($S=I>I^D$)이 발생하여 불필요한 재고가 발생한다.

③ 이에 따라 생산이 위축되면서 국민소득(Y)이 감소하게 된다.

④ 국민소득(Y)이 감소하면서 이로 인해 저축은 다시 감소하여 저축(S)과 투자수요(I^D)가 일치하는 B점에서 새로운 균형이 달성된다.

⑤ 결국 저축이 증가하면 국민소득(Y)이 Y_0에서 Y_1으로 감소함으로써 저축은 최초의 AY_0수준과 동일한 BY_1수준으로 복귀하게 된다.
  ▸ $AY_0 = BY_1$

⑥ 즉, 개인적으로 근검절약하고자 하는 노력이 국민경제 전체적으로는 저축을 전혀 증가시키지 못하고, 단지 국민소득수준만을 감소시킬 뿐이다. 국민소득(Y)은 감소했는데 저축은 변하지 않았기 때문에 평균저축성향(APS)만 높아지게 된다.

4. 현실적 적합성

(1) 저축의 역설이 성립되는 경제
① 단기적으로 총수요가 부족하여 경제가 불황에 빠져 있는 경우에만 저축의 역설이 타당성을 가진다.
② 투자기회가 부족하여 저축이 바로 투자수요로 연결되지 않는 선진국은 저축의 역설이 성립한다.

(2) 저축의 역설이 성립되지 않는 경제
① 개발도상국과 같이 투자할 곳은 많은데 재원이 모자라 투자하지 못하는 경우에는 저축은 곧바로 투자수요로 연결되어 국민소득을 증가시키기 때문에 국민경제 전체적으로 저축은 미덕이 된다.
② 장기적 경제성장을 위해서는 자본축적이 필요한데 저축을 통해서만이 자본축적이 가능하므로 장기적 관점에서 저축은 역시 미덕이 된다.
  ▸ 공급 측면을 중시한 고전학파의 견해와 일맥상통한다.
③ 제2차 세계대전 후 미국을 위시한 선진국들의 생산성이 크게 둔화되는 현상이 나타나게 되는데 그 이유를 케인즈 경제학의 영향으로 보는 시각이 있다. 즉, 소비를 장려하고 저축을 경시한 케인즈 경제학의 영향으로 자본축적이 둔화되어 결국 생산성둔화로 이어졌다는 해석이다.

| 저축의 역설 : 독립투자수요인 경우 |

- 저축의 증가($S_0 \to S_1$)
  → Y_0수준에서 $S > I^D$
  → $Y > Y^D$(초과공급)
  → 재고의 증가
  → 생산의 감소
  → 균형국민소득의 감소($Y_0 \to Y_1$)
- 새로운 균형국민소득 Y_1에서 저축은 종전수준으로 복귀 ($AY_0 = BY_1$)
- 평균저축성향(APS)만 상승

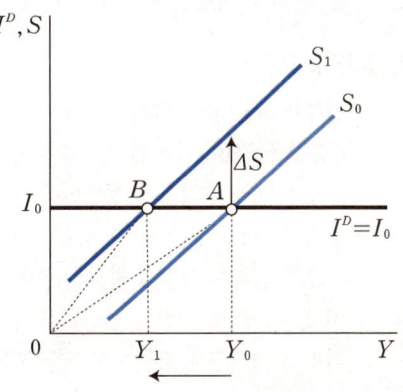

CHAPTER 05 케인즈의 승수이론

PART 02 | 국민소득결정이론

제1절 개요

I 승수효과

① 승수효과(multiplier effect)란 케인즈(J. M. Keynes)의 국민소득결정모형에서 독립지출이 증가하면 국민소득이 독립지출의 증가분 이상의 몇 배로 증가하는 효과를 말한다.
② 승수효과가 발생하였을 때 그 배수를 승수(multiplier)라고 한다.

> **승수의 개념**
>
> $$\text{승수} = \frac{\text{균형국민소득 증가분}}{\text{독립지출 증가분}}$$

II 가정

1. 잉여생산능력의 경제
① 유휴생산시설이 존재하여 생산능력에는 아무런 제한이 없는 잉여생산능력의 경제이다.
② 만성적인 실업이 존재하여 노동공급에는 아무런 제한이 없다.
③ 균형국민소득이 완전고용국민소득에 미치지 못하는 불황의 경제를 전제로 한다.

2. 한계소비성향(MPC)이 일정
① 1기에 독립지출이 증가하였을 경우 1기에서만 국민소득이 증가하는 효과가 나타날 뿐만 아니라 나머지 2기와 3기 등에서도 지속적으로 그 효과가 나타난다.
② 승수효과는 시간이 무한대로 경과했다는 가정 하에서 시간에 따른 국민소득증대의 모든 효과를 합한 것이므로 매 기간 한계소비성향이 일정해야 승수효과의 값을 구할 수가 있게 된다.

3. 물가가 고정
① 물가가 고정되어 있다.
   ▶ 총공급곡선이 주어진 물가수준에서 수평선이므로 총수요가 증가하더라도 물가는 불변이 되어 물가의 경직성이 성립한다.
② 호경기에서는 생산능력이 충분하지 않으므로 시장의 불균형이 발생하였을 때 가격변수가 신축적으로 변하여 시장의 불균형을 해소시키지만, 경기가 극심한 침체에 빠진 경우에는 생산능력이 충분하므로 시장의 불균형을 주로 생산량(재고)이 변동하여 시장의 불균형을 해소시킨다. 따라서 경기침체기에는 물가를 포함한 대부분의 명목변수가 경직적이다.

제2절 승수효과의 도출

I 가정

① 정부가 도로건설을 위해 정부지출을 1억 원 증가시켰다.
② 한계소비성향은 $MPC = 0.8$로 일정하다.

II 승수효과의 발생과정

① 정부가 도로건설을 위해 정부지출(G)을 1억 원 증가시키면 도로건설에 참여한 사람들의 소득(Y)이 1억 원 증가한다.
② 소득(Y)이 증가하면 소비(C)가 증가하게 되는데 한계소비성향이 $MPC = 0.8$이므로 소비(C)는 1억 원의 80%인 8,000만 원 증가하고, 나머지 2,000만 원은 저축하게 된다.
③ 증가한 8,000만 원의 소비(C)는 소비재의 판매자 측면에서 또 다른 소득(Y)이 되므로 8,000만 원의 추가 소득이 증가한 셈이 된다. 이때 소비재의 판매자도 한계소비성향이 $MPC = 0.8$이므로 8,000만 원의 80%인 6,400만 원을 소비하고, 나머지 1,600만 원은 저축한다.
④ 이와 같은 과정이 한없이 반복된다면 도로건설을 위해 정부가 1억 원을 투자한 결과, 사회 전체적으로 증가한 총소득은 초항이 1억 원, 공비가 0.8인 무한등비급수의 합으로 계산된다.

단 계	소득증가분	소득증가 계산식
1단계	• 1억 원	• 1억 원
2단계	• 8,000만 원	• 1억 원 × 0.8
3단계	• 6,400만 원	• 1억 원 × 0.8^2 = 6,400 × 0.8
⋮	⋮	⋮
n단계		• 1억 원 × 0.8^{n-1}
⋮	⋮	⋮
총 계	• 5억 원	• ΔY_E = 1억 원 × $\frac{1}{1-0.8}$ 　　　= 1억 원 × 5 　　　= 5억 원

⑤ 정부지출(G)의 증가가 '소득증가 → 소비증가 → 소득증가 → …'의 연쇄적인 파급효과를 거쳐 국민소득(Y)에 미치는 최종적인 효과는 처음의 몇 배 크기로 불어나는 것이 승수효과이다.
⑥ 정부지출의 증분이 ΔG라고 할 때 균형국민소득의 증가분 ΔY_E는 다음과 같이 계산된다.

> **정부지출증가의 승수효과**
>
> $$\Delta Y_E = \Delta G + b \cdot \Delta G + b^2 \cdot \Delta G + b^3 \cdot \Delta G + \cdots$$
> $$= (1 + b + b^2 + b^3 + \cdots)\Delta G$$
> $$= \frac{1}{1-b}\Delta G = \frac{1}{1-MPC}\Delta G$$

CHAPTER 05 케인즈의 승수이론

제3절 승수의 도출

I 정액세만 존재하는 경우

① 정부가 정액세를 부과하는 경우 케인즈모형은 다음과 같이 나타낼 수 있다.

> **정액세를 부과하는 경우 케인즈모형**
>
> $$Y^D = C + I^D + G$$
>
> - $C = a + bY_d = a + b(Y-T)$
> - $I^D = I_0$
> - $T = T_0$
> - $G = G_0$

② 총수요선식과 균형조건식($Y^D = Y$)을 이용하여 균형국민소득식을 도출하면 다음과 같다.

> **균형국민소득식 : 정액세**
>
> - $Y^D = (a - bT_0 + I_0 + G_0) + bY$
> - $Y_E = \dfrac{1}{1-b}(a - bT_0 + I_0 + G_0)$

③ 균형국민소득식을 통해 다음과 같은 세 가지 승수를 얻을 수 있다.
▸ 한계소비성향(MPC)이 높을수록 투자승수와 정부지출승수는 더 커지게 되고, 국민소득(Y)의 증가분도 더 커지게 된다.

> **승수 : 정액세**
>
> - 투자승수 $= \dfrac{\Delta Y_E}{\Delta I} = \dfrac{1}{1-b} = \dfrac{1}{1-MPC}$
> - 정부지출승수 $= \dfrac{\Delta Y_E}{\Delta G} = \dfrac{1}{1-b} = \dfrac{1}{1-MPC}$
> - 조세승수 $= \dfrac{\Delta Y_E}{\Delta T} = \dfrac{-b}{1-b} = \dfrac{-MPC}{1-MPC}$

④ 한계소비성향이 $MPC = 0.8$인 경우를 가정하여 각각의 승수를 계산하면 다음과 같다.

> **$MPC = 0.8$인 경우 승수 : 정액세**
>
> - 투자승수 $= \dfrac{\Delta Y_E}{\Delta I} = \dfrac{1}{1-0.8} = 5$
> - 정부지출승수 $= \dfrac{\Delta Y_E}{\Delta G} = \dfrac{1}{1-0.8} = 5$
> - 조세승수 $= \dfrac{\Delta Y_E}{\Delta T} = \dfrac{-0.8}{1-0.8} = -4$

Ⅱ 정액세+비례세의 경우

① 정액세와 비례세가 동시에 존재하는 경우 조세함수는 다음과 같이 나타낼 수 있다.
  ▸ 조세함수에서 T_0는 정액세를 의미하고, tY는 비례세를 의미한다.

> **조세함수 : 정액세+비례세**
> $$T = T_0 + tY$$
> • 세율(t) : $0 < t < 1$

② 정액세와 비례세가 동시에 존재하는 경우 케인즈모형은 다음과 같이 나타낼 수 있다.

> **정액세와 비례세가 동시에 존재하는 경우 케인즈모형**
> $$Y^D = C + I^D + G$$
> • 소비함수 : $C = a + bY_d = a + b(Y - T)$
> • 조세함수 : $T = T_0 + tY$
> • 투자함수 : $I^D = I_0$
> • 정부지출함수 : $G = G_0$

③ 비례세제 하에서 소비함수는 $C = a + b(1-t)Y$가 되므로 처분가능소득에 대한 한계소비성향은 b로 불변이지만, 국민소득에 대한 한계소비성향은 $b(1-t)$로 감소한다.

④ 총수요선식과 균형조건식($Y^D = Y$)을 이용하여 균형국민소득식을 도출하면 다음과 같다.

> **균형국민소득식 : 정액세+비례세**
> ▪ $Y^D = (a - bT_0 + I_0 + G_0) + b(1-t)Y$
> ▪ $Y_E = \dfrac{1}{1 - b(1-t)}(a - bT_0 + I_0 + G_0)$

⑤ 균형국민소득식을 통해 승수를 구하면 다음과 같다.

> **승수 : 정액세+비례세**
> ▪ 투자승수 $= \dfrac{\Delta Y_E}{\Delta I} = \dfrac{1}{1 - b(1-t)} = \dfrac{1}{1 - MPC(1-t)}$
> ▪ 정부지출승수 $= \dfrac{\Delta Y_E}{\Delta G} = \dfrac{1}{1 - b(1-t)} = \dfrac{1}{1 - MPC(1-t)}$
> ▪ 정액세승수 $= \dfrac{\Delta Y_E}{\Delta T_0} = \dfrac{-b}{1 - b(1-t)} = \dfrac{-MPC}{1 - MPC(1-t)}$

⑥ 비례세가 존재하면 정액세만 존재하는 경우에 비해 승수가 작아진다. 승수효과를 통한 국민소득(Y)의 증가과정에서 비례세가 존재하면 조세(T)도 국민소득(Y)에 비례하여 증가하기 때문에 승수효과가 작아지는 것이다.

CHAPTER 05 케인즈의 승수이론

Ⅲ 균형재정승수

1. 정부지출의 재원

① 일반적으로 정부는 정부지출(G)에 필요한 재정수입을 조세징수, 국공채나 외채발행, 통화발행 등의 방법을 통해 조달하게 된다.
② 조세부과 없이 국공채나 외채발행을 통한 재원조달 후 정부지출을 증가시키는 것이 순수한 의미에서의 재정정책에 해당하고, 이 경우 재정적자(budget deficit)가 발생하게 된다.
③ 정부가 조세수입(T)을 통해 재원을 조달했다면 균형재정(balanced budget)을 유지했다고 말한다.
④ 정부가 중앙은행이나 외국으로부터의 차입을 통해 지출재원을 조달하였다면 중앙은행을 통해 본원통화의 공급이 증가하므로 이는 금융정책이 혼합된 정책혼합(policy mix)에 해당한다.

2. 정부지출승수와 조세승수

① 정부지출승수와 조세승수를 비교해 보면 정부지출승수가 조세승수의 절댓값보다 더 크다는 사실을 알 수 있다.

> **정부지출승수와 조세승수**
>
> $$\text{정부지출승수} = \frac{1}{1-MPC} > |\text{조세승수}| = \frac{MPC}{1-MPC}$$

② 이는 정부지출의 증가를 통한 재정정책의 효과가 조세감면을 통한 재정정책의 효과보다 더 크다는 사실을 의미한다.

3. 균형재정승수

① 앞서 논의된 정부지출승수$\left(=\frac{1}{1-b}=\frac{1}{1-MPC}\right)$는 조세징수 없이 국공채발행을 통해 추가로 정부지출(G)의 재원이 마련된 경우의 승수라고 할 수 있다. 즉, 적자재정을 통한 승수인 것이다.
② 균형재정승수(balanced budget multiplier)란 정부지출(G)의 재원이 조세징수를 통해 이루어짐으로써 균형재정이 유지될 때의 승수를 말한다.
③ 균형재정을 유지한다는 것은 $\Delta G = \Delta T$가 성립함을 의미하기 때문에 균형재정승수는 정부지출승수와 조세승수를 합하여 쉽게 구할 수 있다.

정액세의 경우	비례세의 경우
■ 정부지출승수 $= \dfrac{\Delta Y_E}{\Delta G} = \dfrac{1}{1-b}$ ■ 조세승수 $= \dfrac{\Delta Y_E}{\Delta T} = \dfrac{-b}{1-b}$ ■ 균형재정승수 $= \dfrac{1}{1-b} + \dfrac{-b}{1-b}$ 　　　　　　　$= \dfrac{1-b}{1-b} = 1$	■ 정부지출승수 $= \dfrac{\Delta Y_E}{\Delta G} = \dfrac{1}{1-b(1-t)}$ ■ 조세승수 $= \dfrac{\Delta Y_E}{\Delta T} = \dfrac{-b}{1-b(1-t)}$ ■ 균형재정승수 $= \dfrac{1}{1-b(1-t)} + \dfrac{-b}{1-b(1-t)}$ 　　　　　　　$= \dfrac{1-b}{1-b(1-t)}$

④ 정액세만 존재하는 경우 균형재정승수는 항상 1이지만, 정액세와 비례세가 모두 존재하는 경우 균형재정승수는 1보다 작다.

Ⅳ 무역승수 : 외국부문을 고려하는 경우

① 국민소득이 증가하면 소비의 증가와 함께 수입도 증가하므로 수입(M)은 국민소득의 증가함수라고 가정한다.

> **수입함수**
> $$M = M_0 + mY$$
> • 한계수입성향(m) : $0 < m < 1$

② 외국부문을 고려하는 경우 케인즈모형은 다음과 같이 나타낼 수 있다.

> **외국부문을 고려하는 경우 케인즈모형**
> $$Y^D = C + I^D + G + (X - M)$$
> • 소비함수 : $C = a + bY_d = a + b(Y - T + TR)$
> • 이전지출함수 : $TR = TR_0$
> • 수출함수 : $X = X_0$ • 수입함수 : $M = M_0 + mY$

③ 균형조건식($Y^D = Y$)을 이용하여 균형국민소득식을 도출하면 다음과 같다.

> **균형국민소득식 : 정액세+비례세+개방경제**
> $$Y_E = \frac{1}{1-b(1-t)+m}(a - bT_0 + bTR_0 + I_0 + G_0 + X_0 - M_0)$$

④ 균형국민소득식을 통해 승수를 구하면 다음과 같다.

> **승수 : 정액세+비례세+개방경제**
> - 투자승수 = $\dfrac{\Delta Y_E}{\Delta I} = \dfrac{1}{1-b(1-t)+m} = \dfrac{1}{1-MPC(1-t)+m}$
> - 정부지출승수 = $\dfrac{\Delta Y_E}{\Delta G} = \dfrac{1}{1-b(1-t)+m} = \dfrac{1}{1-MPC(1-t)+m}$
> - 정액세승수 = $\dfrac{\Delta Y_E}{\Delta T_0} = \dfrac{-b}{1-b(1-t)+m} = \dfrac{-MPC}{1-MPC(1-t)+m}$
> - 이전지출승수 = $\dfrac{\Delta Y_E}{\Delta TR_0} = \dfrac{b}{1-b(1-t)+m} = \dfrac{MPC}{1-MPC(1-t)+m}$
> - 균형재정승수 = $\dfrac{1-b}{1-b(1-t)+m} = \dfrac{1-MPC}{1-MPC(1-t)+m}$
> - 수출승수 = $\dfrac{\Delta Y_E}{\Delta X_0} = \dfrac{1}{1-b(1-t)+m} = \dfrac{1}{1-MPC(1-t)+m}$
> - 수입승수 = $\dfrac{\Delta Y_E}{\Delta M_0} = \dfrac{-1}{1-b(1-t)+m} = \dfrac{-1}{1-MPC(1-t)+m}$

⑤ 개방경제에서는 폐쇄경제에서보다 승수가 작아진다. 승수효과를 통한 국민소득(Y)의 증가과정에서 수입(M)도 국민소득(Y)에 비례하여 증가하기 때문에 국민소득증가분의 일부를 상쇄시켜 승수효과가 작아지는 것이다.

CHAPTER 05 케인즈의 승수이론

Ⅴ 복합승수(초승수)

① 복합승수(compound multiplier)란 유발투자수요가 존재하는 경우의 승수를 말한다.
② 유발투자수요가 존재하는 경우 투자수요함수는 국민소득(Y)의 증가함수이다.

> **유발투자수요함수**
> $$I^D = I_0 + iY$$
>
> • 유발투자계수(i) : $0 < i < 1$

③ 유발투자수요는 사무엘슨(P. A. Samuelson)을 비롯한 케인즈학파가 주장한 내용이다.
  ▸ 투자수요가 국민소득의 증가함수인 유발투자수요는 케인즈학파 경제학자 사무엘슨(P. A. Samuelson)의 투자함수이론인 '가속도원리'의 이론적 근거가 된다.
④ 균형조건식($Y^D = Y$)을 이용하여 균형국민소득식을 도출하면 다음과 같다.

> **균형국민소득식 : 정액세+비례세+개방경제+유발투자수요**
> $$Y_E = \frac{1}{1-b(1-t)+m-i}(a - bT_0 + bTR_0 + I_0 + G_0 + X_0 - M_0)$$

⑤ 균형국민소득식을 통해 승수를 구하면 다음과 같다.

> **승수 : 정액세+비례세+개방경제+유발투자수요**
>
> - 투자승수 $= \dfrac{\Delta Y_E}{\Delta I} = \dfrac{1}{1-b(1-t)+m-i} = \dfrac{1}{1-MPC(1-t)+m-i}$
> - 정부지출승수 $= \dfrac{\Delta Y_E}{\Delta G} = \dfrac{1}{1-b(1-t)+m-i} = \dfrac{1}{1-MPC(1-t)+m-i}$
> - 정액세승수 $= \dfrac{\Delta Y_E}{\Delta T_0} = \dfrac{-b}{1-b(1-t)+m-i} = \dfrac{-MPC}{1-MPC(1-t)+m-i}$
> - 이전지출승수 $= \dfrac{\Delta Y_E}{\Delta TR_0} = \dfrac{b}{1-b(1-t)+m-i} = \dfrac{MPC}{1-MPC(1-t)+m-i}$
> - 균형재정승수 $= \dfrac{1-b}{1-b(1-t)+m-i} = \dfrac{1-MPC}{1-MPC(1-t)+m-i}$
> - 수출승수 $= \dfrac{\Delta Y_E}{\Delta X_0} = \dfrac{1}{1-b(1-t)+m-i} = \dfrac{1}{1-MPC(1-t)+m-i}$
> - 수입승수 $= \dfrac{\Delta Y_E}{\Delta M_0} = \dfrac{-1}{1-b(1-t)+m-i} = \dfrac{-1}{1-MPC(1-t)+m-i}$

⑥ 유발투자수요를 가정하면 독립투자수요를 가정한 것에 비해 승수가 더 커진다. 승수효과를 통한 국민소득(Y)의 증가과정에서 투자수요(I^D)가 국민소득(Y)에 비례하여 증가하기 때문에 국민소득 증가분이 더 커져 승수효과가 커지는 것이다.
  ▸ 유발투자수요함수 : $I^D = I_0 + iY$
  ▸ 사무엘슨(P. A. Samuelson)의 유발투자수요함수에서 유발투자계수(i)가 커질수록 국민소득증가에 의한 투자수요(I^D)의 증가분도 커질 것이므로 승수효과도 커진다.

예제 — 승수효과

문제 1

거시경제모형이 다음과 같이 주어졌을 때 정부지출의 규모를 100만큼 확대시킬 경우 소득수준, 상품수지, 재정수지의 변화는?

- $C = 90 + 0.75(Y-T)$
- $T = 40 + 0.2Y$
- $I = 100 + 0.1Y$
- $G = 240$
- $X = 100$
- $M = 20 + 0.1Y$

해설

- 정부지출승수는 $\dfrac{\Delta Y}{\Delta G} = \dfrac{1}{1 - MPC(1-t) + m - i} = \dfrac{1}{1 - 0.75(1-0.2) + 0.1 - 0.1} = 2.5$이므로 정부지출을 100만큼 증가시키면 국민소득은 $100 \times 2.5 = 250$만큼 증가한다.
- 한계수입성향 $m = 0.1$이므로 수입(M)은 $250 \times 0.1 = 25$만큼 증가하여 상품수지($X-M$)는 25만큼 적자가 발생한다.
- 한계세율 $t = 0.2$이므로 조세(T)는 $250 \times 0.2 = 50$만큼 증가하고, 정부지출(G)은 100만큼 증가하므로 재정수지($T-G$)는 50만큼 악화된다.

문제 2

개방경제 하에서 단순 케인지언모형이 다음과 같이 주어져 있다고 하자. 이 모형에서 국민소득을 10억 원 증가시키고자 하는 경우 정부지출을 얼마만큼 증가시켜야 하는가? (Y는 국민소득을 나타내고, 단위는 억 원임)

(2001 보험계리사)

$$Y = C + I_0 + G_0 + (X_0 - M)$$

- 소비지출: $C = 50 + 0.75Y$
- 투자지출: $I_0 = 20$
- 정부지출: $G_0 = 40$
- 수출: $X_0 = 30$
- 수입: $M = 10 + 0.15Y$

해설

- 한계소비성향이 $MPC = 0.75$, 한계수입성향이 $m = 0.15$이므로 정부지출승수는 $\dfrac{\Delta Y}{\Delta G} = \dfrac{1}{1 - MPC + m} = \dfrac{1}{1 - 0.75 + 0.15} = \dfrac{1}{0.4} = 2.5$가 된다.
- 정부지출승수 $\dfrac{\Delta Y}{\Delta G} = 2.5$에서 정부지출의 증가분은 $\Delta G = \dfrac{\Delta Y}{2.5}$이므로 국민소득의 증가분이 $\Delta Y = 10$(억 원)일 때 정부지출의 증가분은 $\Delta G = \dfrac{\Delta Y}{2.5} = \dfrac{10}{2.5} = 4$(억 원)이다.

문제 3

한계소비성향이 0.9, 소득세율이 0.1, 한계수입성향이 0.01일 때 독립투자가 300만큼 증가하였다. 저축의 변화는 얼마인가?

(2006 7급 서울시)

> **해설**

- 투자승수는 $\dfrac{\Delta Y}{\Delta I} = \dfrac{1}{1-MPC(1-t)+m} = \dfrac{1}{1-0.9(1-0.1)+0.01} = \dfrac{1}{0.2} = 5$이다.
- 투자승수가 5이므로 독립투자가 300만큼 증가하면 국민소득이 $\Delta Y = 5 \times \Delta I$, $5 \times 300 = 1,500$만큼 증가한다.
- 소득세율 $t=0.1$이므로 조세는 $1,500 \times 0.1 = 150$만큼 증가한다.
- 국민소득(Y)이 1,500 증가하였고, 조세(T)는 150 증가하였으므로 처분가능소득(Y_d)은 $\Delta Y_d = \Delta Y - \Delta T = 1,500 - 150 = 1,350$만큼 증가한다.
- 처분가능소득에 대한 한계소비성향(MPC)이 0.9이므로 한계저축성향(MPS)은 $1-MPC=1-0.9=0.1$이 된다. 저축은 처분가능소득의 증가함수이므로 저축의 변화는 $\Delta S = 0.1 \times \Delta Y_d = 0.1 \times 1,350 = 135$로 계산된다.

> **문제 4**

다음과 같은 개방 거시경제모형에서 정부가 정부지출을 40만큼 증가시키고자 한다. 이 경우 순수출은 얼마나 변하는가? (2017 공인회계사)

$Y=C+I+G+EX-IM$, $C=100+0.6(Y-T)$, $I=100$, $G=50$, $T=50$, $EX=70$, $IM=20+0.1Y$
(단, Y, C, I, G, EX, IM, T는 각각 총수요, 소비, 투자, 정부지출, 수출, 수입, 조세이다.)

> **해설**

- 정부지출승수는 $\dfrac{\Delta Y}{\Delta G} = \dfrac{1}{1-MPC+m} = \dfrac{1}{1-0.6+0.1} = \dfrac{1}{1-0.5} = 2$이므로 정부지출을 40만큼 증가시키면 국민소득은 $40 \times 2 = 80$만큼 증가한다.
- 한계수입성향이 $m=0.1$이므로 수입은 $80 \times 0.1 = 8$만큼 증가한다. 따라서 순수출은 8만큼 감소한다.

> **문제 5**

다음은 가계, 기업, 정부로 구성된 케인즈 모형이다. 이때 투자지출은 120으로, 정부지출은 220으로, 조세수입은 250으로 각각 증가할 경우 균형국민소득의 변화는? (2018 7급 지방직)

- 소비함수 : $C=0.75(Y-T)+200$
- 투자지출 : $I=100$
- 정부지출 : $G=200$
- 조세수입 : $T=200$

> **해설**

- 정부지출승수와 투자승수는 $\dfrac{1}{1-MPC} = \dfrac{1}{1-0.75} = 4$로 동일하므로 투자지출과 정부지출이 모두 20만큼 증가하였다면 독립지출은 총 40만큼 증가한 것이다. 따라서 독립지출 증가에 의한 균형국민소득의 변화분은 $4 \times 40 = 160$이 된다.
- 조세승수는 $\dfrac{-MPC}{1-MPC} = \dfrac{-0.75}{1-0.75} = -3$이므로 조세수입이 50만큼 증가하면 균형국민소득의 변화분은 $-3 \times 50 = -150$이 된다.
- 따라서 전체적인 균형국민소득의 변화는 $160-150=10$이 된다.

PART 03

소비함수와 투자함수

06 소비함수이론
07 투자함수이론

CHAPTER 06 소비함수이론

PART 03 | 소비함수와 투자함수

제1절 개요

I 개념

① 소비함수이론(consumption function theory)이란 소비에 영향을 미치는 요인들과 소비 사이에 존재하는 함수관계를 분석하는 이론을 말한다.
② 소비지출(consumption expenditure)이란 한 해 동안 생산된 최종재 중 가계가 구입하는 소비재의 총시장가치이고, 소비(consumption)란 재화와 서비스를 사용하는 행위를 뜻한다.

II 특징

① 가계의 소비는 총수요의 60% 이상의 비중을 차지함으로써 다른 총수요의 구성요소보다 훨씬 큰 비중을 차지하고 있다.
② 소비는 경기변동에 큰 영향을 받지 않아 매우 안정적인 경제변수이다. 소비 중에서 비내구재에 대한 소비보다 내구재에 대한 소비가 경기변동에 더 큰 영향을 받는다.
③ 국민소득계정상의 소비에는 올해 생산된 최종재에 대한 지출만이 포함된다. 중고제품의 구입에 지출된 부분은 생산활동과 무관한 소유권이전에 해당하므로 소비에 포함시키지 않는다.
④ 소비는 생산활동 및 경기상황과 동일한 방향으로 움직이기 때문에 경기순응적(procyclical)이다. 즉, 경기가 확장되면 소비도 증가하고, 소비가 증가하면 경기도 확장된다.

제2절 절대소득가설

I 개요

① 케인즈(J. M. Keynes)는 현재소비의 크기가 현재소득의 절대적 크기에 의존한다는 절대소득가설(absolute income hypothesis)을 주장하였다.
② 절대소득(absolute income)이란 과거소득이나 타인의 소득 등과 무관하게 현재 취득한 현재소득을 의미한다.

II 가정

1. 소비의 독립성

① 소비의 독립성이란 소비가 자신의 현재소득에 의존하므로 타인의 소비행위에 영향을 받지 않는다는 것이다.

② 소비는 과거소득이나 타인의 소득 등과 무관하게 현재 취득한 현재소득에 영향을 받으므로 소비는 자신의 과거소득이나 타인의 소비행위와는 독립적으로 결정된다.

2. 소비의 가역성
① 소비의 가역성이란 소비가 과거소득으로부터 영향을 받지 않는다는 것을 의미한다.
② 소비가 과거소득이 아닌 현재소득에 영향을 받으므로 현재소득이 감소하면 바로 소비가 감소한다. 반대로 현재소득이 증가하면 소비는 바로 증가한다.

Ⅲ 이론적 내용

① 케인즈(J. M. Keynes)의 소비함수는 국민소득(Y)의 증가함수이다.

> **절대소득가설 : 케인즈의 소비함수**
> $$C = a + bY$$
> - $a > 0$: 기초소비
> - $0 < b < 1$: 한계소비성향(MPC)

② 케인즈(J. M. Keynes)의 소비함수에 의하면 평균소비성향(APC)이 한계소비성향(MPC)보다 항상 크다. 그리고 한계소비성향(MPC)은 국민소득(Y)의 크기에 관계없이 일정하지만, 평균소비성향(APC)은 국민소득(Y)이 증가함에 따라 감소한다.
③ 한계소비성향이 매우 안정적인 변수이기 때문에 승수도 안정적이어서 재정정책이 매우 유효하다.
→ 소비함수의 안정성과 재정정책의 유효성
④ 소비가 현재소득에 의존하므로 정부가 세율을 인하하면 현재의 국민소득을 증가시켜 소비증가를 통한 국민소득의 증가를 유발할 수 있으므로 단기의 재정정책은 국민소득의 증대에 매우 효과적이다.
⑤ 많은 학자들이 통계분석을 통하여 단기적으로는 케인즈(J. M. Keynes)의 소비함수가 타당하다는 사실을 밝혀냈다.

> **| 케인즈의 소비곡선 |**
>
> - 국민소득(Y)이 0일 때 기초소비는 a이기 때문에 소비곡선(C)의 절편이 a가 된다.
> - 소비곡선(C)의 기울기는 한계소비성향(MPC)을 의미하는 b이다.
>
>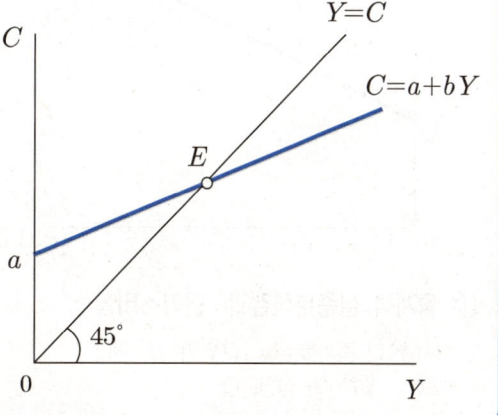

CHAPTER 06 소비함수이론

제3절 쿠즈네츠의 통계적 실증분석

I 개요

① 미국의 경제학자 쿠즈네츠(S. Kuznets)는 1869년에서 1929년 사이 미국의 실제 통계자료를 이용하여 소득과 소비에 관한 분석을 하였는데 이를 통계적 실증분석이라고 한다.
② 쿠즈네츠(S. Kuznets)의 통계적 실증분석결과 두 가지 중요한 사실이 발견되었고, 이를 계기로 소비함수이론에 대한 본격적인 연구가 진행되었다.

II 통계적 실증분석결과

1. 단기소비함수

① 단기소비곡선(SC)은 케인즈(J. M. Keynes)의 절대소득가설과 일치하는 결과가 도출되었다.
  ▶ 동일시점 또는 동일기간에 수집한 자료를 횡단면자료(cross-section data)라고 하고, 이를 이용한 통계적 분석을 횡단면분석(cross-sectional analysis)이라고 하며 이는 단기분석에 해당한다.
  ▶ 단기시계열분석의 결과 호황기에는 APC가 낮고, 불황기에는 APC가 높다.
② 평균소비성향(APC)이 한계소비성향(MPC)보다 커서 소득수준이 높을수록 평균소비성향(APC)이 감소한다.

2. 장기소비함수

① 장기시계열자료를 통해 측정한 장기소비곡선(LC)은 원점에서 출발하는 직선의 형태로 도출되었다.
② 평균소비성향(APC)과 한계소비성향(MPC)이 일치하므로 소득수준과 관계없이 평균소비성향(APC)은 일정하다.

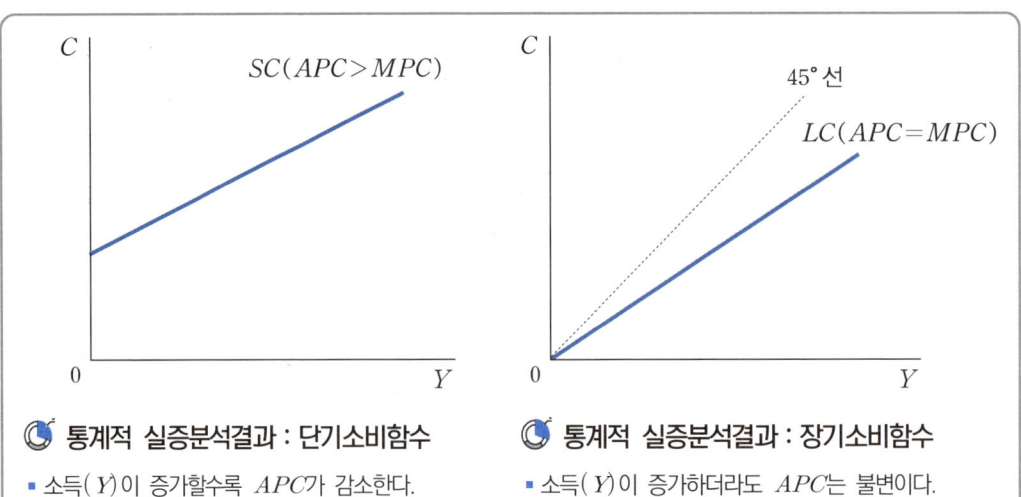

🕐 통계적 실증분석결과 : 단기소비함수
- 소득(Y)이 증가할수록 APC가 감소한다.
- $APC > MPC$가 성립한다.

🕐 통계적 실증분석결과 : 장기소비함수
- 소득(Y)이 증가하더라도 APC는 불변이다.
- $APC = MPC$가 성립한다.

제4절 항상소득가설

I 개요

① 항상소득가설(permanent income hypothesis)이란 소비가 현재의 절대소득에 의존하는 것이 아니라 장기소득의 기대치인 항상소득(permanent income)에 의존한다는 것이다.
② 항상소득가설은 통화주의학파의 대표인 프리드먼(M. Friedman)에 의해 제시되었다.
  ▶ 프리드먼(M. Friedman)은 시카고학파(Chicago school)라고도 불리운다. 시카고학파는 미국의 시카고 대학교를 중심으로 생겨난 학파로서 신자유주의학파라고도 한다.
③ 항상소득가설은 사람들이 전 생애에 걸쳐서 효용을 극대화한다고 보는 피셔(I. Fisher)의 2기간 모형에서 기초한다.
  ▶ 피셔(I. Fisher)에 의해 개발된 시점 간 소비자선택의 문제에 의하면 소비와 저축은 현재소득, 미래소득, 이자율을 고려한 소비자의 효용극대화과정을 통해 결정된다.

II 항상소득과 임시소득

1. 항상소득

① 항상소득(permanent income : Y^P)이란 평생 동안 벌어들일 것으로 기대되는 소득의 평균규모로서 미래에 인적자산, 물적자산, 금융자산으로부터 얻을 것으로 기대되는 장기적인 평균소득을 의미한다.
  ▶ 일반적으로 항상소득은 현재소득 및 과거소득을 가중 평균하여 구해진다.
  ▶ 실제소비를 항상소비와 임시소비로 구분할 수 있지만 이러한 구분은 이론적으로 큰 의미가 없으므로 생략하였다.
② 항상소득(Y^P)을 영구소득이라고도 하며 항상소득(Y^P)에는 임금, 지대, 채권의 이자 등이 있다.
③ 대리에서 과장으로 승진하여 소득이 증가하였다면 이 경우가 항상소득의 증가에 해당한다.

2. 임시소득

① 임시소득(transitory income : Y^T)이란 장기적으로 예견되지 못한 소득으로서 예측이 불가능한 일시적 소득, 불로소득, 횡재소득, 변동소득 등 일시적인 여건의 변화로 인해 생긴 소득을 의미한다.
② 임시소득(Y^T)을 일시소득이라고도 하며 임시소득(Y^T)에는 자본의 이득과 손실 등이 있다.
③ 임시소득(Y^T)은 단기적으로 양(+)일 수도, 0일 수도, 음(-)일 수도 있지만 장기적으로 평균값은 0이 된다.
  ▶ 호황기에는 임시소득이 양(+)의 값을 갖고, 불황기에는 임시소득이 음(-)의 값을 갖게 되는데 장기에는 이들이 서로 상쇄되어 $Y^T = 0$이 성립하는 것이다.
④ 경기호황 시 연말보너스의 증가나 일시적 세율인하로 인한 처분가능소득의 증가 등이 임시소득의 증가에 해당한다.

Ⅲ 가정

① 실제소득(Y)은 항상소득(Y^P)과 임시소득(Y^T)으로 구성된다.

> **항상소득가설 : 실제소득의 구성**
>
> $$Y = Y^P + Y^T$$
>
> - Y^P : 항상소득
> - Y^T : 임시소득

② 실제소비(C)는 오직 항상소득(Y^P)에만 의존하고, 임시소득(Y^T)은 대부분 소비되지 않고 저축된다.
③ 사람들은 소비수준을 비교적 일정하게 유지하고 싶어 하고, 그 소비수준은 자신의 항상소득을 고려하여 결정한다.
  ▸ 사람들은 소비수준을 일정하게 유지하고자 하기 때문에 임시소득의 변동에 따라 소비가 크게 변동하지 않는다는 것이다.
  ▸ 호황기에 일시적인 소득증가가 발생하면 일부를 떼어 저축하므로 평균소비성향이 작아지고, 불황기에 일시적인 소득감소가 발생하면 돈의 차입을 통해 종전과 비슷한 소비수준을 유지하려고 하므로 평균소비성향이 커진다.
  ▸ 예를 들어 복권당첨자가 당첨금액을 즉시 지출해 버릴 가능성은 매우 낮지만, 직장승진을 통해 증가한 소득은 바로 소비로 이어질 가능성이 크다는 것이다.

Ⅳ 소비곡선

1. 장기소비곡선

① 소비(C)는 항상소득(Y^P)의 증가함수이고, $Y = Y^P + Y^T$, $Y^P = Y - Y^T$의 식을 위의 소비함수에 대입하면 프리드먼(M. Friedman)의 소비함수를 다음과 같이 쓸 수 있다.

> **항상소득가설 : 프리드먼의 소비함수**
>
> - $C = \beta Y^P$
> - $C = \beta(Y - Y^T)$
> - $0 < \beta < 1$: 한계소비성향(MPC)

② 단기에 임시소득(Y^T)은 양(+)일 수도 음(−)일 수도 있지만, 장기에는 양(+)의 임시소득(Y^T)과 음(−)의 임시소득(Y^T)이 서로 상쇄되어 $Y^T = 0$이 성립한다. 따라서 장기소비함수는 다음과 같이 쓸 수 있다.

> **항상소득가설 : 장기소비함수**
>
> $$C = \beta Y$$

③ 위에서 도출된 장기소비함수를 이용하여 장기소비곡선(LC)을 그리면 원점에서 그은 직선의 형태를 보이기 때문에 $APC = MPC$의 관계가 성립한다.

2. 단기소비곡선

① $C=\beta Y^P$와 $C=\beta(Y-Y^T)$의 소비함수 양변을 Y로 나누면 평균소비성향(APC)을 도출할 수 있다.

> **항상소득가설 : 평균소비성향(APC)**
> - $\dfrac{C}{Y} = \beta\dfrac{Y^P}{Y} = \beta\left(1-\dfrac{Y^T}{Y}\right)$
> - $APC = \beta\left(1-\dfrac{Y^T}{Y}\right)$

② 위의 식에서 평균소비성향(APC)은 총소득(Y)에서 항상소득(Y^P)이 차지하는 비중 $\left(\dfrac{Y^P}{Y}\right)$에 비례적이고, 임시소득($Y^T$)이 차지하는 비중 $\left(\dfrac{Y^T}{Y}\right)$에 반비례적임을 알 수 있다.

③ 임시소득(Y^T)이 총소득(Y)에서 차지하는 비중 $\left(\dfrac{Y^T}{Y}\right)$이 커질수록 평균소비성향($APC$)이 작아지는데 이는 임시소득($Y^T$)의 대부분은 소비되지 않고 저축된다는 의미이다.

④ 경기순환과정을 통해 얻는 단기소비함수, 단기시계열분석
- ▶ 정상적인 경기수준일 때의 소득은 Y_0이고, 이때 C_0만큼을 소비한다.
- ▶ 불황기일 때 임시소득이 음($-$)이어서 실제소득은 Y_1이 되고, 이때 $Y^T<0 \rightarrow APC > \beta$가 성립한다.
- ▶ 호황기일 때 임시소득이 양($+$)이어서 실제소득은 Y_2가 되고, 이때 $Y^T>0 \rightarrow APC < \beta$가 성립한다.

⑤ 상기의 논의를 바탕으로 도출되는 <u>단기소비곡선(SC)</u>은 절편이 0보다 크면서 우상향하는 직선의 형태를 보이기 때문에 $APC > MPC$의 관계가 성립한다.

⑥ 단기의 한계소비성향이 장기의 한계소비성향보다 작으므로 단기소비곡선(SC)의 기울기는 장기소비곡선(LC)의 기울기보다 더 작다.

| 항상소득가설을 통한 단기소비곡선의 도출 |

- 정상적 경기수준(Y_0) : $Y^T=0 \rightarrow APC=\beta$
- 불황기(Y_1) : $Y^T<0 \rightarrow APC>\beta$
- 호황기(Y_2) : $Y^T>0 \rightarrow APC<\beta$

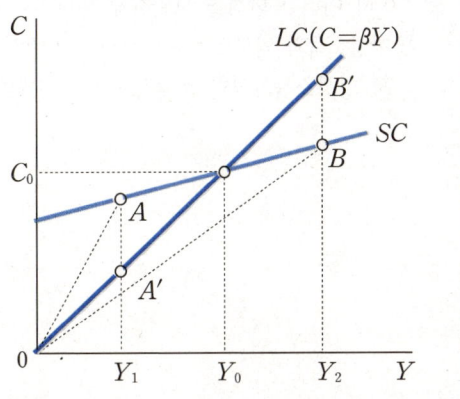

Ⅴ 이론의 함축성

① 케인즈(J. M. Keynes)와 케인즈학파가 주장하는 단기적인 확대재정정책은 무력하여 정책효과는 나타나지 않는다.
   ▸ 일시적인 세율의 인하는 임시소득만 증가시킬 뿐 항상소득은 크게 변화시키지 못하므로 소비와 총수요에 큰 영향을 미치지 못한다.
   ▸ 영구적인 세율의 인하는 항상소득을 증가시켜 소비증가와 총수요증가로 이어지기 때문에 국민소득에 큰 영향을 미치게 된다.
② 항상소득가설에 의하면 경기상황과 무관하게 사람들은 소비수준을 비교적 일정한 수준으로 유지하고자 하므로 일시적인 소득감소가 발생하여 처분가능소득이 감소하더라도 부족한 자금에 대한 차입을 통하여 소비수준을 종전과 비슷하게 유지하려고 한다. 그런데 만약 차입이 불가능한 유동성제약(liquidity constraint)이 존재한다면 현재소득으로 소비할 수밖에 없으므로 항상소득가설은 성립하지 않게 된다.
   ▸ 유동성제약이란 현재소득수준 이상으로 소비하기 위해 차입을 원하지만 여러 가지 이유로 인해 차입이 불가능한 상황을 말한다.
   ▸ 유동성제약이 발생하면 소비는 항상소득이 아닌 현재소득에 의존하므로 케인즈(J. M. Keynes)의 절대소득가설이 설득력이 있게 된다.
   ▸ 유동성제약을 차입제약(borrowing constraint)이라고도 한다.
③ 케인즈(J. M. Keynes)의 절대소득가설에 따르면 동일한 소득을 보유한 소비자들은 한계소비성향이 서로 동일하다. 반면, 항상소득가설에서는 항상소득과 관련된 한계소비성향은 매우 크지만, 임시소득과 관련된 한계소비성향은 매우 작으므로 동일한 소득을 보유한 소비자일지라도 한계소비성향이 서로 다를 수 있다.

Ⅵ 문제점

① 항상소득가설의 문제점은 항상소득과 임시소득 간에 경계가 확실하지 않아 이를 구분하는 것이 어렵고, 항상소득이라는 것이 기간개념이 모호하여 명확하지 않다는 점이다.
   ▸ 다음에 논의하게 될 생애주기가설에서는 항상소득을 평생소득이라는 개념으로 바꾸어 설명하면서 이러한 단점을 보완하게 된다.
② 항상소득과 임시소득을 구분하는 기준이 명확하지 않아 항상소득을 실제로 측정하기 어렵다는 것도 항상소득가설의 문제점으로 지적된다.

제5절 생애주기가설

I 개요

① 생애주기가설(life-cycle income hypothesis)이란 모딜리아니(F. Modigliani), 브룸버그(R. Brumberg), 안도(A. Ando)에 의해 제시된 이론으로서 소비가 현재소득이 아닌 일생에 걸쳐 획득할 것으로 예상되는 생애소득에 의해 결정되기 때문에 소비수준이 현재 절대소득의 변화에 크게 반응하지 않는다는 이론이다.
　▸ 생애소득은 노동소득과 자산소득으로 구성된다.
② 생애주기가설은 평생소득가설이라고도 하고, 학자들의 머리글자를 따서 MBA 가설이라고도 한다.

II 이론적 내용

1. 청년기
① 청년기에는 앞으로 소득이 커질 것을 예상하여 소득보다 더 높은 소비수준을 유지하기 때문에 차입한 돈으로 소득 이상의 소비지출을 하게 된다.
② 낮은 소득수준과 음(−)의 저축으로 APC가 높게 나타난다.

2. 중장년기
① 중장년기에 소득이 높아지면 모두 소비하는 것이 아니라 은퇴 후를 대비해 일부를 저축한다.
② 높은 소득수준과 양(+)의 저축으로 APC가 낮게 나타난다.

3. 노년기
① 노년기에는 은퇴 후 중장년기에 모아둔 돈으로 종전과 비슷한 소비수준을 유지한다.
② 낮은 소득수준과 음(−)의 저축으로 APC가 높게 나타난다.

| 생애주기가설 |

- 청년기 : 낮은 소득수준, 음(−)의 저축
- 중장년기 : 높은 소득수준, 양(+)의 저축
- 노년기 : 낮은 소득수준, 음(−)의 저축
- 청년기, 노년기(저소득층) : 높은 APC
- 중장년기(고소득층) : 낮은 APC

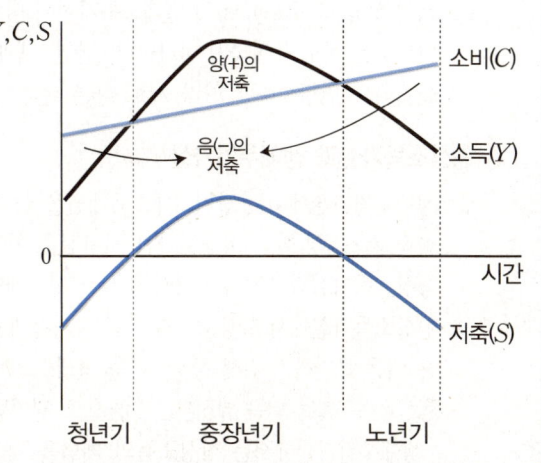

Ⅲ 소비함수

① 전 생애에 걸친 총소득(Y)은 자산소득과 노동소득(Y_L)으로 구성된다.

> **생애주기가설 : 소비함수**
>
> $$C = \alpha W + \beta Y_L$$
>
> - W : 자산소득의 현재가치, 자산규모
> - Y_L : 노동소득
> - α : W에 대한 한계소비성향
> - β : Y_L에 대한 한계소비성향

② 단기에는 자산규모(W)가 고정되어 있으므로 소비수준은 노동소득(Y_L)에 의존하게 된다. 따라서 단기소비곡선(SC)의 기울기는 노동소득(Y_L)의 한계소비성향(β)이 된다.

③ 장기적으로는 노동소득(Y_L)뿐 아니라 자산규모(W)도 증가하므로 단기소비곡선이 상방으로 이동하게 된다.

Ⅳ 이론의 함축성

1. 특징 및 시사점

① 생애주기가설에서 소비는 현재의 당기소득에 의존하는 것이 아니라 장기기대소득에 의존하므로 케인즈(J. M. Keynes)의 단기재정정책은 무력하다.

② 정부가 보조금 등 이전지출을 하는 경우 소비성향이 큰 노년층을 대상으로 하면 소득증가효과가 더 크게 나타난다.

③ 인구구성의 변화가 소비와 저축에 미치는 영향을 분석하는 데 유용하다. 예를 들어 예상수명이 길어질 것으로 기대되면 청장년층 사람들이 노년기에 대비하여 저축을 증가시킬 것이므로 저축률 상승을 예상할 수 있다.
   ▸ 노년층의 소비성향이 클 것으로 예상되지만 현실에서는 노년층의 소비성향이 예상보다 그리 크지 않은 것으로 나타나고 있다. 이는 노년층들이 질병 등의 불확실성에 대비하거나 유산을 물려주기 위해 소비를 덜 하기 때문인 것으로 보인다.

④ 케인즈(J. M. Keynes)의 절대소득가설에 따르면 동일한 소득수준을 갖는 소비자들의 한계소비성향은 서로 동일하게 나타난다. 반면, 생애주기이론에서는 동일한 소득수준을 갖는 소비자들이라도 연령수준에 따라 서로 다른 한계소비성향을 가진다.

2. 항상소득가설과 생애주기가설

① 생애주기가설에서는 장기기대소득개념을 이용하여 소비함수를 설명한다는 점에서 항상소득가설과 거의 유사한 거시경제학적 시사점을 가진다.

② 항상소득가설과 생애주기가설에서는 모두 케인즈(J. M. Keynes)의 단기재정정책은 무력하다.

③ 항상소득가설에서 항상소득의 개념은 기간개념이 불명확한 단점을 지니고 있다. 생애주기가설은 이를 보완하기 위해 항상소득을 평생소득이라는 개념으로 바꾸어 소비이론을 전개함으로써 항상소득가설을 더욱 발전시킨 이론으로 평가받는다.
   ▸ 생애주기가설에서는 항상소득의 개념을 자산소득과 노동소득으로 구체화하였다.

CHAPTER 07 투자함수이론

PART 03 | 소비함수와 투자함수

제1절 개요

I 의의

① 투자함수이론(investment function theory)이란 투자에 영향을 미치는 요인들과 투자 사이에 존재하는 함수관계를 분석하는 이론을 말한다.
② 투자는 총수요에서 20~30%의 비중을 차지하고 있어서 그 크기가 크지 않지만, 경기변동에 따라 큰 폭으로 변화하기 때문에 경기변동 측면에서의 영향력이 있다는 점에서 그 중요성이 있다.
③ 투자의 이중성
  ▸ 투자는 총수요의 구성요인이기 때문에 투자의 증가는 승수효과를 통해 총수요 측면에서 국민소득을 증가시킴으로써 단기적인 경기변동을 유발한다.
  ▸ 투자는 자본축적을 통하여 총공급 측면에서 생산능력을 증대시키므로 장기적인 경제성장과도 밀접한 관련이 있다.
  ▸ 도마(E. Domar)는 투자가 갖는 총수요 측면의 소득창출효과와 총공급 측면의 생산력증대효과를 '투자의 이중성'이라고 하였다.

II 총자본량과 투자의 관계

① 투자(investment)란 한 해 동안 새롭게 생산된 자본재를 기업이 구입하는 것이므로 투자가 증가한 만큼 국민경제의 총자본량이 증가하게 된다.
② 투자(I)는 일정 기간의 실물자본 증가를 말하기 때문에 유량(flow)의 개념이고, 자본량(K)은 일정 시점에서 축적된 자본량을 의미하기 때문에 저량(stock)의 개념이다.

> **총자본량과 투자의 관계**
>
> - $K_{t+1} = K_t + I_t - \delta K_t$
> $= K_t + I_t^N$
> - $K_{t+1} - K_t = I_t - \delta K_t$
> - $\Delta K = I - \delta K$
>
> - K_{t+1} : $t+1$기의 총자본량
> - K_t : t기의 총자본량
> - I_t : t기의 투자
> - δ : 고정자본소모율, 감가상각률
> - δK_t : t기의 고정자본소모, t기의 감가상각
> - $I_t^N = I_t - \delta K_t$: 순투자(net investment)

제2절 투자결정이론

I 현재가치법 : 고전학파

1. 개요
① 현재가치법(present value method)이란 현재의 투자비용과 투자로 인한 총기대수익의 현재가치를 비교해서 투자의 여부를 결정한다는 이론이다.
② 현재가치법은 미국의 경제학자 피셔(I. Fisher)가 개발한 방법으로서 고전학파의 투자결정이론에 속한다.

2. 현재가치와 순현재가치

(1) 기대수익의 현재가치
① 어떤 기업이 존속기간이 n년인 기계 한 대를 새로 구입하여 생산과정에 투입하면 1년 후 R_1, 2년 후 R_2,..., n년 후 R_n의 수익이 기대된다고 하자.
  ▸ 고전학파 경제학은 완전정보(perfect information)를 가정하기 때문에 미래수익의 정확한 예측이 가능하다. 여기에서 완전정보라고 하는 것은 미래의 경제변수에 대한 완전예견(perfect foresight)을 의미하는 것인데 이는 현실적이지 못한 가정이다.
② 연간 이자율을 r이라고 하면 기대수익의 현재가치(Present Value : PV)는 다음과 같이 구해진다.

> **기대수익의 현재가치**
> $$PV = \frac{R_1}{(1+r)} + \frac{R_2}{(1+r)^2} + \cdots + \frac{R_n}{(1+r)^n}$$

③ 기대수익의 현재가치(PV)를 구하는 이유는 투자비용(C)은 현재 발생하지만, 투자수익은 미래의 일정 기간에 걸쳐 발생하므로 평가시점을 일치시키기 위함이다.

(2) 기대수익의 순현재가치
① 순현재가치(Net Present Value : NPV)는 기대수익의 현재가치(PV)에서 투자비용(C)을 차감한 값으로 정의된다.
② 순현재가치(NPV)는 다음과 같이 나타낼 수 있다.

> **기대수익의 순현재가치**
> $$NPV = \frac{R_1}{(1+r)} + \frac{R_2}{(1+r)^2} + \cdots + \frac{R_n}{(1+r)^n} - C = PV - C$$

3. 투자 여부의 결정
① 투자로부터 예상되는 기대수익의 현재가치(PV)가 투자비용(C)을 상회하면 투자를 하고, 현재가치(PV)가 투자비용(C)에 미달되면 투자를 하지 않는 것이 바람직하다.
② 이를 다르게 표현하면 순현재가치(NPV)가 0보다 크면 투자를 하고, 순현재가치(NPV)가 0보다 작으면 투자를 하지 않는다는 것을 의미한다.

> **투자 여부의 결정**
> - $PV > C \rightarrow NPV > 0 \rightarrow$ 투자 증가
> - $PV < C \rightarrow NPV < 0 \rightarrow$ 투자 감소
> - $PV = C \rightarrow NPV = 0 \rightarrow$ 투자 불변

4. 이자율과 투자

① 기대수익의 흐름에는 아무런 변화가 없더라도 이자율(r)의 변화는 기대수익의 현재가치를 변화시킴으로써 투자에 영향을 준다.

② 예상수익의 흐름에 아무런 변화가 없더라도 이자율(r)이 상승하면 현재가치는 내려가는 한편, 이자율(r)이 하락하면 현재가치는 올라가게 된다. 이로부터 투자수요(I^D)와 이자율(r)은 음($-$)의 상관관계가 성립함을 알 수 있다.

③ 이자율(r)이 상승하게 되면 아주 높은 수익을 보장할 수 있는 자본재만 투자할 가치가 있는 것으로 남게 되므로 이자율(r)이 상승하면 투자가 감소하게 된다고 할 수 있다.

5. 투자수요함수와 투자수요곡선

(1) 투자수요함수

① 고전학파의 현재가치법에서 이자율(r)이 상승할수록 투자수요(I^D)는 감소하므로 투자수요(I^D)는 이자율(r)의 감소함수이다.

② 고전학파의 현재가치법에 의하면 투자수요(I^D)는 이자율변화에 민감하게 반응하므로 투자수요의 이자율탄력성이 매우 크게 나타난다.

> **투자수요함수 : 고전학파**
> $$I^D = I^D(r), \quad \frac{dI^D}{dr} < 0$$

(2) 투자수요곡선

| 고전학파의 투자수요곡선 |

- 이자율(r)의 변화 → 투자수요곡선상의 변화
- 이자율(r) 이외의 요인변화 → 투자수요곡선 자체의 변화

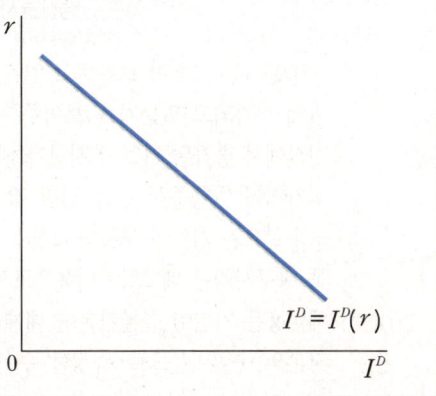

Ⅱ 가속도원리

1. 이론적 내용
① 가속도원리는 소득 또는 소비의 변화가 투자의 변화로 연결된다는 투자결정이론을 말한다.
② 소득 또는 소비의 변화가 투자로 연결되기 때문에 독립투자가 아니라 유발투자를 가정한다.
③ 이 경우에도 이자율은 여전히 투자에 영향을 미치지 못한다는 점에서 가속도원리는 케인즈학파의 이론에 해당한다.
④ 고전적인 가속도원리는 소비의 변동이 투자의 변화를 가져온다는 이론이고, 근대적인 가속도원리는 고전적인 가속도원리를 약간 발전시킨 이론으로서 소득의 변동이 소비의 변동을 가져오고 이것이 다시 유발투자를 초래한다는 이론이다.

2. 가속도원리와 승수효과
① 가속도원리 : 국민소득의 변화(ΔY)가 투자의 변화(ΔI)를 유발한다.
② 승수효과 : 투자의 변화(ΔI)가 국민소득의 변화(ΔY)를 유발한다.

Ⅲ q이론 : J. Tobin

1. 개요
① q이론은 미국의 경제학자 토빈(J. Tobin)에 의해 제시된 이론으로서 신투자의 변동이 주식시장의 변동과 밀접한 연관이 있다는 이론이다.
② q이론은 기업의 주가에 반영된 미래의 기대를 고려하여 투자를 결정하는 미래지향적인 투자이론이다.
③ q이론은 투자에 있어 기업가의 미래전망을 강조한다는 측면에서 케인즈학파의 이론에 속한다.

2. q의 정의
① 토빈의 q는 다음과 같이 정의된다.

> **토빈의 q**
>
> $$q = \frac{\text{주식시장에서 평가된 기업의 시장가치}(\alpha)}{\text{생산물시장에서 평가된 기업보유자본의 가치}(\beta)}$$

② q의 분자는 기업이 보유하고 있는 공장·사무실·땅·기계·원자재 등의 자본이 주식시장에서 얼마에 평가되고 있는가를 보여주는 지표이다. 즉, 기업보유자본의 시장가치를 의미한다. 주식시장에서 평가된 기업의 시장가치는 기업의 미래 수익성에 대한 투자자들의 평가가 반영된 주식가격에 발행주식 수를 곱한 값으로 측정될 수 있다.
③ q의 분모는 기업이 보유하고 있는 모든 자본이 천재지변으로 소멸되었다고 가정할 때 그 자본을 복구시키는 데 드는 비용으로서 자본의 대체비용(replacement cost)이다. 실물자본의 대체비용은 기업이 실물자본을 대체하기 위해 이를 시장에서 구입하는 데 드는 비용, 즉 총실물자본의 구입비용으로 측정할 수 있다.

3. 투자결정원리

① q가 1보다 크다는 것은 기업이 보유하고 있는 자본의 주식시장가치가 자본의 대체비용보다 크다는 것을 의미하므로 기업은 자본을 더 많이 사들임으로써 기업주식의 시장가치를 증가시킬 수 있다. 따라서 신투자는 양(+)이 된다.

② 반대로 q가 1보다 작으면 자본의 주식시장가치보다 자본의 대체비용이 크다는 것을 뜻하므로 기업은 마모된 자본을 대체하려 들지 않게 되어 신투자가 음(−)이 된다.

q의 크기	내 용	투자 여부
$q > 1$	$\alpha > \beta$	투자 증가
$q = 1$	$\alpha = \beta$	투자 불변
$q < 1$	$\alpha < \beta$	투자 감소

4. q값의 결정 요인

① 상기의 논의를 종합해 보면 투자는 q의 증가함수이다. 만약 주식가격이 상승하면 q값이 상승하여 투자가 증가하게 된다.

② 이자율이 하락하면 주식가격이 상승하게 되고 이는 q값을 상승시켜 투자를 증가시킨다. 따라서 투자는 이자율의 감소함수가 된다.
   ▸ 주가를 결정하는 요인은 이자율 이외에도 다양하게 존재하므로 이자율이 투자를 결정하는 관계는 전통적인 투자이론보다는 미약하다.

> **이자율과 q값**
> - 이자율 하락 → 주가 상승 → q 상승 → 투자 증가
> - 이자율 상승 → 주가 하락 → q 하락 → 투자 감소

③ 미래에 대한 경기전망이 호전되면 주식가격이 상승하게 되고, 이는 q값을 상승시켜 투자를 증가시킨다. 따라서 투자는 경기전망에 대한 증가함수가 된다.
   ▸ 코스피지수는 경기의 움직임보다 앞서 변화하는 경기선행지수에 해당한다.

> **경기전망과 q값**
> - 경기전망 호전 → 주가 상승 → q 상승 → 투자 증가
> - 경기전망 악화 → 주가 하락 → q 하락 → 투자 감소

④ 토빈(J. Tobin)의 q이론에 의하면 이자율이 q값에 미치는 영향은 미약하고 경기전망이 q값에 미치는 영향이 매우 크다. 따라서 토빈(J. Tobin)의 q이론은 케인즈계열의 경제학적 관점을 내포하고 있다.
   ▸ 고전학파계열의 경제학자들은 투자의 결정 요인으로서 이자율을 중요시하였지만, 케인즈계열의 경제학자들은 기업가의 합리적 계산이나 이자율보다는 미래의 경기에 대한 기업가의 예상을 더 중요시하였다.

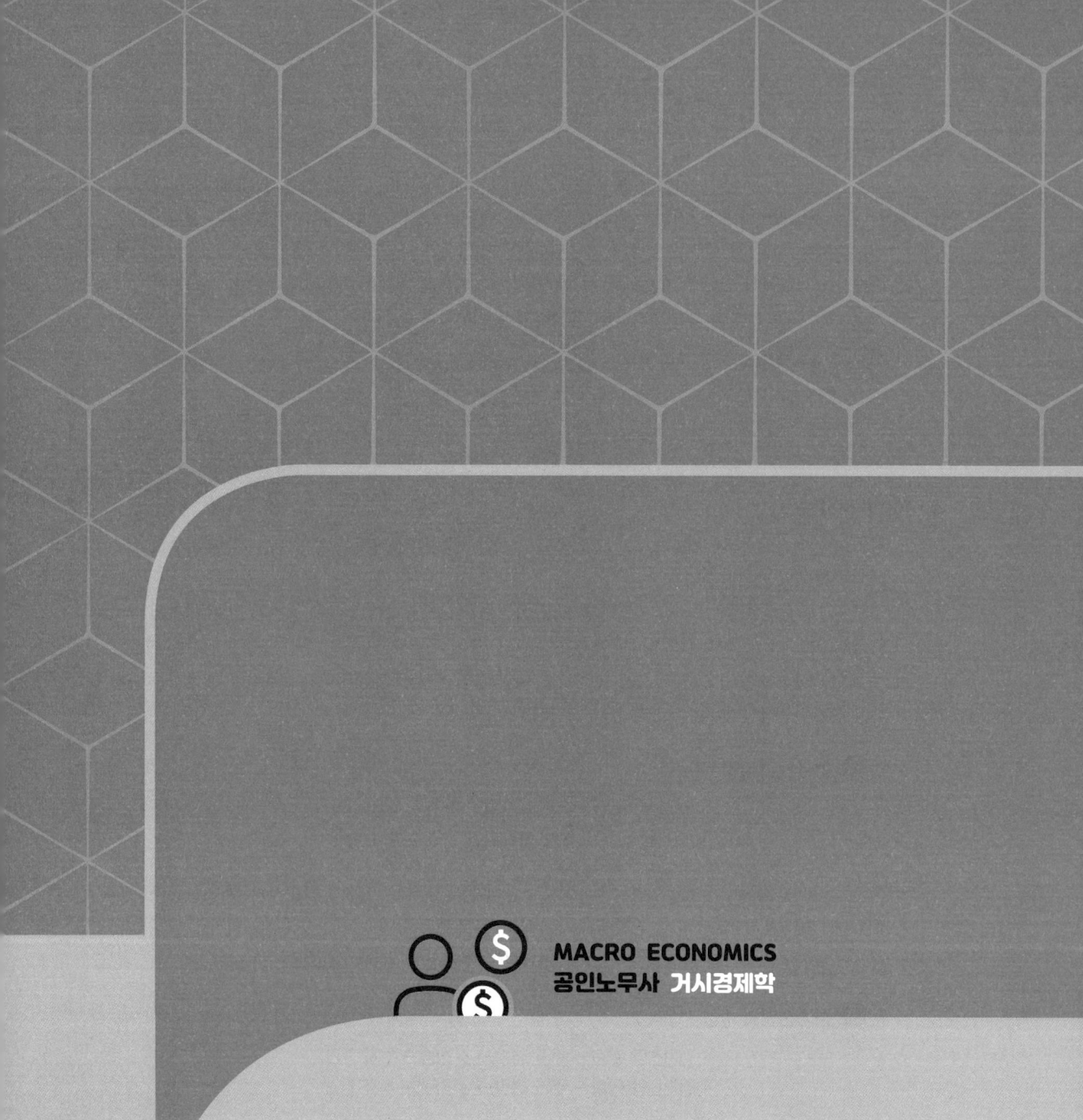

PART 04

화폐금융론

08 화폐와 금융
09 화폐공급이론
10 화폐수요이론

CHAPTER 08 화폐와 금융

PART 04 | 화폐금융론

제1절 개요

I 화폐의 정의

① 화폐(money)란 상품과 서비스를 매매하고, 채권과 채무관계를 청산하는 지불수단을 말한다.
② 화폐의 범주 안에는 우리가 보통 화폐라고 생각하는 것뿐 아니라 수표, 어음, 신용카드처럼 교환의 매개물이나 거래의 지불수단이 될 수 있는 것 모두가 포함될 수 있다.

II 화폐의 기능

1. 교환매개의 기능

① 화폐의 교환매개(medium of exchange)의 기능은 거래과정에서 거래비용의 절감을 위해 화폐가 매개물이 되어 일반적인 지불수단으로 사용된다는 것을 의미한다.
② 화폐가 없는 원시사회에서는 직접교환, 즉 물물교환(barter)의 시대였다. 물물교환이 가지는 가장 큰 문제점은 '욕망의 상호일치(double coincidence of wants)'가 어렵다는 것이고 이로 인해 서로 원하는 물건을 가진 사람을 찾으려면 많은 시간과 노력이 필요하였다.
③ 고전학파는 화폐수량설을 통하여 화폐의 교환매개의 기능을 중시하였다.

2. 회계의 단위 및 가치척도의 기능

① 화폐의 가치척도(unit of account)의 기능은 화폐가 상품거래의 표준이 되고, 각 상품의 가치를 화폐의 단위로 측정할 수 있다는 것을 의미한다.
② 어떤 재화나 자산가치의 크기를 객관적으로 측정하여 표시하는 기능을 말한다.

3. 가치저장의 기능

① 화폐는 한 시점에서 다른 시점까지 구매력을 보관해 주는 역할을 하는데 이를 가리켜 가치저장(store of value)의 기능이라고 한다.
② 가치저장의 기능은 케인즈(J. M. Keynes)가 투기적 화폐수요에서 강조한 화폐의 기능이다.
  ▶ 케인즈(J. M. Keynes)의 투기적 동기에 의한 화폐수요는 주식이나 채권, 또는 기타 금융자산에 투자하기 위해 화폐를 보유하는 것을 말한다.

4. 장래지급의 표준으로서의 기능

① 미래의 지불의무가 화폐단위로 표시될 때 화폐는 장래지급의 표준(standard of deferred payments)으로서의 기능을 수행한다.
② 예를 들어 상품을 외상으로 구입하거나 은행에서 대출을 받았을 때 미래에 지급할 대가가 화폐단위로 표시된다면 화폐는 장래지급의 표준으로서의 기능을 하고 있는 것이다.

Ⅲ 화폐의 기원과 발달과정

발달형태	특 징
상품화폐 (commodity money) 물품화폐	■ 종류: 쌀, 밀, 베, 소금, 가축, 모피, 담배 등의 상품 ■ 소재가치=명목가치 ■ 상품화폐(물품화폐)의 문제점 • 물품화폐는 물물교환에 비해 크게 발달된 것은 사실이지만 운반, 저장, 분할, 동질성 등에 많은 불편이 있었다. • 이러한 문제점으로 여러 가지 물품 중 내구성이 강하고 동질적이며 분할과 휴대의 편리성을 갖춘 금속이 화폐로 선택되었다.
금속화폐 칭량화폐(秤量貨幣)	■ 종류: 금, 은 등 ■ 소재가치=명목가치 ■ 칭량화폐란 금속의 무게를 측정(칭량)하여 가치가 결정되는 화폐를 말한다. ■ 금속화폐의 문제점 • 경제규모가 확대되면서 화폐에 대한 수요가 증가하였는데 금속화폐는 그 공급이 한정되어 있어서 실물경제를 충분히 뒷받침할 수 없다는 문제점이 발생하였다. • 그레샴의 법칙(Gresham's law): 시중에 조악한 주화만이 유통되는 결과가 빚어지는 현상으로서 예를 들면 금화와 은화 중 은화만 거래되는 것을 그레샴의 법칙이라고 한다. 즉, 소재가치가 서로 다른 화폐가 동일한 명목가치를 가진 화폐로 통용되면 소재가치가 높은 화폐는 유통과정에서 사라지고 소재가치가 낮은 화폐만 유통되는 현상이다. 16세기 영국 엘리자베스 여왕의 재정고문이었던 토머스 그레샴(Thomas Gresham)이 제창한 학설로서 이 현상을 "악화가 양화를 구축한다.(Bad money drives out good.)"라고 표현하였다. 그레샴의 법칙은 화폐유통시장에서만 나타나는 현상이 아니라 여러 경제현상에서 관찰되고 있는데 미시경제학에서 다룬 역선택문제가 이에 해당한다고 할 수 있다.
지 폐	■ 18세기에 들면서 본격적으로 지폐를 사용하기 시작하였다. ■ 지폐가 그 자체로 아무 가치가 없는 종이조각에 불과하다는 문제점은 태환성을 통해 해결하였다. • 태환성(兌換性, convertibility): 요구만 있으면 지폐를 즉각 예치된 금과 은으로 바꿔준다. ■ 법화(法貨, legal tender): 소재가치(원가)<명목가치 • 일반적 지불수단으로서 태환지폐의 위치가 공고해지면서 실제로 태환을 요구하는 사람은 극히 드물어졌다. • 이에 따라 금이나 은으로 교환해 준다는 약속이 딸리지 않은 불환지폐(不換紙幣)가 등장하였다. • 종이조각에 불과한 지폐가 화폐로 사용될 수 있는 것은 정부가 법적으로 그 가치를 보증한다는 의미에서 법화라고 한다.
예금화폐	■ 법화가 아닌 관습화폐 ■ 예: 은행예금을 기초로 하여 발행되는 수표 등
전자화폐 (electronic money)	■ 금융제도의 발달로 인해 전자화폐가 전자자금이체제도를 이용할 수 있게 해주는 수단으로 이용되고 있다. ■ 예: 현금자동인출기와 인터넷자금결제를 이용할 수 있게 해주는 신용카드, 현금카드, 패스카드 등

Ⅳ 통화량의 측정

1. 기본개념

(1) 통화량
① 통화량(money supply)이란 어떤 시점에서 시중에 통용되고 있는 화폐를 측정한 총액을 의미한다.
② 통화량은 일반적으로 특정 시점에서 측정되는 저량(stock)의 개념이지만, 일정 기간의 평균잔액 또는 매기 말 잔액으로 계산될 때는 유량(flow)의 개념이 된다.

(2) 통화지표
① 통화지표(measures of money)란 시중에 유통되고 있는 통화의 양을 나타내는 척도로서 통화량의 크기와 변동을 측정할 수 있는 지표를 말한다.
② 화폐의 기능이 다양화되면서 어떤 것까지 화폐의 범주 안에 포함해야 할지에 대한 문제가 통화지표의 문제이다.
③ 통화지표는 IMF에서 제시하는 국제적 편제기준에 따라 작성되는데, 통화지표의 문제는 통화량 조절을 정책수단으로 삼는 통화정책의 측면에서도 매우 큰 중요성이 있다.

(3) 유동성
① 유동성(liquidity)이란 어떤 자산이 그 가치의 손실 없이 얼마나 빨리 교환의 매개수단으로 교환될 수 있는가 하는 정도를 뜻한다.
② 유동성이 가장 큰 자산은 현금이다.

2. 통화지표

① 협의통화(M_1)는 화폐의 지급결제수단으로서의 기능을 중시한 지표로서 시중에 유통되는 현금에다 예금취급기관의 결제성예금을 더한 것으로 정의된다.
② 광의통화(M_2)는 협의통화(M_1)보다 넓은 의미의 통화지표로서 협의통화(M_1)에 예금취급기관의 각종 저축성예금, 시장형 금융상품, 실적배당형 금융상품, 금융채, 거주자 외화예금 등을 더한 것이다.
③ 민간이 보유하고 있는 현금을 현금통화라고 하는데 여기에서 언급된 민간이란 예금취급기관(은행)을 제외한 민간을 의미한다. 예금취급기관이 보유한 현금(지급준비금)은 일상거래에 지불수단으로 사용되는 것이 아니므로 통화량에서 제외된다.
▶ 민간에는 예금취급기관이 제외되므로 예금취급기관이 보유한 지급준비금은 민간이 보유한 현금을 의미하는 현금통화에 포함되지 않는다.
▶ 예금취급기관(은행) 금고 안의 돈, 즉 초과지급준비금을 포함한 시재금은 현금통화에서 제외된다.
④ 신용카드는 지불수단이 아니라 지급연기수단이므로 신용카드 사용액은 통화지표에서 제외된다.

신통화지표	구 성
협의통화(M_1)	• 현금통화＋요구불예금＋수시입출식 저축성예금
광의통화(M_2)	• 협의통화(M_1)＋저축성예금＋시장형 금융상품＋실적배당형 금융상품＋금융채＋거주자 외화예금 등

제2절 금융과 금융기관

I 금융

① 금융(finance)이란 재화나 서비스의 거래와 관계없이 자금의 수요자와 자금의 공급자 간에 이루어지는 자금거래, 즉 화폐의 융통을 말한다.
  ▶ 금융거래를 통해 각 경제주체는 시점 간 자원배분을 하게 된다.
  ▶ 금융거래는 이자를 중심으로 이루어지기 때문에 금융자산과 금융부채가 형성된다.
② 직접금융(direct finance)이란 본원적 증권을 매개로 하여 자금의 수요자와 자금의 공급자가 직접적으로 자금을 거래하는 방식을 말한다.
  ▶ 예 : 기업이 증권시장에서 주식, 회사채 등을 발행하여 자금을 조달하는 것
  ▶ 본원적 증권이란 자금의 수요자가 발행하는 주식, 회사채, 어음, 차용증서 등을 말한다.
③ 간접금융(indirect finance)이란 금융중개기관을 매개로 자금의 수요자와 자금의 공급자가 간접적으로 자금을 거래하는 방식을 말한다.
  ▶ 예 : 시중은행이 가계로부터 예금을 받고, 그것을 기업에 대출해 주는 것

II 금융시장

1. 의의

① 금융시장(financial market)이란 자금의 수요와 공급을 통해 자금의 거래가 이루어지는 시장을 말한다.
② 금융시장에서는 이자율(금리)이 자금의 가격이기 때문에 이자율이라는 가격변수가 자금거래에 있어 큰 영향을 미친다.

2. 자금조달방식에 따른 구분

① 직접금융시장이란 자금의 수요자가 공급자로부터 직접적으로 자금을 조달하는 시장을 말한다.
  ▶ 주식시장, 채권시장 등
② 간접금융시장이란 금융기관을 매개로 하여 자금의 수요와 공급이 이루어지는 시장을 말한다.
  ▶ 단기대부시장, 장기대부시장 등

3. 기간에 따른 구분

① 단기금융시장(short-term money market)이란 대부기간이 1년 미만인 시장을 말한다.
  ▶ 단기금융시장에는 콜시장(call market)과 할인시장(discount market)이 있다.
② 장기금융시장(long-term money market)이란 대부기간이 1년 이상인 시장을 말한다.
  ▶ 장기금융시장에는 장기대부시장(long-term loan market)과 증권시장(security market)이 있다.

종류	내용
장기대부시장	• 기업의 시설자금이나 장기운전자금이 산업은행이나 중소기업은행 등에 의해 대부되는 금융시장이다.
증권시장	• 기업의 설비자금 등 장기자금의 조달을 목적으로 주식이나 채권이 발행되어 증권거래소 등에서 거래되는 시장이다.

CHAPTER 09 화폐공급이론

PART 04 | 화폐금융론

제1절 본원통화

I 개요

① **본원통화**(reserve base)란 중앙은행의 창구를 통하여 시중에 나온 현금으로서 **중앙은행의 1차적인 화폐공급**을 의미한다.
▸ 중앙은행은 발권은행으로서 독점적으로 현금(지폐나 동전)을 발행하게 된다.
② 본원통화는 신용창조의 과정을 거쳐 몇 배나 되는 크기의 통화량으로 증가하기 때문에 **고성능화폐**(high-powered money)라고도 하고, 중앙은행이 발행한 것이므로 중앙은행의 **통화성부채**이다.

II 본원통화의 구성

1. 지급준비금

① 예금은행은 예금자의 예금인출에 대비하여 예금액을 전액 대출하지 않고 예금액의 일정비율을 준비금으로 보유하게 되는데 이를 **지급준비금**(支給準備金, reserve)이라고 한다.
② 중앙은행이 법으로 정한 지급준비금을 **법정지급준비금**(legal reserve)이라고 하고, 예금은행이 법정지급준비금을 초과하여 가외로 보유하는 지급준비금을 **초과지급준비금**(excess reserve)이라고 한다.
③ 예금총액에서 법정지급준비금이 차지하는 비율을 **법정지급준비율**(r_l)이라고 하고, 초과지급준비금이 차지하는 비율을 **초과지급준비율**(r_e)이라고 한다.

> **지급준비금과 지급준비율**
> - 지급준비금(R) = 법정지급준비금(R_l) + 초과지급준비금(R_e)
> - 지급준비율(r) = 법정지급준비율(r_l) + 초과지급준비율(r_e)

2. 구성

① 민간의 수중에 남아 있는 본원통화가 **현금통화**(cash currency)이고, 예금은행의 수중으로 들어간 본원통화는 예금은행의 **지급준비금**이 된다.
② 예금은행은 한국은행에 당좌계정을 두어 법정지급준비금의 일부를 예치하게 되는데 이를 **중앙은행 지급준비예치금** 또는 **지준예치금**이라고 한다.
③ 예금은행에 남아 있는 지급준비금의 일부가 **예금은행의 시재금**(vault cash)이 된다.
④ **화폐발행액**이란 중앙은행 밖에 남아 있는 현금총액으로서 본원통화 중 시중에 남아 있는 통화이다.

본원통화(B)		
현금통화(C)	예금은행 총지급준비금(R)	
현금통화(C)	예금은행 시재금(예금은행 화폐보유액)	중앙은행 지급준비예치금
화폐발행액		중앙은행 지급준비예치금

예제 지급준비금

문제 1

A은행의 지급준비 부과대상 예금이 20조 원, 실제지급준비금(actual reserves)이 5조 원, 초과지급준비금(excess reserves)이 1조 원이라면 A은행의 법정지급준비율은? (2012 7급 지방직)

해설

- 실제지급준비금이 5조 원, 초과지급준비금이 1조 원이라면 법정지급준비금은 $5-1=4$(조 원)이다.
- 지급준비 부과대상이 되는 예금이 20조 원이고, 법정지급준비금은 4조 원이다. 따라서 법정지급준비율은 법정지급준비금 4조 원을 예금 20조 원으로 나눈 값이므로 $\frac{4}{20} \times 100 = 20\%$이다.

문제 2

갑을은행이 300억 원의 예금과 255억 원의 대출을 가지고 있다. 만약 지불준비율이 10%라면, 동 은행의 초과지불준비금은 얼마인가? (2014 7급 서울시)

해설

- 총지급준비금은 예금액(D) 300억 원에서 대출액 255억 원을 뺀 45억 원이다.
- 법정지급준비금은 예금액(D) 300억 원에 법정지급준비율 0.1을 곱한 300(억 원)$\times 0.1 = 30$(억 원)이다.
- 초과지급준비금은 총지급준비금 45억 원에서 법정지급준비금 30억 원을 뺀 15억 원이다.

문제 3

甲은행의 대차대조표는 요구불예금 5,000만 원, 지급준비금 1,000만 원, 대출금 4,000만 원으로만 구성되어 있다. 법정지급준비율이 5%라면 甲은행이 보유하고 있는 초과지급준비금은? (2015 감정평가사)

해설

- 법정지급준비금(R_l) = 법정지급준비율(r_l) × 요구불예금(D) = $0.05 \times 5,000$(만 원) = 250(만 원)
- 초과지급준비금(R_e) = 총지급준비금(R) − 법정지급준비금(R_l) = $1,000 - 250 = 750$(만 원)

문제 4

법정지불준비율이 0.2이고, 은행시스템 전체의 지불준비금은 300만 원이다. 은행시스템 전체로 볼 때 요구불예금의 크기는? (단, 초과지불준비금은 없고, 현금통화비율은 0이다.) (2016 공인노무사)

해설

- 초과지불준비금이 없으므로 총지급준비금은 법정지급준비금과 일치한다.
- 지급준비금(R)은 지급준비율(r)과 요구불예금(D)의 곱이므로 $R = rD$에서 요구불예금은 $D = \frac{R}{r} = \frac{300}{0.2} = 1,500$(만 원)이다.

Ⅲ 공급경로

1. 정부부문을 통한 공급
① 중앙은행은 국고금의 출납을 담당하고 정부에 대해 여신과 수신을 행하는 '정부의 은행으로서의 기능'을 수행한다.
② 중앙은행으로부터 정부의 차입
  ▸ 국고금의 수납과 지급은 한국은행에 설치된 정부예금계정을 통해 결제된다.
  ▸ 따라서 한국은행의 정부에 대한 대출금액이 정부의 한국은행에 대한 예치금보다 크게 되면 순대정부대출이 증가하게 되어 본원통화공급이 증가한다.
③ 정부의 재정적자 증가 또는 재정흑자 감소
  ▸ 정부의 재정적자가 증가하거나 재정흑자가 감소하게 되면 정부는 중앙은행으로부터 돈을 차입하게 되므로 본원통화공급이 증가한다.

2. 금융부문을 통한 공급
① 중앙은행은 예금은행(deposit money bank)에 대해 여신과 수신을 행하는 '은행의 은행으로서의 기능'을 수행한다.
② 예금은행이 중앙은행으로부터의 차입을 증가시키면 본원통화공급이 증가한다.
③ 예금은행이 중앙은행에 차입금을 상환하면 본원통화공급이 감소한다.

3. 외국부문을 통한 공급
① 중앙은행은 '외환관리업무'를 수행한다.
② 수출증가 및 외자도입
  ▸ 수출이 증가하거나 차관 등 외자가 도입되면 외환이 국내로 유입된다.
  ▸ 외국으로부터 유입된 외환은 대부분 중앙은행에서 매입하게 되는데 그 대금을 원화로 지급하게 되므로 이 과정에서 본원통화공급이 증가한다.
③ 수입증가 및 외채상환
  ▸ 수입이 증가하거나 외채가 상환되면 외환이 국외로 유출된다.
  ▸ 수입업자나 외국에 대한 채무자들은 중앙은행에 원화를 지급하고 필요한 외환을 매입하게 되는데 이 과정에서 그만큼의 본원통화공급이 감소한다.
④ 중앙은행의 매입외환이 중앙은행의 매각외환보다 크면 본원통화의 순증가가 발생한다.

4. 중앙은행의 순자산변화를 통한 공급
① 중앙은행의 건물, 시설, 유가증권 매입
  ▸ 중앙은행이 건물 및 시설 등을 구입하거나 국공채와 같은 유가증권을 매입하게 되면 매입대금만큼의 본원통화공급이 증가한다.
② 중앙은행의 자산 매입액이 자산 매각액보다 커서 기타 자산에 대한 순증가가 발생하면 본원통화공급이 증가한다.

제2절 예금은행의 신용창조

I 기본가정

① 예금은행에 예치되는 예금에는 모두 요구불예금만 존재하고 저축성예금은 없다.
② 민간은 현금을 보유하지 않으므로 현금통화는 0이다.
  ▸ 예금은행으로부터 대출을 받은 사람은 현금을 보유하지 않고, 전액 자신의 거래은행에 요구불예금의 형태로 예금하게 되므로 예금은행조직 밖으로의 현금누출은 없다.
  ▸ 통화량은 현금통화와 예금통화로 구성되는데 통화량은 예금통화의 형태로만 존재한다.
③ 예금은행은 민간으로부터 받은 예금을 대출의 형태로만 운용하고, 주식과 채권 등의 유가증권에 대한 투자는 하지 않는다.
④ 예금은행은 중앙은행이 정한 법정지급준비금만을 보유하고, 나머지를 전부 대출에 활용한다.
  ▸ 예금은행의 초과지급준비율이 0이 되어 총지급준비율은 법정지급준비율과 일치한다.

II 신용창조과정

① 수출업자가 수출하고 받은 달러화를 중앙은행에서 1억 원만큼 원화로 환전했다고 가정하자.
② 수출업자는 자신의 거래은행인 A은행의 요구불예금구좌에 1억 원을 입금하였다. 그 결과 A은행의 보유현금이 1억 원만큼 증가하게 되는데 이는 은행의 지급준비금이 그 크기로 증가하였음을 뜻한다.
  ▸ 통화량은 현금통화와 예금통화로 구성되는데 1억 원을 예금했을 때 현금통화는 줄어들지만, 그만큼 예금통화가 늘어나므로 통화량은 불변이다.
③ 법정지급준비율이 20%라면 A은행은 예금액 1억 원의 20%에 해당하는 2,000만 원을 법정지급준비금으로 남기고, 나머지 8,000만 원을 다른 고객에게 대출해 주게 된다.
④ 8,000만 원을 대출받은 사람이 대출받은 돈을 모두 자신의 거래은행인 B은행의 요구불예금구좌에 입금한다고 가정을 하자.
⑤ B은행은 예금액 8,000만 원 중 20%에 해당하는 1,600만 원만을 법정지급준비금으로 남겨 두고, 나머지 6,400만 원을 또 다른 고객에게 대출해 주었다고 하자.
⑥ 이번에는 B은행으로부터 대출받은 사람이 대출받은 6,400만 원을 자신의 거래은행인 C은행에 예금함으로써 지금까지 보아왔던 과정이 또 한 번 반복된다.
⑦ 이처럼 무한히 반복되는 예금창조과정을 표로 정리하면 다음과 같다.

예금은행	요구불예금	대 출	법정지급준비금
A	1억 원	8,000만 원	2,000만 원
B	8,000만 원	6,400만 원	1,600만 원
C	6,400만 원	5,120만 원	1,280만 원
D	5,120만 원	4,096만 원	1,024만 원
⋮	⋮	⋮	⋮
총 계	5억 원 • 총예금창조액 • 순예금창조액+본원적 예금	4억 원 • 순예금창조액 • 대출총액	1억 원 • 본원적 예금 • 법정지급준비금의 합계

Ⅲ 신용승수

1. 본원적 예금

① 본원적 예금(primary deposit)이란 예금은행조직 밖에서 예금은행조직으로 최초로 흘러들어온 예금인 1억 원을 말한다.

② 본원적 예금을 S라고 하고 법정지급준비율을 r_l이라고 하면 본원적 예금은 법정지급준비금의 합계와 일치하게 된다.

▶ A은행의 법정지급준비금은 본원적 예금 S에 법정지급준비율 r_l을 곱한 Sr_l = 1억 원×0.2 = 2,000만 원이다.

▶ B은행의 법정지급준비금은 A은행의 법정지급준비금 Sr_l에 $1-r_l$을 곱한 $Sr_l(1-r_l)$ = 2,000만 원×0.8 = 1,600만 원이다.

> **본원적 예금 = 법정지급준비금의 합계**
>
> $$Sr_l + Sr_l(1-r_l) + Sr_l(1-r_l)^2 + \cdots = \frac{Sr_l}{1-(1-r_l)} = S$$
>
> • S : 본원적 예금 • r_l : 법정지급준비율

2. 총예금창조액과 신용승수

(1) 총예금창조액

① 본원적 예금(S)이 1억 원이고, 법정지급준비율(r_l)이 0.2인 경우 총예금창조액은 다음과 같이 5억 원이 된다.

> **총예금창조액 : 실례**
>
> 1억 원 + 8,000만 원 + 6,400만 원 + 5,120만 원 + ⋯
> = 1억 원 + (1억 원×0.8) + (1억 원×0.8^2) + ⋯
> = 1억 원 × $[1 + 0.8 + (0.8)^2 + (0.8)^3 + \cdots]$
> = 1억 원 × $\frac{1}{1-0.8}$ = 5억 원
>
> • 본원적 예금 : 1억 원 • 법정지급준비율 : 0.2

② 총예금창조액(D^G)을 구하는 공식을 다음과 같이 일반화시킬 수 있다.

> **총예금창조액**
>
> $$D^G = S + S(1-r_l) + S(1-r_l)^2 + S(1-r_l)^3 + \cdots$$
> $$= S \times \frac{1}{r_l} = \frac{S}{r_l}$$
>
> • D^G : 총예금창조액 • S : 본원적 예금
> • r_l : 법정지급준비율

(2) 신용승수

① 신용승수(credit multiplier)란 본원적 예금(S)과 궁극적으로 증가한 예금통화인 총예금창조액(D^G) 사이의 비율을 말한다.

> **신용승수**
>
> $$신용승수 = \frac{1}{r_l}$$

② 신용승수는 법정지급준비율(r_l)과 역($-$)의 관계에 있다. 예를 들어 중앙은행이 법정지급준비율(r_l)을 인하하면 예금은행은 종전보다 더 적은 법정지급준비금만을 보유해도 되므로 나머지를 대출해 주는 과정에서 예금창조를 크게 하고 신용승수도 커지게 된다.

③ 전액지급준비제도 하에서 법정지급준비율은 $r_l = 1$이 되어 신용승수도 1이 된다. 이때 예금은행은 통화량에 아무런 영향을 미칠 수 없게 된다.

3. 순예금창조액과 순신용승수

(1) 순예금창조액

① 순예금창조액(D^N)은 본원적 예금(S)에 의해 추가로 창출된 요구불예금으로서 파생적 예금(derivative deposits)이다. 총예금창조액(D^G)에서 본원적 예금(S)을 차감한 값이다.

② 순예금창조액은 대출총액과 일치하고, 현금통화가 예금되었을 때 통화량증가액과 일치한다.

> **순예금창조액**
>
> $$D^N = D^G - S = \frac{S}{r_l} - S = \frac{1 - r_l}{r_l} S$$

(2) 순신용승수

① 순신용승수(net credit multiplier)란 본원적 예금(S)과 본원적 예금(S)에 의해 창조된 순예금창조액(D^N) 사이의 비율을 말한다.

> **순신용승수**
>
> $$순신용승수 = \frac{1 - r_l}{r_l}$$

② 순신용승수도 신용승수와 마찬가지로 법정지급준비율(r_l)과 역($-$)의 관계에 있다.

Ⅳ 신용창조과정상의 유의점

① 신용창조의 효과는 본원적 예금과 모든 예금은행의 법정지급준비금의 합계가 서로 같아질 때까지 신용창조과정이 지속된다는 가정 하에서만 성립한다. 따라서 현실에서 신용승수는 $\frac{1}{r_l}$ 보다 작은 것이 보통이다.

② 신용창조를 통해 예금액과 통화량이 증가한 것은 은행이 국민경제의 부(wealth)를 증가시킨 것이 아니라 국민경제의 유동성을 증가시키는 역할만을 할 뿐이다.

예제 : 신용창조

문제 1

갑돌이가 100만 원을 현금으로 집 금고에 보관하다가 은행에 예금하였다. 만약 은행들이 예금의 5%에 해당하는 지급준비금만을 보유하고 나머지는 전부 대출한다면 이 경제에서 ㉠ 은행권 전체의 예금총액의 증가분, ㉡ 통화량($M1$)의 증가분은 각각 얼마인가? (단, 요구불예금만 존재하고 은행권 밖으로의 현금유출은 없으며 은행은 초과지급준비금을 보유하고 있지 않다고 가정한다.) (2009 7급 국가직)

해설

- 신용승수 : $\dfrac{1}{r_l} = \dfrac{1}{0.05} = 20$ 　　　・순신용승수 = $\dfrac{1-r_l}{r_l} = \dfrac{1-0.05}{0.05} = 19$
- 예금총액의 증가분 : 현금통화가 예금되었을 때 최초의 예금은 본원적 예금으로서 예금총액의 증가분에 포함된다. 따라서 총예금창조액은 '본원적 예금×신용승수=100(만 원)×20=2,000(만 원)'이 된다.
- 통화량의 증가분 : 통화량(M)은 현금통화(C)와 예금통화(D)의 합계인데 갑돌이가 집 금고에 보관하다가 은행에 예금한 100만 원은 이미 현금통화(C)에 포함되어 있었으므로 현금통화(C)가 예금통화(D)로 전환된 부분이다. 따라서 100만 원은 통화량을 구성하는 구성요소가 변환된 것이어서 통화량 증가분에 포함되지 않게 된다. 현금통화가 예금되었을 때 통화량의 증가분은 순예금창조액과 일치하게 된다. 순신용승수 $= \dfrac{1-r_l}{r_l} = \dfrac{1-0.05}{0.05} = 19$가 되어 순예금창조액은 '본원적 예금×순신용승수=100(만 원)×19=1,900(만 원)'이 된다.

문제 2

다음은 어느 은행의 대차대조표이다. 이 은행이 초과지급준비금을 전부 대출할 때, 은행시스템 전체를 통해 최대로 증가할 수 있는 통화량의 크기는? (단, 법정지급준비율은 20%이며 현금통화비율은 0%이다.) (2018 7급 국가직)

자산(억 원)		부채(억 원)	
지급준비금	600	예　　금	2,000
대　　출	1,400		

해설

- 예금이 $D=2,000$이고 법정지급준비율이 $r_l=0.2$이므로 법정지급준비금은 $R_l = r_l \times D = 0.2 \times 2,000 = 400$이다. 총지급준비금이 $R=600$이고, 법정지급준비금이 $R_l=400$이므로 초과지급준비금은 $R_e = 600-400=200$이 된다.
- 초과지급준비금은 시중은행이 꼭 보유할 필요가 없는 자금으로서 추가로 대출에 활용하게 되면 신용창조의 과정을 거쳐 통화량을 증가시킬 수 있다. 현금통화비율이 0이므로 통화승수는 신용승수 $\dfrac{1}{r_l} = \dfrac{1}{0.2} = 5$와 일치한다. 따라서 최대로 증가시킬 수 있는 통화량의 증가분은 $200 \times 5 = 1,000$(억 원)이 된다.

제3절 화폐공급함수

I 개요

1. 개념
① 화폐공급함수(money supply function)란 중앙은행이 공급하는 본원통화와 통화량(= 현금통화 + 예금통화) 사이의 관계를 함수형태로 표현한 것을 의미한다.
② 통화승수(money multiplier)란 통화량이 본원통화의 몇 배인가를 보여주는 배수, 즉 통화량을 본원통화로 나눈 값을 의미한다. 통화승수를 화폐승수라고도 한다.

2. 가정의 완화
① 예금은행의 신용창조에서 논의하였던 신용승수는 비현실적인 가정 하에서 도출된 것이므로 이 가정들을 현실에 가깝게 완화하기로 하자.
② 가정의 완화
  ▸ 민간이 어느 정도의 통화를 현금통화로 보유하여 현금누출이 존재한다.
  ▸ 은행은 법정지급준비금을 초과한 초과지급준비금을 보유하고 있다.

II 통화승수

1. 통화량
① 통화량(M)은 현금통화(C)와 예금통화(D)의 합계이다.

> **통화량**
> - $M = C + D$
> - 통화량 = 현금통화 + 예금통화

② 여기에서 예금통화(D)는 요구불예금과 수시입출식 저축성예금을 의미한다.

2. 본원통화
① 본원통화(B)는 현금통화(C)와 지급준비금(R)의 합계이다.

> **본원통화**
> - $B = C + R$
> - 본원통화 = 현금통화 + 지급준비금

② 지급준비금(R)은 지급준비율(r)과 예금통화(D)를 곱한 값으로 정의된다.

> **지급준비금**
> $R = rD$
> - R : 지급준비금
> - r : 지급준비율
> - D : 예금통화

3. 통화승수

(1) 현금예금비율이 주어졌을 때

① 현금예금비율(c)은 현금통화(C)를 예금통화(D)로 나눈 값이다.
  ▸ 현금예금비율을 '예금에 대한 현금의 비율'이라고도 한다.
  ▸ $C = cD$: 현금통화(C)는 현금예금비율(c)과 예금통화(D)를 곱한 값이다.

> **현금예금비율(c)**
> $$c = \frac{C}{D}$$
> • C : 현금통화 • D : 예금통화

② 통화승수(m)란 통화량(M)이 본원통화(B)의 몇 배인가를 보여 주는 배수이다.
  ▸ $M = mB$: 통화량(M)은 통화승수(m)와 본원통화(B)를 곱한 값이다.
③ 현금예금비율(c)이 주어진 경우 통화승수(m)는 다음과 같이 구해진다.

> **통화승수 : 현금예금비율(c)이 주어진 경우**
> - $m = \dfrac{M}{B}$
> - $m = \dfrac{M}{B} = \dfrac{C+D}{C+R} = \dfrac{C/D + D/D}{C/D + R/D} = \dfrac{c+1}{c+r}$

④ 현금누출이 있고, 초과지급준비금이 있기 때문에 통화승수(m)는 신용승수$\left(\dfrac{1}{r_l}\right)$보다 작다.

(2) 현금통화비율이 주어졌을 때 통화승수

① 현금통화비율(z)은 현금통화(C)를 통화량(M)으로 나눈 값이다.
  ▸ $C = zM$: 현금통화(C)는 현금통화비율(z)과 통화량(M)을 곱한 값이다.

> **현금통화비율(z)**
> $$z = \frac{C}{M}$$
> • C : 현금통화 • M : 통화량

② 현금통화비율(z)이 주어진 경우 통화승수(m)는 다음과 같이 구해진다.

> **통화승수 : 현금통화비율(z)이 주어진 경우**
> - $m = \dfrac{M}{B}$
> - $R = rD = r(M-C) = r(M-zM) = r(1-z)M$
> - $m = \dfrac{M}{B} = \dfrac{M}{C+R} = \dfrac{M}{zM + r(1-z)M}$
> $= \dfrac{M}{[z+r(1-z)]M} = \dfrac{1}{z+r(1-z)}$

(3) 통화승수와 신용승수

① 통화승수(m)에서 현금누출이 없다면 현금예금비율(c)과 현금통화비율(z)이 0이 되고, 초과지급준비금이 없다면 지급준비율(r)은 법정지급준비율(r_l)과 일치하므로 통화승수(m)는 신용승수$\left(\dfrac{1}{r_l}\right)$와 일치한다.

② 이처럼 통화승수는 신용승수를 현실에 맞게 일반화시킨 것이라 할 수 있다.

(4) 통화승수의 결정 요인

① 현금예금비율(c) 또는 현금통화비율(z)이 낮을수록 예금이 증가하게 되고, 그만큼 예금은행의 대출 여력도 커지게 되므로 통화승수(m)는 커지게 된다.
  ▶ 민간이 현금보유를 줄이고 예금을 증가시키면 증가한 예금이 신용창조과정을 거쳐 통화량의 증가로 이어지게 된다.

② 지급준비율(r)이 낮을수록 예금은행의 대출 여력도 커지게 되므로 통화승수(m)는 커지게 된다.
  ▶ 법정지급준비율은 중앙은행이 조정하고, 초과지급준비율은 예금은행이 조정하게 된다.
  ▶ 법정지급준비율이 100%인 전액지급준비제도에서는 지급준비율이 $r=1$이 되므로 통화승수는 $m=\dfrac{c+1}{c+r}=\dfrac{c+1}{c+1}=1$, $m=\dfrac{1}{z+r(1-z)}=\dfrac{1}{z+(1-z)}=1$이 된다. 이때 대출액이 없으므로 신용창조가 이루어지지 않아 본원통화(B)와 통화량(M)은 서로 일치하게 된다.

③ 신용카드, 현금카드, 전자화폐, 현금자동인출기의 증가 등 신용사회의 발전은 현금수요의 감소를 초래하게 되므로 현금예금비율(c)과 현금통화비율(z)을 감소시켜 통화승수(m)를 커지게 한다.

④ 예금이자율이 상승하면 민간의 현금보유가 감소하고 예금이 증가하므로 현금예금비율(c)과 현금통화비율(z)을 감소시켜 통화승수(m)를 커지게 한다.

⑤ 대출이자율이 상승하면 은행은 가능한 한 대출을 증가시키려 하게 되고, 이 과정에서 자연스럽게 예금은행의 초과지급준비금은 감소하게 되므로 통화승수(m)가 커진다.

Ⅲ 화폐공급함수

① 중앙은행은 본원통화(B)의 공급과 법정지급준비율(r_l)을 결정함으로써 통화량(M)에 영향을 미친다.

② 민간은 현금예금비율(c)과 현금통화비율(z)을 결정함으로써 통화량(M)에 영향을 미치게 된다. 이는 일반적으로 경제사회의 관습에 의해 일정하게 유지되는 것이 보통이다.

③ 예금은행은 초과지급준비율(r_e)을 결정함으로써 통화량(M)에 영향을 미치게 된다. 이는 일반적으로 예금은행의 관행에 의해 낮은 수준에서 일정하게 유지되는 것이 보통이다.

④ 따라서 통화량의 크기는 주로 본원통화(B)와 법정지급준비율(r_l)의 크기에 크게 의존한다고 할 수 있다. 이를 통해 화폐공급(M^S)은 주로 중앙은행의 재량에 의해 결정된다고 해도 과언이 아니다.

CHAPTER 09 화폐공급이론

> **예제** **통화승수**

문제 1

현금-예금비율이 0.2이고, 지불준비율이 0.1이다. 다음 질문에 답하시오.

(1) 통화량이 240억 원이라면 은행의 지급준비금은?

해설
- 현금(C)-예금(D) 비율 $\dfrac{C}{D} = 0.2$이므로 현금통화(C)는 $C = 0.2D$이다.
- $C = 0.2D$이고, 통화량이 $M = 240$이므로 이를 통화량의 식 $M = C + D$에 대입하면 $240 = 0.2D + D$, $240 = 1.2D$에서 예금통화 $D = 200$(억 원)이다.
- $D = 200$일 때 지급준비금 $R = rD = 0.1 \times 200 = 20$(억 원)이다.

(2) 본원통화(B)가 50억 원일 때 통화량은?

해설
- 지불준비율이 $r = 0.1$이므로 지급준비금은 $R = 0.1D$가 된다.
- $C = 0.2D$이고, $R = 0.1D$이므로 이를 본원통화의 식 $B = C + R$에 대입하면 $50 = 0.2D + 0.1D$, $50 = 0.3D$에서 예금통화 $D = \dfrac{500}{3}$(억 원)이다.
- 통화량은 $M = C + D$, $M = 0.2D + D$, $M = 1.2D = 1.2 \times \dfrac{500}{3} = 200$(억 원)이다.

문제 2

통화승수가 2.5이고, 민간의 현금보유규모와 일반상업은행의 지불준비금규모가 각각 10이라고 할 때 민간이 보유한 요구불예금의 규모는? (단, 통화량은 M_1으로 정의한다.) (2002 보험계리사)

해설
- 본원통화(B) = 현금통화(C) + 지불준비금(R) = 20
- $M = mB = 2.5 \times 20 = 50$
- 통화량(M) = 현금통화(C) + 요구불예금(D), $D = M - C = 50 - 10 = 40$

문제 3

요구불예금에 대한 현금보유비율이 0.4(40%)이고, 민간경제주체들은 현금 외에는 모두 요구불예금에 예금하고 있다. 또한, 법정지급준비율이 0.2(20%)이며 은행은 법정지급준비금 이외에는 모두 대출한다고 하자. 지급준비금이 100억 원이라고 할 때 본원통화와 $M1$은? (2008 감정평가사)

해설
- 통화승수 : $m = \dfrac{M}{B} = \dfrac{C+D}{C+R} = \dfrac{c+1}{c+r}$
- 지급준비금(R)은 요구불예금(D)에 지급준비율(r)을 곱한 값이므로 $R = rD$의 식이 성립하고, 지급준비율(r)은 지급준비금(R)을 요구불예금(D)로 나눈 값이므로 $r = \dfrac{R}{D}$의 식이 성립한다. 지급준비율(r)이 0.2이고, 지급준비금(R)이 100(억 원)이므로 $\dfrac{R}{D} = \dfrac{100}{D} = 0.2$의 식에서 요구불예금($D$)은 $\dfrac{100}{0.2} = 500$(억 원)이 된다.

- 요구불예금에 대한 현금보유비율이 $c = \dfrac{C}{D} = \dfrac{C}{500} = 0.4$이므로 현금통화($C$)는 $0.4 \times 500 = 200$(억 원)이 된다.
- 본원통화(B) : 현금통화(C) + 지급준비금(R) = 200(억 원) + 100(억 원) = 300(억 원)
- 통화량(M) : 현금통화(C) + 예금통화(D) = 200(억 원) + 500(억 원) = 700(억 원)

문제 4

A국의 통화량이 현금통화 150, 예금통화 450이며, 지급준비금이 90이라고 할 때 통화승수는? (단, 현금통화비율과 지급준비율은 일정함) (2012 공인노무사)

해설

- 통화량(M) : 현금통화(C) + 예금통화(D) = 150 + 450 = 600
- 본원통화(B) : 현금통화(C) + 지급준비금(R) = 150 + 90 = 240
- 통화승수(m) : $m = \dfrac{M}{B} = \dfrac{600}{240} = 2.5$

문제 5

통화(M) = 현금통화(C) + 요구불예금(D), 본원통화(H) = 현금통화(C) + 지급준비금(R)으로 주어져 있다. 현금예금비율 $\dfrac{C}{D} = 0.5$, 지급준비율 $\dfrac{R}{D} = 0.1$일 때, 통화승수는 얼마인가? (2016 보험계리사)

해설

- 현금예금비율을 c, 지급준비율을 r이라고 하면 통화승수는 $m = \dfrac{c+1}{c+r}$이 된다.
- $c = 0.5$와 $r = 0.1$을 대입하면 통화승수는 $m = \dfrac{0.5+1}{0.5+0.1} = 2.5$가 된다.

문제 6

어느 경제의 현금통화는 400조 원, 법정지급준비율은 5%이며 은행은 50조 원의 초과지급준비금을 보유하고 있다. 이 경제의 요구불예금 대비 현금보유비율이 40%라면 본원통화와 $M1$ 통화승수는? (단, 요구불예금 이외의 예금은 없다고 가정한다.) (2019 공인회계사)

해설

- 현금통화가 $C = 400$, 요구불예금(D) 대비 현금(C)의 보유비율이 $c = \dfrac{C}{D} = 0.4$이므로 $\dfrac{400}{D} = 0.4$에서 요구불예금은 $D = 1,000$이 된다.
- 법정지급준비율이 $r_l = 0.05$, 요구불예금이 $D = 1,000$이므로 법정지급준비금은 $R_l = r_l \times D = 0.05 \times 1,000 = 50$이 된다.
- 법정지급준비금이 $R_l = 50$이고, 초과지급준비금이 $R_e = 50$이므로 총지급준비금은 $R = R_l + R_e = 100$이 된다.
- 본원통화(B)는 현금통화(C)와 총지급준비금(R)을 합한 $B = C + R = 400 + 100 = 500$이고, 통화량($M$)은 현금통화($C$)와 요구불예금($D$)을 합한 $M = C + D = 400 + 1,000 = 1,400$이다.
- 본원통화가 $B = 500$이고, 통화량이 $M = 1,400$이므로 통화승수는 $m = \dfrac{M}{B} = \dfrac{1,400}{500} = 2.8$이다.

CHAPTER 09 화폐공급이론

Ⅳ 화폐공급곡선

1. 화폐공급의 외생성

① 화폐공급의 외생성이란 화폐공급(M^S)과 이자율(r)이 서로 무관하다는 견해이다.

② 현실적으로 통화량의 크기는 본원통화(B)의 공급과 법정지급준비율(r_l)을 결정하는 중앙은행의 재량에 의해 결정되므로 화폐공급곡선(M^S)은 이자율(r)과 무관한 수직선이 된다.

③ 화폐공급의 외생성은 통화주의학파가 주장한 내용이다.

| 화폐공급의 외생성 |

- 화폐공급의 외생성이란 화폐공급(M^S)이 이자율(r)과 무관하다는 견해를 말한다.
- 화폐공급의 외생성을 가정하면 화폐공급곡선(M^S)은 수직선이 된다.

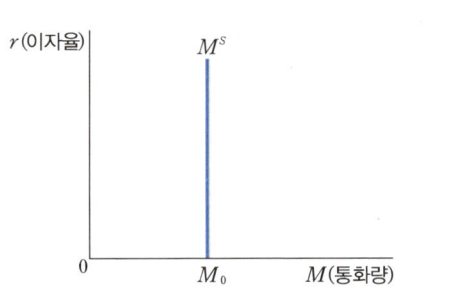

2. 화폐공급의 내생성

① 화폐공급의 내생성이란 화폐공급(M^S)이 이자율(r)의 증가함수라는 견해이다.

② 이자율(r)이 상승할 때 화폐보유의 기회비용이 증가하여 예금과 대출이 증가한다면 우상향하는 화폐공급곡선(M^S)이 도출된다.

③ 화폐공급의 내생성은 케인즈학파가 주장한 내용이다.

④ 화폐공급곡선이 우상향하게 되면 $IS-LM$이론에서 LM곡선의 기울기가 완만해 짐으로써 재정정책의 효과가 커지고 금융정책의 효과는 작아진다.

| 화폐공급의 내생성 |

- 화폐공급의 내생성이란 화폐공급(M^S)이 이자율(r)의 증가함수라는 견해를 말한다.
- 화폐공급의 내생성을 가정하면 화폐공급곡선(M^S)은 우상향하게 된다.

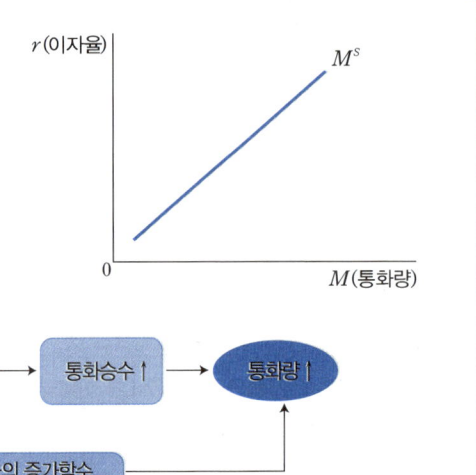

제4절 금융정책

I 개요

1. 개념
① 금융정책(monetary policy)이란 중앙은행이 각종 금융정책수단을 이용하여 통화량(M)이나 이자율(r)을 조절한 후 물가안정, 완전고용, 경제성장, 국제수지균형 등 국민경제의 안정적 성장을 실현하고자 하는 제반경제정책을 말한다.
② 금융정책은 통화정책, 통화신용정책 또는 통화금융정책이라고도 한다.

2. 의의
① 금융정책은 정부가 실시하는 재정정책과 더불어 단기적으로 총수요를 변화시키는 총수요관리정책의 성격을 가진다.
② 총수요를 증가시키는 금융정책이 확대금융정책이고, 총수요를 감소시키는 금융정책을 긴축금융정책이다.

II 금융정책의 체계

① 금융정책의 최종목표(goals)란 금융정책이 실현하고자 하는 국민경제상의 목표를 말한다.
② 금융정책의 중간목표(intermediate targets) 또는 운용목표(operating targets)란 최종목표를 달성하기 위해 통화정책당국이 어느 정도 조정·통제할 수 있고, 최종목표와 밀접한 관계를 가지고 있는 지표이다.
③ 금융정책의 정책수단(policy instruments)이란 운용목표(중간목표)인 이자율과 통화량(본원통화)을 조정·통제하기 위해 통화정책당국이 직접 사용할 수 있는 정책도구를 말한다.
▶ 일반적 정책수단은 정책효과가 국민경제 전반에 영향을 미칠 수 있도록 고안된 정책수단을 말한다.
▶ 선별적 정책수단은 정책효과가 국민경제 어떤 특정부문에만 선별적으로 영향을 미칠 수 있도록 고안된 정책수단을 말한다.

III 금융정책의 파급경로

정책수단		운용목표, 중간목표		최종목표
■ 일반적 정책수단 • 공개시장조작 • 재할인율정책 • 지급준비율정책 ■ 선별적 정책수단 • 대출한도제 • 이자율규제정책 • 창구규제 • 도덕적 설득	⇨	■ 수량지표 : 통화량(본원통화) ■ 가격지표 : 이자율		■ 물가안정 ■ 완전고용 ■ 경제성장 ■ 국제수지균형

Ⅳ 일반적 정책수단

1. 공개시장조작

(1) 개념

① <u>공개시장조작</u>(open market operation)이란 중앙은행이 증권시장에서 기관투자가나 민간을 상대로 <u>국공채</u>나 기타 유가증권(상업어음, 은행인수어음)을 매입하거나 매각함으로써 통화량을 조절하는 정책을 말한다.

② 여기에서 공개시장(open market)이란 불특정다수의 자금수요자와 자금공급자가 자유롭게 자금의 대차나 유가증권의 매매를 함으로써 자금의 수급상태에 따라 금리가 결정되는 어음할인시장이나 증권시장을 뜻한다.

(2) 정책과정

> **공개시장조작**
> - 국공채 매입 → 본원통화↑ → 통화량↑
> - 국공채 매각 → 본원통화↓ → 통화량↓

(3) 성격

① 우리나라 중앙은행의 조작대상증권은 한국은행이 통화량조절을 목적으로 발행한 <u>통화안정증권</u>이 대부분이고, 부분적으로 정부발행 국공채매매가 일부를 차지하고 있다.
  ▸ 통화안정증권이란 자금조달을 목적으로 발행하는 다른 증권과는 달리 시중 통화량을 조절하기 위해 한국은행이 발행하는 단기증권이다.

② 금융시장이 발달하여 금융자산이 다양화되어 있고, 금리가 자율화되어 있는 <u>선진국</u>은 통화관리수단 중 공개시장조작을 가장 많이 이용한다.

③ 공개시장조작은 가장 단기적이고 근대화된 자금조절수단으로서 <u>그날그날의 통화조절수단</u>이다.

2. 재할인율정책

(1) 개념

① <u>재할인율정책</u>(rediscount rate policy)이란 중앙은행이 시중은행에 빌려주는 자금에 적용되는 금리인 <u>재할인율</u>(rediscount rate)을 조절하여 통화량을 조절하는 정책을 말한다.
  ▸ 중앙은행을 '은행의 은행'이라고 하는 이유는 중앙은행이 시중은행들에 자금을 빌려주는 역할을 하기 때문이다.

② 재할인율은 한국은행이 예금은행과 대출거래를 할 때 적용되는 금리로서 <u>공정금리</u>(official rate)이다.

(2) 정책과정

> **재할인율정책**
> - 재할인율↓ → 예금은행의 對 중앙은행 차입↑ → 본원통화↑ → 통화량↑
> - 재할인율↑ → 예금은행의 對 중앙은행 차입↓ → 본원통화↓ → 통화량↓

3. 지급준비율정책

(1) 개념
① 지급준비율정책(reserve requirements ratio policy)이란 중앙은행이 법정지급준비율을 조절하여 통화량을 조절하는 정책을 말한다.
② 지급준비율정책은 통화승수를 조절하는 정책이다.

(2) 정책과정

> **지급준비율정책**
> - 법정지급준비율↓ → 통화승수↑ → 통화량↑
> - 법정지급준비율↑ → 통화승수↓ → 통화량↓

V 금융정책의 전달경로이론

1. 이자율경로 : 케인즈효과

> **이자율경로**
> - 중앙은행의 화폐공급↑ → 이자율↓ → 민간소비↑, 기업투자↑ → 총수요↑ → 국민소득↑

① 금융정책의 결과 발생하는 통화량의 변동이 '이자율'을 거쳐 생산물시장에 영향을 미치는 간접적 파급경로를 가진다.
② 케인즈(J. M. Keynes)에 의해 주장되었고, 케인즈학파가 이를 수용하는 입장에 있다.

2. 신용경로 : 신용가용성이론

> **신용경로**
> - 중앙은행의 화폐공급↑ → 은행대출 총액↑ → 중소기업이나 가계 등의 자금이용 가능성↑ → 민간소비↑, 기업투자↑ → 총수요↑ → 국민소득↑

① 신용경로는 정보의 비대칭성이 존재할 때 은행대출이 기업의 신용이용 가능성에 영향을 미침으로써 화폐공급증가가 이자율이라는 변수에 영향을 미치지 않고, 총수요를 직접적으로 증가시키기 때문에 직접적 파급경로를 가진다.
② 신용가용성이론(credit availability theory)은 케인즈학파의 전통적인 견해에 반기를 들면서 통화주의학파가 주장한 내용이다.

3. 자산가격경로

> **자산가격경로**
> - 중앙은행의 화폐공급↑ → 이자율↓ → 주식가격↑ → 토빈(J. Tobin)의 q↑ → 기업투자↑ → 총수요↑ → 국민소득↑
> - 중앙은행의 화폐공급↑ → 주식과 부동산가격↑ → 가계의 부(wealth)↑ → 가계소비↑ → 총수요↑ → 국민소득↑

4. 실질잔고경로 : 피구효과

> **실질잔고경로**
> - 중앙은행의 화폐공급↑ → 실질화폐잔고 $\left(\dfrac{M}{P}\right)$↑ → 개인의 부(wealth)↑ → 민간소비↑ → 총수요↑ → 국민소득↑

① 피구(A. Pigou)는 실질통화량이 개인의 부(wealth)를 구성하기 때문에 실질통화량의 변화가 부의 효과(wealth effect)를 발생시킨다고 하였다. 따라서 피구효과(Pigou effect)를 '실질잔고효과(real balance effect)'라고 부른다.
② 피구(A. Pigou)는 케인즈(J. M. Keynes)가 주장하는 유동성함정(liquidity trap)의 상황에서도 중앙은행이 화폐공급을 증가시키면 실질통화량(실질화폐잔고)이 증가하기 때문에 개인의 소비지출이 증가하여 자동으로 완전고용이 달성될 수 있다고 하였다. 피구효과는 불황 시 정부개입을 통한 총수요의 증가를 주장했던 케인즈이론과 상반된다.

5. 환율경로

> **환율경로**
> - 중앙은행의 화폐공급↑ → 이자율↓ → 자본유출 → 환율↑ → 수출↑, 수입↓ → 총수요↑ → 국민소득↑

① 환율경로가 제대로 작동하기 위해서는 환율이 중앙은행의 통화정책에 대해 정상적으로 반응해야 한다.
② 소규모 개방경제일수록 환율이 국내에서 발생하는 요인보다는 해외에서 발생하는 요인에 의해 움직이는 경우가 많으므로 환율이 중앙은행의 정책의도와는 다른 방향으로 움직이는 경우가 대부분이다.

Ⅵ 통화량과 이자율

1. 유동성효과

① 유동성효과(liquidity effect)란 통화량이 증가하면 소득과 물가수준이 일정하다는 가정 하에 단기적으로 이자율이 하락하는 효과로서 통화량증가의 단기효과를 말한다.
② 이때 실질이자율(r)과 명목이자율(i)이 모두 하락하게 된다.
③ 케인즈(J. M. Keynes)는 통화량증가가 유동성효과를 통하여 이자율을 인하시키고 투자 및 소득증대를 가져온다고 보았다. → 금융정책의 이자율경로
④ 케인즈(J. M. Keynes)의 맥을 잇는 케인즈학파도 금융정책의 이자율경로를 중요시하였다. 케인즈학파는 이자율을 낮은 수준으로 유지하는 것이 소비와 투자 등 총수요를 증가시키고 경제활동을 활성화시키는 것이라고 하여 통화량보다는 이자율을 통화정책의 중간목표로 선택해야 한다는 입장을 취한다.

2. 피셔효과

① 피셔효과(Fisher effect)란 통화량증가가 인플레이션을 유발하여 명목이자율이 상승하는 효과로서 통화량증가의 장기효과를 말한다.
  ▸ 피셔효과를 기대인플레이션효과(expected inflation effect)라고도 한다.

② 명목이자율(i)이 고정된 상황에서 인플레이션이 발생하면 인플레이션율(π)만큼 실질이자율(r)이 하락하게 되므로 채권자는 손해를 보고 채무자는 이득을 보게 된다.
  ▸ 실질이자율(r) = 명목이자율(i) − 인플레이션율(π)

③ 따라서 예상된 인플레이션이 발생하면 채권자는 실질이자율(r)의 하락을 방지하기 위해 인플레이션의 프리미엄을 더한 명목이자율(i)을 요구하게 되면서 명목이자율(i)이 상승하게 된다. 통화공급의 증가가 장기적으로 명목이자율(i)을 상승시키는 효과가 피셔효과이다.

> **피셔방정식**
> - $i = r + \pi$
> - 명목이자율 = 실질이자율 + (예상)인플레이션율

④ 장기적으로 인플레이션이 발생하면 실질이자율(r)과 명목이자율(i)이 모두 상승하게 되는데 이는 통화량증가 이전의 수준까지 진행된다. 이 수준에서 실질이자율(r)은 고정되고 명목이자율(i)은 인플레이션율(π)을 더한 만큼 상승한다.

3. 학파별 입장

① 케인즈학파는 화폐공급의 유동성효과를 강조하였다. 즉, 확대금융정책은 단기적으로 시장이자율을 하락시켜 투자수요를 자극한다고 보았다.

② 통화주의학파는 화폐공급의 피셔효과를 강조하였다. 즉, 확대금융정책은 장기적으로 물가상승과 명목이자율의 상승 등 명목변수에만 영향을 미치기 때문에 정책효과는 사라진다고 하였다.

③ 고전학파에 의하면 화폐공급을 증가시키면 화폐공급의 증가율만큼 비례적으로 물가가 상승하게 되므로 실질이자율은 불변인 채 명목이자율만 상승시킨다. 이는 고전학파가 강조한 물가변수의 신축성에 기인한다.

| 유동성효과와 피셔효과 |

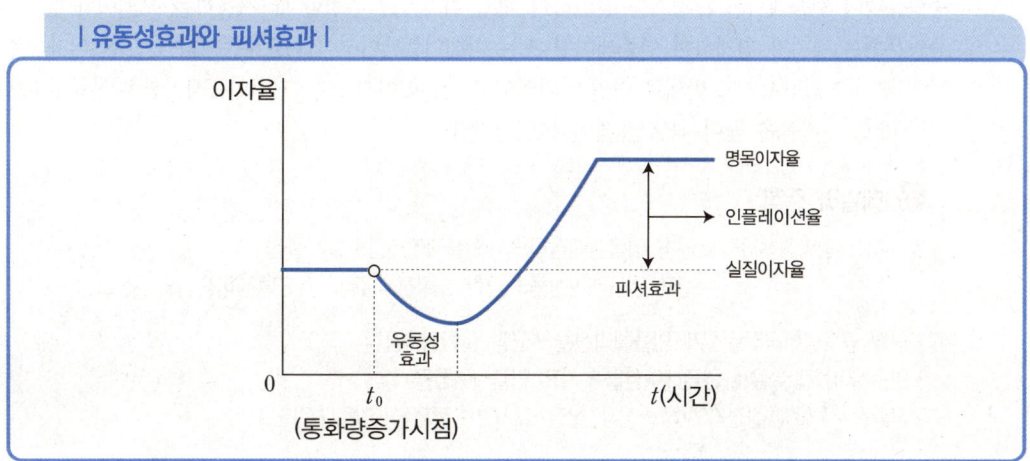

CHAPTER 09 화폐공급이론

Ⅶ 물가안정목표제

1. 주요 내용

① 물가안정목표제(Inflation targeting)란 통화량이나 이자율과 같은 중간목표를 생략하고 중앙은행이 일정 기간 달성해야 할 물가상승률 목표를 사전에 제시하고 정책금리 조정 등을 통해 이를 직접 달성하려고 하는 운영방식이다.
② 중앙은행은 이자율, 환율, 통화량 등 다양한 정보변수를 활용하여 장래의 인플레이션을 예측하고 실제물가상승률이 목표치에 수렴할 수 있도록 통화정책을 운영한다.
③ 각국에서는 정책집행에 있어 초단기금리가 운용목표로 사용되고 있는데 우리나라에서는 한국은행과 금융기관 사이의 자금거래에 기준이 되는 '한국은행의 기준금리(base rate)'를 조정하는 방식으로 운용되고 있다.
④ 우리나라는 2006년까지 근원인플레이션율(core inflation rate)을 물가안정목표로 설정하였지만, 2007년부터는 소비자물가상승률을 물가안정목표로 설정하고 있다.
  ▶ 근원인플레이션(core inflation)이란 기초경제여건에 의하여 결정되는 장기적인 물가상승으로서 소비자물가의 변동에서 단기적 충격에 크게 변동하는 '곡물 이외의 농산물과 석유류의 가격변동분'을 제거하면 근원인플레이션이 측정된다.

2. 정책효과

① 물가안정목표제가 도입되면 중앙은행의 목표가 '물가안정'으로 단일화되면서 중앙은행의 정책에 대한 불확실성이 제거된다.
② 인플레이션이 높아지는 상황에서는 중앙은행이 긴축정책을 실시할 것이 확실하게 예상되므로 중앙은행의 통화금융정책에 대한 신뢰도가 높아지고, 중앙은행이 무엇보다도 물가안정에 역점을 두게 되면서 인플레이션이 낮아지는 효과가 있다.

Ⅷ 테일러준칙

① 테일러 준칙(Taylor rule)이란 미국 경제학자 존 테일러(John B. Taylor)가 제시한 통화정책으로 중앙은행이 인플레이션과 경기를 감안하여 적정 이자율을 추정할 때 사용하는 모델이다.
② 중앙은행은 경기가 침체하여 인플레이션 또는 기대인플레이션이 목표수준보다 낮으면 이자율을 낮춰 경기를 진작시키고 반대로 경기가 과열되고 인플레이션 또는 기대인플레이션이 목표수준보다 높으면 이자율을 높여 과열된 경기를 진정시킨다.

> **테일러 준칙**
>
> 목표 명목정책금리 = 균형 명목정책금리 + α인플레이션갭 + β산출갭
>   = 실제 인플레이션율 + 균형 실질정책금리 + α인플레이션갭 + β산출갭
>
> - 균형 명목정책금리 = 실제 인플레이션율 + 균형 실질정책금리
> - 인플레이션갭 = 실제 인플레이션율 − 목표 인플레이션율
> - 산출갭 = [(실제 실질GDP − 잠재 실질GDP) ÷ 잠재 실질GDP] × 100

CHAPTER 10 화폐수요이론

PART 04 | 화폐금융론

제1절 개요

Ⅰ 화폐수요의 의의

① 화폐수요(money demand)란 사람들이 일정 시점에서 수중에 보유하고자 하는 화폐의 양을 말한다.
② 화폐수요는 일정 시점에서 측정되는 저량(stock)의 개념이다.
③ 화폐수요이론에서의 화폐는 협의통화(M_1)를 의미하는데, 분석의 편의상 이자가 전혀 붙지 않는다고 가정한다. 따라서 화폐는 무수익 금융자산으로 취급한다.
④ 일정 시점에서 사람들은 화폐 대신 부동산·귀금속 등과 같은 실물자산을 보유할 수도 있고, 주식·채권 등과 같은 금융자산을 보유할 수도 있다.
⑤ 화폐수요는 여러 가지 자산 중 화폐의 형태로 보유하려는 금액이 얼마인가를 의미하므로 자산선택(portfolio choice)의 문제라는 틀 안에서 이해해야 한다.

Ⅱ 화폐수요의 결정 요인에 대한 학파별 견해

1. 고전학파계열
① 화폐수요의 동기는 일상생활의 지출에 대비하기 위해서라고 보며 화폐의 기능을 교환의 매개수단기능으로 파악한다.
② 화폐수요가 주로 소득에 의해 결정되기 때문에 안정적이라고 본다.

2. 케인즈계열
① 화폐수요의 동기는 일상생활의 지출뿐만 아니라 수익자산에 투자하려는 동기도 있다. 따라서 화폐의 기능에는 교환의 매개수단기능 이외에 가치저장수단의 기능도 있다고 본다.
② 화폐수요가 주로 이자율에 의해 결정되기 때문에 불안정적이라고 본다.

Ⅲ 화폐수요이론의 발달

① 화폐의 교환매개의 기능을 강조한 고전학파의 화폐수량설에서 화폐수요에 관한 논의가 시작되었는데 케인즈(J. M. Keynes)의 일반이론에서는 화폐의 교환매개의 기능뿐만 아니라 가치저장수단의 기능을 강조하였다.
② 고전학파의 전통을 이어받은 통화주의학파는 이자율이 화폐수요에 미치는 영향이 크지 않는 반면, 케인즈학파는 이자율이 화폐수요에 미치는 영향이 크므로 화폐수요함수가 불안정하다고 주장한다.

제2절 고전학파의 화폐수요이론 : 화폐수량설

I 고전적 화폐수량설 : 교환방정식

1. 거래개념 교환방정식

(1) 피셔의 교환방정식

① 화폐수량설은 통화량(M)과 물가(P) 사이의 관계를 설명하는 고전학파의 화폐수요이론으로서 미국의 경제학자 피셔(I. Fisher)에 의해 교환방정식(equation of exchange)으로 정식화되었다.

> **거래개념 교환방정식**
>
> $$M \times V = P \times Q$$
>
> - M : 통화량
> - V : 화폐의 거래유통속도
> - P : 물가수준
> - Q : 실물단위로 표시한 상품의 총거래량

② 통화량(M)에 화폐의 거래유통속도(V)를 곱한 $M \times V$는 일정 기간 화폐의 총지불액을 의미하고, 물가(P)와 거래량(Q)을 곱한 $P \times Q$는 일정 기간 생산물의 총거래액을 의미한다.
  - $M \times V$: 일정 기간의 총지불액
  - $P \times Q$: 일정 기간의 총거래액

(2) 화폐의 거래유통속도

① 화폐의 거래유통속도(transaction velocity of money)란 일정 기간에 일어난 한 경제의 모든 생산물거래에서 화폐의 각 단위가 평균적으로 몇 번씩 사용되었는가 하는 횟수를 의미한다.

② 화폐의 거래유통속도(V)는 총거래액(PQ)을 통화량(M)으로 나눈 값이 된다.

> **화폐의 거래유통속도**
>
> $$V = \frac{P \times Q}{M}$$

③ 위의 식의 양변에 M을 곱하면 교환방정식이 도출되므로 교환방정식은 항등식의 성격을 가진다.

④ 예를 들어 한 달 동안 10,000원권 한 장이 5번 회전하고, 5,000원권 한 장이 2번 회전하면 한 달 동안 화폐의 거래유통속도(V)는 4번이 된다.

> **화폐의 거래유통속도 : 실례**
>
> $$V = \frac{(10,000 \times 5) + (5,000 \times 2)}{15,000} = 4$$

⑤ 고전학파이론에서 화폐의 거래유통속도(V)는 국민경제의 소득지급방법, 경제제도와 거래관습에 의해 결정되어 일정한 상수값($\overline{V}$)을 가진다고 가정한다.

2. 소득개념 교환방정식

① 총거래량(Q)에는 최종생산물뿐 아니라 중간생산물도 포함되어 있지만, 최종생산물만 거래된다고 가정하면 총거래량(Q)을 실질국민소득(Y)으로 대체할 수 있다.
   ▸ 총거래량(Q)은 최종생산물, 즉 실질국민소득(Y)과 비례관계가 있기 때문에 이러한 가정은 타당성을 갖는다.

② 거래개념 교환방정식에 있는 Q를 Y로 대체하면 소득개념 교환방정식이 도출된다.

> **소득개념 교환방정식 1**
> $$M \times V = P \times Y$$
> - Y : 실질국민소득   • $P \times Y$: 명목국민소득

③ 교환방정식을 총거래량인 Q로 표시하면 V는 화폐의 거래유통속도가 되고, 최종생산물인 실질국민소득 Y로 표시하면 V는 화폐의 소득유통속도가 된다.
   ▸ 화폐의 거래유통속도란 한 국민경제 내에서 일정 기간 내에 모든 생산물(Q)의 거래에 사용된 화폐의 평균적인 지불횟수를 의미하고, 화폐의 소득유통속도란 한 국민경제 내에서 일정 기간 내에 최종생산물(Y)의 거래에 사용된 화폐의 평균적인 지불횟수를 의미한다.

④ 고전학파이론에 의하면 화폐의 소득유통속도(V)는 제도적 요인 및 거래관습에 의해 일정한 상수값($\overline{V}$)을 가지고, 실질국민소득(Y)은 언제나 완전고용국민소득수준(Y_F)에서 고정된 값이므로 소득개념 교환방정식을 다음과 같이 쓸 수 있다.

> **소득개념 교환방정식 2**
> $$M \times \overline{V} = P \times Y_F$$

3. 정책적 함축성

① 소득개념 교환방정식을 변형하면 다음과 같은 식을 도출할 수 있다.

> **교환방정식에서 통화량과 물가**
> - $M \times \overline{V} = P \times Y_F$
> - $P = \dfrac{\overline{V}}{Y_F} M$

② $\overline{V}$와 Y_F는 상수이므로 화폐공급(M^S)의 변화가 곧바로 물가(P)의 변화를 가져오므로 통화량(M)과 물가(P)는 정비례한다.

③ 화폐의 중립성
   ▸ 화폐부문이 실물부문에 영향을 미치지 못하는 현상을 화폐부문과 실물부문의 이분화(dichotomy)라고 한다.
   ▸ 이러한 체계에서 화폐는 단순히 실물부문을 감싸는 베일의 역할을 한다는 의미에서 화폐는 베일(Money is veil)이라고 한다.
   ▸ 화폐가 베일이면 금융정책은 경제의 실물변수들에 영향을 미치지 못하므로 화폐가 실물부문에 대해 중립적이라는 의미에서 화폐의 중립성(neutrality of money)이라고 한다.

CHAPTER 10 화폐수요이론

4. 피셔의 화폐수요함수

① 원래 피셔(I. Fisher)의 교환방정식은 물가(P)와 통화량(M) 간의 관계만을 설명할 뿐 화폐수요에 대한 명시적인 설명을 하지 않고 있지만, 교환방정식을 화폐수요의 관점에서 파악하기 위해 식을 변형하면 다음과 같이 나타낼 수 있다.

> **피셔의 화폐수요함수**
>
> $$M^D = \frac{1}{V}PY_F$$

② 위의 식은 화폐수요(M^D)가 명목국민소득(PY_F)의 일정비율$\left(\frac{1}{V}\right)$로 결정된다는 것을 시사함으로써 묵시적으로 화폐수요를 설명하고 있다.

③ 피셔(I. Fisher)의 교환방정식에서 화폐의 기능은 교환의 매개수단으로서의 기능이다. 물가(P)가 상승하거나 실질국민소득(Y)이 증가하여 명목국민소득(PY)이 증가하면 사람들은 교환의 매개수단인 화폐를 더 많이 찾게 되므로 화폐수요(M^D)는 비례적으로 증가하게 된다.

④ 고전학파에 의하면 명목화폐수요(M^D)는 물가(P)의 증가함수, 실질국민소득(Y)의 증가함수이다.

⑤ 실질화폐수요$\left(\frac{M^D}{P}\right)$는 실질국민소득($Y$)의 증가함수이다.

▸ 실질화폐수요함수 : $\dfrac{M^D}{P} = \dfrac{1}{V}Y$

Ⅱ 현금잔고방정식

1. 마샬의 화폐수요함수

① 현금잔고방정식(cash balance equation)은 케임브리지학파인 영국의 경제학자 마샬(A. Marshall)과 그의 제자 피구(A. Pigou)에 의해 정립되었다.

② 소득의 수입시점과 지출시점이 일치하지 않고 채권의 매매에는 비용이 소요되므로 사람들은 금융자산을 모두 채권으로 보유하지 않고 소득의 일부를 현금으로 보유한다. 따라서 화폐는 가치저장의 수단으로서의 기능을 수행한다.

③ 교환방정식이 국민경제 전체의 거시적 관점에서 거래에 필요한 통화량이 어떻게 결정되는지에 초점이 맞춰져 있지만, 마샬(A. Marshall)의 현금잔고방정식은 미시적 관점에서 개인의 화폐보유가 어떻게 결정되는지에 관심을 두고 있다.

④ 현금잔고방정식은 다음과 같은 식으로 표시된다.

> **현금잔고방정식**
>
> - 명목화폐수요 : $M^D = kPY$
> - 실질화폐수요 : $\dfrac{M^D}{P} = kY$
>
> • k : 마샬의 k(Marshallian k)

⑤ 현금잔고방정식에 의하면 명목화폐수요(M^D)가 명목국민소득(PY)의 일정비율(k)로 결정되고, 실질화폐수요 $\left(\dfrac{M^D}{P}\right)$는 실질국민소득($Y$)의 일정비율($k$)로 결정된다.

⑥ 명목화폐수요(M^D)는 물가(P)의 증가함수, 실질국민소득(Y)의 증가함수이고, 실질화폐수요 $\left(\dfrac{M^D}{P}\right)$는 실질국민소득($Y$)의 증가함수이다.

⑦ 피셔(I. Fisher)의 교환방정식은 묵시적으로 화폐수요를 설명하고 있지만, 마샬(A. Marshall)의 현금잔고방정식은 명시적으로 화폐수요를 설명한다.

⑧ 현금잔고방정식을 교환방정식과 비교하면 마샬(A. Marshall)의 k는 교환방정식의 $\dfrac{1}{V}$과 일치한다. 즉, $k=\dfrac{1}{V}$의 식이 성립하므로 화폐의 소득유통속도(V)와 마샬(A. Marshall)의 k는 역($-$)의 관계가 존재한다.

⑨ 화폐의 소득유통속도(V)는 제도적 요인과 사회의 거래관습에 의해 일정하므로 마샬(A. Marshall)의 k도 일정하다.

2. 화폐수요의 탄력성

① 명목화폐수요(M^D)가 물가(P)와 실질국민소득(Y)에 정비례하므로 명목화폐수요(M^D)의 물가탄력성과 실질국민소득탄력성은 모두 1이 된다.

② 명목화폐수요함수 $M^D = kPY$에는 이자율(r)이 포함되어 있지 않으므로 명목화폐수요(M^D)의 이자율탄력성은 0이다. 즉, 고전학파의 화폐수요는 이자율(r)과 무관하다.

Ⅲ 쟁점사항

1. 이론의 함축성

① 중앙은행이 화폐공급을 증가시키면 총수요가 증가하지만, 총공급이 완전고용국민소득수준 (Y_F)에서 고정되어 있으므로 생산물시장의 초과수요가 나타나 물가상승만을 가져온다.

② 화폐의 유통속도(V)나 마샬(A. Marshall)의 k는 일정하므로 화폐수요(M^D)는 오로지 명목국민소득(PY)의 크기에 의해서만 결정된다. 즉, 화폐수요(M^D)는 이자율(r)과 무관하다.

2. V나 k의 이자율에 대한 민감도

① 화폐수량설 이후에 전개된 화폐수요이론에서는 V나 k가 상수가 아니고 이자율(r)에 반응한다고 가정한다.

② 일반적으로 이자율(r)이 상승하면 화폐보유에 대한 기회비용이 증가하므로 현금보유비율이 감소하게 된다. 이는 화폐의 유통속도(V)를 증가시키고, 마샬(A. Marshall)의 k를 작게 만든다.

③ 케인즈(J. M. Keynes)와 케인즈계열의 경제학자들은 V나 k가 이자율(r)에 민감하게 반응한다고 본다.

④ 프리드먼(M. Friedman)을 비롯한 통화주의학파는 V나 k가 이자율(r)에 반응하지만, 그 반응이 미약하여 화폐수요는 주로 항상소득에 의해 결정된다고 본다.

CHAPTER 10 화폐수요이론

제3절 케인즈의 화폐수요이론 : 유동성선호설

I 화폐수요의 종류

1. 거래적 화폐수요
① 거래적 화폐수요란 거래적 동기(transaction motive)에 의한 화폐수요로서 일상의 거래를 위해 어느 정도의 화폐를 보유하는 것을 말한다.
② 물가(P)가 상승하면 일상의 거래를 위해 더 많은 화폐(현금)을 주머니에 넣어 다닐 것이므로 거래적 화폐수요도 증가하게 될 것이다. 따라서 거래적 화폐수요는 물가(P)의 증가함수이다.
③ 일반적으로 소득(Y)이 증가하면 씀씀이와 거래규모가 커질 것이므로 거래적 화폐수요도 증가하게 될 것이다. 따라서 거래적 화폐수요는 실질국민소득(Y)의 증가함수이다.

2. 예비적 화폐수요
① 예비적 화폐수요란 예비적 동기(precautionary motive)에 의한 화폐수요로서 가계나 기업이 장래의 돌발적으로 일어날지 모르는 지출을 위해 어느 정도의 화폐를 보유하는 것을 말한다.
② 일반적으로 소득이 증가하면 예비적으로 더 많은 현금을 보유하는 경향이 생길 것이므로 예비적 화폐수요도 증가하게 될 것이다. 따라서 예비적 화폐수요는 실질국민소득(Y)의 증가함수이다.

3. 투기적 화폐수요
(1) 개요
① 투기적 화폐수요란 투기적 동기(speculative motive)에 의한 화폐수요로서 증권(채권)투기에 사용할 목적으로 화폐를 보유하는 것을 말한다.
  ▸ 거래적 동기와 예비적 동기에 의한 활성잔고 이상으로 화폐를 보유하는 것이 채권을 사기 위한 투기적 화폐수요이다.
② 채권을 매입한다는 것은 투기적 화폐수요가 감소함을 의미하고, 채권을 매각한다는 것은 투기적 화폐수요가 증가함을 의미한다.
③ 케인즈(J. M. Keynes)는 화폐수요이론에서 투기적 화폐수요가 매우 불안정적인 측면을 보유하고 있어서 국민경제의 교란요인이 된다고 보았기 때문에 투기적 동기에 의한 화폐수요를 가장 중요시하였다.

(2) 이자율과 투기적 화폐수요
① 다른 금융자산과 달리 화폐는 이자가 붙지 않기 때문에 이자율(r)이 상승하게 되면 현금보유의 기회비용이 더 커지게 된다. 이 경우 화폐가 상대적으로 더 나쁜 가치저장의 수단이 되므로 투기적 화폐수요는 감소한다.
② 이자율(r)이 높을 때(채권가격이 낮을 때) 채권을 매입하여 투기적 화폐수요는 감소하게 되고, 이자율(r)이 낮을 때(채권가격이 높을 때) 채권을 매각하여 투기적 화폐수요는 증가하게 된다.
  ▸ 채권은 쌀 때 사서 비쌀 때 팔아야 매매차익인 자본이득(capital gain)을 얻을 수 있다.
  ▸ 또한, 현재 이자율(r)이 높다는 것은 미래에 이자율(r)이 낮아질 가능성이 크다는 의미인데, 이는 현재의 채권가격은 싸고 미래에는 채권가격이 오를 가능성이 크다는 의미이기도 하다.
③ 이에 따라 투기적 화폐수요는 이자율(r)의 감소함수가 되는데 이자율(r)이 화폐수요를 결정하는 중요한 요인이 된다는 점에서 고전학파의 화폐수량설과 대비된다.

📘 이자율과 투기적 화폐수요

- 이자율↑(채권가격↓) → 싼 가격에 채권매입 → 투기적 화폐수요↓
- 이자율↓(채권가격↑) → 비싼 가격에 채권매각 → 투기적 화폐수요↑

화폐수요	개 념	결정 요인
거래적 화폐수요	• 개인과 기업이 일상적인 지출을 위해 보유하는 화폐수요	• 물가의 증가함수 • 실질국민소득의 증가함수
예비적 화폐수요	• 예상하지 못한 지출에 대비하기 위해 보유하는 화폐수요(비상금)	• 실질국민소득의 증가함수
투기적 화폐수요	• 채권과 같은 수익자산을 구입하기 위해 보유하는 화폐수요	• 이자율의 감소함수

(3) 케인즈의 투기적 화폐수요곡선

① r_2의 이자율이 사람들이 더는 오르지 않을 것으로 생각하는 이자율이라고 한다면 채권가격이 아주 낮아 유휴잔고 모두를 동원하여 채권을 매입하게 되므로 투기적 화폐수요는 0이 된다.

② r_1의 이자율이 사람들이 더는 내리지 않을 것으로 생각하는 최저 이자율이라고 한다면 채권가격이 최고로 높아 모든 채권을 매각하게 되므로 투기적 화폐수요는 최대가 된다.

③ 유동성함정
- 이자율(r)이 최저수준으로 떨어지면 채권가격이 최고로 높아 모든 채권을 매각하여 투기적 화폐수요가 최대가 된다. 앞으로 이자율은 상승(채권가격은 하락)할 것으로 기대되므로 채권보유 시 자본손실이 기대되어 모두 화폐의 형태로 보유하게 된다.
- 최저 이자율수준에서 투기적 화폐수요곡선은 수평선이 되고, 투기적 화폐수요가 이자율(r)에 대해 무한탄력적이 된다.
- 최저 이자율수준에서는 유휴자금의 모든 증가분이 투기적 화폐수요로 흡수되는데, 이 구간을 케인즈(J. M. Keynes)는 유동성함정(liquidity trap)이라고 하였다.

| 투기적 화폐수요곡선 |

- r_2의 이자율 : 모두 채권 매입
  → 투기적 화폐수요 = 0
- r_1의 이자율 : 모두 채권 매각
  → 투기적 화폐수요 최대

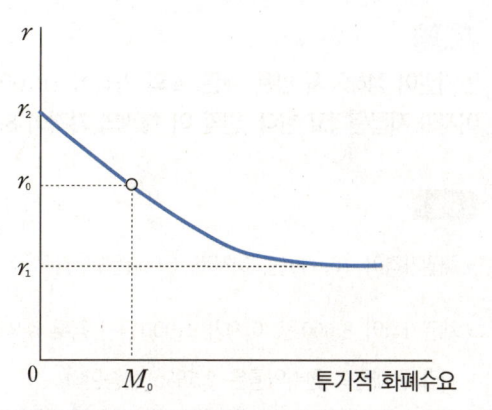

CHAPTER 10 화폐수요이론

Ⅱ 현재의 채권가격

① 매년 1원의 이자가 지급되고 이자율이 r인 영구채권의 현재가치는 다음과 같이 구해진다.
▸ 현재의 채권가격은 채권의 현재가치와 일치한다.

> **현재의 채권가격＝채권의 현재가치(이자 1원)**
> $$PV = \frac{1}{1+r} + \frac{1}{(1+r)^2} + \frac{1}{(1+r)^3} + \cdots = \frac{\frac{1}{1+r}}{1-\frac{1}{1+r}} = \frac{1}{r}$$

② 이를 일반화시키면 매년 이자가 A원씩 지급되는 영구채권의 현재가격(＝채권의 현재가치)은 다음과 같고, 채권수익률은 $r = \frac{A}{P}$가 된다.

> **현재의 채권가격＝채권의 현재가치(이자 A원)**
> $$PV = \frac{A}{1+r} + \frac{A}{(1+r)^2} + \frac{A}{(1+r)^3} + \cdots = \frac{A}{r}$$

예제 자산가격과 자산수익률

문제 1

앞으로 매년 연말에 1억 원씩 영구히 지급받을 수 있는 영구채가 있다. 금년 연초에 현재의 이자율이 연 5%이다가 10%로 상승하면 이 영구채의 현재가치는 어떻게 변동하는가?   (2006 공인노무사)

해설

- 이자율이 연 5%인 경우 영구채의 가격 : $P = \frac{A}{r}$, $\frac{1(억\,원)}{0.05} = 20(억\,원)$
- 이자율이 연 10%인 경우 영구채의 가격 : $P = \frac{A}{r}$, $\frac{1(억\,원)}{0.1} = 10(억\,원)$
- 영구채의 현재가치는 10억 원만큼 감소한다.

문제 2

만기일이 정해지지 않은 채권 A의 가격이 10,000원이고, 이 채권은 해마다 1,000원씩의 고정적인 이자가 지급된다고 한다. 만약 이 채권의 가격이 8,000원으로 변한다면 이 채권의 연수익률의 변화는?   (2009 7급 국가직)

해설

- 채권가격이 10,000원, 이자가 1,000원인 경우 수익률은 $r = \frac{A}{P}$, $r = \frac{1,000}{10,000} = 0.1$이 되어 10%이다.
- 채권가격이 8,000원, 이자가 1,000원인 경우 수익률은 $r = \frac{A}{P}$, $r = \frac{1,000}{8,000} = 0.125$가 되어 12.5%이다.
- 따라서 채권의 연수익률은 2.5%p 상승한다.

Ⅲ 화폐수요함수와 화폐수요곡선

1. 화폐수요함수

(1) 명목화폐수요함수

① 명목화폐수요(M^D)는 주어진 실질국민소득(Y)과 이자율(r)에 의해 결정되는 실질화폐수요 $L(Y, r)$에 물가수준(P)을 곱한 것이다.

② 명목화폐수요(M^D)는 물가(P)의 증가함수, 실질국민소득(Y)의 증가함수, 이자율(r)의 감소함수이다.

> **명목화폐수요함수 : 유동성선호설**
> $$M^D = P \times L(Y, r)$$

(2) 실질화폐수요함수

① 실질화폐수요$\left(\dfrac{M^D}{P}\right)$는 명목화폐수요($M^D$)를 물가수준($P$)으로 나눈 값으로 정의된다.

② 실질화폐수요는 실질국민소득(Y)의 증가함수, 이자율(r)의 감소함수이다.

▶ 실질화폐수요함수에서 k와 h는 화폐수요의 탄력성이 될 수 없고, 단지 화폐수요에 영향을 미치는 영향력의 척도일 뿐이다.

> **실질화폐수요함수 : 유동성선호설**
> $$\begin{aligned}\dfrac{M^D}{P} &= L(Y, r) \\ &= kY - hr\end{aligned}$$
>
> • 화폐수요의 소득탄력성 : $k > 0$ • 화폐수요의 이자율탄력성 : $h > 0$

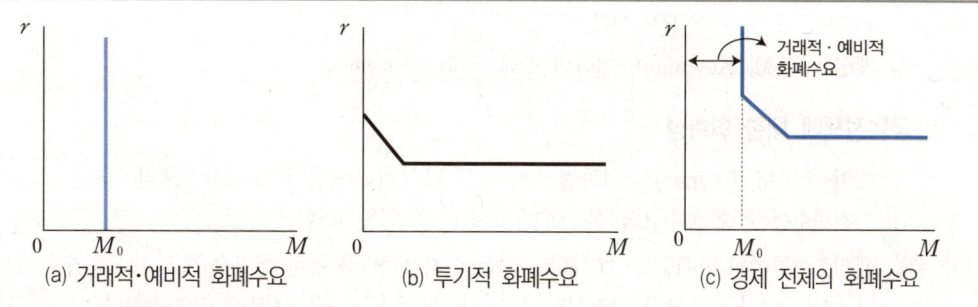

(a) 거래적·예비적 화폐수요   (b) 투기적 화폐수요   (c) 경제 전체의 화폐수요

> **경제 전체의 화폐수요곡선**
> - 거래적·예비적 화폐수요곡선과 투기적 화폐수요곡선을 수평적으로 합하면 경제 전체의 화폐수요곡선(M^D)이 도출된다.
> - 케인즈(J. M. Keynes)의 화폐수요는 물가(P)의 증가함수, 실질국민소득(Y)의 증가함수, 이자율(r)의 감소함수이다.

2. 화폐수요곡선

① 화폐수요곡선(money demand curve)이란 이자율을 제외한 화폐수요에 영향을 미치는 다른 모든 요인들은 불변임을 가정하고 이자율(r)과 화폐수요(M^D) 사이의 관계를 나타낸 곡선을 말한다.
② 거래적 화폐수요와 예비적 화폐수요곡선은 M_0의 수준에서 수직선의 형태로 그려지고, 투기적 화폐수요곡선을 M_0만큼 우측으로 이동시킴으로써 경제 전체의 화폐수요곡선(M^D)을 도출할 수 있다.
③ 이자율(r)의 변화는 화폐수요곡선상의 변화를 가져오고, 이자율(r) 이외의 요인변화는 화폐수요곡선 자체의 변화를 가져온다.
  ▸ 물가(P)가 상승(하락)하면 거래적 화폐수요가 증가(감소)하여 화폐수요곡선이 우측(좌측)으로 이동한다.
  ▸ 국민소득(Y)이 증가(감소)하면 거래적 화폐수요와 예비적 화폐수요가 증가(감소)하여 화폐수요곡선(M^D)이 우측(좌측)으로 이동한다.

Ⅳ 경제적 함축성

1. 화폐수요함수의 특징

① 고전학파이론에서 이자율은 생산물시장에서 결정되는 실질이자율인 반면, 케인즈이론에서 이자율은 화폐의 사용가격으로서 화폐시장에서 결정되는 명목이자율이다. 만약 물가수준이 일정하여 인플레이션율이 $\pi = 0$이라면 명목이자율과 실질이자율은 동일하게 된다.
② 거래적 화폐수요와 예비적 화폐수요는 활성잔고로서 화폐의 교환매개수단의 기능을 강조한 것이고, 투기적 화폐수요는 유휴잔고로서 가치저장수단의 기능에 초점을 맞춘 것이다.
③ 케인즈(J. M. Keynes)에 의하면 투기적 화폐수요는 이자율(r)의 감소함수로서 이자율에 대해 매우 민감하여 불안정적으로 반응한다. 그런데 경제 전체의 화폐수요함수도 케인즈(J. M. Keynes)가 강조했던 투기적 화폐수요에 가장 큰 영향을 받으므로 이자율(r)에 대해 불안정적이다.
④ 케인즈(J. M. Keynes)의 화폐수요는 이자율변화에 대해 민감하게 반응하므로 화폐의 소득유통속도(V) 또한 불안정적이다.
⑤ 케인즈(J. M. Keynes)에 의하면 화폐시장이 불안정하다.

2. 금융정책에 대한 함축성

① 케인즈(J. M. Keynes)에 의하면 화폐공급(M^S)의 변동을 통한 금융정책이 이자율(r)이라는 가격변수를 통해 총수요와 실질국민소득(Y)을 변동시킨다.
② 케인즈이론에서 화폐공급(M^S)의 증가는 이자율하락을 통한 투자수요(I^D)의 증가를 유발하고, 이는 다시 총수요를 증가시켜 실질국민소득(Y)을 증가시킨다고 가정한다.
  ▸ 고전학파이론에 의하면 화폐공급의 증가가 이자율이라는 가격변수를 거치지 않고 직접적으로 총수요를 증가시키게 된다. 하지만, 이는 실질국민소득의 증가를 유발하지 못하고, 단지 물가수준의 상승만을 유발한다.
③ 케인즈(J. M. Keynes)에 의하면 화폐수요함수는 매우 불안정적이므로 금융정책은 효과가 낮은 반면, 소비함수는 매우 안정적이어서 재정정책의 효과가 크다.

제4절 프리드먼의 화폐수요이론 : 신화폐수량설

I 개요

① 신화폐수량설은 고전학파의 화폐수량설에 케인즈(J. M. Keynes)가 강조한 투기적 화폐수요의 특징을 접목한 화폐수요이론이다. 따라서 신화폐수량설은 고전학파의 화폐수량설과 케인즈(J. M. Keynes)의 유동성선호설을 종합한 이론으로 평가할 수 있다.
② 고전학파의 화폐수량설에서는 화폐를 단지 교환의 매개수단으로 인식하지만, 프리드먼(M. Friedman)의 신화폐수량설(new quantity theory of money)에서는 화폐를 하나의 자산으로 취급함으로써 화폐의 가치저장수단으로서의 기능도 수용한다.
③ 각 개인은 화폐를 수요할 때 명목화폐가 아닌 실질화폐를 수요한다.

II 화폐수요함수

① 채권과 주식의 예상수익률이 상승하면 화폐수요가 감소한다. 각종 자산의 수익률의 대리변수를 이자율(r)이라고 한다면 화폐수요(M^D)는 이자율(r)의 감소함수가 된다.
② 예상인플레이션율(π^e)이 상승하면 화폐의 실질가치 하락으로 인해 화폐의 구매력이 떨어질 것으로 예상하므로 화폐수요가 감소하게 된다. 따라서 화폐수요(M^D)는 예상인플레이션율(π^e)의 감소함수가 된다.
③ 인적자산의 비율(h)이 증가하면 화폐수요(M^D)가 증가한다.
  ▶ 비인적자산은 화폐로의 전환이 용이하지만 인적자산은 화폐로의 전환 가능성이 작으므로 인적자산이 차지하는 비중이 높아지면 유동성확보의 차원에서 화폐수요는 증가한다.
④ 화폐수요(M^D)는 항상소득(Y^P)의 증가함수가 된다.

> **실질화폐수요함수 : 신화폐수량설**
> $$\frac{M^D}{P} = k(r, \pi^e) Y^P$$
> $$= \frac{1}{V(r, \pi^e)} Y^P$$
>
> • r : 이자율   • π^e : 예상인플레이션율

III 특징

① 프리드먼(M. Friedman)의 신화폐수량설에서는 V와 k가 이자율(r)과 예상물가상승률(π^e)의 영향을 받는 변수이다.
② 화폐의 소득유통속도(V)나 마샬(A. Marshall)의 k는 이자율(r)과 예상인플레이션율(π^e)에 영향을 받기 때문에 상수는 아니지만 매우 안정적이다.
③ 신화폐수량설에서는 화폐의 소득유통속도(V)나 마샬(A. Marshall)의 k가 매우 안정적인 변수이므로 화폐수요함수도 매우 안정적이다.

제5절 이자율결정이론

I 고전학파 : 실물적 이자론

1. 실물적 이자론

① 이자율은 생산물시장의 균형에 의해 결정되는 실물적 현상으로서 실질변수이다. 따라서 고전학파이론에서 이자율은 실질이자율(r)이다.
  ▸ 케인즈(J. M. Keynes)는 이자율을 유동성을 희생한 대가로 인식하는 반면, 고전학파는 이자율을 소비를 미래로 연기한 것에 대한 보상으로 인식한다.

② 생산물시장의 균형은 총수요와 총공급의 일치를 의미하고, 이때 총투자수요(I^D)와 총저축(S_T)이 일치하게 된다.
  ▸ 총투자수요(I^D) : 소비되지 않은 생산물의 수요
  ▸ 총저축(S_T) : 소비되지 않은 생산물의 공급

③ 총투자수요(I^D)는 이자율(r)의 감소함수이고, 총저축(S_T)은 이자율(r)의 증가함수이다.

2. 균형이자율의 결정 : 생산물시장의 균형

① 균형이자율(r_E)은 우하향하는 총투자수요곡선(I^D)과 우상향하는 총저축곡선(S_T)의 교차점에 의해 결정된다.

② 이자율(r)이 r_1수준일 때 생산물시장의 초과공급이 발생하여 이자율(r)이 하락하고, 이자율(r)이 r_2수준일 때 생산물시장의 초과수요가 발생하여 이자율(r)은 상승하게 된다.

③ 생산물시장의 균형
  ▸ 총수요 : $Y^D = C + I^D + G$
  ▸ 총공급 : $Y = C + S + T$

| 균형이자율의 결정 : 고전학파모형 |

- 이자율(r)은 생산물시장의 균형에 의해 결정되는 실물적 현상으로서 실질변수이다.
- 생산물시장에서 실물변수인 총투자수요(I^D)와 총저축(S_T)이 일치하는 E점에서 균형이자율(r_E)이 결정된다.

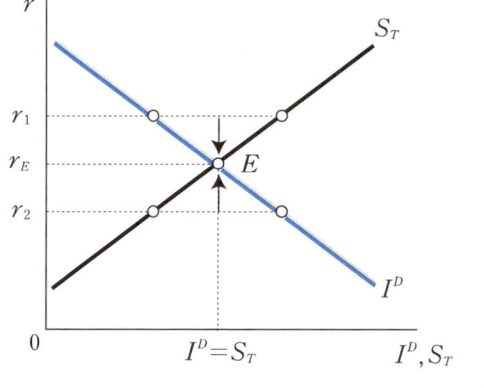

Ⅱ 케인즈 : 화폐적 이자론(유동성선호설)

1. 화폐적 이자론

① 이자율은 화폐시장의 균형에 의해 결정되는 화폐적 현상으로서 명목변수이다. 따라서 케인즈이론에서 이자율은 명목이자율(i)이다.
  ▸ 화폐보유의 기회비용은 실질이자율이 아니라 명목이자율이므로 실질화폐수요도 명목이자율에 의존한다. 케인즈(J. M. Keynes)는 이자율을 유동성을 희생한 대가로 인식한다.

② 화폐시장의 균형은 화폐수요(M^D)와 화폐공급(M^S)의 일치를 의미한다.

③ 화폐수요(M^D)는 이자율(r)의 감소함수이고, 화폐공급(M^S)은 이자율(r)과 무관하게 금융정책당국에 의해 일정 수준에서 결정되는 외생변수이다.

2. 균형이자율의 결정 : 화폐시장의 균형

① 균형이자율(r_E)은 우하향하는 화폐수요곡선(M^D)과 수직의 화폐공급곡선(M^S)의 교차점에 의해 결정된다.

② 이자율(r)이 r_1수준일 때 화폐시장의 초과공급이 발생하고, 사람들은 원치 않는 화폐를 채권 등 다른 자산의 형태로 바꾸려는 움직임이 나타난다. 이때 채권시장에서는 초과수요가 발생하여 채권 같은 금융자산의 가격이 상승하고 이자율(r)이 하락하게 된다.
  ▸ 화폐의 초과공급＝채권의 초과수요

③ 이자율(r)이 r_2수준일 때 화폐시장의 초과수요가 발생하고, 사람들은 원치 않는 채권을 화폐로 바꾸려는 움직임이 나타난다. 이때 채권시장에서는 초과공급이 발생하고 채권과 같은 금융자산의 가격이 하락하여 이자율(r)이 상승하게 된다.
  ▸ 화폐의 초과수요＝채권의 초과공급

④ 화폐시장의 균형

  ▸ 화폐수요 : $M^D = P \times L(Y,\ r),\ \dfrac{M^D}{P} = L(Y,\ r) = kY - hr$

  ▸ 화폐공급 : $M^S = M_0,\ \dfrac{M^S}{P} = \dfrac{M_0}{P}$

| 균형이자율의 결정 : 케인즈모형 |

- 이자율(r)은 화폐시장의 균형에 의해 결정되는 화폐적 현상으로서 명목변수이다.
- 화폐시장에서 명목변수인 화폐수요(M^D)와 화폐공급(M^S)이 일치하는 E점에서 균형이자율(r_E)이 결정된다.

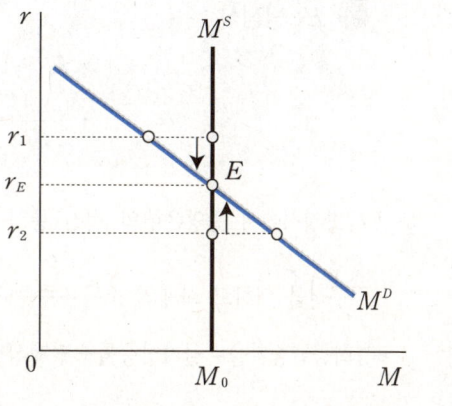

제6절 금융정책의 중간목표

I 이자율지표와 통화량지표

1. 케인즈학파
① 케인즈학파에 의하면 금융정책의 중간목표로서 이자율(r)이 통화량(M)보다 더 중요하다.
② 이자율(r)의 변동은 투자수요(I^D)의 변동을 통해 실질국민소득(Y)을 변화시키므로 이자율(r)을 중간목표로 사용하는 것이 바람직하다.
③ 최근 다양한 금융상품의 등장과 금융시장의 혁신으로 인해 화폐시장이 불안정해지고 있는 추세이다. 화폐시장이 불안정하면 화폐수요(M^D)의 변동에 의해 이자율(r)이 변동하게 되는데 이때 통화량(M)을 중간목표로 설정하면 이자율(r)의 변동이 급격해져 투자의 불안정과 실물시장의 불안정을 야기하므로 이자율(r)을 중간목표로 설정해야 한다.

2. 통화주의학파
① 통화주의학파에 의하면 금융정책의 중간목표로서 통화량(M)이 이자율(r)보다 더 중요하다.
② 통화량(M)의 변동은 직접적으로 물가(P)와 실질국민소득(Y)을 변화시키므로 통화량(M)을 중간목표로 사용하는 것이 바람직하다.
③ 생산물시장(실물시장)이 불안정하면 투자수요(I^D)의 변동에 의해 이자율(r)이 변동하게 되는데 이때 이자율(r)을 중간목표로 설정하면 화폐공급(M^S)의 조절을 통해 이자율(r)을 일정하게 유지해야 한다. 이는 경기변동의 진폭을 더욱 확대시키고 인플레이션을 야기하므로 통화량(M)을 중간목표로 설정해야 한다.

II 통화공급목표의 설정

① EC방정식은 유럽공동체(European Community : EC, 현재는 EU로 확대통합) 각료이사회가 1972년 전 회원국에 채택할 것을 권고한 적정 통화공급규모 산정방식이다.
② EC방정식은 피셔(I. Fisher)의 교환방정식에 이론적 근거를 두고 있다.

> **EC방정식**
> - $M \times V = P \times Y$
> - $\dfrac{\Delta M}{M} + \dfrac{\Delta V}{V} = \dfrac{\Delta P}{P} + \dfrac{\Delta Y}{Y}$

③ EC방정식에서 중앙은행의 적정 통화공급증가율$\left(\dfrac{\Delta M}{M}\right)$은 물가상승률$\left(\dfrac{\Delta P}{P}\right)$에 경제성장률$\left(\dfrac{\Delta Y}{Y}\right)$을 더하고 화폐의 소득유통속도증가율$\left(\dfrac{\Delta V}{V}\right)$을 뺀 값이다.

▶ 통화공급증가율 = 물가상승률 + 경제성장률 − 화폐의 소득유통속도증가율

예제 — EC방정식

문제 1

어느 나라의 올해 통화량은 5백억 원이며, 중앙은행은 내년도 인플레이션율을 3%로 유지하려 한다. 화폐의 유통속도는 일정하고 실질 GDP는 매년 7%씩 증가한다. 화폐수량설에 의하면 내년도 통화량은 얼마가 되어야 하는가?

(2007 7급)

해설

- 화폐수량설 : $MV = PY$
- EC방정식 : $\dfrac{\Delta M}{M} + \dfrac{\Delta V}{V} = \dfrac{\Delta P}{P} + \dfrac{\Delta Y}{Y}$
- 통화량증가율 : $\dfrac{\Delta M}{M} = \dfrac{\Delta P}{P} + \dfrac{\Delta Y}{Y} - \dfrac{\Delta V}{V}$
- 인플레이션율 $\dfrac{\Delta P}{P} \times 100 = 3(\%)$, 화폐유통속도증가율 $\dfrac{\Delta V}{V} \times 100 = 0(\%)$, 경제성장률 $\dfrac{\Delta Y}{Y} \times 100 = 7(\%)$ 이므로 이를 EC방정식에 대입하면 통화량증가율 $\dfrac{\Delta M}{M} \times 100$은 $3\% + 7\% - 0\% = 10\%$가 된다.
- 통화량증가율 : $\dfrac{\Delta M}{M} = \dfrac{\Delta P}{P} + \dfrac{\Delta Y}{Y} - \dfrac{\Delta V}{V} = 0.03 + 0.07 - 0 = 0.1$
- 올해 통화량이 5백억 원인데 연간 통화량증가율이 10%이므로 내년도 통화량은 5백억 원에서 10% 증가한 550억 원이 되어야 한다.

문제 2

2008년 한 해 A국의 화폐유통속도증가율은 2%, 인플레이션율이 3%, 통화증가율이 6%이다. 화폐수량설이 성립할 때 같은 해에 이 국가의 실질국민소득증가율은?

(2009 공인노무사)

해설

- 화폐수량설 : $MV = PY$
- EC방정식 : $\dfrac{\Delta M}{M} + \dfrac{\Delta V}{V} = \dfrac{\Delta P}{P} + \dfrac{\Delta Y}{Y}$
- 실질국민소득증가율 : $\dfrac{\Delta Y}{Y} = \dfrac{\Delta M}{M} + \dfrac{\Delta V}{V} - \dfrac{\Delta P}{P}$
- 통화증가율 $\dfrac{\Delta M}{M} \times 100 = 6(\%)$, 화폐유통속도증가율 $\dfrac{\Delta V}{V} \times 100 = 2(\%)$, 인플레이션율 $\dfrac{\Delta P}{P} \times 100 = 3(\%)$이므로 이를 EC방정식에 대입하면 실질국민소득증가율 $\dfrac{\Delta Y}{Y} \times 100$은 $6\% + 2\% - 3\% = 5\%$가 된다.
- 실질국민소득증가율 : $\dfrac{\Delta Y}{Y} = \dfrac{\Delta M}{M} + \dfrac{\Delta V}{V} - \dfrac{\Delta P}{P} = 0.06 + 0.02 - 0.03 = 0.05$

문제 3

화폐수량방정식(교환방정식)을 활용하여 다음 물음에 답하시오. 화폐유통속도는 일정하고 실질 GDP는 매년 5%씩 증가한다. 중앙은행이 통화량을 현재 수준에서 고정시킨다면 내년도 명목 GDP와 물가수준은 얼마나 되겠는가?

(2009 보험계리사)

CHAPTER 10 화폐수요이론

> **해설**
> - 물가상승률 : $\dfrac{\Delta P}{P} = \dfrac{\Delta M}{M} + \dfrac{\Delta V}{V} - \dfrac{\Delta Y}{Y}$
> - 화폐유통속도는 일정하기 때문에 $\dfrac{\Delta V}{V} \times 100 = 0(\%)$이 되고, 통화량을 현재 수준에서 고정시킨다고 하였으므로 $\dfrac{\Delta M}{M} \times 100 = 0(\%)$이 되며 실질 GDP는 매년 5%씩 증가하므로 $\dfrac{\Delta Y}{Y} \times 100 = 5(\%)$가 된다. 이를 EC방정식에 대입하면 물가상승률은 $\dfrac{\Delta P}{P} \times 100 = -\dfrac{\Delta Y}{Y} \times 100 = -5(\%)$가 도출된다.
> - 물가가 5% 하락하고 실질 GDP가 5% 상승하면 명목국민소득 PY는 불변이 된다.

문제 4

D국가의 명목 GDP는 20,000달러이고, 통화량은 8,000달러이다. 이 나라의 물가수준은 20% 상승하고 통화량은 10% 증가, 실질 GDP는 10% 증가할 경우 화폐유통속도는 얼마인가? *(2011 보험계리사)*

> **해설**
> - $MV = PY$에서 명목 $GDP(PY)$가 20,000달러이므로 통화량(M)이 8,000달러이면 화폐유통속도(V)는 2.5이다.
> - $\dfrac{\Delta V}{V} = \dfrac{\Delta P}{P} + \dfrac{\Delta Y}{Y} - \dfrac{\Delta M}{M} = 0.2 + 0.1 - 0.1 = 0.2$이므로 화폐유통속도는 20(%) 상승한다.
> - 화폐유통속도가 2.5에서 20(%) 상승하면 화폐유통속도는 3이 된다.

문제 5

전년도에 비해 통화량은 5%, 물가는 6%, 실질국민소득은 9% 증가하였고, 전년도 화폐유통속도가 20이었다면 올해의 화폐유통속도는? (단, 화폐수량설이 성립한다.) *(2013 감정평가사)*

> **해설**
> - 통화량증가율은 $\dfrac{\Delta M}{M} \times 100 = 5(\%)$, 물가상승률은 $\dfrac{\Delta P}{P} \times 100 = 6(\%)$, 실질국민소득증가율은 $\dfrac{\Delta Y}{Y} \times 100 = 9(\%)$이다.
> - 이를 EC방정식 $\dfrac{\Delta M}{M} + \dfrac{\Delta V}{V} = \dfrac{\Delta P}{P} + \dfrac{\Delta Y}{Y}$에 대입하면 $5\% + \left(\dfrac{\Delta V}{V} \times 100\right) = 6\% + 9\%$가 된다. 따라서 화폐유통속도증가율은 $\left(\dfrac{\Delta V}{V} \times 100\right) = 10(\%)$가 된다.
> - 화폐유통속도가 20에서 10% 증가하면 22가 된다.

문제 6

폐쇄경제인 A국에서 화폐수량설과 피셔방정식(Fisher equation)이 성립한다. 화폐유통속도가 일정하고, 실질 경제성장률이 2%, 명목이자율이 5%, 실질이자율이 3%인 경우 통화증가율은? *(2017 감정평가사)*

> **해설**
> - 인플레이션율(π) = 물가상승률$\left(\dfrac{\Delta P}{P}\right)$ = 명목이자율(i) − 실질이자율(r) = 5 − 3 = 2(%)
> - $MV = PY$, $\dfrac{\Delta M}{M} + \dfrac{\Delta V}{V} = \dfrac{\Delta P}{P} + \dfrac{\Delta Y}{Y}$의 식에 $\dfrac{\Delta V}{V} = 0$, $\dfrac{\Delta Y}{Y} \times 100 = 2(\%)$, $\dfrac{\Delta P}{P} \times 100 = 2(\%)$를 대입하면 통화증가율 $\dfrac{\Delta M}{M} \times 100 = 4(\%)$이다.

PART 05

총수요 – 총공급이론

11 IS – LM모형
12 재정정책과 금융정책
13 총수요 – 총공급모형

CHAPTER 11　IS - LM모형

PART 05 | 총수요 - 총공급이론

제1절　개요

I　케인즈단순모형의 확대

① $IS-LM$이론은 현실적으로는 균형국민소득과 균형이자율이 생산물시장과 화폐시장의 상호작용 하에 동시에 결정된다는 점에 착안하여 생산물시장과 화폐시장의 상호 연관성을 종합적으로 분석한 이론이다.
② $IS-LM$이론은 케인즈(J. M. Keynes)의 단순모형을 확대 및 보완하였다는 점에서 케인즈(J. M. Keynes)의 완전이론이라고 한다.

II　기본가정

① 물가수준(P)은 외생변수로서 상수 취급되므로 고정되어 있다.
② 투자수요(I^D)는 독립투자 이외에도 이자율(r)의 감소함수인 유발투자수요가 존재한다.

III　$IS-LM$모형의 구조

1. 균형조건

① 생산물시장의 균형조건은 IS곡선으로 표시한다.

> **생산물시장의 균형조건**
>
> 투자수요(I^D) = 저축(S)

② 화폐시장의 균형조건은 LM곡선으로 표시한다.

> **화폐시장의 균형조건**
>
> 화폐수요(Liquidity preference : L) = 화폐공급(Money supply : M)

2. 생산물시장과 화폐시장의 상호 연관성

① 생산물시장의 변화는 국민소득(Y)을 변동시키고, 이 국민소득(Y)의 변동이 화폐수요(M^D)의 변화를 가져와 화폐시장에 영향을 미친다.
② 한편, 화폐시장의 변화는 이자율(r)을 변동시키고, 이자율변동이 투자수요(I^D)의 변동을 초래하여 생산물시장에 영향을 미치게 된다.
③ $IS-LM$이론에서도 잉여생산능력의 경제를 상정하였으므로 이 이론에서 말하는 균형국민소득은 총수요 측면만을 강조한 제한된 의미의 국민소득이다.

제2절 생산물시장의 균형 : IS곡선

I 개념

① IS곡선은 주어진 물가수준에서 생산물시장의 균형을 가져다주는 이자율(r)과 국민소득(Y)의 조합점을 연결한 곡선이다.
  - 총수요 측면의 투자수요(I^D)와 총공급 측면의 저축(S)이 일치하는 과정에서 생산물시장의 균형이자율(r_E)과 균형국민소득(Y_E)이 달성된다.

② 가계·기업·정부만 존재하는 3부문 경제에서 총수요($AD = Y^D$)는 소비(C)·투자수요(I^D)·정부지출(G)로 구성되고, 총공급($AS = Y$)은 소비(C)·저축(S)·조세(T)로 구성된다.

③ 생산물시장의 균형조건은 투자수요(I^D)와 총저축(S_T)이 일치하는 수준에서 결정되며, 투자수요(I^D)와 총저축(S_T)이 일치하는 소득수준은 상이한 이자율(r)에 대하여 무수히 존재한다.
  - 총저축(S_T) = 민간저축(S_P) + 정부저축(S_G)
  - 민간저축(S_P) = $Y - C - T$
  - 정부저축(S_G) = $T - G$

II IS곡선의 도출

1. 생산물시장의 균형식

① 외국이 존재하지 않는 폐쇄경제를 가정하면 생산물시장의 균형식은 다음과 같다.

> **생산물시장의 균형식**
>
> 생산물시장의 균형조건 : $Y^D = Y$
>
> - 총수요 : $Y^D = C + I^D + G$
> - 소비함수 : $C = a + b(Y - T)$, $a > 0$, $0 < b < 1$
> - 투자함수 : $I^D = I^D(r) = I_0 - cr$, $I_0 > 0$, $c > 0$
> - 정부지출함수 : $G = G_0$
> - 조세함수 : $T = T_0$

② 투자수요함수에서 c는 투자수요(I^D)가 이자율(r)에 얼마나 민감하게 반응하는가를 나타내는 투자수요의 이자율탄력성이다.
  - 투자수요함수에서 c는 투자수요의 이자율탄력성이 될 수 없고, 단지 투자수요에 영향을 미치는 영향력의 척도일 뿐이다. 그럼에도 불구하고 탄력성이라는 용어를 사용한 것은 적절한 용어를 찾기 힘들어 탄력성이라는 용어로 대체했을 뿐이다.
  - 독자들은 독립변수의 지수가 종속변수의 독립변수에 대한 탄력성이 된다는 사실을 상기하기 바란다.

CHAPTER 11 IS-LM모형

2. IS곡선의 도출

① 최초의 균형점 E_0에서 생산물시장의 균형 (r_0, Y_0)가 결정되었다고 가정하자.

② 이자율이 r_0에서 r_1으로 하락하면 투자수요가 $I^D(r_0)$에서 $I^D(r_1)$으로 증가하여 총수요 (Y^D)가 증가하게 된다.

③ 국민소득(Y) 이외의 요인에 의해 총수요(Y^D)가 증가하였으므로 총수요선 자체가 상방으로 이동하면서 균형국민소득 또한 Y_0에서 Y_1으로 증가하게 되고 새로운 균형점 E_1에서 새로운 생산물시장의 균형 (r_1, Y_1)이 결정된다.

④ 이러한 과정을 반복하면 우하향하는 IS곡선이 도출된다.

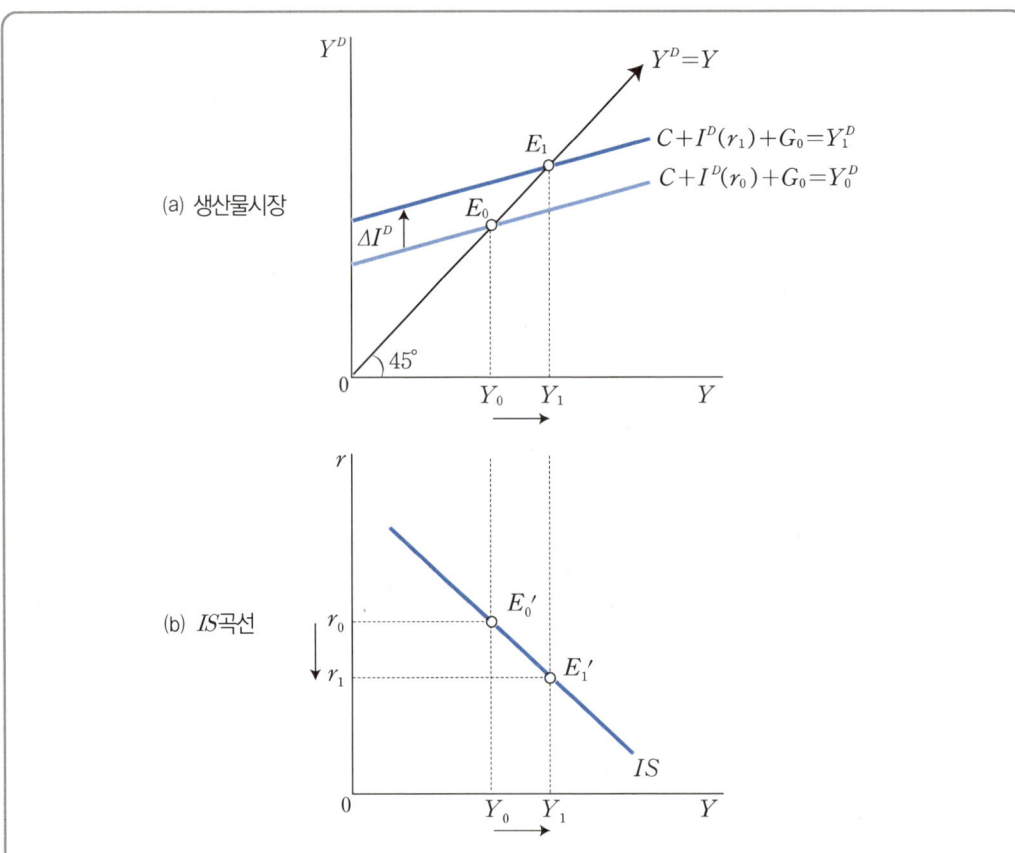

(a) 생산물시장

(b) IS곡선

IS곡선의 도출

- 이자율의 하락$(r_0 \to r_1)$ → 투자수요의 증가(ΔI^D) → 총수요의 증가$(Y_0^D \to Y_1^D)$ → 총수요선의 상방 이동 → 균형국민소득의 증가$(Y_0 \to Y_1)$
- 이자율(r)의 하락은 국민소득(Y)의 증가를 가져오므로 IS곡선은 우하향한다.

Ⅲ 생산물시장의 불균형

1. *IS*곡선의 상방(우측) : 생산물시장의 초과공급

① *IS*곡선의 상방에 위치한 A점은 동일한 국민소득수준(Y_1) 하에서 균형이자율 r_1수준보다 높은 이자율 r_0에 위치해 있다. 따라서 균형수준보다 낮은 투자수요(I^D)를 가질 것이므로 생산물시장의 초과공급이 존재한다.

▸ 투자수요는 총수요의 구성요소이다. 균형수준보다 투자수요가 낮다는 것은 총생산에 비해 총수요가 더 낮은 것이므로 생산물시장의 초과공급을 의미한다.

② *IS*곡선의 우측에 위치한 A점은 동일한 이자율(r_0) 하에서 균형국민소득 Y_0수준보다 높은 국민소득 Y_1에 위치해 있으므로 생산물시장의 초과공급이 존재한다.

▸ 여기에서 국민소득은 실현된 지출로서 실제 생산된 산출량을 의미하는 실질국민소득이다. 균형수준보다 국민소득이 높다는 것은 실현된 총생산이 총수요보다 높다는 것이므로 생산물시장의 초과공급을 의미한다.

▸ 동일한 이자율수준에서 국민소득(실질산출량)이 증가하면 총수요의 구성요소인 소비가 증가하지만 국민소득의 증가분이 소비증가분보다 크므로 생산물시장의 초과공급이 된다.

③ 생산물시장의 초과공급은 생산량감소를 통한 국민소득의 감소로 불균형이 해소된다.

④ 이처럼 생산물시장의 불균형은 생산량이 조정되어 불균형이 해소되는데 이는 생산능력이 충분한 경제를 가정한 것에 기인한다.

2. *IS*곡선의 하방(좌측) : 생산물시장의 초과수요

① *IS*곡선의 하방에 위치한 B점은 동일한 국민소득수준(Y_0) 하에서 균형이자율 r_0수준보다 낮은 이자율 r_1에 위치해 있다. 따라서 균형수준보다 높은 투자수요(I^D)를 가질 것이므로 생산물시장의 초과수요가 존재한다.

② *IS*곡선의 좌측에 위치한 B점은 동일한 이자율(r_1) 하에서 균형국민소득 Y_1수준보다 낮은 국민소득 Y_0에 위치해 있으므로 생산물시장의 초과수요가 존재한다.

③ 생산물시장의 초과수요는 생산량증가를 통한 국민소득의 증가로 불균형이 해소된다.

| 생산물시장의 불균형 |

- *IS*곡선의 상방(우측) : 생산물시장의 초과공급
- *IS*곡선의 하방(좌측) : 생산물시장의 초과수요

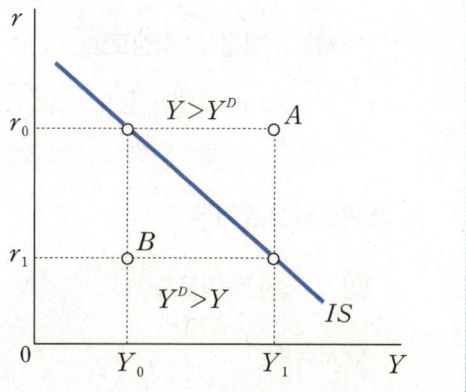

Ⅳ IS방정식

1. 도출

① 총수요(Y^D)의 구성요소와 각각의 함수는 다음과 같다.

> **📖 총수요의 구성요소 : 기본모형**
>
> $$총수요 : Y^D = C + I^D + G$$
>
> - 소비함수 : $C = a + b(Y - T),\ a > 0,\ 0 < b < 1$
> - 조세함수 : $T = T_0$
> - 투자함수 : $I^D = I^D(r) = I_0 - cr,\ c > 0$
> - 정부지출함수 : $G = G_0$

② 주어진 변수들을 이용하여 균형국민소득식을 도출하면 다음과 같다.

> **📖 균형국민소득식 : 기본모형**
>
> - 생산물시장의 균형조건 : $Y^D = Y$
> - 총수요선식 : $Y^D = (a - bT_0 + I_0 + G_0) - cr + bY$
> - 균형국민소득식 : $Y_E = \dfrac{1}{1-b}(a - bT_0 + I_0 + G_0) - \dfrac{c}{1-b}r$

③ 균형국민소득식을 이자율(r)에 대해 정리하면 IS방정식이 도출된다.

> **📖 IS방정식 : 기본모형**
>
> $$r = \dfrac{a - bT_0 + I_0 + G_0}{c} - \dfrac{1-b}{c}Y$$

④ 비례세, 개방경제, 유발투자수요를 가정한 확장모형의 IS방정식은 다음과 같다.

▸ 조세함수 : $T = T_0 + tY$
▸ 투자함수 : $I^D = I^D(r) = I_0 - cr + iY,\ c > 0,\ i > 0$
▸ 수입함수 : $M = M_0 + mY,\ 0 < m < 1$

> **📖 IS방정식 : 확장모형**
>
> $$r = \dfrac{a - bT_0 + I_0 + G_0 + X_0 - M_0}{c} - \dfrac{1 - b(1-t) + m - i}{c}Y$$

2. IS곡선의 기울기

> **📖 IS곡선의 기울기**
>
> - 기본모형 : $-\dfrac{1-b}{c}$
> - 확장모형 : $-\dfrac{1 - b(1-t) + m - i}{c}$

① IS곡선 기울기의 절댓값 $\dfrac{1-b(1-t)+m-i}{c}$는 케인즈(J. M. Keynes)의 승수이론에서 승수 $\dfrac{1}{1-b(1-t)+m-i}$와 역($-$)의 관계에 있다. 따라서 승수가 커지면 IS곡선의 기울기의 절댓값은 작아져서 IS곡선은 완만하게 우하향한다.
- 한계소비성향(b)이 커지거나 한계저축성향($1-b$)이 작아지면 승수가 커지므로 IS곡선의 기울기가 완만해진다.
- 비례세와 외국부문을 고려하면 그렇지 않은 경우에 비해 승수가 작아지므로 IS곡선의 기울기가 급격해진다.
- 유발투자수요를 가정한 가속도원리가 적용되면 그렇지 않은 경우에 비해 승수가 커지므로 IS곡선의 기울기가 완만해진다.

② 투자수요의 이자율탄력성(c)이 클수록 IS곡선의 기울기의 절댓값은 작아져서 IS곡선은 완만하게 우하향한다.
- IS곡선의 형태는 이자율(r)을 독립변수(세로축)로 하는 투자수요곡선(I^D)의 형태와 유사하게 결정된다.

3. IS곡선상의 이동

① 이자율(r)이 하락하면 투자수요(I^D)가 증가하고 투자수요(I^D)가 증가하면 총수요(Y^D)가 증가한다. 이때 증가하는 총수요에 맞추어 총생산이 증가하므로 국민소득(Y)이 증가한다.
② 이자율(r)이 변동하여 총수요가 변하면 주어진 IS곡선상에서 균형점이 이동하게 되므로 이자율(r)의 변동은 IS곡선상의 변화를 가져온다.
③ IS곡선의 도출에 관한 논의는 어디까지나 케인즈모형의 틀 안에서 이루어지고 있다는 사실을 독자들은 간과해서는 안 된다. 케인즈모형에서는 총수요가 존재하면 총생산이 자동적으로 이에 맞추어지므로 총수요가 바로 균형국민소득이 되는 것이다.

4. IS곡선의 이동

(1) IS곡선의 수직 절편

> **IS곡선의 수직 절편**
> - 기본모형 : $\dfrac{a-bT_0+I_0+G_0}{c}$
> - 확장모형 : $\dfrac{a-bT_0+I_0+G_0+X_0-M_0}{c}$

(2) IS곡선의 이동 요인

IS곡선의 우측(상방) 이동 요인	IS곡선의 좌측(하방) 이동 요인
• 정부지출(G_0)의 증가(확대재정정책)	• 정부지출(G_0)의 감소(긴축재정정책)
• 조세(T_0)의 감면(확대재정정책)	• 조세(T_0)의 증가(긴축재정정책)
• 절대소비(a)의 증가, 절대저축($-a$)의 감소	• 절대소비(a)의 감소, 절대저축($-a$)의 증가
• 독립투자(I_0)의 증가	• 독립투자(I_0)의 감소
• 수출(X_0)의 증가	• 수출(X_0)의 감소
• 독립수입(M_0)의 감소	• 독립수입(M_0)의 증가

Ⅴ 학파별 IS곡선

1. 케인즈

① 케인즈단순모형에서 투자수요(I^D)는 이자율(r)과 무관한 독립투자수요만 존재하기 때문에 이자율(r)이 아무리 변하더라도 투자수요(I^D)는 불변이 되어 균형국민소득(Y_E)도 불변이 된다.
② 따라서 케인즈단순모형에서 IS곡선은 균형국민소득수준(Y_E)에서 수직선이 된다.

2. 케인즈학파와 통화주의학파

① 케인즈(J. M. Keynes)의 맥을 이은 케인즈학파는 투자수요의 이자율탄력성이 아주 작기 때문에 IS곡선의 기울기가 가파르게 나타난다.
  ▸ 투자수요의 이자율탄력성↓ → 가파른 투자수요곡선 → 가파른 IS곡선
② 고전학파의 맥을 이은 통화주의학파는 투자수요의 이자율탄력성이 아주 크기 때문에 IS곡선의 기울기가 완만하게 나타난다.
  ▸ 투자수요의 이자율탄력성↑ → 완만한 투자수요곡선 → 완만한 IS곡선

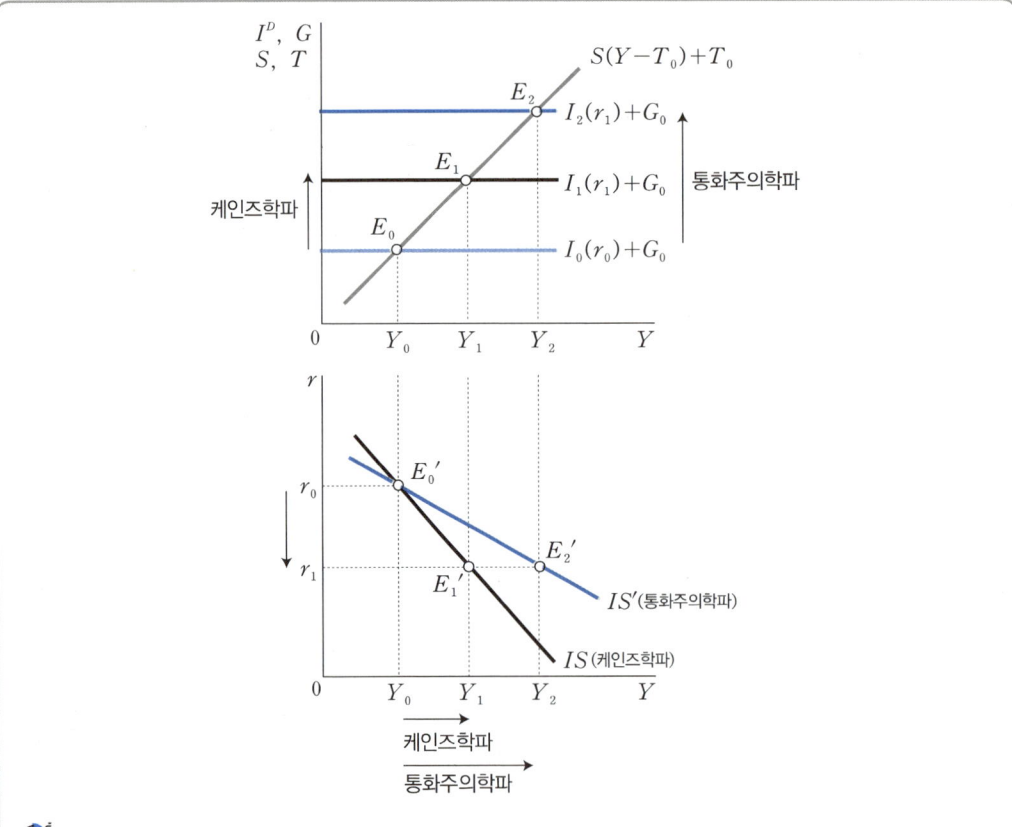

❖ 케인즈학파와 통화주의학파의 IS곡선

- 케인즈학파는 가파른 투자수요곡선(I^D)과 가파른 IS곡선을 가진다.
- 통화주의학파는 완만한 투자수요곡선(I^D)과 완만한 IS곡선을 가진다.

제3절 　화폐시장의 균형 : LM곡선

I 　개념

① LM곡선은 주어진 물가수준에서 화폐시장의 균형을 가져다주는 이자율(r)과 국민소득(Y)의 조합점을 연결한 곡선이다.
  ▸ 화폐수요(M^D)와 화폐공급(M^S)이 일치하는 과정에서 화폐시장의 균형이자율(r_E)과 균형국민소득(Y_E)이 달성된다.
② LM곡선은 케인즈(J. M. Keynes)의 유동성선호설에 이론적 토대를 두고 있다.

II 　LM곡선의 도출

1. 화폐시장의 균형식

> **화폐시장의 균형식**
>
> 화폐시장의 균형조건 : $M^D = M^S$
>
> - 화폐수요함수 : $M^D = P \times L(Y, r)$
> $$\frac{M^D}{P} = L(Y, r) = kY - hr, \ k > 0, \ h > 0$$
> - 화폐공급함수 : $M^S = M_0, \ \dfrac{M^S}{P} = \dfrac{M_0}{P}$

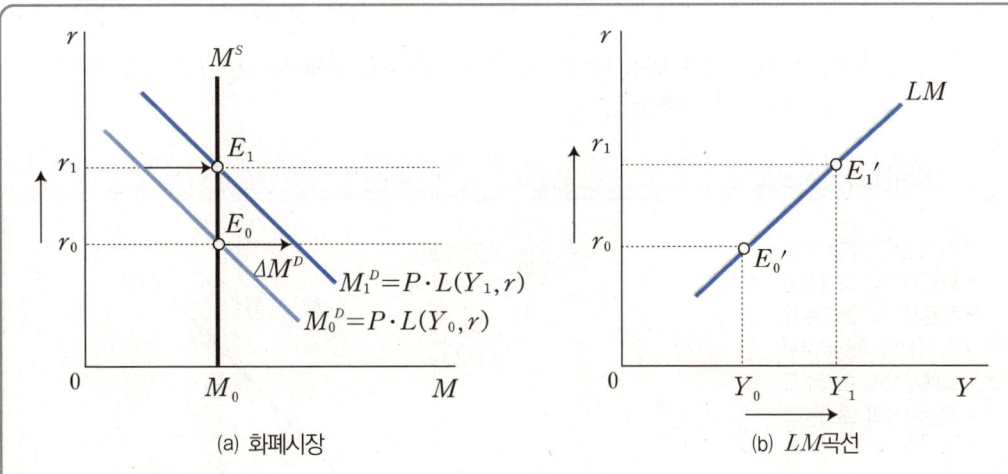

(a) 화폐시장　　　　(b) LM곡선

> **LM곡선의 도출**
>
> - 국민소득의 증가($Y_0 \to Y_1$) → 화폐수요의 증가($M_0^D \to M_1^D$) → 이자율의 상승($r_0 \to r_1$)
> - 국민소득(Y)의 증가는 이자율(r)의 상승을 가져오므로 LM곡선은 우상향한다.

CHAPTER 11 IS-LM모형

2. LM곡선의 도출
① 최초의 균형점 E_0에서 화폐시장의 균형 (r_0, Y_0)가 결정되었다.
② 국민소득이 Y_0에서 Y_1으로 증가하면 화폐수요가 M_0^D에서 M_1^D으로 증가하게 되어 화폐수요곡선(M^D)이 우측으로 이동하게 되고 새로운 균형점 E_1에서 새로운 화폐시장의 균형 (r_1, Y_1)이 결정된다.
③ 이러한 과정을 반복하면 우상향하는 LM곡선이 도출된다.

Ⅲ 화폐시장의 불균형

1. LM곡선의 상방(좌측) : 화폐시장의 초과공급
① LM곡선의 상방에 위치한 A점은 동일한 국민소득수준(Y_0) 하에서 균형이자율 r_0 수준보다 높은 이자율 r_1에 위치해 있다. 따라서 균형수준보다 낮은 화폐수요(M^D)를 가질 것이므로 화폐시장의 초과공급이 존재한다.
② LM곡선의 좌측에 위치한 A점은 동일한 이자율(r_1) 하에서 균형국민소득 Y_1 수준보다 낮은 국민소득 Y_0에 위치해 있다. 따라서 균형수준보다 낮은 화폐수요(M^D)를 가질 것이므로 화폐시장의 초과공급이 존재한다.

2. LM곡선의 하방(우측) : 화폐시장의 초과수요
① LM곡선의 하방에 위치한 B점은 동일한 국민소득수준(Y_1) 하에서 균형이자율 r_1 수준보다 낮은 이자율 r_0에 위치해 있다. 따라서 균형수준보다 높은 화폐수요(M^D)를 가질 것이므로 화폐시장의 초과수요가 존재한다.
② LM곡선의 우측에 위치한 B점은 동일한 이자율(r_0) 하에서 균형국민소득 Y_0 수준보다 높은 국민소득 Y_1에 위치해 있다. 따라서 균형수준보다 높은 화폐수요(M^D)를 가질 것이므로 화폐시장의 초과수요가 존재한다.

| 화폐시장의 불균형 |

- LM곡선의 상방(좌측)
  - 화폐시장의 초과공급
  - 채권시장의 초과수요
- LM곡선의 하방(우측)
  - 화폐시장의 초과수요
  - 채권시장의 초과공급

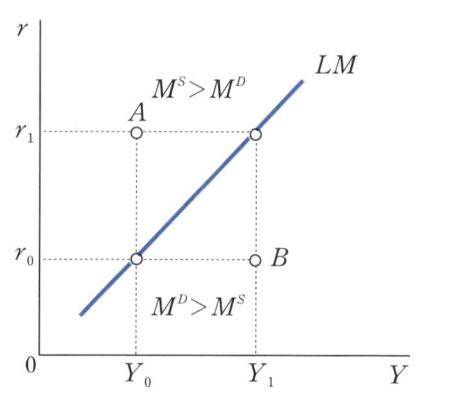

Ⅳ LM방정식

1. 도출

① 명목변수를 이용하여 화폐시장균형조건을 도출하면 다음과 같다.

> **명목변수를 이용한 화폐시장균형조건**
> $$P \times L(Y, r) = M_0$$
> - 명목화폐수요함수 : $M^D = P \times L(Y, r)$
> - 명목화폐공급함수 : $M^S = M_0$
> - 화폐시장의 균형조건 : $M^D = M^S$

② 실질변수를 이용하여 화폐시장균형조건을 도출하면 다음과 같다.

> **실질변수를 이용한 화폐시장균형조건**
> $$kY - hr = \frac{M_0}{P}$$
> - 실질화폐수요함수 : $\frac{M^D}{P} = L(Y, r) = kY - hr,\ k > 0,\ h > 0$
> - 실질화폐공급함수 : $\frac{M^S}{P} = \frac{M_0}{P}$
> - 화폐시장의 균형조건 : $\frac{M^D}{P} = \frac{M^S}{P}$

③ 화폐시장의 균형조건을 이자율(r)에 대해 정리하면 LM방정식이 도출된다.

> **LM방정식**
> $$r = -\frac{M_0}{Ph} + \frac{k}{h}Y$$

2. LM곡선의 기울기

> **LM곡선의 기울기**
> $$\frac{k}{h}$$

① 화폐수요의 소득탄력성(k)이 작을수록 LM곡선은 완만하게 우상향한다.
② 화폐수요의 이자율탄력성(h)이 클수록 LM곡선은 완만하게 우상향한다.
   ▸ LM곡선의 형태는 이자율(r)을 독립변수(세로축)로 하는 화폐수요곡선(M^D)의 형태와 유사하게 결정된다.
③ 화폐의 소득유통속도(V)가 클수록 LM곡선은 완만하게 우상향한다.
   ▸ 마샬(A. Marshall)의 k가 작을수록, 즉 화폐의 소득유통속도가 클수록 국민소득 증가 시 화폐수요의 증가분이 적게 되므로 균형이자율의 상승분도 낮아져서 LM곡선의 기울기가 완만해진다.
   ▸ 마샬(A. Marshall)의 k는 화폐수요의 소득탄력성과 유사하다.

3. LM곡선상의 이동

① 국민소득(Y)이 변동하여 이자율(r)이 변하면 LM곡선상에서 균형점이 이동하게 된다.
② 따라서 국민소득(Y)의 변동으로 인한 이자율(r)의 변동은 LM곡선상의 변화를 가져온다.

4. LM곡선의 이동

(1) LM곡선의 수직 절편

> **LM곡선의 수직 절편**
>
> $$-\frac{M_0}{Ph}$$

(2) LM곡선의 이동 요인

LM곡선의 우측(하방) 이동 요인	LM곡선의 좌측(상방) 이동 요인
• 화폐공급(M^S)의 증가(확대금융정책) • 물가(P)의 하락(명목화폐수요의 감소, 실질화폐공급의 증가)	• 화폐공급(M^S)의 감소(긴축금융정책) • 물가(P)의 상승(명목화폐수요의 증가, 실질화폐공급의 감소)

(3) 기타 LM곡선의 이동 요인

① 화폐의 소득유통속도(V)가 커지면(마샬의 k가 작아지면) 화폐수요가 감소하므로 화폐수요곡선이 좌측으로 이동하여 LM곡선이 우측(하방)으로 이동한다.
② 금융제도의 불안정성 확대 → 금융기관의 신뢰성 추락 → 화폐수요(M^D)의 증가(현금보유비율의 증가) → 화폐의 유통속도(V) 감소 → LM곡선 좌측(상방) 이동
③ 외생적 요인으로 거래적 화폐수요가 증가하면 LM곡선은 좌측(상방) 이동한다.

심화분석 | 화폐공급의 내생성과 LM곡선 |

① 케인즈학파는 화폐공급(M^S)이 이자율(r)의 증가함수라는 화폐공급의 내생성을 주장하였다.
② 화폐공급곡선이 우상향하게 되면 LM곡선의 기울기를 완만하게 함으로써 재정정책의 효과를 크게 하고 금융정책의 효과를 작게 만든다. 이는 '제12장 재정정책과 금융정책'에서 자세하게 논의된다.

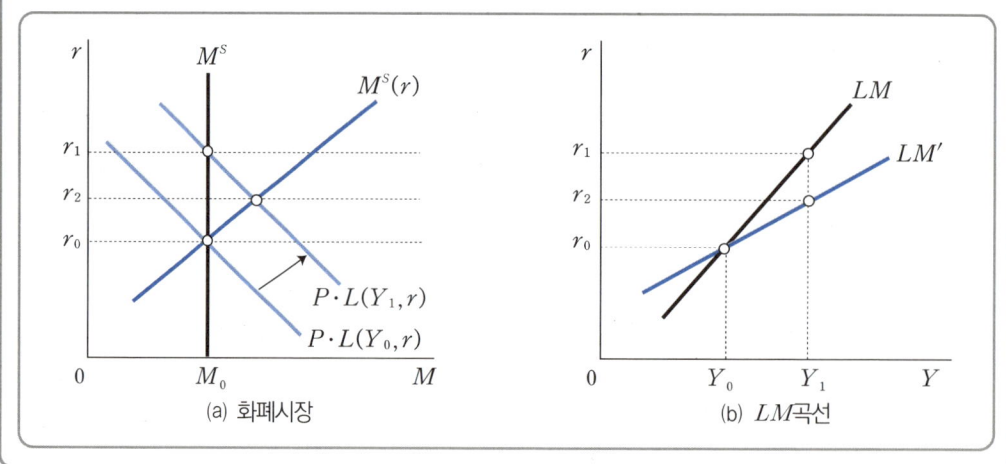

(a) 화폐시장   (b) LM곡선

Ⅴ 학파별 LM곡선

1. 고전학파

① 고전학파모형에서 화폐수요(M^D)는 이자율(r)과 무관하기 때문에 화폐수요곡선은 이자율(r)에 완전비탄력적인 수직선의 형태를 띤다.
② 국민소득(Y)은 총생산함수와 노동시장에 의해 완전고용국민소득(Y_F)으로 고정되어 있기 때문에 이자율(r)이 아무리 변하더라도 생산물시장은 물론 화폐시장의 균형을 주는 국민소득수준(Y)은 Y_F로 일정하다.
③ 고전학파의 LM곡선은 완전고용국민소득수준(Y_F)에서 수직선이 된다.

2. 케인즈 : 유동성함정

① 화폐수요가 이자율(r)에 대해 완전탄력적인 유동성함정을 가정하게 되면 유동성함정구간에서 케인즈(J. M. Keynes)의 LM곡선은 수평선이 된다.
② 국민소득(Y)이 증가하여 화폐수요가 증가하면 화폐수요곡선(M^D)이 우측으로 이동하게 된다. 이때 유동성함정이 존재하면 균형이자율(r_E)은 불변이 되기 때문에 LM곡선이 수평선이 되는 것이다.

3. 케인즈학파와 통화주의학파

① 케인즈(J. M. Keynes)의 맥을 이은 케인즈학파는 화폐수요의 이자율탄력성이 아주 크기 때문에 LM곡선의 기울기가 완만하게 나타난다.
② 고전학파의 맥을 이은 통화주의학파는 화폐수요의 이자율탄력성이 아주 작기 때문에 LM곡선의 기울기가 가파르게 나타난다.

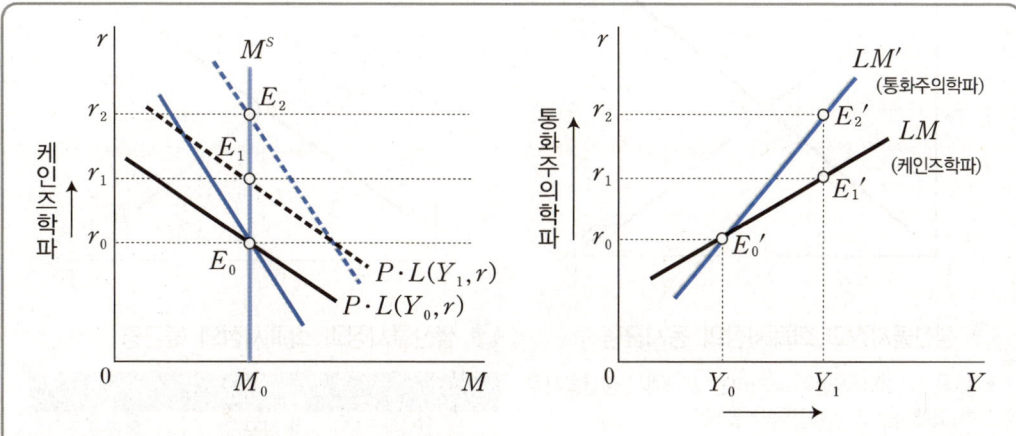

케인즈학파와 통화주의학파의 LM곡선
- 케인즈학파는 완만한 화폐수요곡선(M^D)과 완만한 LM곡선을 가진다.
- 통화주의학파는 가파른 화폐수요곡선(M^D)과 가파른 LM곡선을 가진다.

CHAPTER 11 IS - LM모형

제4절 생산물시장과 화폐시장의 동시균형

I 균형국민소득과 균형이자율의 결정

① IS곡선상에서는 생산물시장의 균형이 성립하고, LM곡선상에서는 화폐시장의 균형이 성립한다.
② IS곡선과 LM곡선이 교차하는 E점에서 생산물시장과 화폐시장의 동시균형을 가져다주는 균형이자율(r_E)과 균형국민소득(Y_E)이 결정된다.

II 불균형상태

① IS곡선과 LM곡선이 교차하는 E점 이외의 점들은 생산물시장이나 화폐시장 또는 두 시장 모두에서 불균형이 발생하는 점들이다.
② 화폐시장의 초과공급은 채권시장의 초과수요, 화폐시장의 초과수요는 채권시장의 초과공급을 의미한다.
③ 각 영역에 따라 불균형상태를 정리하면 다음과 같다.

III 불균형의 조정과정

① 생산물시장의 불균형은 생산량(Y)이 조정되어 불균형이 해소된다.
② 화폐시장의 불균형은 이자율(r)이 조정되어 불균형이 해소된다.

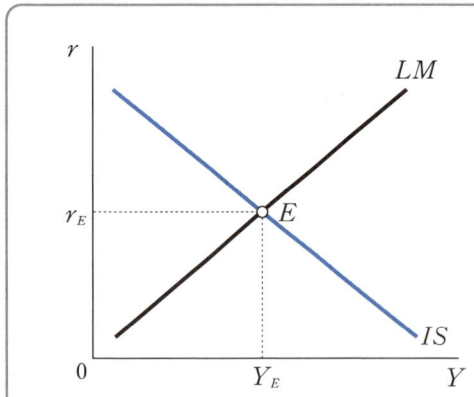

생산물시장과 화폐시장의 동시균형

- IS곡선과 LM곡선이 교차하는 E점에서 생산물시장과 화폐시장의 동시균형이 달성된다.
- E점에서 균형이자율(r_E)과 균형국민소득(Y_E)이 결정된다.

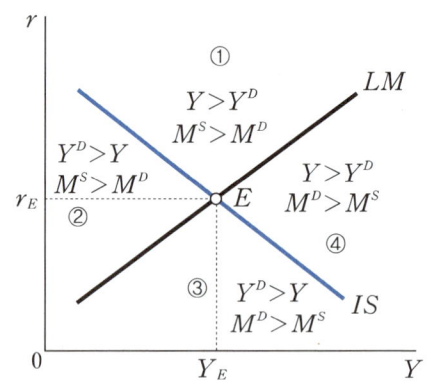

생산물시장과 화폐시장의 불균형

영 역	생산물시장	화폐시장
①	초과공급	초과공급
②	초과수요	초과공급
③	초과수요	초과수요
④	초과공급	초과수요

CHAPTER 12 재정정책과 금융정책

PART 05 | 총수요 - 총공급이론

제1절 재정정책

I 개요

1. 개념
① 재정정책(fiscal policy)이란 정부가 정부지출(G)이나 조세(T)를 변화시켜 경기침체를 극복하거나 경기과열을 억제함으로써 경기변동을 완화하고 안정적인 경제성장을 달성하고자 하는 일련의 정책을 말한다.
② 정부지출을 증가시키거나 조세를 감면하는 것을 확대재정정책이라고 하고, 그 반대를 긴축재정정책이라고 한다.
③ 재정정책은 금융정책과 더불어 총수요관리정책의 중요한 정책적 수단이다.

2. 재원조달방안
(1) 국공채발행
① 정부가 국공채발행을 통해서 재원을 조달하는 경우이다.
② 공개시장조작은 시장에서 유통 중인 채권이나 증권을 중앙은행이 매입 또는 매각하는 것이므로 통화량에 영향을 미치지만, 순수한 의미에서의 재정정책은 정부의 지출재원을 조달하기 위해 국공채를 신규발행하는 것으로 통화량(M)과는 무관하다.

(2) 조세징수
① 정부가 민간으로부터 조세(T)를 징수하여 재원을 조달하는 방법이다.
② 정부가 조세를 징수하여 재원을 조달하는 경우 재정적자가 발생하지 않으므로 정부는 균형재정을 유지한다.
③ 조세를 징수하여 재원을 조달하는 경우 통화량(M)은 변하지 않는다.

(3) 중앙은행으로부터 차입
① 정부가 중앙은행으로부터의 차입을 통해 재원을 조달하는 경우이다.
② 정부가 중앙은행으로부터 차입하게 되면 본원통화가 증가하여 통화량이 증가하게 되므로 금융정책의 효과가 동시에 나타나게 된다. 이를 정책혼합(policy mix)이라고 한다.
③ 따라서 중앙은행으로부터의 차입을 통한 재정정책은 순수한 의미에서의 재정정책이라고 보기 어렵다. 엄밀한 의미에서의 재정정책은 조세징수나 국공채발행을 통한 재정정책을 의미한다.

(4) 외국으로부터 차입
① 정부가 외국으로부터의 차입을 통해 재원을 조달하는 경우이다.
② 정부가 외국으로부터 차입하게 되면 중앙은행이 외환의 일부를 매입하는 과정에서 그 대금을 원화로 지급하기 때문에 본원통화가 증가하게 된다.
③ 외국으로부터 차입을 통한 재정정책도 정책혼합에 해당한다.

3. 재정정책의 역할

① 정부는 불황기에 정부지출증가와 조세감면 등 확장적 재정정책을 통해 경기를 부양시켜 국민소득증대와 소비 및 투자의 증대 등 안정적인 경제성장을 달성한다. 반면, 호황기에 정부지출감소와 조세인상 등 긴축적 재정정책을 통해 경기과열을 진정시켜 물가안정을 도모한다.
② 사치품에 대해서는 세율인상, 필수품에 대해서는 세율인하를 통하여 효율적인 자원배분을 달성한다.
③ 고소득층에는 누진세를 적용하고, 저소득층에는 최저생계비를 보조함으로써 소득재분배의 공평도를 높인다.

참고 | 개방경제의 국민소득항등식에서 정부의 재정적자를 충당하는 방법

① 민간저축($Y-T-C$)을 S_P, 정부저축($T-G$)을 S_G, 해외저축($M-X$)을 S_F로 정의하면 '주입=누출'의 식을 다음과 같이 표현할 수 있다.
   ▸ 저축이란 각각의 경제주체가 번 소득 중에서 사용하지 않고 남은 소득을 의미한다. 따라서 지금까지 저축이라고 하면 민간저축만을 의미하였지만 이를 정부와 외국으로까지 확대하면 정부저축과 해외저축이라는 개념을 도입할 수 있게 된다.
   ▸ 물론 거시경제이론에서 말하는 소득과 저축은 특별한 언급이 없는 한 모두 실물단위로 표시되는 실질변수로 측정된다.

'주입=누출'의 식
- $I = (Y - C - T) + (T - G) + (M - X)$
- $I = S_P + S_G + S_F$
- $I = S_D + S_F$
- $I = S_T$

▸ 민간저축(S_P) = $Y - C - T$ ▸ 정부저축(S_G) = $T - G$
▸ 국민저축(S_N), 국내저축(S_D) = $S_P + S_G$ ▸ 해외저축(S_F) = $-X_N = M - X$
▸ 총저축(S_T) = $S_P + S_G + S_F$
▸ 만약 정부의 이전지출(TR)이 존재한다면 민간저축(S_P)은 $Y - C - T + TR$, 정부저축(S_G)은 $T - G - TR$이 된다. 본서에서는 특별한 언급이 없으면 정부의 이전지출(TR)이 존재하지 않는다는 가정 하에 이론적 논의를 전개할 것이다.

② 위에서 주어진 '주입=누출'의 식을 변형하여 재정적자($G-T$)를 다음과 같이 나타낼 수 있다.

재정적자의 구성
- $T - G = I - (Y - C - T) - (M - X)$
- $G - T = [(Y - C - T) - I] + (M - X)$
  $= (S_P - I) + S_F$

③ 위의 식이 의미하는 바는 재정적자는 민간저축(S_P)에서 국내투자(I)를 차감한 값과 해외저축(S_F)으로 구성된다는 의미이다.
④ 재정적자가 발생했을 때 $G - T > 0$이므로 $S_P - I > 0$, $M - X > 0$이어야 한다. 따라서 정부의 재정적자를 충당하기 위해서는 민간저축(S_P)의 증가, 민간투자(I)의 감소, 해외저축(S_F)의 증가(외국자본의 차입)가 이루어져야 한다.
⑤ 정부저축($T - G$)은 재정수지 또는 재정흑자가 된다.

Ⅱ 재정의 경제안정화기능

1. 재정의 자동안정화장치

① 재정의 자동안정화장치(automatic stabilizer, built-in stabilizer)란 경기변동 시 정부가 의도적으로 재량적인 재정정책을 실시하지 않더라도 자동으로 정부지출(G)이나 조세수입(T)이 변하여 경기변동의 진폭을 완화해 주는 재정제도를 말한다.
② 재정의 자동안정화장치의 예에는 누진소득세제 또는 비례소득세제, 법인세, 실업보험제도, 사회보장제도, 최저임금제 등이 있다.
③ 경기가 불황이 되면 자동으로 소득세와 법인세가 줄어들거나 실업수당을 더 많이 지급하여 경제가 지나치게 불황에 빠지는 것을 방지하고, 경기가 호황이 되면 자동으로 소득세와 법인세가 늘어나거나 실업수당을 더 적게 지급하여 지나친 경기과열을 억제하게 된다.
④ 재정의 자동안정화장치가 존재하면 정부가 경기불황 시에 재정지출을 증가시키는 등 자유 재량적으로 경기상황에 따라 정부지출을 변화시키지 않아도 재정제도 자체가 갖는 성격 때문에 경기변동을 자동으로 완화해 준다.
⑤ 재정의 자동안정화장치는 고전학파가 주장한 내용으로서 케인즈(J. M. Keynes)의 재량적 재정정책과 대립되는 개념이다.
⑥ 재정의 자동안정화장치에는 누진소득세제 또는 비례소득세제, 법인의 이윤에 부과하는 법인세, 실업보험제도, 사회보장제도, 최저임금제 등이 있다.

2. 조세제도의 자동안정화장치

(1) 이론적 내용
① 조세(T)는 비례세이고, 정부지출(G)은 소득수준에 관계없이 일정하다고 가정하자.
② 국민소득이 Y_0일 때 정부지출(G)과 조세(T)가 일치하여 균형재정을 이루고 있다.
③ 국민소득이 Y_0에서 Y_1으로 증가하면 조세수입(T)도 증가하여 재정은 자동으로 흑자가 된다. 조세의 증가는 처분가능소득(Y_d)과 소비(C)의 지나친 증가를 억제하고, 이는 총수요의 지나친 증가를 억제시킴으로써 경기과열을 억제하는 작용을 한다.
④ 국민소득이 Y_0에서 Y_2로 감소하면 조세수입(T)도 감소하여 재정은 자동으로 적자가 된다. 조세의 감소는 처분가능소득(Y_d)과 소비(C)의 지나친 감소를 억제시키고, 이는 총수요의 지나친 감소를 억제시켜 경기침체를 완화시키는 작용을 한다.
⑤ 이처럼 자동안정화장치는 인위적으로 정부지출이(G)나 세율(t)을 조정하지 않더라도 어느 정도의 경기조절기능을 가지는 것이다.

(2) 조세제도의 자동안정화장치와 IS곡선
① 조세제도의 자동안정화장치가 작동하는 경우에는 승수효과로 국민소득(Y)이 증가하는 과정에서 조세수입(T)도 자동으로 증가하게 된다. 이때 처분가능소득의 증가분이 작아져 소비(C)의 증가분도 작아지므로 IS곡선이 급경사가 된다.
② 비례세제 하에서는 정액세제에 비해 승수가 작아지므로 IS곡선이 급격해지는 것이다. 비례세제에 비해 누진세제가 자동안정화장치의 효과를 크게 하므로 IS곡선을 더욱 급격하게 만든다.
▶ IS-LM이론에서 IS곡선의 기울기의 절댓값은 승수이론의 승수와 역(-)의 관계에 있다.

3. 학파별 견해

(1) 고전학파

① 고전학파에 의하면 재정제도의 자동안정화장치가 경제를 자율적으로 조정해주는 기구의 역할을 수행한다. 만약 재정제도의 자동안정화장치로 조정되지 않는 총수요는 생산물시장에서 '보이지 않는 손'의 역할을 하는 이자율(r)의 신축적인 조정으로 총공급과 동일하게 완전히 조정되는 것으로 본다.

② 이처럼 재정제도는 정부의 개입 없이도 그 자체가 자율적인 조정능력을 갖추고 있는 것이다.

(2) 케인즈

① 케인즈(J. M. Keynes)는 고전학파와 달리 이자율(r)의 신축적인 조정에 의한 세이의 법칙을 부정하였다.

② 재정의 자동안정화장치만으로는 단기적인 경기조절기능이 약하다고 보기 때문에 경기변동을 완화시키기 위해서는 적극적이고 재량적인 재정정책을 사용해야 한다고 주장한다.

4. 특징

① 정책시차에는 내부시차와 외부시차가 있는데 자동안정화장치는 경제안정화정책의 수립과 집행에 필요한 내부시차를 감소시키거나 없애주는 역할을 한다.

② 재정적 견인(fiscal drag)이란 재정의 자동안정화장치의 부작용으로서 완전고용달성을 위한 정부의 총수요증대가 조세징수의 증가로 인해 억제되어 완전고용에 이르지 못하는 현상을 말한다.

③ 정책함정(policy trap)이란 경기침체 시 정부가 균형재정을 추구하게 되면 경기침체가 더욱 가속화되는 현상을 말한다.

▸ 경기침체 시 '국민소득의 감소 → 조세의 감소 → 재정적자'가 발생한다. 이 경우 정부가 균형재정을 유지하고자 정부지출의 감소와 조세증가(세율인상) 등 긴축재정정책을 실시하면 '총수요의 감소 → 국민소득의 감소 → 조세의 감소'로 이어져 재정적자는 해소되지 않고 경기불황은 더욱 심화된다.

▸ 정부의 경기부양정책과 균형재정은 서로 상충관계에 있다는 것이 정책함정이다.

| 조세제도의 자동안정화장치 |

- 경기과열 시 : 국민소득 증가($Y_0 \to Y_1$) → 조세수입 증가 → 재정흑자(AB) → 처분가능소득 증가분↓ → 소비 증가분↓ → 총수요 증가분↓ → 경기과열을 억제
- 경기침체 시 : 국민소득 감소($Y_0 \to Y_2$) → 조세수입 감소 → 재정적자(CD) → 처분가능소득 감소분↓ → 소비 감소분↓ → 총수요 감소분↓ → 경기침체를 완화

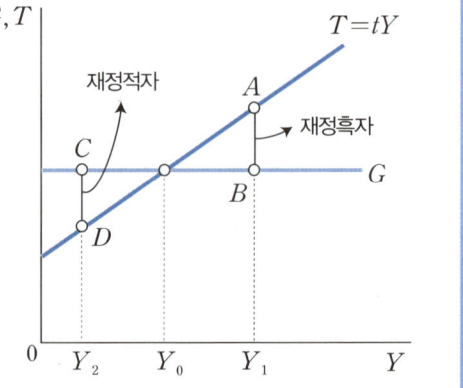

Ⅲ 구축효과(밀어내기효과)

1. 개념

① 재정정책의 구축효과(crowding-out effect)란 국공채발행을 통한 확대재정정책이 이자율(r)을 상승시켜 민간의 소비와 투자를 구축시키는 효과를 말한다.
   ▸ 확대재정정책은 정부부문을 비대하게 하고, 민간부문을 위축시키는 역할을 하므로 민간은 재정정책을 선호하지 않는다.
   ▸ 확대재정정책과 다르게 확대금융정책은 시장이자율을 하락시켜 민간의 소비와 투자를 증가시키므로 민간은 재정정책보다는 금융정책을 선호한다. 확대재정정책과 확대금융정책의 결정적인 차이점은 이자율의 변동 방향이다.
② 조세감면을 통한 확대재정정책도 시장이자율의 상승을 통해 구축효과를 발생시킨다.
   ▸ 본서에서는 정부지출을 증가시키는 확대재정정책을 중심으로 구축효과에 관한 논의를 전개할 것이다.

2. 과정

① 정부지출(G)의 증가를 위해 국공채발행을 증가시키면 채권시장에서 '국공채공급의 증가 → 국공채가격의 하락 → 채권수익률(시장이자율)의 상승 → 소비수요와 투자수요의 감소'가 나타난다.
② 정부가 정부지출을 증가시키고 조세를 감면하는 확대재정정책을 실시하면 재정적자($G-T$)가 증가하고 정부저축($S_G = T-G$)이 감소한다. 정부저축(S_G)의 감소는 대부자금모형에서 대부자금공급(L^S)의 감소를 가져오므로 대부자금의 공급곡선을 좌측으로 이동시켜 시장이자율을 상승시키게 된다.
   ▸ 대부자금모형은 대부자금의 수요와 공급에 의해 시장이자율이 결정된다는 이론으로서 신고전학파모형에 속한다.
③ 정부가 확대재정정책을 실시하기 위해 정부지출(G)의 재원을 조달한다는 것은 화폐시장에서 정부의 화폐수요(M^D)가 증가한다는 것을 의미한다. 정부의 화폐수요(M^D)가 증가하면 화폐시장에서 시장이자율이 상승한다.
④ 국공채발행을 증가시키면 시중의 돈이 정부로 흡수되어 시중에 돈이 귀해지므로 채권수익률(시장이자율)이 상승하게 되는 것이다.

Ⅳ 고전학파의 재정정책

1. 재정정책의 무력성

① 고전학파에 의하면 세이의 법칙의 작용으로 인해 생산물시장에서 총공급이 주어지면 총수요는 이자율(r)의 신축적인 변동을 통해 이와 같아지게 된다.
② 재정정책을 사용하지 않더라도 이자율(r)이 신축적으로 변하여 총공급과 총수요는 완전고용국민소득수준(Y_F)에서 같아지게 된다.
③ 정부의 재량적 재정정책은 구축효과에 의해 총수요나 국민소득에 전혀 영향을 미치지 못하고 이자율(r)만 변화시키기 때문에 총수요관리정책은 무력하다.

2. 정부지출 증가 시 구축효과의 크기

① 그림에서 고전학파의 가정에 의해 투자수요(I^D)는 이자율(r)의 감소함수로, 저축(S)은 이자율(r)의 증가함수로 표현되어 있다.

② 폐쇄경제 하에서 주입-누출모형에 근거한 생산물시장의 균형조건식은 $I^D + G = S + T$로 표현할 수 있다. 그리고 정부지출(G)이 증가하기 이전에 재정이 균형($G = T$)을 달성했다고 가정하면 생산물시장의 균형조건식을 $I^D = S$로 표시할 수 있다.

③ 최초의 이자율 r_0 수준에서 생산물시장이 균형($I_0^D = S_0$)을 이루고 있었는데 정부지출이 ΔG 만큼 증가하면 주입을 나타내는 I^D 곡선이 ΔG만큼 우측으로 수평 이동함으로써 $I^D + \Delta G$ 곡선이 된다.

④ 이에 따라 균형이자율은 r_0에서 r_1으로 상승하게 되고, r_1의 이자율수준에서 투자수요는 I_1^D, 저축은 S_1이 된다.

⑤ 이자율(r)의 상승이 투자수요를 I_0^D에서 I_1^D으로 감소시키고, 저축을 S_0에서 S_1으로 증가시키는 것이다.

⑥ 이때 저축의 증가분 $BC(= S_0 S_1)$는 주어진 소득수준에서 소비감소로 나타난다.
  ▸ 이때 저축의 증가는 민간저축의 증가를 의미한다.

⑦ 결과적으로 정부지출의 증가분 ΔG는 투자수요의 감소분 $AB(= I_1^D I_0^D)$와 소비의 감소분 $BC(= S_0 S_1)$를 합한 것과 일치하기 때문에 총수요는 불변이 된다.

⑧ 이처럼 고전학파이론에서 정부지출의 증가는 총수요에 전혀 영향을 미치지 못하게 되는데 이를 완전구축효과라고 한다.
  ▸ 완전구축효과 : 정부지출 증가분 = 소비 감소분 + 투자수요 감소분

⑨ 고전학파모형에서는 조세감면을 통한 확대재정정책도 구축효과는 동일하게 나타난다.
  ▸ 조세감면은 누출곡선의 좌측 이동으로 나타난다.

| 고전학파의 재정정책 : 정부지출의 증가 |

- 정부지출(G)의 증가 → 이자율(r)의 상승($r_0 \to r_1$) → 투자수요(I^D)의 감소, 저축(S)의 증가, 소비(C)의 감소
- 완전구축효과 : 정부지출 증가분 = 소비 감소분 + 투자 감소분
- 총수요 불변

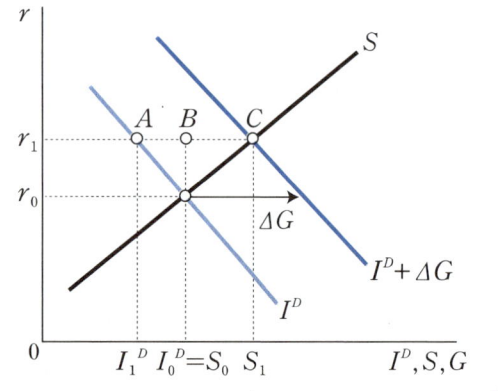

V. IS-LM모형과 재정정책의 효과 : 케인즈학파와 통화주의학파

재정정책의 정책경로
생산물시장 → 화폐시장 → 생산물시장

1. 확대재정정책

① 정부지출(G)의 증가나 조세(T)의 감면 등 확대재정정책을 실시하면 IS곡선이 우측(상방)으로 이동한다.
  ▸ 정부지출을 증가시키면 IS곡선의 우측 이동폭이 승수효과$\left(\frac{1}{1-MPC} \times \Delta G\right)$이다.

② 국공채발행을 통한 정부지출(G)의 증가나 조세(T)의 감면은 이자율(r)을 상승시킨다.
  ▸ 정부지출증가로 인한 국민소득(Y)의 증가가 화폐시장에서 화폐수요(M^D)를 증가시킴으로써 이자율(r)이 상승하게 되는 것이다.
  ▸ 이는 LM곡선상에서 우상방점으로의 이동으로 나타난다.

③ 확대재정정책은 이자율상승을 통한 투자수요(I^D)의 감소를 초래하는 구축효과(crowding-out effect)를 유발한다.
  ▸ IS-LM이론에서 구축효과는 IS곡선상에서 좌상방점으로의 이동으로 나타난다.
  ▸ IS-LM이론에서는 구축효과로 인해 국민소득 증가분의 일부가 상쇄되므로 승수모형보다 국민소득의 증가폭은 작다.

④ 확대재정정책을 실시하면 균형국민소득이 증가하고 균형이자율이 상승한다.

| 확대재정정책의 효과 |

- **1단계 : 생산물시장**
  - 정부지출(G)의 증가, 조세(T)의 감면 → IS곡선 우측(상방) 이동 → 승수효과를 통해 이자율 r_0 하에서 국민소득(Y)의 증가($Y_0 \to Y_2$)
- **2단계 : 화폐시장**
  - 국민소득(Y)의 증가 → 화폐수요(M^D)의 증가 → 이자율(r)의 상승($r_0 \to r_1$)
- **3단계 : 생산물시장**
  - 구축효과 : 이자율(r)의 상승 → 투자수요(I^D)의 감소 → 국민소득(Y)은 다시 감소($Y_2 \to Y_1$)

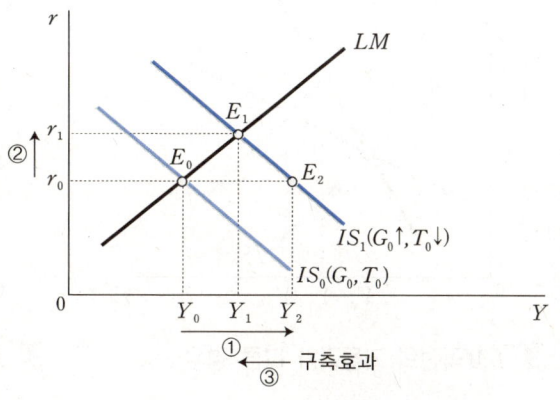

2. 학파별 재정정책의 상대적 유효성

(1) 재정정책의 효과가 큰 경우
   ① 투자수요의 이자율탄력성(c)이 작아서 IS곡선이 가파를수록 재정정책의 효과는 커진다.
   ② 화폐수요의 이자율탄력성(h)이 커서 LM곡선이 완만할수록 재정정책의 효과는 커진다.

(2) 케인즈학파
   ① 가파른 IS곡선과 완만한 LM곡선을 가정한 케인즈학파의 경우 재정정책의 유효성이 상대적으로 크다.
   ② 투자수요의 이자율탄력성(c)이 작아 IS곡선은 가파르고, 화폐수요의 이자율탄력성(h)이 커서 LM곡선은 완만하므로 구축효과가 작게 나타난다.

(3) 통화주의학파
   ① $IS-LM$분석은 원래 케인즈학파의 분석도구이지 통화주의학파의 분석도구는 아니지만, $IS-LM$모형을 이용하여 통화주의학파의 확대재정정책에 대한 견해를 살펴보자.
   ② 완만한 IS곡선과 가파른 LM곡선을 가정한 통화주의학파의 경우 재정정책의 유효성이 상대적으로 작다.
   ③ 투자수요의 이자율탄력성(c)이 커서 IS곡선은 완만하고, 화폐수요의 이자율탄력성(h)이 작아서 LM곡선은 가파르므로 구축효과가 크게 나타난다.

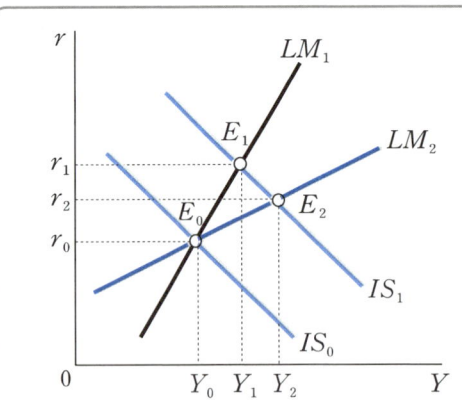

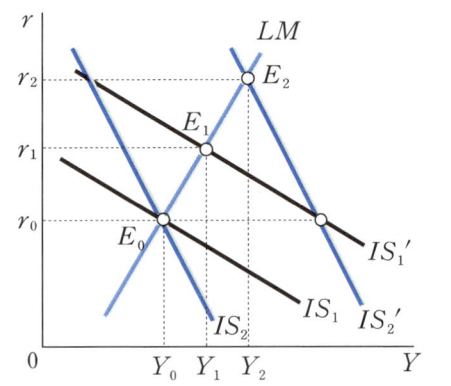

LM곡선의 기울기가 다른 경우
- LM_1인 경우(통화주의학파)
  • 국민소득의 증가분 : $Y_0 \to Y_1$
  • 재정정책의 효과 작다.
- LM_2인 경우(케인즈학파)
  • 국민소득의 증가분 : $Y_0 \to Y_2$
  • 재정정책의 효과 크다.

IS곡선의 기울기가 다른 경우
- IS_1인 경우(통화주의학파)
  • 국민소득의 증가분 : $Y_0 \to Y_1$
  • 재정정책의 효과 작다.
- IS_2인 경우(케인즈학파)
  • 국민소득의 증가분 : $Y_0 \to Y_2$
  • 재정정책의 효과 크다.

VI 구축효과와 구입효과

1. 구축효과 : 통화주의학파

(1) 개념

① 확대재정정책의 실시로 IS곡선이 IS_0에서 IS_1으로 우측 이동하면 일시적으로 국민소득이 Y_0에서 Y_2로 증가하게 되는데 이를 승수효과라고 한다.

② 하지만, 이자율이 r_0에서 r_1으로 상승하여 투자수요(I^D)의 감소로 인해 국민소득(Y)은 다시 Y_2에서 Y_1으로 감소하게 되는데 이를 구축효과라고 한다.

③ 구축효과는 IS곡선상에서 좌상방점으로의 이동으로 나타난다.

(2) 결정 요인

① 화폐수요의 이자율탄력성이 작아서 LM곡선이 가파를수록 구축효과는 커진다.

② 투자수요의 이자율탄력성이 커서 IS곡선이 완만할수록 구축효과는 커진다.

③ 국공채발행이나 조세징수 대신 중앙은행으로부터의 차입을 통해 재원을 조달한 경우 구축효과가 작게 나타나거나 발생하지 않게 된다.
  ▶ 이때 IS곡선과 LM곡선이 모두 우측으로 이동하므로 이는 재정정책과 금융정책이 혼합된 정책혼합이 된다.

④ 정부지출(G)의 증가가 국민소득(Y)을 증가시켜 저축(S)을 증가시키고 이것이 투자수요(I^D)로 연결되는 경우 투자수요(I^D)의 감소폭이 줄어들기 때문에 구축효과가 작아진다.

⑤ 호황기로 인해 실업률이 매우 낮고 유휴설비가 없을 때일수록 구축효과가 커진다.
  ▶ 경제가 완전고용상태에 가깝게 있을수록 생산능력이 충분하지 않으므로 정부지출증가가 있더라도 그에 따른 총공급이 원활하지 않아서 국민소득(Y)의 증가분이 작다.

2. 구입효과 : 케인즈학파

① 구입효과(crowding-in effect)란 정부지출(G)의 증가를 통한 국민소득(Y)의 증가가 가속도원리에 의한 유발투자의 증가를 가져와 국민소득(Y)을 더욱 증가시키는 효과를 말한다.

② 구입효과는 케인즈학파가 제시한 것으로서 확대재정정책을 옹호하는 이론이다.

③ 가속도계수를 결정하는 유발투자계수와 투자수요의 소득탄력성이 커질수록 구입효과는 커진다.
  ▶ 케인즈학파 사무엘슨(P. A. Samuelson)의 유발투자수요함수 : $I^D = I_0 + iY$

3. 가속도원리와 재정정책의 효과

① 유발투자수요를 가정하면 투자수요함수가 $I^D = I_0 - cr$에서 $I^D = I_0 - cr + iY$가 되면서 승수는 커지고 IS곡선의 기울기는 완만해진다. IS곡선의 기울기가 완만해지면 구축효과가 커져 재정정책의 효과는 약화된다.

② 투자수요가 국민소득의 증가함수라는 유발투자수요를 가정하면 확대재정정책을 실시할 때 구입효과가 발생하면서 IS곡선의 우측 이동폭이 커진다. 구입효과로 인해 IS곡선의 이동폭이 커지면 재정정책의 효과는 강화된다.

③ 승수가 커지면 구입효과가 구축효과보다 커서 재정정책의 효과가 커진다.
  ▶ 승수가 아무리 커지더라도 투자수요의 이자율탄력성이 매우 작다면 IS곡선은 가파를 것이므로 승수가 커지면 재정정책의 효과가 커지는 것이 일반적이다.

Ⅶ 리카도의 등가성정리 : 새고전학파

1. 내용
① 새고전학파 경제학자인 배로(R. Barro)는 고전학파 경제학자 리카도(D. Ricardo)의 공채이론을 현대화시킨 리카도의 등가성정리(Ricardian equivalence theorem)를 제시하였다.
② 등가성정리에 의하면 정부지출의 크기가 일정할 때 조세를 감면하고 국공채발행을 통해 지출재원을 조달하더라도 경제의 실질변수에는 아무런 영향도 미치지 못한다. 즉, 정부지출의 재원조달방식의 변경은 민간경제에 아무런 영향을 미칠 수 없다는 것이다.
③ 국공채의 발행은 정부의 부채로서 결국 만기에 가면 조세증가를 통해 이를 상환해야 하므로 조세징수를 미래의 상환시점까지 연기한 것에 불과하다. 이에 합리적인 경제주체들은 현재 시점에서 국공채발행이 증가하면 미래의 조세증가와 처분가능소득의 감소를 예상해서 처분가능소득 증가분의 대부분을 저축하게 되므로 정부지출의 증가효과를 잠식하게 된다.
▸ 등가성정리에 따르면 민간은 정부에 의해 발행된 국채를 자산이 아닌 부채로 인식한다.
④ 결국, 조세감면으로 인한 정부저축 감소분만큼 민간저축이 증가하므로 국민저축은 불변이 된다. 따라서 이자율이 상승하지 않으므로 구축효과는 발생하지 않는다.
⑤ 이처럼 리카도의 등가성정리는 새고전학파의 정책무력성의 정리에 그 근거를 두고 있다.

2. 성립조건
(1) 유동성제약의 문제
① 리카도의 등가성정리에 의하면 현재소비가 장기기대소득인 항상소득이나 평생소득에 의해 결정된다는 소비이론의 원리와 유사한 특성을 지닌다.
② 유동성제약 하에서 조세를 감면하면 민간소비가 증가할 수 있으므로 리카도의 등가성정리는 성립되기 어렵다.

(2) 조세부담을 지는 경제활동인구의 문제
① 현재시점의 조세감면은 미래시점의 조세부담으로 연기되는데 경제활동인구가 증가한다면 조세부담을 나누어 분담할 수 있으므로 현재소비를 증가시킬 수 있게 된다. 따라서 리카도의 등가성정리가 성립하기 위해서는 경제활동인구가 변하지 않고 일정해야 한다.
② 조세부담을 지는 경제활동인구의 증가율이 0%이어야 한다.

(3) 경제주체들의 합리성 문제
① 경제주체들이 합리적이고 미래지향적이어야 한다.
② 경제주체들이 근시안적인 의사결정을 하게 되면 현재의 국공채발행이나 조세감면을 미래의 조세증가로 인식하지 못하게 되므로 확대재정정책은 효과적일 수 있다.

(4) 정부지출수준의 문제
① 정부지출수준이 일정해야 하고, 정부는 언제나 균형재정을 추구해야 한다.
② 만약 정부가 현재 적자재정정책을 실시하였는데 미래시점에서 균형재정을 추구하지 않고 계속 적자재정상태를 유지한다면 확대재정정책은 효과적일 수 있다.

(5) 정액세
① 조세부과는 정액세의 형태로 이루어져야 한다.
② 만약 비례세나 누진세의 형태로 조세부과가 이루어지면 국민소득의 변화과정에서 조세의 크기도 변하므로 현재세대와 미래세대의 조세부담의 크기가 달라지게 된다.

제2절 금융정책

I 개념

① 금융정책(financial policy)이란 중앙은행이 통화량(M)이나 이자율(r)을 변화시켜 경기침체를 극복하거나 경기과열을 억제함으로써 경기변동을 완화하고 안정적인 경제성장을 달성하고자 하는 일련의 정책을 말한다.
② 통화량을 증가시키거나 이자율을 하락시키는 것을 확대금융정책이라고 하고, 그 반대를 긴축금융정책이라고 한다.
③ 금융정책은 통화정책이라고도 하고, 재정정책과 더불어 총수요관리정책의 중요한 정책적 수단이다.

II $IS-LM$모형과 금융정책의 효과 : 케인즈학파와 통화주의학파

> **금융정책의 정책경로**
> 화폐시장 → 생산물시장 → 화폐시장

1. 확대금융정책

① 통화당국이 화폐공급(M^S)을 증가시키는 확대금융정책을 실시하면 LM곡선이 우측(하방)으로 이동하므로 균형국민소득이 증가하고 균형이자율이 하락한다.
② 확대금융정책은 이자율하락을 통한 투자수요(I^D)의 증가를 가져오므로 구축효과(crowding-out effect)를 발생시키지 않는다.
③ 확대금융정책은 IS곡선상에서 우하방으로의 이동을 나타낸다.
④ 확대재정정책과 확대금융정책은 단기적으로 국민소득(Y)을 증가시키는 경기팽창효과를 가진다. 그런데 재정정책은 이자율(r)을 상승시켜 구축효과를 유발하지만, 금융정책은 이자율(r)을 하락시켜 구축효과를 유발하지 않는다.

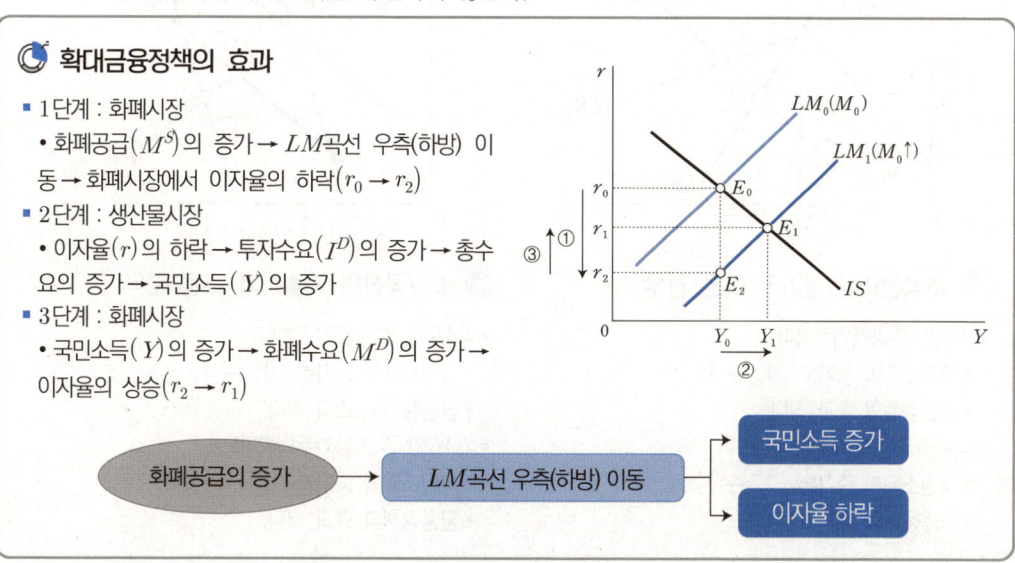

> **확대금융정책의 효과**
>
> - 1단계 : 화폐시장
>   - 화폐공급(M^S)의 증가 → LM곡선 우측(하방) 이동 → 화폐시장에서 이자율의 하락($r_0 \to r_2$)
> - 2단계 : 생산물시장
>   - 이자율(r)의 하락 → 투자수요(I^D)의 증가 → 총수요의 증가 → 국민소득(Y)의 증가
> - 3단계 : 화폐시장
>   - 국민소득(Y)의 증가 → 화폐수요(M^D)의 증가 → 이자율의 상승($r_2 \to r_1$)

화폐공급의 증가 → LM곡선 우측(하방) 이동 → 국민소득 증가 / 이자율 하락

2. 긴축금융정책

① 중앙은행이 화폐공급(M^S)을 감소시키는 긴축금융정책을 실시하면 LM곡선이 좌측(상방)으로 이동하면서 확대금융정책과 반대의 조정과정을 거친다.
② 긴축금융정책을 실시하면 균형국민소득은 감소하고 균형이자율은 상승한다.
③ 긴축금융정책을 실시하면 이자율(r)을 상승시켜 투자수요(I^D)가 감소하므로 국민소득(Y)이 감소하게 되는데 이는 IS곡선상에서 좌상방으로의 이동을 나타낸다.

3. 학파별 금융정책의 상대적 유효성

(1) 금융정책의 효과가 큰 경우

① 투자수요의 이자율탄력성(c)이 커서 IS곡선이 완만할수록 금융정책의 효과가 커진다.
② 화폐수요의 이자율탄력성(h)이 작아서 LM곡선이 가파를수록 금융정책의 효과가 커진다.

(2) 케인즈학파

① 가파른 IS곡선과 완만한 LM곡선(화폐수요의 이자율탄력성이 큰 경우)을 가정한 케인즈학파의 경우 금융정책의 유효성이 상대적으로 작다.
② 화폐공급을 증가시키면 이자율하락을 통해 투자수요(I^D)를 증가시키게 되는데 투자수요의 이자율탄력성(c)이 작기 때문에 금융정책의 효과는 작다고 주장한다.
  ▶ 케인즈(J. M. Keynes)에 의하면 투자수요의 이자율탄력성은 0이 된다.
③ 금융정책은 화폐시장에서 이자율(r)이라는 변수를 거쳐 생산물시장에 영향을 주기 때문에 정책경로가 복잡하고 길다. 따라서 정책실시 후 국민소득(Y)이 증가하는 데 소요되는 시간인 외부시차가 너무 길어서 그 효과가 불분명하다고 주장하였다.

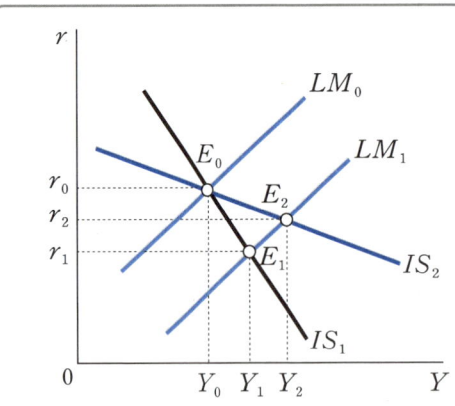

IS곡선의 기울기가 다른 경우
- IS_1인 경우(케인즈학파)
  - 국민소득의 증가분 : $Y_0 \to Y_1$
  - 금융정책의 효과 작다.
- IS_2인 경우(통화주의학파)
  - 국민소득의 증가분 : $Y_0 \to Y_2$
  - 금융정책의 효과 크다.

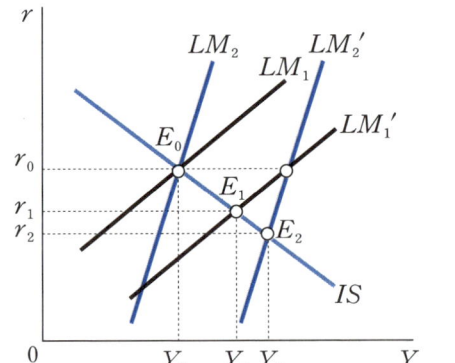

LM곡선의 기울기가 다른 경우
- LM_1인 경우(케인즈학파)
  - 국민소득의 증가분 : $Y_0 \to Y_1$
  - 금융정책의 효과 작다.
- LM_2인 경우(통화주의학파)
  - 국민소득의 증가분 : $Y_0 \to Y_2$
  - 금융정책의 효과 크다.

(3) 통화주의학파

① 완만한 *IS*곡선과 가파른 *LM*곡선(화폐수요의 이자율탄력성이 작은 경우)을 가정한 통화주의학파의 경우 금융정책의 유효성이 상대적으로 크다.
② 투자수요의 이자율탄력성(c)이 크기 때문에 금융정책의 효과는 크다고 주장한다.
③ 케인즈학파의 확대금융정책이 이자율(r)이라는 변수의 변동을 통해 생산물시장에 영향을 미치지만, 통화주의학파의 확대금융정책은 이자율(r)이라는 변수를 거치지 않고 명목국민소득(PY)을 직접적으로 증가시킨다.

Ⅲ 피구효과

1. 개념

① 피구효과(Pigou effect)란 물가하락으로 인해 돈을 비롯한 모든 명목자산(nominal assets)의 실질가치가 상승하면 가계가 보유하는 재산이 실질적으로 늘어나는 효과가 발생하게 되므로 가계의 소비가 증가하는 효과를 말한다.
② 피구효과를 실질자산효과(實質資産效果, real balance effect) 또는 부(wealth)의 효과라고도 한다.

2. 유동성함정과 피구효과

① 국민소득수준이 아주 낮은 경기침체상황에서 화폐시장에서는 유동성함정이 나타나게 된다.
② 경기침체로 물가(P)가 하락하면 이자율효과로 인해 *LM*곡선이 우측(하방)으로 이동하게 된다. 일반적으로 유동성함정이 존재할 때 *LM*곡선이 우측(하방)으로 이동하더라도 국민소득(Y)은 불변이지만, 피구효과가 존재한다면 생산물시장에서 소비(C)의 증가로 인해 추가로 *IS*곡선도 우측(상방)으로 이동하므로 국민소득(Y)이 증가하게 된다.
③ 피구효과가 발생하면 정부가 재량적 재정정책 실시하지 않더라도 완전고용국민소득(Y_F)의 달성이 가능하다.

3. 문제점

(1) 부채-디플레이션 효과

① 부채-디플레이션 효과(debt-deflation effect)란 물가하락으로 디플레이션이 발생하면 실질이자율(명목이자율-물가상승률)이 상승하여 채무상환에 부담을 느낀 사람들이 보유자산을 매각하면서 자산가치가 하락하고 경기침체가 장기화되는 현상이다.
② 물가 하락(디플레이션)→실질이자율 상승→가계와 기업의 실질부채 증가→가계의 소비 감소, 기업의 투자 감소→국민소득 감소→가계의 소비 감소, 기업의 투자 감소

(2) 민간소비의 억제효과

① 자산-디플레이션효과(asset-deflation effect)란 부동산이나 주식과 같은 자산가격이 하락하면 민간이 보유한 실물자산의 가치가 하락한 것이므로 소비감소로 이어지는 효과를 말한다.
② 물가(P)가 하락하면 일반적으로 총수요가 확대되지만, 물가(P)가 지속적으로 하락하는 디플레이션(deflation)이 발생하면 추가적인 물가하락을 기대하는 민간이 현재의 소비를 미래로 연기함으로써 현재소비가 감소할 수 있다.

CHAPTER 13 총수요 - 총공급모형

PART 05 | 총수요 - 총공급이론

제1절 개요

Ⅰ 의의

① $IS-LM$모형은 물가가 고정되어 있다고 가정함으로써 인플레이션과 같은 동태적인 현상을 설명하는 데 적합하지 않지만, 총수요-총공급모형($AD-AS$모형)은 물가가 가변적임을 가정함으로써 이러한 분석이 가능하게 되었다.
② $IS-LM$모형은 총수요 측면만을 분석한 부분균형모형이지만, $AD-AS$모형은 총공급 측면까지를 고려하여 분석함으로써 $IS-LM$모형의 한계를 극복하였다.
③ $AD-AS$모형은 물가와 실질국민소득이 생산물시장, 화폐시장, 노동시장 등 경제의 모든 시장과 생산기술의 상호작용에 의해 결정된다고 보는 일반균형이론이다.

Ⅱ 분석체계

① 총수요곡선(AD)은 생산물시장의 균형을 나타내는 IS곡선과 화폐시장의 균형을 나타내는 LM곡선으로부터 도출된다.
② 총공급곡선(AS)은 노동시장과 총생산함수로부터 도출된다.
③ 총수요곡선(AD)과 총공급곡선(AS)에 의해 균형국민소득과 균형물가수준이 결정된다.

제2절 총수요곡선

Ⅰ 개념

① 총수요곡선(aggregate demand curve)이란 물가변수를 제외한 다른 모든 요인들이 일정불변이라는 가정 하에 물가수준(P)과 총수요(AD) 사이의 관계를 나타낸 곡선을 의미한다.
② 총수요(Aggregate Demand : AD)란 국민경제 전체의 재화와 서비스에 대한 수요로서 구매력이 뒷받침된 상황에서 사전적으로 계획된 수량을 의미한다.

> **총수요(AD)**
>
> $$Y^D(=AD) = C + I^D + G$$
>
> • C : 소비수요   • I^D : 투자수요   • G : 정부지출수요

II 일반적인 총수요곡선

1. 개요

① 미시경제학에서 논의한 개별상품에 대한 수요곡선이 우하향하는 것과 마찬가지로 거시경제학에서 논의되는 국민경제 전체의 총수요곡선도 일반적으로 우하향한다. 하지만 우하향하는 원인에 대해서는 전혀 다르다.

② 미시경제학에서 개별상품에 대한 수요곡선을 도출할 때에는 해당상품의 가격변수를 제외한 다른 모든 조건들은 일정하다는 가정이 선행되었다. 이때 해당상품의 가격이 하락하면 그 상품에 대한 상대가격이 하락하여 상대적으로 더 싸진 상품을 구입하게 되므로 수요량이 증가하였다.

③ 거시경제학에서 물가가 하락하였다는 것은 모든 상품의 가격이 동시에 하락하여 국민경제 전체적인 물가가 하락한 것이므로 상대가격의 변화가 발생하지 않는다.

④ 따라서 개별상품의 수요곡선이 우하향하므로 모든 상품들의 수요곡선을 수평적으로 합한 국민경제 전체의 총수요곡선도 우하향한다고 이해해서는 안 된다.

2. 물가의 하락효과 : 총수요곡선이 우하향하는 이유

(1) 이자율효과

① 물가(P)의 하락 → 명목화폐수요(M^D)의 감소(채권매입, 은행예금의 증가), 실질화폐공급 $\left(\dfrac{M^S}{P}\right)$의 증가 → LM곡선의 우측(하방) 이동 → 채권가격의 상승, 이자율(r)의 하락 → 민간투자(I)와 민간소비(C)의 증가 → 총수요의 증가

② 물가(P)가 하락하면 종전보다 더 적은 돈을 지급해도 상품을 구입할 수 있으므로 명목화폐수요(M^D)가 감소하여 이자율(r)이 하락하는 것이다.

(2) 실질자산효과

① 물가(P)의 하락 → 현금이나 국공채 등 명목자산의 실질가치 상승 → 소비자들의 구매력 상승 → 민간소비(C)의 증가 → IS곡선 우측(상방) 이동 → 총수요의 증가

② 실질자산효과(real balance effect)를 부의 효과(wealth effect) 또는 피구효과(Pigou effect)라고도 한다.

③ 물가하락의 이자율효과 뿐 아니라 실질자산효과(피구효과)까지 고려하면 물가하락 시 총수요의 증가폭이 더 커지므로 그렇지 않은 경우에 비해 총수요곡선(AD)이 더 완만한 형태로 나타난다.

(3) 경상수지효과

① 물가(P)의 하락 → 국내상품가격의 상대적 하락, 외국상품가격의 상대적 상승 → 수출(X)의 증가, 수입(M)의 감소 → 순수출(X_N)의 증가 → IS곡선의 우측(상방) 이동 → 총수요의 증가

② 물가(P)의 하락 → 명목화폐수요(M^D)의 감소, 실질화폐공급 $\left(\dfrac{M^S}{P}\right)$의 증가 → 이자율($r$)의 하락 → 자본유출 → 국제수지 적자 → 환율 상승 → 수출(X)의 증가, 수입(M)의 감소 → 순수출(X_N)의 증가 → IS곡선의 우측(상방) 이동 → 총수요의 증가

③ 개방경제의 경상수지효과를 추가로 고려하면 총수요곡선은 더욱 완만해진다.

3. $IS-LM$곡선을 이용한 총수요곡선의 도출

① $IS-LM$모형에서의 국민소득은 총수요에 해당하므로 IS곡선과 LM곡선을 이용하여 총수요곡선을 도출할 수 있다.
  ▸ 물가하락의 이자율효과만을 가정하여 총수요곡선을 도출하였다.
② 최초의 균형점 E_0와 E_0'에서 생산물시장과 화폐시장이 동시에 균형을 이루고 있다고 하자.
③ 물가가 P_0에서 P_1으로 하락하면 명목화폐수요(M^D)가 감소하여 LM곡선이 $LM_0(P_0)$에서 $LM_1(P_1)$으로 이동한다.
  ▸ 화폐시장을 실질변수로 분석할 때는 물가 하락 시 실질화폐공급$\left(\dfrac{M^S}{P}\right)$이 증가하여 LM곡선이 우측(하방) 이동한다.
④ 명목화폐수요(M^D)의 감소를 통한 LM곡선의 이동은 균형이자율을 r_0에서 r_1으로 하락시켜 투자수요(I^D)를 증가시킨다.
⑤ 투자수요(I^D)가 증가하면 총수요가 Y_0에서 Y_1으로 증가한다. 따라서 물가(P)가 하락하면 총수요가 증가한다.
  ▸ $IS-LM$모형에서는 Y가 실질국민소득이었지만, $AD-AS$모형에서는 총수요로 해석한다.
⑥ 최초의 균형점 E_0'과 E_1'을 연결하면 우하향하는 총수요곡선(AD)이 도출된다.

| $IS-LM$곡선을 이용한 총수요곡선의 도출 |

- 물가의 하락$(P_0 \to P_1)$ → 명목화폐수요(M^D)의 감소, 실질화폐공급$\left(\dfrac{M^S}{P}\right)$의 증가 → LM곡선의 우측(하방) 이동 → 균형이자율의 하락$(r_0 \to r_1)$ → 투자수요(I^D)의 증가 → 총수요의 증가$(Y_0 \to Y_1)$
- 물가(P)가 하락하면 총수요가 증가하므로 우하향하는 총수요곡선(AD)이 도출된다.

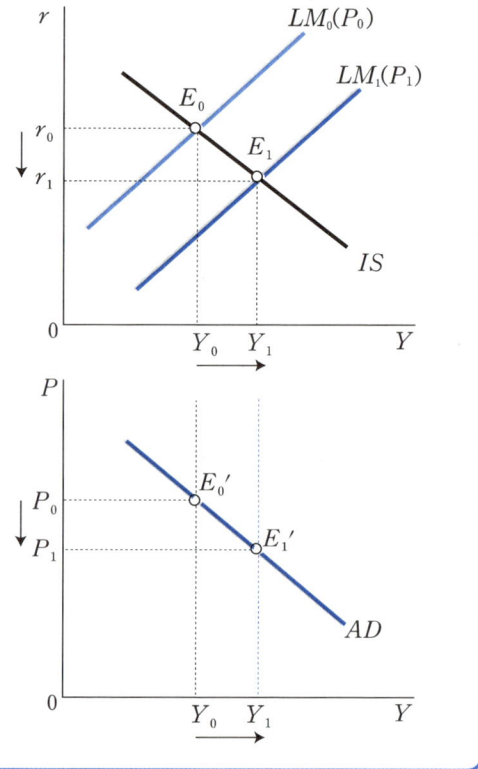

Ⅲ 총수요곡선의 기울기와 이동

1. 총수요곡선의 기울기

(1) IS곡선과 AD곡선

① 물가하락으로 LM곡선이 우측으로 이동하면 이자율(r)이 하락한다. 이때 투자수요의 이자율탄력성이 커서 IS곡선이 완만할수록 총수요가 많이 증가하므로 AD곡선이 완만하게 된다.

② 투자수요의 이자율탄력성↑ → IS곡선 완만 → 총수요곡선(AD) 완만

(2) LM곡선과 AD곡선

① 물가하락으로 LM곡선이 우측으로 이동하면 이자율(r)이 하락한다. 이때 화폐수요의 이자율탄력성이 작아서 LM곡선이 급경사일수록 이자율하락폭이 커서 투자수요(I^D)가 많이 증가하고 이로 인해 총수요도 많이 증가하므로 AD곡선이 완만하게 된다.

② 화폐수요의 이자율탄력성↓ → LM곡선 급경사 → 총수요곡선(AD) 완만

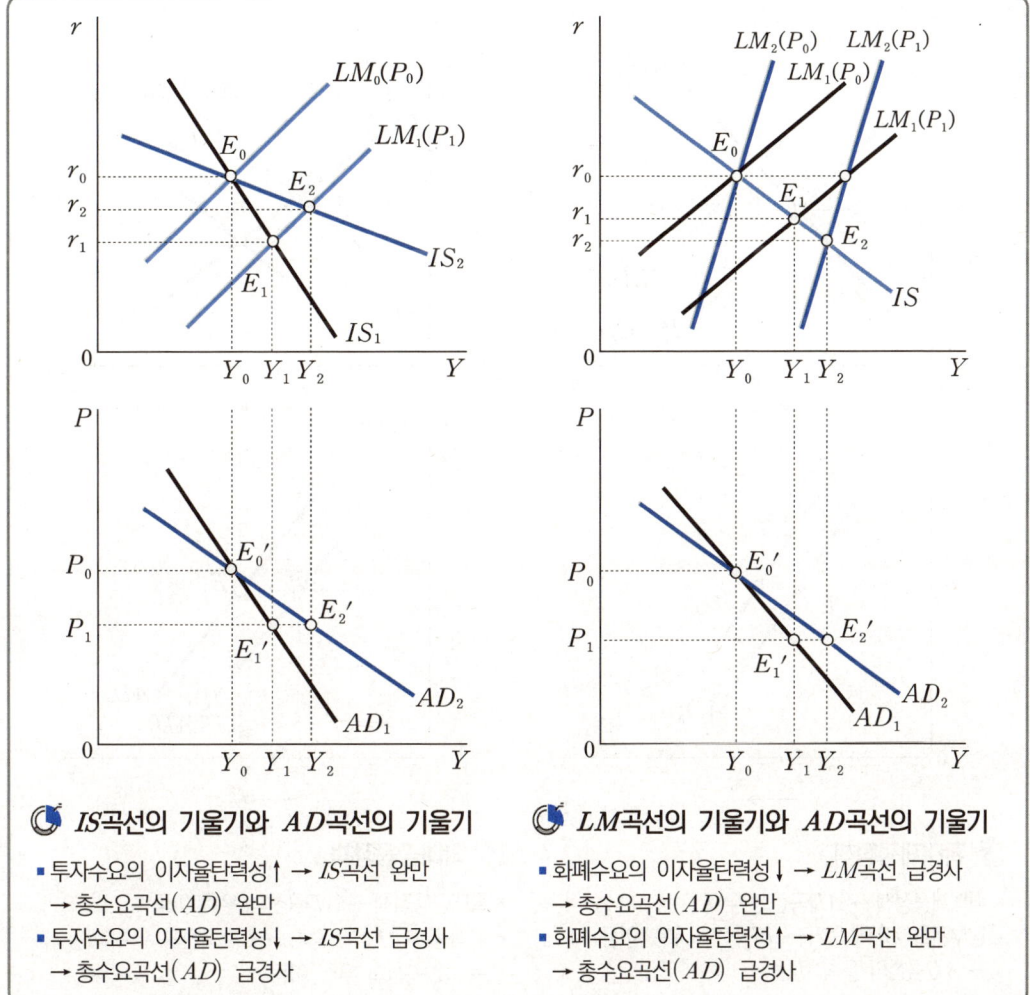

🔑 IS곡선의 기울기와 AD곡선의 기울기

- 투자수요의 이자율탄력성↑ → IS곡선 완만
  → 총수요곡선(AD) 완만
- 투자수요의 이자율탄력성↓ → IS곡선 급경사
  → 총수요곡선(AD) 급경사

🔑 LM곡선의 기울기와 AD곡선의 기울기

- 화폐수요의 이자율탄력성↓ → LM곡선 급경사
  → 총수요곡선(AD) 완만
- 화폐수요의 이자율탄력성↑ → LM곡선 완만
  → 총수요곡선(AD) 급경사

2. 총수요곡선의 이동

① 물가(P)를 제외한 총수요에 미치는 일체의 외생적 요인들이 변하면 총수요곡선(AD) 자체가 이동하게 된다.

② 물가(P) 이외의 다른 요인들에 의해 IS곡선이 우측으로 이동하거나 LM곡선이 우측으로 이동하면 AD곡선도 우측으로 이동하게 된다.

③ 물가(P) 이외의 요인에 의한 IS곡선의 우측 이동요인은 다음과 같다.
  ▸ 확대재정정책 : 정부지출(G_0)의 증가, 조세(T_0)의 감면
  ▸ 절대소비(a)의 증가, 독립투자(I_0)의 증가, 수출(X_0)의 증가, 독립수입(M_0)의 감소

④ 물가(P) 이외의 요인에 의한 LM곡선의 우측 이동요인은 다음과 같다.
  ▸ 확대금융정책 : 화폐공급(M^S)의 증가
  ▸ 물가 이외의 요인에 의한 화폐수요(M^D)의 감소

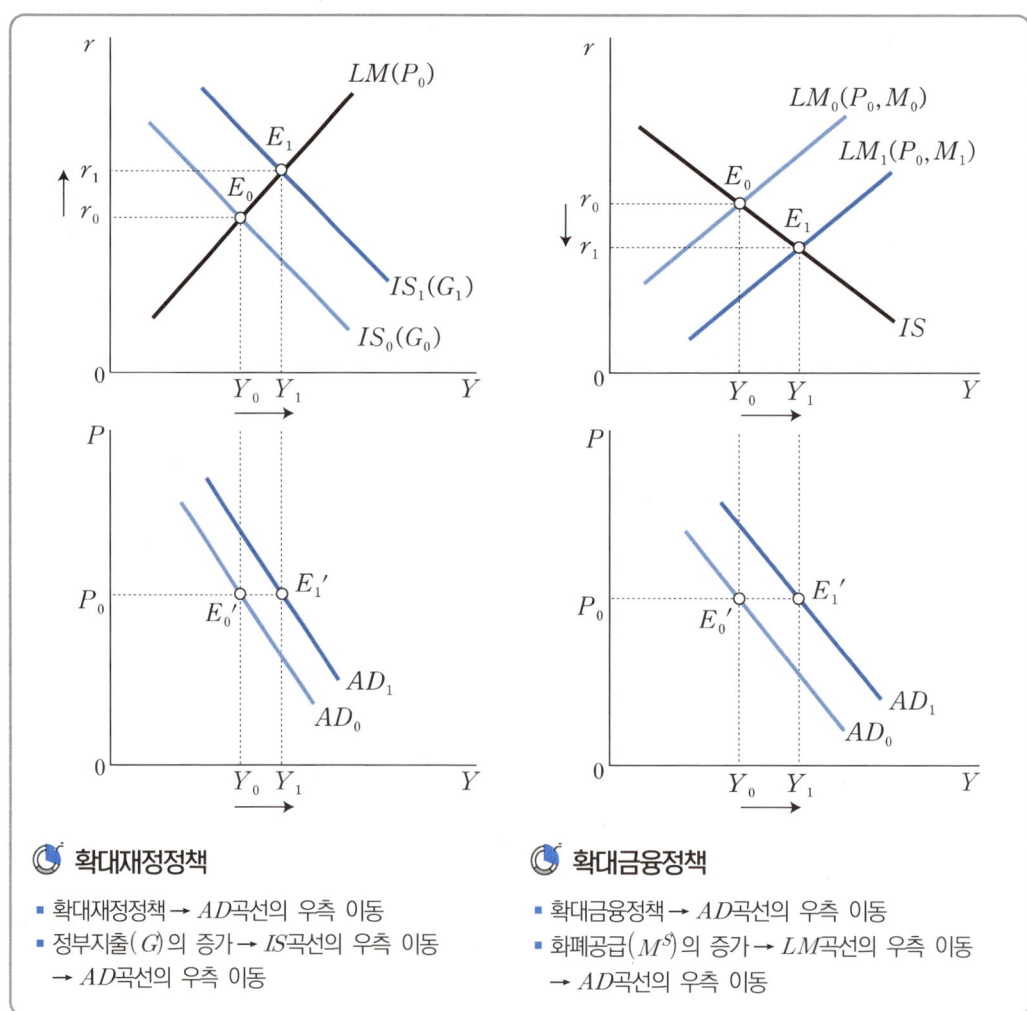

🎯 **확대재정정책**
- 확대재정정책 → AD곡선의 우측 이동
- 정부지출(G)의 증가 → IS곡선의 우측 이동
  → AD곡선의 우측 이동

🎯 **확대금융정책**
- 확대금융정책 → AD곡선의 우측 이동
- 화폐공급(M^S)의 증가 → LM곡선의 우측 이동
  → AD곡선의 우측 이동

IV 케인즈학파와 통화주의학파의 총수요곡선

① 케인즈학파에 의하면 투자수요의 이자율탄력성이 작아서 가파른 IS곡선을 갖고, 화폐수요의 이자율탄력성이 커서 완만한 LM곡선을 가진다. 따라서 총수요곡선(AD)은 가파르게 나타난다.
② 통화주의학파에 의하면 투자수요의 이자율탄력성이 커서 완만한 IS곡선을 갖고, 화폐수요의 이자율탄력성이 작아서 가파른 LM곡선을 가진다. 따라서 총수요곡선(AD)은 완만하게 나타난다.

V 피구효과가 존재하는 경우 총수요곡선

① 일반적인 $IS-LM$모형에서 피구효과가 존재하면 그것이 존재하지 않을 때에 비해 총수요곡선(AD)이 더 완만해진다.
② 피구효과가 존재하면 물가(P)의 하락이 IS곡선과 LM곡선을 동시에 우측으로 이동시킴으로써 총수요를 대폭 증가시키기 때문이다.
  ▸ 이자율효과(케인즈효과) : 물가(P)의 하락 → 명목화폐수요(M^D)의 감소(채권매입, 은행예금의 증가), 실질화폐공급 $\left(\dfrac{M^S}{P}\right)$의 증가 → LM곡선의 우측(하방) 이동 → 채권가격의 상승, 이자율(r)의 하락 → 민간소비(C)와 민간투자(I)의 증가 → 총수요의 증가
  ▸ 피구효과(부의 효과) : 물가(P)의 하락 → 현금이나 국공채 등 명목자산의 실질가치 상승 → 소비자들의 구매력 상승 → 민간소비(C)의 증가 → IS곡선 우측(상방) 이동 → 총수요의 증가

| 일반적인 $IS-LM$모형에서 피구효과와 총수요곡선 |

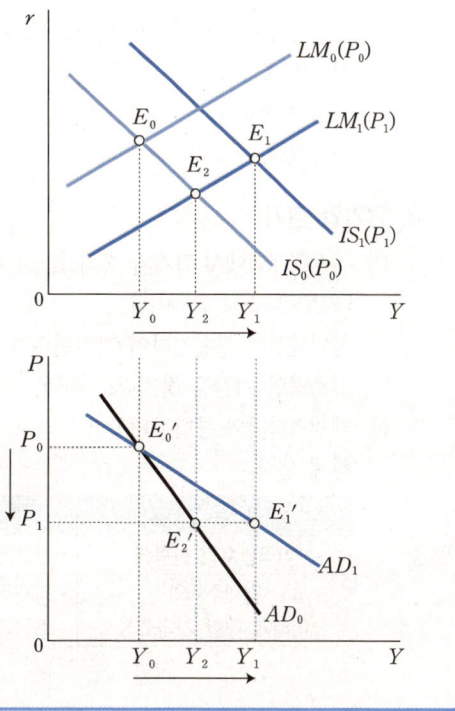

- 이자율효과(케인즈효과) : 물가의 하락($P_0 \to P_1$) → 명목화폐수요(M^D)의 감소, 실질화폐공급 $\left(\dfrac{M^S}{P}\right)$의 증가 → LM곡선의 우측(하방) 이동 → 총수요 증가 ($Y_0 \to Y_2$)
- 피구효과(부의 효과) : 물가의 하락($P_0 \to P_1$) → 실질자산의 증가 → 소비(C)의 증가 → IS곡선의 우측(상방) 이동 → 총수요 증가 ($Y_2 \to Y_1$)
- 종합 : 물가의 하락($P_0 \to P_1$) → IS곡선과 LM곡선 동시에 우측으로 이동 → 총수요의 대폭 증가 ($Y_0 \to Y_1$)
- 피구효과가 존재할 때의 총수요곡선(AD_1)은 피구효과가 없을 때의 총수요곡선(AD_0)에 비해 완만하게 우하향한다.

CHAPTER 13 총수요 - 총공급모형

제3절 총공급곡선

I 개요

1. 개념
① 총공급곡선(aggregate supply curve)이란 다른 요인들이 일정하다는 가정 하에 물가수준(P)과 총공급(AS) 사이의 관계를 나타낸 곡선을 말한다.
  ▸ 총공급이란 경제 전체의 재화와 서비스에 대한 공급으로서 기업 전체가 팔고자 하는 사전적으로 계획된 총생산량을 의미한다.
② 총공급곡선은 노동시장과 총생산함수의 상호작용에 의해 도출된다.

| 총공급의 체계 |

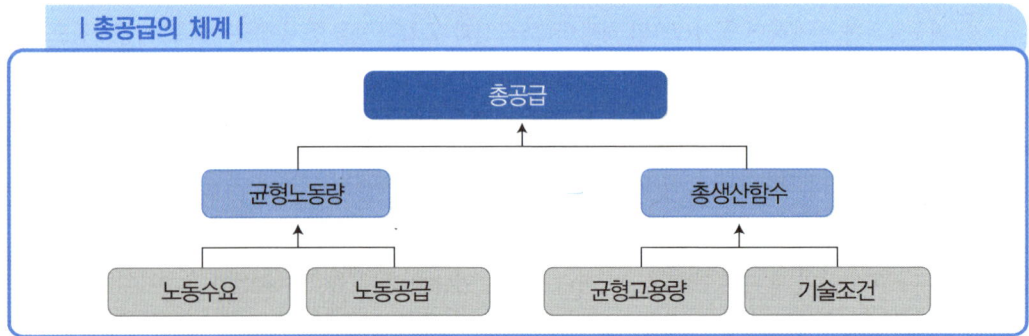

2. 총공급곡선의 형태
① 총공급곡선의 형태는 학파의 견해에 따라 차이를 보이는데 그 근본적인 원인은 노동시장과 노동공급함수에 대한 가정이 학파별로 다르게 나타나기 때문이다.
② 학파별 총공급곡선의 차이는 총수요관리정책의 효과를 서로 다르게 만든다. 따라서 거시경제학파별로 서로 다른 정책적 대안을 제시하는 이유는 총공급곡선의 형태에 대한 견해 차이에서 비롯된다.

3. 단기와 장기
① 거시경제학에서 단기와 장기를 구분하는 기준은 가격변수의 신축성 여부와 경제주체들의 미래에 대한 기대조정 여부이다.
② 물가예상이 불완전하여 가격변수가 경직적인 기간을 단기, 물가예상이 완전하여 가격변수가 신축적인 기간을 장기라고 한다.
③ 케인즈학파와 통화주의학파 그리고 새고전학파의 총공급곡선은 단기와 장기로 구분하여 분석하게 된다.

구 분	단 기	장 기
가격변수의 신축성	• 가격변수가 경직적	• 가격변수가 신축적
경제주체의 미래에 대한 기대조정	• 경제주체의 미래에 대한 기대가 조정되지 못하는 기간	• 경제주체의 미래에 대한 기대가 조정되는 기간

II 케인즈학파와 통화주의학파의 총공급곡선

1. 적응적 기대가설

(1) 적응적 기대

① 적응적 기대(adaptive expectation)란 예측대상이 되는 변수에 관한 현재와 과거의 정보에 기초해 미래에 대한 기대를 형성하는 방식이다. 사람들이 과거의 경험에 근거하여 미래를 예상하고, 예측된 값과 실제 값을 비교해서 차이가 나는 부분을 조정해 나가면서 새로운 예측치로 삼는 방법이다.

② 적응적 기대 하에서는 체계적인 예측오차를 낳는다.

③ 적응적 기대가설은 케인즈학파와 통화주의학파가 모두 수용하는 견해이다.

(2) 단기와 장기

① 단기에 경제주체들은 적응적 기대방법으로 미래물가를 예상하므로 실제물가수준(P)과 예상물가수준(P^e) 사이에 괴리가 발생하면서 단기총공급곡선(SAS)은 우상향하게 된다.

② 장기란 모든 물가수준과 임금이 신축적으로 변동하여 모든 기대치가 실제치와 일치하는 충분한 기간이다. 장기에 노동자들이 미래의 물가수준을 정확하게 예측하게 되면 $P = P^e$ 가 성립하므로 예상실질임금 $\left(\dfrac{w}{P^e}\right)$ 과 실제실질임금 $\left(\dfrac{w}{P}\right)$ 이 일치하여 고전학파모형과 동일하게 된다. 따라서 장기총공급곡선(LAS)은 자연국민소득수준(Y_N)에서 수직선이 된다.

2. 단기총공급곡선

(1) 개요

① 케인즈학파와 통화주의학파는 노동자오인모형(worker misperception model)으로 단기총공급곡선을 설명한다. 이 모형은 화폐환상모형(money illusion model) 또는 비대칭정보모형(asymmetric information model)이라고도 한다.

② 노동자들은 기업에 비해 정보가 부족하므로 명목임금의 변화와 실질임금의 변화를 혼동하여 단기총공급곡선이 우상향한다.

(2) 가정

① 노동의 수요(L^D)는 실질임금 $\left(\dfrac{w}{P}\right)$ 의 감소함수이다.

② 노동의 공급(L^S)은 예상실질임금 $\left(\dfrac{w}{P^e}\right)$ 의 증가함수이다. 노동자의 예상물가(P^e)가 상승하여 예상실질임금이 하락하면 실질임금의 하락을 인식한 노동자는 노동공급을 감소시킨다.

(3) 기본모형

> **노동시장과 총생산함수 : 케인즈학파와 통화주의학파**
> - 노동수요함수 : $L^D = L^D\left(\dfrac{w}{P}\right)$, $\dfrac{w}{P} = MP_L$ 또는 $w = P \times MP_L$
> - 노동공급함수 : $L^S = L^S\left(\dfrac{w}{P^e}\right)$, 단기에 $P \neq P^e$, 장기에 $P = P^e$
> - 노동시장의 균형 : $L^D = L^S$
> - 총생산함수 : $Y = F(L, \overline{K})$

(4) 단기총공급곡선 : 완전화폐환상모형

① 노동의 수요(L^D)는 실질임금의 감소함수이지만 노동의 공급(L^S)은 예상실질임금의 증가함수이므로 노동시장에서의 임금변수를 실질변수가 아닌 명목변수로 표시하였다.

② 최초의 균형점 E_0에서 물가가 P_0에서 P_1으로 상승하면 노동의 한계생산물가치곡선(VMP_L), 즉 노동수요곡선(L^D)이 우측으로 이동하기 때문에 노동수요가 증가한다.

③ 하지만, 단기에 노동자들은 화폐환상을 갖기 때문에 예상물가수준(P^e)은 불변이 되어 노동공급곡선(L^S) 또한 불변이다. 즉, 노동자들이 물가상승을 전혀 인식하지 못하는 완전화폐환상모형에서는 노동공급곡선의 이동은 나타나지 않는다.

④ 노동수요의 증가는 노동고용량을 L_0에서 L_1으로 증가시키므로 총공급량을 Y_0에서 Y_1으로 증가시킨다.

⑤ 노동자오인모형(화폐환상모형, 비대칭정보모형)에 의하면 물가상승으로 실질임금이 하락하면 고용량과 생산량이 증가하므로 실질임금이 경기역행적(counter-cyclical)이다.

⑥ 결과적으로 물가(P)가 상승하면 단기총공급량이 증가하므로 단기총공급곡선(Short-run Aggregate Supply : SAS)은 우상향하게 된다.

| 케인즈학파와 통화주의학파의 단기총공급곡선 : 완전화폐환상모형 |

- 물가의 상승($P_0 \to P_1$) → 노동수요곡선(L^D)인 노동의 한계생산물가치곡선(VMP_L) 우측 이동($P_0 MP_L \to P_1 MP_L$) → 노동고용량의 증가($L_0 \to L_1$) → 총공급량의 증가($Y_0 \to Y_1$)
- 케인즈학파와 통화주의학파의 단기총공급곡선(SAS)은 우상향하게 된다.

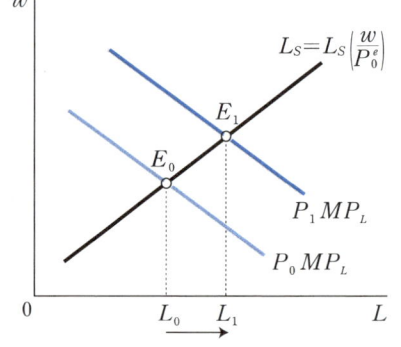

(a) 노동시장

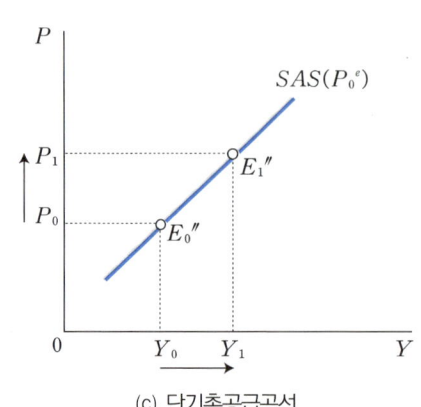

(c) 단기총공급곡선

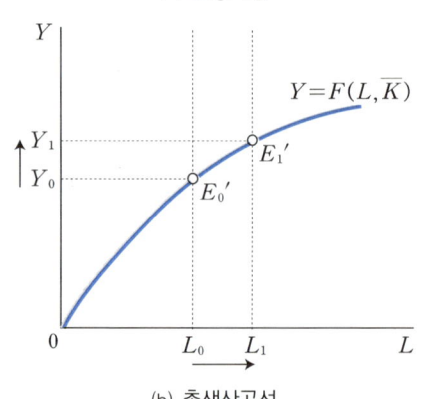

(b) 총생산곡선

3. 장기총공급곡선

(1) 개요

① 장기총공급곡선(Long-run Aggregate Supply : LAS)은 1968년 통화주의학파인 프리드먼(M. Friedman)이 자연실업률가설(natural rate of unemployment hypothesis)을 주장하면서 제시한 것이다.

▸ 자연실업률이란 국민소득이 자연국민소득수준일 때의 실업률으로서 경제가 장기균형상태에 있을 때의 균형실업률을 의미한다.

▸ 통화주의학파가 주장한 장기총공급곡선의 개념은 1970년대까지만 하더라도 케인즈학파에 의해 받아들여지지 않다가 1980년대 들어오면서 대부분의 케인즈학파 경제학자들이 이 개념을 수용하게 되었다.

② 프리드먼(M. Friedman)은 고전학파모형의 완전고용국민소득(Y_F)이라는 용어 대신 자연국민소득(natural real GDP : Y_N)이라는 용어를 사용하였다. 자연국민소득(Y_N)이란 자연실업률수준에서의 국민소득을 말한다.

▸ 고전학파와 케인즈단순모형에서는 총공급이 완전고용국민소득(Y_F)을 초과할 수 없다고 가정한 데 반해 통화주의학파는 단기에 생산요소를 정상조업도를 초과하여 가동하면 자연국민소득(Y_N)을 초과하여 공급할 수 있다고 가정하였다.

(2) 장기총공급곡선

① 장기에는 가격변수들이 완전신축적이고 노동자들이 적응적 기대에서 벗어나 미래의 물가수준을 정확하게 예측하기 때문에 $P = P^e$가 성립하게 된다.

② 예상물가(P^e)의 상승으로 예상물가(P^e)가 실제의 물가수준(P)으로 복귀하게 되면 실질임금의 하락을 인식한 노동자들이 노동공급을 줄이게 되면서 노동공급곡선(L^S)이 좌측(상방)으로 이동하게 된다.

▸ 명목임금(w) 이외의 요인에 의해 노동공급이 감소하는 것이므로 노동공급곡선(L^S) 자체가 좌측(상방)으로 이동하게 된다.

③ 노동공급곡선(L^S)이 좌측(상방)으로 이동하면 단기총공급곡선(SAS)도 좌측으로 이동하게 되면서 노동고용량과 총공급은 원래의 수준으로 복귀하게 된다.

▸ 물가 이외의 요인인 예상물가(P^e)가 상승하면 단기총공급곡선 자체가 좌측 이동한다.

④ 단기균형점을 제외한 장기균형점을 연결하면 장기총공급곡선(LAS)은 자연국민소득수준(Y_N)에서 수직선이 된다.

4. 이론적 함축성

(1) 단기총공급곡선상의 변화와 단기총공급곡선 자체의 변화

① 기업 : 실제물가(P)의 상승 → 노동수요의 증가 → 노동수요곡선(L^D)의 우측 이동 → 고용량의 증가 → 총공급량의 증가

▸ 물가의 변동은 단기총공급곡선상의 변화를 나타낸다.

② 노동자 : 예상물가(P^e)의 상승 → 예상실질임금$\left(\dfrac{w}{P^e}\right)$의 하락 → 노동공급의 감소 → 노동공급곡선(L^S)의 좌측 이동 → 고용량의 감소 → 총공급의 감소

▸ 물가 이외의 요인인 예상물가가 상승하면 단기총공급곡선 자체가 좌측(상방) 이동한다.

(2) 정책적 시사점

① 단기에는 단기총공급곡선(SAS)이 우상향하므로 총수요관리정책은 균형국민소득을 변동시킬 수 있다.
② 장기에는 장기총공급곡선(LAS)이 수직선이므로 총수요관리정책은 물가(P)에만 영향을 줄 수 있고 균형국민소득에는 영향을 미치지 못한다.
③ 총수요관리정책은 어디까지나 단기적으로만 정책적 효과가 있고, 장기적으로는 정책적 효과가 사라지게 된다.
   ▸ 케인즈학파는 인플레이션보다 실업이 더 큰 해악이므로 적극적이고 재량적인 재정정책을 주장한 반면, 통화주의학파는 실업보다는 인플레이션이 더 큰 해악이므로 소극적이면서 준칙에 의거한 금융정책을 주장하였다.

| 케인즈학파와 통화주의학파의 장기총공급곡선 |

- 단기: 물가의 상승($P_0 \to P_1$) → 노동수요곡선(L^D)인 노동의 한계생산물가치곡선(VMP_L) 우측 이동($P_0 MP_L \to P_1 MP_L$) → 노동고용량의 증가($L_0 \to L_1$) → 총공급량의 증가($Y_N \to Y_1$)
- 장기: 노동자들의 예상물가(P^e) 상승 → 노동공급곡선(L^S)의 좌측 이동($L_0^S \to L_1^S$) → 노동고용량의 감소($L_1 \to L_0$) → 총공급의 감소($Y_1 \to Y_N$)
- 장기에는 실제물가와 예상물가가 일치($P_1 = P^e$)하므로 장기총공급곡선(LAS)은 자연국민소득수준(Y_N)에서 수직선이 된다.

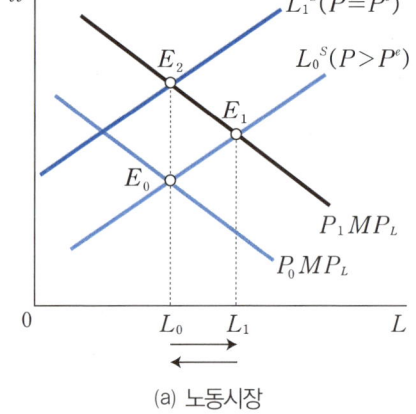

(a) 노동시장

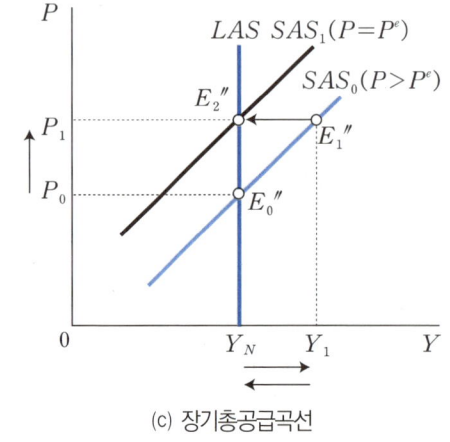

(c) 장기총공급곡선

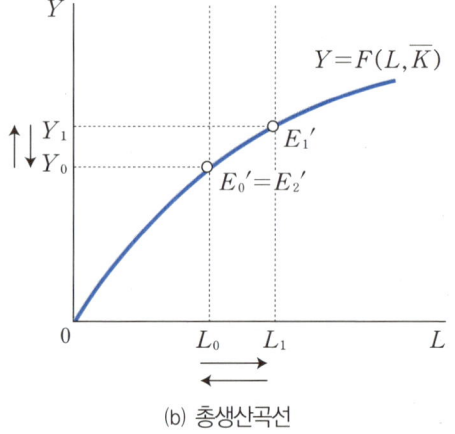

(b) 총생산곡선

Ⅲ 새고전학파의 총공급곡선

1. 합리적 기대가설

(1) 합리적 기대

① 합리적 기대(rational expectation)란 경제주체들이 미래의 경제변수를 예측할 때 그 변수에 영향을 미치는 과거·현재·미래의 정부정책과 관련변수 등 사용할 수 있는 모든 정보를 적절한 방법으로 활용해 미래에 대한 기대를 합리적으로 형성하는 것을 말한다.

② 합리적 기대를 한다는 것이 완전예견(perfect foresight)을 한다는 것을 의미하지는 않는다. 몇 번 예견의 실수가 있더라도 동일한 실수를 반복하지는 않는다는 것이다.
   ▸ 고전학파가 가정한 완전정보는 완전예견으로서 새고전학파가 가정한 합리적 기대와는 다른 개념이다.

③ 합리적 기대를 하면 미래의 물가를 평균적으로 정확하게 예견한다는 것인데 이는 예측오차가 발생할 수 있지만, 양(+)의 오차와 음(−)의 오차가 서로 상쇄되어 평균적으로 예측오차가 0이 된다는 것이다. 따라서 합리적 기대 하에서는 비체계적 예측오차만 존재하게 되고, 체계적 예측오차는 발생하지 않는다.

④ 합리적 기대는 통화주의학파의 적응적 기대에 대한 새고전학파의 비판에서 출발하였지만, 새케인즈학파도 이를 수용하는 입장에 있다.

(2) 단기와 장기

① 합리적 기대를 가진 근로자들은 단기에서조차 물가를 평균적으로 정확하게 예견할 수 있기 때문에 단기총공급곡선(SAS)도 자연국민소득수준(Y_N)에서 수직선이 된다.

② 만약 정부의 단기안정화정책이 예견할 수 없을 정도로 자의적으로 운영되면 실제물가수준(P)과 예상물가수준(P^e) 사이에 차이가 발생하게 되어 우상향하는 단기총공급곡선(SAS)을 얻을 수 있다.

③ 장기에서는 모든 경제주체가 미래의 물가수준을 정확하게 예측하기 때문에 장기총공급곡선(LAS)은 항상 수직선이다.

2. 기본모형

① 노동의 수요(L^D)는 실질임금$\left(\dfrac{w}{P}\right)$의 감소함수이고, 노동의 공급($L^S$)은 예상실질임금$\left(\dfrac{w}{P^e}\right)$의 증가함수이다. 이는 통화주의학파모형이나 케인즈학파모형과 같은 가정이다.

② 합리적 기대를 가정하기 때문에 일반적으로 단기에서조차 $P = P^e$가 성립한다.

> **노동시장과 총생산함수 : 새고전학파**
>
> - 노동수요함수 : $L^D = L^D\left(\dfrac{w}{P}\right)$, $\dfrac{w}{P} = MP_L$ 또는 $w = P \times MP_L$
> - 노동공급함수 : $L^S = L^S\left(\dfrac{w}{P^e}\right)$
>   → 합리적 기대의 충족 : $P = P^e$, 합리적 기대의 위반 : $P \neq P^e$

3. 총공급곡선

(1) 단기총공급곡선 : $P = P^e$인 경우

① 물가가 P_0에서 P_1으로 상승하면 노동수요곡선(L^D)이 우측으로 이동하고, 노동자들의 예상물가수준(P^e)도 동시에 상승하므로 노동공급곡선(L^S)도 좌측으로 이동한다. 따라서 노동고용량은 불변이므로 총공급량도 불변이다.

② 합리적 기대 하에서는 단기에서조차 $P = P^e$가 성립하므로 단기총공급곡선(SAS)도 자연국민소득수준(Y_N)에서 수직선이 된다.

(2) 장기총공급곡선

① 장기에서는 언제나 $P = P^e$가 성립하므로 장기총공급곡선(LAS)은 항상 수직선이다.
② 장기에서는 $P = P^e$가 성립하므로 예상치 못한 정책도 총공급량을 증가시킬 수 없다.

│ 새고전학파의 단기총공급곡선 : $P = P^e$인 경우 │

- 물가의 상승($P_0 \to P_1$) → 노동수요곡선(L^D)인 노동의 한계생산물가치곡선(VMP_L) 우측 이동($P_0 MP_L \to P_1 MP_L$)
- 노동자들의 예상물가(P^e) 상승 → 노동공급곡선(L^S)의 좌측 이동($L_0^S \to L_1^S$)
- $P = P^e$인 경우 물가가 상승하더라도 노동고용량은 불변이므로 총생산량도 불변이 되어 단기총공급곡선(SAS)은 자연국민소득수준(Y_N)에서 수직선이 된다.

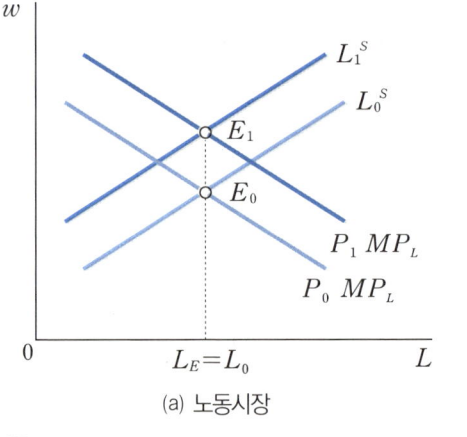

(a) 노동시장

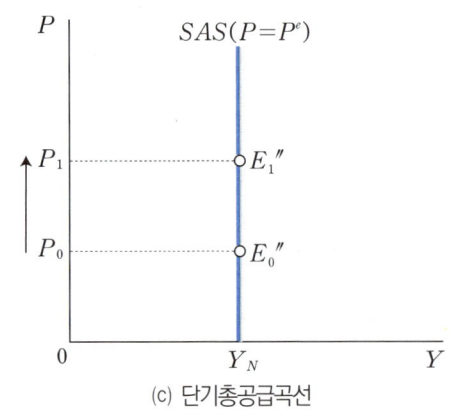

(c) 단기총공급곡선

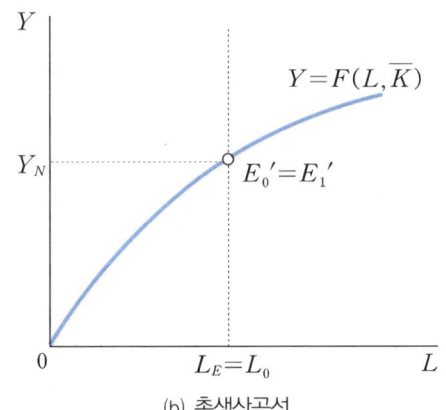

(b) 총생산곡선

4. 불완전정보모형

(1) 이론적 내용

① 새고전학파인 루카스(R. Lucas)의 불완전정보모형에 의하면 불완전정보 하에서 기업들이 국민경제의 총체적인 물가변화와 상대가격의 변화를 혼동하여 단기총공급곡선이 우상향한다.

② 케인즈학파와 통화주의학파의 노동자오인모형(비대칭정보모형)에서는 기업이 노동자보다 더 많은 정보를 갖고 있음을 가정하지만, 불완전정보모형에서는 모든 경제주체가 동일한 정보를 갖고 있지만 정보 자체가 충분하지 않다고 가정한다.

③ 개별생산자들은 자신이 생산하는 생산물의 가격은 알고 있지만, 다른 재화의 가격에 대해서는 불완전한 정보를 갖고 있다.

④ 이때 예상치 못한 통화량의 증가가 물가수준을 상승시키면 이는 국민경제의 총체적 충격에 의한 물가상승임에도 불구하고 불완전정보로 인해 기업들은 개별적 충격에 의한 상대가격의 변동으로 착각한다. 이에 자신이 공급하는 재화의 선호가 증가하여 자신이 판매하는 재화의 가격만 상승했다고 착각하여 생산량을 증가시킨다.

(2) 루카스의 총공급함수

① 새고전학파는 완전고용국민소득(Y_F)을 자연국민소득(Y_N)이라는 개념으로 대체하여 논의를 전개하였다. 고전학파와 케인즈단순모형에서는 총공급이 완전고용국민소득(Y_F)을 초과할 수 없다고 가정한 데 반해 새고전학파는 단기에 생산요소를 정상조업도를 초과하여 가동하면 자연국민소득(Y_N)을 초과하여 공급할 수 있다고 가정하였다.

② 새고전학파의 경제학자 루카스(R. Lucas)의 총공급함수는 다음과 같은 식으로 표현된다.

> **📖 루카스의 총공급함수**
>
> - 총공급함수 : $Y = Y_N + \alpha(P - P^e), \ \alpha > 0$
> - 총공급곡선식 : $P = \left(P^e - \dfrac{1}{\alpha} Y_N\right) + \dfrac{1}{\alpha} Y$
> - Y : 총공급
> - P : 실제물가수준
> - Y_N : 자연국민소득
> - P^e : 예상물가수준

③ 단기
  ▶ 단기적으로 예상물가(P^e)가 고정되어 있으면 단기총공급곡선은 물가변수(P)의 절편값이 $P^e - \dfrac{1}{\alpha} Y_N$이고, 기울기가 $1/\alpha$인 우상향하는 직선이다. 물가예상착오($P - P^e$)에 대한 반응계수(α)가 클수록 단기총공급곡선의 기울기($1/\alpha$)는 완만하다.
  ▶ 예상치 못한 정책으로 실제물가(P)가 예상물가(P^e)를 초과하면 총공급(Y)은 자연국민소득수준(Y_N)을 초과하고, 그 반대이면 총공급(Y)은 자연국민소득수준(Y_N)에 못 미친다.
  ▶ 실제물가(P)가 예상물가(P^e)와 일치하면 총공급(Y)은 자연국민소득(Y_N)과 일치하기 때문에 단기총공급곡선(SAS)은 수직선이 된다.
  ▶ 예상물가(P^e)가 상승하면 단기총공급곡선은 상방(좌측)으로 이동한다.

④ 장기적으로 $P = P^e$이면 장기총공급곡선은 $Y = Y_N$의 수준에서 수직이 된다.

5. 정책적 시사점

① 새고전학파모형에서 단기총공급곡선의 형태는 민간경제주체들이 미래의 물가를 예상할 때 얼마만큼 정확하게 예상하는가에 따라 달라진다.
② 합리적 기대 하에서도 예상물가수준이 실제물가수준과 괴리를 보일 수 있는데 이는 민간경제주체들의 잘못이 아니라 어디까지나 정부가 예상된 정책을 시행하였는가 아니면 예상치 못한 정책을 시행하였는가에 달려있다.
③ 합리적 기대 하에서 민간이 물가예상을 정확하게 하여 단기총공급곡선이 수직선이 되면 고전학파모형과 같게 되어 정부의 총수요관리정책은 균형국민소득을 변동시킬 수 없고 단지 물가수준에만 영향을 미친다. 반면에 민간이 물가예상을 부정확하게 하여 단기총공급곡선이 우상향하면 정부의 총수요관리정책은 균형국민소득을 변동시킬 수 있다.
④ 정부의 예상된 정책은 단기총공급곡선을 수직선으로 만들어 총수요관리정책을 무력하게 하는데, 이를 새고전학파의 정책무력성의 정리라고 한다.
⑤ 정부의 예상치 못한 정책은 민간경제주체들의 예상을 왜곡시켜 단기총공급곡선을 우상향하게 만들고 총수요관리정책을 유효하게 만든다. 그런데 정부의 예상치 못한 깜짝정책은 장기적으로 정부정책에 대한 불신을 낳게 되어 더 큰 부작용을 유발하게 된다.
▸ 중앙은행이 공약한 통화공급목표를 갑자기 초과하여 통화를 공급하거나 정부가 예산을 초과하여 집행하는 등 민간경제주체가 기대했던 것 이상으로 비체계적 확대정책을 사용하면 이것이 바로 예상치 못한 깜짝정책에 해당한다.

IV 새케인즈학파의 총공급곡선

1. 기본가정

① 생산물시장과 노동시장의 가격변수는 단기에 경직적(비신축적)이고, 시장은 불완전경쟁이 일반적이다.
② 개별경제주체들은 불완전정보 하에서도 합리적 기대를 바탕으로 미래의 경제변수를 예측한다. 따라서 모든 경제현상은 경제주체의 최적화행동의 결과이다.
▸ 새케인즈학파는 새고전학파가 제시한 '합리적 기대'의 개념을 수용하는 입장에 있다.
▸ 케인즈(J. M. Keynes)와 케인즈학파는 비대칭정보 하에 존재하는 화폐환상을 가정하여 경제안정화정책의 유효성을 설명한다.
③ 새케인즈학파는 미시경제학 기초 위에서 거시경제이론을 전개하되 합리적 기대 하에서도 가격변수가 경직적이면 예상된 정책이라도 산출량 및 고용량 등과 같은 실질변수에 단기적인 영향을 미칠 수 있기 때문에 경제안정화정책의 효과가 있다고 하였다.
▸ 새고전학파의 '정책무력성의 명제'가 합리적 기대 때문에 성립하는 것이 아니고 가격변수의 신축성을 가정한 것에 기인한다고 주장한다.
▸ 케인즈(J. M. keynes)는 가격변수가 경직적이라고 가정하였지만, 새케인즈학파는 가격변수가 왜 경직적인가를 미시경제학적 기초 하에서 이론적으로 설명하였다.
④ 임금과 물가가 경직적이기 때문에 가격조정이 신속히 이루어지지 않아 시장의 불균형은 즉각 청산되지 않는다.

2. 임금경직성모형(비신축적 임금모형)

(1) 개요
① 임금경직성모형(sticky wage model)은 명목임금경직성모형이라고도 한다.
② 합리적 기대 하에서도 명목임금의 경직성으로 인해 단기총공급곡선이 우상향한다는 것을 설명한다.

(2) 이론적 내용
① 기업과 노동자는 모두 장기적이고 안정적인 고용관계를 선호하게 되어 장기임금계약을 체결하는 경우가 흔하므로 그 계약기간에는 명목임금이 경직적이 된다.
  ▶ 임금을 계약할 때에는 명목변수로 계약하는 것이 일반적이다.
② 명목임금이 경직적일 때 물가(P)가 상승하면 실질임금$\left(\dfrac{w}{P}\right)$이 하락하므로 기업이 고용량을 증가시켜 경제 전체의 생산량이 증가하게 된다. 따라서 비신축적 임금모형에서 실질임금은 경기역행적이다.
③ 이처럼 물가가 상승하면 경제 전체의 총생산량이 증가하므로 단기총공급곡선은 우상향하게 된다.

3. 가격경직성모형(비신축적 가격모형)

(1) 개요
① 가격경직성모형(sticky price model)은 경직적 가격모형이라고도 한다.
② 비신축적 가격모형은 기업들의 가격조정이 신축적으로 이루어지지 않기 때문에 단기총공급곡선이 우상향한다는 것을 설명한다.

(2) 이론적 내용
① 경제 내에 두 유형의 기업이 존재한다고 가정한다. 한 유형은 경제상황의 변화에 따라 가격을 신축적으로 조정하는 기업군들(신축적 가격조정기업)이고, 다른 한 유형은 합리적으로 예상한 물가수준에 따라 가격을 설정한 후 국민소득이 변동하더라도 가격을 조정하지 않는 기업군들(비신축적 가격조정기업)이다.
② 총수요의 증가로 물가가 상승하였을 때 비신축적 가격조정기업들은 가격조정이 아닌 생산량조정으로 대응하게 되므로 단기총공급곡선은 우상향한다.
③ 비신축적 가격조정기업의 비중이 클수록 단기총공급곡선의 기울기는 완만해지고, 신축적 가격조정기업의 비중이 클수록 단기총공급곡선의 기울기는 가팔라진다.

> **참고** 우상향하는 단기총공급곡선
>
> ① 케인즈학파와 통화주의학파의 견해는 노동자들이 기업에 비해 정보가 부족하므로 단기총공급곡선이 우상향한다. 이 모형은 노동자오인모형, 화폐환상모형, 비대칭정보모형이라고 한다.
> ② 새고전학파인 루카스(R. Lucas)에 의하면 정보의 불완전성으로 인해 단기총공급곡선이 우상향한다. 기업과 노동자 간 비대칭정보를 가정하지 않고 정보 자체가 부족하여 발생하는 것이므로 불완전정보모형이라고 한다.
> ③ 새케인즈학파는 가격변수의 경직성으로 인해 단기총공급곡선이 우상향한다. 이 모형에는 비신축적 임금모형, 비신축적 가격모형이 있다.

PART 06

실업과 인플레이션

14 실 업
15 인플레이션
16 필립스곡선이론

CHAPTER 14 실업

PART 06 | 실업과 인플레이션

제1절 실업의 정의와 측정

I 주요 개념

1. 실업
① 실업(unemployment)이란 일할 의사와 능력을 가진 사람이 일자리를 갖지 못한 상태를 말한다.
② 완전고용(full employment)이란 노동에 대한 수요와 공급이 일치된 상태를 의미하고, 실업은 노동의 초과공급이 존재하는 상태를 의미한다.
③ 완전고용이란 실업률이 0%인 상태를 의미하는 것이 아니라 자발적 실업만 있는 경우를 의미한다. 따라서 실업률이 0%인 경우는 가능하지도 않고 바람직하지도 않다.

2. 생산가능인구
① 총인구는 생산가능인구와 생산불가능인구로 구분된다.
② 생산가능인구(P)란 의무교육기간이 끝나서 취업이 가능하고 일할 능력이 있는 사람들을 말한다.
③ 생산가능인구는 국제노동기구(International Labor Organization : ILO) 기준으로 만 15세 이상의 인구가 된다.
④ 생산가능인구는 경제활동인구(L)와 비경제활동인구(NL)로 구성된다.

3. 경제활동인구와 비경제활동인구
(1) 경제활동인구
① 경제활동인구(L)란 생산가능인구 중에서 일할 의사와 능력을 가진 사람들을 말한다.
② 경제활동인구는 취업자(E)와 실업자(U)로 구성된다.

(2) 비경제활동인구
① 비경제활동인구(NL)는 만 15세 이상의 생산가능인구 중에서 일할 의사와 능력이 없는 사람들을 말한다.
② 가정주부, 학생, 일할 수 없는 연로자와 심신장애자, 자발적으로 자선사업 및 종교단체에 관여한 자, 구직단념자 등이 비경제활동인구에 해당한다.
  ▸ 현역군인 및 공익근무요원, 상근예비역, 전투경찰(의무경찰 포함), 형이 확정된 교도소 수감자, 소년원 및 치료감호소 수감자, 경비교도대 등은 조사대상에서 제외된다.
③ 지금까지 구직활동을 하였지만 취업이 되지 않아 노동시장에 실망한 나머지 구직활동을 포기한 구직단념자를 실망실업자(discouraged worker)라고 한다. 그런데 실망실업자는 실업통계에서 실업자(경제활동인구)가 아닌 비경제활동인구에 포함된다는 사실에 주의해야 한다.
  ▸ 실망실업자는 실질적인 실업상태에 있음에도 불구하고 구직을 단념했으므로 일할 의사가 없다고 판단하여 비경제활동인구에 포함된다.
  ▸ 실망실업자가 많은 사회에서는 실업률의 통계가 노동시장의 실질적인 실업상태를 제대로 반영하지 못하므로 실업률을 과소평가하게 되는 문제점이 발생한다.

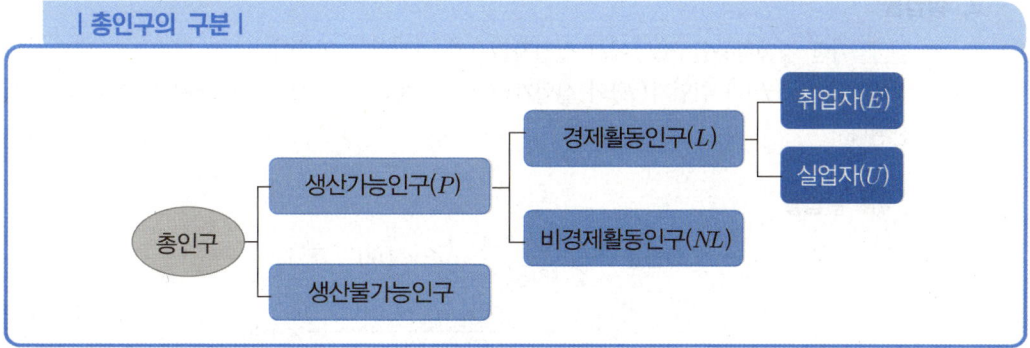

| 총인구의 구분 |

4. 취업자와 실업자

(1) 취업자

① 취업자(E)란 경제활동인구 중에서 실제로 취업한 자로서 다음의 경우에 해당한 자를 의미한다.
② 매월 15일이 속한 1주일 동안 소득, 이익, 봉급, 임금 등 수입을 목적으로 1시간 이상 일한 자
③ 무급가족종사자 : 자기에게 직접적으로 이득이나 수입이 오지 않더라도 가구 단위에서 경영하는 농장이나 사업체의 수입을 높이는 데 기여한 가족종사자로서 주당 18시간 이상 일한 자
④ 직업 또는 사업체를 가졌으나 조사기간에 일시적인 병, 일기불순, 휴가 또는 연가, 노동쟁의 등의 이유로 일하지 못한 일시 휴직자

(2) 실업자

① 실업자(U)란 일할 의사와 능력이 있는 경제활동인구 중에서 일하지 못한 자로서 경제활동인구에서 취업자를 뺀 인구를 말한다.
② 조사대상 주간을 포함한 지난 4주간 적극적으로 구직활동을 하였지만, 매월 15일이 속한 1주일 동안 수입을 목적으로 1시간 이상 일하지 못한 자로서 일자리가 주어지면 즉시 취업이 가능한 자

Ⅱ 실업의 측정

1. 경제활동참가율

① 경제활동참가율이란 생산가능인구(P)에서 경제활동인구(L)가 차지하는 비중이다.
② 생산가능인구(P)가 경제활동인구(L)와 비경제활동인구(NL)로 구성되어 있으므로 경제활동참가율은 다음과 같이 계산된다.

📖 경제활동참가율

$$\text{경제활동참가율} = \frac{\text{경제활동인구}(L)}{\text{생산가능인구}(P)} \times 100$$

$$= \frac{\text{경제활동인구}(L)}{\text{경제활동인구}(L) + \text{비경제활동인구}(NL)} \times 100$$

2. 실업률

① 실업률이란 경제활동인구(L)에서 실업자(U)가 차지하는 비중이다.
② 경제활동인구(L)가 취업자(E)와 실업자(U)로 구성되어 있으므로 실업률은 다음과 같이 계산된다.

> **실업률**
> $$실업률 = \frac{실업자\ 수(U)}{경제활동인구(L)} \times 100$$
> $$= \frac{실업자\ 수(U)}{취업자\ 수(E) + 실업자\ 수(U)} \times 100$$

3. 고용률

(1) 실업통계작성의 문제점

① 임시고용이나 시간제로 일하면서 1주일에 1시간 이상만을 일하면 취업자로 분류되어 실업통계에서 빠지게 된다. 즉, 실업률은 고용의 질을 전혀 고려하지 않는다.
② 일자리를 찾으려고 노력하다가 지쳐서 결국 포기한 구직단념자를 실망실업자(discouraged worker)라고 한다. 그런데 실망실업자는 비경제활동인구로 분류되므로 실질적으로 실업상태이지만, 통계에서는 빠지게 되어 실업률이 과소평가되는 문제가 발생한다.
  ▶ 사실상 백수의 범위에는 공식적인 실업자 뿐만 아니라 구직단념자, 취업준비자, 쉬었음 인구, 무급가족종사자가 포함된다.

(2) 고용률

① 고용률이란 생산가능인구(P)에서 취업자(E)가 차지하는 비율로서 취업인구비율이라고도 한다.

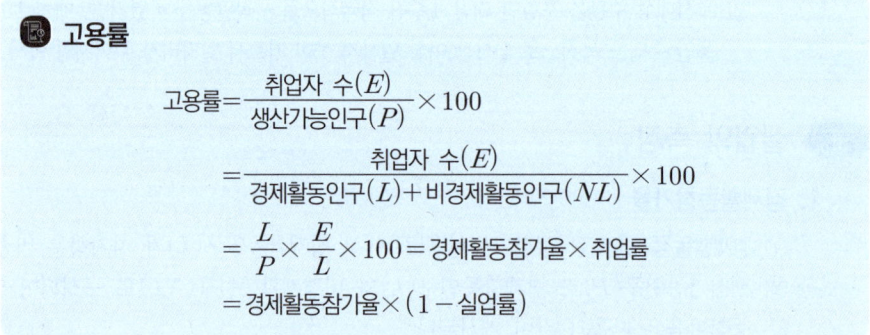

② 실업률 측정 시 발생하는 통계상의 문제점 때문에 실업률이 노동시장의 고용상태를 제대로 반영하지 못한다는 인식 하에서 고용률이라는 지표가 등장하였다.
③ 고용률은 실업률 통계에서 제외되는 비경제활동인구를 포함함으로써 실질적인 고용창출능력을 보여 준다. 또한 구직을 단념한 실망실업이나 노동시장에 빈번히 들어오고 나가는 반복실업 등에 의한 과소추정과 경기변동에 따른 변동성문제를 해결해 준다.
④ 최근에는 경기변동의 영향을 적게 받는 고용률이 사회지표로 더욱 활용되는 추세이고, $OECD$도 실업률과 함께 고용률을 적극 활용하기를 권장하고 있다.

예제 — 실업의 측정

문제 1

경제활동인구는 2,000만 명, 취업자 수는 1,800만 명, 경제활동에 참여하지 않는 생산가능인구는 500만 명이다. 이 경우의 경제활동참가율은? *(2010 공인노무사)*

해설

- 경제활동에 참여하지 않는 생산가능인구란 비경제활동인구를 의미하므로 비경제활동인구는 $NL = 500$(만 명)이다. 따라서 생산가능인구는 경제활동인구 $L = 2,000$(만 명)과 비경제활동인구 $NL = 500$(만 명)을 합한 $P = 2,500$(만 명)이다.
- 경제활동참가율 $= \dfrac{L}{P} \times 100 = \dfrac{L}{L+NL} \times 100 = \dfrac{2,000}{2,500} \times 100 = 80(\%)$
- 경제활동인구가 $L = 2,000$(만 명)이고, 취업자 수가 $E = 1,800$(만 명)이므로 실업자 수는 $U = 200$(만 명)이다.
- 실업률 $= \dfrac{U}{L} \times 100 = \dfrac{200}{2,000} \times 100 = 10(\%)$, 취업률 $= \dfrac{E}{L} \times 100 = \dfrac{1,800}{2,000} \times 100 = 90(\%)$

문제 2

경제활동참가율이 60%이고 실업률이 10%일 때, 고용률은? *(2016 공인노무사)*

해설

- 생산가능인구를 P, 경제활동인구를 L, 비경제활동인구를 NL, 취업자 수를 E, 실업자 수를 U라고 한다면 고용률은 다음과 같이 계산된다.
- 고용률 $= \dfrac{E}{P} \times 100 = \dfrac{L}{P} \times \dfrac{E}{L} \times 100 =$ 경제활동참가율 $\times$ 취업률 $=$ 경제활동참가율 $\times (1 -$ 실업률$)$
  $= 0.6 \times (1 - 0.1) \times 100 = 0.54 \times 100 = 54(\%)$

문제 3

A국의 생산가능인구는 500만 명, 취업자 수는 285만 명, 실업률이 5%일 때, A국의 경제활동참가율은? *(2016 감정평가사)*

해설

- 취업자 수는 $E = 285$(만 명)이고 실업률은 $u = \dfrac{U}{E+U} \times 100 = 5(\%)$이므로 $\dfrac{U}{285+U} \times 100 = 5(\%)$에서 실업자 수는 $U = 15$(만 명)이 된다.
- 취업자 수가 $E = 285$(만 명)이고 실업자 수가 $U = 15$(만 명)이므로 경제활동인구는 $L = E + U = 285 + 15 = 300$(만 명)이다.
- 생산가능인구가 $P = 500$(만 명)이고 경제활동인구가 $L = 300$(만 명)이므로 경제활동참가율은 $\dfrac{L}{P} \times 100 = \dfrac{300}{500} \times 100 = 60(\%)$가 된다.

CHAPTER 14 실 업

문제 4

다음의 정보를 이용하여 구한 경제활동참가율과 실업률을 각각 순서대로 올바로 나열한 것은?

(2016 보험계리사)

전체 인구	5,000만 명
생산가능인구	4,000만 명
경제활동인구	3,600만 명
취업자	3,240만 명

해설

- 경제활동참가율은 생산가능인구(P)에서 경제활동인구(L)가 차지하는 비중이므로 $\frac{L}{P} \times 100$ $= \frac{3,600}{4,000} \times 100 = 90(\%)$이다.
- 실업자(U)는 경제활동인구(L)에서 취업자(E)를 뺀 값이므로 $3,600 - 3,240 = 360$(만 명)이다.
- 실업률은 경제활동인구(L)에서 실업자(U)가 차지하는 비중이므로 $\frac{U}{L} \times 100 = \frac{360}{3,600} \times 100 = 10(\%)$이다.

문제 5

취업자 수가 100, 실업자 수가 20, 경제활동참가율이 60%일 때 고용률은? (단, 소수 첫째 자리에서 반올림한다.)

(2017 보험계리사)

해설

- 취업자 수가 $E=100$, 실업자 수가 $U=20$이므로 경제활동인구는 $L=E+U=120$이다.
- 경제활동인구는 $L=120$이고 경제활동참가율이 $\frac{L}{P} \times 100 = 60(\%)$이므로 $\frac{120}{P} \times 100 = 60(\%)$에서 생산가능인구는 $P=200$이다.
- 생산가능인구가 $P=200$이고 취업자 수가 $E=100$이므로 고용률은 $\frac{E}{P} \times 100 = \frac{100}{200} \times 100 = 50(\%)$이다.

문제 6

甲국의 실업률은 5%, 경제활동참가율은 70%, 비경제활동인구는 600만 명이다. 이 나라의 실업자 수는?

(2018 감정평가사)

해설

- E는 취업자 수, P는 생산가능인구, L은 경제활동인구, NL은 비경제활동인구, U는 실업자 수를 의미한다.
- 경제활동참가율은 $\frac{L}{P} \times 100 = \frac{L}{L+NL} \times 100 = 70(\%)$이므로 이 식을 통해 경제활동인구는 $L=1,400$(만 명)이 된다.
- 실업률은 $\frac{U}{L} \times 100 = \frac{U}{1,400} \times 100 = 5(\%)$이므로 이 식을 통해 실업자는 $U=70$(만 명)이 된다. 경제활동인구가 $L=1,400$(만 명)이고, 실업자는 $U=70$(만 명)이므로 취업자는 $E=L-U=1,330$만 명)이 된다.

문제 7

A대학 경제학과는 2017년도 졸업생 100명을 대상으로 2018년 4월 현재 취업현황을 조사했다. 조사 결과, 40명은 취업했으며 20명은 대학원에 등록하여 재학 중이었다. 다른 일은 하지 않고 취업준비와 진학준비를 하고 있는 졸업생은 각각 20명과 10명이었다. 나머지 10명은 실업자로 분류되었다. A대학 경제학과의 2017년도 졸업생 100명이 모두 생산가능인구에 포함될 때, 이들의 실업률, 고용률, 경제활동참가율은?

(2018 7급 국가직)

해설

- 취업자 수는 $E=40$, 실업자 수는 $U=10$이므로 경제활동인구는 $L=E+U=50$이 된다.
- 비경제활동인구는 대학원생 20, 취업준비생 20, 진학준비를 하고 있는 졸업생 10을 모두 더한 $NL=50$이 된다.
- 경제활동인구가 $L=50$이고, 비경제활동인구가 $NL=50$이므로 생산가능인구는 $P=L+NL=100$이 된다.
- 실업률 $=\dfrac{U}{L}\times 100 = \dfrac{10}{50}\times 100 = 20(\%)$ ■ 고용률 $=\dfrac{E}{P}\times 100 = \dfrac{40}{100}\times 100 = 40(\%)$
- 경제활동참가율 $=\dfrac{L}{P}\times 100 = \dfrac{50}{100}\times 100 = 50(\%)$

문제 8

생산활동가능인구(만 15세 이상 인구)가 3,000만 명인 경제에서 경제활동참가율이 60%, 실업률이 3%인 경우, 취업자 수는?

(2019 보험계리사)

해설

- 생산가능인구가 $P=3,000$이고 경제활동참가율이 60%이므로 $\dfrac{L}{P}\times 100 = \dfrac{L}{3,000}\times 100 = 60(\%)$에서 경제활동인구는 $L=1,800$이 된다.
- 경제활동인구는 $L=1,800$이고 실업률이 3%이므로 $\dfrac{U}{L}\times 100 = \dfrac{U}{1,800}\times 100 = 3(\%)$에서 실업자는 $U=54$가 된다.
- 경제활동인구는 $L=1,800$이고, 실업자는 $U=54$이므로 취업자는 $E=L-U=1,800-54=1,746$이 된다.

문제 9

만 15세 이상 인구(생산가능인구) 1,250만 명, 비경제활동인구 250만 명, 취업자 900만 명인 甲국의 경제활동참가율, 실업률, 고용률은?

(2019 감정평가사)

해설

- 생산가능인구가 $P=1,250$이고 비경제활동인구가 $NL=250$이므로 경제활동인구는 $L=P-NL=1,000$이 된다. 따라서 경제활동참가율은 $\dfrac{L}{P}\times 100 = \dfrac{1,000}{1,250}\times 100 = 80(\%)$이다.
- 경제활동인구가 $L=1,000$이고 취업자가 $E=900$이므로 실업자는 $U=L-E=100$이다. 경제활동인구가 $L=1,000$이고, 실업자는 $U=100$이므로 실업률은 $\dfrac{U}{L}\times 100 = \dfrac{100}{1,000}\times 100 = 10(\%)$이다.
- 고용률은 $\dfrac{E}{P}\times 100 = \dfrac{900}{1,250}\times 100 = 72(\%)$이다.

CHAPTER 14 실 업

제2절 실업의 유형

I 자발적 실업

① 자발적 실업(voluntary unemployment)이란 일할 의사와 능력을 갖추고 있음에도 불구하고 현재의 직장과 임금수준에서 일할 의사가 있지 않은 상태를 말한다.
② 고전학파에서 말하는 완전고용이란 실업이 전혀 없다는 의미가 아니고 자발적 실업만 있는 상태를 말한다.
③ 어느 사회에서나 자발적 실업은 불가피하게 존재하기 마련이므로 정책당국이 실업률을 0%로 하락시킬 수도 없을뿐더러 그렇게 하는 것이 바람직하지도 않다.
④ 자발적 실업에는 마찰적 실업(frictional unemployment)과 탐색적 실업(search unemployment)이 있다.

종 류	개 념	대 책
마찰적 실업	• 다른 직장으로 옮겨가는 과정에서 일시적으로 실업상태에 있는 것 • 실업과 미충원상태의 공석이 함께 존재하는 경우의 실업 • 구직자와 구인자가 적절히 대응하지 못해 발생하는 실업	• 노동시장에서 고용기회에 관한 정보의 흐름을 원활하게 하는 것 • 직장탐색과정을 촉진하는 정책의 수립
탐색적 실업	• 보다 나은 직장을 탐색하는 과정에서 일시적으로 실업상태에 있는 것	

II 비자발적 실업

① 비자발적 실업(involuntary unemployment)이란 현재의 임금수준에서 일할 의사와 능력이 있음에도 불구하고 일자리를 얻지 못하고 있는 상태를 말한다.
② 비자발적 실업에는 경기적 실업(cyclical unemployment)과 구조적 실업(structural unemployment)이 있다.

종 류	개 념	대 책
경기적 실업	• 경기침체에 수반하여 단기적으로 발생하는 실업 • 케인즈적 실업	• 케인즈계열 : 재량적인 확장적 총수요관리정책 • 고전학파계열 : 재량적인 정부개입을 반대
구조적 실업	• 기술혁신이나 자동화 등으로 인한 과거기술의 경쟁력 상실, 어떤 산업의 사양화 등으로 그 산업부문에서 발생하는 실업 • 미충원상태의 공석에서 요구되는 기능이나 기술을 가진 노동자가 없어 발생하는 실업 • 산업부문 간 노동이동이 쉽지 않기 때문에 장기적 지속 가능성 : 노동력에 대한 재교육에 상당한 시간 필요	• 산업구조의 재편 • 인력정책 : 노동력에 대한 재교육, 직업훈련 등

Ⅲ 자연실업

1. 개념

① 자연실업(natural unemployment)이란 근로자들이 마음에 드는 일자리를 얻기 위해 옮겨 다니는 과정에서 발생하는 실업으로서 일자리를 얻고 잃는 과정이 반복되는 동적(dynamic) 과정에서 발생하는 균형실업을 의미한다.
  ▸ 자연실업이라는 개념은 통화주의학파의 거장 프리드먼(M. Friedman)에 의해 최초로 제시되었다.
② 자연실업률(natural unemployment rate)이란 실업자 중에서 직업을 얻게 되는 취업자 수와 취업자 중 직업을 잃는 실직자 수가 서로 같아서 실업자 수가 더는 변하지 않는 상황에서 정해지는 균형실업률수준이다.
③ 자연실업은 자연발생적인 실업이기 때문에 인위적인 감소정책은 불가능할 뿐만 아니라 필요하지도 않다.
④ 다음에서 논의되는 바와 같이 자연실업에 대한 정의는 경제학자들의 관점에 따라 다양하게 나타난다. 이후에 논의되는 자연실업률의 측정에서는 실직자의 수와 구직자의 수가 일치할 때의 실업률을 자연실업률이라고 정의한 후 자연실업률을 도출할 것이다.

2. 자연실업률의 정의

① 자발적 실업(마찰적 실업과 탐색적 실업)과 구조적 실업만 존재할 때의 실업률
  ▸ 노동자들이 보유하고 있는 인적자본(기술, 기능, 직능, 능력 등)이 다르고, 직장이 요구하는 노동의 질적 특성이 다르므로 어느 정도의 자발적 실업은 불가피하다.
  ▸ 기술발전 등 산업구조가 재편되는 과정에서 일부 산업은 사양화될 수밖에 없으므로 구조적 실업도 불가피한 측면이 있다.
② 자발적 실업(마찰적 실업과 탐색적 실업)만 존재할 때의 실업률
③ 실직자 수와 구직자 수가 일치할 때의 실업률
④ 물가안정실업률 : 인플레이션을 가속화하지 않고 감속화하지 않는 실업률
⑤ 실제물가수준(P)과 예상물가수준(P^e)이 일치하여 노동시장이 균형을 이룰 때의 실업률
  ▸ 실제인플레이션율(π)과 예상인플레이션율(π^e)이 일치할 때의 실업률
⑥ 자연국민소득 또는 잠재국민소득수준에서의 실업률
⑦ 완전고용실업률(full employment unemployment rate)
⑧ 장기적 평균실업률인 정상실업률
  ▸ 경기변동의 과정에서 실제실업률은 자연실업률보다 작을 수도 있고, 클 수도 있다. 자연실업률은 평균적인 실업률로서 실제실업률이 상승하고 하락하는 기준이 되는 정상적인 실업률이다.

3. 자연실업률의 측정

(1) 가정

① 경제활동인구는 고정되어 있다.
② 취업자 수는 E, 실업자 수는 U라고 하자.
③ 취업자(고용된 노동자) 중 매달 직업을 잃는 사람의 비율인 실직률을 s라고 하고, 실업자 중 매달 새롭게 직업을 얻는 사람의 비율인 구직률을 f라고 하자.

(2) 자연실업률의 도출

① 실업률이 정체상태가 되기 위해서는 취업자에서 새롭게 실직한 사람의 수(sE)와 실업자에서 새롭게 취업한 사람의 수(fU)가 서로 일치해야 한다.

② 따라서 $sE = fU$를 만족하는 경우의 실업률이 자연실업률이다.

> **자연실업률**
>
> $$u_N = \frac{U}{E+U} = \frac{U}{\frac{f}{s}U + U} = \frac{s}{f+s}$$
>
> - $sE = fU$에서 $E = \frac{f}{s}U$

4. 자연실업률의 결정 요인

① 실업보험제도와 같은 근로자복지제도가 강화되면 근로자들의 근로의욕이 저하되어 자연실업률이 상승한다.

② 최저임금제도, 노동조합, 효율성임금제도 등은 단기적으로 비자발적 실업을 유발하지만, 장기적으로 이 제도가 고착화되면 자연실업으로 이어지기 때문에 자연실업률이 상승한다.

5. 오쿤의 법칙

① 오쿤의 법칙(Okun's law)이란 한 나라의 산출량과 실업 사이에 관찰되는 안정적인 음(−)의 상관관계를 말한다.

② 오쿤의 법칙에 의하면 실질 GDP의 증가는 실업률을 하락시킨다. 이는 실질 GDP와 실업률 간의 음(−)의 상관관계를 나타내므로 총공급곡선과 필립스곡선과의 관계를 도출하는 데 이용하기도 한다. 그리고 오쿤의 법칙은 루카스(R. Lucas) 총공급함수와도 일맥상통하는 법칙이다

예제 | 자연실업률

문제

甲국은 경제활동인구가 1,000만 명으로 고정되어 있으며 실업률은 변하지 않는다. 매 기간 동안, 실업자 중 새로운 일자리를 얻는 사람의 수가 47만 명이고, 취업자 중 일자리를 잃는 사람의 비율(실직률)이 5%로 일정하다. 甲국의 실업률은?

(2019 감정평가사)

해설

- 구직자 수는 구직률(f)에 실업자 수(U)를 곱한 fU이고, 실직자 수는 실직률(s)에 취업자 수(E)를 곱한 sE가 된다.
- 경제활동인구가 고정되고 실업률이 안정된 상황에서는 구직자 수와 실직자 수가 일치하므로 $fU = sE$의 식이 도출된다.
- 구직자 수는 47(만 명)이고, $0.05E = 47$의 식에 의해 취업자 수는 $E = \frac{47}{0.05} = 940$(만 명)이 된다. 실업자 수는 경제활동인구 $L = 1,000$(만 명)에서 취업자 수 $E = 940$(만 명)을 차감한 $U = L - E = 60$(만 명)이 된다.
- 경제활동인구는 $L = 1,000$(만 명)이고, 실업자 수는 $U = 60$(만 명)이므로 실업률은 $u = \frac{U}{L} \times 100 = \frac{60}{1,000} \times 100 = 6(\%)$이다.

제3절 학파별 실업이론과 대책

I 고전학파

① 명목임금과 물가가 완전신축적으로 변동하므로 노동시장은 항상 균형을 달성하게 되고, 고용량은 완전고용을 달성한다.
② 모든 실업은 자발적 실업이고, 비자발적 실업은 일시적인 현상이다.

II 케인즈와 케인즈학파

1. 실업의 원인
① 경기침체로 유효수요의 부족이 발생하면 물가가 하락하여 노동수요곡선이 좌측으로 이동한다.
② 노동수요곡선이 좌측 이동하여 노동시장의 초과공급이 발생하더라도 노동자들은 명목임금의 하락을 용인하지 않기 때문에 기존의 명목임금수준에서 비자발적 실업이 발생하게 된다.

2. 실업대책
① 케인즈 : 확대재정정책을 실시하여 노동시장에서 노동수요의 증가를 도모해야 한다.
② 케인즈학파 : 확장적 총수요관리정책을 실시하여 노동시장에서 노동수요의 증가를 도모해야 한다.
▶ 케인즈학파는 재량적 재정정책을 선호하였지만, 금융정책도 미약하지만 효과가 있다.

III 통화주의학파와 새고전학파

1. 자연실업률가설
① 자연실업률가설의 관점에 의하면 노동시장에 존재하는 모든 실업은 약간의 정도 차이는 있어도 기본적으로 자발적 실업이라고 본다.
② 통화주의학파와 새고전학파는 자연실업률가설을 주장하였다.
③ 자연실업률가설에 의하면 정부의 총수요확대정책은 단기적으로 실업률의 감소를 유발할 수 있지만, 장기적으로는 자연실업률수준에 영향을 미치지 않으므로 실업감소를 위한 총수요관리정책은 아무 소용이 없다.
④ 자연실업률은 생산물시장과 노동시장의 구조적 특성과 시장의 효율성에 의해 결정된다. 따라서 국가마다 자연실업률은 서로 차이를 보이게 된다.

2. 탐색적 실업이론
① 탐색적 실업이론이란 불완전정보 하에서 노동자는 더 높은 임금을 주는 일자리를 찾고, 기업가는 더 생산성이 높은 노동자를 탐색하는 과정에서 일시적으로 실업이 발생한다는 이론이다.
② 탐색적 실업이론은 고전학파의 마찰적 실업을 정당화시키는 이론이다.
③ 직업탐색으로부터 얻을 수 있는 한계편익(MB)과 직업탐색에 소요되는 한계비용(MC)이 일치하는 수준에서 최적탐색기간이 결정된다.

Ⅳ 새케인즈학파

1. 견해
① 새케인즈학파에 의하면 합리적 기대 하에서도 임금이 경직적이라면 비자발적 실업이 발생할 수 있다.
② 새케인즈학파는 미시경제학적 기초 위에서 임금의 경직성을 설명함으로써 실업의 원인을 찾는다.

2. 실업의 이력현상

(1) 개념
① 실업의 이력현상(hysteresis)이란 현재의 실업률이 과거의 실업률수준에 크게 영향을 받는 현상을 말한다.
② 이력현상에 의해 실제실업률이 자연실업률을 일단 초과하게 되면 자연실업률수준 자체가 증가하게 되므로 자연실업률가설이 성립하지 않게 된다.
  ▸ 1980년대 유럽국가들의 10% 전후의 높은 경기적 실업은 자연실업률수준 자체를 크게 상승시켜 1990년대 높은 실업률에 큰 영향을 미쳤다.
  ▸ 1970년대 후반 석유파동으로 유럽의 실업률은 급속히 상승하였는데 그 후 경기가 회복되었음에도 불구하고 실업률이 크게 하락하지 않는 경향을 보여 주었다.

(2) 발생 원인
① 낙인효과(labeling effect, stigma effect), 신호효과
  ▸ 해고된 노동자들은 생산성이 상대적으로 열등하다는 신호(signal)가 되기 때문에 일자리를 찾는 데 더 큰 애로가 있다.
  ▸ 장기간 사람들이 실업상태에 있으면 보유기술의 숙련도가 낮아지거나 노후화되었다는 신호로 작용하여 경기가 다시 회복되더라도 취업하기가 점점 더 곤란해진다.
② 내부자-외부자모형(insider-outsider model) : 경기침체가 발생하였을 때 취업자(내부자)가 자신들의 이익만을 추구하여 임금인상을 관철시키면 실업자(외부자)는 높은 임금수준 때문에 취업이 용이하지 않게 된다.
  ▸ 내부자-외부자모형은 새케인즈학파의 '실질임금의 경직성모형'을 설명하는 이론적 근거가 된다.
③ 실망노동자 : 장기간 실업상태에 있게 되면 보유기술이 낙후되거나 그 기간 동안 새로운 기술을 습득하지 못하게 된다. 그리고 심신의 피폐, 노동의욕의 상실 등으로 구직활동을 아예 포기해 버리는 실망노동자로 전락하게 되므로 경기가 다시 회복이 되더라도 고용되기가 쉽지 않다.

3. 실업대책
① 경기불황이 극심하여 실업률이 급격하게 상승하면 정부는 신속한 총수요확대정책의 실시를 통해 경기를 부양함으로써 실제실업률을 낮추어야 한다. 실제실업률이 낮춰지면 그에 따라 자연실업률수준도 낮아지게 된다.
② 새케인즈학파는 자연실업률이 실제실업률과 연계되어 있기 때문에 자연실업률이 정부의 총수요관리정책과 무관하다는 통화주의학파와 새고전학파의 견해는 잘못된 것이라고 비판하였다.

CHAPTER 15 인플레이션

PART 06 | 실업과 인플레이션

제1절 물가지수와 인플레이션율

I 물가지수

1. 개요
① 물가지수(price index)란 상품의 종류와 수량을 고정해 놓고, 기준시점의 물가수준을 100으로 하여 비교시점의 물가를 하나의 숫자로 나타낸 지표이다.
② 물가지수를 구할 때 상품비중에 따라 차등, 즉 가중치(weights)를 적용한 후 지수에 반영하게 되는데 일반적으로 거래량이 더 많은 상품일수록 더 큰 가중치가 적용된다.
③ 기준연도는 기본적으로 5년마다 개편된다.

2. 화폐의 구매력과 실질소득 환산법

(1) 물가지수와 화폐가치
① 화폐의 구매력은 화폐 1단위의 가치로서 화폐 1단위로 구입 가능한 재화의 수량을 의미한다. 화폐의 구매력은 물가의 역수이다.
② 화폐의 구매력을 지수화하면 다음과 같이 구해진다.

▸ 화폐의 구매력 $= \frac{1}{125} \times 100 = 0.8$: 기준연도에 100이던 물가지수가 비교연도에 125일 경우 화폐가치는 1에서 0.8로 20% 하락한다.

> **물가지수와 화폐가치(화폐의 구매력)**
>
> $$\text{화폐가치(화폐의 구매력)} = \frac{1}{\text{물가지수}} \times 100$$

(2) 실질소득 환산법
① 비교연도의 명목소득을 기준연도의 실질소득으로 환산하기 위해서는 비교연도의 명목소득에 기준연도 물가지수를 비교연도 물가지수로 나눈 값을 곱하여 구한다.
② 기준연도의 명목소득을 비교연도의 실질소득으로 환산하기 위해서는 기준연도의 명목소득에 비교연도 물가지수를 기준연도 물가지수로 나눈 값을 곱하여 구한다.

> **실질소득 환산법**
>
> - 비교연도 명목소득 $\times \dfrac{\text{기준연도 물가지수}}{\text{비교연도 물가지수}}$
> - 기준연도 명목소득 $\times \dfrac{\text{비교연도 물가지수}}{\text{기준연도 물가지수}}$

3. 소비자물가지수

(1) 개요

① 소비자물가지수(Consumer Price Index : CPI)란 가계의 소비활동에 필요한 재화와 서비스의 가격변동을 측정하기 위한 물가지수이다. 소비자물가지수(CPI)는 도시가계의 평균적인 생계비나 구매력의 변동을 측정하기 위한 특수목적지수로서 대표적인 인플레이션율의 지표로 이용된다.

② 소비자물가지수(CPI)의 대상품목은 서울을 비롯한 주요 도시의 가계가 사용하는 대표적 소비재이다. 따라서 농어촌 가계가 소비하는 상품들이 포함되지 않는다.

③ 소비자물가지수는 지출목적별 분류와 특수 분류로 구분하여 작성한다.
   ▸ 지출목적별 지수는 소비지출의 목적에 따라 작성되고 있다.
   ▸ 특수 분류지수로는 품목성질별 지수, 생활물가지수, 신선식품지수, 농산물 및 석유류제외지수, 식료품 및 에너지제외지수, 자가주거비용 포함지수를 작성한다.
   ▸ 또한 보조지표로서 소비구조 변화를 반영하기 위하여 가중치를 매년 변경하면서 작성하는 연쇄방식 소비자물가지수(연쇄지수)를 작성한다.

(2) 실례

구 분	기준연도		비교연도	
	생산량	가격	생산량	가격
쌀	300가마	700원	500가마	900원
옷	200벌	500원	300벌	600원

① 기준연도의 품목을 기준연도에 구입했을 때 구입비용
   : $(300 \times 700) + (200 \times 500) = 31$(만 원)

② 기준연도의 동일한 품목을 비교연도에 구입했을 때 구입비용
   : $(300 \times 900) + (200 \times 600) = 39$(만 원)

③ 소비자물가지수(CPI)
   ▸ 기준연도 대비 비교연도의 소비자물가지수는 125.8이다.
   ▸ 기준연도에 비해 비교연도 가계의 생계비가 25.8%의 폭으로 상승하였다.

> **📖 소비자물가지수(CPI) : 실례**
> $$\frac{(300 \times 900) + (200 \times 600)}{(300 \times 700) + (200 \times 500)} \times 100$$
> $$= \frac{39만 원}{31만 원} \times 100 = 125.8$$

(3) 특징

① 소비자물가지수(CPI)는 기준연도 거래량을 기준으로 작성하는 라스파이레스지수(Laspeyres index)이다.

② 소비자물가지수(CPI)의 기준연도는 5년마다 개편되고, 매월 통계청에서 측정한다.
   ▸ 통계청에서는 현행 5년 주기로 이루어지고 있는 품목 및 가중치 개편과 별도로, 3＋2년 개편으로(3년째는 가중치만 개편) 개선하여 경제여건변화에 따른 소비구조변화를 반영하고 있다.

③ 장점
- 소비자물가지수(CPI)는 수입품의 가격변동을 반영하므로 경제개방도가 높은 경제에서 물가변동의 측정에 적합한 물가지수이다.
- 기준연도의 거래량을 가중치로 사용하므로 매년 경제 내의 재화나 서비스의 거래량을 조사할 필요가 없어서 경제적이다.
- 소비자물가지수(CPI)는 소비자의 생계비 변동을 파악하는 데 유용한 장점이 있기 때문에 노사 간 임금조정의 기초자료로 이용될 수 있다.

④ 단점
- 소비자의 대체 가능성을 무시 : 가격이 상승하는 상품은 소비량이 감소하므로 가중치를 낮춰야 하지만 그대로 적용하므로 물가상승이 과대평가되고, 가격이 하락하는 상품은 소비량이 증가하므로 가중치를 높여야 하지만 그대로 적용하므로 물가하락이 과소평가된다. 따라서 전반적으로 물가상승이 과대평가되는 문제점이 있다.
- 신제품의 등장 : 신제품이 등장하게 되면 소비자들의 선택폭이 넓어지므로 소비자들은 더 낮은 비용으로 생활수준을 유지할 수 있다. 하지만, 소비자물가지수의 대상품목이 조정되기 전까지는 신제품이 소비자물가지수의 작성대상에 포함되지 않으므로 실질적인 생계비하락이 소비자물가지수에 반영되지 않는다. 생계비하락이 반영되지 않으면 소비자물가지수는 물가상승을 과대평가한다.
- 상품의 품질변화를 미반영 : 상품의 품질이 점점 개선되고 있지만 소비자물가지수는 이러한 품질변화를 반영하지 못하고 상품가격의 상승분만을 반영한다. 상품의 품질이 향상되어 상품가격이 상승하는 것은 자연스러운 것임에도 불구하고 이를 무시한 채 단지 가격상승분만을 반영하므로 물가상승을 과대평가하는 경향이 있다.
- 소비자물가지수(CPI)는 대표적 소비자가 구입하는 재화와 서비스의 지출만을 반영하는 지표이므로 특정 가계의 생계비 변화를 고려하지 못하여 소비자가 실제로 느끼는 체감물가와 괴리가 발생할 수 있다

4. 생산자물가지수

(1) 개요

① 생산자물가지수(Producer Price Index : PPI)란 기업 간에 거래되는 모든 재화와 서비스의 가격변동을 측정하기 위한 물가지수이다.
  - 생산자물가지수는 원래 도매물가지수(wholesale price index)라고 불려 왔는데 1992년 12월 기준연도를 1985년에서 1990년으로 바꾸면서 명칭을 변경하였다.

② 생산자물가지수(PPI)의 대상품목은 국내에서 생산된 상품과 기업서비스로서 국내시장에 출하되어 1차 거래단계에서 기업 상호 간에 거래되는 원자재 및 자본재이다.

(2) 특징

① 생산자물가지수(PPI)는 기준연도 거래량을 기준으로 하는 라스파이레스지수(Laspeyres index)이다.

② 생산자물가지수(PPI)의 기준연도는 5년마다 개편되고, 1910년부터 한국은행에서 작성하고 있다.

③ 생산자물가지수(PPI)는 소비자물가지수(CPI)의 변화에 선행한다.
  - 생산자물가가 먼저 오르면 생산자가 생산자물가의 상승분을 상품가격에 반영하여 소비자물가까지 파급되는 데는 시차가 존재하기 때문에 소비자물가는 나중에 오른다는 의미이다.

5. GDP디플레이터

(1) 개요

① GDP디플레이터(GDP deflator)란 명목가치를 실질가치로 환산할 때 사용하는 물가지수로서 명목GDP를 실질GDP로 나누어 사후적으로 측정되는 물가지수이다.
  ▸ GDP디플레이터는 직접조사를 하는 소비자물가지수와 달리, 국민소득 추계 결과 사후적으로 계산되는 종합적인 물가지수이다.

② GDP디플레이터의 대상품목은 GDP를 계산할 때 대상이 되는 품목으로서 한 나라 안에서 생산한 모든 최종생산물이다.

> **GDP디플레이터**
>
> $$\frac{\text{명목}GDP}{\text{실질}GDP} \times 100$$

(2) 실례

① 소비자물가지수(CPI)와 GDP디플레이터를 직접적으로 비교하기 위해 소비자물가지수를 계산할 때 들었던 실례를 GDP디플레이터를 구할 때에도 그대로 적용해 보자. 즉, 한 나라에서 생산된 최종생산물이 쌀과 옷뿐이라고 가정하자.

② 명목GDP : $(500 \times 900) + (300 \times 600) = 63$(만 원)

③ 실질GDP : $(500 \times 700) + (300 \times 500) = 50$(만 원)

④ GDP디플레이터
  ▸ GDP디플레이터는 126이다.
  ▸ 비교연도에 생산된 모든 최종생산물을 바로 비교연도의 가격으로 구입하기 위해 필요한 지출이 기준연도의 가격으로 구입할 때 필요한 지출보다 26% 더 크다는 것을 의미한다.

> **GDP디플레이터 : 실례**
>
> $$\frac{(500 \times 900) + (300 \times 600)}{(500 \times 700) + (300 \times 500)} \times 100$$
> $$= \frac{63\text{만 원}}{50\text{만 원}} \times 100 = 126$$

(3) 특징

① GDP디플레이터는 비교연도 거래량을 기준으로 하는 파셰지수(Paasche Index)이다.
② GDP디플레이터는 지수작성연도가 기준이 되고, 한국은행이 분기별로 작성한다.
③ 소비자물가지수(CPI)는 가계의 생계비에 영향을 미치는 대표적 소비재가 조사대상이지만, GDP디플레이터는 국내에서 생산된 모든 최종생산물이 조사대상이므로 GDP디플레이터가 소비자물가지수보다 더 포괄적인 성격을 갖는다고 할 수 있다.
④ GDP디플레이터는 국내에서 생산된 품목만을 대상으로 하기 때문에 수입상품의 가격변동을 전혀 반영하지 못한다는 한계를 갖고 있다. 반면, 소비자물가지수에는 수입상품이 포함되므로 이들의 가격동향을 적절하게 반영할 수 있다.
⑤ GDP디플레이터의 가중치는 매년 바뀌게 되므로 현실의 물가동향을 정확히 반영할 수 있다는 장점이 있지만, 비교연도의 대상품목과 가중치를 매번 조사해야 하는 불편함이 있다.

예제 — GDP디플레이터

문제 1

A국의 2014년 명목GDP는 100억 원이었고, 2015년 명목GDP는 150억 원이었다. 기준연도인 2014년 GDP디플레이터가 100이고, 2015년 GDP디플레이터는 120인 경우, 2015년의 전년대비 실질GDP 증가율은?

(2016 공인노무사)

해설

- 실질$GDP = \dfrac{명목GDP}{GDP\ 디플레이터} \times 100$

- 2014년 실질$GDP = \dfrac{100}{100} \times 100 = 100$
- 2015년 실질$GDP = \dfrac{150}{120} \times 100 = 125$

- 실질GDP증가율(경제성장률)$= \dfrac{125-100}{100} \times 100 = 25(\%)$ 증가하였다.

문제 2

A국의 2014년 명목GDP가 8조 달러이고, 2014년 실질GDP가 10조 달러이다. 이 경우 2014년 GDP디플레이터는 기준연도에 비하여 얼마나 변하였는가?

(2016 공인회계사)

해설

- 2014년 GDP디플레이터$= \dfrac{명목GDP}{실질GDP} \times 100 = \dfrac{8}{10} \times 100 = 80$
- 기준연도는 명목GDP와 실질GDP가 동일하므로 기준연도의 GDP디플레이터는 100이 된다.
- 따라서 2014년 GDP디플레이터는 기준연도에 비하여 20% 하락하였다.

문제 3

다음의 정보를 이용하여 구한 2011년도의 경제성장률과 물가상승률을 각각 순서대로 올바로 나열한 것은?

(2016 보험계리사)

구 분	2010년	2011년
명목GDP	100	132
실질GDP	100	110

해설

- 경제성장률=실질GDP성장률$= \dfrac{110-100}{100} \times 100 = 10(\%)$

- GDP디플레이터$= \dfrac{명목GDP}{실질GDP} \times 100$

- 2010년의 GDP디플레이터는 $\dfrac{100}{100} \times 100 = 100$이고, 2011년의 GDP디플레이터는 $\dfrac{132}{110} \times 100 = 120$이 되므로 물가상승률은 20(%)가 된다.

6. 물가지수의 비교

구 분	소비자물가지수(CPI)	생산자물가지수(PPI)	GDP디플레이터
의 의	• 가계에서 소비하는 재화와 서비스의 가격변동을 측정하는 물가지수 • 서울을 비롯한 주요 도시에서 거래되는 생활필수품의 소매가격을 가중치를 달리하여 산술평균	• 기업들 사이에 거래되는 모든 국산품의 가격변동을 측정하는 물가지수 • 1998년 7월부터 일부 서비스부문도 포함	• 명목GDP를 실질GDP로 환산할 때 사용하는 물가지수 • 표본으로 추출된 모든 최종생산물의 가격변동을 나타내는 가장 포괄적인 지수
변 동	• 구매력수준의 변동	• 생산비의 변동	• 현재연도의 물가변화를 나타냄
성 격	• 소비자의 생계비를 산정하는 특수목적지수	• 생산비변동을 나타내는 일반목적지수	• 국내에서 생산된 모든 최종생산물의 가격을 포함하는 포괄적인 물가지수
측정기관	• 통계청	• 한국은행	• 한국은행
대상품목	• 재화 : 소비재, 수입품 • 서비스 • 부동산 : 주택임대료	• 재화 : 소비재, 원자재, 자본재 • 서비스 : 기업용 서비스 (ex : 사무실 임대료)	• 재화 : 최종생산물인 소비재, 자본재 • 서비스 : 최종생산물인 서비스 • 부동산 : 신축주택, 신축사무실, 주택임대료
제외되는 품목	• 재화 : 원자재, 자본재 • 부동산 : 주택·토지·부동산가격	• 재화 : 수입품 • 부동산 : 주택·토지·부동산가격, 주택임대료	• 재화 : 수입품 • 부동산 : 기존주택가격, 토지의 투기
기준연도	• 5년마다 개편	• 5년마다 개편	• 지수작성연도 기준
조사가격	• 소비자구입가격	• 생산자판매가격	• 모든 최종생산물의 가격
작성방법	• 라스파이레스방식	• 라스파이레스방식	• 파셰방식
상품조합	• 고정	• 고정	• 변동
표시방법	• 명시적 물가지수	• 명시적 물가지수	• 명목GDP를 실질GDP로 나누어서 산출하는 묵시적 물가지수
이용범위	• 소비자 생계비변동의 파악 • 노사협상과정에서 임금조정의 기초자료 제공	• 시장동향분석 • 구매 및 판매계약 • 예산편성 및 심의	• 실질GDP 계산

II 인플레이션율, 물가상승률

① 인플레이션율(inflation rate)이란 일정 기간에 물가지수가 변화한 비율을 의미한다.
② 인플레이션율(π)은 어떠한 물가지수를 이용하여 구하여도 무방하지만, 인플레이션율(π)을 측정하는 대표적인 물가지수는 소비자물가지수(CPI)이다.

📒 인플레이션율

$$\pi_t = \frac{CPI_t - CPI_{t-1}}{CPI_{t-1}} \times 100$$

• π_t : t기의 인플레이션율
• CPI_t : t기의 소비자물가지수
• CPI_{t-1} : $t-1$기의 소비자물가지수

제2절 인플레이션의 원인과 대책

I 수요견인 인플레이션

1. 과도한 통화증가 : 화폐적 요인

(1) 고전학파

① 고전학파의 화폐수량설에 의하면 통화공급(M^S)이 증가하면 국민소득은 완전고용국민소득수준(Y_F)에서 불변인 채 물가(P)가 비례적으로 상승하여 수요견인 인플레이션이 발생하므로 통화량을 인플레이션의 주범으로 보고 있다.

② 화폐수량설 $MV = PY$에서 실질국민소득(Y)은 완전고용국민소득수준(Y_F)에서 일정하고 통화의 소득유통속도(V)도 그 나라의 거래관습이나 제도적인 요인에 의해 일정하므로 통화량(M)과 물가(P)는 비례적이다.

③ 고전학파모형에서 총공급곡선(AS)이 완전고용국민소득수준(Y_F)에서 수직선이기 때문에 총공급 측 요인에 의한 공급견인 인플레이션(비용인상 인플레이션)은 발생하지 않는다.

(2) 통화주의학파

① 통화주의학파는 신화폐수량설을 통해 단기에 통화공급(M^S)이 증가해도 물가(P)가 정확하게 비례적으로 상승한다고 볼 수는 없지만, 기본적으로 통화공급(M^S)의 증가가 물가상승을 유발한다고 보았다.

② 화폐수량설을 증가율로 표시하면 다음과 같다.

> **화폐수량설과 EC방정식**
> - $M \times V = P \times Y$
> - $\dfrac{\Delta M}{M} + \dfrac{\Delta V}{V} = \dfrac{\Delta P}{P} + \dfrac{\Delta Y}{Y}$

③ 통화의 소득유통속도(V)가 단기적으로 불안정한 것이 사실이지만 장기적 관점에서 보면 그 변화율이 평균적으로 0이라고 볼 수 있고, 실질국민소득(Y)도 장기에서는 매우 안정적인 비율로 커지게 된다. 따라서 통화공급(M^S)을 증가시키면 장기적으로 국민소득(Y)의 증가효과는 사라지고 대부분 인플레이션으로 나타나게 된다.

④ 프리드먼(M. Friedman)에 의하면 "인플레이션은 언제나 어디에서나 화폐적인 현상이다 (Inflation is always and everywhere a monetary phenomenon)."

(3) 대책

① 고전학파와 통화주의학파는 화폐적 요인에 의한 통화량증가가 수요견인 인플레이션의 원인이므로 안정적인 통화공급이 인플레이션을 억제하는 가장 강력한 방법이라고 주장한다.

② 통화주의학파의 거장 프리드먼(M. Friedman)은 경제성장률에 맞춰 통화량증가율을 k%로 일정하게 유지하는 '준칙(rule)'에 입각한 통화정책, 즉 'k% 준칙주의(k% rule)'를 주장하였다.
▶ 경제성장률을 초과하는 화폐공급의 증가가 물가상승률로 나타나므로 경제성장률과 동일한 비율로 안정적으로 화폐공급을 증가시키면 수요견인 인플레이션을 억제할 수 있다.

2. 실물적 요인

① 정부지출증가 및 투자증가와 같은 실물부문의 증가에 의한 총수요의 변동이 인플레이션의 원인이 된다.

② 총수요를 증가시키는 예상치 못한 수요충격(demand shock)이 예상치 못한 인플레이션(unanticipated inflation)을 유발한다.

Ⅱ 공급견인 인플레이션

1. 영향

① 공급충격은 지속적으로 발생하는 것이 아니므로 공급견인 인플레이션은 지속적인 물가상승을 설명하지 못한다. 공급 측면에 의한 공급견인 인플레이션은 단기인플레이션에 대한 설명으로 적절하다.

② 공급견인 인플레이션이 발생하면 경기침체 속에서도 물가가 상승하는 스태그플레이션(stagflation) 현상이 나타난다.

▶ 스태그플레이션(stagflation)이란 경기침체(stagnation)와 인플레이션(inflation)의 합성어로서 1970년대 나타난 신조어이다.

2. 대책

(1) 총수요관리정책의 정책적 딜레마

① 공급견인 인플레이션은 경기침체와 인플레이션이 동시에 나타나는 스태그플레이션(stagflation)을 유발한다.

② 이때 국민소득증대를 위해 총수요를 증가시키면 인플레이션은 더욱 가속화되고, 물가안정을 위해 총수요를 감소시키면 국민소득은 더욱 감소한다. 이를 '총수요관리정책의 정책적 딜레마'라고 한다.

(2) 단기정책 : 소득정책

① 케인즈학파의 소득정책(incomes policy)이란 임금 및 물가상승을 규제하여 생산비의 증가를 억제하고 이에 따라 비용인상 인플레이션을 치유하고자 하는 정책을 말한다.

▶ 케인즈학파에 의하면 원유파동과 같은 원자재가격의 상승이 공급견인 인플레이션의 원인이라고 인식한다. 즉, 공급견인 인플레이션의 원인은 비용인상 인플레이션이다.

② 소득정책에 의해 노동생산성 증가율만큼의 임금인상을 유도하면 임금인상으로 인한 물가상승을 억제할 수 있다.

(3) 장기정책 : 총공급의 증가정책

① 장기적으로 총공급의 증가를 위한 정책을 실시하면 실업과 인플레이션을 동시에 해결할 수 있다.

② 장기적으로 저축·투자·노동공급의 증가를 위한 조세감면정책을 실시한다.

▶ 조세감면정책은 단기적으로 소비증가와 투자증가를 통해 총수요를 증가시키지만 장기적으로 공급능력을 향상시켜 총공급을 증가시킨다.

③ 인력정책(manpower policy) : 노동생산성을 증가시킬 수 있는 기술향상·연구개발·교육훈련(인적자본투자) 등의 정부정책이 필요하다.

3. 학파별 입장

(1) 케인즈학파

① 과도한 임금인상이나 원유파동과 같은 원자재가격의 상승에 의한 비용인상 인플레이션이 주된 원인이다.

② 재량적인 확대정책으로 인한 수요견인 인플레이션은 감수하되, 임금인상으로 인한 비용인상 인플레이션은 소득정책으로 대처해야 한다.

(2) 통화주의학파와 새고전학파

① 지속적인 총수요확대정책으로 인한 경제주체들의 기대인플레이션율(π^e)의 상승이 공급견인 인플레이션의 주된 원인이다.

② 공급견인 인플레이션은 단기적인 현상일 뿐 통화공급의 증가가 발생하지 않는 한 그것은 지속되지 않는다.

③ 재량적인 총수요확대정책으로 수요견인 인플레이션이 발생하면 경제주체들의 기대인플레이션율(π^e)이 상승하여 공급견인 인플레이션을 유발하므로 재량적인 정책을 자제해야 한다.

4. 스태그플레이션의 유발

(1) 개요

① 1960년대 이르기까지 인플레이션의 주요 원인은 대부분 총수요 측 요인에 있었기 때문에 인플레이션 하에서는 경기호황이 공존하였다.

② 그런데 1970년대에 이르러 경기침체(stagnation)와 인플레이션(inflation)이 공존하는 스태그플레이션(stagflation)이 발생하였다.

(2) 학파별 입장

① 케인즈학파의 입장에서 스태그플레이션의 원인을 원유파동으로 인한 비용인상 인플레이션으로 본다.

② 통화주의학파는 과도한 총수요확대정책으로 인해 민간의 기대인플레이션율(π^e)이 상승한 데서 그 원인을 찾고 있다.

5. 비개입정책

① 스태그플레이션으로 물가가 상승하면 노동자들의 예상물가가 상승하여 노동자들은 더 높은 임금을 요구하게 되면서 단기총공급곡선은 추가로 좌측(상방) 이동한다. 이로 인해 스태그플레이션의 현상은 더욱 더 악화되는데 이를 임금-물가악순환(wage-price spiral)이라고 한다.

② 장기적으로 생산량과 고용량이 자연율수준보다 낮아지면 노동자들은 인플레이션으로 인한 실질임금하락의 고통보다 실업의 고통이 더 크므로 낮은 임금수준에 합의하게 된다. 즉, 국민소득이 자연산출량수준에 미달하면 장기적으로 경기침체가 가속화되어 생산요소가격을 비롯한 모든 생산비용이 하락하게 되면서 단기총공급곡선이 다시 우측(하방) 이동하게 된다.

③ 공급견인 인플레이션으로 인한 스태그플레이션은 단기적인 현상이고, 장기적으로는 원래의 균형점으로 이동하여 자연율수준으로 복귀하게 된다. 따라서 불리한 공급충격으로 인한 총공급의 감소는 지속적인 인플레이션의 원인이 될 수 없고, 지속적인 인플레이션은 지속적인 화폐공급의 증가에 의해서만 가능하다.

CHAPTER 15 인플레이션

제3절 인플레이션의 사회적 비용

I 인플레이션과 이자율

1. 명목이자율과 실질이자율

(1) 관계

① 인플레이션율(물가상승률)이 0이라면 명목이자율(i)과 실질이자율(r)은 동일하지만 인플레이션율(π)이 0보다 크면 명목이자율(i)과 실질이자율(r)은 서로 괴리를 보인다.

② 어떤 사람이 금융기관에 10%의 이자율로 1,000만 원을 예금하여 1년 뒤에 원금 1,000만 원과 이자 100만 원을 합한 1,100만 원을 받았다면 명목이자율(i)이 10%가 된다. 그런데 1년 동안 물가가 5% 상승하였다면 실질이자율(r)은 명목이자율(i) 10%에서 인플레이션율(π) 5%를 차감한 5%가 된다.

▶ 금융기관에 예금하기 전 컴퓨터가격이 100만 원이었다면 1,000만 원으로 컴퓨터 10대 $\left(\dfrac{1,000}{100}=10\right)$를 구입할 수 있었지만, 컴퓨터가격이 1년 동안 5% 상승하여 105만 원이 되었다면 1,100만 원으로 약 10.5대$\left(\dfrac{1,100}{105}=10.48\right)$의 컴퓨터만을 구입할 수 있으므로 실물단위로 측정한 실질이자율(r)은 5%가 되는 것이다.

③ 실질이자율(r)은 명목이자율(i)에서 인플레이션율(π)을 차감한 값으로 정의된다.

> **실질이자율과 명목이자율**
>
> 실질이자율(r) = 명목이자율(i) − 인플레이션율(π)

(2) 세후실질이자율

① 명목이자에 조세를 부과하므로 세전명목이자율(i)과 세율(t)을 곱한 값(it)을 구해야 한다. 따라서 세후명목이자율은 세전명목이자율(i)에서 it를 차감한 $i-it=i(1-t)$가 된다.

② 세후실질이자율은 세후명목이자율 $i(1-t)$에서 인플레이션율(π)을 차감한 $i(1-t)-\pi$ 값이 된다.

2. 피셔가설

① 완벽하게 예상된 인플레이션의 경우 채권자는 실질이자율(r)이 하락하는 것을 막기 위해 인플레이션의 프리미엄을 더한 더 높은 명목이자율(i)을 요구하게 되고, 이에 채무자는 순순히 응하게 된다.

② 이로 인해 명목이자율(i)은 실질이자율(r)에 예상된 인플레이션율(π^e)을 합한 값과 같아지게 되는데, 이러한 명제를 피셔가설(Fisher hypothesis)이라고 한다.

> **피셔가설**
>
> - $i = r + \pi^e$
> - 명목이자율 = 실질이자율 + 예상인플레이션율

③ 피셔가설이 성립하는 경우 인플레이션은 명목임금이나 명목이자율과 같은 명목변수에만 영향을 줄 뿐 고용량, 실질소득, 실질이자율 등의 실질변수에는 아무 영향을 미치지 않게 되므로 예상된 인플레이션은 사회적 비용이 별로 크지 않다고 할 수 있다.
④ 하지만, 예상된 인플레이션이라 하더라도 제도상의 특성 때문에 일부 경제주체에게 비용을 초래할 수 있다는 점에서 피셔가설은 한계점을 지닌다.
▸ 명목이자율이 상승하여 실질이자율이 불변이 되더라도 누진세제 하에서 더 높은 세율이 적용되어 더 많은 이자소득세를 지불하면 세후실질이자율은 하락할 수 있다.

3. 먼델-토빈효과

① 먼델-토빈효과(Mundell-Tobin effect)란 인플레이션이 예상되었다 하더라도 예상인플레이션율(π^e)의 일부만 명목이자율(i)의 상승으로 반영되므로 실질이자율(r)이 하락하는 효과를 말한다.
② 케인즈학파의 먼델-토빈효과는 피셔효과와 대립되는 효과이다.
③ 기대인플레이션율(π^e)이 상승하면 명목이자율(i)이 상승하므로 화폐수요(M^D)가 감소하고, 실질이자율(r)이 하락하므로 투자수요(I^D)는 증가한다.

예제   인플레이션과 이자율

문제 1

화폐수량설과 피셔방정식(Fisher equation)이 성립하고 화폐유통속도가 일정한 경제에서 실질경제성장률이 3%, 통화증가율이 6%, 명목이자율이 10%라면 실질이자율은? *(2012 공인노무사)*

해설

- 화폐유통속도가 일정하므로 화폐유통속도의 변화율은 $\frac{\Delta V}{V} \times 100 = 0(\%)$이고, 실질경제성장률은 $\frac{\Delta Y}{Y} \times 100 = 3(\%)$, 통화증가율은 $\frac{\Delta M}{M} \times 100 = 6(\%)$이다. 화폐수량설 $MV = PY$이 성립하므로 EC방정식 $\frac{\Delta P}{P} = \frac{\Delta M}{M} + \frac{\Delta V}{V} - \frac{\Delta Y}{Y}$에 주어진 정보를 대입하면 물가상승률(인플레이션율)은 $\frac{\Delta P}{P} \times 100 = 6 + 0 - 3 = 3(\%)$이다.
- 실질이자율=명목이자율-인플레이션율=10%-3%=7%이다.

문제 2

은행에 100만 원을 예금하고 1년 후 105만 원을 받으며, 같은 기간 중 소비자물가지수가 100에서 102로 상승할 경우 명목이자율과 실질이자율은? *(2015 7급 국가직)*

해설

- 은행에 100만 원을 예금하고 1년 후 105만 원을 받으므로 명목이자율은 5%이다.
- 소비자물가지수가 100에서 102로 상승하였으므로 물가상승률은 2%이다.
- 실질이자율은 명목이자율에서 물가상승률을 차감한 값이므로 5-2=3(%)이다.

Ⅱ 인플레이션의 사회적 비용

1. 예상된 인플레이션

(1) 부와 소득의 재분배 측면
① 인플레이션이 예상된 경우 근로자들이 물가상승률만큼 명목임금의 인상을 요구하게 되므로 실질임금은 불변이 되어 기업과 근로자 간 부와 소득의 재분배는 발생하지 않는다.
② 인플레이션이 예상된 경우 채권자들이 인플레이션율만큼 명목이자율의 인상을 요구하게 되므로 실질이자율은 불변이 되어 채권자와 채무자 간에도 부와 소득의 재분배는 발생하지 않는다.
③ 실질임금과 실질이자율이 불변이 되더라도 누진세제 하에서는 조세왜곡이 발생하여 세후실질임금과 세후실질이자소득이 감소하므로 예상된 인플레이션이라 하더라도 근로자와 채권자가 여전히 불리해질 가능성이 있다.

(2) 메뉴비용과 구두창비용
① 메뉴비용(menu cost)이란 인플레이션이 예상된 경우 가격변동 시 가격조정과 관련된 제반 비용을 말한다.
   ▸ 상품포장이나 카탈로그, 그리고 메뉴판을 새것으로 교체하거나 변경할 때 들어가는 비용
   ▸ 가격을 변동시킨 결과 단골손님을 잃어 판매량과 판매수입이 감소하는 위험비용
   ▸ 메뉴비용은 새케인즈학파의 '물가경직성이론'을 설명하는 이론적 근거가 된다.
② 구두창비용(shoe leather cost)이란 인플레이션이 예상될 때 금융기관을 더욱 자주 방문해야 하는 데서 오는 거래비용을 말한다.
   ▸ 예상된 인플레이션 하에서 피셔효과에 의해 명목이자율이 상승하면 화폐보유의 기회비용이 증가하므로 민간은 화폐보유를 줄이게 되면서 은행에 자주 찾아가야 한다. 이 과정에서 시간 및 교통비 같은 거래비용이 발생하게 되는데 이를 구두창비용이라고 한다.
   ▸ 구두창비용이라는 용어는 예상된 인플레이션 하에서 은행방문이 잦아지면 구두바닥이 닳아진다고 하여 유래하였다.
③ 메뉴비용과 구두창비용은 예상된 인플레이션 하에서도 발생하는 비용이다.

(3) 생산과 고용 측면
① 예상된 인플레이션이 발생하면 개별기업의 입장에서 한편으로는 제품가격의 상승으로 총수입의 증가를 기대하지만 다른 한편으로는 생산요소가격의 상승으로 총비용의 증가를 경험하기 때문에 생산에 별다른 영향을 미치지 못한다.
   ▸ 인플레이션이 예상되면 노동자들이 인플레이션율만큼 명목임금의 인상을 요구할 것이므로 생산요소의 가격이 상승하게 된다.
② 노동시장에서 실질임금도 불변이므로 노동고용량도 불변이다.

(4) 경제의 효율성 측면
① 예상된 인플레이션이 지속되면 자원이 생산적인 투자에 쓰이지 않고 비생산적인 투기에 사용되기 때문에 국민경제의 효율성은 낮아진다.
② 자원배분의 비효율성은 연간 물가상승률이 100% 이상인 '초인플레이션(hyper-inflation)' 하에서 두드러지게 나타난다. 초인플레이션 하에서 경제주체들은 화폐보유보다는 현물선호경향을 드러내게 되고 화폐의 소득유통속도가 천문학적으로 높아지면서 교환경제가 파괴된다.

2. 예상치 못한 인플레이션

(1) 부와 소득의 재분배 측면
① 예상치 못한 인플레이션이 발생하면 실질임금이 하락하므로 노동자는 손해를 보고 기업은 이득을 본다. 따라서 노동자로부터 기업에게로 소득이 재분배된다.
② 예상치 못한 인플레이션이 발생하면 실질이자율이 하락하여 채권자는 손해를 보고 채무자는 이득을 본다. 따라서 채권자로부터 채무자에게로 부와 소득이 재분배된다.
③ 명목자산의 실질가치가 하락하므로 금융자산(현금, 예금, 공채, 어음)의 보유자는 손실을 보고 실물자산(토지, 빌딩, 주택)의 보유자는 이득을 본다.
④ 고정된 명목임금을 받고 있는 노동자, 고정된 연금을 받아 생활하는 사람, 명목가치가 고정된 금융자산을 보유하고 있는 사람은 손해를 본다.

(2) 생산과 고용 측면
① 예상치 못한 인플레이션으로 인해 실제물가수준(P)이 예상물가수준(P^e)보다 높아 $P > P^e$의 조건이 성립한다면 기업들은 단기적으로 생산을 증가시킨다.
② 단기적으로 생산이 증가하므로 단기에 노동고용량도 증가하지만, 장기적으로는 미래에 대한 불확실성이 증가하여 고용량의 변동이 불투명하게 된다.

(3) 장기계약의 어려움
① 예상치 못한 인플레이션으로 인해 불확실성이 확산되면 채권자와 채무자 사이에 장기계약(long-term contract)이 어렵게 된다.
② 금융기관과 기업 사이에도 단기대출만 이뤄져 경제 전반의 효율성에 문제를 발생시킨다.

참고 | 화폐발행이득

1. 개념
① 화폐발행이득이란 화폐공급의 증가를 통해 정부가 얻게 되는 추가적인 재정수입을 말한다.
② 인플레이션조세, 화폐주조세, 세뇨리지(seigniorage), 소리 없는 세금(silent tax), 숨겨진 세금(hidden tax)이라고도 한다.

2. 화폐발행의 효과
① 화폐발행의 증가를 통해 인플레이션이 발생하면 국민경제 전체적 측면에서 채무자에 해당하는 정부의 실질채무가 감소하므로 정부는 화폐발행의 이득을 얻는다.
② 통화증발을 통해 인플레이션이 발생하면 민간이 보유하고 있는 대표적인 명목자산인 화폐의 실질가치가 하락한다. 화폐의 실질가치가 하락하면 민간이 구입 가능한 재화와 서비스의 양이 줄어들게 되는데 이는 정부가 그만큼 더 많은 재화와 서비스를 구입해 각종 사업에 사용할 수 있음을 의미한다.
③ 민간이 보유한 현금은 채무자인 정부가 그 부채를 갚을 필요가 없으므로 인플레이션에 의한 화폐가치의 하락은 화폐소유자의 실질비용이 된다.
④ 이처럼 정부가 인플레이션을 유발하면 세금을 걷는 효과가 나타난다는 의미에서 민간이 보유한 화폐가 과세대상이 되는 것이다.
⑤ 재정적자를 중앙은행의 차입으로 충당하는 경우 1만 원권을 만드는 데 100원의 비용이 소요된다면 화폐 제조비용 100원을 제외한 나머지 9,900원은 인플레이션조세가 된다.

CHAPTER 16 필립스곡선이론

PART 06 | 실업과 인플레이션

제1절 최초의 필립스곡선

I 도출

1. 실업과 인플레이션의 상충관계
① 영국의 경제학자 필립스(A. W. Phillips)는 1958년에 19세기 중반부터 20세기 중반(1861 ~1957) 사이의 시계열자료를 가지고 영국의 명목임금인상률과 실업률 사이의 안정적인 상충관계(trade-off)를 발견하였다.
② 명목임금인상률과 실업률 사이의 음(-)의 상관관계를 나타낸 곡선이 최초의 필립스곡선(Philips curve)이다.
③ 케인즈학파의 경제학자 립시(R. Lipsey)는 명목임금상승률을 물가상승률로 대체한 변형된 필립스곡선을 제시하였다.
④ 필립스곡선이라고 하면 보통 실업률과 인플레이션율 사이의 상충관계를 나타내는 립시(R. Lipsey)의 필립스곡선을 의미한다.

2. 필립스곡선식
① 인플레이션율(π)과 실업률(u) 사이에 존재하는 역(-)의 관계를 수식으로 표현한 것이 필립스곡선식이 된다.
  ▶ 필립스곡선이 우하향의 직선이라면 세로축의 절편값은 αu_N이고 기울기는 $-\alpha$이다.

> **필립스곡선식**
> - $\pi = -\alpha(u - u_N),\ \alpha > 0$
> - $\pi = \alpha u_N - \alpha u$
>   - π : 인플레이션율
>   - u : 실제실업률
>   - α : 반응계수
>   - u_N : 자연실업률

② 필립스곡선에서 인플레이션율(π)이 0일 때의 실업률이 자연실업률(u_N)이다.
③ 인플레이션율(π)이 양(+)이면 실제실업률(u)이 자연실업률(u_N)보다 낮고, 인플레이션율(π)이 음(-)이면 실제실업률(u)이 자연실업률(u_N)보다 높다.

> **실업률과 인플레이션율 : 필립스곡선식**
> - $\pi > 0 \rightarrow u < u_N$
> - $\pi < 0 \rightarrow u > u_N$

3. 필립스곡선과 총공급곡선

(1) 필립스곡선의 도출
① 우상향하는 AS곡선과 우하향하는 필립스곡선은 서로 표리의 관계가 있다.
② $AD-AS$모형의 최초의 균형점 E_0에서 확장적 총수요관리정책을 실시하면 총수요곡선 (AD)이 우측 이동하여 E_1에서 새로운 균형점이 달성된다.
③ 이로 인해 물가의 상승($P_0 \rightarrow P_1$)과 국민소득의 증가($Y_0 \rightarrow Y_1$)가 나타난다.
④ 필립스곡선에서 물가(P)의 상승은 인플레이션율의 상승($\pi_0 \rightarrow \pi_1$)으로 나타나고, 국민소득(Y)의 증가는 실업률의 하락($u_0 \rightarrow u_1$)으로 나타난다.

(2) 필립스곡선의 기울기
① AS곡선의 기울기가 완만하면 총수요 증가 시 국민소득(Y)의 증가분도 커져 실업률(u)이 대폭 감소할 것이므로 필립스곡선의 기울기도 완만해진다.
▸ AS곡선이 수직선이면 총수요의 증가가 국민소득과 실업은 불변인 상태에서 물가상승만을 유발하므로 필립스곡선도 수직선이 된다.
② 실업률(u)이 높을 때(국민소득이 낮을 때) 필립스곡선의 기울기는 완만(AS기울기가 완만)하지만, 실업률(u)이 낮을 때(국민소득이 높을 때)는 필립스곡선의 기울기가 가파르게(AS기울기가 가파르게) 나타난다. 이는 실업률(u)이 낮을 때(국민소득이 높을 때)는 상대적으로 실업률(u)을 줄이기 위해(국민소득을 증가시키기 위해) 감수해야 할 인플레이션율(π)의 증가가 크다는 것을 의미한다.
▸ 일반적인 필립스곡선은 우하향하면서 원점에 대해 볼록한 형태를 지닌다.

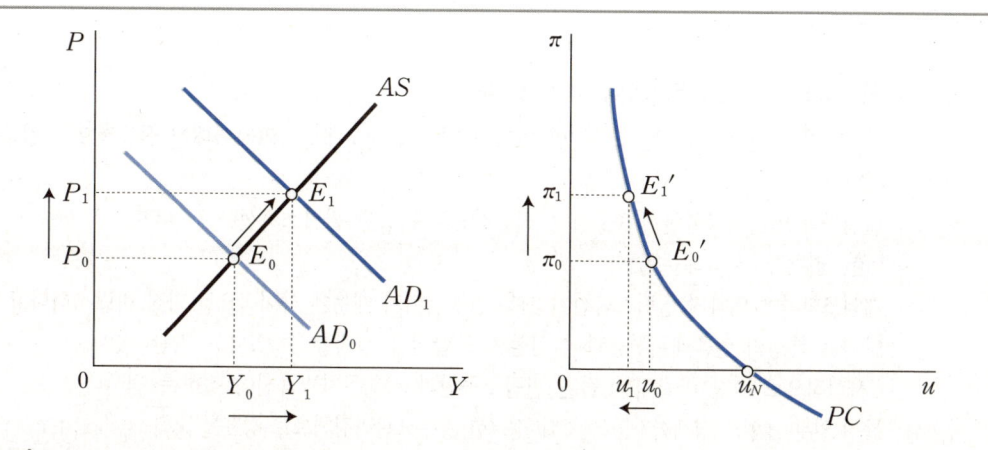

📌 필립스곡선과 총공급곡선
- 우상향하는 총공급곡선(AS)을 가정할 경우 수요충격(demand shock)으로 총수요곡선(AD)이 우측으로 이동하면 국민소득(Y)이 증가하고 물가수준(P)은 상승한다.
- 국민소득(Y)의 증가는 실업률(u)의 하락으로 나타나고, 물가(P)의 상승은 인플레이션율(π)의 상승으로 나타난다.
- 실업률(u)과 인플레이션율(π)이 역($-$)의 관계를 나타내기 때문에 필립스곡선은 우하향한다.

(3) 필립스곡선상의 이동
① AD곡선의 이동은 필립스곡선상의 변화를 가져온다.
② AD곡선이 우측 이동하면 필립스곡선상의 점이 좌상향점으로 이동하고, AD곡선이 좌측 이동하면 필립스곡선상의 점이 우하향점으로 이동한다.

(4) 필립스곡선 자체의 이동
① AS곡선의 이동은 필립스곡선 자체의 변화를 가져온다.
② AS곡선이 좌측(상방) 이동하면 필립스곡선은 우측(상방)으로 이동하고, AS곡선이 우측(하방) 이동하면 필립스곡선은 좌측(하방)으로 이동한다.

Ⅱ 시사점 및 정책적 함의

1. 실업과 인플레이션의 상충관계
① 필립스곡선이 우하향한다는 것은 실업률을 낮추기 위해서는 높은 인플레이션율을 감수해야 하고, 인플레이션율을 낮추기 위해서는 높은 실업률을 감수해야 한다는 것을 나타낸다. 따라서 실업률과 인플레이션은 상충관계에 있다.
② 이는 물가안정과 완전고용이라는 두 가지 거시경제정책의 목표가 동시에 달성될 수 없다는 것을 의미한다.
③ 실업과 인플레이션 모두 정책입안자의 입장에서는 바람직하지 않은 비재화에 해당하므로 사회무차별곡선은 원점에 대해 오목하면서 우하향한다. 사회무차별곡선이 원점에 가까워질수록 큰 사회후생을 나타낸다.
  ▸ 원점에 대해 볼록한 필립스곡선과 원점에 대해 오목한 사회무차별곡선이 접하는 점에서 사회후생이 극대화된다.

2. 케인즈학파의 총수요관리정책에 대한 당위성
① 우하향하는 필립스곡선은 영국뿐만 아니라 미국의 경우에도 1960년대에 실증적으로 검증되었다.
② 실업률과 인플레이션의 상충관계를 실증적으로 검증한 필립스곡선은 케인즈학파의 재량정책에 대한 당위성을 부여해 주었다.
③ 케인즈학파에 의하면 필립스곡선이 매우 안정적이기 때문에 사회적으로 가장 바람직하다고 판단되는 특정의 인플레이션율과 실업률의 조합점을 선택할 수 있다고 판단하였다.
  ▸ 사회적으로 가장 바람직한 점은 필립스곡선과 사회무차별곡선이 접하는 점이다.
④ 특히 일부 케인즈 경제학자들은 보다 정교한 총수요관리정책으로 경제를 미세조정(fine tuning)하면 0~2%의 아주 낮은 인플레이션 하에서 완전고용을 유지할 수 있을 것으로 전망하였다.
  ▸ 미조정(fine tuning)이란 경기변동의 진폭을 완화시키기 위해 재정정책과 금융정책을 상황에 따라 수시로 활발하게 이용함으로써 경제활동의 안정을 기하는 것을 말한다. 정책혼합에 의한 세부적인 경기조정정책이 마치 음량이나 음질을 미동조정하는 것과 유사하다고 해서 미조정이라고 한다.

제2절 새로운 필립스곡선

I 스태그플레이션

1. 배경
① 1970년대에 이르러 경기침체(stagnation) 속에서도 물가가 상승(inflation)하는 스태그플레이션(stagflation)현상이 발생하였다.
② 스태그플레이션 하에서는 인플레이션율과 실업률이 동시에 높게 나타나므로 높은 실업률에서는 낮은 인플레이션율이라는 케인즈학파의 관점을 흔들어 놓았다.
③ 스태그플레이션을 배경으로 케인즈경제학은 저물고 신자유주의를 내세웠던 통화주의학파가 이론적 공헌도를 인정받게 된다. 또한 스태그플레이션은 전통적인 고전학파의 경제학을 계승한 새고전학파가 등장하는 계기가 된다.

2. 학파별 입장
① 케인즈학파는 석유 및 원자재파동으로 인한 불리한 공급충격 때문에 비용인상 인플레이션이 발생한 것에 그 원인을 찾고 있다.
▶ 케인즈학파 : 비용인상 인플레이션
② 통화주의학파와 새고전학파는 자연실업률이론을 토대로 정부의 지속적인 총수요관리정책에 따라 민간의 예상인플레이션율(π^e)이 상향 조정된 것이 원인이라고 본다.
▶ 통화주의학파 : 자연실업률이론

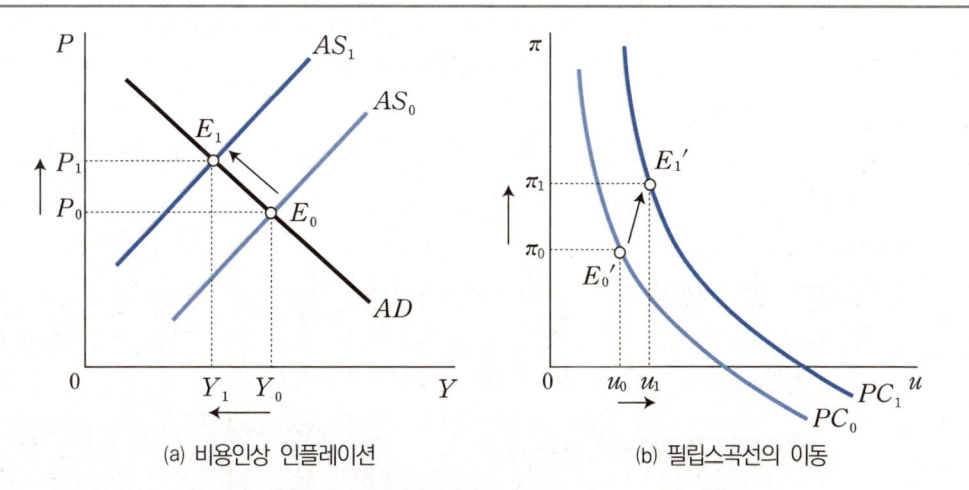

(a) 비용인상 인플레이션 (b) 필립스곡선의 이동

💡 **비용인상 인플레이션과 필립스곡선의 이동**
- 원자재가격이 상승하면 총공급곡선(AS)이 좌상방으로 이동하여 비용인상 인플레이션이 발생하게 된다. 총공급곡선(AS)이 좌상방으로 이동하면 국민소득(Y)이 감소하고 물가수준(P)은 상승한다.
- 국민소득(Y)의 감소는 실업률(u)의 상승으로 나타나고, 물가(P)의 상승은 인플레이션율(π)의 상승으로 나타난다.
- 이 경우 필립스곡선 자체가 우상방으로 이동하게 된다.

Ⅱ 비용인상 인플레이션 : 케인즈학파

1. 비용인상 인플레이션과 필립스곡선의 이동
① 케인즈학파는 1970년대 발생한 원유가격 및 원자재가격의 상승이 AS곡선을 좌측(상방)으로 이동시켜 국민소득의 감소($Y_0 \to Y_1$)와 물가상승($P_0 \to P_1$)을 초래하였다는 입장이다.
② AS곡선이 좌측(상방)으로 이동하면 실업증가와 인플레이션이 동시에 발생하므로 필립스곡선 자체가 우상방으로 이동하게 된다.

2. 스태그플레이션의 대책
① 케인즈학파는 스태그플레이션의 해결을 위해 생산성향상을 통한 원가절감으로 총공급곡선(AS)을 우측으로 이동시키는 동시에 확장적 총수요관리정책을 통해 총수요곡선(AD)을 우측으로 이동시켜야 한다고 주장하였다.
  ▸ 케인즈학파의 소득정책(incomes policy)은 임금 및 물가상승을 규제하여 생산비의 증가를 억제하고 이에 따라 비용인상 인플레이션을 치유하고자 하는 정책을 말한다.
② 석유가격상승을 억제하기 위해 대체에너지 개발 및 산업생산과정에서 에너지소비를 절감시키는 방안을 추진한다.

Ⅲ 자연실업률가설 : 통화주의학파

1. 자연실업률가설
① 자연실업률가설은 통화주의학파의 거장 프리드먼(M. Friedman)과 미국의 경제학자 펠프스(E. S. Phelps)가 1960년대 말에 제시한 이론이다.
② 자연실업률가설에 의하면 실업률(u)과 인플레이션율(π) 사이에는 장기적으로 상충관계가 존재하지 않기 때문에 정부의 확장적 총수요관리정책은 물가상승만을 유발하므로 화폐는 장기적으로 중립적이다.
③ 자연실업률가설에 의하면 스태그플레이션의 원인은 정부의 지속적인 총수요관리정책으로 인한 민간의 예상인플레이션율(π^e)의 상승이다.

2. 기대부가 필립스곡선
(1) 기대부가 필립스곡선식
① 기대부가 필립스곡선(expectation augmented Phillips curve)이란 자연실업률가설이 말하는 필립스곡선을 말하고, 이를 수식으로 표현하면 다음과 같다.

> **기대부가 필립스곡선식**
> - $\pi = \pi^e - \alpha(u - u_N),\ \alpha > 0$
> - $\pi = (\pi^e + \alpha u_N) - \alpha u$
> - $\pi - \pi^e = -\alpha(u - u_N)$
>
> • π : 실제인플레이션율 • π^e : 예상인플레이션율
> • α : 반응계수 • u : 실제실업률
> • u_N : 자연실업률

- 기대부가 필립스곡선은 세로축의 절편값이 $\pi^e + \alpha u_N$이고 기울기는 $-\alpha$인 우하향하는 직선이 된다.
- 기대부가 필립스곡선식에서 예상인플레이션율(π^e)이 상승하면 세로축의 절편값이 커지므로 필립스곡선은 상방(우측) 이동한다.

② 기대부가 필립스곡선에서 실제인플레이션율(π)과 예상인플레이션율(π^e)이 일치하는 실업률이 자연실업률(u_N)이다.

③ 실제인플레이션율(π)이 예상인플레이션율(π^e)보다 높으면 실제실업률(u)은 자연실업률(u_N)보다 낮고, 그 반대이면 실제실업률(u)은 자연실업률(u_N)보다 높다.

> **인플레이션율과 실업률 : 기대부가 필립스곡선식**
> - $\pi > \pi^e \rightarrow u < u_N$
> - $\pi < \pi^e \rightarrow u > u_N$

④ 기대부가 필립스곡선식은 예상치 못한 인플레이션($\pi - \pi^e$)과 실업률(u) 간의 음($-$)의 상관관계를 보여 준다. 즉, 예상치 못한 인플레이션이 발생하면 실업률(u)은 낮아진다.
- 예상치 못한 인플레이션($\pi - \pi^e$)을 예측오차라고 한다.

(2) 단기와 장기의 필립스곡선

① 단기에는 적응적 기대로 인해 경제주체들의 예상인플레이션율(π^e)은 일정 불변이므로 $\pi^e = 0$이 성립하게 된다. 따라서 단기필립스곡선(Short-run Philips Curve : SPC)은 최초의 필립스곡선과 유사하게 안정적인 우하향의 형태를 보인다.

② 장기적으로 예상인플레이션율(π^e)이 상승하면 단기필립스곡선도 예상인플레이션율(π^e) 만큼 상방(우측)으로 이동하게 된다.

③ 장기에는 경제주체들이 인플레이션을 정확히 예상하게 되므로 실제인플레이션율과 예상인플레이션율은 일치($\pi = \pi^e$)하여 장기필립스곡선(Long-run Philips Curve : LPC)은 자연실업률수준(u_N)에서 수직선이 된다.

(3) 필립스곡선의 이동

① 예상인플레이션율(π^e)이 상승하면 단기총공급곡선(SAS)이 좌측(상방) 이동하여 단기필립스곡선(SPC)이 우측(상방) 이동한다.
- 단기필립스곡선이 원점에서 멀리 이동하면 실업률과 인플레이션율이 모두 상승하므로 이러한 현상을 필립스곡선의 악화라고 한다.
- 이때, 단기총공급곡선(SAS)의 이동은 단기필립스곡선(SPC)의 이동만을 유발하므로 장기필립스곡선(LPC)의 이동은 발생하지 않는다.

② 기술이 진보하거나 노동자들의 생산성이 향상되면 단기총공급곡선(SAS)과 장기총공급곡선(LAS)이 모두 우측 이동하여 단기필립스곡선(SPC)과 장기필립스곡선(LPC) 모두 좌측 이동한다.
- 이때, 자연국민소득수준은 증가하고 자연실업률수준은 감소하므로 새로운 자연실업률수준에서 장기필립스곡선(LPC)은 수직이 된다.

3. 장기필립스곡선과 가속적 인플레이션가설

① $AD-AS$모형의 최초의 균형점 E_0에서 물가수준은 P_0이고 국민소득은 자연국민소득수준인 Y_N이라고 가정하자. $AD-AS$모형의 E_0점은 단기필립스곡선 SPC_0의 $E_0{'}$점에 해당하는데 이때 인플레이션율은 0%이고 실업률은 자연실업률수준 u_N에 있다.

② 정부가 실업률을 낮추기 위해 확장적 총수요관리정책을 실시하면 AD곡선이 AD_0에서 AD_1으로 이동하여 새로운 단기균형점은 E_1이 된다. 이는 실업이 감소하면서 인플레이션이 발생하는 경우이므로 단기필립스곡선 SPC_0를 따라 $E_1{'}$점으로 이동하는 경우이다.

▶ 적응적 기대를 하기 때문에 $\pi^e = 0$이 되어 이러한 변화가 가능하다.

③ 시간이 지남에 따라 물가상승을 인식하게 되는 근로자들이 적응적 기대를 극복하면서 예상인플레이션율(π^e)을 실제인플레이션율(π)과 동일하게 조정하게 된다. 이 경우 단기총공급곡선은 $SAS(P_0^e)$에서 $SAS(P_1^e)$로 좌측 이동하게 되고, 단기필립스곡선은 SPC_0에서 SPC_1으로 이동하면서 새로운 균형점은 E_2점과 $E_2{'}$점이 된다.

④ 장기총공급곡선(LAS)은 최초의 균형점 E_0와 최종균형점 E_2를 연결하는 수직선이 되고, 장기필립스곡선(LPC)도 $E_0{'}$점과 $E_2{'}$을 연결한 수직선이 된다.

⑤ 자연실업률가설에서 총수요확대정책은 지속적인 물가상승을 일으키므로 가속적 인플레이션가설(accelerated inflation hypothesis)이라고도 한다.

4. 정책적 시사점

① 확장적인 총수요관리정책은 단기적으로는 실업을 감소키지만 장기적으로는 시간흐름과 함께 예상인플레이션율이 상향 조정되면서 실제인플레이션율만 상승시킬 뿐이다.

② 따라서 단기의 재량적인 총수요확대정책은 장기적으로 고용증가에 아무런 영향을 미치지 못하기 때문에 실제실업률은 장기적으로 자연실업률수준에서 머무르게 된다.

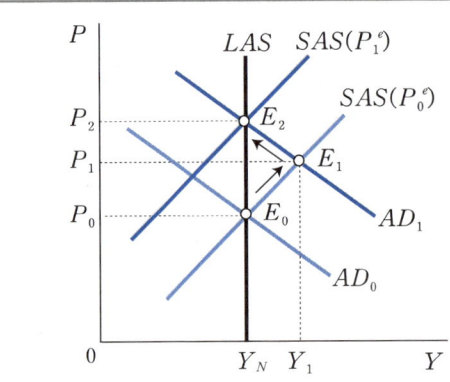 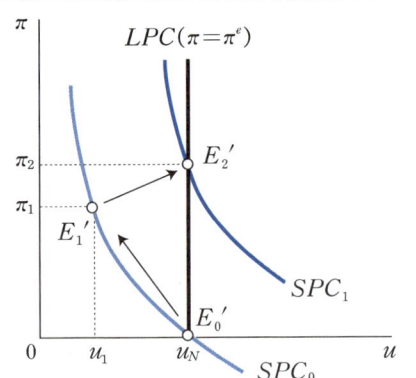

💡 통화주의학파의 장·단기필립스곡선

- 단기에 경제주체들의 예상인플레이션율(π^e)은 고정되어 있으므로 단기필립스곡선(SPC)은 우하향한다.
- 장기에는 경제주체들이 정확하게 인플레이션을 예상하기 때문에 장기필립스곡선(LPC)은 자연실업률수준(u_N)에서 수직선이 된다.

Ⅳ 합리적 기대가설 : 새고전학파

1. 합리적 기대가설

① **합리적 기대** 하에서는 모든 경제주체가 단기에서조차 인플레이션을 평균적으로 정확하게 예상할 수 있기 때문에 **단기필립스곡선(SPC)** 조차도 **자연실업률수준(u_N)에서 수직선**이 된다.
   ▸ 합리적 기대 하에서는 단기총공급곡선(SAS)이 수직이므로 단기필립스곡선(SPC)도 수직이 되는 것이다.

② 합리적 기대 하에서는 예측오차($\pi - \pi^e$)가 평균적으로 0이 되므로 실업률(u)은 자연실업률(u_N)과 일치하게 된다.
   ▸ 기대부가 필립스곡선식 : $\pi - \pi^e = -\alpha(u - u_N)$

③ 만약 정부가 **예상치 못한 확장정책**을 실시하면 예상인플레이션율(π^e)이 실제인플레이션율(π)에 미치지 못하게 되고, 이 경우 **단기필립스곡선(SPC)은 우하향**하게 된다.
   ▸ 정부가 예상치 못한 확장정책을 실시하면 합리적 기대 하에서도 단기총공급곡선(SAS)은 일시적으로 우상향하므로 단기필립스곡선(SPC)이 우하향하게 되는 것이다.

2. 정책적 시사점

① 새고전학파의 필립스곡선은 단기와 장기 모두 수직선이므로 총수요관리정책은 단기에서조차 효과가 없다. 이를 '**정책무력성의 정리**'라고 한다.

② **예측할 수 없는 비체계적인 확장정책**을 실시하면 **일시적으로 국민소득과 고용에 영향**을 미칠 수 있지만, 장기적으로 정책효과는 사라지고 물가만 상승시키게 된다. 또한, 이는 **정부정책에 대한 신뢰성을 훼손**시킴으로써 더욱 바람직하지 못한 상황을 가져오게 된다.

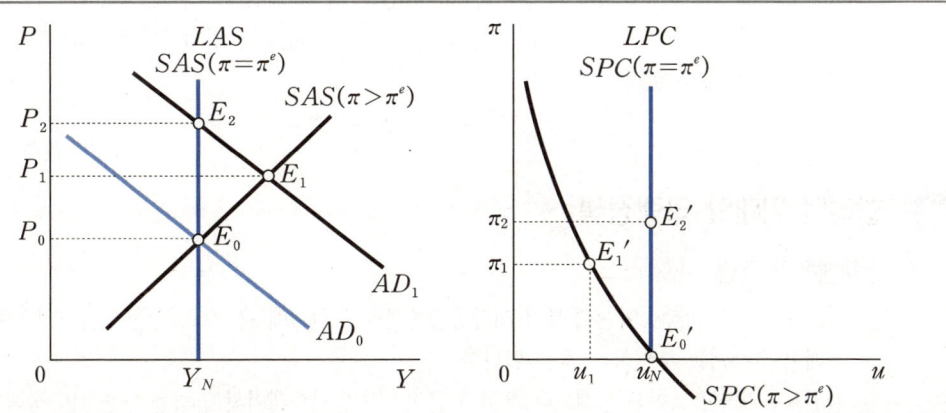

새고전학파의 장·단기필립스곡선

- 합리적 기대 하에서는 단기에서도 $\pi = \pi^e$가 성립하므로 단기필립스곡선(SPC)과 장기필립스곡선(LPC) 모두 자연실업률수준(u_N)에서 수직선이다.
- 예상치 못한 정부의 확장정책은 단기적으로 $\pi > \pi^e$를 성립시켜 우하향하는 단기필립스곡선(SPC)을 얻을 수 있다.

제3절 반인플레이션 정책(디스인플레이션 정책)

I 반인플레이션 정책(디스인플레이션 정책)과 희생비율

1. 반인플레이션 정책(디스인플레이션 정책)
① 반인플레이션 정책(disinflation policy)이란 인플레이션의 원인을 통화량의 증가에 있다고 보고 화폐공급을 통제함으로써 인플레이션을 억제하고 물가안정을 유도하고자 하는 정책을 말한다.
② 하지만, 반인플레이션(디스인플레이션) 정책을 실시하면 총수요가 감소하므로 국민소득의 감소를 통한 경기침체의 발생과 실업의 증가라는 사회적 비용을 유발하게 된다.

2. 희생비율(희생률)
① 희생비율(sacrifice ratio)이란 1년 동안 인플레이션율(π)을 1%포인트 낮추기 위해 감수해야 할 실질국민소득의 변화율을 의미한다.

> **희생비율**
> $$\frac{\Delta Y/Y}{\Delta \pi}$$
> • $\Delta Y/Y$: 실질국민소득 변화율　　• π : 인플레이션율

② 필립스곡선의 기울기가 가파를수록 인플레이션을 억제하기 위해 포기해야 하는 실업률의 상승분(국민소득의 감소분)이 작아지므로 희생비율이 낮게 측정된다.
③ 통화주의학파는 준칙주의가 지켜지면 통화당국의 신뢰성이 높아져 적은 비용으로도 인플레이션을 억제할 수 있기 때문에 희생비율이 낮아질 것이라고 하였다.
④ 실업률과 경제성장률 간의 관계를 나타내는 오쿤의 법칙(Okun's law)과 실업률과 인플레이션율 간의 관계를 나타내는 필립스곡선을 통하여 인플레이션율과 경제성장률 간의 관계인 희생비율을 측정할 수 있다.

II 합리적 기대와 급랭정책

1. 급랭정책의 개념
① 급랭정책(cold turkey)이란 정부가 화폐공급증가율을 일시에 큰 폭으로 줄여 급진적으로 반인플레이션 정책을 추진하는 것을 말한다.
② 점진적인 반인플레이션 정책보다 오히려 급진적인 반인플레이션 정책을 사용하면 정책의도에 대한 민간의 의심을 사라지게 하여 희생비율을 낮출 수 있다는 것이다.

2. 합리적 기대 하에서 급랭정책의 효과
① 급랭정책은 합리적 기대이론의 정책무력성의 명제에 그 이론적 근거를 두고 있다.
② 합리적 기대 하에서 단기총공급곡선과 단기필립스곡선 모두 수직이므로 급랭정책은 실업률을 전혀 증가시키지 않고서도 물가를 안정시킬 수 있어서 희생비율이 0이 된다.

PART 07

거시경제학의 학파별 이론

17 고전학파와 케인즈
18 케인즈학파와 통화주의학파
19 새고전학파와 새케인즈학파

CHAPTER 17 고전학파와 케인즈

PART 07 | 거시경제학의 학파별 이론

구 분		고전학파	케인즈
	총생산함수	• $Y_F = F(L_F, \overline{K})$	• $Y = F(L^D, \overline{K})$
노동시장	노동수요함수	• $L^D = L^D\left(\dfrac{w}{P}\right)$, $\dfrac{\Delta L^D}{\Delta\left(\dfrac{w}{P}\right)} < 0$ • $\dfrac{w}{P} = MP_L$ • 실질임금의 감소함수	• $L^D = L^D\left(\dfrac{w}{P}\right)$, $\dfrac{\Delta L^D}{\Delta\left(\dfrac{w}{P}\right)} < 0$ • $\dfrac{\overline{w}}{P} = \overline{MP_L}$ • 실질임금의 감소함수
	노동공급함수	• $L^S = L^S\left(\dfrac{w}{P}\right)$, $\dfrac{\Delta L^S}{\Delta\left(\dfrac{w}{P}\right)} > 0$ • 실질임금의 증가함수	• $L^S = L^S(w)$, $\dfrac{\Delta L^S}{\Delta w} > 0$ • 명목임금의 증가함수
	화폐환상	• 없음	• 있음
	노동시장조건	• $L^D = L^S$ • 균형	• $L^D < L^S$ • 불균형
	고용수준	• 완전고용	• 불완전고용(실업)
생산물시장	소비함수	• $C = C(r)$, $\dfrac{\Delta C}{\Delta r} < 0$ • 이자율의 감소함수	• $C = C(Y)$, $\dfrac{\Delta C}{\Delta Y} > 0$ • 국민소득의 증가함수
	저축함수	• $S = S(r)$, $\dfrac{\Delta S}{\Delta r} > 0$ • 이자율의 증가함수	• $S = S(Y)$, $\dfrac{\Delta S}{\Delta Y} > 0$ • 국민소득의 증가함수
	투자수요함수	• $I^D = I^D(r)$, $\dfrac{\Delta I^D}{\Delta r} < 0$ • 이자율의 감소함수	• $I^D = I_0$ • 독립투자수요
	조정변수	• 이자율조정	• 수량조정(국민소득조정, 재고조정)
	생산물시장의 균형	• $I^D(r) + G_0 = S(r) + T_0$	• $I_0 + G_0 = S(Y) + T_0$
화폐시장	화폐의 기능	• 교환의 매개수단	• 교환의 매개수단 • 가치의 저장수단(더 중요시)
	화폐수요함수	• $M^D = kPY = kPY_F$ • $\dfrac{M^D}{P} = kY_F$ • 화폐수량설 • 이자율과 무관 • 화폐수요는 안정적	• $M^D = P \times L(Y, r)$ • $\dfrac{M^D}{P} = kY - hr$ • 유동성선호설 • 이자율의 감소함수 • 화폐수요는 불안정적
	화폐공급함수	• $M^S = M_0$ • $\dfrac{M^S}{P} = \dfrac{M_0}{P}$	• $M^S = M_0$ • $\dfrac{M^S}{P} = \dfrac{M_0}{P}$

		고전학파	케인즈
화폐시장의 균형		$M^D = M^S$ $kPY_F = M_0$ $kY_F = \dfrac{M_0}{P}$	$M^D = M^S$ $P \times L(Y, r) = M_0$ $kY - hr = \dfrac{M_0}{P}$
총공급곡선		(수직선 AS, Y_F에서) • 수직선	(수평선 AS, Y_F까지) • 수평선
재정정책		• 재정정책의 효과 없음 • 확대재정정책은 AD곡선을 이동시키지 못함: 완전구축효과 • 재정의 자동안정화 장치(누진세, 실업보험)를 통해 경기는 자율적으로 조정 • 균형재정 추구	• 재정정책의 효과가 강력 • 확대재정정책은 AD곡선을 우측으로 대폭 이동시켜 국민소득을 증가시킴: 100% 승수효과 • 재정의 자동안정화정책은 재정적 견인을 통해 비판 • 균형재정에 집착할 필요가 없으며 불황 시에는 적자재정을 통한 경기부양정책을 실시해야 함
금융정책		• 금융정책의 효과 없음 • 확대금융정책은 AD곡선을 우측으로 이동시키지만, 물가만 상승	• 금융정책의 효과 없음 • 확대금융정책은 AD곡선을 이동시키지 못함: 유동성함정, 독립투자수요
실업	원인	• 노동시장의 불완전성 • 노동시장의 신축성을 저해하는 제도적 요인(최저임금제, 노동조합, 실업수당)	• 유효수요 부족
실업	대책	• 임금의 신축성을 저해하는 요인 제거 • 경직적 제도를 개선	• 유효수요 증대
인플레이션	원인	• 수요견인 인플레이션: 과다한 통화공급 • 공급견인 인플레이션: 불인정	• 수요견인 인플레이션: 유효수요의 과다 • 공급견인 인플레이션: 임금 인상, 원자재 가격 상승 등
인플레이션	대책	• 수요견인 인플레이션: 적정통화공급 • 비용인상 인플레이션: 불인정	• 수요견인 인플레이션: 유효수요 억제 • 공급견인 인플레이션: 소득정책, 산업정책 등
정책초점		• 공급능력의 증대	• 유효수요의 증대
저축관		• 저축이 미덕	• 소비가 미덕: 저축의 역설
정부개입		• 비개입주의	• 개입주의

CHAPTER 18 케인즈학파와 통화주의학파

PART 07 | 거시경제학의 학파별 이론

제1절 모형의 비교

I 단기모형

1. $IS-LM$모형

(1) 케인즈학파
① 케인즈학파의 확대재정정책은 구축효과는 작고 승수효과가 크기 때문에 국민소득(Y)을 큰 폭으로 증가시킨다.
② 가파른 IS곡선과 완만한 LM곡선으로 인해 확대재정정책의 효과는 강력하고, 확대금융정책의 효과는 미약하다.

(2) 통화주의학파
① 통화주의학파의 확대재정정책은 구축효과는 크고 승수효과가 작기 때문에 국민소득(Y)의 증가에 큰 영향을 미치지 못한다.
② 완만한 IS곡선과 가파른 LM곡선으로 인해 확대재정정책의 효과는 미약하고, 확대금융정책의 효과는 강력하다.

(3) 재정정책과 금융정책의 비교
① 케인즈학파의 견해
- 금융정책의 이자율경로(간접적 파급경로) : 금융정책은 이자율변화를 통해 투자수요(I^D)에 영향을 주고 이것이 실물경제에 영향을 미치게 된다. 즉, 케인즈학파의 통화정책은 실물시장에 간접적인 효과를 낳는다.
- 금융정책은 전달경로가 너무나도 길고 불확실하기 때문에 정책수단으로 바람직하지 않다.
- 화폐시장이 유동성함정에 빠져 있는 경우 화폐공급(M^S)의 증가는 이자율하락을 가져오지 못하고, 설사 이자율(r)이 하락하더라도 기업의 투자수요(I^D)는 이자율(r)에 크게 반응하지 않는 성향이 있기 때문에 큰 폭의 투자수요(I^D)의 증가를 가져오지 못한다.
- 반면, 재정정책은 곧바로 총수요(AD)를 증가시키기 때문에 그 정책효과가 매우 크다.
② 통화주의학파의 견해
- 금융정책의 신용경로(직접적 파급경로) : 통화주의학파에 의하면 화폐가 교환의 매개수단이므로 화폐공급(M^S)의 변화를 통한 금융정책은 이자율(r)의 변화를 거치지 않고서도 총수요(AD)를 직접적으로 변화시킬 수 있다고 주장한다. 즉, 통화정책은 실물시장에 직접적인 효과를 낳는다.
- 재정정책이 약간의 경기부양효과를 갖더라도 구축효과를 유발하므로 바람직하지 않다.
- 그리고 경기회복을 위해 정부지출(G)을 늘리다 보면 재정적자가 누적되고 정부부문이 비대해지는 결과가 나타나므로 재정정책에 대해서는 부정적인 견해를 갖고 있다.

2. AD-AS모형

(1) 케인즈학파

① 가파른 IS곡선과 완만한 LM곡선으로 가파른 AD곡선을 가진다.
② AD곡선은 금융정책보다는 재정정책에 의해 더 큰 폭으로 변화한다.
③ AS곡선은 단기에 예상실질임금 $\left(\dfrac{w}{P^e}\right)$에 의존하기 때문에 우상향한다.
④ 케인즈학파에 의하면 물가(P)와 명목임금(w)의 변화가 매우 느리게 조정되기 때문에 단기에 AS곡선은 완만하게 우상향한다.
⑤ 가파른 AD곡선과 완만한 AS곡선은 총수요관리정책의 효과를 크게 한다.

(2) 통화주의학파

① 완만한 IS곡선과 가파른 LM곡선으로 완만한 AD곡선을 가진다.
② AD곡선은 재정정책보다는 금융정책에 의해 더 큰 폭으로 변화한다.
③ AS곡선은 단기에 예상실질임금 $\left(\dfrac{w}{P^e}\right)$에 의존하기 때문에 우상향한다.
④ 통화주의학파에 의하면 물가(P)와 명목임금(w)의 변화가 매우 빠르게 조정되기 때문에 단기에 AS곡선은 가파르게 우상향한다.
⑤ 완만한 AD곡선과 가파른 AS곡선은 총수요관리정책의 효과를 작게 한다.

Ⅱ 장기모형

1. 분석모형

① 단기에서는 적응적 기대방법에 의해 미래의 물가수준을 예상하므로 실제물가수준(P)과 예상물가수준(P^e) 사이에 괴리가 발생하여 단기총공급곡선(SAS)은 우상향한다.
② 장기에서는 적응적 기대를 극복하므로 미래의 물가수준을 정확히 예측하여 $P = P^e$가 성립한다. 장기에 $P = P^e$가 성립하므로 장기총공급곡선(LAS)은 자연국민소득수준(Y_N)에서 수직선이 된다.

2. 이론적 함축성

① 총수요곡선은 재정정책(정부지출 및 조세의 변동)과 금융정책(통화공급의 변동) 모두에 의해 영향을 받는다.
② 단기총공급곡선(SAS)은 우상향하므로 확대재정정책과 확대금융정책을 실시하면 균형물가가 상승하고 균형국민소득이 증가한다.
③ 장기총공급곡선(LAS)은 자연국민소득수준(Y_N)에서 수직이므로 확장적 총수요관리정책은 물가수준만 상승시키고 균형국민소득에는 영향을 미치지 않는다.
④ 따라서 단기에서는 화폐의 중립성이 성립하지 않지만, 장기에서는 화폐의 중립성이 성립하게 된다.

제2절 경제안정화정책에 대한 논쟁

I 적극적 정책 vs 소극적 정책

1. 개요
① 적극적 정책(active policy)이란 경제가 어떤 교란요인이나 충격으로 인해 경기변동이 발생할 때 정책당국이 적극적으로 경제에 개입하여 경제를 안정화시키는 것을 의미한다.
  ▸ 케인즈학파 경제학자들은 경제는 내생적으로 불안정하고 가격변수가 신축적이지 않으므로 적극적인 개입정책을 통해 경제를 안정화시켜야 한다고 주장한다.
② 소극적 정책(passive policy)이란 경기변동이 발생하더라도 개입을 자제하여 민간경제의 자율적인 조정기능에 맡기는 것을 말한다.
  ▸ 고전학파계열의 경제학자들은 경제는 내생적으로 안정적이고 가격변수가 신축적이므로 비개입정책이 바람직하다고 주장한다.

2. 정책시차
(1) 개념
  ① 정책시차(policy lag)란 경제안정화정책이 수립·집행되어 실제로 효과가 나타날 때까지의 시간을 말한다.
  ② 정책시차는 내부시차와 외부시차로 구성된다.

(2) 내부시차
  ① 내부시차(inside lag)란 정책당국이 경기변동을 발생시킨 요인을 알아내고 관련 정보를 수집해 정책을 수립·입법화하는 데 걸리는 시간으로서 인식시차와 실행시차로 구성된다.
  ② 인식시차(recognition lag)란 경제교란이 일어난 시점과 정책당국이 정책대응의 필요성을 감지한 시점과의 차이이다.
  ③ 실행시차(implementation lag)란 정책당국이 정책대응의 필요성을 감지한 시점과 정책수단을 마련하여 실시하는 시점과의 차이이다.

(3) 외부시차
  ① 외부시차(outside lag)란 시행된 정책이 현실경제에서 실제로 효과를 내기 시작하는 데까지 걸리는 시간이다.
  ② 경제안정화정책을 시행해도 즉각적으로 국민소득과 고용에 영향을 미치지 못하므로 외부시차가 발생한다.

| 정책시차 |

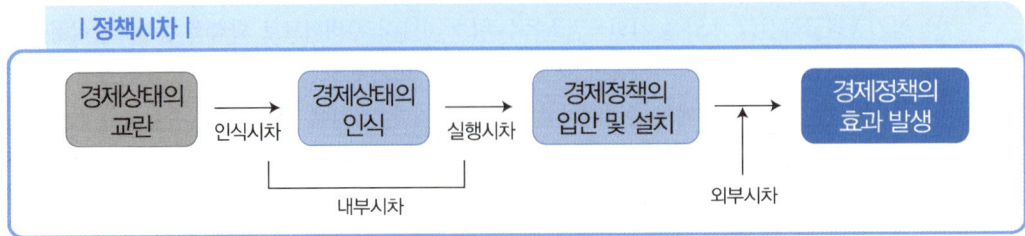

(4) 정책시차에 대한 견해차

① 케인즈학파의 견해
- 일반적으로 재정정책은 외부시차가 짧지만, 금융정책은 외부시차가 길다.
- 정부지출 자체가 총수요의 구성요소이므로 확대재정정책을 실시하면 외부시차 없이 곧바로 총수요를 증가시키기 때문에 재정정책이 효과적인 경제안정화정책이다.
- 화폐공급의 증가가 이자율변화를 거쳐 투자수요를 자극하는 데 상당한 시간이 소요되므로 금융정책은 외부시차가 길어 바람직하지 않다.

② 통화주의학파의 견해
- 일반적으로 금융정책은 내부시차가 짧지만, 재정정책은 내부시차가 길다.
- 금융정책은 국회동의와 같은 절차 필요 없이 통화당국의 의지 하나만으로 신속한 정책의 수립과 집행이 가능하므로 내부시차가 짧아 금융정책이 효과적인 경제안정화정책이다.
- 재정정책은 조세감면 및 추가경정예산을 구체화하기 위한 복잡한 입법과정과 국회의 동의가 필요하기 때문에 내부시차가 길어 바람직하지 않다. 만약 재정의 자동안정화장치가 존재하면 재정정책의 내부시차는 발생하지 않는다.

Ⅱ 재량 vs 준칙

1. 개요

① 재량적 정책(discretionary policy)이란 정책당국이 경제상황에 따라 재량권을 발휘하여 적절한 정책을 선택하여 대응하는 방식이다.
② 준칙(rule)이란 단기적인 경제상황에 관계없이 사전에 정책운영방식을 정해놓고 상황이 변화하더라도 그 방식을 고수하는 것이다.
③ 이때 주의할 점은 준칙에 의한 정책이라 해서 반드시 소극적 정책의 범주에 속하는 것은 아니라는 사실이다. 즉, 준칙에 의한 정책이더라도 적극적인 정책이 될 수도 있는 것이다.
- 정부가 화폐공급량을 연평균 10%씩 늘려나가는 것을 원칙으로 하되, 실업률이 1% 포인트 올라갈 때마다 화폐공급 증가율을 1% 포인트씩 상향 조정하기로 결정했다고 하자.
- 여기에서 화폐공급량을 연평균 10%씩 늘려나가는 것을 원칙으로 하는 것은 준칙에 의한 정책의 사례가 되지만, 실업률의 변화에 따라 화폐공급량의 증가속도를 달리하는 성격을 갖고 있으므로 적극적 정책의 범주에 속한다고 말할 수 있다.

2. 케인즈학파

① 케인즈학파가 지지하는 미세조정정책은 적극적 정책인 동시에 재량적 정책이다.
② 케인즈학파에 의하면 인플레이션보다는 실업이 더 큰 해악이다.
③ 케인즈학파는 재량적 재정정책을 주장하였다.

3. 통화주의학파

① 통화주의학파는 미세조정정책이 오히려 경제를 불안정하게 만들 수 있으므로 소극적 정책과 준칙에 의거한 정책이 바람직하다고 하였다.
② 통화주의학파의 입장에서 실업보다는 인플레이션이 더 큰 해악이다.
③ 통화주의학파는 준칙적 금융정책을 주장하였다.

CHAPTER 18 케인즈학파와 통화주의학파

Ⅲ 케인즈학파와 통화주의학파의 비교

구 분		케인즈학파	통화주의학파
	총생산함수	• 단기 : $Y = F(L, \overline{K})$ • 장기 : $Y = F(L, K)$	• 단기 : $Y = F(L, \overline{K})$ • 장기 : $Y = F(L, K)$
노동시장	노동수요함수	• $L^D = L^D\left(\dfrac{w}{P}\right)$, $\dfrac{\Delta L^D}{\Delta\left(\dfrac{w}{P}\right)} < 0$ • $\dfrac{w}{P} = MP_L$ • 실질임금의 감소함수	• $L^D = L^D\left(\dfrac{w}{P}\right)$, $\dfrac{\Delta L^D}{\Delta\left(\dfrac{w}{P}\right)} < 0$ • $\dfrac{w}{P} = MP_L$ • 실질임금의 감소함수
	노동공급함수	• $L^S = L^S\left(\dfrac{w}{P^e}\right)$, $\dfrac{\Delta L^S}{\Delta\left(\dfrac{w}{P^e}\right)} > 0$ • 예상실질임금의 증가함수	• $L^S = L^S\left(\dfrac{w}{P^e}\right)$, $\dfrac{\Delta L^S}{\Delta\left(\dfrac{w}{P^e}\right)} > 0$ • 예상실질임금의 증가함수
	노동시장조건	• $L^D < L^S$ • 불균형	• $L^D = L^S$ • 균형
생산물시장	소비함수	• $C = C(Y)$, $\dfrac{\Delta C}{\Delta Y} > 0$ • 국민소득의 증가함수	• $C = C(Y^P)$, $\dfrac{\Delta C}{\Delta Y^P} > 0$ • 항상소득의 증가함수
	저축함수	• $S = S(Y)$, $\dfrac{\Delta S}{\Delta Y} > 0$ • 국민소득의 증가함수	• $S = S(Y^P)$, $\dfrac{\Delta S}{\Delta Y^P} > 0$ • 항상소득의 증가함수
	투자수요함수	• $I^D = I^D(r)$, $\dfrac{\Delta I^D}{\Delta r} < 0$ ▶ 이자율의 감소함수 ▶ 투자수요의 이자율탄력도 작다. ▶ 가파른 IS곡선, 가파른 AD곡선 • $I^D = I^D(Y)$, $\dfrac{\Delta I^D}{\Delta Y} > 0$ ▶ 유발투자수요 : 국민소득의 증가함수 ▶ 사무엘슨(P. Samuelson) ▶ 승수가 커진다.	• $I^D = I^D(r)$, $\dfrac{\Delta I^D}{\Delta r} < 0$ • 이자율의 감소함수 • 투자수요의 이자율탄력도 크다. • 완만한 IS곡선, 완만한 AD곡선
	생산물시장의 균형	• $I^D(r) + G_0 = S(Y) + T_0$	• $I^D(r) + G_0 = S(Y^P) + T_0$
화폐시장	화폐수요함수	• $M^D = P \times L(Y, r)$ • $\dfrac{M^D}{P} = kY - hr$ • 화폐수요의 이자율탄력도 크다. • 완만한 LM곡선, 가파른 AD곡선 • 불안정적	• $M^D = k(r, \pi^e)PY^P$ • $\dfrac{M^D}{P} = k(r, \pi^e)Y^P$ • 화폐수요의 이자율탄력도 작다. • 가파른 LM곡선, 완만한 AD곡선 • 안정적

	화폐공급함수	• 화폐공급의 외생성(일반 모형)
		  $M^S = M_0$
		• 화폐공급의 내생성(특수 모형)
		  $M^S = M^S(r)$, $\dfrac{\Delta M^S}{\Delta r} > 0$
			• 화폐공급의 외생성
			  $M^S = M_0$

	케인즈학파	통화주의학파
화폐시장의 균형	• $M^D = M^S$ • $P \times L(Y, r) = M_0$ • $kY - hr = \dfrac{M_0}{P}$	• $M^D = M^S$ • $k(r, \pi^e)PY^P = M_0$ • $k(r, \pi^e)Y^P = \dfrac{M_0}{P}$
재정정책	• 단기 : 효과가 강력 → 승수효과 • 장기 : 무력하다. • 재량적인 재정정책 선호	• 단기 : 효과가 미약 → 구축효과 • 장기 : 무력하다. • 균형재정과 작은 정부가 바람직
금융정책	• 단기 : 효과가 미약 → 유동성함정 • 장기 : 무력하다. • 정책전달경로(이자율경로) : 이자율을 통한 간접적인 영향 • 금융정책 대신 재량적인 재정정책 선호 • 금융정책의 지표 : 이자율	• 단기 : 효과가 강력 • 장기 : 무력하다. • 정책전달경로(신용경로) : 이자율을 거치지 않고 직접적으로 총수요를 증가시킴 • $k\%$ 준칙주의에 의한 금융정책 선호 • 금융정책의 지표 : 통화량
정책기조	• 재량	• 준칙
실업과 인플레이션	• 실업이 더 큰 해악이다. • 인플레이션은 실물부문과 금융부문의 혼합현상이다.	• 인플레이션이 더 큰 해악이다. • 인플레이션은 단지 화폐적 현상일 뿐이다.
총수요곡선	• 비교적 가파르게 우하향	• 비교적 완만하게 우하향
총공급곡선	• 단기 : 비교적 완만하게 우상향 • 장기 : Y_N 수준에서 수직선	• 단기 : 비교적 가파르게 우상향 • 장기 : Y_N 수준에서 수직선
경제교란요인	• 실물부문 : 투자의 불안정성	• 화폐부문 : 과도한 화폐공급
기대	• 단기 : 적응적 기대 수용 • 장기 : 적응적 기대 극복	• 단기 : 적응적 기대 수용 • 장기 : 적응적 기대 극복
정부관	• 개입주의 • 시장실패가 문제	• 비개입주의 • 정부실패가 문제

CHAPTER 19 새고전학파와 새케인즈학파

PART 07 | 거시경제학의 학파별 이론

제1절 새고전학파

I 기본가정

① 가격변수가 매우 신축적이다.
② 모든 시장은 완전경쟁시장으로서 시장의 불균형이 발생하면 가격변수의 신축성으로 인해 곧바로 시장청산(market clearing)이 이루어지므로 시장은 항상 균형이다.
③ 개별경제주체들은 합리적 기대 하에서 미래의 경제변수를 예측한다.
  ▶ 합리적 기대란 경제주체들이 기대를 형성할 때 현재 이용 가능하면서 관련된 모든 정보를 이용하고, 그다음 기대의 형성은 경제를 기술하는 모형의 구조에 의존한다는 것이다.
  ▶ 합리적 기대가 존재하면 기대형성 시에 경제주체들이 체계적인 예측오차를 범하지 않는다.
④ 정보의 불완전성이 존재하지만, 기업과 노동자 사이에 정보의 비대칭성은 존재하지 않는다.
⑤ 예상된 체계적인 정책과 예상치 못한 비체계적인 정책은 단기에 국민경제에 상반된 영향을 미친다.

II 루카스 비판

1. 개념

① 케인즈학파의 경제학자들은 수학과 통계학을 활용하여 현실경제를 수리·계량적으로 모형화한 거시계량경제모형(macro econometric models)을 개발하여 정책에 활용하였다.
② 루카스 비판(Lucas critic)이란 케인즈학파가 분석방법으로 사용했던 거시계량경제학 정책평가관행의 비판을 의미한다.

2. 내용

① 케인즈학파의 거시계량경제모형에서는 한계소비성향과 투자성향 등을 비롯한 모든 방정식의 계수들이 정부의 거시경제정책이 변경된 후에도 일정 불변이라는 가정 하에 서로 다른 정책의 효과를 비교하였다.
② 이에 대해 루카스(R. Lucas)는 경제정책이 바뀌면 경제주체들의 기대도 바뀌게 되고 그에 따라 한계소비성향과 투자성향 등도 바뀌게 되므로 이러한 분석방법은 타당하지 않다고 주장한다.
  ▶ 영구적인 세율인하조치가 시행되면 항상소득이 증가한 것이므로 소비증가로 이어져 소비성향이 바뀌게 된다.
③ 루카스(R. Lucas)는 케인즈학파의 거시계량경제모형으로는 경제안정화정책의 효과를 제대로 분석할 수 없기 때문에 정책변화에 따른 경제구조변화를 고려한 모형이 필요하다고 하였다.
④ 루카스 비판은 가계와 기업의 미시경제학적 행동분석이 선행된 후 거시경제모형을 구축해야 한다는 정책적 시사점을 가진다.

Ⅲ 정책무력성의 정리

1. 개념

① 정책무력성의 정리(policy ineffectiveness proposition)란 경제주체들이 합리적 기대를 하게 되면 미래의 경제변수를 정확하게 예측하기 때문에 미리 예상된 경제안정화정책은 장기뿐만 아니라 단기에서조차 정책효과가 없다는 것을 의미한다.
  ▶ 통화당국이 통화공급을 체계적으로 변화시키면 사람들은 이러한 정책을 충분히 인지하여 물가나 임금수준의 결정에 반영하므로 장기는 물론 단기에서조차 아무런 효과가 없게 된다.
② 정책무력성의 정리는 예상된 정책에 한해서만 성립한다.

2. 루카스의 총공급함수

> **루카스의 총공급함수**
> $$Y = Y_N + \alpha(P - P^e), \ \alpha > 0$$
> - Y : 총공급
> - Y_N : 자연국민소득
> - P : 실제물가수준
> - P^e : 예상물가수준

① 실제물가수준(P)이 예상물가수준(P^e)을 초과하면 총공급(Y)은 자연국민소득수준(Y_N)을 초과하고, 그 반대이면 총공급(Y)은 자연국민소득수준(Y_N)에 못 미치게 된다.
  ▶ 루카스(R. Lucas)에 의하면 중앙은행의 예상치 못한 화폐공급의 증가가 민간의 기대를 왜곡시켜 실제물가수준(P)이 예상물가수준(P^e)을 초과하게 만든다. 이는 일시적으로 실제산출량(Y)이 자연산출량수준(Y_N)을 초과하게 만들지만 합리적 기대로 인해 실제산출량(Y)은 곧바로 자연산출량수준(Y_N)으로 복귀하게 된다.
  ▶ 루카스(R. Lucas)의 화폐적 균형경기변동이론(Monetary Business Cycle)에 의하면 불확실성 하에서 예상치 못한 화폐적 충격, 즉 예상치 못한 통화량의 변화가 경제주체들의 물가변동에 대한 기대에 혼돈을 일으킴으로써 경기변동이 일어난다.
② 실제물가수준(P)이 예상물가수준(P^e)과 일치하면 총공급(Y)은 자연국민소득(Y_N)과 일치하기 때문에 총공급곡선은 수직선이 된다.

3. 예상된 정책과 정책무력성의 명제

① 합리적 기대와 예상된 정책변경 하에서 경제안정화정책은 단기적으로도 무력하다. 즉, 총수요팽창정책이 단기에서조차 효과를 발휘하지 못하게 된다.
② 합리적 기대 하에서 $P = P^e$가 성립하여 단기총공급곡선(SAS)은 자연국민소득수준(Y_N)에서 수직선이 된다. 따라서 총수요팽창정책이 단기에서도 물가(P)만 상승시킬 뿐 국민소득(Y)과 실업률(u)에는 아무런 영향을 주지 못하게 되는 것이다.
③ 예상된 총수요확장정책으로 물가(P)가 상승하면 근로자들은 실질임금이 감소하리라는 것을 정확히 예상하게 되고, 이에 따라 물가상승분만큼의 명목임금(w)의 인상을 요구하게 되어 실질임금에는 아무런 변화가 발생하지 않게 된다. 따라서 국민소득(Y)의 증가와 실업률(u)의 하락에는 전혀 효과를 보지 못하게 되는 것이다.

4. 예상치 못한 정책과 경제의 왜곡

① 합리적 기대 하에서도 경제주체들이 정책의 변화를 미리 예측하지 못하는 경우 그 정책은 단기적으로 실업률을 줄이는 데 효과를 가질 수 있다.
  - 예를 들어 예상치 못한 통화공급의 확대는 단기적으로 국민소득을 증가시키고 실업률을 하락시킨다.
  - 예상치 못한 물가상승($P > P^e$)이 발생하면 개별기업들은 자사제품의 가격과 일반물가수준이 동반상승했음에도 불구하고 이를 자사제품의 선호증가에 기인한 것으로 착각하여 생산량을 증가시키게 된다.

② 정책당국이 예상치 못한 비체계적인 안정화정책(종잡을 수 없는 깜짝정책)으로 단기적인 정책효과를 볼 수 있지만, 거듭해서 민간을 속일 수는 없으므로 이는 어디까지나 단기에서만 가능하다. 또한, 예상하지 못한 정책의 결과로 나타날 불확실성과 비효율성의 폐해는 매우 크다는 것이 새고전학파 경제학자들의 지적이다.

③ 예상치 못한 정책으로 $P > P^e$가 되면 $Y > Y_N$이 성립하여 우상향하는 단기총공급곡선(SAS)을 얻을 수 있다.

④ 노동자의 화폐환상이나 가격의 경직성을 가정하지 않더라도 정보의 불완전성으로 인해 생산량이 자연산출량을 초과할 수 있다는 것을 의미한다.

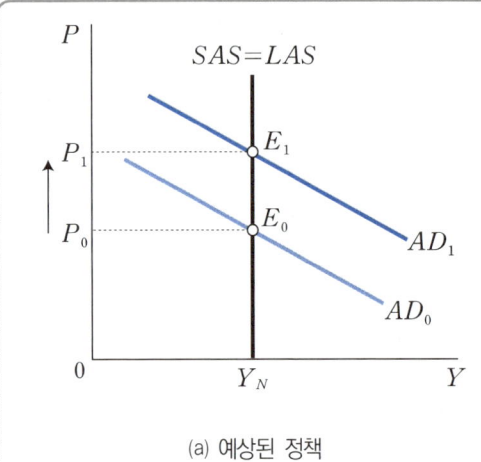

(a) 예상된 정책

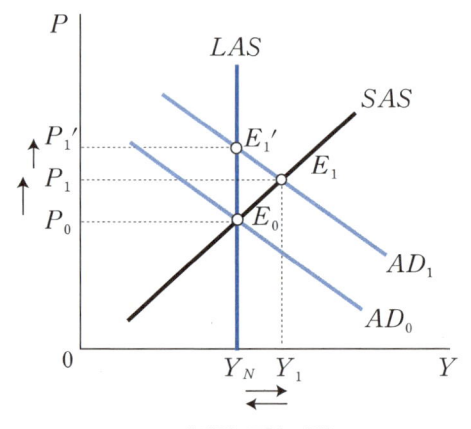

(b) 예상치 못한 정책

새고전학파의 예상된 정책과 정책효과

- $P = P^e \rightarrow Y = Y_N$
  → 수직의 단기총공급곡선(SAS)
- 확장적 총수요관리정책은 단기에서조차 국민소득(Y)과 실업률(u)에는 영향을 미치지 못하고 물가(P)만 상승시킨다.

새고전학파의 예상치 못한 정책과 정책효과

- $P > P^e \rightarrow Y > Y_N$
  → 우상향의 단기총공급곡선(SAS)
- 예상치 못한 확장적 총수요관리정책은 단기적으로 국민소득을 Y_N에서 Y_1으로 증가시키지만, 장기에는 다시 Y_N으로 복귀하게 되어 결국 물가(P)만 상승시킨다.

5. 경제안정화정책에 대한 견해

① 정책당국의 예상치 못한 경제안정화정책은 단기적으로 일시적인 정책효과를 볼 수 있지만, 경제에 불확실성과 비효율성을 가져올 뿐만 아니라 정책당국의 경제정책에 대한 신뢰성을 훼손시키므로 바람직하지 않다.
  ▸ 정부가 지속적으로 국민이 예상치 못한 비체계적인 정책을 시행하면 정책당국의 신뢰성에 금이 가고, 민간경제주체들은 정부의 의도를 넘겨짚게 되며 정부의 평판이 나빠지게 된다.
② 정책당국이 정책방향을 민간에게 사전에 공표한 후 준칙에 의거하여 일관성 있게 정책을 추진한다면 경제정책에 대한 신뢰성이 확보되어 아무런 희생을 치르지 않고도 정책목표를 달성할 수 있다.
③ 예를 들어 정책당국이 통화량의 감소를 통해 인플레이션을 억제하겠다고 발표하고 실제로 이를 시행한다면 민간의 예상인플레이션이 낮아져서 아무런 비용을 들이지 않고도 인플레이션율만 낮출 수 있다.
  ▸ 이때 반인플레이션 정책(디스인플레이션 정책)의 희생비율은 0이 된다. 희생비율은 거시경제학의 '제16장 필립스곡선이론'에서 이미 논의하였다.

Ⅳ 최적정책의 동태적 비일관성(시간의 비일치성)과 신뢰성

1. 개요

① 최적정책의 동태적 비일관성(time inconsistency of optimal policy)이란 정부가 실시하는 정책들이 각 시점에서는 최적일지 몰라도 장기적으로는 비일관적이어서 최적이 아니라는 것이다.
② 프레스콧(E. Prescott)과 키들랜드(F. Kydland)에 의해 제기되었으며 재량보다 준칙에 입각한 정책이 더 바람직하다는 것을 보여 준다.

2. 이론적 내용

① 민간경제주체는 정책당국의 정책의도를 합리적으로 예측하므로 정책당국이 경제정책을 그때그때 재량껏 운영하는 것보다 준칙을 세워 일관성 있게 추진해 나가는 것이 좋다.
② 정책당국이 어떠한 정책을 실시하겠다고 공표한 후에 막상 그 정책을 실시할 때가 되면 단기적인 정책목표를 추구하고자 하는 유혹에 빠지게 되는데 그러한 재량정책들이 근시안적으로는 최적일 수 있지만 장기적으로는 최적이 아니라는 것이다.
③ 만약 공급 측면의 교란으로 경기침체와 인플레이션이 동시에 발생한 경우 확장적 총수요관리정책을 실시한다면 단기적으로 경기침체와 실업을 완화시키지만, 경기침체가 있을 때마다 이러한 정책을 쓰게 되면 민간의 기대인플레이션이 상승하고 물가상승이 더욱 가속화된다. 즉, 단기적으로는 최적인 재량정책이 장기에는 최적이 아니다.
④ 새고전학파에 의하면 준칙이라는 것이 구속력 있는 계약이기 때문에 정부정책을 민간경제주체들에게 미리 명시하여 미래의 불확실성을 제거해야 한다고 주장한다.
⑤ 그러나 새케인즈학파는 재량적인 정책이 장기적으로도 최적이 될 수 있다는 가능성을 다각도로 연구하고 있다. 예를 들어 정책당국이 평소에는 준칙에 의거한 정책을 사용하여 평판과 신뢰를 쌓은 다음 결정적인 순간에 재량정책을 사용한다면 더 효과적일 수 있다는 것을 증명하는 것이다.

CHAPTER 19 새고전학파와 새케인즈학파

제2절 새케인즈학파

I 기본가정

① 생산물시장과 노동시장의 가격변수는 단기에 비신축적(경직적)이고, 시장은 불완전경쟁이 일반적이다.
② 개별경제주체들은 불완전정보 하에서 합리적 기대를 바탕으로 미래경제변수를 예측한다. 따라서 모든 경제현상은 경제주체의 최적화행동의 결과이다.
  ▸ 케인즈(J. M. Keynes)와 케인즈학파는 노동시장의 비대칭정보 하에 존재하는 화폐환상을 가정하여 경제안정화정책의 유효성을 설명하지만, 새케인즈학파는 합리적 기대 하에서 경제안정화정책의 유효성을 설명한다.
③ 새케인즈학파는 미시경제학 기초 위에서 거시경제이론을 전개하되 가격변수가 경직적이면 예상된 정책이라도 산출량 및 고용 등과 같은 실질변수에 단기적인 영향을 미칠 수 있기 때문에 경제안정화정책의 효과가 있다고 하였다.
  ▸ 케인즈(J. M. keynes)는 가격이 경직적이라는 가정 하에 경제이론을 설명함으로써 가격의 경직성에 대한 이론적 기반이 견고하지 못했지만, 새케인즈학파는 가격변수가 왜 경직적인가를 미시경제하적 기초 하에서 이론적으로 설명하였다.
④ 임금과 물가 경직적이기 때문에 가격조정이 신속히 이루어지지 않아 시장의 불균형은 즉각 청산되지 않는다.

II 물가경직성이론

1. 중첩가격설정모형(엇갈리는 가격설정모형)

(1) 학자
  ① 테일러(J. B. Taylor)
  ② 피셔(S. Fischer)

(2) 이론적 내용
  ① 중첩가격설정모형은 현실경제의 불완전경쟁 하에서 독과점기업들은 가격을 모두 동시에 조정하지 않고, 중첩조정(엇갈리게 조정)하므로 가격이 경직성을 띤다는 이론이다.
  ② 예상치 못한 통화량의 증가로 총수요가 증가하고 전반적인 물가수준이 상승하였을 때 독과점기업들이 가격을 인상할 필요성을 느끼면서도 자기상품에 대한 수요감소와 경쟁기업의 반응을 두려워하여 경쟁사에 비해 가격을 적게 인상한다.
  ③ 예를 들어 기업 A는 매월 1일에 가격조정을 하고, 기업 B는 매월 15일에 가격조정을 한다고 가정하자. 또한 월말에 예상치 못한 통화량의 증가로 총수요가 증가하고 물가가 상승하였다고 하자. 다음달 1일에 기업 A가 가격조정을 할 때 기업 B에게 고객을 빼앗길 것을 우려하여 기업 A의 가격은 물가상승분만큼 상승하지 않고 소폭으로만 상승하고, 15일에 가격조정을 하는 기업 B도 기업 A의 가격에 의존하여 가격이 소폭 상승한다.
  ④ 따라서 기업들은 자신의 상품에 대한 수요가 증가할 때 상품가격을 즉각적으로 상승시키기보다는 생산과 고용의 증대로 대처한다는 것이다.
  ⑤ 이처럼 개별기업 간에 가격조정이 시차를 두고 이루어지는 경우, 경제 전체적으로는 물가조정이 서서히 이루어지기 때문에 물가는 경직적(비신축적)이라 할 수 있다.

2. 메뉴비용모형

(1) 학자

맨큐(N. G. Mankiw)

(2) 메뉴비용

① 메뉴비용(menu cost)이란 기업이 가격을 변경하는 데 따르는 조정비용을 말한다.
  ▸ 메뉴비용을 차림표비용이라고도 한다.
  ▸ 미시경제학에서는 수요의 변화에 대응하여 기업들이 가격을 변동시킬 때 아무런 비용이 들지 않는다고 암묵적으로 가정하였다. 하지만, 현실에서는 가격을 조정할 때 메뉴비용이 발생하게 된다.
② 인쇄비용 : 가격이 인쇄된 상품포장이나 카탈로그를 새것으로 바꾸는 데 드는 비용이다.
③ 광고비용(홍보비용) : 가격변화를 판매담당자에게 알리거나, 고객에게 광고로 알리는 비용이다.
④ 위험비용
  ▸ 불경기 시 가격을 인하하면 다른 경쟁기업들도 가격을 인하하게 되어 발생하는 가격경쟁의 위험에 따르는 비용이다.
  ▸ 가격을 변경한 결과 단골손님을 잃을 위험에 대한 비용이다.

(3) 이론적 내용

① 불완전경쟁기업의 경우 새로운 가격과 기존의 가격이 일정한 범위 안에 있다면 가격을 조정하지 않더라도 이윤의 감소는 크지 않게 되므로 개별기업들은 가격을 조정하지 않게 된다.
② 가격조정에 따른 이윤증가분보다 메뉴비용이 매우 크다면 개별기업은 가격을 조정하지 않고 생산량조정으로 대응하게 된다.
③ 총수요의 증가로 일반물가수준이 상승할 때 메뉴비용으로 인해 비신축적 가격조정기업의 생산량이 증가하므로 단기총공급곡선이 우상향하게 된다.
  ▸ 가격경직성모형은 단기총공급곡선이 우상향하는 원인에 대한 새케인즈학파의 이론이다.

3. 조정실패모형

(1) 학자

① 쿠퍼(R. Cooper)   ② 존(A. John)

(2) 이론적 내용

① 조정실패모형(coordination failure model)은 기업들 간의 가격에 대한 조정실패가 발생하면 가격의 경직성이 나타나고, 이러한 가격의 경직성으로 인해 경기침체가 일어난다고 보는 모형이다.
② 조정문제는 임금이나 물가를 결정하는 과정에서 다른 경제주체들이 어떤 반응을 보이고 어떤 행동을 취할 것인가에 대한 예측 하에서 자신의 행동을 결정하는 문제이다.
③ 경기가 침체에 빠진 상황에서 경제에 단 두 기업만 존재한다고 가정하자. 각 기업은 가격수준을 유지할 것인가 아니면 가격을 인하해야 할 것인가의 두 가지 전략적 상황에 처해 있고, 이러한 전략적 상황의 보수행렬(payoff matrix)은 다음과 같다.

▸ 경기침체의 상황에서 두 기업 모두 가격을 인하하면 명목화폐수요가 감소(실질화폐잔고
가 증가)하여 소비가 증가한다. 따라서 경기침체에서 벗어나 두 기업 모두 50씩의 이윤
을 얻는다. 모든 기업들이 협조적 행동으로 가격을 인하하면 물가하락으로 총수요가 다시
증가하여 경기가 회복되므로 기업의 이윤이 증가하는 것이다.
▸ 두 기업 모두 가격을 유지하면 실질화폐잔고가 낮아 경기침체가 지속되어 두 기업 모두
30씩의 이윤을 얻는다.
▸ 한 기업은 가격을 유지하고 다른 기업은 가격을 인하하는 경우 실질화폐잔고가 큰 폭으로
증가하지 못하게 되어 경기침체가 지속된다. 따라서 가격을 인하한 기업은 10만큼의 이
윤만을 얻는 대신 총수요의 외부효과를 다른 기업에 안겨주게 되어 가격을 유지한 기업은
40의 이윤을 얻게 된다. 하나의 기업만 가격을 인하하면 경기회복이 이루어지지 않으므
로 가격을 인하한 기업만 손해를 보는 것이다.

		기업 B	
		가격인하	가격유지
기업 A	가격인하	(50, 50)	(10, 40)
	가격유지	(40, 10)	(30, 30)

④ 내쉬균형은 (가격인하, 가격인하)와 (가격유지, 가격유지) 두 가지가 존재하지만 조정실패
로 인해 (가격유지, 가격유지)의 내쉬균형이 발생한다면 가격의 경직성이 나타나게 된다.

Ⅲ 임금경직성이론

1. 효율성임금가설

(1) 학자

애커로프(G. A. Akerlof)

(2) 이론의 내용

① 효율성임금가설(efficiency wage hypothesis)이란 기업이 지급하는 효율성임금으로 인해
실질임금이 경직성을 띤다는 이론이다.
▸ 전통적 임금결정이론인 한계생산력설은 노동자의 한계생산성이 임금을 결정한다는 입장
이지만, 효율성임금가설은 임금수준이 노동자의 생산성을 결정한다고 한다.
② 기업들이 시장실질임금보다 더 높은 실질임금인 효율성임금(efficiency wage)을 지급하면
유능한 인력을 확보할 수 있어서 노동시장의 비대칭정보로 인해 발생하는 역선택을 방지할
수 있을 뿐만 아니라, 노동자의 직무태만을 방지할 수 있어서 도덕적 해이를 막을 수 있다.
또한, 노동자의 영양상태 향상, 노동자의 이직방지 등으로 노동자의 생산성이 향상되므로
효율성임금의 지급은 기업의 이윤극대화와 합치된다.
③ 효율성임금이란 실질임금 1단위당 노동자의 생산성이 최대가 되도록 하는 실질임금수준으
로서 노동시장의 균형임금보다 높은 수준이다.
④ 효율성임금제도 하에서는 노동시장의 실질임금이 경직성을 띠게 된다.
⑤ 각 기업이 시장실질임금보다 높은 효율성임금을 지급하게 되면 노동의 초과공급과 비자발
적 실업이 유발된다. 그리고 효율성임금제도가 장기적으로 고착화되면 자연실업률 자체가
상승하게 된다.

2. 내부자 – 외부자모형

(1) 학자
① 린드벡(A. Lindbeck) ② 스노우어(D. J. Snower)

(2) 이론의 내용
① 내부자 – 외부자모형(insider – outsider model)은 경기침체 시 내부자가 노동조합을 통해 시장의 균형임금수준보다 높은 실질임금을 관철시키므로 실질임금이 경직성을 띤다는 이론이다.
② 노동시장은 내부자(insider)와 외부자(outsider)로 구성되어 있다.
▸ 내부자란 현재 취업상태에 있는 취업자로서 대체로 숙련공들로 구성된다.
▸ 외부자란 현재 실직상태에 있는 미취업자로서 대체로 미숙련공들로 구성된다.
③ 내부자는 강력한 노동조합을 결성하여 사측과 임금을 협상하게 되는데 그 과정에서 외부자의 입장을 고려하지 않고, 자신들의 효용을 극대화하는 수준의 높은 실질임금수준을 요구하게 되고, 기업은 고용변동에 수반되는 이직비용과 조정비용 때문에 내부자를 외부자로 쉽게 대체하지 못하고 노조의 요구를 수용하게 된다.
▸ 기업 입장에서 신규노동자를 채용하여 숙련공으로 양성하는 데는 채용비용과 훈련비용 등의 많은 비용이 소요되므로 숙련공으로 구성된 내부자를 해고하기가 어려울 뿐만 아니라 숙련공은 채용하기도 어렵다. 따라서 내부자는 상당한 임금협상력을 지니게 된다.
④ 내부자들이 자신들의 이해만을 고려하여 임금수준을 결정한 결과 실질임금수준은 외부자까지 고려한 시장실질임금수준보다 높아지게 되며, 이로 인해 비자발적 실업이 발생한다.
⑤ 내부자 – 외부자모형은 과거의 실업률이 현재의 실업률에 영향을 미친다는 '이력현상(hysteresis)'을 설명하는 이론적 근거가 되고 있다.
▸ 실업의 이력현상이란 현재의 실업률이 과거의 실업률수준에 크게 영향을 받는 현상이다.

3. 묵시적 고용계약모형
① 묵시적 고용계약모형(implicit contract theory)은 기업과 노동자 간의 명시적 고용계약이 아닌 묵시적 고용계약으로 인해 실질임금이 경직성을 띤다는 이론이다.
② 묵시적 고용계약(암묵적 고용계약)이란 고용조건 등이 명문화되어 있지 않은 고용계약을 말하는데, 노동자와 기업이 암묵적 고용계약을 선호하는 이유는 명시적 고용계약에는 비용이 소요되기 때문이다.
③ 노동자들은 위험기피적이므로 경기상황에 따라 임금의 변동폭이 큰 것보다는 고용계약을 통해 경기상태와 관계없이 고용과 소득의 안정적인 흐름을 보장받는 것을 선호한다.
▸ 위험기피적인 노동자는 불확실한 소득이 주는 효용(기대효용)보다 동일한 소득이라면 확실한 소득이 주는 효용이 더 높다.
④ 기업들은 노동자보다 덜 위험기피적이며 시장상황에 따라 해고 및 신규고용 등의 고용변동에 있어 큰 비용이 수반되므로 안정적인 고용관계를 유지하고자 한다.
⑤ 이처럼 묵시적 고용계약모형에 의하면 노동자와 기업의 필요성에 의해 묵시적 고용계약이 이루어지고, 그 계약기간 동안 경기상황과 관계없이 실질임금은 고정된다.
⑥ 묵시적 고용계약이 이루어지면 경기변동이 발생하더라도 실질임금의 변동폭이 크지 않게 되어 노동자를 보호하는 기능을 하게 된다. 따라서 노동자가 보험서비스를 제공받는 효과를 발생시킨다.

4. 장기임금계약모형

(1) 학자
① 테일러(J. B. Taylor) ② 피셔(S. Fischer)

(2) 이론의 내용
① 장기임금계약모형은 기업이 신규 노동자를 고용하거나 노동자가 새로운 직장을 찾는 데는 큰 비용이 소요되므로 기업과 노동자는 모두 장기적이고 안정적인 고용관계를 선호하게 되어 장기임금계약을 체결함으로써 명목임금이 경직성을 띤다는 이론이다.
② 장기임금계약을 체결하는 경우 그 계약기간에는 명목임금이 경직적이 된다.
▸ 임금계약은 일반적으로 명목변수로 하게 된다.

5. 중첩임금설정모형(엇갈리는 임금설정모형)

① 중첩임금설정모형은 명목임금계약 시 기업과 노동자 간 상호 의존성으로 인해 다른 기업들의 명목임금수준을 함께 고려하여 임금계약을 체결하게 되므로 임금을 중첩조정(엇갈리게 조정)하게 되어 명목임금이 경직성을 띤다는 이론이다.
② 예를 들어 기업 A는 매년 1월에 임금협상을 하고, 기업 B는 매년 7월에 임금협상을 한다고 가정하자. 또한 하반기에 예상치 못한 통화량의 증가로 물가가 상승하였다고 하자. 다음해 1월에 기업 A가 임금협상을 할 때 기업 B의 명목임금이 고정되어 있으므로 기업 A의 임금은 물가상승분만큼 상승하지 않고 소폭으로만 상승하고, 7월에 임금협상을 하는 기업 B도 기업 A의 임금에 의존하여 임금이 소폭 상승한다.
③ 이처럼 개별기업들의 임금계약시점이 서로 상이하고 기업 간 임금계약의 유효기간이 중첩되므로 명목임금이 여러 기간에 걸쳐 점진적으로 조정된다. 따라서 명목임금이 신축적이지 않고 경직적이 된다.

Ⅳ 이자율경직성이론 : 신용할당모형

1. 학자
스티글리츠(J. E. Stiglitz)

2. 이론의 내용

(1) 역선택
① 이자율이 상승하면 은행의 이자수익이 증가하는 긍정적 측면이 있지만, 일정 수준을 초과하면 신용이 불량한 고위험자만 차입하려는 부정적 측면이 있다.
② 즉, 은행과 차입자 간 비대칭적 정보로 인해 역선택현상이 발생하게 된다.
③ 따라서 은행은 이자율을 올리기보다는 현행 이자율을 유지하게 된다.

(2) 도덕적 해이
① 은행이 이자율을 상승시킬 경우 높은 이자율로 대출받은 차입자는 고수익-고위험 사업에 투자하는 도덕적 해이가 발생하게 된다.
② 도덕적 해이가 발생하면 차입자의 도산 위험성이 커져 은행의 예상수익이 감소하므로 은행은 자금의 초과수요가 있더라도 현행 이자율을 고수한다.

(3) 신용할당

① 은행은 역선택과 도덕적 해이의 현상을 방지하기 위해 자금의 초과수요가 존재하더라도 대출이자율을 올려 자금의 수급을 조정하려 하기보다는 일정한 이자율수준에서 우량차입자들에게 제한된 신용을 할당하는 신용할당(credit rationing)이 발생한다.

② 금융시장에서 대부자와 차입자 사이에 정보의 비대칭성이 발생하면 이자율은 일정수준에서 상방으로 경직적이 된다.

V 의의

1. 케인즈의 방법론적 한계를 극복

① 새케인즈학파는 기본적으로 케인즈(J. M. keynes)의 경제사상과 맥을 함께 하지만, 케인즈(J. M. keynes)의 실업분석이 주로 직관에 의존한 점을 반성한다.

② 새케인즈학파는 가격과 임금의 경직성에 대한 케인즈(J. M. keynes)의 설명력 부족을 극복하려고 하였다.
▶ 케인즈(J. M. keynes)는 가격이 경직적이라는 가정 하에 경제이론을 설명함으로써 가격의 경직성에 대한 이론적 기반이 견고하지 못했지만, 새케인즈학파는 가격변수가 왜 경직적인가를 미시경제하적 기초 하에서 이론적으로 설명하였다.

2. 새고전학파에 대한 비판

① 새고전학파의 완전경쟁적 시장구조와 신축적인 가격에 대한 가정을 비판한다.

② 새고전학파가 말하는 마찰이 없는 경제를 상정한 후 불균형을 이에 대한 편차로 파악하기보다는 다소의 논리적 엄밀성은 떨어진다 하더라도 보다 궁극적인 목표인 현실성을 얻기 위해 적극적으로 불균형을 고찰해야 한다고 주장한다.

3. 정부정책의 효과에 대한 견해

① 경제주체들이 합리적 기대 하에서 미래의 경제변수를 예상하더라도 가격변수의 경직성이 존재하면 시장의 불균형 상황에서 단기총수요관리정책은 국민소득과 실업에 영향을 미칠 수 있다.
▶ 새케인즈학파는 새고전학파의 '정책무력성의 명제'가 합리적 기대 때문에 성립하는 것이 아니고 가격변수의 신축성을 가정한 것에 기인한다고 주장한다.

② 예상치 못한 정책은 물론이고 예상된 정책이라 할지라도 가격변수의 경직성은 경제안정화정책의 유효성에 당위성을 부여한다.

③ 현실경제에서는 각 부문에서 완전고용과 불완전고용의 복수균형(multiple equilibrium)이 공존하기 마련인데 이를 시장의 자율기능에 맡겨 두면 경제주체 간 서로 협조가 이루어지지 않아 조정실패가 발생하면서 경제는 파레토열위의 상태에 놓이게 된다. 이때 정부가 선의의 재량적 경제정책으로 시장에 개입하면 파레토우위의 경제상태로 전환시킬 수 있다.

④ 인플레이션이나 실업 등의 문제가 발생하면 자본주의는 그 자체에 대한 불완전성과 불확실성으로 말미암아 자기조정능력을 갖지 못하므로 이의 해결을 위해서는 정부가 나서야 한다.

제3절 새고전학파와 새케인즈학파의 비교

I 공통점

① 개별경제주체들은 합리적 기대 하에서 의사결정을 하므로 모든 경제주체들의 경제행위는 최적화 행위에 해당한다.
② 미시경제학적 분석을 통해 거시경제현상을 설명하고 있다.
③ 경제주체 간 정보의 비대칭성은 존재하지 않지만, 정보 자체가 충분하지 않은 불완전정보를 가정하였다.

II 차이점

① 새고전학파는 합리적 기대 하에서 가격변수가 신축적이므로 예상된 총수요관리정책은 단기에서조차 효과가 없다. 단, 정책당국의 예상치 못한 정책은 단기적으로 정책효과를 갖지만, 이는 장기적으로 정책의 신뢰성이 훼손되어 더 큰 부작용을 낳는다.
② 새케인즈학파는 합리적 기대 하에서도 생산물시장의 가격변수와 노동시장의 임금변수가 여러 가지 요인에 의해 경직적이라면 예상된 총수요관리정책이라도 단기에서 유효하게 된다.
③ 새케인즈학파 경제학자들도 충분한 시간이 흐른다면 임금과 물가가 신축성을 되찾게 되리라는 사실을 부정하지 않는다. 다만, 임금과 물가의 조정이 신속하고 완전하게 이루어지지 못한다는 점을 지적하였다.

구 분	새고전학파	새케인즈학파
시 장	• 완전경쟁시장 • 시장균형	• 불완전경쟁시장 • 시장불균형
가격변수	• 신축성	• 경직성
단기정책	• 예상된 정책($P=P^e$) : 무력 • 예상치 못한 정책($P>P^e$) : 유효, 부작용	• 예상된 정책 : 유효 • 예상치 못한 정책 : 유효
장기정책	• 무력	• 무력
정책기조	• 준칙	• 준칙에 입각한 재량정책

PART 08

동태경제이론

20 경기변동론
21 경제성장론

CHAPTER 20 경기변동론

PART 08 | 동태경제이론

제1절 개요

I 경기변동의 개념

① 경기(business conditions)란 전반적인 경제활동상태를 말한다.
② 경기변동(business fluctuation) 또는 경기순환(business cycle)이란 국민경제의 총체적인 경제활동이 상당한 규칙성을 보이면서 주기적으로 호경기와 불경기가 반복적으로 나타나는 현상을 말한다.

II 경기변동의 특징

특 징	현 상
총체적 현상	• 경기변동은 국민소득뿐만 아니라 고용, 실업, 투자, 주가, 이자율, 통화량, 환율 등 경제 전반의 모든 경제변수의 총체적인 변화를 의미한다.
반복성	• 경기확장과 경기수축이 반복적으로 되풀이되어 나타난다.
비주기성	• 경기변동의 주기와 진폭이 경기변동마다 다르게 나타난다. • 제2차 세계대전 이전과 이후의 경기변동현상이 다른 주기를 가진다.
지속성	• 경기확장과 경기수축이 일단 시작되면 경기는 그 상태로 상당기간 지속되는 경향이 있다.
비대칭적	• 경제성장과 더불어 경기변동이 발생하기 때문에 대개 경기확장국면이 경기수축국면보다 길게 나타난다.
보편성	• 경기변동은 특정한 시기나 특정한 경제상태에서 나타나는 것이 아니고 모든 자본주의 경제체제에서 나타나는 보편적인 현상이다.
공행성	• 경기순응적 경제변수 : 생산활동과 같은 방향으로 움직이는 경제변수 → 소득, 고용, 소비, 투자, 물가 등 • 경기역행적 경제변수 : 생산활동과 반대방향으로 움직이는 경제변수 → 재고, 실업 등

| 경기변동의 국면 |

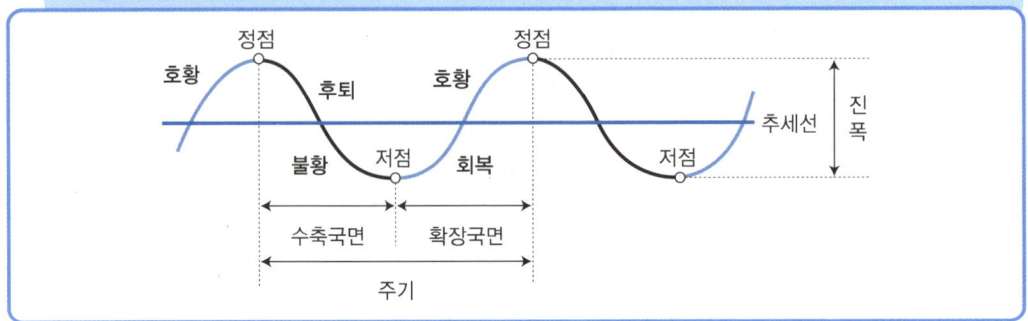

Ⅲ 경기종합지수

1. 개념

① 경기종합지수(Composite Index : CI)란 경제부문별로 경기대응성이 양호한 경제지표들을 선정한 후, 이를 가공 및 종합하여 작성한 종합경기지표로서 경기변동의 국면 및 전환점과 속도 및 진폭 측정에 주로 활용한다.
② 경기종합지수는 경기동향을 민감하게 반영하는 생산, 소비, 투자, 대외, 고용, 금융 등의 주요 부문의 경제지표를 골라 종합하여 만든다.
③ 1981년 3월부터 통계청에서 매월 작성하여 발표하고 있다.
④ 다음에 소개되는 경기종합지수는 2019년 9월에 10차 개편된 것으로서 경기선행지수 7개, 경기동행지수 7개, 경기후행지수 5개로 총 19개 지표로 구성된다.

2. 종류

(1) 경기선행지수

① 경기선행지수란 경기의 움직임보다 앞서 변화하는 경제부문의 경기지표를 종합하여 지수로 나타낸 것으로서 경기동향을 예측하는 데 사용된다.
② 경기선행지수는 생산, 생산·소비, 투자, 대외, 고용, 금융부문으로 구분된다.

경제부문	지표명	내 용	작성기관
생 산	• 재고순환지표	• 생산자제품제조업출하증가율(전년동월비) − 생산자제품제조업재고증가율(전년동월비)	• 통계청
생산·소비	• 경제심리지수	• 기업경기실사지수(BSI)와 소비자동향지수(CSI)를 합성한 지표	• 한국은행
투 자	• 기계류내수출하지수 (선박 제외)	• 생산자제품출하지수 대상 품목 가운데 설비용 기계류에 해당하는 품목(선박 제외)으로 작성한 지수	• 통계청
	• 건설수주액(실질)	• 종합건설업체의 국내건설공사 수주액(매월)	• 통계청
대 외	• 수출입물가비율	• (수출물가지수/수입물가지수)×100 • 대외교역조건을 측정	• 한국은행
고 용	• 구인·구직비율	• (신규구인인원/신규구직자 수)×100	• 한국고용정보원
금 융	• 코스피	• 상장주식 전 종목을 대상으로 주가에 상장주식수를 곱하여 산출한 시가총액을 기준으로 기준시점(1980. 1. 4 = 100)의 시가총액과 비교시점의 시가총액을 비교하여 산출	• 한국거래소
	• 장단기금리차	• 국고채유통수익률(5년) 월평균 − 무담보 콜금리(1일물, 중개거래) 월평균	• 한국은행

(2) 경기동행지수

① 경기동행지수란 경기의 움직임과 동시에 변화하는 경제부문의 경기지표를 종합하여 지수로 나타낸 것으로서 현재의 경기동향을 보여 준다.
② 경기동행지수는 생산, 소비, 대외, 고용부문으로 구분된다.

경제부문	지표명	내 용	작성기관
생 산	• 광공업생산지수	• 광업, 제조업, 전기·가스업 생산량의 변화를 지수화한 지표	• 통계청
	• 서비스업생산지수	• 도소매업 제외	• 통계청
	• 건설기성액(실질)	• 건설업체에서 조사대상기간(전월)에 시공한 공사액	• 통계청
소 비	• 소매판매액지수	• 소비동향을 파악하기 위해 작성되는 지표로 상품군별, 소매업태별 등으로 구분하여 작성	• 통계청
	• 내수출하지수	• 자체 생산한 제품을 국내 판매업자, 타사업체, 기관, 단체, 개인소비자 등에 판매하는 활동의 단기추이를 파악하기 위해 작성하는 지수로 생산자제품출하지수(총) 중 내수용만 집계	• 통계청
대 외	• 수입액	• 수입액은 수입한 상품가격에다 화물보험료와 우리나라 도착까지의 운송료를 합계한 운임 및 보험료를 포함한 가격(CIF)	• 관세청
고 용	• 비농림어업 취업자 수	• 취업자 수-농림어업 취업자 수	• 통계청

(3) 경기후행지수

① 경기후행지수란 경기의 움직임보다 뒤늦게 변화하는 경제부문의 경기지표를 종합하여 지수로 나타낸 것으로서 이전의 경기상황을 나타내는 지표이다.
② 경기후행지수는 생산, 소비, 대외, 고용, 금융부문으로 구분된다.

경제부문	지표명	내 용	작성기관
생 산	• 생산자제품재고지수	• 광업 및 제조업체가 보유하고 있는 제품 재고의 변동을 파악하는 지표 • 생산은 완료되었으나 아직 출하가 이루어지지 않아 보유하고 있는 제품 잔량	• 통계청
소 비	• 소비자물가지수 변화율 (서비스)	• 소비자물가지수의 품목 중 서비스품목에 대한 물가지수의 전년동월대비 변화율	• 통계청
대 외	• 소비재수입액	• 전체 수입액 중 소비재부문의 수입액만을 집계한 것으로 주로 곡물, 직접소비재, 내구소비재, 비내구소비재 등의 수입액을 말함	• 관세청
고 용	• 취업자 수	• 취업자 수	• 통계청
금 융	• CP(기업어음)유통수익률	• CP(Commercial Paper) 91일물의 단기평균수익률	• 금융투자협회

제2절 경기변동이론

I 케인즈학파 : 승수-가속도원리모형

1. 개요
① 케인즈(J. M. Keynes)에 의해 1936년에 발간된 일반이론을 계기로 거시경제학의 이론모형이 마련되면서 이를 동태화하여 경기변동을 설명하고자 하는 시도가 등장하였다.
② 승수-가속도원리모형(multiplier-acceleration principle)은 승수효과(multiplier effect)와 가속도원리(acceleration principle)가 결합하여 경기변동이 이루어진다는 이론이다.
③ 승수-가속도원리모형은 사무엘슨(P. A. Samuelson)의 모형으로서 케인즈이론을 바탕으로 이를 동태화하여 경기변동을 설명하고 있다.

2. 내용
① 케인즈학파의 경기변동은 총수요 측면의 요인에서 발생한다.
② 투자가 증가하면 승수효과에 의해 국민소득이 증가하고, 국민소득이 증가하면 가속도원리에 의해 다시 유발투자가 증가하는 과정에서 경기변동이 일어난다.
③ 독립투자가 변화하면 투자승수에 의한 승수효과로 국민소득이 변화하고, 국민소득의 변화는 소비를 변화시키고, 소비의 변화는 가속도원리에 의해 다시 유발투자수요를 증가시킨다. '독립투자의 변화 → 국민소득의 변화 → 소비의 변화 → 유발투자수요의 변화'가 상호작용을 통해 경기가 변동하게 된다.

II 새고전학파 : 균형경기변동이론

1. 개요
① 균형경기변동이론(Equilibrium Business Cycle : EBC)에 따르면 경기변동은 경제주체들이 합리적 기대 하에 균형시장에서 최적화행동을 한 결과로 나타난 것이며, 이러한 경기변동은 경제주체의 합리적 선택을 반영한 것이기 때문에 경기변동이란 후생수준의 손실을 초래하는 것이 아니라 균형점 자체가 변화하는 현상이다.
② 모든 시장은 완전경쟁시장으로서 시장의 불균형이 발생하면 가격변수의 신축성으로 인해 곧바로 시장청산(market clearing)이 이루어지므로 시장은 항상 균형상태에 있다. 불경기에도 시장은 항상 균형을 유지한다.
③ 균형상태에서 외부적인 충격이 발생했을 때 개별경제주체들의 최적화행동을 통해 또 다른 균형으로 이행하는 과정에서 나타나는 국민소득의 변화를 경기변동이라고 보았다.
④ 새고전학파는 시장의 불균형은 청산된다는 가정을 하므로 시장은 항상 균형상태에 있다. 이처럼 시장이 균형상태에 놓여 있는 상황에서 외부적인 충격이 발생했을 때 개별경제주체들이 최적화행동을 하는 과정에서 나타나는 국민소득의 변화를 새고전학파는 경기변동이라고 보았다.
⑤ 경기변동의 원인이 총수요 측면의 화폐적 충격인지, 총공급 측면의 실물적 충격인지에 따라 화폐적 균형경기변동이론(MBC)과 실물적 균형경기변동이론(RBC)으로 구분된다.
⑥ 화폐적 경기변동이론은 실제산출량이 자연산출량수준을 이탈하는 현상이지만, 실물적 경기변동이론은 자연산출량수준 자체가 변동하는 현상이다.

CHAPTER 20 경기변동론

2. 화폐적 균형경기변동이론(MBC)

(1) 개요
① 학자 : 루카스(R. Lucas)
② 화폐적 균형경기변동이론(Monetary Business Cycle : MBC)이란 불확실성 하에서 총수요 측면의 예상치 못한 화폐적 충격이 경제주체들의 물가변동에 대한 기대에 혼동을 일으킴으로써 경기변동이 일어난다는 이론이다.

(2) 내용
① 예상치 못한 통화량(M)의 증가가 물가수준(P)을 상승시키면 이는 총체적 충격에 의한 물가상승임에도 불구하고 불확실성으로 인해 기업들은 개별적 충격으로 착각한다. 이에 자신이 공급하는 재화의 가격만 상승했다고 생각하여 생산량을 증가시킨다.
  ▸ 총체적 충격 : 화폐공급의 증가는 모든 상품의 가격을 동일하게 상승시켜 일반물가수준을 상승시키므로 개별기업은 생산량을 증가시킬 유인이 없다.
  ▸ 개별적 충격 : 소비자선호의 변화나 특정 부문의 기술혁신은 특정 기업상품의 상대가격수준에만 영향을 미치므로 개별기업은 생산량을 변화시킬 유인이 생긴다.
② 불완전정보모형은 정보의 불완전성으로 인해 단기총공급곡선이 우상향함을 설명하는 이론으로서 루카스(R. Lucas)에 의해 개발된 모형이다.
③ 루카스(R. Lucas)의 총공급함수에서 예상치 못한 화폐공급(M^S)의 증가는 예상치 못한 인플레이션($P > P^e$)을 발생시켜 국민소득(Y)이 자연국민소득(Y_N)을 초과하게 된다.
  ▸ MBC이론에서 화폐공급(M^S)은 외생변수이다.

> **루카스의 총공급함수**
> $$Y = Y_N + \alpha(P - P^e), \ \alpha > 0$$
> • Y : 총공급
> • Y_N : 자연국민소득
> • P : 실제물가수준
> • P^e : 예상물가수준

④ MBC이론은 실제산출량이 자연산출량수준을 이탈하는 현상으로 보지만, 그 실제산출량은 균형을 유지하므로 균형경기변동이론에 속한다.
⑤ 예상치 못한 화폐공급(M^S)의 증가가 일시적으로 경기호황을 발생시키지만, 경제주체들이 합리적 기대를 통해 물가상승을 조정하게 되므로 실제국민소득(Y)은 다시 자연국민소득수준(Y_N)으로 복귀하게 된다.

(3) 한계점
① 일반적으로 경기변동은 한번 시작하면 상당 기간 지속되는 경향이 있는데 MBC이론은 이러한 경기변동의 지속성을 설명하지 못한다는 이론적 한계점을 지닌다.
  ▸ 경제주체들은 합리적 기대를 하므로 국민소득(Y)이 일시적으로는 자연국민소득(Y_N)을 벗어날 수 있지만, 즉각적으로 다시 자연국민소득수준(Y_N)으로 복귀하게 된다.
② 현실적인 경기변동현상을 예상치 못한 통화량의 변동에 의한 실제물가수준(P)과 예상물가수준(P^e)의 괴리로만 설명하는 것은 문제가 있다.
③ 경기변동의 순환성이 나타나기 위해서는 예상치 못한 통화량(M)의 변동이 지속적으로 발생하여야 하는데 현실적으로는 그렇지 못하는 것이 일반적이다.

3. 실물적 균형경기변동이론(*RBC*)

(1) 개요

① 학자 : 프레스콧(E. Prescott), 키들랜드(F. Kydland), 킹(R. King), 플로써(C. Plosser) 등
② 실물적 균형경기변동이론(Real Business Cycle : *RBC*)이란 총공급곡선에 영향을 미치는 실물적 충격이 경기변동의 원인이라는 이론이다.
③ 기술혁신, 생산성충격, 새로운 경영기법의 도입, 경영혁신, 신제품개발, 노사분규, 석유파동, 새로운 자원의 개발, 기후변화, 환경기준의 강화, 노동시장의 변화, 노동과 자본의 질적 변화, 정부규제의 변화 등이 실물적 충격이다.

(2) 공급충격과 경기변동

① 기술혁신 등의 유리한 공급충격이 발생하면 생산함수가 상방으로 이동하여 노동의 한계생산성(MP_L)이 향상된다. 이는 노동수요의 증가를 통한 고용량의 증가와 총생산량의 증가를 유발하여 경기변동을 가져온다.
② 실물적 균형경기변동이론은 시장 전체의 노동공급이 실질임금에 대해 탄력적임을 강조하고 있다. 노동수요의 증가 시 노동공급곡선(L^S)이 완만해야 고용증가가 커서 경기변동에 큰 효력을 가져올 수 있기 때문이다.

| 유리한 공급충격과 경기변동 |

- 기술혁신 → 생산함수의 상방 이동 → 노동의 한계생산 증가($MP_L^0 \to MP_L^1$) → 노동수요 증가 → 실질임금 상승, 고용량 증가($L_0 \to L_1$) → 총생산 증가($Y_0 \to Y_1$)
- 불리한 공급충격은 이와 반대의 현상이 일어난다.

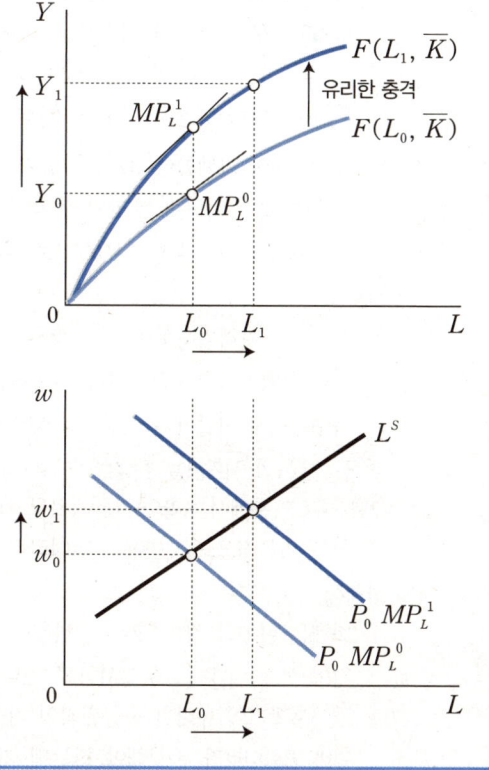

CHAPTER 20 경기변동론

③ 기술혁신으로 노동수요가 증가하면 고용이 증가하고 실질임금이 상승하므로 고용과 실질임금은 경기순응적이다.

④ 석유파동, 노사분규, 환경오염규제, 자연재해 등의 불리한 공급충격이 발생하면 생산함수가 하방으로 이동하여 유리한 공급충격과 반대의 결과가 나타난다.

(3) 경기변동의 지속성

① 노동의 기간 간 대체(inter temporal substitution of labor)
- 노동의 기간 간 대체란 노동자가 시간의 흐름에 따라 노동시간을 재분배하는 것을 말한다.
- 일시적으로 실질이자율이나 실질임금이 상승하면 현재의 노동공급을 늘리고 미래의 노동공급을 줄이게 되는데 이는 여러 기간에 걸쳐 파급되므로 경기변동이 지속성을 갖게 된다.

② 건설기간(time to build)
- 건설기간이란 고정자본에 대한 투자가 완결될 때까지 소요되는 기간을 의미한다.
- 유리한 기술충격으로 공장, 기계, 설비 등의 자본재 투자가 시작되면 건설기간이 장기간 소요되므로 생산, 고용, 소비 등이 지속적으로 증가하게 된다. 따라서 기술충격이 지속적인 파급효과를 가지면서 경기변동은 지속성을 갖게 된다.

(4) 실물적 균형경기변동이론과 화폐의 중립성

① RBC이론은 경제에서 화폐는 장·단기적으로 모두 중립적이기 때문에 금융정책은 아무런 효과를 발휘하지 못한다고 주장한다. 이는 고전학파모형과 동일한 가정이다.

② 화폐의 중립성을 비판하는 사람들은 실증자료를 바탕으로 금융정책이 정책적 효과를 발휘하고 있다고 주장한다. 통화공급이 증가하면 총생산량(Y)이 증가하는 현상은 일반적으로 관측되는 현상이므로 통화는 경기순응적이고 경기선행적이라는 것이다.

③ 하지만, RBC이론을 지지하는 학자들은 이는 통화량(M)과 생산량(Y) 사이의 인과관계를 혼동하는 데서 비롯된 결과라고 주장한다. 예를 들어 유리한 기술충격으로 총생산량(Y)이 증가하면 화폐수요(M^D)의 증가로 인해 이자율이 상승하므로 이를 억제하기 위해 중앙은행이 화폐공급(M^S)을 증가시킨다는 것이다. 즉, RBC이론에서는 통화가 생산에 미치는 것이 아니라 생산이 통화에 영향을 미친다는 역($-$)의 인과관계를 제시한다.

④ 따라서 RBC이론은 MBC이론과는 다르게 화폐공급(M^S)이 내생적으로 결정된다.

(5) 시사점

① 신축적인 가격변수로 인해 시장청산이 이루어지므로 시장은 균형을 유지하고, 균형국민소득은 자연국민소득수준(Y_N)을 달성한다. 따라서 경기변동은 실제국민소득이 자연국민소득수준에서 이탈하는 현상이 아니라 균형국민소득(자연국민소득) 자체가 변화하는 현상이다.

② 경기변동의 지속성을 제대로 설명하지 못하는 MBC이론의 한계를 극복하였다.

③ RBC이론에서는 노동시장에서도 시장청산이 이루어지므로 노동시장에 존재하는 모든 실업은 기본적으로 자발적 실업이라고 인식한다.

(6) 한계점

① 화폐는 단기와 장기 모두 중립적이므로 화폐부문이 경기변동에 미치는 영향을 고려하지 않아 화폐부문을 너무 경시하고 있다는 한계점을 지닌다.

② 경기호황기에 유리한 공급충격인 기술진보가 발생하였다면, 경기침체기에는 불리한 공급충격인 기술퇴보가 존재해야 하는데 기술퇴보를 가정한 것은 현실적이지 못하다.

III 새케인즈학파 : 불균형경기변동이론

1. 개요
① 새케인즈학파는 케인즈학파의 전통을 이어받아 경기변동의 주요 원인을 총수요 측면의 변화라고 인식한다.
② 새케인즈학파의 불균형경기변동이론(disequilibrium business cycle)에 의하면 단기에 가격변수들이 경직적이고 시장이 불완전경쟁인 상황에서 경기변동은 총수요 측면에서 유발된 시장의 불균형현상이라고 본다.

2. 내용
① 민간소비, 투자수요, 순수출, 화폐수요 등 총수요 측면에서 여러 가지 형태의 교란이 발생하면 경기변동이 일어난다.
  ▸ 기업가들의 동물적 직감에 의해 투자붐이 일어나면 총수요가 증가하여 생산량을 증가시키고, 이는 고용증가, 소비증가, 투자증가를 가져온다.
② 새케인즈학파 이론에서는 가격의 경직성으로 인해 총수요충격이 경기변동을 발생시키게 되고, 시장의 불균형이 발생하였을 때 시장은 청산되지 않고 불균형을 유지하게 된다.
③ 개별경제주체들은 합리적 기대 하에서 의사결정을 하므로 가격변수의 경직성은 경제주체들의 최적화행위의 결과이다.
  ▸ 개별경제주체들은 합리적 기대 하에서 의사결정을 하므로 가격변수의 경직성은 합리적 기대의 결과물이다.

3. 특징
① 새케인즈학파는 새고전학파와 마찬가지로 합리적 기대와 미시경제학적 기초 하에서 경제주체들의 최적화행위 자체가 경기변동을 야기한다고 하였다. 하지만, 새케인즈학파에 의하면 경기변동은 실제국민소득이 자연국민소득으로부터 이탈하는 현상이고, 그 실제국민소득도 균형국민소득수준과 일치하지 않으므로 경기변동을 불균형현상으로 본다.
② 경기변동 자체는 불균형현상이어서 정부가 시장에 개입하여 해소시켜야 하는 현상이므로 정부의 경제안정화정책은 유효하고 정당하다.

IV 새고전학파와 새케인즈학파의 비교

구 분	새고전학파	새케인즈학파
공통점	• 합리적 기대 : 경제주체들의 최적화행위 • 미시경제학적 분석	
경기변동의 요인	• MBC이론 : 총수요 측면의 화폐적 요인 • RBC이론 : 총공급 측면의 실물적 요인	• 총수요 측면에서 소비와 투자의 심리적 요인
관점	• 균형경기변동이론 • MBC이론 : 자연국민소득에서 이탈 • RBC이론 : 자연국민소득 자체의 변화	• 불균형경기변동이론 • 자연국민소득에서 이탈
가격변수	• 신축성	• 경직성
고용	• 자발적 실업	• 비자발적 실업
정부개입	• 불필요	• 필요

CHAPTER 21 경제성장론

PART 08 | 동태경제이론

제1절 개요

I 경제성장의 개념

① 경제성장(economic growth)이란 시간의 흐름에 따라 경제활동규모가 점차적으로 커지는 현상을 말한다.
② 한 나라의 경제활동규모는 실질국민소득으로 측정하기 때문에 실질 GDP가 점점 커지는 것을 경제성장이라고 한다.
③ 경제성장은 국민소득의 양적 개념만을 의미하므로 생산가능곡선이 바깥쪽으로 이동하거나 장기총공급곡선이 우측으로 이동하는 현상으로 볼 수 있다.

II 경제성장률의 측정

① 한 나라 전체의 경제성장률은 실질 GDP의 증가율로서 다음과 같이 측정된다.

> **경제성장률**
>
> $$경제성장률(\%) = \frac{금년도\ 실질GDP - 전년도\ 실질GDP}{전년도\ 실질GDP} \times 100$$

② 경제성장률은 실질국민소득(Y)의 증가율이므로 다음과 같이 나타낼 수 있다.

> **실질국민소득의 증가율**
> - 명목국민소득(PY) = 물가(P) × 실질국민소득(Y)
> - 명목국민소득의 증가율 = 물가상승률$\left(\frac{\Delta P}{P}\right)$ + 실질국민소득의 증가율$\left(\frac{\Delta Y}{Y}\right)$
> - 경제성장률 = 실질국민소득의 증가율$\left(\frac{\Delta Y}{Y}\right)$ = 명목국민소득의 증가율 − 물가상승률$\left(\frac{\Delta P}{P}\right)$

③ 1인당 국민소득을 측정할 때는 1인당 GNI를 사용하므로 1인당 경제성장률은 다음과 같이 나타낼 수 있다.

▶ 실질 GNI = 실질 GDP + 교역조건변화에 따른 실질무역손익 + 실질대외순수취요소소득

> **1인당 국민소득의 증가율**
>
> 1인당 국민소득의 증가율 = 명목 GNI의 증가율 − 인구증가율

제2절 경제성장이론

I 솔로우의 경제성장이론

1. 개요
① 솔로우(R. Solow)의 경제성장이론은 기술수준이 모형의 외부에서 외생적으로 주어졌다고 가정하기 때문에 외생적 성장이론(exogenous growth theory)이라고 부른다.
② 총공급 측면이 총생산을 결정하는 고전학파모형을 경제성장모형으로 자연스럽게 발전시켰다는 의미에서 신고전학파적 성장모형(neoclassical growth model)이라고 부른다.

2. 기본가정
① 생산함수는 노동과 자본 간에 대체가 가능한 콥-더글라스 생산함수로서 규모에 대한 보수 불변인 1차 동차생산함수이다.
▶ 규모에 대한 보수 불변인 콥-더글라스 생산함수이므로 수확체감의 법칙이 성립한다.

> **콥-더글라스 생산함수 : 솔로우모형**
> $$Y = K^\alpha L^{1-\alpha},\ 0 < \alpha < 1$$

② 소득의 일정비율(s)만큼이 저축되고, 사전적 투자수요(I^D)와 사후적 투자지출(I)이 항상 일치하여 균형이 유지된다.
▶ 한계저축성향과 평균저축성향은 s로 일치한다.

> **저축함수와 생산물시장의 균형**
> - 저축함수　　　: $S = sY,\ 0 < s < 1$
> - 생산물시장의 균형 : $I^D = I = S$

③ 인구증가율은 n으로 일정하다.

> **인구증가율**
> $$\frac{\Delta L}{L} = n$$

3. 생산함수
① 1인당 생산량을 $y = \dfrac{Y}{L}$, 1인당 자본량을 $k = \dfrac{K}{L}$로 정의하면 규모에 대한 보수 불변일 경우 1인당 생산함수를 1인당 자본만의 함수로 나타낼 수 있다.

> **1인당 생산함수 : 솔로우모형**
> - $\dfrac{Y}{L} = f\left(\dfrac{K}{L},\ \dfrac{L}{L}\right) = f(k,\ 1)$　　　　　$\Rightarrow y = f(k)$
> - $\dfrac{Y}{L} = \dfrac{K^\alpha L^{1-\alpha}}{L} = \dfrac{K^\alpha L^{1-\alpha}}{L^\alpha L^{1-\alpha}} = \left(\dfrac{K}{L}\right)^\alpha = k^\alpha \Rightarrow y = k^\alpha$

CHAPTER 21 경제성장론

② 1인당 생산함수에서 1인당 자본(k)의 한계생산은 체감한다.

> **1인당 생산함수의 한계생산체감의 법칙 : 솔로우모형**
> - $f'(k) > 0$
> - $f''(k) < 0$
>
> $$f'(k) = \alpha k^{\alpha-1} > 0$$
> $$f''(k) = -\alpha(1-\alpha)k^{\alpha-2} < 0$$

4. 균형성장조건

(1) 자본과 노동의 완전고용조건

① 자본과 노동이 완전고용되면서 경제가 안정적인 성장을 하기 위해서는 '경제성장률=자본증가율=노동증가율'의 조건이 달성되어야 한다.

> **총자본증가율 : 솔로우모형**
> - $\Delta K = I = S = sY$
> - $\dfrac{\Delta K}{K} = \dfrac{sY}{K} = \dfrac{sY/L}{K/L} = \dfrac{sy}{k} = \dfrac{sf(k)}{k}$

② 따라서 솔로우모형의 균형성장조건은 다음과 같이 나타낼 수 있다.

> **균형성장조건 : 솔로우모형**
> - $\dfrac{\Delta Y}{Y} = \dfrac{\Delta K}{K} = \dfrac{\Delta L}{L}$
> - $sf(k) = nk$
> - $\dfrac{sf(k)}{k} = n$

(2) 자본축적방정식의 도출

① $K = kL$의 식을 성장률로 표시하면 다음과 같다.

> **총자본증가율 = 1인당 자본의 증가율 + 인구증가율**
> - $\dfrac{\Delta K}{K} = \dfrac{\Delta k}{k} + \dfrac{\Delta L}{L}$
> - $\dfrac{\Delta K}{K} = \dfrac{\Delta k}{k} + n$

② 1인당 자본축적방정식을 도출하면 다음과 같다.

> **1인당 자본축적방정식 : 솔로우모형**
> - $\dfrac{\Delta k}{k} = \dfrac{\Delta K}{K} - \dfrac{\Delta L}{L}$
> - $\Delta k = sf(k) - nk$
> - $\dfrac{\Delta k}{k} = \dfrac{sf(k)}{k} - n$

③ $sf(k)$는 1인당 저축으로서 실제 1인당 투자, 즉 실제 1인당 자본의 증가를 의미한다.
④ nk는 현재의 1인당 자본(k)을 일정한 수준으로 유지하는 데 필요한 1인당 적정투자, 즉 필요한 1인당 자본의 증가를 의미한다.

(3) 균제상태

① 1인당 실제 투자$[sf(k)]$가 1인당 필요한 적정투자(nk)를 초과하면 $\Delta k > 0$이 되어 1인당 자본(k)이 증가하고, 그 반대이면 1인당 자본(k)이 감소하게 된다.

> **불균형의 조정 : 솔로우모형**
> - $sf(k) > nk \rightarrow dk > 0 \rightarrow k$ 증가
> - $sf(k) < nk \rightarrow dk < 0 \rightarrow k$ 감소
> - $sf(k) = nk \rightarrow dk = 0 \rightarrow k$ 불변

② 아래의 그림에서 1인당 자본(k)은 k^*로, 1인당 생산량(y)은 y^*로 수렴하게 되는데 이를 <u>균제상태(steady state)</u>라고 한다.

③ 균제상태에서 1인당 생산량(y)의 증가율$\left(\dfrac{\Delta y}{y}\right)$이 0이기 때문에 1인당 생산량$(y)$은 y^* 수준에서 불변이다. 1인당 생산량(y)이 불변이라면 총생산량증가율$\left(\dfrac{\Delta Y}{Y}\right)$이 인구증가율$\left(\dfrac{\Delta L}{L}\right)$과 일치한다는 것을 의미하므로 <u>경제성장률은 인구증가율(n)과 일치</u>한다.

> **균제상태에서 경제성장률과 노동증가율**
> - $Y = yL$
> - $\dfrac{\Delta Y}{Y} = \dfrac{\Delta L}{L}$
> - $\dfrac{\Delta Y}{Y} = \dfrac{\Delta y}{y} + \dfrac{\Delta L}{L}$, $\dfrac{\Delta y}{y} = 0$
> - 경제성장률 = 노동증가율

④ 동일한 논리로 균제상태에서 1인당 자본량(k)의 증가율$\left(\dfrac{\Delta k}{k}\right)$이 0이기 균제상태에서 <u>자본증가율은 인구증가율(n)과 일치</u>한다.

⑤ 균제상태에서 경제성장률과 노동증가율이 일치하고, 자본증가율이 노동증가율과 일치하므로 균제상태에서는 다음과 같이 균형성장조건을 달성한다.

| 솔로우의 경제성장이론의 균제상태 |

- k_1수준에서 $sf(k) > nk$가 성립하므로 1인당 자본(k)은 증가한다.
- k_2수준에서 $sf(k) < nk$가 성립하므로 1인당 자본(k)은 감소한다.
- k^*수준에서 $sf(k) = nk$가 성립하여 균제상태가 된다.

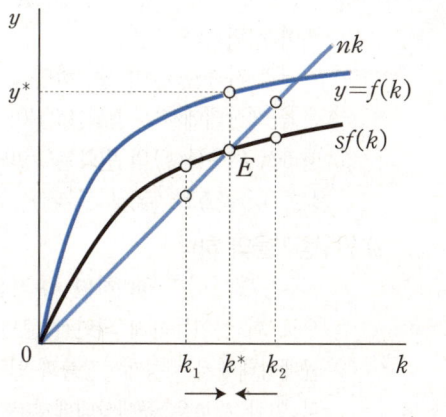

CHAPTER 21 경제성장론

> **균제상태와 균형성장조건 : 솔로우모형**
> - $\frac{\Delta Y}{Y} = \frac{\Delta K}{K} = \frac{\Delta L}{L}$
> - $\frac{\Delta Y}{Y} = \frac{sf(k)}{k} = n$
> - 경제성장률 = 자본증가율 = 노동증가율

⑥ 여기에서 독자들이 유의할 점은 균제상태에서 1인당 자본(k)과 1인당 생산량(y)이 정체된 것이고, 총자본량(K)과 총생산량(Y)은 인구증가율(n)만큼 증가하고 있다는 사실이다.

5. 국가 간 소득의 수렴현상

① 수렴가설(conditional convergence) : 생산함수의 형태, 기술수준, 저축률, 고정자본소모율이 동일한 나라들이 초기 자본축적량이 차이를 보인다면 시간이 지남에 따라 국가 간 경제성장의 차이는 해소되어 모든 나라가 똑같이 잘사는 상태로 수렴한다.
② 수확체감의 법칙으로 인해 자본이 풍부한 선진국은 자본의 한계생산성이 낮은 반면, 자본이 적은 후진국은 자본의 한계생산성이 높기 때문에 후진국의 자본축적의 속도가 선진국보다 더 빠르게 된다. 이러한 수렴가설을 '따라잡기 효과(catch-up effect)'라고도 한다.

6. 균제상태의 변동과 요인

(1) 저축률의 상승

① 저축률(s)이 상승하면 저축곡선이 상방으로 이동하여 균제상태의 1인당 자본(k)과 1인당 생산량(y)이 증가한다.
② 1인당 자본(k)이 증가하는 기간 동안 $\frac{\Delta k}{k} = \frac{\Delta K}{K} - \frac{\Delta L}{L} > 0$, $\frac{\Delta K}{K} > \frac{\Delta L}{L} = n$이 되어 총자본증가율$\left(\frac{\Delta K}{K}\right)$은 인구증가율$\left(\frac{\Delta L}{L} = n\right)$을 압도한다. 동일한 논리로 1인당 생산량($y$)이 증가하는 기간 동안 $\frac{\Delta y}{y} = \frac{\Delta Y}{Y} - \frac{\Delta L}{L} > 0$, $\frac{\Delta Y}{Y} > \frac{\Delta L}{L} = n$이 되어 총생산증가율$\left(\frac{\Delta Y}{Y}\right)$은 인구증가율$\left(\frac{\Delta L}{L} = n\right)$을 압도한다.
③ 경제가 새로운 균제상태에 도달하면 1인당 자본(k)과 1인당 생산량(y)이 새로운 수준에서 정체되므로 $\frac{\Delta k}{k} = 0$, $\frac{\Delta K}{K} = \frac{\Delta L}{L} = n$의 식과 $\frac{\Delta y}{y} = 0$, $\frac{\Delta Y}{Y} = \frac{\Delta L}{L} = n$의 식이 성립한다.
④ 이처럼 저축률(s)이 상승하면 일시적으로 경제성장률이 인구증가율(n)을 상회하지만, 새로운 균제상태에서는 경제성장률이 인구증가율(n)로 복귀하게 된다.
⑤ 따라서 저축률(s)의 변화는 1인당 국민소득(y)의 영구적인 증가를 가져오지 못하므로 향상효과(수준효과, level effect)만을 갖고, 성장효과(growth effect)를 유발하지는 못한다.

(2) 인구증가율의 하락

① 인구증가율(n)이 하락하면 nk직선의 기울기인 n이 작아지기 때문에 nk직선이 시계방향으로 회전 이동하게 되면서 균제상태의 1인당 자본(k)과 1인당 생산량(y)이 증가한다.
② 균제상태에서는 경제성장률과 인구증가율(n)이 일치하기 때문에 인구증가율(n)의 하락으로 인한 새로운 균제상태에서는 경제성장률이 이전보다 하락하게 된다.

(3) 기술진보
① 생산기술이 진보하면 1인당 생산곡선 $y=f(k)$와 1인당 저축곡선 $sf(k)$가 모두 상방이동하면서 균제상태의 1인당 자본(k)과 1인당 생산량(y)이 모두 증가한다.
② 현실적으로 저축률(s)의 상승이나 인구증가율(n)의 감소는 한계가 있기 때문에 오로지 기술진보만이 지속적인 경제성장을 가져올 수 있다.
③ 한 번의 기술진보는 일시적으로 경제성장을 유발하기 때문에 지속적인 경제성장을 위해서는 지속적인 기술진보가 이루어져야 한다.

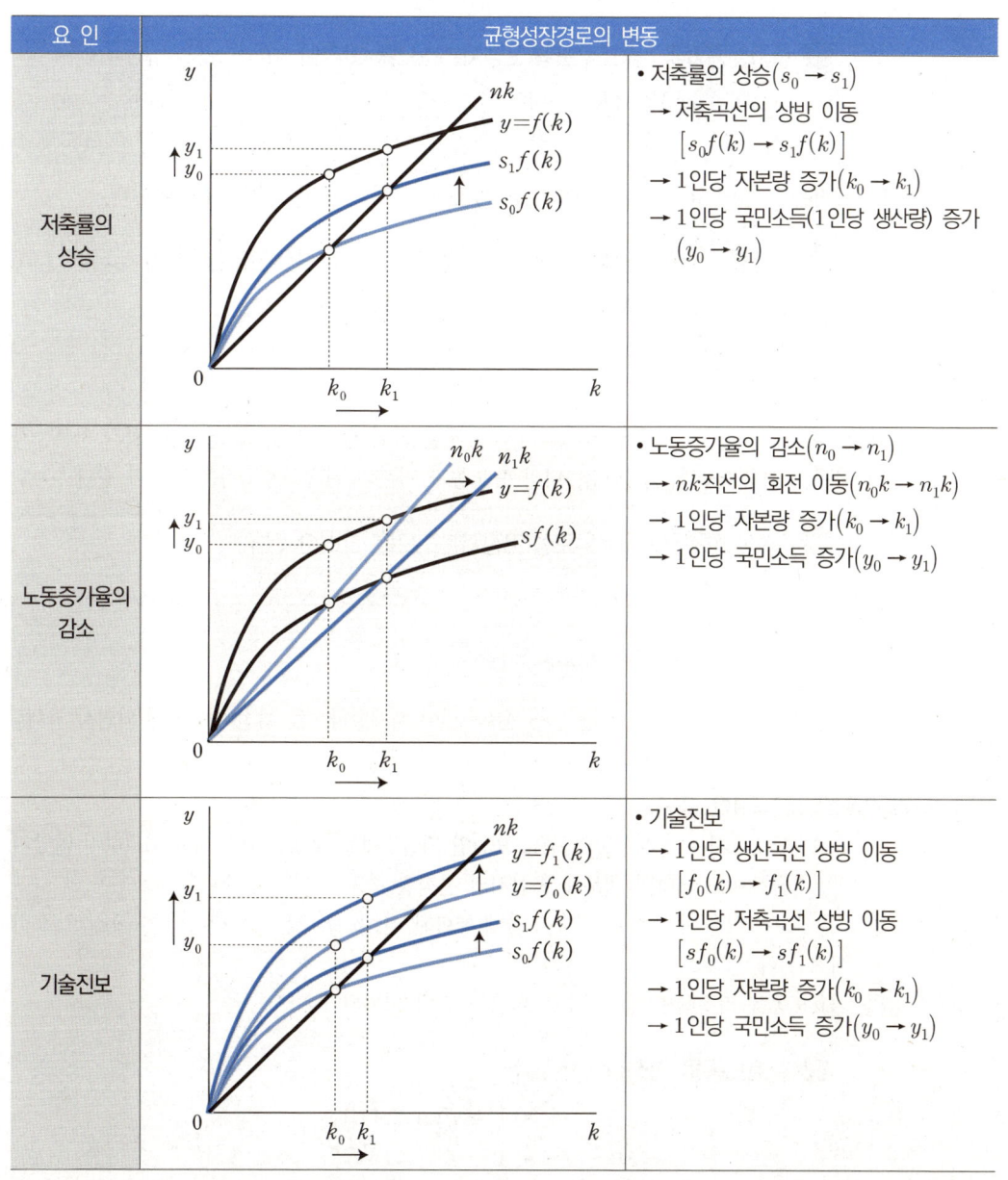

요인	균형성장경로의 변동

저축률의 상승	• 저축률의 상승($s_0 \to s_1$)
	→ 저축곡선의 상방 이동
	  $[s_0 f(k) \to s_1 f(k)]$
	→ 1인당 자본량 증가($k_0 \to k_1$)
	→ 1인당 국민소득(1인당 생산량) 증가
	  ($y_0 \to y_1$)

노동증가율의 감소	• 노동증가율의 감소($n_0 \to n_1$) → nk직선의 회전 이동($n_0 k \to n_1 k$) → 1인당 자본량 증가($k_0 \to k_1$) → 1인당 국민소득 증가($y_0 \to y_1$)

기술진보	• 기술진보
	→ 1인당 생산곡선 상방 이동
	  $[f_0(k) \to f_1(k)]$
	→ 1인당 저축곡선 상방 이동
	  $[sf_0(k) \to sf_1(k)]$
	→ 1인당 자본량 증가($k_0 \to k_1$)
	→ 1인당 국민소득 증가($y_0 \to y_1$)

CHAPTER 21 경제성장론

7. 솔로우모형의 확장

(1) 고정자본소모(감가상각)를 고려한 경우

① 고정자본소모율(감가상각률)을 δ라고 하면 총자본축적방정식은 다음과 같이 변경된다.

> **총자본축적방정식 : 솔로우모형(고정자본소모를 고려한 경우)**
> $$\Delta K = I - \delta K = S - \delta K = sY - \delta K$$

② 총자본축적방정식을 이용하면 총자본증가율은 다음과 같이 도출된다.

> **총자본증가율 : 솔로우모형(고정자본소모를 고려한 경우)**
> $$\frac{\Delta K}{K} = \frac{sY - \delta K}{K} = \frac{sY}{K} - \delta = \frac{sY/L}{K/L} - \delta = \frac{sy}{k} - \delta = \frac{sf(k)}{k} - \delta$$

③ 총자본축적방정식을 이용하여 1인당 자본축적방정식을 도출하면 다음과 같다.

> **1인당 자본축적방정식 : 솔로우모형(고정자본소모를 고려한 경우)**
> - $\dfrac{\Delta k}{k} = \dfrac{\Delta K}{K} - \dfrac{\Delta L}{L}$
> - $\dfrac{\Delta k}{k} = \dfrac{sf(k)}{k} - \delta - n$
> - $\Delta k = sf(k) - (n+\delta)k$

④ 균제상태에서 1인당 생산량(y)과 1인당 자본량(k)이 불변이므로 경제성장률과 자본증가율은 노동증가율과 일치한다. 따라서 노동과 자본의 완전고용조건은 다음과 같다.

> **균형성장조건 : 솔로우모형(고정자본소모를 고려한 경우)**
> - $\dfrac{\Delta Y}{Y} = \dfrac{\Delta K}{K} = \dfrac{\Delta L}{L}$
> - $\dfrac{\Delta Y}{Y} = \dfrac{sf(k)}{k} - \delta = n$
> - 경제성장률 = 자본증가율 = 노동증가율

⑤ 고정자본소모율(δ)이 감소하면 $(n+\delta)k$직선이 시계방향으로 회전 이동하게 되면서 균제상태의 1인당 자본(k)과 1인당 생산량(y)이 증가한다.

(2) 기술진보를 고려한 경우

① 솔로우모형에서는 경제성장의 주요 요인인 기술진보를 모형의 내부에서 고려하지 않았지만, 기술진보를 모형의 내부에 포함시켜 분석할 수도 있다.

② 기술진보가 있을 때 노동은 기술이 몸에 체화된 실효노동(유효노동, effective labor)으로 바뀌게 된다.

③ 실효노동을 가정하면 생산함수는 다음과 같이 변형된다.

> **실효노동을 가정한 생산함수**
> - $Y = F(K, AL)$
> - $Y = K^\alpha (AL)^{1-\alpha}$

- 위의 생산함수에서 A는 노동의 효율성(생산성)을 나타내는 변수로서 노동인구의 지식·기술·기능·직능·교육·건강 등에 의존한다.
- L은 여전히 노동인구이고, AL은 효율성 단위로 측정한 노동인구로서 실효노동 또는 효율성노동, 유효노동으로 부른다.

④ 노동의 효율성(A)이 매년 g의 비율로 증가하고, 인구증가율이 n이라면 실효노동의 증가율은 다음과 같이 $n+g$가 된다.
  - 노동자들의 생산성이 매년 10%씩 증가한다면 이는 기술향상으로 작년에 110명의 노동자가 하는 일을 금년에는 100명의 노동자가 할 수 있다는 것을 의미한다.
  - 이때 실제노동인구(자연노동인구)의 증가율은 n이지만, 실효노동의 증가율은 $n+0.1$이라고 할 수 있다.
  - 기술진보가 이루어지면 노동생산성이 향상되어 동일한 노동투입으로 더 많은 생산이 가능하므로 인구증가의 효과를 가지게 되는 것이다.

> **실효노동의 증가율**
> $$\frac{\Delta(AL)}{(AL)} = \frac{\Delta A}{A} + \frac{\Delta L}{L} = g + n$$

⑤ 실효노동 1인당 생산량을 $y = \frac{Y}{AL}$, 실효노동 1인당 자본량을 $k = \frac{K}{AL}$로 정의하면 규모에 대한 보수 불변일 경우 실효노동 1인당 생산함수를 실효노동 1인당 자본만의 함수로 나타낼 수 있다.

> **실효노동 1인당 생산함수 : 솔로우모형(기술진보를 고려한 경우)**
> - $\frac{Y}{AL} = f\left(\frac{K}{AL}, \frac{AL}{AL}\right) = f(k, 1)$ $\Rightarrow y = f(k)$
> - $\frac{Y}{AL} = \frac{K^\alpha (AL)^{1-\alpha}}{AL} = \frac{K^\alpha (AL)^{1-\alpha}}{(AL)^\alpha (AL)^{1-\alpha}} = \left(\frac{K}{AL}\right)^\alpha = k^\alpha \Rightarrow y = k^\alpha$

⑥ 실효노동 1인당 자본 $k = \frac{K}{AL}$의 식을 성장률로 표시하면 $\frac{\Delta k}{k} = \frac{\Delta K}{K} - \frac{\Delta(AL)}{(AL)}$, $\frac{\Delta k}{k} = \frac{sf(k)}{k} - (n+g)$가 된다.

⑦ 실효노동 1인당 자본축적방정식과 균형성장조건은 다음과 같다.

> **균형성장조건 : 솔로우모형(기술진보를 고려한 경우)**
> - 실효노동 1인당 자본 : $k = \frac{K}{AL}$
> - 실효노동 1인당 자본축적방정식 : $\Delta k = sf(k) - (n+g)k$
> - 균형성장조건
>   - $\frac{\Delta Y}{Y} = \frac{\Delta K}{K} = \frac{\Delta(AL)}{(AL)}$
>   - $\frac{\Delta Y}{Y} = \frac{sf(k)}{k} = n + g$
>   - 경제성장률 = 자본증가율 = 실효노동증가율

⑧ 기술진보를 고려한 경우 균제상태에서의 경제성장률과 자본증가율은 실효노동증가율과 일치하기 때문에 '노동증가율+기술진보율'이 된다.

▶ 기술진보가 존재할 때 균제상태에서 변하지 않는 것은 자본-노동비율$\left(\frac{K}{L}\right)$이 아니라 자본-실효노동비율$\left(\frac{K}{AL}\right)$이다.

⑨ 기술진보를 고려한 솔로우모형에서는 균제상태에 도달하더라도 1인당 국민소득(y)의 성장률이 0이 되는 것이 아니라 기술진보율(g)만큼 성장하므로 1인당 국민소득(y)의 지속적인 성장을 설명할 수 있다.

▶ 기술진보를 고려한 솔로우모형에서 균제상태에 도달하더라도 1인당 자본(k)의 성장률은 기술진보율(g)과 일치한다.

> **기술진보를 고려한 경우 균제상태에서의 1인당 국민소득의 성장률**
> $$\frac{\Delta Y}{Y} - \frac{\Delta L}{L} = (n+g) - n = g$$

(3) 고정자본소모와 기술진보를 모두 고려한 경우

> **균형성장조건 : 솔로우모형(고정자본소모와 기술진보를 모두 고려한 경우)**
> - 실효노동 1인당 자본축적방정식 : $\Delta k = sf(k) - (n+\delta+g)k$
> - 균형성장조건
>   - $\frac{\Delta Y}{Y} = \frac{\Delta K}{K} = \frac{\Delta(AL)}{(AL)}$
>   - $\frac{\Delta Y}{Y} = \frac{sf(k)}{k} - \delta = n+g$
> - 경제성장률=자본증가율=실효노동증가율

| 고정자본소모와 기술진보를 모두 고려한 경우 균제상태 |

- $\frac{\Delta Y}{Y} = \frac{\Delta K}{K} = \frac{\Delta(AL)}{(AL)}$
- $\frac{\Delta Y}{Y} = \frac{sf(k)}{k} - \delta = n+g$

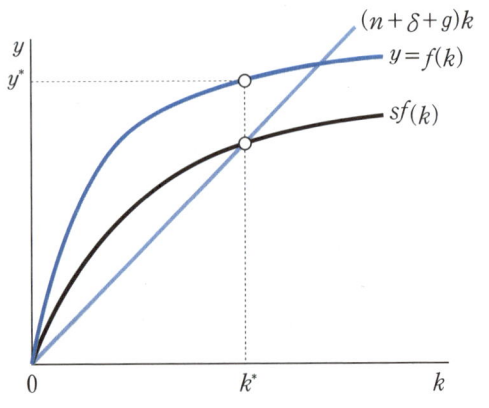

> **예제**　　솔로우모형

문제 1

솔로우(Solow)의 성장모형에서 1인당 생산함수가 $y=k^{\frac{1}{2}}$이고(y는 1인당 생산량, k는 1인당 자본량) 인구증가율이나 기술진보가 없다고 가정하자. 만일 저축률이 20%이고 감가상각률이 5%라면 안정상태(steady-state)에서의 1인당 생산량과 1인당 소비량은 얼마인가?　　(2007 국회사무처)

해설

- 솔로우의 성장모형의 균형성장조건 $\dfrac{sf(k)}{k}-\delta=n+g$에서 인구증가율($n$)이나 기술진보율($g$)이 없는 경우 $\dfrac{sf(k)}{k}-\delta=0$, $sf(k)=\delta k$의 식이 도출된다.
- 이 식에 저축률 $s=0.2$, 감가상각률 $\delta=0.05$을 대입하면 $0.2k^{\frac{1}{2}}=0.05k$에서 1인당 자본은 $k=16$이 된다.
- 1인당 자본 $k=16$을 1인당 생산함수에 대입하면 1인당 생산량은 $y=k^{\frac{1}{2}}=\sqrt{16}=4$이다.
- 1인당 생산량은 $y=f(k)=4$이고, 1인당 저축은 $sy=sf(k)=0.2\times4=0.8$이므로 1인당 소비량은 $c=y-sy=f(k)-sf(k)=4-0.8=3.2$이다.

문제 2

솔로우(Solow) 성장모형에서 1인당 생산함수 $y=k^{1/2}$이다. 저축률이 0.2, 감가상각률이 0.1, 인구증가율과 기술진보율은 모두 0이라면, 이 경제의 균제상태(steady state)의 1인당 자본스톡의 값은? (단, y는 1인당 생산, k는 1인당 자본스톡이다.)　　(2014 감정평가사)

해설

- 솔로우모형에서 균형성장조건 : $\dfrac{sf(k)}{k}-\delta=n+g$
- 1인당 생산함수 $y=f(k)=k^{0.5}$, 저축률 $s=0.2$, 감가상각률 $\delta=0.1$, 인구증가율 $n=0$, 기술진보율 $g=0$을 균형성장조건식에 각각 대입하면 $\dfrac{0.2k^{0.5}}{k}=0.1$, $\dfrac{0.2}{k^{0.5}}=0.1$, $k^{0.5}=2$에서 1인당 자본스톡은 $k^*=4$가 된다.

문제 3

솔로우(Solow)의 경제성장모형 하에서 A국의 생산함수는 $Y=10\sqrt{LK}$, 저축률은 30%, 자본 감가상각률은 연 5%, 인구증가율은 연 1%, 2015년 초 A국의 1인당 자본량은 100일 경우 2015년 한 해 동안 A국의 1인당 자본의 증가량은? (단, L은 노동, K는 자본을 나타낸다.)　　(2015 7급 국가직)

해설

- 1인당 자본축적 방정식 : $\Delta k=sf(k)-(n+\delta)k$
- 1인당 생산함수 : $y=f(k)=\dfrac{Y}{L}=\dfrac{10\sqrt{LK}}{L}=\dfrac{10L^{0.5}K^{0.5}}{L^{0.5}L^{0.5}}=10\left(\dfrac{K}{L}\right)^{0.5}=10k^{0.5}$

CHAPTER 21 경제성장론

- 1인당 생산함수 $y = f(k) = 10k^{0.5}$, 저축률 $s = 0.3$, 인구증가율 $n = 0.01$, 감가상각률 $\delta = 0.05$를 1인당 자본축적 방정식에 대입하면 $\Delta k = (0.3 \times 10k^{0.5}) - (0.01 + 0.05)k$, $\Delta k = 3k^{0.5} - 0.06k$의 식이 도출된다. 1인당 자본량이 $k = 100$이므로 이를 대입하면 $\Delta k = (3 \times 100^{0.5}) - (0.06 \times 100) = 30 - 6 = 24$이다. 따라서 1인당 자본량의 증가량은 24가 된다.

문제 4

어느 한 국가의 생산함수가 $Y = K^{\frac{1}{2}} L^{\frac{1}{2}}$이며 40,000단위의 자본과 10,000단위의 노동을 보유하고 있다고 하자. 이 국가에서 자본의 감가상각률은 연 10%라고 한다면, 솔로우(Solow) 모형에 따를 때 주어진 자본/노동 비율이 안정상태(steady state)에서의 자본/노동 비율이 되기 위해서는 저축률이 얼마가 되어야 하는가? (인구변화 및 기술진보는 없다고 가정) (2015 7급 서울시)

해설

- 1인당 생산함수 : $\dfrac{Y}{L} = \dfrac{K^{\frac{1}{2}} L^{\frac{1}{2}}}{L} = \dfrac{K^{\frac{1}{2}} L^{\frac{1}{2}}}{L^{\frac{1}{2}} L^{\frac{1}{2}}} = \left(\dfrac{K}{L}\right)^{\frac{1}{2}}$, $y = f(k) = k^{\frac{1}{2}}$

- 인구증가율이 $n = 0$, 기술진보율 $g = 0$이므로 균형성장조건식은 $\dfrac{sf(k)}{k} = \delta$가 된다.

- 노동(L)이 10,000이고, 자본(K)이 40,000이므로 1인당 자본량은 $k = \dfrac{K}{L} = \dfrac{40,000}{10,000} = 4$이다.

- 균형성장조건식 $\dfrac{sf(k)}{k} = \delta$에 1인당 생산함수 $y = f(k) = k^{\frac{1}{2}}$를 대입하면 $\dfrac{sk^{\frac{1}{2}}}{k} = \delta$, $\dfrac{s}{k^{0.5}} = \delta$가 된다. 이 식에 1인당 자본량 $k = 4$와 감가상각률 $\delta = 10$을 대입하면 $\dfrac{s}{4^{0.5}} = \dfrac{s}{2} = 10$에서 저축률은 $s = 20(\%)$가 된다.

문제 5

솔로우(Solow)성장모형이 〈보기〉와 같이 주어져 있을 때 균제상태(steady state)에서 일인당 자본량은? (단, 기술진보는 없다.) (2018 7급 서울시)

- $y = 2k^{\frac{1}{2}}$ (단, y는 일인당 생산량, k는 일인당 자본량이다.)
- 감가상각률 5%, 인구증가율 5%, 저축률 20%

해설

- 균제상태의 조건식 $\dfrac{sf(k)}{k} = n + \delta$에 저축률 $s = 0.2$, 일인당 생산량 $y = f(k) = 2k^{\frac{1}{2}}$, 인구증가율 $n = 0.05$, 감가상각률 $\delta = 0.05$를 대입하면 $\dfrac{0.2 \times 2k^{0.5}}{k} = 0.05 + 0.05$, $\dfrac{0.4}{k^{0.5}} = 0.1$, $k^{0.5} = 4$에서 일인당 자본량은 $k^* = 16$이 도출된다.

8. 최적성장이론

(1) 개념

① 최적성장이론(optimal growth theory)이란 사회후생을 극대화하기 위해서 어떠한 성장을 하는 것이 가장 바람직한가에 대하여 연구하는 이론이다.
  ▸ 솔로우모형에서 균제상태에 도달하면 1인당 생산량과 1인당 소비량이 모두 일정한 수준으로 유지되지만, 사회후생이 극대화되었다고 볼 수는 없다.

② 최적성장이론은 1인당 소비가 극대화되는 성장조건을 분석한다.
  ▸ 1인당 소득이 아무리 높은 국가라고 할지라도 저축률이 100%여서 소비를 전혀 하지 못한다면 사회후생이 높다고 할 수 없다.

③ 분석의 편의상 정책입안자들은 가장 높은 수준의 소비를 유지할 수 있는 안정상태를 추구하기 위해 저축률을 임의로 결정할 수 있다고 가정한다.

(2) 자본축적의 황금률

① 1961년 펠프스(E. S. Phelps)는 1인당 소비가 극대화되는 균제상태를 자본축적의 황금률(golden rule level of capital accumulation)이라고 하였다.

② 고정자본소모와 기술을 고려하지 않으면 1인당 소비함수는 다음과 같다.

> **📖 1인당 소비함수**
> - 1인당 소비 = 1인당 국민소득 − 1인당 저축
> - $c = y - sy = f(k) - sf(k)$
>
> **📖 균제상태에서의 1인당 소비함수**
> 균제상태에서 $sf(k) = nk$가 성립하므로
> - $c = f(k) - nk$

③ 1인당 소비(c)를 극대화하는 1인당 자본수준(k)을 구하기 위해 1인당 소비함수를 1인당 자본(k)에 대해 미분한 후 0의 값을 주면 자본축적의 황금률을 구할 수 있다.

> **📖 자본축적의 황금률**
> - $\dfrac{dc}{dk} = f'(k) - n = 0$
> - $f'(k) = n$

④ 자본축적의 황금률수준(k_G)에서 '1인당 자본소득 = 1인당 저축 = 1인당 투자'와 '1인당 노동소득 = 1인당 소비'의 조건이 이루어진다. 이는 자본소득은 모두 저축하고, 노동소득은 모두 소비하면 자본축적의 황금률을 달성할 수 있다는 것을 의미한다.

> **참고 · 자본축적의 황금률조건**
> ① 고정자본소모를 고려한 경우 자본축적의 황금률조건 : $f'(k) = n + \delta$
> ② 기술이 체화된 실효노동을 고려한 경우 자본축적의 황금률조건 : $f'(k) = n + g$
> ③ 고정자본소모와 실효노동(기술)을 모두 고려한 경우 자본축적의 황금률조건 : $f'(k) = n + \delta + g$

CHAPTER 21 경제성장론

9. 솔로우모형의 평가

(1) 장점
① 솔로우의 경제성장모형에서는 완전고용 하에서 안정적인 경제성장의 존재를 증명하였다.
② 솔로우의 경제성장모형에서는 경제성장을 위해 저축률의 인상, 인구증가율의 억제라는 정책적 방안을 제시해 주고 있다.

(2) 단점
① 기술수준이 외생적으로 주어진다고 가정함으로써 모형 내부에서 기술진보의 요인을 규명하지 못하였다.
   ▶ 솔로우의 경제성장이론을 외생적 성장이론이라고 한다.
② 1인당 국민소득의 증가율과 경제성장률은 나라마다 큰 차이를 보이고 있는데 이는 솔로우모형에서 주장하는 수렴현상과는 배치되는 결과이다.
③ 솔로우모형은 경제기반이 비슷했던 국가 간에 경제성장률 격차가 발생하는 원인을 제대로 설명하지 못하고 있다. 예를 들면 과거 아르헨티나보다 훨씬 가난했던 독일이 현재 세계 최고 수준으로 경제성장을 달성한 것은 기술진보율 차이 때문이지만 이를 제대로 설명하지 못하고 있다.
④ 솔로우모형은 경제성장에 있어서 정부의 역할을 제대로 설명하지 못하고 있다. 예를 들어 우리나라는 정부의 선 성장·후 분배정책과 대기업 중심의 성장정책으로 고도성장을 달성하였는데 이러한 점을 간과하고 있다.

심화분석 | 성장회계 |

① 성장회계(growth accounting)란 경제성장과정에서 각각의 생산요소가 총생산에 얼마나 기여했는지 요인별로 분석하는 것을 말한다.
② 1980년대부터 경제성장에 관한 실증분석이 무수히 이루어져 왔는데 그 중 하나가 배로(R. Barro)의 성장회계방정식(growth accounting equation)에 입각한 실증분석이다.
③ 주어진 생산함수는 콥-더글라스 생산함수로서 다음과 같이 주어졌다고 가정하자.

> **총생산함수**
> $$Y = AF(K, L) = AK^\alpha L^\beta$$
> ▪ A : 기술수준

④ 콥-더글라스 생산함수를 증가율로 나타내면 다음과 같다.

> **성장회계방정식**
> $$\frac{\Delta Y}{Y} = \frac{\Delta A}{A} + \alpha \frac{\Delta K}{K} + \beta \frac{\Delta L}{L}$$

⑤ 위의 식에서 $\frac{\Delta A}{A}$는 요소투입증가에 의해 설명되지 못하는 부분으로서 기술진보율 또는 총요소생산성(total factor productivity)이 된다.
   ▶ 이를 솔로우 잔차항(Solow residuals)이라고도 한다.

예제 — 성장회계

문제 1

B국의 총생산함수는 $Y = AL^{\alpha}K^{1-\alpha}$이다. B국의 경제성장률이 10%, 노동증가율이 10%, 자본증가율이 5%, 총요소생산성 증가율이 3%일 때 노동소득분배율은? (단, Y는 총생산, A는 총요소생산성, L은 노동, K는 자본, α는 0과 1 사이의 상수이다.)

(2014 공인노무사)

해설

- 성장회계방정식 : $\dfrac{\Delta Y}{Y} = \dfrac{\Delta A}{A} + \alpha \dfrac{\Delta L}{L} + (1-\alpha)\dfrac{\Delta K}{K}$

- 성장회계방정식에 경제성장률 $\dfrac{\Delta Y}{Y} \times 100 = 10(\%)$, 노동증가율 $\dfrac{\Delta L}{L} \times 100 = 10(\%)$, 자본증가율 $\dfrac{\Delta K}{K} \times 100 = 5(\%)$, 총요소생산성 증가율 $\dfrac{\Delta A}{A} \times 100 = 3(\%)$를 각각 대입하면 $10 = 3 + 10\alpha + 5(1-\alpha)$에서 $\alpha = 0.4$가 도출된다. 따라서 노동소득분배율은 $\alpha = 0.4$이고, 자본소득분배율은 $1 - \alpha = 0.6$이 된다.

문제 2

甲국의 생산함수는 $Y = AK^{1/3}L^{2/3}$이다. 노동자 1인당 생산량증가율이 10%이고, 총요소생산성증가율은 7%일 경우, 성장회계에 따른 노동자 1인당 자본량증가율은? (단, Y는 총생산량, A는 총요소생산성, K는 자본량, L은 노동량이다.)

(2015 감정평가사)

해설

- 1인당 생산함수 : $\dfrac{Y}{L} = \dfrac{AK^{1/3}L^{2/3}}{L} = \dfrac{AK^{1/3}L^{2/3}}{L^{1/3}L^{2/3}} = \dfrac{AK^{1/3}}{L^{1/3}}$, $y = Ak^{1/3}$

- 1인당 생산함수를 변화율로 나타내면 $\dfrac{\Delta y}{y} = \dfrac{\Delta A}{A} + \left(\dfrac{1}{3} \times \dfrac{\Delta k}{k}\right)$이 된다. $\dfrac{\Delta y}{y} = 0.1$이고, $\dfrac{\Delta A}{A} = 0.07$이므로 이를 대입하면 $0.1 = 0.07 + \left(\dfrac{1}{3} \times \dfrac{\Delta k}{k}\right)$가 된다. 따라서 $\dfrac{\Delta k}{k} = 0.09$이므로 1인당 자본량증가율은 9%이다.

문제 3

A국의 실질GDP를 Y, 노동투입량을 N, 자본투입량을 K라고 하자. 1인당 실질$GDP(Y/N)$와 1인당 자본투입량(K/N)을 각각 y, k로 표시하면, A국의 1인당 생산함수는 $y = k^{1/3}$이다. 실질 GDP 증가율이 4%, 노동투입량 증가율이 3%인 경우 성장회계에 따른 자본투입량 증가율은?

(2016 공인회계사)

해설

- 1인당 생산함수는 $y = k^{1/3}$이면 총생산함수는 $Y = K^{1/3}N^{2/3}$이 된다.

- 성장회계방정식 : $\dfrac{\Delta Y}{Y} = \left(\dfrac{1}{3} \times \dfrac{\Delta K}{K}\right) + \left(\dfrac{2}{3} \times \dfrac{\Delta N}{N}\right)$

- 성장회계방정식에 $\dfrac{\Delta Y}{Y} = 0.04$, $\dfrac{\Delta N}{N} = 0.03$을 대입하면 $\dfrac{\Delta K}{K} = 0.06$이 도출된다. 따라서 성장회계에 따른 자본투입량 증가율은 6%가 된다.

CHAPTER 21 경제성장론

문제 4

어떤 국가의 총생산함수는 $Y = AK^{0.3}L^{0.5}H^{0.2}$이다. 여기서 A, K, L, H는 각각 총요소생산성, 자본, 노동, 인적자본을 의미한다. 총요소생산성 증가율이 1%, 자본 증가율이 3%, 노동 증가율이 4%, 인적자본 증가율이 5%인 경우 이 국가의 경제성장률은? (2016 7급 지방직)

해설

- 성장회계방정식 : $\dfrac{\Delta Y}{Y} = \dfrac{\Delta A}{A} + \left(0.3 \times \dfrac{\Delta K}{K}\right) + \left(0.5 \times \dfrac{\Delta L}{L}\right) + \left(0.2 \times \dfrac{\Delta H}{H}\right)$

- $\dfrac{\Delta A}{A} \times 100 = 1(\%)$, $\dfrac{\Delta K}{K} \times 100 = 3(\%)$, $\dfrac{\Delta L}{L} \times 100 = 4(\%)$, $\dfrac{\Delta H}{H} \times 100 = 5(\%)$이므로 이를 성장회계 방정식이 대입하면 경제성장률은 $1 + (0.3 \times 3) + (0.5 \times 4) + (0.2 \times 5) = 4.9(\%)$가 된다.

문제 5

어느 한 국가의 생산함수가 $Y = AK^{0.6}L^{0.4}$이다. 이때, A가 1%, K가 5%, L이 5% 증가하는 경우, 노동자 1인당 소득의 증가율은? (단, A는 총요소생산성, K는 자본투입량, L은 노동투입량이다.) (2018 7급 서울시 추가채용)

해설

- 1인당 생산함수를 도출하면 $y = \dfrac{Y}{L} = \dfrac{AK^{0.6}L^{0.4}}{L} = \dfrac{AK^{0.6}L^{0.4}}{L^{0.6}L^{0.4}} = A\left(\dfrac{K}{L}\right)^{0.6} = Ak^{0.6}$이 된다.

- 1인당 자본(k)의 증가율은 자본증가율 5%에서 노동증가율 5%를 차감한 값이므로 0%가 된다.

- 1인당 생산함수 $y = Ak^{0.6}$을 변화율로 나타내면 $\dfrac{\Delta y}{y} = \dfrac{\Delta A}{A} + 0.6\left(\dfrac{\Delta k}{k}\right)$이다. 1인당 자본증가율이 $\dfrac{\Delta k}{k} = 0$이므로 1인당 소득의 증가율 $\left(\dfrac{\Delta y}{y}\right)$은 기술진보율 $\left(\dfrac{\Delta A}{A}\right)$과 일치하므로 1%가 된다.

문제 6

어느 경제의 총생산함수는 $Y = AL^{1/3}K^{2/3}$이다. 실질 GDP 증가율이 5%, 노동증가율이 3%, 자본증가율이 3%라면 솔로우 잔차(Solow residual)는? (단, Y는 실질 GDP, A는 기술수준, L은 노동, K는 자본이다.) (2018 7급 지방직)

해설

- 성장회계방정식 : $\dfrac{\Delta Y}{Y} = \dfrac{\Delta A}{A} + \dfrac{1}{3}\dfrac{\Delta L}{L} + \dfrac{2}{3}\dfrac{\Delta K}{K}$, $\dfrac{\Delta A}{A} = \dfrac{\Delta Y}{Y} - \dfrac{1}{3}\dfrac{\Delta L}{L} - \dfrac{2}{3}\dfrac{\Delta K}{K}$

- 성장회계방정식에 $\dfrac{\Delta Y}{Y} = 0.05$, $\dfrac{\Delta L}{L} = 0.03$, $\dfrac{\Delta K}{K} = 0.03$을 대입하면 $\dfrac{\Delta A}{A} = 0.02$가 된다. 따라서 솔로우잔차(기술진보율)는 $2(\%)$이다.

Ⅱ 내생적 성장이론 : 새고전학파

1. 개요

(1) 등장배경
① 솔로우모형은 기술진보율이 모형의 외부에서 외생적으로 주어져 있는 것으로 가정함으로써 기술진보율이 어떻게 결정되는가를 정확하게 규명하지 못하였다.
② 솔로우모형은 국가 간 발생하는 경제성장률의 격차와 국민소득의 격차가 발생하는 원인을 만족스럽게 설명하지 못하고 있다.
③ 솔로우모형은 경제성장에 있어서 정부의 역할을 규명하지 못하여 정부의 역할을 설명할 수 있는 모형의 필요성이 대두되었다.
④ 이러한 솔로우모형의 단점과 한계를 극복하기 위해 로머(P. Romer)와 루카스(R. Lucas) 등이 1980년대 중반에 개발한 이론이 내생적 성장이론(endogenous growth theory) 또는 신성장이론(new growth theory)이다.
⑤ 내생적 성장이론의 주요 경제학자로는 로머(P. Romer), 루카스(R. Lucas), 르벨르(S. Rebelo), 애기온(P. Aghion), 하윗(P. Howitt) 등이 있다.

(2) 개념
① 내생적 성장이론(endogenous growth theory)이란 경제주체의 최적행위를 가정하는 미시적 기초 하에 사회후생을 극대화하는 경제성장률(최적성장률)이 어떠한 내생적 요인에 의해 결정되는지 설명하는 이론이다.
② 내생적 성장이론에서는 기술진보를 외생변수가 아닌 내생변수화 함으로써 기술진보의 결정 요인을 모형 내부에서 규명하고자 하는 이론이다.

2. 이론적 내용

(1) 개요
① 내생적 성장이론에서는 경제성장의 주요 원인인 기술진보를 내생변수화 하는 데 역점을 두고 있다.
② 내생적 성장이론은 기술진보가 물적자본의 축적, 인적자본에 대한 투자, 연구개발투자에 의해 영향을 받는 내생변수라고 보았다.
③ 솔로우모형에서는 규모에 대한 보수 불변의 생산함수를 가정한 데 반해 내생적 성장이론에서는 일반적으로 규모에 대한 보수 증가의 생산함수를 가정함으로써 지속적인 성장요인을 규명한다.
④ 솔로우모형이 갖고 있는 한계점을 극복하기 위한 방법은 다음과 같이 크게 두 가지로 나눌 수 있다.
   ▶ 솔로우모형과 마찬가지로 생산요소의 한계생산체감의 법칙을 인정하면서 기술진보가 내생적이고 지속적으로 유도되는 모형을 구성하는 것이다. 솔로우모형처럼 기술진보가 경제성장의 주요한 원동력이고, 기술진보의 원동력을 연구개발투자($R\&D$)에서 찾는다.
   ▶ 솔로우모형과 동일하게 자본축적을 경제성장의 원동력으로 인정하면서 균제상태에서 한계생산체감의 법칙이 발생하지 않도록 모형을 구성하는 것이다.

(2) R&D모형(연구개발에 의한 기술축적) : 로머(P. Romer)

① 자본의 한계생산체감의 법칙을 인정하지만, 기술진보를 내생변수화 하는 모형이다.
  ▸ $y = f(k)$의 1인당 생산함수는 1인당 자본(k)의 한계생산성이 체감하지만, 기술변수 (A)가 모형에 포함되었다.

> **R&D모형**
> $$y = Af(k)$$

② 위의 생산함수에서 $f(k)$가 한계생산체감의 법칙을 만족하더라도 기술진보를 나타내는 A로 인해 지속적인 경제성장을 유지할 수 있다.
③ 연구개발투자를 통해 새로운 기계부품과 기계설비가 개발되면 전반적으로 해당 부문의 생산성이 향상되고 신제품개발을 가능케 하며 이것이 타 부문의 생산성을 증대시키는 긍정적 외부효과(externality)를 일으켜 지속적인 경제성장이 이루어지는 것이다.
  ▸ 연구실동료가 개발한 기술이나 지식 등이 대화를 통해 무료로 전파되는 것이다.
④ 연구개발투자에 의해 개발된 기술은 여러 사람이 동시에 사용할 수 있을 뿐만 아니라, 한 번 사용했다고 해서 소멸하는 것이 아니므로 준공공재(비순수공공재)적인 성격을 지니게 된다. 따라서 연구개발에 의해 축적된 기술은 지속적인 경제성장을 가능하게 한다.
  ▸ 연구개발투자에 의한 기술 및 지식은 비경합성과 배제성(지적재산권, 특허법 등)을 지니므로 준공공재의 성격을 갖는다. 기술과 지식이 단기적으로는 준공공재적 성격을 지니지만, 장기적으로는 배제가 불가능하므로 공공재적 성격을 지닌다고 할 수 있다.
⑤ 연구개발투자에 대한 정부의 지원은 경제성장의 요인이 되고, R&D 참여율이 높을수록 경제성장률이 높아지므로 정부의 역할이 중요하게 된다.

(3) AK모형 : 르벨르(S. Rebelo)

① AK모형에 의하면 자본의 한계생산이 A로 불변이므로 한계생산이 체감하지 않는다.

> **총생산함수 : AK모형**
> $$Y = AK$$

② 총생산함수에서 K는 물적자본과 인적자본을 모두 포괄하는 광의의 자본을 의미한다. 따라서 물적투자와 인적투자를 포괄하는 광의의 투자가 경제성장의 원동력이다.
③ 자본이 증가하면 생산량은 얼마든지 증가하게 되므로 자본의 외부경제가 존재한다.

(4) 물적자본의 축적에 의한 학습효과

① 물적자본의 축적이 이루어지면 기업들의 학습효과(learning by doing)에 의해 경험축적이 이루어지고, 다른 기업들에는 새로운 지식을 전파하게 함으로써 긍정적 외부효과(externality)를 발생시킨다.
② 인적자본의 축적은 교육투자와 같은 의도적인 투자를 통해 이루어지지만, 물적자본의 축적에 의한 학습효과는 통상적인 생산과정에서 자연스럽게 나타나는 현상이다.
③ 학습효과에 의해 긍정적인 외부효과가 발생하게 되면 생산요소의 한계생산체감의 법칙을 극복하고, 생산함수가 규모에 대한 보수 증가를 나타냄으로써 지속적인 경제성장을 가능하게 한다.

(5) 교육투자와 인적자본의 축적 : 루카스(R. Lucas)
① 교육투자를 통해 인적자본이 축적되면 축적된 지식은 다른 부문으로 전파되어 생산성을 증대시키게 된다.
② 노동자가 지닌 지식이나 기술수준 등의 인적자본이 축적되면 이는 긍정적 외부효과를 발생시켜 지속적인 경제성장을 가능하게 한다.
③ 인적자본(human capital)은 기술과 지식 자체를 의미하는 것이 아니라, 새로운 기술과 지식을 교육받은 기술이 체화된 노동력을 의미하므로 경합성과 배제성을 갖는다.
- ▶ 인적자본이 축적된 숙련노동자가 자동차와 컴퓨터를 동시에 생산할 수는 없으므로 인적자본은 경합성을 갖는다.
- ▶ 아무리 많은 지식과 기술이 전파되어 있어도 이것을 체화하지 않으면 인적자본이 형성되지 않으므로 인적자본은 배제성을 갖는다. 수학의 미적분법은 널리 알려진 지식이지만 이를 체화하여 생산성을 높이지 않으면 인적자본은 축적되지 않는다.

(6) 그 밖의 경제성장 요인
① 국제무역과 외국인 직접투자
② 사회간접자본에 대한 정부지출의 증가
③ 금융시장과 금융제도의 발달

3. 평가 및 시사점
(1) 평가
① 내생적 성장이론은 칼도(N. Kaldor)의 정형화된 사실을 설명하면서 경제성장의 요인들을 내생변수화 함으로써 지속적인 경제성장의 가능성을 분석하였다.
② 경제성장에 있어서 학습효과, 연구개발, 교육투자와 인적자본의 축적 등의 중요성을 부각하였다.

(2) 시사점
① 내생적 성장이론에 의하면 저축률, 자본축적, 교육훈련을 통한 인적자본의 축적, 사회간접자본에 대한 투자, 연구개발투자의 차이 등이 국가 간 경제성장률의 격차를 발생시키는 원인이 된다. 따라서 저소득 국가와 고소득 국가의 소득격차가 더욱 확대되는 경향을 설명함으로써 솔로우의 경제성장모형이 주장하는 수렴현상과 배치되는 결과를 설명한다.
② 기술혁신, 적극적인 대외개방, 국민저축률의 제고, 교육훈련의 강화와 교육혁신, 효율적인 경제정책, 공정하고 효율적인 법과 제도의 집행 등이 장기적인 경제성장의 원동력이 되고 이를 위해 정부의 역할이 중요하다는 것을 시사하고 있다.
③ 루카스(R. Lucas)는 정부의 재량적인 단기안정화정책은 반대하지만, 내생적 성장을 위한 장기성장촉진정책은 적극적으로 추진해야 한다고 주장하였다.
- ▶ 장기성장촉진정책은 정부투자지출을 통한 공공재나 사회간접자본에 대한 시장개입으로서 총공급증가정책에 해당한다.
- ▶ 저축률의 제고, 교육훈련과 연구개발에 대한 지원정책, 투자에 대한 조세감면, 사회간접자본에 대한 정부지출의 증가, 국제무역과 외자도입에 대한 지원 등이 이에 해당한다.

④ 동아시아의 신흥공업국들은 높은 저축률, 교육열이 높은 우수한 노동력, 수출주도형 성장전략, 외자도입 등 국가의 효과적 개입과 수출부문의 내수부문에 대한 외부효과를 통해 고도성장을 달성했다고 분석하였다.

CHAPTER 21 경제성장론

참고 AK모형

① AK모형의 총생산함수는 다음과 같이 표현된다.

총생산함수 : AK모형
$$Y = AK$$

② 총생산함수에서 A는 상수로서 자본의 한계생산(MP_K)이 되므로 자본의 한계생산이 불변이 된다.
③ 총생산함수에서 K는 물적자본과 인적자본을 모두 포괄하는 광의의 자본이다. K를 물적자본으로 한정하면 수확체감의 법칙이 성립하겠지만 인적자본을 포함시키면 수확체감이 나타나지 않을 수 있다.
  ▶ 개별기업의 차원에서 수확체감의 법칙이 성립하더라도 어떤 기업에 의해 축적된 자본이 다른 기업의 생산성을 증가시키는 외부성을 고려하면 경제 전체적으로는 수확체감이 나타나지 않는다는 것이다.
④ AK모형의 균형성장조건은 다음과 같이 구해진다.

균형성장조건 : AK모형
- $\dfrac{\Delta K}{K} = \dfrac{I}{K} = \dfrac{sY}{K} = sA$
- $\dfrac{\Delta Y}{Y} = \dfrac{\Delta K}{K} = \dfrac{\Delta L}{L}$
- $\dfrac{\Delta Y}{Y} = sA = n$

⑤ AK모형의 1인당 자본축적방정식은 다음과 같이 구해진다.

1인당 자본축적방정식 : AK모형
- $\dfrac{\Delta k}{k} = \dfrac{\Delta K}{K} - \dfrac{\Delta L}{L} = sA - n$
- $\Delta k = sAk - nk$

⑥ 1인당 국민소득증가율은 경제성장률에서 인구증가율을 뺀 것이고, 1인당 자본증가율은 총자본증가율에서 인구증가율을 뺀 것이다. 균제상태에서 경제성장률과 총자본증가율이 일치해야 하므로 1인당 국민소득의 증가율은 1인당 자본증가율과 일치한다.

균제상태에서 1인당 국민소득증가율 : AK모형
- $\dfrac{\Delta y}{y} = \dfrac{\Delta Y}{Y} - \dfrac{\Delta L}{L} = \dfrac{\Delta Y}{Y} - n$
- $\dfrac{\Delta k}{k} = \dfrac{\Delta K}{K} - \dfrac{\Delta L}{L} = \dfrac{\Delta K}{K} - n$
- $\dfrac{\Delta y}{y} = \dfrac{\Delta k}{k} = sA - n$
- 1인당 국민소득증가율 = 1인당 자본증가율

⑦ 위의 식에서 sA가 n보다 크다면 균제상태에서 1인당 국민소득증가율과 1인당 자본증가율이 일정한 양수가 됨으로써 일정한 비율의 자본축적만으로 1인당 국민소득을 영구히 증가시킬 수 있게 된다.
⑧ 총생산함수가 자본에 대한 한계생산체감이 존재하지 않기 때문에 저축을 통한 투자는 자본축적을 가져옴으로써 지속적인 경제성장을 가능하게 한다.
⑨ 솔로우모형에서는 저축률의 상승이 향상효과(level effect)만을 갖고, 성장효과(growth effect)는 갖지 못해 일시적인 경제성장률의 상승만을 유발하였다. 하지만, AK모형에서는 저축률의 상승이 장기적으로 경제성장률을 상승시켜 성장효과까지 가진다.

INTERNATIONAL ECONOMICS

공인노무사
국제경제학

INTERNATIONAL ECONOMICS
공인노무사 **국제경제학**

PART 01

국제무역론

01 국제무역이론
02 무역정책론

01 국제무역이론

CHAPTER | PART 01 | 국제무역론

제1절 국제경제학의 구성

Ⅰ 개요

① 여러 나라들의 국민경제가 서로 연관되어 형성되는 경제를 국제경제라고 한다.
② 국제경제에도 국민경제와 마찬가지로 실물의 흐름이 있고 화폐의 흐름이 있다.

Ⅱ 국제무역론

① 국제무역론이란 국제경제학에서 실물부문을 주요 연구대상으로 하는 이론분야이다.
② 국제무역론은 주로 미시경제학에 토대를 두고 미시적인 분석도구를 사용한다고 해서 개방미시경제이론이라고 불린다.
③ 국제무역론은 다시 순수국제무역이론과 무역정책론(관세론)으로 구분된다.

Ⅲ 국제금융론

① 국제금융론이란 국제경제학에서 화폐부문을 주요 연구대상으로 하는 이론분야이다.
② 국제금융론은 주로 거시경제학에 토대를 두고 거시적인 분석도구를 사용한다고 해서 개방거시경제이론이라고 불린다.
③ 국제금융론은 다시 외환시장론과 국제수지론으로 구분된다.

| 국제경제학의 구성 |

```
                              ┌─ 국제무역이론
               ┌─ 국제무역론 ─┤
               │              └─ 무역정책론
국제경제학 ────┤
               │              ┌─ 외환시장론
               └─ 국제금융론 ─┤
                              └─ 국제수지론
```

제2절 전통적 국제무역이론

I 절대우위론(절대생산비설) : 아담 스미스(A. Smith)

1. 개요
① 절대우위론(absolute advantage theory)은 아담 스미스(A. Smith)가 중상주의의 보호무역주의에 반대하고, 자유로운 국제교역을 통하여 당사국 모두 이익을 볼 수 있다는 자유무역주의를 주장하면서 최초로 제시된 국제무역이론이다.
② 각국이 다른 국가에 비해 절대우위에 있는 상품생산에 특화하여 무역을 하면 양 국가 모두 무역으로부터 이익을 얻을 수 있다는 이론이다.
③ 한 국가가 어떤 상품 한 단위를 생산하는 데 있어서 다른 국가에 비해 절대적으로 적은 양의 생산요소를 사용할 때 그 국가는 다른 국가에 비해 그 상품생산에 절대우위(absolute advantage)를 가진다고 한다. 이때 상대국가는 절대열위(absolute disadvantage)에 있게 된다.

2. 가정
① A국과 B국이라는 2개 국가, X재와 Y재라는 2개 재화, 노동이라는 1개 생산요소가 존재하는 '2×2×1'모형이다.
② 노동의 한계생산이 일정하여 한 재화의 추가 생산에 대한 기회비용도 일정하기 때문에 생산가능곡선(PPC)은 우하향하는 직선이 된다.
③ 상품생산에 투입된 노동량은 생산비용이 되고 그 생산비용은 상품의 가격이 된다. 즉, 노동가치설을 근거로 한 상품의 가격은 그 상품의 생산에 투입된 노동량으로 결정된다.
▶ 상품의 가격=노동투입량=한계비용
④ 두 국가의 노동생산성은 상이하므로 생산함수는 서로 다르다.
▶ 국가 간 생산함수의 차이가 무역발생의 원인이다.
⑤ 국가 간 생산요소의 이동은 불가능하다.

3. 이론적 내용
(1) 국가 간 생산비(상품단위당 노동투입량)

구 분	상품단위당 노동투입량	
	A국	B국
X재	1명	2명
Y재	2명	1명
부존노동량	100명	100명

(2) 무역 전
① A국은 부존노동량 100명을 X재 생산과 Y재 생산에 각각 50명씩 투입하면 X재 50단위와 Y재 25단위가 생산되고, 무역 전이므로 생산점이 곧 국내에서의 소비점이 된다.
② B국은 부존노동량 100명을 X재 생산과 Y재 생산에 각각 50명씩 투입하면 X재 25단위와 Y재 50단위가 생산되고, 무역 전이므로 생산점이 곧 국내에서의 소비점이 된다.

(3) 무역 후
① 절대우위의 결정 : X재 생산에는 A국이, Y재 생산에는 B국이 절대우위를 가진다.
② 교역조건 : 국가 간 국내상대가격비의 사이에서 결정되어야 무역의 이득이 모두에게 배분된다.
  ▸ A국의 국내상대가격비는 $\left(\dfrac{P_X}{P_Y}\right)^A = \dfrac{1}{2}$ 과 B국의 국내상대가격비 $\left(\dfrac{P_X}{P_Y}\right)^B = 2$ 사이에서 교역조건이 $\left(\dfrac{P_X}{P_Y}\right)^T = 1$ 이 된다면 X재 1단위와 Y재 1단위가 교환된다.
③ 생산량
  ▸ 각국은 국제상대가격선(P_T) 또는 교역조건선과 생산가능곡선(PPC)이 만나는 점(b)에서 생산을 한다.
  ▸ 각국이 절대우위에 있는 상품만을 생산하게 되면 A국은 X재 생산에 부존노동량 100명을 전부 투입하여 X재만 100단위, B국은 Y재 생산에 부존노동량 100명을 전부 투입하여 Y재만 100단위 생산한다.
  ▸ 생산가능곡선(PPC)이 우하향하는 직선이므로 완전특화가 성립한다. 이는 무역 후 절대우위가 있는 상품만을 생산한다는 의미이다.
④ 국제무역
  ▸ A국은 X재 50단위를 B국에 수출하고, 대신 Y재 50단위를 B국으로부터 수입한다.
  ▸ B국은 Y재 50단위를 A국에 수출하고, 대신 X재 50단위를 A국으로부터 수입한다.

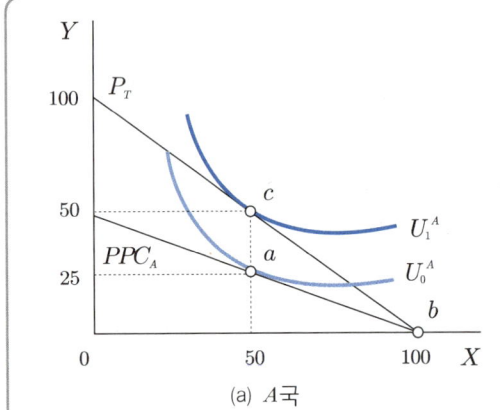

(a) A국

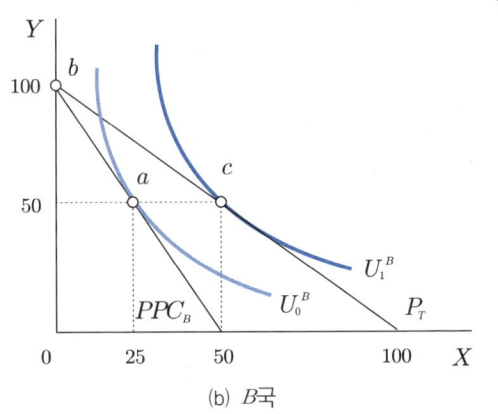

(b) B국

🌐 무역 후 A국의 이득

- 무역 전
  - a점 : (X 50, Y 25), 생산점, 소비점
  - 사회후생수준 : U_0^A
- 무역 후
  - b점 : (X 100, Y 0), 생산점
  - c점 : (X 50, Y 50), 소비점
  - 사회후생수준 : U_1^A

🌐 무역 후 B국의 이득

- 무역 전
  - a점 : (X 25, Y 50), 생산점, 소비점
  - 사회후생수준 : U_0^B
- 무역 후
  - b점 : (X 0, Y 100), 생산점
  - c점 : (X 50, Y 50), 소비점
  - 사회후생수준 : U_1^B

Ⅱ 비교우위론(비교생산비설) : 리카도(D. Ricardo)

1. 개요
① 비교우위론(comparative advantage theory)은 영국의 경제학자 리카도(D. Ricardo)가 제시한 국제무역이론으로서 한 국가가 모든 상품생산에 절대우위 또는 절대열위에 있더라도 각국이 비교우위에 있는 상품생산에 특화하여 무역을 하면 양 국가 모두 무역으로부터 이익을 얻을 수 있다는 이론이다.
② 한 국가가 어떤 상품 한 단위를 생산하는 데 있어서 다른 국가에 비해 상대적으로 적은 양의 생산요소를 사용할 때 그 국가는 다른 국가에 비해 그 상품생산에 비교우위(comparative advantage)를 가진다고 한다. 이때 상대국가는 비교열위(comparative disadvantage)에 있게 된다.
▸ 모든 재화에 있어 한 국가가 모두 비교우위에 있거나 비교열위에 있을 수는 없다.
③ 비교우위론의 가정은 절대우위론과 동일하다.

2. 이론적 내용

(1) 국가 간 생산비(상품단위당 노동투입량)

구 분	상품단위당 노동투입량	
	A국	B국
X재	1명	4명
Y재	1명	2명
부존노동량	100명	400명

(2) 무역 전
① A국은 부존노동량 100명을 X재 생산과 Y재 생산에 각각 50명씩 투입하면 X재 50단위와 Y재 50단위가 생산되고, 무역 전이므로 생산점이 곧 국내에서의 소비점이 된다.
② B국은 부존노동량 400명을 X재 생산과 Y재 생산에 각각 200명씩 투입하면 X재 50단위와 Y재 100단위가 생산되고, 무역 전이므로 생산점이 곧 국내에서의 소비점이 된다.

(3) 무역 후
① 비교우위의 결정

> 📋 **상품생산의 국내상대가격비에 의한 비교우위의 결정**
> - A국의 국내상대가격비 : $\left(\dfrac{P_X}{P_Y}\right)^A = 1$
> - B국의 국내상대가격비 : $\left(\dfrac{P_X}{P_Y}\right)^B = 2$
> - $\left(\dfrac{P_X}{P_Y}\right)^A = 1 < \left(\dfrac{P_X}{P_Y}\right)^B = 2$ → A국은 X재, B국은 Y재 생산에 비교우위

② 교역조건
▸ 교역조건이 $\left(\dfrac{P_X}{P_Y}\right)^T = 1.5$가 된다면 X재 1단위와 Y재 1.5단위가 교환된다.

③ 생산량
- A국은 X재 생산에 부존노동량 100명을 전부 투입하여 X재만 100단위, B국은 Y재 생산에 부존노동량 400명을 전부 투입하여 Y재만 200단위의 생산한다.
- 생산가능곡선(PPC)이 우하향하는 직선이므로 완전특화가 성립한다.

④ 국제무역
- A국은 X재 50단위를 B국에 수출하고, 대신 Y재 75단위를 B국으로부터 수입한다.
- B국은 Y재 75단위를 A국에 수출하고, 대신 X재 50단위를 A국으로부터 수입한다.

⑤ 소비량과 무역의 이득
- A국은 X재 50단위, Y재 75단위를 소비하게 되어 무역 전에 비해 Y재 25단위를 더 소비한다. 따라서 무역의 이득은 Y재 25단위가 된다.
- B국은 X재 50단위, Y재 125단위를 소비하게 되어 무역 전에 비해 Y재 25단위를 더 소비한다. 따라서 무역의 이득은 Y재 25단위가 된다.

3. 한계점
① 생산요소가 노동 한 가지밖에 없다고 가정함으로써 상품생산에 있어서 생산요소 간 대체관계를 전혀 감안하지 않은 것은 비현실적이다.
② 일반적으로 노동의 한계생산이 체감하기 때문에 상품생산의 기회비용이 체증하지만, 기회비용이 일정하다고 가정함으로써 각국이 비교우위가 있는 상품만 완전특화하는 비현실적인 상황이 발생하였다.

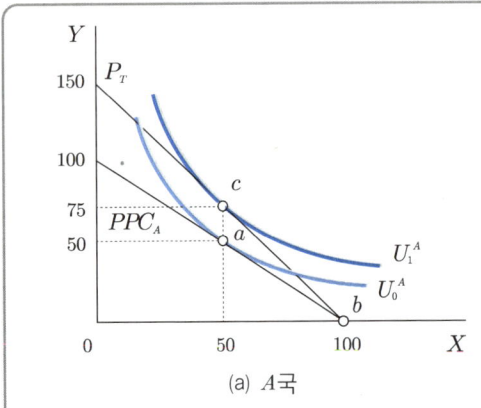

(a) A국

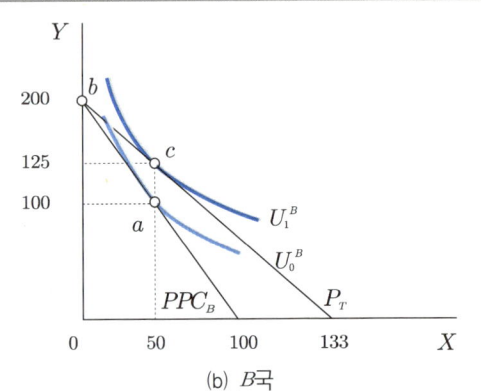

(b) B국

🎯 **무역 후 A국의 이득**

- 무역 전
  - a점 : (X 50, Y 50), 생산점, 소비점
  - 사회후생수준 : U_0^A
- 무역 후
  - b점 : (X 100, Y 0), 생산점
  - c점 : (X 50, Y 75), 소비점
  - 사회후생수준 : U_1^A

🎯 **무역 후 B국의 이득**

- 무역 전
  - a점 : (X 50, Y 100), 생산점, 소비점
  - 사회후생수준 : U_0^B
- 무역 후
  - b점 : (X 0, Y 200), 생산점
  - c점 : (X 50, Y 125), 소비점
  - 사회후생수준 : U_1^B

예제 — 리카도의 비교우위론

문제 1

다음 글에 대한 설명으로 옳은 것은? (2010 공인노무사)

> A국과 B국은 X재와 Y재만을 생산하며, 각국의 생산가능곡선은 다음과 같다. (단, $X \geq 0$, $Y \geq 0$)
> - A국 : $Y = -2X + 2{,}000$
> - B국 : $Y = -X + 1{,}000$

① A국은 Y재 생산에 비교우위가 있다.
② A국은 두 재화 생산에 비교우위가 있다.
③ B국은 X재 생산에 절대우위가 있다.
④ B국은 두 재화 생산에 절대우위가 있다.
⑤ B국은 X재 1,000단위와 Y재 1,000단위를 동시에 생산할 수 있다.

정답 ①

해설

① A국의 생산가능곡선의 기울기가 -2이므로 X재를 1단위 추가 생산하기 위해 Y재를 2단위 포기해야 하고, B국의 생산가능곡선의 기울기가 -1이므로 X재를 1단위 추가 생산하기 위해 Y재를 1단위 포기해야 한다. X재 생산에 대한 기회비용이 A국이 B국에 비해 더 크므로 A국은 Y재 생산에 비교우위가 있고, B국은 X재 생산에 비교우위가 있다.
② 어떤 국가가 두 재화 모두에 대해 비교우위가 존재할 수는 없다.
③, ④ 부존노동량이 주어져 있지 않으므로 국가 간 재화 생산에 대한 절대우위의 판단은 할 수 없다.
⑤ B국이 X재를 1,000단위 생산하면 Y재의 생산량은 0이 된다.

문제 2

A국가와 B국가는 디지털 TV와 의복을 생산하고 있다. 두 상품의 생산에는 다음 표에 제시한 바와 같은 노동시간이 투입된다고 하자. 두 국가 사이의 무역에 대한 설명 중 옳지 않은 것은?

(2013 국회사무처)

	디지털 TV	의복
A국가	10시간	4시간
B국가	20시간	5시간

① A국가에서 디지털 TV 1단위 생산의 기회비용은 의복 2.5단위이다.
② A국가는 디지털 TV와 의복 생산에서 절대우위를 갖고 있다.
③ B국가에서 의복 1단위 생산의 기회비용은 디지털 TV 0.4단위이다.
④ B국가는 의복 생산에서 비교우위를 갖고 있다.
⑤ 디지털 TV 1단위와 의복 3단위를 교환하는 조건이면 양국은 무역에 참여할 것이다.

정답 ③

해설

① 디지털 TV를 X재, 의복을 Y재라고 한다면 A국가에서 의복(Y)의 단위로 표시한 디지털 TV(X) 1단위 생산의 기회비용은 $\left(\dfrac{P_X}{P_Y}\right)^A = \dfrac{10}{4} = 2.5$이다.
② A국가가 모든 재화생산에 있어 더 적은 시간을 투입하므로 모든 생산에서 절대우위를 갖고 있다.

CHAPTER 01 국제무역이론

③ B국가에서 디지털 $TV(X)$의 단위로 표시한 의복(Y) 1단위 생산의 기회비용은 $\left(\dfrac{P_Y}{P_X}\right)^B = \dfrac{5}{20} = 0.25$이다.

④ $\left(\dfrac{P_X}{P_Y}\right)^A = \dfrac{10}{4} < \left(\dfrac{P_X}{P_Y}\right)^B = \dfrac{20}{5}$이므로 A국은 디지털 $TV(X)$ 생산에 비교우위가 있고, B국은 의복(Y) 생산에 비교우위가 있다.

⑤ 두 국가의 상대가격비 사이에서 교역조건이 결정되면 두 국가 모두에게 무역의 이득이 발생한다. 디지털 TV 1단위와 의복 3단위를 교환하는 조건은 두 국가의 상대가격비 사이에 존재$\left(\dfrac{10}{4} < \dfrac{20}{5}\right)$하므로 양국은 무역에 참여할 것이다.

문제 3

서희와 문희가 옥수수 1단위를 생산하는 데 필요한 시간과 고기 1단위를 생산하는 데 필요한 시간은 다음 표와 같다. 서희는 하루에 6시간, 문희는 하루에 8시간을 일할 수 있으며, 두 재화 생산에 필요한 생산요소는 노동뿐이다. 두 사람이 모두 이득을 볼 수 있는 교환비율은 얼마인가? (2015 국회사무처)

(단위 : 시간)

	옥수수	고기
서희	18	10
문희	16	12

해설

- 서희를 A, 문희를 B라고 하고, 옥수수를 X, 고기를 Y라고 하자.

- 고기(Y)의 단위로 표시한 옥수수(X) 생산에 대한 기회비용 : 서희(A)의 상대가격은 $\left(\dfrac{P_X}{P_Y}\right)^A = \dfrac{18}{10} = \dfrac{9}{5}$이고, 문희($B$)의 상대가격은 $\left(\dfrac{P_X}{P_Y}\right)^B = \dfrac{16}{12} = \dfrac{4}{3}$이다. $\left(\dfrac{P_X}{P_Y}\right)^A > \left(\dfrac{P_X}{P_Y}\right)^B$의 관계식이 성립하므로 서희($A$)는 고기($Y$) 생산에 비교우위가 있고, 문희($B$)는 옥수수($X$) 생산에 비교우위가 있다. 두 사람이 비교우위에 있는 상품생산에 특화하여 두 상품을 교환할 때 교환비율은 재화생산에 대한 두 사람의 상대가격 사이에서 결정되어야 하므로 옥수수(X) 한 단위당 고기(Y)가 $\dfrac{4}{3}$와 $\dfrac{9}{5}$ 사이에서 결정되어야 한다. 이때 두 사람 모두 교환을 통한 이득을 볼 수 있다.

- 옥수수(X)의 단위로 표시한 고기(Y) 생산에 대한 기회비용 : 서희(A)의 상대가격은 $\left(\dfrac{P_Y}{P_X}\right)^A = \dfrac{5}{9}$이고, 문희($B$)의 상대가격은 $\left(\dfrac{P_Y}{P_X}\right)^B = \dfrac{3}{4}$이다. 문제의 보기에서는 고기($Y$) 한 단위당 옥수수($X$)의 교환비율을 묻고 있으므로 교환비율은 $\dfrac{5}{9}$와 $\dfrac{3}{4}$ 사이에서 결정되어야 한다.

문제 4

A는 하루에 6시간, B는 하루에 10시간 일해서 물고기와 커피를 생산할 수 있다. 다음 표는 각 사람이 하루에 생산할 수 있는 물고기와 커피의 양이다. 다음 설명 중 가장 옳은 것은? (단, 생산가능곡선은 가로축에 물고기, 세로축에 커피를 표시한다.) (2016 7급 서울시 추가채용)

구 분	물고기(kg)	커피(kg)
A	12	12
B	15	30

① B가 물고기와 커피 모두 절대우위를 가지고 있다.
② A의 생산가능곡선의 기울기가 B의 생산가능곡선의 기울기보다 더 가파르다.
③ A와 B가 같이 생산할 때의 생산가능곡선은 원점에 대해서 볼록하다.
④ 물고기 1kg당 커피 1.5kg과 교환하면 A, B 모두에게 이익이다.

정답 ④

해설

- 주어진 조건을 1시간당 생산량으로 변경하면 다음과 같다.

구 분	물고기(X)	커피(Y)
A	$\frac{12}{6}=2$	$\frac{12}{6}=2$
B	$\frac{15}{10}=1.5$	$\frac{30}{10}=3$

① 물고기 생산에 있어서는 A가 절대우위에 있고, 커피생산에 있어서는 B가 절대우위에 있다.
② 물고기를 X, 커피를 Y라고 한다면 두 재화의 상대가격비가 A는 $\left(\frac{P_X}{P_Y}\right)^A = \frac{2}{2} = 1$이고, B는 $\left(\frac{P_X}{P_Y}\right)^B = \frac{3}{1.5} = 2$가 된다. 따라서 B의 생산가능곡선의 기울기가 A의 생산가능곡선보다 더 가파르다.
③ A와 B의 각 개인의 생산가능곡선은 우하향하는 직선이지만, A와 B가 특화하여 생산하면 더 많은 생산이 가능하므로 함께 생산할 때의 생산가능곡선은 원점에 대해 오목하다.
④ $\left(\frac{P_X}{P_Y}\right)^A < \left(\frac{P_X}{P_Y}\right)^B$ 의 관계식이 성립하므로 A는 물고기(X) 생산에, B는 커피(Y) 생산에 각각 비교우위가 있다. 물고기 한 단위당 커피가 교환되는 비율은 A와 B의 두 재화에 대한 상대가격비 사이에서 결정되어야 하므로 1과 2 사이에서 결정된다. 따라서 물고기 1kg당 커피 1.5kg이 교환된다면 A와 B 모두에게 이익이 된다.

문제 5

국가 A는 시간당 2톤의 철강을 생산하거나 4대의 자동차를 생산할 수 있고, 국가 B는 시간당 1톤의 철강을 생산하거나 1/3대의 자동차를 생산할 수 있다. 이 두 국가는 서로 손해를 보지 않는 범위 내에서 하나의 제품에 특화하여 무역을 하고 있다. 국가 B가 무역으로부터 최대의 이득을 얻는 자동차 1대에 대한 철강의 교환비율은? (2018 보험계리사)

해설

재화 \ 국가	국가 A	국가 B
철강	2톤	1톤
자동차	4대	1/3대

- 철강을 X재, 자동차를 Y재라고 하자. 두 재화의 상대가격비에 있어서 A국은 $\left(\dfrac{P_X}{P_Y}\right)^A = \dfrac{4}{2} = 2$이고, B국은 $\left(\dfrac{P_X}{P_Y}\right)^B = \dfrac{1}{3}$이므로 $\left(\dfrac{P_X}{P_Y}\right)^A > \left(\dfrac{P_X}{P_Y}\right)^B$의 관계식이 성립하여 A국은 자동차생산에, B국은 철강생산에 비교우위가 있다.
- 교역조건은 각국의 국내상대가격비의 사이에서 결정되어야 무역의 이득이 두 국가 모두에게 배분된다. 만약 교역조건이 A국의 국내상대가격비와 일치하면 무역의 이득은 전부 B국에 돌아가고, 교역조건이 B국의 국내상대가격비와 일치하면 무역의 이득은 전부 A국에 귀속된다. 따라서 B국이 최대 이익을 얻는 철강 한 단위당 자동차의 교환비율은 A국의 상대가격비인 2가 된다. 철강 한 단위당 자동차의 교환비율이 2라면 자동차 한 단위당 철강의 교환비율은 1/2가 된다.

문제 6

동일한 노동량을 보유하고 있는 두 국가 A, B는 유일한 생산요소인 노동을 이용하여 두 재화 X, Y만을 생산한다. 두 국가 각각의 생산가능곡선은 직선이다. 각국은 교역의 이득이 있는 경우에만 자국에 비교우위가 있는 재화의 생산에 완전특화한 후 상대국과 교역한다. 다음 표는 이에 따른 두 국가의 생산 조합과 교역 후 소비조합을 나타낸다. 다음 설명 중 옳은 것만을 모두 고르면? (단, 교역은 두 국가 사이에서만 일어난다.)

(2019 공인회계사)

국가 재화	A국		B국	
	생산	소비	생산	소비
X재	100	80	0	20
Y재	0	20	100	80

가. X재 수량을 가로축에 놓을 때, 생산가능곡선 기울기의 절댓값은 A국이 B국보다 크다.
나. B국은 X재 생산에 절대우위가 있다.
다. 교역조건은 'X재 1단위 = Y재 1단위'이다.

정답 다

해설
- A국은 X재만 생산하므로 X재 생산에 비교우위가 있고, B국은 Y재만 생산하므로 Y재 생산에 비교우위가 있다.
- A국은 X재를 100단위 생산하고 80단위 소비하므로 X재를 20단위 수출하고 있다. A은 Y재를 0단위 생산하고 20단위 소비하므로 Y재를 20단위 수입하고 있다.
- B국은 Y재를 100단위 생산하고 80단위 소비하므로 Y재를 20단위 수출하고 있다. A국은 X재를 0단위 생산하고 20단위 소비하므로 X재를 20단위 수입하고 있다.

가. A국은 X재의 수출국이므로 $\left(\dfrac{P_X}{P_Y}\right)^A < \left(\dfrac{P_X}{P_Y}\right)^B$의 관계식이 성립하여 생산가능곡선 기울기의 절댓값은 A국이 B국보다 작다.
나. 요소투입량이 주어져 있지 않으므로 절대우위의 여부는 판단할 수 없다.
다. 수출량과 수입량의 크기가 동일하므로 교역조건은 $\left(\dfrac{P_X}{P_Y}\right)^T = 1$이 된다.

Ⅲ 헥셔-올린정리

1. 개요

① 1930년대 리카도(D. Ricardo)의 비교우위론의 미비점을 보완하면서 스웨덴의 경제학자 헥셔(E. Heckscher)와 그의 제자 올린(B. Ohlin)이 전개한 자유무역이론을 헥셔-올린정리(Heckscher-Ohlin theorem)라고 한다.

② 헥셔-올린정리에서 비교우위의 원인은 '생산요소부존량의 차이'와 '요소집약도의 차이'에 있다.

▸ 요소집약도 $\left(\dfrac{K}{L}\right)$: 1인당 자본, 자본-노동비율, 생산요소의 투입비율

▸ 요소집약도가 커지면 자본집약적이라고 하고, 요소집약도가 작아지면 노동집약적이라고 한다.

2. 기본가정

① 국가 간 생산함수가 동일하기 때문에 생산기술의 차이가 없다.
② 두 나라의 수요함수가 동일하다.
③ 생산물시장과 생산요소시장은 모두 완전경쟁시장이다.
④ 생산함수는 규모에 대한 보수 불변이고, 생산요소의 한계생산체감의 법칙이 성립한다.
⑤ 두 나라 사이의 요소부존도와 두 상품의 요소집약도가 상이하다.
⑥ 산업 간 생산요소의 이동은 자유롭지만, 국가 간 생산요소의 이동은 불가능하다.

▸ 국가 간 요소부존도의 역전은 발생하지 않는다.

3. 이론적 내용

(1) 제1명제 : 요소부존도의 정리

① 개념 : 두 국가 간에 존재하는 생산요소의 상대적 부존량의 차이와 요소집약도의 차이가 생산비의 차이를 유발하고 이것이 무역을 발생시킨다. 각국은 상대적으로 풍부한 생산요소를 많이 사용하여 생산하는 상품에 비교우위가 있다.

② 무역 전 각국의 비교우위

> **생산요소부존량**
> - $\left(\dfrac{w}{r}\right)^A < \left(\dfrac{w}{r}\right)^B \rightarrow$ ▪ A국 : 노동풍부국 ▪ B국 : 자본풍부국
>
> **요소집약도**
> - $\left(\dfrac{K}{L}\right)^X < \left(\dfrac{K}{L}\right)^Y \rightarrow$ ▪ X재 : 노동집약재 ▪ Y재 : 자본집약재

③ 제1명제의 사례

▸ A국은 노동이 상대적으로 풍부하기 때문에 임금이 저렴하여 노동을 집약적으로 사용하는 노동집약적인 X재 생산에 비교우위가 있고, B국은 자본이 상대적으로 풍부하기 때문에 이자가 저렴하므로 자본을 집약적으로 사용하는 자본집약적인 Y재 생산에 비교우위가 있다.

▸ 이때 A국은 노동집약적인 상품생산에 부분특화하고, B국은 자본집약적인 상품생산에 부분특화하여 서로 무역을 하면 두 나라 모두에게 이익이 된다.

(2) 제2명제 : 요소가격균등화의 정리
① 개념 : 국가 간 생산요소의 이동이 없더라도 그 생산요소를 사용해서 만든 상품이 무역에 의해 자유롭게 이동하면 국가 간 생산요소의 상대가격은 같아진다.
② 제2명제의 사례
- 무역을 통해 상품이 자유롭게 이동하게 되면 A국과 B국의 상품가격이 동일해지게 되므로 $\left(\frac{P_X}{P_Y}\right)^A = \left(\frac{P_X}{P_Y}\right)^B$의 관계식이 성립한다.
- 국가 간 상품가격이 동일해지므로 그것을 만드는 데 투입된 생산요소가격도 비슷해진다. 두 국가 간 생산요소의 상대가격이 동일해지므로 국제무역은 간접적으로 생산요소를 교환한 것과 같은 효과를 갖는다.
- 무역이 이루어지면 풍부한 생산요소는 이득을 얻고, 희소한 생산요소는 손해를 보면서 국내의 소득재분배가 발생한다.

> **참고** 리카도의 비교우위론과 헥셔-올린정리의 비교

구 분	리카도의 비교우위론	헥셔-올린정리
국가 간 생산함수	상이	동일
국제교역으로 인한 소득분배의 효과	설명하지 못함	설명함

| 요소가격균등화의 정리 |

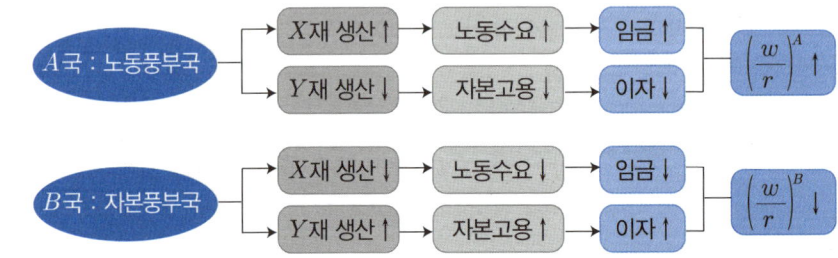

- 무역 전
  - $\left(\frac{w}{r}\right)^A < \left(\frac{w}{r}\right)^B$ $\begin{cases} A국 : 상대적\ 임금↓ → 노동풍부국 \\ B국 : 상대적\ 이자↓ → 자본풍부국 \end{cases}$
  - $\left(\frac{K}{L}\right)^X < \left(\frac{K}{L}\right)^Y$ $\begin{cases} X재 : 노동집약재 \\ Y재 : 자본집약재 \end{cases}$
- 무역 후
  - $\left(\frac{w}{r}\right)^A = \left(\frac{w}{r}\right)^B$
  - $\left(\frac{K}{L}\right)^X = \left(\frac{K}{L}\right)^Y$: 생산함수가 동일하므로 생산요소의 결합비율도 동일

제3절 　현대적 국제무역이론

I 　산업 간 무역과 산업 내 무역

1. 무역의 유형

① 전통적 무역이론은 선진국과 후진국 간, 공산품과 농산품 간의 산업 간(inter-industry), 완제품과 원자재 간(수직적 분업), 자본집약적 산업과 노동집약적 산업 간 무역현상은 잘 설명하고 있지만, 선진국과 선진국 간, 공산품과 공산품 간의 산업 내(intra-industry), 완제품과 완제품 간(수평적 분업), 자본집약적 산업과 자본집약적 산업 간 무역현상에 대해서는 설명력이 약하다.
   ▸ 주로 후진국은 원자재를 생산하고 선진국은 완제품을 생산하여 무역을 하게 되는데, 이를 수직적 분업이라고 한다. 그리고 선진국 간의 무역에서는 완제품과 완제품 간의 무역이 이루어지는데, 이를 수평적 분업이라고 한다.
② 현실에서는 산업 간 무역보다는 산업 내 무역의 비중이 훨씬 크다. 이러한 산업 내 무역의 발생에 관한 국제무역이론에는 규모의 경제이론, 국제 독점적 경쟁시장이론, 대표적 수요이론 등이 있다.

2. 무역발생의 원인

① 산업 간 무역은 비교우위에 의해 발생하는 데 비해 산업 내 무역은 주로 규모의 경제에 의해 발생한다.
② 따라서 산업 내 무역이론에 의하면 비교우위가 없더라도 산업 내 무역은 발생한다.

3. 소득분배의 측면

① 산업 간 무역이 이루어지면 풍부한 생산요소는 이득을 보고 희소한 생산요소는 손해를 봄으로써 무역으로 인한 소득재분배가 발생하였다.
② 하지만, 산업 내 무역이 발생하면 모든 생산요소가 이득을 얻을 수 있기 때문에 소득재분배가 크지 않게 되고, 이에 따라 무역분쟁의 소지가 작게 나타날 가능성이 있다.
   ▸ 예를 들어 자동차산업 내에서 소형차와 대형차 간의 무역이 발생하면 자동차 생산에 투입되는 생산요소는 소형차와 대형차 간에 큰 차이가 없을 것이므로 소득재분배효과도 크지 않을 것이다.

II 　산업 내 무역이론

1. 제품수명주기이론 : 버논(R. Vernon)

① 제품수명주기이론(product life cycle theory)에 의하면 신제품은 생물의 경우와 마찬가지로 신생기와 성장기를 거쳐 노쇠기에 이르게 되고, 이로 인해 국제적 분업이 이루어지면서 무역이 성립된다.
② 제품의 수명주기(신제품단계 → 성숙단계 → 표준화단계, 도입기 → 성장기 → 성숙기 → 쇠퇴기)에 따라 비교우위가 있는 국가가 달라진다는 이론이다.
③ 동태적 무역이론으로서 기술격차가 좁혀지는 과정을 설명하고 있다.

2. 기술격차이론 : 포스너(M. V. Posner), 크라비스(I. B. Kravis)

① 기술격차이론(technology gap theory)이란 특정 국가가 새로 개발한 기술을 다른 국가가 습득하기까지에는 상당 기간의 모방시차가 존재하며, 이러한 이유로 국가 간의 기술격차가 발생하여 산업 내 무역이 일어난다고 보는 이론이다.
② 기술격차이론은 신기술이 개발되고 여타 국가들이 이 신기술을 습득하고 모방하면서 비교우위의 발생과 소멸을 시간에 걸쳐 분석한 동태적 무역이론으로서 제품수명주기이론과 유사하다.

3. 규모의 경제이론 : 캠프(M. C. Kemp)

① 어떤 제품의 생산에 있어서 규모의 경제가 발생하면 상품생산의 기회비용이 체감하면서 생산가능곡선이 원점에 대해 볼록하게 된다.
  ▶ 평균비용이 감소하는 규모의 경제가 지속적으로 발생하면 한계비용이 감소하므로 기회비용도 감소하게 된다.
② 이때는 국내상대가격이나 기술격차가 없어도 국제무역이 발생하게 되고, 두 나라 간 상품생산의 완전특화를 통해 두 나라 모두가 무역이익을 얻게 된다.
③ 규모의 경제이론(economies of scale theory)에 의하면 양국에서 생산요소의 부존도에 차이가 없는데도 무역이 발생한다면 그 이유는 규모의 경제(economies of scale) 때문이다.

4. 국제 독점적 경쟁시장이론 : 크루그먼(P. R. Krugman)

① 국제 독점적 경쟁시장이론(international monopolistic competition theory)에 의하면 독점적 경쟁 하에서는 동일산업 내에서도 차별적 상품을 생산한다.
② 국제무역으로 시장규모가 확대되면 동일산업 내에서도 해당 기업들은 규모의 경제에 따른 무역이득을 얻기 위해 더욱더 차별화된 상품생산에 특화하게 된다. 이에 따라 무역 이후 각국의 소비자들은 더 저렴한 가격으로 다양한 종류의 상품소비가 가능하게 되므로 각국의 후생수준은 증대한다.

5. 대표적 수요이론 : 린더(S. B. Linder)

① 대표적 수요이론(representative demand theory)은 무역패턴과 결정 요인을 수요구조에서 규명한 이론으로서 수출품이 되기 위해서는 대표적 수요가 국내에 존재해야 한다는 이론이다.
② 국내수요가 큰 공산품일수록 국내시장에서 생산규모의 증대로 인한 규모의 경제나 기술습득효과로 인한 생산비절감의 효과가 나타나고 국제경쟁력이 생겨 수출이 가능해진다.
③ 대표적 수요이론에 의하면 한 나라의 비교우위는 국내수요가 상대적으로 큰 그 나라의 '대표적 수요'에 의해 결정되고, 대표적 수요는 그 나라의 1인당 국민소득수준에 의해 결정된다.
④ 국가 간 요소부존비율이 같지 않더라도 1인당 국민소득수준이 비슷할수록 국가 간 수요구조가 유사해지고 국내의 대표적 수요로 인해 어떤 재화가 저비용으로 대량 생산되면 그 나라와 유사한 수요구조를 가진 외국으로 수출하게 된다. 국가 간 수요구조의 유사성과 중복성이 클수록 대표적 수요는 더욱 커지면서 무역의 가능성도 더 커지게 된다.
⑤ 우리나라 스마트폰의 경우 국내에서의 소비량이 많기 때문에 국내 통신기기 시장이 크게 확대되었고 그로 인해 통신기기를 외국에 수출하기 이전에 국내의 소비시장에서 검증을 거칠 수 있는 여건이 되므로 외국에서 경쟁력이 생기게 된 것이다.
⑥ 지금까지의 이론이 공급 측면만을 강조하는 데 반해 수요 측면을 강조한 이론이다.

제4절 국제무역과 소득분배

I 국제무역의 이득과 손실

1. 개요
① 국제무역이 없는 상태에서 국내시장이 완전경쟁이면 시장의 균형은 국내수요곡선과 국내공급곡선이 교차하는 점에서 형성된다.
② 어떤 나라가 개방소국으로서 국제경제에서 가격수용자로 행동하면 국제가격과 국내가격을 비교해서 수출하거나 수입하게 된다.

2. 수출국의 이득과 손실
① 무역 전 국내가격이 국제가격보다 낮았다고 하자.
② 이때 자유무역이 이루어지면 가격수용자로서 국제가격을 주어진 것으로 받아들이기 때문에 무역 후 국내가격이 국제가격과 같아지게 된다.
③ 주어진 국제가격 하에서 발생하는 국내 초과공급량만큼 수출이 발생하게 된다.
④ 수출국이 되면 국내소비가 줄면서 소비자잉여는 감소하고 국내생산이 늘면서 생산자잉여는 증가한다. 이때 생산자잉여의 증가분이 소비자잉여의 감소분보다 크므로 사회적 잉여는 증가하게 된다.
⑤ 이때 국내수요량수준에서 국내거래량이 결정된다.

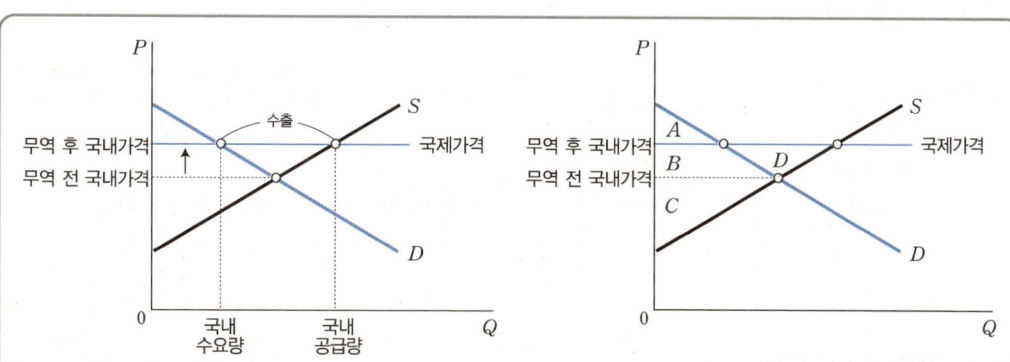

수출국의 자유무역
- 무역 전 국내가격 < 국제가격
- 무역 후 국내가격 = 국제가격
- 국내 초과공급량만큼 수출

수출국의 이득과 손실
- 국내생산자는 $B+D$만큼의 이득을 보고, 국내소비자는 B만큼의 손실을 본다.
- 사회적 총잉여는 D만큼 증가한다.

구 분	무역 이전	무역 이후	변화분
소비자잉여	$A+B$	A	$-B$
생산자잉여	C	$B+C+D$	$B+D$
총잉여	$A+B+C$	$A+B+C+D$	$+D$

CHAPTER 01 국제무역이론

3. 수입국의 이득과 손실

① 무역 전 국내가격이 국제가격보다 높았다고 하자.
② 이때 자유무역이 이루어지면 가격수용자로서 국제가격을 주어진 것으로 받아들이기 때문에 무역 후 국내가격이 국제가격과 같아지게 된다.
③ 주어진 국제가격 하에서 발생하는 국내 초과수요량만큼 수입이 발생하게 된다.
④ 수입국이 되면 국내소비가 늘면서 소비자잉여는 증가하고 국내생산이 줄면서 생산자잉여는 감소한다. 이때 소비자잉여의 증가분이 생산자잉여의 감소분보다 크므로 사회적 잉여는 증가하게 된다.
⑤ 이때 국내수요량수준에서 국내거래량이 결정된다.

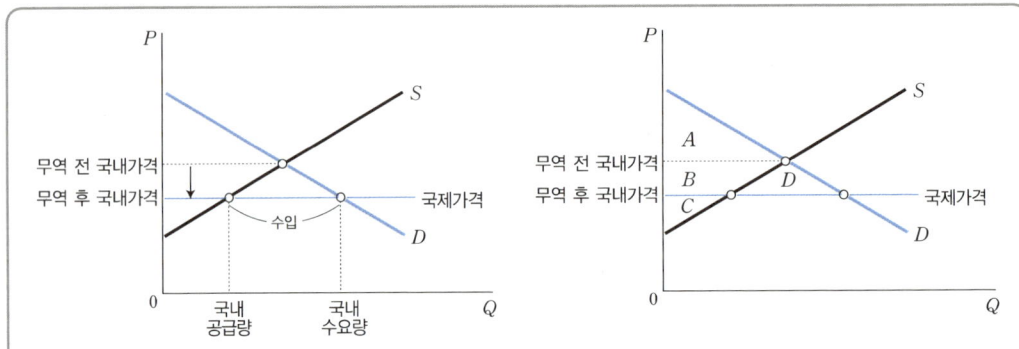

🌏 수입국의 자유무역
- 무역 전 국내가격 > 국제가격
- 무역 후 국내가격 = 국제가격
- 국내 초과수요량만큼 수입

🌏 수입국의 이득과 손실
- 국내소비자는 $B+D$만큼의 이득을 보고, 국내생산자는 B만큼의 손실을 본다.
- 사회적 총잉여는 D만큼 증가한다.

구 분	무역 이전	무역 이후	변화분
소비자잉여	A	$A+B+D$	$B+D$
생산자잉여	$B+C$	C	$-B$
총잉여	$A+B+C$	$A+B+C+D$	$+D$

Ⅱ 정책적 시사점

① 자유무역으로 수출국이 되었는가 수입국이 되었는가에 따라 소득분배의 측면에서 소비자와 생산자에게 서로 다른 영향을 미치지만, 국민경제 전체의 사회적 후생은 증가한다.
  ▶ 수출국에서는 생산자가 이득을 보고 소비자는 손해를 본다. 반면, 수입국에서는 소비자가 이득을 보고 생산자는 손해를 본다.
② 무역으로 인한 수혜자의 이득이 피해자의 손실보다 크기 때문에 이득을 보는 계층이 손실을 보는 계층에게 보상이 이루어진다면 모든 계층에게 이득이 될 수 있지만, 이는 현실적으로 실현되기 어렵다.

제5절 교역조건

I 개념

① 교역조건(terms of trade)이란 수출상품 한 단위와 교환되는 수입상품의 수량으로서 수입상품의 개수로 표시한 수출상품 한 단위의 교환가치를 의미한다.
② 수출상품의 가격이 수입상품의 가격에 비해 상대적으로 높아지면 교역조건이 개선되었다고 하고, 반대로 수출상품의 가격이 수입상품의 가격에 비해 상대적으로 낮아지면 교역조건이 악화되었다고 한다.
③ 교역조건은 국가 간 무역을 설명하는 과정에서 발생하는 개념이므로 국내가격이 아닌 국제가격을 기준으로 측정된다.

II 종류

교역조건	산출방법	특징
순상품교역조건	$N = \dfrac{P_X}{P_M} \times 100$ $= \dfrac{수출단가지수}{수입단가지수} \times 100$	• 가장 일반적인 교역조건으로서 계산이 간편하다. • 수출물량과 수입물량을 고려하지 않고, 수출입재화의 가격변동만을 나타내므로 실질적인 무역이익의 변동을 파악하기 어렵다.
총상품교역조건	$G = \dfrac{Q_M}{Q_X} \times 100$ $= \dfrac{수입물량지수}{수출물량지수} \times 100$	• 수출입량의 변동을 이용하여 교역조건을 나타내는 방법이다. • 수출액과 수입액이 일치하면 순상품교역조건과 같아진다.

III 변동 요인

① 환율인상(자국 화폐가치의 평가절하)
   ▶ 환율이 인상(원화가치의 평가절하)되면 수출상품의 국제가격이 하락하므로 교역조건이 악화된다. 이때 원화표시 수입품가격은 상승하지만 수입품의 국제가격은 불변이므로 수입품가격에 의해 교역조건이 악화된 것은 아니다. 교역조건은 국내가격이 아닌 국제가격을 기준으로 측정된다는 사실을 독자들은 명심하기 바란다.
   ▶ 교역조건이 악화된다고 하여 경상수지가 악화되는 것은 아니다. 일반적으로 환율이 상승하면 수출품의 국제가격(달러표시)이 하락하여 수출이 증가하고 수입품의 국내가격(원화표시)이 상승하여 수입이 감소하므로 경상수지는 개선된다. 다만, 수출입가격의 상대적 변화에도 불구하고 수출입물량이 크게 변하지 않는다면 교역조건의 악화가 경상수지의 악화를 가져올 수 있다.
   ▶ 환율과 교역조건의 관계에 대한 내용은 국제경제학 '제3장 외환시장론'에서 자세하게 논의된다.
② 수입원자재가격(국제가격)이 상승하면 수입상품의 국제가격이 상승하므로 교역조건이 악화된다.
③ 기술진보가 발생하면 대량 생산으로 인해 상품을 저렴하게 생산하여 수출할 수 있으므로 수출품의 국제가격이 하락하여 교역조건이 악화된다.

CHAPTER 01 국제무역이론

④ 경기변동과 수요·공급의 가격탄력성
  ▸ 수요와 공급이 가격에 대해 비탄력적인 수출품의 경우 대량생산 후 경기불황으로 재고가 쌓이면 그 수출품의 국제가격은 폭락하게 되므로 교역조건은 악화된다.
  ▸ 농산물의 경우가 이에 해당한다.
⑤ 시장점유율 확보를 위해 수출가격을 대폭 인하하여 판매하는 덤핑(dumping)이 이루어지면 교역조건이 악화된다.
⑥ 대국(large country)이 수입품에 대해 관세를 부과하면 수입물량의 감소로 국제시장에서 수입품의 초과공급이 발생한다. 이때 수입품의 국제가격이 하락하여 교역조건이 개선된다.
  ▸ 관세부과로 교역조건을 개선시킬 수 있는 것은 어디까지나 대국만이 가능하므로 소국(small country)이 관세를 부과하더라도 교역조건은 불변이다.
  ▸ 관세부과와 관련된 내용은 국제경제학 '제2장 무역정책론'에서 자세하게 논의된다.
⑦ 수입품에 대한 선호 증가
  ▸ 수입품에 대한 선호가 증가하면 수입물량이 증가하고 이로 인해 수입품의 국제가격이 상승하므로 교역조건이 악화된다.
  ▸ 수입품에 대한 선호가 증가하면 수입품의 국제가격이 상승하고 수입물량이 증가하므로 경상수지는 악화된다.

Ⅳ 교역조건 악화론

1. 개념
① 교역조건 악화론은 싱거(H. W. Singer)와 프레비쉬(R. Prebish)에 의해 제기된 가설로서 개발도상국(후진국)의 교역조건이 장기적으로 악화되는 경향이 있다는 주장을 의미한다.
② 이를 싱거-프레비쉬가설(Singer-Prebish hypothesis)이라고 한다.

2. 이론적 내용
① 개발도상국들은 주로 농산물과 같은 1차 상품을 수출하고, 선진국으로부터 공산품을 수입한다.
② 이때 1차 상품에 대한 생산성향상으로 인해 공급이 증가하게 되면 농산물가격이 하락하게 되는데, 이를 수입하는 선진국의 농산물에 대한 수요가 가격에 대해 비탄력적이므로 가격하락률만큼 수요가 증가하지 않는다.
③ 이에 따라 재고가 쌓이게 되면서 농산물가격은 폭락하게 된다.
④ 개발도상국의 경제가 성장함에 따라 장기적으로 농산물가격(수출품가격)은 하락하고, 공산품가격(수입품가격)은 하락하지 않으므로 개발도상국의 입장에서는 교역조건은 장기적으로 악화된다.

> **개발도상국의 교역조건**
> $$\frac{농산물가격}{공산품가격} \times 100$$

⑤ 예를 들어 브라질의 커피생산량이 증가할지라도 미국의 브라질커피에 대한 수요가 늘어나지 않으면 브라질의 커피가격은 폭락하게 되면서 브라질의 교역조건이 장기적으로 악화된다.

CHAPTER 02 무역정책론

PART 01 | 국제무역론

제1절 관세이론

I 개요

1. 개념

① 관세(tariff)란 관세선을 통과하는 수입상품에 대하여 부과하는 조세를 의미한다.
② 관세장벽(tariff barriers)이란 수입을 억제하기 위해 높은 관세를 부과하는 것을 말하고, 수입가격에 대해 관세가 차지하는 비율을 관세율(tariff rate)이라고 한다.
③ 관세장벽은 국민경제의 변화에 탄력적으로 대응할 수 있도록 관세율의 범위를 정해 놓고 필요에 따라 관세장벽의 크기를 변경할 수 있는 탄력관세제도를 많이 사용한다.
④ 역사적 관점에서 볼 때 관세는 수량할당제(quota)와 더불어 오랫동안 널리 사용되어 온 무역정책수단이다.
⑤ 관세장벽은 개발도상국들이 소비억제를 목적으로 사용하기도 하지만, 국내산업을 보호할 목적으로 많이 사용한다.

2. 관세의 종류

종 류	내 용
상계관세	• 상대국이 자국의 수출산업에 수출장려금이나 보조금을 지급할 때 이를 상계하기 위해 부과하는 관세
보복관세	• 상대국이 우리나라 수출상품에 관세부과 등 차별대우를 하는 경우 이에 대항하기 위해 보복적으로 부과하는 관세
반덤핑관세	• 상대국이 생산원가 이하로 덤핑수출하는 경우 이에 대응하여 부과하는 관세
긴급관세	• 특정 상품이 국내에 급속도로 수입되어 국내산업보호에 대한 긴급한 조치가 필요하거나, 국내산업의 심각한 피해방지를 위해 특정 상품의 긴급한 수입억제의 필요성이 있을 때 행정부가 입법절차를 거치지 않고 특정 수입상품에 부과하는 관세
보호관세	• 국내산업을 보호할 목적으로 부과하는 관세
재정관세	• 국가의 재정수입을 증가시킬 목적으로 부과하는 관세
특혜관세	• 특정 국가의 수입상품에 대해 낮은 관세를 부과하는 것
할당관세	• 특정 상품의 수입에 대해 일정량을 정한 후 정해진 수량 이내의 수입품에 대해서는 낮은 관세를 부과하지만, 정해진 수량 이상의 수입품에 대해서는 고율의 관세를 부과하는 것
물가평형관세	• 국내산업을 보호하고 물가안정을 위하여 특정 상품의 수입가격이 국내가격보다 지나치게 낮거나 높은 경우 이를 조정하고 평형을 이루게 하려고 부과하는 할증 또는 할인관세
관세할당제도	• 물자수급의 원활을 기하기 위해 일정량의 수입물량에 대하여 관세를 조정해 주는 제도

Ⅱ 최적관세율

1. 관세부과의 효과
① 수입재에 대한 관세부과는 수입품가격(국제가격)의 하락으로 인한 '교역조건의 개선'과 무역량 감소로 인한 '후생손실'이라는 두 가지 효과를 가진다.
② 수입재에 대한 관세부과로 수입물량이 감소하면 수입물량의 감소분만큼 국제시장에서 초과공급이 발생하게 되고, 이는 수입품의 국제가격을 하락시키게 된다. 따라서 수입국의 입장에서는 교역조건이 개선된다.
③ 수입재에 대해 관세를 부과하면 국내가격이 상승하므로 국내생산량은 증가하고 국내소비량은 감소하여 전체 수입량이 감소한다. 이로 인해 사회적 후생손실이 발생한다.
④ 교역조건의 개선은 사회후생을 증가시키지만, 무역량감소로 인한 생산과 소비의 왜곡은 사회후생을 감소시킨다.
⑤ 대국(large country)은 국제무역에서 차지하는 비중이 높으므로 관세부과로 교역조건을 개선시킬 수 있지만, 소국(small country)은 국제무역에서 차지하는 비중이 작으므로 교역조건에 영향을 미칠 수 없다.
▸ 대국은 관세 부과 시 교역조건의 개선으로 인한 사회후생의 증가를 경험하지만, 소국은 교역조건의 개선으로 인한 사회후생의 증가가 나타나지 않는다. 즉 소국은 관세부과로 인한 사회후생의 손실만 나타난다.

2. 최적관세와 최적관세율
① 최적관세(optimum tariff)란 자국의 후생을 극대화시키는 관세를 의미하고, 이때의 관세율을 최적관세율(optimum tariff rate)이라고 한다.
▸ 관세를 부과했을 때 나타나는 교역조건의 개선효과는 크게 하고, 무역량의 감소로 인한 후생손실은 작게 하는 관세가 최적관세이다.
▸ 관세부과로 교역조건을 변화시킬 수 있는 대국의 경우 수입재에 대해 어떤 일정 수준의 관세를 부과하면 자국의 후생수준을 극대화할 수가 있다.
② 대국의 최적관세율
▸ 외국의 수입수요의 가격탄력성이 클수록 최적관세율은 낮아져야 한다.
▸ 외국의 수입수요의 가격탄력성이 1보다 작다면 최적관세율이 음(−)이 되므로 최적관세율은 의미가 없다.

> **최적관세율**
> $$t = \frac{1}{\epsilon^* - 1}$$
> • ϵ^* : 외국의 수입수요탄력성

③ 소국의 최적관세율
▸ 소국은 관세부과로 교역조건을 변화시킬 수 없으므로 관세부과로 인한 사회후생의 증대는 나타나지 않고 생산과 소비의 왜곡으로 인한 사회후생의 감소만 발생한다.
▸ 소국의 경우 외국의 수입수요의 가격탄력성이 무한대이므로 최적관세율은 0이다.

Ⅲ 관세부과의 경제적 효과

1. 소국의 경우

① 가격수용자인 경제소국이 자유무역을 실시하면서 국제가격수준에서 재화를 수입하고 있다고 하자.

② 이때 경제소국이 수입상품에 대해 수입관세를 부과하면 국제가격은 불변인 상태에서 국내가격이 국제가격에 관세를 합한 것만큼 상승하게 된다.

- 경제소국이 수입관세를 부과하더라도 소국은 교역조건에 영향을 미치지 못하기 때문에 국제가격은 불변이 된다.

③ 경제소국이 수입상품에 대해 수입관세를 부과하는 경우 각종 경제변수에 미치는 경제적 효과는 다음과 같다.

- 국내생산 증가 : $Q_1 \to Q_2$
- 국내소비 감소 : $Q_4 \to Q_3$
- 수입량 감소 : $\overline{Q_1 Q_4} \to \overline{Q_2 Q_3}$
- 국제수지 개선 : $H + I$
- 관세수입 증가 : E
- 소비자잉여 감소 : $C + D + E + F$
- 생산자잉여 증가 : C
- 사회적 후생손실 : $D + F$

④ 관세부과의 효과는 수요와 공급의 가격탄력도에 의해 달라진다.

- 수요의 가격탄력도가 커질수록 관세부과의 소비억제효과는 커진다.
- 공급의 가격탄력도가 커질수록 관세부과의 생산증가효과는 커진다.
- 수요와 공급의 가격탄력도가 커질수록 소비자잉여의 감소와 사회적 후생손실이 더 커진다.

| 관세부과의 경제적 효과 : 소국 |

- 소국이 관세를 부과하면 국제가격은 불변인 상태에서 관세만큼 국내가격이 상승한다.
- 관세부과 후 $D+F$만큼의 사회적 순후생 손실이 발생한다.

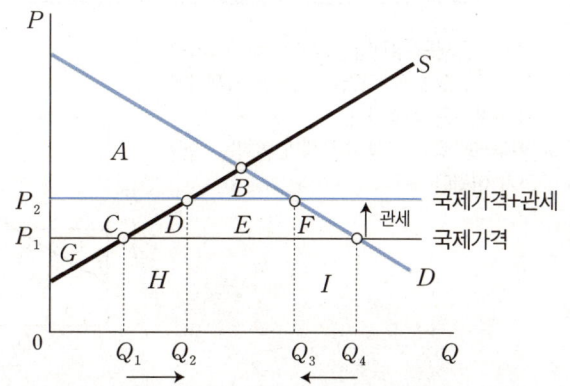

구 분	관세부과 이전	관세부과 이후	변화분
소비자잉여	$A+B+C+D+E+F$	$A+B$	$-(C+D+E+F)$
생산자잉여	G	$C+G$	$+C$
정부재정수입	0	E	$+E$
총잉여	$A+B+C+D+E+F+G$	$A+B+C+E+G$	$-(D+F)$

CHAPTER 02 무역정책론

2. 대국의 경우

(1) 경제적 효과

① 경제대국이 수입상품에 대해 관세를 부과하면 수입량이 대폭 감소하면서 국제시장에서 초과공급이 발생한다. 이는 대국의 입장에서 수입품의 국제가격 하락을 가져온다.
  ▸ 경제대국이 수입관세를 부과하면 대국은 교역조건에 영향을 미치기 때문에 국제가격이 하락하게 된다.
② 대국이 관세를 부과하면 국내가격은 새로운 국제가격에 관세를 합한 것만큼 상승한다.
③ 경제대국이 관세를 부과하는 경우 각종 경제변수에 미치는 경제적 효과는 다음과 같다.
  ▸ 국내생산 증가 : $Q_1 \to Q_2$ ▸ 국내소비 감소 : $Q_4 \to Q_3$
  ▸ 수입량 감소 : $\overline{Q_1 Q_4} \to \overline{Q_2 Q_3}$ ▸ 국제수지 개선 : $I + J + K + M + N$
  ▸ 관세수입 증가 : $E + J$ 소비자잉여 감소 : $C + D + E + F$
  ▸ 생산자잉여 증가 : C ▸ 사회적 후생손실 : $D + F - J$

(2) 사회후생의 변화

① 소비자잉여의 감소분 $C + D + E + F$ 중에서 C는 생산자잉여의 증가로 E는 정부관세수입의 일부로 이전되지만, $D + F$는 다른 경제주체에게 이전되지 않고 소멸된다.
  ▸ $D + F$: 생산과 소비의 왜곡으로 인한 사회후생의 감소
② 또한, 경제대국은 J만큼의 재정수입을 추가로 얻을 수 있다.
  ▸ J : 교역조건의 개선으로 인한 사회후생의 증가
③ $D + F$와 J 가운데 어떤 값이 더 큰지 속단할 수 없으므로 사회후생의 변화가 양$(+)$인지 음$(-)$인지는 정확하게 측정할 수 없다.

| 관세부과의 경제적 효과 : 대국 |

- 대국이 관세를 부과하면 수입품의 국제가격이 하락하고, 국내가격은 새로운 국제가격에 관세만큼 상승한다.
- 관세부과 후 사회적 순후생의 변화는 속단하기 어렵다.

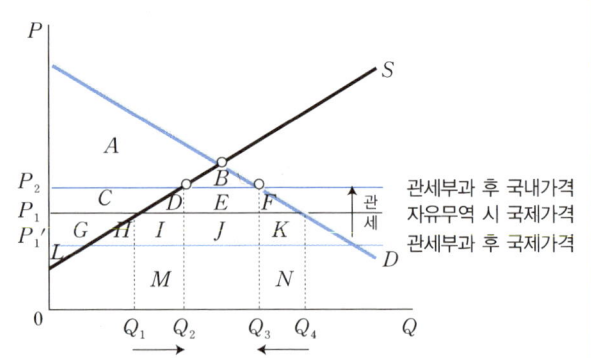

구 분	관세부과 이전	관세부과 이후	변화분
소비자잉여	$A + B + C + D + E + F$	$A + B$	$-(C + D + E + F)$
생산자잉여	$G + L$	$C + G + L$	$+ C$
정부재정수입	0	$E + J$	$+(E + J)$
총잉여	$A + B + C + D + E + F + G + L$	$A + B + C + E + G + J + L$	$-(D + F) + J$

제2절 비관세장벽

I 개념

① 비관세장벽(non-tariff barriers)이란 각국이 수입을 억제하기 위하여 동원하는 관세 이외의 여러 가지 정책수단을 총칭하는 것이다.
② 관세 이외의 무역장벽을 비관세장벽이라고 한다.

II 수입수량할당제

1. 경제적 효과

① 가격수용자인 경제소국이 자유무역을 실시하면서 국제가격수준에서 재화를 수입하고 있다고 하자.
② 이때 경제소국이 국내산업의 보호를 위해 국내시장에서 요구되는 $\overline{Q_1Q_4}$의 수입량보다 적은 $\overline{Q_2Q_3}$만큼만 수입하게 하는 수입수량할당제(import quota)를 실시하면 국내시장에서 초과수요가 발생하면서 국내가격이 P_1에서 P_2로 상승하게 된다.
③ 경제소국이 수입상품에 대해 수입수량할당제를 실시하는 경우 경제적 효과는 다음과 같다.
- 국내생산 증가: $Q_1 \to Q_2$
- 국내소비 감소: $Q_4 \to Q_3$
- 수입량 감소: $\overline{Q_1Q_4} \to \overline{Q_2Q_3}$
- 국제수지 개선: $H + I$
- 수입업자의 이윤: E
- 소비자잉여 감소: $C + D + E + F$
- 생산자잉여 증가: C
- 사회적 후생손실: $D + F$

| 수입수량할당제의 효과 |

- 수입수량할당제를 실시하면 국내시장에서 초과수요가 발생하면서 국내가격이 상승하게 된다.
- 수입수량할당제의 실시 후 $D+F$만큼의 사회적 순후생손실이 발생한다.
- 수입수량할당제는 관세부과의 효과와 유사하다.

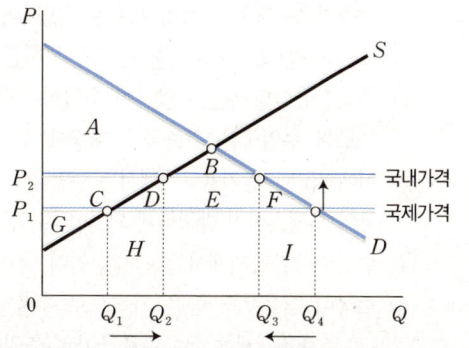

구 분	수입수량할당제 이전	수입수량할당제 이후	변화분
소비자잉여	$A+B+C+D+E+F$	$A+B$	$-(C+D+E+F)$
생산자잉여	G	$C+G$	$+C$
수입업자의 이윤	0	E	$+E$
총잉여	$A+B+C+D+E+F+G$	$A+B+C+E+G$	$-(D+F)$

2. 관세부과와 비교

① 수입수량할당제는 관세부과의 경우와 유사한 효과가 나타나지만, 사각형 E가 어느 경제주체에게 귀속되는가에 따라 중요한 차이점이 발생한다.

② 정부가 수입업자에게 무상으로 수입면허를 발행한다면 사각형 E는 수입업자의 이윤으로 이전되지만, 정부가 수입업자에게 공식적으로 돈을 받고 수입면허를 발행한다면 전부 또는 일부가 정부의 재정수입이 된다.

③ 정부가 특정 수입업자들의 뇌물과 로비에 의해 수입면허를 발행한다면 사각형 E는 수입업자와 관련정치인 및 정부관료들이 나눠 먹는 경제적 지대가 된다.

▶ 수입허가권을 임의의 기준으로 배분하면 막대한 이윤을 얻을 수 있는 수입허가권을 얻기 위한 각종 로비, 뇌물제공 등의 지대추구행위가 발생할 수 있다.

Ⅲ 수출자율규제

1. 개념

① 수출자율규제(Voluntary Export Restraints : VER)란 수입국이 수출국에 압력을 가해 수출국들이 자율적으로 수출물량을 일정 수준으로 제한하도록 하는 제도로서 회색지대조치에 해당한다.

② 회색지대조치(grey area measure)란 발동요건이 까다로운 긴급수입제한조치(세이프가드 : safe guard)를 회피하기 위한 수단으로 수출자유규제나 시장질서확립협정(OMA : Orderly Marketing Agreement) 등의 선별적인 수입제한조치를 사용하는 것을 말한다.

▶ 관세나 수량규제처럼 분명한 형태의 수입규제수단이 아니고 규정에 없는 조치를 원용하여 긴급수입제한과 동일한 목적을 달성한다라는 의미에서 회색(灰色)이라는 명칭을 붙였으며, 간략히 회색조치 또는 회색지대라고도 한다.

2. 경제적 효과

① 수출자율규제는 명목상으로는 자발적이지만 실질적으로는 수입수량할당제의 변형된 형태로서 수입수량할당제와 비슷한 효과를 보이는 무역장벽이다.

② 수입수량할당제는 수입국이 수입허가권을 갖지만 수출자율규제는 수출국이 수출권을 갖게 됨으로써 수입국은 수출국의 재량에 의한 제한된 수량을 수입한다.

③ 이에 따라 수출자율규제에서는 수입국이 수입허가권을 갖지 못하고 수입수량이 제한됨으로써 수입국의 후생손실이 발생하게 되지만, 수입국은 자국산업의 보호를 위해 이를 용인하게 되는 것이다.

④ 수입수량할당제에서는 관세수입이 국내수입업자의 이윤으로 귀속되지만, 수출자율규제는 수출국이 처음부터 높은 가격으로 수출하게 되므로 수출국의 수출업자 이윤으로 귀속된다.

▶ 수출자율규제에서는 수출국이 수출권을 갖게 되어 수출국이 수출량을 자율적으로 제한하기 때문에 수출국의 국내가격이 상승하여 수출업자가 처음부터 높은 가격으로 수출하게 되는 것이다.

⑤ 이처럼 수입국의 후생 측면에서 수출자율규제가 수입수량할당제보다 열등한 제도임에도 불구하고 수출자율규제를 선택하는 이유는 수출자율규제가 표면적으로는 자율적 규제의 형식을 취하므로 WTO의 규정에 위배되지 않기 때문이다.

Ⅳ 수출보조금

1. 개념
① 수출보조금이란 수출을 촉진하기 위해 수출품에 대해 지급하는 보조금이다.
② 수출품에 대해 보조금을 지급하면 국내가격은 상승한다.

2. 경제적 효과
① 수출보조금 지급 이전에는 P_1의 국제가격에서 $\overline{Q_2Q_3}$ 만큼의 상품이 수출되었다.
② 소국이 수출보조금을 지급하면 국제가격은 불변인 상태에서 국내가격이 국제가격에 보조금을 합한 것만큼 상승하므로 국내가격은 P_1에서 P_2로 상승하게 된다.
  ▸ 국제가격이 1,000원일 때 수출보조금을 100원 지급하면 수출업자는 외국의 수입업자로부터 1,000원을 받고, 정부로부터 100원의 보조금을 받으므로 생산자가격은 1,100원으로 상승한다. 상품을 수출할 때 1,100원을 받는데 비해 국내에서 1,000원이라면 국내판매를 하지 않을 것이므로 국내가격도 1,100원으로 상승하게 된다.
③ 소비자잉여 감소분과 생산자잉여 증가분의 합(D)이 보조금지급액($C+D+E$)보다 작아 $C+E$만큼 후생손실이 발생한다.
  ▸ 국내생산 증가 : $Q_3 \to Q_4$ ▸ 국내소비 감소 : $Q_2 \to Q_1$
  ▸ 수출량 증가 : $\overline{Q_2Q_3} \to \overline{Q_1Q_4}$ ▸ 국제수지 개선 : $F+G$
  ▸ 정부보조금 증가 : $C+D+E$ ▸ 소비자잉여 감소 : $B+C$
  ▸ 생산자잉여 증가 : $B+C+D$ ▸ 사회적 후생손실 : $C+E$
④ 만약 경제대국이 수출보조금을 지급하면 수출량이 대폭 증가하면서 국제시장에서 초과공급이 발생하고 이는 국제가격의 하락을 가져온다. 따라서 경제대국이 수출보조금을 지급하면 수출품의 국제가격이 하락하여 교역조건이 악화된다.
  ▸ 경제대국이 수출보조금을 지급하면 교역조건이 악화되므로 경제소국에 비해 사회적 후생손실이 더 크게 나타난다.

| 수출보조금의 효과 : 소국의 경우 |

- 수출보조금을 지급하면 단위당 보조금만큼 국내가격이 상승하게 된다.
- 수출보조금제도의 실시 후 $C+E$만큼의 사회적 순후생손실이 발생한다.

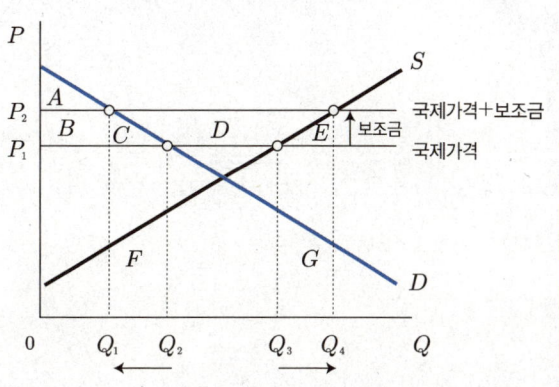

INTERNATIONAL ECONOMICS
공인노무사 **국제경제학**

PART 02

국제금융론

03 외환시장론
04 국제수지론

CHAPTER 03 외환시장론

PART 02 | 국제금융론

제1절 개요

I 환율의 개념과 표시방법

① 환율(exchange rate)이란 자국통화와 외국통화의 교환비율을 말한다.
② 지급환율(direct quote)은 외국통화 1단위를 얻기 위해 지급해야 하는 자국통화의 크기로 표시한다.

> **지급환율**
>
> 1달러 = 1,000원

③ 수취환율(indirect quote)은 자국통화 1단위로 수취할 수 있는 외국통화의 크기로 표시한다.

> **수취환율**
>
> 1원 = $\dfrac{1}{1,000}$ 달러

II 환율의 종류

1. 명목환율과 실질환율

① 명목환율(nominal exchange rate)이란 자국통화와 외국통화의 교환비율 또는 한 나라 통화의 대외가치를 의미한다.
② 실질환율(real exchange rate)이란 두 나라의 물가를 감안하여 조정한 환율로서 한 나라의 상품이 다른 나라의 상품과 교환되는 비율을 말한다.
  ▸ 명목환율이 1달러당 1,000원이고 한국산 햄버거가 1개당 1,000원이며 미국산 햄버거는 1개당 2달러라고 하자.
  ▸ 미국산 햄버거의 원화가격은 2,000원(= 2달러 × 1,000원)이 되므로 미국산 햄버거가 한국산과 비교하면 2배 비싸다는 의미이다. 이는 미국산 햄버거 1개와 한국산 햄버거가 2개 교환된다는 의미이므로 실질환율은 우리나라 상품의 수량으로 표시한 외국상품 1단위의 가치를 나타낸다.

> **실질환율**
>
> $$q = \dfrac{e \times P_f}{P}$$
>
> - q : 실질환율
> - e : 명목환율
> - P_f : 외국물가수준
> - P : 국내물가수준

③ 실질환율을 변화율로 나타내면 다음과 같다.

> **실질환율의 변화율**
>
> $$\frac{\Delta q}{q} = \frac{\Delta e}{e} + \frac{\Delta P_f}{P_f} - \frac{\Delta P}{P}$$
>
> - $\frac{\Delta q}{q}$: 실질환율의 변화율
> - $\frac{\Delta e}{e}$: 명목환율의 변화율
> - $\frac{\Delta P_f}{P_f}$: 외국물가상승률
> - $\frac{\Delta P}{P}$: 국내물가상승률

2. 현물환율과 선물환율

(1) 현물환율
① 현물환거래란 외환의 매매계약과 동시에 외환의 인도와 대금결제가 이뤄지는 외환거래로서 계약일로부터 통상 2영업일 이내에 결제가 이루어지게 된다.
  ▶ 세계적으로 지역 간 시차가 있고, 사무처리의 기간이 필요하므로 통상적으로 2영업일 이내에 결제가 이루어지는 거래를 현물환거래라고 한다.
② 현물환거래에 적용되는 환율을 현물환율(spot exchange rate)이라고 하는데 통상적으로 환율이라고 하면 현물환율을 의미한다.

(2) 선물환율
① 선물환거래란 외환의 매매계약일로부터 일정 기간이 경과한 후 특정일(30일, 60일, 180일 등)에 계약시점에서 합의된 환율(선물환율)로 외환인도와 대금결제를 약정하는 거래를 말한다.
② 선물환거래에 적용되는 환율을 선물환율(forward exchange rate)이라고 하는데 선물환율은 거래시점에서 미리 정해진다.

Ⅲ 환율상승과 환율하락

1. 환율상승
① 지급환율을 중심으로 명목환율이 상승하면 외국화폐를 얻기 위해 더 많은 원화를 지급해야 하므로 우리나라 원화의 대외가치가 외국통화에 대해 하락했다는 것을 뜻한다.
  ▶ 예 : 1달러= 1,000원 → 1달러= 1,100원
② 환율상승을 자유변동환율제도 하에서 원화가 절하(depreciation)되었다고 말하고, 고정환율제도 하에서는 원화의 평가절하(devaluation)라고 말한다.

2. 환율하락
① 지급환율을 중심으로 명목환율이 하락하면 외국화폐를 얻기 위해 더 적은 원화를 지급해도 되므로 우리나라 원화의 대외가치가 외국통화에 대해 상승했다는 것을 뜻한다.
  ▶ 예 : 1달러= 1,000원 → 1달러= 900원
② 환율하락을 자유변동환율제도 하에서 원화가 절상(appreciation)되었다고 말하고, 고정환율제도 하에서는 원화의 평가절상(revaluation)이라고 말한다.

Ⅳ 환율과 경상수지, 교역조건

1. 환율과 경상수지

① 환율의 변화는 수출품과 수입품의 상대가격을 변화시켜 경상수지에 직접적인 영향을 미친다.
  ▸ 여기에서 수출품가격은 달러표시가격을 의미하고, 수입품가격은 원화표시가격을 의미한다.
  ▸ 교역조건과 경상수지는 어디까지나 달러표시금액으로 계산된다는 것을 명심해야 한다.

② 환율이 상승(원화가치 하락)하면 수출품가격(달러표시)이 하락하여 수출이 증가하고, 수입가격(원화표시)이 상승하여 수입은 감소하므로 경상수지가 개선되는 것이 일반적이다.
  ▸ 수출품가격(달러표시)이 하락하였음에도 불구하고 수출물량이 많이 증가하지 않거나 수입품가격(원화표시)이 상승하였음에도 불구하고 수입물량이 많이 감소하지 않으면 경상수지는 오히려 악화될 수 있다.
  ▸ 환율이 상승하면 수출업자는 환차익을 얻고, 수입업자는 환차손을 입는다.

③ 환율이 하락(원화가치 상승)하면 수출품가격(달러표시)이 상승하여 수출이 감소하고, 수입가격(원화표시)이 하락하여 수입은 증가하므로 경상수지가 악화되는 것이 일반적이다.

④ 위에서 언급한 환율과 경상수지의 관계는 국내물가와 외국물가가 고정되어 있다는 가정 하에서 논의된 것이다. 만약 명목환율이 상승하더라도 국내물가가 상승하거나 외국물가가 하락하면 수출품의 가격경쟁력이 오히려 약화될 수 있다. 따라서 경상수지의 개선 여부는 실질환율의 변동을 고려해야 한다.

⑤ 실질환율이 상승하면 우리나라 상품이 외국상품보다 상대적으로 싸진다는 것을 뜻하기 때문에 우리나라 수출은 증가하고 수입은 감소하여 경상수지가 개선된다. 반면, 실질환율이 하락하면 그 반대현상이 나타난다.

⑥ 상품생산에 필요한 원자재 곧 부품이나 소재를 외국에 크게 의존하는 기업의 경우 환율이 상승하면 원화표시 수입원자재가격을 상승시키므로 오히려 피해를 보게 된다.
  ▸ 정유사는 원유 100%를 수입에 의존하고, 식품산업이나 제지 및 철강산업 등은 원자재의 대부분을 수입에 의존한다.

2. 환율과 교역조건

① 환율의 변화는 수출품과 수입품의 상대가격을 변화시켜 교역조건에 직접적인 영향을 미친다.
  ▸ 환율이 변동하면 원화로 표시한 수입품가격은 변하지만, 달러표시 수입품가격은 불변이다. 교역조건은 국제가격을 기준으로 측정하기 때문에 환율변동 시 수출품가격은 변하지만 수입품가격은 불변이므로 수출품가격에 의해서만 교역조건이 변하게 된다.

② 환율이 상승(원화가치 하락)하면 수출품가격(달러표시)이 하락하므로 교역조건은 악화된다.
  ▸ 환율이 상승(원화가치 하락)할 때 경상수지는 개선되는 것이 일반적이다.
  ▸ 환율이 상승(원화가치 하락)할 때 원화표시 수입품가격은 상승하지만, 달러표시 수입품가격은 불변이다.

③ 환율이 하락(원화가치 상승)하면 수출품가격(달러표시)이 상승하므로 교역조건은 개선된다.
  ▸ 환율이 하락(원화가치 상승)할 때 경상수지는 악화되는 것이 일반적이다.
  ▸ 환율이 하락(원화가치 상승)할 때 원화표시 수입품가격은 하락하지만, 달러표시 수입품가격은 불변이다.

제2절 외환의 수요와 공급에 의한 환율결정이론

I 외환시장의 균형

1. 외환의 수요
① 재화와 서비스 수입, 외국으로의 송금, 외국으로 자본을 수출할 때 우리나라 통화 대신 외국통화로 지급해야 하기 때문에 외환의 수요가 발생한다.
② 환율이 상승하면 우리나라 사람이 치러야 할 외국상품의 가격(원화표시 가격)은 비싸지므로 수입이 감소하여 외환에 대한 수요량도 감소한다.
③ 환율의 상승은 외환에 대한 수요량을 감소시키고, 환율의 하락은 외환의 수요량을 증가시키기 때문에 외환수요곡선은 우하향한다.

2. 외환의 공급
① 재화와 서비스 수출, 외국으로부터의 송금, 외국으로부터의 현금차관을 도입할 때 외환의 공급이 발생한다.
② 환율이 상승하면 외국사람이 치러야 하는 우리나라 상품의 가격(달러표시 가격)이 싸지므로 수출이 증가하여 외환에 대한 공급량도 증가한다.
③ 환율의 상승은 외환에 대한 공급량을 증가시키고, 환율의 하락은 외환의 공급량을 감소시키기 때문에 외환공급곡선은 우상향한다.

3. 균형환율의 결정
① 환율이 균형환율보다 높은 경우 외환의 초과공급이 발생하여 환율이 하락하고, 균형환율보다 낮은 경우 외환의 초과수요가 발생하여 환율이 상승한다.
② 외환시장에서 우하향하는 외환수요곡선과 우상향하는 외환공급곡선이 만나 균형환율과 균형외환거래량이 결정된다.

| 외환시장의 균형 |

- 외환수요곡선(F^D)과 외환공급곡선(F^S)이 교차하는 E점에서 외환시장의 균형이 달성된다.
- E점에서 균형환율(e_E)과 균형외환거래량(F_E)이 결정된다.

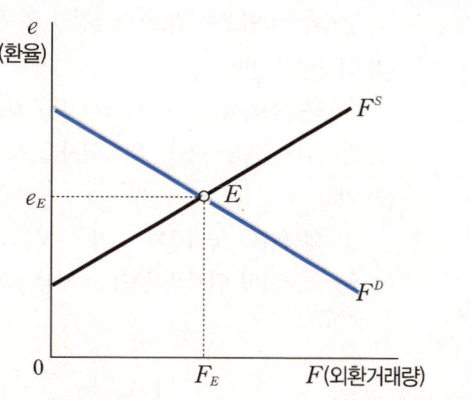

Ⅱ 균형환율의 변동

1. 외환수요의 변화

(1) 국내물가의 변화
 ① 국내물가 상승→수입품 상대가격 하락→수입 증가→외환수요 증가→환율 상승
 ② 국내물가 하락→수입품 상대가격 상승→수입 감소→외환수요 감소→환율 하락

(2) 외국물가의 변화
 ① 외국물가 상승→수입품 상대가격 상승→수입 감소→외환수요 감소→환율 하락
 ② 외국물가 하락→수입품 상대가격 하락→수입 증가→외환수요 증가→환율 상승

(3) 국민소득의 변화(국내경기의 변화)
 ① 국민소득 증가(국내경기 호전)→수입 증가→외환수요 증가→환율 상승
 ② 국민소득 감소(국내경기 침체)→수입 감소→외환수요 감소→환율 하락

(4) 이자율의 변화
 ① 국내이자율 상승, 외국이자율 하락→자본유출 감소→외환수요 감소→환율 하락
 ② 국내이자율 하락, 외국이자율 상승→자본유출 증가→외환수요 증가→환율 상승

(5) 기타
 ① 국내기업의 해외투자 증가→자본유출 증가→외환수요 증가→환율 상승
 ② 해외여행 증가→자본유출 증가→외환수요 증가→환율 상승

2. 외환공급의 변화

(1) 국내물가의 변화
 ① 국내물가 상승→수출품 상대가격 상승→수출 감소→외환공급 감소→환율 상승
 ② 국내물가 하락→수출품 상대가격 하락→수출 증가→외환공급 증가→환율 하락

(2) 외국물가의 변화
 ① 외국물가 상승→수출품 상대가격 하락→수출 증가→외환공급 증가→환율 하락
 ② 외국물가 하락→수출품 상대가격 상승→수출 감소→외환공급 감소→환율 상승

(3) 외국국민소득의 변화(외국경기의 변화)
 ① 외국국민소득 증가(외국경기 호전)→수출 증가→외환공급 증가→환율 하락
 ② 외국국민소득 감소(외국경기 침체)→수출 감소→외환공급 감소→환율 상승

(4) 이자율의 변화
 ① 국내이자율 상승, 외국이자율 하락→자본유입 증가→외환공급 증가→환율 하락
 ② 국내이자율 하락, 외국이자율 상승→자본유입 감소→외환공급 감소→환율 상승

(5) 기타
 ① 외국인의 국내투자 증가→자본유입 증가→외환공급 증가→환율 하락
 ② 외국인의 관광객 증가→자본유입 증가→외환공급 증가→환율 하락

제3절 환율변동의 효과

구분	환율 상승	환율 하락
원인	• 외환수요의 증가, 외환공급의 감소 • 수출 감소 → 외환공급의 감소 • 수입 증가 → 외환수요의 증가 • 자국에서 외국으로의 송금이 증가 → 외환수요의 증가 • 자본도입의 감소 → 외환공급의 감소 • 이자율하락으로 자본유출이 증가하고 자본유입이 감소 → 외환수요의 증가, 외환공급의 감소 • 미래 예상환율의 상승으로 환차손이 기대되어 자본유출이 증가, 자본유입이 감소 → 외환수요의 증가, 외환공급의 감소	• 외환수요의 감소, 외환공급의 증가 • 수출 증가 → 외환공급의 증가 • 수입 감소 → 외환수요의 감소 • 외국으로부터 자국으로 송금이 증가 → 외환공급의 증가 • 자본도입의 증가 → 외환공급의 증가 • 이자율상승으로 자본유출이 감소하고 자본유입이 증가 → 외환수요의 감소, 외환공급의 증가 • 미래 예상환율의 하락으로 환차익이 기대되어 자본유출이 감소, 자본유입이 증가 → 외환수요의 감소, 외환공급의 증가
효과	• 수출 증가, 수입 감소 → 경상수지 개선 • 경상수지 개선 → 국제수지 개선 • 원화표시 수입원자재가격의 상승 → 국내의 물가 상승을 초래 • 수출품의 국제가격 하락 → 교역조건 악화 • 외채부담 증가, 해외여행과 해외유학의 경비부담 증가, 외화표시 자산가치 상승 • 소득재분배효과 : 수출업자 유리, 수입업자 불리	• 수출 감소, 수입 증가 → 경상수지 악화 • 경상수지 악화 → 국제수지 악화 • 원화표시 수입원자재가격의 하락 → 국내의 물가 안정에 기여 • 수출품의 국제가격 상승 → 교역조건 개선 • 외채부담 감소, 해외여행과 해외유학의 경비부담 감소, 외화표시 자산가치 하락 • 소득재분배효과 : 수입업자 유리, 수출업자 불리

참고 | 환율상승이 총수요와 총공급에 미치는 영향

1. **총수요의 변화**
   ① 환율이 상승하면 달러표시 수출품가격이 하락하여 수출이 증가하고 원화표시 수입품가격이 상승하여 수입이 감소하므로 경상수지가 개선된다.
   ② 순수출(경상수지)은 총수요의 구성요소이므로 경상수지가 개선되면 총수요가 증가한다.

2. **총공급의 변화**
   ① 환율이 상승하면 원화표시 수입원자재가격이 상승하므로 국내기업의 생산비용이 증가한다.
   ② 생산비용이 증가하면 총공급이 감소한다.

3. **영향**
   ① 총수요가 증가하고 총공급이 감소하면 두 곡선의 이동폭에 따라 균형국민소득의 증감 여부는 불투명하다. 그런데 국제경제학에서는 환율이 상승했을 때 총공급이 감소하는 효과를 무시하고 총수요가 증가하는 효과만을 다루는 것이 일반적이다. 총공급이 감소하는 효과를 고려하더라도 총수요의 증가효과가 총공급의 감소효과를 압도하는 것이 일반적이므로 환율이 상승하면 균형국민소득이 증가하는 경우가 대부분이다.
   ② 환율이 상승하면 총수요가 증가하고 총공급이 감소하므로 물가는 반드시 상승한다.

CHAPTER 03 외환시장론

제4절 환율결정이론

I 구매력평가설 : 카셀(G. Cassel)

1. 개요

① 구매력평가설(Purchasing Power Parity : PPP)은 스웨덴의 경제학자인 카셀(G. Cassel)에 의해 제시된 이론으로서 외국통화의 구매력과 자국통화의 구매력 비율에 의해 환율이 결정된다는 이론이다.

② 구매력평가설은 '국제생산물시장에서 1물 1가의 법칙'에 그 이론적 바탕을 두고 있다. 만약 국제무역에서 수송비·거래수수료·정보획득비용·보호무역장벽 등 일체의 거래비용이 없다고 가정하면 통화 1단위의 실질가치, 즉 구매력이 모든 나라에서 동일해야 한다는 것이다.

③ 구매력평가설은 자유무역주의 사상을 반영하고 있다. 양국의 시장이 완전경쟁시장이고 수송비가 없을 때 두 나라 사이에 자유무역이 이루어지면서 구매력평가설이 성립하는 것이다.
  ▶ 구매력평가설은 자유무역 하에서 성립하는 것이기 때문에 국제수지의 항목에서 경상수지의 변동에 초점이 맞추어져 있어서 국가 간 자본의 이동자유화와는 무관하다.

④ 구매력평가설에는 '절대적 구매력평가설'과 '상대적 구매력평가설'이 있다.

2. 절대적 구매력평가설

(1) 개념

절대적 구매력평가설(absolute PPP)은 국제적으로 일물일가의 법칙이 성립한다는 가정 하에 환율이 국내물가수준과 외국물가수준의 비율에 의해 결정된다는 이론이다.

> **절대적 구매력평가설**
>
> - $P = eP_f$ - $e = \dfrac{P}{P_f}$
>
> - e : 명목환율   - P : 국내물가수준   - P_f : 외국물가수준

(2) 성립과정

① 만약 국내물가(P)와 원화로 표시한 외국물가(eP_f) 간의 차이가 발생하는 경우 차익거래(arbitrage)에 의해 국산품과 외제품에 대한 수요변화의 과정을 거쳐서 둘은 서로 일치하게 된다.

② 예를 들어 국내물가(P)가 원화로 표시한 외국물가(eP_f)보다 높으면 국산품에 대한 수요는 감소하고 외제품에 대한 수요는 증가하여 국산품의 가격은 하락하고 외제품의 가격은 상승한다. 만약 국내물가(P)가 원화로 표시한 외국물가(eP_f)보다 낮은 경우는 반대의 과정을 거친다. 이러한 과정은 국내물가(P)와 원화로 표시한 외국물가(eP_f)가 동일해질 때까지 일어난다.

> **절대적 구매력평가설의 성립과정 : 수요의 변화**
>
> - $P > eP_f$ → 국산품의 수요↓, 외제품의 수요↑ → 국산품의 가격↓, 외제품의 가격↑
> - $P < eP_f$ → 국산품의 수요↑, 외제품의 수요↓ → 국산품의 가격↑, 외제품의 가격↓

③ 구매력평가설의 성립과정은 경상수지의 변화를 통해서도 설명이 가능하다.
④ 실제환율이 균형환율(구매력평가환율)보다 높은 경우 수출이 증가하고 수입이 감소하여 경상수지흑자를 통해 실제환율이 하락한다. 만약 실제환율이 균형환율보다 낮은 경우는 반대의 과정을 거친다. 이러한 과정은 실제환율이 균형환율에 도달할 때까지 일어나게 된다.

> **절대적 구매력평가설의 성립과정 : 경상수지의 변화**
> - 실제환율(e) > 균형환율(P/P_f) → $P < eP_f$ → 수출↑, 수입↓ → 외환의 공급↑, 외환의 수요↓ → 경상수지 흑자 → 실제환율↓
> - 실제환율(e) < 균형환율(P/P_f) → $P > eP_f$ → 수출↓, 수입↑ → 외환의 공급↓, 외환의 수요↑ → 경상수지 적자 → 실제환율↑

(3) 경제적 의미

① 절대적 구매력평가설이 성립하면 국내상품의 가격(P)과 원화로 표시한 외국상품의 가격($e \times P_f$)이 동일하게 되므로 차익거래가 발생할 수 없다.

② 절대적 구매력평가설 하에서 $P = e \times P_f$가 성립하므로 실질환율 $q = \dfrac{e \times P_f}{P} = 1$이 된다.

▶ 실질환율은 1로서 일정한 값을 가지므로 실질환율의 변화율은 0이 된다.
▶ 구매력평가설이 성립하면 실질환율이 불변이므로 순수출(경상수지)도 불변이 된다.

3. 상대적 구매력평가설

(1) 개념

① 상대적 구매력평가설(relative PPP)은 국내물가상승률과 외국물가상승률의 차이만큼 환율이 변동된다는 이론이다.

② 절대적 구매력평가설$\left(e = \dfrac{P}{P_f}\right)$을 변화율로 나타내면 상대적 구매력평가설이 도출된다.

▶ 상대적 구매력평가설에 의하면 명목환율의 변화율은 국내물가상승률에서 외국물가상승률을 차감한 값이 된다.

> **상대적 구매력평가설**
> $$\dfrac{\Delta e}{e} = \dfrac{\Delta P}{P} - \dfrac{\Delta P_f}{P_f}$$
> - $\dfrac{\Delta e}{e}$: 명목환율변동률
> - $\dfrac{\Delta P}{P}$: 국내물가상승률
> - $\dfrac{\Delta P_f}{P_f}$: 외국물가상승률

(2) 시사점

① 국내물가상승률이 외국물가상승률보다 높으면 그 차이만큼 명목환율의 변화율이 양(+)이 되어 명목환율이 상승하게 된다.
② 우리나라 중앙은행이 통화공급을 증가시키면 '국내물가수준의 상승 → 명목환율의 상승 → 원화의 평가절하'가 나타난다.

4. 장점

① 구매력평가설은 복잡한 경제변수의 변화를 도입하지 않고 각국의 물가상승률의 격차만을 가지고 환율의 변화를 설명하므로 일반 사람들에게 이에 대한 이해의 정도를 높일 수 있다.

② 장기적인 환율의 변동추세에는 비교적 설명력이 높다.

5. 단점

① 구매력평가설은 국제적인 일물일가의 법칙을 전제로 하고 있지만, 수송비용과 정부의 무역제한 조치들은 국가 간의 재화이동에 비용을 발생시키고 이에 따라 이 이론의 기초가 되는 1물 1가의 법칙의 성립을 약화시킨다.

② 정부의 물가수준 측정방법과 재화의 국제무역 비중이 국가마다 다르기 때문에 구매력평가설에 의한 환율변화의 설명력은 저하된다.

▶ 예를 들어 한국의 경우 쌀의 가격상승은 한국의 물가를 크게 상승시키는데 이 경우 한국의 물가가 크게 올라가더라도 쌀은 국제무역의 비중이 약하기 때문에 그만큼 한국의 환율이 상승한다고 보기는 어렵다.

③ 국가 간 교역이 불가능한 비교역재(non-tradable goods)의 비중이 클수록 구매력평가설은 성립하지 않는다.

④ 무역이 가능한 교역재의 경우에도 두 나라의 상품이 완전히 동질적이지 않기 때문에 완전대체 관계가 성립하지 않아 구매력평가설은 성립하기 어렵다.

⑤ 환율변동의 요인으로 물가상승률 하나만을 가정하는 것은 비현실적이며 실제 환율변동의 요인에는 이외 경제변수의 변동도 포함이 된다.

⑥ 현실적으로는 무역을 통한 외환의 이동 이외에 자본이득을 얻기 위한 자산선택으로서의 외환의 이동이 막대하다.

참고 | 빅맥지수

① 빅맥지수(Big Mac Index)란 영국의 경제시사지 'The Economist'가 1986년 9월부터 맥도날드에서 판매하는 각국의 빅맥가격과 미국의 빅맥가격을 비교하여 물가수준과 통화가치를 평가하는 지수이다.

② 빅맥지수는 자국의 빅맥가격을 달러가치로 환산한 것으로서 자국의 빅맥가격을 명목환율로 나누어 구하게 된다. 한국의 빅맥가격이 1,500원이고, 명목환율이 1,000원이면 한국의 빅맥지수는 $\frac{1,500}{1,000} = 1.5$가 된다.

③ 빅맥환율은 구매력평가설의 이론적 근거 하에 성립되는 명목환율로서 자국의 빅맥가격을 외국의 빅맥가격으로 나누어 구하게 된다. 한국의 햄버거가격이 1,000원이고, 미국의 햄버거가격이 1달러이면 빅맥환율은 $\frac{P}{P_f} = \frac{1,000}{1} = 1,000$이 된다.

④ 빅맥환율(구매력평가환율)이 실제환율보다 높으면 원화가치가 실제보다 과대평가된 것이고, 빅맥환율이 실제환율보다 낮으면 원화가치가 실제보다 과소평가된 것이다.

⑤ 빅맥지수(달러가치로 환산한 자국의 빅맥가격)가 미국의 빅맥가격보다 높다는 것은 빅맥환율(구매력평가환율)이 실제환율보다 높다는 의미와 동일하다. 예를 들어 $\frac{P}{e} > P_f$이면 $P > eP_f$이므로 국내의 빅맥가격(P)이 원화표시 미국의 빅맥가격(eP_f)보다 높다는 것을 의미하고, 이는 $\frac{P}{P_f} > e$를 의미하므로 빅맥환율$\left(\frac{P}{P_f}\right)$이 실제환율($e$)보다 높다는 것과 동일하다.

⑥ 다양한 상품 중 빅맥이 구매력의 평가기준이 된 것은 맥도날드 햄버거가 세계 각국에 체인 점포망을 갖고 있어서 여러 나라에서 공통으로 팔리고 있는 상품이기 때문이다.

⑦ 최근에는 스타벅스에서 판매하는 대표상품인 카페라떼를 통해 계산한 카페라떼지수를 발표하고 있다.

Ⅱ 이자율평가설

1. 개요

① 이자율평가설(Interest Rate Parity Theory : $IRPT$)은 환율의 기대변동률과 국가 간 명목이자율의 관계를 설명하는 이론으로서 국제금융시장에서 금융자산의 거래나 자본이동이 자유롭게 이루어지고 거래비용도 존재하지 않을 때 환율의 변동을 분석한다.
② 이자율평가설은 '국제금융시장에서 1물 1가의 법칙'을 적용한 것으로서 국가 간 자본이동이 완전히 자유롭다면 국내투자수익률과 외국투자수익률이 동일해 지는 과정에서 환율이 결정된다는 것이다.
③ 이자율평가설은 자본자유화 하에서 자본수지의 변동에 분석의 초점이 맞추어져 있다.

2. 유위험 이자율평가설

(1) 개념

① 유위험 이자율평가설(uncovered interest rate parity)이란 투자가의 입장에서 위험도가 동일한 금융자산이라면 국내와 외국에 관계없이 수익률이 높은 금융자산에 투자하게 되고, 이러한 자본의 수급조정과정을 거쳐 국가 간 투자수익률이 동일해 진다는 이론이다.
② 만약 국내의 투자수익률이 높다면 차익거래를 통한 수익창출이 가능하게 되어 국내로의 자본유입이 이루어지고 이는 다시 국내의 투자수익률을 낮추게 되는 것이다.

(2) 성립과정

① 순자본유입은 자본유입에서 자본유출을 뺀 값으로 정의되고, 이러한 순자본유입은 국내외 이자율차이와 환율변동률에 영향을 받는다.
  ▸ 국내외 명목이자율차이$(i - i_f)$가 양$(+)$이면 차익거래를 위한 자본유입이 발생한다.
  ▸ 환율변동률$\left(\dfrac{\Delta e}{e}\right)$이 양$(+)$이면 환차손의 위험 때문에 자본유출이 발생한다.
② 이자율평가설에 의하면 환율의 변동이 없는 상황$(\Delta e = 0)$에서 양국의 투자수익률이 일치해야 하기 때문에 국내명목이자율(i)과 외국명목이자율(i_f)은 서로 일치하게 된다.
③ 만약 환율변동의 위험성이 있는 경우를 고려해 보자. 국내에 투자하는 외국투자가 입장에서 미래에 환율이 상승(원화가치가 절하)하게 되면 그만큼 환차손을 입게 된다. 따라서 국가 간 투자수익률이 서로 일치하기 위해서 국내명목이자율(i)은 외국명목이자율(i_f)에 비해 환율변동률만큼 더 커야 한다.

> **유위험 이자율평가설**
>
> - $i = i_f + \dfrac{e^e - e}{e}$
> - $\dfrac{e^e - e}{e} = i - i_f$
> - $e(1+i) = e^e(1+i_f)$
>
> - $i = i_f + \dfrac{\Delta e}{e}$
> - $\dfrac{\Delta e}{e} = i - i_f$
>
> - i : 국내명목이자율
> - e : 현재명목환율
> - i_f : 외국명목이자율
> - e^e : 미래기대환율

(3) 유위험 이자율평가설의 다른 도출

① 원화로 표시한 투자수익률
- ▸ 국내에 투자하는 경우 : 투자수익률을 원화로 표시하면 국내에 투자하는 경우는 환율변동의 위험이 존재하지 않으므로 국내명목이자율(i) 자체가 국내투자수익률이 된다.
- ▸ 외국에 투자하는 경우 : 원화를 달러로 환전하여 외국에 투자한 후 만기 시 달러를 원화로 다시 환전할 때 환율이 상승(달러가치 상승)하면 환차익을 얻게 되므로 환율상승률(달러가치 상승률)만큼 투자수익률이 상승한다. 따라서 원화표시 외국투자수익률은 외국명목이자율(i_f)에 환율변화율$\left(\dfrac{\Delta e}{e}\right)$을 더한 $i_f + \dfrac{\Delta e}{e}$가 된다.
- ▸ 유위험 이자율평가설 : $i = i_f + \dfrac{\Delta e}{e}$, $\dfrac{\Delta e}{e} = i - i_f$

② 달러로 표시한 투자수익률
- ▸ 국내에 투자하는 경우 : 달러를 원화로 환전하여 국내에 투자한 후 만기 시 원화를 달러로 다시 환전할 때 환율이 상승(원화가치 하락)하면 환차손을 입게 되므로 환율상승률(원화가치 하락률)만큼 투자수익률이 하락한다. 따라서 달러표시 국내투자수익률은 국내명목이자율(i)에서 환율변화율$\left(\dfrac{\Delta e}{e}\right)$을 차감한 $i - \dfrac{\Delta e}{e}$가 된다.
- ▸ 외국에 투자하는 경우 : 투자수익률을 달러로 표시하면 외국에 투자하는 경우는 환율변동의 위험이 존재하지 않으므로 외국명목이자율(i_f) 자체가 외국투자수익률이 된다.
- ▸ 유위험 이자율평가설 : $i - \dfrac{\Delta e}{e} = i_f$, $\dfrac{\Delta e}{e} = i - i_f$

3. 무위험 이자율평가설

① 무위험 이자율평가설(covered interest parity)은 환율변화에 따른 위험을 선물환시장을 통해 제거할 수 있는 경우 이자율평가설이다.

② 무위험 이자율평가설에 의하면 국내명목이자율(i)과 외국명목이자율(i_f)의 차이만큼 선물환 프리미엄 또는 선물환 디스카운트가 결정된다.

> **무위험 이자율평가설**
> - $i = i_f + \dfrac{f-e}{e}$
> - $\dfrac{f-e}{e} = i - i_f$
> - $e(1+i) = f(1+i_f)$
>
> - i : 국내명목이자율
> - i_f : 외국명목이자율
> - e : 현물환율
> - f : 선물환율

③ 무위험 이자율평가설이 성립하면 고금리 통화가 저금리 통화보다 선물환 디스카운트 상태에 놓이게 된다.

4. 평가

① 환율의 단기적인 변동추세에 대한 설명력이 비교적 높다.
② 이자율평가설이 성립하기 위해서는 국가 간 자본의 완전이동이 전제되어야 하는데, 자본통제와 같은 제도적 제약이나 거래비용과 같은 제약이 존재하면 이자율평가설은 성립하지 않는다.

제5절 환율제도

I 고정환율제도

1. 개념
① 고정환율제도(fixed exchange rate system)란 정부나 중앙은행이 외환시장에 개입하여 환율을 일정 수준으로 고정시키는 제도를 말한다.
② 고정환율제도에서는 자국통화의 가치를 특정국의 통화, 금, 특별인출권 등에 연계함으로써 환율변동을 협소한 폭으로 한정하게 된다.

2. 장점
① 환율이 고정되어 있으므로 환투기를 노린 단기적 투기자본의 이동이 제거되므로 외환투기의 가능성이 작다.
② 환율이 고정되어 있으므로 환율이 안정적이어서 국가 간 국제무역이 확대된다.
③ 환율의 변동에서 오는 환위험이 없기 때문에 무역 및 금융거래가 활발하게 이루어지고, 일관성 있는 대외정책을 실시할 수 있다.
④ 환율이 고정되므로 국내 물가안정에 기여한다.

3. 단점
① 외국교란요인이 국내경제에 쉽게 파급된다.
  ▶ 환율이 고정되어 있으므로 외국교란요인을 흡수하지 못한다.
② 환율이 고정되어 있으므로 국제수지불균형이 자동으로 조정되지 않는다.
  ▶ 변동환율제도에서는 '국제수지 흑자→환율 하락→수출 감소, 수입 증가→국제수지 적자'의 과정과 '국제수지 적자→환율 상승→수출 증가, 수입 감소→국제수지 흑자'의 과정을 거쳐 국제수지불균형이 환율변동에 의해 자동으로 조정된다. 하지만, 고정환율제도 하에서는 환율이 고정되어 있으므로 환율변동에 의한 국제수지불균형이 조정되지 못하고 계속 지속될 가능성이 있다.
③ 고정환율을 유지하기 위해서 중앙은행이 외환시장에 개입하여 외환의 매입과 매각을 실시해야 하므로 외환을 충분하게 보유해야 한다.
  ▶ 국제수지적자로 환율상승의 압력이 존재할 때 고정환율제도 하에서는 환율상승을 억제하기 위해 외환시장에서 외환을 매각해야 한다. 이처럼 고정환율제도 하에서는 환율을 일정 수준으로 고정시켜 놓기 위해 통화당국이 외환보유고를 충분히 보유해야 한다.
④ 대외여건의 변화에 탄력적으로 대응할 수 없다.
⑤ 국제수지의 변동에 의해 자동으로 통화량의 변동이 발생하므로 자율적인 금융정책이 실시되기 어렵다.
  ▶ 국제수지 흑자→환율하락의 압력→환율하락을 억제하기 위해 외환의 매입, 중앙은행의 외환보유고 증가→본원통화 증가→통화량 증가
  ▶ 국제수지 적자→환율상승의 압력→환율상승을 억제하기 위해 외환의 매각, 중앙은행의 외환보유고 감소→본원통화 감소→통화량 감소
⑥ 정부가 설정한 환율이 경제의 기초여건(fundamental)과 부합하지 않은 경우 외환투기가 발생할 가능성이 있다.

CHAPTER 03 외환시장론

Ⅱ 자유변동환율제도

1. 개념
① 자유변동환율제도(floating exchange rate system)란 외환시장에서 외환의 수요와 공급에 의해 환율이 자유롭게 결정되는 제도를 말한다.
② 자유변동환율제도에서는 중앙은행이나 기타 외환당국에 의한 시장개입 없이 자유롭게 환시세가 결정된다.

2. 장점
① 외국교란요인이 국내경제에 쉽게 파급되지 않기 때문에 국내경제가 외국부문의 충격으로부터 비교적 안전할 수 있다.
  ▸ 외국교란요인이 발생하였을 때 환율이 자유롭게 변동하므로 충격을 흡수하게 된다.
② 환율변동에 의해 국제수지의 불균형은 자동으로 해소된다.
  ▸ 변동환율제도에서는 '국제수지 흑자 → 환율 하락 → 수출 감소, 수입 증가 → 국제수지 적자 → 환율 상승 → 수출 증가, 수입 감소 → 국제수지 흑자'의 과정을 거쳐 국제수지불균형이 환율변동에 의해 자동으로 조정된다.
③ 중앙은행은 불필요한 외환을 보유할 필요가 없다.
  ▸ 외환시장의 수요와 공급에 의해 환율이 자유롭게 결정되므로 환율안정을 위한 외환보유고를 충분하게 보유하지 않아도 된다.
④ 대외여건의 변화에 탄력적으로 대응할 수 있다.
⑤ 국제수지의 변동은 환율의 자유로운 변동에 의해 흡수되므로 정책당국의 자율적인 금융정책이 가능하다.
  ▸ 변동환율제도에서는 환율고정을 위해 외환시장에 개입하지 않아도 되므로 외환의 매입과 매각을 통한 통화량의 변동이 발생하지 않는다.
  ▸ 중앙은행이 환율을 일정하게 유지하기 위해 외환시장에 개입하지 않아도 되므로 통화정책을 독립적으로 사용하여 거시경제의 안정을 도모할 수 있다.
  ▸ 통화정책을 적극적으로 실행하지 않더라도 시장에서 환율이 신속하게 조정되어 대내외균형이 유지될 수 있다.

3. 단점
① 환율이 변동하므로 외환차익을 노린 단기적 투기자본의 이동이 많아서 외환투기의 가능성이 있다.
② 환율의 변동에서 오는 환위험이 존재하기 때문에 무역의 안정성과 지속성이 보장되지 못하여 국외거래의 장애요인이 된다.
③ 환율의 변동에서 오는 환위험이 존재하여 일관성 있는 대외정책을 실시하기가 어렵다.
④ 환율변동에 의해 원화표시 수입원자재가격의 변동이 자동으로 나타나므로 국내물가를 불안하게 할 수 있다.

CHAPTER 04 국제수지론

PART 02 | 국제금융론

제1절 개요

I 국제수지와 국제수지표

1. 국제수지

(1) 개념

국제수지(Balance of Payments : BOP)란 ① 일정 기간 ② 한 나라 거주자와 외국의 거주자 사이의 ③ 모든 경제적 거래를 말한다.

(2) 구체적 의미

① 국제수지는 일정 기간에 측정되는 유량(flow)의 개념이다.
  ▸ 우리나라에서는 한국은행이 국제수지통계를 월별로 작성하여 발표하고 있다.
  ▸ 국제수지표를 나라에 따라서는 분기별로 작성하기도 한다.
② 거주자와 비거주자의 구분은 경제주체들이 어디에 살고 국적이 어디냐에 구분하지 않고, 경제활동에서 이익의 중심(center of interest)이 어디에 있느냐를 기준으로 구분한다.
③ '모든 경제적 거래'라는 말은 상품 및 서비스, 소득, 이전, 금융 등 모든 형태의 거래를 망라한다는 것을 의미한다.

2. 국제수지표

(1) 개념

① 국제수지표(balance of payments accounts)란 국제수지를 복식부기(double entry system)의 원리로 국제적으로 통일된 객관적인 기준에 의해 작성한 통계표이다.
② 국제통화기금(IMF)은 국제수지메뉴얼(BPM)에서 국제수지표의 원칙과 기준을 정하고 각 나라들로 하여금 동 메뉴얼에 따라 국제수지통계를 작성하도록 권고하고 있다.

(2) 회계처리 원칙

① 거래의 계상시점은 발생주의를 따른다. 즉, 경제적 가치가 생성·변화·교환·제공·이전 또는 소멸된 시점을 거래의 계상시점으로 한다.
② 모든 거래는 거래당사자 간에 합의된 실제가격으로 평가하는 것을 원칙으로 한다.
③ 회계원칙은 복식부기원리(double entry book-keeping system)을 따라 기록한다.
④ 미달러화·유로화·엔화 등 다양한 통화로 표시된 국제거래를 계산단위통화로 환산(우리나라의 경우 '미달러화')할 때 거래당일의 실제 시장환율을 적용함을 원칙으로 한다.
⑤ 거래금액을 계상할 때 경상수지와 자본수지는 총액(수출, 수입을 각각 계상)으로, 금융계정은 순액(매수에서 매도를 차감해서 순액 계상)으로 기록한다.

II. 국제수지표의 구성(계정항목)

1. 경상수지(Current Account)

(1) 상품수지
① 거주자와 비거주자 간의 상품거래, 즉 수출입거래를 기록한다.
② 일반 상품, 중계무역순수출, 비화폐용 금

(2) 서비스수지
① 거주자와 비거주자 간의 서비스(용역) 거래를 기록한다.
② 가공서비스, 운송, 여행, 건설, 보험서비스, 금융서비스, 통신·컴퓨터·정보서비스, 지적재산권 사용료, 유지보수서비스, 기타 사업서비스, 개인·문화·여가서비스, 정부서비스

(3) 본원소득수지
① 거주자와 비거주자 사이에 발생하는 급료 및 임금, 투자소득을 계상한다.
② 급료 및 임금 : 거주자가 1년 미만 다른 경제권에서 일하면서 거주자로부터 받은 보수와 국내에 1년 미만 고용된 비거주자에게 지급한 보수
③ 투자소득 : 대외 금융자산과 부채의 보유에 따라 발생하는 배당금, 이자 등

(4) 이전소득수지
① 거주자와 비거주자 사이에 대가 없이 이루어진 이전거래를 기록한다.
② 새로운 경제권에 1년 이상 고용되어 그 경제권의 거주자로 취급되는 근로자의 송금
③ 식량·의약품 등의 무상원조, 국제기구 출연금 등

2. 자본수지(Capital Account)

① 자본이전 : 자산 소유권의 무상이전, 채권자에 의한 채무면제 등을 기록한다.
② 비생산·비금융자산 : 랜드네임, 상표 등 마케팅자산과 기타 양도 가능한 무형자산의 취득과 처분을 기록한다.

3. 금융계정(Financial Accounts)

① 정부, 중앙은행, 금융기관, 민간기업 등 모든 거주자의 대외 금융자산 및 부채의 거래변동을 기록한다.
② 직접투자, 증권투자, 파생금융상품, 기타투자, 준비자산으로 구성된다.
③ 거주자의 입장에서 자산 또는 부채를 판단한다.

4. 오차 및 누락

① 국제수지통계는 모든 대외거래를 차변과 대변에 같은 금액으로 기록하는 복식부기원리에 의해 작성되므로 이론상으로는 '오차 및 누락'이 발생하지 않는다.
② 그러나 실제로 국제수지통계를 작성할 때는 통관통계, 외환수급통계 등 기초통계들 간의 계상시점 및 평가방법상의 차이나 기초통계 자체의 오류, 기업과 은행의 보고누락 등으로 인해 대·차 불일치가 발생하게 된다. '오차 및 누락'은 이에 대한 기술적 조정항목이다.
③ 경상수지+자본수지+금융계정+오차 및 누락=0

5. 국제수지표의 구성

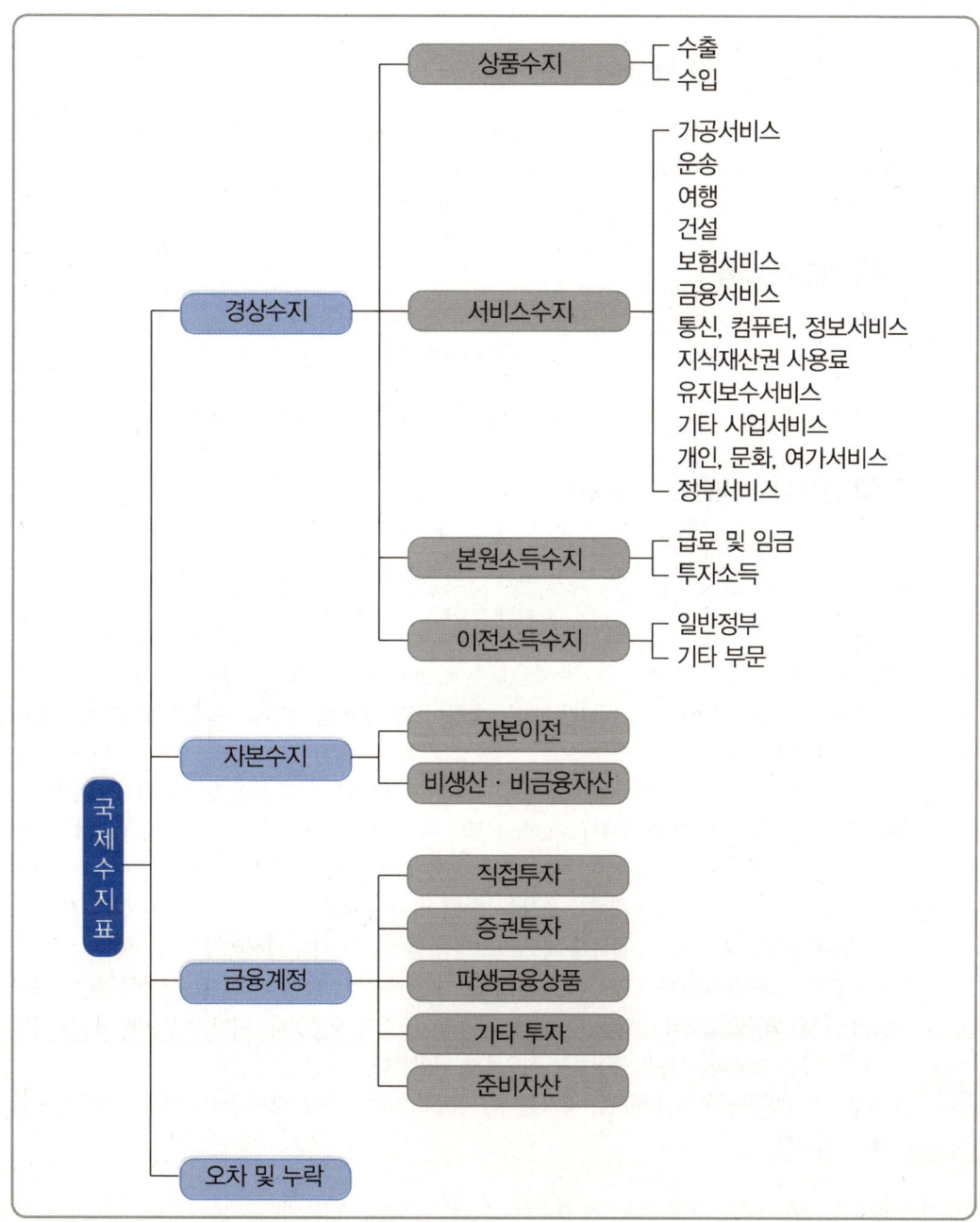

CHAPTER 04 국제수지론

제2절 국제수지의 국민경제적 의의

Ⅰ 경상수지와 국내총생산

① 논의의 단순화를 위해 경상수지의 구성항목 중 본원소득수지와 이전소득수지를 0이라고 가정하면 '상품 및 서비스수지=상품 및 서비스의 순수출=경상수지'의 관계가 성립하게 된다.

② 국민소득의 항등식을 이용하여 지출국민소득을 다음과 같이 쓸 수 있다.

> **지출국민소득**
> $$Y = C + I + G + (X - M)$$
> $$= C + I + G + X_N$$

③ 지출국민소득식을 순수출(X_N)에 대해 정리하면 다음과 같은 식이 도출된다.

> **경상수지 = 국민소득 − 압솝션**
> $$X_N = X - M$$
> $$= Y - (C + I + G)$$
> $$= Y - A$$

④ 위의 식에서 A는 국민경제의 총사용액(압솝션, absorption)으로서 $C + I + G$와 일치한다.
   ▸ 엄밀하게 말하면 압솝션에는 '재고감소'라는 항목이 포함되지만, 분석의 편의상 재고감소가 없다는 가정을 하였다.
   ▸ 압솝션에 대한 자세한 논의는 거시경제학 '제2장 거시경제변수'의 내용을 참조하기 바란다.

⑤ 위의 식의 우변은 국민경제 안에서 생산한 상품의 총가치(Y)에서 사용한 상품의 총가치(A)를 뺀 나머지라는 뜻이다. 따라서 이것이 바로 경상수지를 의미한다고 말할 수 있다.

⑥ $Y > A$의 관계가 성립하면 국내에서 생산한 가치(Y)가 총사용액(A)을 초과하여 국내에서 사용하고 남은 상품을 외국으로 수출하게 되므로 그만큼 경상수지흑자가 발생하게 된다. 반면, $Y < A$의 관계가 성립하면 국내에서 생산한 가치(Y)보다 총사용액(A)이 더 크다는 의미인데, 이것이 가능한 것은 외국으로부터 수입해온 상품을 사용할 수 있기 때문이다. 이때 총사용액(A)이 국내총생산(Y)을 초과하는 폭은 경상수지 적자폭과 일치한다.
   ▸ 경상수지적자를 줄이기 위해서는 총지출액을 감소시켜야 하므로 정책당국의 긴축정책이 필요함을 시사한다.

| 경상수지와 국내총생산 및 압솝션 |

$Y > A$ → 생산액 > 지출액 → $X_N > 0$ → 경상수지 흑자

$Y < A$ → 생산액 < 지출액 → $X_N < 0$ → 경상수지 적자

Ⅱ 경상수지와 국민저축 및 투자

1. 국민저축과 투자

① 순수출식에 조세수입을 나타내는 T를 한 번 빼고 더하면 다음과 같은 식이 도출된다.

> **순수출**
> $$X_N = Y - (C + I + G)$$
> $$= (Y - C - T) + (T - G) - I$$

② 국민소득의 처분을 나타내는 식 $Y = C + S + T$를 통해 $Y - C - T = S$가 도출되는데 여기에서 S는 민간저축(S_P)을 의미한다. $T - G$는 조세수입(T)에서 정부지출(G)을 뺀 나머지를 뜻하므로 정부저축(S_G)을 의미한다. 민간저축(S_P)과 정부저축(S_G)의 합을 국민저축(S_N) 또는 국내저축(S_D)이라 정의하면 다음과 같은 식이 도출된다.

> **순수출＝국민저축－투자**
> $$X_N = S_P + S_G - I = S_D - I$$

③ 위의 식은 경상수지가 국내총생산(Y)과 총사용액(A)의 차이뿐 아니라 국내저축(S_D)과 투자(I)의 차이로도 표현될 수 있음을 의미한다. 즉, 국내저축(S_D)이 투자(I)보다 큰 경우 경상수지가 흑자, 국내저축(S_D)이 투자(I)보다 작은 경우 경상수지가 적자로 나타난다.

④ 위의 식에서 다른 모든 변수가 일정하다는 가정 하에 정부의 재정적자($G - T$)가 증가하여 정부저축(S_G)이 감소하면 순수출(X_N)이 감소하여 경상수지의 적자폭도 증가함을 알 수 있다. 이처럼 재정적자와 경상수지적자가 동시에 나타날 때 쌍둥이 적자(twin deficit)라고 한다.
▸ 재정적자 : $G - T = -(T - G) = -S_G$
▸ 정부저축, 재정수지, 재정흑자 : $S_G = T - G$

> **참고   쌍둥이 적자**
> ① 쌍둥이 적자(twin deficits)란 재정적자와 경상수지적자가 동시에 나타나는 현상이다.
> ② 재정적자가 증가하면 정부저축이 감소하여 경상수지적자도 증가한다.
> ③ 정부지출이 증가하면 국민소득증가로 인한 수입증가가 발생하여 경상수지적자를 유발한다.
> ④ 국공채발행을 통한 정부지출의 증가는 이자율을 상승시켜 외국자본의 유입을 촉진하게 되고, 이는 환율을 하락시켜 순수출을 감소시킴으로써 경상수지적자를 초래하게 된다.

| 경상수지와 국민저축 및 투자 |

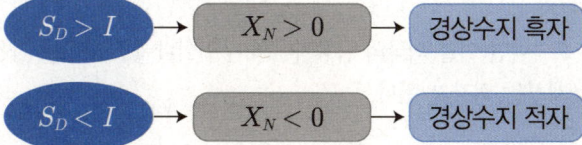

2. 해외투자와 해외저축

(1) 해외투자, 대외투자

① $I_F = X_N = X - M = (S_P + S_G) - I = S_D - I$

② 순수출, 경상수지흑자
③ 순자본유출 : 자국의 국민에 의한 저축이 외국으로 흘러들어 간 부분
④ 외국에 빌려준 자금
⑤ 국민저축(국내저축)을 가지고 국내총투자를 메우고 남는 부분
⑥ 해외투자＝국민저축(국내저축)－국내총투자
⑦ 음(－)의 순수입, 음(－)의 순자본유입, 음(－)의 해외저축

(2) 해외저축, 대외저축

① $S_F = -X_N = M - X = I - (S_P + S_G) = I - S_D$

② 순수입, 경상수지적자
③ 순자본유입 : 외국의 국민에 의한 저축이 국내로 들어온 부분
④ 외국에서 빌려 온 자금
⑤ 국민저축(국내저축)을 가지고 국내총투자를 메우고 모자라는 부분
⑥ 해외저축＝국내총투자－국민저축(국내저축)
⑦ 음(－)의 순수출, 음(－)의 순자본유출, 음(－)의 해외투자

(3) 경상수지 흑자

① 국내의 총생산액(Y)이 총지출액(A)보다 많다는 것을 의미한다.
② 국내저축(S_D)이 투자(I)보다 크다는 것을 의미한다.
③ 양(＋)의 순수출, 양(＋)의 순자본유출, 양(＋)의 해외투자
④ 음(－)의 순수입, 음(－)의 순자본유입, 음(－)의 해외저축

(4) 경상수지 적자

① 국내의 총생산액(Y)보다 총지출액(A)이 많다는 것을 의미한다.
② 국내저축(S_D)보다 투자(I)가 크다는 것을 의미한다.
③ 양(＋)의 순수입, 양(＋)의 순자본유입, 양(＋)의 해외저축
④ 음(－)의 순수출, 음(－)의 순자본유출, 음(－)의 해외투자

Ⅲ 경상수지와 자본수지

1. 경상수지와 금융계정의 관계

① 경상수지가 적자이면 부족한 외화를 외국에서 빌려오기 때문에 자본유입이 되므로 금융계정은 흑자가 된다.
② 경상수지가 흑자이면 이를 외국의 금융자산의 구입이나 외채상환에 사용되므로 자본유출이 발생하여 금융계정은 적자가 된다.

2. 경상수지와 자본수지의 관계

(1) 개요
① '경상수지+자본수지+금융계정+오차 및 누락=0'의 식에서 오차 및 누락=0이라면 '경상수지+자본수지+금융계정=0'의 식이 성립한다.
② 자본수지와 금융계정을 묶어서 이론적으로 자본수지라고 하므로 '경상수지+자본수지=0'의 식이 성립한다.

(2) 이론적 내용
① 국민저축(국내저축)이 국내총투자를 초과하면 그 차액만큼이 해외투자로 나타나는데 해외투자를 위해서는 자국에서 다른 나라로 그 몫만큼의 외화가 나가는 것이므로 순자본유출이 발생한다. 따라서 국내총투자를 초과하는 국민저축의 몫은 자본수지적자로 해석된다.
▸ 순자본유출을 순해외투자(Net Foreign Investment : NFI)라고도 한다.
② 국내총투자가 국민저축을 초과하면 그 초과분은 외국부문에서 해외저축으로 조달해야 하는데 이는 외국부문으로부터 외화가 유입되는 것이므로 순자본유입이 발생한다. 따라서 국내총투자에 못 미치는 국민저축의 몫은 자본수지흑자로 해석된다.
③ 따라서 경상수지와 자본수지는 절댓값이 같고 부호만 반대가 된다.

> **경상수지와 자본수지**
> ■ 경상수지+자본수지=0   ■ 경상수지=-자본수지

Ⅳ 경상수지적자의 의미

1. 부정적 경상수지적자
① 국내에서 과소비풍조로 인해 민간저축이 감소하여 경상수지적자가 발생하는 경우
② 정부의 방만한 재정운영으로 재정적자가 발생하여 정부저축이 감소하는 경우
③ 수출산업의 생산성하락으로 경상수지적자가 발생하는 경우
④ 경상수지적자가 지속되면 외채의 누적으로 이어져 외채위기를 초래할 가능성이 있다.

2. 긍정적 경상수지적자
① 국내경제의 건실한 성장으로 인해 투자지출이 증가하는 경우
▸ 국내저축(국민저축)에 아무 변화가 없어도 국내의 투자지출이 증가하면 경상수지의 적자가 발생할 수 있다.
② 외국투자가들이 우리 경제의 미래를 낙관적으로 평가하여 투자자금이 외국으로부터 유입되는 경우

| 경상수지와 자본수지 |

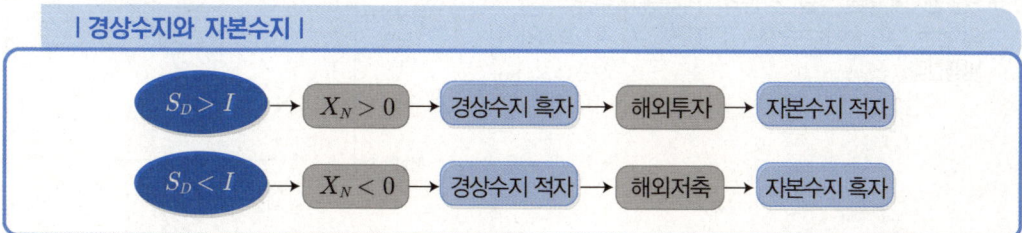

CHAPTER 04 국제수지론

제3절 환율과 경상수지

I 마샬-러너조건

① 마샬-러너조건(Marshall-Lerner condition)이란 환율변동에 의해 경상수지가 개선되기 위한 조건 또는 외환시장의 안정성조건을 말한다.
② 마샬-러너조건에 의하면 외국수입수요의 가격탄력성과 자국수입수요의 가격탄력성의 합이 1보다 크면 환율상승에 의해 경상수지가 개선되고, 1보다 작으면 환율상승에 의해 경상수지가 악화된다.

> **마샬-러너조건**
> - 외국수입수요의 가격탄력성 + 자국수입수요의 가격탄력성 > 1 : 경상수지 개선
> - 외국수입수요의 가격탄력성 + 자국수입수요의 가격탄력성 = 1 : 경상수지 불변
> - 외국수입수요의 가격탄력성 + 자국수입수요의 가격탄력성 < 1 : 경상수지 악화

II J-곡선효과

1. 개념

① J-곡선효과(J-curve effect)란 경상수지 적자 시 경상수지의 개선을 위하여 환율인상(평가절하)을 단행했을 때 일정 기간 경상수지가 개선되지 못하고 오히려 악화되다가 상당한 기간이 경과하여야 비로소 경상수지가 개선되는 효과를 말한다.
② J-곡선효과가 발생한다는 것은 단기에 마샬-러너조건이 성립하지 않음을 의미한다.

2. 내용

① J-곡선효과의 이유는 수출입상품의 가격변동과 물량의 변동 간에 시차가 존재하기 때문이다.
② 환율이 인상되면 수출품가격(달러표시) 하락과 수입품가격(원화표시) 상승은 즉시 나타나지만, 수출량 증가와 수입량 감소는 시간을 두고 나타나므로 단기에는 경상수지적자를 확대시키는 것이다.
③ 경상수지를 세로축, 시간을 가로축에 표시한 평면에 경상수지의 시간경로를 그려 보면 J자의 모양으로 나타나기 때문에 'J-곡선효과'라고 부른다.

| J-곡선효과 |

- 환율인상(평가절하)을 실시하면 그 시점에서는 오히려 경상수지가 악화되다가 시간이 흐르면서 점차 경상수지가 개선되는 효과를 J-곡선효과라고 한다.
- 환율인상에 따른 수출입상품의 가격변동과 수출입물량의 변동 간에 시차가 존재하기 때문에 J-곡선효과가 발생한다.

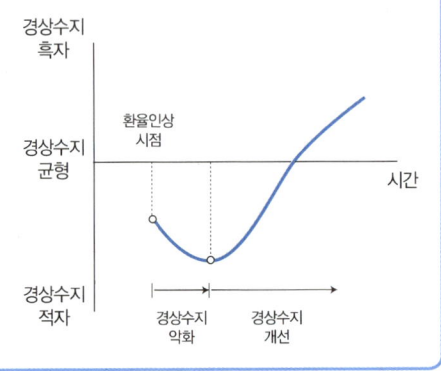

제4절 국제수지의 조정

I 고정환율제도에서 국제수지조정

① 브레튼우즈체제에서 케인즈(J. M. Keynes)의 모형에 의하면 국민소득의 변동을 통해 국제수지의 불균형이 조정된다.
② 고정환율제도에서는 국민소득의 변동을 통해 국제수지의 불균형이 조정된다.

| 국민소득을 통한 국제수지조정 : 케인즈 |

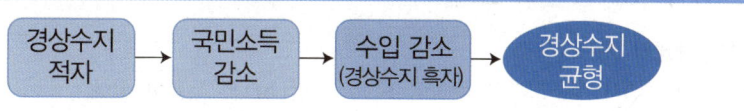

II 변동환율제도에서 국제수지조정

① 변동환율제도에서는 환율이 자동으로 변동하여 국제수지의 불균형을 조정한다.
② 경상수지 적자가 발생하면 외환시장의 초과수요가 발생하여 환율이 상승하고, 환율의 상승은 수출을 증가시키고 수입을 감소시켜 경상수지 적자가 해소된다. 반대로 경상수지 흑자가 발생하면 외환시장의 초과공급이 발생하여 경상수지 흑자가 해소된다.

| 변동환율제도에서 국제수지조정 |

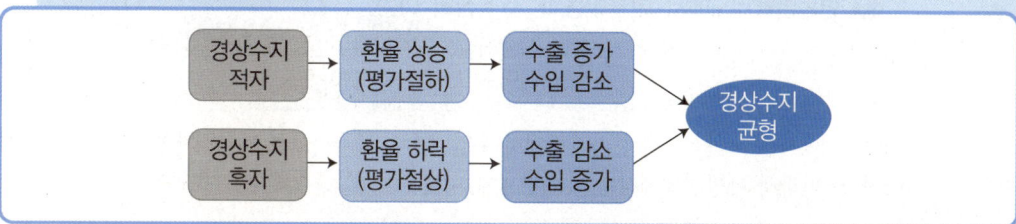

> **참고** 불태화정책
>
> ① 불태화정책(sterilization policy) 또는 중화정책이란 외환시장의 변동으로 인해 부수적으로 발생하는 통화량의 변동을 상쇄시킬 목적으로 중앙은행이 공개시장에서 국공채의 매매를 통해 시장에 개입하는 행위를 말한다.
> ② 고정환율제도에서 국제수지흑자가 발생하면 외환의 초과공급으로 인한 환율하락의 압력을 받게 된다. 이때 중앙은행은 환율하락을 방지하기 위해 외환시장에 개입하여 외환을 매입하게 되는데 이 과정에서 중앙은행으로부터 본원통화의 공급이 증가하게 된다. 만약 이러한 본원통화의 공급을 상쇄시키기 위해 중앙은행이 공개시장에서 국공채를 매각하여 통화량을 감소시키는 정책을 하게 되면 이것이 불태화정책에 해당하는 것이다. 이때 중앙은행의 자산구성에서 외환은 증가하고 국공채는 감소한다.
> ③ 반대로 고정환율제도에서 국제수지적자가 발생하면 본원통화의 공급이 감소하게 된다. 이때 중앙은행이 불태화정책을 사용하면 공개시장에서 국공채를 매입하여 통화량을 증가시키게 된다. 고정환율제도 하에서 국제수지적자일 때 불태화정책을 사용하면 중앙은행의 자산구성에서 외환은 감소하고 국공채는 증가한다.

제5절 IS - LM - BP 모형

I 개요

① IS - LM - BP모형은 개방경제에서 먼델 - 플레밍모형(Mundell - Fleming model)을 이용하여 고정환율제도와 변동환율제도에서의 재정정책과 금융정책의 효과를 분석한다.
② IS - LM - BP모형에서는 중앙은행이 불태화정책을 사용하지 않는 것으로 가정한다.

II IS - LM - BP곡선의 도출

1. 개방경제에서 IS곡선

① 개방경제에서 수출(X)은 주입이 되고, 수입(M)은 누출이 된다.
② 수출수요(X)는 환율(e)의 증가함수, 수입수요(M)는 환율(e)의 감소함수이자 국민소득(Y)의 증가함수이므로 다음과 같이 나타낼 수 있다.

> **개방경제에서 생산물시장의 균형**
> $$I^D(\overset{\ominus}{r}) + G_0 + X(\overset{\oplus}{e}) = S(Y-T) + T_0 + M(\overset{\ominus}{e},\ \overset{\oplus}{Y})$$

③ 변동환율제도에서 환율(e)이 상승(평가절하)하면 순수출(X_N)이 증가하여 IS곡선이 우측 이동하고, 환율(e)이 하락(평가절상)하면 순수출(X_N)이 감소하여 IS곡선이 좌측 이동한다.

> **변동환율제도에서 환율변동과 IS곡선의 이동**
> - 환율 상승 → IS곡선 우측 이동
> - 환율 하락 → IS곡선 좌측 이동

④ 개방경제에서는 국민소득의 증가과정에서 수입(M)이 증가하므로 폐쇄경제에 비해 승수가 작아진다. 따라서 개방경제에서는 폐쇄경제에 비해 IS곡선의 기울기가 급격해진다.

2. 개방경제에서 LM곡선

① 고정환율제도에서 국제수지의 흑자는 통화량의 증가로 이어져 LM곡선을 우측으로 이동시키고, 국제수지의 적자는 통화량의 감소로 이어져 LM곡선을 좌측으로 이동시킨다.
  ▸ 국제수지가 흑자이면 환율하락의 압력으로 중앙은행은 외환시장에서 외환매입을 통해 환율을 방어하게 된다. 외환매입의 과정에서 중앙은행의 본원통화가 증가한다.
  ▸ 국제수지가 적자이면 환율상승의 압력으로 중앙은행은 외환시장에서 외환매각을 통해 환율을 방어하게 된다. 외환매각의 과정에서 중앙은행의 본원통화가 감소한다.

> **고정환율제도에서 국제수지와 LM곡선의 이동**
> - 국제수지 흑자 → LM곡선 우측 이동
> - 국제수지 적자 → LM곡선 좌측 이동

② 이처럼 고정환율제도에서는 외환시장의 변동으로 인해 자동적으로 본원통화가 변동하므로 금융정책의 자율성이 훼손된다.

3. 국제수지의 균형과 BP곡선

(1) 개념
① BP곡선이란 국제수지(balance of payments)의 균형을 가져다주는 이자율(r)과 국민소득(Y)의 조합점을 연결한 곡선을 말한다.
② 여기에서 국제수지란 경상수지와 자본수지를 합한 것으로 정의한다.

(2) BP곡선의 도출
① 국내이자율(r)이 상승하면 자본유입이 발생하고 외국이자율(r_f)이 상승하면 자본유출이 발생하기 때문에 자본수지는 국내이자율(r)의 증가함수, 외국이자율(r_f)의 감소함수이다.
② 외국이자율(r_f)이 고정되어 있다고 가정하면 자본수지는 국내이자율(r)의 증가함수이다.

> **국제수지의 균형**
> $$BP = \overset{\oplus}{X(e)} - \overset{\ominus\ \oplus}{M(e,\ Y)} + \overset{\oplus\ \ominus}{K(r,\ r_f)}$$
> • r : 국내이자율   • r_f : 외국이자율

③ 국민소득(Y)이 증가하면 수입(M)이 증가(경상수지 적자)하여 국제수지가 적자로 전환되므로 이자율(r)의 상승을 통해 자본유입이 증가하여 자본수지가 증가하여야 한다.
④ 국제수지의 균형을 위해 국민소득(Y)이 증가하면 이자율(r)은 상승해야 하고, 이자율(r)이 상승하면 국민소득(Y)은 증가해야 하기 때문에 BP곡선은 우상향한다.

(3) 국제수지의 불균형
① BP곡선의 위쪽은 동일한 국민소득수준 하에서 균형이자율수준보다 높은 이자율수준이므로 자본유입이 균형수준을 초과한 상태(자본수지 흑자)가 되어 국제수지흑자를 나타낸다. 동일한 논리로 BP곡선의 아래쪽은 국제수지적자를 나타낸다.
② BP곡선의 좌측은 동일한 이자율수준 하에서 균형국민소득수준보다 낮은 국민소득수준이므로 수입이 균형수준에 미달된 상태(경상수지 흑자)가 되어 국제수지흑자를 나타낸다. 동일한 논리로 BP곡선의 우측은 국제수지적자를 나타낸다.

| BP곡선 |

- 국민소득(Y)이 증가하면 국제수지를 균형시키는 이자율은 상승해야 하기 때문에 BP곡선은 우상향한다.
- BP곡선의 상방(좌측)은 국제수지흑자를 나타내고, BP곡선의 하방(우측)은 국제수지적자를 나타낸다.

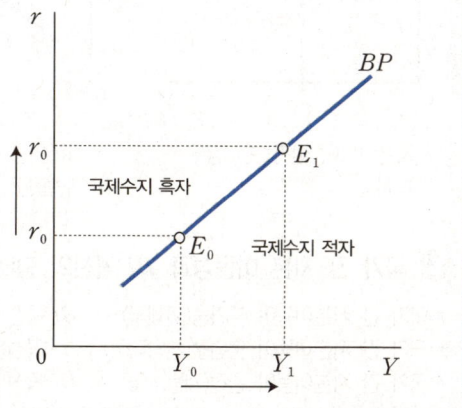

(4) BP곡선의 이동
① 환율이 상승하면 순수출증가로 인해 국제수지가 흑자로 전환되는데 동일한 국민소득(Y) 하에서 이자율하락을 통한 자본수지의 감소가 이루어져야 국제수지의 균형을 이룰 수 있으므로 BP곡선은 하방 이동한다.
② 환율이 상승하면 순수출증가로 인해 국제수지가 흑자로 전환되는데 동일한 이자율(r) 하에서 국민소득(Y)의 증가를 통한 수입증가가 이루어져야 국제수지의 균형을 이룰 수 있으므로 BP곡선은 우측 이동한다.
③ 위의 내용을 정리하면 환율상승은 BP곡선을 우측(하방) 이동시키고, 환율하락은 BP곡선을 좌측(상방) 이동시킨다.
④ 해외이자율(r_f)이 상승하면 자본유출로 국제수지적자가 되는데 국제수지의 균형을 이루기 위해서는 국내이자율 상승(자본수지 증가)이나 국민소득 감소(경상수지 증가)가 나타나야 하므로 BP곡선은 상방(좌측) 이동한다.

(5) 국가 간 자본 이동성과 BP곡선의 형태
① BP곡선의 기울기는 국가 간 자본이동이 얼마나 자유로운가의 정도에 따라 달라진다.
② 국민소득(Y)의 증가로 인한 수입(M)의 증가(경상수지 적자)가 국제수지의 적자를 유발할 때 국가 간 자본이동이 자유로우면 이자율(r)이 조금만 상승하여도 국제수지의 적자를 상쇄시킬 만큼의 충분한 자본유입이 이루어므로 BP곡선은 완만하게 된다. 동일한 논리로 국가 간 자본이동이 자유롭지 못한 경우에는 BP곡선이 가파른 형태를 지닌다.
③ 만약 국가 간 자본이동이 완전한 경우(개방소국) 국내이자율(r)과 외국이자율(r_f) 간에 약간의 차이만 발생하더라도 금리차익을 노리는 대량의 자본거래가 이루어지므로 $r = r_f$가 성립하게 되어 BP곡선은 $r = r_f$를 만족하는 수준에서 수평선이 된다.
④ 본서에서는 자본이동이 완전한 경우(개방소국)만을 가정하여 정책효과를 분석할 것이다.

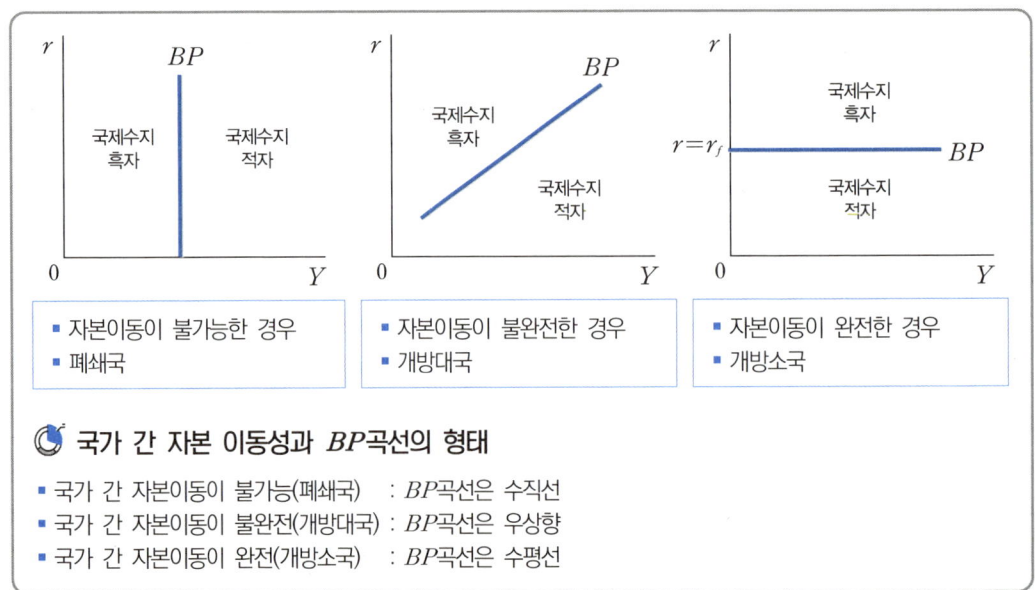

국가 간 자본 이동성과 BP곡선의 형태
- 국가 간 자본이동이 불가능(폐쇄국)   : BP곡선은 수직선
- 국가 간 자본이동이 불완전(개방대국) : BP곡선은 우상향
- 국가 간 자본이동이 완전(개방소국)   : BP곡선은 수평선

Ⅲ 고정환율제도에서 재정정책과 금융정책

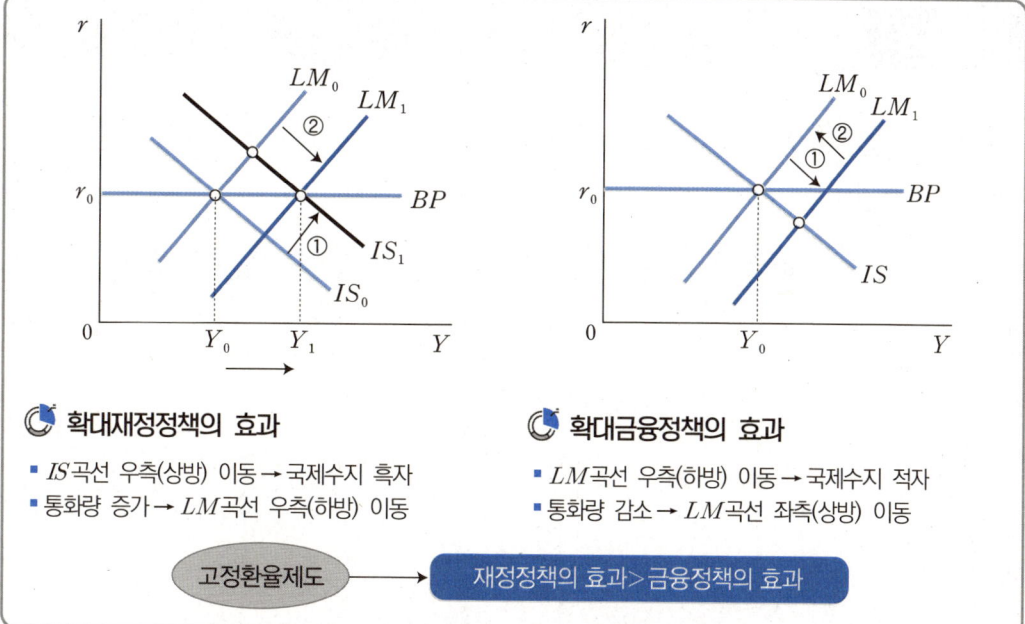

확대재정정책의 효과
- IS곡선 우측(상방) 이동 → 국제수지 흑자
- 통화량 증가 → LM곡선 우측(하방) 이동

확대금융정책의 효과
- LM곡선 우측(하방) 이동 → 국제수지 적자
- 통화량 감소 → LM곡선 좌측(상방) 이동

고정환율제도 → 재정정책의 효과 > 금융정책의 효과

Ⅳ 변동환율제도에서 재정정책과 금융정책

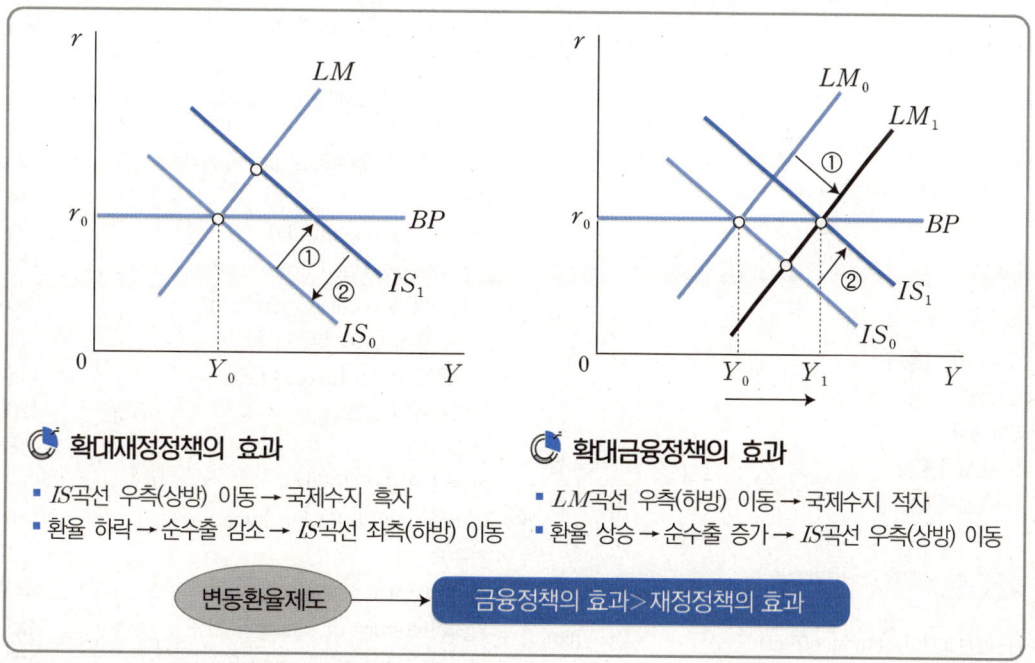

확대재정정책의 효과
- IS곡선 우측(상방) 이동 → 국제수지 흑자
- 환율 하락 → 순수출 감소 → IS곡선 좌측(하방) 이동

확대금융정책의 효과
- LM곡선 우측(하방) 이동 → 국제수지 적자
- 환율 상승 → 순수출 증가 → IS곡선 우측(상방) 이동

변동환율제도 → 금융정책의 효과 > 재정정책의 효과

INDEX 색인

1

1인당 자본축적방정식 570

A

AK모형 584

B

BP곡선 641
BP곡선의 도출 641
BP곡선의 이동 642
BP곡선의 형태 642

C

CES 생산함수 162

E

EC방정식 458

G

GDP디플레이터(GDP deflator) 520

I

IS곡선 463
IS곡선의 기울기 466
IS곡선의 이동 467
IS방정식 466
IS-LM이론 462
IS-LM-BP모형 640

J

J-곡선효과(J-curve effect) 638

K

k% 준칙주의(k% rule) 523

L

LM곡선 469
LM곡선의 기울기 471
LM곡선의 이동 472
LM방정식 471

Q

q이론 418

R

R&D모형 584

X

X-비효율성(X-inefficiency) 232

ㄱ

가격경직성모형(sticky price model) 503
가격규제 78
가격보조(price subsidy) 121
가격소비곡선(Price Consumption Curve : PCC) 113
가격차별(price discrimination) 235
가격탄력성과 조세의 귀착 71
가격효과(Price Effect : PE) 118
가격효과의 부호 120
가속도원리 418
가속적 인플레이션가설
(accelerated inflation hypothesis) 536
가수요 21
가치재(merit goods) 338
가치저장(store of value)의 기능 422
가치척도(unit of account)의 기능 422
간접금융(indirect finance) 425

감추어진 사전적 특성(hidden characteristic)	344	경제후생지표	
감추어진 사후적 행동(hidden action)	344	(Measure of Economic Welfare : MEW)	366
강단조성(strong monotonicity)	90, 92	계층별 소득분배이론	303, 314
개별공급(individual supply)	36	고용률	508
개별기업의 단기공급곡선	206	고전학파(classical school)	368
개별기업이 직면하는 노동공급곡선	279	고전학파의 화폐수요이론	446
개별기업이 직면하는 수요곡선	199, 250	고정환율제도(fixed exchange rate system)	629
개별노동공급곡선	284	공개시장조작(open market operation)	440
개별수요(individual demand)	29	공공재(public goods)	338
거래개념 교환방정식	446	공공재의 적정공급	340
거래적 화폐수요	450	공급(supply)	32
거시경제학(macro economics)	356	공급가격(supply price)	34
거시경제학(macroeconomics)	19	공급견인 인플레이션	524
건설기간(time to build)	566	공급독점적 착취	281, 299
건설투자	383	공급량(quantity supplied)	32
게임이론(game theory)	262	공급량의 변화	35
경기동행지수	562	공급의 가격탄력성(price elasticity of supply)	55
경기변동(business fluctuation)	560	공급의 법칙(law of supply)	33
경기변동의 지속성	566	공급의 변화	35
경기선행지수	561	공급의 점탄력성(point elasticity)	56
경기순환(business cycle)	560	공급함수(supply function)	32
경기자(player)	262	공동보험제도(co-insurance)	349
경기적 실업(cyclical unemployment)	512	공리주의	326
경기종합지수(Composite Index:CI)	561	공적보험제도(public insurance system)	347
경기후행지수	562	공정한 도박(fair gamble)	131
경상수지(Current Account)	632	공정한 보험	134
경상수지효과	489	공정한 보험(fair insurance)	134
경제문제	14	공정한 보험료	134
경제성장(economic growth)	568	과시적 소비(conspicuous consumption)	25
경제성장률	568	과잉설비(유휴설비)	252
경제성장이론	569	과점시장(oligopoly market)	253
경제순환	13	관세(tariff)	609
경제이론(economic theory)	20	광의통화	424
경제재(economic goods)	14	교역조건 악화론	608
경제적 구간	145	교역조건(terms of trade)	365, 607
경제적 비용(economic cost)	170	교환매개(medium of exchange)의 기능	422
경제적 지대(經濟的 地代, economic rent)	310	교환방정식(equation of exchange)	446
경제적 효율성	15	구두창비용(shoe leather cost)	528
경제주체	12	구매력평가설(Purchasing Power Parity : PPP)	624
경제학(economics)	19	구성의 오류(fallacy of composition)	21
경제행위	13	구입효과(crowding-in effect)	483
경제활동인구	506	구조적 실업(structural unemployment)	512
경제활동참가율	507	구축효과	483
		구축효과(crowding-out effect)	479

INDEX 색인

국내총생산(Gross Domestic Product : GDP)	359
국민총생산(GNP)	359
국민총소득(Gross National Income : GNI)	365
국제 독점적 경쟁시장이론(international monopolistic competition theory)	604
국제경제학(international economics)	19
국제금융론	592
국제금융시장에서 1물 1가의 법칙	627
국제무역론	592
국제생산물시장에서 1물 1가의 법칙	624
국제수지(Balance of Payments : BOP)	631
국제수지통계	632
국제수지표(balance of payments accounts)	631
굴절수요곡선모형 (kinked demand curve model)	260
귀속비용(imputation cost)	170
규모에 대한 보수 감소 (Decreasing Returns to Scale : DRS)	158
규모에 대한 보수 불변 (Constant Returns to Scale : CRS)	158
규모에 대한 보수 증가 (Increasing Returns to Scale : IRS)	157
규모에 대한 보수(returns to scale)	157
규모의 경제	252
규모의 경제(economies of scale)	157, 218
규모의 경제이론(economies of scale theory)	604
균제상태(steady state)	571
균형(equilibrium)	37
균형경기변동이론 (Equilibrium Business Cycle :)	563
균형성장조건	570, 576
균형재정승수	402
균형재정승수(balanced budget multiplier)	400
근로소득세	289
금속화폐	423
금융(finance)	425
금융계정(Financial Accounts)	632
금융시장(financial market)	425
금융정책(financial policy)	485
금융정책(monetary policy)	439
금융정책의 전달경로이론	441
금융정책의 중간목표	458
금융정책의 파급경로	439
급랭정책(cold turkey)	538
기능별 소득분배이론	303, 304
기대부가 필립스곡선 (expectation augmented Phillips curve)	534
기대소득(expected income)	130
기대효용(expected utility)	130
기대효용곡선	130
기수적 효용(cardinal utility)	82
기술격차이론(technology gap theory)	604
기술진보	165, 573
기업(firm)	140
기초공제제도(deduction)	349
기펜재	119
기펜재(Giffen goods)	25
기회비용(opportunity cost)	15, 170
기회비용체증의 법칙 (law of increasing opportunity costs)	17
꾸르노균형(Cournot equilibrium)	255
꾸르노모형(Cournot model)	254
꾸르노-내쉬균형	266
끼워팔기(tying)	242

ㄴ

낙인효과(labeling effect, stigma effect)	516
내부시차(inside lag)	544
내부자-외부자모형 (insider-outsider model)	516, 555
내생변수(endogenous variable)	20
내생적 성장이론(endogenous growth theory)	583
내쉬균형(Nash equilibrium)	255, 265
내쉬전략(Nash strategy)	258, 265
노동(labor)	304
노동공급곡선	284
노동비용	173
노동수요의 임금탄력성	282
노동의 기간 간 대체 (inter temporal substitution of labor)	566
노동자오인모형(worker misperception model)	495
농부의 역설	21, 64
농산물의 가격파동	64
농산물의 농가 자체소비분	360
누출(leakage)	388

ㄷ

다공장독점(multi-firm monopoly)	243
단기(short-run)	141
단기금융시장(short-term money market)	425
단기노동수요곡선	280
단기비용함수	172
단기생산함수	142
단기소비함수	408
단기총공급곡선	495
단기총비용	172
단기총비용(Short-run Total Cost : STC)	174
단기최고가격제(가격상한제)	246
단기필립스곡선(Short-run Philips Curve : SPC)	535
대국(large country)	610
대체재(substitute goods)	28
대체탄력성	166
대체탄력성(elasticity of substitution)	161
대체효과(Substitution Effect : SE)	118
대표적 수요이론(representative demand theory)	604
도덕적 해이(moral hazard)	349
독립변수(independent variable)	20
독립재	28
독립투자수요(autonomous investment demand)	385
독점도(degree of monopoly)	233
독점시장(monopoly market)	217
독점의 규제	246
독점적 경쟁시장(monopolistic competition market)	249
동조재	53, 109
동차생산함수	159
등량곡선(isoquant curve)	147
등비용선(isocost line)	151
디플레이션갭(deflationary gap)	392
따라잡기 효과(catch-up effect)	572

ㄹ

라스파이레스지수(Laspeyres index)	518
러너의 독점도	233
러너지수(Lerner index)	233
레온티에프 생산함수(Leontief production function)	155, 160
레온티에프 효용함수	288
레온티에프 효용함수(Leontief utility function)	104
로렌츠곡선(Lorenz curve)	314
롤즈주의	327
루카스 비판(Lucas critic)	548
루카스(R. Lucas)의 총공급함수	501
루카스의 총공급함수	549, 564
리카도의 등가성정리(Ricardian equivalence theorem)	484

ㅁ

마샬의 화폐수요함수	448
마샬-러너조건(Marshall-Lerner condition)	638
마찰적 실업(frictional unemployment)	512
매몰비용(sunk cost)	15, 171
먼델-토빈효과(Mundell-Tobin effect)	527
먼델-플레밍모형(Mundell-Fleming model)	640
메뉴비용(menu cost)	528, 553
메뉴비용모형	553
명목국내총생산(nominal GDP)	361
명목이자율	526
명목이자율(nominal rate of interest)	307
명목임금(nominal wage)	304
명목화폐수요함수	453
명목환율(nominal exchange rate)	618
명시적 비용(explicit cost)	169
무급가족종사자	507
무위험 이자율평가설(covered interest parity)	628
무임승차자 문제(free-rider's problem)	339
무차별곡선(indifference curve)	91
무차별곡선이론(theory of indifference curve)	90
무형고정자산투자	383
묵시적 고용계약모형(implicit contract theory)	555
묶어팔기(결합판매, bundling)	242
물가안정목표제(Inflation targeting)	444
물가지수(price index)	517
미세조정(fine tuning)	532
미시경제학(micro economics)	19

ㅂ

반응곡선(reaction curve)	254

반인플레이션 정책(disinflation policy)	538
범위의 경제(Economies of Scope : ES)	186
범위의 비경제(diseconomies of scope)	186
법정지급준비금(legal reserve)	426
법정지급준비율	426
베르뜨랑균형(Bertrand equilibrium)	258
베르뜨랑모형(Bertrand model)	258
베블렌효과(Veblen effect)	25
보상적 임금격차	305
보수(payoff)	262
보수행렬(payoff matrix)	262
보완재(complementary goods)	28
보조금지급의 효과	68
보험회사의 이윤	137
복점시장(duopoly)	254, 258
복합승수(compound multiplier)	402
본원소득수지	632
본원적 예금(primary deposit)	430
본원통화(reserve base)	426
볼록성(convexity)	90, 94
부(wealth)의 효과	487
부가가치(value added)	360
부채-디플레이션 효과(debt-deflation effect)	487
분배GDP	363
불균형경기변동이론 (disequilibrium business cycle)	567
불리한 도박(adverse gamble)	131
불완전정보(imperfect information)	377
불완전정보모형	501, 564
불태화정책(sterilization policy)	639
비가격경쟁	253
비가격경쟁(non-price competition)	249
비경쟁행위(non-competitive practices)	253
비경제활동인구	506
비경합성(非競合性, non-rivalry)	338
비관세장벽(non-tariff barriers)	613
비교우위(comparative advantage)	595
비교우위론(comparative advantage theory)	595
비근로소득	290
비대칭적 정보(asymmetric information)	344
비대칭정보모형 (asymmetric information model)	495
비배제성(non-excludability)	338
비용(cost)	169
비용극소화(cost minimization)	152
비용인상 인플레이션	525, 534
비용함수(cost function)	169
비자발적 실업(involuntary unemployment)	512
빅맥지수(Big Mac Index)	626

ㅅ

사무엘슨(P. A. Samuelson)	402
사적 한계비용(Private Marginal Cost : PMC)	331
사적 한계편익 (Private Marginal Benefit : PMB)	331
사적재(사용재)의 적정공급	340
사치재	110
사회무차별곡선	323
사회무차별곡선 (Social Indifference Curve : SIC)	326
사회복지제도	121
사회적 순후생손실	66, 67, 68, 78, 80
사회적 잉여(Social Surplus : SS)	62
사회적 한계비용(Social Marginal Cost : SMC)	331
사회적 한계편익 (Social Marginal Benefit : SMB)	331
사회적 후생손실	252
사회적 후생손실(welfare loss)	231
사회후생의 극대화	215, 328
사회후생함수(Social Welfare Function : SWF)	326
산업 간(inter-industry)	603
산업 내(intra-industry)	603
산업별 임금격차	305
삼면등가의 법칙	363
상대적 구매력평가설(relative PPP)	625
상품수지	632
상품화폐(commodity money)	423
새고전학파	548
새고전학파의 총공급곡선	499
새케인즈학파	552
새케인즈학파의 총공급곡선	502
생산(production)	140
생산GDP	362
생산가능곡선 (Production Possibility Curve : PPC)	16, 322
생산가능인구	506
생산계약곡선(production contract curve)	322

생산과 비용의 쌍대관계	180	소비의 가역성	407
생산기술	36	소비의 독립성	406
생산량극대화(output maximization)	152	소비자균형	87, 99
생산물구성의 파레토효율성	323	소비자균형으로의 조정과정	87, 101
생산물구성의 파레토효율성조건	323	소비자균형의 이동	107
생산물시장의 불균형	465	소비자물가지수(Consumer Price Index : CPI)	518
생산요소(factors of production)	140	소비자이론(consumer theory)	82
생산요소가격	36	소비자잉여(Consumer Surplus : CS)	61
생산요소시장(production factor market)	268	소비함수이론(consumption function theory)	406
생산요소의 수요함수	167	손익분기점(break-even point)	204
생산의 외부비경제	332	솔로우의 경제성장이론	569
생산의 파레토효율성조건	321	수렴가설(conditional convergence)	572
생산자균형	152	수요(demand)	24
생산자균형으로의 조정과정	153	수요가격(demand price)	26
생산자물가지수(Producer Price Index : PPI)	519	수요견인 인플레이션	523
생산자잉여(Producer Surplus : PS)	61	수요곡선	113
생산중단점(shutdown point)	204	수요독점 노동시장의 균형	298
생산함수	141	수요독점 생산요소시장	296
생애주기가설(life-cycle income hypothesis)	413	수요독점(monopsony)	296
서비스수지	632	수요독점적 착취	298, 299
서수적 효용(ordinal utility)	82	수요량(quantity demanded)	24
선별(screening)	347	수요량의 변화	27
선형 생산함수(linear production function)	154, 160	수요의 가격탄력성(price elasticity of demand)	41
선형 효용함수(linear utility function)	103	수요의 교차탄력성(cross elasticity of demand)	53
선호의 다양성	90, 93, 94	수요의 법칙(law of demand)	25
선호의 연속성(continuity)	90	수요의 변화	27
선호의 완전성(completeness)	90	수요의 소득탄력성(income elasticity of demand)	52
선호의 이행성(transitivity)	90, 93	수요의 점탄력성(point elasticity)	43
설비투자	383	수요의 호탄력성(arc elasticity)	42
성과급제도	350	수요함수(demand function)	24
성별 임금격차	305	수입극대화가설(매출액극대화가설)	194
성장회계(growth accounting)	580	수입수량할당제(import quota)	613
세이의 법칙(Say's law)	368	수입승수	402
세후실질이자율	526	수출보조금	615
소극적 정책(passive policy)	544	수출승수	402
소득개념 교환방정식	447	수출자율규제	
소득분배이론(income distribution theory)	303	(Voluntary Export Restraints : VER)	614
소득소비곡선		수확체감의 법칙	143
(Income Consumption Curve : ICC)	107	숙련도별 임금격차	305
소득정책(incomes policy)	524	순수공공재(pure public goods)	339
소득효과(Income Effect : IE)	118	순수과점(pure oligopoly)	253
소비(교환)의 파레토효율성조건	319	순수전략(pure strategy)	265
소비계약곡선(consumption contract curve)	320	순수전략내쉬균형	
소비와 저축	125	(pure strategy Nash equilibrium)	265

순수출	635	십분위분배율(deciles distribution ratio)	316	
순신용승수(net credit multiplier)	431	싱거-프레비쉬가설		
순예금창조액	431	(Singer-Prebish hypothesis)	608	
순현재가치(Net Present Value : NPV)	416	쌍둥이 적자(twin deficits)	635	
스태그플레이션(stagflation)	524, 525, 533			
승수(multiplier)	396			
승수효과(multiplier effect)	396			

ㅇ

승수-가속도원리모형	
(multiplier-acceleration principle)	563
시장공급(market supply)	36
시장노동공급곡선	288
시장수요(market demand)	29
시장실패(market failure)	329
신고전학파적 성장모형	
(neoclassical growth model)	569
신용가용성이론(credit availability theory)	441
신용경로	441
신용승수(credit multiplier)	431
신용할당(credit rationing)	348, 557
신호발송(signalling)	347
신화폐수량설(new quantity theory of money)	455
실망노동자	516
실망실업자(discouraged worker)	506, 508
실물자본(physical capital)	306
실물적 균형경기변동이론	
(Real Business Cycle : RBC)	565
실업(unemployment)	506
실업률	508
실업자	507
실제GDP(actual GDP)	361
실질국내총생산(real GDP)	361
실질소득 환산법	517
실질이자율	526
실질이자율(real rate of interest)	307
실질임금(real wage)	304
실질임금상승률	304
실질자산효과	489
실질자산효과(實質資産效果, real balance effect)	487
실질잔고경로	442
실질화폐수요함수	453
실질환율(real exchange rate)	618
실행시차(implementation lag)	544
실현 가능한 배분(feasible allocation)	318
실효노동(유효노동, effective labor)	574

아모로소-로빈슨(Amoroso-Robinson)공식	222
암묵적 비용	15
암묵적 비용(implicit cost)	170
암시장(black market)	78, 80
흡수(absorption)	366
에지워스상자(Edgeworth box)	318
엥겔계수(Engel's coefficient)	53
엥겔곡선(Engel Curve : EC)	108
엥겔의 법칙(Engel's law)	53
역선택(adverse selection)	345
열등재	111, 118
열등재(inferior goods)	28
영업허가권	219
예금은행의 시재금(vault cash)	426
예금은행의 신용창조	429
예금화폐	423
예비적 화폐수요	450
예산선(budget line)	96
예산선의 이동	98
예산제약식	96, 125
예산집합(budget set)	97
예상된 인플레이션	528
예상치 못한 인플레이션	529
오염배출권제도	337
오일러의 정리	211, 216
오일러의 정리(Euler's theorem)	168
오차 및 누락	632
오쿤의 법칙(Okun's law)	514
완전경쟁 노동시장의 균형	292
완전경쟁 생산요소시장	279
완전경쟁산업(perfect competition industry)	207
완전경쟁산업의 단기공급곡선	207
완전경쟁산업의 장기공급곡선	213
완전경쟁시장(perfect competition market)	198
완전고용(full employment)	506
완전대체관계	103, 154
완전보완관계	104, 155

완전정보(perfect information)	369
외부경제(positive externalities)	330
외부비경제(negative externalities)	330
외부비용(External Cost : EC)	331
외부성(externalities)	330
외부시차(outside lag)	544
외부편익(External Benefit : EB)	331
외부효과(external effect)	330
외생변수(exogenous variable)	20
외환시장의 균형	621
외환의 공급	621
외환의 수요	621
요소가격균등화의 정리	602
요소부존도의 정리	601
요소소득분배율	163, 167
용의자의 딜레마게임(prisoner's dilemma)	263
우월전략(優越戰略, dominant strategy)	263
우월전략균형(dominant strategy equilibrium)	263
위험기피자(risk averter)	131
위험선호자(risk lover)	131
위험중립자(risk neutral)	131
위험프리미엄(Risk Premium : R_P)	133
유동성(liquidity)	424
유동성제약	484
유동성제약(liquidity constraint)	412
유동성함정(liquidity trap)	451
유동성효과(liquidity effect)	442
유량변수(flow)	20
유리한 도박(vantage gamble)	131
유발투자수요	402
유발투자수요(induced-investment demand)	385
유위험 이자율평가설 (uncovered interest rate parity)	627
유인설계(incentive design)	350
유효수요이론(effective demand theory)	377, 386
이력현상(hysteresis)	516, 555
이부가격설정(two-part tariff)	241
이윤극대화 1계 조건	190
이윤극대화 2계 조건	191
이윤극대화 대체가설	193
이윤극대화조건	202, 226, 276
이윤함수	190
이자(interest)	306
이자율	290

이자율(interest rate)	306
이자율결정이론	456
이자율경로	441
이자율경직성이론	556
이자율상승의 효과	128
이자율평가설 (Interest Rate Parity Theory : IRPT)	627
이자율효과	489
이전거래	360
이전소득수지	632
이전지출승수	402
인과의 오류(post hoc fallacy)	21
인력정책(manpower policy)	524
인식시차(recognition lag)	544
인적자본(human capital)	585
인플레이션갭(inflationary gap)	392
인플레이션율(inflation rate)	522
인플레이션의 사회적 비용	528
임금(wage)	304
임금격차	305
임금경직성모형(sticky wage model)	503
임금경직성이론	554
임금상승의 효과	286
임시소득(transitory income)	409
잉여생산능력(excess production capacity)	377

ㅈ

자기선택장치(self-selection device)	347
자발적 실업(voluntary unemployment)	512
자본(capital)	306
자본비용	172
자본수지(Capital Account)	632
자본이득	360
자본이전	632
자본축적의 황금률 (golden rule level of capital accumulation)	579
자산가격경로	441
자산-디플레이션효과(asset-deflation effect)	487
자연독점(natural monopoly)	218
자연독점규제	247
자연독점규제의 딜레마	247
자연실업(natural unemployment)	513
자연실업률(natural unemployment rate)	513

자연실업률가설	515, 534	정보경제학(information economics)	344
자유변동환율제도		정보정책	348
(floating exchange rate system)	630	정부소비지출(government consumption)	385
자유재(free goods)	14	정부지출(government expenditure)	385
잠재GDP(potential GDP)	361	정부지출승수	402
잠재가격(shadow price)	202	정부투자지출	
장기(long-run)	141	(government investment spending)	385
장기금융시장(long-term money market)	425	정상이윤(normal profit)	170
장기비용함수	182	정상재	118
장기생산함수	147	정상재(normal goods)	28
장기성장촉진정책	585	정액세승수	402
장기소비함수	408	정책무력성의 명제	549
장기임금계약모형	556	정책무력성의 정리	
장기총공급곡선		(policy ineffectiveness proposition)	549
(Long-run Aggregate Supply : LAS)	497	정책시차(policy lag)	544
장기평균비용(Long-run Average Cost : LAC)	182	정책함정(policy trap)	478
장기평균비용가격설정(average cost pricing)	247	제1급 가격차별	
장기필립스곡선		(first-degree price discrimination)	235
(Long-run Philips Curve : LPC)	535	제2급 가격차별	
장기한계비용(Long-run Marginal Cost : LMC)	182	(second-degree price discrimination)	236
장기한계비용가격설정(marginal cost pricing)	247	제3급 가격차별	
재고투자	363, 383	(third-degree price discrimination)	236
재량적 정책(discretionary policy)	545	제품수명주기이론(product life cycle theory)	603
재정의 자동안정화장치		조세의 귀착(incidence)	65
(automatic stabilizer, built-in stabilizer)	477	조세의 부담비율	74
재정적 견인(fiscal drag)	478	조세의 전가(shifting)	65
재정정책(fiscal policy)	475	조세제도의 자동안정화장치	477
재할인율(rediscount rate)	440	조정실패모형(coordination failure model)	553
재할인율정책(rediscount rate policy)	440	종가세(ad valorem tax)	65
저량변수(stock)	20	종량세(specific tax)	65
저축의 역설(paradox of thrift)	394	종량세부과의 효과	66
저축자	128	종속변수(dependent variable)	20
적극적 정책(active policy)	544	종합적 파레토효율성	324
적응적 기대(adaptive expectation)	495	종합적 파레토효율성조건	324
전략(strategy)	262	주인-대리인 문제(principal-agent problem)	350
전용수입(轉用收入, transfer earnings)	310	주입(injection)	388
전자화폐(electronic money)	423	준공공재(impure public goods)	339
절대소득(absolute income)	406	준지대(quasi-rent)	312
절대소득가설		준칙(rule)	545
(absolute income hypothesis)	379, 406	중간목표(intermediate targets)	439
절대우위(absolute advantage)	593	중간재(intermediate goods)	360
절대우위론(absolute advantage theory)	593	중립재	28, 112
절대적 구매력평가설(absolute PPP)	624	중첩가격설정모형(엇갈리는 가격설정모형)	552
절약의 역설(저축의 역설)	21	중첩임금설정모형(엇갈리는 임금설정모형)	556

지급준비금(支給準備金, reserve)	426
지급준비예치금	426
지급준비율정책	
(reserve requirements ratio policy)	441
지급환율(direct quote)	618
지니계수(Gini coefficient)	314
지대(rent)	308
지대에 대한 과세	313
지대추구행위(rent seeking behavior)	312
지대학설	309
지출GDP	362
지출극소화(expenditure minimization)	87, 99
지폐	423
지하경제	360
직각쌍곡선(rectangular hyperbola)	46
직접금융(direct finance)	425
직종별 임금격차	305
진입장벽(entry barrier)	218

ㅊ

차별화된 과점(differentiated oligopoly)	253
차입자	129
처분가능소득(disposable income)	379
초과공급량(excess quantity supplied)	37
초과수요량(excess quantity demanded)	37
초과이윤(excess profit)	170
초과지급준비금(excess reserve)	426
초과지급준비율	426
총가변비용(Total Variable Cost : TVC)	173
총고정비용(Total Fixed Cost : TFC)	172
총고정자본형성	383
총공급곡선(aggregate supply curve)	494
총생산(Total Product : TP)	142
총수요(Aggregate Demand : AD)	378
총수요곡선(aggregate demand curve)	488
총수요곡선의 기울기	491
총수요곡선의 이동	492
총수요의 외부효과	554
총수입(Total Revenue : TR)	48, 188
총예금창조액	430
총요소비용(Total Factor Cost : TFC)	272
총지출(Aggregate Expenditure : AE)	378
총착취(total exploitation)	299

총효용(Total Utility : TU)	84
최고가격제(price ceiling, 가격상한제)	78
최대보험료	136
최소효율규모(minimum efficient scale)	183
최저가격제(price floor, 가격하한제)	79
최저임금제	302
최적관세(optimum tariff)	610
최적성장이론(optimal growth theory)	579
최적시설규모	211, 216
최적시설규모(optimum scale of plant)	183
최적정책의 동태적 비일관성	
(time inconsistency of optimal policy)	551
최종재(final goods)	360
취업자	507

ㅋ

카르텔	264
케인즈(J. M. Keynes)	376, 406
케인즈의 소비곡선	380
케인즈의 소비함수	378
케인즈의 저축곡선	382
케인즈의 저축함수	381
케인즈의 투기적 화폐수요곡선	451
케인즈의 투자수요곡선	384
케인즈의 투자수요함수	384
케인즈의 화폐수요이론	450
케인즈학파와 통화주의학파의 총공급곡선	495
코즈정리(Coase theorem)	336
콥-더글라스 생산함수	166
콥-더글라스 효용함수	102, 117
콥-더글라스 생산함수	
(Cobb-Douglas production function)	160
쿠즈네츠(S. Kuznets)	408

ㅌ

탄력성(elasticity)	40
탐색적 실업(search unemployment)	512
탐색적 실업이론	515
테일러 준칙(Taylor rule)	444
토지(land)	308
토지세 부과의 효과	313
토지시장의 균형	309
통화공급목표의 설정	458

통화량(money supply)	424
통화승수(money multiplier)	433
통화안정증권	440
통화지표(measures of money)	424
투기적 화폐수요	450
투자(investment)	415
투자결정이론	416
투자수요(investment demand)	383
투자수요곡선	417
투자수요함수	417
투자승수	402
투자의 이중성	415
투자지출(investment expenditure)	383
투자함수이론(investment function theory)	415
특수한 공급곡선	59
특수한 등량곡선	150
특수한 무차별곡선	95
특수한 생산자균형	154
특수한 소비자균형	103
특수한 수요곡선	47
특허권(patent)]	219

ㅍ

파레토개선(Pareto improvement)	318
파레토열위(Pareto inferior)	318
파레토우위(Pareto superior)	318
파레토최적(Pareto optimality)	318
파레토효율(Pareto efficiency)	318
파생수요(派生需要, derived demand)	269
파셰지수(Paasche Index)	520
평균가변비용(Average Variable Cost : AVC)	175
평균고정비용(Average Fixed Cost : AFC)	175
평균비용(Average Cost : AC)	175
평균생산(Average Product : AP)	143
평균소비성향 (Average Propensity to Consume : APC)	379
평균수입(Average Revenue : AR)	189
평균요소비용(Average Factor Cost : AFC)	273
평균저축성향 (Average Propensity to Save : APS)	381
평등주의	327
평판(reputation)	348
표준화(standardization)	348
프리드먼(M. Friedman)	409
프리드먼의 화폐수요이론	455
프리미엄률(premium rate)	134
피구효과(Pigou effect)	487
피셔가설(Fisher hypothesis)	526
피셔의 화폐수요함수	448
피셔효과(Fisher effect)	443
필립스곡선(Philips curve)	530
필립스곡선식	530
필수재	110

ㅎ

학력별 임금격차	305
학습효과(learning by doing)	584
한계기술대체율(Marginal Rate of Technical Substitution : MRTS)	149
한계기술대체율체감의 법칙 (law of diminishing MRTS)	150
한계대체율 (Marginal Rate of Substitution : MRS)	93
한계대체율체감의 법칙(law of diminishing MRS)	94
한계비용(marginal cost)	34
한계비용(Marginal Cost : MC)	174
한계생산(Marginal Product : MP)	142
한계생산균등의 법칙	152
한계생산물가치 (Value of Marginal Product : VMP)	270
한계생산체감의 법칙 (law of diminishing marginal product)	143
한계소비성향 (Marginal Propensity to Consume : MPC)	379
한계수입(Marginal Revenue : MR)	188
한계수입생산물 (Marginal Revenue Product : MRP)	270
한계외부비용(Marginal External Cost : MEC)	331
한계외부편익 (Marginal External Benefit : MEB)	331
한계요소비용(Marginal Factor Cost : MFC)	272
한계요소비용곡선	297
한계저축성향 (Marginal Propensity to Save : MPS)	381
한계전환율 (Marginal Rate of Transformation : MRT)	322

한계전환율(한계변환율, Marginal Rate of Transformation : MRT)	17
한계편익(marginal benefit)	26
한계효용(Marginal Utility : MU)	85
한계효용균등의 법칙(law of equimarginal utility)	87
한계효용이론	84
한계효용체감의 법칙(law of diminishing marginal utility)	85
합리적 기대(rational expectation)	499
합리적 기대가설	537
합리적 선택	15
항상소득(permanent income)	409
항상소득가설(permanent income hypothesis)	409
해외투자	636
헥셔-올린정리(Heckscher-Ohlin theorem)	601
현금보조(cash transfer)	121
현금예금비율	434
현금잔고방정식(cash balance equation)	448
현금통화(cash currency)	426
현금통화비율	434
현물보조(in-kind transfer)	121
현재가치(Present Value : PV)	416
현재가치법(present value method)	416
현재의 채권가격	452
협의통화	424
화폐(money)	422
화폐공급곡선	438
화폐공급의 내생성	438
화폐공급의 외생성	438
화폐공급함수	435
화폐공급함수(money supply function)	433
화폐발행액	426
화폐발행이득	529
화폐수량설	446
화폐수요(money demand)	445
화폐수요곡선(money demand curve)	454
화폐시장의 불균형	470
화폐의 거래유통속도(transaction velocity of money)	446
화폐의 소득유통속도	447
화폐의 중립성	566
화폐의 중립성(neutrality of money)	447
화폐의 환상(money illusion)	377
화폐적 균형경기변동이론(Monetary Business Cycle : MBC)	564
화폐환상모형(money illusion model)	495
확실성등가(Certainty Equivalent : C_E)	133
환율 상승	623
환율 하락	623
환율(exchange rate)	618
환율경로	442
환율변동의 효과	623
환율상승	619
환율하락	619
회계적 비용	15
회계적 비용(accounting cost)	169
효용(utility)	82
효용가능경계(Utility Possibilities Frontier : UPF)	325
효용가능곡선(Utility Possibility Curve : UPC)	320
효용극대화(utility maximization)	87, 99
효용극대화조건	127, 285
효용함수(utility function)	84
효율성임금(efficiency wage)	348
효율성임금가설(efficiency wage hypothesis)	554
후방굴절노동공급곡선	33, 287
후생경제학(welfare economics)	318
희생비율(sacrifice ratio)	538
희소성의 법칙(law of scarcity)	14
힉스의 독점도	233

저자 신 경 수

| 학력
동국대학교 경제학과 박사

| 약력
전) 시립인천대학 세무회계과 겸임교수
　　2006년 국제지역학회 사무차장 역임
　　제22대, 제23대 한국생산성학회 사무차장/이사 역임
현) 동국대학교 행정대학원 객원교수
　　(사)통일미래사회연구소 연구위원
　　(사)국제지식컨설팅연구원 객원연구위원
　　한국창업학회 이사

| 강의경력
전) 사단법인 한우리독서문화운동본부 부설 평생교육원
　　부산 고려고시학원 7급 공무원 경제학 전임교수
　　한림법학원 7급 공무원 경제학 전임교수
　　합격의 법학원 감정평가사, 공인노무사 경제학 전임교수
　　한림법학원 감정평가사, 공인노무사 경제학 전임교수
　　이그잼 7급 공무원 경제학 전임교수
　　윌비스고시학원 7급 공무원 경제학 전임교수
　　에듀윌 7급 공무원 경제학 전임교수
　　바움경영아카데미 세무사 재정학, 공인회계사 경제학 전임교수
현) 공단기 7급 공무원 경제학 전임교수
　　대구 한국공무원학원 경제학 전임교수
　　공단기 감정평가사, 공인노무사 경제학 전임교수
　　에듀윌 매경테스트 전임교수
　　한국사이버평생교육원 경제학 전임교수
　　위포트 공기업 경제학 전임교수
　　숭실대학교, 동국대학교, 한국외국어대학교, 서울시립대학교 외 다수 출강

| 수상경력
숭실대학교 베스트티처상(best teacher award) 7회 수상
서울시립대학교 강의 우수교수상 수상

| 주요 저서
신경수 편저, 「미시경제학」, 배움, 2021
신경수 편저, 「거시·국제경제학」, 배움, 2021
신경수 편저, 「통합 객관식 경제학 기출문제집」, 배움, 2020
신경수, 김동영 편저, 「매경테스트」, 에듀윌, 2020
신경수, 김동영 편저, 「매경테스트 2주 끝장」, 에듀윌, 2020
신경수 편저, 「신경수 경제학(공기업, 공사공단)」, 위포트, 2020
신경수 편저, 「공인노무사 경제학」, 배움, 2021
신경수 편저, 「재정학을 위한 기초경제학」, 배움, 2015
신경수 편저, 「경제학원론」, 배움, 2011
신경수 편저, 「공사·공단경제학」, 배움, 2011
신경수 편저, 「테샛 경제이론」, 한경아카데미, 2011

| 주요 논문
박사학위논문 : 노동시장에서의 성별 직종분절화현상과 임금격차에 관한 연구
"우리나라의 직종분절에 따른 생산성 격차분석", 「생산성논집」 제17권 제1호, 한국생산성학회
"보건의료직종 내에서의 임금격차분석", 「보건복지포럼」 통권 제109호, 한국보건사회연구원
"의료진료전문가 직종과 약사 직종 내에서의 성별 임금격차와 차별", 「보건사회연구」 제25권 제2호, 한국보건사회연구원
"한·중 간 무역경쟁력 분석(섬유·전기전자·운송·기계산업을 중심으로)", 「통상정보연구」 제8권 제4호, 한국통상정보학회
"기술집약도에 따른 산업별 한·중·일 수출경쟁력 분석", 「국제통상연구」 제12권 제1호, 한국국제통상학회
"글로벌 기업의 사업체규모별 혼잡효과에 관한 실증분석", 「산업경제연구」 제20권 제3호, 한국산업경제학회
"학력별 임금격차와 성별 생산성격차 분석", 「생산성논집」 제21권 제3호, 한국생산성학회
"역회귀함수를 이용한 사업체규모별 임금격차분석", 「산업경제연구」 제21권 제2호, 한국산업경제학회
"한·중 외국인투자 정책에 대한 비교연구", 「생산성논집」 제23권 제2호, 한국생산성학회

신경수 공인노무사 경제학

ISBN 979-11-91391-83-1

발행일·2015년 9월 29일 초 판 1쇄
　　　　2021년 9월 1일 개정판 1쇄
저　자·신경수 | 발행인·이용중
발행처·도서출판 배움 | 주소·서울시 영등포구 영등포로 400 신성빌딩 2층 (신길동)
주문 및 배본처 | Tel·02) 813-5334 | Fax·02) 814-5334

저자와의
협의하에
인지생략

본서의 無斷轉載·複製를 禁함 | 본서의 무단 전재·복제행위는 저작권법 제136조에 의거 5년 이하의 징역 또는 5,000만 원 이하의 벌금에 처하거나 이를 병과할 수 있습니다. | 파본은 구입처에서 교환하시기 바랍니다.

정가 34,000원